KB073920

# 양명 철학

이 책은 陳來의 『有無之境 − 王陽明哲學的精神』(人民出版社, 1991)을 완역한 것입니다.

성리총서 8
## 양명 철학

지은이　　陳 來
옮긴이　　전병욱
펴낸이　　오정혜
펴낸곳　　예문서원

편 집　　김병훈 · 명지연
인 쇄　　상지사
제 책　　상지사

초판 1쇄　　2003년 5월 25일
초판 3쇄　　2009년 2월 25일

주　　소　　서울시 동대문구 용두2동 764-1 송현빌딩 302호
출판등록　　1993. 1. 7 제6-0130호
전화번호　　925-5913~4 · 929-2284 / 팩시밀리　929-2285
Homepage　http://www.yemoon.com
E-mail　　yemoonsw@empal.com

ISBN 89-7646-164-9　93150

YEMOONSEOWON 764-1 Yongdu 2-Dong, Dongdaemun-Gu Seoul KOREA 130-824
Tel) 02-925-5914, 02-929-2284 Fax) 02-929-2285

값 30,000원

성리총서 8

# 양명 철학

陳來 지음 · 전병욱 옮김

예문서원

# 한국어판 서문

　필자가 졸저 『송명리학宋明理學』에서 밝힌 대로, 중국 학술계에서 습관처럼 '리학理學'이라 부르는 사상 체계는 그 중심에 주자학朱子學과 양명학陽明學이 자리잡고 있다. 이 사상 체계는 중국에서 발원한 것이기는 하지만 동아시아 문화사 전체에서 볼 때 공간적으로는 중국 대륙에 한정되지 않으며 시간적으로는 명대明代가 끝나는 17세기 중엽까지로 한정되지 않는다. 근세의 문화 전파를 거친 이 사상 체계는 근세 동아시아 문명 속에 공통으로 구현되었고 그 문명의 보편적 형태가 되었다. 이는 그리스 문화와 히브리 문화가 유럽에서 그러했던 경우와 흡사하다. 그러므로 조선 시대 주자학의 논변 방면의 발전과 에도(江戶) 시대 양명학의 실천 방면의 발전은 모두 광의의 '리학'(즉 서구에서 말하는 Neo-Confucianism이다) 체계 속의 중요한 성분이라 할 수 있다. 이런 의미에서 '리학'은 동아시아 문화권의 공통적인 정신 유산이다.

　왕수인 철학을 연구하는 일은 리학 전체를 이해하는 데 있어서, 그리고 중국 명대 사상을 이해하는 데 있어서, 나아가 한국·일본의 양명학을 연구하는 데 있어서 두말할 나위 없이 중요한 의의를 갖는다. 한국에 한정해서 말하더라도, 비록 한국 사상사에서는 양명학의 영향력이 주자학에 비해 다소 떨어지기는 해도, 하곡霞谷 정제두鄭齊斗와 같은 한국 학자들이 발전시킨 한국 양명학은 한국 전통 문화 속에서 무시할 수 없는 성분이며 또한 이 이론 체계는 동아시아 양명학의 한 부분이기도 하므로 왕수인 사상과 결합시켜 분석하지 않으면 안 된다. 게다가 양명학에 대한 연구는 주자학과 한국 주자학을 좀더 잘 이해할 수 있도록 도움을 주는데, 그것은 양명학과의 비교연구를 통해 주자학과 주자학파의 이론적 특징을 좀더 깊이 있게 파악할 수 있게 되기 때문이다.

　이 책에서 다루는 '유무지경有無之境'이란 '유有의 경지와 무無의 경지의 통일'을 가리킨다. 곧 유아지경有我之境과 무아지경無我之境의 융합이자, '선과 악을 명확히 구분해 내는'(有善有惡)의 경지와 '선악에 얽매이지 않는'(無善無惡)의 경지의 융합인 것이다.

　리학과 관련해서 필자는 1980년대 말에서부터 1990년대 초반까지 이미 네 권의 연구서를 출판하였다. 『주희철학연구朱熹哲學硏究』, 『주자서신편년고증朱子書信編年考證』, 『유무지경－왕양명 철학의 정신』(有無之境－王陽明哲學的精神), 『송명리학宋明理學』이 바로 그것이다. 『주희철학연구』의 경우는 증정본인 『주자철학연구朱子哲學硏究』가 3년 전에 출판되었다. 이 저작들 가운데 『유무지경』은 '중국도서장中國圖書獎'을 받았고 『주자철학연구』는 '국가도서장國家圖書獎'을 받았다. 그리고 이제 필자의 저작들 가운데 『유무지경－왕양명 철학의 정신』의 한국어판이 『송명 성리학』(宋明理學), 『주희의 철학』(朱熹哲學硏究)에 이어 서울의 예문서원에서 출판된다. 예문서원의 높은 학술적 안목과 학술 출판 방면의 아낌없는 지원에 대해, 그리고 졸저에 대한 두터운 애정에 대해 깊이 감사드린다. 이 기회를 빌려 필자는 졸저의 번역에 참여한 모든 학자들에게 충심으로 감사드리고 싶다.

　리학에 관련된 필자의 이 연구들이 중국과 한국의 학술 교류에, 그리고 중국 사상과 한국 사상의 연구에 조금이나마 도움이 되었으면 좋겠다.


2002년 11월 8일 북경대학에서

# 옮긴이의 말

저자는 『유무지경有無之境』을 자신의 대표작으로 꼽는 데 주저하지 않는
다. 『주희철학연구朱熹哲學硏究』가 가장 힘을 기울여 완성한 작품이긴 하지만
가장 완숙한 글을 일궈낸 작품은 『유무지경』이라는 것이다. 옮긴이가 『유무
지경』을 처음 만난 것은 10년 전이다. 1992년 9월, 당시 『주희철학연구』(1988),
『주자서신편년고증朱子書信編年考證』(1989)을 통해 국내 연구자들 사이에 잘 알
려진 저자의 이 새 책(1991년판)을 대학원 수업에서 처음 소개해 준 분은 바
로 양명학 연구에 많은 업적을 쌓은 정인재 선생이었다. 주자학 전공자가 양
명학에 대해 쓴 책을 양명학 전공자로부터 소개받았기 때문에 옮긴이는 처음
부터 그 책에 끌릴 수밖에 없었다.

'유무지경有無之境'은 '유의 경계와 무의 경계가 통일된 경계'라는 뜻으로
저자가 만들어낸 단어이다. 여기서 '경계'란 펑우란이 정의한 대로 한 개인이
세계를 바라보는 견지에 따라 구축되는 각자의 정신 세계를 말하는데, 저자는
세계관, 정신·심리 취향, 인생 태도, 혹은 한 개인이 가진 세계관의 전체적
인 수준이라고 풀이한다. '유'와 '무'는 이 책에서 주로 '유아有我'와 '무아無
我'의 의미로 사용된다. '유의 경계'란 사회에 대한 관심이나 도덕적 의무감을
짙게 가지는 정신 취향을 말하는데 나아가 온 우주를 자신의 일로 끌어안는
정신적 기상까지 포함한다. '무의 경계'란 시비·선악을 여의고 그 어떤 것에
도 얽매이지 않는 삶의 태도를 말한다. 저자는 이 두 '경계'를 통일시키는 것
이 불교나 도가의 도전을 받은 유가의 중대한 과제였는데 이 문제를 가장 근

접하게 해결해 낸 철학 체계가 바로 양명학이라고 본다.

송명 리학의 연구자들은 흔히 본체론·심성론·공부론을 축으로 삼는다. 그런데 본체론은 존재의 최종 본성이나 우주의 발생·구조에 대한 논의여서 사람의 마음을 주된 관심사로 삼는 양명학에는 이 부분이 결여된 것처럼 보인다. 말하자면 일반적인 송명 리학의 틀에서 볼 때 양명학은 결국 불완전한 철학 체계가 되는 셈이다. 그렇지만 저자가 보기에 양명학은 본체론이 결여된 것이 아니라 새로운 본체론에 기초해 있다. 저자의 연구에 따르면 명대에 이르러 중국 철학의 본체론은 이미 이성주의에서 실존주의로 전환하는 경향이 일반화되었다고 한다. 저자는 바로 이 점에 주목하여 본체론·공부론·경계론을 세 축으로 하는 양명학에 대한 새로운 해석틀을 정립하였다. 양명학을 좀더 체계적으로 연구할 수 있는 길을 연 셈이다.

이렇게 새로운 해석틀을 세운 뒤 저자는 유·무의 관계, 본체·공부·경계의 관계, 유·무와 본체·공부·경계의 관계가 복잡하게 교차되어 있는 왕수인 철학의 발전 과정을 하나하나 세밀하게 연구하는데, 한 철학자의 이론 체계를 분석할 때 그 저작 전체를 정독해서 내용을 시기별로 정리한 뒤 그 사상의 흐름을 파악하는 방법이 바로 저자의 특장이다. 그의 『주희철학연구』가 바로 그 전형적인 형태인데 그 글을 쓰기 위해 들인 공력을 고스란히 소개한 것이 바로 『주자서신편년고증』이다. 『유무지경』의 '결어'에는 본문의 정밀한 분석을 통해 밝혀진 왕수인 철학의 발전사가 일목요연하게 정리되어 있고 '부록'에는 왕수인의 삶과 그 저작에 대한 세세한 분석이 실려 있다.

이 책에서 다룬 중요한 개념 가운데 하나인 '경계'에 대해서는 번역어의 선택과 관련해 출판사와 오랜 줄다리기가 있었다. 출판사에서는 '경계'가 온전한 우리말이 아닌데다 다른 의미와 혼동을 일으킬 염려가 있다는 이유로 '경지'라는 번역어를 쓰자는 의견을 제시했고, 옮긴이는 '경계'와 '경지'의 뜻이 완전히 일치하지 않는데다가 필자가 이 용어에 대해 본문 속에서 충분한 설명을 하고 있다는 점을 들어 그대로 '경계'라고 옮겨야 한다고 보았다. 이 책이 나온 지 10년이 지난 지금 '경계'란 단어는 중국 학술계에서 그 사용 빈도가 점점 높아지는 반면 우리나라에서는 '경지'로 해석하는 경우가 잦아서 서로의 입장을 좁히기가 쉽지 않았다. 그러다 출판을 앞둔 지금, 출판사의 오랜 출판 경험을 존중하여 출판사의 입장을 받아들이기로 하였다. 다만 문맥을 고려해서 필요한 경우 더러 괄호 속에 설명을 넣기도 했고 한두 군데 '경계'로 표기한 곳도 있다.

정인재 선생은 그 학기 대학원 수업에서 이 책을 완역하실 계획을 세웠고 먼저 제1장 서언緖言을 직접 강의하셨는데, 사실 서문에 이 책의 전체 내용이 응축되어 있기 때문에 그 강의를 들으면서 기본적인 골격은 이미 파악할 수 있었다. 수업에 참여하는 학생들은 분담해서 번역한 글을 발표하였고 토론 과정을 통해서 오류들을 바로잡았으며 미처 발표하지 못한 부분도 제10장까지 완역해서 그 원고를 정인재 선생에게 제출하였다. 그래서 옮긴이가 출판사에 번역에 대한 얘기를 꺼낼 때의 처음 계획은 정인재 선생을 대표로 하는 공동번역이었다. 옮긴이는 빠뜨렸던 부분을 보충하고 전체적인 교열을 하는 것으로 정해졌다.

그런데 여러 사정으로 번역 기간이 너무 길어지고 옮긴이가 맡은 일이 점점 많아지면서 역자 확정을 둘러싼 여러 논의가 있게 되었는데, 정인재 선생이 후배이자 제자인 옮긴이를 배려하여 단독 번역자로 확정해 주셨다. 수업에 참여했던 학생들 가운데 가장 후배인 옮긴이로서는 여러 선배들에게 죄송한 마음을 금할 길이 없다. 두고두고 빚을 갚을 수밖에 없겠다. 당시 수업에 함께 참여했던 선배들은 김제란, 김재숙, 유동환, 안영상, 김용수, 이찬, 강춘화, 김형찬, 김태년, 이삼기, 김미영, 양순애, 서현석, 김종호, 이종현, 박경환 등이다. 이 가운데 김재숙, 유동환, 이찬, 김태년, 김미영, 양순애 선배는 옮긴이의 요청에 따라 몇 차례 거듭 원고를 수정해 주었고 박경환 선배는 번역의 전반적인 문제에 대해 조언을 아끼지 않았다.

이 번역본을 완성시킨 데는 위의 선배들 외에는 감사드려야 할 분들이 많다. 학부 후배인 임근혜는 번역의 초기에 여러 궂은일들을 도와주었다. 대학원 후배 홍성민은 원고 전체를 읽으면서 숱한 오류들을 바로잡고 빠진 부분을 보완해 주었으며, 또 다른 후배 전성건과 함께 이 책에 인용된 서양서들의 국내 번역본을 일일이 찾아 대조해 주었다. 또 홍성민, 박길수, 전성건, 한재훈은 원전과 원고를 읽고 토론하는 모임을 만들어 잘못을 지적해 주기도 했다. 이들의 도움이 없었으면 이 책의 번역은 더욱 요원했을 것이다.

옮긴이는 2002년 8월부터 2003년 7월까지 북경대학에서 저자를 지도교수로 삼아 공부할 수 있는 기회를 얻게 되었다. 그 덕분에 여러 의문점들을 저자에게 직접 질문할 수 있었고 저자의 여러 제자들의 도움도 받을 수 있었다. 이 자리를 빌려 감사드린다. 그리고 곁에서 격려를 아끼지 않은 여러 선생님과 선후배, 가족에게도 감사드린다.

마지막으로 예문서원 편집부의 김병훈, 명지연 씨를 거론하지 않을 수 없다. 이들은 일반적인 교정의 범위를 넘어 오역을 잡아 주고 빠진 번역까지 채워 주었으며 김병훈 씨와는 번역어 선택 문제로 많은 의견들을 교환하기도 했다. 그것이 번역의 완성도를 높이는 데 많은 도움이 되었으리라고 생각한다. 여러 분들이 도와주셨지만 이 번역은 여전히 많은 문제점을 안고 있다. 이 책을 읽는 분들의 가르침을 기다린다.

2003년 5월 6일
북경에서 전병욱

# 제1장 이끄는 말

왕수인王守仁은 자字가 백안伯安이고 시호諡號는 문성文成으로, 명明 헌종憲宗 성화成化 8년(1472)에 태어나 명明 세종世宗 가정嘉靖 7년(1529)에 생을 마쳤다. 본적은 절강성浙江省 여요현餘姚縣이지만 그가 어렸을 때 부친이 산음山陰(越城)으로 이사한 뒤, 훗날 그가 산음에서 멀지 않은 양명동천陽明洞天에 집을 짓고 살면서 양명자陽明子라는 호를 썼기 때문에 사람들은 그를 양명선생陽明先生이라 불렀다. 왕수인은 명대明代에 가장 영향력이 컸던 철학자이자 명대 심학心學 운동을 대표하는 인물이다.

왕수인은 28세에 진사시進士試에 합격하여 형부刑部의 주사主事를 제수받았다가 뒤에 병부兵部로 옮겼으며, 여릉현廬陵縣을 다스린 뒤 이부吏部 주사·원외랑員外郎·낭중郎中을 거쳐 남경태복시소경南京太僕寺少卿·홍려시경鴻臚寺卿을 지냈다. 정덕正德 말년에는 좌첨도어사左僉都御史 및 우부도어사右副都御史로서 남감南贛을 순무巡撫하는 직책을 맡아 두 지역의 대규모 농민 폭동을 진압하였다. 이후 번왕藩王(寧王 朱宸濠)의 난을 평정하여 강서江西의 순무를 겸하였으며, 그동안 세운 공적을 인정받아 남경병부상서南京兵部尙書가 되고 신건백新建伯으로 봉해졌다. 만년에는 도찰원都察院 좌도어사左都御史로서 광동廣東과 광서廣西의 제독提督을 겸하면서 광서 지방의 소수민족 폭동을 진압하였다. 그 뒤 병으로 귀향하던 길에 강서성江西省 남안南安에서 생을 마쳤다.

정덕 14년(1519) 여름, 영왕寧王 주신호朱宸濠가 오랜 준비 끝에 강서 지역에서 반란을 일으켜 10만 대군을 이끌고 南京을 향해 진격했을 때 그 위세가 대단해서 조야朝野가 두려움에 떨었다. 이때 왕수인이 급히 병사를 모아 군세가 현격히 불리한 상황 속에서도 기지 넘치는 지략과 탁월한 담량으로 35일 만에 주신호를 생포하고 대반란을 철저히 평정하여 천하가 놀랄 만한 큰 공적을 세웠다. 당시 사람들은 그에 대해 문무文武의 재능을 겸하고 기지奇智와 대용大勇을 함께 지녔다고 평가하였다. 그가 거둔 업적은 확실히 고금의 유자儒者들에게서 찾아볼 수 없는 것으로, 명대 전체의 문신 무장들 가운데서도 매우 두드러진 것이었다.

왕수인은 청년 시기에 여러 방면에서 재능을 드러내었다. 말 타고 활 쏘는 데 열심이었고 병법을 정밀히 연구하였으며, 시문詩文에 뛰어나 일찍부터 문명文名을 누렸다. 청년 시기의 왕수인은 다른 송명宋明 리학자理學者들과 마찬가지로 '불가와 도가를 출입하다가'(出入釋老) '공맹의 도道로 돌아오는'(歸本孔孟) 사상의 역정을 거쳤다. 초기의 벼슬길은 순탄치 않아서, 34세 때 그는 험악한 정치 형세 아래에서 조정을 장악한 환관 유근劉瑾에 맞서 죽음을 무릅쓰고 항간抗諫하였다가 대전大殿에서 곤장을 맞고 하옥되었다. 그리고 곧 귀주貴州의 구석에 있는 용장역龍場驛의 하찮은 역승驛丞으로 좌천되었다.

그는 그곳의 고통스러운 환경 속에서 밤낮으로 묵좌默坐했는데, '시련을 통해 심성을 단련시킨다'(動心忍性)는 태도로 '성인이 이러한 상황에 처했으면 어떻게 했을까' 고심하다가 어느 날 밤 홀연히 크게 깨우치게 되었다. 그리하여 "자기도 모르게 고함치며 뛰어올라 따르던 사람들이 모두 놀랐으니", 이로부터 정주程朱의 학설과는 완전히 다른 철학이 세워지게 되었다. 뒷사람들은 이를 '용장오도龍場悟道'라 하였다. 이 뒤로 그는 명 왕조를 위해 커다란 공적을 세웠지만 그 자신은 여러 차례 모함과 참소를 당하였다. 그럼에도 그는 '백천 번 죽음을 넘나드는 어려운'(百死千難) 정치 위기 속에서 자신의 양지良知를 굳게 믿고서 엄청난 용기를 보여 주었다. 집에서 휴양할 때나 군무軍務로 분주할 때에도 그는 언제나 제자를 널리 모아 제자의 재능에 맞게 가르치면서 그의 사상을 폈다. 그의 학설은 압제를 받기도 했지만 당시에 이미 거대한 반향을 불러일으켰으며 명대 중·후기의 사상이 모두 그 그늘 밑에서 발전하였다.

왕수인의 철학은 직접적인 의미에서 말하면 주자학朱子學에 대한 반발이었다. 왕수인이 창도한 심학 운동은 봉건 통치가 극도로 부패하고 정주程朱 리학理學이 점점 생명력을 잃어 가던 명대 중기의 상황에서 나타난 사상 운동이라는 시대적 의의를 갖는다. 하지만 동시에 그것은 북송北宋 이래로 불가와 도가를 지양하며 끊임없이 발전해 온, 리학 사상의 긴 흐름 속에서 나온 결과물이기도 하다. 그러므로 심학은 리학 발전의 전체 과정에서도 중요한 위치를 차지한다. 왕수인은 창조 정신이 풍부했다. 그의 철학에는 당시 정주학파의 스콜라적인 습성에서 벗어나 용왕매진하는 기개가 있었으며 생기발랄한 활력으로 충만해 있었다. 그는 선종禪宗의 대사大師들처럼 사람을 놀라게 하는 방법으로 제자들을 깨우쳤기 때문에 그의 사상은 생명의 지혜가 넘쳐흘렀고 엄청난 감화력과 흡인력을 가지고 있었다.

왕수인의 개인적 기질은 어떤 면에서는 옛사람들이 말하는 호웅豪雄에 가깝다. 그의 학생들은 모두 그를 '재웅才雄'·'웅걸雄傑'·'당대의 호걸'(命世人豪)이라 여겼다. 역사 기록들은 한결같이 그가 소년 시절에 벌써 "호매豪邁하여 얽매임이 없었다"(豪邁不羈)고 쓰고 있다. 왕수인은 어린 시절 학교에서 도망쳐 늘 또래들과 전쟁놀이를 하였으며, 13세에 어머니를 여읜 뒤 서모가 학대하자 무당을 매수하여 서모를 골탕 먹임으로써 그 뒤로는 자신을 잘 대하도록 만들었다.[1] 이 일은 소년 시절에 숙부를 골탕 먹인 조조曹操를 연상시킨다. 그렇기 때문에 풍몽룡馮夢龍은 "선생은 어릴 때부터 그 권모술수의 신묘불측함이 이와 같았다"[2]고 말했던 것이다. 그러나 현대 학자들 가운데에는 "이런 일은 다른 도학자들에게서는 결코 상상할 수조차 없

---

1) 馮夢龍, 『王陽明先生出身靖亂錄』(明 墨憨齋 新編, 弘毅館 影本) 참조.
2) 馮夢龍, 『王陽明先生出身靖亂錄』, "先生尙童年, 其權術之不測如此."

다"고 하며 당혹스러워하는 사람도 없지 않다.[3]

이처럼 그는 어릴 때부터 규범을 따르거나 사소한 일(末節)에 얽매이려 하지 않았다. 또한 청년 시절에는 의협심이 강하고 무武에 뜻을 두어서, 뒷날 강서江西에서 무예를 겨룰 때 9발을 쏘아 모두 명중시키는 솜씨를 발휘하여 그에게 도전해 온 내관을 두렵게 만들기도 하였다. 남감南贛을 평정하고 번왕藩王의 난을 진압하는 등 험악한 정치적 위기 속에서 보여 준 그의 놀라운 군사적 지략과 고도의 정치 기교 및 그로부터 얻은 공업功業, 그리고 그러한 것들로 인해 현대 정치가들이 느끼게 되는 매력 등은 모두 '호웅豪雄'이라는 측면을 기초로 삼아야만 철저히 이해될 수 있다.

그의 정신적이고 기질적인 또 하나의 측면은 낭만주의와 신비주의이다. 몇 차례에 걸쳐 있었던 그의 일생의 중요한 전환점에서는 늘 스님·도사·방외이인方外異人 등이 나타났다. 그는 언제나 도가道家의 자연 정취에 이끌렸고 도교道敎에 대해 특별한 관심과 정감을 품고 있었다. 이처럼 그의 내면에는 늘 신비주의적인 일면이 자리잡고 있었다. 그러므로 '호웅豪雄'과 '낭만浪漫'은 우리가 왕수인 개인과 그의 사회적 업적, 그리고 그가 추구하는 정신 취향을 이해하는 데 있어 빠뜨릴 수 없는 두 요소이다.

## 1. 유아와 무아

중국 고전 철학에서 '유有'와 '무無', 지혜智慧와 경계境界[4]를 이해하는 것은 중국 문화를 연구하는 데 있어 핵심적인 문제 가운데 하나이다. 풍우

---

3) 시마다 겐지(島田慶次), 『朱子學與陽明學』(陝西師大出版社, 1986), 81쪽.
4) 역자 주-저자는 '경계'를 세계관, 정신적·심리적 취향, 정신·심리의 상태, 한 개인이 가진 세계관의 전체적인 수준 등의 의미로 사용한다. 그런데 '경계'라는 용어는 우리말에서 다른 의미로 읽힐 염려가 있어서 출판사의 조언을 받아들여 '경지'로 옮겼다. 다만 필요한 경우 괄호 속에 적절한 말을 보충하거나 '인생 태도'와 같은 다른 번역어로 옮겼으며 예외적으로 한두 군데는 '경계'를 그대로 쓴 곳도 있다. '지혜'는 이 책에서 다루는 '無의 지혜'와 같은 삶·실존의 지혜를 말한다.

란馮友蘭은 현학가玄學家들이 말하는 '체무體無'란 결코 본체에 대한 파악을 의미하는 것이 아니라 어떤 정신 경지를 가리키는 것으로서 '무를 마음으로 삼는'(以無爲心) 경지라고 지적한 바 있다. 즉 풍우란은 곽상郭象의 의도를, 본체로서의 '무' 개념을 무너뜨리고 경지로서의 '무' 개념만 받아들이려는 데 있다고 본 것이다.[5] 모종삼牟宗三도 도가에서의 '무'의 형이상학은 일종의 경지(인생 태도) 형태의 형이상학이어서 '무'의 지혜를 단련하여 어떤 경지에 도달하려는 것이 목적이라고 지적하였다.[6] 아울러 여기서 비롯된 공부工夫로서의 '무'는 어떤 큰 가르침이나 성자의 생명에 있어서도 피해 갈 수 없는 것이라고 지적하고 있다. 나아가 모종삼은 이렇게 말한다.

> 왕양명의 "선도 없고 악도 없는 것이 마음의 체體이다"(無善無惡心之體)라는 말과 왕용계王龍溪가 말한 '사무四無'[7]는, 모두 '무심無心을 도道로 보는'(無心爲道) 이론, 즉 주관적 공부의 관점에서 '무'를 말하는 이론과 관련시켜야만 한다.[8]

그러나 아쉽게도 왕수인의 뒤를 이은 제현諸賢들은 더 이상 이 내용을 제기하지 않고 여전히 '무선무악無善無惡'을 '지선至善'으로 해석하였으며 '무無라는 (儒佛道의) 공통점'(無之共法)을 금기로 삼았다. 이 책의 주제 가운데 하나는 바로 왕수인이 '유有'의 경지와 '무無'의 지혜의 대립과 관계성을 다루는 방식을 이해하고 그로부터 전체 송명 리학의 내재적 맥락과 과제, 그리고 왕수인과 그 철학의 지위와 공헌을 밝히는 것이다.

언뜻 보기에 '유有'와 '무無'라는 소재는 그저 헤겔(Hegel)과 같은 사변철학자가 본체론의 체계를 세우는 데에나 쓰일 것 같다. 그러나 사실 서양에서도 사르트르(Sartre)가 『존재와 무』에서 다룬 것은 서양 철학사의 고전적

---

5) 馮友蘭, 『中國哲學史新編』 제4책(人民出版社, 1986), 162쪽.
6) 牟宗三, 『才性與玄理』(對北學生書局, 1985), 1~2쪽.
7) 역자 주―이 책 제8장에 나오며, '心'만을 無善無惡이라 한 왕수인의 '四句敎'와 달리 心·意·知·物이 모두 無善無惡이라 하여 '四無論'이라 부른다.
8) 牟宗三, 『才性與玄理』, 1~2쪽.

인 '존재' 문제가 아니었으며, 하이데거(Heidegger) 역시 『존재와 시간』에서 색다른 이론을 내세워 줄곧 전통적인 존재론(Ontology)을 거부하면서 인간의 실존 혹은 생존의 문제로 관심을 집중시켰다. 중국 철학에서 경지 형태의 유무론은 이런 의미에서 인간의 실존을 대상으로 하여 선포된 생존의 지혜이기도 하다.

중국 철학의 기본 범주는 대체로 다의성을 지닌다. 예컨대 위에서 본 것처럼, '무無'라는 범주만 하더라도 본체로서의 무, 공부工夫로서의 무, 경지로서의 무 등 여러 용법과 의미가 있음을 알 수 있다. 중국어의 '유有'와 '무無'는 넓은 의미에서 볼 때 유와 무를 접두사로 삼는 모든 합성어, 예컨대 '유심무심有心無心' · '유아무아有我無我' · '유위무위有爲無爲' · '유정무정有情無情' 등을 포함하거나 지칭한다. 양명학파에서 가장 유명한 '사유四有9)와 사무四無에 대한 변론'(有善有惡과 無善無惡에 대한 변론을 핵심으로 한다)은 아주 분명하게 유와 무, 이 두 범주의 풍부한 의미를 드러내고 있다. 이것이 이 책에서 '유'와 '무'를 기본 맥락으로 삼아 토론을 이끌어 가는 근본 이유이기도 하다. 따라서 이 책에서는 본체론10)의 유무 문제는 다루지 않고 경지론이나 공부론의 유무 문제에 대해 연구하고자 한다.

동양 철학을 무無의 철학으로 보는 것은 이미 비교문화 연구에서 상당히 보편적인 관점이 되어 있는데,11) 이는 명백히 불교와 도가 철학에 치중한 것이다. 또한 중국 문화에서 유가는 일반적으로 유有의 철학으로서 무無를 귀하게 여기는 불가와 도가에 대립되는 것으로 간주된다. 그러나 존재(본체)가 아닌 경지의 의미에서 말한다면, 비록 그런 설명이 선진 유가에 대해서는 근거 없는 말이 아니라 할 수 있을지라도 거의 800년을 이어 온 송명 유학에 있어서는 결코 그렇게 간단한 문제가 아니다. 불교의 도전에 대한

---

9) 역자 주―錢德洪은 '四句敎'에서 첫 구절을 '至善無惡者心'으로 바꿨는데 이것을 '四有論'이라고 한다. '제8장 유와 무'에 자세히 소개되어 있다.
10) 역자 주―여기서는 존재의 최종 본성을 다루는 본체론을 말한다. 저자는 본문에서 이런 본체론과 구분되는 양명학의 '본체론'을 상세하게 다루고 있다.
11) 야나기다 세이잔(柳田聖山), 『禪與中國』(三聯書店, 1988), 「緖言」.

리학의 대응은 '유有'에 대한 본체론적인 논증(예컨대 氣本論·理本論)으로 나타날 뿐 아니라 인생 태도와 수양의 공부에서 '무無'를 흡수하는 방식으로도 나타났는데, 특히 후자의 경우는 리학사를 관통하는 대주제를 이루었다.

왕국유王國維는 『인간사화人間詞話』에서 이렇게 말하였다.

'유아有我'의 경지가 있고, '무아無我'의 경지가 있다. "이슬 맺힌 눈으로 꽃을 향해 묻지만 꽃은 대답하지 않고, 흩날리는 붉은 꽃잎 그네를 스치며 떨어지네"(淚眼問花花不語, 亂紅飛過秋千去), "견딜 수 있으랴, 외로운 여관 봄추위에 닫히고 두견새 소리에 사양斜陽이 저문다"(可堪孤館閉春寒, 杜鵑聲裏斜陽暮)라는 시는 유아有我의 경지를 나타낸 것이고, "동쪽 울타리 아래에서 국화를 꺾다가 유연히 남산을 바라본다"(采菊東籬下, 悠然見南山), "찬 물결 담담히 일어나고 백조가 유유히 내려앉는다"(寒波澹澹起, 白鳥悠悠下)라는 시는 무아無我의 경지를 나타낸 것이다. 유아의 경지는 나의 입장에서 사물을 보는 것이므로 사물이 모두 나의 색채를 띤다. 반면 무아의 경지는 사물의 관점에서 사물을 보는 것이므로 어떤 것이 나이고 어떤 것이 사물인지 모른다.

중국 문화 전체에서 보면 '유아'의 경지와 '무아'의 경지는 문화의 정신 취향을 파악할 수 있는 범주이므로 그 의의가 시사詩詞 미학의 협소한 범위를 훌쩍 뛰어넘는다. 왕국유의 설명 방식을 빌려 정신 경지의 차이에 따른 서로 다른 문화적 입장들을 묘사해 본다면 다음과 같이 말할 수 있다. "만물이 모두 나에게 갖추어져 있다"(萬物皆備於我矣: 孟子), "천하의 어느 하나도 내가 아닌 것이 없다고 여긴다"(視天下無一物非我: 張載), "인자는 천지만물을 한 몸으로 보므로 나에게 속하지 않은 것이 없다"(仁者以天地萬物爲一體, 莫非己也: 程顥)라는 말들은 유아의 경지를 나타내고, "성인의 정은 사물에 응하되 사물에 얽매임이 없다"(聖人之情, 應物而無累於物也: 王弼), "응당 집착하는 바 없이 자신의 마음을 낸다"(應無所主而生其心: 『金剛經』), "성인이 늘 한결같을 수 있는 것은, 정이 만물 하나하나의 법칙에 맞게 반응하여 고정된 정이 없다"(聖人之常, 以其情順萬物而無情: 程顥)라는 말들은 무아의 경지를 나타낸다.

중국 문화의 전통을 이루는 사상은 주로 유가·불가·도가이다. 이 가운데 도가와 불가 두 학파는 본체론과 해탈관의 측면에서 제법 큰 차이를 보이기는 하지만 삶의 태도와 정신 경지에서 볼 때 크게 어긋나지 않으므로 중국 문화와 철학은 다음의 두 기본 형태로 설명될 수 있다. 하나는 유가를 대표로 하는 '사회적 관심과 도덕적 의무를 강조하는' 체계이고 다른 하나는 불가와 도가를 대표로 하는 '내심의 평온·평화와 자아의 초월을 중시하는' 체계이다. 이런 의미에서, 전통적인 용어로 구분하면 유가는 주로 '유有'의 경지에 속하고 불가와 도가는 주로 '무無'의 경지에 속한다고 할 수 있다. 달리 말하면 전자는 '유아'의 경지이고 후자는 '무아'의 경지이다. 물론 여기서 말한 유아有我의 '아我'는 결코 '이슬 젖은 눈으로 꽃에게 묻는' 사아私我가 아니라 '만물과 동체인' 대아大我이다. 개별 인물을 예로 들어 말해 본다면, 공자·맹자·두보杜甫 등은 유아의 경지를 체현한 인물들이었고 장자莊子·혜능惠能·도연명陶淵明 등은 무아의 경지를 체현한 인물들이었다.

중국 문화와 그 발전 과정에 있어 유아와 무아의 경지는 어떤 긴장을 가져오기도 하였고 서로 보충하기도 하였다. 그러나 전체적으로 볼 때 이 둘은 줄곧 원만한 단계의 화해와 통일에는 이르지 못하였으며, 오히려 둘의 상호부정적인 쟁론이 문화사에 충만해 있었음을 인정하지 않을 수 없다.

키에르케고르(Kierkegaard)는 정신 경지를 3단계로, 즉 심미적 실존, 도덕적 실존, 종교적 실존으로 나누고, 이 3단계가 순차적으로 발전하는 것으로 보았다. 심미적 실존이란 감성의 경지를 가리키며 감성적 욕구가 중심이 된다. 도덕적 실존이란 이성의 경지로서 의무와 책임을 담당한다. 마지막으로 종교적 실존이란 신앙을 위해 헌신하는 경지로서 고통을 특징으로 하는 최고의 삶을 말한다. 키에르케고르는 기독교인이었으므로 그가 이렇게 구분한 것은 이해할 만하다. 정신 경지(경계)라는 것은 한 사람의 세계관의 전체 수준과 상태를 가리키는데, 여기서 말하는 세계관은 외부의 자연 물질 세계에 대한 인식을 가리키는 것이 아니라 전체 우주·사회·인생·자아의 의미에 대한 이해와 태도를 가리킨다. 따라서 '정신 경지'는 인간 정신의 완정성을 표시하는 범주로서 인간의 도덕 수준을 포함한 우주와 인생 전체에 대한 이해 수준을 나타내는 범주이다.

중국 문화와 철학에서의 유·불·도 삼가의 전통을 키에르케고르의 분류에 적용시켜 본다면, 이들은 대부분 감성적 경지를 하찮게 여겼고 또 외재의 초월적인 종교적 경지도 인정하지 않았다. 모든 문화는 그 문화가 이끌어 온 정신 경지를 대표하며 아울러 그 전통의 정신적인 지향을 가진다. 고전적 유가의 경우는 박애博愛와 극기克己라는 도덕적 경지를 가졌다고 볼 수 있으나 불가와 도가의 '무심無心'의 경지는 결코 키에르케고르의 3단계설에 포함되는 것이 아니다. 도·불의 무심·무아의 경지는 윤리적인 의미의 극기가 아니라 어떤 초연·초탈의 인생 태도를 뜻한다. 물론 '자아의 초월'이라는 의미에서 본다면 이것도 초월적 경지라고 할 수 있겠으나, 서양 문화에서는 '초월'이 어떤 종교적 위격位格과 상통하는 데 비해 불가와 도가의 '내재적 초월'은 그 나름의 독특한 성격을 가지고 있다. 이택후李澤厚는 이를 '심미에 준하면서 심미를 초월한 목적론적 정신 경지'라 규정하였고 간혹 그냥 '심미 경지'라고 부르기도 했다.[12]

---

12) 李澤厚는 '심미적 태도', '심미적 초월', '심미적 관조'로 이런 경지를 파악하였다.(李澤厚, 『中國古代思想史論』, 人民出版社, 1984, 189쪽 참조) 그러나 칸트는 '즐거움'(樂)과 '아름다움'(美)을 구분하였다. 『판단력비판』에 의하면 심미는, 비록 '대상의 형식'과 관련되는 것이라 하더라도 어쨌든 반드시 '대상'과 관련되는 것이다. 또 심미는 비록 생리적 쾌락이 아닌 '이성'과 관련되는 것일지라도 어쨌든 이는 일종의 '감성적' 쾌락이다. 이러한 관점은 '無'의 경지가 심미적인 즐거운 정서의 문화(樂感文化)로 귀결된다고 보는 본서의 주장에 숱한 곤란이 생기게 한다. 이것이 이 책에서 이 이론을 채택하지 않는 원인이기도 하다. 그렇다고 해서 칸트가 설명한 심미 활동의 '無利害'·'自由' 등의 성질을 중국 문화의 해석에 적용할 경우 나타날 수 있는 계발성까지 배제하겠다는 말은 결코 아니다. 사실상 이택후 자신도 莊子와 禪宗이 도달하려 한 것은 어떤 심령의 경지였고, 그런 '상관없다'(無所謂)라는 태도에서는 "유쾌함 자체를 포함한 어떠한 '나'라는 정감"도 아주 맑고 아득한 안녕·평정 속으로 사라지고 융화된다고 지적하였다.(李澤厚, 『中國古代思想史論』, 210·214쪽) 그 밖에도 李澤厚가 '樂感 文化'라는 표현을 쓴 것은 그가 단지 문화사 혹은 사상사의 문제를 다루려 했던 것만이 아니라, 창조적 전환의 입장에서 중국의 지혜를 흡수하고 발굴하려 한 것이라고 할 수 있다. 왜냐하면 '樂感'의 범주 아래에서는 낙관적 진취성·감성·심미 등의 가치를

이러한 규정은 한번쯤 생각해 볼 만한 가치가 있다. 모든 형태의 정신 경지는 특정한 미적 심상을 이끌어낼 수 있고 아울러 예술의 실제적 발전에 영향을 준다. 그렇지만 왕국유가 말한 '유'와 '무'의 경지를 포함한 이런 심미적 의상意象에 대한 연구는 문화의 여러 취향들 가운데 몇몇 특수한 측면의 발전에 대해서만 설명해 줄 수 있을 뿐이다. 왕국유가 유아의 경지와 무아의 경지를 정의할 때 사용했던 '나의 입장에서 사물을 본다'(以我觀物)와 '사물의 관점에서 사물을 본다'(以物觀物)라는 구분만 하더라도, 이것은 본래 송대의 유학자 소옹邵雍이 정신 경지를 논하면서 사용했던 구분법을 활용한 것이다.

풍우란은 『신원인新原人』 제3장에서 '경계境界'(경지)를 우주·인생이 인간에 대해 가지는 어떤 의미 같은 것이라고 정의하였다. 그는 유아와 무아에 대해 말할 때 자연 경지 속의 인간은 '나(我)가 있음'을 알지 못하고, 다시 말해 자아라는 것을 자각하지 못하고, 공리功利 경지 속의 인간은 자아를 자각하며, 도덕이나 천지天地 경지 속의 인간은 '나(我)가 없다'고 하였는데,13) 여기에서 말한 '나'란 모두 사私를 가리킨다. 풍우란은 또 '유아有我'란 '사私를 가진다'는 의미 외에 또 다른 의미가 있음을 지적하였다. 예컨대 육구연陸九淵(호는 象山)의 "우주 안의 모든 일은 곧 나에게 속한 일이다"(宇宙內事乃己分內事)라는 말 속의 '나'는 '주재가 있음'을 뜻하는 것으로, 이런 의미에서 볼 때 도덕이나 천지 경지 속의 인간은 '무아無我'가 아니라 오히려 진정한 의미의 '유아有我'이며 여기서의 '나(我)는 '참된 나(眞我)라는 것이다. 그러므로 도덕 경지와 천지 경지 속에서 인간이 나를 갖지 않는다는 것은, '사아私我'를 갖지 않는다는 뜻이지 결코 '진아眞我'가 없다는 뜻이 아니다. 사람의 '참된 나'는 도덕 경지 속에서만 발전할 수 있고 천지 경지 속에서만 완성될 수 있다. 그래서 천지 경지 속의 인간은 '크게 아我가 없으면서'(大無我) '큰 아我를 가진다'(有大我).14)

---

수용할 수 있기 때문이다. 이외에도 '樂感'이라는 표현은 비교문화적 시각 속에서 중국 문화가 분명한 특수 성격을 획득할 수 있도록 만든다.
13) 馮友蘭, 『三松堂全集』 제4책(河南人民出版社, 1986), 559·636쪽.

풍우란의 이런 사유는 매우 정교하고 치밀하다. 그가 말한 '진아眞我'는 왕수인의 '진오眞吾'와 완전히 합치된다. 이 책에서 논하는 '유有'의 경지 혹은 '유아有我'의 경지는 사私 즉 소아小我를 갖는 경지를 가리키는 것이 아니라 바로 대아大我를 갖는 경지를 가리킨다. 그러므로 이 책에서 말하는 '무아'의 경지 역시 도덕 경지 속의 무사無私에 한정된 것이 아니라 걸림도 없고 막힘도 없는 자재自在한 경지를 가리킨다. 그러나 풍우란은 무아에 대해 유아에 대한 것만큼의 충분한 분석을 하지 않았다. 그래서 『신원인』에서는 이 책에서 집중적으로 토론하고 있는 무아의 경지에 대해 어떤 지위도 부여하지 않았다.

선가禪家에서 구분하는 것처럼, '큰 나를 가짐'(有大我)과 '내가 없음'(無我)은 같은 의미가 아니다. 선가에서도 사람에게는 세 가지 경지가 있다고 했다. '소아小我'의 경지는 완전히 자아를 중심으로 한 자사自私의 경지이다. '대아大我'의 경지는 소아의 관념을 시간적·공간적으로 확대하여 소아를 우주 속에 융화시켜서 우주와 합일하는 경지이다. 이 경지에서 사람은 자신의 내심이 무한히 심원하고 외계가 무한히 광대하다고 본다. 그래서 인간의 신심身心 세계는 더 이상 존재하지 않고 존재하는 것은 오직 무한히 심원하고 광대한 우주일 뿐이어서, 개인은 우주의 부분이면서 동시에 우주의 전체가 된다. 이런 경지 속에서는 환경과의 모순이 더 이상 존재하지 않으므로, 인간은 자연히 환경에 대한 불만·원한·사랑·갈망·배척의 심리를 해소하면서 충만함과 유의미함을 느끼게 되어 다른 사람과 만물을 사랑하는 마음이 소아를 사랑하는 마음과 같게 된다. 이것이 '대아의 경지'이다.[15]

그러나 '대아'의 경지도 최고의 경지는 아니다. 선가에서는 더 나아가 '무아'의 경지가 최고의 경지라 하여, 이 경지에서 일체의 차별 대립이 사라지게 되어 사람은 비로소 진정으로 번뇌에서 해탈할 수 있다고 말한다.[16] 불교의 이론에 따르면 풍우란이 말하는 동천同天(우주와의 합일), 기독교의 신

---

14) 馮友蘭, 『三松堂全集』 제4책, 559·636쪽.
15) 釋聖嚴, 『禪』(臺北東初出版社, 1986), 25～26쪽.
16) 釋聖嚴, 『禪』, 25～26쪽.

인합일神人合一, 힌두교의 범아합일梵我合一(브라만과 아트만의 합일) 등은 모두 제2의 경지, 즉 대아의 경지에 머문다고 한다. 풍우란은 불교의 최고 경지를 '우주와 합일하는 경지'(同天)로 보았으나 이는 불가의 입장에서는 받아들일 수 없는 주장이었다. 물론 우리가 군이 불가의 입장에 서서 무아의 경지가 대아의 경지보다 높은 것을 인정해야 할 필요는 없겠지만, 무아의 경지가 대아의 경지와는 다른 또 하나의 경지라는 사실은 분명하다. 그런데 풍우란은 이 무아의 경지에 대해 명확한 지위를 부여하지 않았던 것이다.

좀더 넓은 의미에서 보면 '유아'와 '무아'는 어떤 규정을 띤 유有와 무無이다. 유아는 단지 유有의 경지의 한 형식일 뿐이고 무아 역시 마찬가지이다. 도덕 경지는 '참된 나'의 의미에서가 아니더라도 명백히 '유'의 경지이다. 또 "천지에 바른 기가 있어 다양한 방식으로 유행流行의 과정 속에 부여된다"(天地有正氣, 雜然賦流行)는 것은 유의 경지를 말한 것이며, "거대한 조화造化의 물결에 맡겨, 기뻐하지도 않고 두려워하지도 않는다"(縱浪大化中, 不喜亦不懼)는 것은 무의 경지를 말한 것이다. '명교名敎'는 유이고 '자연自然'은 무이며, '경외敬畏'는 유이고 '쇄락灑樂'(걸림 없는 즐거움)은 무이다. '반드시 일삼는 무엇이 있다'(必有事焉)·'삼가고 두려워한다'(戒愼恐懼)·'성찰하고 극복한다'(省察克治)는 태도는 유의 경지를 말하고 있고, '어느 하나를 좋은 것으로 보지 않는다'(無有作好)·'무엇을 생각하고 무엇을 헤아리겠는가'(何思何慮)·'바람을 읊조리고 달을 희롱한다'(吟風弄月)는 태도는 무의 경지를 말하고 있다. 이렇게 '유'와 '무'가 서로 밀고 당기며 발전해 가는 것이 바로 중국 문화의 특질이며, '유'와 '무'의 경지를 하나로 융합하는 것이 바로 신유가(Neo-Confucianism) 정신의 핵심이다.

왕수인의 시대는 이미 본체의 유무 문제가 이성주의와 함께 퇴색해 간 시기였다. 왕수인 철학의 의의는, 도덕의 주체성을 고양하면서 '마음 밖에는 리가 없다'(心外無理)·'양지를 완전히 실현하라'(致極良知)·'인자는 만물과 동체이다'(仁者與萬物同體)라는 주장들을 통해 유가의 고유한 '유有'의 경지를 궁극적 단계에까지 확장시키고, 또 유가의 입장에서 불가와 도가의 실존적 지혜를 흡수하여 유아의 경지와 무아의 경지를 결합하였다는 데에 있다. 이와 더불어 북송 이래로 추구해 온 유가의 입세간의 가치 이성을 견지하면서도 불가와 도가의 정신 경지와 정신 수양을 흡수하려는 노력을 그 자신의 실존적 체험을 통해 완성시켰다는 데에서도 그 의의를 찾을 수 있다.


## 2. 계신과 화락

주희朱熹(호는 晦庵) 이후 리학의 발전 방향은 어떠하였는가? 적지 않은 학자들이 '주육화회朱陸和會'(주희와 육구연의 종합)를 남송南宋 이후의 중요한 경향이라고 생각한다. 원대元代의 학문만을 대상으로 삼는다면 이런 설명은 충분한 근거를 갖는다.[17] 그러나 보다 큰 역사적 시야에서 고찰하면 '주육화회'를 리학의 이후 발전 방향을 정확하게 설명한 것이라고는 할 수 없음이 명백히 드러난다. 왕수인 철학의 많은 내용들이 내재적으로는 주자학을 계승한 것이라 하더라도 왕수인을 '주육화회'의 집대성자로 보는 것은 결코 타당하지 않다. 왕수인은 「주자만년정론朱子晚年定論」이나 「나흠순羅欽順에게 답한 편지」에서 자신이 주희에 반대한 것은 본심에서 나온 것이 아니라고 변명했지만, 그의 저술을 자세히 읽어 보면 그가 주자학의 지식추구적인 취향에 대해 강한, 심지어는 지나친 반감을 보이고 있다는 사실을 곳곳에서 발견할 수 있다. 장구훈고章句訓詁의 방법과 사물에 나아가 이치를 강구하는 방법에 대한 그의 지나치게 각박한 공격은 늘 사람을 당혹스럽게 만든다. 이것은 당시의 주자학자들 혹은 주자학의 기치를 든 사람들이 가했던 그에 대한 공격과 관련이 있을 것이다. 어쨌든 전체적으로 볼 때 왕수인 철학은 주자학에 대한 반발에서 비롯된 것이지 주자학과 조화를 이루려고 한 데서 비롯된 것이 아니다.

『명유학안明儒學案』에서는 오여필吳與弼(호는 康齋)에 대해 "과거 공부를

---

17) 侯外廬 주편, 『宋明理學史』 上(人民出版社, 1984) 참조.

거부하고 인간사를 멀리하고 홀로 작은 누각에 거처하며 사서오경과 여러 선배 학자들의 어록을 완미하며 몸과 마음으로 깊이 이해하였다. 누대를 내려오지 않은 기간이 2년이었다"[18]라고 했다. 또 그가 "번잡한 주석은 이익이 없고 해만 있을 뿐이라고 탄식하였다"[19]고 적고 있다. 이런 오여필의 기상과 학문, 그리고 명대 리학에서의 지위는 송대의 정호程顥(호는 明道)와 가깝다. 그래서 『명유학안』에서는 오여필을 제일 첫머리에 놓았다. 이는 명대 심학의 전체 발전 과정에서 볼 때 충분한 근거를 갖는다. 왜냐하면 오여필이 중시한 것은 인품이나 삶의 태도이지 학문과 도리가 아니었기 때문이다. 즉 그가 추구한 것은 '사체가 편안하고 느긋하며 마음이 안정되고 기운이 맑게'(四體舒泰, 心定氣淸) 되는 경지였으며 또한 그가 추구한 기상은 '마음과 기운의 화평함'(心氣和平)이었다. 그는 평소 생활에 있어 거슬리는 일에 직면하여 그것을 제거하지 못할 때는 몹시 불쾌하게 여겼으며, 반복적인 노력을 거쳐 마침내 "마음은 본래 태허太虛여서 칠정이 자리잡을 수 없으니" "그 이치를 상세히 깨치면 마음이 시원해지게 마련이므로" "괜히 억제해서 나쁜 짓을 하지 않으려고 하면 오히려 생경하여 수고스럽고 이치를 따라 처리하면 순조로워서 상쾌하게 된다"[20]는 일련의 깨달음을 얻었다고 한다. 이는 왕수인이 태허를 심체의 무선무악無善無惡에 비유하고, 이치를 따름으로써 평온함을 구했던 것과 그 뜻이 일치한다. 오여필이 강조한 '몸과 마음은 반드시 평안한 곳을 가져야 한다'(身心須有安處)는 주장은 확실히 리학사理學史가 이성주의에서 실존주의(Existentialism)로 전향하는 하나의 발단이었다.

명대 리학은 왕수인 철학의 이른바 '계신戒愼'과 '화락和樂' 혹은 '경외敬畏'와 '쇄락灑樂'의 논변을 둘러싸고 전개되었다고 할 수 있다. 사량좌謝良佐(호는 上蔡)는 "이미 얻었으면 다시 넓혀야 한다"(既得後須放開)라는 정호程

---

18) 『明儒學案』(中華書局, 1985), 권1, 14쪽, "棄擧子業, 謝人事, 獨外小樓, 玩四書五經諸儒語錄, 體貼於身心, 不下樓者兩年."

19) 『明儒學案』, 권1, 14쪽, "嘗嘆箋注之繁無益有害."

20) 『明儒學案』, 권1, 19쪽, "心本太虛, 七情不可有所", "詳審其理則中心灑然", "盖制而不行者硬苦, 以理處之則順暢."

顥의 말을 기록해 놓았는데, 여기서 '이미 얻었다'는 말은 이미 이치를 인식 했다는 의미이고 '넓혀야 한다'는 말은 흥차胸次 즉 가슴 속을 넓혀야 한다 는 뜻이다. 그런데 주희는 이 말에 반대하여, "이미 얻었으면 가슴 속은 자 연히 넓어질 것이다. 만일 의도적으로 넓히려 한다면 도리어 병통이 생길 것이다"(旣得後心胸自然放開, 若有意放開, 反有病痛)라고 주장한 적이 있다. 주희 가 의도적으로 넓히려는 태도에 대해 반대한 것은 충분한 이유가 있다. '자 연히 넓어진다'는 논법은 주희가 주경主敬이라는 자신의 종지를 가지고 증 점曾點의 기상을 교정하기 위해 사용했던 논리이다. 정말 자연스럽게 넓혀 지는 것이라면 '넓힌다'는 문제도 존재하지 않을 것이다.

명대 초기의 주자학자 호거인胡居仁(호는 敬齋)은 "요즘 사람들은 얻기도 전에 먼저 넓히려 하고" "자신을 이겨 인仁을 구하지도 못하면서 먼저 안자 顔子의 즐거움을 구하려 하니" "넓히는 것이 지나치게 조급하고 즐거움을 구하는 것이 지나치게 일러서 모두 이단으로 흐른다"라고 지적하였다.[21] 하 상박夏相樸(호는 東巖)도 "예전에는 '여점與點' 1장[22]을 읽고 흥차가 쇄락한 것이 요순堯舜의 기상이라 생각하였는데, 근래 『서경書經』의 이전二典과 삼 모三謨[23]를 읽고서는 긍긍업업兢兢業業(삼가고 두려워하는 모양)하는 태도가 요 순의 기상임을 알았다"[24]고 하였다. 이는 모두 정이程頤(호는 伊川)와 주희의 주경主敬 공부 방향을 계승하여, 경敬을 이루면 자연히 화락和樂하게 된다고 본 것이다. 경敬과 락樂의 이런 긴장은 북송 시대에 소식蘇軾(호는 東坡)이 정 이의 경 개념을 무너뜨리려고 시도했을 때 이미 분명하게 나타났다. 정이와 주희에게 있어 경은 공부일 뿐 아니라 경지의 문제이기도 했던 것이다.

그러나 오여필 이후 진헌장陳獻章(호는 白沙)이 다시 하나의 학맥을 열었

---

21) 『明儒學案』, 권2, 37쪽, "今人未得前先放開", "未能克己求仁, 先要求顔子之樂", "放開太早, 求樂太早, 皆流於異端."

22) 역자 주-『論語』, 「先進」, '25章', "夫子喟然歎曰, 吾與點也."(스승께서 크게 한 숨쉬며 '나는 曾點의 생각이 좋다'고 탄식하셨다.)

23) 역자 주-「堯典」, 「舜典」, 「大禹謨」, 「皐陶謨」, 「益稷謨」를 말한다.

24) 『明儒學案』, 권4, 66쪽, "尋常讀與占一章, 只說胸次灑脫是堯舜氣象, 近讀二典 三謨, 方知兢兢業業是堯舜氣象."

는데, 그는 정호, 소옹邵雍(호는 康節)을 모범으로 삼았다. 그는 "나는 남을 가르칠 수 없고 다만 학자들로 하여금 '여점與點' 1장을 읽게 할 뿐이다"25) 라고 하였다. 이와 관련하여 진헌장은 정통파의 태도에 대해 나름의 해석을 내렸다. 그는 송대의 학자들 가운데 불가와 도가에 빠진 이가 많아서 주희 가 주경主敬이라는 방법을 제기하여 병폐를 구한 것이라고 했다. 또 그는 당시 사람들이 이록利祿에 빠져 초탈과 자재의 경지를 전혀 알지 못하고 있 기 때문에 '여점'의 의미를 부각시킬 수밖에 없다고 주장했다. 진헌장은 오 여필을 만난 뒤로 과거에 대한 뜻을 끊고 춘양대春陽臺를 쌓아 거기서 정좌 하면서 수년 동안 밖으로 나오지 않았는데, 이런 그에 대해 황종희黃宗羲(호 는 梨洲)는 "잊지도 않고 거들지도 않는(勿忘勿助) 방법을 체인體認의 법칙으 로 삼으니, 멀리는 증점曾點이고 가까이는 소강절邵康節이다"라고 평가했다.

이는 모두 진헌장의 사상이 '화락'이나 '쇄락'의 경지를 추구하는 것이 었음을 지적한 말들이다. 이런 경지를 추구하는 사상은 반드시 책을 읽고 외우는 공부를 멀리하고 번잡한 이론을 버리게 하며 집약된 진리로 나아가 는 내재적 체험을 중시한다. 진헌장의 "고요한 가운데서 실마리를 체인하 라"(靜中體見端倪)는 주장은 명대 신비 체험의 효시가 되었다. 그는 "배우는 이는 먼저 모름지기 기상을 파악해야 한다"(學者先須理會氣象)고 하였는데 여 기서 기상이란 그 자신에게 있어서는 '증점의 기상'이다. 그는 이것을 확실 히 몸과 마음으로 체득하여 자기 것으로 만들었다. 그래서 그는 다음과 같 이 통쾌하게 단언할 수 있었던 것이다.

온갖 일들에 대해 그 본래면목대로 대응할 뿐이니 어찌 손발을 힘들게 할 것인가? 무우舞雩에서 셋셋, 둘둘 무리 지어 노는 일이란 바로 잊지도 않고 조장하지도 않는 경지 속에 있는 것이니, 증점의 이런 생동감 넘치는 생각이 맹자의 틀 위에 놓이면 모두 '솔개 날고 물고기 뛰노는' 경지가 되리라!26)

---

25) 『明儒學案』, 권5, 74쪽, "我無以敎人, 但令學者看與占一章."
26) 『明儒學案』, 권5, 84쪽, "色色信他本來, 何用爾脚勞手攘, 舞雩三三兩兩, 正在勿
忘勿助之間, 曾點些兒活計, 被孟子打竝出來, 便都是鳶飛魚躍."

그리하여 진헌장은, 비록 맹자의 공부를 기초로 삼아야만 한다고 말하기는 했어도 결국은 증점 쪽으로 기울게 되었다.

진헌장이 볼 때 이런 '무無'의 공부는 결코 '힘들고 번잡하지'(勞攘) 않다. 그렇지만 주희는 "안자의 즐거움은 평담하고, 증점의 즐거움은 힘들고 번잡하다"(顏子之樂平淡, 曾點之樂勞攘)라고 말한 적이 있다. 자신을 이기고 예禮로 돌아가서 상제上帝를 마주 대할 수 있는 경敬을 이뤄야만 '공자와 안연의 즐거움의 경지'(孔顏樂處)라 할 수 있다고 본 것이다. 그러나 이런 경외가 자연스럽게 '화락'을 이끌어 낼 수 있느냐 하는 데는 의문의 여지가 없지 않다. 그래서 진헌장은 "이 이치는 송대 학자들이 완벽히 말했지만 나는 그것이 지나치게 엄숙하고 사나워서 싫어했다"[27]라고 말했던 것이다.

하상박이 지적한 바와 같이 소식이 정이의 경敬 이론을 무너뜨리고자 시도한 이후로 도학의 '경외'와 '쇄락'에 대한 논변은 하나의 내재적 토론거리였다. 칸트 식의 '경외'의 경지를 넘어서서 마음이 자유·자재·자득하는 '쇄락'의 경지를 실현하는 것은 줄곧 하나의 중요한 과제가 되었다. 경외와 쇄락의 긴장은, 경외가 지나치면 심령이 자득의 쾌적감을 누릴 수 없고 도덕적 수양을 일탈한 화락과 쇄락은 도가道家로 변할 수 있다는 데서 드러난다. 왕수인이 하상박에게 보낸 시 가운데 있는 "봄바람 속에 '뚜당' 소리를 내며 슬瑟을 내려놓나니[28] 증점曾點은 광자狂者[29]이지만 나의 정취를 얻었도다"(鏗然舍瑟春風裏, 點也雖狂得我情)라는 구절은 그가 내심의 깊은 곳에서 쇄락을 지향했음을 보여 준다. 하상박이 그에 대한 답시에서 "공자 문하에서 즐긴 기수沂水 가의 봄 풍경은 우정虞廷에 충만했던 경외의 태도를 벗어난 것이 아니다"(孔門沂水春風景, 不出虞廷敬畏情)[30]라고 읊은 것은 왕수인의

---

27) 『明儒學案』, 권5, 82쪽, "斯理也, 宋儒言之備矣, 吾嘗惡其太嚴也."

28) 역자 주―『論語』, 「先秦」, '25章', "(曾點)鼓瑟希, 鏗爾舍瑟而作, 對曰……."(증점이 瑟 타기를 점점 늦추다가 '뚜당' 하는 소리와 함께 瑟을 놓고 일어나 대답했다.……) 증점이 이때 대답한 내용은 각주 30)의 역자 주에 나온다.

29) 역자 주―주희는 '능력의 한계는 있어도 뜻이 진취적인 사람'으로 해석하였는데, 왕수인은 전통적인 狂者의 개념을 더욱 적극적으로 해석하였다. 이 책 '제9장 경지'에는 狂者의 胸次를 집중적으로 다룬 부분이 있다.

30) 역자 주―『論語』, 「先秦」, '25章', "(曾點)曰, 莫春者, 春服旣成, 冠者五六人, 童

내심을 겨누어 적절하게 반박한 것이라 할 수 있다. 그리고 동시대의 어떤 사람(詹復齋)도 "만일 증점이 요순과 같다고 우긴다면 결국 노장老莊으로 흘러들게 되리라"(便如曾點像堯舜, 怕有餘風入老莊)라는 시를 지었다. 경외와 쇄락의 관계에 대한 그들의 관점이 확실히 서로 달랐다는 것을 알 수 있다.

담약수湛若水(호는 甘泉)는 진헌장의 문인이다. 그는 초년에 '자득自得'의 공부 방법을 남달리 제창하였는데, 왕수인과 뜻이 잘 맞았다. 왕수인이 '자득' 두 글자를 좋아한 이유는 자기 자신이 이미 유·불·도를 하나로 합일시킨 상태여서 누구든 자득自得하여 진리를 자기 것으로 만들기만 하면 모두 인정하였기 때문이다. 그런데 담약수는 뒷날 '당면한 상황에 따라 천리를 체인하는'(隨事體認天理) 공부 방법을 주장함으로써 스승의 입장과 어느 정도 틈이 벌어지게 된다. 오히려 왕수인의 이른바 "지리멸렬하게 정현鄭玄처럼 되는 것을 부끄러워한다"(支離羞作鄭康成)는 태도야말로 진헌장의 "진유眞儒는 정현을 옳지 않다고 여긴다"(眞儒不是鄭康成)는 학술 방향을 계승한 것이라 볼 수 있다. 그러므로 하상박이 왕수인의 학문은 전적으로 진헌장으로부터 창도된 것이라고 단언한 것은 정확한 판단이라 하겠다. 진헌장에게는 장동소張東所(호는 廷實)라는 문인이 있었는데 황종희는 그가 진헌장의 학문을 아주 심오하게 터득했다고 평가하였다. 바로 이 장동소의 "마음은 어디에도 집착하는 바 없으면서도 그 본체를 정확히 파악한다"(心無所住亦指其本體)는 말이 왕수인의 이론과 부합한다. 황종희는 명대의 학술은 진헌장에 의해 정미한 단계로 접어들고 왕수인에 이르러 크게 완성되었다고 평가하여 하나의 맥락으로 파악하였는데, 그 이유가 바로 여기에 있을 것이다.

진헌장에서 왕수인에 이르는 인물들이 보여 준 정신 생활의 자득의 측면을 중시하는 경향은 동시대의 주자학자들과 명백한 차이를 드러낸다. 예컨대 주자학자인 설선薛瑄(시호는 文淸)은 이렇게 말하였다.

---

者六七人, 浴乎沂, 風乎舞雩, 詠而歸."(증점이 "늦봄에 봄옷이 다 되거든 어른 대여섯과 애들 예닐곱을 데리고 기수에서 씻고 무우에서 바람쐬고 읊조리며 돌아오리다"라고 하였다.) 虞廷은 '舜임금의 조정'이란 뜻으로 나라 일에 대해 근심하고 긴장을 놓치지 않는 분위기를 말한다.

지극히 누추한 곳에 있더라도 항상 삼가고 두려워하는 마음을 간직하여 소홀하게 여기는 일이 없어야 한다. 예를 들어 잠자리에 들 때 손발이 감히 아무렇게나 움직이지 않고 마음이 감히 아무렇게나 생각하지 않게 하는 것, 이것이 바로 잠잘 때의 공부이다. 그리하여 언제 무슨 일이나 늘 그렇게 할 수 있도록 해야 한다.[31]

더 나아가 설선의 후학인 단가구段可久는 "여러 사람과 함께 있을 때 입을 조심하고, 홀로 앉아 있을 때 마음을 방비하는"(群居慎口, 獨坐防心) 방법을 종지로 삼았다. 사실 이렇게 늘 조심하고 두려워하는 점검·경외의 공부라는 것이 결코 쉬운 일은 아니지만, 그것을 통해 도덕적 인격을 성취할 수 있다는 주장에는 의심할 만한 것이 없다. 그러나 만일 사람이 이런 식으로만 일생을 살아간다면 결국 자재하고 원만한 경지에는 이르지 못할 것이다. 이런 의미에서 진헌장이 "삼가고 두려워하는 것은 방비하자는 것이지 해롭게 하자는 것이 아니다"[32]라고 설명하고 "삼감(戒愼)과 두려워함(恐懼)이라는 이 말들은 편벽한 것이라 할 수 없다. 뒷날의 학자들이 제대로 파악하지 못한 것일 뿐이니, 그 차이는 아주 근소한 데 있다"[33]라고 말한 것은 나름대로 이유가 있다고 하겠다. 그러나 양명학이 한 세대를 거친 뒤에 그 문하들은 각자 자신의 의견을 내세워 스승의 본지를 잃고, '깨침'(悟)을 법칙으로 삼아 헛되이 본체라는 개념만 상상할 뿐 실질적인 격물格物 공부를 전혀 하지 않음으로써 '유有'를 떠나 '무無'로 들어가고 말았다. 그래서 여남呂枏(호는 涇野)의 문인 양응조楊應詔(호는 天遊)는 다음과 같이 지적하고 있다.

지금의 학자들은 안연顏淵의 학문을 배우지도 않은 채 먼저 증점曾點의 광자狂者 흉차胸次를 배우려 하는 것이 문젯거리다. 입문의 처음부터 잘못되었다. 극기복례克己復禮를 제대로 하지도 못하면서 천하가 자신의 인仁을 인정해

---

31) 『明儒學案』, 권7, 118쪽, "雖至鄙至陋處, 皆當存謹畏之心而不可忽, 且如就枕時, 手足不敢妄動, 心不敢妄想, 這便是睡時工夫, 以至無時無事不然."
32) 『明儒學案』, 권5, 82쪽, "戒愼恐懼所以閑之, 而非所以爲害也."
33) 『明儒學案』, 권6, 104쪽, "戒愼與恐懼, 斯言未云偏, 後儒不省事, 差失毫釐間."

주기 바라고, 부모를 섬기고 형을 공경하지도 못하면서 손발이 춤추고 뛸 듯한 법열을 느끼려고 하며, 평범한 일상의 작은 일부터 시작하지도 못하면서 솔개 날고 물고기 뛰노는 자재自在의 경지를 이루려 하고, '비단을 입을 때 덧옷을 입는' 조심스러움도 갖지 못하면서 '소리도 없고 냄새도 없는' 천인합일의 경지를 바라며, 얕고 가까운 것부터 배워 높고 먼 것으로 나아가는 공부도 하지 못하면서 스스로 '나를 아는 이는 하늘일 것이다'라고 말한다. 한번 경솔하고 방일한 짓을 하는 것을 천기天機라고 하면서 세속의 즐거움에 빠지는 것을 참된 즐거움이라 하니 어찌 어긋나지 않았겠는가![34]

그러나 왕수인은 후학들이 보이는 편벽이 전혀 없을 뿐더러 진헌장과도 같지 않았다. 왕기王畿(호는 龍溪)도 뒷날 "백사白沙는 백원산百原山(邵雍을 가리킨다)의 전통에서 나왔으므로"(白沙是百原山中傳統) 단지 '공문孔門의 별파別派'라고 하였다. 이는 결국 진헌장이 소옹의 '안락'이나 '쇄락'의 경지에 치우쳐 '유'와 '무'를, 또는 '경외'와 '쇄락'을 합일시키지 못했다는 지적이다. 우리는 왕수인이 한편으로는 시원스럽게 자득하여 걸림도 없고 막힘도 없는 경지를 진정으로 체득했으며, 다른 한편으로는 늘 '유'를 체로 삼고 '무'를 용으로 삼아[35] 경외를 통해 쇄락을 추구했다는 사실을 기억해야 한다.

표면적으로 볼 때 명대 리학의 기본 문제는 '본체'와 '공부'이다. 여기서 본체는 심心(혹은 性)의 본연적 상태를 가리키고, 공부는 정신적 실천의 구체적인 방법을 가리킨다. 결국 본질적으로 본체와 공부의 논변은 경지론(境界論)으로 볼 때 경외와 쇄락의 논쟁이다. 이것이 우리가 명대 리학을 파악하는 내재적인 맥락이다.

---

34) 『明儒學案』, 권8, 157쪽, "今世學者, 病於不能學顔子之學, 而先欲學曾點之狂, 自其入門下手處便差. 不解克己復禮, 便欲天下歸仁; 不解事親從兄, 便欲手舞足蹈; 不解造端夫婦, 便欲說鳶飛魚躍; 不解衣錦尙絅, 便欲無聲無臭; 不解下學上達, 便自謂知我者其天; 認一番輕率放逸爲天機, 取其宴安磐樂者爲眞趣, 豈不舛哉."
35) 역자 주―'有'는 경외와 같은 도덕적 공부, '無'는 쇄락과 같은 자재한 경지이며, '體'는 중심적 내용, '用'은 운용상의 태도를 말한다.

## 3. 이성과 실존

전통적인 비교철학의 입장에서 볼 때 서양 철학사에서의 헤겔 이전의
독일 관념론(유심론)은 심학心學과 비교할 만한 유형을 제공한다. 그리고 그
중심부에는 칸트(Kant)가 있다. 칸트가 제공한 일련의 범주, 예컨대 도덕 주
체, 도덕 법칙, 도덕 감정, 그리고 자율과 타율, 자유와 필연 등은 모두 심
학의 철학적 입장을 해석하는 데 중요한 의의가 있다. 특히 '의지 자신이
도덕률을 반포한다'[36]는 주장, 즉 도덕 법칙은 도덕 주체에 근원을 둔다는
주장은 심학 속에 담긴 '자율'의 성격을 이해하는 데 도움이 된다.

앞에서 이미 어떻게 칸트의 범주로 왕수인 철학을 해석하고 이해할 것
인가 하는 문제에 대해 상세히 언급하고 토론했으므로 여기서는 군더더기
를 달 필요가 없을 것이다. 다만 강조해야 할 사실은 우리가 심학을 자율
형태로 받아들인다고 해서 그것이 결코 심학과 칸트 윤리학의 기본 취향이
일치함을 의미한다는 것은 아니라는 점이다. '심학이 자율이냐' 하는 것과
'심학이 칸트 윤리학과 가까우냐' 하는 것은 서로 다른 문제이다. 사실 양명
학에서 주장하는 '공부'와 '경지'는 칸트와는 상당한 거리가 있다. 다음으로,
우리가 양명학을 자율로 받아들인다고 해서 그것이 반드시 주자학을 타율
로 규정하는 것은 아니라는 점도 강조되어야 할 것이다. 아울러 '타율'을 부
정적이고 소극적인 의미로 사용하는 것도 아님을 밝혀 둔다.

사상의 성격에서 보면 피히테(Fichte)가 왕수인에 더 가까울 것이다. 피
히테 역시 데카르트(Descartes)의 영향을 받았지만, 그의 순수자아는 논리상으
로 개체 자아보다 앞선 기초로서 개체를 초월한 우주 이성이자 개체의 본
체적 자아이다. 일단 자아가 자아 의식 속에서 자신으로 복귀하고 아울러
자신의 활동을 의식하게 되면 우리는 실재의 본질도 인식할 수 있게 된다.
이런 사상은 맹자에서 육구연으로 이어지는 심학과 상통하는 점이 있다. 특

---

36) 칸트, 『道德形而上學探本』, 商務印書館, 1962, 45쪽(이규호 역, 『도덕형이상학
   원론』, 박영사, 1986, 81쪽), "모든 이성적 존재의 의지는 보편적으로 입법하
   는 의지이다."

히 피히테는 도덕에 대해 선량한 동기만 있어서는 안 되고 반드시 행동으로 표현되어야 한다고 했는데, '행동'을 중시하는 그의 도덕론은 왕수인의 지행합일 사상과 매우 가깝다. 피히테가 양심을 모든 진리의 시금석이라 보고 사람들에게 양심의 명령을 따름으로써 감성의 노예 상태에서 해방되라고 가르친 것은, 양지良知를 천리로 보는 왕수인의 사상과 일치한다. 피히테는 마음의 외부에 독립되어 자재하는 어떤 것이 있다는 주장을 부정하고, 인간이 도덕 목적을 실현하기 위해 노력할 때는 동시에 우주를 실현시키는 의미도 갖는다고 보았다. 이러한 이론들 또한 마찬가지로 심학(양명학)과 상통하는 면을 지닌다고 이해될 수 있다.

피히테 철학을 규정하는 '윤리유심주의'[37]라는 용어는 왕수인 철학을 정립시키는 데 무리 없이 적용될 수 있다. 심지어 피히테에 따르면 도덕 경지 위에 더 높은 지락至樂의 경지가 있는데, 이 경지는 '외재적 성과에 대한 갈망을 버리고 안으로 자신을 지향하여 마음 편하게 진리를 얻어 본원本原과 동일하게 되는 것'이라고 한다.[38] 이런 느긋하게 자득한 종교적 경지는 역시 왕수인이 추구한 자득·무아의 경지와 상통한다. 그러나 피히테는 결코 인간 존재의 심층 구조와 인간의 정신 체험 전체의 풍부성에 대해 탐구하지 않았다. 이와 관련해서는 헤겔 이후에 대두된, 마찬가지로 주체성을 강조하는 실존주의 혹은 실존 철학이 우리에게 왕수인 철학과 그 의의를 이해하는 또 다른 시야를 제공해 주었다.

아주 엄격한 의미에서가 아니라면, 신유가(道學)가 발전하는 과정은 남송에서 명 중기로 이어지는 어떤 '철학적 전향'(Philosophical Turn), 다시 말해 '리학理學'에서 '심학心學'으로 변하는 전향의 과정이었다고 말할 수 있다. 물론 이것은 송대에는 심학의 맹아가 없었다거나 명대에는 리학이 연장되지 않았다는 의미가 아니라 철학 주류의 변화에 착안한 설명이다. 이러한

---

37) Frank Thlly, *A History of Philosophy* (3rd ed., New York: Henry Holt & Co., 1957; 김기찬 옮김, 『표준 서양철학사』, 현대지성사, 1998) 참조.

38) 王致興, 「피히테」, 『西方著名哲學家評傳』 제6책(山東人民出版社, 1985), 144쪽 참조.

전향의 특징은 무엇인가?

　양명학을 대표로 해서 흥기한 신유심주의에는 다음과 같은 특징들이 있다. 첫째, 주자학의 이성주의의 거대 구조에 대한 강한 불만으로(이것이 칸트와 피히테가 왕수인과 다른 점이다), 주자학이 형성되면서부터 '리理'와 '심心'의 거리가 더욱 멀어졌다고 보는 것이다. 둘째, 철학은 완전히 '심'을 중심으로 삼아야 한다는 요구로서, 이는 모든 것을 심에서 출발할 것을 주장하면서 '성' 개념을 중시하지 않는 것이다. 셋째, 진리를 더 이상 태극太極의 본체로 간주하지 않으며 주관적 진리의 의의를 강조한 점이다. 넷째, 리학이 본체론의 구조에 편중한 것과 달리 실천 공부를 보다 강조한 점이다. 다섯째, 주와 객, 마음과 사물의 분리를 찬성하지 않고 마음과 사물의 불가분성을 강조한 점이다. 여섯째, 지식·개념을 강조하지 않고 내심의 체험, 심지어 신비 체험까지도 중시하면서 정신 생활을 지식 활동보다 우선으로 삼은 점이다. 일곱째, 직각直覺을 강조하고 분석적이지 않은 점이다. 여덟째, 행동을 강조하고 지식적 이해를 강조하지 않은 점이다. 아홉째, 참여를 강조하고 관찰을 강조하지 않는 태도이다. 이는 궁극적 실재의 문제를 중요시하지 않고 어떻게 하면 자신을, 즉 '현존재'(Dasein)로서의 개체 존재를 보다잘 위할 수 있을까 하는 문제를 중시한 것이다. 열째, 본체론의 범주가 적게 사용되는 대신 정감적이고 정서적인 범주가 중요한 지위를 갖는 것이다. 마지막으로, 정감적 본질이 중시되고 인간의 정감·정서 상태에 직면해서 제기된 무아의 경지가 두드러진 지위를 갖는 점이다.

　이상을 간단히 정리하면, 신유심주의의 흥기는 주자학의 고전적 이성주의의 객관성·필연성·보편성·외향성의 입장에서 주관성·내재성·주체성·내심 경험으로 전향하는 것이다. 이런 의미에서 볼 때 리학에서 심학으로의 전환은, 헤겔 이후 서양 철학에서의 이성주의(Rationalism)에서 실존주의(Existentialism)로의 전환과 유사하다. 실존주의의 선구자인 키에르케고르는 헤겔 철학의 거대 구조가 안심입명安心立命을 보장하지 못한다는 데 불만을 품고 인간의 실존으로 전향한다. 키에르케고르의 "진리는 주관적이다"라는 주장은 왕수인의 "마음이 곧 리이다"(心卽是理)라는 주장과 같은 내용이라 할 수 있다. 키에르케고르를 기점으로 해서 본체의 문제(What)는 실천의 문제(How)로 바뀌게 되었으니, 실존주의 사조의 흥기는 바로 '이성'과 '실존'의 사이가 멀어지면서 생긴 이성주의에 대한 반란이라 할 수 있지 않을까? 실존 철학에서는 주체성의 원칙이 객체성의 원칙을 대신하고 마음과 사물의 대립이 소멸되며 감성적 본체가 지식적 본체를 압도한다. 비록 실존주의 철학자들 사이에서 그 각각의 이론 차는 매우 크긴 하지만, 이 사조의 일반적인 특징은 왕수인 심학 속에 어느 정도씩 나타난다.

왕수인은 유학을 '위기지학爲己之學'(자신을 위한 학문)으로 정의하였는데, 그에 따르면 '위기爲己'의 참된 의미는 철학이 어떤 리기理氣에 관한 명제나 체계이거나 생명 없는 장구나 훈고 따위일 수 없으며 본질적으로 생명 존재의 어떤 방식이어야 한다는 것이다. 이런 입장은 당연히 실존주의와 일치한다고 할 수 있다. 이런 점을 강조했기에 왕수인은 '지행합일知行合一', '치양지致良知'를 주창하였다. 키에르케고르의 용어로 표현하자면 도덕 원리에 대한 인식을 '나에 대해 참된 진리'로 바꾸려 한 것이다. 이는 어떠한 도덕 원리든 내가 그것을 실천하지 않으면 참된 진리가 될 수 없다는 말이다.[39] 그리하여 왕수인은 이른바 '참된 지행'의 문제를 제기하였다.

지행합일의 각도에서 보면 진리는 반드시 우리 자신과 절실하게 관계된 실천 방식과 실존 태도를 보여야 한다. 키에르케고르의 이른바 진실한 주체는 데카르트 식의 인식 주체가 아니라 실천적인 '윤리적으로 실존하는 주체'이며[40] 이는 양명학의 입장과 일치한다. 키에르케고르의 관심은 '어떻게 하면 훌륭한 기독교인이 될 수 있을까' 하는 문제에 있었다. 그러므로 그는 지식의 누적을 무의미한 것으로 보고 이성주의에서 말하는 진리를 거부하였다. 한편 왕수인의 관심은 '어떻게 하면 성인이 될 수 있을까' 하는 것이었다. 그러므로 그가 견문見聞의 지식을 경시하고 주체적 방향으로 돌아선

---

39) 項退結, 『現代存在思想家』(臺北東大圖書公司, 1986) 참조.
40) 李天命, 『存在主義哲學槪論』(臺北學生書局, 1986) 참조.

것도 실존 철학가의 입장과 상통되는 점이라 하겠다.[41]

물론 어떤 면에서는 왕수인 철학과 실존 철학 혹은 실존주의 사이에 큰 차이가 있을 수 있다. 예컨대, 키에르케고르 이후 개인의 자아 선택이 줄곧 실존주의 윤리학의 특징 가운데 하나였으므로, 경전과 권위, 습관과 선입견을 경시하고 사람들에게 개체의 양지를 따라 행위 방식과 생명의 의의를 선택하라고 한 왕수인의 주장은 개인의 선택을 가치의 근원으로 보는 실존 철학의 사상과 상통한다고도 볼 수 있다. 그러나 실존주의자들 가운데서도 유신론적 사상가와 무신론적 사상가의 '개인 선택'은 늘 취향을 달리해서 극단적인 경우에는 도덕상대주의나 유아주의, 심지어 비도덕주의로까지 내달았는데, 이는 왕수인이 중국 봉건 사회의 유가로서 지녔던 도덕철학적 입장과는 아주 거리가 멀다.[42] 결국 칸트 철학과 왕수인 철학의 비교가능성이 주로 윤리학 방면에 있고 일반적인 철학적 특징에 있지 않다고 한다면, 실존주의 철학과 왕수인 철학의 비교가능성은 오히려 윤리학에 있지 않고 사상 운동으로서의 일반적 특징과 주된 철학적 성향에 있다고 할 수 있다.

그러므로 우리가 심학이 여러 면에서 실존주의의 발상과 가깝다고 말하는 이유는, 한편으로는 두 사조가 지닌 공통된 특징을 지적하는 것이며 다

---

41) 영어권에서 처음으로 양명학과 실존주의의 비교가능성을 제기한 논문은 정화열의 "Wang Yang-ming and existential phenomenology" (*International philosophical Quarterly*, 1965. 5)이다.

42) 1972년 6월 하와이 대학에서 거행된 비교양명학회의에서 오카다 다케히코(岡田武彦)는 王門의 후학들 중 王畿에서 王艮 등까지의 左派王學을 실존주의라 부르고, 現成派의 '일체를 내려놓고 자연히 유행하는' 태도는 이성 사고를 거부하는 실존주의라고 강조했다.(실제로는 1970년에 W. T. de Bary가 편집한 *Self and Society in Ming thought*라는 책 속에 이미 오카다 다케히코의 이런 관점의 논문이 수록되어 있다.) 반면 이 회의에서 Nivison은 「왕양명의 도덕결정: 중국 실존주의의 문제」라는 논문을 제출하여, MacIntyre 등의 관점에 의거해서 심학과 서양 실존주의의 차별을 강조하였다. 다만 그는 오카나 다케히코가 사용한 실존주의가 일반적인 서양적 의미의 이해와는 같지 않다 하더라도 심학은 확실히 실존주의적인 문제를 제기하였으며 이 문제는 깊이 연구해 볼 가치가 있다고 말했다. David Nivison, "Moral decision in Wang yang-ming: The problem of Chinese Existentialism" (*Philosophy East and West*, 23, 1-2, 1973); Takehiko okada, "Wang Chi and the Rise of Existentialism" (Wm Theodor de Bary 주편, *Self and Society in Ming thought*, Columbia University Press, 1970).

른 한편으로는 좀더 구체적으로 왕수인 철학 내에서는 인간이 도덕 주체로
서 실존 주체와 밀접한 관련을 갖고 있음에 주목하여 심학과 실존주의의
사고 사이에 상호 해석의 가능성이 있음을 지적한 것이다. 그 가운데 가장
두드러진 것이 정서 주체와 감성 체험에 대한 관심의 문제이다.

노사광勞思光은 실존주의의 주체는 '정의情意적 자아'를 중시한다고 지
적하였다.43) 사르트르에 따르면, 일반 의식은 모두 위치적 의식이어서 주체
와 대상을 분리하는 이원론적 인식을 상정하는 데 반해 심리·정감·정서
는 원초적 의식으로서 자아를 인식 대상으로 삼지 않으므로 자아의 체험은
위치성을 띠지 않는다고 한다. 그는 의향·쾌락·고통을 직접 의식으로 보
고 그것을 '어떤 것에 대한 의식을 가능하게 하는 유일한 존재 방식'이라고
규정하였다.44) 즉 정감적인 것이 인지를 가능하게 하는 유일한 존재 방식이
라는 것이다. 그는 인식론의 지상주의를 반대하여 감성 체험이 더 원초적이
라는 사실을 강조하면서 '전前반성적 코기토'(Pre-reflective Consciousness : 反思
이전의 我思)라는 개념을 세웠다. '전반성적 코기토'란 인식론적 의미의 마음
의 본체가 아닌 정감·정서의 주체를 가리킨다. 그러므로 감성 체험은 좀더
깊이 있게 인간의 실존 구조를 보여 준다.

하이데거 역시 기분은 실존의 상태에서 가장 익숙하게 아는 것으로서
"이런 현상을 기본적인 실존 범주로 보아야 한다"라고 주장했다.45) 그는 또
"인식의 전개 가능성은 '기분'의 근원적인 전개에 비할 때 너무나 짧다. 기
분 속에서는 현존재(Dasein)가 '거기에'로서의 '그'의 존재 앞에 이끌려 나온
다"46)라고 하고, 또 기분을 '현존재'의 '처해 있음'으로 보면서 "처해 있음
속에서 현존재는 언제나 이미 그 자신 앞에 이끌려 나와 있으며 언제나 이
미 자신을 발견하게 마련이지만, 그것은 자신 눈앞에 놓여 있음을 감지적으

---

43) 勞思光, 『存在主義哲學』, 亞洲出版社, 1959, 2쪽.
44) 사르트르, 『存在與虛無』, 三聯書店, 1987, 12쪽(손우성 역, 『존재와 무1』, 삼성
    출판사, 1999, 69쪽).
45) 하이데거, 『存在與時間』, 三聯書店, 1987, 164쪽(이기상 역, 『존재와 시간』, 까
    치, 1998, 187쪽).
46) 하이데거, 『存在與時間』, 165쪽(이기상 역, 『존재와 시간』, 187쪽).

로 발견하는 것이 아니라 오히려 기분에 잡혀 스스로 드러나게 되는 것이다"[47]라고 하였다. 이것은 모두 기분이 '현존재'에서 가장 기본이 되는 실존론적 부분이라는 사실을 지적한 언명들이다. 그는 또 "현존재는 실제로 지식과 의지를 빌려 기분을 지배할 수 있고 지배해야 하며 또 반드시 지배하게 마련이다. 이런 정황은 실존함의 어떤 가능성에서는 의지나 인식의 우위를 의미할 수도 있다. 그러나 그렇다고 이것을 근거로 잘못 생각해서, 실존론에서 기분이 현존재의 근원적 존재 방식이라는 사실을 부정하거나 현존재가 이런 방식으로 일체의 인식과 의지에 앞서며 둘의 전개 정도를 훨씬 넘어서 자신을 스스로 전개해 나간다는 사실을 부정해서는 안 된다"라고 지적하였다.[48] 이것은 모두 '인식적 자아'가 아닌 '정의적 자아'가 원시적 의미의 마음의 본체이며 현존재 즉 '인간이라는 존재자'에 가장 절실하고 가까운 존재 방식임을 강조한 말이다.

왕수인이 만년에 제기했던 유명한 '사구교四句教'의 첫 구절은 "선도 없고 악도 없는 것이 심의 체이다"(無善無惡心之體)인데, 앞에서 밝힌 것처럼 심체心體는 곧 심의 본연 상태이므로 여기서는 윤리적 의미도 아니고 인식론적 의미도 아니다. 이 '심의 체'라는 개념은 사르트르의 '전반성적 코기토', 하이데거의 '참된 실존', '기본적인 처해 있음'에 해당하는 것으로서 감성·기분의 본연적인 모습을 가리킨다. 왕수인이 무아의 경지를 받아들일 때 직면했던 것이 바로 감성적·정서적 자아였다. 그는 사람들로 하여금 모든 소극적이고 부정적인 감성·정서를 초월하여 안녕·평정·자재의 정신 경지를 얻게 하고자 했다. 심체의 의미에서 말하자면 인간의 참된 정서 상태로 회귀시키고자 한 것이다. 왕수인이 유가 윤리를 강화하면서 보여 준 인간의 실존적 정감 상태에 대한 지대한 관심 덕분에 그의 철학은 실존주의적 성격을 띠게 되었다. 실제로『명유학안』전체에 충만해 있는 리학가理學家들의 생존 체험에 관한 기술을 통해 우리는 왕수인의 영향을 받은 명대

---

47) 하이데거,『存在與時間』, 166쪽(이기상 역,『존재와 시간』, 188~189쪽).
48) 하이데거,『存在與時間』, 167쪽(이기상 역,『존재와 시간』, 189~190쪽).

리학의 특질을 확인할 수 있을 것이다.

이성주의에서 실존주의로의 전환, 이것은 서양 철학의 의미가 강한 표현이다. 우리는 이를 양명학과, 리학에 대한 반동인 전체 명대 심학 운동의 성격을 파악하기 위한 실마리의 하나로 차용하려는 것이지, 왕수인 철학과 실존 철학이 완전히 일치함을 말하려는 것은 아니다. 동일한 대상에 대해서도 얼마든지 다른 방식, 다른 방법을 채택하여 이해할 수 있는 법이므로, 이른바 '객관적 유심주의에서 주관적 유심주의로'라는 전통적인 설명 방법을 택한다고 해도 다원적 해석이라는 입장에서 계속 그 유용성을 유지하지 못할 것도 없다. 그렇지만 여기에서의 착안점은 언제나, 중국 철학은 본래 희랍철학적 의미의 철학이 아니므로 고전적 서양 이성주의로는 중국 철학의 가치와 지혜를 완전히 이해할 수 없으며, 인생 체험이나 정신 경지 및 실존주의에서 다루는 인간의 실존적 상황 등을 통해서만 중국 문화와 중국 철학의 의의를 전면적으로 이해할 수 있다는 점을 강조하려는 데 있다.

중국 철학과 서양 철학의 명확한 차이점 가운데 하나는, 중국 철학에서는 인생 수양의 공부론이 매우 중요한 지위를 차지한다는 점이다. 또한 중국 철학에서 주로 다루어진 내용이 정신 경지를 고양시키는 구체적 실천 방식인 것을 보면, 중국 철학이 정신 생활과 심령의 경지를 중시했다는 사실을 확인할 수 있다. 풍우란은 서양 철학과 비교해 볼 때 중국 철학은 '내성內聖'과 그 내성內聖을 실현하기 위한 수양 방법, 즉 고인의 이른바 '성인聖人 되기 위한 공부'(爲學工夫)에 보다 치중하여 이 방면에 대한 풍부한 토론을 남겼는데 이런 내용은 서양 문화의 의미에서 볼 때 철학으로 취급할 수 없는 것들이라고 지적한 바 있다.[49] 그리고 진가의秦家懿는, 사실상 중국 철학의 이러한 내용은 서양 전통 속에서도 발견할 수 있지만 그것은 서양의 종교 전통 속에서, 즉 기독교 전통 내의 이른바 '정신성'(Spirituality) 방면에 많이 나타난다고 지적하였다.

---

49) 馮友蘭, 『中國哲學史』(中和書局, 1984), 11쪽, '緖論'.

'정신성'이라는 단어는 인간의 정신적 성향을 가리키는 것으로 고행과 신비주의를 포괄하지만, 근래 이 단어의 용법은 비非서양적 종교 전통 속의 정신 수양을 가리키는 데 적용되기도 한다.[50] 서양 문화 전통 속에서 초도덕적 경지는 곧 종교적 경지이므로 '정신성'은 주로 종교적인 내면 생활로 표현되었으나, 중국 문화에서는 유학의 인문주의적 전통 자체에서 이런 성향을 수용하고 있다. 인간은 과연 '도덕 경지'에 도달해야 하는 동시에 윤리 도덕을 초월한 경지 예컨대 이 책에서 거론한 평정·온정·안녕의 의미를 담은 '무아의 경지'를 실현하기 위해 노력해야만 하는 것일까, 또한 어떻게 해야 그런 정신 경지에 도달할 수 있을까, 그리고 정신 생활과 자아 수양은 인간의 총체적 발전과 문화의 진화에 어떤 의의가 있는가 하는 문제들은 우리에게 있어 영원히 풍부한 생명력을 가진 과제라 할 수 있다. 그러므로 동서양의 문화가 교류하는 시대에, 각종 종교 전통이 과학의 도전을 받는 시대에, 안심입명이라는 인간의 실존적 요구에 직면하여 유학이 제공하는 철학의 경지를 돌이켜보는 것도 무의미하지는 않을 것이다.

마지막으로 지적하고자 하는 것은, 지금까지 서술한 것은 단지 문화적·비교철학적 관점에서 필자가 이 책을 저술할 때 가졌던 기본적인 착상을 거론한 것일 뿐이며 이 책이 결코 문화 연구 혹은 비교철학에 대한 전문적 저술이 아니라는 점이다. 사실 이 책은 전적으로 철학사에 관한 연구서이며, 이 책의 목적은 구체적이고 견실한 역사적인 연구를 통해 유가 전통의 문화와 철학이 지닌 의미와 그 정신성의 전체 내용을 보여 주는 데 있다.

---

50) Julia Ching, "What is Confucian spirituality?", *Confucianism: The Dynamic of Tradition* (Irene Eber, ed., New York: macmillan, 1986), pp. 63~80.

## 제2장 심과 리

### 1. 심즉리설의 성립

송명 리학 전반에 걸쳐 '심心'과 '리理'의 관계는 기본적인 철학 문제 중의 하나이다. 그 중요성은, 리학자理學者라 불리는 학자라면 비록 도道와 기器, 성性과 명命, 심지어 리理와 기氣의 문제에 대해서도 다루지 않을 수 있지만 심과 리의 문제는 결코 회피할 수 없다는 데서 확인할 수 있다. 이것은 심·리 문제의 해결이 '본체本體와 공부工夫의 관계'를 기본 구조로 하는 리학의 전체 체계를 결정하는 기초가 되고 신유가 지식인의 정신 생활의 기본 진로가 되기 때문이다. 심학의 전통에서 말하면 심과 리의 관계를 규명하는 것은 심학 전체 체계의 핵심이 된다. 그러므로 "심이 곧 리이다"(心卽理), 혹은 "심 밖에 따로 존재하는 리는 없다"(心外無理)라는 언명이 왕수인 윤리학의 제일 원리가 되고 맹자孟子 이래 심학의 윤리 철학을 대변한다는 지적은 전혀 과장된 것이 아니다.

송대 리학의 관점에 따르면 인생과 수양의 궁극적 목적과 이상적 경지는 '심과 리의 합일'이다. 주희朱熹(호는 晦庵)는 이렇게 말한 적이 있다.

사람이 추구해야 할 학문의 대상은 심心과 리理뿐이다. 심은 본래 한 사람의 몸을 주재하는 것이지만 허령虛靈한 그 체體는 천하의 리를 모두 아우를 수

있다. 리는 비록 만사萬事에 산재해 있지만 미묘한 그 용用은 실로 한 사람의 마음 바깥에 있지 않다.1)

이처럼 주희 또한 마음이 본래 온갖 리를 포함하고 있다고 여겼다. 하지만 리는 '심'에서 '성性'의 형태로 존재할 뿐이고, 여기서 '심'은 경험 의식의 범주에 속한다. 인간의 의식은 안으로는 기질의 영향을 받고 밖으로는 환경의 영향을 받으므로 결코 도덕 법칙과 완전히 합일될 수 없다. 따라서 윤리학적 심성론에서 볼 때 리는 주체 속에 내재해 있지만 이 리는 마음에 있어 단지 본질상의 구조일 뿐 현재의 의식이 아니므로 도덕 원리의 궁극적 근원은 우주의 보편 법칙 그 자체이다. 인식론적으로 말한다면, 의식이 도덕 법칙인 리에 대해 어떤 자각을 갖도록 해서 도덕 법칙이 전체 의식과 동기 속에 드러나거나 스며들도록 해야 한다는 의미가 된다. 이렇게 체계 내의 본질 구조인 리는 반드시 인식 대상인 리로 전화되어야 하며, 이런 인식의 과정은 주희 철학의 용어로 말하면 격물궁리格物窮理의 과정과 방법에 의존하게 된다. 그리고 이 인식 과정은 엄숙하게 도덕 수양을 몸으로 실천하고 온갖 감성·정욕의 침입을 제거하는 공부를 필요로 한다.

위의 입장에 따라 주희 철학에서는 심과 성의 구분을 엄격히 하여 "성이 곧 리이다"(性卽理)라는 명제만을 인정하였으며, "마음이 곧 리이다"(心卽理)라는 명제는 보편적인 명제가 될 수 없다고 보았다. 한편 주희와 같은 시대에 살았지만 주희의 철학과 대립적이었던 육구연陸九淵(호는 象山)은 '본심을 밝힌다'(發明本心)는 것을 종지로 삼아 맹자의 '본심本心' 사상을 발전시키면서 "마음이 곧 리이다"라는 명제를 제기하였다. 육학陸學에서 "마음이 곧 리이다"의 '마음'(心)은 실제로 선험적인 '본심'과 그것이 표현된 형태인 '양심'을 가리킨다. 그러므로 육학에서는 결코 인간의 의식이 의리에 합치된다고 간주하지 않았다. 그러나 주희와 육구연 사이에서 마음과 리에 대한 문제가 진정하게 토론된 적은 없었다. 즉 양쪽 모두 정치하게 자신의 입장을

---

1) 『大學或問』, 권1, "人之所以爲學, 心與理而已矣. 心雖主乎一身, 而其體之虛靈足以管乎天下之理. 理雖散在萬事, 而其用之微妙實不外乎一人之心."

해명하고 반성하여 같은 차원, 같은 범주에서 둘 사이의 분기점을 명백히 밝혀내는 시도를 하지 못했던 것이다.

'마음 공부'(心學)에 국한시켜 말하면, 주희 철학의 소의경전所衣經典은 주로 『대학大學』이었고 육구연 철학의 소의경전은 『맹자孟子』였다. 맹자의 사상은 명료하여 쟁론의 여지가 없긴 하지만 그 '본심'의 사상은 『대학』의 삼강령三綱領·팔조목八條目의 실천 원리만큼 세밀하지 못하다. 그런데 육구연은 맹학孟學의 입장에서 『대학』의 내재 논리를 해명하여 주희 철학의 문제점을 지적하지 못했을 뿐 아니라 격물치지格物致知·치지역행致知力行의 공부 방법에 대한 이해에서도 주희의 영향을 벗어나지 못하였다. 그래서 주희 철학에 대한 그의 비판으로는 여전히 맹학(心學)의 전체 관념을 충분히 드러낼 수 없었다.

이런 의미에서 왕수인은 육구연의 사상 방향을 계승하여 주희를 상대로 심학과 리학의 대화를 이어갔다고 할 수 있다. 다만 이때는 주희가 세상을 뜬 지 300년이 지났고 왕수인도 처음에는 육구연을 계승한다는 자각을 전혀 갖고 있지 않았다. 왕수인이 정자 앞의 대나무를 분석하는 궁리窮理 공부를 했던 일화는 그 일이 발생했던 정황이나 결과로 볼 때 당시 그가 너무 어려 주희 격물론格物論의 전체적인 내용을 제대로 이해하지 못했음을 보여 준다. 이런 사례는 몇백 년 리학사에서 극히 드문 일이었다. 이를 통해서도 청년 왕수인 이외의 다른 대부분의 학자들은 주희의 종지를 정확하게 이해했다는 것과 주자학에 대한 왕수인의 이해와 그 이해를 토대로 한 주자학 비판이 모두 치우친 견해에서 나왔다는 것을 알 수 있다.

그러나 왕수인이 그로부터 제기한 명제는 확실히 의의가 있는 것이었다. 왕수인은 자신의 청년기 사상의 흐름을 회고하면서 용장龍場에서 도道를 깨쳤을 때 "성인의 도는 내 성性 안에 자족되어 있으므로 '그때까지 사물을 통해 리를 구하던 태도가 잘못이었음'을 비로소 알게 되었다"[2]고 하

---

2) 『陽明全書』(中華書局 版 四部備要本, 이하 『全書』라 표기), 권32, 「年譜」, '戊辰條', "始知聖人之道, 吾性自足. 向之求理於事物者, 誤也."

였다. 이는 홍치弘治 2년(己酉)에 누량婁諒을 만나 격물 공부를 추구할 때부터 정덕正德 3년(戊辰)에 용장에서 도를 깨칠 때까지 청년 왕수인의 사상 역정이 심과 리의 문제에 시달리고 있었다는 사실을 보여 준다. 왕수인은 송대 리학자들의 지침에 따라 여러 사물(事事物物) 속에서 리를 구했지만 사물에서는 리를 구할 수 없었다. 그렇게 오랫동안 시달려 왔던 문제는 용장에서의 온갖 시련과 고민을 통해 어느 날 밤 갑자기 해결을 보게 된다. 그 해결은 표면적으로는 신비 체험의 형식을 띠고 있지만 그는 거기에서 어떤 실질적인 결론을 얻어냈다. 즉 리는 본래 외부 사물에서 온 것이 아니라 우리의 심(성) 속에 내재해 있다는 것이다. 이것은 왕수인이 어떤 하나의 칼날을 찾아내어 '외물'과 '외물의 리'라는 문제를 철학으로부터 단호하게 잘라내고 더 이상 논의하지 않게 되었음을 의미한다. 이것이 이전의 철학 입장에 대해 혁명적 의미를 가진다는 사실은 의심의 여지가 없다.

사상의 발전에서 볼 때 '용장오도龍場悟道'(용장에서 도를 깨침)는 왕수인이 몇 년을 걸쳐 심心·물物·리理의 문제를 힘들게 연구해 온 결과일 뿐아니라 홍치弘治 을축년乙丑年(34세 때), 담약수湛若水(호는 甘泉)와 교제하게된 이래 일궈왔던 사상의 발전과도 유관하다. 왕수인은 임신년壬申年(1512)의 「별담감천서別湛甘泉序」3)에서 이렇게 밝히고 있다.

나는 어릴 때 학문에 힘쓰지 않고 편벽된 것들에 빠진 지 20년 만에 드디어 도가와 불가를 깊이 연구하게 되었다. 그러다 하늘의 영명함 덕택에 깨달은 바가 있어 드디어 주정周程의 학설을 좇아 도를 구하게 되었고 거기서 무엇인가 얻은 듯하였다. 그때 한두 동지同志 이외에는 나를 도와줄 만한 사람이 없었고 나머지는 겨우 내 도움을 받아야 뜻을 세울 수 있을 뿐이었다. 그러다뒤늦게 감천甘泉선생과 벗이 된 뒤에 나의 뜻이 더욱 굳건해져서 막을 수없을 듯하니, 내가 감천에게 도움을 받은 것이 많다.4)

---

3) 湛若水를 송별하는 연회에서 지은 시를 모은 시집에 붙인 서문이다.
4) 『全書』, 권7, 124쪽, "某幼不問學, 陷溺於邪僻者二十年, 而始究心於老釋. 賴天之靈因有所覺, 始乃沿周程之說求之, 而若有得焉. 顧一二同志之外莫予翼也, 岌岌乎僕而後興. 晚得友於甘泉湛子, 而後吾之志益堅毅然, 若不可遏, 則予之資於甘泉多矣."

또한 그의 「연보」에도 다음과 같은 기록이 보인다.

을축년, 이 해에 선생께 문인이 처음으로 몰려들었다. 학자들은 문장을 짓고 고전을 외우는 공부에 빠져서 심신의 수양을 추구하는 학문이 있음을 알지 못했는데, 선생이 처음으로 이를 제창하셨다.……그러나 사우師友의 도가 오래 전에 없어져서 모두들 선생을 가리켜 기이한 이론을 세우고 명성을 좋아한다고 하였다. 오직 이때 한림원翰林院 편수編修로 있던 감천 담선생만이 한 번 사귀게 되면서부터 줄곧 함께 성학聖學을 제창하는 것을 일로 삼았다.5)

담약수의 학문은 진헌장에게서 나온 것으로 홍치·정덕 연간의 사람들은 모두 그의 학문을 선학禪學이라고 하였는데, 왕수인과 그가 한번 만나보고는 뜻이 맞아서 함께 심신지학心身之學을 제창하였다면 이는 왕수인의 학문 방향이 이때 이미 견고하게 확립되었다는 것을 말해 준다. 사실 왕수인이 일생 동안 강하게 비판했던 대상은 고전을 외우고 글을 짓거나 지리멸렬하게 주석이나 만드는 학문이었다. 이 점을 근거로 해서 보면 당시 왕수인이 담약수의 영향 아래 이미 '안-밖'의 문제에서 '안'의 입장을 선택했음을 알 수 있다. 이후의 내용을 통해 알게 되겠지만 이 점에 있어 왕수인은 담약수보다 더 편집적이고 심각하였다.

이렇게 학문 방법에서 내향적 취향이 확립되었다는 것은 어떤 면에서는 '마음'에 대한 새로운 인식이 이루어졌다는 사실을 내포한다. 이 점은 같은 해 제양백諸陽伯에게 보낸 시에서 잘 드러난다.

양백은 곧 백양伯陽6)이니 백양은 어디에 있는가?
대도大道는 곧 사람 마음이니 만고에 바뀌지 않도다.
장생長生은 인仁을 구함에 있거니와 금단金丹이 어찌 밖에서 얻는 것이랴.
30년 잘못되었다가 이제야 내 뉘우치도다.7)

---

5) 『全書』, 권32, 445쪽, 「年譜」, "乙丑, 是先生門人始進. 學者溺於詞章記誦, 不復知有身心之學, 先生首倡言之.……然師友之道久廢, 咸目以爲立異好名. 惟甘泉湛先生若水時爲翰林庶吉士, 一見定交, 共以倡明聖學爲事."
6) 역자 주-『參同契』를 지은 魏伯陽을 가리킨다.
7) 『全書』, 권19, 287쪽, "陽伯卽伯陽, 陽伯竟安在. 大道卽人心, 萬古未嘗改. 長生

이를 통해서 볼 때 왕수인은 임술년에 이르러 도교와 불교의 잘못을 깨달았으며(「年譜」) 을축년에 이르러서는 유가의 입장을 확립하였는데, 그가 회귀한 유학은 이미 "대도大道는 곧 사람 마음이니 만고에 변하지 않는다" (大道卽人心, 萬古未嘗改)라고 하는 짙은 심학적 색채를 띤 것이었다.

정축년에 좌천되어 북경을 떠나면서 왕수인은 「감천과 여러 벗들과 이별하며」(別甘泉諸友)라는 여덟 수의 시를 지었는데 그 속에서도 명확하게 "이 마음이 바로 리인데 어찌 나와 남을 따지랴"[8]라고 읊고 있다. 이 시는 사람이라면 모두 마음을 공유하고 있고 마음은 리를 공유하고 있다는 사상을 강조한 것으로, 이로부터 육구연의 심학으로 더욱 다가서게 되면서 '심즉리'로 향한 문이 활짝 열리게 된 것이다. 왕수인은 시 속에서 또한 "기氣와 도道는 떨어질 수 없으니 둘로 나누면 성性이 아니다"[9]라고 읊었는데, 이것 역시 송대 학자 가운데 심학에 속하는 정호에서 육구연까지의 "도와 기는 떨어질 수 없다", "심이 곧 성이다"라는 입장에 다가선 것이다.

이렇게 볼 때, "수사洙泗[10]의 흐름은 점점 미미해지고 이락伊洛[11]은 겨우 실낱같이 남았으니 뒷날의 서너 분은 결함을 감출 수 없도다", "터럭같이 작지만 핵심적인 부분에서 힘써 분별하노니 만 리里로 멀어지는 잘못을 면할 수도 있으리"라고 한 것은[12] 이미 왕수인이 북송 이래의 리학에 대해 불만을 품고 있었음을 나타낸다. 여기서 '뒷날의 서너 분'이란 말이 주로 주희를 지칭한다는 것은 의심의 여지가 없다. 또한 아주 작은 차이를 변별하여 만 리나 멀어지는 잘못이 생기지 않도록 하겠다는 그의 말은 마음과 리를 둘로 나누는 주희의 사상을 염두에 둔 것일 가능성이 크다.

같은 해 왕수인은 저시허儲柴墟에게 보낸 시에서 "그대는 덕성을 높이

---

在求仁, 金丹豈外待. 繆矣三十年, 於今吾始悔."
8) 『全書』, 권19, 289쪽, 「別甘泉諸友」(第四首), "此心還此理, 寧論己與人."
9) 『全書』, 권19, 289쪽, 「別甘泉諸友」(第四首), "氣道不可離, 二之卽非性."
10) 역자 주 - 공자와 맹자가 살던 지역의 강.
11) 역자 주 - 이정 형제가 살던 지역의 강.
12) 『全書』, 권19, 289쪽, 「別甘泉諸友」(第三首), "洙泗流浸微, 伊洛僅如線, 後來三四公, 瑕瑜未相掩……力爭毫釐間, 萬里或可免."

고, '묻고 배우는'(問學) 일의 지리한 병폐를 없애게나'(願君崇德性, 問學刊支離)라고 하여, 존덕성尊德性의 종지를 내세워 지리멸렬한 도문학道問學을 분명하게 반대하였다. 이것은 좀더 군건하게 육학陸學의 입장에 서면서 주자학으로부터는 더욱 멀어졌다는 증거이다. 왕수인은 또 적소謫所로 가는 길에 고향인 산음山陰에 들린 뒤 「별삼자서別三子序」[13]를 지었는데 그 글의 첫머리에서도 다음과 같이 말하고 있다.

> 정자와 주자 같은 대학자 이후로는 사우師友의 도가 마침내 없어져서, 육경은 훈고라는 지리멸렬한 방법에 의해 갈기갈기 찢기고 문장 짓고 과거 준비하는 습속에 뒤덮여 성인의 학문이 거의 스러졌다.[14]

이상의 기록들을 만년에 왕수인이 '지리하게 밖에서 찾는 속유들의 태도'(世儒支離外索)를 강하게 비판한 것과 비교해 보면, 그는 용장으로 유배가기 전에 이미 주자학과 확연히 분기되는 경향을 분명하게 드러내었고 이것이 용장에서의 깨달음의 기초가 되었음을 알 수 있다. 왕수인에게 있어서 문제의 핵심은, 이미 심학의 기본적 입장을 확립하기는 했지만 송대 리학자들이 제기한 '격물궁리'의 문제를 이론상으로 해결하지도 못했고 또 비판하지도 못했다는 데 있을 뿐이다. 그 해결은 심心과 리理, 심心과 물物의 관계에 대한 관점을 새롭게 정립하고 사고 체계를 세움으로써 이루어졌다.


## 2. 심즉리설의 함의

왕수인의 '용장오도龍場悟道'에 대해서는 「연보」의 기록이 좀더 상세하다.

> (선생은) 당신께서 생각하시기에 득실과 영욕에 대해서는 모두 초탈할 수 있는데 오직 생사에 대한 집착과 두려움만은 아직 없애지 못했다고 여기셨

---

13) 역자 주—셋째 아들과 헤어지면서 지은 시를 묶은 시집의 서문.
14) 『全書』, 권7, 123쪽, "自程朱諸大儒後, 而師友之道遂亡, 六經分裂於訓詁支離, 蕪蔓於辭章業擧之習, 聖學幾於息矣."

다. 그래서 마침내 돌로 된 관을 만들어 놓고 '내 오직 명을 기다릴 뿐이다!'
라고 스스로 맹세하시고는 밤낮으로 늘 마음을 맑게 하여 정일靜一한 경지
를 구하셨다.……성인이라도 이런 상황에 처했을 때 달리 무슨 도를 더 가졌
겠느냐는 생각에 이르자 홀연히 한밤에 격물치지의 의미를 크게 깨치시니,
따르던 사람들이 모두 놀랐다. 비로소 성인의 도는 내 성 안에 자족되어 있으
므로 예전에 사물에서 리를 구하던 태도는 잘못이라는 것을 알게 되셨다.[15]

'내 성 안에 자족되어 있다'(吾性自足)는 말은 본체(성체)를 논한 부분이
고, '사물에서 리를 구해서는'(求理於事物) 안 된다는 말은 공부를 논한 부분
이다. '용장오도'의 기본 결론이 '심즉리'이긴 하지만 이 사상은『전습록傳習
錄』상권의 서애徐愛(자는 曰仁)의 기록에서 가장 먼저 나타난다. 정덕正德 7
년(壬申), 왕수인은 남경태복시소경南京太僕寺少卿으로 벼슬이 오르자 부모를
뵈러 서애와 함께 배를 타고 남쪽으로 내려간다. 그는 배 안에서 서애의 질
문에 답하면서 상세하게 심과 리의 문제를 논했다. 이제 그 토론의 논리에
따라 왕수인 사상과 그 문제점에 대해 논의해 보고자 한다.

1) 정리定理와 지선至善

내(徐愛)가 "주자朱子는 '지지이후유정知止而后有定'을 '사물 하나하나에는
모두 정해진 이치가 있다'라고 해석했는데, 이는 선생님의 설명과 서로 어긋
나는 듯합니다"라고 여쭤 보자, 선생께서는 "사물 하나하나에서 지선을 구한
다면 이것은 의義를 마음 밖에 있다고 여기는 것이다. 지선이란 마음의 본체
이므로 (공부는) 다만 명덕明德을 밝혀서 지극히 정밀하고 지극히 한결같은
경지에 이르게 하기만 하면 된다. 그러나 또한 일찍이 사물을 떠난 적이 없
다"라고 대답하셨다.[16]

---

15) 『全書』, 권32, 446쪽, 「年譜」, "(先生)自計得失榮辱皆能超脫, 惟生死一念尙覺未
化, 乃爲石槨自誓曰: 吾惟俟命而已! 日夜端居澄默, 以求靜一.……因念聖人處此
更有何道, 忽中夜大悟格物致知之旨, 從者皆惊, 始知聖人之道, 吾性自足, 向之
求理於事物者, 誤也."
16) 『傳習錄』上;『全書』, 권1, 37쪽, "愛問: 知止而后有定, 朱子以爲事事物物皆有
定理, 似與先生之說相戾. 先生曰: 於事事物物上求至善, 却是義外也, 至善者心
之本體, 只是明明德到至精至一處便是. 然亦未嘗離却事物."

서애는 『전습록』의 이끄는 말(「引言」)에서 "선생께서는 『대학』의 격물 등에 관한 여러 논의에 대해 모두 다 구본舊本이 옳다고 하셨는데, 그 구본 이란 선유들이 오본誤本이라 말한 것이다"(先生於大學格物諸說, 悉以舊本爲正, 盖先儒所謂誤本者也)라고 하였다. 이로써 유추해 보면 왕수인은 남쪽으로 내 려가는 배 안에서 서애와 학문을 논하기 전에 이미 주희가 『대학』에 대해 세운 장구와 해석을 버리고 새로운 경전의 기초를 찾아 완전히 다른 해석 체계를 세웠음을 알 수 있다. 그래서 서애는 (『전습록』에서) 처음부터 바로 『대학』에 대한 왕수인과 주희의 해석상의 차이를 거론했던 것이다.

『대학』의 '지지이후유정知止而后有定'에 대해 『대학장구大學章句』에서는 "'지止'란 '내가 마땅히 자리잡아야 할 자리'이니 곧 지선至善의 소재이다. 그곳이 어딘지 알면 정해진 방향이 생긴다"[17]라고 해석하고 있다. 또 『대학 혹문大學或問』에서는 "마땅히 자리잡아야 할 자리가 어딘지 알면 방촌 속에 서 사물 하나하나에 대해 정해진 이치를 알게 된다"[18]고 하였다. 한편 『주 자어류朱子語類』의 해석에 따르면, '지지이후유정知止而后有定'의 '정定'은 '리 理 속에 자리잡는다'는 뜻이고 행위가 사물의 정해진 이치, 주어진 위치, 한 계 등을 따르고 벗어나지 않도록 한다는 의미이다. 그러므로 '지지知止'란 '어떤 일이나 사물의 이치로 볼 때 그 일이나 사물에 대해 자신이 자리잡아 야 할 자리가 어딘지 아는 것'을 가리킨다. 그렇기 때문에 '지지'에 있어 가 장 중요한 것은 "사물 하나하나에 대해 모두 완벽하게 이해하는 것"[19]이다. 말하자면 사물에 대해 그 사물이 마땅히 지향해야 할 원칙이 무엇인지를 아는 것이다. 이런 이해에 따르면 '지지'는 '지선에 자리잡는다'(止於至善)는 말과 아무런 직접적인 관련을 갖지 못한다. 이것은 『대학장구』의 해석과 완 벽하게 부합하지는 않는다.

---

17) 『四書章句集註』(中華書局, 1983), 3쪽, "止者所當止之地, 卽至善之所在也. 知止 則有定向."
18) 『大學或問』, 권1, "能知所止, 則方寸之間, 事事物物皆有定理."
19) 『朱子語類』(中華書局, 1986, 이하 『語類』라 약칭), 권14, 273쪽, "事事物物都理 會得盡."

언뜻 보기에 왕수인이 서애의 질문에 대뜸 '정리定理'를 '사리事理'로 해석하고 '사리'를 '지선'으로 해석한 것은 불합리해 보이지만 사실 그렇지 않다. '지지'에 대한 주희의 해석에서도 '정리'는 명확히 '사리'를 가리킨다. 말하자면 여기서 '정리'는 산천초목의 이치를 가리키는 것이 아니라 인류의 사회 활동의 법칙과 규범을 가리키는 것이다. 왕수인이 보기에 '지지'는 '지선에 자리잡을 줄 아는 것'을 가리키므로 만일 '자리잡을 자리'의 내용을 '정리'라고 해석하게 되면 '지선에 자리잡으려던' 목적과 유리된다. 그래서 왕수인은 우선 '정리'를 '지선'으로 환원시켰던 것이다. 이 점은 『대학』 경문의 해석이라는 점에서 볼 때 충분한 이유가 있다고 하겠다.

이제 도덕 법칙 혹은 도덕 원리인 '지선'의 근거는 어디에 있는가 하는 문제가 발생한다. 왕수인의 입장처럼 '지선'이 바로 철학의 최고 목적이라면, 즉 정리 혹은 리가 도덕 법칙을 가리키는 것이라면 당연히 사물 하나하나에 리가 있다는 주장이나 사물 하나하나에서 리를 구하는 태도에 반대할 것이다. 그는 궁극적 도덕 원리로서의 지선은 외부의 사물에 존재할 수 없고 사물의 도덕 질서는 행위자가 그것(외부 사물)에 부여한 도덕 법칙에서 온 것이므로, 도덕 법칙은 내재적일 수밖에 없다고 보았다. 도덕 원리가 외부의 사물에 근원을 둔다는 관점은 최소한 맹자가 비판한, '의義'로 대표되는 도덕 원칙을 외재적인 것으로 간주하는 착오를 범하게 된다. 맹자의 주관론의 입장에 따르면 인성 혹은 사람의 본심은 선험적으로 지선한 것이고, 그렇기 때문에 내재적인 지선은 일체의 도덕 원리의 근원이자 기초이다. 왕수인이 말하는 "지선은 마음의 본체이다"는 바로 이 입장을 견지한 것이다.


2) 도덕 법칙과 도덕 대상

위에서 지적한 것처럼, 주희가 『대학』 본문을 해석하면서 '마땅히 자리잡아야 할 자리를 안다'(知所當止)라는 구절의 설명에 사용한 '정리定理'라는 용어를 왕수인이 '지선至善'으로 환원한 것에는 이유가 있다. 그런데 우리는 주희에 대한 왕수인의 비판이 결코 경전의 한두 해석을 겨냥한 것이 아니라 주희의 격물궁리 철학에 대한 왕수인 철학의 반발이라는 사실을 알고 있다. 사실 서애의 질문에 대한 왕수인의 답변에는 명백히 어떤 경향, 즉 주희 철학 속의 모든 '정리' 혹은 '리'라는 용어를 마냥 지선의 리로 이해한 경향이 담겨 있다. 일반적인 의미에서 보면 정리를 지선으로 이해하는 것은 보편성을 갖지 못한다. 그래서 왕수인 문하 안팎에 그와 관련된 일련의 의혹과 토론을 불러일으키게 되었다. 『전습록』에는 다음과 같은 기록이 있다.

내가 "지선을 단지 마음 속에서만 구한다면 천하의 사리에 대해 완벽히 이해하지 못할 것 같습니다"라고 여쭤 보았다. 그러자 선생께서는 "마음이 곧 리이다. 천하에 또 어디 마음 밖의 일이 있으며 마음 밖의 리가 있던가?"라고 대답하셨다. 내가 다시 "예컨대 어버이를 섬기는 효孝, 임금을 섬기는 충忠, 벗을 사귀는 신信, 백성을 다스리는 인仁은 그 내부에 허다한 도리가 있어 살피지 않을 수 없을 듯합니다"라고 하니, 선생께서는 탄식하시면서 "이 주장이 진리를 가린 것이 오래되었으니, 어찌 한마디 말로 깨우칠 수 있으리! 이제 우선 자네가 물은 것에 대해 말해 본다고 해도, 부모를 섬기는 데 있어 부모에게서 효의 도리를 찾는단 말인가? 임금을 섬기는 데 있어 임금에게서 충의 도리를 찾는단 말인가? 벗을 사귀고 백성을 다스리는 데 있어 벗과 백성에게서 신과 인의 도리를 찾는단 말인가? 마음이 곧 리일세. 마음에 사욕의 가림이 없으면 그것이 바로 천리인 것이니, 조금이라도 밖에서 무엇을 가져와 보탤 것이 없네. 이 온전하게 천리를 따르는 마음이 어버이를 섬기는 일에 드러나면 이것이 바로 효이고, 임금을 섬기는 일에 드러나면 이것이 바로 충이고, 벗을 사귀고 백성을 다스리는 일에 드러나면 이것이 바로 신이고 인이네. 단지 이 마음의, 인욕을 버리고 천리를 보존하는 일에서 공부를 해 가기만 하면 되는 것이라네"라고 하셨다.[20]

---

20) 『傳習錄』上; 『全書』, 권1, 37쪽, "愛問: 至善只求諸心, 恐於天下事理有不能盡. 先生曰: 心卽理也, 天下又有心外之事·心外之理乎? 愛曰: 如事父之孝, 事君之忠, 交友之信, 治民之仁, 其間有許多道理在, 恐亦不可察. 先生嘆曰: 此說之蔽久矣, 豈一語所能悟! 今姑就所問者言之, 且如事父不成去父上求個孝的理? 事君不成去君上求個忠的理? 交友治民不成去友上民上求個信與仁的理? 都只在此心. 心卽理也. 如心無私欲之蔽卽是天理, 不須外面添一分. 以此純乎天理之心發之事父卽是孝, 發之事君便是忠, 發之交友治民便是信與仁. 只此心去人欲存天理上用功便是."

여기서 왕수인이 주자학을 향해 제기한 질의는 다음과 같다. '리'가 도덕 법칙이라는 점에서 말하자면 격물궁리의 철학은 '리'가 마음 밖의 사물에 존재한다고 보는 관점인데, 도덕 법칙은 결코 도덕 행위의 대상에 존재하지 않는다. 즉 효의 법칙이 부모의 몸에 존재하거나 충의 법칙이 군주의 몸에 존재하는 것은 결코 아니다. 이러한 효·충의 도리는 오히려 사람의 의식이 실천을 통해 행위와 사물에 부여한 것일 뿐이지 않은가?

왕수인이 도덕 법칙은 결코 도덕 행위의 대상 속에 존재하는 것이 아니라고 지적하고 이런 의미에서 리가 사물에 존재한다는 관점을 비판한 것은 의심할 나위 없이 합당한 일이다. 그런데 주자학의 격물론이 도덕 행위의 규범은 도덕 행위의 대상에 존재한다는 관점 위에 세워진 것이라고 말할 수 있는가? 만약 그렇게 말할 수 없다면 왕수인의 주자학 비판은 핵심을 비껴난 것이 되고 만다. 또한 도덕 원리가 도덕 행위의 대상에 존재하는 것이 아니라고 부정하는 것만으로는 도덕 원리가 마음에 근원을 두고 있다는 것을 결코 증명할 수 없다. 이 두 가지 가능성밖에 없다는 것이 미리 증명되지 않는 이상은 말이다. 마지막으로, 당연의 리가 모두 마음 속에 내재한다는 관점을 받아들인다고 해도 필연의 리 역시 마음에 근원을 두는가의 여부는 여전히 해결되지 못한 채 남아 있게 된다.

범주로 말해 보면, 서애의 이해 속에서 천하의 사리는 각종 도덕 행위의 규범 준칙 준수를 가리키는 것이지만, 동시에 자연·사회·역사 및 구체적인 사물의 규율·속성·법칙 등을 포괄하는 것이기도 하다. 서애는, 자기 마음에서 돌이켜 구하여 완벽하게 천리와 일치하는 것은 지선의 의미에서라면 말이 되겠지만 그것만으로 천하만물의 정리(성질·규율)를 장악할 수 있을지는 의심스러울 수밖에 없다고 여겼다. 그러나 그의 생각은 '심외무물心外無物'에 대한 질의에서 여전히 효제충신 등의 도덕 원리가 마음의 외부에 존재하느냐 하는 문제와 관련된 예증을 제기하는 데에 국한되어 있었다. 그래서 "리는 단지 당연의 리만을 가리키는 것인가" 하는 이 가장 기본적인 문제는 어느새 쓸려가 버리고, 왕수인은 전제가 명료하지 않은 상황 아래에서 자신의 사상을 펼치게 되었다. 왕수인은 단호하게 "마음이 곧 리이다"(心卽理)라고 선언했지만, 한편으로는 '리'를 완전히 도덕 원리로 이해하였으며 다른 한편으로는 마음이 곧 리라는 것을 직접적으로 증명하지 않고 지선의 리가 마음 밖의 사물에 존재하지 않음을 주장함으로써 그것을 논증하려 하였다. 말하자면 왕수인에게는 단지 이런 두 가지 가능성만이 인정될 수 있었다. 즉 리가 내재적인가 아니면 외물에 존재하는가 하는 문제는 이것이 아니면 저것일 뿐이라고 단정했던 것이다.

### 3) 심心과 예禮

'리'의 문제는 단지 도덕 법칙과 자연 규율에 걸친 것이 아니라 유가 전통에서는 예의禮儀 규범과도 관련되어 있다. 예禮란 리이다. 사회 생활 속의 구체적인 예의 규정과 예절 준칙은 유가의 '리' 관념의 기본적 의미 중의 하나이다. "마음이 곧 리이다"라는 사상은 일반적인 성선론의 입장에서 쉽게 받아들여질 수 있겠지만 예의 규범과 관련해서는 곤란한 상황에 부딪힐 수 있다. 왜냐하면 사회 예의가 규정되는 과정에서는 확실히 선험성이 적고 인위적인 특징이 많기 때문이다. 『전습록』에는 다음의 기록이 있다.

> 내가 "선생님께서 그렇게 말씀하시는 것을 들으니 저는 이미 깨친 것이 있는 듯합니다. 그러나 구설舊說이 가슴 속에 얽히고 설켜 있어서 아직도 명료하지 못한 점이 있습니다. 예컨대 어버이를 섬기는 일의 경우, (겨울에는) 따뜻하게 모시고 (여름에는) 시원하게 모시며 저녁에는 자리를 살펴 드리고 아침에는 안부를 묻는 것과 같은 허다한 절목節目이 있습니다. 이런 것들도 공부해야 하지 않겠습니까?"라고 여쭤보았다. 그러자 선생께서는 "어찌 공부하지 않을 수 있겠는가? 단지 우선해야 할 중요할 것(頭腦)이 있다는 말일세. 말하자면 인욕을 버리고 천리를 간직하고자 하는 이 마음에서 출발하여 공부해야 하네. 예컨대 겨울에 따뜻하게 모시는 일을 공부한다는 것도 단지 이 마음의 효를 다하여 조그만 인욕이라도 끼어들지 않을까 두려워하기만 하면 되는 것이며, 여름에 시원하게 모시는 일을 강구한다는 것도 단지 이 마음의 효를 다하여 조그만 인욕이라도 끼어들지 않을까 두려워하기만 하면

그뿐이네. 이 마음을 강구하여 만일 마음에 인욕이 없고 완벽하게 천리와 일치될 수 있으면 효친孝親하는 데 있어, 성실한 마음은 겨울에는 자연히 부모의 추위를 생각하게 되어 저절로 따뜻하게 모실 도리를 찾게 되고 여름에는 자연히 부모의 더위를 생각하여 저절로 시원하게 모실 도리를 찾게 되는 것이네"라고 대답하셨다.[21]

유가 문화의 특징 가운데 하나는 윤리 원칙과 예의 활동이 고도로 융합되어 있다는 점이다. 그러므로 한편으로는 윤리 원칙이 예의절문을 통해 구체화되고, 다른 한편으로는 예의 규정이 동시에 윤리 준칙의 의미를 갖는다. 그래서 유가의 리는 일반적인 윤리 원칙만을 가리키는 것이 아니라 서로 다른 정황에 따라 제정된 행위의 의절儀節 즉 구체 방식 혹은 형식을 가리키기도 한다. 왕수인이 볼 때 예로 대표되는 행위의 구체적인 방식과 규정의 의의는 본래 윤리 정신의 표현을 제도화·정식화하고 규범화하는 것이었다. 그러므로 만일 이런 의절 자체가 목적으로 바뀌게 되어 그것이 먼저 진실한 도덕 정감의 표현 방식이어야 한다는 사실을 망각한다면 이는 본말이 전도된 것이다. 다음으로, 왕수인이 볼 때 인간은 진정으로 독실한 도덕 의식과 도덕 감정을 간직하기만 하면 자연히 구체적인 상황에 대응하는 적절한 행위 방식을 충분히 선택할 수 있다. 그렇기 때문에 의절도 마땅히 도덕 자체의 작용이자 표현이어야 한다. 근원의 문제를 따져 보면 의절로 대표되는 '리'는 인간의 본심에서 나온 것이다. 따라서 가장 중요한 점은 의절 자체의 완벽한 수행이 결코 선의 완성을 나타내는 척도일 수 없으며, 동기가 선해야만 진정한 선이라는 사실이다.

『전습록』에는 왕수인이 정조삭鄭朝朔에게 답한 다음의 기록이 있다.

---

21) 『傳習錄』上; 『全書』, 권1, 37쪽, "愛問: 聞先生如此說, 愛已覺有省悟處, 但舊說纏於胸中, 尚有未曉然者, 如事父一事, 其間溫凊定省之類有許多節目, 不亦須講求否? 先生曰: 如何不講求? 只是有個頭腦. 只是就此心去人欲存天理上講求. 就如講求冬之溫, 也只是要盡此心之孝, 恐怕有一毫人欲間雜; 講求夏凊, 也只是要盡此心之孝, 恐怕有一毫人欲間雜. 只是講求得此心, 此心若無人欲, 純是天理, 是個誠於孝親的心, 冬時自然思量父母的寒, 便自要去求個溫的道理. 夏時自然思量父母的熱, 便要去求個凊的道理."

따뜻하게 모시거나 시원하게 모시는 의절과 봉양하는 적절한 방식이야 하루 이틀을 강론해도 다 마칠 수 있으니 무슨 학문사변學問思辨이 필요하겠는가? 다만 따뜻하게 혹은 시원하게 모시고자(溫淸) 할 때는 이 마음이 천리의 극치와 완벽하게 일치할 수 있도록 해야 하고 봉양을 하고자 할 때도 이 마음이 천리의 극치와 완벽하게 일치할 수 있도록 해야 하는데, 이때 학문사변의 공부가 없으면 작은 차이로 인해 엄청난 잘못이 생기지 않을 수 없다. 그렇기 때문에 성인에게도 정精·일—의 가르침을 더하신 것이다.22) 이런저런 의절을 완벽하게 수행하는 것을 보고 바로 지선至善이라고 한다면, 배우가 허다한 온청봉양溫淸奉養의 의절을 완벽하게 연기해 내는 것도 지선이라 할 수 있을 것이다.23)

이 글을 통해 우리는 왕수인이 강조한 것이 동기론의 입장이었음을 알수 있다. 사실 인간의 마음이 자발적이고 선험적으로 기존의 예의에 부합하는 구체적인 행위 방식을 선택하거나 확정할 수 있느냐 하는 문제는 왕수인의 심학이 처음부터 부딪혔던 도전이었다. 예컨대 초년의 「증임전경귀성서贈林典卿歸省序」24)에 언급된 궁리窮理와 입성立誠의 모순25) 등이 그러하다.

유가 전통에서는 최소한 공자 이래로 행위의 도덕화 형식이자 사회의 문명화 방식이라는 점에서 예의가 갖는 중요성이 매우 강조되었으며, 다른 한편으로는 도덕 정감이 예의 활동 속에 관통되어 있어야 한다는 점 역시

---

22) 역자 주-堯임금이 舜임금에게 자리를 물려줄 때는 '允執厥中'만 말했는데 舜임금이 禹임금에게 물려줄 때는 舜임금이 禹임금에게 "人心惟危, 道心惟微, 惟精惟一, 允執厥中"이라는 가르침을 더한 것을 말한다.

23) 『傳習錄』上; 『全書』, 권1, 38쪽, "若只是溫~淸之節, 奉養之宜, 可一日二日講之而盡, 用得甚學問思辨? 惟於溫淸時也只是此心純乎天理之極, 奉養時也只要此心純乎天理之極, 此則非有學問思辨之功, 將不免於毫釐千里之謬, 所以雖在聖人猶加精一之訓. 若是那些儀節求得是當, 便謂至善, 即如有扮戲子, 扮得許多溫淸奉養的義節是當, 亦可謂之至善矣."

24) 역자 주-林典卿이 귀성할 때 지은 시의 서문.

25) 역자 주-'窮理'는 예의 규범 등에 대한 객관적 지식의 축적을 의미하고, '立誠'은 내면적 성실성의 완성을 말한다. 「贈林典卿歸省序」는, 입성만을 강조하는 왕수인의 주장에 대해 임전경이 입성만으로는 사회와 자연의 객관적 법칙들과 단절될 수밖에 없다고 반발하자 왕수인이 誠은 인간과 자연·사회전체를 관통한다는 점을 강조하여 입성만이 단절을 극복할 수 있는 길이라고 역설하고 이에 임전경이 승복한다는 내용을 언급하고 있다.

강조되었다. 그래서 공자는 "모나야 할 그릇이 모나지 않았다"(觚不觚)고 탄식하기도 했지만 이와 동시에 "사치하기보다는 차라리 검소하고, 장례를 매끄럽게 처리하기보다는 차라리 슬퍼하라"고 가르쳤다. 이처럼 유가의 체계 속에서는 '인仁'이 '예禮'에 대해 논리적인 우선성을 갖는 동시에 다른 한편으로는 '예'가 유가의 실천적 특색이자 문화적 표현으로 중시되기도 한다. 따라서 이 둘은 평형을 유지해야만 한다. 그렇기 때문에 "마음이 곧 리이다"라는 관점을 강조하는 육구연陸九淵 형제 또한 상례의 의절 문제에 부딪쳐서는 여전히 주희에게 묻고 함께 토론할 수밖에 없었던 것이다.

유가의 예의 문화의 실천 원칙에 따르면 집안·마을·왕王·후侯에게는 각자 그에 따른 예가 있어서 사회 생활 전체가 고도로 의식화되고 형식화되어 있으며, 이것은 거시적으로 볼 때 강렬한 문화적 의미를 드러내고 있다.『가례家禮』에는 관·혼·상·제 및 통례通禮에 대한 나름의 형식적 규정을 두고 있는데, 이런 규정과 절목은 윤리 실천, 문화 전승, 인격 도야, 심지어 정치적 상징 등 다방면의 기능을 지니고 있다. 말하자면 도덕적·문화적·사회적 의의를 겸하고 있는 것이다. 일반적으로 말해서 이런 의절을 장악하기 위해서는 전통, 예컨대 경전의 학습, 스승의 가르침, 가정의 계승 등에 의존해야 한다.

역사적 관점에서 보면 어떤 문화 속의 예의든 모두 시대 변화를 벗어나 형식 자체를 목적으로 삼는 문제에 부딪히는 것을 발견할 수 있다. 하물며 왕수인은 예의절목을 윤리 행위의 준칙 혹은 규범으로 간주하는 경우가 더 많지 않았는가! 왕수인의 입장은 절목·의절을 강구하지 말자는 것이 아니라 주된 것과 부차적인 것을 분명히 하고 어느 것을 중점(頭腦)으로 삼아야 할지를 변별하자는 것이므로 가장 중요한 문제는 마땅히 동기 부분에 해당하는 도덕 관념과 도덕 정감의 배양일 것이다. 절목은 반드시 마음에서 자연스럽게 발생한 효제孝悌 등에서 나온 것이라야 도덕적 의미를 가질 수 있다. 만일 의절 자체를 목적 혹은 지선으로 간주한다면 형식주의로 흐를 수밖에 없을 것이고, 도덕 정감과 대립되는 허구로 치달을 것이다. 이런 점에서 볼 때 왕수인의 주장은 확실히 타당한 면이 있다고 하겠다.

물론 앞서 말한 것처럼 유가 내부의 입장에서도 단지 윤리 중심의 입장에서 출발한 왕수인의 이런 관점에 대해 의문을 제기할 수 있을 것이다. '예'는 결코 인간의 도덕 및 사회 행위의 규범에 한정되는 것이 아니다. 그러므로 '심즉예心卽禮'의 입장에서 유가의 전통 예학 속의 정치·예의·제도·천문역법·종교제사 등의 활동을 어떻게 다룰 것인가 하는 점은 여전히 문제로 남는다. 만일 이런 것들을 사람 마음의 자연스러운 발현으로 간주하고 거기에 필요한 강론·연구를 홀시한다면 정치예의, 천문역법 등은 형식상의 연속성과 구조상의 통일성을 유지할 수 없을 것이다. 또 경전의 연구를 방기하면 문명의 누적은 빈말이 되어 버린다. 이런 문제는 왕수인의 윤리 중심론의 입장에서는 주의하지 못했던 점이다.

## 4) 심외무리

왕수인 철학에서 '심즉리心卽理'가 주체를 중심에 두는 원리의 한 형식이라 한다면 '심외무리心外無理'는 이를 좀더 강화시킨 형식이라 할 수 있다. 서애와 함께 배를 타고 남하하던 그 해에 왕수인은 한 벗에게 보낸 편지의 첫머리에서 '심외무리'의 사상을 거듭 밝혔다. 그는 이렇게 말했다.

자네의 생각을 살펴보니, 성문聖門의 실학을 깨우치지 못한 채 후세의 훈고학에 얽매어 사물 하나하나에 각각 지선至善이 있다고 보아서 사물 하나하나로부터 지선을 구하는 것이라야만 '선善을 밝힌다'고 인정할 수 있다고 여기는 듯하네. 그래서 "원래 어디에서 왔으며 지금은 어디에 있는가"라는 말을 하게 된 것이네. 자네의 마음은 내가 혹시 공허한 이론에 떨어지지 않았나 하는 의심에서 이런 말을 빌려 나의 가림을 벗겨 주려 한 것 같으니, 나도 자네의 이런 뜻에 감격하지 않는 것은 아니지만 사실은 그렇지 않다네. 무릇 사물에 있어서는 의義이고 성에 있어서는 선善이니 가리키는 대상에 따라 이름을 달리하는 것일 뿐 사실 모두 내 마음이네. 마음 밖에는 물物이 없고 마음 밖에는 사事가 없으며 마음 밖에는 의義가 없고 마음 밖에는 선善이 없다네. 내 마음이 사물에 처할 때 온전하게 천리를 따르고 인위적인 오염이 없는 것을 선이라 부르는 것일 뿐 어떤 정해진 장소를 가진 사물 속에 내 마음이 있는 것은 아니네. 사물에 대처하는 경우 '의義'라고 부르는 것은 내 마음이 그 사물에 대처하는 '마땅한'(宜는 義와 통한다) 길을 얻었다는 뜻이네. 의가 밖에 있는 것이라면 몰래 덮쳐서 취할 수 있겠지만 그렇지는 않다네. '격格'이란 '이것'을 바로잡는 것이고 '치致'란 '이것'을 온전히 실현하는 것이네. 사물 하나하나에서 지선을 구하겠다고 한다면 이는 둘로 나누어 버리는 꼴이라네.[26]

이는 왕수인에게 있어 '마음 밖에 리가 없다'는 말은 주로 마음 밖에 '선'이 없다는 의미임을 보여 준다. 그러나 선이란 쾌락 혹은 만족을 가리키는 것이 아닐 뿐더러 외재적인 행위가 규범에 맞느냐의 여부를 가리키는 것도 아니다. 단지 인간 덕성의 동기와 의식을 가리킬 뿐이다. 결국 선의 동기는 행위가 도덕적 의의를 갖도록 만드는 근원이 된다. 그렇기 때문에 선과 지선은 주체에 근원을 두고 있는 것이지 외물에 근원을 두고 있는 것이 아니며, 행위 또한 외부에서 어떤 방식으로 이루어지느냐에 따라 결정되는 것이 아니다. 따라서 격물格物이든 치지致知든 모두 이 지선의 근원을 캐내고 드러내는 일을 둘러싸고 이루어져야 한다. 위의 글에서 '이것'이란 곧 마음 또는 본심을 말한다. 뒷날 왕수인은 「자양서원집서紫陽書院集序」에서도 이를 반복해서 강조했다.

"학문의 도는 다른 것이 아니다. 자신의 놓친 마음을 찾는 것일 뿐이다"라는 맹자의 말은 한마디로 전부를 포괄하는 말이다. '널리 배움'이란 곧 이것을 배우는 것이고 '상세하게 물음'이란 이것을 묻는 것이며, '신중하게 사유함'

---

26) 『全書』, 권4, 96쪽, 「與王純甫二」, "純甫之意盖未察夫聖門之實學, 而尙狃於後世之訓詁, 以爲事事物物各有至善, 必須從事事物物求個至善, 而後謂之明善, 故有'原從何處來, 今在何處'之語. 純甫之心始亦疑我之或墜於空虛也, 故假是說以發我之蔽, 吾亦非不知感純甫此意, 其實不然也. 夫在物爲義, 在性爲善, 因所指而異其名, 實皆吾心也. 心外無物, 心外無事, 心外無理, 心外無義, 心外無善, 吾心之處事物, 純乎天理而無人僞之雜謂之善, 非在事物之有定所之可求也. 處物爲義, 是吾心之得其宜也. 義非在外可襲而取也. 格者格此也, 致者致此也, 必曰事事物物上求個至善, 是離而二之也."

이란 이것을 사유하는 것이고, '명백하게 변석함'이란 이것을 변석하는 것이며, '독실히 행함'이란 이것을 행하는 것이다. 마음 밖에는 일이 없고 마음 밖에는 리가 없다. 그렇기 때문에 마음 밖에는 학문이 없는 것이다.[27]

이 글에서 보면 "마음 밖에는 선이 없다"(心外無善)는 것은 윤리 원리이고 "마음 밖에는 학문이 없다"(心外無學)는 것은 실천 원칙이다. 결국 모든 학문은 마음과 떨어져서 구할 수 없고, 반드시 마음으로 돌이켜 구해야 한다는 것이다. '심외무선心外無善'과 '심외무학心外無學'은 심즉리의 이론, 나아가 왕수인의 심학 전체의 취향을 이해하는 관건이 된다.


5) 주재, 지각, 조리

왕수인의 철학을 성립시키는 개념 기초를 철저히 점검하기 위해서는 왕수인 철학에서 '심'과 '리'가 어떻게 정의되고 있는지를 좀더 상세히 설명할 필요가 있다. 『전습록』 상권에는 다음과 같은 기록이 있다.

예가 아닌 것은 보지도 듣지도 말하지도 행하지도 않는다고 할 때, 그것이 어찌 자네의 귀, 눈, 입, 코, 사지가 자발적으로 보지도 듣지도 말하지도 행하지도 않는 것이겠는가? 그것은 반드시 자네의 마음으로부터 말미암은 것이네. 그러므로 보고 듣고 말하고 행하는 것은 모두 자네의 마음이네. 자네 마음의 보는 능력이 눈으로 나오고 자네 마음의 듣는 능력이 귀로 나오며 자네 마음의 말하는 능력이 입으로 나오고 자네 마음의 행하는 능력이 사지로 나온 것이네. 만일 자네의 마음이 없다면 귀, 눈, 입, 코도 없어질 것이네. 이른바 자네의 마음이란 것은 단지 한 덩이의 심장이 아니네. 만일 마음이란 것이 한 덩이의 심장이라면 죽은 사람에게도 심장은 여전히 남아 있을 터, 어째서 보고 듣고 말하고 행하지 못한단 말인가? 이른바 마음이란 보고 듣고 말하고 행할 수 있는 능력이니 이것이 바로 성性이라네.[28]

---

27) 『全書』, 권7, 127쪽, "孟子所謂學問之道無他, 求其放心而已矣者, 一言以蔽之, 故博學者學此者也, 審問者問此者也, 愼思者思此者也, 明辨者辨此者也, 篤行者行此者也. 心外無事, 心外無理, 故心外無學."

『전습록』하권에는 또 이런 기록이 있다.

마음이란 사람의 주재主宰이다. 보는 것은 눈이지만 볼 수 있게 하는 것은
마음이고, 듣는 것은 귀이지만 들을 수 있게 하는 것은 마음이며, 말하고 행
하는 것은 입과 사지이지만 말하고 행할 수 있게 하는 것은 마음이다. 그러므
로 수신은 그 관건이 자신의 심체를 터득하는 데 있다.……마음이란 한 덩이
의 심장이 아니라, 무릇 지각하는 것은 모두 마음이다. 예컨대 귀와 눈은 보
고 들을 줄 알고 손과 발은 아파하고 가려워할 줄 아는데 이 지각知覺이 바로
마음이다.[29]

여기에서 마음을 '(몸의) 주재主宰'로 보고 또 '지각知覺'으로 보는 관점
은 모두 전통 철학의 정의에 근원을 두고 있다. 예컨대 주희는 "마음은 인
간의 지각으로서 몸을 주재하고 사물에 대응하는 것이다"(心者人之知覺, 主於
身而應事物者也)라고 한 적이 있고, 또 "사람의 한 몸에서 이루어지는 지각·
운용은 마음에 의해 이루어지지 않는 것이 없다. 마음이란 몸을 주재하는
것으로서 동정어묵動靜語默의 모든 순간을 아우른다"[30]고 하였다. 왕수인 또
한 '심心'은 주재와 지각의 의미를 함유한다고 주장하였는데, 이때의 심은
결코 몸 속의 심장을 가리키는 것이 아니다. 마음은 감관과 운동 기관을 지
배하고 제어하는 중추적인 역할을 하며 인간의 각종 지각을 통솔한다.

'귀와 눈이 보고 들을 줄 알고 손과 발이 아파하고 가려워할 줄 아는
것', 즉 '지각'이라는 의미에서는 왕수인이라 해도 '마음이 곧 리이다'라고

---

28) 『傳習錄』上;『全書』, 권1, 50쪽, "要非禮物視聽言動時, 豈是汝之耳目口鼻四肢
自能勿視聽言動? 須由汝心, 這視聽言動皆是汝心, 汝心之視發竅於目, 汝心之聽
發竅於耳, 汝心之言發竅於口, 汝心之動發竅於四肢. 若無汝心便無耳目口鼻. 所
謂汝心亦不專是那一團血肉, 若是那一團血肉, 如今已死的人那一團血肉還在, 緣
何不能視聽言動? 所謂汝心, 却是那能視聽言動的, 這個便是性."

29) 『傳習錄』下;『全書』, 권3, 83~84쪽, "心者人之主宰, 目雖視而所以視者心也,
耳雖聽而所以聽者心也, 口與四肢雖言動, 而所以言動者心也. 故欲修身在體當自
家心體.……心不是一塊血肉, 凡知覺處便是心, 如耳目之知視聽, 手足之知痛癢,
此知覺便是心也."

30) 『朱子文集』, 권37, 「答張欽夫」, "人之一身, 知覺運用莫非心之所爲, 則心者固所
以主於身而無動靜語默之間者也."

말할 수 없다. 주희가 심즉리를 반대한 것은 지각을 곧바로 리로 보는 것을 반대한 것이었는데, 범범한 지각에는 선한 것도 있고 악한 것도 있어서 결코 준칙과 규범의 의의를 갖지 않기 때문이다. 왕수인이 주장한 심즉리설의 본래 의도는 지각에 대해 정의하려는 것이 아니었다. '심즉리'라는 이 명제는 결코 지각이라는 의미를 갖는 마음에는 적용될 수 없다. '심즉리'에서의 '심'은 단지 '심체心體' 혹은 '본체本體'(本心)를 가리키는 것이다. 그러나 왕수인은 한편으로는 '심'에 대한 전통 철학의 정의를 계승하였지만 다른 한편으로는 본심과 지각을 명확하게 구분하지 않음으로써 심학 체계에 적합한 '심'의 명확한 정의를 제출하지 못하였다. 이런 형편이다 보니 개념과 명제가 불명료해지는 문제가 발생하게 되었고, 그로부터 어쩔 수 없이 부적절한 이해와 비판에 직면하게 되었던 것이다.

왕수인은 앞서 다룬 것처럼 '리'를 도덕 법칙으로 간주하였는데, 그는 이 리와 심의 관계에 대해서는 또 이렇게 설명하기도 한다.

리란 마음의 조리條理이다. 이 마음이 어버이에게 드러난 것이 효이고 임금에게 드러난 것이 충이고 벗에게 드러난 것이 믿음이며, 이루 다 헤아릴 수 없을 만큼 천변만화하는 모든 것들도 나의 마음에서 일어나지 않은 것이 없다. 그러므로 '단정하고 위엄 있고 평온하고 전일하게 하는 것'을 '마음을 기르는 공부'라 하고 '배우고 묻고 사유하고 변별하는 것'을 '리를 궁구하는 공부'라고 한다면, 이는 마음과 리를 둘로 나누는 태도이다.[31]

이 논리에 따르면 심즉리는 어떤 의미에서 "마음의 조리가 리이다"(心之條理即理)라는 말로 표현될 수 있는데, 이는 인간의 지각 활동이 전개될 때 거기에는 자연스러운 조리가 있고 이 조리가 인간 행위의 도덕 준칙이 된다는 것을 뜻한다. 지각의 자연스러운 조리를 따르면 어버이를 섬기는 때는 자연히 효가 되고 임금을 섬기는 때는 자연히 충이 되며 벗과 사귈 때는

---

31) 『全書』, 권8, 141쪽, 「書諸陽卷」, "理也者, 心之條理也. 是理也, 發之於親則爲孝, 發之於君則爲忠, 發之於朋友則爲信, 天變萬化至不可窮竭, 而莫非發於吾之一心. 故謂端莊靜一爲養心, 而以學問思辨爲窮理者, 析心與理爲二矣."

자연히 믿음이 된다. 그러므로 지각의 자연스러운 조리는 실천 활동 속에서 사물들에게 조리를 부여하고 사물들이 도덕 질서를 드러내게 한다. 그렇기에 사물의 '리'는 그 근원을 따지자면 마음의 밖에 있는 것이 아니다. 이런 사상은 맹자의 '사단四端'과 육구연의 "네 귀가 스스로 밝아지고 눈이 스스로 환해지며 어버이를 섬길 때 저절로 효성스럽고 형을 섬길 때 저절로 공손하여 본래 조금의 흠이 없으니, 다른 데서 구할 필요가 없다"[32)]는 사상을 계승한 것이다. 도덕 원칙을 인심人心의 고유한 조리로 보고 이 조리가 사물의 도덕 질서의 근원이라고 생각하는 것은 윤리 원칙에서 주관주의에 해당한다.

사물 하나하나의 조리는 실천을 통해 인심의 조리가 사물들에 부여된 것이기 때문에 왕수인은 다음과 같이 말하였다.

또한 선생께 묻기를, "심즉리설에서 의심스러운 것은, 정자께서 '재물위리在物爲理(사물에 담긴 것을 지칭할 때는 理라고 한다)라고 하셨는데 어찌하여 마음이 곧 리라고 하느냐는 것입니다"라고 하였다. 그러자 선생께서는 "'재물위리在物爲理'의 '재在' 자 앞에는 마땅히 '심心' 자를 넣어야 하네. 이는 '이 마음이 사물에 있을 때는 리이다'라는 뜻일세. 예컨대 마음이 어버이를 섬기는 데 있으면 효이고 임금을 섬기는 데 있으면 충이라는 말과 같은 의미이네"라고 하셨다. 이어서 선생께서는 "제군들은 내 입언의 종지가 무엇인지 알아야 할 것이네. 내가 지금 '심즉리'라고 말할 때 그것이 무슨 이유이겠는가! 단지 세상 사람들이 마음과 리를 둘로 나누어서 허다한 문제가 생겼기 때문이네. 예컨대 오패(五伯)가 이적夷狄을 물리치고 주 왕실을 높인 것은 단지 사심에 의한 것이었으므로 이는 리에 맞지 않는 일이네. 그런데도 사람들은 그들이 한 일은 모두 리에 맞고 다만 마음에 순수하지 못한 점이 있을 뿐이라고 하며 더러 그들이 해 놓은 공업을 흠모해서 그들처럼 외면을 보기 좋게 꾸미려 한다네. 그러다가 마음과는 전혀 상관없는 것이 되자 드디어 마음과 리를 둘로 나누게 되고, 그 말류가 패도의 거짓된 짓을 행하면서도 깨닫지 못하는 데까지 이르게 되었네. 그래서 나는 '심즉리'를 주장하여 마

---

32) 『象山全書』, 권34, 「語錄上」, "汝耳自聰, 目自明, 事父自能孝, 事兄自能弟, 本無欠闕, 不必他求."

음과 리가 하나라는 것을 알도록 한 것이네. 그러므로 마음을 대상으로 삼아 공부하고 의義를 밖에서 엄습하여 얻으려고 하지 않는 것이 왕도의 참된 길이며, 이것이 내 입언의 종지라네"라고 하셨다.33)

여기서 말한 내용과 앞에서 다룬 내용을 근거로 해서 우리는 왕수인 철학에서 "마음이 곧 리이다" 혹은 "마음 밖에는 리가 없다"라는 명제가 제기된 것과 관련된 다음의 몇 가지를 이해할 수 있게 된다. 첫째, 이 명제들은 마음과 리에 대한 왕수인의 특정한 이해와 규정에 기반을 두고 있다. 둘째, 이 명제들은 도덕 법칙과 도덕 주체 사이의 관계에 대한 왕수인의 관점을 집중적으로 드러내고 있다. 셋째, 이 명제들은 도덕 평가(및 자아 평가) 속의 내재 동기와 외재 행위의 관계에서 착안되었다. 마지막으로, 이 명제들은 내향적인 수양 방법이 완전하게 확립되는 길로 이끌었다. 이제 앞서 서술한 분석에 의거하여 심리관心理觀(심과 리에 대한 관점)에 대한 왕수인의 공헌과 그 의의에 대해 좀더 상세하게 분석하고 해석해 보도록 하자.


## 3. 심즉리설의 해석

(1) 우리가 알고 있듯이 맹자는 "인의예지는 심에 뿌리를 두고 있다"(仁義禮智根於心)라고 했는데, 여기서 '심'은 맹자 철학에서 '본심本心'을 가리키므로 맹자 윤리학의 기본 관점은 도덕 윤리가 인간의 본심에 근원을 두고 있다고 보는 것이다. 맹자는 '본심' 개념에 대해 상세히 논하지 않았지만,

---

33) 『傳習錄』 下; 『全書』, 권3, 84쪽, "又問: 心卽理之說, 程子云在物爲理, 如何謂心卽理? 先生曰: 在物爲理, 在字上當添一心字. 此心在物則爲理. 如此心在事父則爲孝, 在事君則爲忠之類. 先生因謂之曰: 諸君要識得我立言宗旨, 我如今說個心卽理是如何! 只爲世人分心與理爲二, 故便有許多病痛. 如五伯攘夷狄尊周室, 都只是一個私心, 便不當理. 人都說他做得當理, 只心有未純, 往往悅慕其所爲, 要來外面做得好看, 却與心全不相干, 分心與理爲二, 其流至於覇道之僞而不自知. 故我說個心卽理, 要使知心理是一個, 故來心上做工夫, 不去襲義於外, 便是王道之眞, 此我立言宗旨."

우리는 본심이 '사단四端' 혹은 '인의예지의 심'을 가리킨다는 것을 논리적으로 유추해 볼 수 있다. 본심은 그것이 '사단'이라는 점에서는 도덕 의식(도덕 정감도 포함)이라는 의미를 포함하고 있으며, 또 인의예지의 도덕 법칙이라는 점에서는 리理, 다시 말해 도덕 법칙의 근원이기도 하다. 그러므로 육구연이 '심즉리'의 설을 세운 것은 맹자 철학에 내재된 논리에 부합하는 것이었다.

육구연에서 왕수인에 이르기까지 '심즉리心卽理' 혹은 '심외무리心外無理'에서의 '심'은 모두 맹자의 본심 개념에서 비롯된 용어이다. 왕수인은 때로 '심체' 및 '심의 본체'라는 용어로 이 개념을 표시하기도 했다. 맹자의 본심 관념에 근원을 둔 이 본심 개념은 감성적 욕망에서 완전히 독립되어 어떠한 감성 욕망에 의해서도 감염되지 않은 선험적 주체를 가리킨다. 맹자에서 왕수인까지 모든 맹학孟學은 이 기본 개념을 분명히 하고 보호하는 데 온힘을 기울여 왔다. 이 개념은 감성을 배척하므로 분명 이성에 접근한 개념이고 또한 이 이성은 도덕 영역에서 착안한 것이므로 결국 칸트가 말한 '순수 실천 이성'에 가까운 개념이다. 바꿔 말해, 본심은 칸트 윤리학의 '도덕 주체'의 개념과 가깝다.

이와 같은 이해에 기초해서 '리' 개념이 자연 법칙을 포함한다는 점은 논외로 두고 일단 윤리학의 범위로 한정시키면, '심즉리'의 명제는 비록 그 형식면에서는 엄밀하지 못하다 하더라도 그것이 왕수인 철학 및 심학에서 갖는 진정한 의의는 그런 단점을 훨씬 뛰어넘는다. 말하자면 이 문제는 도덕 주체(주체 자율)를 중시하는 심학 전통의 관점을 집중적으로 드러내고 있는 것이다. 칸트 철학에서 도덕 주체는 실천 이성인 의지를 가리키는데, 그것은 순수 이성이어서 일체의 감성적 요소를 배제한 채 오직 이성에 따라서 온갖 욕망·관능을 처리한다. 이런 의미에서, 심학에서 늘 '심'이라는 엄격하지 못한 용어로 표현되는 '본심'의 개념은 도덕 주체를 명확히 긍정하려는 의도에서 나온 것이라고 할 수 있다. 심학 전체의 기초가 되고 심학 전체에서 표현하려고 했던 것은 바로 이 도덕 주체라는 개념이다. 심학이

'의지'(wille)와 '의념意念'(욕구: willkür)을 명확히 구분하지 못하여 이론상의 허다한 문제를 야기한 것은 사실이지만, 그렇더라도 도덕 주체를 확립하려 했던 그 목적만은 아주 두드러지게 드러낼 수 있었다. 이 점을 이해해야만 비로소 심학에 대한 정확한 평가를 이끌어낼 수 있다.[34]

(2) 위에서 말한 것처럼 심학의 문제는 '심心'이 중국 철학에서 다양한 의미를 가진 개념이었다는 점이다. 예컨대 왕수인 철학에서도 여전히 '심'으로 '지각' 등을 가리키는 경우가 있다. 심학에서도 칸트의 도덕 주체와 가까운 개념을 건립하려고 애쓰긴 했지만, 칸트처럼 인식 주체와 도덕 주체를 구분하지 않고 의지와 의념도 구분하지 않은 채 모호하게 '심心'자 하나만을 사용하여 표현했던 것이다. 그러다 보니 인식 활동과 의념 현상에 주목하는 사람들은 아무런 설명도 듣지 못한 상태에서 '심즉리'라는 명제를 그대로 받아들이기는 힘들었을 것이다.

중국 철학에서 '심'이란 개념은 줄곧 분화되지 못했다. 반면 서양의 근대 철학, 특히 독일 철학에서는 선험을 경험과 구별해야 한다는 점을 강조하였다. 예컨대, 칸트는 '순수'를 거듭 강조하여 선험적 의식과 경험적 의식을 구분하였고, 피히테가 주장한 자아는 순수한 자아 의식을 가리키는 것으로 개별적인 경험 의식과 구별되었다. 이것들은 모두 순수 자아와 경험 자아를 구분하고 순수 자아와 현재의 의식 사실(경험적 사실)을 구분한 것이다. 후설(Husserl) 또한 경험적 자아에서 선험적 자아로 환원하고자 하였다. 왕수인 심학의 중요한 결함 한 가지는 처음부터 '심외무리心外無理'의 이론이 칸트처럼 순수 실천 이성의 입장에서 주장한 것이라고 명확하게 한정하지 못했다는 점이다. 그랬더라면 자연히 그의 전체 이론 계통이 정합성을 갖추게 되었을 것이고 쓸데없는 온갖 비판으로부터 벗어날 수 있었을 것이다.

---

34) 심학과 칸트의 도덕 주체 개념에 대해서는 『鵝湖學志』 제1기(臺北: 文津出版社, 1988. 5)에 실린, 李明輝의 「儒家與自律道德」을 참조할 것.

(3) 왕수인 철학의 '심'은 주로 도덕 주체를 가리키므로 칸트의 개념으로 표현하자면 '심'은 대체로 이론 이성을 가리키는 것이 아니라 실천 이성을 가리킨다. 이론 이성은 감성에서 출발하여 대상에 대한 지식을 파악하려 하지만 "실천 이성은 대상의 연구를 통해 그것들을 인식하는 것이 아니라 단지 이들 대상을 실현시키는 그 자신의 감각 능력을 다룬다. 말하자면 어떤 원인성을 함유한 '의지'를 다루는 것이다. 그렇기 때문에 어떠한 대상도 필요 없고 단지 실천 이성인 하나의 법칙만을 필요로 한다."[35] 따라서 실천 이성으로서의 심은 인식을 목적으로 삼지 않고 지선至善을 찾는 것을 목적으로 삼는다. 그 임무는 실천 원리가 주체 외부의 원리에 의해 결정되는 것이 아니라 주체 내부의 원리에 의해 결정된다는 사실을 확정하는 데 있다. 이런 입장에서 보면 심학이 인식의 임무를 완성하지 못했다고 지적하는 비판은 모두 합당하지 못하다.

(4) 왕수인의 말처럼 그가 '심즉리心卽理'의 명제를 제기한 것은 외재적인 행위가 '리에 맞는'(當理) 것을 내재 동기의 지선至善으로 간주하는 태도를 비판하기 위해서였다. 왕수인은 서애徐愛와 정조삭鄭朝朔에게 이렇게 대답했다. "만일 이런저런 의절을 완벽하게 수행하는 것을 보고 지선이라고 한다면, 배우가 온청봉양溫淸奉養[36] 등의 의절을 정확하게 연기하는 것도 지선이라고 해야 할 것이다."

칸트 윤리학의 관점에서 볼 때 여기서 논한 것은 '행위의 합법성'과 '의향(동기)의 도덕성' 간의 문제이다. 어떤 행위가 도덕 법칙에 맞으면 이 행위는 합법성을 갖지만 그렇다고 반드시 도덕성을 가진다고는 할 수 없다. 도덕성이란 오직 의지를 주관하는 동기에 달려 있을 뿐이다. 한 사람이 손을 내밀어 넘어진 어린아이를 부축해 주었다고 하자. 그가 만약 단지 그 아이

---

35) 칸트, 『實踐理性批判』, 商務印書館, 1960, 91쪽(백종현 역, 『실천이성비판』, 아카넷, 2002, 199쪽).
36) 역자 주―겨울에는 부모를 따뜻하게, 여름에는 시원하게 모시고, 온갖 수발을 든다는 것으로 부모 봉양의 상투적 표현이다.

의 부모에게 잘 보이기 위해 그렇게 행동했다면 이 행위는 합법성은 있을 지라도 결코 도덕성은 없다. 오직 행위가 자기의 도덕 명령에 대한 존중과 복종에서 나온 것이었을 때에만 비로소 도덕성을 갖추게 된다. 그렇기 때문에 칸트는 도덕 법칙은 "반드시 행위의 진정한 동기로 표상되어야 하며, 그렇지 않으면 행위의 합법성을 낳을 수는 있어도 결코 의향의 도덕성은 낳을 수 없다"고 하였다. 또 칸트는 중요한 것은 행위가 '법칙의 조문'이 아닌 '법칙의 정신'을 포함하는 것이어야 한다고 지적하였다. 여기서 '조문'이란 왕수인이 말한 조목 및 의절을 말하고, '정신'이란 '이 마음'을 말한다. 의절이 아무리 완벽하고 정치하더라도 그것은 단지 합법성만을 완성시킬 뿐 결코 도덕성을 실현시키는 것이라 할 수 없다. 그러므로 '도덕성'인 지선은 오직 내재 동기로부터 결정된다. 이 점에 있어서 왕수인과 칸트는 일치한다.

(5) '심외무리心外無理'의 의미는 위에서 보았듯이 '도덕 주체'와 도덕 주체가 '스스로 법도를 세움'(自立法度) 즉 자율을 승인하는 데 있다. 모종삼牟宗三이 자율·타율로 심학과 리학을 구분하는 이론을 제기한 뒤로 심학을 자율 철학으로 보는 주장은 제법 많은 영향을 낳았다. 주자학이 타율적 형태의 윤리학이냐는 문제를 논외로 두거나 '타율'이란 용어를 부정적·소극적인 의미로 이해하는 것이 아니라면 심학을 자율 윤리학으로 간주하는 이론은 충분히 성립될 수 있다.

칸트에게 있어 핵심 문제는 '법칙'이었다. 도대체 어떤 법칙으로 우리의 의지를 결정해야만 보편 도덕 원리가 될 수 있는가? 감성 법칙으로는 안 된다. 그것은 '질료'이기 때문이다. 보편 도덕 원리가 될 수 있는 것은 '형식', 즉 단순하고 보편적인 입법 형식일 뿐이다. 이것 외에는 다른 어떠한 것도 의지를 결정하게 해서는 안 된다. 의지가 경험적 조건에 복종하면서도 그것으로부터 독립하게 만드는 보편 형식도 결국 이성 자신의 결과이다. 칸트의 '자율' 이론은 바로 여기에서부터 비롯되었다. 즉 의지(실천 이성)를 결정하는 것은 이성 자체이며 이성이 복종하는 것도 이성 자체이다. 바꿔 말하면 의지는 '참된 자아'(眞己)가 자신에 대해 법을 세우고 아울러 자신에게 그것을 준수하기를 요구하는 것이다. 칸트는 감성 욕망의 대상을 질료로 보고 또 이성과 감성을 양분시켰으므로 감성 이외에는 입법의 근거를 단지 이성 자체로부터 제공받을 수밖에 없었다. 그래서 이성이 스스로 법도를 세울 수밖에 없었으니, 이것이 바로 자율自律이다. 만약 이성이 스스로 법도를 세울 수 없다면 감성으로부터 법도를 받아들이게 되고 끝내는 쾌락주의로 기울게 되고 만다.

이것을 통해, 좀더 추상적인 의미에서 말할 경우 "실천 이성인 의지가 스스로 입법한다"가 자율의 한 가지 의미임을 알 수 있다. 바꿔 말하면 도덕 법칙이 도덕 주체 자신에 근원을 두고 있다는 것이다. 이런 의미에서 '심외무리心外無理'는 의지의 자율에 대한 절대긍정의 명제이다.

그러나 우리가 주의해야 할 것은 어떠한 서양 철학의 범주라 할지라도 중국 철학에 응용될 때는 모두 상대적 의미를 가진다는 점이다. 각자의 범주는 모두 일정한 역사·문화적 맥락에서 나온 것이어서 문제의 지향과 의의가 서로 다르기 때문이다. 그러므로 칸트의 자율을 "도덕 법칙은 도덕 주체에 근원을 둔다"는 말로 간단하게 요약해 버리고 도덕 법칙과 도덕 주체에 대해 명확하게 규정짓지 않는다면 필연적으로 온갖 이론상의 결함과 혼란을 조성할 것이다.[37] 칸트는 『실천이성비판』 8절의 정리 4에서 다음과 같이 말하고 있다.

> 의지의 자율(Autonomie)은 일체의 도덕 법칙이 의거하는 유일한 원리이자 이들 법칙과 서로 부합하는, 의무가 의거하는 유일한 원리이다. 반대로, 임의로 선택한 일체의 타율(Heteronomie)은 어떠한 의무의 기초도 되지 못할 뿐 아니라 오히려 의무 원리 및 의지의 도덕성에 맞서 있다. 유일한 도덕 원리의 본질은, 법칙 속의 모든 질료(즉 욕망의 대상)적 성분을 벗어나 독립적이고 자주적일 수 있으며 동시에 하나의 준칙이 필연적으로 함유하는 단순·보편

---

37) 심학을 자율윤리학으로 보는 관점 중에서 최근의 가장 중요한 문헌은 李明輝의 「儒家與自律道德」(『鵝湖學志』 제1기)과 「再論孟子的自律倫理學」(『哲學與文化』 15권-제10기, 臺北, 1988)을 참조할 만하다.

적인 입법 형식을 빌려 임의의 선택을 결정할 수 있다는 데 있다. 그러나 앞서 말한 독립성은 소극적 의미의 자유이고, 순수한(따라서 실천적인) 이성이 '스스로 법도를 세우는 것'은 적극적인 의미의 자유를 가리킨다.[38]

여기에서, 칸트에 의해 '소극적 의미의 자유'로 정의된 '앞서 말한 독립성'이란 '법칙 속의 모든 질료적 성분을 벗어나 독립적이고 자주적이다'라는 것을 가리키며, '질료의 실천 규칙'이란 감성 및 그 대상으로 의지 동기를 결정하는 규칙을 가리킨다. 칸트가 볼 때 주체의 감수성에 의거해서는 보편 법칙이 될 수 없다. 그러므로 이성이 감성 법칙을 배척하여 그 결정을 받아들이지 않는 것, 즉 이성으로 하여금 감성의 교란으로부터 벗어나게 하는 것은 소극적 자유에 불과하다. 칸트의 입장에서 말하면, '자신을 이기는'(克己) 자유는 유일 원리인 자율 원리의 한 측면일 뿐이다. 다른 한 측면은 칸트 자신의 표현에 따르면 이른바 적극적인 뜻에서의 자유, 즉 순수 이성이 '스스로 법도를 세우는 것'이다. 이것은 '하나의 준칙이 필연적으로 함유하는 단순·보편적 입법 형식에 의하여 임의의 선택을 결정하는 것'을 가리킨다.[39] 따라서 엄격하게 말하면 칸트에게 있어 실천 이성이 스스로 법도를 세우는 것은 규정을 갖고 있는 일이며 추상적이지 않다. 이런 규정을 서양 철학의 형상과 질료(원료)의 구분으로 말한다면, 자율 원리의 첫 번째 측면은 규정의 질료면, 즉 법칙이 반드시 감성적 법칙을 배제해야 한다는 점을 명시한 것이고, 자율 원리의 두 번째 측면은 규정의 형식면, 즉 주체 자율이 '단순·보편적인 입법 형식'에 의거한다는 점을 명시한 것이다. 이밖에 도덕 주체 역시 칸트 철학 속에서 명확한 의미를 가지고 있다. 이런 점들로 인해 칸트 윤리학은 곡해되지 않을 수 있었다.

지금까지 논의된 것들을 살펴볼 때 칸트가 말하는 자율은 '마음이 스스로 법도를 세운다'는 말로는 충분하지 않음을 알 수 있다. '심즉리心卽理'가 칸트의 자율에 합치되려면 추상적인 의미로 말해서는 안 되고, 반드시 마음

---

38) 칸트, 『實踐理性批判』, 33쪽(백종현 역, 『실천이성비판』, 92쪽).
39) 칸트, 『實踐理性批判』, 33쪽(백종현 역, 『실천이성비판』, 92쪽).

이 도덕 주체(즉 실천 이성)라는 것과 리가 단순·보편적 입법 형식이라는 것을 먼저 긍정해야 하는 것이지 주체의 어떤 원리라고 해서 그것을 모두 자율이라 부를 수 있는 것이 아니다. 왜냐하면 단순·보편적 입법 형식이 이성 자체의 결과여야만 비로소 이성의 자기 입법이라고 할 수 있기 때문이다. 이렇게 자율이란 '이성이 단순·보편적 입법 형식으로 선택을 결정하는 것'을 의미하기 때문에, 이런 자율 자체는 모든 준칙의 '형식' 면의 조건이라고 할 수 있다.

자율 원리를 규정한 '정리 4' 전체에서 칸트가 주의를 기울인 문제는 어떻게 하면 보편 입법의 형식으로 감성 자연의 법칙을 대신할 수 있을까 하는 점이었다. 따라서 간단히 말하면, 타율은 감성 법칙을 따르는 것이고 자율은 보편 입법의 형식으로 의무를 세우는 것이다. 보편 입법의 형식이 이성의 결과로 간주되었기 때문에 칸트는 이성이 마땅히 따라야 하는 것은 이성의 법칙에 불과하다고 생각했다. 그러므로 이 연역 과정의 맥락에서 비로소 '자율'이라는 말이 가능한 것이지, 마음이 도덕 법칙을 제공한다고 주장하는 일체의 이론에 자율이라는 말이 가능한 것은 아니다. 또 주체에 대해 말하자면, 심학의 '본심本心'이 도덕 주체이긴 하지만 이 도덕 주체는 칸트가 규정한 도덕 주체와는 차이가 있다. 본심이 정욕을 배척한다 하더라도 그것은 감성적 색채 즉 도덕 감정을 지니고 있다. 그러므로 본심이 제공하는 도덕 법칙은 유일한 보편 입법의 형식을 가리키는 것이 아니다. 더욱이 '형상'과 '질료'의 구별이 유학에 존재하지 않는다는 것은 말할 필요조차 없다. 이밖에 칸트의 '자율'은 도덕률에 대한 '복종'을 포함하는데, 이는 칸트의 자율이 이성적 반성을 의미한다는 것을 보여 준다. 반면 심학의 양지는 직각적 의미를 가지므로 '도덕 감정'을 포함하게 된다. 칸트는 『도덕형이상학원론』에서 "인간 자신도 자신이 정한 이런 규율에 복종해야 한다"는 점을 특별히 강조하였다.[40] '복종'이라는 관념은 분명 칸트의 자율에 대한 학설

---

40) 칸트, 『道德形而上學探本』, 商務印書館, 1962, 54쪽(이규호 역, 『도덕형이상학원론』, 박영사, 1986).

가운데 심학과는 아주 다른 관념이다. 자율의 범주가 비록 심학 특질을 이해하는 데 커다란 도움이 되고 거기서 풍부한 생명력을 지닌 해석 방향을 개발할 수 있다고는 하지만, 그것을 절대화시켰을 때 생기는 불필요한 갈등을 피하기 위해서는 피차간의 차이를 이해해야 한다는 것을 알 수 있다.

더욱이 '타율'이 심학과 대립되는 리학에 적용될 수 있느냐의 여부는 줄곧 논쟁거리가 되어 왔다. 사실 '자율'과 '타율'의 개념을 송명 리학 해석에 적용시키는 데 있어 문제시되는 부분도 주로 타율 쪽이었지 자율 쪽은 아니었다. 이 문제는 군이 여기에서 상세하게 다룰 필요가 없겠지만, 자율 원리를 포함한 칸트 윤리학에서 주로 다룬 것이 '법칙'의 문제, 즉 어떻게 도덕 법칙을 확정할 것인가 하는 문제였지 심체心體에 관한 것이 아니었으며 공부工夫에 관한 것은 더욱 아니었다는 점만은 밝혀 두기로 한다.

법칙의 문제에 있어서는 정주程朱와 육왕陸王 간에는 어떠한 의견 차이도 없었다. 그들은 모두 천리天理(이성 법칙)를 강조하고 인욕人欲(감성 법칙)을 배척하였다. 앞서 인용한 칸트의 표현처럼 일체의 타율은 모두 '의지적 도덕성'과 대립된다. 칸트 철학에서 의지의 도덕성은 행위의 합법성과 상대되는 것으로, 개인의 행복을 위해 도덕 법칙에 맞는 행위를 하는 것은 단지 합법성만 가질 뿐 도덕성은 갖지 못한다. 오직 '그 의義를 바르게 하고 그 이익을 도모하지 않아야만'(正其誼, 不謀其利), 다시 말해 정의를 바로세우는 것 자체를 목적으로 삼아야만 도덕성을 띨 수 있는 것이다. 이처럼 '타율'이라는 용어가 겨냥한 것은 바로 합법성만을 따질 뿐 도덕성을 따지지 않는 경향에 대해서였다. 그렇지만 리학은 정주, 육왕 할 것 없이 모두 '의를 바로세우고 이익을 도모하지 않는' 자세를 기본 실천 원리로 삼았다. 이 점에서 보면 칸트가 말한 타율은 정주 윤리학과 분명 큰 차이가 있다. 그리고 다른 관점에서 본다면, 자율과 타율의 구별은 다른 형식으로 표현할 때 정언명법과 가언명법의 구별이 되므로 정언명법을 사용한다는 점에서 주자학은 분명 칸트에게 긍정적으로 평가될 것이다.

(6) 철학사의 발전에서 보면 송대宋代에 통치 지위를 차지했던 주자학이 객관성을 중시한 입장이었던 것과 비교할 때 양명학은 확실히 주관성 혹은 주체성의 입장으로 전향하였다. 틸리(Thilly)는 피히테의 철학이 윤리유심주의이고 이런 윤리유심주의는 필연적으로 주체성을 중시한다고 지적한 바 있다. 두유명杜維明은 심학이 '심즉리'를 강조하는 이유에 대해 다음과 같이 설명하였다.

> 외물의 리理에 대한 이지의 점진적 탐구를 통해 자아의 인식을 획득할 수 있다고 믿게 되면 내 마음 속의 리는 필연적으로 자아의 자족적 역량이나 능동적 창조력을 갖추지 못하게 될 것이다. 왜냐하면, 사람이 반드시 외계의 리를 마음 속으로 내화시켜야만 하는 것이라면 자아 실현의 최종적인 기초가 자아의 인성 속에 내재해 있지 않은 것이 되기 때문이다.[41]

비교철학의 안목에서 보면 왕수인 철학의 정신은 헤겔을 반대한 키에르케고르와 마찬가지로 진리의 주관성 쪽으로 마음이 기울어져 있다. 키에르케고르는 객관 진리에 대해서는 전혀 관심이 없었다. 비록 이런 진리를 부인했던 것은 결코 아니지만 그가 근본적으로 관심을 둔 것은 이런 진리가 아니었다. 그가 보기에 외재 세계의 객관적 진리를 중시하게 될 때 그 결과로 닥치는 것은 주체의 상실이다. 그래서 그는 '주관적 사유'가 '객관적 사유'보다 우월한 점은 그것이 우리의 주의력을 주관으로 돌릴 수 있다는 데 있다고 하였다. 그는 헤겔을 객관 사상가라 부르고 자신을 주관 사상가라 칭했다. 이런 주관성의 입장에서 출발하여 그는, '진리'는 마땅히 우리의 실존과 밀접하게 관계된 진리여야 한다고 주장하면서 지나친 이성주의에 대한 반감을 드러냈다. 그가 내세운 "진리는 주관성(주체성)이다"라는 말은 왕수인의 '심즉리'와 많은 공통점이 있다.

왕수인이 관심을 가졌던 것은 근본적으로 '천지만물의 소이연所以然'과 같은 리가 아니었다. 그가 관심을 가졌던 것은 '지선에 자리잡는'(止於至善)

---

41) 杜維明, 『人性與自我修養』(中國和平出版社, 1988), 136쪽.

실존의 리였다. 그래서 그는 키에르케고르와 마찬가지로 지식을 폄하하는 경향을 갖고 있었다. 키에르케고르는 지식과 실존이 화해할 수 없는 관계라고 여겨, 지식을 중시하면 실존의 의의를 망각하게 되므로 실존이란 지식체계로 취급해서는 추구될 수 없는 것이라고 단언했다. 그래서 그는 객관적으로 사물을 인식하려고 하는 사람들, 체계를 천명하는 교수들을 적으로 보았다.42) 결국 이런 입장 또한 왕수인의 주자학에 대한 강한 비판과 일치한다. 키에르케고르는 '훌륭한 기독교도가 되는 것'을 인생의 제일 중요한 임무로 삼아 세상에 이름이 알려졌고, 왕수인도 '자기 완성을 위한 학문'(爲己之學)과 '성인이 되고 현인이 되는 학문'을 크게 제창하여 송명宋明의 정신발전사에 자신의 지위를 마련하였다. 주관성과 내재성을 가지고 체계화된 객관적 연구에 반항했다는 점에서 두 사람은 일치한다. 따라서 이들은 계통화된 객관주의 체계로 야기된 부정적 흐름 속에 필연적으로 내포되어 있게 마련인 몇몇 특징들을 들춰낼 수 있었다.


## 4. 심즉리설의 모순

왕수인의 '심외무리설心外無理說'에 대해 비판하자면 이런 식으로 말할 수 있을 것이다. 즉, 중요한 문제는 왕수인의 의도를 이해하기 어렵다는 데에 있는 것이 아니라—사실상 그의 의도는 아주 분명하다— 그 형식과 내용이 모순된다는 데에 있다. 왕수인은 그의 사상(도덕 법칙은 도덕 주체에 근원을 둔다)을 완전히 적합하다고 할 수 없는 명제 형식(心外無理)으로 표현했는데, 이는 마른 아이가 커다란 옷을 걸치고 있는 것과 같다. 물론 철학자 개개인은 각 개념에 대해 자신의 용법을 가질 수 있다. 그러나 타인과의 소통과 이해를 위해서는 반드시 언어의 약속성과 개념의 일반적 용법 및 그것의 엄격하지 못한 사용으로부터 초래하게 될 오해를 고려하여, 최소한 일반적

---

42) Jean Wahl, 『存在哲學』(三聯書店, 1988), 18쪽.

용법과 다른 자신의 특수한 입장에 대해서 그 한정적 의미를 설명해야 한다. 왕수인이 초년에 서애徐愛와 『대학』을 논했을 때 특정한 경전 해석의 맥락에서 '정리定理'를 '지선至善'으로 환원한 것이 충분한 이유가 있는 것이라면, 뒷날의 숱한 토론들에서 명확한 한정 없이 단순히 "물리는 내 마음 밖에 있지 않다"(物理不外於吾心)라고만 선언함으로써 야기되었던 그에 대한 비판은 이유 없는 것이 아니라고 하겠다. 이 점은 그의 만년의 학술 활동에서 더욱 두드러진다.

왕수인은 만년에 양지良知 학설을 제창하였는데 치양지致良知 사상은 근본적으로 여전히 '심외무리心外無理'의 기초에서 벗어나지 못하였다. 그래서 리를 단지 마음에서 구할 것인가 하는 문제와 치양지만으로 천하의 리를 모두 파악할 수 있는가 하는 문제에 있어 그는 벗들 및 문인들에게 계속해서 질의를 받았다. 『문집』에는 이런 기록이 있다.

처조카인 제양백諸陽伯이 다시 배움을 청하자 그에게 격물치지의 내용을 알려주었다. 며칠 뒤 그가 뵙기를 청하고, "치지致知란 내 마음의 양지를 완전히 발휘하는 것이라는 가르침은 잘 알겠습니다. 그러나 천하 사물의 이치는 무궁한데, 과연 나의 양지를 완전히 발휘하는 것만으로 다할 수 있습니까, 아니면 그 밖에 구해야 할 것이 있습니까?"라고 물었다. 그래서 다시 "마음의 체가 성性이다. 성은 곧 리이다. 천하에 어찌 마음 밖의 성이 있겠으며 성 밖의 리가 있겠는가? 또 어찌 리 밖에 마음이 있겠는가? 마음의 밖에서 리를 구하면 이는 '의가 밖에 존재한다'라는 고자告子의 이론이다. 리란 마음의 조리이다. 이 리가 어버이에게 드러나면 효이고 임금에게 드러나면 충이고 벗에게 드러나면 신이다. 끝없는 천변만화 가운데 어느 것 하나 내 마음에서 생기지 않은 것이 없다"라고 대답하였다.[43]

---

43) 『全書』, 권8, 141쪽, 「書諸陽卷」, "妻姪諸陽伯復請學, 旣告之以格物致知矣, 他日復請曰: 致知者致吾心之良知也, 是旣聞敎矣. 然天下事物之理無窮, 果惟致吾之良知盡乎? 抑尙有所求於其外也乎? 復告之曰: "心之體, 性也. 性卽理也. 天下寧有心外之性, 寧有性外之理乎? 寧有理外之心乎? 外心以求理, 此告子義外之說也. 理也者, 心之條理也, 是理也, 發之於親則爲孝, 發之於君則爲忠, 發之於朋友則爲信, 千變萬化至不可窮竭, 而莫非發於吾之一心.""

제양백도 이전의 서애와 마찬가지로, 도덕의 리를 마음에서 구해야 한다는 점은 인정하면서도 그렇더라도 천하 사물의 리 가운데에는 도덕의 리를 초월하는 것이 있다고 보았다. 그는 이 리를 사물의 성질, 법칙, 규율 등을 가리키는 것으로 이해하였다. 그가 보기에 이런 '물리'는 '윤리'와 같지 않아서 단지 양지에서 구해서만은 획득할 수 없는 것이었다. 왕수인은 마땅히 "마음 밖에는 리가 없다"(心外無理), "마음을 떠나서 리를 구해서는 안 된다"(不可外心以求理)라는 주장이 모두 윤리학 내의 토론에 한정된 것임을 지적하는 동시에 객관적 사물의 규율의 문제에 대해서도 명확하게 해결해 주었어야만 했다. 그렇게 하질 못했기에 그는 사람들로부터 불만을 사게 되었던 것이다. 그는 처음부터 끝까지 모호하게, '정리定理'는 내심의 선험 법칙이며 사물의 도덕 질서는 내심의 원칙이 실천을 통해 사물에 운용됨으로써 사물을 드러내는 조리라고 단언하는 데 그쳤다. 왕수인은 만년에 고린顧璘에게 답한 편지에서 무진년戊辰年 이래 자신의 사상을 집중적으로 서술했는데, 이런 문제에 대해서는 여전히 사람들을 만족시킬 만한 해답을 제시하지 못했다. 왕수인은 이렇게 말하고 있다.

무릇 물리物理는 내 마음 밖에 있지 않다. 내 마음 밖에서 물리를 구하면 물리는 없다. 물리를 버리고 내 마음을 구하면 내 마음은 또 어떤 물物이겠는가? 마음의 리가 성이요, 성은 곧 리이다.……리가 어찌 내 마음 밖에 있겠는가?……무릇 마음 밖에서 리를 구하기 때문에 어두워 이르지 못하는 곳이 있게 되는 것이다. 이것이 바로 의를 외부적인 것으로 보는 고자의 이론에 대해 맹자가 '의義를 모른다'고 비판한 까닭이다.[44]

일반적으로 말하면 왕수인 철학에서 "마음이 곧 리이다"(心卽是理), "마음 밖에는 리가 없다"(心外無理), "물리는 내 마음 밖에 있지 않다"(物理不外吾心), "리는 마음 밖에 있지 않다"(理不外乎心)와 같은 몇 가지 표현들은 그 내

---

44) 『全書』, 권2, 54쪽, 「答顧東橋書」, "夫物理不外吾心, 外吾心而求物理, 無物理矣. 遺物理而求吾心, 吾心又何物耶? 心之體, 性也. 性卽理也.……理豈外於吾心邪?……夫外心以求理, 是以有闇而不達之處, 此告子義外之說, 孟子所以謂之不知義也."

용이 일치한다. 그러나 엄격하게 보면, '심외무리心外無理'는 리가 단지 내심 속에만 존재하고 주체의 밖에 독립되어 있는 리는 결코 존재할 수 없다는 단언이고, 이에 비해 '심즉리心卽理' 혹은 '리불외호심理不外乎心'은 리가 외부 사물 속에 존재하는 동시에 주체에도 내재한다는 뜻으로도 이해될 수 있는 말로서 주희가 말한 "리는 비록 만사에 흩어져 있으나 실제로 한 사람의 마음의 밖에 있지 않다"(理雖散在萬事而實不外乎一人之心)라는 주장과 같은 의미이다.

왕수인은 마음과 리가 동일하다는 측면을 견지하여 주희가 마음과 리를 둘로 나눈다고 비판하였지만 사실 주희는 '본체'의 차원에서 심과 리의 동일성을 인정할 수 없다고 말한 적이 없다. 단지 주희 철학은 마음의 경험의식적 의의를 중시하여 마음과 리가 현실적으로 동일할 수 없음을 강조했기에, '인식론'에 있어서 모든 사람의 영명한 마음에 갖추어진 지성 능력으로 사물에 보편적으로 존재하는 리를 인식해야 한다고 주장했던 것이다. 따라서 주희의 인식론에 대해서는 마음을 주체로, 리를 대상으로 보았다는 점에서 마음과 리를 둘로 나누었다고 비판할 수도 있다. 그러나 주희가 본체의 문제에 대해 "심과 리는 하나이니, 리는 눈앞의 한 사물로 존재하는 것이 아니며 리는 곧 마음 속에 있다"[45]고 강조한 것을 볼 때, 그냥 모호하게 '마음과 리를 둘로 나눈다'라는 말로써 주희를 비판하는 태도는 합당하지 못한 것임을 알 수 있다.

육구연과 왕수인에게 있어 리는 결코 대상이 아니었다. 리는 주체 자신이 내린 하나의 규정이므로 마음이 곧 리이다. 이에 비해 주희 철학 속에서 '마음과 리의 합일'(心與理一)은 하나의 경지, 즉 사람이 사물을 완전히 파악하여 앎이 완벽해진 상태에서 도달하게 되는 경지를 가리키는 표현으로 더 많이 쓰인다. 주희가 마음의 본체라는 의미에서 '심여리일心與理一'이라는 표현을 사용한 경우는 매우 드물다. 말하자면 주희 또한 심학에서 말하는 본체(심성의 본체) 차원의 '심여리일'을 받아들이지 못할 것이 없었지만, 그는

---

45) 『語類』, 권5, 85쪽, "心與理一, 不是理在前面爲一物, 理便在心中."

이 사상을 '심즉리心卽理'라는 형식으로 표현하는 것에는 결코 찬성하지 않았다. 왜냐하면 '마음'에는 초월적 본심 혹은 마음의 본체라는 개념만 있는 것이 아니어서, 실천 과정에서 정욕의 마음을 리로 혼동하는 병폐를 피할 수 없기 때문이다.

물론 육구연의 입장에서도 인식론에 있어서 주체인 마음이 대상인 물리를 인식한다는 주자학의 입장을 받아들일 수 없는 것은 아니었다. 하지만 심학에서는, 그런 사상이 기본적인 배움의 방법이 되어 버린다면 마음의 본체와 리가 하나라는 사실을 가리게 되어 도덕 원리의 진정한 근원을 흐리게 만들고 윤리 실천 속의 주체성을 말살시킬 수 있다고 보았다.

우리가 줄곧 보아 왔듯이 "물리는 마음 바깥에 있지 않다"(物理不外乎心)라는 말에서 '물리'라는 개념은 분명하게 정의되지 않은 상태에서 제기된 용어이다. 그러므로 이 문제에서 생기는 논쟁의 핵심은 사물의 규율을 어떻게 다루어야 하느냐이다. 고린顧璘에게 답하는 편지 속에 있는 왕수인의 다음 말을 보자.

> 주자가 말한 격물格物이란 그 관건이 사물을 대상으로 삼아 그 리를 궁구하는 데 있다. 사물을 대상으로 삼아 리를 궁구한다는 것은 사물 하나하나에 대해 그 속의 이른바 '정리定理'를 탐구하는 공부를 말한다.……무릇 리를 사물 하나하나에서 구한다는 것은 예컨대 효의 리를 그 어버이에게서 찾는 것과 같은데, 효의 리를 그 어버이에게서 찾는다면 효의 리가 과연 내 마음에 있단 말인가, 아니면 어버이의 몸에 있단 말인가?……이것으로 유추해 본다면, 만사만물의 리는 모두 이렇지 않은 것이 없다.[46]

왕수인의 답변은 임진년에 서애의 질문에 대답했을 때의 입장과 완전히 일치하므로 이 문제에 대한 그의 입장이 일관적이었음을 알 수 있다. 그러

---

46) 『全書』, 권2, 55쪽, 「答顧東橋書」, "朱子所謂格物者, 在卽物而窮其理也, 則物窮理是就事事物物求其所謂定理者也.……夫求理於事事物物者, 如求孝之理於其親之謂也, 求孝之理於其親, 則孝之理其果在於吾之心邪, 抑果在乎親之身邪?……以是例之, 萬事萬物之理莫不皆然."

나 앞서 말한 것처럼 서애가 『대학』 본문의 '지지知止'를 어떻게 해석해야 하느냐고 물었을 때 왕수인이 '정리定理에 자리잡는다'를 '지선至善에 자리 잡는다'로 바꾼 것은 충분한 이유가 있다지만, 주희 철학 속의 '정리'라는 용어를 모두 그냥 '지선'으로 해석할 수 있는가는 또 다른 문제이다. 왕수인은 격물궁리를 토대로 하는 주희의 전체 철학을 비판하는 입장에서 출발했으므로, 그는 우선 주희가 말한 '물리物理'가 무엇을 가리키는지를 밝혔어야 한다. 그래야만 물리를 구하는 과정에서 택하는 경로와 방법을 논쟁거리로 삼을 수 있다. 주희의 '물리' 개념이 도덕적 의리에 국한되는 것이 아니라면 맹자가 사용한 '의를 외부적인 것으로 본다'(義外)는 비판을 주희에게 적용시키는 것은 적절하지 못하다.

주희는 "무릇 일신一身에 속하는 것에서부터 만물의 리에 이르기까지 많은 것들을 이해하게 되면 자연히 환하게 깨닫는 것이 있게 된다"[47]는 정이程頤(호는 伊川)의 말을 언급하면서 "일신에 속하는 것이란 인仁·의義·예禮·지智와 측은惻隱·수오羞惡·사양辭讓·시비是非, 그리고 귀·코·손·발과 보고 듣고 말하고 움직이는 것을 가리키니, 모두 사람이 알아야 할 것들이다. 또한 만물의 번창과 쇠락, 동식물의 크고 작음, 이런저런 도구를 사용하는 방법, 수레는 뭍에서 다니고 배는 물에서 다닌다는 사실 같은 것들도 모두 마찬가지로 사람이 알아야 할 것들이다"[48]라고 했다. 그러므로 주희가 말한 리는 '조화造化'·'명물名物'·'도수度數'·'예악禮樂' 및 각종 사물의 구체적인 규율 등을 광범위하게 포괄한다. 왕수인의 입장에서는 주자학에서 추구한 이런 지식적 방향에 찬성하지 않을 수도 있고 조화의 리를 탐구하는 것이 명덕明德을 밝히는 데 유익한 것이냐고 의문을 제기할 수도

---

47) 『二程遺書』, 권17, 「伊川先生語三」; 『二程集』(中華書局, 1981), 229쪽, "自一身之中以至萬物之理, 理會得多, 幾次自然豁然有箇覺處." 이 문답은 『四書或問』, 권2에도 인용되어 있는데 약간의 출입이 있으며, 『語類』에는 "夫一身之中以至萬物之理, 理會得多, 自然有箇覺悟處夫一身之中以至萬物之理, 理會得多, 自然有箇覺悟處."로 되어 있다.

48) 『語類』, 권18, 395쪽, "一身之中是仁義禮智, 惻隱羞惡辭遜是非, 與夫耳目手足視聽言動, 皆所當理會. 至若萬物之榮悴, 與夫動植之大小, 這底是可以如何使, 那底是可以如何用, 車之可以行陸, 舟之可以行水, 皆所當理會."

있을 것이다. 그렇지만 인의의 리가 내재적이라는 사실만으로 리를 객관적인 것으로 보는 주희의 입장을 전부 비판할 수는 없다. 정호의 말에 대한 해석에서 보았듯이 주희도 인의예지를 일신에 속하는 것으로 파악하였는데, 그가 문제로 삼은 부분은 다음과 같다.

> 게다가 육상산陸象山이 양지良知, 양능良能, 사단四端이 마음에 근본을 둔다고 말한 것은 단지 그가 이런 것들에 익숙해져 있었기 때문이다. 그 밖의 마땅히 이해해야 할 것들에 대해서는 그 자신이 이해하지 못하였으므로 다른 사람들도 이해하지 못하게 금하였다.[49)]

주희는 양지가 사람에게 갖추어져 있긴 하지만 사람의 지식이 양지에 그쳐 버리는 것은 불완전하다고 여겼다. 그래서 그는 한편으로는 내재적인 양지가 한 사람의 행위로 하여금 합법칙성을 갖도록 해 준다는 것을 인정하면서도, 다른 한편으로는 사람이라면 역사・문화・전적과 그 밖의 교육 과정을 학습하여 효제충신孝悌忠信의 리를 추구해 가야 한다고 주장하였다.

> 옛날에는, 어릴 때 『소학』에 들어가면 몸으로 익히는 것만 가르쳤다. 예컨대 예악사어서수禮樂射御書數와 효제충신孝悌忠信의 일이 그것이다. 그 뒤 16, 17세가 되어 『대학』에 들어간 뒤부터는 리를 가르쳤다. 예컨대 치지격물하는 방법 및 충신효제의 소이연에 대한 이해가 바로 그것이다.[50)]

결국 효제충신의 리는 사람이 따라야 할 당위의 법칙으로서 부모나 군주의 몸에서 찾는 것이 아니라 주로 교육과 학습, 특히 소학 단계의 교육을 통해서 획득하는 것이다. 그리고 『대학』에서 말한 격물궁리란 거기서 한 걸음 더 나아가 '충신효제의 소이연'을 궁구하는 것이다. 다시 말해서 마땅히 따라야 할 효제충신이라는 도덕 준칙을 이해하는 것만으로는 부족하다는

---

49) 『語類』, 권16, 324쪽, "且如陸子靜說良知良能, 四端根心, 只是他弄這物事, 其他有合理會者, 渠理會不得, 却禁人理會!"
50) 『語類』, 권7, 124쪽, "古者初年入小學, 只是孝之以身, 如禮樂射御書數及孝弟忠信之事, 自十六七入大學, 然後敎之以理, 如致知格物及所以爲忠信孝弟者."

것이다. 이것은 단지 초급 단계에서 해결해야 할 문제일 뿐이다. 『대학』은 고급 단계의 과정이어서, 이런 준칙을 우주 보편 법칙의 표현으로 제고시켜 인식해야 한다. 만물의 리에서 출발하여 보편적인 '천리天理'로 상승하고, 마지막으로 보편적인 천리의 지평에서 다시 효제충신의 의의를 확정해야 한다. 말하자면 소당연所當然을 인식하는 것으로부터 시작해서 소이연所以然을 인식하는 데로까지 나아가야 한다는 것이다. 이처럼 주회 철학에서 '물리'는 당위와 필연의 두 측면을 포함하고 있다. 그런데 왕수인의 모든 논증은 단지 '당위의 리' 한 측면만을 해결할 뿐이다.

사물은 그 필연의 리(법칙·규율·성질)를 가지는가? 이 물리는 지선至善으로 귀결될 수 있는가? 양지良知를 온전하게 실현하여 지선을 구하면 이 물리를 전부 장악할 수 있는가? 이 물리에 대해서는, "마음 밖에는 리가 없다"(心外無理) 또는 "내 마음의 밖에서 물리를 구하려고 한다면 물리는 없다"(外吾心而求物理而無物理)라고 말할 수 있는가? 이것은 모두 '심외무리心外無理'의 이론을 제기한 왕수인이 마땅히 대답해야 하는 것인데도 대답하지 못한 문제들이다. 이처럼 '마음'이 함유하는 '경험의식적 의미'와 리에 포함된 '분리分理51)·정리定理의 의미'는 모두 송명대의 문화 상황 속에서 '심외무리'라는 명제가 일반인들에게 쉽게 받아들여질 수 없도록 만들었다.

마지막으로, 학문 방법 전체에서 볼 때 왕수인에 대한 여러 비판들은 왕수인이 명제 형식을 잘못 사용해서 야기된 것이기도 하지만, 리학의 일원화된 공부론의 입장과도 아주 관련이 깊다. 송명 리학의 관점에서 '성인聖人이 되는 공부'(爲學工夫)는 다양한 정신 영역 전체를 대상으로 한다. 그래서 '공부의 종지'(爲學宗旨)는 윤리 도덕의 영역에 국한되지 않고 각종 정신 영역에 두루 걸쳐 있다. 그러다 보니 '공부의 방법'(爲學之方) 역시 윤리 도덕의 영역에서 더 나아가 일반적인 인격 발전까지도 담당하는 성격을 띤다. 송명 시대의 학자라면 자기도 모르게 왕수인의 종지에 대해 다음과 같은 회의를 갖게 될 것이다. "이런 공부 방법이 어떻게 사대부 관료의 정신 발

---

51) 역자 주-'理一分數'에서 나온 말로 보편적 리와 짝을 이루는 것.

전 전체에 요구되는 다양한 측면을 모두 충족시킬 수 있겠는가?"

주희가 말한 것처럼, 육구연의 주장대로 존덕성尊德性의 방면에 치우치게 된다면 한 동네의 좋은 선비가 되는 것은 가능하겠지만 인간 정신의 다방면적인 고도 발전을 실현할 수 없다는 것이 문제가 된다. 그런데도 왕수인이 이렇게 한 것은 바로 그가 사회가 허물어져 버린 명대 중기의 현실 환경에 직면하여 요구의 수준을 낮출 수밖에 없었기 때문이다. 다른 한편, 왕수인이 이렇게 유가 고유의 윤리 우위(the priority of ethics)의 입장을 더욱 밀고 나가다 보니, 비록 그에게 현실에 대한 우려와 그에 따른 방편적 처방이라는 측면이 있었다고는 하더라도 어느 정도는 존덕성尊德性과 도문학道問學의 평형이 깨어지게 만들어 버린 것도 사실이다.

왕수인 철학이 이렇게 내재적 형식면의 결함을 가지다 보니 두 가지 결과가 조성되었다. 하나는 주자학 쪽에서 나온 것으로, 왕수인이 리에 포함된 객관 규율의 일면을 홀시하여 지식 발전을 경시하도록 만들었다는 비판을 하게 된 것이다. 다른 하나는 왕학 좌파를 대표로 하는 학자들에 의해 이루어진 것으로, 마음(心)이란 용어가 여러 의미를 가진다는 점을 이용하여 '심즉리心即理'를 감성 법칙을 고취하는 구실로 변질시키고 '성에 따라 행동하는'(率性而行) 태도 및 '완전히 자연에 따르는'(純任自然) 태도마저 '심즉리'의 형식 아래에서 정당화되도록 만들어 버린 것이다.

윤리학을 넘어 일반적 철학 관점에서 보면 순수 주관성의 입장에 호소하는 이론은 필연적으로 그에 따른 곤란한 상황을 야기한다. 헤겔이 말했던 것처럼, 칸트의 입장에서는 "필연성과 보편성은 외부 사물에 있지 않으므로 그것들은 반드시 선험적인 것이다. 다시 말해 이성 자체 내에, 자아가 의식한 이성과 같은 그런 이성 내에 존재한다."[52] 헤겔은 이 입장에 포함된 철학적 탁견을 "사유를 자체가 가진 것, 자기가 자기를 규정하는 것으로 이해하여"[53] 이성의 자주와 자유를 확실히 하였다는 데 있다고 지적한 적이 있

---

52) 헤겔, 『哲學史講演錄』(商務印書館, 1978), 260쪽.
53) 헤겔, 『哲學史講演錄』, 256쪽.

다. 이처럼 그는 칸트 철학에 대해 객관적 독단주의의 관념(理智)적 형이상학이 근거를 확보할 수 없도록 만들었다고 높이 평가하기도 했지만, 동시에 유한성을 지닌 이지理智 범주인 의식 속으로 보편 진리를 전이시켜 버린 채 자재自在하는 진리가 무엇인지 캐묻는 문제를 방기함으로써 '주관적 독단주의'로 치닫는 위험에 빠지도록 만들었다고 지적하기도 했다.[54] 왕수인의 철학도 이와 유사한 문제를 가진다. 왕수인의 선험적 윤리유심주의가 주관적 독단주의의 그림자를 벗어나려면 자신이 윤리 영역의 한계 안에 있다는 것을 명확히 하여 '초월적'이라는, 즉 본래 넘봐서는 안 되는 또 다른 범주로 들어섰다는 오해를 피할 수 있도록 주의했어야 한다. 그는 이 점을 피하는 데 주의하지 못했으므로 철학상에서 그를 주관적 독단주의로 보는 비판을 완전하게 막아낼 수 없었다.

---

54) 헤겔, 『哲學史講演錄』, 258쪽.

# 제3장 심과 물

왕수인의 철학에서 "마음 밖에 이치가 없다"(心外無理)라는 문제를 다룰 때에는 언제나 '심과 리'의 정의와 그 상호 관계를 언급할 뿐 아니라 '심과 물物', '심과 사事'의 상호 관계까지도 함께 언급한다. 우리가 이미 살펴 본 바와 같이 왕수인은 늘 '심외무리'의 원리를 설명할 때마다 동시에 이렇게 선언했다. "천하에 마음 밖의 사事나 마음 밖의 리理라는 것이 다시 존재하겠는가"(天下又有心外之事心外之理乎), "마음 밖에는 물物이 없고, 마음 밖에는 리理가 없으며, 마음 밖에는 의義가 없고, 마음 밖에는 선善이 없다"(心外無物, 心外無理, 心外無義, 心外無善), "마음 밖에는 리가 없고, 마음 밖에는 사가 없으며, 마음 밖에는 학學이 없다."(心外無理, 心外無事, 心外無學) 심과 리의 관계와 마찬가지로 심과 물의 문제 역시 왕수인 철학의 격물 이론의 기본 전제였으며 그의 철학 체계 안의 다른 부분들과 밀접하게 관련되어 중요한 의의를 띠고 있다.


## 1. 심과 의

왕수인은 "몸을 주재하는 것이 바로 마음이고 마음이 드러나는 것이 바로 의意이며, 의의 본체가 바로 지知이고 의의 소재가 바로 물物이다"라고 말한 적이 있다.[1] 심心·의意·지知·물物이라는 네 범주 가운데 세 범주는 결국 '의'를 통해서 정의되는데, 이는 '의'가 왕수인 철학에서 비교적 중요한 위치를 차지하고 있음을 보여 준다. 따라서 '의'의 의미 및 마음과 의의 관계를 철저하게 이해하게 되면 양명학의 '심외무물心外無物' 사상이 지닌 내재적 이론 체계의 철학적 함의를 이해하는 데 도움이 될 수 있다.

주자학에서 경험 의식을 나타내는 데 쓰이는 용어로는 심心·정情·의意·지志 등 몇 가지 범주가 있다. 주희는 사람의 의식·사려·정감을 '지각知覺'이라고 통칭하였다. 주희 철학의 규정에 따르면 지각이 도덕 법칙에 부합하는 것은 '도심道心'이고 도덕 법칙과 부딪치는 의식은 '인욕人欲'이다. 이 점에서 '심'은 분명히 이미 드러난 마음(已發之心)을 가리키는 것으로 바로 현재적이고 경험적인 의식이다.

'정情'에서 '사단四端'은 도심에 해당한다. '정'에는 또 칠정七情이 있는데 그 가운데 리의理義에 부합하여 중화中和를 이룬 것은 도덕성의 실현을 촉진시킬 수 있고 지나치거나 미치지 못한 것은 '인욕'에 속한다. 이처럼 정 또한 실제로 '이발已發'의 범주에 속한다.

의意는 일반적인 정감이나 사려와는 다르다. 의는 정과 마찬가지로 심의 운용으로서 이발에 속하므로 "의는 심의 운용이고"(意是心之運用也) "정도 (심이) 드러난 형태이며"(情亦是發處) "운용이란 드러난 것"(運用是發了)이라고 정의되지만, 동시에 '정'과 '의'는 다음과 같이 구분되기도 한다.

> 정은 성이 드러난 것이니, 정은 (단지) 드러난 어떤 것이며 의는 어떤 한 방향으로 주도하는 것이다. 예컨대 어떤 사물을 아끼는 것은 정이고, 그 사물을 아끼는 까닭은 의이다. 정은 배나 수레와 같고 의는 사람이 배나 수레를 부리는 것과 같다.[2]

---

1) 『傳習錄』上; 『全書』, 권1, 38쪽, "身之主宰便是心, 心之所發便是意, 意之本體便是知, 意之所在便是物."
2) 『語類』, 권5, 98쪽, "情是性之發, 情是發出恁地, 意是主張要恁地. 如愛那物是情, 所以去愛那物是意, 情如舟車, 意如人去使那舟車一般."

정은 어떤 행위를 할 수 있는 것이고 의는 온갖 방법을 통해 그 행위가 실현
되도록 하는 그 무엇이다. 그러므로 의는 정이 생기고 난 뒤에 작용한다.[3]

성은 움직이지 않은 것이고, 정은 어떤 식으로 움직이는 것이며, 의는 그 움
직임이 어떤 지향을 갖는 것이다.[4]

심이란 일신의 주재이고 의란 심이 드러난 것이며, 정이란 심이 움직이는
것이고 지志란 심이 지향해 가는 것이다.[5]

이러한 설명들에 따르면 정·의·지는 모두 이미 드러난 마음에 속하
지만 거기에는 구별이 있다. 정은 자연스럽게 드러나는 사유·사려이고, 의
는 더 강한 의향성(지향성)을 가진 심리 범주이다. 그래서 "의는 그렇게 되도
록 주도하는 것"이고 "의는 의향성을 가진 것"[6]이라고 한 것이다. 한편 지
志는 의지를 가리키니 의보다 뜻이 더 강한 것이다. 그래서 "지는 강인하고
의는 부드러우며", "지는 공개적으로 그렇게 되도록 주도하는 것이다"[7]라고
하였다.

　　강우江右 시절 이전에는[8] '성의誠意'가 왕수인의 강학 종지였다. 왕수인
은 '성의'를 『대학』 팔조목八條目의 핵심으로 보아 특별히 '의意' 범주를 중
시하고 강조하였다. '의'에 관한 그의 견해는 『대학』 팔조목 전체의 상호
관계에 대한 견해와 관련되어 있다. 동시에 그는 '심'과 '의'에 대한 해석에
서 주희로부터 매우 큰 영향을 받았다. 예컨대 그 역시 자주 '마음이 드러
난 것'(心之發) 혹은 '마음이 움직인 것'(心之動)이란 표현을 통해 '의'를 설명

---

3) 『語類』, 권5, 96쪽, "情是會做底, 意是去百般計較做底, 意因有是情而後用."
4) 『語類』, 권5, 96쪽, "性是不動, 情是動處, 意則有主向."
5) 『語類』, 권5, 96쪽, "心者一身之主宰, 意者心之所發, 情者心之所動, 志者心之所
　之."
6) 『語類』, 권5, 96쪽, "意是主張要恁地", "意則有主向."
7) 『語類』, 권5, 96쪽, "志剛而意柔", "志是公然主張做底事."
8) 역자 주 - 왕수인은 正德 16년까지 江西 지역에서 수차례 반란을 진압한 뒤
　嘉靖 1년에 越城으로 옮겼으며 이즈음 致良知說을 제출하여 誠意說을 대신
　하였다.

하고 있다. 그는 다음과 같이 말하였다. "몸을 주재하는 것을 마음이라 한다. 마음이 드러날 때 어버이에 대한 것이면 효라고 부른다",[9] "지선至善이란 마음의 본체이다. 움직인 뒤에 선하지 않은 것이 있게 되지만 본체의 지知는 선악을 알지 못한 적이 없고, 의意란 그 움직임이다",[10] "발동된 마음을 의라고 한다",[11] "주재가 발동한 것을 말할 때는 의라 한다."[12]

왕수인 철학에서 '의'는 크게 보아서 주로 의식 또는 관념을 가리키지만 그 사이에는 차이점도 있다. 예를 들어 "걸림 없고 영묘하며 훤히 알아차리는 양지가 감응하여 움직인 것이 의이다"[13]라고 했을 때, 감응이 밖에서 오는 느낌이라면 여기서의 '의'는 지각 주체가 외부 자극에 대응하여 보이는 반응으로서의 감각 의념을 말한다. 그런데 "의가 어버이를 섬기는 데 있다"(意在於事親)라든지 "의가 백성을 다스리는 데 있다"(意在於治民)라는 말에서는, '의'가 밖에서 오는 어떤 느낌에 대한 직접적인 반응이 아니라 내재된 욕구로서의 또 다른 의념임을 나타내고 있다. 또 "내 마음이 어버이에게 효도하고자 하는 생각을 일으키는 경우, '어버이에게 효도하는 것'이 바로 물物에 해당한다"(吾心發一念孝親, 即孝親便是物)라는 말을 보면 '생각'인 '염념念'은 바로 '의'이므로 '의'와 '염'이 서로 통함을 알 수 있다.

한편 왕수인은 "따뜻하게 또는 시원하게 보살펴 드리고자 하거나 잘 봉양하고자 하는 마음은 '의'라고 할 수는 있지만 '성의誠意'라고는 할 수 없다"[14]라고 하였는데, 여기서의 의는 의욕意欲으로서 주로 어떤 실천적 의향을 가리킨다. 그러므로 이것은 주동적이고 적극적이며 어떤 행위를 실천하고자 하는 '의'로서 주희가 말한 "꾀하고 헤아리는 것은 모두 의이다"[15]라

---

9) 『傳習錄』 上; 『全書』, 권1, 42쪽, "主於身也謂之心, 心之發也遇父便謂之孝."
10) 『全書』, 권7, 128쪽, 「古本大學序」, "至善也者心之本體也, 動而後有不善, 而本體之知未嘗不知也, 意者其動也."
11) 『傳習錄』 下; 『全書』, 권3, 73쪽, "心之發動處謂之意."
12) 『全書』, 권2, 66쪽, 「與羅整庵小宰」, "以其主宰之發動而謂之意."
13) 『全書』, 권2, 55쪽, 「答顧東橋」, "其虛靈明覺之良知應感而動者謂之意."
14) 『全書』, 권2, 56쪽, 「答顧東橋」, "意欲溫凊, 意欲奉養者所謂意也, 而未可謂之誠意."
15) 『語類』, 권5, 96쪽, "欲有所營爲謀度皆意也."

는 것과 같다. "무릇 사람은 반드시 먹으려는 마음을 가진 뒤에 밥을 알게 되는데, 먹으려는 마음이 바로 의이고……반드시 어디론가 가려는 마음을 가진 뒤에 길을 알게 되는데, 가려는 마음이 바로 의이다",16) "의는 선을 행하는 데 있다"(意在於爲善), "의는 악을 제거하는 데 있다"(意在於去惡)라는 말들에서도 '의'는 모두 의욕으로서 어떤 행위의 동기를 의미한다.

본심은 본체로서 완전히 선하고 악이 없다. 반면 의념, 의욕, 의식 따위는 현상이어서 선과 악이 모두 있다.

무릇 사물에 대응하여 생각을 일으키는 것을 모두 의라고 부르므로 의에는 옳고 그름이 있다. 의의 옳고 그름을 알 수 있는 능력을 양지라 부른다.17)

지금 마음을 바르게 한다고 할 때 본체에서야 무슨 공부를 할 수 있겠는가? 반드시 마음이 발동하는 곳을 대상으로 삼아야 공부가 가능하다. 마음이 발동하면 반드시 선할 수만은 없으므로 여기에 힘을 기울여야 한다. 이것이 바로 '의를 참되게 하는 데 달려 있다'라는 말의 의미이다.18)

마음에서 발동하는 모든 것, 다시 말해 모든 의식 활동은 '의'이다. 이처럼 왕수인 철학에서 '심'은 본체의 마음, 순수 자아를 가리키며 '의'는 경험 의식의 범주를 뜻한다. 그러므로 심과 의의 구별은 칸트 철학에서 순수 실천 이성인 '의지'와 '의념'(욕구) 사이의 구별(wille와 willkür)과 비슷하다. 왕수인의 후기 사상에 따르면 인간의 의식 구조 가운데 가장 중요한 두 부분이 바로 양지와 의념이다. 의념은 사유와 정감을 포괄하고 옳고 그름이 있으며 선과 악이 있다. 양지는 인간 심층의 자아이므로 의념의 선악을 판단하는 능력이기도 하다. 하지만 양지는 비록 시비·선악을 판단한다고는 해

---

16) 『全書』, 권2, 53쪽, 「答顧東橋」, "夫人必有欲食之心然後知食, 欲食之心即是意.……必有欲行之心然後知路, 欲行之心即是意."
17) 『全書』, 권6, 118쪽, 「答魏師說」, "凡應物起念處皆謂之意, 意則有是非, 能知得意之是非者則謂之良知."
18) 『傳習錄』下;『全書』, 권3, 83쪽, "如今要正心, 本體上如何用得功? 必就心之發動處方可著力也, 心之發動不能無不善, 故須就此著力, 便是在誠意."

도 선하지 않은 의념이 발생하지 않도록 보증하지 못할 뿐 아니라 인간이 선험적으로 양지의 부름과 인도만을 따르도록 보증하지도 못한다. 그러므로 양지는 적극적인 동시에 소극적이다. 이런 의미의 양지가 왕수인 철학의 기본적인 용법이다. 왕수인은 가끔 양지를 사물에 대응하는 능각能覺인 것처럼 말하기도 한다. 그러나 이것은 그가 뒷날 늘 '양지'로 '심心' 개념을 대체했기 때문이지, 결코 양지에 대한 그의 관점이 확정되지 않았음을 나타내는 것은 아니다.


## 2. 의와 사

이제 정식으로 '심외무물'의 문제로 돌아가 보자. 개괄해서 말하면 왕수인은 '심외무물'의 원리를 제기하고 수립하기 위해서 세 과정을 거쳤다. 먼저 그는 '물物'을 '사事'로 정의한다. 다음으로 '심心'을 중심으로 '사'를 설명하는데, 이는 곧 주체의 측면에서 '사'를 정의한 것이다. 마지막으로 그는 '의'와 '물'의 관계를 거쳐 '심외무물'의 이론을 확립한다.

『전습록』의 서애徐愛(자는 曰仁)의 기록에는 다음과 같이 언급하고 있다.

내(서애)가 "지난번 선생님의 가르침을 듣고서 어렴풋하게나마 공부란 어떻게 해야 한다는 것을 깨달았는데, 이제 이 말씀을 들으니 더욱 의심할 바가 없게 되었습니다. 저는 어제 새벽, 격물格物의 물物자는 바로 '사事'자이고 모두 '마음'을 중심으로 말한 것이라 여기게 되었습니다"라고 말씀드렸다. 그랬더니 선생(왕수인)께서는 "그렇다네. 몸의 주재가 바로 마음이고 마음이 드러난 것이 바로 의意라네. 의의 본체가 바로 지知이며, 의의 소재가 바로 물物이지. 예를 들어 의가 어버이를 섬기는 데 있으면 어버이를 섬기는 일이 바로 하나의 물이고, 의가 임금을 섬기는 데 있으면 임금 섬기는 일이 바로 하나의 물이며, 의가 백성에게 어질게 대하고 사물을 사랑하는 데 있으면 백성에게 어질게 대하고 사물을 사랑하는 일이 바로 하나의 물이고, 의가 보고 듣고 말하고 움직이는 데 있으면 보고 듣고 말하고 움직이는 일이 하나의 물이라고 할 수 있지. 그래서 내가 마음 밖의 리는 없고 마음 밖의 물도 없다고 말한 것이네"라고 말씀하셨다.[19]

이 문장의 의미를 이해하려면 먼저 그 사상의 내원이 무엇인지에 주의해야 한다. 주희는 "마음은 주재하는 주체에 대한 이름이다", "의는 마음이 드러난 것이다"[20]라고 했다. 그러므로 "몸의 주재가 바로 마음이고 마음이 드러난 것이 바로 의이다"라는 왕수인의 말은 주희 철학의 심과 의에 대한 정의와 근본적으로 구별되는 것이 아니다.

"몸의 주재가 바로 마음이고(身之主宰便是心), 마음이 드러난 것이 의이며(心之所發便是意), 의의 본체가 바로 지이고(意之本體便是知), 의의 소재가 바로 물이다(意之所在便是物)"라는 말에서 '심-의-지-물'의 차례는 의심할 여지 없이 『대학』의 정심正心·성의誠意·치지致知·격물格物에서 나온 것이다. 그러므로 이 네 구절의 설명과 그 속에 담긴 사상은 『대학』에서 제기된 기본 문제와 이 문제에 대한 송명 리학의 해석 체계를 겨냥한 것이다. 그리고 『대학』에서는 공부의 조목이었던 정심·성의·치지·격물을 심·의·지·물이라는 기본 개념의 층차로 환원한 것이기도 하다. 만년에 천천天泉에서 도道를 전수하면서 제시했던 '사구교四句敎'와 견주어 볼 때 여기 네 구절은 공부 방법에 대한 가르침을 다룬 것이 아니라 단지 개념만을 다룬 것이므로 '사구리四句理'라고 부를 수도 있을 것이다.

뒷날의 사구교도 『대학』의 심·의·지·물의 구조를 기초로 삼았지만 거기서는 공부도 함께 논하여 본체와 공부를 한꺼번에 다루었다. 말하자면, 사구교는 본체와 공부의 위치를 정립하기 위해 만든 이론이기 때문에 원래 기본 범주의 정의를 다룬 것이 아니었다. 그러므로 기본 범주에 있어서는

---

19) 『傳習錄』上; 『全書』, 권1, 38쪽, "愛曰: 昨聞先生之敎, 亦影影見得功夫須是如此, 今聞此說, 益無可疑. 愛昨曉思格物的物字卽是事字, 皆從心上說. 先生曰: 然. 身之主宰便是心, 心之所發便是意. 意之本體便是知, 意之所在便是物, 如意在於事親卽事親便是一物, 意在於事君卽事君便爲一物, 意在於人民愛物卽人民愛物便是一物, 意在於視聽言動卽視聽言動便是一物. 所以某說無心外之理, 無心外之物."

20) 『語類』, 권5, 94~95쪽, "心, 主宰之謂也……意是心之所發."

여전히 사구교는 사구리를 기초로 삼고 있다고 볼 수 있다. 우리는 뒤에서 사구리가 왕수인 당시의 공부론과 직접적으로 관련을 가진다는 점을 살펴보겠지만, 그것 자체는 본체와 공부의 문제를 다룬 것이 아니라 단지 기본 범주들의 정의와 그것들 사이의 연관성을 다룬 것일 뿐이다.

사구리 가운데 좀더 중요한 것은 뒤의 두 구절이다. 앞의 두 구절은 주자학과 근본적인 차별이 없으므로 뒤의 두 구절만이 왕수인 철학의 예지를 대표한다고 하겠다. 그 가운데 "의의 본체가 바로 지이다"(意之本體便是知)라는 구절에 대해서는 이 책의 제7장에서 다시 상세히 토론하기로 하고, 여기서는 '물'의 문제와 관련하여 "의의 소재가 바로 물이다"(意之所在便是物)라는 구절을 집중적으로 다루기로 하자.

'사구리'는 서애가 임신년 전후에 들은 말이다. 그런데 육징陸澄 역시 다음의 기록을 남기고 있다.

> (내가) "몸의 주재가 마음이고 마음의 영명靈明이 지이며 지의 발동이 의이고 의가 놓여진 곳이 물이라고 보는데, 이와 같습니까?"라고 물으니, 선생께서는 "그렇게도 말할 수 있다"라고 대답하셨다.[21]

육징 또한 '사구리'에 대해 익히 들은 바가 있었기 때문에 왕수인에게 이렇게 질문했던 것이다. 그런데 육징의 기록은 서애가 기록한 네 구절의 문장과 비교해 볼 때 약간 차이가 있다. 즉 『대학』의 차례에서는 본래 '의意'가 앞에 있고 '지知'가 뒤에 있는데 육징의 기록에서는 '지'를 앞에 두고 '의'를 뒤에 둔 것이다. "마음의 영명이 지이다"라는 말은 어떤 의미에서는 틀렸다고 할 수 없겠지만 본체로서의 양지와는 다른 점이 있다. 또 "지의 발동이 의이다"라는 말 역시 명확하지 않은 점이 있어 보인다. 좀더 적절히 표현하려면 "마음의 발동이 의이다"라고 해야 하는 것이다. 뒷날 왕수인이 진구천陳九川(자는 惟濬)의 물음에 답할 때도 마찬가지였다.

---

21) 『傳習錄』上; 『全書』, 권1, 45쪽, "問身之主爲心, 心之靈明是知, 知之發動是意, 意之所着爲物, 是如此否? 先生曰: 亦是."

"물物은 밖에 있는데 어떻게 심心·신身·지知와 하나가 될 수 있습니까?"라고 물었다. 그러자 선생께서는 "……마음이 발동한 것을 의라 하고 의 가운데 영명한 부분을 지라고 하며 의가 걸쳐 있는 곳이 물이다. 그러니 단지 하나일 뿐이다. 의는 아무 내용 없는 것이 없으니 반드시 어떤 사물과 관련되어 있다"라고 말씀하셨다.[22]

왕수인은 만년에 고린顧璘에게 답하는 편지에서 이렇게 말하였다.

마음은 몸의 주재이고 마음의 '걸림 없고 영명해서 훤히 알아차리는 힘'(虛靈明覺)은 본연의 양지이다. 그 허령명각虛靈明覺의 양지가 어떤 느낌에 맞춰 움직이는 것을 의라 한다. 그렇다면 지가 있고 난 뒤에 의가 있고 지가 없으면 의가 없다고 할 수 있으니, 지가 의의 체體가 아니겠는가? 의가 작용하는 데는 반드시 그 대상(物)이 있으니, 그 대상이 바로 사事이다. 만일 의가 부모를 섬기는 데 작용하면 부모를 섬기는 것이 곧 물物이고, 의가 백성을 다스리는 데 작용하면 백성을 다스리는 것이 곧 물이며, 의가 글을 읽는 데 작용하면 글을 읽는 것이 곧 물이며, 의가 재판을 관장하는 데 있으면 재판을 관장하는 것이 곧 물이다. 무릇 의意가 작용하는 데에 물이 있다. 그러므로 의가 있으면 물이 있고 의가 없으면 물이 없다고 할 수 있는 것이니, 물은 의의 작용이 아니겠는가?[23]

고린은 왕수인에게 보낸 편지에서 "지는 의의 체이며 물은 의의 용이다"(知者意之體, 物者意之用)라는 왕수인의 말에 의문을 제기한 적이 있고, 그 이전에 나흠순羅欽順(호는 整庵)도 "물은 의의 용이다"라는 왕수인의 사상을 반대하는 입장을 나타낸 적이 있다. 고린과 나흠순이 지적한 "지는 물의 체

---

22) 『傳習錄』下; 『全書』, 권3, 73쪽, "物在外, 如何與身心知是一件? 先生曰:……指心之發動處謂之意, 指意之靈明處謂之知, 指意之涉着處謂之物, 只是一件. 意未有懸空的, 必着事物."

23) 『全書』, 권2, 55쪽, 「答顧東橋」, "心者身之主也, 而心之虛靈明覺卽所謂本然之良知也, 其虛靈明覺之良知應感而動者謂之意, 有知而後有意, 無意則無意矣, 知非意之體乎? 意之所用必有其物, 物卽事也. 如意用於事親卽事親爲一物, 意用於治民卽治民爲一物, 意用於讀書卽讀書爲一物, 意用於聽訟卽聽訟爲一物, 凡意之所用無有無物者, 有是意卽有是物, 無是意卽無是物, 物非意之用乎?"

이고 물은 의의 용이다"라는 정의는 왕수인이 무인년에 판각한 『대학고본방석大學古本旁釋』에 들어 있다고 하는데, 현재 전하는 함해본函海本 『대학고본방석』에도 "마음은 몸의 주재이고 의는 마음이 발동한 것이며 지는 의의 체이고 물은 의의 용이다"(心者身之主, 意者心之發, 知者意之體, 物者意之用)라고 되어 있다. 이 점을 근거로 해서 우리는 사구리가 『대학고본방석』의 네 구절로 표현될 수도 있다는 것을 알 수 있다. 그렇지만 분명한 것은, "지는 의의 체이다"라는 말은 결코 '의의 본체'(意之本體)라는 의미를 충분히 표현할 수 없으며, "물은 의의 용이다"라는 말은 '의의 소재'(意之所在)라는 함의를 더더욱 드러내지 못한다는 것이다. 그러므로 사구리를 다룰 때는 『전습록』의 서애의 기록이 표준적인 표현 형식으로 인정되어야 할 것이다.

사실 사구리에서 특히 중요한 한 구절로서 '심과 물'의 관계를 직접적으로 드러내면서 왕수인 사상의 특색을 가장 잘 나타낸 것이 "의의 소재가 바로 물이다"(意之所在便是物: 서애의 기록), "의가 놓여진 곳이 바로 물이다"(意之所着爲物: 육징의 기록), "의가 있는 곳을 물이라 한다"(意之涉着處謂之物: 진구천의 기록) 등과 같은 구절들이다. "의의 소재가 바로 물이다"라는 구절은 '물'에 대해 하나의 정의를 내리려는 것이었다. 그런데 주의해야 할 것은 왕수인과 서애의 전체 문답, 특히 서애의 "물物자는 바로 사事자이다"(物字卽是事字)라는 표현에 비춰 볼 때 여기서의 '물'은 산천초목과 같은 사물을 데면데면하게 가리키는 것이 아니라 '사事'를 가리킨다는 점이다. 적어도 "의의 소재가 바로 물이다"라는 말이 처음 제기될 때는 '의'의 소재가 '사'임을 말했다는 것이다. '심외무물'도 이런 의미로 이해되어야 한다. 서애가 말한 것처럼 이런 정의는 본질적으로 '마음을 중심으로 물을 설명한 것'(從心上說物)이다. 위의 사구리의 입장은 왕수인 만년에 이르기까지 바뀌지 않았다. 예컨대 「대학문大學問」에서 그는 여전히 "치지致知의 관건은 반드시 격물格物에 있으니 물物은 사事이다. 무릇 의가 발동한 데에는 반드시 사가 있으므로 의의 소재인 사를 물이라 부른다"[24]라는 입장을 견지하였다.

---

24) 『全書』, 권26, 374쪽, 「大學問」, "致知必在於格物, 物者事也, 凡意之所發, 必有

"의의 소재가 바로 물이다"라는 명제에서, 의는 의식·의향·의념을 가리키고 의의 소재란 의향의 대상이나 의식의 대상을 가리킨다. 그리고 여기서의 '물'은 주로 '사' 즉 인류의 사회 실천을 구성하는 정치 활동, 도덕 활동, 교육 활동 등을 가리킨다. 이 명제는, 의식은 반드시 그 대상을 지니며 즉 의식은 대상에 대한 의식이며 '의는 아무 내용 없는 것이 없다'(意未有懸空的)는 관점을 나타낸 것이다. 사물은 의식이나 의향과 관련된 구조 속에서만 정의될 수 있다. 그러므로 '마음을 중심으로 설명한다'(從心上說)는 말은, 사물이 인간의 의향 구조의 한쪽 극이어서 주체를 벗어날 수 없고 우리가 일상 생활에서 보는 것처럼 모든 활동(事)은 의식이 참여한 것이며 이런 의미에서 주체를 떠난 사물이란 존재하지 않는다는 의미이다. 다시 말해 '심외무물'이라는 것이다. 왕수인의 이런 정의에 따르면 의의 소재인 '물'에는 확실히 두 가지 의미가 있다. 하나는 의식이 지향하는 '실재의 물' 또는 의식이 이미 그 속으로 던져진 '현실 활동'이고 다른 하나는 단지 의식 과정의 대상이기만 한 '의의 소재'이다.

이상의 논의를 바탕으로 "의의 소재가 바로 물이다"라는 말은 곧 왕수인 철학의 '심외무물'의 구체적인 내포에 해당하며, 또 앞서 보았던 "의가 부모를 섬기는 데에 있으면 부모를 섬기는 일이 바로 물이고……그래서 내가 마음 밖의 리는 없으며 마음 밖의 물은 없다고 말한 것이다"라고 한 서애의 기록의 의미를 아주 분명하게 표현한 것임을 알 수 있다. 육징도 "마음 밖에는 물이 없으니 내 마음이 한 생각을 내어 어버이에게 효도하면 어버이에게 효도하는 일이 바로 물이다"[25]라고 기록하고 있다. 이를 통해 우리는 비로소 왕수인의 심외무물론의 논리적 맥락을 파악할 수 있다.

왕수인이 거듭 밝혔던 것처럼 '심외무물'의 본래 의미는 "의의 소재가 바로 물이다"라는 관점이다. 예컨대 의가 부모를 섬기고 임금을 섬기는 데 있으면 부모를 섬기고 임금을 섬기는 일이 바로 물이라는 것이다. 이처럼

其事, 意之所在之事謂之物."
  25) 『傳習錄』上; 『全書』, 권1, 45쪽, "心外無物, 如吾心發一念孝親, 卽孝親便是物."

왕수인 철학에서 '심心·물物'의 문제는 상당한 정도로 의意와 물物의 관계 문제로 구체화되었다. 만일 사·물·의의 구분에 얽매이지 않고 그 철학적 함의만을 가지고 말한다면 "의의 소재가 물이다"라는 명제는 분명히 현상학(Phenomenology)에 접근한 명제라 할 수 있는데, 왕수인 철학의 심·물 이론은 현상학의 의향성 이론과 자못 비슷한 점이 있다.

의가 지닌 이런 지위로 볼 때 왕수인 철학을 후설(Husserl) 및 현상학의 의향성(intentionality) 이론과 대조해 보는 것은 충분한 근거가 있다. 후설에 앞서 그의 스승인 브렌타노(Brentano)는 이미 다음과 같은 견해를 언급한 바 있다. 즉 그는, 의식의 지향 활동은 필연적으로 어떤 대상과 관계를 갖지만 그 대상이 비존재(둥근 네모, 마귀 같은)일 수도 있으므로 의식의 지향 활동은 내향성의 특징을 갖게 마련이라고 하고, 다른 한편으로 그러한 지향성의 관점을 근거로 해서 심리 현상을 '의향의 경로를 통해 대상을 자신 속에 포괄시키는 현상'이라고 정의할 수도 있다고 하였다.[26] "하나하나의 의식은 모두 대상에 관한 의식"[27]이라는 브렌타노의 관점을 계승하여, 후설 또한 지향의 본질은 "지향 속에 가리켜질 수 있는 대상이 있으면 바로 목표가 된다"[28]는 사실에 있다고 주장하였다. 한편 사르트르는 『존재와 무』에서 "모든 의식은 어떤 사물에 대한 의식이다"[29]라는 관점과 관련된 후설의 사상을 강조하였다. 이런 명제들을 심학의 용어로 말하면 바로 "의의 소재가 바로 물이다", "의가 작용하는데 물(대상)이 없는 경우는 없다"에 해당한다.

후설은 '노에마'(noema)의 개념을 사용하여 의식 지향 대상을 표시하고 '노에시스'(noesis)로는 의식 지향 행위를 표시하였는데, 지향의 구조에 있어 '의식 지향 대상'은 대상의 측면이며 '의식 지향 행위'는 주체의 측면이다. '지향성'(의향성)은 후설 현상학의 핵심 개념이다. 지향성의 구조에서 의식

---

26) 劉放桐 외, 『現代西方哲學』(人民出版社, 1981), 522쪽 참조.
27) 『當代哲學主流』(商務印書館, 1986), 43쪽.
28) 『當代哲學主流』, 99쪽.
29) 사르트르, 『存在與虛無』, 三聯書店, 1987, 19쪽(손우성 역, 『존재와 무』, 삼성출판사, 1999, 75쪽).

활동과 의식 대상의 관계는 '원칙적으로 동격'으로, 의식 활동은 의식 대상을 구성하고 의식 대상은 자아의 의식 지향 작용에 의해 이루어진다. 의식 작용과 의식 대상은 서로 연결되어 있어 나눠질 수 없다. 의식 대상은 의식 지향의 참여 아래 대상으로 성립될 수 있으며, 의식 내용은 의식 대상으로서의 객관성을 가지는 동시에 사유 현상의 한 측면으로서의 주관성도 갖는다. 현상학의 입장에 내재된 이 지향성의 관념은 안팎을 연결하는 다리를 제공한다. 지향성의 구조 속에서는 주체니 객체니, 마음이니 물이니 하는 대립이 깨어지면서 지향성에 의해 양자는 끊을 수 없는 관계로 정립된다.

앞에서 말한 것처럼 왕수인의 철학 속에서 '물'은 주로 '사'를 가리키는데, 동시에 그는 "의의 소재가 바로 물이다"라는 명제 속에서 물(事)이 반드시 객관적·외재적·현재적인 것이라고는 규정하지 않았다. 그래서 브렌타노나 후설과 마찬가지로 이 의의 소재란 '존재하는 것'일 수도 있고 '존재하지 않는 것'일 수도 있다. 즉 실물일 수도 있고 순수한 의식 흐름의 대상일 수도 있다. 왕수인은 '의'는 반드시 그 대상이 있고 그 내용이 있다는 사실만을 강조했을 뿐 대상이 실재하는가는 전혀 중시하지 않았다. 왜냐하면 그가 강조한 것은 의향 행위 그 자체이기 때문이다. 담약수湛若水와 왕수인이 '물'의 문제를 변론할 때 지적했던 것처럼 "의의 소재가 바로 물이다"라는 왕수인의 명제는 근본적으로 물을 의념으로 귀결시키는 것이었다. 격물의 '물'을 의념으로 귀결시켜야만 '격물'을 "바르지 못한 마음을 바로잡아 올바르게 되돌린다"라고 해석할 수 있기 때문이다. '물'이 이렇게 규정되면 헤겔이 로크(Locke)와 버클리(Berkeley)를 논평할 때 말한 것과 마찬가지로 왕수인의 물은 더 이상 스스로 존재하는 것이 아니라 다른 것에 의해, 다시 말해 의식에 의해 존재하게 되므로 물의 근거는 의식 주체 속에 있게 된다고 할 수 있다.

위에서 말한 관점에 따라 왕수인의 '심외무물' 철학을 해석하면 "의의 소재가 바로 물이다"라는 말은 '의는 대상에 대한 지향성을 가지며 물은 단지 의의 대상으로서만 의미를 갖는다'라는 뜻이 된다. 따라서 물은 의식 구조 속에 포함시켜 정의해야 한다. 이는 '의'가 사물의 의미(理)를 구성하고 사물의 질서는 그것을 구성시켜 주는 '의'에 근원을 두기 때문이다. 이런 의미에서 왕수인은 일련의 현상학적 윤리학을 발전시킬 수 있었다. 의념이 사물의 도덕성을 결정하는 근원이고 사물의 리는 반드시 선한 '의'에 의해 부여되는 것이므로, 의는 사물을 구성시키는 요소이며 물은 의의 결과에 지나지 않는다. 여기서 의향(지향)의 대상이 실재하는지 아니면 의향이 대상화된 것인지는 중요하지 않다. 중요한 것은 의향 행위 그 자체이다. 의향 행위 자체가 대상인 물의 성질을 결정하기 때문이다. 다시 말해 왕수인이 의도한 바에 따르면, 물은 현실적인 무엇을 가리키는 것이 아니라 '의향의 물'을 가리킨다. 물의 의미가 이렇기 때문에 마지막에는 '의향의 도덕성'(칸트)으로 회귀하여 왕수인의 격심설(格心說)에 이론적인 기초를 제공할 수 있었던 것이다. "의가 어버이에게 효도하는 데 있으면 어버이에게 효도함이 곧 물이다"에서 '어버이에게 효도함'이라는 이 '물'은 이미 실현된 활동이나 실현되고 있는 활동을 가리킬 수도 있고 단순히 의념의 내용 즉 의식 속에 드러난 '의향의 객체'를 가리킬 수도 있다. 이런 설명을 통해 우리는 "의가 있으면 물이 있다"(有是意卽有是物), "의가 없으면 물도 없다"(無是意卽無是物)라는 말과 '심외무물'이라는 말의 의미를 모두 이해할 수 있게 된다.

왕수인의 '심외무물'의 문제를 이해하는 데 가장 중요한 것은 왕수인이 이 원리를 제출한 목적이 무엇인지, 그가 마음속에서 겨냥하고 해결하고자 했던 문제가 무엇인지를 이해해야 한다는 점이다. 그의 용어를 빌리자면 '입언(立言)의 종지'를 밝혀야만 이 명제의 구체적인 이론의 측면을 드러낼 때 그의 주된 목적을 잃지 않을 수 있다. 종지로서의 그의 목적은 다음과 같이 정리할 수 있을 것이다. '물'에 대한 그의 해석들은 청년 시절부터 줄곧 그를 괴롭혀 오던 '격물'의 문제를 겨냥한 것이었지 결코 추상적이거나 고립적인 심·물 관계를 다루려는 것은 아니었다. 그의 모든 노력은 '격물은 마음을 떠나서 이뤄질 수 없다'는 심학의 기본 입장을 논증하려는 것이었다. 그러므로 이론의 조직·구조의 측면에서 모종의 의향성 원칙이 그에게 큰 도움이 되었다는 것은 의심할 나위가 없다.

마지막으로 지적해야 할 점은, 현상학의 의향성(지향성) 학설이 왕수인의 심·물 이론을 이해하는 데 가장 적합한 방법이라고는 할 수 없다는 점이다. 더욱이 왕수인과 후설의 의식 및 대상에 대한 이론은 똑같지가 않다. 사실상 두 사람 사이에는 상당히 큰 차이와 거리가 존재한다. 여기서는 다만 현상학적 이론을 통해 왕수인 철학에 대한 풍부한 해석 가능성을 좀더 발굴해 낼 수 있음을 보여 주려 했을 뿐이다.


## 3. 심과 물

지금까지 우리는 왕수인의 '심외무물心外無物'이란 명제는 '물物'을 실천 활동인 '사事'로 한정하는 범위 안에서, 그리고 '심心 밖에는 ~이 없다'라는 언어 구조를 '마음을 벗어난 ~은 없다'라는 의미로 이해하는 범위 안에서만 성립될 수 있음을 살펴보았다. 그런데 '심외무리心外無理'의 문제에서 형식과 내용에 어떤 부조화가 존재했던 것처럼 '심외무물'의 명제 역시 위에서 다룬 의향성의 문제 이외에도 최소한 형식상에서 수많은 다른 내용을 포함할 수 있다. 이 문제에 대해 좀더 검토하는 것이 바로 이 절의 몫이다.

위에서 살펴본 것처럼 왕수인은 '심외무물'의 '물'이 '사'를 가리킨다고 확정하였으나 그렇다고 그는 실재하는 객관 물체(예컨대 산천초목)를 '심외무물'이라는 이 명제의 활용 범위 밖으로 명확하게 배제시키지는 않았다. '심외무리'에서 리의 용법이 통상적으로 정리定理·분리分理를 함유하는 것처럼, 사실 '물'의 통상적인 의미도 산천초목에서 심지어 사람까지 포괄하는 것이었다. 그러다 보니 왕수인의 '심외무물'의 이론은 필연적으로 외계 사물의 객관 실재성을 어떻게 처리할 것인가 하는 도전에 직면할 수밖에 없었다. 말하자면 "의의 소재가 바로 물이다"라는 문제에서, 현상학의 이해를 넘어서게 되면 다음과 같은 또 다른 문제를 제기할 수 있다는 것이다. 즉 우리가 현재 어떤 사물을 지각하고 있지만 이 사물이 아직 의식에 의해 지향되지 않았을 때는, 다시 말해 아직 '의의 소재'가 되지 않은 어떤 사물은 '물'인가, 그리고 존재하는 것인가? 또한 "의의 소재가 바로 물이다"에서 '의'는 개체의 의식인가, 인류의 집단적인 의식인가? 이런 문제로 심외무물론을 검토하게 되면 어쩔 수 없이 버클리(Berkeley)의 "존재란 바로 지각된 것이다"(存在即是被感知)라는 명제와 만나게 된다.

버클리는 사람의 의식을 몇 종류로 구분하였는데, 특히 그는 '감각 관념'과 '추상 관념'을 명백히 구분하였다. 일반적으로 '감각 관념'은 마음 밖의 '물物'이 감각 기관을 통해 사람의 마음에 인상 지워진 것으로 마음의 바깥에 있는 사물에서 일어나는 것인데, 버클리는 유심주의적 경험론에서 출발하여 감각이 외계의 물질 존재로부터 일어난 것이라는 사실을 부인하고 '존재는 지각된 것'이라는 원칙을 제기하였다. 그에 따르면 사람은 감각만을 감지할 수 있고 그 밖에는 전혀 감지할 수 없으므로, 일반 사람들이 말하는 물질적 실체란 감지된 한 묶음의 감각의 집합일 뿐이라고 한다. 그는 자신이 말하는 마음이란 어떤 특수한 마음이 아닌 '모든 사람들의 마음'이며, 감지되는 대상은 결코 갑자기 생겼다가 갑자기 없어지는 것이 아니라 '갑'의 지각이 끊겼을 때에도 '을'의 지각은 여전히 작용하는 것이라고 밝혔다. 그리고 다른 한편으로는 유한한 정신(인간)의 지각은 감지되는 대상이 연속해서 존재하게 되는 최종의 보증일 수 없으므로 그 최종의 보증은 무한 정신으로서의 신(상제)일 수밖에 없다는 점도 명확히 하였다.

형식에서만 말한다면 버클리의 사상도 '심외무물'이라고 할 수 있다. "존재는 지각된 것이다"라는 명제와 "의의 소재가 바로 물이다"라는 말 사이에는 어느 정도 유사성이 있다. 우리는 의식이나 감지는 행위여서 의식된 사물 내지 감지된 사물과는 다르다는 것을 안다. 즉 외재 대상, 예컨대 산천초목은 자연히 존재하는 것이어서 그것이 지각되는 상황 자체와는 다르다는 것을 알고 있다. 하지만 버클리는 이처럼 지각과 지각 대상을 구분하는 것에 반대하였다. 러셀(Russell)은, 만일 어떤 것이 감각 대상이라면 마땅히 그것과 관계된 어떤 마음이 있게 마련이지만 그것만으로는 사물이 감각 대상이 되지 않았을 때에는 본래 존재하지 않았던 것임을 논리적으로 증명할 수 없다는 점을 지적했다.[30]

버클리의 입장에서 볼 때 의의 소재는 단지 관념이나 감각일 뿐이므로 버클리와 왕수인 사이에도 여전히 차이점이 존재한다. 왕수인이 말한 의는 일반적으로 말해 개체 자아의 의식을 가리킨다. 이것은 버클리가 상정한 상제(신)의 관념과는 거리가 멀다. 왕수인은 일월성신日月星辰이나 산천山川·인물人物에 대해 그 독립적 실재성을 인정하였다. 사실 앞에서 말한 대로 왕수인이 심외무물설을 제기한 목적은 버클리나 후설과는 달리 외재의 객관 물체를 겨냥한 것이 아니라 '사事'에 대한 실천 의향의 '구성' 작용에 착안한 것이었다. 그러므로 '심외무물'은 본래 '개체 의식 밖에는 아무것도 존재하지 않는다'는 사상과 아무 관련이 없다.

최소한 한 사람의 유학자에게 있어 논리상 부모가 나의 의식보다 뒤에 존재한다는 생각은 결코 받아들여질 수 없다. 게다가 나의 '의의 소재'가 부모에 있지 않을 때에는 부모가 존재하지 않는다고 생각하는 것은 더욱 불가능하다. 그러나 '심외무물' 명제의 형식 자체는 왕수인이 이 명제를 운용할 때 가졌던 특수 의미를 뛰어넘어 있다. 그렇다고 해서 왕수인은 다른 명제를 선택할 수도 없었기에, 결국은 '산중관화山中觀花'(산 속에 핀 꽃은 내가 보지 않았을 때도 존재하는가)의 문제를 낳게 되었다. 이는 왕수인에게 있어 피할 수 없는 일이었다. 전통이 이미 그로 하여금 명제 형식을 엄격하게 선택하여 사상을 표현할 수 없도록 제한했으므로 그는 이로 인해 대가를 치를 수밖에 없었던 것이다. 그가 인간의 의식으로부터 독립된 외계 사물의 객관 실재성에 관한 문제에 원만하게 대답할 수 없었다고 한다면, 이것 역시 그의 본래 입장이 그 문제를 겨냥했던 것이 아니라는 데 큰 원인이 있다. 『전습록』 하권에는 다음의 기록이 실려 있다.

---

30) 러셀, 『西方哲學史』 下, 商務印書館, 1981, 187쪽(최민홍 역, 『서양철학사』 하, 집문당, 1982, 824쪽).

선생께서 남진南鎭에서 노니실 때 한 제자가 바위에 핀 꽃나무를 가리키며, "하늘 아래에 마음 밖의 사물은 없다고 하셨지만 이 꽃나무는 깊은 산 속에서 혼자서 피고 지니 (이것은) 내 마음과 또한 어떤 상관이 있습니까?"라고 물었다. 이에 선생께서는 "자네가 이 꽃을 보지 않았을 때 이 꽃은 자네의 마음과 더불어 고요한 상태로 돌아가 있네. 그러다가 자네가 이 꽃을 보았을 때는 이 꽃의 모습이 일시에 뚜렷하게 드러나네. 이로써 바로 이 꽃이 자네의 마음 밖에 있지 않다는 것을 알 수 있네"라고 대답하셨다.[31]

우리는 경험을 통해 산 속의 꽃이 그것을 보는 사람이 없더라도 혼자서 저절로 피고 지며, 그 피고 지는 것은 우리의 '의의 소재'가 거기 있느냐 있지 않느냐에 따라서 바뀌는 것이 아님을 알고 있다. 꽃을 보지 않은 때란 의가 아직 거기에 있지 않은 것이고, 꽃을 본 때란 의의 소재가 꽃에 있는 것이다. 왕수인은 여기서 의가 없으면 꽃이 없다고 말하지 않고 "네 마음은 이 꽃과 함께 고요함으로 돌아간다"라고만 했다. '고요함'(寂)은 '느낌'(感)에 대응한 말이다. "감응하여 움직인 것을 의라고 한다"(應感而動者謂之意)라는 말에서 알 수 있듯이 '마음'(心)이 꽃에 의해 느낌을 받지 않았을 때 의는 움직이지 않지만 그렇다고 '마음'이 없다고는 할 수 없고, 또 꽃이 지각 구조 속에 들어오지 않았을 때 심리(意象)는 '고요한' 상태에 있지만 그렇다고 꽃이 존재하지 않는 것도 아니다. 왕수인은 '저절로 혼자 피고 짐'에 대해서는 이의를 제기하지 않았다. 이는 그가 말하고자 한 것이 저절로 피고 지는 그것이 실재로 존재하느냐의 문제가 아니었음을 보여 준다.

'산중관화山中觀花'의 문제에 대해서는 이런 해석도 가능하다. 만일 '물'이 일(事)을 가리키는 것이고 '심외무물'의 핵심이 '심외무사心外無事'에 있다면, '산중관화'의 문답은 꽃나무에는 적용될 수 없고 '꽃을 봄'(觀花나 看花)에만 적용될 수 있다. 의의 소재가 꽃에 있으면 '꽃을 보는 것' 자체가 곧

---

31) 『傳習錄』 下; 『全書』, 권3, 79쪽, "先生游南鎭, 一友指巖中花樹問曰: 天下無心外之物, 如此花樹在深山中自開自落, 於我心亦何相關? 先生曰: 你未看此花時, 此花與汝心同歸於寂. 你來看花時, 則此花顏色一時明白起來, 便知此花不在你心外."

물이며, 꽃을 보지 않았을 때는 의가 꽃에 있지 않으므로 '꽃을 봄'이라는 '물'도 존재하지 않는다. 꽃을 보게 되었을 때는 의가 꽃에 있어서 '꽃을 봄'이라는 '물'이 현실의 존재가 되므로 이 '물'(꽃을 봄)은 마음의 외부에 존재하는 것이 아니다. 즉 주체의 참여를 벗어나지 못하는 것이다.

또 다른 해석도 가능하다. 예컨대, 후설은 이렇게 말했다.

꽃의 '현현'은 결코 실재에 내재하는 조성 부분이 아니다. 자아 의식 속에서 관념적으로 의향된 무엇이거나 드러난 어떤 것일 뿐이다. 혹은 동일한 의미로 순수 의식 속에 내재하는 '대상으로서의 의미'라고 표현할 수 있다. 의식의 대상, 즉 유동하는 과정에서 '의식 자체'와 동일한 대상은 결코 과정의 외부에서 온 것이 아니라 반대로 일종의 '의미'로서 주관 과정 자체 속에 포괄되어 있으므로 의식의 종합이 낳은 '지향의 결과'이다.[32]

종합은 '구성' 작용이다. 말하자면 의향(지향) 대상인 꽃의 현현은 결코 실재하는 대상이 아니라 의향의 구성 작용이 낳은 하나의 결과라는 것이다. 섭랑葉朗이 주편한 『현대미학체계現代美學體系』에서는 심미 체험과 심미 의상意象의 동일성을 다루면서 왕수인의 '꽃을 봄'에 대한 문답을 다음과 같이 긍정적으로 받아들이고 있다.

객체의 현현(象)은 객체에 대한 의식의 지향과 밀접하게 관련되어 있다.…… 나의 투사나 투입으로 말미암아 심미 대상이 확연히 드러난다. 이는 내가 그것을 만들어낸다는 것이지만 한편으로는 내가 낳은 것으로부터 또 내가 만들어진다.……미학의 각도에서 우리는 왕수인이 "자네가 이 꽃을 보지 않았을 때 이 꽃은 자네의 마음과 더불어 고요한 상태로 돌아가 있다가, 자네가 이 꽃을 보았을 때 이 꽃의 모습이 일시에 뚜렷해진다"라고 말한 것에 아주 탄복할 것이다. 이 구절은 심미 체험의 의향성에 대한 하나의 구체적인 묘사로 활용될 수 있다.[33]

---

32) 張憲, 「論胡塞爾現象學的本質科學」(『現代外國哲學』 제4집)에서 인용.
33) 葉郎 主編, 『現代美學體系』(北京大學出版社, 1988), 566쪽.

심학 명제를 심미 경험 쪽으로 해석해 볼 수 있다는 점에 주목한 이 시도는 관심을 기울여 볼 만하다. 현상학적 미학에서 출발한 이런 해석은 우리가 현상학의 지향성(의향성) 이론으로 '심외무사'의 철학을 해석한 것과 길만 다를 뿐 결론은 같다.

심외무물의 문제에서 다루기 힘든 또 하나의 과제로는 다음과 같은 것이 있다.

> 선생께서는 "하늘은 나의 영명이 없다면 누가 그 높이를 우러러보겠는가? 땅은 나의 영명이 없다면 누가 그 깊이를 굽어보겠는가? 귀신은 나의 영명이 없다면 누가 그 길흉·재상災祥을 변별하겠는가? 하늘과 땅과 귀신과 만물은 나의 영명을 떠나면 하늘과 땅과 귀신과 만물이 될 수 없다" 하셨다.……
> 또 "하늘과 땅과 귀신은 천고의 세월 동안 존재해 왔는데 어찌 나의 영명이 없다고 해서 모두 바로 없어져 버리겠습니까?"라고 묻자, 선생께서는 "여기 죽은 사람을 보면 그의 이런 정령精靈이 흩어져 버렸는데 천지만물이 어디에 있단 말인가?"라고 대답하셨다.[34]

'꽃을 보는' 문제와 마찬가지로 '높이를 우러러보고' '깊이를 굽어보는' 것은 모두 내적 심미 체험을 포함한 체험 활동이지 순수한 인식의 태도가 아니다. 심미 경험의 각도에서 보면 심미 의상意象인 하늘의 높음이나 땅의 깊음은 주체를 떠나서는 구성되지 못한다. 인간의 의식이 없으면 하늘에 대해 무슨 숭고함이니 위대함이니 하는 것을 말할 수 있겠는가?

심미 의식과 대상의 관계에 얽매이지 않고 의식 대상인 '의미'에 착안한다면 왕수인의 토론과 관심은 분명 산하대지와 같은 실제 세계가 아니라 주체 활동과 관련된 의미의 세계이다. 왕수인의 입장은 인간의 의식이 없으면 산하대지든 성신일월이든 모두 더 이상 존재하지 않는다는 것이 아니다.

---

34) 『傳習錄』 下; 『全書』, 권3, 85쪽, "天沒有我的靈明, 誰去仰他高? 地沒有我的靈明, 誰去俯他深? 鬼神沒有我的靈明, 誰去辨他吉凶災祥? 天地鬼神萬物離却我的靈明便沒有天地鬼神萬物了.……又問, 天地鬼神千古見在, 何沒有我的靈明便俱無了? 曰: 今看死的人, 他這些精靈游散了, 他的天地萬物尙在何處?"

그는 결코 직접적으로 이런 존재론적 의미에서 천지가 '머나먼 옛날로부터 존재했다'는 것을 부정하지 않았다. 단지 "죽은 사람에게 그의 천지만물이 어디에 있단 말인가?"라고 되물었을 뿐이다.

이렇게 해서 우리는 후설의 또 다른 주요 관념인 '생활 세계'(lebenswelt)에 이르게 된다. 다시 말해 왕수인의 '천지만물'은 후설 철학 말기에 제출된 '생활 세계', 즉 생활 주체인 개인의 특수한 시야 속에서 경험되는 세계와 비슷한 것으로 이해될 수 있다. 후설은 "이 세계는 나에 대해 단지 하나의 사실과 사건의 세계이기만 한 것이 아니라 동시에 하나의 가치 세계, 실물 세계, 실용 세계로서 존재하므로, 우리는 그다지 힘들이지 않고 우리 앞의 사물이 그것들의 실질에 부합하는 본연의 성질을 가지는 한편으로 아름다움과 추함, 유쾌함과 지겨움, 쾌락과 우수 따위의 가치 특성도 함께 가진다는 것을 발견할 수 있다"라고 했다.[35] 지겨운 수업을 한 시간 듣고 난 뒤 사람들은 한 시간이 정말 느리게 갔다고 말할 것이다. 이는 우리의 '생활 시간'이 객관적인 시계상의 시간과 다르다는 것을 보여 준다.

생활 세계는 "너의 이해 관계·흥취·미래의 계획으로 '구성'되며, 이것이 실존주의 현상학자들이 연구하려는 대상이다."[36] "사람이 일상 생활의 주관성 속에서 즉각적이거나 직접적으로 경험한 세계는 갖가지 과학 연구의 대상인 객관 세계와는 다르다."[37] 생활 세계는 개인적·사회적·감성적·실제적 경험을 포괄하는, 각 개인이 직접 경험한 범위 안에서 형성된 세계이며 '주관성'을 갖춘 세계이다. 이런 관점에 따르면 왕수인의 "하늘은 나의 영명이 없으면 누가 그 높이를 우러러보겠는가?……하늘과 땅과 귀신과 만물은, 나의 영명을 떠나면 하늘과 땅과 귀신과 만물일 수 없다.……여기 죽은 사람을 보면, 그의 이런 정령이 흩어져 버렸는데 천지만물이 어디에 있단 말인가?"라는 말에서 높음·깊음과 같은 여러 성질을 부여받은 세계는 사실 세계를 가리키는 것이 아니라 가치적이고 심미적이며 의미를 가

---

35) 화이트헤드, 『分析的時代』(商務印書館, 1987), 103쪽에서 인용.
36) 『理想的衝突』(商務印書館, 1984), 216쪽.
37) 劉放桐, 『現代西洋哲學』(人民出版社, 1981), 530쪽.

진 세계를 가리키며, 그의 '천지만물'은 바로 그가 경험한 범위 내에서 형성한 '생활 세계'로서 이 세계는 그의 의식을 떠나면 성립되지 못한다. 후설의 '생활 세계'는 하이데거, 사르트르, 퐁티(Ponty)에게 직접적인 영향을 주었다. 왕수인의 사상도 이런 각도에서 보아야만 비로소 이해될 수 있다.

심외무물론의 본의는 실천 활동에 대한 '실천 의향'의 의의를 강조하려는 것이었다. 그러나 어떤 사상이 일단 언어적 형식을 갖게 되면 그 의미는 필연적으로 과장되고 변형되게 마련이다. 게다가 '마음 밖'(心外), '물이 없다'(無物)와 같은 용어들은 '사람의 의식을 떠나면' '산천이든 일월이든 모두 존재하지 않는다'라는 관점으로 이해될 소지가 아주 많다. 그런데도 왕수인은 표현 방식을 달리하거나 바꾸려 하지 않았다. 그래서 그의 대답은 어떤 해석을 내놓은 것이긴 했지만 사람들을 만족시키지는 못했던 것이다.


## 4. 심물동체

심·물 문제에 있어서 왕수인 철학의 '마음과 만물은 한 몸'(心物同體)이라는 명제와 관련된 토론에도 주의를 기울일 필요가 있다. 『전습록』 하권에는 다음과 같은 기록이 있다.

> 내가 (선생께) "'사람의 마음과 만물이 한 몸'(人心與物同體)이라고 하셨는데, 우리 몸이 원래 혈기가 유통하는 것이라는 점에서는 한 몸이라고 할 수 있겠으나 다른 사람과는 몸이 다르고 금수초목과는 더욱 먼데 어떻게 동체라고 할 수 있겠습니까?"라고 여쭈어 보았더니, 선생께서는 "단지 감응이라는 유기적인 측면에서 본다면 어찌 금수초목만 그렇겠는가? 하늘과 땅이라 하더라도 나와 한 몸이고 귀신이라 하더라도 나와 한 몸이네"라고 대답하셨다. 무슨 말씀인지 여쭈어 보자 선생께서는 "자네는 천지 사이에 무엇이 천지의 마음이라고 생각하는가?"라고 되물으셨다. 이에 "제가 듣기로는 사람이 천지의 마음입니다"라고 대답하니, 선생께서 다시 "사람은 또 무엇을 마음으로 삼는가?"라고 물으셨다. 그래서 "단지 하나의 영명입니다"라고 대답하자, 선

생께서는 "천지 사이에 가득 찬 것이 단지 이 영명임을 알 수 있네.……천지·귀신·만물은 나의 영명을 떠나면 천지·귀신·만물로서 존재할 수 없으며, 나의 영명도 천지·귀신·만물을 떠나면 그 역시 나의 영명으로 존재하지 못하네. 그렇다면 하나의 기가 유통하는 것이라 할 수 있으니 어찌 나와 간격이 있을 수 있겠는가?"라고 말씀하셨다.[38]

'심물동체'에 대한 위의 문답은 '산중관화山中觀花'나 '심외무물'의 토론과는 구별된다. '심외무물'은 물에 대한 심(의식)의 일차성을 강조한 것이고, '심물동체'는 심과 물의 통일성을 강조한 것이다. 그리고 '산중관화'에서 드러나듯이 '심외무물'의 '심'은 개체의 의식을 가리키는 것일 수 있지만, '심물동체'를 논한 이 단락에서의 '영명'은 인류 전체의 정신을 가리키는 것이다. 즉 전자는 개별 사물과 개체의 자아 의식을 논한 것이고, 후자는 존재물 전체와 인류의 총체적 의식 사이의 관계를 논한 것이다.

왕수인은 계본季本(자는 明德)에게 답하는 편지에서 다음과 같이 말했다.

자네의 뜻은 본래 하늘과 사람을 하나로 합일시키려는 것이었지만 도리어 그것을 둘로 나누고 말았네. 사람은 천지만물의 마음이고 마음은 천지만물의 주재자이므로 마음이 곧 하늘이며, 마음을 말하면 천지만물이 모두 포괄된다네.[39]

'사람'이 '천지의 마음'이라는 것은 사람이 우주의 정화로서 만물이 갖추지 못한 지혜를 갖추고 있음을 가리킨다. 이것은 하나의 의인적 표현으로,

---

38) 『傳習錄』下; 『全書』, 권3, 85쪽, "問: 人心與物同體, 如吾身原是血氣流通的, 所以謂之同體, 若於人便異體了, 禽獸草木益遠矣, 而何謂之同體? 先生曰: 你只在感應之機上看, 豈但禽獸草木, 雖天地也與我同體, 鬼神也與我同體的. 請問. 先生曰: 你看天地中間什麼是天地的心? 對曰: 嘗聞人是天地的心. 曰: 人又甚麼教作心? 對曰: 只是一個靈明. (曰:) 可知充塞天地中間只有這個靈明.……天地鬼神萬物離却我的靈明便沒有天地鬼神萬物了, 我的靈明離却天地鬼神萬物亦沒有我的靈明了, 如此便是一氣流通的, 如何與他間隔得!"

39) 『全書』, 권6, 117쪽, 「答季明德」, "明德之意本欲合天人而爲一, 而未免反離之爲二也, 人者天地萬物之心也, 心者天地萬物之主也, 心卽天, 言心則天地萬物皆擧之矣."

마음(정신)이 일신의 정화이자 인체 활동의 주재라는 관점에 기반을 둔 것이다. 따라서 사람의 마음은 우주의 정화이고, 이런 의미에서 천지만물의 주재라고 말할 수도 있다. 여기서 '주재'란 창조나 제어를 가리키는 것이 아니라 단지 '근본'이라는 성격을 지님을 뜻한다. 『예기禮記』「예운禮運」에서는 "사람은 천지의 마음이고 오행의 단서이다"(人者天地之心也, 五行之端也)라고 말했고 진晉의 부현傅玄도 "마음은 만물의 주재이다"(心爲萬事主)라고 했는데, 마음에 대한 이런 표현들은 모두 문학적이면서 과장된 의미를 담고 있다.

"사람은 천지의 마음이고, 마음은 만물의 주재이다"(人者天地之心、心者萬物之主)라는 말에서의 마음은 사람의 마음으로서, 개인의 마음을 가리키는 것이 아니라 인류의 정신을 가리킨다. 천지 전체를 하나의 큰 몸이라고 한다면 인류의 정신은 이 큰 몸의 마음이며, 이런 의미에서 "사람의 마음은 만물과 한 몸이다"라고 할 수 있다. 사람의 마음은 한 몸의 영명 즉 정신이면서 또한 우주에서 유일한 영명이기도 하므로, 이 영명은 전체 우주의 마음(영명)이라고 볼 수 있다.

왕수인이 만년에 양지良知 학설을 제창하면서부터 심과 물의 문제는 종종 양지와 만물의 형식으로 나타나기도 한다. 『전습록』 하권에는 다음과 같은 기록이 있다.

> 주본사朱本思(이름은 得之)가 "사람은 허령虛靈한 마음을 가지고 있어서 양지를 갖는다고 하지만, 초목이나 기와, 돌 따위도 양지를 가졌다고 할 수 있습니까?"라고 묻자, 선생께서 대답하셨다. "사람의 양지가 바로 초목과 기와와 돌의 양지이니, 초목과 기와와 돌에 사람의 양지가 없다면 초목과 기와와 돌이 될 수 없다. 어찌 초목과 기와와 돌만 그러하겠는가? 천지도 사람의 양지가 없다면 천지가 될 수 없다. 대개 천지만물은 사람과 원래 한 몸이며 그 가운데 가장 정밀하게 발현된 것이 바로 사람의 마음이라는 한 점 영명이니, 바람과 비, 이슬과 서리, 해와 달과 별들, 금수와 초목, 산천목석은 원래 사람과 한 몸일 뿐이다."[40]

---

40) 『全書』, 권3, 79쪽, "朱本思問: 人有虛靈, 方有良知, 若草本瓦石之類, 亦有良知
否? 先生曰: 人的良知就是草本瓦石的良知, 若草本瓦石無人的良知, 不可以爲草

이 관점에 따르면 사람과 천지만물은 하나의 전체이다. 이런 일체성은 한편으로는 우주가 '일기一氣'로 구성되었다는 의미이고, 다른 한편으로는 이 '일기'가 구성한 우주에서 사람의 마음이 가장 정밀하고 영명하므로 사람의 마음이 곧 전체 세계의 영명이자 이성이며 정신이고 양지라는 의미이다. 양지가 깃들여 있는 몸이 소우주(사람)에서 대우주(천지만물)로 확대된 것이기 때문에 우주의 조성 성분인 영명이나 양지는 사람의 양지일 뿐 아니라 초목과 금수, 심지어 기와나 돌의 양지로도 볼 수 있다. 양지가 없으면 사람은 사람이 될 수 없고 우주는 우주가 될 수 없으며 우주의 성분인 초목과 기와나 돌도 초목과 기와나 돌이 될 수 없다. 하늘과 땅과 사람의 이러한 일체성은 유기적이다. 사람 또는 사람의 양지가 없으면 천지는 처음 상태로서의 유기적 일체성이 파괴되어 더 이상 원래 의미의 천지일 수 없다. 여기서의 양지는 개인의 양지를 가리키는 것이 아니라 전체 인류의 의식이나 정신을 가리키며, 물物 또한 개별 사물이 아니라 전체 존재인 만물이다. 이러한 사상은 일종의 유기적 우주라는 관념을 기초로 한다.

그러나 우주의 각 존재물과 그 속성이 모두 필수불가결한 조성 성분이라면 사람의 양지가 없을 때에만 천지가 없어지는 것이 아니라 금수의 악惡과 같은 것이 없더라도 천지가 있을 수 없게 된다. 그러므로 위와 같은 설명은 결코 철학적인 논증이 될 수 없고, 단지 문제를 보는 각도를 바꿔 주거나 세계관의 폭을 확장시켜 줄 수 있을 뿐이다. 그래서 이런 명제에 대해서는 존재론적인 방식으로 고찰하기보다 경지론의 측면에서 이해하는 것이 좋다. 이 점에 대해서는 이 책의 '제9장'에서 상세하게 다룰 것이다.

양지의 주체성으로서의 의미를 최대한 찬미하기 위해 왕수인은 '마음의 영명이 몸의 주재'라는 데서 출발하여 '만물일체'의 명제를 거쳐 "나의 영명이 바로 천지·귀신의 주재이다"라고 선언하는 데까지 이르렀다. 심지어 『전습록』에는 이런 기록도 있다.

---

木瓦石矣. 豈惟草木瓦石爲然, 天地無人的良知亦不可爲天地矣. 盖天地萬物與人原是一體, 其發竅最精處是人心一點靈明, 風雨露霜, 日月星辰, 禽獸草木, 山川木石, 與人原只是一體."

양지는 조화造化의 정령精靈으로, 이 정령들이 하늘을 낳고 땅을 낳으면서 귀신을 만들고 상제를 만든다. 모두 여기에서 나온 것이어서 참으로 만물과 대립되지 않는다. 사람이 이 너무나 완전한 양지를 회복하여 조금의 흠도 없게 된다면 저도 모르게 손발이 덩실덩실 춤출 것이니, 모르긴 해도 천지간 에 또다시 그것을 대신할 만한 즐거움이 있겠는가!41)

"하늘을 낳고 땅을 낳는다", "귀신을 만들고 상제를 만든다"는 『장자莊子』「대종사大宗師」에 근원을 둔 말이고, "만물과 대립되지 않는다"는 말은 정호程顥의 말을 흉내낸 것이며, "모두 여기에서 나온 것이다"는 "온갖 변화 의 근원이 모두 마음에 달려 있다"42)라는 의미이다. '정령'이라는 표현은, "여기 죽은 사람을 살펴보면 그의 이런 정령은 모두 흩어져 버렸으니 그의 천지만물이 어디에 있겠는가"라는 말을 참고할 때 당연히 '영명'을 가리킨 다는 것을 알 수 있다. 그렇다면 왕수인은 존재론에서 양지를 우주 본체로 보는 사상을 가지고 있었던 것이 아닐까? 이 하나의 자료만으로는 분명히 그렇게 이해할 수도 있다. 하지만 이 사상은 왕수인의 전체 사상에서 결코 지지를 받을 수 없다. 따라서 이것도 차라리 문학적인 과장법으로 표현된, '마음은 만사의 주재'라는 사상으로 보는 편이 나을 것이다.

"양지가 바로 조화의 정령이다"와 같은 문제들을 처리하는 데 있어 부 분적인 글자만 보고 대강의 뜻을 짐작하는 태도는 물론 이해 능력의 부족 을 보여 주는 것이다. 그렇지만 '유심론'이라는 표현을 피하려는 태도, 즉 '유심론'을 부정적인 용어로 보아서 일부러 비非유심론적인 범주(예컨대 범신 론 같은)를 찾아 왕수인의 심학을 파악하려는 태도 역시 마찬가지로 편협함 을 벗어나지 못한다. 우리는 이미 유심론이 그 자체로 인식적·윤리적 가치 를 지닌다는 것을 인정하고 있으므로 철학사에 대한 학술 연구에서도 그것 을 가치중립적인 범주로 사용할 수 있다. 유물론에 대해서도 마찬가지이다.

---

41) 『全書』, 권3, 78쪽, "良知是造化的精靈, 這些精靈生天生地, 成鬼成帝, 皆從此 出, 眞是與物無對! 人若復得它完完全全, 無少虧欠, 自不覺手舞足蹈, 不知天地 間更有樂可代!"
42) 『全書』, 권20, 「詠良知四首示諸生」, 318쪽, "萬化根源總在心."

이 때문에 우리가 '유심주의'와 같은 범주로 왕수인 심학의 성격을 파악하거나 묘사한다고 하더라도 그것이 왕수인 철학의 체계와 가치를 부정한다는 것을 의미하지는 않는다.

심·물의 문제에 있어서 근대 서양 철학의 유심주의는 제법 큰 영향력을 발휘한다. 버클리처럼 경험론에 기반을 둔 "존재는 지각된 것이다"라는 명제는 실제로 관념의 실재성만을 인정하고 존재의 실재성은 인정하지 않는 태도이다. 피히테 또한 비아非我는 자아를 떠날 수 없으며 비아는 자아에 의해 설정된 것이라고 보았으며, 셸링(Schelling)도 객체는 주체를 떠날 수 없으며 주객은 마땅히 절대적으로 동일한 것이라고 보았다. 경험비판주의(마흐주의) 역시 자아와 비아는 나뉠 수 없는 동격이라는 점을 강조하면서 현존하는 것에 대한 어떤 완전한 묘사라 하더라도 자아를 배제한 채 환경만 포괄할 수는 없다고 보았다. 최소한 우리가 본 것을 묘사하고 있는 '자아'까지 없을 수는 없다고 여긴 것이다. 그리고 후설의 지향성 이론도 마지막에 가서는 자신이 원래 반대했던 '원칙적으로 동격이다'라는 이론을 다른 형식을 통해 주체와 객체의 관계 속에 끌어들임으로써 지향 구조로부터 독립된 대상이 있다는 관점을 부정하였다.

지금까지 살펴본 바에 따르면 심·물 문제에 있어 왕수인은 기본적으로 유심론의 입장을 갖는다. 그러나 왕수인의 심학은 일반적인 유심론과는 다른 방면으로 전개되었을 뿐 아니라 그 이론 또한 복잡성을 띠고 있었다. '의意'에는 두 종류가 있는데, 하나는 내심 자체에서 발생한 의意이며 다른 하나는 마음이 외물의 영향을 받아 발동된 의이다. 따라서 첫 번째 상황에서는 의향 구조에 기초하여 '물物'을 규정하는 것이어서 의가 제일의第一義가 되고, 두 번째 상황은 의가 외부의 영향에 대한 '반응'이므로 이때의 제일의는 '물'이다. 이처럼 왕수인 철학의 구조는 상당히 복잡하다.

유물주의의 입장에 서면 객체의 자재성을 부각시켜야 하므로, 마음으로 하여금 어떤 느낌을 갖게 하는, 즉 마음의 활동을 자극하고 불러일으키는 자재하는 대상이라는 뜻으로 '물'의 개념을 정의한다. 그러나 왕수인 철학의 전체적인 경향은 실천 의향인 의를 두드러지게 하려는 것이었으므로 그는 '물'을 의향 구조 속에 포함시켜 정의하는 방식을 선택하였다. 왕수인은 의식적으로 '의의 소재'가 실재 대상인지 아닌지를 분별하지 않음으로써 외물에 대한 주의를 의향 행위 자체로 옮기려 했다. 그의 유심론은 한편으로는 피히테의 '윤리유심론'과 유사하고 다른 한편으로는 현상학적 유심주의와도 이곡동공異曲同工의 절묘함이 있다.

# 제4장 심과 성

## 1. 미발과 이발

'미발未發'과 '이발已發', 이 두 개념은 "희노애락이 일어나지 않은 것을 중中이라 하고 일어나 모두 절도에 맞는 것을 화和라고 한다"(喜怒哀樂之未發謂之中, 發而皆中節謂之和)라는 『중용中庸』 구절에서 나온 것으로, 당唐 중기 이전까지는 별다른 주목을 받지 못하다가 이고李翱가 『중용』을 기본 사상 자료로 삼아 『복성서復性書』를 지으면서부터 비로소 심성론에 도입되어 발전해 가기 시작하였다.

송명 유학의 심성론은 불교의 도전에 대한 응전으로서, 그 해석의 방향과 발전은 불교의 자극으로부터 아주 많은 영향을 받았다. 불교에서는 "선도 생각하지 않고 악도 생각하지 않는 것이 식識의 본래 모습이다"라고 주장하면서 사람들에게 일체의 현실적 정감과 사유를 내심의 본래 상태로 환원시킴으로써 그 내재된 청정한 본성을 체인하여 새로운 깨달음을 얻으라고 가르쳤다. 즉 불교에서는 환원한 뒤의 순수 의식 상태를 인간 존재의 본래면목이라고 여겼다. 삶의 경지에 대한 불교의 관점이 보편적인 동의를 얻든 그렇지 못하든, 그러한 수양 방식이 유효하며 의의가 있다는 점은 인정될 수밖에 없다. 그러므로 불교에서 제시된 삶의 경지와 수양의 방식을 유가의 입장에서 끌어안고자 했을 때 이 환원의 사상은 확실히 『중용』의 '미발' 관념에 대한 새로운 해석을 시도할 수 있도록 활력을 불어넣었다.

이발·미발의 문제는 이정二程 철학에서부터 비교적 많이 다루어지기 시작했는데, 그 기본 문제는 다음의 두 가지였다. 하나는 미발·이발에 대한 정의였고, 다른 하나는 실천 속에서 어떻게 미발을 체인할 것인가 하는 문제였다. 이는 미발이 심성 철학의 범주이기만 한 것이 아니라 『중용』에서 지적한 것처럼 '중中'인 동시에 '대본大本'이기도 해서 이상적 경지를 대표하면서 또 실천의 의미를 갖기도 하기 때문이다. 이 두 문제를 명대 리학의 용어로 표현하자면 전자는 '본체'의 문제라 할 수 있고 후자는 '공부'의 문제라 할 수 있다. 본체는 여기서 '심성의 본체'를 가리키는 것이어서 형이상학(존재론)적 함의를 가질 필요가 전혀 없다. 또한 공부는 이상적 경지에 이르기 위한 실천 방법이다. '본체'와 '공부'는 연관성을 갖고 있는데, 리학의 입장에 따르면 공부를 통해 도달하려는 경지는 사실상 심성의 본연의 체 혹은 참된 상태이기 때문에 공부는 본체에 의해 규정된다.

그런데 이정의 '이발·미발'의 설은 몇 가지 다른 형태로 표현되고 있으며 그 내용은 서로 일치하지 않는다. 이는 한편으로는 정호程顥와 정이程頤 간의 차이에 의해 조성된 것이고 다른 한편으로는 제자에 따라 가르친 내용이 달라지기도 했고 정이 만년의 사상이 발전하기도 했기 때문이다. '미발'과 '이발'에 대해 이정은 "무릇 '마음'이라고 부르는 것은 모두 이발을 가리킨다"(凡言心者皆指已發)라고 규정한 적이 있다. 이 규정에 따르면 마음은 동動·정靜을 막론하고 모두 이발에 속하는 것이 되어 논리적으로 말한다면 마음은 언제나 '이발'이며, '중中'인 '미발'은 단지 마음에 내재한 '성性'이 될 수밖에 없다. 이정은 또 "이미 무엇인가를 생각하게 되면 그 역시 이발이므로 희노애락과 마찬가지이다"(旣思便是已發, 與喜怒哀樂一般)라고 규정하기도 했다. 말하자면 사유든 감정이든 마음이 활동을 시작하면 그 역시 이발이라는 것이다. 이에 따르면 미발은 마음의 고요한 상태를 가리키는 것이어서 사려가 일어나지 않고 감정이 작용하지 않은 내심 상태가 된다.

첫 번째 규정은 미발과 이발이 내외內外 또는 체용體用의 관계임을 나타낸다. 하이데거의 말을 빌리면 양자의 관계는 '현현된 어떤 것을 통해 현현되지 않은 어떤 것을 드러내는 것'이다. 두 번째 규정은 미발과 이발이 선후나 원류源流의 관계여서 둘 다 의식 과정의 각 단계에 드러난 모습일 뿐임을 나타내고 있다. 첫 번째 규정에 따르면 '미발'은 의식 구조의 내재적 본질이고 두 번째 규정에 따르면 의식 과정의 시원적始原的 상태이다.

공부의 문제에 있어서도 이정의 규정은 일치되지 않는다. 어떤 때는 "잘 들여다보는 사람은 이발의 상태에서 들여다본다"(善觀者却於已發之際觀之)라고 하였다가 또 어떤 때는 "미발의 상태에서 존양해야 한다"(存養於未發之前)라고 함으로써 공부의 중점이 일치하지 않음을 보이고 있다.

미발과 이발은 이정의 후학들 사이에서 더욱더 중요한 과제가 되었는데, 그 후학들은 대략 두 계열로 나눌 수 있다. 한 계열은 미발 상태의 체험을 주장한 양시楊時의 계열이다. 이들은 "정靜의 상태에서 미발의 기상을 체인하라"(靜中體認未發氣象)고 주장하였는데, 이는 '미발' 상태로 환원하여 전사유前思惟적이고 전감정적인 내심 상태를 체험할 것을 강조한 것이다. 이런 공부 방법은 미발과 이발을 앞뒤의 서로 다른 두 단계로 이해하는 관점 위에 세워진 것이다. 다른 한 계열은 "미발에 대해서는 단지 성性만을 말할 수 있고 이발의 상태에서만 심心을 거론할 수 있다"(未發只可言性, 已發乃可言心)라는 주장을 제기한 호굉胡宏의 계열이다. 이들의 주장은 마음은 단지 이발일 뿐이므로 일체의 공부는 모두 '이발' 위에서 이루어져야 한다는 것이다. 그리하여 이들은 "먼저 선한 마음만 생기도록 잘 살피고 뒤에 그 선한 마음을 잘 함양하라"(先察識後涵養)고 강조하였는데, 이는 이발 공부에 편중된 것이라 하겠다.

이 두 방향, 즉 '미발'의 함양涵養을 중시하는 전통과 '이발'의 찰식察識을 중시하는 전통은 이후 주희에 의해 종합되었다. 주희는 본래 이동李侗(호는 延平)을 스승으로 삼았는데 이동은 "고요한 상태에서 희노애락이 일어나지 않은 상태를 체험하라"(靜中體驗喜怒哀樂未發)는 전통을 계승하여 이를 주희에게 전수하였다. 그런데 주희는 뒷날 호상학파湖湘學派의 영향을 받아 마음이 '이발'이라고 확신하게 된다. 그리하여 그의 나이 40세 때 기축년의 깨침에 이르러서야 비로소 이정二程 이래의 이 두 전통을 총결할 수 있었던 것이다. 주희는 정이程頤의 만년 사상에 근거하여, '미발'은 사려가 싹트기 전의 내심 상태를 가리키므로 정靜이고 '이발'은 사려가 이미 싹튼 상태를 가리키므로 동動이라고 정리했다. 그리고 미발·이발에 대한 이런 구분 위에서 동·정의 수양 방법에 대한 구분을 세워, '미발'인 정의 상태 내지 단계에는 '주경主敬'이라는 함양의 방법을 활용하고 '이발'인 동의 상태 내지 단계에는 '성찰省察·치지致知'의 방법을 활용하였다. 그러나 주희의 심성 철학에는 여전히 미발·이발을 체용의 범주로 사용한 부분이 있다. 즉 성性과 정情의 관계에서 성을 '미발'이라 하고 정을 '이발'이라고 규정한 것이다. 이로 인해 주희는 공부론에서의 미발·이발의 의미와 심성 철학에서의 미발·이발의 의미에 차이를 둘 수밖에 없었다.[1]

정이에서 주희에 이르는 사상 계통에서는 '미발'이 사려가 싹트기 전의 내심 상태를 가리킨다는 것을 인정할 때 하나의 난관에 부딪치게 된다. 이를 자세히 말하면, 『중용』의 '중中'이 정감이 일어나지 않은 평정한 심리 상태만을 가리키는 것이 아니라 도덕적 가치를 가진 '치우치지 않음'(不偏)을 가리킨다고 할 때, 사려가 일어나지 않은 일체의 상태를 모두 '중'이라고 부를 수 있느냐는 것이다.

초년의 왕수인은 "심心은 이발이고 성性은 미발이다"라는 사상의 영향을 받았다. 그는 다음과 같이 말했다.

무릇 희노애락은 정情이다. 이미 생각을 일으켰다면 '미발'이라고 할 수 없다. 희노애락의 '미발'은 본체를 가리켜 말한 것이므로 성性이다. 이 말은 자사子思가 한 말이지 정자程子가 처음 만든 말이 아니다.……'희노애락'과 '생각'(思)과 '지각'은 모두 마음에서 일어난 것들이다. 심心은 성과 정을 통괄하니, 성은 마음의 체이고 정은 마음의 용이다.[2]

---

1) 陳來, 『朱熹哲學研究』(中國社會科學出版社 1988), 제2부 제1장 참조.
2) 『全書』, 권4, 93쪽, 「答汪石潭內翰」, "夫喜怒哀樂, 情也, 旣曰不可謂未發矣, 喜

무릇 아침에서 저녁까지 한번도 적연부동寂然不動한 적이 없는 사람은 그 용用만 보고 이른바 체體는 얻지 못한다. 군자는 배울 때 용을 통해 체를 구한다. 정자의 이른바 "이미 생각을 일으켰다면 또한 이발이다", "이미 지각이 있으면 움직인 것이다"라는 말들은 모두 희노애락이 일어나지 않은 상태에서 '중'을 구하려는 사람들을 겨냥해서 한 말이지 '미발'이 없다는 뜻이 아니다.[3]

이는 '중'은 단지 성일 뿐이므로 미발·이발이란 시간적 상태가 아니라 본체와 현상의 관계라고 본 것이다. 그렇다면 사려가 일어나지 않았을 때 '중'을 구하려 하는 것은 잘못이고, 당연히 사려가 끊임없이 유행하고 있는 용을 통해서 성의 본체인 '중'을 체인해야 한다. 왕수인은 이런 관점에서 출발해서 주희가 중화설中和說로써 '이발' 공부와 '미발' 공부를 구분하여 계신공구戒愼恐懼를 미발 상태의 공부로 삼고 격물궁리格物窮理를 이발의 공부로 삼은 것은 '(공부를) 둘로 나누는 것'이라고 하면서, 이로부터 다음과 같은 착오가 생기게 되었다고 비판하였다.

뒷날의 이론가들은 드디어 (공부를) 둘로 나누어 적연부동寂然不動한 정靜의 상태에서 존양存養 공부를 하는 별도의 시간이 있으리라고 생각하게 되었다. 그리하여 계신공구하는 마음을 항상 기르기만 하면 그 공부가 한순간의 간극도 없어지게 되는 것이지 굳이 '보지도 않고 듣지도 않는 상태'에서 길러야 하는 것이 아니라는 사실을 알지 못하게 되었다.[4]

주희의 양분적 방식은 사람들의 마음에 적연부동한 때가 따로 있으리라

---

怒哀樂之未發則是指其本體而言, 性也. 斯言自子思, 非程子而始有……喜怒哀樂之與思與知覺, 皆心之所發. 心統性情, 性, 心體也; 情, 心用也."

3) 『全書』, 권4, 「答汪石潭內翰」, "夫自朝至暮未嘗有寂然不動之時者, 是見其用而不得其所謂體也. 君子之於學也, 因用以求其體. 凡程子所謂旣思卽是已發, 旣有知覺卽是動者, 皆爲求中於喜怒哀樂未發之時者言也, 非謂其無未發者也."

4) 『全書』, 권4, 「答汪石潭內翰」, "後之說者遂以分爲兩節, 而疑其別有寂然不動·靜而存養之時, 不知常存戒愼恐懼之心, 則其工夫未始有一息之間, 非必自其不睹不聞而存養也."

여겨서 공부에 있어 '정의 상태에서 존양하는' 부분을 따로 구분하는 것이 있었는데, 왕수인은 이것을 옳지 않다고 본 것이다. 왕수인이 생각하기에, 마음은 아침부터 저녁까지 결코 절대부동의 순간이 있을 수 없으므로 계신공구의 공부는 당연히 동정을 나누지 말고 처음부터 끝까지 관통해야 하는 것이었다. 그는 특히 "움직임(動) 속에서 공부하되 끊이지 않게 해서 움직임이 상황에 어울리지(和) 않는 경우가 없으면 가만히 있을 때(靜)에도 '중中'을 잃지 않게 된다"5)라고 강조하였다.

그런데 왕수인은『전습록』상권에서 또 하나의 이론, 즉 '미발'을 성性으로 보지 않고 '미발의 중中'을 사려가 싹트지 않았을 때의 이상적 경지로 간주하는 이론을 제기했다. 그는 다음과 같이 말했다.

> 일반 사람들이 모두 미발의 중을 갖추고 있다고 말할 수는 없다. 대개 '체와 용은 근원이 같은 것이어서'(體用一源) 체가 있으면 용이 있으므로 '미발'의 중이 있으면 '발동하여 절도에 맞는' 화가 있게 마련이다. 지금 사람들이 발동하여 절도에 맞는 화를 가지지 못하고 있다면 미발의 중도 완전히 갖추어지지 못했다는 것을 알아야 한다.6)

왕수인이 여기서 사용한 '미발의 중'은 성性이나 양지良知가 아니다. 성또는 양지는 사람들이 '모두 갖추고 있는' 것이기 때문이다. 여기서 말하는 '미발의 중'은 사려가 일어나지 않았을 때의 진정한 '중'의 상태이다. 그러나 사려가 싹트지 않은 일체의 것들을 모두 미발의 중이라 할 수 없고, 오직 사욕을 없애고 천리를 완전하게 회복한 사람의 '사려가 일어나지 않은 그 상태'가 진정한 미발의 중이다. 이처럼 왕수인은 사려 발생의 선후라는 의미로 '미발'과 '이발'을 사용하고 있긴 하지만 '미발의 중'이라는 용어에 대해서는 엄격한 제한을 두었다.

---

5)『全書』, 권4,「答汪石潭內翰」, "於動處加工, 勿使間斷, 動無不和卽靜無不中."
6)『傳習綠』上;『全書』, 권1, 43쪽, "不可謂未發之中常人俱有, 蓋體用一源, 有是體卽有是用, 有未發之中卽有發而中節之和. 今人未能有發而中節之和, 須知是他未發之中亦未能全得."

왕수인의 이 사상은 체용에 대한 그의 독특한 이해에서 비롯된 것이다. 그의 관점에 따르면, 사려가 싹트기 전과 싹튼 후의 의식 상태가 모두 현상 의식의 차원이기는 해도 그 둘 사이에는 어떤 체용적 관계가 있다고 한다. '미발'의 상태에서 진정하게 '중'에 이른 사람만이 사려가 싹텄을 때 절도에 맞는 '화'에 이를 수 있고, 반대로 사려가 싹텄을 때 완전히 절도에 맞지 않는 사람에 대해서는 '미발'의 상태가 바로 '중'이라고 할 수 없다는 것이다. 왕수인은 이것이 '체용일원體用一源'의 내용이라고 생각했다. 즉 그는 '미발' 과 '중'을 구별하여 '미발'이 반드시 '중'인 것은 아니라고 보았는데, 이는 송대宋代 유학자들의 모순에 대해 하나의 해결책을 제시한 것이다.

앞서 보았듯이 왕수인은 왕준王俊(호는 石潭)에게 답하는 편지에서는 '성' 을 체로 삼고 '사려'를 용으로 삼았으며 육징陸澄의 질문에 답할 때는 미발 상태의 '중'을 체로 삼고 이발 상태의 '화'를 용으로 삼았다. 그러므로 체용 문제에 있어 왕수인의 사상은 완전히 일치된 것이 아니다. 그는 뒷날 설간 薛侃의 질문에 대해 다음과 같이 대답했다.

> 마음은 동·정으로 체용을 구분할 수 없다. 동·정은 시간의 상태이다. 체를 기준으로 삼으면 용이 체 속에 있고 용을 기준으로 삼으면 체가 용 속에 있다. 이것을 '체용일원'이라고 한다. 정에서 체를 볼 수 있고 동에서 용을 볼 수 있다고 하는 정도는 무방하다.[7)

왕수인이 육징에게 대답하면서 구사한 논리에 따르면, '미발'은 사려가 싹트지 않은 때를 가리키므로 자연히 정에 속한다. 여기서 그는 '미발의 중' 을 체로 삼고 '이발의 화'를 용으로 삼았으니, 정과 동의 관계 속에서 체용 이 나눠지게 된 셈이다. 그런데 그가 설간에게 한 답변에서는 정을 마음의 체로 삼고 동을 마음의 용으로 삼는 것에 반대하고 있다. 왕수인의 속내는 다음과 같은 것인지도 모른다. 정과 동 사이에는 오직 '미발의 중'과 '이발

---

7) 『傳習錄』 上; 『全書』, 권1, 45쪽, "心不可以動靜分體用, 動靜時也, 卽體而言用 在體, 卽用而言體在用, 是謂體用一源. 若說靜可以見體, 動可以見用却不妨."

의 화'라는 의미에서만 체용의 관계가 존재하는 것이다. 사려가 싹트지 않은 일체의 상태가 모두 '중'이 아닌 것처럼 마음의 모든 정이 다 '체'라는 의미는 결코 아니다. 그렇기 때문에 마음을 체와 용으로 나눌 수 있긴 하지만 동·정으로 체용을 구분할 수는 없다. 왜냐하면 동·정은 시간의 상태여서 의식 상태의 차이만을 구분하기 때문이다.

왕수인은 '미발'과 '중'을 구분하였을 뿐 아니라 '성으로서 선한' 중과 '깨끗하고 맑아서 물들지 않은'(瑩徹無染) 중도 구분하였다. 『전습록』에는 이와 관련한 왕수인과 육징 간의 상세한 토론이 실려 있다. 이 토론은 크게 두 부분으로 나눌 수 있는데, 그 전반부는 다음과 같다.

내가 "일반 사람들이 희노애락의 '중화中和'를 전부 갖지는 못하겠지만, 예컨대 기뻐할 만하거나 노여워할 만한 어떤 작은 일에 대해, 평소에도 기뻐하거나 노여워하는 마음이 없고 그러한 상황이 닥쳤을 때에도 또한 절도에 맞게 할 수 있다면 그것도 '중화'라고 부를 수 있을까요?"라고 여쭤 보았다. 이에 선생께서는 "그 순간, 그 일에 대해서는 물론 '중화'라고 할 수 있겠지만 '대본大本'이라거나 '달도達道'라고는 할 수 없다. 사람의 성은 모두 선하고 '중화'는 모든 사람들이 원래 갖추고 있는 것인데 어떻게 없다고 할 수 있겠는가? 다만 일반 사람들의 마음은 이미 어둡게 가려져 있어서 그 본체가 간혹 드러나기는 하나 끝내 잠깐 사이에 명멸해 버리니 그 전체全體·대용大用이 아니다. 언제나 '중'을 유지할 수 있어야 '대본'이라고 할 수 있고 언제나 '화'를 이룰 수 있어야 '달도'라고 할 수 있다. 오직 천하에서 가장 진실한 사람만이 천하의 대본을 세울 수 있다"라고 하셨다. 내가 "저는 '중'의 개념에 대해 아직 잘 모르겠습니다"라고 하자, 선생께서는 "이것은 마음으로 체인해야지 말로 형용할 수는 없다. '중'은 단지 천리天理일 뿐이다"라고 하셨다. 내가 다시 "무엇이 천리입니까"라고 여쭤 보자 선생께서는 "인욕人欲을 제거할 수 있으면 천리를 알 수 있을 것이다"라고 하셨다.[8]

---

8) 『傳習錄』上; 『全書』, 권1, 45쪽, "澄問: 喜怒哀樂之中和, 其全體常人固不能有, 如一件小事當喜怒者, 平時無有喜怒之心, 至其臨時亦能中節, 亦可謂之中和乎? 先生曰: 在一時一事固亦可謂之中和, 然未可謂'大本''達道'. 人性皆善, 中和是人人原有的, 豈可謂無? 但常人之心旣有所昏蔽, 則其本體雖亦時時發見, 終是暫明暫滅, 非其全體大用矣. 無所不中然後謂之'大本', 無所不和然後謂之'大道',

위의 대화에서 왕수인은 여전히 두 가지 '중'을 구분한다. 하나는 '성으로서 선한 중'인데 이것은 모든 사람이 원래 가진 것이다. 또 하나는 '사려가 일어나지 않았을 때 그 본체를 온전히 갖춘 중'이니 이상적 경지를 가리키는 것으로 이는 일반 사람들이 모두 가진 것이 아니다. 불교의 용어로 말하면 첫 번째 '중'은 '본유本有'(본래 가지고 있는 것)이고 두 번째 '중'은 '시유始有'(깨달음을 거쳐 비로소 가지게 되는 것)이다. 일반 사람들은 사려가 일어나지 않은 어떤 순간에 '중'에 이르기도 하고 또 이미 일어났을 때 '화'에 이르기도 하지만 그것을 언제나 유지하지는 못한다. 즉 '미발'의 모든 상태에서 항상 '중'의 경지를 보존하는 단계는 실현하지 못하는 것이다. 어쨌든 이런 '중' 개념은 모두 윤리가치적 의미에서 사용된 것이다. 후반부의 대화에서 왕수인은 '중'의 또 다른 의미를 거론하였다.

> 내가 "천리를 왜 중中이라고 합니까?"라고 여쭤 보았다. 이에 선생께서는 "치우치거나 기댐이 없기 때문이다"라고 하셨다. 내가 "치우치거나 기댄다는 것은 어떤 기상氣象입니까?"라고 여쭤 보자 선생께서는 "명경明鏡처럼 전체가 깨끗하고 맑아서 티끌도 없이 전혀 물들지 않은 것이다"라고 답하셨다. 내가 다시 "치우치거나 기댄다는 것은 무엇인가에 물들었다는 말입니다. 예컨대 색色을 좋아하거나 이익을 좋아하거나 명성을 좋아하는 따위에 물들고 나서야 치우치거나 기대고 있음을 볼 수 있습니다. 그와 달리 '미발'의 상태에서는 미색美色이나 명리名利와 같은 것들에 물들지 않았을 테니 어떻게 치우치거나 기대고 있음을 알 수 있겠습니까?"라고 여쭤 보았다. 이에 선생께서 답하셨다. "비록 물들지 않았다고는 하나 평소 색을 좋아하고 이익을 좋아하고 명성을 좋아하는 마음은 본래 없어진 적이 없다. 없어진 적이 없다면 '있다'라고 해야 할 것이고, 이미 '있다'라고 한다면 치우치거나 기댐이 없다고 말할 수 없으리라. 비유컨대 학질을 앓는 사람은 가끔 발작하지 않을 때가 있다 하더라도 병근病根이 본래 제거되지 않았으므로 병 없는 사람이라고 할 수 없는 것과 같다. 모름지기 평소 색을 좋아하고 이익을 좋아하고 명성을 좋아하는 따위의 일체의 사심私心이 깨끗하게 씻겨져서 자그마한 걸

---

惟天下之至誠然後能立天下之大本. 曰: 澄於中字之義尙未明白. 曰: 此須自心體認出來, 非言語所能喩, 中只是天理. 曰: 何者爲天理? 曰: 去得人欲便識天理."

림도 없이 이 마음의 전체가 훤히 드러나 천리와 완벽하게 일치되어야만 '희노애락이 일어나지 않았을 때의 중'이라 할 수 있고 '천하의 대본大本'일 수도 있다."[9]

'치우치지 않은' 중이 '미발'이라 하였는데, 그렇다면 '미발' 상태가 치우쳤는지 그렇지 않은지를 어떻게 알 수 있는가? 왕수인은 '미발' 상태에서는 사려가 아예 발생하지 않으므로 '일어난 것'을 통해서 판단할 수밖에 없다고 생각했다. 그는 '학질 앓는 사람'을 비유로 들어 학질 앓는 사람은 병이 발작하지 않은 때라 해도 결코 병근이 없어진 것이 아닌 것처럼 사람 마음의 '미발'이 무조건 '중'인 것은 아니라는 점을 지적했다. 수양이 덜된 사람에 대해서는 비록 마음이 일어나지 않았을 때 그가 선한지 악한지를 알 수는 없으나 그의 일상 행위를 통해 사심의 뿌리가 아직 뽑히지 않았음을 알 수 있으므로 '그의 마음은 미발 상태에서 중이다'라고 할 수 없다. 앞서 다뤘던 것처럼, '미발의 중'은 본체 혹은 본질로서 현상 의식인 '이발'과는 차원을 달리하고 '미발'과 '이발'은 '일어나기 전'과 '일어난 뒤'라는 상태의 차이일 뿐이므로 동일 차원의 개념이라 할 수 있다. 의식에 대한 이런 현상학적 분석에 따르면 본질(人性)로서의 '미발의 중'은 본체를 가리키고, 발동하지 않은 상태인 '미발의 중'은 경지를 가리킨다. '본체의 중'은 선험적으로 존재하는 것이고, 경지로서의 '중'은 '본체의 중'의 완전한 발현으로서 일정한 수양을 거쳐야만 도달할 수 있다. 이 두 '중'의 공통점은 그것들이 모두 어떤 도덕가치적 규정을 가진다는 점이다.

후반부의 대화를 연구할 때 또 하나 주의해야 할 문제가 있다. 바로

---

9) 『傳習錄』上;『全書』, 권1, 45쪽, "曰: 天理何以謂之中? 曰: 無所偏倚. 曰: 無所偏倚是何等氣象? 曰: 如明鏡然, 全體瑩徹, 略無纖塵染着. 曰: 偏倚是有所染着, 如着在好色好利好名等項上, 方見得偏倚. 若未發時, 美色名利皆未相着, 何以便知其有所偏倚? 曰: 雖未相着, 然平日好色好利好名之心原未嘗無. 既未嘗無, 即謂之有; 既謂之有, 則亦不可謂無偏倚. 譬之病虐之人, 雖有時不發, 而病根原不曾除, 則亦不得謂之無病之人矣. 須是平日好色好利好名等項一應私心掃除蕩滌, 無復纖毫留滯, 而此心全體廓然, 純是天理, 方可謂之喜怒哀樂未發之中, 方是天下之大本."

'중'과 '선善'이 구별되는 것이냐 하는 점이다. 필자가 보기에 중과 선은 왕수인 철학에서 연결되어 있기도 하고 구별되기도 한다. 왕수인이 앞서 말한 두 가지 가치의 의미에서 '미발의 중'이란 말을 사용하고 또 '중이 곧 천리'라고 선언했을 때 이 중은 선의 의미를 가진다. 그러나 육징陸澄이 '중'의 구체적인 함의를 물었을 때 '순연한 지선至善'이라는 말 대신 "전체가 깨끗하고 맑아서 티끌도 없이 전혀 물들지 않고" "자그만 걸림이 없는 것"이라고 답변한 데에서는 분명히 '미발의 중'이 또 다른 용법으로 사용되고 있다. 여기에서 '선'은 실질적이고 내용이 있으며 확정된 윤리적 의미를 갖춘 범주이고, '중'은 형식적이고 상태를 나타내며 윤리 규정을 초월한 범주라고 말할 수 있다. 왕수인의 이해 속에서 둘은 분리되거나 독립될 수 없다. '중'은 심체心體의 표징으로서 '선'으로 대표되는 성체性體의 필연적인 형식이므로 양자는 함께 인간 존재의 기본 구조를 구성한다.

'중'이 초윤리적 의미에서는 심리 체험의 범주로서 인간의 정서, 감정 상태와 직접적으로 관련되어 있기 때문에, 성체와 심체는 '이발'의 차원에서 '사단'과 '칠정'으로 각각 표현되고 대응된다. 성체는 의식 활동의 내용을 결정하고 심체는 의식의 정서 상태 혹은 정감 양상을 결정한다. 이 문제에 대해서는 '사구교四句教'를 논하는 장에서 좀더 철저하게 알아볼 것이다.

'선'과 '중'의 위와 같은 구별은 양지良知 문제에서 '양良'과 '중中'의 구별로 표현된다. 제자 육징이 왕수인에게 물었다.

양지는 마음의 본체이므로 이른바 '성으로서 선한 것'이고 '감정이 일어나지 않은 중中'이며, '적연寂然하게 움직임 없는 체'이고 '더없이 큰 공公'입니다. (그런데) 왜 보통사람들은 모두 갖추지 못하고 반드시 배워야만 합니까? 중中이니 적寂이니 공公이니 하는 개념을 '마음의 체'에 속하는 것으로 본다면 양지가 바로 그것입니다. 그러나 지금 마음을 들여다보면 지知는 선하지(良) 않은 적이 없지만, 중中·적연寂然·대공大公은 사실상 갖추지 못하고 있습니다. 그렇다면 양지는 따로 체용의 밖에 초탈해 있는 것입니까?[10]

10) 『全書』, 권2, 61쪽, 「答陸原靜」, "良知心之本體, 即所謂性善也. 未發之中也, 寂

육징의 문제는 다음과 같은 것이었다. 개체의 체험에 의하면 우리는 양지를 지각할 수 있지만 '중中'과 '정定'을 체험하기는 어렵다. 이는 지의 '양'과 마음의 '중'이 구별되어야 하는 것임을 보여 준다. 따라서 '중'이 마음의 체라면 양지는 체용을 초월한 것이어야 한다. 왕수인은 이 물음에 대해 '양'과 '중'이 모두 양지의 본체를 규정한 것이라고 대답했다. 이 사상은 뒷날 발전하여 '사구교'의 유무합일有無合一로 나타난다.

이상에서 말한 것은 모두 '본체'로서의 미발이지 '공부'로서의 미발이 아니다. 왕수인은 공부론에 있어서 동·정이 합일되어야 한다고 주장하였으므로 따로 무슨 미발 상태의 공부를 주장하지 않았다. 그러나 왕수인도 '미발의 중'을 열심히 체인해야 한다는 사실을 부정하지는 않았다. 『전습록』에는 이런 기록이 있다.

유관시劉觀時가 '미발'의 중이 어떤 것인지를 묻자, 선생께서는 "자네가 보지 않을 때 삼가고 듣지 않을 때 두려워하여 천리와 완전히 일치된 이 마음을 기르기만 하면 자연히 보게 될 것일세"라고 대답하셨다. 유관시가 그 기상을 대략 설명해 달라고 청하자, 선생께서는 "벙어리는 쓴 오이를 먹고서도 자네에게 말로 표현할 수 없을 것일세. 이 쓴맛을 알려거든 자네 스스로 알아볼 수밖에 없네"라고 대답하셨다.[11]

왕수인은 '미발' 기상을 체인하는 것이나 '중'을 구하는 것이나 모두 방법은 단 하나라고 보았다. 그것은 삼가고 두려워하는 태도(戒愼恐懼)이다. 듣고 보는 것도 없고 하는 일도 없는 순간에도 늘 천리를 보존하고 인욕을 버린다는 자세를 견지해야 한다는 것이다. 그렇게 해서 원숙하고 완전한 경지에 이르게 되면 자연히 '미발의 중'의 기상을 체인하게 된다.

---

然不動之體也, 廓然大公也, 何常人皆不能而必待學耶? 中也, 寂也, 公也, 旣以屬心之體, 則良知是矣, 今驗之於心, 知無不良, 而中寂大公實未有也, 豈良知復超然於體用之外乎?"

11) 『傳習錄』上; 『全書』, 권1, 50쪽, "劉觀時問未發之中是如何, 先生曰: 汝但戒懼不睹, 恐懼不聞, 養得此心純是天理, 便自然見. 觀時請略視氣象, 先生曰: 啞子喫苦瓜, 與你說不得, 你要知此苦, 還須你自知."

따라서 '미발의 중'의 경지는 '중'을 대상으로 삼아 추구하는 것이 아니다. 왕수인은 정이程頤가 "희노애락이 일어나기 전의 상태에서 중中을 구하려고 해서는 안 된다"라고 주장한 까닭은 학자들이 '중'을 하나의 구체적인 대상으로 삼게 될까 염려했기 때문이라고 했다. 왕수인이 보기에는 이동李侗이 학자들에게 '미발의 기상'을 보라고 가르친 것도 사려가 일어나지 않은 상태에서 '중'의 기상을 찾게 한 것이 아니었다. 왜냐하면 '중中의 기상'이란 간단없이 삼가고 두려워하는 노력에서 얻어지는 결과일 뿐이기 때문이다. 그러므로 한결같이 사려가 일어나지 않은 상태에서 '중'을 찾으려 하는 사람은 결국 '기氣를 중으로 여기는', 즉 심리적 평정을 덕성德性과 정신경지가 원숙해지는 단계로 간주하는 착오를 면하지 못한다.

마지막으로 『전습록』의 또 다른 문답을 살펴보도록 하자.

어떤 사람이 '미발'과 '이발'에 대해 물으니 선생께서 답하셨다. "단지 후대의 학자들이 '미발'과 '이발'을 나눈 것이 문제일 뿐이다. 나로서는 처음부터 '미발'·'이발'이 없다고 말해서 사람들이 스스로 생각하여 깨닫도록 할 수밖에 없다. 만일 '미발'·'이발'이 있다고 말하면 듣는 사람은 여전히 후대 학자들의 협소한 견해에 떨어질 수밖에 없을 것이다. '미발'·'이발'이 없다는 것을 명확하게 볼 수 있다면 '미발'·'이발'이 있다고 말하더라도 문제되지 않을 것이다. 원래 '미발'·'이발'이 있기 때문이다." 다시 묻기를 "미발 상태에서도 조화(和)를 이루지 않음이 없고 이발 상태에서도 중中을 잃은 적이 없다는 것은, 비유컨대 종소리는 종을 치지 않았을 때도 '없다'라고 말할 수 없고 치고 난 뒤에도 '있다'라고 말할 수 없는 것과 같습니다. 그러나 끝내 종을 치거나 치지 않는 일 자체는 있습니다. 어떻게 이해해야 합니까?"라고 하니, 선생께서는 "치지 않았을 때에도 원래 천지天地를 놀라게 하고 움직이게 했으며 이미 쳤을 때 또한 적막한 천지로다"라고 대답하셨다.[12]

---

12) 『全書』, 권3, 83쪽, "或問未發已發, 先生曰: 只緣後儒將未發已發分說了, 只得劈頭說個無未發已發, 使人自思得之. 若說有個已發未發, 聽者依舊落在後儒見解. 若眞見得未發已發, 說個有未發已發原不妨, 原有個未發已發在. 問曰: 未發未嘗不和, 已發未嘗不中, 譬如鐘聲, 未扣不可謂無, 旣扣不可謂有. 畢竟有個扣與不扣, 何如? 先生曰: 未扣時原是驚天動地, 旣扣時也只是寂天寞地."

이 글은 중국의 철학자들이 언어의 다의성을 자유롭게 운용했음을 잘 보여 준다. 형식 논리에 따르면, "미발과 이발이 없다는 것을 명확하게 볼 수 있다"가 참이라면 "원래 미발·이발이 있다"는 거짓이 되고, 그 역도 마찬가지이다. 그런데 왕수인은 이 양자가 동시에 성립할 수 있다고 보았다. 이런 상황에서는 적절한 해석으로 그 본의를 이해할 수밖에 없다.

앞서 지적한 것처럼 '미발'은 왕수인 철학에서 본체를 가리킬 때도 있고 공부를 가리킬 때도 있다. 왕수인은 인심人心에 미발의 중이 있다는 사실을 인정해야 한다는 데는 반대하지 않았지만 수양 공부를 미발과 이발로 나누는 것에는 반대하였다. 그래서 그는 미발의 본체가 있다는 것은 인정했지만 미발 상태의 공부가 따로 있다는 것은 승인하지 않았다. 그의 입장은 다음과 같은 것이었다. 주희가 공부를 미발 공부(戒愼)와 이발 공부(窮理)로 나눔으로써 조성된 문제를 해결하기 위해서는 반드시 처음부터 미발 공부와 이발 공부의 구분을 부정해야 하지만, 결코 이것이 인심에 '미발의 중'이 있다는 사실을 동시에 인정하는 데 문제가 되지는 않는다. 이러한 입장에 따를 때 "미발·이발이 없다는 사실을 명확하게 볼 수 있다"는 말은 '공부'를 가리키고 "원래 미발·이발이 있다"는 말은 '본체'를 가리킨다.

"미발 상태에서도 '화和'를 이루지 않음이 없다"라는 말은 정靜의 상태라도 언제나 움직임이 있다는, 즉 "체體에 나아가 말하면 용用이 체 속에 있다"는 뜻이다. "이발 상태에서도 중을 잃은 적이 없다"라는 말은 움직임 속에도 언제나 정靜이 들어 있다는, 즉 "용을 기준으로 삼으면 체가 용 속에 있다"는 뜻이다. 본래 '중'은 체이고 '화'는 용이다. 용은 체에 의해 결정되므로 체가 있으면 용이 있으며, 체 속에는 이미 용이 포함되어 있기 때문에 "체에서 보면 용은 체 속에 있다"(卽體而言用在體)라고 말하는 것이다. 또한 체는 용으로 표현되므로 용이 있으면 반드시 그 체도 있으며, 용 속에는 이미 체가 내재되어 있기 때문에 "용에서 보면 체는 용 속에 있다"(卽用而言體在用)라고 말하는 것이다.

## 2. 심의 본체

왕수인 철학에서 '마음의 본체'는 자주 '심체心體'로 약칭되는데 이는 매우 중요한 개념이다. 송대 심학, 예컨대 육구연陸九淵은 '본심本心'이라는 개념을 즐겨 사용하였다. 왜냐하면 본심이라는 개념은 『맹자』에서 내원하고 『맹자』는 육구연 철학이 출발한 사상 기초이기 때문이다. 육구연 철학에서는 '마음의 본체'라는 개념이 전혀 사용되지 않았다. 이에 반해 주희의 철학에서는 마음의 본체가 그다지 중요한 개념이 아니었어도 자주 언급되었다. 주희 철학에서 마음의 본체는 마음의 본연적인 성질, 면모, 상태를 가리키는 것으로, 실질적으로는 순수 주체를 가리킨다. 그런데 근대 철학의 입장에서 주체는 그것이 어디에 운용되느냐에 따라 인식 활동의 주체와 윤리활동의 주체, 즉 이론 이성과 실천 이성으로 구분되기도 한다. 이 문제에 있어서 리학 내부의 각 학파의 착안점이 달랐기 때문에 그들 각자가 '마음의 본체'에 부여한 의미는 다르게 나타난다. 주희 철학에서는 인식 주체에 중점을 두었기 때문에 심체의 '허명虛明'이 강조되었고, 왕수인 철학에서는 도덕 주체에 중점을 두었기 때문에 심체의 '지선至善'이 강조되었다.

### 1) 지선至善은 마음의 본체이다

『전습록』 하권에는 다음과 같은 왕수인의 말이 있다.

마음은 몸의 주재이다.……주재가 바르게 되면 눈으로 드러나기로는 저절로 예禮가 아닌 것을 보는 일이 없게 되고 귀로 드러나기로는 저절로 예가 아닌 것을 듣는 일이 없게 되며 입과 사지로 드러나기로는 저절로 예가 아닌 말을 하거나 행동을 하는 일이 없게 된다. 이것이 바로 "몸을 닦는 것은 그 마음을 바르게 하는 데 있다"라는 말의 의미이다. 그러나 지선至善은 마음의 본체이다. 마음의 본체에 어디 선하지 않은 것이 있겠는가? 지금 마음을 바르게 하려고 하나 본체에서야 무슨 공부를 하겠는가? 반드시 '마음이 일어난 곳'

을 대상으로 삼아야만 힘을 쏟을 곳이 생긴다. 마음의 일어났을 때는 불선不
善한 것이 없을 수 없으므로 이것을 대상으로 삼아 거기에 힘을 쏟아야 한다.
이것이 바로 '성의誠意'이다.[13]

이 일단의 언급은 "이른바 몸을 닦는 것은 그 마음을 바르게 하는 데
있다"(所謂修身在正其心)라는 『대학』 본문에 대한 해석이자 '수신修身'과 '성
의誠意' 사이의 논리 관계에 대한 토론이다. 마음은 신체 활동과 일체 행위
의 중추이자 주재이므로, 사람의 일체 행위·활동이 도덕 법칙에 합치되게
하려면 반드시 몸의 주재인 마음을 '바르지 않음'에서 '바름'으로 회복시켜
야 한다. 여기서 왕수인은 하나의 구분, 즉 '마음'과 '의意'의 구분을 설정한
다. 그리고 그는 여기서의 마음은 '본체' 개념이지 '작용' 개념이 아니라고
보았다. 일반적으로 말하는 '작용으로서의 마음'은 현재의 의식 활동으로서
'의'로 규정되며 각종 사유, 욕망, 감정을 포괄한다. '의'는 경험 의식으로서
선한 것도 있고 악한 것도 있으므로 '힘을 쏟아' 공부할 수 있는 대상이다.
말하자면 우리는 '의'를 대상으로 수양함으로써 사욕을 제거하고 선으로 돌
아갈 수 있다. '마음의 본체'는 경험 의식이 아니고 순수 의식이기 때문에
당연히 공부할 수 있는 대상이 아니다.

현상적 차원인 '의'와는 달리 마음의 본체는 선험적 도덕 주체이며 선
의 궁극적 원천이다. '지선은 마음의 본체이다'에서 '지선'은 결코 선악을
초월한 '선도 없고 악도 없는' 개념이 아니다. 왕수인은 명확하게 "마음의
본체에 어디 불선이 있겠는가", "마음이 일어날 때는 불선이 없을 수 없다"
라고 했으므로, 여기서 말하는 지선이란 곧 불선과 상대되는 최고의 윤리
범주이다. "마음의 본체에 대해서는 어떻게 힘을 쏟을 수 없다"라는 이 중
요한 규정을 통해 우리는 왕수인이 여기서 말한 '마음의 본체'란 현상 의식

---

13) 『傳習錄』 下; 『全書』, 권3, 83쪽, "心者身之主宰,……主宰一正, 則發竅於目, 自
無非禮之視; 發竅於耳, 自無非禮之聽; 發竅於口與四肢, 自無非禮之言動, 此便
是'修身在正其心'. 然至善者心之本體也. 心之本體哪有不善? 如今要正心, 本體
上如何用得功? 必就心之發動處才可箸力也. 心之發動不能無不善, 故須就此箸
力, 便是誠意."

의 단계에서 경험한 자아 개념도 아니고 의식이 발생하지 않은 내심의 상태를 가리키는 것도 아니라는 사실을 알 수 있다. 리학의 용어로 말하면, 그것은 '미발 이전'(未發之前)이 아니라 '내면의 미발'(未發之中)이다. 말하자면 그것은 사유 발생 이전의 의식 상태가 아니라 내심의 본연적·선험적 구조를 가리킨다. 왕수인 전체 철학의 성격과 그가 계승한 전통에 근거하면 여기서의 마음의 본체는 바로 맹자에서 육구연에 이르는 '본심'의 개념이다. 이 선험적인 순수 주체는 일체 도덕 법칙의 근원을 제공하므로, 거기에 무슨 규정이 있다면 그 가장 중요한 규정은 바로 '지선'이다.


### 2) 마음의 본체가 바로 천리이다

구문 형태에 나타난 가치 관념으로 볼 때, 마음의 본체가 지선이라고 말하는 것과 마음의 본체가 바로 천리라고 말하는 것 사이에는 전혀 차별이 없다. 송명 리학에서 천리 개념의 일차적인 의미는 보편적 도덕 법칙을 가리키는 것이었다. 심체를 천리로 보는 것은 바로 도덕 주체와 도덕 법칙의 동일성을 직접 긍정하는 것이다. 왕수인은 이렇게 말했다.

> 이른바 '자네의 마음'이란 또한 그냥 한 덩이 심장만이 아니다. 만일 그것이 한 덩이 심장이라 한다면 여기 죽은 사람도 저 한 덩이 심장이 여전히 남아 있는데 왜 보고 듣고 말하고 움직이지 못하는가? 이른바 '자네의 마음'은 보고 듣고 말하고 움직이게 하는 그 무엇이니, 이것이 바로 성性이자 천리이다.……이 마음의 본체는 원래 천리일 뿐이며 원래 예禮가 아닌 것이 없으니, 이것이 바로 자네의 진기眞己(참된 자기)이다. 이 진기가 몸의 주재이다.[14]

'진기眞己'는 곧 진정한 자아이다. 말하자면 마음의 본체는 경험적 자아

---

14) 『傳習錄』 上; 『全書』, 권1, 50쪽, "所謂汝心, 亦不專是那一團血肉, 若是那一團血肉, 如今死的人那一團血肉還在, 緣何不能視聽言動? 所謂汝心, 却視那能視聽言動的. 這個便是性, 便是天理.……這心之本體原只是個天理, 原無非禮, 這個便是汝之眞己. 這個眞己是軀殼的主宰."

가 아니라 우리의 본연적 자아이다. '보고 듣고 말하고 움직이게 하는 그 무엇'이란 표현은 마음이 감관感官과 신체 활동의 주재임을 가리키는 말이 지만, 이는 또한 왕수인의 다른 논술들을 참조해 볼 때 '영령靈' 또는 '영명靈 明', 곧 정신 능력에 대한 설명이기도 하다. 그러나 왕수인의 입장에 따르면 이 '명明'이나 '영靈'은 결코 모든 지각을 범칭하는 것도 아니고 인지적 의 미의 능각能覺을 가리키는 것도 아니다. 그것은 어떤 도덕적 의미를 가진 본각本覺, 즉 '천리의 밝고 환하며 영묘하게 알아차리는 힘'(天理之昭明靈覺) 이다. 이런 본연의 명각明覺이 바로 마음의 본체이며, 그것은 자연스럽게 도 덕 법칙에 합치된다. 바꿔 말하면 그것 자체가 도덕 법칙을 제공한다는 의 미에서 그것은 도덕 법칙과 동일하다. 그래서 왕수인은 늘 "마음의 본체가 바로 천리이다"[15]라고 말했던 것이다. 그는 또 이렇게 말했다.

마음의 본체는 포괄하지 못하는 것이 없으니 원래 하나의 '하늘'이다. 다만 사욕에 의해 가려졌기 때문에 하늘의 본체를 잃은 것이다. 마음의 리는 끝이 없어 원래 하나의 '연못'이다. 다만 사욕에 의해 메워졌기 때문에 연못의 본 체를 잃은 것이다.[16]

이는 『중용』에서 마음을 "넓기가 하늘과 같고 심원하기가 연못과 같다" (溥博如天, 源泉如淵)라고 규정한 데 따른 말이다. 왕수인은 마음의 본체는 본 래 광대하고 심원하므로 본심을 가리는 각종 사욕을 깨끗이 제거하여 마음 을 본래 상태로 회복시킬 수 있으면 그것이 도덕 준칙의 끝없는 원천이 될 수 있다고 보았다. 그렇기 때문에 덕성의 근원은 완전히 내재적이며, 사람 이 "자신의 심체를 체현할 수만 있으면"(體當自家心體) 자신에게 잠재된 무한 한 보물은 바로 지선至善의 원천이 될 수 있다.

---

15) 『傳習錄』中,「啓周道通」;『全書』, 권2, 59쪽, "心之本體卽是天理."
16) 『傳習錄』下;『全書』, 권3, 75쪽, "心之本體無所不該, 原是一個天, 只爲私欲障碍, 則天之本體失了. 心之理無窮盡, 原是一個淵, 只爲私欲窒塞, 則淵之本體失了."

### 3) 성誠이 마음의 본체이다

『중용』의 철학 체계 속에는 '성誠'과 '사성思誠'(誠을 희구함)이라는 두 범주가 있다. '성'은 어떤 상태나 성질을 나타내지만 이 '성'을 본체화시키면 우주의 보편적 덕성으로 변한다. '사성'은 공부로서, 사람의 의식을 '성'의 완전한 상태로 변화시키는 방법에 해당한다.

왕수인은 "성誠 개념을 공부의 의미로 사용하는 사람이 있다. 성은 마음의 본체이고, 그 본체를 회복하려고 노력하는 것이 바로 '사성思誠'의 공부이다"[17]라고 말했다. 이는 마음의 본체에는 불선不善이 전혀 없으므로 '불성不誠' 또한 전혀 없다는 것을 보여 준다. 성은 지선至善의 구체적인 조목이고 심체는 지선이므로, 이런 의미에서 성뿐만 아니라 인仁 또한 마음의 본체라 할 수 있고 의義·예禮·지智·신信 역시 모두 마음의 본체라 할 수 있다. 주희는 호굉胡宏(호는 五峰)의 "마음에는 불인不仁이 없다"라는 주장에 대해 반대한 적이 있는데, 만일 호굉이 명확하게 심과 심체를 구분하여 그 주장을 "마음의 본체에는 불인이 없다"라는 정도로 한정했더라면 주희도 그것에 반대할 이유가 없었을 것이다.

'심체'는 본래 순수 의식을 나타내는 개념인데, '순수'라는 개념은 선험적인 것을 지칭할 수도 있고 규정될 수 없는 것을 지칭할 수도 있으며 감성을 배제하는 성질을 지칭할 수도 있다. 그러나 위의 내용을 염두에 둘 때 우리는 다음의 사실을 알 수 있다. 즉 왕수인 철학에서 '심체'는 사실상 여러 가지로 규정되긴 하지만 그 규정들은 모두 긍정적 가치를 나타내므로, 심체가 순수 의식이라는 것은 결코 규정될 수 없는 측면을 지칭한 것이 아니라 선험적이고 어떤 감성이나 경험에도 물들지 않은 덕성 주체라는 측면을 지칭한다는 것이다.

---

17) 『傳習錄』 上; 『全書』, 권1, 49쪽, "誠字有以工夫說者, 誠是心之本體, 求復其本體, 便是思誠的工夫."

## 4) 지知가 마음의 본체이다

"지知가 마음의 본체이다"라는 말에서의 '지'는 인의예지의 지智가 아니라 양지良知이며 '옳고 그름을 판단하는' 지知이다. 『전습록』에는 이렇게 기록되어 있다.

지知가 마음의 본체이다. 마음은 무엇이든 자연히 알 수 있다. 부모를 보면 자연히 효도할 줄 알고 형을 보면 자연히 공경할 줄 알고 어린아이가 우물에 빠지는 것을 보면 자연히 측은해 할 줄 안다. 이것이 바로 양지이니 밖에서 구할 필요가 없다.[18]

유건惟乾이 물었다. "지知가 어째서 마음의 본체입니까?" 이에 선생께서 답하셨다. "지란 리理의 영명靈明한 측면이다. 주재라는 측면에서는 마음이라 부르고 부여되었다는 측면에서 말할 때는 성性이라고 부른다. 겨우 웃고 물건을 쥘 수 있게 된 아이도 그 부모를 사랑할 줄 모르는 이가 없고 그 형을 공경할 줄 모르는 이가 없다. 단지 이 영명이 사욕에 가려지지 않고 남김없이 확충될 수만 있다면 완전한 그 본체가 드러난다."[19]

'리'는 리학의 체계에서 단지 법칙일 뿐이고 '마음'만이 지각의 성질을 갖는데, 왕수인 철학에서는 '양지'가 리의 지각 형식이다. 즉 리는 지각으로 드러날 수 있는데, 이 지각은 인식 능력일 뿐 아니라 가치 지향이라는 성격을 가지므로 바로 양지를 뜻한다는 것이다. 말하자면 마음은 리와 합일되어 있다. 여기서 리는 가치를 가리킨다. 왕수인 철학에서 리는 결코 객관적으로 독립된 법칙으로 간주되지 않고 마음의 활동의 자연적인 조리, 양지의 자연적인 조리로 간주된다. 그렇기 때문에 "리는 마음의 리이며 마음은 리

---

18) 『傳習錄』 上; 『全書』, 권1, 38쪽, "知是心之本體, 心自然會知, 見父自然知孝, 見兄自然知弟, 見孺子入井自然知惻隱. 此便是良知, 不假外求."

19) 『傳習錄』 上; 『全書』, 권1, 49쪽, "惟乾問: 知如何是心之本體? 先生曰: 知是理之靈處, 就其主宰處說便謂之心, 就其稟賦處說便謂之性. 孩提之童無不知愛其親, 無不知敬其兄, 只是這個靈. 能不爲私欲遮隔, 充拓得盡, 便完完是他本體."

의 영명한 측면"이라는 표현이 성립될 수 있다.

왕수인의 "지가 마음의 본체이다"라는 사상을 좀더 깊이 연구하다 보면 한 가지 주의해야 할 문제가 발견된다. 바로 '지'로서의 마음의 본체와 앞서 말한 '공부가 불가능한 대상'인 마음의 본체 사이에는 차이가 있다는 사실이다. 이 '지'는 '무엇이든 자연히 아는 마음의 능력', 즉 부모를 보고서는 효도할 줄 알고 형을 보고서는 공경할 줄 아는 '지'를 가리킨다. 비록 이 지에 마음의 본체라는 의미가 부여되어 있다고는 하나 그것은 또한 직접 현실로 드러날 수도 있다. 이 지는 본질로서의 본체가 아니라 현재의 의식에서 현상적으로 존재할 수 있다는 것이다. 따라서 이 지에 대해서는 (그것을 이루기 위한) 공부가 가능하다. 그 공부가 바로 '확충'(充拓)이며, 구체적인 내용은 이 '지知'를 '아이 때는 부모를 사랑할 줄 알고 커서는 어른을 공경할 줄 아는' 단계로부터 모든 지각 활동과 의식 영역으로까지 확대시키는 것이다. 이 지가 바로 양지이다. 그래서 왕수인은 또 이렇게 말했다.

> 양지良知는 마음의 본체이다. 마음의 본체는 일어남도 없고 일어나지 않음도 없다. 망념妄念이 발생했을 때라도 양지는 그 속에 존재하지 않은 적이 없다. 단지 사람이 그것을 보존할 줄 모르기 때문에 가끔 놓치기도 하는 것일 뿐이다. 어둠과 막힘의 극단적인 단계에서도 양지는 밝지 않은 적이 없다. 단지 사람이 살필 줄 몰라서 가끔 가려지기도 할 뿐이다.[20]

양지의 본체는 양지가 전혀 가려지지 않는 '본연의 체'를 가리킨다. 위의 말에서는 다음과 같은 것을 알 수 있다. 즉 양지는 현상으로 존재할 수 있는 성질을 가지므로 왕수인이 이런 의미에서 본심 혹은 마음의 본체라는 개념을 사용할 때 이 양지·본심·심체는 '본질'이 아니라 '본각本覺'의 개념이며, 본질주의자(essentialist)들의 '성性' 개념과는 근본적으로 다르다는 것이다.

---

20) 『全書』, 권2, 61쪽, 「答陸原靜」, "良知者心之本體. 心之本體無起無不起, 雖妄念之發, 而良知未嘗不在, 但人不知存則有時而或放耳. 雖昏塞之極而良知未嘗不明, 但人不知察, 則有時而或蔽耳."

## 5) 즐거움이 마음의 본체이다

'지知'는 본래 지적 능력을 나타내는 범주인데, 왕수인은 이것을 개조시켜 마음의 본체로 규정하였다. 그리고 '즐거움'(樂)은 본래 감정 체험의 범주인데, 왕수인은 또 이것을 개조시켜서 역시 마음의 본체로 규정하였다. 송대의 유학자들은 주돈이周惇頤와 이정二程 이래로 '공자와 안연이 즐긴 경지를 찾는'(尋孔顔樂處) 공부를 정신 생활에서 가장 중요한 의미를 갖는 과제로 삼고서, 배우는 이들에게 공자와 안연이 도달했던 생기로 가득 찬 자유의 경지에 도달하도록 가르쳤다. 그래서 유가 사상에서 '즐거움'(樂)은 성현聖賢의 경지에 대한 중요한 규정의 하나가 되었다.

'즐거움'이 표시하는 인생의 최고 경지는 명리나 부귀 등의 속박을 벗어나 심령을 천지와 함께 유행하는 경지로 끌어올려, '도를 듣는' 단계로부터 나아가 정신적으로 '도와 합일되는' 단계에 이르는 것이다. 장기간의 수양을 거쳐 비로소 실현되는 그런 자유롭고 기쁨에 넘치며 생기에 찬 심경이 바로 '즐거움'이라 한다면, 그 즐거움은 일상에서 경험하는 감성적인 쾌락(생리적 쾌락과 심미적 기쁨을 포괄한)과는 다른 고급스러운 정신 경지의 즐거움이다. 이런 의미에서 즐거움은 정감의 범주가 아닌 경지의 범주로서 심체라고 규정되는 것이다. 왕수인에 의하면, 이런 '참된 즐거움'(眞樂)이 바로 사람 마음의 본연적 상태이며 '공자와 안연이 즐긴 경지를 구하는 것' 역시 마음의 본연적 상태를 회복하는 것이라고 한다. 그는 다음과 같이 말했다.

> 즐거움이 마음의 본체이다. 어진 사람의 마음은 천지만물과 일체여서 기쁘고 화창하니 원래 간격이 없다……'늘 때에 맞게 익히는'(時習) 것은 이 마음의 본체를 회복하기 위해서이고 '기쁘다'는 것은 본체가 점차 회복되고 있기 때문이다. '벗이 찾아온다'는 것은 본체의 기쁘고 화창한 기상이 천지만물에 두루 미쳐서 간극이 없다는 것이다. 본체의 기쁘고 화창한 기상은 본래 이와 같아서 애초에 더할 것이 없다.[21]

---

21) 『全書』, 권5, 110쪽, 「與黃勉之二」, "樂是心之本體. 仁人之心, 以天地萬物爲一體, 訢合和物, 原無間隔……'時習'者求復此心之本體也, '悅'則本體漸復矣, '朋

리학의 심성론에서 본체는 '본연'의 상태를 나타내는 동시에 '당연當然'의 상태, 즉 이치에 맞는(合理) 정상적인 상태를 의미하기도 한다. 그에 반해 일시적인 형태인 '객형客形'은 본체가 변형되고 왜곡되고 가려진 것이므로 불완전한 상태이다. 따라서 사람의 수양 공부는 불완전한 상태를 변화시켜 본래의 합리적 상태로 돌아가게 하는 것이다.

그런데 심체心體의 지선至善에 대해서 말할 때는 불선한 생각이 일어나는 것을 극복하여 본래의 선으로 돌아가라고 가르친다. '즐거움'의 대립면은 두려움과 슬픔이다. 그렇다면 일체의 두려움과 슬픔을 제거해서 '참된 즐거움'으로 복귀해야 한다는 것인가? 여기에는 이론적으로는 아무런 문제가 없어 보인다. 그러나 실천의 면에서 볼 때 유가가 인정하는 윤리 관계 속에서는 친한 사람을 잃게 되면 반드시 정상적인 도덕적 정감을 가져야 한다고, 예컨대 슬퍼하며 소리 내어 울어야 한다고 가르친다. 그러므로 좀더 나아가 생각하면 '참된 즐거움'을 기쁨이라고만 좁게 이해해서는 안 되고 '편안함'(安)이란 의미로 확장시켜야 한다. 그래서 왕수인은 대고大故를 만났을 때는 슬피 울어야 한다고 하면서, "슬피 곡하지 않으면 즐겁지 않다. 비록 곡하더라도 이 마음의 편안한 느낌이 바로 즐거움이니, 본체는 동요되지 않는다"[22]라고 말했던 것이다. 여기서 마음의 편안함이란 도덕 준칙을 자기 행위의 규범으로 받아들여 이치에 맞게 행동함으로써 얻은 '마음이 편안하고 이치에 맞는'(心安理得) 상태를 가리킨다. 그래서 왕수인은 또 "양지가 즐거움의 본체이다"[23]라고 말했던 것이다.


6) 정定이 마음의 본체이다

마음의 편안함은 '정定'이기도 하다. 리학에서 말하는 '정'은 심경의 안

---

來'則本體之訢合和暢充周無間, 本體之訢合和暢本來如此, 初未嘗有所增也."
22) 『傳習錄』下; 『全書』, 권3, 80쪽, "不哭便不樂矣, 雖哭, 此心安處卽是樂, 本體未嘗有動."
23) 『全書』, 권5, 110쪽, 「與黃勉之二」, "良知卽是樂之本體."

정·평정·안녕으로서 성가심이 없는 상태이다. 인간 세상을 떠나 일없이 지내면서 묵좌默坐함으로써 정을 구한다면 이런 정은 여전히 외재적이고 온전하지 못한 것이다. 오직 어떤 정황에서도 항상 '정'을 유지할 수 있어야만 진정한 정에 이르렀다고 할 수 있다. '정성定性'과 관련된 장재張載(호는 橫渠)의 문제 제기에 대한 정호程顥의 답변(『定性書』)은 '정定'과 '정靜'의 경지에 대한 리학의 지향을 가장 잘 드러내고 있다.

앞서 보았듯이 어떤 이상적 경지든 모두 마음의 본연 상태라고 규정될 수 있으므로 정定의 경지 또한 앞의 예에 따라 마음의 본체로 전화될 수 있다. 왕수인은 다음과 같이 말하였다.

> 정定은 마음의 본체이고 천리이다. 동정動靜은 마음이 처해 있는 각각의 상황이다.24)

> 동정은 마음이 처해 있는 각각의 상황이다. 마음의 본체는 본디 동과 정의 구분이 없다. 리는 동정이 없는 것이니 움직이게 되는 것은 욕심 때문이다. 리를 따라 행할 수 있으면 수많은 변화를 겪게 되었더라도 '움직였다'고 할 수 없다.25)

여기서 왕수인은 '정定'과 '정靜'을 구분하였다. 정靜은 동動과 상대해서 말한 것이고 정定은 동·성을 초월한 것이다. 그러므로 정靜만 정定이 되는 것이 아니라 동動도 정定이 될 수 있다. 여기 어떤 사람이 있는데, 생각이 백 가지로 일어나고 수많은 변화를 겪게 되더라도 그의 마음이 편안하고 이치에 맞을 수만 있으면 내심은 평정하여 분잡이 없을 터이므로 그는 정定에 이르렀다고 할 수 있다. 이것이 바로 정호가 말한 "움직일 때에도 정定을 유지하고 고요할 때에도 정을 유지한다"는 경지이다. 반대로 아직 사욕이 제거되지 않았다면 정좌하여 생각을 모두 없애더라도 그것은 단지 정靜

---

24) 『傳習錄』 上; 『全書』, 권1, 42쪽, "定者, 心之本體, 天理也. 動靜, 所遇之時也."
25) 『全書』, 권2, 61쪽, 「答陸原靜」, "動靜, 所遇之時. 心之本體固無分於動靜也. 理無動靜者也, 動卽爲欲, 循理而行則雖酬酢萬變而未嘗爲動也."

일 뿐이지 정정이 아니다. 왕수인이 정정을 마음의 본체라고 말한 것은 두 가지 의미를 포함한다. 하나는 동·정이 의식 현상의 차원에서 내린 규정이어서 결코 본체에는 적용될 수 없으므로 마음의 본체에는 이른바 동·정의 구별이 없다는 뜻이며, 다른 하나는 이런 평정平靜하여 성가심 없는 경지가 바로 마음의 본연의 상태라는 뜻이다.


## 7) 악은 그 본체를 잃은 것이다

만일 마음의 본체가 지선무악至善無惡하다면 악의 내원은 또 무엇인가? 예로부터 지금까지 윤리학적 의미의 악을 정욕에 귀속시키지 않은 학자는 없었지만, 사람들은 정욕의 근원에 대해서는 여러 가지 다른 해석들을 하고 있다. 송대 이성주의 철학에 따르면 사람의 각종 정욕은 사람의 신체를 구성하는 '기질氣質' 혹은 '기氣'에서 근원한다. '기'는 인체의 구성 요소일 뿐 아니라 우주의 구성 요소이므로 사람의 정욕은 사실상 일종의 존재론적 근거를 가지고 있다. 송유宋儒들이 '기질지성氣質之性'이라는 용어를 쓴 것은 현실의 악에 직면하게 되면서 그 '악'과 '인성이 선하다'는 이론 사이에서 하나의 타협점을 모색한 것으로, 악이 인성 속에서 어떤 지위를 점하고 있음을 인정한 것이다.

왕수인 철학에서 악이 차지하는 지위는 또 어떠한가? 『전습록』에는 다음과 같은 기록이 있다.

선생께서 말씀하시기를, "지선至善은 마음의 본체이다. 본체에서 조금만 지나치면 바로 악이 된다. 하나의 선이 있고 또 하나의 악이 있어 상대하고 있는 것이 아니다. 그러므로 선악은 하나일 뿐이다"라고 하셨다.[26]

어떤 사람이 "사람은 모두 이 마음을 가지고 있고 마음이 곧 리인데 어찌하

---

26) 『傳習錄』 下; 『全書』, 권3, 75쪽, "先生曰: 至善者心之本體. 本體上才過當些子, 便是惡了. 不是有一個善, 却又有一個惡來相對也. 故善惡只是一物."

여 선한 일을 하는 이도 있고 악한 일을 하는 이도 있는 것입니까?"라고 물으니, 선생께서는 "악한 사람의 마음은 그 본체를 잃은 것이다"라고 하셨다.[27]

이미 사람의 본심이 '선善'이고 '성誠'이고 '즐거움'이라면 사람은 왜 악한 짓을 하는가? 인류 생활의 도처에서 볼 수 있는 광포함, 잔혹함, 사나움, 음흉함은 또 어디에서 온 것인가? '완전히 선한' 하나님이 왜 '악'을 제거할 수 없는가에 대한 기독교의 변호(예컨대 Augustinus의 경우)와 마찬가지로, 이 문제에 대한 리학의 설명도 우주는 본질적으로 선하고 인심 또한 그 본체가 선할 따름이며 악으로 대표되는 불선은 단지 원래 선한 어떤 것의 치우침과 상실이라는 식으로 이뤄진다. 즉 악은 선의 평형 상실이고 본래 가치 있던 어떤 것의 왜곡된 형태라는 말이다. 이런 어긋남이 바로 '지나침과 모자람'이다. 사람의 심체는 본래 인仁인데 인이 지나친 것은 고식姑息이고 인이 모자란 것은 잔혹이다. 인심에는 본래 잔혹함과 음험함이 없으므로 본질적으로 악은 마음의 본체인 선의 일탈이다. 이것은 물론 악이 허구적이라거나 비실재적이라는 뜻은 아니다.[28]

　　그러나 악의 문제는 유가, 특히 심학에 있어 줄곧 하나의 골칫거리였다. 만일 악이 선의 지나침 혹은 모자람이라면 '지나침'이나 '모자람'은 왜 발생하게 되는가? "마음의 본체는 원래 하나의 하늘이고 단지 사욕에 의해 막힌 것일 뿐"이라고 했을 때, 고식과 잔혹은 인의 지나침과 모자람이라고 말할 수 있겠지만 사람의 '사욕'은 어디에 귀속시킬 수 있는가? 효와 공경에 대해 '마음이 자연스럽게 그렇게 할 줄 안다'고 하지만 사의와 사욕도 마찬가지로 '자연히 그렇게 할 줄 아는' 것이 아니던가? 왕수인은 "희노애락의 본체는 원래 중화中和이지만 어떤 의도를 가지게 되면 바로 지나치거나 모자

---

27) 『傳習錄』 上; 『全書』, 권1, 42쪽, "或曰: 人皆有是心, 心卽理, 何以有爲善, 有爲不善? 先生曰: 惡人之心失其本體."

28) 아우구스티누스의 악에 대한 해석은 존 힉(John Hick)의 『宗敎哲學』(三聯書店, 1988), 85쪽 참조(황필호 역, 『종교철학[증보판]』, 종로서적, 1989, 75쪽). 원서는 John H. Hick의 *Philosophy of Religion* (Prentice Hall, 1973)이다. 윤리학사에서 샤프츠버리(Shaftesbury) 등은 연민이 너무 지나친 것도 바로 편향된 것이라고 보았다.(『西方倫理學名著選輯』 上, 商務印書館, 1964, 766쪽 참조)

라게 되니 이것이 바로 사私이다"[29]라고 했다. 그러나 사람이 왜 그 '어떤 의도'를 가지게 되는지, 양지가 마음의 자연스러운 조리임에도 불구하고 왜 '지나침'과 '모자람'을 규제할 수 없는지 하는 문제들은 왕수인 철학에서 진정한 해결을 보지 못했다.

상술한 것을 종합하면 왕수인 철학에서는 기본적으로 이상적 경지를 마음의 본체로 간주했음을 알 수 있다. 왕수인 철학에서 마음의 본체에 대한 여러 묘사들은 대체로 두 가지 경지로 나누어 볼 수 있다. 그 중 '선善'과 '성誠'은 도덕의 경지를 표시하며, 일반적으로 심미적 경지를 나타내는 '즐거움'은 여기서는 '정定'과 함께 실존의 경지를 표시한다. 도덕의 경지는 이미 유학 전통에서 그 연원이 심원하고 흐름이 유장하나, 실존의 경지는 분명 유가의 외부에서 온 것인데 송명 리학의 경우는 주로 불교에서 온 것이다. 이 두 경지는 함께 신유가의 이상적 인격 형태를 구성하였는데, 이는 곧 이 책에서 논의되는 유무지경有無之境의 한 표현이기도 하다. 이것은 왕수인 철학에서 가장 만족스럽게 체현되어 있다. 이 점에 대해서는 뒤에서 계속 깊이 토론하기로 하고 이 장에서는 단지 왕수인이 어떻게 이런 경지를 마음의 본체에 대한 몇 가지 규정으로 전화시켰는가에 대해서만 지적해 두기로 한다. 따라서 이 장에서 다루는 '본체'는 뒤에서 다루게 될 '경지' 및 '공부'와 연계시켜서 보아야만 그 의미를 드러낼 수 있다.


## 3. 마음과 성

심心과 성性은 확실히 송명 리학의 가장 기본적인 한 쌍의 범주이다. 주희 철학에서는 마음과 성이 비교적 엄격하게 구분되었다. 그 주요 원인은 '마음'은 각종 경험 의식, 정감을 포함하는 것이어서 전체 도덕성을 대표할

---

29) 『傳習錄』 上; 『全書』, 권1, 44쪽, "喜怒哀樂本體自是中和的, 才自家着些意思, 便過不及, 便是私."

수 없고 성은 내심의 도덕 본질을 표시하는 범주였기 때문이다. 양자의 차이는 전자는 드러나게 되지만 선하지 않고 후자는 선하되 드러나지 않는다는 데 있다. 그런데 심학의 전통에서는, 육구연 철학의 경우 윤리 원칙의 내재적 근원이 '본심' 혹은 '마음'으로 표시되므로 따로 성이라는 개념을 필요로 하지 않는다. 이와 비슷하게 왕수인 철학에서도 성은 그 체계 속에 꼭 필요한 개념이 아니다. 지선至善의 내재성을 표시하는 범주는 '마음의 본체', '양지' 혹은 '마음'이다. 다만 왕수인이 생활하고 학술 활동을 벌였던 명대는 주자학의 분위기에 젖어 있었기 때문에 그의 학설 속에도 여전히 약간의 '성'에 관한 내용이 남아 있다.

## 1) 마음의 본체가 바로 성性이다

일반적으로 심학의 주요 이론적 특징은 첫째, 마음이 곧 리라고 주장하는 것이고 둘째, 마음과 성의 구분을 중시하지 않는 것이라고 본다. 이 두 가지는 원칙상으로 정리될 수 있는 내용이고, 그 속에는 진지하게 분석해야 할 수많은 세목들이 있다. 특히 왕수인 철학은 주희 철학의 세례를 받아 많은 개념들이 주자학과 교차되어 있기도 하지만, 동시에 다른 의미를 갖기도 한다. 이런 것들은 모두 상세한 토론을 거쳐야만 밝혀질 수 있다. 이와 관련하여 왕수인의 다음 말을 보기로 하자.

> 마음의 본체는 원래 움직이지 않는다. 마음의 본체가 바로 성이고 성은 곧 리이므로, 성도 원래 움직이지 않으며 리도 원래 움직이지 않는다. '의義의 축적'(集義)이란 마음의 본체를 회복하는 공부 과정이다.[30]

우리가 알고 있는 것처럼 주희 철학에서는 마음의 체가 성이고 성이 곧 리이며 리는 사람이 품부받은 천리라고 주장한 데 비해 왕수인 철학의 근

---

30) 『傳習錄』上; 『全書』, 권1, 45쪽, "心之本體原自不動, 心之本體卽是性, 性卽是理, 性元不動, 理元不動, 集義是復其心之本體."

본 원리는 '심즉리心卽理'이다. 그런데 왕수인은 여기서 "성이 곧 리이다"(性卽理)라는 명제를 부정하지 않았으므로, 그의 표현은 표면적으로 주자학과 그다지 다르지 않은 것처럼 보인다. 그러나 사실은 그렇지 않다.

앞에서 지적한 것처럼 왕수인이 마음의 본체를 다루면서 "본체에서는 공부가 가능하지 않다"(本體上用不得功)라고 말했을 때 그는 본체가 의식 현상 즉 '작용' 차원의 개념이 아니라는 것을, 다시 말해 현재의 의식 현상과 상대해서 마음의 본체는 선험적인 구조라는 것을 분명히 했다. 여기서 우리는 한 가지 의문을 갖게 되는데, 마음의 본체가 내심의 선험적 구조라면 그것과 '성'은 어떻게 다른가 하는 점이다. 왕수인은 "마음의 본체가 바로 성이다"(心之本體卽是性)라고 선언함으로써 '마음의 본체'와 '성'이 동등하다는 것을 보여 주긴 했지만, 이런 주장이 전체 체계를 포괄할 수 있는 보편성을 가질 수 있는가? 좀더 구체적으로 말하자면, 왕수인이 마음의 본체와 성이 차별이 없다고 말했을 때 그는 결국 일반 철학자들이 사용하는 '성' 개념을 자신의 '마음의 본체'란 개념으로 이해한 것인가? 바꿔 말하면 그가 말한 마음의 본체는 일반 철학자들이 이해하는 '성'의 의미와 동등한 것인가? 이런 분석은 분명히 아주 중요한 것이다.

왕수인이 성誠, 즐거움, 정定으로 마음의 본체를 규정했을 때 이 범주는 확실히 본연의 심경心境 즉 마음의 본연 '상태'를 가리키는 것이었지 마음의 내재적 '본질'을 가리키는 것이 아니었다. 그렇기 때문에 '성', '즐거움', '정'은 단지 마음을 설명하는 것일 뿐이지 성性을 설명하는 것일 수는 없다. 그러므로 앞에서 서술한 왕수인의 '마음의 본체'에 대한 표현들은 모두 '본질' 개념인 전통적 의미의 성性에는 적용될 수 없다. 왕수인 철학에서 '마음의 본체'는 비록 본체이기는 하나 본심이라고도 불리므로 여전히 '마음'이라는 성질을 가지고 있으며, 마음의 본체는 '보고 듣고 말하고 움직일 수 있게 하는 것'이므로 여전히 '영靈'의 성격을 지닌다. 말하자면 본심은 최소한 '논리적으로는' 사유 능력을 가지는데 성에 대한 규정은 어쨌든 이 점을 포함하지 않는다. 마음의 본체는 명각明覺, 양지良知일 수도 있다. 그러므로 그것은 지각하는 능력을 가질 수도 있고, 부모를 보고서는 효도할 줄 알고 형을 보고는 공경할 줄 아는 것으로 직접적으로 현실화될 수도 있다. 왕수인에 따르면 일체의 사욕이 완전하게 제거되었을 때 마음의 본체는 전체 의식으로 드러난다. 리학의 용어로 말하면 이런 측면에서 마음의 본체는 '이발已發'이 될 수 있다. 그런데 전통적인 이해에서의 '성'은 본질의 범주로서, 단지 드러나지 않는 주체로서 '미발'이 될 수 있을 뿐이지 어떠한 경우라도 '이발'로 변할 수는 없다.

이상을 통해 우리는 육구연에서 왕수인에 이르는 심학 속의 '본심' 혹은 '마음의 본체'라는 개념이 본질주의자들, 예컨대 주희 철학의 '성' 개념과 같은 것일 수 없다는 것을 살펴보았다. 그러므로 왕수인이 마음의 본체가 '성'이라 했다고 해서 그가 마음의 본체를 주희 철학의 성으로 이해했다는 것은 아니다. 그가 말한 '성'은 마음의 본체이기는 하지만 고전적 의미의 인성人性 개념이나 송유宋儒들의 성리性理 개념과는 다르다고 보는 것이 좀 더 논리에 맞는 이해이다.


2) 마음이 곧 성性이다

『전습록』 상권에는 다음과 같은 기록이 있다.

"회암晦庵선생(주희)이 '사람이 공부의 내용으로 삼는 것은 마음과 리(心與理)일 뿐이다'라고 하셨는데 이 말이 어떠합니까?"라고 여쭤 보니, 선생께서는 "마음이 곧 성이고 성이 곧 리이니, '~과'(與)라는 글자를 그 사이에 넣으면 둘로 나누어지게 된다. 이 점은 학자들이 잘 살펴야 할 문제이다"라고 말씀하셨다.[31]

"마음이 곧 성이다"는 형식상으로는 분명히 보편적인 명제가 될 수 없

---

31) 『傳習錄』 上; 『全書』, 권1, 42쪽, "晦庵先生日: 人之所以爲學者, 心與理而已, 此說如何? 日: 心卽性, 性卽理, 下一與字, 未免爲二, 此在學者善觀之."

다. '마음과 리'의 문제에서 지적했던 것처럼 '귀와 눈이 듣고 볼 수 있게 하는' 지각이라는 의미에서는 육왕陸王이라 하더라도 마음이 곧 리라고 주장하지 못할 것이다. 이 때문에 주희는 '작용을 성으로 본다'(作用是性)는 논평으로 마음을 리로 간주하는 사상, 즉 일체의 의식 작용을 도덕 법칙(천리)과 혼동하는 사상을 비판한 적이 있었다. 그러나 주희의 비판은 "마음이 곧 리이다"라는 명제의 형식상의 결함에 대해서는 적용될 수 있겠지만 육왕의 본의가 그렇다고 할 수는 없다. 이미 왕수인은 '의意'라는 용어를 사용하여 주희 철학의 '경험할 수 있는 마음'의 내용을 수용함으로써 '심心'의 개념을 순수화시켰으니, 그의 "마음이 곧 성이다"(心卽性) 혹은 "마음이 곧 리이다"(心卽理)라는 명제들은 모두 엄격하게 '마음의 본체'에 국한하여 사용된 것이라고 할 수 있다.

『전습록』 상권의 서애徐愛의 기록에 다음과 같은 글이 있다.

> 선생께서는 "성이 마음의 체이고 하늘이 성의 근원이니, 마음을 다하는 것이 바로 성을 다하는 것이다"라고 하셨다.[32]

왕수인은 만년에 고린顧璘에게 답하는 편지에서 『맹자』의 '진심지성盡心知性'을 해석할 때도 "무릇 마음의 체는 성性이고 성의 근원은 하늘이다. 능히 그 마음을 다할 수 있으면 능히 그 성을 다할 수 있다"[33]라고 말했는데, 주희는 "진기심자盡其心者, 지기성야知其性也"[34]를 "그 마음을 다할 수 있는 까닭은 그 성을 알았기 때문이다"라는 의미로 해석했다. 말하자면 성을 아는 것(知性)이 마음을 다하는 것(盡心)의 전제라는 것이다. 왕수인은 이 주장에 찬성하지 않고 '마음을 다하는 것'이 앞선다고 보았다. 물론 이것은 단지 논리적으로 앞선다는 말이다. 왜냐하면 사실상 '마음을 다하는 것'과 '성性

---

32) 『傳習錄』 上; 『全書』, 권1, 38쪽, "先生曰: 性是心之體, 天是性之原, 盡心卽是 盡性."

33) 『全書』, 권2, 54쪽, 「答顧東橋」, "夫心之體, 性也; 性之原, 天也. 能盡其心, 是 能盡其性矣."

34) 『孟子』, 「盡心上」.

을 다하는 것'은 동일한 것이므로 마음을 다하면 동시에 성을 다하는 것이지 결코 앞뒤의 다른 두 단계가 존재하는 것이 아니기 때문이다. 이것은 마음 이외에, 이 마음과 다른 어떠한 성도 결코 존재하지 않음을 의미한다.

물론 왕수인이 이 문제를 다룰 때 그가 말한 마음은 '본심', 즉 그가 여기서 사용한 개념인 '마음의 체'를 가리키는 것이었다. 그러나 주희는 "마음이 곧 리이다"(心卽理)라는 말을 반대하였다. 왜냐하면 그는 "마음의 체體가 성性이고 마음의 용用이 정情이다"라는 이론을 견지하였기 때문이다. 그러므로 형식상에서 볼 때 왕수인이 "성은 마음의 체이고 하늘은 성의 근원이다"라고 한 것과 주희 철학은 일치하지만, 문제는 두 사람의 '마음의 체'에 대한 이해가 같지 않다는 데 있다. 주희 철학에서 리는 마음 속에 갖추어져 있으며 마음의 체라 할 수 있는데, 이 체는 체용體用의 체이고 실재성을 가진 어떤 존재가 인심에 품부되어 구성된 것이다. 그런데 왕수인이 말한 마음의 체에는 어떤 실재적 존재(理)를 부여받았다는 의미가 없다. 이 체는 리학의 용어를 빌리면 주로 '본연本然 상태의 체단體段(형상·면목)'을 가리킨다. 주희 철학에서의 "성이 마음의 체이다"라는 말은 마음과 성이 둘이라는 의미이지만, 왕수인이 "성이 마음의 체이다"라고 선언한 것은 마음과 성이 둘이 아니라 양자가 실제로 동일함을 의미한다.


3) 성性 · 천天 · 명命

『전습록』 상권에는 다음과 같은 기록이 있다.

내가 "인의예지라는 이름은 '이미 드러난'(已發) 마음에 대해 붙인 것입니까?"라고 물으니 선생께서는 "그렇다"라고 말씀하셨다. 다른 날 내가 "남의 불행을 마음아파하고(惻隱) 악을 부끄러워하고 미워하며(羞惡) 좋은 것을 남에게 양보하고(辭讓) 옳고 그름을 따지는(是非) 것은 성性의 표덕表德입니까?"라고 물으니 선생께서는 "인의예지도 모두 표덕이다. 성은 하나일 뿐이다. 그 형체를 말할 때는 '하늘'(天)이라 하고, 주재라는 점에서 말할 때는 '제帝'라 하고, 유행이라는 점에서 말할 때는 '명命'이라 하고, 사람에게 품부되었다는 점에서 말할 때는 '성性'이라 하고, 한 몸의 주재라는 점에서는 마음(心)이라 한다. 마음이 일어나 부모를 만났을 때는 효라고 하고, 임금을 만났을 때는 충이라고 한다. 이로부터 무궁한 것들에 이르기까지 단지 하나의 성일 뿐이다. 마치 사람은 하나여서, 부모에 대해서는 자식이라 하고 자식에 대해서는 부모라 하지만 이로부터 무궁한 관계에 이르기까지 단지 한 사람일뿐인 것과 같다"라고 하셨다.[35]

주희 철학에서 인·의·예·지는 각각 측은惻隱·수오羞惡·사양辭讓·시비是非와 대응한다. 전자는 성性이고 '미발未發'이며, 후자는 정情이고 '이발已發'이다. 그러나 왕수인 철학에서 사단四端(측은·수오·사양·시비)은 양지良知로서 바로 본심의 현현이므로 '미발'의 성이 불필요하다. 그렇기 때문에 인의예지도 '이발'이다. 이것이 이 글의 첫 번째 의미이다.

왕수인은 또 마음이 일어나 부모를 만난 것을 효라 하고 임금을 만난 것을 충이라 한다고 하면서 인의예지 또한 효제충신孝悌忠信과 마찬가지로 모두 이 마음이 여러 상황에 나타난 구체적인 표현이라고 보았는데, 이 구체적 표현이란 리학의 용어로 말하면 바로 '표덕表德'이다. 왕수인은 일체의 도덕 규범과 준칙이 모두 '하나의 성'의 여러 구체적 표현들이라고 여겼다. 위에서의 '마음이 일어나……'라는 설명에 따르면 그가 말한 '하나의 성'이란 것은 사실 '하나의 마음'이며, 이 마음은 당연히 본심을 가리키는 것이지 경험적인 '물든 마음'(習心)이 아니다. 이것이 두 번째 의미이다.

왕수인은 인의예지가 하나의 성의 여러 구체적 표현들에 불과하다고 지적하면서 또 다른 관점을 내놓았다. 어떤 사람이 있어서 그가 아버지에게는 아들이고 아들에게는 아버지이고 아내에게는 남편이고 상관에게는 부하이고 학생에게는 선생이라고 할 때, 이러한 아버지, 아들, 윗사람, 아랫사람,

---

35) 『傳習錄』上; 『全書』, 권1, 42쪽, "澄問: 仁義禮智名已因已發而有? 曰: 然. 他日澄問: 惻隱羞惡辭讓是非是性之表德耶? 曰: 仁義禮智也是表德. 性一而已. 自其形體也謂之天, 主宰也謂之帝, 流行也謂之命. 賦於人也謂之性, 主於身也謂之心. 心之發也, 遇父便謂之孝, 遇君便謂之忠, 自此以往至於無窮, 只一性而已. 猶人一而已, 對父謂之子, 對子謂之父, 自此以至於無窮, 只一人而已."

남편, 사위, 선생 등의 모든 지위는 그 사람이 여러 사회 관계에서 상대적으로 갖는 위치이다. '성'도 이와 마찬가지이다. 형체를 가진 존재로 드러난 것을 말할 때는 하늘(天)이라고 하고 만물에 대한 주재 작용을 말할 때는 제帝라고 하고 그 유행과 운화에 대해 말할 때는 명命이라고 하고 개인에게 부여된 것을 말할 때는 성性이라고 하고 사람의 몸의 주재인 점을 말할 때는 마음(心)이라고 하지만, 이것들은 모두 '성'의 다른 표현일 뿐이다. 왕수인의 이런 비유가 전적으로 합당하다고 하기는 어렵다. 왜냐하면 하늘, 제, 명, 성, 마음 등은 어느 한 사람이 많은 다른 관계들 속에서 갖게 되는 여러 역할과 결코 같지 않기 때문이다. 만일 하늘, 명, 제, 마음 등이 모두 동일한 실체인 '성'의 여러 표현 양식이라고 한다면 왕수인 철학은 일종의 성일원론性一元論일 것이다.

이정二程은 "하늘에 있어서는 명命이고 사물에 있어서는 리이며 사람에 있어서는 성이고 한 몸을 주재하는 것으로는 마음이니, 사실은 하나이다"[36]라고 말한 적이 있다. 위의 왕수인 표현은 이런 이정의 표현 방식이 그 효시가 되었다고 할 수 있다. 그런데 이정이 말한 '하나이다'는 동일한 천리(道의 여러 표현이나 규정을 말하므로 이것은 이정의 리일원론理一元論 체계 속에서 볼 때 당연한 형식이다. 천리가 우주의 필연성으로 드러난 것을 말할 때는 명命이라고 하고 구체적 사물의 규율로 드러난 것을 말할 때는 리라고 하고 사람에게 품부된 것을 말할 때는 성이라고 한다는 설명은 모두 이치에 닿는 말들이다. 다만 "한 몸을 주재하는 것으로서는 마음이다"라는 말에서 '마음'은 당연히 성리性理에서 생긴 '도심道心'을 가리키므로, 여기서는 마음이 협의로 사용되어야만 전체 리일원론의 체계가 성립될 수 있다. 물론 이정에게서든 왕수인에게서든 엄밀성은 고려되어야 할 요소가 아니었을 수도 있다. 그들은 단지 기본적인 의향을 표현하려 했을 뿐이었다.

하늘과 명이 모두 성의 표현 형식이라면 왕수인의 규정은 형식적으로는

---

36) 『二程遺書』, 권18; 『二程集』, 204쪽, "在天爲命, 在物爲理, 在人爲性, 主於身爲心, 其實一也."

성일원론의 우주론과 가깝지만, 이 이론의 실질은 '성'에 대한 해석에 달려 있다. 만일 성이 '리' 혹은 '도'라면 호굉胡宏의 철학과 마찬가지로 리일원론의 또 다른 표현 방식에 불과한 것이 되고, 성이 마음이라면 실질적으로 심일원론心一元論이 된다. 여기서는 앞서 말한 것처럼 성을 마음이라고 해석하는 것이 왕수인의 본의에 비교적 가까울 것이다. 어쨌든 왕수인의 이 말이 아주 명료한 것은 아니라는 점은 인정해야 한다. 예컨대 마음이 개체의 마음이냐 우주의 마음이냐 하는 문제에서, 만일 마음이 개체의 의식 혹은 본심이라면 그것이 어떻게 동시에 '하늘'과 '명'이 될 수 있겠는가? 이런 문제로 인해 왕수인의 분석은 모두를 만족시켜 주지는 못한다.

앞서 인용한 『전습록』 상권에 기록된, 육징陸澄의 질문에 대한 왕수인의 답변은 육징을 만족시켜 주지 못했던 것 같다. 뒷날 육징은 또다시 편지를 써서 왕수인에게 질의했는데, 『전습록』에 육징의 편지에 대한 왕수인의 대답이 실려 있다.

> 보내온 편지에서 "총명예지聰明叡智가 정말 질質입니까? 인의예지가 정말 성性입니까? 희노애락은 정말 정情입니까? 사욕私欲과 객기客氣는 도대체 같은 것입니까, 다른 것입니까?……"라고 질문했는데, 성性은 하나일 뿐이다. 인의예지는 성의 성性이고 총명예지는 성의 질質이고 희노애락은 성의 정情이고 사욕·객기는 성을 가리는 것들이다. 질에 청탁淸濁이 있기 때문에 정에 과불급過不及이 있고 가려짐에 천심淺深이 있는 것이다. 사욕과 객기는 한 병의 두 가지 통증일 뿐이니 서로 다른 것이 아니다.[37]

본래 "성은 하나일 뿐이다"와 같은 표현은 일一과 다多, 일반과 특수의 관계를 다루는 문장 형식으로, 각종의 특수한 형태는 어떤 일반성의 여러 표현이라는 것을 나타낸다. 그러나 위의 '글에 있는 왕수인이 사용한 "성은

---

37) 『傳習錄』 中; 『全書』, 권2, 63쪽, 「答陸原靜」, "來書云: 聰明叡智果質乎? 仁義禮智果性乎? 喜怒哀樂果情乎? 私欲客氣果一物乎二物乎?……性一而已, 仁義禮智, 性之性也; 聰明叡智, 性之質也; 喜怒哀樂, 性之情也; 私欲客氣, 性之蔽也. 質有淸濁, 故情有過不及, 而蔽有淺深也. 私欲客氣, 一病兩痛, 非二物也."

하나일 뿐이다"라는 명제는 이런 이해 방식만으로는 해석될 수 없다. 사욕·객기 같은 것은 본성을 가린 장애이므로 이것들을 성의 한 표현으로 볼 수는 없기 때문이다. 그러므로 왕수인의 이 말은 질, 성, 정, 욕, 기가 모두 '성'을 통해서만 혹은 '성'과 연계해서만 정의될 수 있다.

왕수인은 인의예지는 성의 본질적인 규정이기 때문에 '성의 성'이라고 했고 총명예지는 천부적인 재질이기 때문에 '성의 질'이라고 했고 희노애락은 성이 발현된 양식이기 때문에 '성의 정'이라고 했으며 사욕·객기는 성의 충분한 실현을 방해하는 장애이기 때문에 '성을 가리는 것'이라고 했다. 이는 『전습록』 상권의 "성은 하나일 뿐이다"라는 표현이 엄격하게 사용되지 않았을 수도 있음을 보여 준다. 사실 왕수인은 일반적으로 개념의 세밀한 분석을 거부했으므로, 위의 내용에 대해서는 단지 우리의 판단으로 그의 뜻을 짐작해 볼 수 있을 뿐이다. 그러므로 그의 논의가 이성주의 철학자들의 서술처럼 명석하게 이해될 수 있으리라고 생각해서는 안 될 것이다.

## 4) 성性과 기氣

앞에서 왕수인이 "총명예지는 성性의 질質이다"라고 주장했고 또 "질에는 청탁淸濁이 있다"고 보았다는 것을 언급했는데, '청탁'은 본래 기질에 대해서 말하는 것이므로 '성의 질'에 청탁이 있다는 말은 성性과 기氣 사이의 어떤 관련성을 의미한다. 그리하여 성에 대한 토론은 기의 문제와도 연계된다. 왕수인은 주충周冲(자는 道通)의 질문에 다음과 같이 대답한 적이 있다.

'생지위성生之謂性'에서 '생生'자는 곧 '기氣'자이므로 이것은 "기氣가 곧 성性이다"라는 말과 같다. 기가 곧 성이기 때문에 (程子는) '사람이 막 태어나고요한 단계'[38] 이전에 대해서는 뭐라 말할 수 없다고 한 것이다. 그렇다고 "기가 곧 성이다"라고 말하게 되면 이미 한쪽으로 치우친 것이므로 성의 본원이 아니게 된다. 맹자의 '성선설性善說'은 본원本源에서 말하다 보니 그렇

---

38) 역자 주—『禮記』,「樂記」의 표현이다. 사람이 처음 태어난 단계.

게 말한 것이다. '그러나' 성선의 단서는 기를 통해서만 볼 수 있다. 기가 없으면 볼 길이 없다. 측은·수오·사양·시비는 곧 기이다. "성만 논하고 기를 논하지 않으면 충분하지 못하고 기만 논하고 성을 논하지 않으면 명확하지 못하다"라고 한 정자程子의 말도 학자들이 각각 한쪽만을 이해하기 때문에 이렇게 말했던 것이다. 만일 자성自性에 대해 명백하게 알 수 있으면 기가 곧 성이고 성이 곧 기일 테니, 원래 성과 기로 구분될 수 없는 것이다.[39]

'생지위성生之謂性'은 고자告子가 처음 제기한 것으로 '태어나면서부터 갖춘 것이 바로 성이다'라는 뜻이다. 고자가 볼 때 사람이 나면서 갖추고 있는 것은 '식욕과 성욕'(食色)일 뿐이었으므로 그는 또 "식색食色이 성이다"(食色, 性也)라고 했다. 이것은 사람이 나면서부터 갖춘 자연스러운 생리적 본능을 사람의 본성으로 본 것이므로 맹자는 이에 대해 혹독한 비판을 가하였다. 맹자는 감성적 욕망을 내용으로 하는 자연 속성은 사람과 동물이 공동으로 가지는 것이므로 결코 사람이 사람일 수 있는 특성이 아니며, 사람을 사람일 수 있게 하는 본질은 도덕적 이성에 있다고 생각했다.

그러나 리학의 선구자들은 '기질지성'이라는 사상을 제기했기 때문에 긍정적 의미에서 '생지위성'이라는 사상 자료를 이용하기 시작했다. 예컨대 이정二程은 '생지위성'이 어떤 의미에서는 성립될 수 있음을 인정하였다.

태어나면서 갖춘 것이 성性이다. 성이 곧 기氣이고 기가 곧 성이니 태어나면서 갖춘 것을 말한다. 사람이 태어나 기가 품부되면 리에 선과 악이 있지만, 성 속에 원래 이 둘이 얼굴을 맞대고 생겨나는 것은 아니다. 선은 물론 성이지만 악 또한 성이라고 하지 않을 수 없다.[40]

39) 『全書』, 권2, 60쪽, 「啓周道通」, "'生之謂性', 生字即是氣字, 猶言氣即是性也. 氣即是性. 人生而靜以上不容說, 纔說'氣即是性', 即已落在一邊, 不是性之本源矣. 孟子性善是從本源上說, 然性善之端須在氣上始見得. 若無氣亦無可見矣. 惻隱羞惡辭讓是非即是氣. 程子'論性不論氣不備, 論氣不論性不明', 亦是爲學者各認一邊, 只得如此說. 若見得自性明白時, 氣即是性, 性即是氣, 原無性氣之可分也."
40) 『二程遺書』, 권1; 『二程集』, 10쪽, "生之謂性, 性即氣, 氣即性, 生之謂也. 人生氣稟, 理有善惡, 然不是性中元有此兩物相對而生也. 善固性也, 然惡亦不可不謂之性也."

여기서 "리에는 선악이 있다"라는 말은 리에도 당연히 선악이 있다는, 말하자면 사람이 태어나면서 기를 품수하게 되면 필연적으로 선도 있고 악도 있게 된다는 뜻이다. 기에 의해 결정되고 의식 활동으로 반영되는 선악도 성의 의미를 가진다는 것이다. 기품에 의해 결정된 고유한 선이야 두말할 나위 없이 성이지만, 기품에 의해 결정된 고유한 악 또한 성이 아니라고 할 수 없다. 주충의 질문에 대한 왕수인의 답변 가운데 "'생지위성'에서 생生자는 곧 기氣자이므로 '기氣가 곧 성性이다'라는 말과 같다"라는 구절은 바로 이정의 이 이론을 계승한 것이다. 이 사상에 따르면 기氣는 사람의 선악을 결정하는 선험적인 요소이므로 '성性'으로 인정되어야 한다.

그러나 왕수인의 '기가 곧 성'(氣卽是性)이라는 사상은 우선 논증 방식에서 이정二程과 다르다. 이정이 기품의 선천적 영향에 근거해서 이론을 세운 데 비해 왕수인은 체용은 둘이 아니라는 인식에 근거하여 기의 적극적 의의를 설명하였다. 왕수인이 볼 때 성은 스스로 현현될 수 없다. 성은 기를 통해서만 드러날 수 있고 기를 떠나면 드러날 수 없으므로 성의 선함은 기에 의존해야만 확증될 수 있다. 이런 뜻에서 기는 완전히 부정적인 의미의 것, 즉 잡박한 기가 사람을 악하게 만든다는 그런 의미의 것이 아니다. 여기서의 기는 선이 외재화되고 실현될 수 있게 하는 적극적인 역량을 갖추고 있다. 체體의 선함은 용用을 통해 표현되지 못하면 공허한 것이 되므로 체는 반드시 용을 통해 자신을 실현시켜야 한다. 이런 구조 속에서 용은 선의 실현에 중요한 고리가 된다. 바로 이런 의미에서 왕수인은 "기가 곧 성이다"라고 말할 수 있다고 본 것이다.

왕수인의 관점에 따르면 물론 '기가 곧 성'이라고 말할 수도 있지만 이 기를 통해 표현된 것이 성의 본체 그 자체는 아니다. 그렇기 때문에 "기가 곧 성이라고 말하게 되면 이미 한편으로 치우치게 된다"라고 한 것이다. 말하자면 '현상'과 '용'이라는 측면으로 치우치게 된다는 뜻이다. 그런데 왕수인이 맹자의 성선설에 대해 말하면서 '그러나'라는 표현을 쓴 것은 맹자에 대해서도 모종의 불만을 나타낸 것이라고 할 수 있다. 말하자면 맹자는 성의 본체만을 말하고 이 본체가 반드시 기를 빌려야만 표현될 수 있다는 사실은 말하지 않았다고 여긴 것이다.

왕수인의 사상이 위에서 말한 체용에 대한 이해에 머물렀다면 그의 사상은 이정의 사상과 그렇게 뚜렷하게 구별되지는 않았을 것이다. 그러나 왕수인의 말에 따르면 그와 이정은 조금 다른 점이 있다고 한다. 즉 이정 철학에서는 기는 그대로 용이고 체인 리가 심층적 본질로서 그 용 안에 존재하는 구도였지만, 왕수인의 설명대로라면 그런 본질주의자들이 이해하는 고전적인 인성 개념은 부정되고 성은 기를 통해 그 자신을 완전하게 드러내는 것이 된다. 바꿔 말하면 왕수인의 관점은 '즉체즉용卽體卽用'(체이면서 용이고 용이면서 체인 관계)이라 할 수 있다.[41] 그래서 그는 "기가 성이고 성이 기이니 원래 성과 기는 구분될 수 있는 것이 아니다"라고 말한 것이다.

왕수인의 관점에 따르면 성性의 선善은 반드시 측은·수오·사양·시비와 같은 의식 현상으로 표현되어야 그 존재가 확정될 수 있다. 맹자가 '사단'이라고 부른 이 네 가지 의식 현상을 주희 철학에서는 '정情'이라 불렀는데, 왕수인이 볼 때 그것은 '기氣'였다. 이는 주목할 만한 일이다. 맹자는 사단을 '마음'으로 보았으며 주희는 칠정만을 기의 발현으로 보고 사단을 리의 발현이라 하였는데, 왕수인의 관점에 따르면 '발현된' 것은 모두 '기'에 속하는 듯하기 때문이다. 이처럼 왕수인 철학에서는 '기'에 대해 비교적 적극적인 평가를 하고 있다. 이런 견해는 리(性)와 기의 거리가 나날이 축소되어 더 이상 리와 기가 긴장을 띤 대치적인 관계로 간주되지 않게 된 명대 리학의 분위기를 반영한다. 왕수인 사상 속에서는 이미 "성은 곧 기질지성" (性卽是氣質之性)이라는 사상의 싹이 드러났으며, 이 사상은 명대 중후기에서 명청교체기에 이르기까지 철학자들의 보편적인 관점이 되다시피 하였다.

그러나 측은·수오·사양·시비와 같은 사단을 기로 보는 왕수인의 사상 속에는 다음과 같은 문제점들이 있다. 먼저, 작용 차원에서 의식 활동을

---

41) '卽體卽用' 이론에 대해서는 근세의 熊十力이 상세히 밝혔다. 그 의미에 대해서는 필자의 「熊十力哲學的體用論」(『哲學硏究』 第1期, 1986) 참조.

모두 기라고 보는 것은 "마음은 곧 기"(心卽氣)라는 견해를 불러오게 되는데, 이 견해는 "마음은 곧 리"(心卽理)라는 주장과 명백히 충돌된다. 다른 한편으로, "기가 곧 성이다"(氣卽性)는 기를 긍정하는 명제인데, 사단의 경우라면 이것이 문제될 것은 없지만 사람의 기에는 측은지심 이외에도 여러 가지 불선한 기가 있으며 수오지심 이외에도 여러 물욕과 사의가 있다는 데서 문제가 생긴다. '기즉성(氣卽性)'이 가치긍정적인 표현이라면 필연적으로 그런 불선한 '기'에는 적용되지 못할 터이므로, 명제의 형식이 엄격하지 못하다는 것이다. 이 명제의 보편성을 견지하면 '성'은 선한 것도 있고 악한 것도 있는 것이 되거나 선한 것도 없고 악한 것도 없는 것이 되어 순연히 지선至善한 성일 수가 없다. 이 문제에 대해 왕수인은 적절한 해결책을 제시하지 못했다. 이제 『전습록』 하권의 또 다른 기록을 보기로 하자.

"'생지위성生之謂性'이라고 한 고자告子의 말도 옳은데 왜 맹자가 비판했던 것입니까?"라고 물으니, 선생께서는 "물론 성이다. 그러나 고자는 한쪽만을 알았을 뿐 핵심(頭腦)을 깨닫지 못했다. 핵심을 깨달았으면 그렇게 말해도 상관없다. 맹자 또한 '사람의 형상 그대로가 천성이다'라고 했으므로 마찬가지로 성을 기로 설명한 것이다"라고 하셨다. 그리고는 또다시 말씀하셨다. "무릇 사람들은 입에서 나오는 대로 말하고 마음대로 행동하면서 모두들 이것이 나의 심성에 따라 한 언행이며 이른바 '생지위성'이라고 말하지만, 확실히 잘못된 점이 있다. 핵심을 깨달아서 양지에 따라 말하고 행동할 수 있어야만 자연히 이치에 맞게 될 것이다. 그러나 양지는 또한 이 입이 말하는 것이고 이 몸이 행하는 것이지 기 밖에서 따로 말하고 행동하는 것이 있겠는가? 그렇기 때문에 '성만 논하고 기를 논하지 않으면 불충분하고 기만 논하고 성을 논하지 않으면 명확하지 못하다'라고 말한 것이다. 기는 또한 성이고 성은 또한 기이지만, 반드시 핵심이 되는 것을 알아야 한다."[42]

---

42) 『傳習錄』下; 『全書』, 권3, 79쪽, "問: 生之謂性, 告子亦說得是, 孟子如何非之?
先生曰: 固是性, 但告子認得一邊去了, 不曉得頭腦, 若曉得頭腦, 如此說亦是.
孟子亦曰'形色天性也', 這也是指氣. 又曰: 凡人信口說, 任意行, 皆說此是依我
心性出來, 此是所謂生之謂性, 然却有過差. 若曉得頭腦, 依着良知上說出來, 行
將去, 便自是停當. 然良知亦只是這口說這身行, 豈能外得氣別有個去說去行? 故
曰'論性不論氣不備, 論氣不論性不明', 氣亦性也, 性亦氣也, 但須認得頭腦是當."

왕수인이 여기서 말한 "기 또한 성이다"(氣亦性也)는 앞서 말한 "기가 곧 성이다"(氣卽是性)와는 다른 문제를 겨냥한 것이다. 앞서 말한 기는 측은·수오·사양·시비를 가리키고 여기서의 기는 식색食色을 포함한 일체의 작용을 가리킨다. 왕수인이 심학에 대한 주자학의 비판을 막아낼 수 있었던 것은 그가 말한 "기가 곧 성이다"가 불가의 "만물이 움직임들이 곧 성이다"(作用是性)와는 다른 의미였기 때문이다. 왕수인은 작용作用이 성이기는 하지만 그것은 단지 '생지위성'의 성이고, 이 성은 자연스럽게 도덕 원칙을 이끌어낼 수 없다고 보았다. 그래서 그는 "작용이 곧 성"이라는 말의 뜻은 결코 작용의 자연적인 인도에 맡겨둬도 된다는 뜻이 아니라, 오히려 반드시 '핵심'(頭腦)을 파악하여 그로써 작용을 제어해야 한다는 것이라고 보았다. 그 핵심이 바로 양지이다. 이렇게 해서 그는 앞서 제기한, 선하지 못한 기를 처리하는 문제에 대해서 보충할 수 있었다.

그러나 이렇게 되자, 양지도 성性이란 점을 고려할 때 왕수인의 사상은 '작용'이 인성의 자연스러움이라는 일면을 대표하고 '양지'가 인성 속의 당연當然의 일면을 대표하게 되었을 뿐 아니라 심지어 의리지성義理之性과 기질지성氣質之性의 대립을 은밀히 포함하게 됨으로써 결국 주희의 성이원론性二元論의 입장을 묵인하는 것이 되고 말았다.


## 5) 성性의 선악

앞서 서술한 왕수인의 "마음의 본체는 지선하다"라는 사상은 필연적으로 성선이라는 결론에 이르게 된다. 왕수인이 말한 성이 마음의 본체를 가리킨다고 한다면, "지선이란 성이다. 성은 조금의 악도 없기 때문에 지선이라고 한다"[43]거나 "성은 선하지 않은 것이 없고 지知는 이치에 맞지 않은 것이 없다"[44]라는 말들은 모두 '심체心體는 지선하다'는 이론에서 논리정합

---

43) 『傳習錄』 上; 『全書』, 권1, 46쪽, "至善者, 性也. 性無一毫之惡, 故曰至善."
44) 『全書』, 권2, 61쪽, 「答陸原靜」, "性無不善, 知無不良."

적으로 얻어진 결론이다. 그러나 마음의 본체가 지선하다는 것이 도덕 법칙의 선험적이고 내재적인 보증이라고 한다면 다시 또 성의 개념을 사용한 의도는 무엇이란 말인가? 이에 대해 왕수인은 다음과 같이 해명할 수 있을 것이다. 즉 자신의 체계 속에서는 주로 마음의 본체라는 표현을 썼지만 유학 체계 내에는 성을 다룬 내용들이 가득 차 있어 성을 들먹이거나 성과 관련된 문장 형태로 표현되는 논의를 하지 않을 수 없었다는 것이다.

인성의 문제에서 선악은 줄곧 중요한 지위를 점해 왔다. 왕수인은 "성에는 선하지 않은 것이 없다"고 말하기는 했지만 가끔은 다른 관점을 드러내기도 하였다. 『전습록』 하권에는 다음과 같은 전덕홍錢德洪의 기록이 있다.

> 고자의 문제점은 "성에는 선함도 없고 불선함도 없다"라는 말에서 볼 수 있다. "성은 선함도 없고 불선함도 없다"라고 말해도 사실 큰 잘못은 없다. 그러나 고자는 이 이론에 '집착해서 보았기'(執定看了) 때문에 선함도 없고 불선함도 없는 어떤 성이라는 것이 내부에 존재한다고 여기게 되었다. 또 선함이나 악함에 대해서는 물物에 감응하여 생기는 것으로 보아서 다시 바깥에 존재하는 어떤 물을 인정했다. 그는 늘 이렇게 둘로 나누었다. 여기서 잘못이 생긴 것이다. 선함도 없고 선하지 않음도 없는 것은 성의 원래 모습이다. 그러니 깨치게 되면 이 한 구절로 모든 것을 포괄할 수 있어서 더 이상 안팎의 구분이 없게 된다. 그러나 고자는 하나의 성이 내부에 있다고 보았고 하나의 물이 밖에 있다고 보았으니, 성에 대한 그의 인식이 투철하지 못했다는 사실을 알 수 있다.[45]

이 설명에 담긴 왕수인의 생각을 알아보도록 하자. 고자의 잘못은 "성에 선악이 없다"고 주장한 데 있지 않다. 사실 성에 선악이 없다는 주장 또한 큰 잘못은 없다. 고자의 잘못은 '성'을 내부적인 것으로 보고 '물'을 외

---

45) 『傳習錄』下; 『全書』, 권3, 79쪽, "告子病源從性無善無不善上見來, '性無善無不善', 如此說亦無大差. 但告子執定看了, 便有個無善無不善之性在內, 有善有惡又在物感上看, 便有個物在外, 都做兩邊看了, 便會差. 無善無不善, 性元是如此, 悟得及時, 只此一句便盡了, 更無內外之間. 告子見一個性在內, 見一個物在外, 便見得他於性有未透徹處."

부적인 것으로 보았다는 데 있다. 왕수인의 이런 논법은 음미해 볼 만하다.

위의 글은 다음의 두 가지로 해석할 수 있다. 하나는, 여기서의 성은 '생지위성生之謂性'의 성, 즉 '형색形色으로 드러난 천성'과 '입으로 말하고 몸으로 행동하는 본능'을 가리키므로 이런 '작용의 성' 자체에는 이른바 선악이라는 것이 없다고 보는 것이다. 다른 하나는, 여기서의 성은 맹자와 고자가 토론한 인성이 아니라 마음의 본체, 즉 사구교四句教의 "선함도 없고 악함도 없는 것이 마음의 본체이다"(無善無惡心之體)라는 구절의 의미와 동일한 사상을 가리킨다고 보는 것이다. 위의 기록은 왕수인이 월성越城에 거처하게 된 뒤에 기록한 것이므로 사구교와 관련이 있을 가능성이 아주 높다. 우리는 앞에서 이미 왕수인 철학에서 다룬 성이 항상 마음의 본체를 가리킨다는 것을 살펴보았다. 그러므로 두 번째 해석은 왕수인 철학의 전체 체계에서 볼 때 충분히 성립될 수 있다. 그러나 이것은 전통적으로 말하는 인성의 선악 문제와는 성격이 다른 별개의 문제이다. 내·외의 문제도 두 번째 해석에서 볼 때 '집착하여 보는 태도'(執定看了) 즉 내·외의 구분에 집착하는 관점을 문제삼은 것이라 하겠다. 뒤에 사구교를 논하는 장에서도 언급하게 되겠지만 사구교 첫 구절의 본질은 바로 이 '집착'을 깨뜨리는 지혜를 제시하는 것이다.

# 제5장 지와 행

## 1. 지행합일의 내용

### 1) 지행의 본체

정덕正德 3년(戊辰)에 왕수인은 용장에 좌천되었는데, 열악한 처지에서도 시련을 통해 심성을 도야하여 드디어 한밤중에 홀연히 크게 깨치게 되었다. 그 뒤로 그는 다시 체험하고 탐구하면서 두 해를 보낸 뒤 자신의 기억과 육경 및 사서의 내용을 비교해 보고서는 마침내 송유宋儒의 격물설이 잘못된 것임을 확신하였으며, 이로부터 일생의 학문의 기조를 확정하게 되었다.

정덕 4년, 귀주貴州의 제학부사提學副使 석서席書(자는 文同)가 왕수인에게 귀양서원貴陽書院에서 강학해 달라고 청하였다. 「연보」에는 다음과 같이 기록되어 있다.

이 해 선생은 처음으로 지행합일을 논하셨다. 학교 행정을 맡고 있던 석원산 席元山(席書)이 처음에는 선생에게 주자와 육상산의 학문적 차이에 대해 가르쳐 달라고 요청하였다가 선생이 주자와 육상산의 학문에 대해서는 말씀하지 않으시고 당신이 깨치신 것만을 대신 말씀하시자 회의를 품고 돌아갔다. 다음날 석원산이 다시 찾아오자 선생은 지행의 본체에 대해서 언급하시면서 오경과 사서로 방증하시니, 그가 점차 깨우치는 바가 있어 며칠 동안 드나들

다가 활연히 크게 깨달았다.[1]

이에 따르면 왕수인은 귀양貴陽(貴州)에 있을 때부터 경전의 권위를 이용해서 지행합일의 학설을 널리 알렸는데, 그가 석서에게 설명한 '지행의 본체'는 지행합일을 천명할 때 사용한 기본 관념 중 하나이다.

왕수인이 귀양에서 처음으로 지행합일을 제기했을 때 그의 학설은 모든 이들의 회의에 부딪혔다. 왕수인 자신도 "예전에 귀양에 있을 때 지행합일 知行合一을 가르치자 분분하게 반대 의견을 내놓으며 어떻게 접근해야 할지 모르는 모습들이었다"[2]라고 말했으며, 이후 북경에 거처한 뒤로도 '지행'이란 화두는 그다지 제기되지 않았다.[3] 지행합일에 관한 상세한 기술은 『전습록』 상권의 서애의 기록에 처음으로 보인다.[4]

내가 선생의 지행합일의 가르침을 이해하지 못하여 종현宗賢, 유현惟賢과 변론을 주고받았으나 결론을 내지 못하여 선생께 여쭤 보았다. 이에 선생께서 "자네들 의견을 말해 보라" 하시기에, 내가 "여기 어떤 사람이 부모에게는 당연히 효도해야 하고 형에게는 공경해야 한다는 것을 알면서도 효도하지 않고 공경하지 않는 것을 보면 지와 행은 분명 별개입니다"라고 답하였다. 그러자 선생께서는 이렇게 말씀하셨다. "그것은 사욕에 의해 단절된 것이지 지행의 본체가 아니다. 알기만 하고 행하지 않는 일이란 있을 수 없다. 알기만 하고 행하지 않는다는 것은 아직 알지 못하는 것일 뿐이다. 성인이 사람들에게 지와 행을 가르치신 것은 그 본체를 회복하게 하기 위해서지 사람들이 그 하고자 하는 바를 마음대로 할 수 있도록 하기 위해서가 아니라네. 그래서

---

1) 『全書』, 권32, 446쪽, 「年譜」, "是年先生始論知行合一. 始席元山書提督學政, 問朱陸異同之辨, 先生不語朱陸之學, 而告之以其所悟, 書懷疑而去. 明日復來, 擧知行本體, 征之五經諸子, 漸有省, 往復數日, 豁然大悟."

2) 『全書』, 권32, 「年譜」, '庚午條', "昔在貴陽, 擧知行合一之敎, 紛紛異同, 罔知所入."

3) 湛若水와 黃綰이 뒷날 회고한 바에 따르면, 그들이 북경에서 왕수인과 교유할 때 왕수인은 지행합일에 관한 문제를 한 번도 제기한 적이 없었다.

4) 서애가 기록한 지행합일의 토론이 「연보」에는 壬申年 겨울 남쪽으로 가는 배 안에서 있었던 학문 토론으로 기록되어 있다. 그러나 『전습록』의 이 기록에 "종현·유현과 반복적으로 토론하였지만 해결하지 못했기에 선생님께 여쭤 보았다"라는 말이 있는 것으로 보아, 그 기록이 모두 배 안에서 이루어진 것은 아님을 알 수 있다.

『대학』에서는 참된 지와 행을 사람들에게 보여 주려고 '아름다운 여인을 좋아하듯 하고 악취를 싫어하듯 하라'고 한 것이다. 이 경우 아름다운 여인을 보는 것은 지에 속하고 아름다운 여인을 좋아하는 것은 행에 속한다. 이 아름다운 여인을 보았을 때 이미 저절로 좋아하게 되는 것이지, 보고 난 뒤에 마음을 세워서 좋아하는 것이 아니다.……어떤 사람이 '효도할 줄 안다'느니 어떤 사람이 '공경할 줄 안다'느니 하고 일컫는 것은 반드시 그 사람이 이미 효도와 공경을 행했을 때 비로소 그에 대해 '효도할 줄 안다'느니 '공경할 줄 안다'느니 하고 일컫는 것이다. 설마하니 효도와 공경이라는 말의 뜻을 이해하는 것만을 가지고 '효도하고 공경할 줄 안다'고 일컬을 수야 있겠는가? 또 '아픔을 안다'는 것은 반드시 자신이 아파 봐야 알 수 있는 것이고 '추위를 안다'는 것은 자신이 추위를 겪어 봐야 알 수 있는 것이며 '배고픔을 안다'는 것은 반드시 자신이 배고픔을 겪어 봐야 알 수 있는 것이다. 그러니 어찌 지와 행이 나눠질 수 있겠는가? 이것이 지와 행의 본체이고 사의私意에 의해 단절되지 않은 것이다."5)

지知와 행行은 유가 도덕 실천 이론의 중요한 한 쌍의 범주이다. 유가 철학에서 지행 문제가 다루고 있는 것은 도덕 지식과 도덕 실천의 관계이다. 일반적으로 말해서 지는 주관성을 가리키는 범주이고 행은 주관이 객관으로 드러난, 인간의 외재적 행위를 가리키는 범주이다. 지행에 대한 논의는 송대 리학에서 아주 크게 발전하였으며 그 중 주희의 지행관은 송유의 지행에 대한 기본 관점을 대표하고 있는데, 그 기본 관점은 "지가 행보다 앞선다"(知先行後), "행이 지보다 중요하다"(行重於知), "지와 행은 번갈아 주도한다"(知行互發)의 세 방면이다.

---

5) 『傳習錄』上; 『全書』, 권1, 38쪽, "愛因未會先生知行合一之訓, 與宗賢·惟賢往復辯論, 未能決, 以問於先生. 先生曰: 試擧看. 愛曰: 如今人盡有知得父當孝兄當弟者, 却不能孝不能弟, 便是知與行分明是兩件. 先生曰: 此已被私欲隔斷, 不是知行的本體了. 未有知而不行者, 知而不行只是未知. 聖人敎人知行, 正是要復那本體, 不是看你只恁地便罷. 故『大學』指個眞知行與人看, 說'如好好色, 如惡惡臭', 見好色屬知, 好好色屬行, 只見那好色時已自好了, 不是見了後又立個心去好.……就如稱某人'知孝', 某人'知弟', 必是其人已曾行孝弟方可稱他'知孝''知弟'. 不成只是曉得說些孝弟的話便可稱爲'知孝弟'? 又如'知痛', 必自己痛了方知痛, '知寒'必自己寒了, '知饑'必自己饑了, 知行如何分得開? 此便是知行的本體, 不曾有私意隔斷的."

송대 리학에서 지와 상대되는 행은 일체의 행위를 범칭하는 것이 아니라 주로 사람이 가진 지식을 실천하거나 실행하는 것을 가리킨다. 예컨대 장식張栻(호는 南軒)은 "행은 아무렇게나 행하는 것이 아니라 자신이 아는 것을 행하는 것이다"(行者不是泛然而行, 乃行其所知之行也)라고 했다. 반면 지의 의미는 상대적으로 좀 느슨하다. 왜냐하면 지는 명사인 동시에 동사이기도 해서 주관적 형태로 표현되는 지식뿐만 아니라 지식을 추구하는 행위를 가리키기도 하기 때문이다. 그러므로 비록 지식을 추구하는 궁리窮理 자체가 일종의 행위라곤 하더라도 리학에서 격물치지는 지에 속하지 행에 속하지 않는다.

범주를 사용하는 데 있어 왕수인 철학의 지와 행은 송유들과는 차이가 있다. 송유들에게 있어 지와 행은 지식과 실천을 구별하는 의미만 있는 것이 아니라 다른 두 행위(지식을 구하는 것과 몸소 실천하는 것)를 가리키는 것이기도 하다. 그러나 왕수인 철학에서의 지는 단지 의식 혹은 주관 형태의 지를 가리킨다. 이것은 순수 주관성의 범주이므로 왕수인 철학에서의 지의 의미는 송유에 비해 그 범위가 협소하다. 또 왕수인 철학에서의 행의 범주는 지와는 반대로 오히려 송유들이 사용하는 것에 비해 느슨하여, 한편으로는 사람의 모든 행위를 가리키는 것으로 쓰일 수도 있고 다른 한편으로는 뒤에서 토론하겠지만 사람의 심리 행위를 포괄할 수도 있다.

송유들의 지행 논의에서 '진지眞知'도 비교적 자주 보이는 중요한 관념이다. 진지는 참되고 확실한(眞切) 앎으로서, 도덕 지식으로 말하면 사람이 이미 획득한 고도의 도덕 자각을 의미한다. 그래서 참되게 아는 이는 반드시 자신이 얻은 도덕 지식을 실제 행위로 실천할 수 있으므로 지와 행이 어긋나게 되는 문제가 발생하지 않는다. 바꿔 말하면 알기만 하고 행하지 않는 것은 자기가 파악한 당연의 법칙을 실천으로 옮기지 못하는 것으로서 행위자가 '진지'에 이르지 못했음을 보여 준다. 그러므로 송유들이 볼 때 '진지'라는 관념은 직접적으로 행위를 포괄하지는 않는다 해도 '반드시 행할 수 있다'는 성질을 포함하고 있다. 이러한 '진지'의 의미에 입각해서 이

정二程과 주희朱熹는 모두 "알면서 행하지 못하는 이는 없고",6) "참되게 안다면 행하지 못할 것이 없다"7)고 거듭 밝혔던 것이다. 송유들의 이런 사상은 왕수인의 '지행'관의 출발점이다. 그는 "알면서 행하지 못하는 경우는 없으니, 알기만 하고 행할 수 없다면 그것은 알지 못하는 것이다"(未有知而不行者, 知而不行只是未知)라고 말했다. 이정과 주희의 "참되게 알면 반드시 행할 수 있게 되고 행하지 못하면 안다고 할 수 없다"(眞知必能行, 不行不足謂之知)라는 사상을 지행합일 학설의 한 기점으로 삼은 것이다.

'진지'는 '반드시 행한다'(必行)는 요건을 포함하고 있다. 거칠게 말한다면 진지는 '행'을 그 속에 포함한다고 할 수 있다. 우리는 진지라는 의미로 '지'를 사용하게 되면 지 자체가 행을 포함한다는 결론을 내릴 수 있다. 이것이 왕수인이 지행합일설을 제출한 기본 맥락이다.

송유들이 "주체가 아는 것을 반드시 실천으로 옮길 수 있다"라는 의미로 '진지'를 해석하여 일반인이 말하는 '지'와 구별했을 때는 개념적으로 명료했다. 그러나 왕수인의 경우처럼 '지' 개념을 사용하여 '진지'의 의미를 나타내려고 할 때는 먼저 이 진지의 지가 일반적인 지와 어떻게 구별되는지를 설명해 주어야 했다. '지행의 본체'는 왕수인이 '진지'를 대체하려고 사용한 개념이다. '본체'란 본래적인 의미라는 뜻이므로, 이 말은 결국 지와 행은 그 본래적인 의미에서 말하면 서로 연계되고 서로 포함하는 것이어서 지와 행을 분열시키는 일체의 현상은 모두 지와 행의 본래적 의미에 어긋난다는 것이다. 즉 지행의 본래적 의미에 의하면 지는 반드시 행할 수 있다는 의미를 포함한다. 이것이 지행의 본체이고 '참된 지행'이다.

왕수인이 '지행의 본체'라는 개념으로써 '참된 지행'이란 의미를 대체한 까닭은, 이런 표현을 사용함으로써 '효도하고 공경해야 한다는 것을 알면서도 효도하고 공경하지 않는' 사람은 알면서도 행하지 않는 것이 아니라 근본적으로 알지 못하는 것이라고 간주해 버릴 수 있다는 이점이 있었기 때

---

6) 『二程遺書』, 권15, "無有知而不能行者."
7) 『朱子文集』, 권72, "眞知未有不能行者."

문이다. 이런 태도는 도덕 실천에 대한 요구를 더욱 엄격하게 만든다. 이 사상에 근거하여 왕수인은 지와 행이 그 본래적 의미에서 합일되어 있다고 여기게 되었다. 여기서 '합일'의 의미는, 지와 행 양자가 동일 대상에 대한 지칭이어서 둘이 완전히 일치한다는 의미가 아니라, 지와 행이 서로 나뉠 수 없고 각자의 규정이 서로 상대편의 의미를 포함한다는 사실을 강조한다.

그러나 지행의 본체라는 개념이 제기되자 본체인 지행과 본체가 아닌 지행이라는 두 가지 다른 층차의 지행이 있는 것처럼 되어 버렸다. 그리고 왕수인은 자주 지행의 두 가지 다른 층차를 동시에 사용하였으므로 그것을 이해하고 설명하는 데 있어 더욱 복잡하게 되었다. 앞서 인용한 어록에서 왕수인은 "알기만 하고 행하지 않는 것은 단지 알지 못하는 것이다"라고 말 했는데 이 구절에서 앞의 지知는 본체가 아닌 통상적인 의미의 지이고 뒤의 지는 진지 즉 본체적 의미의 지이다. 이 두 개념은 사실상 차이가 매우 크 다. 예컨대 지행의 본체적 의미에서 말하면 "알기만 하고 행하지 않는다"라 는 구절은 의미가 통하지 않는다. 왜냐하면 본체적 의미에서는 알면 반드시 행할 수 있고 행할 수 없으면 안다고 말할 수 없기 때문이다. 이렇게 왕수 인은 두 가지 용어를 섞어서 사용하였는데, 이로 인해 그는 다른 사람들로 부터 오해를 받거나 그 밖의 곤란한 상황에 부딪히게 되었다.

사실 왕수인은 '알기만 하고 행하지 못하는' 사회 현상에 직면해 있었 고 다른 범주를 사용해서 지행이 유리된 현상을 지칭하지도 못했기 때문에 늘 그냥 '알기만 하고 행하지 못한다'와 같은 표현을 사용했던 것이다. '알 기만 하고 행하지 못한다'는 말에서 지칭하는 지와 행은 본체적 의미의 지 와 행이 아니라 통상적 언어에서 사용하는 지와 행이다. 이렇게 되면 왕수 인의 입장이 모든 곳에서 주희와 모순된다고는 결코 말할 수 없다. 왜냐하 면 주희의 지선행후설知先行後說은 왕수인에 따르면 비본체적 층차에서 말 한 것이라고 볼 수 있기 때문이다.[8]

---

8) 賀麟은 지행합일을 논하면서 자연적인 것, 진솔한 것, 이상적인 것이라는 세 가지 지행합일이 있다는 의견을 제기했다. 이것도 잘 분석된 이론이라고 할 수 있다. 하지만 그 주장은 왕수인 철학을 해석하는 것이 아니라 그가 제창

왕수인이 '지행의 본체' 개념을 제기했다는 것은 지행 범주를 그가 말한 '본래적 의미'에 따라 파악하고 사용해야 한다고 보았다는 의미이다. 그러나 일반인들과 다수의 철학자들은 여전히 전통 철학, 즉 송대 철학의 맥락에서 지행 개념을 사용하고 이해하고 있다. 왕수인 철학이 까다로운 이유는, 이미 본체적 의미의 지행 개념을 선포했으면서도 동시에 본체적 의미가 아닌 지행 개념으로써 다른 사람들과 소통하지 않을 수 없었다는 데 있다.

왕수인의 지행합일설은 많은 새로운 관점을 제기하였지만, 그의 사상과 송유들 사이에 계승 관계가 전혀 없었다고는 할 수 없다. 그와 송유들의 차이점은 어떻게 보면 단지 범주 사용 자체의 차이였다. 왕수인이 지행합일을 강조하려고 하면서도 진지眞知니 진행眞行이니 하는 표현을 쓰지 않은 까닭은 이 형식적 대립을 돌출시킴으로써 송유에게 충격을 주고 반항하려 하였기 때문이다.


## 2) 진지眞知는 행으로 드러나니, 행하지 못하는 것은 지라 할 수 없다

이제는 지행합일설에 관한 왕수인의 구체적인 표현과 논증을 연구해 보기로 하자.

지행합일설의 첫 번째 표현으로 간주되는 것은 "진지는 행으로 드러나니, 행하지 못하는 것은 지라고 할 수 없다"[9]이다. 여기서 "진지는 행으로 드러난다"라는 것은 당연히 참되게 알면 반드시 행할 수 있다는 것을 가리킨다. 이 사상을 송유들로부터 이어받았다는 것은 이미 앞에서 다루었다. 그러므로 이 명제에서 주의할 만한 특징은 "행하지 못하면 지라고 할 수 없다"에 있다.

"행하지 못하면 지라 할 수 없다"라는 명제에는 두 가지 측면의 의미가

---

한 새로운 이론이었다. 賀麟, 「知行合一新論」·「知行問題的討論與發揮」 참조. 두 글은 모두 『中國現代哲學史資料滙編』 제3편 제5책(江寧大學哲學系, 1982)에 수록되어 있다.

9) 『全書』, 권2, 53쪽, 「答顧東橋」, "眞知即所以爲行, 不行不足謂之知."

있다. 첫 번째 의미는 '지'가 도덕 의식의 자각 정도를 가리킨다는 점이다.

어떤 사람을 가리켜 효도할 줄 알고 공경(弟)할 줄 안다고 평가할 수 있으려면 반드시 그 사람이 이미 효를 실천하고 공경을 실천하는 사람이어야 한다. 그래야 그가 효를 알고 공경을 안다고 평가할 수 있는 것이다. 단지 효와 공경이라는 말을 안다고만 해서 효도하고 공경한다고 말할 수 있겠는가?[10]

이 말은 '지'가 윤리적 용어인 '효도'와 '공경' 등에 사용될 때는 '행'과 관련을 갖지 않을 수 없으므로 윤리 실천에서 이런 행위를 한 사람에 대해서만 '효도할 줄 안다', '공경할 줄 안다'라는 말들을 사용할 수 있다는 뜻이다. 그러므로 사람의 도덕 의식 수준에 대해서 '안다'라는 말을 사용할 때에는 반드시 이 앎이 행과 연결되어 있다는 것을 의미한다. 이것이 "행하지 않으면 지라고 할 수 없다"라는 말의 한 가지 함의이다.

두 번째 의미는 일반적인 지식 활동을 가리킨다는 점이다. 다음 말들을 보자.

아픔을 알려면 반드시 스스로 아파 봐야만 아픔을 알 수 있다. 추위를 아는 것은 반드시 스스로 추위를 겪어 본 것이고, 배고픔을 아는 것은 반드시 스스로 배고픔을 겪어 본 것이다. 지와 행이 어찌 나누어질 수 있겠는가?[11]

음식 맛의 좋고 나쁨은 반드시 입안에 넣어 본 뒤에 알 수 있는 것이지, 입에 넣어 보지도 않고 미리 음식 맛의 좋고 나쁨을 아는 사람이 어디에 있겠는가?……길이 험한가 아니면 평탄한가는 반드시 몸소 걸어 본 뒤에 알 수 있는 것이지, 몸소 걸어 보지 않고 미리 길이 험한지 평탄한지를 알 수 있는 사람이 어디에 있겠는가?[12]

---

10) 『傳習錄』上; 『全書』, 권1, 38쪽, "就如稱某人知孝, 某人知弟, 必是其人已曾行孝弟, 方可稱他知孝知弟, 不成只是曉得說些孝弟的話, 便可稱爲知孝弟?"
11) 『傳習錄』上; 『全書』, 권1, 38쪽, "知痛必已自痛了方知痛, 知寒必已自寒了, 知饑必已自饑了, 知行如何分得開."
12) 『全書』, 권2, 53쪽, 「答顧東橋」, "食味之美惡必待入口而後知, 豈有不待入口而已先知食味之美惡者耶……路岐之險夷, 必待身親履歷而後知, 豈有不待身親履歷而已先知路岐之險夷者耶?"

아픔을 겪어 본 사람만이 비로소 무엇이 아픔인가를 알 수 있고 추위를 겪어 본 사람만이 무엇이 추위인가를 알 수 있다. 우리의 감수성과 직접적으로 관련된 이런 체험의 '앎'은 분명 우리가 몸소 경험해(行) 보았는가와 관련되어 있다. 음식 맛의 좋고 나쁨, 즉 어떤 먹을거리가 먹을 만하냐 하는 것이나 길의 험함과 평탄함, 즉 어떤 도로가 평탄하느냐 하는 것은 분명 실천 활동에 의존해야만 비로소 우리에게 알려질 수 있다. 이 점에서 왕수인의 의도는 의심할 여지없이 명확하다. 왕수인의 이 논의는, 아니 사실상 모든 지행합일의 논의는 송유들의 지선행후설知先行後說을 겨냥한 것이다. '지선행후설'에 따르면 어떤 먹을거리에 대해서는 반드시 먼저 확실히 먹을 만한 것인가를 알고 난 다음에 비로소 먹을 수 있고 어떤 길에 대해서는 반드시 먼저 확실히 다닐 만한가를 안 뒤에 비로소 갈 수 있다. 여기에 대한 왕수인의 비판은 의심할 여지없이 타당하며 지행 범주의 변증법적 연계성에 대한 우리의 인식을 풍부하게 해 줄 수 있다.

그러나 구체적인 문제에서 보면, 송유들과 왕수인의 명제가 완전히 상반된 것이기는 하지만 그들이 직면했던 문제는 결코 같은 것이 아니었다. 왕수인의 논의(예컨대 몸소 다녀봐야 길을 안다는 것)는 인식의 기원에 착안한 것이다. 이런 점에서 볼 때 행하지 않으면 지라 할 수 없으며 지식이 실천에 의존한다고 강조하는 것은 정확한 관점이다. 그러나 송유들, 예컨대 주희가 다룬 지행 관계는 인식의 근본적인 기원에 대한 것이 아니라 인식 혹은 윤리 활동의 개별적인 단면에 대한 것이었다. 그들의 지선행후의 관점은 덕승문德勝門에서 숭문문崇文門으로, 또는 동대문에서 남대문으로 가기 위해서는 먼저 지도에 의존해서 노선을 파악해야 한다는 것이다. 비록 근원적으로는 노선의 확정이 실질적인 측량 조사에 의존하는 것이기는 하지만, 개인이 반드시 일일이 직접 경험에 근거하여 확정할 필요는 없다. 결국 왕수인과 주희의 지행에 관한 명제는 서로 다른 문제에 대응한 것이었다는 의미에서 양립될 수 있다. 바꿔 말하면 어느 쪽의 명제든 절대화되지만 않는다면 모두 구체적인 합리적 요소를 가진다는 것이다.

### 3) 지는 행의 시작이고 행은 지의 완성이다

왕수인은 서애徐愛와 지행을 논할 때 "지는 행의 시작이고 행은 지의 완성이다. 이를 이해할 수 있으면 지만 말해도 이미 행이 거기에 들어 있고 행만 말해도 이미 거기에 지가 담겨 있다"[13]라고 지적했다. 그는 또 "지는 행의 시작이고 행은 지의 완성이다. 성인의 학문은 하나의 공부일 뿐이니 지와 행을 두 가지로 나눌 수 없다"[14]라고 말했다. "지는 행의 시작이고 행은 지의 완성이다"라는 말은 동태적 과정에서 지행이 서로 연계되어 있고 서로 포함하고 있다는 점을 파악한 것이다. 의식은 지의 범주에 속하는 것이지만, 의식 활동이 외부 행위의 시작이라는 점에서 말하면 의식 혹은 사상은 행위 과정의 첫 단계이므로 행위 과정의 일부분이라 할 수 있다. 따라서 지를 행이라고 말할 수 있는 것이다. 같은 이치로 행위 실천은 본래 행의 범주에 속하지만, 행위가 사상의 실천이라는 점이나 실천이 관념의 완성이라는 점에서 말하면 행은 전체 지식 과정의 결과, 즉 지식 과정의 마지막 단계로 간주될 수 있다. 이 점에서 보면 행은 지이기도 하다.

왕수인의 입장에 따르면 지와 행의 관계는, 단순히 지를 행이라고 말할 수도 있고 행을 지라고 말할 수도 있는 데 그치는 것이 아니다. 지와 행은 그 본래의 진정한 모습이라는 의미에서 서로 상대방을 포함하고 있는 것이다. 범주에서든 범주가 지칭하는 대상에서든 지 속에는 이미 행의 요소가 담겨 있고 행 속에도 지의 요소가 들어 있다. 그런데 왕수인의 지행합일에서 합일을 과연 '동일함'으로 이해할 수 있을까? 최소한 지가 행의 시작이고 행이 지의 완성이라는 명제에서 말하면 지와 행은 완전히 동일한 것일 수 없다. 지와 행의 범주가 완전히 동일한 것이라면 그 중 하나는 불필요한 것이 되고, 지가 행의 시작이라는 말이나 행이 지의 완성이라는 말도 모두

---

13) 『傳習錄』 上; 『全書』, 권1, 38쪽, "知是行之始, 行是知之成, 若會得時, 只說一個知, 已自有行在. 只說一個行, 已自有知在."
14) 『傳習錄』 上; 『全書』, 권1, 41쪽, "知者行之始, 行者知之成, 聖學只一個工夫, 知行不可分作兩事."

필요 없게 된다. '시작'과 '완성'이라는 말은 지와 행의 두 범주 및 그것이 대응하는 대상이 완전히 동일할 수는 없음을 보여 준다.

일반적인 이해에서 볼 때 지는 지식·이론을 뜻하지만 왕수인 철학에서의 지는 또한 의식·의념·의욕 등 지각 형식을 가리키기도 한다. 왕수인은 "무릇 사람은 반드시 먹으려는 마음이 생긴 뒤에야 밥을 알게 되는데(知), 먹으려는 마음이 곧 의意이고 행의 시작이며……반드시 가려는 마음이 생긴 뒤에야 길을 알게 되는데(知), 가려는 마음이 바로 의意이고 행의 시작이다"15)라고 말했다. 왕수인이 여기서 말한 지知는 확실히 인지 범주의 지가 아닌 동기, 욕망을 포괄하는 의지 범주이다.16) 따라서 왕수인의 지행설은 인식론 철학의 범위를 크게 벗어나 있다.

우리는 앞서 왕수인의 모든 지행관이 주희의 지선행후설을 겨냥한 것임을 지적했다. 그런데 "알면서 행하지 못하는 이는 없다"라는 명제는 '반드시 실천해야 한다'는 성질을 규정한 것이기는 해도 지와 그 실천 사이에 여전히 선후先後의 시간 차가 있을 수 있다. "지는 행의 시작이고 행은 지의 완성이다"(知是行之始, 行是知之成)라는 명제로도 이 시간차를 메울 수는 없다. 지가 행의 시작이라는 것은 지가 처음부터 끝까지 행과 서로 연계되어 있음을 나타내는 것인데, 그렇다고 하더라도 지가 행과 종적 연속 관계에 놓여 있다는 점이 배제되는 것은 결코 아니다. 지가 행의 시작이라는 것은 곧 지가 행의 첫 단계라는 말이 되므로, 결국 왕수인은 "배우는 이들은 먼저 강습·토론에 종사해야 한다"고 한 주자학의 지식 추구의 입장을 비판할 권리를 갖지 못하게 된다. 모든 일은 그 '시작'에서 출발하는 것이기 때문이다. 심지어 주자학자들은 지가 곧 행이라면 '강습·토론'의 지식 추구 역시 행이라고 말하는데, 확실히 이것은 구체적인 실천을 요구하는 왕수인의 취

---

15) 『全書』, 권2, 53쪽, 「答顧東橋」, "夫人必有欲食之心, 然後知食, 欲食之心卽是意, 卽是行之始矣.……必有欲行之心, 然後知路, 欲行之心卽是意, 卽是行之始矣."

16) 제롬 쉐퍼(Jerome A. Shaffer), 『心的哲學』, 三聯書店, 1989, 8쪽(조승옥 역, 『심리철학』, 종로서적, 1983, 8쪽) 참조. 원서는 *Philosophy of Mind* (Prentice Hall, 출판연도 미상)이다.

향과는 부합되지 않는다. 따라서 근본적인 문제는 과연 지가 먼저인가 하는 데 있는 것이 아니라 안 뒤에는 반드시 실천을 해야 한다는 데 있다. 동시에 '먼저 안다'고 할 때의 앎은 불완전한 것으로서 반드시 행을 통해 점차 심화되는 것이므로, 여기서는 지행합일설이 전혀 필요치 않다.17)

왕수인이 사용한 '시작'과 '완성'이라는 두 용어는 사람들에게 하나의 인상을 심어주게 되는데, 그것은 여전히 지행의 과정을 전후의 두 단계로 보아서 주자학에 대해 강력하게 도전할 수 없을 듯하다는 것이다. 그러나 왕수인에게 있어 '지'는 결코 공부의 대상이 아니었다. '지'는 양지이므로 강습·토론은 이미 군더더기이며, 지행합일 학설의 중점은 어디까지나 실천을 강조하는 데 있다. 그렇기 때문에 지행합일의 사상이 주자학의 '지식이 먼저'(知先)라는 원칙에 대한 진정한 도전의 의미를 지니려면 반드시 그 속에 양지 혹은 그와 유사한 관념을 설정해 두어야만 한다. 이러한 사실은 지행합일설이 왕수인의 그 밖의 다른 부분의 사상과 연계해야만 그 전체적인 의미를 드러낼 수 있다는 점도 아울러 드러내고 있다.


### 4) 지는 행의 주의이고 행은 지의 공부이다

『전습록』 상권에는 이런 기록이 있다.

내가 "옛사람이 지와 행을 둘로 말한 것은, 한편으로는 지를 추구하는 공부를 행하고 다른 한편으로는 행을 추구하는 공부를 행해야 비로소 공부가 구체적인 내용을 갖게 된다는 점을 분명하게 인지시키려는 의도였습니다"라고 하자, 선생께서는 "그 말은 옛사람의 종지를 잃은 것이다. 나는 '지는 행의 주의主意이고 행은 지의 공부工夫이다'라고 말한 적이 있다"라고 말씀하셨다.18)

---

17) 쿠아(A. S. Cua)는 도덕심리의 각도로 '먼저 안다'의 앎을 행위 과정에 참여하는 것으로서의 앎으로부터 구분해 내어 그것을 선지적 도덕 지식(Prospective Moral Knowledge)과 회고적 도덕 지식(Retrospective moral Knowledge)에 해당한다고 보았다.(A. S. Cua, *The Unity of Knowledge and Action*, The University Press of Hawaii, 1982 참조)

'주의主意'와 '공부工夫'는 양명학에서 늘 사용되는 한 쌍의 방법론적 범주이다. 일반적으로 '주의'는 목적 혹은 통수統帥를 나타내고 '공부'는 경로와 수단을 나타낸다. 대개 왕수인이 '주의'와 '공부'라는 용어를 써서 어떤 한 쌍의 범주의 상호 관계를 다룰 때 그의 의도는 통수로서의 '주의'가 갖는 지위와 중요성을 두드러지게 하려는 것이었다. "존덕성尊德性은 도문학道問學의 주의이다"라고 한 것이 그 한 예이다. 그러나 지행 문제에 있어서 왕수인의 관심은 '공부'에 좀더 편중되어 있다.

"지는 행의 주의이고 행은 지의 공부이다"라는 명제를 따로 떼어서 살펴보면, '지는 행의 주의이다'라는 명제는 지식이 행위의 관념적 지도指導라는 주장이어서 정주학파의 지행관에서도 받아들일 수 있는 명제이며 또 지행합일의 종지와 명확히 연계되지도 않는다. 따라서 전체 명제의 중점은 "행은 지의 공부이다" 쪽에 있다. 다시 말해서 지는 행을 자신의 실현 수단으로 삼는다는 것이다. 이렇게 해서 독립적이고 행에 선행하거나 행과 분리된 지는 존재하지 않고, 지에 이르기 위해서는 '행'을 거칠 수밖에 없게 된다. 동시에 행이 한 마리의 눈먼 말이 미쳐 날뛰는 것처럼 되지 않도록 하기 위해 그 속에 지도하는 '지'라는 것이 있게 된다. 그러므로 왕수인이 이 명제를 제기한 것은 '주의'가 먼저 있고 난 후에 '공부'해야 한다는 것을 강조하기 위해서가 아니라, 단지 지와 행 사이의 분리될 수 없는 관계를 강조하기 위해서였다. 행은 '주의'가 없을 수 없으므로 지를 떠날 수 없고, 지는 '수단'이 없을 수 없으므로 행을 떠날 수 없다.

재미있게도 "지는 행의 주의이고 행은 지의 공부이다"라는 명제는 주희의 "지와 행은 항상 서로 보완적이어야 하니, 마치 눈은 발이 없으면 다닐 수 없고 발은 눈이 없으면 볼 수 없는 것과 같다"라는 주장[19]과 그 내용이 같다. 이 점은 결코 이상할 것이 없다. 사실 왕수인은 본래 "지와 행은 나

---

18) 『傳習錄』上; 『全書』, 권1, 38쪽, "愛曰: 古人說知行做兩個, 亦是要人見得分曉, 一行做知的功夫, 一行做行的功夫, 卽功夫始有下落. 先生曰: 此却失了古人宗旨也. 某嘗說知是行的主意, 行是知的功夫."

19) 『語類』, 권9, 48쪽, "知行常相須, 如目無足不行, 足無目不見."

란히 나아가는 것이어서, 앞뒤를 분별해서는 안 된다"[20]는 점을 강조하려고
했다. '본체'의 합일은 바로 '공부'의 병진並進을 촉진시키기 위한 것이었으
므로 나란히 나아간다는 점에서는 송명 리학과 일치하게 된다. 예컨대 주희
는 비록 지식이 선행하고 실천이 그 뒤를 따르는 것이라고 주장했지만 실
천이 지식보다 중요하다는 것을 중시하면서 지와 행이 서로 보완적이어야
함을 강조하였다. 즉 "지행 공부는 반드시 동시에 이르러야 하고"(知行工夫須
著並到), "지와 행은 반드시 나란히 발전해야 한다"(知與行須齊頭做)는 것이다.
이런 의미에서 왕수인의 지행합일설은 지행병진知行並進을 촉진시키는 하나
의 새로운 형식이라고 할 수 있다. 지행합일의 실천적 의미 역시, 지를 추
구하면서도 행을 추구하고 행을 추구하면서도 지를 추구하여 지가 바로 행
이고 행이 바로 지일 수 있게 하라는 것이기 때문이다.

　　인식의 의미에서 말하면, "지는 행의 주의이다"라는 말은 '지'란 사람이
의식 속에서 미리 세운, 활동에 관한 목표와 방식이자 행동을 지도하는 관
념적 모형이라는 뜻이다. 그리고 "행은 지의 공부이다"라는 말은 '실천 활
동'은 곧 관념 모형을 현실화시키고 대상화시키는 경로이자 방식이라는 뜻
이다. 이런 의미에서 이 명제의 타당성은 아주 명백하다고 하겠다.


### 5) 지의 진절독실한 면이 행이고 행의 명각정찰한 면이 지이다

　　왕수인은 만년에 지행합일의 또 다른 표현인 "지知의 진절독실眞切篤實
한(진지하고 독실한) 면이 바로 행行이고, 행의 명각정찰明覺精察한(밝게 알아차
리고 정미하게 살피는) 면이 바로 지이다",[21] "지행 공부는 본래 분리될 수
없는 것인데 후세의 학자들이 둘로 나누어 공부했기 때문에 지행의 본체를
잃어버리게 되었다. 그래서 내가 합일·병진의 이론을 제기하게 된 것이

---

20)『全書』, 권2, 53쪽, 「答顧東橋」, "知行幷進, 不宜分別前後."
21)『全書』, 권2, 54쪽, 「答顧東橋」, "知之眞切篤實處卽是行, 行之明覺精察處卽是
　　知."

다"[22]라는 말들을 자주 언급하였다. 그는 제자 주충周沖(자는 道通)의 지행합일에 대한 질문에 대답할 때도 "지의 진절독실眞切篤實한 면이 바로 행이고, 행의 명각정찰明覺精察한 면이 바로 지이다. 그대가 이 말을 가지고 자세히 사유해 보면 자연히 알게 될 것이다"[23]라고 했다. 이로 볼 때 왕수인은 지행합일을 이해하는 데 있어 이 두 구절(知之眞切篤實處即是行, 行之明覺精察處 即是知)을 매우 중요하게 여겼음을 알 수 있다. 그는 지행합일을 다룬 다른 한 통의 편지에서 이러한 관점을 좀더 자세하게 밝히고 있다.

"예로부터 모든 선배 학자들이 '학문사변學問思辨'은 지에 속하고 '독행篤行'은 행에 속한다 하였으니 분명 두 가지 일인데, 지금 선생님께서는 지행이 합일되어 있다 하시니 의구심을 떨칠 수 없습니다"라고 여쭈어 보자 이렇게 답하셨다. "이 문제에 대해서는 이미 누누이 말해 왔다. 무릇 행이라는 것은 단지 '실제로 충실하게 어떤 일을 행하는 것'을 말한다. 실제로 충실하게 학문사변의 공부를 행하면 학문사변도 행인 것이다. 학이란 이 일을 하는 방법을 배우는 것이고 문이란 이 일을 하는 방법을 묻는 것이며 사·변이란 이 일을 하는 방법을 사유하고 변석하는 것이므로, 행이란 것도 또한 학문사변일 뿐이다. 만일 어떤 문제에 대해 배우고 묻고 사유하고 변석한 뒤에 행해야 한다고 주장한다면, 도대체 아무 내용도 없이 뭘 먼저 배우고 묻고 사유하고 변석하자는 말인가? 행할 때는 또 어떻게 그런 식으로 학문사변했던 것을 행할 수 있단 말인가? 지의 진절독실眞切篤實한(진지하고 독실한) 면이 바로 행이고, 행의 명각정찰明覺精察한(밝게 알아차리고 정미하게 살피는) 면이 바로 지이다. 만일 행하면서 명확히 알지도 못하고 정미하게 살피지도 못한다면 이는 맹목적 행위여서, '배우기만 하고 생각하지 않으면 모호하게 된다'는 경우에 해당한다. 그래서 반드시 지를 함께 말하는 것이다. 아는데 그것이 진지하지 않고 독실하지 못하면 망상이어서, '생각하기만 하고 배우지 않으면 위태롭다'는 경우에 해당한다. 그래서 반드시 행을 함께 말하는 것이다. 원래는 단지 하나의 공부이다."[24]

---

22) 『全書』, 권2, 54쪽, 「答顧東橋」, "知行工夫, 本不可離, 只爲後世學者分作兩截用功, 失却知行本體, 故有合一幷進之說."
23) 「王陽明答周沖書之四」(『中國哲學』 第1輯, 320쪽에서 재인용), "行之明覺精察處 即是知, 知之眞切篤實處即是行, 足下但以此語細思之當自見."

왕수인은 여기서 '행'에 대한 일종의 주석을 단 셈이다. 그는 "무릇 행이라고 하는 것은 단지 실제로 충실하게 어떤 일을 행하는 것이다"라고 보았다. 행이란 실질적으로 어떤 일을 행하는 것, 말하자면 '실천'하는 것이다. '실제로 충실하게 어떤 일을 행한다'는 것은 실천이라는 단어의 원래 의미이다. 이 입장에 따르면 실제로 충실하게 배우고 묻고 사유하고 변별하는 것은 모두 행이다. 그래서 『중용』의 "널리 배우고 신중하게 질문하며 조심스럽게 사색하고 명확하게 변석하며 독실하게 실천한다"(博學之, 審問之, 愼思之, 明辨之, 篤行之)는 다섯 가지 조목 중 단지 '독행篤行'만을 행으로 보는 전통적인 관점은 지와 행을 '둘로 갈라놓는' 잘못된 것이라고 할 수밖에 없다. 한편 사람이 어떤 일을 할 때는 그 방법을 배우고 그 방법을 묻고 그 방법을 사유하는 과정을 벗어날 수 없으므로, 행의 과정은 학문사변의 과정을 포함하고 있으며 동시에 지의 과정이기도 하다. 이런 분석에 따라 왕수인은 사람의 사유 활동, 예컨대 학문사변·명각정찰도 실질적인 일에 종사하는 것이기만 하면 마찬가지로 행이라고 보게 되었다. 동시에 사람의 각종 외부적 실천 활동은 그 속에 사고·분석·변별 등을 포함하게 마련이므로 그것은 또한 지에 해당한다고 보았다. 다시 말해, "지의 진절독실眞切篤實한 면이 바로 행이고, 행의 명각정찰明覺精察한 면이 바로 지이다"라는 말은 지와 행이 동일한 공부의 양 측면이어서 손바닥과 손등의 관계처럼 갈라놓을 수 없는 사이라는 의미이다.

왕수인은 또 이렇게 말하였다.

만일 무엇을 알아갈 때 그 마음이 '진지하고 독실하지'(眞切篤實) 않으면 그

---

24) 『全書』, 권6, 115쪽, 「答友人問」, "問: 自來儒先皆以學問思辨屬知, 而以篤行屬行, 分明是兩截事, 今先生謂知行合一, 不能無疑. (陽明)曰: 此事吾已言之屢屢. 凡謂之行者, 只是著實去做這件事. 若著實做學問思辨的工夫, 則學問思辨亦便是行矣, 學是學做這件事, 問是問做這件事, 思辨是思辨做這件事, 則行亦便是學問思辨矣. 若謂學問思辨之然後去行, 却如何懸空先去學問思辨得? 行時又如何去得做學問思辨的事? 行之明覺精察處便是知, 知之眞切篤實處便是行. 若行而不能明覺精察, 便是冥行, 便是學而不思則罔, 所以必須說個知. 知而不能眞切篤實, 便是妄想, 便是思而不學則殆, 所以必須說個行. 元來只是一個工夫."

앎은 '밝게 알아차리고 정미하게 살피는'(明覺精察) 것일 수 없다. 그러므로 앎의 과정에는 밝게 알아차리고 정미하게 살피는 것만 필요하고 진지하고 독실한 태도는 필요 없는 것이 아니라는 사실을 알 수 있다. 그리고 무엇을 실천한다고 할 때 그 마음이 밝게 알아차리고 정미하게 살피지 못하면 그 실천은 진지하고 독실하지도 못할 것이다. 그러므로 실천의 과정에는 진지하고 독실한 태도만 필요하고 밝게 알아차리고 정미하게 살피는 면은 필요하지 않은 것이 아니라는 사실을 알 수 있다.[25]

여기서 말하는 '무엇을 알아갈 때'(知之時)란 분명히 학문사변과 같은 사유·의식·지식의 활동을 가리키고 '무엇을 실천할 때'(行之時)란 외부적·객관적·물리적 행위와 활동을 가리킨다. 왕수인의 이해에 따르면 '명각정찰明覺精察'과 '진절독실眞切篤實'은 각각 지와 행의 특징이다. 동시에 그는 앎의 과정에서든 행의 과정에서든 사실상 양자를 모두 구비해야 한다고 생각했다. 지식 활동을 할 때 만일 진절하고 독실한 태도를 갖추지 못한다면 지식에 대한 이해는 정밀하고 분명할 수 없을 것이고, 또 어떤 실천 활동을 할 때 만일 주체 쪽에서 자세하고 치밀하게 분석하고 연구하지 못한다면 맹목적이 되어 이 활동을 진정하게 완성할 수 없을 것이다. 왕수인의 이 사상은 지식 활동 속에는 필연적으로 실천의 요소와 특성을 포함하고 있고 실천 활동 또한 필연적으로 지식의 요소와 특성을 포함하고 있다는 것을 설명하고, 이런 방식으로 지행합일을 논증하려 한 것이었다. 바꿔 말하면 지와 행은 다른 측면에서 동일한 과정을 서술한 것에 불과하다. 바로 이런 의미에서 왕수인은 지행이 '단지 하나'라고 말한 것이다.

이런 왕수인의 명제 속에서 주의해야 할 것은 "무릇 행이라고 하는 것은 단지 '실제로 충실하게' 어떤 일을 해 나가는 것이다"라고 말한 부분이다. 이것이 왕수인의 '행'에 대한 완전한 정의라고 말하기는 어렵지만, 그는 확실히 여기에서 모종의 정의의 형식을 취하고 있다. 문제는 왕수인의 이

---

25) 『全書』, 권6, 115쪽, 「答友人問」, "若知時其心不能眞切篤實, 則其知便不能明覺精察, 不是知之時只要明覺精察, 更不要眞切篤實也. 行之時其心不能明覺精察, 則其行便不能眞切篤實, 不是行之時只要眞切篤實, 更不要明覺精察也."

설명이 '실제로 충실하게'(著實)에 주목한 것이냐 '일을 행한다'(做事)에 주목한 것이냐 하는 데 있다. 전체 논의에서 보면 그는 비교적 '착실著實', 말하자면 '진절독실'에 치중한 것 같다. 따라서 그가 말한 '일을 행한다'는 것은 물질적인 활동을 가리키기도 하지만 다른 한편으로는 사유·분석과 같은 심리적 활동을 가리키기도 한다. 이는 심리 행위든 물리 행위든 진절독실하기만 하면 이미 '행'의 범주에 속한다는 것을 나타낸다.

왕수인의 이런 논법은 심리 행위와 물리 행위의 구분을 없애려는 시도로 보인다. 사실 송대 리학 속의 '행'은 주로 역행 즉 함양을 가리키는 것이었고, 함양의 목적은 전부 마음을 진절독실하게 만드는 것이었다. 앞서 서애徐愛의 기록에 나타난 것처럼 '독실'은 궁행躬行(몸소 행함)의 뜻으로서 지식 활동을 실제로 행한다는 것을 의미한다. 왕수인은 뒷날 고린顧璘에게 답한 편지에서도 "독篤은 알차고 도탑다는 의미이다"(篤者敦實篤厚之意)라고 설명했다. 따라서 왕수인의 이런 표현은 리학의 입장 내에서 보더라도 결코 이상할 것이 없다.


6) 행이 없는 배움은 없으니, 행하지 않으면 배움이라 할 수 없다

이 명제는 사실 "알면서 행하지 못하는 이는 없다", "행을 포함하지 않는 것은 지라고 할 수 없다"라는 말의 변형이다.

왕수인은 주희의 지선행후설에 대한 비판을 두 방면의 주장으로 전개해 나갔다. 정주학파의 관점에 따를 때 사람은 반드시 먼저 법률을 학습해야만 비로소 변호사가 될 수 있고 먼저 기계의 원리를 학습해야만 비로소 기술자가 될 수 있다. 그러나 왕수인은 학습에 앞서 반드시 무엇을 학습하고자 하는 마음이 있어야 하고 그 학습하고자 하는 마음이 바로 행의 시작이라고 보았다. 이는 개체 활동에서 심리적 원인에 착안하여 입론한 것이다. 다른 한편 그는 사람들이 학습하려고 하는 지식은 그 기원을 따져 올라가면 실천 활동을 통해 얻은 것이라고 보았다. 이는 전체 인류의 활동과 인식의

기원에 착안하여 입론한 것이다. 왕수인의 이 두 방면의 논의는 개체에서 전체로, 횡적 해석에서 종적 소급에 이르기까지 고심한 것이라고 할 만하다.

유학 전통에서 '행'과 대립되는 개념으로는 또한 '학學'이 있다.—예컨대 『중용』에서는 '好學'과 '力行'을 대립시켰다— 이 때문에 왕수인은 지행합일을 천명하면서 특별히 '학'의 문제를 다루었다. 그는 고린顧璘에게 답하는 편지에서 이렇게 지적하고 있다.

> 무릇 문問·사思·변辨·행行은 모두 배움(學)의 내용을 구성하는 것들이므로 배운다면서 행하지 않는 경우란 있을 수 없다. 예컨대 효도를 배웠다고 하는 것은 반드시 힘든 일을 대신하고 봉양하여 몸소 효도를 행해야만 배웠다고 하는 것이지, 어찌 단지 그냥 입과 귀로 강설하는 것만으로 대뜸 효도를 배웠다고 할 수 있겠는가? 활쏘기를 배우는 것도 반드시 활을 걸고 화살을 먹여서 시위를 끌어당겨 과녁에 맞추어야만 하는 것이고, 글씨를 배우는 것도 반드시 종이를 펴고 붓을 들며 붓 자루를 쥐고 먹을 묻혀야만 하는 것이다. 천하의 어떤 배움도 행하지 않고 배웠다고 말할 수 있는 것은 없다. 그러므로 배움의 시작은 당연히 바로 행이다.……천하에 어찌 행하지 않고도 배울 수 있는 것이 있겠는가? 어찌 행하지 않고도 대뜸 이치를 궁구했다고 할 수 있는 것이 있겠는가?……따라서 행하지 않은 것은 배움이 될 수 없다는 것을 알면 행하지 않은 것은 이치를 궁구했다고 할 수 없다는 것도 알 수 있다. 행하지 않은 것은 이치를 궁구했다고 할 수 없다는 것을 알면 지와 행이 합일적이고 병진하는 것이어서 둘로 나눌 수 없다는 것도 알 수 있다.[26]

왕수인의 이 논의는 원칙적으로 음식의 좋고 나쁨, 길의 험난하고 평탄함을 아는 문제를 논한 것과 일치한다. 이정과 주희는 어떤 이론 지식을 배우는 것을 어떤 전문 기능 활동에 종사할 수 있는 전제로 보았으므로 지가

---

26) 『全書』, 권2, 55쪽, 「答顧東橋」, "夫問思辨行皆所以爲學, 未有學而不行者也. 如言學者, 則必復勞奉養, 躬行孝道, 然後謂之學, 豈徒懸空口耳講說而遂可以謂之學孝乎? 學射則必張弓挾矢, 引滿中的, 學書則必伸紙執筆, 操觚染翰, 盡天下之學, 無有不行而可以言學者, 則學之始固已卽是行矣.……天下豈有不行而學者邪? 豈有不行而遂可謂之窮理邪?……是故知不行之不可以爲學, 則知不行之不可以爲窮理矣. 知不行之不可以爲窮理, 則知知行之合一幷進而不可以分爲兩節事矣."

행에 선행한다고 여겼다. 이에 비해 왕수인이 운용한 논점은, 어떤 기능을 학습하는 과정을 살펴보면 학습이 실천(행)을 벗어나 있지 못하므로 배움이란 결코 행에서 벗어난 독립 과정일 수 없다는 것이다. 따라서 학습(예컨대 글씨를 배우는 것이나 활쏘기를 배우는 것)에 있어서 배움의 과정은 곧 행의 과정이고 이 행의 과정은 또한 배움의 과정이므로 양자는 분리될 수 없다.

'학'은 '지'의 한 형식이다. 왜냐하면 왕수인의 '지'는 학·문·사·변 등 지력智力과 관련된 활동27)을 포괄하기 때문이다. 동시에 '배운다'는 것은 '방법을 배우는 것'(knowing how)을 의미하고 '지식의 획득'을 의미한다. 이 점에 대해서는 뒤에서 다시 다루게 되겠지만, 왕수인의 입장은 마음의 철학에 관심을 갖는 현대의 몇몇 철학자(예컨대 라일)의 관점과 근접해 있다고 할 수 있다. 말하자면 이들은 모두 지와 행, 이론과 실천의 불가분리성을 강조하였다.


## 2. 지행합일의 종지와 공부

### 1) 지행합일의 종지

이제 왕수인이 제기한 지행합일설의 종지에 대해 좀더 토론해 보자. 왕수인은 다음과 같이 지적하였다.

지금 굳이 (남들이) 지와 행을 둘로 나눠 말하는 까닭은 무엇인가? 그리고 내가 '그것이(지와 행) 하나임'을 강조하는 까닭은 또 무엇인가? 입언立言의 종지를 알지 못한 채 '하나다', '둘이다' 말만 한다면 또한 무슨 소용이 있겠는가!28)

---

27) 역자 주―'智力'은 라일(Ryle)의 'intelligence' 개념을 번역한 것으로 '할 줄 안다'라고 할 때의 그 앎이다. 이 장의 '제3절 지행합일의 분석'에 자세한 설명이 나온다.

28) 『傳習錄』 上; 『全書』, 권1, 38쪽, "如今苦苦定要說知行做兩個是甚麼意? 某要說做一個是甚麼意? 若不知立言宗旨, 只管說一個兩個, 亦有甚用!"

이 말은 지행합일설을 제기한 목적을 파악하는 것이 지행합일의 특성, 중점, 작용 등을 이해하는 데 중요한 단서가 된다는 것을 강조하고 있다.

일반적인 의미에서 말한다면 지행합일설의 제기는 사회 풍속이 어지러워지고 도덕 수준이 떨어진 명대 중기를 총체적 배경으로 한 것이었다. 왕수인은 당시의 상황을 지적하면서 다음과 같은 문제를 거론했다.

후세에 이르러 공리功利를 위주로 하는 주장이 나날이 성행하게 되자 학자들은 더 이상 명덕明德, 친민親民과 같은 인간에게 정말 절실한 문제가 있다는 것을 알지 못하고 모두들 교묘한 문장과 현란한 어휘로 꾸며댔으며 서로 거짓을 부채질하고 서로 이익을 위해 사귀게 되었다. 밖으로 의관을 갖추고 있지만 안으로는 금수인데도 오히려 자신은 성현의 학문을 한다고 착각한다. 이러고도 삼대三代의 태평성세를 회복하려 하니, 오호라, 어렵지 않겠는가! 나는 이 점을 걱정하여 지행합일의 설을 내세워 치지격물致知格物 이론의 잘못을 바로잡은 것이니, 인심을 바로잡고 사설을 없애서 앞선 성인의 학문을 다시 밝히자는 노력이다.[29]

이로 볼 때 지행합일은 나날이 무너져 가던 당시의 사풍士風을 겨냥한 것이었다. 당시 학자들은 전제 왕권의 압박 아래서, 그리고 상품 경제의 발전으로 촉진된 시민 계층의 대두라는 배경 아래서 갈수록 세속화되어 가고 있었다. 그래서 다수의 지식인들은 이상의 추구를 포기하고 재물이니 탐내는 거짓된 무리가 되었다. 왕수인의 지행합일설은 바로 '절실한 마음으로 폐단을 구제하기 위해 제기된'(喫緊救弊而發) 것이며, 천박해진 선비의 기풍을 되돌려서 성현의 학문이 천하에 밝게 드러나게 하기 위해서였다.

왕수인은 이런 현상이 생긴 것은 사상적으로 볼 때 '지행을 완전히 둘로 갈라놓았기'(將知行截然分做兩件) 때문이라고 생각하였다. 그는 자신의 지행합일설이 시대적 폐단을 겨냥해서 제기된 것이긴 하지만 그렇다고 그것

---

29) 『全書』, 권8, 143쪽, 「書林司訓卷」, "逮其後世, 功利之說日浸以盛, 不復知有明德親民之實, 士皆巧文博詞以飾作, 相規以僞, 相軋以利, 外冠裳而內禽獸, 而猶或自以爲從事于聖賢之學. 如是而欲挽而復之三代, 嗚呼其難哉! 吾爲此懼, 揭知行合一之說, 訂致知格物之謬, 思有以正人心息邪說, 以求明先聖之學."

이 권도權道에서 나온 논법인 것은 아니며 사실상 그 자체가 진리성을 갖추고 있다고 말한다. 그는 "내가 지금 지행합일을 말하는 것은 현재의 상황에 나아가 치우친 것을 보충하고 폐단을 구제하려고 말하는 것이기는 하지만, 또한 지행의 본 모습이 본래 이러하다"[30]라고 하고, 또 "이것이 비록 절실하게 폐단을 구제하기 위해서 제기된 것이기는 해도, 지행의 본 모습이 본래 이러한 것이지 내 생각으로 그 의미를 조작하고 그것을 토대로 이론을 세워 한때의 효과를 보려는 것이 아니다"라고 하였다.[31]

지행을 분열시키는 형식이 두 가지가 있기 때문에 왕수인의 지행합일의 종지 역시 두 가지 측면으로 표현된다. 그 첫 번째 측면은 지행합일에 대해 답하는 왕수인의 다음 글 속에서 찾아볼 수 있다.

이것에 대해서는 반드시 나의 입언 종지를 알아야 한다. 요즘 사람의 학문 태도를 보면 지행을 둘로 나누기 때문에, 일어난 생각이 선하지 않더라도 아직 행하지 않았으면 금지시키지 않는다. 내가 지금 지행합일을 말하는 것은 한 생각이 일어난 단계 자체가 바로 행이라는 것을 깨닫게 하려는 것이다. 생각이 일어난 단계에 선하지 않은 점이 있으면 이 선하지 않은 생각을 극복해 나가되, 반드시 철두철미하게 극복해서 이 선하지 않은 생각이 가슴 속에 숨어있지 않게 해야 한다. 바로 이것이 나의 입언 종지이다.[32]

이른바 "한 생각이 일어날 때 선하지 않음이 있으면 그것이 바로 행이다"라는 명제는 "지는 행의 시작이다"(知是行之始)라는 관점에서 보면 왕수인의 지행합일설에서 논리정합적으로 나온 추론이라고 할 수 있다. 의념·동기가 전체 행위 과정의 첫 단계라고 할 수 있다면 그런 의미에서 생각이

---

30) 『全書』, 권6, 115쪽, 「答友人問」, "某今說知行合一, 雖亦是就今時補偏救弊說, 然知行體段亦本來如是."
31) 『全書』, 권2, 54쪽, 「答顧東橋」, "此雖吃緊救弊而起, 然知行之體本來如是, 非以己意抑揚其間, 姑爲之說以苟一時之效者也."
32) 『傳習錄』 下; 『全書』, 권3, 75쪽, "此須識立言宗旨, 今人學問只因知行分作兩件, 故有一念發動雖是不善, 然却未曾行, 便不去禁止. 我今說個知行合一, 正要人曉得一念發動處, 便卽是行了. 發動處有不善, 就將這不善的念克倒了, 須要徹底徹根, 不使那一念不善潛伏胸中, 此是我立言宗旨."

일어난 것은 바로 그 자체로서 행인 것이다. 많은 학자들은 이 설명에 근거해서 "한 생각이 일어나면 바로 행이다"(一念發動卽是行)라는 왕수인의 주장이 지행합일설의 유일한 종지라고 보았으며, 왕수인의 지행합일설을 "한 생각이 일어난 것이 바로 행이다"라는 말로 개괄될 수 있다고 여겼다.

그런데 이런 견해에는 문제가 있다. 우리는 리학의 윤리학에서 도덕 수양을 '선을 행함'(爲善)과 '악을 없앰'(去惡)이라는 두 측면으로 구분한다는 것을 알고 있다. 이런 각도에서 보면 "한 생각이 일어나면 바로 행이다"라는 주장은 '일어난 생각이 선하지 않더라도 아직 행하지 않았으면 금지시키지 않는' 태도를 직접 바로잡는 적극적인 역할을 한다고 볼 수 있다. 그렇지만 만일 이 '일어난 한 생각'이 악한 생각이 아니라 좋은 생각일 경우 곧바로 거기에 대해 "한 생각이 일어난 것이 선하면 그것이 바로 선을 행한 것이다"라고 말할 수 있겠는가? 만일 어떤 사람이 생각 속의 선에 머물러 사회 행위로 옮기지 않는다면, 이는 바로 왕수인이 비판했던 '알면서도 행하지 않는' 것이 아닌가? 결국 "한 생각이 일어나면 바로 행이다"라는 표현은 단지 지행합일의 한 측면만을 보여 주고 있음을 알 수 있다. 말하자면 '악을 없애는' 데만 적용되고 '선을 행하는 것'에는 적용되지 않는 것이다. 그러므로 왕수인의 지행합일 사상은 "한 생각이 일어나면 바로 행이다"라는 말로 귀결될 수 없다.

그렇다면 지행합일설의 종지를 드러내는 두 번째 측면의 표현은 무엇인가? 위의 논의를 통해 우리는 '한 생각의 일어남'(一念發動)을 중시하는 위의 입장만으로는 결코 지행합일설의 입언 종지를 완전하게 나타낼 수 없음을 볼 수 있었다. 사실상 왕수인은 지행합일설이 갖는 주자학의 지선행후설에 대한 비판적 의의를 더욱 강조하였다. 왕수인은 이렇게 말했다.

요즘 사람들은 지행을 둘로 나눠서 다룬다. 그들은, 반드시 먼저 알고 난 뒤에 행할 수 있는 것이므로 지금은 우선 강습·토론을 통해 지식(知) 공부를 해야 하고 참되게 알고 나서야 실천(行) 공부를 할 수 있다고 생각한다. 그래서 평생 행하지 못하고 평생 알지도 못한다. 이것은 작은 문제가 아니다. 그런 식으로 이어져 온 것이 이미 하루이틀이 아니다. 내가 지금 지행합일을 말하는 것은 바로 문제점을 겨냥한 투약이지 결코 아무런 논리적 맥락 없이 공론空論하는 것이 아니다. 그리고 지행의 본체가 원래 이와 같다. 지금 종지를 알면 둘이라고 해도 무방하다. 어쨌든 하나일 뿐이니까. 만일 종지를 알지 못한다면 하나라고 말한다고 해서 무슨 의미가 있겠는가?[33]

왕수인은 주충周沖에게 답하는 편지에서도 "지행합일설은 오직 근세 학자들이 지와 행을 둘로 나누고 굳이 먼저 지식 공부를 한 뒤에 실천하려고 하다가 종신토록 실천하지 못하는 작태를 보이는 것이 안쓰러워서, 부득이하게 치우침을 보완하고 병폐를 구제하는 이론으로 내놓은 것이다"라고 강조했다.[34] 따라서 왕수인이 문제시한 대상은 "일어난 생각이 선하지 않더라도 아직 행하지 않았으면 금지시키지 않는" 태도에 한정되지 않고 "먼저 강습·토론을 통해 지식의 공부를 해야 하고, 참되게 알고 나서야 실천 공부를 할 수 있다"는 태도까지 포함하고 있다. 특히 주자학 비판이라는 왕수인 철학의 전체 성격에서 보자면 후자가 지행합일설이 겨냥한 주된 대상이었다고 할 수 있다. 여기서 "지식을 앞에 놓고 실천을 뒤에 둔다"느니 "알고도 행하지 않는다"느니 하는 비판은 악을 없애는 문제만을 가리킨 것이 아니라 '선을 행함'과 '악을 없앰'을 함께 말한 것이다. 결국 선을 알면 곧장 행하고 선하지 못함을 알면 곧장 없애라는 말이다.

왕수인이 문제시한 것은 다음과 같은 현상이었다. 즉, 사람들은 사회에 통용되는 도덕 준칙을 명료하게 이해하더라도 결코 이 준칙에 따라서만 행동하지는 않고, 도덕 율령이 금지한 것이 무엇인지 분명히 알더라도 여전히

---

33) 『傳習錄』 上; 『全書』, 권1, 38쪽, "今人却就將知行分作兩件去做, 以爲必先知了, 然後能行, 我如今且去講習討論, 做知的工夫, 待知得眞了, 方去做行的工夫. 故遂終身不行, 亦遂終身不知. 此不是小病痛, 其來已非一日矣. 某今說個知行合一, 正是對病的藥, 又不是某鑿空杜撰. 知行本體原是如此, 今若知得宗旨, 即說兩個亦不妨, 亦只是一個. 若不知宗旨, 便說一個亦濟得甚事!"

34) 「王陽明答周沖書之四」(『中國哲學』 第1輯, 320쪽에서 재인용), "知行合一之說, 專爲近世學者分知行爲兩事, 必欲先用知之之功而後行, 遂致終身不行, 故不得已而爲此補偏救弊之言."

금령에 위배되게 행동한다. 이런 현상은 윤리학의 영역에서 볼 때 당연하고 보편적인 것인데, 왕수인은 송유末儒들의 지행관이 사람들을 잘못 인도한 것이라고 죄를 뒤집어씌웠다. 그리하여 그는 지행합일설을 통해 지행의 분열을 비판하면서 그 치우침을 보완하고 폐단을 구제하려 하였다.

사실 송유들에게 있어서도 '행'은 최소한 이론적으로 아주 중요한 범주였다. 그러나 주자학에서는 확실히 전체적으로 '지'의 중요성을 좀더 부각시켜 도덕 법칙에 대한 확고한 이성적 이해가 윤리 실천의 전제가 된다는 점을 강조하였다. 반면 왕수인의 철학에서는 '양지' 관념을 통해 윤리 행위를 지도하는 지知가 본심 속에 자연적으로 갖추어져 있다고 설정됨으로써 행行을 좀더 강조할 수 있게 되었다. 그러므로 그의 철학에서 지행관知行觀의 문제를 해결하는 것은 심리관心理觀의 문제와 내재적인 논리 관계를 맺고 있다. 그래서 왕수인도 "심과 리를 둘로 나누기 때문에 지와 행을 둘이라고 하고 심과 리를 하나로 보기 때문에 지와 행을 합일된 것으로 본다"라고 말했던 것이다. 따라서 왕수인의 지행관의 기본 정신은 행을 강조하는 것이지 지를 강조하는 것이 아니다.

결국 왕수인이 중시한 "효도해야 한다는 것을 알지만 실제로 충실하게 효를 다하지 않는" 현상에 있어서는, 만일 "한 생각의 일어남이 곧 행이다"라는 관점을 강조하게 되면, 즉 "아는 것이 곧 행이다"라는 관점을 강조하게 되면 윤리 실천에 있어 확실히 불리하게 된다. 이렇게 보면 어록의 이 구절은 마땅히 "한 생각이 일어난 것이 선하지 않으면 곧 행이다"가 되어야 한다. 선하지 않은 것을 알면서도 실제로 충실하게 그 선하지 않은 것을 없애지 못하는 태도를 지적한 것이다. 말하자면 '악을 없앰'에 대해서는 '아는 것이 곧 행'이 되고 '선을 행함'에 대해서는 '행해야 아는 것'이 된다. 이처럼 지행합일의 구체적인 표현들은 윤리 실천에 있어서 곧잘 대상에 따라 다른 의미를 지닌다. 예컨대 '악을 없앰'에 대해서는 아는 것이 곧 행의 시작이라는 것을 강조해야 하고 '선을 행함'에 대해서는 행해야만 앎이 완성된다는 것을 강조해야 한다.

## 2) 지행합일에 대한 비판

왕수인의 지행합일설은 그 당시와 그 이후에 적지 않은 비판을 받았는데, 그 중에서도 대표적인 것이 왕부지王夫之(호는 船山)의 비판이다.

육자정陸子靜(陸九淵), 양자호楊慈湖(楊簡), 왕백안王伯安(王守仁)의 주장을 나는 안다. 그들은 지知를 뒤로 미룰 수 있다고 말한 것이 아니다. 그들이 말하는 지는 지가 아니고 행은 행이 아니다. 그들의 지는 지가 아니지만 그래도 지라는 성격을 조금은 가지고 있어 어렴풋하게나마 제대로 파악한 구석이 있다. 그러나 행이 행이 아닌 점에 있어서는 명백히 행이 아니니, 아는 것을 행으로 삼은 것이다. 아는 것을 행으로 삼은 것은 곧 행하지 않은 것을 행이라고 한 것이니, 인륜과 물리에 대해서는 조금 파악했다 하더라도 몸과 마음으로 경험해 보지는 못했다고 하겠다.[35]

왕부지는 심지어 왕수인이 "행을 지 속으로 녹여버리고 처음부터 마지막까지 모두 지로 일관하였다"[36]라고 비판하였다. 왕부지의 비판이 성립되느냐의 여부는 그와 왕수인의 지행 범주에 대한 이해에 따라 결정된다.

왕수인의 입장에서 본다면, 그의 강조점은 '행'에 있다.[37] 고린은 왕수인과 지행합일을 논하는 편지에서 "행이 곧 지이다"(行卽是知)라는 왕수인의 말을 인용한 적이 있다. 그는 그 뒤에도 이렇게 말하였다.

양명은 나와 강학하면서 '행이 곧 지'라는 이론을 적극 주장한 일이 있는데, 그 내용은 『전습록』에 모두 실려 있다. 처음에 나는 그냥 우연히 기이한 이론을 내놓은 것이라고 여겼다. 그러다가 그가 북촌北村에게 보낸 편지를 읽어

---

35) 『尙書引義』, 76쪽, "陸子靜·楊慈湖·王伯安之爲言也, 吾知之矣. 彼非謂知之可後也. 其所謂知者非知, 而行者非行也. 知者非知, 然而猶有其知也, 亦惝然若有所見也. 行者非行, 卽確乎其非行, 而以其所知爲行也. 以知爲行, 則以不行爲行, 而人之倫, 物之理, 若或見之, 不以身心嘗試焉."

36) 『尙書引義』, 76쪽, "銷行以歸知, 終始于知."

37) 沈善洪 등도 "지행합일설이 반대하는 것은 평생 행동하지 않는다는 것이므로 중시한 것은 바로 행동하는 것이었다"고 저적했다. 심선홍의 저서 『王陽明哲學硏究』(浙江人民出版社, 1981), 95쪽에 보인다.

보았더니 자로子路의 "어찌 독서하는 것만을 학문이라 할 수 있겠는가"라는 주장을 취하고 있었고, 이에 그의 학문이 공자를 전적으로 믿는 것은 아니라는 사실을 알게 되었다.[38]

이 기록에 따를 때 왕수인이 '행' 자체가 동시에 '지'의 과정이고 행을 떠난 독립적인 지의 과정이란 존재하지 않는다고 주장한 것은 그 본의가 행으로 지를 대체하자는 것이지 지로 행을 대체하자는 것이 아니고, 또 행하지 않은 것을 '행'으로 간주한 것도 아니다. 물론 이것은 모두 왕수인 스스로의 규정에 의거할 때 그렇다는 말이다.

그러나 왕부지의 비판도 완전히 근거가 없는 것은 아니다. 앞서 보았듯이 왕수인의 "한 생각이 일어나면 바로 행이다"라는 명제에서는, 일어난 생각이 선을 행하려는 생각일 경우 그 선한 생각만으로 선한 행위인 것이 되기 때문에 더 이상 인정人情과 사리事理에서 선을 실천하는 실제적인 일을 할 필요가 없다. 따라서 왕부지가 "행하지 않은 것을 행으로 간주한다"느니 "행을 지 속으로 녹여버렸다"느니 하며 비판한 것은 이런 점에서 말하면 정확한 과녁을 설정하여 화살을 당긴 셈이다. 이것은 분명히 왕수인이 의도한 결과는 아니었지만, 왕수인은 '선을 행함'(爲善)과 '악을 없앰'(去惡)이라는 두 방면에 대한 분석을 충분히 해 놓지 못하였기 때문에 이와 같은 비판을 완전히 막아낼 수가 없었다.

범주로 말하면, 왕수인은 지행합일을 제창하여 지·행의 범주는 서로를 포함하며 지·행의 과정이 통일되어 있다고 강조하면서 "지를 말하면 저절로 행이 거기에 있고 행을 말하면 저절로 지가 거기에 있다"(說一個知, 已自有行在; 說一個行, 已自有知在)라고 주장했는데, 이것은 지행 범주의 규정을 조금 모호하게 만들어 버린 점이 있다. 왕수인이 이해하기에 행은 물질적 실천 활동 혹은 사람 몸의 물리적 행위만을 가리키는 것이 아니라 순수한 심

---

38) 「跋王陽明與路北村書卷」(『顧華玉集』, 권15; 『凭几續集』, 권2), "陽明嘗與余講學, 力主行卽是知之說, 其言具載其『傳習錄』, 余以爲偶出奇論耳. 余觀與北村書, 取子路何必讀書然後爲學之言, 乃知其學亦不必專信孔氏也."

리 행위와 심리 사건도 포함하고 있다. 그래서 그는 앞서 말한 "일어난 한 생각이 선하지 않으면 곧 행이다"라는 표현 이외에도, 『대학』의 '호색을 좋아하는 듯'(如好好色)의 구절을 지행의 합일로 해석하여 호색을 보는 것은 지에 속하고 호색을 좋아하는 것은 행에 속한다고 보았다. 호색을 보는 것은 일종의 지각이므로 '지'로 분류한 것은 수긍이 가지만, 호색을 좋아하는 것은 그냥 심리 행위인데 그럼에도 그는 이것 또한 '행'이라고 하였다. 반면 왕부지의 이해에 따르면 무릇 주체의 의식 활동은 모두 지에 속하며 외재적이고 객관화된 행위만이 행일 수 있다. 그러므로 왕부지가 볼 때 왕수인이 말한 행은 당연히 행에 속하지 않는다.

그러나 범주의 문제에서 보면 누가 옳고 누가 틀렸다고 말하기가 매우 어렵다. 범주는 일종의 형식이고 도구이므로 철학자 개개인에게는 모두 범주를 사용하는 자신의 습관이 있는 것이다. 여기서 관건은 당연히 특정한 문제를 어떻게 해결하느냐에 있다. 어쨌든 왕수인은 알면서도 행하지 않는 것에 반대하여 지행의 병진을 주장하면서 행하지 않은 것은 지라고 할 수 없다는 점을 강조하며 사람들에게 구체적인 일 속에서 단련할 것을 요구하였는데, 이 방면에서는 확실히 왕부지의 비판이 적용될 수 없다.

다른 한편, 앞서도 이미 지적한 것처럼 리학 체계의 내재적 맥락 속에서 행과 지는 모두 특정한 의미를 가진다. 앞에서는 일반적 의미에서 리학 체계 속의 '지'는 주로 지식과 지식을 구하는 과정을 가리키고 '행'은 이미 얻은 지식을 실행으로 옮기는 것을 가리킨다고 지적했다. 그러나 윤리 실천의 영역에서 리학은 결코 '행'이 반드시 어떤 외부적이고 물리적인 행위여야 한다고 강조하지는 않았다. 예컨대 정심正心과 성의誠意는 이미 알게 된 당연의 법칙을 몸과 마음의 실제적인 함양으로 적용시키는 것이어서 '당연의 법칙을 아는' 지知에 상대해서는 곧 행이라 할 수 있다. 그래서 몸과 마음의 함양, 즉 의념 자체의 수양도 이런 의미에서 행에 속한다. 같은 이치로 격물치지는 지식을 구하는 활동으로서 지에 속하는 것이긴 하지만 그 속에는 외부적인 행위가 따르지 않을 수 없다. 특히 리학의 '지행'은 늘 '치지'와 '역행'의 약칭인데, 여기서 심리 행위와 물리 행위라는 차이는 결코 지행을 구분하는 본질적인 규정이 아니다. 게다가 리학에서는 늘 '치지궁리'와 상대되는 '함양'을 행으로 간주한다. 이런 맥락에서 말하면 왕수인이 행을 규정하면서 심리 행위를 포함시킨 것은 결코 부당하다고 할 수 없다. 다만 그의 몇몇 표현들은 그가 오직 심리 행위만을 강조한다는 인상을 주기도 하는데, 이 점만큼은 왕수인 자신이 책임져야 할 것이다.

### 3) 치양지와 지행합일

왕수인은 강서江西에서 주신호朱宸濠의 반란을 평정한 후 "오직 치양지라는 화두만을 거론하면서"(單提致良知話頭) 그의 모든 사상, 예컨대 심외무리心外無理·지행합일知行合一, 또 그를 다년간 곤혹스럽게 만들었던 유불儒佛의 문제 등을 모두 '치양지' 속으로 귀결시켜 승화와 융회를 일궈냈다. 치양지 사상과 그 형성에 대한 상세한 검토는 다른 장에서 언급할 것이므로 여기서는 치양지와 지행합일의 얽힌 관계에 대해 분석해 보기로 한다.

근년 들어 적지 않은 사가들이 '치양지致良知' 사상에서의 '양지良知'는 지이고 '치致'는 행이므로 치양지가 곧 지행합일이라고 지적하고 있다. 이러한 지적은 확실히 상당한 근거가 있다. 황종희는 "선생은 일용사물 속에 그것(양지)을 '치致'하였는데 이 '치致' 개념은 곧 '행行' 개념이었다. 이는 구체적 내용도 없이 궁리窮理하는 작태를 구제하려고 한 것이었다"라고 말한 적이 있다.[39] 이 말은 유종주劉宗周(호는 蕺山)에게서 전승된 것이다. 『명유학안明儒學案』에는 유종주의 말이 이렇게 기록되어 있다. "양지가 지이므로 지가 문견聞見에 갇혀 있지 않다는 것을 알 수 있으며, 치양지致良知가 행이므로 행이 어느 한곳에 얽매이지 않는다는 것을 알 수 있다. 지가 곧 행이며 마음이 곧 물이며 동動이 곧 정靜이며 체가 곧 용이며 공부가 곧 본체이며 형이상이 곧 형이하이다."[40] 이는 명대 양명학의 전통 속에서 이미 치양지 학

---

39) 『明儒學案』, 권10, 179쪽, "先生致之於事物, 致字卽是行字, 以救空空窮理."

설과 지행 학설의 연계성에 주의하고 있었다는 것을 말해 준다.

『전습록』에는 이런 기록이 있다.

어떤 사람이 지행은 합일되어 있지 않다고 생각하여 "아는 것이 어려운 것이 아니라 행하는 것이 어렵다"라는 두 구절을 거론했더니, 선생께서는 "양지는 저절로 아는 것이므로 원래 쉽고, 다만 양지를 '치致'하지 못하는 것이 문제이다. 이것이 바로 '아는 것이 어려운 것이 아니라 행하는 것이 어렵다'는 말의 의미이다"라고 말씀하셨다.[41]

왕수인은 『상서尙書』에 있는 "아는 것이 어려운 것이 아니라 행하는 것이 어렵다"라는 구절 속의 '아는 것'(知)은 '양지'를 가리키고 '행'은 그 양지를 실천하는 것이라고 보았다. 그리하여 양지는 옳고 그름을 아는 것으로서 본래 명백하므로 어려운 것이 아니라고 한 것이고 그 양지를 구체화시켜 행하는 것은 쉬운 일이 아니므로 어렵다고 한 것이라고 풀이하였다. 『전습록』에는 또 이런 기록이 있다.

"성인이 나면서부터 알고 편안히 행하는 것은 자연스러운 일입니다. 무슨 공부가 필요하겠습니까?"라고 물으니, 선생께서는 "지행 두 글자가 곧 공부이다. 다만 깊이와 어려움의 차이가 있을 뿐이다. 양지는 원래 정정명명精精明明하다. 예컨대 효도를 하려는 경우 나면서 알고 편안히 행하는 이들은 다만 이 양지에 따라 실제로 충실하게 효도를 다할 따름이고, 배워서 알고 좋다고 생각해서 행하는 이들은 다만 때때로 성찰하여 자각하고 이 양지를 따라서 효를 다하고자 노력하는 것일 따름이다"라고 하셨다.[42]

여기서도 옳고 그른 것을 아는 것이 양지이고 양지가 아는 것을 따라

---

40) 『明儒學案』, 「師說」, "良知爲知, 見知不囿於聞見; 致良知爲行, 見行不滯於方隅. 卽知卽行, 卽心卽物, 卽動卽靜, 卽體卽用, 卽工夫卽本體, 卽上卽下."

41) 『全書』, 권3, 84쪽, "或疑知行不合一, 以知之匪艱二句爲問, 先生曰: 良知自知, 原是容易, 只是不能致那良知, 便是知之匪艱, 行之惟艱."

42) 『全書』, 권3, 80쪽, "問聖人生知安行是自然的, 如何有甚功夫? 先生曰: 知行二字卽是功夫, 但有淺深難易之殊耳, 良知原是精精明明, 如欲孝親, 生知安行的只是依此良知實落盡孝而已; 學知利行 只是時時省覺, 務要依此良知盡孝而已."

190___양명 철학

구체적으로 실천하는 것이 곧 치양지라고 말하고 있다. 이런 논법은 모두 양지가 지이고 치양지가 행이라는 의미를 포함하고 있다.

왕수인의 주수해朱守諧에게 보낸 편지 속에서 이렇게 말하고 있다.

노형은 "사람들이 늘 하는 말로 '아는 것이 지극하지 않으면 행하는 데 힘이 없다'라는 말이 있는 것처럼, 내가 알지 못하면 어떻게 행할 수 있겠는가?"라고 질문하셨는데, 나는 "옳고 그름을 아는 마음은 사람들이 모두 가지고 있으니, 그대는 아는 것이 없다고 걱정하지 말고 알려고 하지 않는 것을 걱정하라. 아는 것이 지극하지 못할까 걱정하지 말고 안 것을 다 이뤄내지 못할까 걱정하라. 그래서 말하기를 '아는 것이 어려운 것이 아니라 행하는 것이 어렵다'고 한 것이다"라고 대답하겠습니다.[43)

이것 또한 옳고 그름을 아는 마음을 '지'에 대응시키고 '안 것을 다 이뤄내는 것'을 '행'에 대응시킨 것이다. 만년의 왕수인은 자주 『역대전易大傳』의 "지극한 곳을 알고 거기에 이른다"(知至至之)라는 구절을 언급하였는데, 이에 대해 그는 "'지극한 곳을 아는 것'은 지이고 '거기에 이르는 것'은 치지致知이다. 이것이 지와 행이 하나인 이유이다"라고 설명하였다.[44) 이 말은 고응상顧應祥(자는 惟賢, 호는 箬溪)에게 보낸 편지(「與顧惟賢書」) 속에도 나타나는데, 마찬가지로 지와 치지를 각각 지와 행에 대응시킨 것이다. 이것은 모두 양지가 지이고 치양지가 행이라는 것을 보여 숨으로써 알지 못하는 것을 걱정하지 말고 행하지 못하는 것을 걱정해야 함을 강조하고 있다.

위에 서술한 사상은 앞의 몇 절에서 이미 다룬 지행합일 사상과는 다른 점이 있다. 예를 들면 아는 것이 없음을 걱정하지 말고 행하지 못함을 걱정하라는 말은 "알면서 행하지 못하는 경우는 없다"라는 말과 일치하지 않는다. 또, 지행합일의 입장에 따르면 아는 것이 곧 행이어서 양지가 곧 치양

---

43) 『全書』, 권8, 141쪽, 「書朱守諧卷」, "守諧曰: 人之言曰'知之未至行之不力', 予未有知也, 何以能行? 予曰: 是非之心, 人皆有之, 予無患其無知, 惟患不肯知耳. 無患其知之未至, 惟患不致其知耳, 故曰'知之非艱, 行之惟艱'."

44) 『全書』, 권5, 108쪽, 「與陸原靜二」, "知至者知也, 至之者致知也, 此知行之所以一也."

지가 되겠지만 왕수인은 당연히 여기에 찬성하지 않을 것이다. 왕수인 만년의 양지설은 바로 양지와 치양지를 명확히 구분하려는 것이었다. 그는 사람들 모두가 본래 양지를 가지고 있는데 다만 그 양지를 사물 하나하나에 전부 실천하지 못할 뿐이라고 보았다. 이는 분명히 지와 행을 구별하는 사유 방식으로, 지행합일의 사유 방식과는 같지 않다. 지행합일은 지와 행 사이의 동일성을 강조한 것이다. 그런데 "알면서 행하지 않는 것은 다만 알지 못하는 것이다"라는 말을 양지와 치양지에 적용시키면 "양지를 실천으로 이뤄내지 못하면 알지 못하는 것이다"라는 말이 되어 '양지'를 '알지 못하는 것'과 같은 것으로 보게 되는데, 이것은 확실히 왕수인이 받아들일 수 없는 이론이다. 이것도 양지와 치양지의 학설이 종전의 지행 본체라는 표현과는 중점을 달리한다는 것을 보여 준다고 하겠다.

치양지 사상에는 더 이상 양지(知)와 치양지(行)의 상호 포함, 상호 삼투의 의미가 없다. 치양지 학설에서는 논리적으로 양지가 이미 치양지에 선행한다. 이러한 측면에서 말하면 왕수인 만년의 치양지 사상 속에서는 이제 더 이상 "지知 속에 행行이 있고 행 속에 지가 있으며 지가 곧 행이며 행이 지가 곧 행이다"라는 사상을 강조하지 않게 되었다고 할 수 있다. 물론 '지행합일'이든 '치양지'든 이들은 모두 아는 것을 실천으로 옮겨야 한다는 것을 강조하고 있다. 이 둘은 단지 동일한 목적에 이르기 위한 서로 다른 방식일 뿐이다.

'지행합일'과 같은 명제는 '리일분수理—分殊'와 마찬가지로 해석의 가능성이 아주 풍부하다. 지와 행에 대한 이해는 철학자마다 늘 달랐으며, '합일'은 본체의 합일을 가리킬 수도 있고 공부의 병진을 가리킬 수도 있다. 따라서 왕수인 전후와 동시대의 많은 철학자들이 지행합일이라는 명제 형식을 사용한다고 해서 그들의 사상이 왕수인의 지행관과 일치한다고는 볼 수 없다. 결국 각 철학자들이 말하는 지행합일은 반드시 그 논술의 구체적인 맥락과 전체 체계에 따라서 정확한 해석을 내려야 하는 것이다.

## 4) 지행합일의 공부

지행합일설의 구체적인 공부의 의미도 주의해 볼 만한 문제이다. 왕수인은 지행합일설을 논할 때 항상 지행은 둘로 나눌 수 없다고 강조하였다. 이 '둘로 나눈다'는 말은 '이론상에서'(혹은 범주상에서) 지와 행의 상호 삼투를 부정하는 것일 뿐만 아니라 '실천상에서' 본래 하나의 공부였던 지행을 분리시키는 것을 가리킨다. 그래서 그는 늘 지행은 둘로 나눌 수 없다고 강조하였던 것이다.

왕수인은 여러 곳에서 다음과 같은 견해들을 보였다. "성학은 단지 하나의 공부이므로 지행을 둘로 나눌 수 없다",45) "지행 공부는 본래 서로 분리될 수 없다",46) "원래 단지 하나의 공부일 뿐이므로 무릇 지행에 대한 옛사람들의 말은 모두 하나의 공부에 치우친 것을 보충하고 폐단에서 구제하기 위해 한 것이었다. 따라서 요즘 사람들이 절연하게 두 가지 일로 나누어 추구하는 것과는 같지 않다",47) "지행은 원래 두 용어로써 하나의 공부를 말하는 것이다. 그 근본을 분명하게 알게 되면 지행을 둘로 나누어 말하더라도 결국은 하나의 공부로 보게 된다."48) 그러므로 왕수인의 "나는 지행을 하나인 것으로 말하려 한다"라는 말은 개념을 가리키는 동시에 공부를 가리키기도 한다.

따라서 중요한 문제는, 송유들 이후로 치지를 지로 여기고 역행을 행으로 여기고 있는 상황에서 왕수인이 지행합일설을 제기한 까닭이 무엇이냐 하는 데 있다. 말하자면 그는 치지를 행이라 하고 역행을 지라고 하기만 하면 모든 문제가 해결될 수 있다고 본 것이 아니라 근본적으로 치지와 역행을 하나하나의 활동 속에 늘 밀접하게 결합되도록, 즉 지행이 병진되도록

---

45) 『傳習錄』上; 『全書』, 권1, 41쪽, "聖學只是一個功夫, 知行不可分作兩事."
46) 『全書』, 권2, 54쪽, 「答顧東橋」, "知行工夫本不可離."
47) 『全書』, 권6, 115쪽, 「答友人問」, "元來只是一個工夫, 故凡說知行皆是就一個工夫上補偏救弊說, 不似今人截然分作兩件事做."
48) 『全書』, 권6, 115쪽, 「答友人問」, "知行原是兩個字說一個工夫. 若頭腦處見得分明, 則雖把知行分作兩個說, 畢竟將來做那一個工夫."

만들려고 했다는 것이다. 이런 의미에서 말하면 이른바 "지는 행의 시작이고 행은 지의 완성이다", "지는 행의 주의이고 행은 지의 공부이다", "지의 진지하고 독실한 면이 바로 행이고 행의 명확히 알고 정미하게 살피는 면이 바로 지이다"라는 말들은 모두 지·행 개념의 연결에 중점을 두고 있고, "행하지 않으면 지라고 할 수 없다"와 같은 명제만이 지행합일설의 실천 정신과 공부로서의 의의를 드러내고 있다고 할 수 있다. 이른바 '하나의 공부'라는 말은 어떤 순간에도 사람은 부단히 의식의 도덕 수양을 진행하고 윤리 활동의 실천에 종사해야 한다는 의미이다.

『전습록』하권에는 왕수인이 제자의 질문에 답하면서 지행합일의 구체적 공부에 대해 논하는 부분이 기록되어 있다.

한 문인門人이 "지행이 어떻게 합일적일 수 있겠습니까? 예컨대 『중용』에서 '널리 배운다'라고 하고 또 '독실하게 행한다'라고 한 것을 보면 지행이 둘인 것이 분명합니다"라고 하자, 선생께서는 "널리 배운다는 것은 단지 일마다 이 천리를 보존시킨다는 뜻이고, 독실히 행한다는 것은 단지 배우는 것을 그치지 않는다는 뜻이다"라고 대답하셨다. 또 "『역』에서는 '배움으로써 모은다' 하고 또 '인仁으로써 행한다' 하였는데 이것은 어떻게 해석할 수 있겠습니까?"라고 물으니, 선생께서는 "이것도 마찬가지이다. 일마다 이 천리를 보존하도록 배우면 더 이상 이 마음을 놓치는 일이 없을 것이다. 그래서 '배움으로써 모은다'라고 한 것이다. 이 천리를 보존하도록 배워서 더 이상 사욕에 의해 단절되지 않으면 이것은 바로 이 마음이 인仁을 끊임없이 발현하는 상태이다. 그래서 '인으로써 행한다'라고 말한 것이다" 하고 대답하셨다. 다시 "공자께서 '앎은 거기에 이르렀지만 아직 인으로 그것을 지키지 못한다'라는 말씀을 하셨으니 지와 행은 여기서도 두 가지 일입니다"라고 하니, 선생께서는 "이르렀다고 했으니 이미 행한 것이다. 단지 늘 행하지는 못하기 때문에 사욕에 의해 끊김이 생기고, 그래서 그 사람의 인의 정도는 아직 그것을 지키지 못하는 것이다"라고 말씀하셨다.[49]

---

49) 『全書』, 권3, 84쪽, "門人問: 知行如何得合一? 且如『中庸』言'博學之', 又說個'篤行之', 分明知行是兩件. 先生曰: 博學只是事事存此天理, 篤行只是學之不已之意. 又問: 『易』'學以聚之', 又言'仁以行之', 此是如何? 先生曰: 也是如此. 事事去

이것을 통해 이른바 '하나의 공부'란 일이 있든 없든 늘 천리를 보존하고 사욕을 제거하는 것임을 알 수 있다. 일이 없을 때 늘 천리를 보존하고 인욕을 제거하려는 마음을 품고 있으면 지知이면서 또한 행行이고, 일이 있을 때도 마찬가지로 늘 천리를 보존하고 인욕을 제거하면 행이면서 또한 지이다. 끊임없이 천리를 보존하고 인욕을 제거하는 과정 속에서 지행은 합일을 이룬다. 이 공부가 바로 성학聖學 공부이다.

## 3. 지행합일의 분석

현대 철학자들, 특히 라일(Gilbert Ryle)과 같은 철학자는 지력智力을 나타내는 형용사(intelligence-epithets)의 서술적 성질을 연구하는 데 많은 관심을 기울였다. 그에게 있어 '어떻게 하는지를 알다'(Knowing how)와 '무엇인지를 알다'(Knowing what)의 구분은 전체 분석에 있어 중요한 기초였다.

라일은 『마음의 개념』 제2장에서 나무 가지를 어떻게 다듬는가를 아는 것, 악기를 어떻게 다루는가를 아는 것, 바둑을 어떻게 두는가를 아는 것, 요리를 어떻게 하는가를 아는 것은 독일어에서 '칼'이 'Messer'라는 것을 아는 것이나 '서섹스'(Sussex)가 영국의 한 주라는 것을 아는 것과 비교해 볼 때 비록 다같이 '앎'에 속하는 것이기는 하나 어떤 차이점이 있다고 지적하였다. 라일은 다음과 같이 말한다.

사람들이 농담을 제대로 하고 말을 어법에 맞게 할 줄 안다고 말할 때, 또 장기를 어떻게 두는지, 낚시를 어떻게 하는지, 변론을 어떻게 하는지를 안다고 말할 때 이것의 의미는 무엇인가? 부분적인 의미로는 그가 이런 일들을 아주 잘 해낸다는 것, 즉 아주 정확하고 아주 효율적으로, 혹은 아주 성공적으로 해낸다는 것을 가리킨다. 말하자면, 그의 수행 능력이 어떤 표준에 도달

학존차천리, 칙차심갱무방실시, 고왈학이취지. 연상학존차천리, 갱무사욕간단, 차즉시차심불식처, 고왈인이행지. 우문:공자언'지급지, 인불능수지', 지행각시 양개사. 선생왈: 설급지이시행료, 단불능상상행, 이위사욕간단, 변시인불능수."

했다는, 혹은 어떤 기준들을 충족시킨다는 것을 나타낸다.50)

우리들이 '영민하다', '우둔하다', '신중하다', '덤벙댄다'와 같은 지력을 나타내는 형용사로 어떤 사람을 나타낼 때는, 그가 이러저러한 진리를 인식하였는지의 여부를 가리키는 것이 아니라 그가 어떤 일을 할 수 있느냐의 여부를 언급하는 것이다.51)

그는, 일반인들은 대개 이지理智 활동(지적 수행, 예컨대 학문사변)을 심리의 활동이나 행위로만 간주하려 들지만 사실상 이지 활동 자체는 결코 이성적 활동이나 그 활동의 결과가 아니라 일종의 실천, 즉 '지력' 실천이라고 주장했다. 이런 실천과 연계된 '어떻게 하는지를 아는 것'은 '무엇인지를 아는 것'과 같지 않다. 라일은 '어떻게 하는지를 아는 것'과 '무엇인지를 아는 것'을 혼동하게 되면 다음과 같은 결과를 초래한다고 말한다. "그로 말미암아 필연적으로 지력 활동 이전에 먼저 관념상에서 어떤 규칙과 표준이 있다는 것을 승인할 수밖에 없게 된다. 말하자면, 행위자가 먼저 내면의 지적 과정을 거쳐 해야 할 일과 관련된 어떤 명제(예컨대 격률 등)를 인식해야만 비로소 그 요구에 근거해서 자신의 행위를 수행할 수 있다고 여기게 되는 것이다." 라일은 이런 지선행후설을 조소하면서 다음과 같이 말한다.

요리사는 반드시 먼저 요리책을 외워야만 책에 쓰인 대로 요리를 할 수 있고, 영웅은 반드시 먼저 어떤 적절한 도덕 율령을 묵송해야만 격류에 뛰어들어 물에 빠진 사람을 구해낼 수 있으며, 장기 기사는 반드시 먼저 모든 관련된 길과 규칙을 전반적으로 고려한 뒤에야 비로소 정확하고 숙련된 일보를 내디딜 수 있다는 말과 같다. 이런 주지주의의 전설(Intellectualist Legend)에 따르면 어떤 사람이 한 가지 일을 하려 할 때 그가 하려는 일인 이 활동은 줄곧 두 가지 일로 나뉘어야 한다. 말하자면 먼저 적당한 명제 혹은 규정을 고려해

---

50) 라일, 『心的槪念』, 上海譯文出版社, 1988, 23쪽(이한우 역, 『마음의 개념』, 문예출판사, 1994. 35쪽). 원서는 Gilbert Ryle의 *The Concept of Mind* (Barnes & Noble Inc. 1949)이다.
51) 라일, 『心的槪念』, 23쪽(이한우 역, 『마음의 개념』, 35쪽).

야 하고 다음에 그것들을 실천으로 옮겨야 한다는 것이다. 즉 먼저 이론적인 작업을 하고 난 뒤에 실천적인 작업을 해야 한다는 것이다.[52]

라일은 지력 행위가 "사고와 실천의 이중 활동을 함유한다"는 관점을 비판하고 "먼저 성공적인 실천이 있고 난 뒤에 실천을 총결하는 이론이 있게 된다"[53]라고 말하면서, 많은 지력 행위의 완성들은 미리 규칙을 만들어 놓은 위에 이루어지는 것이 아니므로 사람은 일을 어떻게 해야 하는지를 규정한 명제를 고려하지 않은 상황에서도 충분히 그 일을 해낼 수 있다고 주장했다.

라일은 또 지력과 관련된 기능을 배우는 문제도 언급했는데, 그는 다음과 같은 것을 지적하였다. 만약 어떤 사람이 장기 규칙을 정확하게 외울 수 있을 뿐이라면 그가 장기를 '어떻게 두는지 안다'고 말할 수 없다. 그는 반드시 장기 규칙에 부합하는 길로 갈 줄 알아야 한다. 그가 구비한 '어떻게'와 관련된 지식은 주로 자신이 말을 옮겨 놓거나 혹은 승인하는 길 속에서 발휘된다. 따라서 그가 실전에 응용할 수 있도록 장기 규칙을 이해했는지를 보여 주는 것은 그가 머릿속에서 생각하거나 입으로 말하는 것을 통해서가 아니라 실제로 장기판 위에서 장기를 두는 것을 통해서이다. 마찬가지로 권투 선수의 총명함과 재지才智는 주먹을 내지르고 상대의 주먹을 피하는 동작 속에 드러나는 것이지 권투 기술과 관련된 명제를 받아들이거나 부정하는 데서 드러나는 것이 아니다. 마찬가지로 외과 의사의 기술은 그가 의학 진리를 열거할 수 있는 데서 발휘되는 것이 아니라 단지 그의 두 손의 정확한 조작에서 발휘되는 것이다.

라일의 이론은 주로 개체의 지력 활동에 착안한 것이다. 그의 사상은 인식과 실천의 문제를 밝히는 데 있어서 유물주의 인식론의 결론에 접근하였지만, 총체적인 인식·고찰에 있어서는 마르크스주의 인식론이 한층 더 우월성을 갖는다. 변증법적 유물론에서 말하는 실천이 인식의 기초라는 관

---

52) 라일, 『心的槪念』, 24~25쪽(이한우 역, 『마음의 개념』, 34쪽).
53) 라일, 『心的槪念』, 24~25쪽(이한우 역, 『마음의 개념』, 34쪽).

점, 즉 사회 실천이 일체 지식의 유일한 기원이라는 관점, 그리고 이론과 실천의 변증적 연결·전화轉化 등에 관한 관점은 지행 문제의 인식 기원과 인식 과정의 문제에 있어 새로운 발전이다. 그런데도 여기서 특별히 라일의 학설을 언급한 까닭은 바로 그의 이론과 왕수인의 지행합일설이 최소한 형식적 측면에서는 유사한 특징을 갖고 있기 때문이다.

지력과 관련된 심리 술어, 예컨대 '기민하다', '영민하다' 등의 술어는 이론상의 지식을 가리키는 것이 아니라 어떤 일을 할 수 있느냐의 여부를 가리키는 것이므로 이런 '심리 술어'는 심리 행위를 묘사하는 것이 아니라 외부 행위를 묘사하는 방식이라고 말하는 라일의 주장을 보고 있으면 아주 쉽게 왕수인의 도덕성 형용사 혹은 덕성 술어에 대한 관점을 연상하게 된다. 왕수인은 효제충신孝悌忠信 등의 술어가 사람됨을 묘사하는 데 쓰일 때는 어떤 율령에 대한 지식을 갖추고 있느냐의 여부를 가리키는 것이 아니라 행위 실천 속에서 이런 규범을 완성시킬 수 있느냐의 여부를 가리키는 것이라고 보았다. 라일이 지적한 '어떻게 하는지를 안다'(knowing how)는 것과 마찬가지로 윤리 실천 속의 '앎'은 결코 '행'을 떠날 수 없다. 라일은 어떤 사람이 장기를 어떻게 두는지 안다는 것은 그것을 어떤 규칙에 부합되게 할 수 있다는 의미라고 했으며, 왕수인도 "어떤 사람에 대해 그가 효도할 줄 알고 공경할 줄 안다고 평가하려면 반드시 그 사람이 효도와 공경을 실천하고 있어야 한다. 그래야 그가 효도할 줄 알고 공경할 줄 안다고 평가할 수 있는 것이다. 효도와 공경에 대한 말들을 안다고 해서 효도와 공경을 안다고 평가할 수야 있겠는가?"[54]라고 지적했다.

활동이란 먼저 사유하고 뒤에 행동하는 것이 아니라는 라일의 견해는 '선지후행先知後行'을 반대한 관점이다. 사실상 그의 이론은 주로 '선지후행'을 비판하기 위해 제기된 것이었다. 이것은 왕수인이 직면했던 문제와 형식상에서도 매우 흡사하다. 라일이 비판한 '이중성'은 주로 '사고가 선행하고

---

54) 『傳習錄』 上; 『全書』, 권1, 38쪽, "就如稱某人知孝知弟, 必是其人曾行孝弟方可稱他知孝知弟, 不成只曉得說些孝弟的話便可稱爲知孝知弟?"

실천은 뒤에 있다'는 관점을 가리킨다. 라일은 지식이란 총체적으로 성공적인 실천이 먼저 있어서 그 기초가 되어야 할 뿐 아니라 개체들의 학습(예컨대 장기 두는 법을 배우는 것) 과정 자체도 지행이 합일되어야 한다고 보았다. 이미 어떤 기능을 장악한 사람에 대해 말하면, 지력 활동(예컨대 장기를 두는 것) 자체도 반드시 이론적 작업을 먼저하고 나서 실천적 작업을 하는 것이 아니다. 장기 배우는 것에 관한 라일의 관점은 왕수인의 "배웠으면서 행하지 않은 경우는 없다"(未有學而不行者)라는 입장이나 "어찌 단지 그냥 입과 귀로 강론하는 것을 대뜸 배우는 것이라고 할 수 있겠는가?"(豈徒懸空口耳講說而遂可以謂之學乎)라는 비판에 아주 접근해 있다.

물론 라일 이론의 출발점과 그가 해결하고자 했던 문제들, 그가 토론한 중점 등은 모두 왕수인과 매우 큰 차이가 있다. 그의 전체적 비판은 데카르트 식의 신심이원론身心二元論을 겨냥한 것이었으며 논리 분석을 수단으로 삼는 그의 방식은 현대 철학의 특색이었다. 그의 행동주의의 입장은 더더욱 왕수인이 알 수 있는 것이 아니었다. '어떻게 하는지를 안다'(Knowing how)는 경우에 있어서도 왕수인이 다룬, 효도할 줄 알고 공경할 줄 아는 것 등은 '어떻게 하는지 아는' 지知에 속하지 않는다. 이것들은 모두 왕수인과 라일의 다른 점들이다. 사실상 왕수인이 사용한 '지'의 일반적인 의미에 대해서 말하면 거기에는 다양한 성질과 형태를 가진 지知가 포함되어 있다. 왕수인이 관심을 둔 활동은 지력성 활동이 아니라 도덕성 활동이었다.

그러나 어쨌든 왕수인이 말한 '효성스럽다'는 덕성 술어나 '효도할 줄 안다'는 덕성 지식은, 준칙에 대한 의식의 지성적 이해를 가리키는 것이 아니라 행위에서 정확하게 이런 성질을 드러낼 수 있음을 가리킨다. 그렇기 때문에 이런 심리 술어는 단순한 심리 특질만을 가리키는 것이 아니라 심리 특질이 발휘되는 모든 행위 방식을 가리키는 것이다. 이런 측면에서는 분명히 라일의 설명과 상통한다. 왕수인과 라일은 모두 최소한 어떤 지식들은 지행합일적이라는 것을 승인했으며 다같이 선지후행을 반대했다. 이것은 그들이 각자 다른 영역에서 인류의 지식과 행위의 활동과, 이런 활동을 반영하는 지행 범주와 이론 사이의 상호 관계를 들춰냈다는 것을 보여 준다. 이런 의미에서 말하면 라일의 이론은 왕수인의 지행 학설을 해석하고 이해할 수 있는 하나의 새로운 가능성을 제공한다고 볼 수 있다.

윤리학 자체에서 말하면, '효성스럽다' 혹은 '효도할 줄 안다'는 모두 도덕 평가에 속하지만 도덕 실천의 평가는 동기와 행위의 결합을 기초로 한다. '도덕성'은 단지 선한 동기에 머물러서는 안 되고 "지知는 행行을 공부(실천 역량)로 삼으므로"(知以行爲功), 선한 동기는 반드시 행위를 빌려야만 자기를 실현할 수 있다. 이런 점에서 보면 지행합일은 심외무리心外無理 즉 심즉리心卽理의 설이 강조하는 내용과는 다르다. 심즉리설은 내재 의향의 도덕성이 선의 본질임을 강조한 것이고, 지행합일설은 의향의 도덕성은 반드시 실천을 통해 자기를 현실적 도덕성으로 실현해야 한다는 점을 강조한 것이다. 지행합일의 입장에서 선한 동기는 선을 완성시키는 출발점일 뿐이지 결코 선의 완성이 아니다. 심지어 실천으로 구체화되지 못하면 의향의 선은 진정한 선이 아니라고 여긴다.—비록 행위의 합법성이 곧바로 의향의 도덕성을 증명해 주는 것은 아니라 하더라도— 이 점에 대해 칸트는 충분한 주의를 기울이지 못했다. 이것 또한 왕수인의 지행합일설을 포함한 송명 리학의 지행관이 윤리학 영역에서 나름의 가치를 갖는 부분이다.

# 제6장 성의와 격물

육구연이 『맹자』를 자기 사상의 기초 자료로 삼은 것과 달리, 왕수인 철학의 개념과 구조는 『대학』과 밀접한 관계를 맺고 있다. 이는 왕수인이 송학宋學과 주희로부터 많은 영향을 받았음을 보여 주는 한 증거가 된다.

우리는 주희의 철학이 그 방법론에서 『대학』의 이른바 '격물치지格物致知'의 문제를 특히 중시했음을 알고 있다. 주희는 유가 경전의 새로운 해석에 온 힘을 바쳤는데, 『대학』의 몇 가지 주요 개념에 대한 해석은 그의 경전 해석 체계 속에서 매우 중요한 위치를 차지한다. 그는 소년 시절에 이미 『대학』을 배웠고 임종 직전까지도 『대학장구大學章句』를 수정했다. 이처럼 그는 초인적인 학식과 지력으로 일생을 이 한 편의 짧은 문헌을 정리하고 해석하는 데 바쳤다. 우리는 이를 통해 경전의 권위에 대한 주희의 존중심을 알 수 있으며, 고전의 지혜를 취하고 아울러 새로운 것을 창조하여 인류 문화의 가치를 발전시키려고 한 그의 신념을 짐작할 수 있다.

주희의 그런 노력은 광범위한 영향을 낳았다. 이때부터 사상계는 격물치지의 문제로 뒤덮였고, 격물과 치지는 송명 리학 내에서 가장 풍부한 생명력을 지닌 범주가 되었다. 송宋·원元·명明·청淸 네 시대의 많은 유가 학자들이 각자의 이해에 근거하여 내린 격물과 치지에 대한 서로 다른 해석들은 이 시기의 학술 번영을 촉진하였고, 유가의 경전 해석 전통도 이로부터 더욱 발전하게 되었다. 격물과 치지에 대한 이런 해석들은 중국 철학

고유의 고전 해석학의 형태를 대표적으로 반영하고 있다.

왕수인은 이러한 학술 분위기 속에서 성장하였다. 문제를 사고하고 범주를 사용하는 그의 방식은 『대학』의 기본 관념에서 영향을 받지 않은 것이 없었다. 사실 왕수인의 초기 사상을 사로잡은 주요 과제는 바로 『대학』의 '격물' 문제였다. 그가 해결하고자 시도한 문제와 그의 철학 체계를 구성한 맥락도 여전히 『대학』을 벗어나지 않았다. 그의 『대학고본방석大學古本旁釋』과 「대학문大學問」은 그 자신의 기본 사상을 표현하는 데에 그치는 것이 아니라 주희의 『대학장구』·『대학혹문大學或問』 이후에 등장한 『대학』의 새롭고 중요한 해석 방향을 대표하게 된다. 이로 인해 심학 사상도 경전 해석의 형태를 가지게 되었는데, 이는 육구연의 "육경六經이 나를 주석하는 것이지 내가 어찌 육경六經을 주석하겠는가!"(六經注我, 我何注六經)라는 입장과 명백한 차이가 있는 것이다.


## 1. 『대학』 고본과 그 서문

『대학』의 원 모습은 어떠한지, 즉 한당漢唐 이래 전해져 온 고본古本에 빠진 글이나 뒤섞인 글이 있는지의 여부는 송대宋代 이래의 유가 경전학에서 반복해서 되풀이되어 온 논쟁이었다.

『대학』은 본래 『예기禮記』 제42편의 내용으로 실려 있었는데, 그 내용은 두 부분으로 나누어 볼 수 있다. 한 부분은 '명명덕明明德'·'친민親民'·'지어지선止於至善' 세 항목의 기본 원칙(三綱領) 및 '격물格物'·'치지致知'·'성의誠意'·'정심正心'·'수신修身'·'제가齊家'·'치국治國'·'평천하平天下' 여덟 항목의 방법(八條目)을 제기한 것이고, 다른 한 부분은 세 항목의 원칙과 여덟 가지 방법에 대한 해설과 논증이다. 주희는 삼강령三綱領·팔조목八條目을 제기한 첫 번째 부분을 '경經'이라 불렀고 두 번째 부분, 즉 삼강령·팔조목에 대한 해석 및 그 상호 관계를 언급한 부분을 '전傳'이라 불렀다. 주희는 '전'이라 불린 부분을 연구하면서 이 부분이 기본적으로 삼강령·팔조목을 차례에 따라 조목조목 풀이한 것임을 확신하였는데, 그 과정에서 '치지재격물致知在格物'(앎을 이루는 방법은 사물을 궁구하는 데 있다)과 '성기의재격물誠其意在格物'(생각을 성실하게 만드는 방법은 사물을 궁구하는 데 있다)에 대한 논증이 빠져 있을 뿐 아니라 '정기심재성기의正其心在誠其意'(마음을 바르게 하는 방법은 생각을 성실히 하는 데 있다)에 대한 논증도 팔조목의 순서에 따르지 않고 전傳의 첫 부분에 놓여 있음을 발견하였다. 그래서 주희는 『대학』 본문의 면모에 대해 의문을 품었던 북송 유학의 전통을 계승하여, '성의誠意'를 풀이하는 전傳의 글이 팔조목의 제자리에 놓여 있지 않는 것은 '죽간이 뒤섞였기'(錯簡) 때문이고 전체 글 가운데 '성의재치지誠意在致知'와 '치지재격물致知在格物'에 대한 풀이가 없는 것은 '글이 빠졌기'(闕文) 때문이라고 보았다.

주희의 『대학장구』에서 가장 중요한 작업은 다음 두 가지이다. 첫째는 '격물치지格物致知의 전傳을 보완하여' 이른바 궐문闕文으로 인해 생긴 불연속을 메운 것이다.(물론 주희는 이렇게 傳을 보완한 것이 유실되기 전의 원문에 완벽하게 근접한 것이라고는 생각하지 않았다. 그는 다만 이것이 二程의 사상에 근거하여 읽는 이들에게 참고가 되도록 하기 위해서일 뿐이라고 밝혔다.) 둘째는 전傳 가운데 '성의誠意'에 대한 풀이를 '정심正心'에 대한 풀이의 앞으로 옮긴 것이다. 후세의 사람들은 이를 두고 "글을 옮기고 전傳을 보완하였다"(移其文, 補其傳)며 비판을 가하였다. 그러나 사실 이런 방식이 주희로부터 시작된 것은 아니다. 북송北宋의 이정二程 형제도 『대학』을 개정하였는데, 그들은 주희처럼 『대학』에 빠진 글이 있다고는 생각하지 않았지만 글의 내용이 조금 뒤바뀌었다고 보기는 하였다. 이러한 사실은 『대학』의 구조와 문장에 확실히 정연하게 풀이되기 어려운 부분이 있다는 점을 설명해 준다.

주희의 『대학장구』는 송말宋末 이후 가장 널리 알려진 판본이 되었고, 원대元代에는 과거科擧의 공령功令으로 받들어져 보편적인 권위를 갖게 되었다. 그리하여 주희가 장구章句를 나눈 『대학』의 개정본은 정현鄭玄이 주석한

『대학』 고본에 상대하여 '신본新本'이라 불리게 된다. 그러나 남송 이래로 주회와 의견을 달리하는 학자들도 적지 않았다. 이들은 기본적으로 이정二程과 가까워서, 『대학』에는 분명히 뒤섞인 글이 있지만 빠진 글이 있는 것은 아니라고 하여 주회가 '전傳'을 보완한 것에 반대하였다. 그러나 어느 곳에서 글이 뒤섞였는가 하는 문제에서는 학자들마다 주장이 달랐다. 그 가운데 주요한 것으로는 다음 몇 가지의 의견이 있다.

첫째, "공자께서 말씀하시기를 '소송을 듣고 해결해 주는 것은 나도 다른 사람 정도는 되지만, 굳이 내가 추구하는 것을 말해 본다면 소송이 일어나지 않도록 하는 일이다'라고 하셨다. 진실됨이 없는 사람이 그 말을 다하지 못하게 되는 것은 백성의 마음을 크게 두렵게 하기 때문이다. 이를 일러 근본을 안다고 하고 이를 일러 앎의 지극함이라 한다"(子曰聽訟吾猶人也, 必也使無訟乎? 無情者不得盡其辭, 大畏民志, 此謂知本, 此謂知之至也)라는 단락을 '치지재격물致知在格物'의 풀이로 삼는 것으로, 이 주장에 의하면 전傳을 보완할 필요가 없다. 동괴董槐 같은 이가 이 설을 지지한다.

둘째, 경문經文 가운데 "그쳐야 할 곳을 안 뒤에야 정향定向이 생기고, 정향이 생긴 뒤에야 평정平靜을 얻으며, 평정을 얻은 뒤에야 모든 상황을 안온하게 받아들일 수 있게 되고, 모든 상황을 안온하게 받아들일 수 있게 된 뒤에야 문제를 사유할 수 있으며, 문제를 사유할 수 있게 된 뒤에야 성과를 얻을 수 있다"(知止而后有定, 定后能靜, 靜而后能安, 安而后能慮, 能慮而后能得)라는 단락과 위에 거론한 "자왈청송오유인야子曰聽訟吾猶人也"로 시작하는 한 단락을 합쳐서 치지격물致知格物의 풀이로 삼는 것인데, 정제鄭齊의 개정본 같은 것이 그러하다.

셋째, 원래 전傳의 제2장 "『시경』에 이르기를 '저 기수 굽이진 곳을 바라보니"(詩云瞻彼淇澳)로 시작하는 한 절과 "자왈청송오유인야"로 시작하는 단락을 합하여 격물치지의 전으로 삼는 것인데, 유지劉漬의 개정본 같은 것이 그러하다.

넷째, "시운첨피기욱詩云瞻彼淇澳"으로 시작하는 단락을 독립적으로 격물

치지의 전으로 삼아 '성의誠意'장의 앞으로 옮긴 것이다.[1]

이에 반해 왕수인은 한결같이 고본이 옳다고 보았다. 빠진 글도 없고 뒤섞인 글도 없으며 그 글이 본래 정확하므로 통하지 않는 부분이 없다는 것이다. 문인 서애徐愛는 『전습록』의 「인언引言」에서 "선생님은 『대학』의 격물 등 여러 논의에 대해 모두 구본舊本이 바르다고 하셨는데, 이는 선유先儒들이 잘못된 판본이라고 한 바로 그 판본이다. 나는 처음 이 말을 듣고 놀랐고 이어서 의문을 품었다. 그 뒤 심혈을 다해 사색하고 여러 방향으로 비교 검토하고서 선생님께 질정한 뒤에야 선생님의 이론이 물의 차가움과 같고 불의 뜨거움과 같아서, 확실히 백세百世 이후의 성인을 상대해도 궁지에 몰리지 않을 것이라는 확신을 갖게 되었다"[2]라고 말하고 있다.

『전습록』의 첫 번째 조에는 『대학』의 '친민親民'에 관한 서애와 왕수인의 문답이 실려 있는데, 거기서 왕수인은 서애에게 왜 구본舊本의 '친親'이 정확하고 주희 개정본의 '신新'은 정확하지 않은지를 해설해 주고 있다. 「연보」에 따르면 이 토론은 정덕正德 7년(壬申, 1512)에 고향으로 돌아가는 길에 이루어졌는데, 이는 왕수인이 북경의 이조吏曹 벼슬이 끝날 무렵에 이미 구본이 옳다는 관점을 가지고 있었음을 보여 준다. 또 정덕 10년(1515) 봄 담약수가 어머니의 관을 모시고 남쪽으로 돌아오다가 남경에서 왕수인과 『대학』 고본에 관해 벌였던 토론에 따르면, 담약수도 그 이전에는 『대학』 고본에 관한 왕수인의 상세한 입장을 미처 이해하지 못하고 있었다. 담약수는 정덕 6년(1511)에 줄곧 왕수인과 함께 북경에서 강학을 하다가 정덕 7년(1512) 2월에 안남安南으로 파견되었는데, 이것으로 미루어 볼 때 『대학』 고본에 관한 왕수인의 관점은 정덕正德 6년(1511) 이전까지 형성되지 않았다고 할 수 있다. 「연보」의 정덕 13년(1518), 『대학고본방석大學古本旁釋』 간행에 관한 조에는 다음과 같이 기술되어 있다.

---

1) 以上은 傅武光, 『四書學考』 第18集(台灣師範大學國文研究所 集刊) 참조.
2) 『傳習錄』 上; 『全書』, 권1, 37쪽, "先生於『大學』格物諸說, 悉以舊本爲正, 盖先儒所謂誤本者也. 愛始聞而駭, 旣而疑, 已而殫精竭思, 參互錯綜, 以質於先生, 然後知先生之說若水之寒, 若火之熱, 斷斷乎百世以俟聖人而不惑者也."

선생께서 용장에 계실 때 주자의 『대학장구』는 성문聖門의 본지本旨가 아닌 듯하다고 의문을 품고서 고본古本을 직접 쓰고 침잠하여 읽으며 정밀하게 사색하셨다. 그리하여 비로소 성인의 학문이 본래 간이하고 명백하므로 그 책은 단지 한 편篇으로 구성되어 있어서 본래 경經과 전傳의 구분이 없는 것이라고 확신하셨다. 또한 격물치지는 성의에 근본을 두므로 본래 보충해야 할 결전缺傳이 없다고 보셨다.[3]

그러나 현존하는 자료로는 정덕 6년(1511) 이전에 왕수인이 고본을 신뢰하는 태도를 가지고 있었음을 증명할 길이 없다. 따라서 용장 시절(正德 3~4년, 1508~1509)에 왕수인이 고본을 신뢰했다고 한 「연보」의 기록을 인정하기에는 증거가 부족하다.

당시에 주희 철학은 강력한 권위를 갖고 있었고, 『대학』에 대한 그의 연구는 대체로 세상사람들에게 칭송되고 있었다. 그러나 왕수인은 다른 생각을 갖고 있었는데, 그는 "『대학』 고본은 곧 공자의 문하에서 전해져 온 구본舊本이다. 주자는 그것에 탈자·오자가 있지 않을까 의심하여 수정하고 보완·편집하였으나, 나는 거기에 본래 탈자·오자가 없다고 여기므로 모두 구본대로 따를 뿐이다"[4]라고 하였다. 서애의 말에서도 짐작할 수 있듯이 이는 당시 사람들이 들었을 때 깜짝 놀랄 일이 아닐 수 없었다. 기존 권위에 대한 이러한 도전은 강렬한 비판을 야기하기도 했지만 다른 한편으로는 사상의 해방을 촉진시키기도 했다. 그리하여 얼마 지나지 않아 많은 저명한 학자들(예컨대 湛若水, 方獻夫)[5]이 『대학』 고본을 믿게 되었다.

'장章·구句에 대한 분석' 자체로만 말하면 고본을 신뢰함으로써 유리해진 점은 다음과 같다. '성의誠意'에 대한 해석이 경문經文의 뒤, 전문傳文의

---

3) 『全書』, 권32, 「年譜」, '戊寅條', "先生在龍場時疑朱子『大學章句』非聖門本旨, 手錄古本, 伏讀精思, 始信聖人之學本簡易明白, 其書止爲一篇, 原無經傳之分. 格致本於誠意, 原無缺傳可補."
4) 『全書』, 권2, 66쪽, 「答羅整庵少宰」, "大學古本乃孔門相傳舊本耳, 朱子疑其有所脫誤而改正補輯之, 在某則謂其本無脫誤, 悉從其舊而已矣."
5) 담약수는 『大學測』이라는 저서를 썼고 방헌부는 『大學原』이라는 저서를 썼다. 왕수인이 담약수와 방헌부에게 보낸 편지에 따르면, 두 사람은 모두 正德 末年에 古本을 믿게 되었다.

첫머리에 자리해 있으므로 '성의' 공부를 부각시키는 데 있어 경전적 근거를 마련해 준다. 또한 "저 기수 굽이진 곳을 바라보니······백성들이 있지 못한다"(詩云瞻彼淇澳······民之不能忘也)의 부분을 '격물에 대한 설명'으로 봄으로써 주희의 '보전補傳'의 입지를 뒤흔들 수 있다. 그리고 성의誠意의 주도 아래 격물格物하는 것이 되어 '격물'의 범주와 해석을 심학의 체계 안에 포함시키는 데 편리하게 되었다. "성의를 위주로 하여 격물 공부를 하므로 '경敬'이라는 한 글자를 더할 필요가 없다"[6]라는 말이 바로 그것이다.

정덕 13년(戊寅, 1518), 왕수인은 47세의 나이로 민閩·광廣의 폭동을 평정하고 대첩을 아뢴 뒤 『대학고본방석大學古本旁釋』을 간행하였는데 「연보」의 이 해 7월조에는 그 간행 사실을 기록한 다음 이렇게 말하고 있다.

> 성의를 위주로 하여 치지격물의 공부를 하므로 경敬이라는 한 글자를 첨가할 필요가 없다. 양지良知라는 말로 지선至善의 본체를 나타내므로 견문見聞을 빌릴 필요가 없다. 이제 이것을 기록하고 판각하여 책을 만들고 옆에 주석을 단 뒤 간략히 소개하는 글로 서문을 갈음한다.[7]

격물치지 공부가 성의에 근본을 두고 있는 구도는 『전습록』의 서애 기록에도 보인다. 서애는 정덕 12년(1517)에 죽었는데, 서애가 기록한 어록 속에는 이미 『대학』과 고본에 관한 왕수인의 기본적인 관점이 명확하게 기술되어 있다. 예컨대, 고본이 옳다고 여겨 '신新'을 '친親'으로 바꾸고, '격格'을 '정正'(바로잡다)이라 하고, 물物을 '심心'이라 하고 '의意의 소재'라 하며, '격물格物'을 "그 마음의 바르지 않음을 없앤다"(去其心之不正)로 풀이한 것 등이 그것이다. 그러나 「연보」의 "양지라는 말로 지선의 본체를 나타내었다"(以良知指示至善之本體)라는 말에 상응할 만한 내용은 『대학고본방주大學古本旁注』에 보이지 않을 뿐 아니라 같은 해에 간행된 『전습록』 상권에도 나타나지

---

6) 『大學古本旁釋』(百陵學山 天號), "惟以誠意爲主, 而用格物之工, 故不須添一敬字."
7) 『全書』, 권32, 「年譜」, '戊寅條', "以誠意爲主而爲致知格物之功, 故不必添一敬字, 以良知指示至善之本體, 故不必假於見聞. 至是錄刻成書, 旁爲之釋, 而引以爲序."

않는다. 문제는 "간략하게 소개하여 서문에 갈음한다"(引以爲序)라는 구절에 있다. 『양명전서陽明全書』에 실려 있는 「대학고본서大學古本序」의 전문은 다음과 같다.

『대학』의 요체는 '성의'일 뿐이다. 성의의 공부는 '격물'일 뿐이다. 성의의 궁극은 '지선에 자리잡음'(止於至善)일 뿐이다. 지선에 자리잡는 방법은 '치지'일 뿐이다. 정심正心은 그 체體를 회복하는 것이고 수신修身은 그 용用을 드러내는 것이다. 자신에 대해 말하면 '명명덕明明德'이고 남에 대해 말하면 '친민親民'이며 하늘과 땅 사이의 존재들에 대해 말하면 모든 것이 다 포괄된다. 그러므로 지선至善이란 마음의 본체이다. 움직인 뒤에 불선不善이 생기지만 '본체의 지知'는 '앎'의 능력을 잃은 적이 없다. 의意는 그 움직임이고 물物은 그 일이다. 그 본체의 지知를 다하면 움직임에 있어 불선이 없게 된다. 그러나 그 일에 나아가 바로잡지(格) 않으면 그 '앎'(知)을 다할 수가 없다. 그러므로 '치지'는 '성의'의 근본이고 '격물'은 '치지'의 실질적인 내용이다. 물物이 바로잡히게 되면 지知가 전부 발현되고 의意가 성실하게 되어 그 본체를 회복한다. 이런 상태를 '지선에 자리잡음'이라고 한다. 성인은 사람들이 그것을 밖에서 구할까 염려하여 그 말을 반복하였다.

그런데 구본舊本이 쪼개지자 성인의 뜻이 잊혀졌다. 그래서 나는 성의에 힘쓰지 않고 격물만 추구하는 태도를 지리支離하다고 규정하고, 격물을 일삼지 않고 성의만 추구하는 태도를 공허空虛하다고 규정하며, 치지에 근본을 두지 않은 채 격물과 성의만 추구하는 태도를 황당荒誕하다고 규정한다. 지리하고 공허하며 황탄한 것은 참으로 지선至善에서 멀어진 것이다. 경敬이라는 글자를 더하자 더욱 구차해지고 전傳을 보충하자 더 지리해졌다. 나는 학문이 지선至善으로부터 나날이 멀어지는 상황을 걱정하여 장구章句로 나눈 것을 없애서 구본을 회복하고 옆에 주석을 달아 그 의미를 이끌어 내었다. 이제 거의 성인의 마음을 다시 드러내게 되었고 그것을 구하는 이가 그 요체를 갖게 되었다. 아, 치지致知의 관건은 심心에 있거니와 치지致知를 깨달으면 모든 조건이 다 갖추어진다.[8]

---

8) 『全書』, 권7, 128쪽, "大學之要, 誠意而已矣. 誠意之功, 格物而已矣. 誠意之極, 止至善而已矣. 止至善之則, 致知而已矣. 正心復其體也, 修身著其用也. 以言乎 己謂之明德, 以言乎人謂之親民, 以言乎天地之間備矣. 是故至善也者, 心之本 體也. 動而後有不善, 而本體之知未嘗不知也. 意者其動也, 物者其事也, 致其本

이 서문의 전반부와 후반부는 약간 불일치한다. 앞부분에서는 성의를 부각시켜 성의를 『대학』의 요체로 삼았지만, 뒷부분에서는 치지致知를 부각시켜 '치지를 깨달으면 모든 조건이 다 갖추어진다'(悟致知焉盡矣)라고 하였다. 이 서문의 내용으로 보면 '본체의 지知를 다하는 것'은 곧 '치양지致良知'에 해당한다. 그렇다면 『대학고본방석』을 처음 판각할 때 이미 치양지설이 제기된 셈이므로 앞서 인용한 「연보」의 설명은 자연스레 성립된다. 그러나 「연보」의 기록이나 왕수인 제자들은 치양지致良知라는 종지宗旨가 정덕 16년(1521)에 처음으로 제기되었음을 강조한다. 이것은 『양명전서』에 수록된 「대학고본서」에 달린 주석에서 정덕 13년(1518)에 지었다고 한 것과 명백히 모순된다. 게다가 우리는 「대학고본서」의 내용이 몇 번의 개정을 거쳤다는 것을 알고 있다. 왕수인은 황성증黃省曾(자는 勉之)에게 대답한 편지에서 이렇게 말했다.

고본에 주석을 단 것은 부득이해서였다. 그렇지만 감히 많은 말을 하지는 않았다. 이는 넝쿨이 얽히게 되면 가지와 줄기가 도리어 그늘지게 된다는 것을 두려워했기 때문이다. '짧은 서문도 이전에 초고를 세 번이나 고쳐서' 마지막 것을 석각石刻하여 이제 각각 하나씩 보내니, 초년의 견해를 정론定論으로 규정해서는 안 된다는 것을 잘 알 수 있으리라.9)

體之知而動無不善. 然非卽其事而格之, 則小無以致其知. 故致知者誠意之本也, 格物者致知之實也. 格物則知致意誠而有以復其本體, 是之謂止至善. 聖人懼人求之於外也, 而反復其辭. 舊本析而聖人之意亡矣, 是故不務於誠意而徒以格物者謂之支, 不事格物而徒以誠意者謂之虛, 不本於致知而徒以格物誠意者謂之妄. 支與虛與妄, 其於至善也遠矣. 合之以敬而益綴, 補之以傳而益離. 吾懼學之日遠於至善也, 去分章而復舊本, 傍爲之釋, 以引其義. 庶幾復見聖人之心而求之者有其要. 噫, 乃若致知則存乎心, 悟致知焉盡矣."
왕수인 문하의 제자들은 이 서문의 마지막 구에 있는 '悟'자를 앞 구절에 붙여서 "마음으로 깨닫는 데 달렸다"(存乎心悟)로 보았으나, "마음으로 깨닫는다"(心悟)라는 술어는 왕수인의 다른 글에는 나타나지 않는다. 때문에 필자는 '悟'자를 뒤 구절에 넣어 읽었는데, 이렇게 하는 것이 원의에 가까울 것 같다. 뒷날 왕수인이 薛侃에게 보낸 편지에서도 "致知 두 글자는 종전의 학자들이 다들 깨닫지 못하였다"(致知二字從前儒者多不曾悟)라고 말한 적이 있다.
9) 『全書』, 권5, 109쪽, 「與黃勉之」, "古本之釋, 不得已也, 然不敢多爲辭說, 正恐葛藤纏繞則枝干反爲蒙翳耳. 短序亦嘗三易其稿, 石刻其最後者, 今各往一本, 亦足以知初年之見未可据以爲定也."

이 글은 가정嘉靖 3년(甲申, 1524) 왕수인이 나이 53세 때에 쓴 것이므로 『대학고본방석』을 처음 판각할 때와는 이미 6년의 간격이 있다. 왕수인의 설명에 의하면 정덕 13년(戊寅, 1518)에 『대학』 고본을 판각한 뒤 서문은 이미 '초고를 세 번 고쳤으므로'(三易其稿) 그가 편지와 함께 황성증에게 보낸 석각본石刻本 서문은 세 번째 개정본에 해당한다.

서문을 개정할 때는 주로 치양지致良知의 내용을 첨가하였다. 왕수인은 무인년(1518)에 『대학』 고본을 처음 판각하고 신사년(1521)에 치양지致良知의 가르침을 내놓았다. 또 2년 뒤인 가정 2년(癸未, 1523)에 설간薛侃(자는 尙謙)에게 보내는 편지에서 다음과 같이 말했다.

'치지致知' 두 글자는 예로부터 성학聖學의 비전秘傳이다. 전에 건주虔州에 있을 때 종일토록 이를 토론했다. 동료 중에 아직 이해하지 못하는 사람이 있어 근래에 고본 서문 가운데 몇 마디를 고쳐 이 뜻을 조금 드러내었다. 그러나 이를 본 사람도 더러 알아보지 못했으므로 이제 글을 한 장 보내니 깊이 음미해 보기 바란다. 이것이 공문孔門의 정법안장正法眼藏이지만, 종전 학자들은 다들 깨닫지 못하여 끝내 그 이론이 지리하게 되어 버렸다.[10]

이 서신은 왕수인이 정덕 15년(1520) 건주에서 양지설을 처음 발표하였으며 가정 2년(혹은 그보다 약간 이른 시기)에 서문을 수정할 때 이미 '치지'의 내용을 보충했음을 분명히 보여 준다. 이렇게 볼 때 『양명전서』의 「대학고본서」는 당연히 뒤에 개정된 것이지 무인년(1518)에 지어진 원문이 아님을 알 수 있다.

나흠순羅欽順(호는 整奄)은 『곤지기困知記』에서 「대학고본서」의 개정된 전후의 내용을 비교하고 또 자신이 본 무인년의 원래 서문을 인용하기도 하였다. 그는 다음과 같이 기술하였다.

---

10) 『全書』, 권5, 112쪽, 「與薛尙謙」, "致知二字, 是千古聖學之秘, 向在虔時終日論此. 同志中嘗有未徹, 近於古本序中改數語, 頗發此意. 然見者往往亦不能察, 今寄一紙, 幸熟味焉. 此是孔門正法眼藏, 從前儒者多不曾悟耳, 故其說卒入於支離."

경진년(1520) 봄에 왕백안王佰安(왕수인)이 『대학』 고본을 보내 주었는데, 무인년(1518) 7월에 지은 것으로 서문은 이렇다.

"『대학』의 요체는 성의일 뿐이다. 성의의 공부는 격물일 뿐이다. 성의의 궁극은 '지선에 자리잡음'(止於至善)일 뿐이다. 정심正心은 그 체體를 회복하는 것이고 수신修身은 그 용用을 드러내는 것이다. 자신에 대해 말하면 명명덕明明德이고 타인에 대해 말하면 친민親民이며 하늘과 땅 사이의 존재들에 대해 말하면 모든 것이 다 포괄된다. 그러므로 지선至善이란 심心의 본체이다. 움직인 뒤에 불선함이 생긴다. 의意는 그 움직임이고 물物은 그 일이다. '격물'을 통해 그 의意를 성실하게 만들어 그 불선한 움직임을 회복하는 것일 뿐이다. 불선이 회복되면 체體가 바르게 되고 체가 바르게 되면 불선한 움직임은 없어질 것이니, 이를 '지선에 자리잡음'이라고 한다. 성인은 사람들이 그것을 밖에서 구할까 염려하여 그 말을 반복하였다. 구본舊本이 쪼개지자 성인의 뜻이 잊혀졌다. 나는 성의에 바탕을 두지 않고 격물만 추구하는 태도를 지리支離하다고 규정하고, 격물을 일삼지 않고 성의만 추구하는 태도를 공허空虛하다고 규정한다. 지리하고 공허한 것은 모두 지선至善으로부터 멀리 떨어진 것이다. 경敬이라는 글자를 더하자 더욱 구차해지고 전傳을 보충하자 더욱 지리해졌다. 나는 학문이 지선至善으로부터 날로 멀어지는 것을 걱정하여 장구로 나눈 것을 없애 구본舊本을 회복하고 옆에 주석을 달아 이로써 그 뜻을 이끌어 내었다. 이제 거의 성인의 마음을 다시 드러나게 되었고 그것을 구하는 자가 그 요체를 갖게 되었다. 아, 나의 죄를 논할 자가 있다면 또한 이것 때문일 것이다."

이것이 그 선문인데, 처음부터 끝까지 수많은 말 가운데 지지致知에 관한 언급은 한마디도 없다. 근래에 『양명문록陽明文錄』의 「대학고본서」를 보니 거기에 비로소 '치지'로 입설立說하기 시작했고, 격물格物에 대해서는 더 이상 제기하지 않았다. 그 결어結語에는 "치지의 관건은 심心에 있나니 치지를 깨달음이 지극한 것이다"라고 하였다. 양명의 학문은 양지良知를 큰 요체로 삼는데, 어찌하여 『대학』 고본에 처음 서문을 쓸 때는 주자가 지리한 공부에 주력했다는 것을 명백히 배척하면서도 도리어 큰 요체를 버려두었는가? 아마 그 이론이 아직 정립되지 않았던 탓이리라!11)

---

11) 『困知記』續上, "庚辰春王伯安以大學古本見惠, 乃戊寅七月所作, 序云: '大學之要, 誠意而已矣. 誠意之功, 格物而已矣. 誠意之極, 止至善而已矣. 正心復其體也, 修身箸其用也. 以言乎己謂之明德, 以言乎人謂之親民, 以言乎天地之間則備

『양명전서』에는『전습록』·『문록文錄』·『별록別錄』등이 수록되어 있는
데,「대학고본서」는 바로『문록』4권에 실려 있다.『곤지기』에 실린 이 중
요한 기록에 따르면, 정덕 13년(1518)『대학고본』이 처음 판각되었을 때의
원래 서문에는 '치지致知'에 관한 내용이 없었고, 왕수인이 정덕 15년(1520)
에『대학』고본을 나흠순에게 보낼 때도 아직 서문이 수정되지 않은 상태
였다. 그러므로 우리가 현재 보는『문록』의「대학고본서」는 원래의 서문이
아니다.12) 원래의 서문과 개정 서문의 근본적인 차이는 개정 서문에 '치지'
를 근본으로 삼는 사상이 추가되었다는 데 있다. 이는『대학』의 격물치지에
대한 왕수인의 이해에 변화의 과정이 있었다는 사실을 보여 준다. 이 과정
을 간단히 말하면 바로 '성의'를 근본으로 삼는 데서 '치지'를 근본으로 삼
는 것으로 향하는 과정이다.

『대학고본방석』은 장구章句로 나누고 문장을 옮기고 전傳을 보충한 주
희에게서 벗어나 정현이 사용하던 판본을 완전히 회복한 것이다. 아울러 정
현의 판본을 근거로 삼아 중요한 어구와 단락에 대해 간명한 해석을 덧붙
였다. 이것이 바로 "장구로 나눈 것을 없애 구본舊本을 회복하고 옆에 풀이
를 하였다"는 말의 의미이다. 그러나 현존하는『대학고본방석』에는 두 종류
의 판본이 있으므로 어느 것이 무인년의 초판본인지 단정하기는 어렵다.13)

矣. 是故至善也者, 心之本體也. 動而後有不善. 意者其動也, 物者其事也, 格物
以誠意, 復其不善之動而已矣. 不善復以體正, 體正而無不善之動矣, 是之謂止至
善. 聖人懼人求之於外也, 而反復其辭. 舊本析而聖人之意亡矣, 是故不本於誠意
而徒以格物者謂之支, 不事格物而徒以誠意者謂之虛, 支與虛, 其於至善也遠矣.
合之以敬而益綴, 補之以傳而益離. 吾懼學之日遠於至善也, 去分章而復舊本, 傍
爲之釋以引其義. 庶幾復見聖人之心, 而求之者有其要. 噫, 罪我者亦以是矣.' 此
其全文也, 首尾數百言, 竝無一言及於致知, 近見『陽明文錄』有『大學古本序』, 始
改用致知立說, 於格物更不提起, 其結語云: '乃若致知則存乎心, 悟致知焉盡矣.'
陽明學術以良知爲大頭腦, 其初序大學古本, 明斥朱子傳注爲支離, 何故却將大頭
腦遺下, 豈其擬議之未定歟!"

12)「年譜」에 의하면,『文錄』은 嘉靖 6년 丁亥(1527)에 최초로 판각되었다.
13) 현존 판본의 하나는 涵海本에 수록된『大學古本旁注』이고 다른 하나는 百陵
學山 天號에 수록된『大學古本旁釋』이다. 둘은 자못 출입이 있다. 學山本 王
文錄의「跋」에 의하면 이 판본은 가정 정해년에 왕문록이 王畿에게서 얻은
것으로, 이때 왕수인이 思·田을 정벌하러 갔으므로 학산본은 절대 위작이
아니다. 함해본에는 李調元의 서문이 있으며 朱彝尊이 사용했던 판본을 쓴

『대학고본방석』초판본의 사료적 의의는 주로 왕수인 사상의 발전 과정을 연구하는 데 있다. 「대학문」은 가정 6년(丁亥, 1527)에 사은思恩·전주田州를 정벌할 때 전덕홍錢德洪이 직접 기록한 것으로 계통적이면서 조리가 있어 왕수인이 가정 연간(1522~1566)에 월성에 거처한 이후, 즉 그의 만년의 사상을 대표한다. 이로 인해 왕수인의『대학』에 대한 해석은 '치양지致良知'를 요지로 삼는 것으로 변화하였다. 이는『대학고본방석』초판 때와는 다르다. 『대학고본방석』은 남감 정벌 이전에 보였던『대학』격물설에 대한 이해를 대표하는데, 이 시기는 왕수인 사상 발전에 있어 중요한 시기이다.

## 2. 성의

『대학』에 대한 왕수인의 해석 가운데서 주희와 기본적으로 차이가 나는 것은 성의와 치지를 특히 중시한 점이다. 그는 강서江西에서 번왕藩王(朱宸濠)의 반란을 평정하던 시기를 전후로 하여, 그 이전에는 줄곧 '성의'를 중심으로 '격물'을 이해했으나 이후로는 치지를 종지로 삼아 자신의 철학 체계를 세웠다.

서애는『전습록』발문에서 왕수인이 남감南贛을 정벌하기 이전의 기본 사상을 다음과 같이 기술하였다.

> 격물格物은 성의誠意의 공부工夫이고, 명선明善은 성신誠身의 공부이며, 궁리窮理는 진성盡性의 공부이고, 도문학道問學은 존덕성尊德性의 공부이며, 박문博文은 약례約禮의 공부이고, 유정惟精은 유일惟一의 공부이다.[14]

---

것이다. 함해본에서는 왕수인의 원래 서문이 있고 학산본에는 개정한 서문이 있다. 당시 사람들이 방석을 인용한 글들을 참작할 때 두 판본 모두 위작이 아니다. 그러나 이 두 판본에 致良知說이 있는 것을 보면 무인년의 원본이 아니라 모두 개정본인 듯하다. 왕문록은 학산본을 陽明書院에서 얻었다고 하였으므로 더욱 믿을 만하다. 그러나 두 판본 중 어느 것이 먼저인지는 쉽게 판정할 수 없다.

14) 『傳習錄』上; 『全書』, 권1, 40쪽, "格物是誠意的工夫, 明善是誠身的工夫, 窮理

여기서 말한 '공부工夫'는 수단·방식·절차를 가리키는데, 공부와 상대되는 범주로서 공부가 이바지하는 통수·목적이 되는 것은 '주의主意'이다. 위의 사상은 성의가 격물의 주의이고 격물이 성의의 공부라는 것을 말하고 있다. 성의는 근본이요 핵심이며, 격물은 이 목적에 이바지하는 수단과 조치이다. 우리는 여기서 '치지'가 전혀 거론되지 않았다는 사실에 쉽게 주목하게 된다.

왕수인이 제기한 이 각 쌍의 관계에서, 예컨대 '박문'과 '약례', '존덕성'과 '도문학' 등은 모두 경전 속에서 본래 하나의 '쌍'을 이루는 범주였다. 그러나 '격물'과 '성의'는 『대학』 안에서 쌍을 이루지 않을 뿐 아니라 송대 철학에서도 한 쌍의 범주로 논의된 적이 없다. 이는 분명 이 한 시기에 특별히 성의를 중시했던 왕수인의 사상과 관계가 있다.

정덕 9년(甲戌, 1514)에 왕수인은 왕승유王承裕(자는 天宇)에게 답하는 편지에서 다음과 같이 말했다.

군자의 학문은 '성의'를 목적으로 삼는데, '격물치지'가 바로 '성의'의 공부이다. 이는 곧 굶주린 자는 배부르게 되는 것을 목적으로 삼는데 먹고 마시는 것이 배부르게 되는 구체적 방법인 것과 같다.[15]

이것은 뒷날 「대학고본서」에서 말한, "대학의 요체는 성의일 뿐이고, 성의의 공부는 격물일 뿐이다"(大學之要, 誠意而已矣, 誠意之功, 格物而已矣)라는 주장과 일치한다. 『전습록』 상권에는 이에 대한 설간薛侃의 기록이 있다.

---

是盡性的工夫, 道問學是尊德性的工夫, 博文是約禮的工夫, 惟精是惟一的工夫." 역자 주—格物, 誠意, 明善(진리 또는 선을 밝힘), 窮理, 道問學(학문을 통해 진리로 나아감), 博文, 惟精(정밀하게 헤아림) 등은 주회 철학에서는 모두 이론적 공부를 나타내는 개념으로 분류되었고, 誠意, 誠身, 盡性(본성을 모두 드러냄), 尊德性(덕성을 고귀하게 지킴), 約禮(례로 갈무리함), 惟一(한결같이 지속함) 등은 모두 실천적 공부를 나타내는 개념으로 분류되었는데 왕수인은 전자를 工夫, 후자를 主意로 파악하여 일원화시켰다.

15) 『全書』, 권4, 99쪽, 「答天宇」, "君子之學以誠意爲主, 格物致知者, 誠意之功也. 猶饑者以求飽爲事, 飮食者求飽之事也."

채희연蔡希淵(이름은 宗兗)이 "문공文公(주희)의 『대학』 신본新本에서는 격물
치지를 앞에 두고 성의를 뒤에 두어 공부가 수장首章의 차례와 서로 합치되
는 듯합니다. 선생님처럼 구본舊本을 따르면 성의가 도리어 격물치지의 앞에
있게 되니 이 부분은 여전히 석연치 않습니다"라고 하였다. 이에 선생께서
말씀하셨다. "『대학』의 공부는 바로 명명덕明明德인데, 명명덕은 단지 성의
이며 성의의 공부는 격물치지일 뿐이다. 성의를 중심에 두고 격물치지의 공
부를 하면 공부는 손을 댈 수 있게 된다. 만일 신본의 체계처럼 사물의 리를
먼저 궁구하라고 한다면 아득하여 도무지 손댈 곳이 없어서 '경敬'자를 첨가
해야만 겨우 몸과 마음의 영역으로 끌어올 수 있다. 그러나 결국 근원은 없
다. 반드시 '경'자를 첨가해야 한다면 왜 공문孔門에서는 도리어 가장 긴요한
한 글자를 빠뜨린 채 천여 년 뒤의 사람이 보충해 주기만을 기다렸겠는가?
성의를 중심에 두게 되면 '경'자를 첨가하지 않아도 되기 때문에 성의를 거
론하여 논의를 폈던 것이다. 이것이 바로 학문의 큰 요체이다.······『대학』의
공부는 오직 성의일 뿐이며 성의의 궁극은 곧 지선至善이다."16)

뒷날 수형守衡17)도 왕수인의 말을 다시 거론하면서 "대학의 공부는 성
의일 뿐이고 성의의 공부는 격물일 뿐이니 수修·제齊·치治·평平은 모두
성의 속에 포괄된다"18)고 했다. 『전습록』 상권과 『대학고본방석』은 모두 무
인년(1518)에 판각되었으므로 위에 서술한 사상은 왕수인의 47세 이전의 입
장을 집중적으로 보여 준다고 하겠다. 이 시기의 사상에 비춰 말하면, 『대
학』에서 가장 중요한 관념은 '성의'로서 그것은 『대학』 사상의 핵심이자 영

---

16) 『傳習錄』 上; 『全書』, 권1, 51쪽, "蔡希淵問: 文公大學新本, 先格致而後誠意,
工夫似與首章次第相合. 若如先生從舊本說, 卽誠意反在格致之前, 於此尙未釋
然. 先生曰: 大學工夫卽是明明德, 明明德只是個誠意, 誠意工夫只是格物致知.
若以誠意爲主去用格物致知的工夫, 卽工夫始有下落. 如新本先去窮格事物之理,
卽茫茫蕩蕩都無着落處, 須用添個敬字方才牽搭得向身心上來. 然終是沒根源. 若
須用添個敬字, 緣何孔門倒將一個最緊要的字落了, 直待千餘年後要人來補出? 正
謂以誠意爲主卽不須添敬字, 所以提出個誠意來說, 正是學問的大頭腦處.······大
學工夫只是誠意, 誠意之極便是至善."
17) 역자 주─『明儒學案』 등 어디에도 守衡에 대한 기록이 없다. 陳榮捷은 朱衡
의 오자가 아닌가 의심한다. 陳榮捷, 『王陽明傳習錄詳註集評』(臺灣, 學生書局,
中華民國 72년), 141쪽 참조.
18) 『傳習錄』 上; 『全書』, 권1, 49쪽, "大學工夫只是誠意, 誠意工夫只是格物, 修齊
治平只誠意盡矣."

혼이며, 이른바 격물치지란 성의를 실현하기 위한 여러 구체적인 경로를 가리킨다.(여기서의 '致知'는 '致良知'가 아닌 '窮理'를 가리킨다.) 왕수인이 볼 때 성의가 윤리의 우선성을 명확하게 드러낼 수 있어야만, 다시 말해 성의를 핵심으로 삼아야만 비로소 『대학』의 공부 구조가 전체적인 내향성內向性을 갖출 수 있게 된다. '성의'의 규범 아래에서 '격물' 공부는 성의와 유관한 물物만을 궁구하게 되고 '치지' 공부는 성의와 유관한 지知만을 확충하게 되므로, '대군大軍의 유격 기병騎兵이 돌아갈 곳이 없게 되는'(大軍遊騎無歸) 혹은 '아득하여 도무지 손댈 곳이 없게 되는'(茫茫蕩蕩都無着落) 결과를 초래하지 않을 수 있다. 그러므로 "격물은 성의의 공부이다"(格物者誠意之功)라는 말은, 격물은 반드시 성의라는 목적에 이바지해야 하고 격물의 범위는 성의에 의해 결정되어야 하며 성의는 두뇌(統帥)의 역할을 다해 격물이 순수 지식 활동으로 변해 버릴 가능성을 배제하고 『대학』 실천에 있어 윤리의 우선성을 보장할 수 있어야 한다는 의미이다. 왕수인은 이런 식의 공부가 주자학의 지리支離함을 피하고 학문을 '안으로 향하게'(向裏) 할 수 있다고 보았다. 왜냐하면 '성의'의 통솔 아래에서는 조수초목鳥獸草木의 이치를 궁리할 수 없으리란 것이 너무나 명백하기 때문이다.

왕수인이 이른 시기에 내세웠던 '성의를 근본으로 삼는' 사상은 교육 방법에 있어 '입성立誠'을 제기하는 것으로도 나타났다. 정덕 8년(1513)에 왕수인은 황종현黃宗賢에게 보낸 편지에서 이렇게 말했다.

나는 근래 벗들과 학문을 논하며 오직 '입성立誠' 두 글자만을 이야기한다. 사람을 죽일 때는 반드시 목에 칼을 대야 한다. 이처럼 우리가 학문을 할 때 가슴 깊이 은미한 곳에서부터 공부할 수 있으면 자연히 독실하고 광휘를 발하게 된다. 사욕의 싹이 튼다 해도 이는 한낱 커다란 화로 위에 내려앉은 한 점 눈일 뿐이므로 천하의 대본大本이 서게 된다.……우리가 지난번에 말한 것은 바로 '안으로 향하는' 공부였으니 성학聖學으로 전해져 온 것이라 할 수 있다. 애석하게도 퇴락하고 막힌 지 이미 오래되었지만, 지난번에 그나마 어렴풋하게나마 깨닫게 되었다. 요즘 들어 다른 진척은 없지만 이 깨달음만은 제법 명료해서 설로 통쾌하니 다시 의심할 것이 없다![19]

왕수인이 이 글을 쓸 때는 저주滁州 독마정督馬政으로 있었다. 그는 이
듬해 왕승유王承裕에게 보낸 편지에서는 다음과 같이 지적하였다.

성聖이란 성誠일 뿐이다. 군자의 학문은 '자신을 성실하게 만드는 것'(誠身)을
목적으로 한다. 격물과 치지는 '자신을 성실하게 만드는'(立誠) 공부이다. 식
물에 비유하면 성誠은 뿌리에 해당하고 '격물치지'는 흙을 북돋아 주고 물을
주는 것이다. 뒷날 격물치지를 말하는 사람들은 간혹 이와 달라서 뿌리는
심지 않고 다만 흙을 북돋아 주고 물을 주기만 하니, 이는 정신을 고갈시키고
힘만 들이는 것이므로 무슨 성취를 이룰 수 있겠는가.[20]

앞서의 채종연蔡宗兗(자는 希淵)의 물음에 대한 답변에서처럼 왕수인은,
주희는 외부 사물에서 궁리하고 난 뒤에 '주경主敬' 개념을 도입해서 물리物
理를 주체로 전향시켜야 한다고 강조했지만 그렇게 해서 얻은 진리는 끝내
외재적인 것일 뿐이어서 내재적 토대를 결여하게 된다고 보았다. 그래서 내
재된 선에서 출발하여 '격물'의 내용을 '내재된 선을 배양·발전·실현하는'
공부로 전환시켜야만 진정한 '성인이 되는 공부'라고 할 수 있다고 했다.

저양滁陽 시절부터 남감南贛 정벌 때까지 왕수인은 줄곧 '입성立誠'의 종
지를 강조하고 격물을 성의의 실현 방식으로 삼아 주자학의 격물론의 외향
적 취향을 내향적인 것으로 전환시켰다. 왕수인은 정덕 10년(1515) 「증정덕
부귀성서贈鄭德夫歸省序」[21]에서 "그대는 자신의 '성誠'을 세우는 데만 힘써야
할 것이다"[22]라고 말했고, 「증주이선귀성서贈周以善歸省序」[23]에서도 "내가

---

19) 『全書』, 권4, 95쪽, 「與黃宗賢五」, "僕近時與朋友論學, 惟說立誠二字. 殺人須就
   咽喉上著刀, 吾人爲學當從心髓入微處用力, 自然篤實光輝. 雖私欲之萌, 眞是洪爐
   點雪, 天下之大本立矣.……吾儕往時所說自是向裏, 此盖聖學相傳, 惜乎淪落堙埋
   已久, 往時見得猶自恍惚, 近來無所進, 只於此處看較分曉, 直是痛快, 無復可疑!"
20) 『全書』, 권8, 139쪽, 「書天字卷」, "聖, 誠而已矣. 君子之學以誠身格物. 格物致
   知者立誠之功也. 譬之植焉, 誠, 其根也; 格致, 其培壅灌漑之者也. 後之言格致
   者或異乎是矣, 不以植根而徒培壅焉, 灌漑焉, 敝精勞力而不知其終何所成矣."
21) 鄭德夫가 歸省할 때 지은 시의 서문.
22) 『全書』, 권7, 127쪽, 「贈鄭德夫歸省序」, "子務立其誠而已."
23) 周以善가 歸省할 때 지은 시의 서문.

함께 앉아서는 오래도록 말없이 있다가 '입성立誠'의 이론을 말해 주었다"[24] 라는 사실을 강조하였다. 그런데 '입성'은 내재 품격의 수양에 착안한 것이 므로 '입성'을 학문의 종지로 삼게 되면 필연적으로 외물外物의 리理를 처리 하는 문제에 부딪히게 된다.

> 내(왕수인)가 "성誠을 세우라"(立誠)고 하자, 전경典卿이 "학문은 본래 이런 것 입니까? 천지는 거대하여 뭇 별들도 거기에 걸려 있으며 해와 달도 거기서 밝게 빛나며 사시四時도 거기서 운행합니다. 이런 예들을 유추해 말하면 끝 도 없습니다. 사람과 만물人物은 매우 많아서 초목도 그 안에서 자라고 있으 며 금수도 그 안에서 무리를 짓고 있으며 중국과 이적夷狄도 그 안에서 나뉘 어 살고 있습니다. 이런 예들을 유추해서 말하면 끝도 없습니다. 그런데 지금 '성을 세우라'고만 하시니 성을 세우는 것으로 이런 모든 것을 포괄할 수 있다는 말입니까?"라고 물어 왔다. 이에 나는 "성을 세우는 것이 그 모든 것 들을 포괄할 수 있다"고 대답했다.[25]

임전경林典卿의 질문은 양시楊時에 대한 주희의 비판과 비슷하다. 물론 입성은 중요한 수양 조목이다. 그러나 입성을 유일한 종지로 삼는다면 입성 자체만으로 만물의 리를 다 궁구할 수 있느냐 하는 문제에 부딪힌다. 이 문 제에 대해 왕수인은 명확히 '그렇다'라고 대답하지만 이는 확실히 지나치게 무단적武斷的이다. 그렇지만 왕승유에게 보낸 편지에 따르면, 입성의 작용은 주로 토대를 세우는 것이지 입성 자체가 동시에 천하만물의 리를 파악할 수 있다고 말하는 것은 아니다. 그러므로 단지 입성이 근본이라는 의미에서 "입성이 그 모든 것들을 포괄한다"(立誠盡之矣)라고 할 수 있을 뿐이다.

그렇다면 무엇이 성의인가? 왕수인은 어떤 이의 물음에 이렇게 답한다.

---

24) 『全書』, 권7, 126쪽, 「贈周以善歸省序」, "陽明子與之座, 盖默然良久, 乃告以立 誠之說."

25) 『全書』, 권7, 125쪽, 「贈林典卿歸省序」, "陽明子曰立誠, 典卿曰: 學固此乎? 天 地之大也, 而星辰麗焉, 日月明焉, 四時行焉, 引類而言之, 不可窮也. 人物之富 也, 而草木著焉, 禽獸群焉, 中國夷狄分焉, 引類而言之, 不可盡也. 而曰立誠, 立 誠盡之矣乎? 陽明子曰: 立誠盡之矣."

학문 공부에는 깊고 얕음이 있다. 초기에 만일 실제로 충실하게 마음을 쏟아서 선을 좋아하고 악을 싫어하지 않으면 어떻게 선을 행하고 악을 제거할 수 있겠는가? 이렇게 실제로 충실하게 마음을 쏟는 것이 바로 성의이다.[26]

『대학』에서는 "이른바 '그 뜻을 참되게 한다'라는 말은 자신을 속이지 않는 것이니, 나쁜 냄새를 싫어하듯이 좋은 색을 좋아하듯이 하는 진실한 상태를 '자기 마음이 흐뭇하다'라고 한다"[27]라고 하였다. 주희는 "(『대학』의) 경經에서 '생각을 참되게 하려면 먼저 그 지知를 다하라'고 하였고, 또 '지知가 다 이루어진 뒤에 생각이 참되게 된다'고 하였다. 대개 자기 심체心體의 밝기를 다 갖추지 못하면 마음이 드러날 때 실제로 충실히 힘을 쏟지 못하고 구차하게 스스로를 속이는 경우가 있게 될 것이다"[28]라고 해석하였다. 이것을 보면 주희도 '실제로 충실하게 힘을 쏟는 것'(實用其力)을 '성의'의 한 의미로 보았다는 것을 알 수 있다. 사실 주희 또한 "'성기의誠其意'는 그 마음을 실제로 충실하게 가지는 것이다"[29]라고 하였다. 단지 주희는 궁리치지가 선행해야만 '의意를 참되게'(誠其意) 만들 수 있다고 보았던 것이다. 결국 왕수인은 주희와 사상 방향을 달리하지만 경전의 해석에서는 여전히 주희와 복잡한 연관을 가지고 있었다고 할 수 있다.

『대학고본방석』에서 왕수인은, "수신은 오직 성의에 달려 있다. 그러므로 특별히 성의를 내세워 사람들에게 수신의 요체를 보이는 것이다. 성의는 단지 신독慎獨이며 공부는 단지 격물格物에서 행하는 것이다. 『중용』의 계신공구戒愼恐懼와 같다"[30]라고 설명하였다. 현존하는 『대학고본방석』의 두 판본 모두에 이 항목이 있다. 이 설명에 따르면 '성의'는 '수신'의 요법이고

---

26) 『傳習錄』上; 『全書』, 권1, 49쪽, "爲學工夫有深淺, 初時若不着實用意去好善惡惡, 如何能爲善去惡? 這着實用意便是誠意."

27) 『大學』, "所謂誠其意者, 毋自欺也, 如惡惡臭, 如好好色, 此之謂自謙."

28) 『大學章句』, 6章; 『四書章句集注』, 8쪽, "經曰'欲誠其意, 先致其知', 又曰'知至而後意誠', 盖心體之明有所未盡, 則其所發必有不能實用其力, 而苟焉以自欺者."

29) 『語類』, 권16, 326쪽, "誠其意只是實其意."

30) 『大學古本旁釋』, "修身惟在於誠意, 故特揭誠意以示人修身之要. 誠意只是愼獨, 工夫只在格物上用, 惟中庸之戒懼也."

그 내용은 '신독'이다. 『대학』의 '성의誠意'장에는 본래 신독이라는 표현이 있는데 그 의미는 "남이 보지 않고 자기 혼자 있을 때에도 여전히 생각의 바른 상태를 지켜 나가도록 주의하라"는 것이다. 이것은 『중용』의 "보지 않는 상태에서 삼가고 듣지 않는 상태에서 두려워하라"는 말과 같은 의미이다. 왕수인이 여기서 말하는 '격물'이란, 주희의 해석과는 달리 '옳지 못한 생각을 바로잡는 것'을 가리킨다. 이에 대해서는 뒤에서 다시 상세히 논의하게 될 것이다.

이렇게 해서 왕수인은 '성의'의 문제를 두 가지로 표현하게 되었다. 하나는 '실제로 충실하게 마음을 쏟는 것'(着實用意)이고 다른 하나는 '계구戒懼(戒愼恐懼)·신독愼獨'이다. 이때 '착실용의着實用意'는 "실제로 충실하게 마음을 쏟아서 선을 행하고 악을 없앤다"는 의미여야 한다. 그래야만 그 윤리적 의미가 확실해진다. 동시에 왕수인은 만년에 다시 '착실용의'를 "실제로 충실하게 마음을 쏟아서 행하는 것"으로 규정함으로써 그 실천적 함의를 강조했다. 예컨대 그는 고린顧璘에게 답하는 편지에서 이렇게 말한다.

> 내 생각으로는, 따뜻하게 해 드리고 시원하게 해 드리며 여러 방법으로 봉양하려는 마음은 이른바 '의意'이지 '성의誠意'라고는 할 수 없다. 반드시 따뜻하게 해 드리고 시원하게 해 드리며 여러 방법으로 봉양하려는 뜻을 실제로 충실하게 행하여, 자신이 만족스러울 수 있고 자신을 속이지 않게 되어야만 성의誠意라고 할 수 있다.[31]

"어떻게 하는 것이 따뜻하고 시원하게 해 드리는 적절한 의절儀節인지 아는 것은 이른바 '지知'이지 '치지致知'라고는 할 수 없다. 반드시 '어떻게 하는 것이 따뜻하고 시원하게 해 드리는 적절한 의절인가'를 아는 '지'를 다해서 착실히 따뜻하고 시원하게 해 드려야만 '치지'라고 할 수 있다"[32]라

---

31) 『全書』, 권2, 56쪽, "盖鄙人之見, 則謂意欲溫淸奉養者所謂意也, 而未可謂之誠意. 必實行其溫淸奉養之意, 務求自慊而無自欺, 然後謂之誠意."
32) 『全書』, 권2, 56쪽, "知如何而爲溫淸之節者所謂知也, 而未可謂之致知, 必致其知如何爲溫淸之節者之知而實以之溫淸, 然後謂之致知."

는 왕수인의 말과 비교할 때, 여기서 의意는 지知에 해당하고 성의는 치지와 마찬가지로 행行에 속한다. 그러므로 여기에서의 성의는 '그 마음을 실제로 충실하게 행한다'(實行其意)는 의미이다.

우리가 알고 있듯이 '의意'는 왕수인 철학에서 '마음의 발동된 양태'를 가리키는 것으로 그 속에는 선도 있고 악도 있다. '성誠'을 만일 신독愼獨 등의 구체적인 방법을 통해 의식의 내용을 '성誠'의 상태로 변화시키는 것으로 이해하지 않는다면 단지 '성의'를 '의意가 향하는 대로 실제로 충실하게 실행하는 것'으로만 이해할 수도 있는데, 이렇게 되면 일련의 문제를 일으킬 수밖에 없다. 그 한 예로는 왕수인이 비판한 주희의 '주일설主一說'을 들 수 있다. 주희는 '주일主一'을 '전일專一'로 보았다. 여기에 대해 왕수인은 성현의 책을 '전일'하게 읽는 것은 물론 좋은 일이지만, 감각적 욕구나 세속적 욕망에 '전일'하는 것도 똑같이 '전일'에 속하는 것이라면 유가의 '주일' 학설은 윤리적인 의의를 상실하게 될 것이라고 분명하게 지적하였다. 같은 이치로 만일 의意의 선악을 논하지 않고 '실제의 사事나 물物에 마음을 쏟는' 모든 태도를 성의라고 한다면, 혹은 '어떤 의욕을 실행하는' 모든 것들을 성의라고 한다면 거기서 빚어지는 문제점은 주희의 '주일설'에 비할 바가 아닐 것이다. 이것은 명백히 왕수인의 본의가 아니다.

『대학』에서는 '성의'를 '자신을 속이지 않음'(不自欺)으로 해석하여 명백히 두 개의 자아를 설정하였다. 자아를 속이지 않으려는 이 자아는 사람의 덕성적 자아를 가리킨다. 그리고 '성의'도 '의意가 참되지 않게 드러나는 현상'을 해결하기 위해 제기된 것이다. '참되지 않은 의意'란 사람의 경험적 자아를 가리킨다. 왕수인은 「송정덕부서送鄭德夫序」[33]에서 이렇게 말했다.

"마음은 또 어떻게 옳고 그름을 결정하는가?"라고 묻기에, "옳고 그름을 판단하는 마음이 없으면 사람이 아니다.⋯⋯그대는 성誠을 세우기만 하면 된다. 그대는 입이 맛에 대해서, 눈이 색에 대해서 참되고 절실한 만큼 마음이 도道

---

[33] 鄭德夫를 보내며 지은 시의 서문.

에 대해서 절실하지 못할까를 걱정해야지, 어찌하여 달고 쓰고 예쁘고 못생긴 것을 분별하지 못할까를 걱정하는가?"라고 대답했다.[34]

『대학』의 '자신을 속이지 않음'(不自欺)은 우리가 진심으로 악취를 싫어하고 미색美色을 좋아하는 것처럼 윤리 실천에서도 완전히 본심에서 일어나는 대로 실천하여 자기 마음을 어기거나 속이지 말라고 가르친다. '부자기不自欺'는 성의의 구체적인 함의이므로 하나의 덕목이다. 그래서 선험적인 시비지심是非之心을 설정하여 사람들에게 본래 가진 선량한 의지를 속이지 말라고 가르친 것이다. 왕수인이 말한 '입성立誠'도 사람들에게 시비지심을 실천하고, 시비지심에서 일어난 '뜻'(意)에 따라 착실하게 힘을 쏟으라고 가르치고 있다. 이를 통해 왕수인의 성의설誠意說이 뒤에 치양지설致良知說로 발전하는 것도 체계 내부의 요구를 반영한 것이었음을 알 수 있다.

『전습록』 하권에 이런 글이 실려 있다.

> 마음이 발동하면 불선이 없을 수 없다. 그러므로 이 부분에 대해 힘을 쏟아야 한다. 이것이 바로 성의이다. 선을 좋아하는 생각이 하나 일어나면 정말 착실하게 선을 좋아해야 하고, 악을 미워하는 생각이 하나 일어나면 정말 착실하게 악을 미워해야 한다.[35]

여기서 말한 것에 따르면, '성誠'이 '실제로 충실하게 행하는 태도'(著實·實落)를 뜻한다고 할 때 왕수인이 말한 '성의誠意'는 모든 의념에 대해 적용되는 것이 아니라 단지 '선을 좋아하고 악을 미워하는 의意'에 따라 실제로 충실하게 실천하는 것을 가리킨다. 다른 측면에서 보면 성誠은 곧 행行이다. 왕수인은 만년에 "지의 진지하고 독실한 면이 바로 행이다"(知之眞切

---

34) 『全書』, 권7, 127쪽, 「送鄭德夫序」, "曰: 心又何以定是非乎? 曰: 無是非之心, 非人也.……子務立其誠而已, 子惟應夫心之於道不能如口之於味, 目之於色之誠切也, 而何慮夫甘苦姸蚩之無辨也乎?"

35) 『傳習錄』 下; 『全書』, 권3, 83쪽, "心之發動不能無不善, 故須就此著力, 便是誠意. 如一念發在好善上便實實落落去好善, 一念發在惡惡上, 便實實落落去惡惡."

篤實便是行)라고 했는데, 이 '진절독실眞切篤實'이 곧 성誠이다. 그러므로 "지의 진지하고 독실한 면이 바로 행이다"라는 말 또한 성의설誠意說의 또 다른 형식이다. "선을 좋아하는 생각이 하나 일어나면 정말 '착실'하게 선을 좋아한다"라는 표현은 성의설이 지행합일설과도 내재적인 관련이 있다는 것을 보여 준다. 그러나 어떤 생각이 '선을 미워하고 악을 좋아하는' 형태로 발생할 때 이를 어떻게 처리해야 하는지에 대해서는 아무런 설명이 없다. 이것은 「대학문大學問」에 이르러서야 비로소 해결되었다.

「대학문」에서 왕수인은 다음의 주장을 제기하였다.

일어난 생각이 선하면 그것을 좋아하는 정도가 마치 좋은 색을 좋아하는 것처럼 참되고, 일어난 생각이 악하면 그것을 싫어하는 정도가 마치 나쁜 냄새를 싫어하는 것처럼 참되면, 의意는 참되지 않음이 없게 되고 심心은 바르지 않음이 없게 될 것이다.[36]

지금 양지에 의해 선이나 악으로 판단된 것에 대해 그것을 참으로 좋아하거나 참으로 싫어하지 않는 경우가 없게 된다면, 자신의 양지를 속이지 않게 되어서 의意가 참되게 될 수 있다.[37]

왕수인의 이 말들은 앞서 인용한 "선을 좋아하는 생각이 하나 일어나면 정말 실제로 충실하게 좋아한다"라는 말과는 차이가 있다. 앞서 인용한 말에서는 왕수인이 사람들에게 선을 좋아하고 악을 미워하는 생각(意)을 참되게 하라고 가르쳤는데, 도대체 일어난 생각이 선한 것인지 악한 것인지 어떻게 알 수 있단 말인가? 그런데 「대학문」에서는 이미 치양지설이 기초가 되기 때문에 '성의'를 "선한 생각이 일어나면 정말 실제로 충실하게 선을 행하고 불선한 생각이 일어나면 정말 실제로 충실하게 불선한 생각을 제거

---

36) 『全書』, 권26, 374쪽, 「大學問」, "凡其發一念而善也, 好之眞如好好色, 發一念而惡也, 惡之眞如惡惡臭, 則意無不誠, 而心無不正矣."
37) 『全書』, 권26, 374쪽, 「大學問」, "今於良知所知之善惡者, 無不誠好而誠惡之, 則不自欺其良知, 而意可誠矣."

하라"는 말로 설명할 수 있게 되었다. 이 말에 따르면, '성의'는 양지의 지도대로 성誠을 이루어 가는 것을 가리킨다. 이것은 앞서 제기한 문제에 대해 하나의 해답을 준다.

그러나 이렇게 되자, '성誠'이 '실제로 충실하게 행하는 태도'를 가리킨다고 할 때 '성의誠意'는 '의意'를 '실제로 충실하게 행하는'(誠) 것이 아니라 '양지良知'를 '실제로 충실하게 행한다'(誠: 致는 의미가 되어 버렸다. 한 생각이 선하면 양지는 그것이 선하다는 것을 알므로 이 선을 '착실'하게 행하고, 한 생각이 악하면 양지는 그것이 악하다는 것을 알므로 이 양지에 의거하여 악을 제거한다. 결국 성의설은 완전히 치양지설로 변하게 된다.

지금까지의 내용은 모두 송대 이후 유학자들이 '실實'자로써 '성의誠意'의 '성誠'을 해석하면서 생긴 일련의 혼선을 겨냥한 것이다. 만일 '성의'가 처음부터 '그 선한 생각을 지키고 사의私意를 없애는 것'으로 이해되었다면 문제는 아주 간단했을지 모른다. 사실 왕수인 철학에 여러 가지 갈등이 있기는 하나 그의 기본적인 의도는 비교적 분명해서, '성의'는 "실제로 충실하게 마음을 쏟아 선을 좋아하고 악을 미워하는 것"[38]을 가리킨다. 이 종지는 저양 시절에서 남감 시절까지 왕수인의 강학 내용을 지배하고 있었다. 왕수인은 만년에 고린顧璘과 학문을 논하면서 다음과 같은 문답을 주고받았다.

(고린이) "근래의 학자는 외적인 것에 힘쓰고 내적인 것을 버려 두다 보니 박식하긴 하나 요체를 제대로 파악하지 못합니다. 그래서 '선생께서 성의誠意의 이론을 제창하여' 고질적인 병폐를 고치시니 진실로 큰 은혜입니다"라고 하였다.……(이에 선생께서는) "성의설은 본래 성인의 문하에서 공부하는 방법을 가르칠 때 쓴 제일의第一義인데, 근래의 학자들이 이를 제이의第二義라고 생각하고 있어 내가 정말 긴요한 것을 제시해 준 것이라네"라고 말씀하셨다.[39]

---

38) 『傳習錄』 上; 『全書』, 권1, 49쪽, "着實用意去好善惡惡."
39) 『全書』, 권2, 53쪽, 「答顧東橋」, "近時學者務外遺內, 博而寡要, 故先生特倡誠意一義, 針砭膏肓, 誠大惠也……若誠意之說, 自是聖門敎人用功第一義, 但近世學者乃作第二義看, 故稍與提掇緊要出來."

왕수인의 치양지致良知 종지는 정덕正德 말년부터 제창되었는데, 당시 왕수인의 문하에 있지 않은 사람들 중에는 그것을 모르는 이가 많았다. 고린이 가정嘉靖 초에 왕수인에게 편지를 보낼 때 그 또한 아직 그것을 모르고 있었던 것이다. 고린이 지적한 것은 정덕正德 연간에 왕수인이 강학할 때 견지했던 종지였다. 그의 말을 통해 왕수인이 강서江西 시기 이전에는 '성의誠意를 중심으로 한 학설'을 제창한 사람으로 알려졌음을 알 수 있다. 위에서 논의한 것처럼, '격물'을 '성의'의 공부로 삼은 이 시기 왕수인의 관점은 '격물'을 '치지'의 공부로 삼은 강우江右 이후의 관점과는 차이가 있다.

## 3. 격물과 격심

홍치弘治 2년(1489), 18세였던 왕수인은 제씨諸氏를 신부로 맞이하였는데, 강서江西에서 여요餘姚로 돌아오는 길에 광신廣信을 지날 때 오여필吳與弼(호는 康齋)의 문인인 누량婁諒(호는 一齋)을 만났다. 누량은 그에게 주희의 격물설을 자세히 설명해 주고 또 사람이 지식을 쌓는 학습을 통해 성현이 될 수 있음을 알려 주었다. 청년 왕수인은 당시에 이 사상을 완전히 받아들였다. 여요로 돌아온 뒤 그는 한편으로는 과거 준비를 하면서 다른 한편으로는 육경六經과 자서子書·사서史書를 구하여 깊이 연구하였다. 이것은 누량의 '성인의 경지는 배워서 이를 수 있다'(聖人可學而至)는 방향에 따라서 행한 초보적인 실천이라고 할 수 있다. 「연보」의 홍치 5년(壬子, 1492) 21세조에는 다음과 같이 기록되어 있다.

이 해에 선생은 송유宋儒들의 격물 공부를 하였는데, 처음에는 북경에서 용산공龍山公(왕수인의 부친)을 모시고 주자가 남긴 글들을 두루 구하여 읽었다. 그러던 어느 날 선생은, 선유들이 "모든 사물들은 반드시 안과 밖, 정밀함과 조야함을 동시에 갖추고 있어 풀 한 포기 나무 한 그루도 모두 지극한 이치를 함유하고 있다"라고 한 것을 머리에 떠올렸는데, 마침 관서에 대나무가 많아

곧장 대나무를 대상으로 삼아 궁구하기 시작했다. 그러나 아무리 깊이 사색해 보아도 그 이치를 얻지 못하여 마침내 병을 얻고 말았다. 그리하여 선생은 성인이 되는 사람은 정해져 있다고 스스로 포기하고는 시류에 따라 사장詞章 공부로 나아갔다.40)

『전습록』 하권에도 왕수인이 스스로 초년에 '대나무를 궁구한'(格竹) 일에 대해 서술한 내용을 싣고 있다.

선생께서 말씀하셨다. "다른 사람들은 격물格物의 방법은 회옹晦翁(주희)의 설명에 의존해야 한다고 그저 말만 할 뿐이다. 언제 그 말대로 실천해 본 적이 있었던가? 나는 정말로 실천해 본 적이 있다. 젊었을 때 전錢씨 성을 가진 친구와 함께 '성현이 되기 위해서는 천하의 사물을 모두 궁구해야 하겠지만, 지금 단계에서야 어떻게 그런 큰 역량을 낼 수 있겠는가?'라고 의견을 모으고 정자 앞의 대나무를 궁구해 보기로 하였다. 그 친구는 아침저녁으로 대나무의 이치를 궁구하면서 모든 정성을 쏟아 부었지만 사흘이 되자 정신이 피로해져 병이 났다. 그때는 그가 그렇게 된 것이 정력이 부족한 탓이라고 여겨서 내가 직접 대나무를 궁구하기 시작했다. 그러나 아침저녁으로 궁구했지만 그 이치를 얻지 못한 채 이레가 되자 나도 정신이 피로하여 병이 걸리고 말았다. 결국 서로 마주보고, '성현의 경지는 추구할 수 없다. 우리는 그들이 가진 그런 큰 역량이 없어서 천하의 사물을 궁구하지 못한다'고 탄식했다. 뒤에 오랑캐 땅에서 3년간 지내게 되었을 때 이 의미를 깨닫게 되고는 이에 천하의 사물이란 본래 궁구할 필요가 없다는 것을 알았다."41)

'정자 앞에서 대나무를 궁구한'(亭前格竹) 일은 왕수인이 직접 한 말 속

---

40) 『全書』, 권32, 444쪽, 「年譜」, "是年爲宋儒格物之學. 先生始侍龍山公於京師, 遍求考亭遺書讀之, 一日思先儒謂衆物必有表裏精粗, 一草一木皆涵至理, 官署中多竹, 卽取竹格之, 沈思其理不得, 遂遇疾. 先生自委聖賢有分, 乃隨世就辭章之學."

41) 『傳習錄』 下; 『全書』, 권3, 84쪽, "先生曰: 衆人只說格物要依晦翁, 何曾把他的說去用, 我著實曾用來. 初年與錢友同論作聖賢, 要格天下之物, 如今安得這等大的力量, 因指亭前竹子令去格看. 錢子早夜去窮格竹子的道理, 竭其心思, 至於三日便致勞神成疾. 當初說他這是精力不足, 某因自去格, 早夜不得其理, 到七日亦以勞思致疾, 遂相與嘆'聖賢是做不得的, 無他大力量去格物了'. 及在夷中三年, 顧見得此意思, 乃知天下之物本無可格."

에 보이므로 왕수인 초년의 사상 발전 과정에 있어 중요한 사건이라는 점에는 의심의 여지가 없다. 그러나 이 일이 왕수인이 부친을 모시고 서울에 머물 때 발생한 것이라면 그의 나이 열일곱 살이 되기 전의 일일 것이다.[42] 사실 왕수인이 주희의 '격물' 철학을 '대나무를 마주하고 앉아 생각에 잠기는 것'쯤으로 이해한 것은 송명 철학사에서 볼 때 유래가 없는 일이라 할 수 있다. 비록 적지 않은 수의 리학가들이 주희의 격물 이론에 찬성하지 않았지만, 그들도 주희의 사상을 이 정도로까지 오해하지는 않았다. 그리고 왕수인의 탁월한 재능을 고려해 보더라도 이런 오해는 결코 발생할 수 없는 일이다. 그러므로 이 사건에 대한 유일한 합리적 해석은 바로 이 사건이 왕수인의 청소년 시절 즉 그의 사상이 제대로 성숙하지 않았던 시기에 발생하였다고 보는 것이다.

왕수인은 광신에서 누량을 만난 뒤 '성인의 경지는 배움을 통해 이를 수 있다'(聖可學)는 관념을 통해 주희 철학을 새롭게 이해함으로써 대나무를 궁구하고 있던 종전의 곤혹스러움을 바로잡을 수 있었을 것이다. 홍치 3년(1490)에서 5년(1492)까지 왕수인의 부친 왕화王華는 여요로 돌아와 친상親喪을 치렀는데, 이때 그는 왕수인에게 친구의 자제들과 함께 경전의 의미를 연구하고 분석하라고 독촉하였다. 이것은 왕수인이 이미 주자학의 '도문학道問學'의 행로로 접어들었음을 보여 준다. 대체로 이 시기에서 홍치 말년(1505)에 이르기까지 왕수인의 전체 사상은 기본적으로 주자학의 영향권 아래 놓여 있었다고 할 수 있다. 그리하여 왕수인은 주희 철학에 의거해서 '격물'을 이해하였던 것이다.

정덕 3년(1508, 37세 때), 왕수인은 용장龍場에서 도를 깨쳤다. 이는 왕수인의 격물 사상의 한 전환점이 되었다. 당시 왕수인은 청년 시절 이후 지녔던 격물 문제에 대한 곤혹스러움을 근본적으로 해결하지 못하고 있었는데, 홍치 18년(1505)에 담약수湛若水(호는 甘泉)와 교분을 맺은 뒤로부터 '자득自得' 위주의 학문의 영향을 받아 '내면을 향해 공부하는'(向內用功) 방향을 견

---

42) 부록 1 '생애와 저작에 대한 고증' 참조.

고히 함으로써 결국은 주희의 격물설과 철저히 결별하게 되리라는 것을 예고하고 있었다. 이것들은 모두 용장의 큰 깨달음에서 완성되고 해결되었다.

비로소 성인의 도가 나의 성性 속에 자족되어 있는 것이어서 예전에 사물에서 리를 구하던 태도가 잘못인 것을 알게 되었다.[43]

문득 한밤중에 격물치지의 의미를 크게 깨달았다.[44]

위의 글들은 과거 20년 동안 왕수인에게 있어 '격물'이 줄곧 그의 사상에서 핵심 문제였다는 것을 보여 준다.

용장의 깨달음은 외재 사물에서 리를 구하는 방법을 부정한다. 그러므로 그것의 적극적인 결론은 반드시 격물궁리의 방향을 외재 사물로부터 주체 자신으로 전환시키는 형태로 나타나게 마련이다. 그의 이론적 기초는 '심즉리설心卽理說'로, 이미 사람의 마음 속에 격물을 통해 궁구하려는 그 리가 내재되어 있다는 이론이다. 그렇다면, 근본적으로 말해서 왕수인은 '마음과 리' 문제의 해결을 통해 '격물' 문제에 해결의 길을 연 셈이다. 다시 말해, '격물'의 해석은 반드시 마음과 리의 문제가 해결되는 방향에 따라 이뤄져야 한다. 여기서 '리'는 본체의 문제이고 '마음'은 공부의 문제이다.

용장의 깨달음은 격물 공부가 밖에서 리를 구하는 식이어서는 안 되고 반대로 마음에서 구하는 방식이어야 한다는 점을 명확히 제기했다. 그리하여 격물은 '마음을 찾는다'는 의미로 변해 버린다. 이것은 『전습록』 상권에서 '격심설格心說'로 표현되었다.

'격물格物'에서의 '격格'은 『맹자孟子』의 '대인격군심大人格君心'(대인은 임금의 마음을 바로잡는다)의 '격格'과 같다. 마음의 바르지 못한 부분을 제거하여 그 본체의 바름을 온전히 회복하자는 것이다. 의념의 소재所在인 일(物)에

---

43) 『全書』, 권32, '戊辰條', 446쪽, 「年譜」, "始知聖人之道吾性自足, 向之求理於事物者誤也."
44) 『全書』, 권32, '戊辰條', 446쪽, 「年譜」, "忽中夜大悟格物致知之旨."

대해 그 속의 바르지 못한 점을 주저 없이 없애서 온전히 바르도록 해야 한다. 즉 언제 어느 곳에서든 옳지 않음이 없도록 해야 한다. '천리를 보존하는'(存天理) 것이 바로 '궁리窮理'이다. '천리'가 바로 '명덕明德'이고 '궁리'가 곧 '명덕을 밝히는'(明明德) 일이다.[45]

'격물格物'에 대해 여쭤 보니, 선생께서는 "격格은 바로잡음(正)이다. 바르지 못한 부분을 바로잡아 바름으로 돌아오게 하는 것이다"라고 말씀하셨다.[46] 의意의 소재가 바로 물物이다. 예컨대 의가 부모를 섬기는 데 있으면 부모를 섬기는 것이 바로 하나의 물이고, 의가 임금을 섬기는 데 있으면 임금을 섬기는 것이 바로 하나의 물이며, 의가 백성을 사랑하고 사물을 아끼는 데 있으면 백성을 사랑하고 사물을 아끼는 것이 바로 하나의 물이고, 의가 보고 듣고 말하고 행동하는 데 있으면 보고 듣고 말하고 행동하는 것이 바로 하나의 물이다.[47]

왕수인의 해설에 따르면 '격格'의 의미는 '바로잡음'(正), 즉 바르지 않은 부분을 바로잡아 바르게 만드는 것이다. '물物'은 일(事)을 가리키고 '의意의 소재'로 정의된다. 그러므로 '격물格物'의 해석은 간단히 말해서, 바로 '의의 소재를 바로잡는 것'이다. 그러나 '의의 소재'는 의식意識이 그 속에 참여해 있는 실제 사물일 수도 있고 '의향意向 대상'(즉 비실재적인 것)일 수도 있다. 그렇다면 격물은 과연 실제 사물을 바로잡는 것인가, 아니면 단지 의향意向 행위 자체를 바로잡는 것인가? 다시 말해 격물은 의의 소재인 그 '일'의 바르지 않은 점을 바로잡는 것인가, 아니면 그 '마음'의 바르지 않은 점을 바

45) 『傳習錄』上; 『全書』, 권1, 39쪽, "格物如孟子'大人格君心'之格, 是去其心之不正, 以全其體之正. 但意念所在, 卽要去其不正以全其正, 卽無時無處不是, 存天理卽是窮理, 天理卽是明德, 窮理卽是明明德."
역자 주-왕수인은 窮理를 '이치를 완벽하게 실현시키는 것'으로 이해한다. 이는 '致良知'와 같은 의미인데 그렇기 때문에 存天理(천리를 보존함), 明明德(명덕을 밝힘)과도 통한다.
46) 『傳習錄』上; 『全書』, 권1, 45쪽, "問格物, 先生曰: 格字, 正也. 正其不正以歸於正也."
47) 『傳習錄』上; 『全書』, 권1, 38쪽, "意之所在便是物, 如意在於事親, 卽事親便是一物; 意在於事君, 卽事君便是一物; 意在於仁民愛物, 仁民愛物卽是一物; 意在於視聽言動, 卽視聽言動便是一物."

로잡는 것인가?

앞서 인용한 글에 따르면, 왕수인은 격물의 직접적인 의미를 "그 마음의 바르지 않은 부분을 제거하여 바름으로 돌아가게 하는 것"(去其心之不正而歸於正)이라고 정의하였다. 즉 마음의 본체는 바르지 않은 부분이 없지만 일반인의 마음은 이미 마음의 본체가 아니어서 바르지 않게 되었는데, '격물'은 바로 사람 마음의 바르지 않은 부분을 바로잡아서 본체의 바른 상태를 회복시키는 것이라는 뜻이다. 이와 같이 격물의 의미는 '마음을 바로잡는다'(格心)는 뜻을 지니고 있다. 그러므로 왕수인이 '의의 소재'가 바로 '물物'이라고 강조하면서 '격물'의 뜻을 "다만 의의 소재에 따라 바르지 않은 부분을 없애서 온전히 올바르게 만드는 것"(但意念所在, 就要去其不正以全其正)이라고 정의하였을 때, 여기서의 '의의 소재'는 앞뒤의 문맥으로 보아 분명히 '마음'을 가리킨다. 앞서 심心과 물物을 토론하는 장에서 지적하였듯이, 왕수인은 '의향'(지향) 개념을 통해 '물'을 정의함으로써 격물의 방향을 외재사물로부터 '의향 행위' 자체로 옮겨와서 '마음으로 돌이켜 구하도록'(反求諸心) 하는 전략적 전환을 이뤄냈다. 왕수인 격물설의 이런 의미는 담약수와 벌인 '격물치지格物致知' 논쟁을 거치면서 더욱 명확해진다.(이에 대해서는 뒤에서 상세히 다루기로 한다.)

주희의 격물설은 이중적 성격을 지닌다. 주희의 격물설 속에는 사물의 규율에 대한 탐색이라는 인식론적 의미도 포함되어 있지만 도덕 의식의 충실한 실현이 격물의 궁극적 목적이라는 점도 강조되고 있다. 경전의 훈고와 해석 면에서, 주희는 '격格'을 '궁구한다'(窮)로, '물物'을 '사물의 이치'(理)로 보았다. 그래서 '격물'은 곧 '이치를 궁구하는'(窮理) 것이 된다. 그는 또 어떤 때는 '격格'을 '지至'로, '물物'을 '사事'로 해석하기도 한다. 이 경우 '격물'은 곧 '사물에 나아간다'(到事物上)는 의미이다. 주희에 따르면, 『대학』 팔조목 속에는 이미 정심正心, 성의誠意와 같은 '덕성'의 조목이 있으므로 '격물치지'는 당연히 지식 학습의 축적을 가리키는 것이어야 한다. 따라서 '사물에 나아가는' 까닭은 사물의 이치를 궁구하기 위해서이다. 이것은 『역대

『周易大傳』에 나오는 '궁리窮理'의 설과도 상통한다.

그런데 왕수인은 '격格'을 '바로잡는다'(正)로, '물物'을 '일'(事)로 해석하고 또 '일'(事)의 의미를 '의향'이라고 정의함으로써 격물의 뜻을 '마음의 바르지 않은 부분을 바로잡는다'(格心之不正)라는 의미로 변환시켰다. 이 의미에서는 주자학 속에 들어 있던 '격물'의 인식론적 기능과 의미가 깨끗이 제거되면서 간이하고 직접적인 방식이 그것을 대체하게 되어, '격물'은 비도덕적인 의식을 교정하고 극복하는 것으로 해석된다. 그리하여 공부에 있어서도, 경전의 문의文義에 대한 천착과 자연 사물에서의 고찰·탐색을 철저히 부정하면서 '심체에서의 공부'(在心體上用功)가 전체 학문 공부를 통솔하도록 함으로써 '마음을 버리고 외재 사물을 좇는 태도를 반대한다'는 구호 아래 내향성內向性의 입장으로 완전히 전향하게 되었다.


## 4. 격물 논쟁

### 1) 담약수와 격물을 논하다

왕수인의 격물설이 제기되자마자 많은 학자들은 의문을 제기하였다. 의문을 제기한 사람으로는 주자학 사상가나 주자학의 영향을 크게 받은 사상가뿐 아니라 왕수인의 벗과 학생들도 있었다. 이러한 논변들을 연구하는 것은 왕수인의 격물설을 이해하는 데 있어 대단히 유익할 것이다. 왕수인과 '격물'을 논쟁한 학자들 가운데 담약수湛若水가 던진 질의는 왕수인 사상이 마주친 첫 번째 엄중한 도전이었다.

정덕 6년(辛未, 1511) 봄에서 7년(壬申, 1512) 겨울까지 왕수인은 북경에서 관직 생활을 했는데(吏部驗封淸吏司主事·文選淸吏司員外郞·考功淸吏司郞中), 이때 담약수와 황관黃綰이 모두 북경에 있었고 왕수인은 바로 담약수의 오른편에 이웃하여 살았다.[48] "관직 생활에 잠시 여가가 생기자 비로소 강학하면서 어울릴 수 있어서, 서로를 연마시킬 수 있게 되기를 기대하며 음식과 기거를 늘 함께하였다"[49]라고 하였으니, 세 사람의 교분이 아주 두터웠음을 잘 알 수 있다. 뒷날 담약수가 왕수인을 위해 지은 제문에서도 다음과 같이 말하고 있다.

신미년·임신년의 봄에 그대가 이조吏曹로 복귀하여 나의 이웃에 거처를 택하였고, 조정에서 돌아와 집안에 머물 때는 기거와 음식을 함께하였다. 심신心神을 간직하고 길렀으며 의심나는 것을 꼼꼼하게 분석하였다. 내가 "성인의 학문은 천리天理를 체인하는 것이다"라고 하자 "천리가 무엇이냐"고 물어오기에 "드넓은 것일 뿐이다"(廓然)라고 대답했다. 형은 이때 마음으로 깨달은 바가 있었으므로 틀렸다고 말하지 않았다.……[50]

이를 통해 왕수인이 이부吏部에 재직할 때(40세 때) 이미 담약수가 '천리를 체인하라'는 사상을 제기했음을 알 수 있다. 담약수의 말에 따르면 왕수인은 당시까지는 전혀 이견을 보이지 전혀 않았다. 사실상 왕수인은 당시까지는 아직 '격심格心' 사상을 제기하지 않고 있었다.

정덕 7년(壬申, 1512) 봄에 담약수는 안남安南으로 파견되었고 그 해 겨울에 왕수인은 남경태복시소경南京太僕寺少卿에 올라 남쪽으로 가는 길에 귀성歸省하였다. 그런데 왕수인이 『대학』 고본을 믿게 되고 또 '격물格物'을 '격심格心'으로 해석하게 된 것은 모두 담약수가 안남安南으로 파견된 뒤의 일로, 『전습록』 상권의 "임신년 겨울 서애徐愛와 남쪽으로 가는 배를 띄워놓고 학문을 논하던" 시기에 처음 보인다. 그러므로 북경에서 왕수인과 이웃해 살던 당시의 담약수는 그것을 아직 듣지 못했다고 할 수 있다.

---

48) 담약수의 「陽明先生墓志銘」에서는 "북경에 머물러 吏部驗封主事가 되고서는 제법 명성을 얻은 양명공이 내게, '이제야 이웃에 살게 되었구려' 하고서는 드디어 長安 灰廠에 있는 내 집 오른편에 살게 되었다"라고 하였다.(『全書』, 권37, 514쪽에 보인다.)

49) 『全書』, 권32, 448쪽, 「年譜」, '辛未條', "職事之暇, 始遂講聚, 方期各相砥礪, 飮食啓處必共之."

50) 『甘泉文集』, 권30, 4쪽, 「奠王陽明先生文」, "辛壬之春, 兄復吏曹, 於吾卜鄰, 自公退食, 坐膳相似. 存養心神, 剖析疑義. 我云聖學, 體認天理; 天理問何, 曰廓然爾. 兄時心領, 不曰非是.……"

정덕 8년(1513) 겨울 왕수인이 저양滁陽 독마정督馬政으로 있을 때 담약수는 북경으로 돌아가던 길에 저양의 왕수인을 방문하였다. 이후 정덕 9년부터 왕수인은 남경홍려시경南京鴻臚寺卿에 올라 남경에 머물고 있었는데, 정덕 10년 봄 담약수가 모친상을 당하여 영구를 모시고 남쪽으로 돌아오다가 다시 남경 용강龍江에서 왕수인을 방문하였다. 『전습록』 하권에는 진구천陳九川의 다음과 같은 기록이 실려 있다.

정덕 을해乙亥(1515)에 선생을 용강龍江에서 처음 뵈었는데, (당시) 선생께서는 감천甘泉선생과 격물설을 논하고 계셨다. 감천선생이 구설舊說을 견지하자 선생께서는 "그것은 밖에서 구하는 것"이라고 하셨다. 이에 감천선생은 "만일 물리物理를 궁구하는 것을 밖의 일이라고 한다면 이는 스스로 자신의 마음을 작게 만드는 것이다"라고 하였다.[51]

이것은 왕수인과 담약수가 벌인 '격물'에 관한 첫 논변이다. 용강에서 헤어진 지 오래지 않아 담약수는 왕수인에게 편지를 보내 이렇게 말했다.

앞서 직접 『대학』의 '격물'에 대한 설명을 듣고, 물物을 '지금 마음(心意)의 대상'으로 이해해야 한다는 말씀에서 배운 것이 많습니다. 그러나 내가 평소 형에게 도움을 받았던 것은 대부분 이런 데 있지 않습니다. 형은 아마 사람들이 마음을 버리고 밖에서 구하지 않을까 염려해서 이 주장을 제창하게 된 것 같습니다. 그러나 나는, 사람의 마음과 천지만물은 같은 몸이고 심체心體는 만물의 근간으로서 빠뜨릴 수 없는 부분이므로 심체가 광대하다는 것을 인식하게 된다면 물物을 심체의 바깥에 둘 수 없다고 생각합니다. 그러므로 '격물'은 밖의 일이 아닙니다. 사물을 궁구하고 지식을 쌓아가는 '마음'도 밖에 있지 않습니다. 만일 물物을 '지금 마음의 소재'(所著 : 대상)로 본다면 아마도 '사물을 마음 밖에 두는'(外物) 병폐에서 벗어나지 못할 듯합니다. 다시 생각해 보기 바랍니다.[52]

---

51) 『傳習錄』下; 『全書』, 권3, 73쪽, "正德乙亥九川初見先生於龍江, 先生與甘泉先生論格物之說, 甘泉持舊說, 先生曰: 是求之於外了. 甘泉曰: 若以格物理爲外, 是自小其心也."

52) 『甘泉文集』, 권7, 10쪽, 「與陽明鴻臚」, "昨承面喻『大學』格物之義, 以物爲心意

여기서 "앞서 직접 『대학』의 격물에 대한 설명을 들었다"라는 말은 바로 진구천의 기록에 나오는, 을해년에 왕수인과 담약수 두 사람이 용강에서 벌인 논변을 가리킨다. 그런데 이때는 정덕 6년 북경에서의 상황과 달리 왕수인은 담약수의 '천리를 체인하라'는 이론에 대해 이의를 제기하였고 담약수는 왕수인의 '의意의 대상' 이론에 회의하는 태도를 보였다.

담약수는 격물이 '사물에서 천리를 체인하는 것'이라면 이런 격물은 이미 '두뇌'(요체)를 가진 것이므로 '아득하여 돌아갈 데가 없게 되는' 것이 아니라고 보았다. 그러므로 이 사상에서는 격물 속에 원래 포함되어 있던, '밖으로 향하여 사물에 나아간다'라는 의미를 결코 배척하지 않는다. 그런데 왕수인은 이것이 주자학의 악습을 보존하는 것이라고 보아서 학문의 도는 마땅히 완전하게 '안으로 향하게'(向裏) 해야 한다고 강조하였다. 그래서 그는 담약수의 주장에 대해 '밖에서 찾는다'(求之於外)라고, 즉 마음 밖에서 찾는다고 비판했던 것이다. 그러나 담약수는 자신이 말하는 마음(心)은 '큰 마음'(大心)을 가리키며 이것은 우주만물을 포함하면서 그것과 혼연일체가 되는 대심大心이어서, 이런 '대심'의 의미에서 보면 만물은 결코 마음 밖에 있는 것이 아니라고 하였다. 만물이 바로 마음 안에 있기 때문에 만물을 궁구하는 것이 '밖에서 찾는' 태도일 수는 없다는 것이다. 그리하여 그는 만물을 '밖의 것'(外)이라고 보게 되면 그것은 '스스로 자신의 마음을 작게 만드는'(自小其心) 것이라고 지적하였다.

담약수는, 왕수인의 격물설의 출발점은 '사물을 좇는' 태도를 반대하려는 것이었지만 사물을 '밖의 것'(外)으로만 보고 격물格物의 물物을 '의의 소재'로 해석함으로써 그 실질적인 내용은 필연적으로 또 다른 한 극단 즉 사물을 '밖의 것'(外)으로 여기는 데로, 말하자면 사물을 싫어해서 내버리는 데로 치닫게 되었다고 보았다. 같은 해에 담약수는 서애徐愛에게 답하는 편지

---

之所著, 荷教多矣. 但不肖平日所受益於兄者, 尙多不在此也. 兄意只恐人舍心求之於外, 故有是說. 不肖則以爲人心與天地萬物同體, 心體物不遺, 認得心體廣大, 則物不能外矣. 故格物非在外也. 格之致之心又非在外也. 於格若以爲心意之著, 見恐不免有外物之病, 幸更思之."

에서 왕수인에게는 '안과 밖을 둘로 갈라놓는'[53] 경향이 있다고 지적하였다. 왕수인과 담약수 두 사람의 분기점에서 보면, 문제의 본질은 마음을 '큰 마음'(大心)으로 정의하느냐 '작은 마음'(小心)으로 정의하느냐, 즉 '物物'을 밖의 것으로 규정하느냐 안의 것으로 규정하느냐 하는 데에 있는 것이 아니라 개체의 의식 밖에 독립해 있는 사물을 '격물'의 범위 안에 포함시키느냐 그렇지 않느냐 하는 데에 있었다. 이 점에서 두 사람의 의견이 확실히 다르다는 것을 알 수 있다.

담약수는 '物物'을 '의의 소재'로 해석한 의도가 사람들이 밖에서 찾지 않도록 하려는 것이었다고 지적했는데, 이는 '격물'에 대한 왕수인의 정의에 담긴 실천상의 취향을 정확히 밝혀 준다고 할 수 있다. 이렇게 볼 때, 담약수가 여기서 말한 대로 왕수인의 격물은 바로 안에서 찾는 것이고, 실천상에서 볼 때 '의의 소재'는 어떤 의미로 '소재所在'라고 볼 수 있는 의념 자체를 가리킨다. 따라서 격물도 '현재의 마음을 대상으로 도덕 실천 공부를 하는' 것이다. 담약수는 왕수인의 가장 절친한 벗이었고 그의 이해는 왕수인과 용강에서 직접 벌인 논의에 기초하고 있으므로 이러한 이해는 결코 잘못된 것일 수 없다.

담약수는 을해년(1515) 봄에 왕수인과 용강에서 헤어진 후 왕수인에게 두 차례 편지를 보내긴 했으나, 그 뒤 2, 3년 동안 두 사람이 이 문제로 되돌아온 적은 없었다. 뒷날 그들이 다시 『대학』의 격물 문제를 토론할 때 왕수인은 이렇게 말했다.

전에 용강의 배 안에서 『대학』 구본과 격물 등 여러 문제에 대해 토론한 적이 있었습니다. 그때 형이 긍정하지 않았지만 나도 내버려두고 더 이상 억지로 주장하지 않았던 것은, 형이 머지않아 스스로 마땅히 이 문제를 환히 깨닫게 되리라는 것을 알았기 때문이었습니다. 마침내 지금 과연 기대하던 바를 이루었습니다.[54]

---

53) 『甘泉文集』, 권7, 12쪽, 「答徐曰仁工曹」, "以內外爲二而離之."
54) 『全書』, 권4, 102쪽, 「答甘泉」, "向在龍江舟次, 亦嘗進其『大學』舊本及格物諸說,

이 글을 통해 우리는 왕수인과 담약수가 을해년에 가진 용강의 만남에서『대학』고본古本의 문제를 토론하였다는 사실과, 당시에 담약수는 왕수인이 제시한 고본과 격물설을 모두 처음 접했으며 그에 대해 수긍하지 않았다는 사실을 확인할 수 있다.

담약수는 거상居喪 기간에 방헌부方獻夫(자는 叔賢)가 왕수인의 불교에 관한 관점들을 언급한 것을 계기로 왕수인과 유불儒佛 문제에 관한 논쟁을 한 차례 벌였다. 그리고 정덕 12년(1517) 4월에 탈상한 그는 10월에 서초西樵로 들어가 연하동烟霞洞에 집을 짓고 살았는데, 이때 방헌부 또한 서초로 와서 살게 되었다. 정덕 13년(1518)에 왕수인은 담약수, 방헌부 두 사람과 '우주와 성분性分(자신의 일)'의 문제에 대해 토론하였다. 같은 해에 왕수인은『대학고본방석大學古本旁釋』과「주자만년정론朱子晚年定論」을 간행하였고, 담약수도『대학측大學測』을 완성하였다. 이리하여『대학』의 격물 문제는 다시 왕수인과 담약수 간의 학문적 논의의 초점이 되었다. 그런데 이 시기의 두 사람의 서신 가운데 담약수가 왕수인에게 보낸 편지는 제법 많이 보존되어 있는 데 반해 왕수인이 담약수에게 보낸 편지는 조금밖에 남아 있지 않다. 그러므로 우리는 주로 담약수가 왕수인에게 보낸 편지를 근거로 왕수인의 사상을 이해할 수밖에 없다.

정덕 13년(戊寅, 1518) 봄, 담약수는 왕수인에게 답하는 편지(「答陽明書」)를 썼는데 왕수인이 먼저 보낸 편지가 어떤 것인지 지금으로서는 확인할 길이 없다. 담약수의 이 편지는 '주어진 일에 따라서 천리를 체인한다'(隨事體認天理)는 그의 사상을 좀더 깊이 해석하고 있다. 그는 '주어진 일에 따라서 천리를 체인하는 것'이 결코 지리멸렬하지 않다고 보았다. 그는 오히려 안과 밖을 분리하는 태도가 지리멸렬한 것이라고 하여, "밖을 좇아 안을 잃는 태도만 지리한 것이 아니라 안만 옳다고 하고 밖은 그르다고 보는 태도 또한 지리멸렬하다"[55]고 지적하였다. 담약수는 같은 시기에 진구천陳九川(자

---

兄時未以爲然, 而僕亦遂置不復强聒者, 知兄之不久自當釋然於此也, 乃今果獲所願."
55)『甘泉文集』, 권7, 16쪽, "是內而非外亦謂之支離."

는 惟浚에게 보낸 답장에서도 "양명의 격물설을 아직 상세하게 듣지는 못했습니다. 대개 마음과 천하는 안과 밖으로 나눌 수가 없음에도 불구하고 '본심에서 찾는다' 하고 또 '안으로부터 말미암는다' 하니, 여전히 '사물을 밖의 것으로 여기는' 폐단이 있습니다"[56]라고 하였다. 이 말들은 모두 을해년 용강에서 벌인 논쟁과 연결되어 있는 것이지 결코 새로운 문제를 제기한 것이 아니다.

무인년 가을, 왕수인의 문인 양기楊驥(자는 仕德)가 감주贛州에서 조주潮州로 가는 길에 서초에 들러 왕수인이 담약수와 방헌부에게 보내는 편지와 「주자만년정론」을 전하였다. 그 뒤 담약수가 다시 두 번 더 왕수인에게 답장을 보냈는데 그 중 한 편지에서 이렇게 말했다.

격물의 설은 대단히 탁월합니다. 형장이 아니면 어찌 여기에 이르겠습니까? 내 옅은 견해도 그다지 이 이론과 멀지 않고 대동소이할 뿐입니다. 내가 보기에 '격格'은 '이르다'(至)의 뜻이니 "문조文祖에 이르다"(格於文祖), "묘족苗族이 이르렀다"(有苗來格)의 '격格'입니다. '물物'은 천리天理이니 "말 속에 리理가 있다"(卽言有物), "순舜이 여러 물리物理에 밝다"(舜明于庶物)의 '물物'로서 곧 도道입니다. '격格'은 '나아가 이르다'의 의미이고, '격물'은 '도道로 나아가다'라는 뜻입니다. 지知와 행行이 함께 나아가는 것이므로 박학博學·심문審問·신사愼思·명변明辨·독행篤行이 모두 도道로 나아가는 과정들입니다. 책을 읽고 스승과 벗을 가까이하고 일상사에 응하는 일에서부터 언제 어느 곳에서나 일에 따라 천리를 체인하고 함양하는 것까지 도로 나아가는 공부가 아닌 것이 없습니다.……맹자의 "도道로써 깊이 나아간다"라는 말은 '격물'을 말한 것이고, "자득自得"은 '지知가 지극해진' 상태를 말한 것이고, "주어진 상황을 느긋하게 받아들이고 행동의 준거를 얻는 토대가 심오하여 선택한 방법이 늘 그 일의 핵심과 만난다"는 말은 '수신·제가·치국·평천하'를 말한 것입니다. 근래에 동지와 강학하고 연구하는 내용은 이런 것을 벗어나지 않습니다. 형장의 생각은 어떻습니까?[57]

56) 『甘泉文集』, 권7, 12쪽, "陽明格物說未得其詳, 大抵心與天下不可分內外, 稍云求之本心, 又云由內, 便有外物之弊."

57) 『甘泉文集』, 권7, 18쪽, 「答陽明」, "格物之說甚超脫, 非兄高明何以及此! 僕之鄙

담약수가 여기서 말한 왕수인의 '격물설'이 어떤 것을 가리키는지는 알수 없다. 『대학고본방석』을 가리키는 것일 수도 있고, 왕수인이 담약수의이 편지에 앞서 격물을 논한 편지를 먼저 보낸 적이 있다고 볼 수도 있다. 만일 후자라면 그 편지는 이미 존재하지 않는다.

이 글에서 담약수는 왕수인의 격물설이 '매우 탁월하다'고 칭송하고 또 "그대가 아니면 어찌 여기에 이르겠는가"라고 평하고 있다. 왕수인에 대한 종전의 비판과 비교하면 그 태도에 큰 변화가 있음을 알 수 있다. 그러나 사실 격물 문제에서 그와 왕수인의 관점 사이에는 여전히 상당히 큰 분기점이 존재한다. 담약수는 '격格'을 '이르다'(至)로 해석하고 '물物'을 '리理'로 해석하는데, 이에 따르면 '격물格物'은 '조도造道' 즉 '리理에 이르다'로 해석된다. 또 그는 '치지致知'와 '역행力行'은 모두 '천리天理에 이르는' 과정이고 책을 읽고 사물을 응접하는 것도 도로 나아가는 공부가 아닌 것이 없다는 견해를 내었다. 그러므로 담약수의 격물설은 글자의 의미 해석에 있어서나 공부의 지향에 있어서 모두 왕수인과 '그다지 서로 멀지 않고 대동소이할 뿐'이라고 말하기는 어렵다. 그의 기본 입장은 을해년 용강에서의 논쟁 때와 일치한다. 다만 왕수인의 격물설에 대한 그의 태도에는 비교적 분명한 변화가 있었다.

무인년 겨울에 왕수인이 담약수에게 답서를 보냈는데 그는 매우 기쁘고 안심되는 마음으로 다음과 같이 언급하였다.

열흘 전 양사덕楊仕德(楊驥)이 사람을 보내와 그대의 친필 편지를 받게 되었습니다. 대개 이제부터 우리의 학문이 합치하니, 이는 나의 행운이요 후학의 행복입니다. 보내 주신 편지에서는 한동안 가르침을 청하지 않았다고 저를 간절히 질책하셨습니다.……그러나 나도 형을 재촉하지 않았던 이유는 지향

---

見大段不相遠, 大同小異耳. 鄙見以爲, 格者, 至也; 格於文祖, 有苗來格之格. 物者, 天理也; 卽言有物, 舜明於庶物之物, 卽道也. 格卽造詣之義. 格物者卽造道也. 知行竝造, 博學審問愼思明辨篤行皆所以造道也. 讀書親師友酬應, 隨時隨處皆隨體認天理而涵養之, 無非造道之功.……孟子深造以道, 卽格物之謂也; 自得之卽知至之謂也; 居安資深逢原卽修齊治平之謂也. 近來與同志講究, 不過如此, 高明以爲如何?"

이 이미 같아서, 마치 두 사람이 서울로 가는 것처럼 비록 가는 길에 우회하거나 바로 가는 차이는 있을지라도 뒷날 결국에는 같은 곳으로 가게 될 줄 알았기 때문입니다. 전에 용강의 배 안에서『대학』구본과 격물 등 여러 문제에 대해 토론한 적이 있었습니다. 그때 형이 긍정하지 않았지만 나도 내버려두고 더 이상 억지로 주장하지 않았던 것은, 형이 머지않아 스스로 마땅히이 문제를 환히 깨닫게 될 줄 알았기 때문입니다. 마침내 지금 과연 기대하던바를 이루었으니 이 기뻐 날뛰는 흥분을 어찌 말로 할 수 있겠습니까!58)

무엇이 왕수인을 이토록 '기뻐 날뛰게' 하였는가? 앞서 인용한, 격물을 '도道로 나아간다'로 해석한 담약수의 편지로는 이것을 완전하게 설명할 수가 없다.『전습록』하권에는 진구천陳九川이 정덕 14년(己卯, 1519)에 왕수인에게 보낸 문답이 실려 있는데, 거기에 이런 말이 있다.

또 묻기를 "감천 또한 근래『대학』고본을 신뢰하여 '격물格物'을 '도道로나아간다'와 같은 의미로 보았고, '궁리窮理'의 '궁窮'은 '그 소굴을 다 뒤진다'(窮其巢穴)의 '궁'처럼 '몸소 거기에 이르는' 것이라 하여 '격물'도 단지 '주어진 상황마다 천리를 체인하는' 것일 뿐이라고 했으니, 선생의 견해와 차츰같아지는 것 같습니다"라고 하자 선생께서 대답하셨다. "감천이 그간 공부를많이 했기 때문에 생각을 돌릴 수 있었던 것이다. 당시에는 '친민親民'에서'친親'자를 바꿀 필요가 없다고 말했을 때조차 믿지 못했는데, 지금은 '격물'을 논한 것마저 비슷하다. 다만 '물物'은 '리理'자로 바꿀 필요가 없다. 그냥'물物'자로 두는 것이 좋다."59)

위의 기록들에 따르면 정덕 13년(戊寅)에 이미 담약수는『대학』고본을

---

58)『全書』, 권4, 102쪽, 「答甘泉」, "旬日前楊仕德人來領手教, 蓋自是而吾黨之學歸一矣, 此某之幸, 後學之幸也. 來簡勤勤, 責僕以久無請益,……而僕亦不以汲汲於兄者, 正以志向既同, 如兩人同適京師, 雖所由之途有迂直, 知其異日之歸終同耳. 向在龍江舟次, 亦嘗進其大學舊本及格物諸說, 兄時未以爲然, 而僕亦遂置不復强聒者, 知兄之不久當自釋然於此也. 乃今果獲所願, 喜躍何可言!"

59)『傳習錄』下;『全書』, 권3, 73쪽, "又問: 甘泉近亦信用『大學』古本, 謂格物猶言造道, 又謂窮理如窮其巢穴之窮, 以身至之也, 故格物亦只是隨處體認天理. 似與先生之說漸同. 先生曰: 甘泉用功, 所以轉得來, 當時與說親民字不須改, 他亦不信, 今論格物亦近, 但不須換物作理字, 只還他一物字便是."

회의하던 태도를 바꾸어 그것을 신뢰하게 되었는데, 이 즈음 방헌부 또한 생각을 바꾸어 구본이 옳다고 동의하였다. 이는 왕수인에게 있어 매우 고무적인 변화였음에 틀림없다. 그래서 무인년 겨울에 왕수인은 고응상顧應祥(자는 惟賢)에게 보낸 답서에서 "근래에 감천·숙현叔賢(방헌부)의 글을 받아 보니 두 사람의 논의가 이미 합치되었음을 알겠다. 이제부터 우리는 탁 트인 듯 같은 길에 있어 더 이상 이의가 없으니 이 기쁨과 다행스러움을 말로 다할 수 없다"[60]라고 하였다. 담약수는 당시에 『고본대학측古本大學測』을 완성하였으니, 그 역시 왕수인과 마찬가지로 주희의 개정본을 버리고 고본으로 돌아오게 된 것이다. 이것은 왕수인에게 더할 나위 없는 든든한 지지였다. 정덕 초년(1506) 이래로 담약수는 줄곧 왕수인에게 가장 중요한 벗이자 동도同道로 여겨져 왔기 때문에, 이 일은 왕수인으로 하여금 비할 데 없이 흥분하게 만든 주요한 원인이 되었다. 비록 '물物'을 '리理'로 여기고 '격물'을 '도道로 나아간다'라고 이해하는 담약수의 사상에 완전히 동의할 수는 없었지만 말이다.

　　무인년에 오고간 서찰에서는 같은 해 8월에 간행된 『전습록』에 대해 쌍방이 모두 언급하지 않았는데, 그 속사정은 알 수 없다. 『전습록』에는 격물과 관계된 왕수인의 사상이 상세히 기록되어 있어 이 사상들이 당시 사상계에 충격을 던지고 왕수인의 벗들 사이에서도 커다란 반향을 불러일으켰으리란 것을 짐작할 수 있다. 정덕 14년(己卯, 1519)에는 영왕寧王(朱宸濠)의 난을 평정하느라 분주했으므로 왕수인의 학술 활동은 거의 이루어지지 못했다. 정덕 15년(庚辰, 1520)에서 정덕 16년(辛巳)까지 왕수인과 담약수 간의 격물 문제에 관한 불일치는 더욱 두드러졌는데 거기에 다른 원인이 있었는지는 아직 명확하지 않다. 우리가 현재 알고 있는 것은, 담약수의 벗들이 담약수를 부추겨 왕수인의 격물설에 반박하도록 만들었는가 하면 왕수인도 다른 사람과 대화하다가 담약수의 '수처체인천리隨處體認天理' 이론을 공개

---

60) 『全書』, 권27, 384쪽, 「與顧惟賢六」, "近得甘泉, 叔賢書, 知二君議論旣合, 自此吾黨廓然同途, 無復疑異, 喜幸不可言."

적으로 비판했다는 사실이다. 담약수는 왕의학王宜學에게 보낸 편지에서 이렇게 말했다.

양명의 견해는 물론 세속의 학설이 미칠 수 없는 것이긴 하나, '격물'을 '생각을 바로잡다'(正念頭)로 해석하게 되면 (『대학』에서) 뒤쪽의 '정심正心'을 다룬 내용은 군더더기가 됩니다. 하물며 불佛·노老의 학자들도 모두 스스로 '생각을 바로잡는다'고 여기고 있습니다. 학문사변學問思辨·독행篤行의 공부도 없고 상황마다 체인하는 실천도 없으니, 그가 말하는 '바로잡음'(正)이라는 것도 모두 잘못이 생기게 됩니다.……양명선생도 이것을 변론한 적이 있으나 아직 다른 점이 많습니다.[61]

그는 또 양소묵楊少默에게 답한 편지에서는 이렇게 말했다.

양명이 근래 두 차례 편지를 보내왔지만 끝내 합치되지 않는 점이 있습니다. 게다가 그는 진세걸陳世杰에게 '상황마다 천리를 체인하는' 공부는 '밖에서 구하는' 태도라고 말했습니다. 만일 그의 말대로라면 고자의 "의義는 밖에 있다"는 주장이 옳고 맹자의 "어른이 의義인가, 어른으로 대하는 것이 의인가"라는 주장이 틀리게 되며, 공자의 "일을 할 때는 삼가라"(執事敬)는 가르침은 나를 속인 것이 됩니다. 정자께서 "체와 용은 근원이 하나이고 드러남과 은미함은 차이가 없다"고 하셨는데, '격물'이 바로 거기에 해당하니 더 이상 안과 밖이 있지 않습니다. 조용히 생각해 보면 나와 양명의 이론이 합치하지 않는 것은 까닭이 있습니다. 대체로 양명과 나는 '마음'에 대한 견해가 다릅니다. 내가 말하는 마음은 만물 하나하나의 근간으로서 어떤 사물도 배제하지 않으므로 안과 밖이 없습니다. 그런데 양명이 말하는 마음은 몸 안에 있는 것을 가리키므로, 내 견해를 '밖을 지향한다'고 보는 것입니다. 양명의 격물설은 '생각을 바로잡는다'는 뜻인데, 이것은 『대학』에서 아래 글의 '정심正心'과 중복됩니다. 게다가 예로부터 성현들은 옛 가르침을 배웠고 학문사변·독행, 박문博文(문장·제도를 널리 배움)·약례約禮(禮로 단속함)를 공부 방

---

61) 『甘泉文集』, 권7, 22쪽, 「答王宜學」, "陽明所見固非俗學所能及, 但格物之說以爲正念頭, 旣於後面正心之說爲贅, 又況如佛老之學者皆自以爲正念頭矣. 因無學問思辨篤行之功, 隨處體認之實, 遂竝與其所謂正者一齊錯了.……陽明先生亦嘗有辨論, 多未同."

법으로 제시했으며 수덕修德과 강학講學, 존덕성尊德性과 도문학道問學을 구분해서 말씀하셨는데, 그럼 그것이 무엇 때문이란 말입니까?[62]

이 두 서찰은 각각 경진년(1520)과 신사년(1521)의 것이다. 담약수는 왕수인의 격물설에 대해 '격물'을 '생각을 바로잡다'(正念頭)로 이해하면서 '정염두正念頭'로 '격물'을 해석하면 이론상 크게 두 가지 난점이 있다고 강조했다. 첫째는 '정염두'가 『대학』의 '정심正心' 조목과 서로 중복되며, 둘째는 '정염두'의 종지 안에서는 유가와 불가를 구별할 수 없어 유학의 전통 속에 있는 '학문學問'의 일면이 완전히 말살된다는 것이다. 위의 두 번째 편지에 따르면, 왕수인은 진세걸陳世杰에게 '상황마다 천리를 체인하는'(隨處體認天理) 공부에 대한 불만스런 뜻을 표시한 적이 있으며, 또 담약수에게 보낸 '근래의 두 서한'에서 '격물'에 대해 논변했다고 한다. 그러나 현존하는 자료에는 경진년과 신사년 사이에 왕수인이 담약수에게 보낸 서신이 하나밖에 없다. 이 편지에서 왕수인은 다음과 같이 말했다.

세걸世杰이 와서 『학용측學庸測』을 보여 줘서 다행스럽고도 기뻤습니다. 중간에 진리를 밝힌 것이 아주 많은데, 나의 견해와는 여전히 크게는 같지만 조금은 다릅니다. '주어진 상황마다 천리를 체인한다'(隨處體認天理)는 것은 물론 그릇된 말이 아닙니다. 나의 견해도 처음에 이와 같았지만, 노형 생각의 발단처를 근본적으로 연구해 보았더니 그래도 조금은 일치하지 않는 점이 있는 듯합니다. 그렇지만 결국 길은 달라도 같은 곳으로 돌아갑니다. 수修·제齊·치治·평平이 물론 모두 '격물'이긴 하지만 이렇게 구절구절 분석하려고 한다면 말이 지나치게 많아질 것입니다. 또 어의를 간결하고 고풍스럽게

62) 『甘泉文集』, 권7, 24쪽, 「與楊少默」, "陽明近有兩書, 終有未合, 且與陳世杰謂隨處體認天理是求之於外. 若然, 則告子義外之說爲是, 而孟子長者義乎長之者義乎之說爲非, 孔子執事敬之敎爲欺我矣. 程子所謂體用一源, 顯微無間, 格物是也, 更無內外. 靜言思之, 吾與陽明之說不合者有其故矣. 蓋陽明與吾毫心不同, 吾之所謂心者, 體萬物而不遺者也, 故無內外. 陽明之所謂心者, 指腔子裏而爲言者也, 故以吾之說爲外. 陽明格物之說謂正念頭, 旣與下文正心之言爲重複, 又自古聖賢學於古訓, 學問思辨篤行之敎, 博文約禮之敎, 修德講學, 尊德性道問學之語又何故耶?"

하려고 애써다 보니 본문에 비해 도리어 더 어두워졌습니다.[63]

이 편지는 원주原注에 신사년에 씌어졌다고 되어 있다. 이 편지에 의하면 진세걸이 왕수인을 방문하게 되었을 때 담약수가 『학용측學庸測』을 강서로 가지고 가도록 부탁했고, 왕수인은 이것을 본 뒤 진세걸의 면전에서 담약수의 견해에 대해 비판을 제기했으며 아울러 담약수에게 편지를 써서 자신의 의견을 간곡하게 제기했다고 한다. 왕수인의 비판은 분명히 담약수에게는 일종의 자극이 되었다. 게다가 방헌부와 왕의학王宜學이 1~2년 동안 끊임없이 담약수에게 친히 나가서 왕수인을 비판하라고 요구하자, 마침내 담약수는 왕수인의 격물설을 철저히 검토하기로 결심하게 되었다. 이것이 바로 정덕 말년(辛巳)에 지어진 왕수인의 격물론에 답하는 편지(「答陽明王都憲論格物書」)이다. 여기에서 담약수는 왕수인의 격물설에 대한 네 가지 비판을 상세하게 열거하였다.

두 차례 편지를 받고 보니 형의 격물에 대한 논의에 몹시 끌립니다. 그러나 끝내 제게는 의문점이 있습니다. 형의 격물설 가운데서 제가 감히 믿지 못하는 것은 다음과 같은 네 가지입니다.
예로부터 성현의 학문은 모두 천리天理를 핵심으로 삼고 지와 행을 공부로 삼습니다. 형은 '격格'을 '바로잡음'(正)으로, '물物'을 '생각의 일어남'으로 해석하고 있는데, 아래 글의 '성의誠意'의 '의意'가 곧 '생각의 일어남'이고 '정심正心'의 '정正'이 곧 '바로잡음'이니 글의 의미에 있어 중복이 되지 않겠습니까? 이것이 첫 번째 불가한 점입니다.
또 위 글에서 '지지知止'·'능득能得'[64]은 이어지는 맥락이 없고, 고본古本의 아래 절에서 '수신修身'으로 '격물치지格物致知'를 설명한 것은 근거가 없습니다. 이것이 두 번째 불가한 점입니다.

---

63) 『全書』, 권5, 105쪽, 「答甘泉」, "世杰來, 承視『學庸測』, 喜幸喜幸. 中間極有發明處, 但於鄙見尙大同小異耳. 隨說體認天理, 是眞實不誑語. 鄙說初亦如是, 及根究老兄命意發端處, 却似有毫釐未協, 然亦終當殊途同歸也. 修齊治平總是格物, 但欲如此節節分疏, 亦覺說話太多, 且語意務爲簡古, 此之本文, 反更深晦."
64) 역자 주-『大學』, 「經」의 "知止而后有定, 定而后能靜, 靜而后能安, 安而后能慮, 慮而后能得" 가운데 첫 부분과 마지막 부분.

형은 '격물'을 '생각을 바로잡음'으로 해석하고 있는데, 그 생각이 바른지 어떤지 알 수 있는 근거가 없습니다. 불가와 도가의 허虛와 무無의 이론도 '머무는 바 없이 그 마음을 내야 한다'느니 '제상諸相도 없고 근根·진塵도 없다'느니 하면서 스스로는 바르다고 여깁니다. 양주楊朱와 묵적墨翟도 당시에는 그들 자신을 성인이라고 생각했습니다. 어찌 스스로 바르지 않다고 생각하면서 그냥 안주한 것이겠습니까! 학문 공부가 없다 보니 자신이 '바르다'(正)고 여기는 것이 사실은 '그릇된 것'(邪)임에도 자기가 깨닫지 못할 뿐이라는 것을 모릅니다. 스스로는 성聖이라고 여기는 바로 그것이 마침내 금수禽獸의 상태로 흘러 들어가게 만드는 원인이 되는 것입니다. 맹자도 백이伯夷·유하혜柳下惠·이윤伊尹 같은 이들은 성인이라고 여겼습니다. 그런 그들이 편협하고 불손한 방향으로 흘러서 공자와 다르게 된 까닭은 바로 강학의 공부가 없어서 잘 시작하고 잘 끝맺을 능력이 없었고 지교智巧가 정묘하지도 못했기 때문입니다. 그런데 형은 '생각을 바로잡는다'라고만 해석하니 이것이 세 번째 불가한 점입니다.

'배움'을 가장 먼저 논한 것을 들자면, 『서경書經』의 「열명說命」에서는 "옛 가르침에서 배워야 얻는 것이 있다"고 하였고 「주서周書」에서는 "옛것을 배워서 관직에 나아간다"고 하였으며, 순舜은 우禹에게 명을 내리면서 "오직 정심하게 연구하고 오직 전일하게 견지하라"고 하였습니다. 안자顔子는 공자의 가르침을 조술하면서 "널리 글을 배우고 예로써 조절한다"고 하였고 공자는 애공哀公에게 학문에 대해 말하면서 "배우고 묻고 생각하고 분석하고 독실히 행하라"고 하였습니다. 이것들은 한결같이 '지행병진知行竝進'으로 귀결되고 있습니다. 만일 형의 견해처럼 단지 생각을 바로잡기만 하는 것이라면 공자는 "덕이 닦여지지 않음"만을 말해도 될 텐데, 다시 "학문을 강습하지 않음"을 말했으니 이것은 무슨 까닭입니까? "묵묵히 기억한다"라고만 해도 될 텐데, 다시 "배우는 것을 싫증내지 않는다"고 말했으니 이것은 무슨 까닭이며 또 "옛것을 믿고 좋아하여 민첩하게 구한다"고 말한 것은 무슨 까닭입니까? 자사子思는 "덕성을 높인다"(尊德性)라고만 말해도 될 텐데 다시 "학문을 말미암는다"(道問學)고 말했으니, 이것은 무슨 까닭입니까? 강습하는 것, 배우는 것, 좋아하는 것, 구하는 것은 대체 무엇이라고 생각하십니까? 이것이 네 번째 불가한 점입니다.[65]

---

65) 『甘泉文集』, 권7, 25쪽, 「答陽明王都憲論格物」, "兩承手敎, 格物之論足仰至愛. 然僕終有疑者, 盖兄之格物之說有不敢信者四: 自古聖賢之學皆以天理爲頭腦, 以

정덕 10년(乙亥, 1515)에서 정덕 16년(辛巳, 1521)까지 담약수가 왕수인의 격물설에 대해 쓴 글들을 볼 때 이 시기 왕수인의 격물설의 주요 의미가 '생각을 바로잡음'(正念頭)이었다는 것은 의심의 여지가 없다.

우리는 정덕 말년에 있었던 왕수인과 담약수의 격물에 관한 토론을 통해 『전습록』 상권과 『대학고본방석』에서는 언급되지 않았던 왕수인의 격물설의 정확한 의미를 좀더 완전하고 확실하게 알게 되었다. 아울러 정덕 연

---

知行爲工夫. 兄之訓格爲正, 訓物爲念頭之發, 則下文誠意之意卽念頭之發也. 正心之正卽格也, 於文義不亦重複矣乎? 其不可一也. 又於上文知止能得爲無承, 於古本下節以修身說格致爲無取, 其不可二也. 兄之格物訓之正念頭也, 則念頭之正否亦未可据, 如釋老之虛無, 則日應無所住而生其心, 無諸相無根塵, 亦自以爲正矣. 楊墨之時皆以爲聖矣, 豈自以爲不正而安之! 以其無學問之功而不知其所謂正者乃邪而不自知也. 其所自謂聖, 乃流於禽獸也. 夷惠伊尹, 孟子亦以爲聖矣, 而流於隘與不恭, 而異於孔子者, 以其無講學之功, 無始終條理之實, 無智巧之妙也, 則吾兄之訓徒正念頭, 其不可者三也. 論學之最始者, 則『說命』曰‘學於古訓, 乃有獲’, 『周書』則曰‘學古入官’, 舜命禹則曰‘惟精惟一’, 顏子述孔子之敎則曰‘博文約禮’, 孔子告哀公則曰‘學問思辨篤行’, 其歸於知行竝進, 同條共貫者也. 若如兄之說徒正念頭, 則孔子止曰‘德之不修’可矣, 而又曰‘學之不講’何耶? 止曰‘默而識之’可矣, 而又曰‘學而不厭’何耶? 又曰‘信而好古敏求’者何耶? 子思止曰‘尊德性’可矣, 而又曰‘道問學’者何耶? 所講所學所好所求者何耶? 其不可者四也.”

이 편지는 원래 年月이 없는데, 담약수의 「祭陽明文」에서는 "내가 西樵 지역에 살면서 격물치지에 대해 변석했을 때 형이 나에게 대답하지 않으므로 드디어 침묵하게 되었다"라고 하였으니 이에 따를 때 이 편지는 담약수가 西樵에 머물 때 보낸 것이다. 살펴건대, 담약수는 임오년에 거기서 떠났으므로 이 편지는 신사년보다 늦을 수는 없다. 또 이 편지 속에서 "내가 형과 교류한 지 17년이 지났다"고 했는데, 왕수인의 「연보」에 의하면 담약수와 사귀기 시작한 것은 홍치 18년이므로 이 글은 당연히 정덕 16년 신사년에 보내졌다는 것이 사실에 가깝다. 『甘泉文集』에는 이 편지 아래에 또 다른 편지가 있는데 거기에는 "그대가 큰 공을 세워 큰 복록을 받았다는 소식을 잘 들었습니다.……전에 潮州 사람에게 부탁하여 몇 통의 편지를 보냈으니 반드시 좌우에 이르렀을 터인데 회신을 받지 못하여 마음이 앙앙합니다. 지난번 陳世杰을 통해 '求放心' 이론을 보내드린 것은 그대와 함께 高論하여 서로 발명하자는 것이었는데, 형이 어떤 변론을 했다는 말을 그에게 듣기는 했으나 한스럽게도 한번 만나 저의 치우친 점을 바로잡지는 못했습니다. 형은 대체 무엇이 꺼림직하여 저에게 보여 주시지 않는 것입니까?"(『甘泉文集』, 권7, 35쪽, 「寄陽明」)라고 씌어 있다. 큰 공을 세워 큰 복록을 받았다는 말은 당연히 신사년 12월 왕수인이 新建伯에 봉해진 것을 가리키고, 회신을 받지 못했다는 말은 「祭文」의 이른바 형이 나에게 대답하지 않았다는 것이다. 왕수인은 격물을 논한 편지를 받은 뒤 줄곧 그 편지에 회답하지 않았던 모양이다. 이것으로 보건대 '격물'에 관한 편지는 응당 신사년과 임오년 사이라는 것이 사실에 가깝다.

간에 왕수인이 제기한 "의의 소재가 바로 물이다"(意之所在便是物)와 같은 몇 가지 중요한 명제의 함의와 실질적인 내용에 대해서도 좀더 깊은 이해를 가질 수 있게 되었다.

## 2) 나흠순과 격물을 해석하다

나흠순羅欽順(호는 整庵)은 명대의 중요한 주자학자 가운데 한 사람으로서 왕수인과 일찍부터 교류하였다. 왕수인은 북경에 머무를 때 이미 나흠순과 서로 편지를 주고받은 적이 있었으나 학문에 대해 토론한 적은 없었다. 정덕 15년(庚辰, 1520) 여름, 왕수인이 남창南昌에서 감주贛州로 부임하면서 태화泰和를 지나게 되었을 때 마침 나흠순이 집에 있었다. 그에 앞서 나흠순이 왕수인에게 학문을 논하는 편지를 써 보내고, 이에 왕수인이 『대학고본방석』과 「주자만년정론」을 보내 준 일이 있었다. 이를 계기로 왕수인이 태화를 나갈 때 나흠순은 편지를 보내 격물설에 대해 자세히 논하게 되었고, 왕수인도 배가 감주에 닿기 전에 그에 대한 답장을 보내었다.[66]

사실 나흠순은 정덕 14년(己卯, 1519)에 이미 『전습록』을 읽었으며, 그때 주희 철학에 기반을 둔, 왕수인 철학에 비판적인 입장이 형성되었다. 나흠순은 1520년 여름 왕수인에게 보낸 편지에서 이러한 관점을 모두 피력하였는데, 이러한 비판은 왕수인 철학을 대하는 주자학자의 태도와 관점을 상당 부분 대표한다고 하겠다. 나흠순은 공부론에서 '안과 밖'(內外)의 대립을 만들어 성현의 학문을 단지 안에서 구하는 것이라고만 이해하는 왕수인의 관점은 잘못된 것이고 역사 사실과도 부합하지 않는다고 하였다. 또한 그는

---

66) 『困知記』 續上에 "王伯安이 경진년 봄에 『대학고본』을 보여 주었다"라는 글이 있고, 『困知記』 附錄의 「양명에게 보내는 편지」에는 "지난번 편지를 보낸 후 하루 만에 『대학고본』과 「주자만년정론」 두 편을 받아보았습니다"라는 글이 있다. 「연보」에는 왕수인이 1520년 6월, 태화를 지날 때에 나흠순의 「辨格物說」을 얻었다고 했다. 이것으로 볼 때 왕수인이 1520년 봄에 나흠순에게 편지를 보냈고 나흠순은 왕수인이 6월에 태화를 지날 때에 편지를 보내 논변했으며 왕수인이 이에 답장을 했다는 사실을 알 수 있다.

유가 경전에서 "문장제도에 대한 지식으로 나를 넓힌다"(博我以文)와 같은 말들을 인용하면서, 유학은 본래 '문文'을 넓게 배우는 일면을 내재적으로 갖추고 있으므로 만일 '안'과 '밖'의 개념을 기준으로 학문의 옳음과 그름을 나눠 학문의 도를 완전히 '마음의 반성'으로만 귀결시킨다면, 이런 태도는 적어도 공자 이래 전체 유학의 전통과 맞지 않는다고 지적하였다.

나흠순의 비판은 특히 '격물'의 문제에 집중되었다. 그는 정덕 13년(戊寅, 1518)에 간행된 『대학고본방주大學古本旁注』의 글을 인용하면서 비판을 가했는데, 이러한 인용은 『대학고본방주』 초판의 면모를 이해하는 데 어느 정도 도움을 준다. 이때 나흠순은 『대학고본방주』에 실린 다음과 같은 말들을 인용하고 있다. "물物은 의意의 용用이다", "격格은 바로잡는다는 뜻이다. 그 잘못된 것을 바로잡아서 바름으로 돌아가는 것이다", "의意가 어버이를 섬기는 일에 발용될 때는, 어버이를 섬기는 일에 나아가 '격格'하여 그 어버이 섬기는 일 가운데 잘못된 점을 바로잡아 다시 바르게 만든다. 이렇게 반드시 천리天理를 다 구현시킨다."[67]

나흠순은 왕수인의 의도가 『대학』의 재해석을 통해 외부 사물을 연구할 필요성을 배제하고 학문을 내향적 활동으로 완전히 바꾸는 데 있다고 지적하였다. 격물에 대한 왕수인의 정의를 '밖에서 구하는 태도'를 부정하기 위한 것이라고 보는 나흠순의 이러한 관점은 왕수인에 대한 담약수의 이해와 일치한다. 담약수는 왕수인의 본의는 '밖에 빠져서 안을 버리는' 것을 바로잡으려 한 것이었지만 실제로는 '안에 국한되어 밖을 버리게' 되었으며 이것은 바로 선학禪學의 특징이라고 지적하였다. 그는 또 「주자만년정론」에

---

67) 『困知記』 附錄, 「與王陽明」, "物者, 意之用也", "格者, 正也. 正其不正以歸於正也", "意用於事親, 卽事親之事而格之, 正其事親之事之不正者, 以歸於正, 而必盡夫天理."
『大學古本旁注』의 函海本을 살펴보면, 이 구절은 "物은 意의 用이다. 意가 어버이를 섬기는 일에 발용하는 경우에는 어버이를 섬기는 효에 나아가 그것을 바로잡아 반드시 저 천리를 다하면 내 마음의 어버이를 섬기는 良知에 사욕이 없어지는 사이에 그 知를 다할 수 있다"라고 되어 있다. 이는 나흠순의 인용문과 약간 다른데, 그 안에 致良知說이 있으니 아마도 뒤에 고쳐진 판본인 것 같다. 百陵學山本에는 이 구절이 함해본과 같은데, 오직 한 글자만이 다를 뿐이다.

대해서도 세밀하게 고찰하여, 왕수인이 주희 초년의 많은 서신을 만년의 정론으로 간주하는 잘못을 저질렀다고 지적하기도 했다. 담약수와 마찬가지로 나흠순 또한 만약 격물을 "그 잘못된 것을 바로잡아 다시 바르게 만든다"(正其不正以歸於正)로 해석하게 되면 『대학』 본문의 성의誠意·정심正心 등의 조목과 중복되어 『대학』의 기타 조목들이 모두 불필요한 것이 되고 만다고 지적하였다.

나흠순의 비판에 대해 왕수인은 상세하고 성실한 답장을 썼다. 왕수인은 우선 그가 주희의 『대학』 개정본을 사용하지 않고 구본舊本을 믿고 존중하는 까닭은 공문孔門에 전해져 온 것이 구본이기 때문이지 '안'과 '밖'의 선택에서 나온 것이 아님을 밝혔다. 그리고 "학문에 어찌 안팎이 있겠는가?" 라고 말하면서 "약례約禮라는 안의 공부에만 주의를 기울이고 박문博文이라는 밖의 공부는 부정한다"는 나흠순의 비판은 그 자체가 이미 안팎을 나누고 있는 것이라고 지적하였다. 그리하여 왕수인 자신의 경우에는 "리理도 안팎이 없고 성性도 안팎이 없으며 학學도 안팎이 없습니다. 강습과 토론은 안이 아닌 것이 없었고 내면을 향한 반성은 밖을 버린 적이 없었습니다"[68] 라고 말하면서, '안에서만 구한다'고 비판하는 사람들이야말로 스스로 안과 밖을 나누고 있는 것이라고 지적하였다.

왕수인의 이러한 논법은 분명히 나흠순의 정면 공격을 회피한 것이다. 우리는 왕수인이 정덕 10년(乙亥, 1515) 용강에서 담약수와 토론할 때 담약수의 학문 태도가 '밖에서 구하는 것'(是求之於外了)임을 지적하였으며, 뒤에 진세걸陳世杰에게 '일을 따라 천리를 몸으로 깨닫는다'(隨事體認天理)는 담약수의 이론은 '밖에서 구하는 것'(求之於外)이라고 말했던 것을 기억하고 있다. 이것은 왕수인이 본래 안팎의 구분을 강조했다는 것을 보여 준다. 그런데 이제 와서 왕수인은 유학에 고유한 박학博學 전통의 문제를 회피하기 위해 자신은 안팎을 구분하지 않는다고 말하고 있는 것이다. 왕수인은 또 "학문

---

68) 『全書』, 권2, 66쪽, 「答羅整庵少宰」, "理無內外, 性無內外, 學無內外, 講習討論未嘗非內也, 反觀內省未嘗遺外也."

에는 밖에서 구해서 얻어야 하는 것이 있다고 보는 태도는 모두 자신의 성性에 '안'이 별도로 있다고 보는 것이고 또 '나'가 별도로 있다고 보는 것이니, 자신을 만물과 분리시키는 꼴입니다. 이것은 모두 성에는 안팎의 구분이 없다는 사실을 몰라서 생긴 잘못입니다"[69]라고 말하기도 했다.

이렇게 해서 왕수인은 공부 방법에 있어서는 담약수의 논법을 받아들인 셈이 되었다. 담약수는 당시 '밖에서 구한다'라는 왕수인의 비난에 반대하면서 마음은 큰 마음(大心)으로 안팎이 없으므로 사물의 리를 연구하는 것은 결코 밖에서 구하는 것이 아니라고 했다. 왕수인은 이 방법을 빌려 '안에서만 구한다'는 나흠순의 비난에 맞서면서, 성性에는 안팎이 없으므로 내면을 향한 반성이라고 해서 결코 밖을 버리는 것이 아니라고 했다. 심학 전통에 있어 밖은 부정적인 경향을 대표하기 때문에 담약수는 '마음에는 안팎이 없다'고 하여 밖에서 구한다는 비난을 해소하였다. 반면 리학의 입장에서 보면 밖은 부정적인 것이 아니라 오히려 긍정적이기 때문에 나흠순은 '밖을 버렸다'는 말로써 심학을 비판하였고, 이에 왕수인은 성性에는 안팎이 없다는 말을 빌려 그 비판을 막을 수밖에 없었던 것이다. 그러나 앞에서 지적했던 것처럼 문제의 본질은 심心 혹은 성性을 크게 정의하는가 작게 정의하는가 하는 데에 있는 것이 아니다. 궁극적으로 담약수는 외부 사물을 연구하고 접촉할 필요성을 인정하였다. 그런데 왕수인의 진정한 입장은 어떠한가? 이에 대해 왕수인은 격물에 대한 관점을 좀더 깊이 있게 피력하였다.

> 무릇 정심正心 · 성의誠意 · 치지致知 · 격물格物은 모두 몸을 닦는 길이고, 그 가운데 격물은 그런 공부의 실제 내용입니다. 그러므로 격물은 그 심心의 물物을 바로잡는 것이고 그 의意의 물을 바로잡는 것이며 그 지知의 물을 바로잡는 것입니다. 정심은 그 물의 마음을 바르게 하는 것이고 성의는 그 물의 의를 성실하게 하는 것이며 치지는 그 물의 지를 다하는 것입니다. 여기에 어찌 안팎, 이것저것의 구분이 있겠습니까?

---

69) 『全書』, 권2, 66쪽, 「答羅整庵少宰」, "夫謂學必資於外求, 是以己性爲有內也, 是有我也, 自私者也, 是皆不知性之無內外也."

리는 하나일 따름입니다. 그 리가 응취된 것으로 말할 때는 성性이라고 하고 그 응취의 주재로 말할 때는 심心이라고 하며 그 주재의 발동으로 말할 때는 의意라고 하고 그 발동할 때 존재하는 명각明覺으로 말할 때는 지知라고 하며 그 명각의 감응感應으로 말할 때는 물物이라고 합니다. 그러므로 물에 대해서는 격格이라고 하고 지에 대해서는 치致라고 하며 의에 대해서는 성誠이라고 하고 심에 대해서는 정正이라고 하는 것일 뿐입니다. 정正은 바로 이것을 바르게 하는 것이고 성誠은 이것을 성실하게 하는 것이며 치致는 이것을 다하는 것이고 격格은 이것을 바로잡는 것입니다. 모두 이른바 '리를 전부 발휘하여 성을 다하는' 공부에 해당합니다. 천하에 성 밖에 있는 리가 없고 성 밖에 있는 물이 없습니다. 학문이 밝게 드러나지 못하는 것은, 모두 세상의 학자들이 리를 밖의 것으로 여기고 물을 밖의 것으로 여기면서도 그런 태도가 '의義를 밖의 것으로 여기는' 고자의 이론과 같아진다는 것을 모르는 데서 말미암습니다.[70]

앞서 심心·물物의 문제를 토론하면서 "의意의 소재가 곧 물物이다"(意之所在便是物)라는 말로 대표되는 왕수인의 심과 물에 대한 논의는 '물'에 대한 '의향성'(지향성) 비슷한 관점을 채택한 것임을 이미 지적한 바 있다. 이러한 관점에서 보면 의意는 모두 그 대상이 있지만 그 의가 놓인 대상은 외재의 객관 사물이 아니라 단지 의향성 구조 속의 의향 대상일 수 있다. 이러한 대상을 왕수인은 물物이라고 부른 것이다. 그렇기 때문에 왕수인이 말한 것처럼 격물은 외부 사물을 바로잡는다는 의미가 아니라 "그 마음의 물을 바로잡고, 그 의의 물을 바로잡으며, 그 지의 물을 바로잡는" 것이다. 곧 격물은 의향 대상인 물을 바로잡는 것으로, 실제로는 의념을 바르게 하는 것이

---

70) 『全書』, 권2, 66쪽, 「答羅整庵少宰」, "夫正心誠意致知格物皆所以修身, 而格物者, 其所用力日可見之地. 故格物者, 格其心之物也, 格其意之物也, 格其知之物也. 正心者正其物之心也, 誠意者誠其意之意也, 致知者致其物之知也. 此豈有內外彼此之分哉! 理一而已. 以其理之凝聚而言則謂之性, 以其凝聚之主宰而言謂之心, 以其主宰之發動而言則謂之意, 以其發動之明覺而言謂之知, 以其明覺之感應而言則謂之物. 故就物而言謂之格, 就知而言謂之致, 就意而言謂之誠, 就心而言謂之正. 正者正此也, 誠者誠此也, 致者致此也, 格者格此也, 皆所謂窮理以盡性也. 天下無性外之理, 無性外之物, 學之不明皆由世之儒者認理爲外, 認物爲外, 而不知義外之説."

다. 의식은 모두 그 대상이 있기 때문에 "정심은 그 물에 대한 마음을 바르게 하는 것이고, 성의는 그 물에 대한 의를 성실하게 하는 것이며, 치지는 그 물에 대한 지를 완전히 실현하는 것이다." 말하자면 격물이란 "의념 가운데 바르지 않은 것을 바로잡는다"는 뜻이며, 이 의념들은 공허한 의념이 아니라 발동하여 어떤 사물에 놓여지고 아울러 어떤 내용을 가지는 의념들이다. 담약수가 왕수인의 격물설을 '생각을 바로잡는다'(正念頭)는 의미라고 확신했던 것과 맞춰 보면 왕수인의 의도가 아주 명확해질 것이다.

그렇기 때문에 이른바 격格·치致·성誠·정正은 모두 주체 내면에서 공부하는 것이다. 그래서 "격格은 이것을 바로잡는 것이고" "치致는 이것을 완전하게 실현하는 것이며" "성誠은 이것을 성실하게 하는 것이고" "정正은 이것을 바르게 하는 것이다"라고 할 때, '이것'은 모두 개체 의식을 지칭한다. 물론 왕수인은 '의향성'의 원칙에 입각한 방법을 채택했기 때문에 의意는 물物과 관련될 수밖에 없고 물도 필연적으로 의와 관련될 수밖에 없으며, 이 점에 있어서 전통적인 '안과 밖'의 구분과는 다른 점이 있다. 그래서 왕수인은 "여기에 어찌 안팎, 이것저것의 구분이 있겠는가?"라고 자부했던 것이다. 사실상 '이것'이라는 용법도 심학에서 자주 보이는 편에 속한다. 육구연의 다음 말들을 보자. "이른바 격물치지라는 것은 '이' 물物을 궁구하고 '이' 지知를 극대화하는 것이며……『역』의 궁리窮理는 '이것을' 궁구하는 것이며……맹자의 진심盡心은 '이 마음을' 다하는 것이다."[71] "생각하면 얻는다는 것은 '이것을' 얻는 것이고, 먼저 큰 것을 세운다는 것은 '이것을' 세우는 것이며, 선善을 쌓는다는 것은 '이것을' 쌓는 것이고, 의義를 모은다는 것은 '이것을' 모으는 것이며, 덕德을 안다는 것은 '이것을' 아는 것이고, 덕을 발전시킨다는 것은 '이것을' 다하는 것이다."[72] 여기서 육구연이 말한 '이것'은 모두 '이 마음'을 가리킨다. 왕수인은 정덕 8년(癸酉, 1513)에 왕도

---

71) 『陸九淵集』, 권19, "所謂格物致知者, 格此物, 致此知也……易之窮理, 窮此理也……孟子之盡心, 盡此心也"

72) 『陸九淵集』, 권1, "思則得之, 得此者也; 先立乎其大者, 立此者也; 積善者, 積此者也; 集義者, 集此者也; 知德者, 知此者也; 進德者, 進此者也"

王道(자는 純甫)에게 보낸 편지에서 다음과 같이 말하였다.

무릇 물物에 내재해 있는 것은 리理라 하고 물을 상대할 때는 의義라 하며
성性에 내재해 있는 것은 선善이라 하지만, 가리키는 것이 무엇이냐에 따라
이름이 달라지는 것일 뿐 실제로는 모두 나의 마음입니다. 마음 밖에 있는
사事는 없고 마음 밖에 있는 물物은 없으며 마음 밖에 있는 리理는 없고 마음
밖에 있는 의義는 없으며 마음 밖에 있는 선善은 없습니다.……격格은 이것을
바로잡는 것이고 치致는 이것을 온전히 실현하는 것입니다.[73]

앞서 말한 것처럼 왕수인은 담약수와 똑같이 '안팎의 구분이 없다'라는
주장을 견지하였지만, 왕수인의 경우는 '밖을 버렸다'는 나흠순의 비판을 반
박하면서 안팎이 없다고 한 반면 담약수의 경우는 '밖에서 구한다'는 왕수
인의 비판을 반박하면서 안팎이 없다고 했다. 이렇게 되자 왕수인은 형식면
에서 '안팎이 없다'라는 논법을 받아들인 대가를 치를 수밖에 없었다. 이미
천하에 성 밖의 물이 없다고 한 이상 어버이에게 효도하고 임금을 섬기는
일뿐 아니라 산·강·풀·나무들도 더 이상 성 밖에 있는 물이 아니다.(심
지어 "마음 밖에 있는 리는 없다"라는 말조차 필요하지 않다.) 그리고 '궁리'는 충
효의 리를 궁구하는 것에 한정되는 것이 아니라 산·강·풀·나무의 리를
궁구하는 것까지 포함하게 된다. 그런데 이것은 바로 담약수가 본래 견지하
던 입장이었다. 왕수인은 나흠순의 비판에 대답하면서 다음과 같이 밝혔다.

집사執事께서 제 격물 이론을 의심하는 이유는 틀림없이 '안만 인정하고 밖
을 부정한다'고 여기기 때문일 것이고, 틀림없이 '내면을 향하여 반성하는

---

73) 『全書』, 권4, 96쪽, 「與王純甫」, "夫在物爲理, 處物爲義, 在性爲善, 因所指而異
名, 實皆吾之心也. 心外無事, 心外無物, 心外無理, 心外無義, 心外無善……格
者格此也, 致者致此也."
邢允恕가 나흠순에게 보낸 편지에도 또한 다음의 말이 있다. "상산象山은 마
음이 맑기 때문에 보는 바가 너무 높아서, 다시 세밀히 검토하지 않고서 드
디어 '심心은 리理이다'라고 말했습니다. 또한 '이 물物을 격格하고 이 리理
를 궁구한다'라 했는데, '이'라는 글자는 모두 심心을 가리켜 말한 것입니
다."(『困知記』 附錄)

것만 일삼을 뿐 학습하고 토론하는 노력은 버린다'고 여기기 때문일 것이며, 틀림없이 '오로지 간략한 강령·본원에만 뜻을 둘 뿐 상세한 갈래·절목은 빠뜨린다'고 여기기 때문일 것이며, 틀림없이 '편벽된 고고허적枯槁虛寂의 태도에 빠져서 물리物理와 인사人事의 변화에 대해서는 마음을 다하지 않는다'고 여기기 때문일 것입니다. 정말 그와 같다면 어찌 단지 성문聖門에만 죄를 짓는 것이고, 주자께만 죄를 짓는 것이겠습니까? 이것은 사설邪說로 백성을 속이는 것이고 도를 거슬러 바른 것을 어지럽히는 것이어서 모든 사람들이 징토懲討할 수 있을 것이니, 하물며 정직한 집사執事의 경우야 어떻겠습니까? 정말 그와 같다면 훈고에 밝고 선철先哲의 개론을 대략 들은 세간 사람들도 모두 그 잘못을 알 것이니, 하물며 고명한 집사의 경우야 어떠하겠습니까? 무릇 저의 이른바 격물 이론은 주자의 '아홉 조항의 내용'[74]을 모두 그 속에 포함하고 통괄하고 있습니다. 단지 그것을 공부하는 데 요령이 있어 작용이 같지 않으니, 바로 이른바 호리毫釐의 차이일 따름입니다. 그러나 호리의 차이라 해도 천 리의 잘못됨이 실로 여기에서 일어나는 것이어서 변론하지 않을 수 없습니다.[75]

여기에서 말한 내용에 비춰 보면, 왕수인은 적어도 이론상으로는 경전이나 역사에 대한 학습과 예제禮制에 대한 연구를 부정하지 않은 것 같다. 심지어 그는 주희 철학의 격물론의 전체 범위, 예컨대 독서·강론·궁리·응사·접물 등이 모두 자신의 격물 공부의 범위 내에 포함된다고 하면서 자신과 주희의 격물설의 차이는 결코 범위가 다른 데 있지 않다고 하였다. 즉 왕수인도 격물의 범위가 주체를 벗어나지 않는다고 주장하기만 한 것은 아니라는 말이다.

---

74) 역자 주―『大學或問』에서 주희가 격물의 해석을 정리한 내용.
75) 『全書』, 권2, 66쪽, 「答羅整庵少宰」, "凡執事所以致疑於格物之說者, 必謂其是內而非外也; 必謂其專事於反觀內省之爲, 而遺棄其講習討論之功也. 必謂其一意於綱領本原之約, 而脫略於支條節目之詳. 必謂其沈溺於枯槁虛寂之偏, 而不盡於物理人事之變也. 審如是, 豈但獲罪於聖門, 獲罪於朱子, 是邪說誣民叛道亂正, 人得而討之也, 況於執事之正直哉. 審如是, 世之稍明訓詁, 聞先哲之緒論者皆知其非也, 而況執事之高明哉. 凡某之所謂格物, 其於朱子九條之說皆包羅統括於其中. 但爲之有要, 作用不同, 正所謂毫釐之差耳. 然毫釐之差, 而千里之繆實起於此, 不可不辨."

왕수인의 격물론의 특징은 다음과 같다. 비록 그 또한 주희와 마찬가지로 학습·토론·독서·응사·접물을 부정하지 않았지만, 그런 활동은 어디까지나 명확한 목적에 이바지하는 것이다. 다시 말해 하나의 분명한 통수統帥 즉 '근본'(頭腦)이 있는 것이다. 그런 활동은 단지 이 하나의 목적을 실현시키는 수단으로서 승인되는 것이므로 그 활동의 의의는 결코 독립적일 수 없다. 그리고 그 근본은 바로 '지선至善에 자리잡는 것'이다. 그렇기 때문에 그는 자신의 격물 범위가 주희와 아무런 차이가 없긴 하지만 '행하는 데는 강령이 있어서'(爲之有要) '작용이 같지 않다'(作用不同)고 한 것이다. 『전습록』 상권에 있는 서애徐愛의 기록에 따르면 이런 사상은 확실히 왕수인의 일관된 사상이다. 서애가 기록한 "박문博文은 약례約禮의 공부이며, 유정惟精은 유일惟一의 공부이다" 같은 말이 그 예이다. 말하자면 왕수인은 결코 '박문'을 근본적으로 부정하는 것이 아니다. 다만 '약례'를 '박문'의 근본으로 삼았기 때문에 행함에 강령이 있었던 것이고 '박문'을 '약례'를 실현시키는 수단으로 삼았기 때문에 작용이 같지 않았을 뿐이다.

그러나 사실상 학문의 방법에 대한 왕수인의 관점은 결코 그의 말처럼 그의 격물설 속에 반영되거나 체현되어 있는 것이 아니다. 『전습록』 상권은 물론이고 『대학고본방주』에서도 그는 격물이 곧 '생각을 바로잡는 것'이라는 주장을 명확하게 제기하지 않았고 또 성의의 통수 아래 기존 문화의 전통에 대해 폭넓게 배우는 것을 명확하게 긍정한 것도 아니다. 그가 격물을 '생각을 바로잡는다'로 풀이했다는 사실은 담약수와 왕수인이 벌인 논변을 통해 비로소 증명된다. 이 논변은 '생각을 바로잡는다'가 적어도 왕수인 격물설의 주지라는 것을 설명해 준다. 물론 왕수인이 격물을 '생각을 바로잡는다'로 해석했다고 해서 이것이 그가 내면을 향해 반성하는 것만을 일삼았다는 뜻은 아니다. 오히려 강론·독서·실천을 포함한 일체의 현실 활동에서도 부단히 생각을 바로잡는다는 뜻으로, 즉 '물物에 나아가서' 생각을 바로잡는다는 뜻이라고 해명할 수 있을 것이다. 그러나 정덕 연간에 나온 왕수인의 격물설에는 이 점에 대한 명확한 설명이 이루어지지 않았다. 더구나

'物物에 나아가' '생각을 바로잡는다'라는 이 사상은 격물의 의미를 간요하고 명확하게 설명하긴 했지만 이 두 방면이 어떻게 『대학』의 격물에 대한 훈고와 해석 속에 통일될 수 있는가 하는 어려운 문제를 남겨 두고 있다.

어쨌든 나흠순에게 답한 편지는 처음으로 학습과 토론에 대한 왕수인의 입장을 전면적으로 논술함으로써 왕수인을 가리켜 '안만 긍정하고 밖은 부정한다'(是內非外)고 간단히 비판해 버리는 일체의 논점이 더 이상 발붙일 수 없도록 만들었다. 엄격하게 말하면 왕수인의 심학은 '안만 긍정하고 밖을 부정한' 것이 결코 아니다. 다만 안이 밖보다 더 우월하고 중요하다고 보아서 '밖'의 의미를 그저 '안'을 실현하는 데 빠져서는 안 될 방법과 경로 정도로 보았던 것이다. 사실 이러한 윤리 우선의 입장은 주희나 담약수도 모두 인정하는 것이다. 단지 주희는 경전을 학습하고 예제를 토론하는 것의 의의를 좀더 중시하였고 전체 유학 지식 체계 속에서 물리 탐구의 위치를 좀더 강조하였으며 문화 의식과 애지愛智의 성격을 좀더 드러냈을 뿐이다.

왕수인의 격물설에는 또 하나의 문제가 있다. 그것은, 왕수인은 항상 격물을 "그 잘못된 것을 바로잡아 다시 바르게 만든다"로 해석했지만 여기서 '그'(其)라는 글자의 의미가 좀 모호하다는 점이다. 즉 '그'가 생각(念頭)을 가리키는지 아니면 사물을 가리키는지, 혹은 두 가지 뜻을 겸하는지 명확하지가 않다. 담약수의 이해에 따르면 '그'는 생각(念頭)을 가리킨다. 필자는 '그'가 생각을 포함하는 것은 문제가 되지 않는다고 보지만, 문제는 만약 '그'가 단지 생각만을 가리킨다면 생각을 바로잡는 데 굳이 物物에 나아갈 필요가 있겠는가 하는 점이다. 이 점에 대해서는 앞에서 이미 서술하였다. 그리고 만약 '그'가 物物을 가리킨다면, 이 물에는 하나의 제한이 필요하다. 즉 이 물은 윤리적 물이지 자연적 물이 아니라는 것이다. 왕수인이 나흠순에게 답장을 보낸 지 수년이 지난 가정嘉靖 7년(丙子, 1528)에, 나흠순은 왕수인에게 답장을 쓰면서 바로 이 점에 대해 지적하였다.[76]

---

76) 『困知記』 附錄의 「與王陽明」 뒤에는 다음과 같은 나흠순의 후기가 있다. "처음 이 편지를 쓰고는 장차 양명과 講學하기로 했던 지난날의 약속을 지키려 했는데, 편지를 부치기 전에 양명이 세상을 떠났다."

그대는 의意가 어버이를 섬기는 데 있으면 어버이 섬기는 일이 하나의 물物이 되고, 의가 임금을 섬기는 데 있으면 임금을 섬기는 것이 하나의 물이 된다고 한 적이 있습니다. 그런 것들은 그렇게 말할 수 있습니다. 그러나 『논어』에 나오는 '물가에서의 탄식'이나 『중용』의 '소리개가 날고 물고기가 뛰어 오른다'는 것과 같은 내용은 모두 성현이 사람들에게 간절히 말씀하셨던 것들이니, 배우는 사람이 만약 그 뜻을 깊이 파악할 수 없으면 '배운다'라고 말할 수 없을 것입니다. 그러면 시험 삼아 나의 의意가 '흐르는 강'과 '날아가는 솔개'와 '뛰어오르는 물고기'를 대상으로 한다고 해 봅시다. 이 경우 어떻게 그 잘못된 것을 바로잡아 다시 바르게 돌린다는 것입니까?[77]

왕수인의 입장에서는 '물物'이 일(事)로 해석되므로, 그가 볼 때 강의 흐름이나 물고기의 뛰어오름은 모두 고려의 대상이 아니었다. 그러나 나흠순의 입장에서 보면 물物은 가장 보편적인 개념이기 때문에, 만일 "그 잘못된 것을 바로잡는다"의 '그'가 격물의 '물'을 가리키는 것이라면 '물을 바로잡는다'(正物)는 용법은 자연 사물에는 적용할 방법이 없게 되어 불합리성을 드러낸다. 말하자면 나흠순은 '격格'의 뜻을 '바로잡는다'로 풀이하는 것에도 찬성하지 않았고, 물物을 일(事)로 해석하는 것에도 찬성하지 않았던 것이다. 그는 이것이 사상은 물론이고 개념의 원류에서 보더라도 모두 불합리하다고 보았다.

### 3) 고린과 격물을 변론하다

왕수인이 담약수와 격물을 변론한 시기는 정덕 말년(1519~1521)이었고, 나흠순과 『대학』을 변론한 시기 역시 그 즈음(庚辰, 1520년)이었다. 담약수는 왕수인이 자신의 도전에 대해 계속 침묵을 지켰다고 했지만, 실제로는 같은

---

77) 『困知記』附錄, 「與王陽明」, "執事嘗謂意在於事親, 卽事親是一物; 意在於事君, 卽事君是一物. 諸如此類, 不妨說得行矣. 有如『論語』川上之嘆, 『中庸』鳶飛魚躍之旨, 皆聖賢喫緊爲人處, 學者如未能深達其義, 未可謂之學也. 試以吾意著於川之流, 鳶之飛, 魚之躍, 若之何正其不正以歸於正耶?"

시기에 씌어진 나흠순에 대한 답장이 그의 당시 사상을 대표하고 있으므로 이를 담약수를 포함한 모든 사람의 질의에 대한 회답으로 간주할 수 있다.

물론 담약수나 나흠순과 격물을 논할 때 왕수인은 아직 '치양지致良知'의 종지를 제기하지 않았고, 담약수나 나흠순 역시 단지 『대학고본방석』과 『전습록』 상권에 나타난 사상을 대상으로 해서 비판을 가하였다. 「연보」에는 왕수인이 '치양지'의 종지를 제기한 시기가 정덕 16년(辛巳, 1521)이라고 되어 있지만, 왕수인의 주장에 근거해 보면 그는 정덕 15년(庚辰, 1520) 건주虔州에 있을 때에 이미 치양지 사상을 제기하였다. 왕수인은 1520년 6월에 건주에 도착했는데, 그곳으로 가는 도중에 나흠순에게 답장을 보낼 때 간략하게나마 양지良知에 대해 언급하였다. 예컨대 심心·의意·지知·물物을 논할 때 "그 발동할 때 존재하는 명각明覺으로 말하면 지知라 한다"(『전습록』의 표현과는 다르다)고 해석한 것이다. 그러나 전체적으로 보면 아직 완전한 치양지 사상을 형성한 것은 아니었다. 그 뒤 가정 연간에 고린과 더불어 격물치지格物致知와 지행知行을 논한 편지가 『전습록』 중권의 첫 부분에 실려 있는데, 격물을 논한 것으로는 왕수인의 여러 글 가운데 가장 자세하게 갖추어진 것이다. 이 글을 쓰던 시기는 그가 이제 막 월성越城에 머물 때로, 이때는 이미 치지致知의 학설이 정립되어 있었고 정무와 병사가 바쁘지 않아 학문에 힘을 쏟을 수 있었다. 그러므로 이 글을 연구하는 것은 이 시기의 왕수인의 격물설 및 그 표현을 이해하는 데 중요한 의미를 갖는다.

왕수인은 고린에게 답장을 보내면서[78] 『전습록』에서 서애에게 밝힌 심즉리心卽理 이론을 다시 서술하고 주희의 '사물에 나아가 이치를 궁구한다'(卽物窮理)는 이론을 반박한 뒤 다음과 같이 지적했다.

제가 말하는 치지격물은 "내 마음의 양지를 사물 하나하나에서 온전하게 실현하는 것"인데, 내 마음의 양지란 곧 이른바 천리입니다. 내 마음의 양지인

---

[78] 고린이 왕수인에게 보낸 편지는 지금은 전해지지 않는다. 또 왕수인이 그의 편지 글을 인용한 것에 따르면 그 이전에 왕수인이 고린에게 학문에 대해 논한 편지를 보낸 적이 있다고 하는데, 아쉽게도 이것 역시 전해지지 않는다.

천리를 사물 하나하나에 온전히 실현하면 사물 하나하나는 모두 그 리를 얻을 것입니다. 내 마음의 양지를 온전하게 실현하는 것이 치지입니다. 사사물물이 모두 해당 사물 자체의 리에 맞게 되는 것이 격물입니다. 이것이 심과 리를 하나로 보는 관점입니다.[79]

"사물 하나하나가 모두 그 리理를 얻는다"는 뜻으로 '격물'을 해석한 것은 정덕 연간의 격물설에는 없었던 것이다. '격格'의 해석에 있어 왕수인은 정덕 연간에는 늘 '정正'으로 '격格'을 해석했는데, 이 시기에 이르러 그는 '격格'자가 '바로잡다'(正)와 '이르다'(至)의 두 가지 뜻을 겸할 수 있다고 보게 된다.(이것은 「대학문」에서 더욱 뚜렷해진다.) 왕수인은 다음과 같이 말했다.

격格의 의미는 '이르다'(至)로 해석할 수 있습니다. 예컨대 "문조文祖에 이르다", "묘족苗族이 이르다"와 같은 것이 '지至'로 해석되는 경우입니다. 그러나 문조에 이를 때에는 반드시 온전한 효를 갖추고 성경誠敬의 태도를 가짐으로써 유명幽明 사이에서 하나라도 그 리를 얻지 못하는 것이 없어야만 '격格'이라 할 수 있습니다. 완악한 묘족은 실로 문덕文德으로 널리 베푼 뒤에야 복종해 오는 것이니 또한 '바로잡는다'(正)란 뜻을 그 속에 겸하고 있습니다. 그러니 그냥 '이르다'(至)라는 말로는 제대로 해석할 수 없습니다. 예컨대 "그 잘못된 마음을 바로잡는다", "대신은 잘못된 임금의 마음을 바로잡는다"와 같은 말들은 모두 "그 잘못된 것을 바로잡아서 다시 바르게 만든다"는 뜻입니다.[80]

이렇게 볼 때 왕수인은 여전히 '정正'을 중심으로 '격格'자를 해석하는 태도를 견지했다고 하겠다. 다만 여기서의 '정'은 "하나라도 그 리를 얻지

---

79) 『全書』, 권2, 54쪽, 「答顧東橋」, "若鄙人所謂致知格物者, 致吾心之良知於事事物物也, 吾心之良知卽所謂天理也. 致吾心良知之天理於事事物物, 則事事物物皆得其理矣. 致吾心之良知者, 致知也. 事事物物皆得其理者, 格物也. 是合心與理而爲一者也."

80) 『全書』, 권2, 54쪽, 「答顧東橋」, "格字之義, 有以至字訓者, 如'格於文祖', '有苗來格', 是以至訓者也. 然格於文祖必純孝誠敬, 幽明之間無一不得其理而後謂之格. 有苗之頑, 實以文德誕敷而後格, 則亦兼有正字之義在其間, 未可專以至字盡之也. 如'格其非心', '大臣格君心之非'之類, 是則一皆正其不正以歸於正之義."

못함이 없게 된 뒤에야 격이라고 한다"라는 의미를 포함하고 있다.

정덕 연간의 격물설과 비교할 때 드러나는 차이점은 왕수인이 '그 마음의 잘못된 것을 바로잡는 것'을 격물이라 하지 않고, '정正'의 해석을 '심心'으로부터 '물物'로 전환시켜 치민治民·사친事親·응물應物 등의 사물 하나하나가 각각 그 리를 얻어야 한다는 것을 강조했다는 점이다. 이와 같이 비록 '격'을 여전히 "그 잘못된 것을 바로잡아서 다시 바르게 만든다"로 해석하고 있지만, '격물'은 더 이상 직접적으로 그 '마음'의 잘못된 점을 바로잡는 것으로 이해되지 않고 그 '일'의 잘못된 점을 바로잡는 것으로, 즉 사회의 사무와 인간의 실천 활동을 불합리한 상태로부터 합리合理의 상태로 바꾸어 나가는 것으로 해석된다. 여기에서의 '합리'는 윤리 원칙이 규정한 질서에 부합한다는 뜻이다. 말하자면 물物은 사事, 즉 인간의 사회 행위 및 사회적 관계 등을 가리키고, 이러한 행위 혹은 관계가 사회 규범의 의미로서의 '정正'을 갖추도록 요구한다는 뜻이다. 마땅히 "생각을 바로잡는다", "마음의 잘못됨을 바로잡아서 다시 바르게 만든다" 등의 표현과 비교할 때 이런 해석이 왕수인의 이전의 해석에 비해, 적어도 경전 자체의 입장에서 말하면, 좀더 '격물'이라는 이 두 글자의 의미에 부합 또는 접근해 있다고 해야 할 것이다.

이미 왕수인이 "나의 이른바 치지격물은 내 마음의 양지를 사물 하나하나에 완전하게 실현하는 것이다"라고 선언했으므로, 격물에 대해서만 말한다면 여기서의 격물은 확실히 '생각을 바로잡는다'와 같은 의식 수양을 가리키는 것이 아니라 양지의 리를 구체적인 활동과 실제 사물 속의 '실천적 활동'으로 관철시키는 것이고, 이런 의미에서 행行에 훨씬 접근한 개념이다. 그래서 전체 체계에서 드러나는 것은 의념을 강조하는 정덕 연간의 경향이 아니라 일종의 '실제 사물에 나아가는' 경향이다. 왕수인은 여전히 "의의 소재가 물이다"라는 견해를 견지하고 있긴 하지만, 이 '물'에 대해 그는 이렇게 설명하고 있다.

물物은 사事입니다. 만약 의意가 어버이를 섬기는 데에 발용되면 어버이를 섬기는 것이 하나의 물이 되고, 의가 백성을 다스리는 데에 발용되면 백성을 다스리는 것이 하나의 물이 되며, 의가 책을 읽는 데에 발용되면 책을 읽는 것이 하나의 물이 되고, 의가 재판하는 데에 발용되면 재판하는 것이 하나의 물이 됩니다. 대저 의가 발용하는 데에 물이 없는 경우는 없습니다.[81]

고린에게 답한 모든 편지의 사상과 연계해 보면 왕수인이 여기서 좀더 강조하는 것은 실제의 사물이지 의향 대상인 물에 한정되지 않는다는 것을 알 수 있다. 그러나 월성越城에 살게 된 뒤 격물을 해석하면서부터 더 이상 '생각을 바로잡는다'거나 '마음의 잘못된 것을 바로잡는다'라는 표현을 사용하지 않았다고 해서, 이것이 (격물 문제에 대해서만 말하면) 왕수인의 공부론에 있어 '생각을 바로잡는' 것이 필요 없게 되었다는 것을 의미하지는 않는다는 점을 지적해 둬야 할 것이다. 치양지致良知라는 종지가 제기된 뒤 왕수인의 공부론은 더욱 적극적인 방향으로 발전하게 되어 '마음의 잘못됨을 바로잡는' 것이 여전히 필요한 공부이긴 해도, 더 이상 '격물' 단계에 독립된 자리가 주어지지 않고 '성의誠意'에서 '격물格物'까지 전 과정을 관철하는 공부의 한 측면으로 규정되었다고 하겠다.

격물에 대한 해석에서 만년에 왕수인이 좀더 강조한 것은 '사물에 나아가'(卽物) 혹은 '주어진 일이나 대상에 따라서'(隨事隨物)였다. 왕수인의 만년 사상에서 격물은 독립적인 공부라기보다는 차라리 치지致知·성의誠意의 어떤 필요조건과 방식(사물에 나아감: 卽物)이었다. 이것은 「대학문」에서 더욱 분명히 볼 수 있을 것이다. 왕수인이 만년에 격格의 의미를 '지至'로 해석한 것은 당연히 그가 '즉물卽物' 혹은 '수사수물隨事隨物'에 관해 강조한 것과 관계가 있다.

---

81) 『全書』, 권2, 54쪽, 「答顧東橋」, "物卽事也, 如意用於事親卽事親爲一物, 意用於治民卽治民爲一物, 意用於讀書卽讀書爲一物, 意用於聽訟卽聽訟爲一物. 凡意之所用無有無物者."

## 5. 「대학문」의 격물설

앞에서 왕수인 격물설의 구체적인 문제들을 각각 논의하는 한편 왕수인 격물설의 표현을 시기별로 고찰해 보았는데, 이제 왕수인의 격물설을 총체적으로 서술하여 『대학』의 격格·치致·성誠·정正·수修·제齊·치治·평平의 논리 관계에 대한 그의 이해와 만년에 나온 격물에 관한 좀더 확정된 관점을 보여 주고자 한다.

『전습록』은 왕수인이 평소 강학한 내용을 기록한 것으로, 기록이 좀 엉성한데다가 질문에 답한 형식이어서 어떤 명확한 체계나 조리를 갖지는 못한다. 다른 사람에게 답하면서 학문을 논한 편지들도 이와 사정이 비슷하여 왕수인이 다룬 문제는 모두 상대방이 제기한 것이었다. 그리하여 왕수인은 자기 사상의 논리에 맞게 전면적으로 논의를 전개해 내지 못했는데, 그나마 왕수인이 『대학』 팔조목에 대하여 일관성 있게 총체적으로 토론한 자료로서 주요한 것으로는 다음 두 가지가 있다.

하나는 「대학문大學問」이다. 이것은 왕수인이 죽기 1년 전, 즉 1527년(丁亥, 嘉靖 6년) 가을에 사은思恩·전주田州를 정벌하러 떠날 때 구술한 것을 전덕홍錢德洪이 받아 적어 만들어졌다. 전덕홍은 「대학문」을 '왕문王門의 교전敎典'이라고 불렀다. 「대학문」은 여러 차례의 변화를 거쳐 정리된 왕수인의 성숙한 관점을 대표하며 다년간의 교학 실천의 발전을 거친 것으로 경전적 의의와 권위를 갖는다. 왕수인은 월성에 살게 된 뒤 제자들이 배우러 올 때마다 늘 『대학』 수장首章의 뜻을 위주로 가르쳤다. 그래서 제자들은 여러 차례 왕수인에게 『대학』 수장의 강의를 정리하여 글로 만들자고 요청했으나 그는 동의하지 않았다. 그러다가 1527년 사은·전주를 정벌하러 떠날 때에야 비로소 강의 내용을 기록하여 책으로 만들 것을 허락하였다. 이 「대학문」은 수장만을 해석한 것으로 『대학고본방석』이 전문을 해석한 것과는 다르며, 또 상세하고 명쾌한 해석으로 되어 있어서 『대학고본방석』의 간략한 내용과는 비교할 수 없다.

또 다른 자료는 『전습록』 하권에 보이는, 『대학』 수장을 다룬 좀 긴 글이다. 이 문장이 뒷날 기록된 「대학문」에 매우 근접한 것으로 보면 바로 이것이 월성에서 왕수인이 『대학』 수장을 가르칠 때 받아 적었던 전덕홍의 원 기록인 것 같다. 이제 두 자료를 먼저 소개하고 이 기초 위에서 왕수인 격물설에 대해 총체적으로 토론하려고 한다. 『전습록』 하권에는 다음과 같이 기록되어 있다.

선생께서 말씀하셨다.
"선배 학자들은 격물을 '천하의 물物을 궁구하는 것'으로 해석했는데, 천하의 물을 어떻게 다 궁구할 수 있단 말인가? 또 풀 한 포기, 나무 한 그루에도 모두 리가 있다고 했는데, 지금 어떻게 그것들을 모두 궁구할 수 있단 말인가? 설사 풀과 나무를 궁구하였다고 해도, 어떻게 돌이켜 나의 의意를 성실히 할 수 있단 말인가? 나는 격格을 '바로잡는다'(正)는 뜻으로 해석하고 물物을 '일'(事)로 해석한다.
『대학』의 이른바 신身은 곧 귀·눈·입·코·사지이다. 몸을 닦으려 하면 곧 눈으로는 예가 아니면 보지 말고 귀로는 예가 아니면 듣지 말며 입으로는 예가 아니면 말하지 말며 사지로는 예가 아니면 움직이지 말아야 한다. 이 몸을 닦으려고 하나 몸에 대해서야 무슨 공부를 할 수 있겠는가? 마음은 몸의 주재이므로, 비록 눈이 보지만 볼 수 있게 하는 것은 마음이고 비록 귀가 듣지만 들을 수 있게 하는 것은 마음이며, 비록 입과 사지가 말하고 행동하지만 말하고 행동하게 하는 것은 마음이다. 그러므로 몸을 닦는다는 것은 마땅히 자기 심체를 체득하여 항상 확 트여 크게 공정해서(廓然大公) 조금이라도 올바르지 않은 것이 없도록 하는 데 있다. 주재하는 것이 일단 올바르게 되면 눈으로 발현되기로는 자연히 예가 아닌 것을 보는 일이 없고, 귀로 발현되기로는 자연히 예가 아닌 것을 듣는 일이 없으며, 입과 사지로 발현되기로는 자연히 예가 아닌 것을 말하고 행동하는 일이 없다. 이것이 바로 "몸을 닦는 길은 그 마음을 바로잡는 데 있다"라는 말의 의미이다.
그러나 지선至善이 마음의 본체이니 마음의 본체에 어찌 불선不善한 것이 있겠는가? 지금 마음을 바르게 하려고 한다지만 본체에서야 어떻게 공부를 할 수 있겠는가? 반드시 마음이 발동한 곳을 대상으로 삼아야 비로소 힘을 쓸 곳이 생긴다. 마음이 발동하면 불선이 없을 수 없으므로 반드시 거기서 힘을 써야 하는 것이니, 이것이 곧 성의誠意이다. 만약 한 생각이 선을 좋아하는 것에서 발동하면 정말 절실하게 선을 좋아하고, 한 생각이 악을 싫어하는 것에서 발동하면 정말 절실하게 악을 싫어하는 것이다. 의가 발동한 것이 모두 성실해지면 그 본체에 어찌 바르지 않은 것이 있겠는가? 그렇기 때문에 그 마음을 바르게 하고자 하는 것은 성의에 달려 있으니, 공부는 성의에 이르러서야 비로소 손을 댈 곳이 있게 된다.

그러나 성의의 근본은 또 치지致知에 있다. 이른바 다른 사람은 알지 못하고 자기만 홀로 아는 것이 바로 내 마음의 양지良知이다. 그러나 선을 알아도 도리어 이 양지에 의거하여 행하지 않거나 불선을 알아도 도리어 이 양지에 의거하여 없애지 않으면, 이 양지는 곧 가려지게 된다. 이는 양지를 온전히 실현하지 못한 것이다. 내 마음의 양지가 확충되지 못하여 비록 선을 좋아할 줄 알아도 정말 절실하게 좋아할 수 없고 비록 악을 싫어할 줄 알아도 정말 절실하게 싫어할 수 없으니, 어떻게 의가 성실해질 수 있겠는가? 그렇기 때문에 치지가 성의의 근본이다.

그러나 또 허공을 딛고서는 지知를 온전히 실현할 수 없으니, 치지致知하려면 실제 일에서 격格해야 한다. 만약 의意가 선을 행하는 데 있으면 곧 이 일에서 그 선을 행하고, 의가 악을 없애는 데 있으면 곧 이 일에서 그 악을 행하지 않는다. 악을 없애는 것은 잘못된 것을 바로잡아서 다시 바르게 만드는 것이다. 선을 행하면 선하지 않은 것이 바로잡혀진다는 말도, 잘못된 것을 바로잡아서 다시 바르게 만든다는 뜻이다. 이와 같이 하면 내 마음의 양지가 사욕에 의해 가려짐이 없이 최대한 실현할 수 있어서, 선을 좋아하고 악을 싫어하는 의의 발동이 성실하지 않은 때가 없게 된다. 성의誠意 공부의 착수처는 격물에 있다. 만약 이와 같이 격물하면 사람들은 누구나 행할 수 있다. 사람들이 모두 요순이 될 수 있는 것은 바로 이 때문이다."82)

---

82) 『傳習錄』 下; 『全書』, 권3, 84쪽, "先生曰: 先儒解格物爲格天下之物, 天下之物如何格得? 且謂一草一木皆有理, 今如何去格? 縱格得草木來, 如何反來誠得自家意? 我解格字作正字義, 物作事字義. 大學之所謂身, 卽耳目口鼻四肢是也. 欲修身便是要目非禮勿視, 耳非禮勿聽, 口非禮勿言, 四肢非禮勿動. 要修這個身, 身上如何用得工夫? 心者身之主宰, 目雖視而所以視之者心也, 耳雖聽而所以聽者心也, 口與四肢雖言動, 而所以言動者心也. 故修身在於體當自家心體, 常令廓然大公, 無有些子不正處. 主宰一正, 則發竅於目自然無非禮之視, 發竅於耳自然無非禮之聽, 發竅於口與四肢自然無非禮之言動, 此便是修身在正其心. 然至善者心之本體也, 心之本體那有不善? 如今要正心, 本體上何處用得功? 必就心之發動處才可著力也. 心之發動不能無不善, 故須就此著力, 便是誠意. 如一念發在好善上,

이 일단의 토론 가운데에 성의에 관한 한 절은 아직 완전하지 않다. 왕수인의 논리에 따르면 마음의 발동이 의意이고 의에는 불선이 있어 의에서 불선을 없애는 공부를 해야 하는데, 이것이 곧 성의誠意라는 것이다. 어떻게 의를 대상으로 '힘을 쓸'(著力) 수 있는가?' 왕수인은 한 생각이 선을 좋아하면 실제로 선을 좋아하고 한 생각이 악을 싫어하면 실제로 악을 싫어하라고만 했다. 그러나 만약 한 생각이 발동한 것이 불선하면 어떻게 할 것인가? 왕수인은 이 점에 대해 설명하지 않았다. 왕수인의 논점에 비춰볼 때, 그는 비록 격물을 '일을 바로잡는다'(正事)로 해석하고 있지만 실제로는 '실제의 일에서 선을 행하고 악을 버린다'는 의미이다. 성의와 격물을 비교하면, 성의는 단지 의식 활동 그 자체가 진절眞切하고 독실篤實한가를 문제삼는다. 단지 선을 좋아하는 '의意'가 정말 절실하고 악을 싫어하는 의가 정말 절실하기만 하면 된다. 그렇지만 격물은 그보다 구체적인 실천을 가리키는 것으로 의가 실천을 거쳐 지행합일을 이루도록 만드는 것이다. 따라서 성의는 주로 의념 자체에서 '천리를 보존하고 인욕을 없애는' 것을 가리키고 격물은 주로 실제 행동에서 선을 행하고 악을 없애는 것을 가리킨다.

『전서』 권26에는 「대학문」이 실려 있는데, 앞부분에 있는 전덕홍의 해제에서는 이렇게 밝히고 있다. "우리 스승께서 처음 만나는 선비를 가르치실 때에는 반드시 『대학』과 『중용』의 수장首章으로 성학의 전체 공부를 보여 주어 그들이 학문에 들어가는 길을 알게 하신다. 선생님께서 사은·전주를 정벌하려 출발하실 때에 「대학문」을 가르쳐 주셨고, 덕홍이 이를 받아 적었다."[83] 『전서』 권26의 「대학문」에서는 격格·치致·성誠·정正·수修를

---

便實實落落去好善. 一念發在惡惡上, 便實實落落去惡惡. 意之所發旣無不誠, 則其本體如何有不正的. 故欲正其心在誠意, 工夫到誠意始有着落處. 然誠意之本又在於致知也, 所謂人所不知而己所獨知者, 此正吾心良知處. 然知得善却不依這個良知便做去, 知得不善却不依這個良知便不去做, 則這個良知便遮蔽了, 是不能致知也. 吾心良知旣不能擴充到底, 則善雖知好, 不能着實好了. 惡雖知惡, 不能着實惡了. 如何得意誠? 故致知者誠意之本也. 然亦不是懸空的致知, 致知在實事上格. 如意在於爲善便就這件事上去爲, 意在於去惡便就這件事上去不爲. 去惡固是格不正以歸於正, 爲善則不善正了, 亦是格不正以歸於正也. 如此則吾心良知無私欲蔽了, 得以致其極, 而意之所發, 好善惡惡, 無有不誠矣. 誠意工夫實下手處在格物也. 若如此格物, 人人便做得, 人皆可以爲堯舜, 正在此也."

다음과 같이 논하고 있다.

무엇을 몸이라 하는가? 마음의 형체와 운용을 이른다. 무엇을 마음이라 하는
가? 몸의 영명靈明과 주재主宰를 이른다. 무엇을 몸을 닦는다고 하는가? 선을
행하고 악을 없앰을 이른다. 내 몸이 스스로 능히 선을 행하고 악을 없앨
수 있는가? 반드시 그 영명하여 주재하는 것이 선을 행하고 악을 없애려고
한 뒤에야 그 형체를 가지고 운용하는 것이 선을 행하고 악을 없앨 수 있다.
그렇기 때문에 그 몸을 닦으려 할 때의 관건은 반드시 먼저 그 마음을 바르게
하는 데 있다.

그러나 마음의 본체는 곧 성性이고 성에는 불선함이 없으니, 마음의 본체에
는 본래 바르지 않은 것이 없다. 무엇을 대상으로 바로잡는 공부를 할 것인
가? 대개 마음의 본체는 본래 바르지 않음이 없고 그 의념이 발동한 뒤에야
바르지 않음이 생긴다. 그러므로 그 마음을 바르게 하고자 하는 자는 반드시
그 의념이 발하는 곳에서 그것을 바로잡아야 한다. 일어난 생각이 선한 경우
그것을 좋아하는 것이 진실로 아름다운 색을 좋아하는 것과 같고 일어난
생각이 악할 경우 그것을 미워하는 것이 진실로 악취를 싫어하는 것과 같으
면, 의意는 성실하지 않음이 없게 되고 마음은 바르게 될 수 있다.

그런데 의가 발하는 데는 선이 있고 악이 있다. 그 선악의 구분을 명확히
할 수 없으면 장차 참과 거짓이 뒤섞이게 되어, 비록 성실하게 하고자 해도
성실하게 할 수 없을 것이다. 그러므로 그 의를 성실하게 하고자 할 때는
그 관건이 반드시 치지에 있다. 치致는 온전히 실현하는 것이다.⋯⋯
그러나 그 양지를 온전히 실현한다는 것이 또 어찌 그림자와 메아리처럼
어렴풋하며 허공을 딛고 선 실제 내용이 없는 그런 것을 말하겠는가? 여기에
는 반드시 실제로 그 일이 있는 것이다. 그러므로 치지는 반드시 격물에 달려
있다. 물物은 일(事)이다. 대저 의意가 발현되는 곳에는 반드시 그 일이 있다.
이 의의 소재를 물이라고 한다. 격格은 '바로잡는'(正) 것이다. 잘못된 것을
바로잡아 다시 바르게 만드는 것을 이른다. 잘못된 것을 바로잡는다는 것은
악을 없애는 것을 말하고, 다시 바르게 만든다는 것은 선을 행하는 것을 말한
다. 이런 것이 격格이다. 『서경書經』에 "상하에 이른다"(格于上下), "문묘에 이

---

83) 『全書』, 권26, 373쪽, 「大學問」, "吾師接初見之士, 必借學庸首章以指示聖學之
全功, 使知從入之路. 師征思田將發, 先授『大學問』, 德洪受而錄之."

른다"(格于文廟), "그 잘못된 마음을 바로잡는다"(格其非心)라고 했는데, 격물의 격格은 실로 그 뜻을 겸한다. 비록 양지가 알고 있는 선을 진실로 좋아하고자 한다 해도 만약 그 의의 대상이 되는 물에 나아가서 실제로 실행할 수 없으면, 물에는 아직 격지 못한 부분이 남게 되고 그것을 좋아하는 의는 아직 성실하지 못한 것이 된다. 비록 양지가 알고 있는 악을 진실로 싫어하고자 한다 해도 만약 그 의가 대상으로 하는 물에 나아가 실제로 그것을 없앨 수 없다면, 물에는 아직 격지 못한 것이 있게 되고 그것을 좋아하는 의는 아직 성실하지 못한 것이 된다.[84]

『대학』 본문의 팔조목은 어떤 내재된 연관 관계로 규정된다. 즉 하나하나의 조목은 모두 앞의 한 조목의 논리적 전제가 되면서 뒤의 한 조목을 기초가 삼고 있다. 예를 들어 '평천하'는 '치국'을 기초로 삼고 '치국'은 '제가'를 기초로 삼으며 '제가'는 '수신'을 기초로 삼는다. 동시에 수修·제齊·치治·평平의 각 조목은 모두 독립적인 실천 영역과 명확한 실천 의의를 가진다. 그러나 수신 아래의 네 조목, 즉 정심正心·성의誠意·치지致知·격물格物의 네 조목은 그 의미 자체가 분명하지 않기 때문에(특히 격물) 차례대로 이어지는 이 넷 사이의 기초적인 관계가 모호하게 되었다. 또 철학자마다 치중하는 조목이 같지 않고 그에 기초해서 구축된 나머지 조목에 대한 해석도 상당히 차이가 나기 때문에 이 네 조목이 독립적인 실천 범위와 의의

---

84) 『全書』, 권26, 374쪽, 「大學問」, "何謂身? 心之形體運用之謂也. 何謂心? 身之靈明主宰之謂也. 何謂修身? 爲善而去惡之謂也. 吾身自能爲善去惡乎? 必其靈明主宰者欲爲善而去惡, 然後其形體運用者始能爲善而去惡也. 故欲修其身者必在於先正其心也. 然心之本體則性也, 性無不善, 則心之本體本無不正也. 何從而用其正之之功乎? 盖心之本體本無不正, 自其意念發動而後有不正. 故欲正其心者, 必就其意念之所發而正之. 凡其發一念而善也, 好之眞如好好色, 發一念而惡也, 惡之眞如惡惡臭, 則意無不誠而心可正矣. 然意之所發有善有惡, 不有以明其善惡之分, 亦將眞妄錯雜, 雖欲誠之而不可得而誠矣. 故欲誠其意者必在於致知焉. 致者至也.……然欲致其良知, 亦豈影響恍惚而懸空無實之謂乎? 是必實有其事矣. 故致知必在於格物. 物者, 事也. 凡意之所發, 必有其事, 意之所在謂之物. 格者, 正也. 正其不正以歸於正之謂也. 正其不正者去惡之謂也, 歸於正者爲善之謂也, 夫是之謂格. 『書』言'格於上下' '格於文祖' '格其非心', 格物之格實兼其義也. 良知所知之善雖誠欲好之矣, 若不卽其意之所在之物而實有以爲之, 則是物有未格, 而好之之意猶未誠也. 良知所知之惡雖誠欲去之矣, 苟不卽其意之所在之物而實有以去之, 則是物有未格而惡之之意猶爲未誠也."

를 가지느냐의 여부도 늘 문제가 되어 왔다.

왕수인의 사상을 보면, 왕수인은 유가 윤리 철학에서의 '신身'의 의미를 생리적인 몸이 아니라 사회 생활 속의 인간의 활동과 행위를 지칭하는 것으로 보고, 또 '수신'을 사람의 행위를 사회 준칙과 규범에 맞추는 것으로 보고 있다. 왕수인의 이런 해석은 명료하고 경전적으로나 사상적으로 모두 성립될 수 있다.

그러나 '정심正心' 조목에 대한 왕수인의 해석은 좀더 연구해 볼 필요가 있다. 그는 마음의 본체는 선만 있고 악은 없어서 이른바 '부정不正'이란 없으므로 '정正'이 나타내는 규범적 도덕 실천을 마음의 본체에 대해 말하는 것은 의미가 없다고 보았다. '정'은 인간의 각종 경험적 의식이나 정감을 바로잡는 데만 사용될 뿐인데, 이런 경험적·현상적 의식은 왕수인 철학에서는 '의意'로 통칭되며 '심心'이 아니다. 결국 헤겔이 완전 유有에서 완전 무無로 전환했던 것처럼 정심正心은 여기서 순수논리적 고리에 가까워지게 되고, 왕수인은 '정심'의 아래 조목인 성의誠意로 바로 넘어가게 된다. 말하자면 왕수인은 '정심'에 독립적 실천 의의가 없다고 보는 셈이고, 또 '정심'을 허구적인 부분으로 간주하는 셈이다. 그러나 도대체 어떤 이유에서 『대학』 '정심'의 '심心' 개념이 단지 심의 본체만 가리키고 경험 의식(習心)을 가리키지 않는다고 보아서 '정심' 공부의 의의를 부정한단 말인가?

왕수인 철학에서 볼 때 도덕 수양의 기본 내용은 천리를 보존하고 인욕을 없애는 것이고, 천리를 보존하고 인욕을 없앤다는 것은 주로 인간의 동기 구조 즉 의식·정감에 대해 말하는 것이다. 그는 '보존'이나 '없앰' 같은 실천 행위는 단지 현상 의식(意)의 차원에서 적용될 수 있을 뿐 본체(心)의 차원에서는 적용될 수 없다고 보았다. 의념이 발동할 때는 선과 악이 있게 되며, 이때 선을 보존하고 악을 없애는 것이 곧 성의이다. 따라서 왕수인은 『대학』 공부가 성의에 이르러서야 비로소 구체적인 내용을 가진다고 했다. 왜냐하면 심은 본체이고 의에 이르러서야 비로소 현실화되기 때문이다.

그러나 의념에서 선을 보존하고 악을 버리려면 반드시 먼저 선악을 가려야 한다. 왕수인은 시비선악에 대한 '앎'을 외부에서 가져올 필요가 없다고 보았다. 사람마다 모두 가진 천부의 '양지'는 내재의 시비 준칙으로, 인간은 의념 활동 속에서 선과 악을 가리는 능력을 갖추고 있기 때문이다. 이에 따라 왕수인은 성의로부터 치지로 전환한다. 그런데 양지는 개체에서 표현될 때는 늘 불완전해서 크고 작은 사욕에 가려져 있다. 따라서 진정으로 내심에 하나의 완전한 시비 준칙을 갖추려면 '치지致知'해야, 즉 양지를 극대화하여 아직 불완전한 양지를 최대로 확충시킬 수 있어야 한다.

왕수인은 문을 닫고 수양만 하는 것으로는 양지의 확충에 결코 도달할 수 없으므로 그것은 반드시 격물을 거쳐야 한다고 보았다. 「대학문」의 해석을 살펴보면, 격물이란 '실제로 그 일을 대상으로 삼아'(實有其事) '대상인 물에 나아가 실제로 행하는'(卽其所在之物而實有以爲之) 것을 가리킨다. 이 부분에서는 격물을 '사물에 나아가다'(卽物)로 해석한 주희의 영향을 발견할 수 있는데, 여기서의 격물은 '사물에 나아가 그 잘못된 것을 바로잡는' 것을 가리키며, 더 나아가 물에 나아가 마음을 바로잡는 것만을 가리키는 것만 아니라 사물의 잘못됨을 바로잡는 것 즉 우리의 활동 행위을 지선至善의 바름에 합치되게 하는 것도 가리킨다.[85]

「대학문」의 마지막 단락에 "비록 양지가 알고 있는 선을 진실로 좋아하고자 한다 해도 만약 그 의의 대상이 되는 물에 나아가 실제로 실행할 수 없으면, 물에는 아직 격하지 못한 부분이 남게 되고 그것을 좋아하는 의는 아직 성실하지 못한 것이 된다"라는 말이 있는데, 실제적으로 이것은 성의·치지·격물의 정의와 관계를 모두 포함한다. '양지가 아는 선'은 양지에 속하고 '진실로 그것을 좋아하고자 하는 것'은 성의를 가리키며 '그 의가 대상으로 하는 물에 나아가 실제로 그것을 행하는 것'은 곧 격물이다.

---

85) 정덕 연간 말에도 이런 사상이 나타나는데, 陸九川이 다음과 같이 기록했다. "의意에는 허공에 매달린 것이 없으며, 반드시 사물에서 드러난다. 그러므로 성의하려면 의가 있는 바의 어떤 일을 좋아서 그것을 격해야 한다. 인욕을 없애고 천리로 돌아가면 양지가 이 일에 있어서 가리움이 없이 지극해질 수 있으니, 이것이 곧 성의의 공부이다."(『傳習錄』 下; 『全書』, 권3, 73쪽)

이 셋의 관계에서 양지는 성의를 지도하며 성의는 격물로 구체화된다.

「대학문」이 왕수인 만년의 격물설을 다루는 데 가장 주요한 자료이긴 하지만, '네 구절의 가르침'(四句敎) 속의 격물설 또한 주목할 만하다. 「대학문」이 구술된 1527년(丁亥) 가을에, 구체적으로는 사은思恩·전주田州 정벌을 위해 출발하기 전날 저녁에 이뤄진 '천천天泉의 증도證道'에서 왕수인은 '네 구절의 종지'(四句宗旨)를 제기하였는데, 그 마지막 한 구절은 바로 "선을 행하고 악을 없애는 것이 격물이다"(爲善去惡是格物)라고 되어 있다. 물론 이 구절은 확실히 '게송'이라는 형식적 제한을 받고 있기 때문에, "선을 행하고 악을 없애는 것이 격물이다"라는 말을 격물에 대한 완벽한 정의라고 할 수는 없다. 그러나 앞서 인용했듯이 『전습록』과 「대학문」에서는 모두 악을 없애는 것이 '그 잘못된 것을 바로잡는' 것이고 선을 행하는 것이 '다시 바르게 만드는' 것임을 인정하였기 때문에, "선을 행하고 악을 없앤다"라는 말은 "그 잘못된 것을 바로잡아서 다시 바르게 만든다"라는 '격格'에 대한 해석과 일치한다. 다만 여기서는 "물에 나아가서 실제로 선을 행하고 악을 없애는" 것으로서의 격물의 의미는 전혀 드러나지 않는다.

사실상 왕수인의 격물설을 정리할 때면 늘 맞닥뜨리게 되는 불명확한 문제가 있는데, 그것은 왕수인이 도대체 심心을 바로잡자고(格) 주장하는 것인지 물物을 바로잡자고(格) 주장하는 것인지, 아니면 두 의미를 겸하고 있는지 알 수 없다는 점이다.

고찰에 따르면 번왕藩王(주신호)의 난을 평정하기 전까지의 왕수인은 격물을 '심을 바로잡는다'(格心)는 뜻으로 이해하는 경향이 좀더 강했다. 이것은 담약수가 여러 차례 '생각을 바로잡는다'(正念頭)라는 왕수인의 이론에 비판을 가한 사실을 통해서도 증명될 수 있다. 『전습록』 상권에 나타나는 서애의 기록에도 "그 마음의 잘못됨을 바로잡아 다시 바르게 만든다"라는 표현이 있다. 또 황관黃綰은 만년에 왕수인 학술에 대해서 다음과 같은 직접적인 비평을 제기하기도 했다.

내가 옛날에 해내海內의 몇몇 군자들과 공부할 때 치지를 '그 양지를 완전히 실현하는 것'으로 해석하고 격물을 '그 잘못된 마음을 바로잡는 것'으로 해석하는 이가 있었다. 그는 또 "'격格'은 '바로잡는다'는 뜻이니 그 잘못된 것을 바로잡아서 다시 바르게 만드는 것이며, '치致'는 '극대화시킨다'는 뜻이니 그 양지를 극대화시켜 결여되거나 장애되는 것이 없게 하는 것이다"라고 했다. 이는 신身·심心·의意·지知·물物을 하나로 합하여 모두 양지의 조리로 삼고, 격格·치致·성誠·정正·수修를 하나로 합하여 모두 치양지의 공부로 삼은 것이다. 또 "극기 공부는 전적으로 격물에서 힘쓰는 것이니 사심을 극복하고 그 잘못된 마음을 바로잡는 것이다"라고 하였다.[86]

황관은 담약수와 마찬가지로 왕수인의 가장 가까운 친구였고 만년에 왕수인의 양지 이론을 듣고서는 제자의 예를 행하여 왕수인을 스승으로 섬겼으며 나중에는 자신의 딸을 왕수인의 아들에게 시집보내기도 했으므로, 그의 이야기는 충분히 믿을 만한 것이다. 그는 왕수인이 격물을 "그 잘못된 마음을 바로잡는다"로 해석했다고 했는데, 이것은 담약수가 왕수인이 격물을 '생각을 바로잡는다'로 해석했다고 한 것과 일치한다. 격물을 '생각을 바로잡는다'로, '그 잘못된 마음을 바로잡는다'로 해석하는 것은 확실히 왕수인이 한때 견지했던 해석이고, 치양지설이 세워지기 전의 해석임을 알 수 있다. 나흠순에게 답하는 편지에서 왕수인이 "격格은 이것을 격하는 것이다", "그 마음의 물을 격하는 것이다"라고 했던 것도 여전히 '격심格心'의 입장을 고수한 것이었다.

왕수인이 월성에 살게 된 뒤의 격물에 관한 해석으로는 "그 의意가 대상으로 하는 물物에 나아가서 실제로 그것을 실행한다"는 「대학문」의 표현 이외에도 고린에게 답하는 편지에 나오는 "사물 하나하나가 모두 그 리를 얻는 것이 격물이다"라는 표현이 있다. 그런데 엄격히 말하면 "사물 하나하

---

86) 『明道編』, 10쪽, "予昔年與海內一二君子講習, 有以致知爲至極其良知, 格物爲格其非心者. 又謂格者正也, 正其不正以歸於正. 致者至也, 至極其良知, 使無缺虧障蔽. 以身心意知物合爲一物而通爲良知條理, 格致誠正修合爲一事通爲致良知工夫, 又云克己工夫全在格物上用, 克其己私, 卽格其非心也."

나가 모두 그 리를 얻는다"는 말은 '공부의 효과'일 뿐이지 '공부'가 아니다. 만약 이 설명에 의거해서 격물을 해석하면 격물은 어떠한 공부의 의미도 갖지 못하게 되는데, 이는 『대학』에서 격물을 하나의 기본적인 공부 조목으로 삼는 것과 분명하게 모순된다. 사실 "사물 하나하나가 모두 그 리를 얻는다"라는 말은 『대학』에서 볼 때 '물격物格'(물이 모두 '격'해진 상태)에 대한 설명이지 '격물格物'에 대한 설명이 아니다. 그것은 격물의 실천에 의해 '물'의 측면에서 드러나는 결과를 말한 것이지 격물 실천 그 자체가 아니다. 이처럼 왕수인은 '격물'을 '물격'으로 잘못 해석하긴 했지만, 이 둘 사이의 관계는 오히려 격물에 대한 그의 관점을 역설적으로 잘 반영하고 있다. 모든 사물이 그 리를 얻는 것이 '물격'인 이상 '격물'은 사물을 리로 규범지우는 것을 가리키게 된다. 즉 우리의 도덕 의념을 실제 활동 속에 관철시켜 우리 활동과 행위가 '합법성'과 '도덕성'을 획득하게 됨을 가리키는 것이다. 따라서 이때의 격물은 의념 활동 자체의 불선을 바로잡아 선으로 돌리는 것만을 의미하지 않는다.

그렇다면 왕수인 만년의 격물 이론이 단지 그 대상 사물의 잘못된 점을 바로잡는 것만을 가리킨다고 말할 수 있을까? '사구교'에 관한 기록은 결코 그렇지 않다는 것을 보여 주고 있다. 『전습록』에 실린 '천천증도天泉證道'에 관한 기록에는 다음과 같은 말이 있다.

그 아래 사람은 습심習心이 없을 수가 없기 때문에 본체가 가려진다. 그러므로 우선 의념에서 실제로 충실하게 선을 행하고 악을 없애는 공부를 하도록 가르친다.[87]

사람은 습심이 있기 때문에, 양지의 차원에서 실제로 선을 행하고 악을 버리는 공부를 하지 않고 단지 허공을 딛고 본체만 공상한다면 일체의 일들이 모두 현실적인 성과를 얻지 못할 것이다.[88]

---

87) 『傳習錄』下; 『全書』, 권3, 83쪽, "其次不免有習心在, 本體受蔽, 故且教在意念上實落爲善去惡功夫."
88) 『傳習錄』下; 『全書』, 권3, 83쪽, "人有習心, 不教他在良知上實用爲善去惡功夫,

이것은 모두 사구교의 마지막 한 구절이 "선을 행하고 악을 버리는 것이 격물이다"로 귀결되는 이유를 밝힌 것인데, 이런 해석에 비추어 보면 '격물'은 곧 '격심格心'인 것처럼 보이지만 이것은 명백히 「대학문」과 일치하지 않는다. 그 까닭은 분명 천천天泉에서 문답한(天泉問答) 내용이 너무 많아서 뒷날 전덕홍이 문장으로 기록할 때 기본 사상만 틀리지 않도록 옮겼을 뿐 왕수인의 말을 한 글자도 틀리지 않게 다시 기억해 낼 수는 없었기 때문일 것이며, 그 가운데 몇몇 부분이 엄밀하지 못한 것도 충분히 이해할 만하다. 그러나 대체적으로 '천천의 문답'은 왕수인의 만년 격물설이 여전히 "생각을 바로잡는다"라는 일면을 포함하고 있다는 것을 보여 준다.

천천의 문답을 자세하게 살펴보면, "의념에서 실제로 충실하게 선을 행하고 악을 버린다"는 것은 엄격하게 말해서 성의誠意 공부에 속한다. 실제로『전습록』하권에 있는『대학』을 개괄하는 한 문장에서는 성의를 해석하여 "마음의 발동은 불선이 없을 수 없으므로 거기에서 힘을 써야 하는데 이것이 성의이다. 한 생각이 선을 좋아하는 것으로 발동하면 정말 절실하게 선을 좋아하게 되고, 한 생각이 악을 싫어하는 것으로 발동하면 정말 절실하게 악을 싫어하게 된다"라고 말하고 있다. 또 "양지에 있어서 실제로 선을 행하고 악을 버리는 공부를 한다"는 것은 엄격하게 말해서 치양지 공부로 봐야 한다. 왕수인은 「대학문」에서 "의념이 발동할 때 내 마음의 양지가 이미 그것이 선인 줄 알더라도 만약 실제로 그것을 좋아하지 못하고 다시 등져 버리면, 선을 악으로 여기게 되어 스스로 선을 아는 양지를 어둡게 만들게 된다"[89]라고 말하고 있기 때문이다. 그런데 왕수인은 왜 천천의 문답에서 성의·치지·격물 세 가지를 섞어서 함께 말했을까?

왕수인의 입장에서는 이것이 결코 세 가지를 섞어서 하나로 만든 것이 아니다. 셋은 본래 동일한 공부의 다른 표현일 따름이다. 왕수인은 「대학문」에서 "대개 신身·심心·의意·지知·물物은 그 공부가 적용되는 조리이다.

---

只去懸空想個本體, 一切事爲俱不着實."

89)『全書』, 권26, 374쪽, 「大學問」, "意念之發, 吾心良知旣知其爲善矣, 使其不能誠有以好之而復背而去之, 則是以善爲惡而自昧其知善之良知矣."

비록 각자 그 내용을 갖지만 실제로는 하나일 뿐이다. 격格·치致·성誠·
정正·수修는 그 조리에 적용되는 공부이다. 비록 각자 그 이름을 갖지만
실제로는 하나의 일일 뿐이다"90)라고 말했다. 이른바 '단지 하나의 일일 따
름'이라는 것은 격·치·성·정·수가 모두 '선을 행하고 악을 버리는' 공
부라는 점을 가리킨다. 그렇기 때문에 왕수인은 "무엇을 수신修身이라 하는
가? 선을 행하고 악을 제거하는 것을 말한다"91)라고 말하는 동시에 "선을
행하고 악을 제거하는 것은 성의誠意의 일이 아닌 것이 없다"92)라고 말할
수 있었던 것이다.

따라서 선을 행하고 악을 제거하는 것은 단지 '격물'의 해석에만 적용
되는 것이 아니라 수신·성의·치지의 해석에 적용되기도 한다. 왕수인의
도덕 실천 공부는 "이 양지에 의거하여 상황마다 각각 실제로 선을 행하고
악을 제거하는 것"으로 개괄될 수 있는데, '선을 행하고 악을 제거한다'라는
말은 마음과 일을 모두 지칭하되 마음을 위주로 삼는다. 왜냐하면 일에서
선을 행하고 악을 제거하는 것은 마음에서 선을 행하고 악을 제거하는 것
에 뿌리를 두기 때문이다. 이 공부는 양지의 측면에서 보면 곧 치지이고,
주어진 일이나 대상에 따라서(隨事隨物) 공부한다는 점에서 말하면 곧 격물
이며, 의념이 실제로 선을 좋아하고 악을 싫어해야 하는 것이라는 측면에서
말하면 곧 성의이다. 총괄해서 말하면 이 과정이 곧 치지이기도 하고 성의
이기도 하고 격물이기도 한 것이며, 분별해서 말하면 선을 알고 악을 아는
것은 양지이고 선을 좋아하고 악을 싫어하는 것은 성의이며 선을 행하고
악을 제거하는 것은 격물인 것이다. 송대宋代 리학자들의 역행力行 속에 함
양涵養이 포함되었던 것과 마찬가지로, '선을 행하고 악을 제거한다'는 것도
비록 실제 내용을 가진 행위를 표시하는 것이긴 하지만 그 속에는 '의념을

---

90) 『全書』, 권26, 374쪽, 「大學問」, "盖身心意知物者是其工夫所用之條理, 雖亦各
有其所, 而其實只是一物. 格致誠正修者, 是其條理所用之工夫, 雖亦各有其名,
而其實只是一事."
91) 『全書』, 권26, 374쪽, 「大學問」, "何謂修身? 爲善而去惡之謂也."
92) 『傳習錄』 上; 『全書』, 권1, 51쪽, "爲善去惡, 無非是誠意的事"

바로잡는다'라는 의미도 포함되어 있다.

왕수인은 주신호의 난을 평정하기 전에는 격물을 "그 잘못된 마음을 바로잡는다" 또는 "생각을 바로잡는다"는 뜻으로 해석했는데,(그러므로 담약수나 황관의 서술에 나타난 내용은 당연히 오해가 아니다) 이러한 해석은 『대학』 경전 자체에 일련의 문제를 야기할 수 있다. 우선 격물을 '마음의 잘못된 점을 바로잡는다'로 해석하면 나흠순과 담약수가 제기한 비판처럼 『대학』에 본래 들어 있는 '정심正心' 조목과 중복된다. 다음으로 만약 격물이 '생각을 바로잡는 것'(正念頭)이고 '생각'이 또한 의意라면 격물과 성의가 중복되는 꼴이 된다.93) 이와 같다면 수신修身 아래의 네 조목(正心・誠意・致知・格物)은 앞의 네 조목(平天下・治國・齊家・修身)이 독립적인 영역과 명확한 의의를 가졌던 것과는 차이가 있게 된다. 이것은 경전 해석의 입장에서 왕수인이 이론적으로 소홀했던 부분이다. 그러나 왕수인의 만년설을 보면, 비록 여전히 격格을 '바로잡다'(正)로 풀이하고 물物을 '일'(事)로 풀이하긴 했지만 격물을 명백하게 "그 마음의 잘못됨을 바로잡는다" 혹은 "생각을 바로잡는다"로 표현한 사례는 나타나지 않는다. 또한 그는 '의意의 소재'에 대해서도 실사實事・실물實物을 좀더 강조함으로써 숱한 곤란함을 피해갈 수 있었으며, 동시에 격물을 '사물에 나아가'(卽事卽物), '주어진 일이나 대상에 따라'(隨事隨物) 등으로 해석함으로써 유학에 본래 포함되어 있는 학문사변學問思辨의 전통을 '선을 행하고 악을 제거함'을 핵심으로 하는 자신의 격물설 속으로 끌어안을 수 있었다. 그리하여 왕수인 격물설은 정덕 연간과 비교해 볼 때 더욱 완전해지게 되었다.

물론 이것이 왕수인의 격물설에 아무런 문제가 없음을 말하는 것은 아니다. 치양지 사상이 형성된 이후의 왕수인 철학의 논리에 따르면, 우선 양지를 온전히 실현하여 의념의 선악을 가려내고, 그런 다음 선을 좋아하고 악을 싫어하는 의념을 성실하게 하며, 마지막으로 사물에 나아가서 실제로

---

93) 당시에 진구천도 의문을 제기했다. "한 걸음 한 걸음 근원으로 들어가서 성의에 이르러서는 더 이상 할 수 없는데, 어떻게 이전에 또한 격치의 공부가 있겠는가?"(『傳習錄』下; 『全書』, 권3, 73쪽)

선을 행하고 악을 제거하는 일을 실천해야 한다. 그런데 이것은 '치지致知→
성의誠意→격물格物'의 순서로 되기 때문에 『대학』 본문의 '격물→치지→
성의'의 공부 순서와 맞지 않다. 그래서 훗날 나흠순은 "정말 이 치양지致良
知의 설이 맞다면 『대학』에서는 '격물이 치지에 달려 있다'고 해야지 '치지
가 격물에 달려 있다'고 해서는 안 되고, '지知가 온전히 실현된 뒤에 물物
이 격格해진다'고 해야지 '물이 격해진 뒤에 지가 온전히 실현된다'고 해서
는 안 될 것이다"[94]라고 지적하기도 했다. 이것은 경학의 입장에서 볼 때
왕수인 철학에는 끝내 해결하지 못한 일련의 난제가 내재해 있음을 보여
주는 것이라 할 수 있다.

---

94) 『困知記』 附錄, "審如是言, 則『大學』則當言格物在致知, 不當云致知在格物, 當
云知致而後物格, 不當云格物而後知至耳."

# 제7장 양지와 치양지

　'치지致知'의 개념은 『대학大學』에 연원하고 '양지良知'의 개념은 『맹자孟子』에서 나온 것이다. 왕수인 철학은 그 형성 시기와 기본 사상의 방향에서 볼 때 확실히 송대 육구연 이래의 심학 전통을 이은 것인데, 이 전통은 유학의 역사적 연원에서 말하면 주로 맹자의 전통에 뿌리를 두고 있다. 그러나 이론의 형식 방면에서는 송대 이래의 정주학파의 영향을 받았기 때문에 왕수인 사상의 구조는 처음부터 끝까지 『대학』에서 제공된 사상 자료와 이론 범주로부터 출발했다고 볼 수 있다. 왕수인은 청년 시기에 『대학』의 '격물格物'을 가장 중시했는데, 정덕 3년 귀주貴州 용장龍場에서 도를 깨우친 뒤로는 격물에 대해 주자학과 다른 자신의 해석 체계를 세우는 동시에 『대학』의 중점을 '성의誠意'로 바꾸었다. 그리하여 왕수인은 "『대학』 공부는 단지 성의일 뿐"(大學工夫只是個誠意)이라고 하면서 '성의'를 통해 '격물'의 방향을 규정하였다. 한편 '치지'는 왕수인의 40세 이후 7, 8년 동안 그의 사상 속에서 확실한 지위를 갖지 못했다. 이때에는 비록 '치지'를 언급하긴 했지만 그 해석과 용법은 여전히 주희의 영향을 벗어나지 못한 것이었다.

　주신호朱宸濠의 반란을 평정한 뒤 제기된 치양지설은 왕수인이 진정으로 『맹자』와 『대학』 사상을 결합한 이론 형식을 찾아내었다는 것과, 『대학』의 논리 구조에서 왕수인이 중점을 둔 부분이 '성의'에서 '치지'로 전이되었다는 것을 보여 준다. 이렇게 되자 『대학』의 구조를 표현 형식으로 삼는 공부 이론을 포함한 왕수인의 사상 전반은 한 차례 새로운 조정을 거치게 되었다. 치양지설은 왕수인 철학 발전의 최후 형태로서, 명대 중·후기 철학 사조의 전개에 중대한 영향을 끼쳤다.

## 1. 치양지설의 성립

'치양지'는 왕수인 만년의 학문 종지이지만 치양지 사상이 어느 해에 명확하게 제기되었는지는 여전히 좀더 연구하고 설명해야 한다.

왕수인은 만년에 들어 다음과 같이 말한 적이 있다.

나의 양지良知 두 글자에 대해 말하면, 사실 내가 용장龍場에서 도道를 깨친 뒤로 이 뜻을 벗어난 적이 없었다. 다만 이 두 글자를 착상하지 못해서 배우는 이들과 토론할 때 쓸데없는 말들을 숱하게 늘어놓지 않을 수 없었다. 이제 다행히 이 개념을 발견하게 되어 일언지하에 전체를 환히 볼 수 있게 되었으니 참으로 통쾌하다![1]

한편 황관黃綰은 "(왕수인이) 갑술년에 남경홍려시경南京鴻臚寺卿에 올라 처음으로 '양지良知'의 종지로 학자를 가르쳤다"[2]라고 했다. 이것은 '양지'의 종지가 정덕 9년 왕수인의 나이 43세 때에 처음 나왔다는 말이다. 그런데 전덕홍錢德洪 등이 펴낸 「연보」에는 "정덕 16년 신미년, 선생의 나이 50세 때 강서에 계셨는데, 이 해에 선생은 처음으로 치양지致良知로 학생들을 가르치셨다"[3]라고 확정하고 있다. 이런 설명들에 따르면 '치양지' 사상의 형성에 있어서 '양지'의 기본 사상이 형성된 시기와 '치양지'라는 화두가 제

---

1) 『全書』, 卷首, 6쪽, 「文錄序說」(錢德洪), "吾良知二字, 自龍場以後, 便已不出此意, 只是點此二字不出, 與學者言, 費却多少辭說, 今幸見出此意, 一語之下, 洞見全體, 眞是痛快!"
2) 『全書』, 권37, 517쪽, 「陽明先生行狀」, "甲戌昇南京鴻臚寺卿, 始專以良知之旨訓學者."
3) 『全書』, 권33, 464쪽, 「年譜」, "正德十六年辛巳先生五十歲, 在江西. 是年先生始揭致良知之敎."

기된 시기를 구분할 필요가 있게 된다.

　왕수인은 정덕 3년 용장에서 도를 깨친 뒤 "마음 밖에는 리가 없다"(心外無理)라는 주장을 제기하면서 지선至善은 본심에 뿌리를 두고 있고 도덕 법칙은 도덕 주체에 근원을 두고 있다고 보았는데, 이것은 뒤에 말한 "양지가 곧 천리이다"(良知便是天理)라는 주장과 기본 입장에서 완전히 일치한다. 그러므로 왕수인이 만년에 자신의 기본 사상이 용장에서 이미 확립되었다고 한 것은 확실히 옳은 말이다. 그러나 용장 이후 10여 년 동안 줄곧 왕수인은 자신의 기본 사상을 개괄하는 동시에 사람들을 '위기지학爲己之學'에 힘쓰도록 만드는 데 알맞으면서도 적절한 표현 형식을 발견하지 못했다. 이런 의미에서 용장 이후 제기된 '지행합일知行合一', '심외무리心外無理', '심외무물心外無物', '입성立誠'(誠을 세우라), '격기비심格其非心'(그른 마음을 바르게 하라) 등의 사상은 모두 이 한 가지 탐색 과정의 각 단계라고 볼 수 있다. 이와 관련하여 전덕홍은 다음과 같이 말했다.

　선생께서는 처음 학문을 시작하실 때 송대宋代 학자들의 방법을 통해 추구하셨지만 성공하지 못하셨다. 그 뒤 양생법養生法을 배우시느라 불교와 도교에 빠지셨고, 거기서 어렴풋하게나마 도道로 들어가신 듯했다. 용장 시기에 이르러 거듭 우환을 겪으시다가 드디어 트이듯이 양지良知의 종지를 크게 깨치셔서, 그 뒤로는 학자들과 토론할 때 늘 성의誠意·격물格物의 가르침을 펼치셨다.……신사년 이후, 영왕寧王(朱宸濠)의 반란을 겪으시고는 '양지良知'만을 믿으셨는데, 한 자루 비수로 바로 찔러 들어가듯 하셨다.[4]

　'지행합일'은 공부의 요체이긴 하지만 심체心體 개념까지 포괄하지는 못한다. 그리고 '심외무물'은 심체 개념을 논하기는 하지만 공부工夫라고 할 수는 없다. 또 '격물'은 '생각을 바로잡는다'는 의미를 포함하고 있어 자신을 반성하는 공부이기는 하나 끝내 본체라는 한 부분을 결여하고 있다. 그

---

4) 『全書』, 권36, 504쪽, 「論年譜書」, "先師始學, 求之宋儒不得入, 因學養生而沈酣於二氏, 恍若得所入焉. 至龍場, 再經憂患, 而始豁然大悟良知之旨, 自是出與學者言, 皆發誠意格物之敎,……辛巳以後, 經寧藩之變, 則獨信良知, 單刀直入."

에 반해 '치양지'는 본체와 공부 모두를 포괄하고 있다. 그러므로 왕수인이 여러 번 '치양지'를 '성문聖門의 정법안장正法眼藏'이라고 한 것은 이상할 것이 없다.

물론 용장의 좌천 생활로부터 남경홍려시경으로 발탁될 때까지 왕수인의 사상에서 간헐적으로 '양지'에 대한 언급이 나타나기도 하는데, 이는 아주 자연스러운 일이다. 왜냐하면 『맹자』에는 본래 '양지'라는 표현이 있었고, 『대학』 공부의 팔조목에서 '치지致知'의 '지知'도 새로운 해석을 필요로 했기 때문이다. 주희는 '치지'를 해석할 때 '지知'를 '식識', 즉 지식으로 해석했지만 그 속에는 '양지'의 내용도 포함되어 있었다. 또 왕수인이 '지행합일'을 제기할 당시 '지행의 본체' 개념에서 '본체의 지知' 속에는 이미 양지의 관념이 은연중에 포함되어 있었다. 그리고 '사구리四句理'5) 속의 "의意의 본체가 곧 지知이다"라는 말 또한 '치지'와 '성의'를 해석하기 위해 언급한 것이긴 해도 확실히 '지'가 '의'보다 우위에 있다는 점을 부각시키고 있으므로 이 '지'는 양지일 수밖에 없다. 『전습록』 상권의 서애徐愛의 기록에는 다음과 같은 말이 있다.

지知는 마음의 본체이다. 마음은 무엇이든 자연히 알 수 있어서, 부모를 보면 자연히 효도할 줄 알고 형을 보면 자연히 공경할 줄 알고 어린애가 우물에 들어가는 것을 보면 자연히 측은해 할 줄 안다. 이것이 바로 '양지良知'여서 밖에서 구할 필요가 없다. 양지가 생길 때 사의私意에 의해 아무런 장애를 받지 않는 것이 이른바 '측은지심惻隱之心을 확충하여 인仁을 이루 다 쓸 수 없게 되는' 단계이다. 그러나 일반인들은 사의에 의해 생긴 장애를 받지 않을 수 없으므로 반드시 치지격물致知格物 공부를 해야 한다. 사의를 이겨내고 천리를 회복하게 되면 마음의 양지는 더 이상 장애가 없기에 우주에 가득 차서 유행할 수 있다. 이것이 '그 지知(양지)를 온전히 이루는 것'이다. 지知가 온전히 이루어지면 의意가 참되게 된다.6)

---

5) 역자 주―'제3장 심과 물'에 보인다.("身之主宰便是心, 心之所發便是意, 意之本體便是知, 意之所在便是物.")

6) 『傳習錄』 上; 『全書』, 권1, 39쪽, "知是心之本體, 心自然會知, 見父自然知孝, 見兄自然知弟, 見孺子入井自然知惻隱, 此便是良知, 不假外求. 若良知發更無私

뒤에 왕수인은 "지知가 어떻게 마음의 본체인가"라고 묻는 기원형冀元亨 (자는 惟乾)의 물음에 대해 "남김없이 확충하면 거기서 드러나는 것은 바로 그 본체이다"(充拓的盡, 便完完是他本體)라고 답하는데, 이 답변 속에서도 이미 '치양지致良知' 사상의 맹아가 드러나 있다. 앞에서 본 것처럼 왕수인은 당시에 "이미 종지는 알았고 단지 주장하지만 않았을 뿐"(已知宗旨, 只是未爲主張耳)이었던 것이다.

전덕홍은 왕수인의 기본 사상의 발전 과정을 '학문 과정의 세 변화'(學之三變)라고 하고 왕수인이 학자에게 가르쳤던 종지의 발전 과정을 '교육 방법의 세 변화'(敎之三變)라고 하였다. 그는 왕수인이 '치양지'의 종지를 강서에서 영왕(朱宸濠)의 난을 평정한 뒤 제기했으며 그것이 왕수인의 만년 정론을 대표한다고 여러 차례 명확하게 밝혔다. 그는 "선생은 양명동陽明洞에서 '정신을 내면으로 집중시키는 방법'(主靜)을 배우셨고 용장에서 깨달으셨으며 영왕을 정벌하시면서 크게 깨치셨다"[7]라고 했으며, "신사년 이후에 선생의 가르침은 더욱 간략해졌다"[8]라고 하여 신사년을 치양지설이 제기된 해로 여겼다. 그러나 이 설명을 왕수인의 말과 대조해 보면 전부가 다 들어맞는 것은 아니다. 가정 2년 왕수인은 설간薛侃에게 답하는 편지에서 양지설이 나오게 된 것에 관해 다음과 언급하였다.

'치지致知' 두 글자는 천고 성학聖學의 비전秘傳이다. 이전에 건주虔州에 있을 때 종일 이것을 논의했지만 동지들 가운데 깨치지 못한 사람이 많았는데, 근래 「대학고본서大學古本序」에서 몇 마디를 고쳐 자못 이 종지를 밝혔지만 보는 사람들은 더러 여전히 살피지 못하였다. 이제 한 장의 편지를 보내니 잘 음미해 보기 바란다. 이것이 공문孔門의 정법안장正法眼藏으로 종전의 학자들은 다들 깨닫지 못해 그 주장이 끝내 지리멸렬해진 것이다. 사명仕鳴이

---

意障碍, 卽所謂充其惻隱之心而仁不可勝用矣. 然在常人不能無私意障碍, 所以須用致知格物之功, 勝私復理, 卽心之良知更無障碍, 得以充塞流行, 便是致其知, 知致則意誠."

7) 『全書』, 권29, 399쪽, 「續編序」, "師學靜於陽明洞, 得悟於龍場, 大徹於征寧藩."
8) 『全書』, 卷首, 7쪽, 「文錄序說」(錢德洪), "辛巳年已後, 先生之敎益歸於約矣."

건주虔州를 지날 때 함께 상세하게 토론한 적이 있었는데 평소 이 문제에 대해 논급한 적이 있었는지 모르겠다.[9]

건주虔州는 감주贛州이다. 기록에 따르면 왕수인은 정덕正德 정축년(1517년) 정월에 남감南贛 지역을 순무하는 직책을 맡아 장주漳州를 평정하고 횡수橫水·통강桶岡을 평정하였으며 다음해 무인년에는 또 삼리三浰를 평정하였는데, 오가는 길에 늘 감주에 거처했다. 그런데 왕수인은 강서江西에서 영왕의 난을 평정한 뒤에 '치양지' 이론을 제기했다고 스스로 밝혔으므로 치양지설이 제기된 것이 기묘년 이전일 수는 없다.

왕수인은 기묘년 여름에 영왕의 난을 평정하고 돌아와 남창南昌에 거처하였으며, 경진년 정월에 무호蕪湖로 갔다가 2월에 남창으로 돌아왔고 6월에 감주로 갔다가 9월에 다시 남창으로 돌아왔다. 신사년 정월에 남창에서 머물다가 5월에 문인들을 여산廬山 백록동서원白鹿洞書院에 모았으며, 6월에 강서를 떠났다. 이러한 행적에 따르면 신사년에 왕수인이 강서에 머문 기간은 겨우 반년이었으며, 또 모두 남창과 감북贛北에 거처했을 뿐 건주에 머문 적은 없다. 영왕 주신호를 사로잡은 뒤 경진년 여름에 3~4개월 동안 건주에 머물렀을 뿐이다. 이로 볼 때 왕수인이 '이전에 건주에 있을 때 종일 이것을 논하였으며'(向在虔時終日論此), '사명이 건주를 지날 때 함께 상세히 토론한 적이 있다'(仕鳴過虔嘗與細說)고 한 것은 모두 정덕 15년 경진년(왕수인 나이 49세)의 일이므로, 「연보」에서 '치양지설'이 정덕 16년 신사년에 처음으로 제기되었다고 기록한 것은 정확한 것이라 할 수 없다.

『전습록』 하권의 진구천陳九川의 기록에도 다음과 같이 적혀 있다.

경진년에 건주로 가서 선생을 다시 뵙고 "요즘은 공부하는 데 조금 실마리를 알 것 같으나 온당하고 쾌락한 곳을 찾기가 어렵습니다"라고 고충을 말씀

---

9) 『全書』, 권5, 112쪽, 「答薛尙謙」, "致知二字是千古聖學之秘, 向在虔時終日論此, 同志中尙多有未徹. 近於古本序中改數語, 頗尤發此意, 然見者往往亦不能察. 今寄一紙, 幸熟味. 此是孔門正法眼藏, 從前儒者多不曾悟到, 故其說卒入於支離. 仕鳴過虔, 嘗與細說, 不審閑中曾論及否."

드렸더니, 선생께서는 "자네 마음에서 천리天理를 찾고자 하니 이것이 바로 이른바 '리의 장애'(理障)이네. 여기에는 비결이 있네"라고 말씀하셨다. "그것이 무엇입니까?"라고 묻자 "지를 온전히 이루는(致知) 길뿐이네"라고 답하셨다. 다시 "어떻게 하면 온전히 이룰 수 있습니까?"라고 물으니, 선생께서는 이렇게 말씀하셨다. "자네의 이 한 점 양지良知가 바로 자네 자신의 준칙이네. 자네가 마음에 두는 일에 대해 양지는 그 일이 옳다면 옳은 것으로 알고 그르면 그른 것으로 아니 그것(양지)을 속일 수 없네. 그것을 속이지 않고 성실하게 그것에 따라 실천해서, 선하면 보존하고 악하면 없앨 수만 있다면 거기서 얼마나 편안하고 즐거운 느낌을 받겠는가! 이것이 '격물格物'의 참된 비결이요 '치지致知'의 실제 공부이네. 이 '참된 방법'(眞機)에 의존하지 않는다면 어떻게 격물할 수 있겠는가? 나도 근년에 와서야 이렇게 분명하게 체득하였네. 처음에는 단지 그것에만 의지해서는 부족함이 있지 않을까 의심하기도 했지만, 정밀하게 살펴보니 전혀 흠이 없었네."10)

『전습록』에 실린 이 단락 이하의 기록들은 모두 진구천이 건주에서 왕수인과 문답한 내용을 정리한 것인데, 거의 대부분의 단락이 양지와 치양지에 대한 내용으로 이루어져 있다. 이것은 왕수인이 "건주에 있을 때 종일 이것을 논의했다"(在虔終日論此)고 한 것과 확실히 부합한다.

진구천은 또 다음과 같이 기록하고 있다.

건주에서 돌아올 즈음 시를 지어 선생과 이별하면서 "양지가 어찌 많이 듣는 것에 달렸으랴. 음양이 묘합할 때 이미 뿌리가 심어진 것을. 호오好惡가 그것을 따르는 것이 성학聖學이며, 보내고 맞이함에 정해진 처소가 없는 것이 건원乾元이로다"라고 하자, 선생께서는 "만일 여기로 와서 강학하지 않았다면 '호오가 그것을 따른다'고 할 때의 '그것'이 무엇인지 알지 못했을 것이

---

10) 『傳習錄』下; 『全書』, 권3, 74쪽, "庚辰往虔州再見先生, 問: 近來功夫雖若稍知頭腦, 然難尋個穩當快樂處. 先生曰: 爾却去心上尋個天理, 此正所謂理障. 此間有個訣竅. 曰: 請問如何? 曰: 只是致知. 曰: 如何致? 曰: 爾那一點良知, 正是爾自家底準則. 爾意念着處他是便知是, 非便知非, 更瞞他一些不得. 爾只不要欺他, 實實落落依着他去做, 善便存, 惡便去, 他這裏何等穩當快樂! 此便是格物的眞訣, 致知的實功. 若不靠這些眞機, 如何去格物? 我亦近年體貼出來如此分明. 初猶疑只依他恐有不足, 精細看, 無些子欠闕."

다"라고 하셨다. 부영敷英이 그 자리에 있다가 "정말 그렇습니다. 일찍이 선생님의 「대학고본서大學古本序」를 읽었을 때는 말씀하신 것이 무엇인지 알지 못했는데, 이제 와서 강의를 조금 들으니 대의를 조금은 알겠습니다"라고 하였다.[11]

부영敷英[12]의 말뜻은 이전에 「대학고본서大學古本序」를 보았을 때는 무슨 말인지 몰랐다가 '치양지설'이 나옴으로써 비로소 대의를 알게 되었다는 것이다. 왕수인은 정덕 13년 「대학고본서」를 쓸 당시에는 아직 치양지 사상을 제출하지 못하고 있다가 정덕 15년 경진년에 건주에서 강학할 때 비로소 양지의 종지를 거듭 밝히기 시작했다. 기록에 따르면 왕수인의 사상은 무인년 이전에는 '성의설'을 위주로 하였는데, 이때 성의는 "진실하게 선을 좋아하고 악을 미워한다"는 의미였지만 선악을 판별하는 표준은 아직 확정되지 못한 상태였다. 그래서 왕수인은 위에서 양지 학설을 이해하게 됨으로써 비로소 호오가 의지해야 할 표준을 갖게 된다고 말했던 것이다. 왜냐하면 양지는 개개인이 내재적으로 갖추고 있는 시비의 준칙이기 때문이다.

가정嘉靖 원년 임오년에 왕수인은 육징陸澄(자는 元靜)에게 보내는 편지에서 이렇게 말했다.

치지 이론은 이전에 유준惟濬, 숭일崇一 등 여러 제자들과 강서江西에서 극론하였고, 최근에는 양사명楊仕鳴[13]이 지나는 길에 또 한번 거론하여 자못 상실해졌다.[14]

---

11) 『傳習錄』下;『全書』, 권3, 74쪽, "虔州將歸, 有詩別先生云: '良知何事系多聞, 妙合當時已種根. 好惡從之爲聖學, 將迎無處是乾元.' 先生曰: 若未來此講學, 不知說好惡從之從個什麼! 敷英在座曰: 誠然, 嘗讀先生大學古本序, 不知所說何事, 及來聽講些時, 乃稍知大意."

12) 역자 주-『명유학안』 등에 없는 이름이다. 陳榮捷, 『王陽明傳習錄詳註集評』, 298쪽 참조.

13) 역자 주-『明儒學案』에는 楊驥(자는 仕德)의 형으로만 소개되어 있다.

14) 『全書』, 권2, 「答陸元靜」, "致知之說, 向與惟濬及崇一諸友極論於江西, 近日楊仕鳴來過, 亦嘗一及."

유준은 진구천의 자이고 숭일은 구양덕歐陽德의 자인데 경진년에 두 사람은 모두 강서에서 왕수인을 모셨다.[15] 그러므로 왕수인이 강서에 거처할 때 치양지설을 제기했다는 것은 마땅히 의심의 여지가 없다. 상술한 것에 따르면 치양지를 종지로 삼는 이론은 당연히 경진년부터 제창되었는데, 왕수인의 나이 49세일 때이다.

치양지의 종지가 제기되었다는 것은 '가르치는 방법'(敎法)의 변화라는 의미를 지니기도 하지만, 동시에 왕수인 사상의 새로운 발전을 의미하기도 한다. 주신호의 난을 평정한 뒤부터 장충張忠·허충태許忠泰의 변란을 겪을 때까지 왕수인은 극도로 복잡하고 험악한 정치·군사적 환경 속에서 침착하게 변화에 대응하였고, 끝내는 위기와 곤경에서 벗어났다. 그는 "이 양지설은 백천 번 죽음을 넘나드는 어려움 속에서 얻은 것이지 쉽게 이것을 발견한 것이 아니다"[16]라고 했다. 이 말은 치양지설이 제기된 것이 결코 『맹자』와 『대학』의 단순한 결합이 아니라 복잡한 사변을 겪으면서 얻은 심각한 개인 체험과 밀접한 관계를 가진다는 것을 보여 준다. 이것은 그 자신의 생존 지혜의 승화이고 심령이 고통스러운 단련을 겪고서 얻은 깨달음이다. 이 점을 이해하면 우리는 왕수인이 치양지를 발견한 것에 대해 스스로 장황하게 경탄과 찬미를 늘어놓은 이유를 비로소 이해할 수 있을 것이다.

경진년부터 왕수인의 대화와 문장 속에는 양지에 대한 찬탄과 '치양지'의 발견에 대한 희열과 자부로 가득 차 있다. 경진년 건주에서 그는 "사람이 이 양지라는 비결을 알고 나면 숱한 사악하고 망녕된 생각들이 여기서 한번 깨침으로써 모두 저절로 소멸될 것이니, 진실로 한 알의 영단靈丹이고 쇠를 황금으로 변화시키는 일이다"[17]라고 하고, 또 "이것에 대해 투철하게

---

15) 『全書』, 권33, 464쪽, 「年譜」, '庚辰 9月條', "이때 진구천, 하량승, 만조, 구양덕, 위량필, 이수, 서분, 구연이 매일 모시고 강습했다."(是時陳九川·夏良勝·萬潮·歐陽德·魏良弼·李茱·舒芬·衍日侍講習)

16) 『全書』, 卷首, 6쪽, 「文錄序說」(錢德洪), "某於良知之說, 從百死千難中得來, 非是容易見得到此."

17) 『全書』, 권3, 74쪽, "人若知這良知訣竅, 隨他多少邪思妄念, 這裏一覺, 都自消融, 眞個是靈丹一粒, 點鐵成金!"

이해하면 그 뒤로는 천만 가지 말들의 옳고 그름과 참과 거짓이 눈앞에 다가오자마자 바로 밝혀지니, 부합하면 옳고 부합하지 않으면 그르다. 이것은 불가에서 말하는 심인心印과 같아서 진실로 시금석이자 나침반이다"[18]라고 했다. 신사년 이후 왕수인은 또 '정법안장正法眼藏'이라는 표현을 써서 '양지'의 종지를 찬양하였다. 신사년 양사명楊仕鳴에게 보내는 편지에서 왕수인은 이렇게 말한다.

> 나의 이른바 치지 두 글자는 곧 공문孔門의 '정법안장正法眼藏'이네. 여기서 참과 거짓을 볼 수 있으면, 진실로 천지天地 앞에 서더라도 두렵지 않고 귀신鬼神에게 질정質正하더라도 흔들림이 없으며 옛 삼왕三王의 일들과 비교해 보더라도 어긋남이 없고 백세百世 이후의 성인聖人을 기다리면서도 불안하지 않을 것이네.[19]

그리하여 이정二程이 자신들이 세운 '천리설天理說'을 천년 동안 전해지지 않던 성학聖學이라고 여긴 것처럼, 왕수인 또한 담약수에게 보낸 편지에서 "치지설은 제 생각으로는 바꿀 수 없는 진리입니다. 노형께서 다시 한번 깊이 생각해 보기 바랍니다. 그러면 곧 제 뜻을 이해할 수 있을 것입니다. 이것은 마음으로 전해 오는 성학의 요체입니다. 여기서 밝게 아시게 되면 그 나머지는 모두 환하게 알게 됩니다"[20]라고 자부하게 되었다. "이 '치지' 두 글자는 진실로 천고 성학의 비전이다. 이것을 깨칠 수 있으면 백세 이후의 성인을 기다려도 불안하지 않다"[21]느니, "'치지' 두 글자는 천고의 성학의 비전이고 공문의 정법안장인데, 종전의 많은 학자들은 다들 깨닫지 못했

---

18) 『全書』, 권3, 74쪽, "這些子看得透徹, 隨他千言萬語, 是非誠僞, 到前便明. 合得便是, 合不得便非, 如佛家說心印相似, 眞個是試金石, 指南針!"
19) 『全書』, 권5, 107쪽, 「與楊仕鳴」, "區區所謂致知二字, 乃是孔門正法眼藏! 於此見得眞僞, 眞是建諸天地而不驚, 質諸鬼神而無疑, 考諸三王而不謬, 百世以俟聖人而不惑."
20) 『全書』, 권5, 106쪽, 「與甘泉」, "致知之說鄙見恐不可易, 亦望老兄更一致意, 便間示知之, 此是聖學傳心之要, 於此旣明, 其餘皆洞洞矣."
21) 『全書』, 권3, 74쪽, "此致知二字眞是個千古聖學之秘, 見到這裏, 百世以俟聖人而不惑."

다"22)느니, "'치양지' 밖에 다른 학문이 없다. 공맹孔孟이 돌아가신 뒤 이 학문이 수백 수천 년 동안 전수되지 못하다가 하늘의 영명에 힘입어 우연히 다시 볼 수 있게 되었으니, 진실로 천고의 큰 통쾌함이로다"23)느니 하는 말들은 모두가 그러한 자부심의 발로이다.

'가정嘉靖'으로 개원開元된 뒤 월성에 거처할 때 왕수인은 오로지 '치양지' 석 자의 종지만을 거론하여 강학함으로써 학도들의 열렬한 반향을 얻었다고 한다. "늘 이것으로 동지들을 계도하니 뛸 듯이 기뻐하지 않는 사람이 없었다"24)라는 말이 그것이다. 가정 4, 5년에 이르러서도 그는 여전히 추수익鄒守益(자는 謙之)에게 다음과 같이 반복해서 말했다. "집안의 어려움을 당해 공부는 극도의 노력이 요구되나, 이로 말미암아 '양지' 두 글자를 이전보다 더욱 절실하게 이해하게 되었다",25) "이로부터 더욱더 이 두 글자가 우리 성문의 정법안장임을 믿게 되었다."26) 이것은 '치양지'라는 종지를 제기한 뒤에 그 자신이 부단히 몸소 체험하고 역행했고, 아울러 실천 속에서 치양지의 종지가 성문의 비전이라는 것을 더욱 깊이 확인했다는 말이다. 당시 어떤 사람이 왕수인에게 강학을 청하면서 '양지' 이외에 강학할 만한 다른 것이 없는지 물었을 때, 그는 즉시 "양지 이외에 무엇을 말할 것이 있겠는가!"(除却良知, 還有什麼說得)라고 대답하였다. 또 만년에 사은思恩·전주田州 지역을 정벌하는 도중에도 그는 편지를 써서 제자들을 간곡히 계도하며 "내가 평생 배운 것은 '치양지' 세 글자이다"27)라고 강조하였다. 이처럼 치양지는 왕수인 심학의 최후 귀결점이었다.

'치양지설'이 제기되었다는 것은 그의 사상이 심학 방면에서 더욱 성숙

---

22) 『全書』, 권5, 112쪽, 「與薛尙謙」, "致知二字是千古聖學之秘, 此是孔門正法眼藏, 從前儒者多不曾悟到."
23) 『全書』, 권8, 142쪽, 「書魏師孟卷」, "致良知之外無學矣, 自孔孟旣沒, 此學失傳機千百年, 賴天之靈, 偶復有見, 誠千古之一快!"
24) 『全書』, 권8, 142쪽, 「書魏師孟卷」, "每以啓夫同志, 無不躍然而喜."
25) 『全書』, 권6, 113쪽, 「寄鄒謙之」, "比遭家難, 工夫極費力, 因見得良知兩字比舊愈加親切."
26) 『全書』, 권6, 105쪽, 「寄鄒謙之」, "以是益信得此二字是吾聖門正法眼藏!"
27) 『全書』, 권26, 381쪽, 「寄正憲男手墨」, "吾平生所學, 只是致良知三字."

하게 되었음을 보여 준다. 이로 인해 그의 '격물설'이나 '지행합일설'에도 어떤 미묘한 변화가 일어나게 되고, 또 그의 사상이 불교의 지혜와도 좀더 무르녹은 결합을 이뤄낼 수 있게 되었다. 바로 이런 점이 왕수인이 자신의 전체 사상을 '치양지'로 개괄한 이유이다.

왕수인이 월성에 살게 된 뒤부터 그의 시문詩文들은 거의 화경化境에 들어서게 되는데, '양지'를 읊은 시에서는 그러한 조예의 깊이가 더욱 두드러지게 나타난다. 그 중 두 수를 보면 다음과 같다.

> 만리 중추에 달이 한창 맑은데
> 사산四山에 구름이 홀연히 생기나 했더니,
> 별안간 탁한 안개가 바람에 흩어지고
> 변함없는 청천에 이 달은 밝도다.
> 양지가 본래 밝음을 믿으니
> 외물이 어찌 어지럽힐 수 있겠는가!
> 늙은이가 오늘밤에 미친 노래를 부르노니
> 균천鈞天[28]이 되어 태청太淸에 가득 차리라.[29]

> 홀로 가을 정원에 앉으니 달빛이 새롭다.
> 천지 어느 곳에 이보다 한가로운 사람 있으리.
> 높은 노래는 맑은 바람과 함께 사라져 가고
> 그윽한 뜻은 흐르는 물을 따라 절로 봄날이 된다.
> 천성千聖에게는 본래 마음 밖의 비결이 없고
> 육경六經을 알자면 거울 속의 먼지를 떨어내야 하네.
> 가련하구나. 분주하게 주공周公을 꿈꾸는 것이
> 누항陋巷의 깨어 있는 현인賢人보다 못하나니![30]

---

28) 역자 주 - 천상의 음악.
29) 『全書』, 권20, 317쪽, 「月夜二首與諸生歌於天泉橋」, "萬里中秋月正晴, 四山雲靄忽然生. 須臾濁霧隨風散, 依舊靑天此月明. 肯信良知原不昧, 從他外物豈能攖. 老夫今夜狂歌發, 化作鈞天滿太淸."
30) 『全書』, 권20, 317쪽, 「夜坐」, "獨坐秋庭月色新, 乾坤何處更閑人. 高歌度與淸風去, 幽意自隨流水春. 千聖本無心外訣, 六經須拂鏡中塵. 却怜擾擾周公夢, 未及惺惺陋巷賢."

## 2. 양지

### 1) 양지는 곧 시비지심이다

'양지' 관념은 『맹자』에 근원을 두고 있다. 맹자는 "사람이 배우지 않고도 할 수 있는 것은 그 양능良能이다. 헤아려 보지 않고도 알 수 있는 것은 그 양지良知이다. 웃고 쥘 수 있는 정도의 애들도 그 부모를 사랑할 줄 모르는 이가 없고 자라서는 그 형을 공경할 줄 모르는 이가 없다"[31]라고 했다. 이 말에 따르면 양지는 사람이 환경·교육의 도움을 받지 않고도 자연스럽게 가지게 되는 도덕 의식과 도덕 감정이다. '배우지 않고도'라는 말은 그 선험성을 나타내고, '헤아려 보지 않고도'라는 말은 그 직각성을 나타낸다. '양良'은 이 두 가지 의미를 겸하는 말이다. 물론 양지가 선험성을 지닌다고 해서 결코 사람이 세상에 태어나자마자 현실적으로 그 본체를 온전하게 획득할 수 있다는 말은 아니다. 거기에는 잠재 상태에서 발전하여 마지막에 가서 현실화된다는 발전의 과정이 있다. 사람의 다른 생리 본능들이 잠재 상태에서 점차적으로 현실화되는 것과 마찬가지이다.

왕수인은 맹자의 사상을 계승하여 "마음은 자연히 알 수 있는 것이니, 부모를 보고는 자연히 효도할 줄 알고 형을 보고는 자연히 공경할 줄 알며 어린애가 우물에 들어가는 것을 보고는 자연히 측은히 여길 줄 안다. 이것이 곧 양지이니, 밖에서 구할 필요가 없다"[32]라고 했다. 여기서 '자연'이란 말은, '양지'는 외재적인 것을 내재화해서 생긴 결과가 아니라 주체가 본래 가진 내재적 특징이라는 뜻이다.

맹자는 성선설性善說을 논증할 때 '양지'만 제기한 것이 아니라 '사단四端'도 들어, "측은지심惻隱之心은 인仁의 단서이고 수오지심羞惡之心은 의義의 단서이며 사양지심辭讓之心은 예禮의 단서이고 시비지심是非之心은 지智의

---

31) 『孟子』,「盡心上」, "人之所不學而能者, 其良能也. 所不慮而知者, 其良知也. 孩提之童無不愛其親者, 及其長也, 無不知敬其兄也."

32) 『傳習錄』 上;『全書』, 권1, 39쪽, "心自然會知, 見父自然知孝, 見兄自然知弟, 見孺子入井自然知惻隱, 此便是良知, 不假外求."

단서이다"33)라고 했다. 그런데 "어린애가 우물에 들어가는 것을 보고 자연스럽게 측은하게 여길 줄 아니 이것이 양지이다"라고 한 왕수인의 말에 따르면 그에게 있어서는 사단도 양지이다. 이것은 맹자에 비하여 더 명확하게 양지와 사단을 하나로 결합한 것이다.

송대 리학자들의 관점에 따르면 "사덕四德(元亨利貞)의 '원元'은 오상五常(仁義禮智信)의 '인仁'과 같기"(四德之元猶五常之仁) 때문에 '사덕' 중의 '원元'이 통섭하지 못하는 덕이 없듯이 '오상' 중의 '인仁'도 포괄하지 못하는 덕성이 없다. 이러한 이유로 사단에 있어서도 특히 '측은지심'이 강조된다. 예컨대 주희는 "그것(性)이 드러날 때는 사랑·공경·적절함·분별이라는 현실적 양태로 나타나지만, 측은지심은 관통하지 않는 것이 없다"34)라고 하였다. 그런데 왕수인은 사단이 얼마만큼은 시비지심으로 귀결될 수 있다고 여겨서, 특히 양지 속에 담긴 시비지심으로서의 의미를 강조하였다. 왜냐하면 도덕 의식이 선험적 도덕 원리라면 그 역할은 어떤 경우에서나 시비선악의 준칙을 제공하는 것이기 때문이다. 그러므로 왕수인이 시비지심을 주요 내용으로 하는 '양지설'을 제기하였다는 것은 맹자 철학이 한 걸음 더 발전했다는 사실을 나타낸다.35)

왕수인은 양지가 사람들 각자의 선험적 시비 준칙이라는 것을 명확하게 지적했다. 그는 진구천에게 "그대의 이 양지가 그대 자신의 준칙이다. 그대가 염두에 두는 어떤 것에 대해, 양지는 그것이 옳다면 옳다는 것을 알고 그르면 그르다는 것을 안다. 그러니 조금도 양지를 속일 수 없다"36)라고 말했다. 왕수인이 볼 때, 양지는 사람에게 내재된 도덕 판단의 능력이자 도덕

---

33) 『孟子』, 「公孫丑上」, "惻隱之心, 仁之端也; 羞惡之心, 義之端也; 辭讓之心, 禮之端也; 是非之心, 智之端也."
34) 『朱子文集』, 권67, 「仁說」, "其發用焉則爲愛恭宜別之情, 而惻隱之心無所不貫."
35) 왕수인은 섭표에게 답한 편지에서 "양지의 발현은 단지 '眞誠-惻'으로 드러날 뿐이다"라고 말한 적이 있다. 그러나 이는 섭표가 논한 내용에 따라 그렇게 말한 것일 뿐이고 다른 편지들을 살펴보면 확실히 왕수인에게는 시비지심으로 양지를 설명한 곳이 많다.
36) 『全書』, 권3, 74쪽, "爾那一點良知, 是爾自家底準則. 爾意念着處, 他是便知是, 非便知非, 更瞞他一些不得."

평가의 체계이다. 양지는 의식 구조의 독립된 한 부분으로서 지도·감독·
평가·판단의 역할을 한다. 이러한 '양지'는 확실히 윤리학의 '양심' 범주이
다. 그래서 왕수인은 다음과 같이 양지가 시비지심이라는 점을 거듭 강조했
던 것이다. "맹자가 말한 시비지심은 지知이다. 시비지심은 사람이 모두 가
지고 있으니 이른바 양지이다",[37] "양지는 시비지심일 뿐이고, 시비는 호오
好惡일 뿐이다. 호오가 시비를 전부 아우르고 시비가 온갖 변화되는 상황을
아우른다",[38] "저 양지란 이른바 시비지심으로, 사람이 모두 가지고 있으며
배우지 않고도 가지고 헤아리지 않고도 얻는 것이다."[39]

이렇게 양지는 선천 원칙으로서 "옳은 것을 알고 그른 것을 안다"(知是
知非)거나 "선을 알고 악을 안다"(知善知惡)는 말로 표현되기도 하고 또 "선
을 좋아하고 악을 싫어한다"(好善惡惡)는 말로 표현되기도 하는데, 이러한 양
지는 곧 도덕 이성 원칙이자 도덕 정감 원칙이다. 양지는 우리에게 무엇이
옳고 무엇이 그른지를 가르쳐 줄 뿐 아니라 우리가 옳은 것을 좋아하고 그
른 것을 싫어하도록 해 준다. 이것은 도덕 의식과 도덕 감정의 통일이다.

왕수인은 양지의 내재성을 강조하는 동시에 다음과 같이 양지의 보편성
을 강조하여 양지가 개개인에 대해 모두 동일하다고 주장하기도 한다.

성인으로부터 범인에 이르기까지, 한 사람의 마음으로부터 사해라는 먼 곳
에 이르기까지, 천고 이전으로부터 만대 이후에 이르기까지 같지 아니한 것
이 없다. 이 양지라는 것은 이른바 천하의 대본大本이다.[40]

시비지심은 지知이며 사람이 모두 가지고 있다. 그대는 앎(知)이 없음을 걱정
하지 말고 오직 알려고 하지 않음을 걱정하라.……지금 길가는 사람을 잡고

---

37) 『全書』, 권5, 108쪽, 「與陸元靜」, "孟子之是非之心, 知也, 是非之心人皆有之,
即所謂良知也."
38) 『傳習錄』 下; 『全書』, 권3, 80쪽, "良知只是個是非之心. 是非只是個好惡, 只好
惡就盡了是非, 只是非就盡了萬變."
39) 『全書』, 권8, 141쪽, 「書朱守譜卷」, "夫良知者即所謂是非之心, 人皆有之, 不待
學而有, 不待慮而得者也."
40) 『全書』, 권8, 141쪽, 「書朱守譜卷」, "自聖人以至凡人, 自一人之心以達四海之遠,
自千古之前以至於萬代之後, 無有不同, 是良知也者, 是所謂天下之大本也."

인의仁義에 해당하는 일들을 말하면 저들은 모두 그것이 선하다고 여길 것이고, 불인·불의에 해당하는 일들을 말하면 저들은 그것을 불선하다고 여길 것이다.[41]

따라서 사람은 외부에서 선악시비의 준칙을 찾을 필요가 없다. 이 준칙은 개개인이 본래 가지고 있고 그 내용이 완전히 서로 일치한다.

## 2) 양지와 의념

양지 학설에 따르면 양지는 '의념意念'[42]을 감독하고 지도하는 역할을 한다. 따라서 양지와 의념(意)의 구분은 매우 중요하다. 예를 들어 왕수인이 "그대가 염두에 두는 것에 대해, 양지는 그것이 옳으면 옳다는 것을 알고 그르면 그르다는 것을 안다"라고 했을 때, 이때의 양지는 '의념의 판단 원칙'이지 결코 '의意'가 아니다. 그래서 왕수인은 만년에 "의意와 양지는 명백하게 구분해야 한다. 자극에 반응하여 생각을 일으키는 것을 모두 의라 하므로 의에는 옳고 그름이 있다. 의의 옳고 그름을 판단하는 것을 양지라고 부른다"[43]라고 지적했다. 이 관점에 의하면 우리의 의식 활동은 주로 '양지'와 '의념' 두 부분으로 구성되어 있다.

정덕 연간에 '사구리四句理'를 제기할 때에도 왕수인은 지知와 의意의 구분에 충분히 주의하여 "마음이 발한 것이 의이고 의의 본체는 지이다"(心之所發便是意, 意之本體便是知)라고 말한 적이 있는데, 여기서의 '지'는 사실상 양지이다. 그러나 '사구리'에서는 의意와 상대해서 말하다 보니 지知의 특징을 충분히 드러내지 못하였다. "마음이 발한 것이 의意이다"에서는 심이 심

---

41) 『全書』, 권8, 141쪽, 「書朱守諧卷」, "是非之心, 知也, 人皆有之. 子無患其無知, 惟患不肯知耳.……今執途之人而告之以凡爲仁義之事, 彼皆能知其爲善也. 告之以凡爲不仁不義之事, 彼皆能知其爲不善也."

42) 역자 주─칸트의 '욕구'(willkür) 개념에 해당한다. 앞의 제1장에서 소개되었다.

43) 『全書』, 권6, 118쪽, 「答魏師說」, "意與良知當分別明白, 凡應物起念處皆謂之意, 意則有是非, 能知得意之是非者, 則謂之良知."

의 본체를, 의가 현상적 의식 활동을 가리키지만, "의의 본체가 지이다"에서는 '지'가 의식 활동으로 드러날 수 있는지 어떤지 전혀 밝혀 주지 못하고 있는 것이다. 본체가 만일 '본질'을 가리키는 것이라면 양지는 현상적인 의식 활동에 참여할 수 없다. 또 만일 본체가 단지 '본래 상태'를 가리키는 것이라면 양지는 '본연의 의意'가 되는데, 이것은 본체상에서 양지와 의념 둘 사이의 차별을 없애 버리는 결과가 되고 만다.

뒷날 왕수인은 『대학고본방석』에서 '사구리'를 "마음은 몸의 주재이고, 의는 마음이 발한 것이며, 지는 의의 체이고, 물은 의의 용이다"(心者身之主, 意者心之發, 知者意之體, 物者意之用)라고 표현했는데, 여기서 '지는 의의 체이다'라는 말은 오히려 더욱 분석이 부족해 보인다. 가정 초 왕수인은 고린顧璘에게 보낸 편지에서 이 내용에 대해 다음과 같이 해석하고 있다.

> 마음은 몸의 주재이며 마음의 허령명각虛靈明覺은 본연의 양지이다. 허령명각의 양지가 감응하여 움직인 것을 의意라고 한다. 지知가 있고 난 뒤에 의가 있는 것이니 지가 없으면 의는 없다. 그러므로 지가 의의 체가 아니겠는가[44]

이 표현은 사구리四句理와 다른 점이 있다. 사구리에 따르면 '마음이 발한 것이 의意'(心之所發便是意)인데 위의 표현에 따르면 '지知가 사물에 감응하여 움직인 것이 바로 의意'(知之感動便是意)이므로, 고린에게 보낸 편지에서는 확실히 양지가 본체라는 점을, 즉 양지가 의념의 근거라는 점을 좀더 강조하고 있다. 그러나 여기서도 양지가 시비지심으로서 현상적 의식 활동에서 갖는 역할과 지위에 대해서는 명확히 설명하지 않고 있다. 나흠순羅欽順에게 쓴 편지에서는 왕수인의 표현이 또 약간 다르다. 이 편지에서는 "주재라는 점에서는 심心이라 하고, 그 주재의 발동을 말할 때는 의意라고 하고, 그 발동할 때의 '밝게 알아차리는 힘'(明覺)을 말할 때는 지知라고 하고, 그

---

44) 『全書』, 권2, 55쪽, 「答顧東橋」, "心者身之主也, 而心之虛靈明覺卽所謂本然之良知也, 其虛靈明覺之良知應感而動者謂之意. 有知而後有意, 無知則無意矣, 知非意之體乎."

명각이 감응한 것을 말할 때는 물物이라 한다"[45]라고 했다. 여기서는 사구리의 '의의 본체가 바로 지이다'(意之本體便是知)라는 정의와는 다르게 '발동할 때의 명각이 곧 지知이다'(發動之明覺便是知)라는 점을 강조하였으니, '지'에 대해 강조한 부분은 본체 차원의 의미가 아니라 '발동' 차원의 의미이다. 그러나 마음의 발동을 의意라고 한다면 양지도 발동한 것은 의에 속하는가 하는 문제에 대한 설명이 이 편지에는 없다. 만일 의에 속하지 않는다면 이 정의는 결함이 있지 않은가? 물론 이런 문제들은 모두 왕수인이 의식하지 못했던 것들이다. 이밖에 고린顧璘에게 답한 편지에서는 "명각이 감응하여 움직인 것을 의라고 한다"(明覺之感應而動謂之意)라고 한 데 비해 나흠순에게 답한 편지에서는 "명각이 감응한 것을 말할 때는 물物이라고 한다"(明覺之感應而言謂之物)라고 했는데, 이 둘 사이에도 분석이 필요하다.

주희 철학에서 마음(心)은 '미발未發'과 '이발已發'로 나뉜다. 우리는 왕수인 철학에서 '이발'의 마음을 '의意'라고 부르는가 하면 다른 한편 양지도 '이발의 명각'으로 표현되면서 실제로는 시비지심을 가리킨다는 사실을 알고 있다. 그러므로 왕수인 철학에서 마음의 발동은 두 가지 측면, 즉 양지와 의념을 모두 포함하고 이 둘이 함께 의식의 활동을 구성한다. 이런 의미에서 마음의 발동을 전부 의意라고 말할 수는 없다.

양지에 대해 말하면 "의의 본체가 지이다"(意之本體便是知)라는 말과 "발동할 때의 명각이 지이다"(發動之明覺便是知)라는 말은 결코 모순이 아니다. 양지는 본체이자 발용이다. 예컨대 지금 여기 거울에 먼지가 끼어 있다 하더라도 결코 사라지지 않는 그 본래의 밝고 깨끗함이 곧 거울의 본체이긴 하지만, 동시에 먼지에 가려지지 않아서 현재 빛을 발하고 있는 그 부분을 본체로 보기도 하는 것과 마찬가지이다.

의意가 일어나는 데는 두 가지 상황이 있다. 하나는 '사물에 응하여 의념을 일으키는 것'(應物起念)이고 다른 하나는 단순히 '마음에 의하여 발생하

---

45) 『全書』, 권2, 66쪽, 「答羅整庵少宰」, "以主宰而言謂之心, 以其主宰之發動而言謂之意, 以其發動之明覺而言則謂之知, 以其明覺之感應而言則謂之物."

는 것'(心之所發)이다. 이처럼 의에는 사물에 반응하여 일어난 것도 있고 사물에 반응하지 않고도 그냥 일어나는 것이 있으므로, 왕수인이 내린 "마음에 의해 발생한 것이 의이다"(心之所發便是意)라는 정의와 "지知가 사물에 감응하여 움직이는 것이 의이다"(知之感動便是意)라는 정의는 아무런 모순 없이 공존할 수 있다. 그러나 "양지가 자극에 반응하여 움직이는 것"(良知應感而動)으로 의념을 정의한다면 끝내 "마음이 발동한 것" 혹은 "마음이 사물에 감응하여 움직이는 것"이라고 정의하는 것보다는 타당하지 못할 것이다. 왜냐하면 "양지가 자극에 감응하여 움직이는 것을 의라고 한다"(良知應感而動謂之意)라는 정의는 "명각이 자극에 감응한 것을 물이라고 한다"(明覺之感應謂之物)라는 정의와 함께 모두 명각인 양지를 동시에 일반 지각의 주체로 본다는 의미이기 때문이다. 그런데 「대학문」에서는 이 두 표현이 모두 나타나지 않는다.

"의의 본체가 바로 지이다"(意之本體便是知)라는 정의는 "지가 마음의 본체이다"(知是心之本體)에 비해 합당하지 못하다. 왜냐하면 "의가 성실하지 않음이 없는"(意無不誠) 경지에 이르렀을 때라 할지라도 의와 지는 여전히 동일한 것이 아니기 때문이다. 더구나 치양지 학설에 따르면 지知를 온전히 실현해야만(致知) 의가 성실해지는 것인데 "의의 본체가 바로 지이다"라는 정의는 의가 성실해진 뒤에 지가 실현된다는 의미가 아닌가! 이것은 "의의 본체가 바로 지이다"라는 정의는 정덕 연간에 제기되었고 치양지설은 만년에 제기되었기 때문이다. 이 문제에 있어서는 「대학문」을 왕수인의 정론으로 삼을 수밖에 없다. 「대학문」에서는 양지에 대해 이렇게 설명하고 있다.

양지란 맹자가 "시비지심은 사람이 모두 가지고 있다"고 했을 때의 그 시비지심이다. 시비지심은 헤아리지 않고도 알고 배우지 않고도 터득하는 것이기 때문에 양지라고 한다. 이는 하늘이 부여한 성性이고 내 마음의 본체로서 자연히 대상을 환하게 인식할 수 있는 능력이다. 의념이 일어나면 내 마음의 양지는 언제나 스스로 인식한다. 그것이 선하면 내 마음의 양지가 자연히 알아차리고 그것이 불선하면 내 마음의 양지가 자연히 알아차린다.[46]

이런 설명에 따르면 양지의 역할이란 우리가 선한 의식만을 갖도록 만드는 것일 뿐만 아니라 우리의 의식 활동을 감시하고 평가하는 것이기도 하다. 왕수인의 이러한 관점과 시비지심을 강조하는 태도는 전통 유가에서 측은지심을 강조한 것이나 서양 윤리학에서 양심을 수오지심의 의미로 강조한 것과는 중점이 다르다.


### 3) 양지와 독지

앞에서 인용한 「대학문」의 내용과 같이 양지는 의념의 선악을 '자연히 알아차리는데'(自知之), 왕수인은 이것을 '독지獨知'(홀로 안다)라고도 불렀다. 왕수인은 월성에서 살게 된 뒤 양지를 노래한 시를 지어 "소리도 없고 냄새도 없는 혼자만 아는 때, 이것이 천지만물의 터전이로다"(無聲無臭獨知時, 此是乾坤萬有基)라고 하였고, "양지는 바로 혼자만 아는 때이니, 이 앞 밖에는 더 이상 앎이란 것이 없다네"(良知卽是獨知時, 此知之外更無知)라고 하였다. 이것은 모두 양지 속에 담긴 '독지獨知'의 의미를 강조한 것이다.

'독지'의 설은 주희의 『사서집주四書集註』에서 보인다. 『중용』 수장首章에 "그러므로 보지 않을 때 삼가고 듣지 않을 때 두려워한다. 은밀한 것보다 잘 드러나는 것은 없으며 미세한 것보다 잘 나타나는 것이 없다. 그러므로 군자는 자신이 혼자일 때도 삼간다"[47]라는 글이 있다. 주희는 『중용장구中庸章句』에서 이 부분을 다음과 같이 주해했다.

은隱은 어두운 것이다. 미微는 작은 일이다. 독獨이란 남은 모르고 자신만이 혼자 아는 곳이다. 어둠 속의 작은 일로서 흔적은 드러나지 않았지만 조짐은

---

46) 『全書』, 권26, 374쪽, 「大學問」, "良知者, 孟子所謂是非之心, 人皆有之者也. 是非之心不待慮而知, 不待學而得, 是故謂之良知, 是乃天命之性, 吾心之本體自然靈昭明覺者也. 凡意念之發, 吾心之良知無有不自知者. 其善歟, 惟吾心之良知自知之, 不善歟, 亦惟吾心之良知自知之."

47) 『中庸』, 首章, "是故君子戒愼乎其所不睹, 恐懼乎其所不聞, 莫見乎隱, 莫顯乎微, 故君子愼其獨也."

이미 일어나 남들은 알지 못하지만 자신은 혼자 알고 있으므로, 천하의 일로서 밝게 드러나는 것 가운데 이보다 뚜렷한 것은 없다.[48]

『대학大學』에도 신독愼獨에 대한 언급이 있다. "이른바 그 의를 성실히 한다는 것은 자신을 속이지 않는 것이다. 마치 악취를 싫어하듯 호색을 좋아하듯 하는 것이다. 이런 것이 바로 '자기가 흐뭇한 상태'이다. 그래서 군자는 반드시 자신이 혼자일 때도 삼간다"[49]라는 문장이 그것이다. 이 문장에 대해 주희는 『대학장구大學章句』에서 "독獨이란 남들은 알지 못하고 자기만 홀로 아는 곳이니"(獨者, 人所不知而己所獨知之地也), "그것이 진실하느냐 진실하지 못하느냐는 남은 알 수 없고 자신만이 홀로 알게 마련이다. 그래서 반드시 여기에서 삼가서 그 조짐을 잘 살펴야 한다"(其實與不實, 蓋有他人所不及知而己獨知之者, 故必謹之於此而審其幾焉)라고 주해했다. 이것을 통해 '독지獨知'가 개체의 내심 세계를 가리킨다는 것을 알 수 있다.

내심 세계는 개인이 혼자 점유한 것이어서 타인은 그 사람의 내심 활동을 이해할 수 없다. 그런데 도덕 원칙은 "도덕이란, 동기가 도덕에 맞다는 말이다"라고 규정하고 있다. 이렇게 도덕이 도덕이 될 수 있는 것은 동기 세계에 의해 결정되는데, 동기 세계는 또 개개인 자신이 점유하고 있다. 그래서 도덕 실천에는 내심 세계의 활동을 신중하게 처리하는 것이 요구된다. 주희와 그의 문인 사이에 '독지'에 관한 다음과 같은 문답이 있다.

"어제 선생님께서 '남들이 알지 못하고 자신만이 혼자 아는 곳'이라고 말씀하신 것을 듣고서 자연스럽게 더욱 분명하게 이해할 수 있었습니다. 옳은 일을 할 경우 다른 사람은 아직 그것이 옳은 것인지 모르지만 자신은 먼저 그것이 옳은 것임을 알며, 옳지 못한 일을 할 경우 다른 사람은 아직 그것이 옳지 못한 것임을 모르지만 자신은 먼저 그것이 옳지 못함을 압니다. 이렇게

---

48) 『中庸章句』, "隱, 暗也. 微, 細事也. 獨者, 人所不知而己所獨知之地也. 言幽暗之中·細微之事, 迹雖未形而幾則已動. 人雖不知, 而己獨知之, 則是天下事無有著見明顯而過於此者."

49) 『大學』, "所謂誠其意者, 毋自欺也, 如惡惡臭, 如好好色, 此之謂自慊. 故君子必愼其獨也."

설명하면 더욱 적절해질 것 같습니다"라고 말하니, 선생께서는 "일의 옳고 그름을 남들은 모두 알지 못해도 자신은 자연히 먼저 분명하게 본다"라고 말씀하셨다.[50]

이 말에 따르면 '독지'란 자신이 의식 활동을 한다는 사실을 아는 것만을 가리키는 것이 아니라 발생한 의식의 선악을 판별하는 것도 함께 지칭한다. 이것을 통해 주자학의 '독지' 개념 속에도 시비지심이라는 의미가 은밀히 함축되어 있음을 알 수 있다. 왕수인의 사상은 이런 관념을 계승, 발전시켰고 아울러 양지와 결합시켰다. 그는 "성의의 근본은 또 치지에 있다. 이른바 남은 모르고 자기만 아는 곳이 바로 내 마음의 양지가 작용하는 곳이다"라고 하였다.[51]

주자학에서 '독지'는 주로 인지 원칙이지 판단 원칙이 아니다. 따라서 '독지'는 주로 우리가 무엇에 대한 지식을 가지고 있다는 것을 나타낸다. 그런데 왕수인 철학에서의 독지는 주로 판단하고 평가하는 내재적 원칙으로서, 일반 의식 활동에서 독립된 도덕 의식을 말한다. 이것이 주자학과 양명학의 차이점이다.

## 4) 양지를 바로 성聖이라고 한다

왕수인은 양지를 읊은 시의 첫 수에서 "사람마다 가슴 속에 공자孔子가 있다"(個個心中有仲尼)라고 하였다. 이것은 모든 사람이 그 본심에서 말하면 성인이라는 뜻이다. 이런 표현을 양지의 측면에서 말하면, 양지는 모든 사람이 성인이 될 수 있는 내재적 근거인데 이 근거는 그 자체로 충분한 것

---

50) 『語類』, 권62, 1501쪽, "昨聞先生云'人所不知而己所獨知處,' 自然見得愈是分曉, 如做得是時, 別人未見得是, 自家先見得是. 做得不是時, 別人未見得非, 自家先見得是非, 如此說時, 又覺親切. 曰: 事之是與非, 衆人皆未見得, 自家自是先見得分明."

51) 『傳習錄』下; 『全書』, 권3, 80쪽, "誠意之本又在於致知也, 所謂人所不知己所獨知者, 此正吾心良知處."

이어서 결함이 없다는 의미이다. 물론 모든 현실의 인간은 그 본심이 가려져 있어 잠재적인 성인일 뿐 현실적인 성인은 아니다.

『전습록』 하권에는 진구천이 강서에서의 일을 기록한 다음과 같은 글이 실려 있다.

> 건주虔州에서 우중于中·겸지謙之가 함께 선생을 모시고 있었는데, 선생께서 "사람들 가슴 속에는 각각 하나의 성인이 있다. 다만 스스로 믿지 못해서 모두 스스로 묻어버린 것이다"라고 말씀하셨다. 그리고는 우중을 돌아보시면서 "너의 마음 속이 원래 성인이다"라고 하셨다. 우중이 일어나 "감당할 수 없습니다"라고 하자 선생께서는 "이것은 너 자신이 가지고 있는 것인데 어찌 사양할 필요가 있겠는가?"라고 하셨다. 우중이 또 "감당할 수 없습니다"라고 하자 선생께서는 "뭇 사람들 모두가 그것을 가지고 있다. 하물며 우중 자네임에랴! 어찌 겸손해 하는가? 겸손해 해서는 안 된다"라고 하셨다. 그제야 우중은 웃으면서 받아들였다. 또 선생께서는 "사람에게 있는 양지는 그가 어떤 짓을 하든 없앨 수가 없다. 비록 도적이라 할지라도 도적이 되어서는 안 된다는 것을 스스로 알고 있으며 남이 도적이라고 부르면 그 역시 부끄러워한다"고 강론하셨다.[52]

"사람은 모두 요순이 될 수 있다"(人皆可以爲堯舜)라는 말에 비해 "사람마다 마음에 성인이 있다"(人人胸中有聖人)라는 표현은 확실히 인간의 도덕적 주체성과 도덕 주체의 내재적 완전성을 좀더 부각시킨 것이다. 성인은 중국 문화에서 이상적 인격의 전형이다. 그러므로 사람이 모두 성인의 완전한 경지에 이를 수 있다고 인정하는 것은 유가 고유의 성선론의 필연적 결론이다. 그런데 왕수인의 이론에서는 사람마다 성인이 '될 수 있다'고 인정했을 뿐 아니라 사람이 '본래' 성인이라는 주장을 제기하였다. 이것은 평범한 사

---

52) 『傳習錄』 下; 『全書』, 권3, 74쪽, "在虔與于中·謙之同侍先生, 曰: 人胸中各有個聖人, 只自信不及, 都自埋倒了. 因顧于中曰: 爾胸中原是個聖人. 于中起: 不敢當. 先生曰: 此是爾自家有的, 如何要推? 于中又曰: 不敢. 先生曰: 衆人皆有之, 況在于中! 却何故謙起來, 謙亦不得. 于中乃笑受. 又論: 良知在人, 隨你如何, 不能泯滅, 雖盜賊, 亦自知不當爲盜, 喚他作賊他還扭怩."

람들에게는 우레 소리보다 훨씬 놀라운 것이다. 사람이 자신에게 내재된 완전성을 감히 확신하지 못하던 상태로부터 가슴 속에 본래 성인을 지니고 있다고 확신하는 상태로 나아간다면 그것은 주체 의식이 크게 고양되는 과정일 수밖에 없다. "온 거리에 가득 찬 것이 모두 성인이다"(滿街都是聖人)라는 말로 개개인들에게 양지에 대한 믿음을 불러일으키는 것이 왕수인이 월성에 살게 된 뒤로 보여 주었던 일상적 교육 방식의 하나였다. 『전습록』 하권에는 또 이런 기록이 있다.

> 선생께서 사람을 단련시킬 때는 한 마디 말로도 사람을 몹시 감동시켰다. 하루는 왕여지王汝止가 나갔다 돌아오자 선생께서는 "나가서 무엇을 보았느냐?"라고 물으셨다. 왕여지가 "거리의 모든 사람이 성인이라는 것을 보았습니다"라고 대답하자 선생께서는 "너는 온 거리의 사람이 성인임을 보았고 온 거리의 사람은 네가 성인임을 보았다"라고 하셨다. 또 하루는 동몽석董夢石이 나갔다가 돌아와서 선생을 뵙고 "오늘 이상한 일을 하나 보았습니다"라고 하자 선생께서는 "뭐가 이상하더냐"라고 물으셨다. 동몽석이 "온 거리의 사람이 모두 성인임을 보았습니다"라고 대답하자 선생께서는 "이것은 평범한 일일 뿐이다. 어찌 이상하겠는가!"라고 말씀하셨다.[53]

앞서 지적했듯이 "가슴 속에 성인이 있다"는 것은 양지 본체를 두고 한 말일 뿐이며 현실 속의 인간은 잠재적 성인이라고만 말할 수 있다. 이 표현이 만일 "모든 사람이 실제로 성인이다"라는 말로 곡해된다면 왕수인의 본지와는 아주 어긋나게 된다. 그런데 "온 거리가 모두 성인이다"라는 표현은 쉽게 '본래 가지고 있는 것'(本有)을 '현실적으로 이루어져 있는 것'(現成)으로 간주하게 만든다. 엄격하게 말하면, "온 거리의 사람의 가슴 속에 모두 성인이 있다"거나 "온 거리의 사람이 잠재적으로 모두 성인이다"라고만 말할 수 있을 뿐이다. '온 거리가 성인'이라는 말을 제한 없이 하나의 화두로

---

53) 『傳習錄』 下; 『全書』, 권3, 82쪽, "先生緞煉人處, 一言之下, 感人最深. 一日王汝止出游歸, 先生曰游何見, 對曰: 見滿街都是聖人. 先生曰: 你看滿街人是聖人, 滿街人看你是聖人. 又一日董夢石出游而歸, 見先生曰: 今日見一奇異事. 先生曰何異, 對曰見滿街都是聖人. 先生曰此亦常事耳, 何足爲異!"

받아들이게 되면 그 결과는 이중적으로 나타난다. 한편으로는 개체 의식을 고양시키면서 개체의 해방을 촉진시키게 되고, 다른 한편으로는 사람들에 대한 도덕 수양의 요구가 약화되고 심령을 고양시키는 공부의 의미도 감소된다. 이 양자는 사실 명말明末의 개인주의 사조 발전을 가능하게 한 사상적 자료로서, 왕수인의 양지설이 여러 방면으로 발전할 수 있다는 점과 다른 조건 아래서는 다른 사회적 기능을 한다는 점을 보여 준다.

왕수인 철학 자체의 종지로 보든 좀더 엄격한 의미로 보든 단지 "양지가 곧 성聖이다"라고만 할 수 있다. 그래서 왕수인 만년에 "마음의 양지를 성이라고 한다"라는 표현이 나왔던 것이다. 왕수인은 이렇게 말했다.

> 마음의 양지를 성聖이라고 합니다. 성인의 학문은 오직 이 양지를 완전히 실현시키는 것일 뿐입니다. (양지를) 자연스럽게 실현시키는 이는 성인입니다. (양지를) 힘써서 실현시키는 이는 현인입니다. 스스로 가려지고 어두워져서 (양지를) 실현시키지 못하는 이는 우매하고 불초한 사람입니다. 우매하고 불초한 사람들은 그 가려지고 어두워진 것이 극도에 이르긴 하지만 그 양지는 여전히 존재해 있지 않은 적이 없습니다. 진실로 그것을 실현시킬 수만 있으면 성인과 다르지 않습니다.[54]

> 선善은 곧 양지입니다. 양지라고 말하면 더욱 알기 쉽습니다. 그래서 근래 나는 마음의 양지를 성聖이라 한다는 주장을 내놓은 것입니다.[55]

'마음의 양지를 성이라 한다'는 표현은, 사상 자료의 원류를 거슬러 올라가 보면 『공총자孔叢子』의 "마음의 정미하고 신령스러운 것을 성이라 한다"(心之精神是謂聖)라는 말을 변형시킨 것이다. 남송南宋의 상산학자象山學者

---

54) 『全書』, 권8, 142쪽, 「書魏師孟卷」, "心之良知是謂聖, 聖人之學, 惟是致此良知而已. 自然而致之者, 聖人也. 勉然而致之者, 賢人也. 自蔽自昧而不肯致之者, 愚不肖者也. 愚不肖者雖其蔽昧之極, 良知又未嘗不存也. 苟能致之, 即與聖人無異矣."

55) 『全書』, 권6, 117쪽, 「答季明德」, "善卽良知, 言良知則使人尤爲易曉, 故區區近有心之良知是謂聖人說."

양간楊簡은 "마음의 정미하고 신령스러운 것을 성이라 한다"는 이 말을 특별히 지적하여 육구연陸九淵의 본심本心 학설을 발양한 적이 있다. 육구연의 철학은 사상적 측면에서 "맹자를 읽다가 스스로 얻은 것"(因讀孟子而自得之)이긴 하지만, 그 문하 가운데 양간 일파는 또 불교의 "마음이 곧 부처이다"(卽心是佛)라는 사상의 영향을 받았다. 그래서 왕수인과 같은 시대의 나흠순은 "마음의 정미하고 신령스러운 것이 성이다"라는 양간의 이 표현을 특히 비판했던 것이다. '정미하고 신령스럽다'는 것은 단지 지각을 가리키는 것일 뿐 준칙의 의미는 갖지 못한다고 보았기 때문이다. 이에 비해 왕수인은 그의 "마음의 양지를 성이라 한다"는 표현이 맹자의 입장에 뿌리를 두고 있으며 또 양지 자체에 규범의 의미가 있기 때문에 나흠순의 그런 지적을 벗어날 수 있었다.

### 5) 양지가 곧 천리이다

상산학의 입장에 따르면 '심즉리心卽理'로부터 '심즉성心卽聖'의 명제도 유추해 낼 수 있다. 그러나 앞에서 지적한 것처럼 '심心' 개념이 함의하는 바가 매우 넓기 때문에 "마음의 정미하고 신령스러운 것을 성이라 한다"라는 표현과 마찬가지로 '심즉성'이라는 표현도 어떤 결함을 갖고 있다. 따라서 왕수인이 만든 "마음의 양지를 성이라고 한다"(心之良知是謂聖)라는 표현은 확실히 심학 발전사에 있어 하나의 진보라 할 수 있다. '양지설'이 제출됨에 따라 "마음이 곧 리이다"(心卽理)와 같은 모호한 명제 형식이 "양지가 곧 천리이다"라는 표현으로 바뀔 수 있게 된 것이다. 그리하여 이 명제에 대한 정면 공격이 어려워지면서 왕수인의 논적들은 단지 그것에 보충을 가하는 정도에 그칠 수밖에 없었고, 이로 인해 왕수인 심학의 입장은 종전에 비해 더욱더 굳건해졌다.

왕수인은 이렇게 말했다.

명도는 "내 학문은 전수받은 부분이 있지만 천리天理 두 글자는 나 자신이 체인한 것이다"라고 했다. 양지가 곧 천리이다. 체인한다는 것은 자신의 몸에 실제로 있는 것을 말할 뿐이다.[56]

유가 전통에서 『예기禮記』「악기樂記」편의 '천리天理' 개념은 영향력이 아주 컸는데 이것은 '정욕'과 상대되는 인생의 준칙을 가리킨다. 이정二程은 천리를 좀더 본체론적으로 이해하기도 했으나, 천리 개념을 도덕 법칙의 의미로 사용하는 것은 여전히 송대 리학의 기본적 용법이었다. 왕수인은 양지를 시비의 준칙으로 보았으므로 이런 의미에서 양지는 곧 리理이자 천리天理이다. 이와 관련하여 왕수인은 "내가 자연히 아는 옳고 그름이 곧 본래의 천칙天則이다"[57]라고 하였다. '천칙'이라 부르는 것도 천리 및 양지가 선험적이고 보편적인 도덕 법칙이라는 의미이다. 리 혹은 천칙은 바꾸면 말하면 '도道'이다. 그래서 왕수인은 또 다음의 말에 나타나듯이 "양지가 곧 도이다"[58]라는 표현을 쓰기도 했다.

하늘이 명命한 것이 성性이니, 명이 곧 성이다. 성을 따르는 것이 도道이니, 성이 곧 도이다. 도를 구체화시킨 것이 교敎이니, 도가 곧 교이다.……도가 곧 양지이다. 양지는 원래 완전무결한 것이어서 옳은 것은 옳은 것으로 인식하고 그른 것은 그른 것으로 인식하니, 옳고 그름에 대해 단지 이것에 의존하기만 하면 더 이상 옳지 않은 곳이 없게 된다. 이 양지가 그대로 너의 밝은 스승이다.[59]

이 논법에 따르면 "양지가 곧 도이다"에서의 도는 "양지가 곧 천리이다"에서의 리처럼 인류 사회의 보편적 도덕 원리를 가리키는 말이지 우주

---

56) 『全書』, 권6, 118쪽, 「與馬子莘」, "明道云'吾學雖有授受, 然天理二字却是自家體認出來.' 良知却是天理, 體認者, 實有諸己之謂耳."
57) 『傳習錄』下; 『全書』, 권3, 81쪽, "鄙夫自知的是非便是他本來天則."
58) 『全書』, 권2, 63쪽, 「與陸元靜」, "良知卽是道."
59) 『傳習錄』下; 『全書』, 권3, 78쪽, "天命之謂性, 命卽是性; 率性之謂道, 性卽是道; 修道之謂敎, 道卽是敎……道卽是良知, 良知原是完完全全, 是的還是, 非的還他非, 是非只依著他, 更無有不是處, 這良知還是你的明師."

의 존재·운동의 보편 법칙을 가리키는 말이 아니다. 그러나 다른 한편, 양지는 '지'이므로 그 도덕 법칙으로서의 작용과 표현 방식은 '지각'을 벗어날 수 없다. 바로 양지가 '지각'의 성격을 갖기 때문에, 왕수인은 때때로 양지가 '천리의 환하고 밝으며 영묘하게 알아차리는 힘'(天理之昭明靈覺)이라는 점을 더욱 강조한다. 왕수인은 이렇게 말하였다.

> 양지는 천리의 환하고 밝으며 영묘하게 알아차리는 힘이다. 그러므로 양지가 곧 천리이다. 생각(思)은 양지의 발용이다. 만일 양지에서 발용된 생각이라면 그 내용이 천리가 아닌 것이 없다. 양지에서 발용된 생각은 자연히 명백하고 간이할 것이므로 양지는 당연히 그것을 알아차릴 수 있을 것이다. 그리고 만일 사의私意로 안배해서 생긴 생각이라면 자연히 어수선하고 혼란스럽겠지만 양지는 그것도 자연스럽게 분별할 수 있을 것이다. 대개 생각의 시비是非와 사정邪正은 양지가 자연히 알지 못하는 것이 없다.[60]

양지를 '천리의 환하고 밝으며 영묘하게 알아차리는 힘'이라고 정의하는 것은 결코 천리가 지각을 할 수 있다는 의미가 아니다. 다른 한편, 양지가 단지 지각일 뿐이라면 '마음의 정미함과 신령스러움'에 불과한 것이 된다. '환하고 밝으며 영묘하게 알아차리는 힘'(昭明靈覺)이라 하여 '영묘하게 알아차리는 힘'(靈覺) 앞에 '환하고 밝다'(昭明)는 제한의 말을 덧붙인 것은, 이 영각靈覺이 인지적 의미의 능각能覺이 아니라는 것을 표시할 뿐더러 이 지각 자체에 규범적 의미(예컨대 부모를 보면 자연히 효도하는 것 같은)가 포함되어 있다는 것을 나타낸다. 이 때문에 왕수인은 '명각明覺'이라는 표현을 또 자주 사용하였다. "대개 양지는 단지 천리의 자연스런 명각明覺일 뿐이다"[61]느니 "마음의 허령虛靈한 명각明覺이 곧 본연의 양지이다"[62]느니 하는

---

60) 『全書』, 권2, 64쪽, 「答歐陽崇一」, "良知是天理之昭明靈覺處, 故良知卽是天理, 思是良知之發用, 若是良知發用之思, 所思莫非天理矣. 良知發用之思自然明白簡易, 良知亦能知得, 若是私意按排之思, 自是紛紜勞擾, 良知亦自會分別得. 盖思之是非邪正良知無有不自知者."

61) 『全書』, 권2, 69쪽, 「答聶文蔚二」, "盖良知只是一個天理自然明覺."

62) 『全書』, 권2, 55쪽, 「答顧東橋」, "心之虛靈明覺卽本然之良知也."

말들이 그것이다. 여기서 '명明'은 모두 도덕적 의미의 명明이다. 즉 양지가 마음이 발동한 지각으로서 자연스럽게 시비를 명백히 분별한다는 것을 나타낸다. 왕수인은 나흠순과 고린에게 답하는 편지에서도 모두 '명각' 개념을 강조하였다.

이상의 토론을 통해 볼 때, 엄격히 말해서 천리天理는 그 자체로 양지라고 할 수 없고 영각靈覺도 그 자체로 양지라고 할 수 없다. 단지 천리 뒤에 영각이라는 말을 붙이든지 영각 앞에 천리라는 말을 붙여서 두 가지 의미를 결합시켜야만 비로소 양지의 함의가 갖추어진다.


## 6) 양지와 명덕

양지를 '명각明覺'으로 해석하게 되면서 이는 또한 『대학』 삼강령의 첫머리인 '명덕明德'과 연결되기에 이르렀다. 주희는 『대학장구』에서 "명덕은 사람이 하늘에서 얻은 것으로, 허령불매虛靈不昧하여 온갖 이치를 갖추고서 만사萬事에 대처하는 것이다"라고 주석을 달았는데, 이 해석은 그다지 명료하지 않다. 『대학장구』의 '허령불매'라는 표현대로라면 명덕은 당연히 '마음'(心)을 가리키겠지만, 주희는 명덕을 성性으로 간주하기도 했기 때문이다. 그러나 어찌되었든 주희는 명덕을 "웃고 쥘 수 있는 어린애라도 그 부모를 사랑할 줄 모르는 이가 없다"(孩提之童無不知愛其親)라는 말로 설명하면서 "양심이 곧 명덕이다"(良心便是明德)라고 규정하기도 했다.[63]

왕수인의 철학은 『대학』의 범주를 아주 중시했다. 따라서 치양지 학설이 나온 뒤 양지와 명덕을 연계시키게 된 것은 필연적 추세였다. 왕수인은 「대학문」에서 사람 마음의 인仁(예컨대 측은하게 여기거나 몹시 안타깝게 여기는 것 및 차마 하지 못하는 마음)에 대해 "이것은 하늘이 명한 성에 근거하고 있으므로 자연히 영묘하고 밝아서 어둡지 않다. 그렇기 때문에 명덕이라고 한다"라고 설명했다. 또 "하늘이 명한 성은 완벽하게 지선하다. 그 영묘하고

---

63) 『語類』, 권14, 269쪽.

밝아서 어둡지 않은 것은 그 지선의 발현이니, 이것이 곧 명덕의 본체이고 이른바 양지이다"라고 했다. 이런 표현들은 가정 4년에 편찬된 「친민당기親民堂記」에도 보인다. 이 설명들에 따르면 '명덕'은 곧 양지이다. 즉 명덕은 양지의 본체에 고유한, 인멸될 수 없는 본연의 '밝음'(明)을 가리킨다. 마치 한 알의 보배 구슬이 진흙이나 때에 의해 더럽혀질 수도 있지만 구슬의 고유한 '밝음'은 결코 소멸되지 않는 것과 같다.[64] 이런 의미에서 『대학』의 '명덕을 밝힌다'(明明德)라는 것은 사람 마음의 각종 사욕을 제거하여 각자가 지닌 본래의 빛을 드러나게 하는 것이다.

물론 '치양지'와 '명명덕' 둘 사이에도 차이점이 있다. 최소한 이론상에 있어 명덕은 전체이고, 양지는 사단으로서 발용의 차원에서 볼 때 단서 혹은 부분일 뿐이다. 그래서 치양지는 부분일 뿐인 양지를 적극적으로 전체대용全體大用의 본체로 확충하는 공부이고, 명명덕은 불선한 의념을 제거하여 명덕의 전체를 회복하는 공부이다. 이 둘은 '본체를 회복하는' 동일한 공부를 각기 다른 방향에서 보여 주고 있는 것이다.

양지 문제에 있어 왕수인은 이밖에도 여러 표현들을 내놓고 있다. 예컨대 "양지는 역易이다", "양지는 미발의 중中이다"(四句敎를 논한 장에 상세히 보인다) 등, 양지에 대한 표현들은 상당히 다양하다. 이처럼 표현에 차이가 나는 것은 각기 다른 경전에 근거를 두고 서로 다른 해석적 맥락에서 비롯되었기 때문이다. 그러나 이런 차이가 양지에 숱한 상이한 규정이 있다는 것을 의미하는 것은 결코 아니다. 기본적으로 이것들은 모두 다른 각도 · 다른 작용을 통해 시비지심是非之心인 양지를 묘사한 것이다.

---

64) 보배 구슬로 명덕과 성체를 비유하는 표현은 『주자어류』에서도 자주 보인다. 뿐만 아니라 서양 철학에서도 이 비유를 사용했었다. 예를 들어 칸트는 "선의 의지는 하나의 보석처럼 스스로 빛나며, 그의 모든 가치를 그 자신 속에 간직하고 있다. 유용성이나 무익성은 이 가치에 아무것도 더하거나 덜 수 없다"라고 말했다.(『道德形而上學探本』, 商務印書館, 1962, 9쪽; 이규호 역, 『도덕형이상학원론』, 박영사, 1986, 27쪽)

### 7) 양지와 자겸

의식 구조 속에서 양지의 역할은 의념의 시비선악에 대해 판단과 평가를 내리는 것에 그치지 않고 어떤 심리·정감적 체험으로도 나타남으로써 개체에 대한 감독 내지 지도를 강화하기도 한다. 도덕 법칙에 맞는 사상과 행위는 기쁨과 안위를 주는 반면 도덕 법칙에 위배되는 사상과 행위는 부끄러움과 불안을 일으킨다.

왕수인은 "부귀를 버려야 할 경우 곧 부귀를 버리는 것이 그저 양지를 온전하게 실천하는 것이고, 부모의 명에 따라야 할 경우 곧 부모의 명에 따르는 것이 그저 양지를 온전하게 실천하는 것이다. 그 사이에 경중을 헤아리느라 조금이라도 사의私意가 끼어들게 되면 양지에 대해 스스로 편안하지 못하게 된다"[65]라고 지적했다. 이 말은, 양지의 주요한 의의는 우리에게 '선을 알고 악을 아는' 준칙을 제공하는 동시에 우리가 도덕 판단을 하도록 도울 뿐 아니라 우리 자신의 의념과 행위에 대해 어떤 심리·정감적 반응을 보이도록 만들어 준다는 데 있다는 뜻이다. 사람이 양지의 지도에 따르지 못하여 사의에 굴복하게 되면 '스스로 불안한' 느낌을 체험하게 된다. 이것은 실제로 양지가 우리에게 행사하는 지도 작용의 또 다른 방식이다. 그래서 왕수인은 다음과 같이 말했다.

> 의義를 쌓는다는 것은 단지 양지를 온전하게 실현하는 것이다. 마음이 마땅한 자리를 찾는 것이 의인데, 양지를 온전하게 실현하면 마음이 마땅한 자리를 찾게 된다.……옛사람 가운데 형제의 정에 이끌려 오욕을 받은 이가 있었는데, 이것은 양지를 온전히 실현하지 못했기 때문이다. 이런 일들은 양지에 대해 또한 자연히 불안한 마음이 들게 한다.[66]

---

65) 『全書』, 권6, 117쪽, 「與王公弼」, "當棄富貴即棄富貴, 只是致良知, 當從父兄之命即從父兄之命, 亦只是致良知, 其間權量輕重, 稍有私意, 於良知便不自安."
66) 『全書』, 권5, 111쪽, 「與董沄」, "集義只是致良知, 必得其宜爲宜, 致良知則心得其宜矣.……昔人有爲手足之情受汚辱者, 是不致知, 比等事於良知亦自有不安."

마음의 편안함과 불안함은 양지 작용의 표현 방식이므로, 마음이 편안한가 그렇지 않은가를 살피는 것도 어느 정도 양지를 검증하면서 시비를 판단하는 한 방법이 될 수 있다.

"마음이 아는 바에 의거하다 보면 인욕을 천리라고 여기거나 원수를 부모로 여기는 경우가 많을 듯한데, 어디서 양지를 볼 수 있습니까?"라고 물으니 선생께서는 "너는 어떻게 생각하느냐?"라고 되물으셨다. 이에 "마음이 편안한 경우라야 양지입니다"라고 대답하자 선생께서는 "물론 그러하다. 그러나 성찰이 필요하니, 그것은 편안히 여겨서는 안 되는 것을 편안히 여기는 경우가 있기 때문이다"라고 말씀하셨다.[67]

우리는 사람들이 어떠한 경우에서나 늘 리에 부합하고 정당할 수는 없다는 사실을 경험을 통해 알고 있다. 양지의 지도 작용은 이런 상황 아래에서는 분명하지 못한 듯이 보인다. 왕수인은, 마음이 불안해지는 것은 도덕 준칙에 위반되는 것이 있다는 표시이지만 그렇다고 해서 마음이 편안하다는 것이 결코 절대적으로 도덕 준칙에 부합한다는 표시일 수도 없으므로, 마음의 편안함 이외에 성찰이라는 원칙 하나를 더 보태어 인욕을 천리로 간주하지 않도록 보증해야 한다고 보았다. 그러나 이렇게 되면 양지 원칙은 충분하지 못한 것이 되어 버리고 만다. 왜냐하면 양지가 헤아리지 않고도 아는 직각이고 심리·감정적 체험 또한 양지의 직관과 동시에 일어나는 일종의 직접적 활동인 반면 '성찰'은 좀더 깊은 사려이기 때문이다. 만일 양지가 판단을 내리는 데 있어 불충분한 것이라면 성찰을 할 때는 시비를 판단하는 준칙을 어디서 빌려온다는 말인가? 왕수인은 확실히 그 사이의 관계에 대해 명료한 분석을 내놓지 않았다.[68]

---

67) "問曰: 據人心所知, 多有認欲作理, 認賊作父處, 何處乃見良知? 先生曰: 爾以爲如何? 曰: 心之安處, 才是良知. 曰: 固是, 但要省察, 恐有非所安而安者." 이 기록은 張問達의 『王守仁文鈔』에 보이고, 陳榮捷의 『王陽明傳習錄詳注集評』에서는 「拾遺」의 7번째 조목에 실었다.

68) 이것도 또한 왕수인이 결코 직각성 활동을 완전하게 신뢰하지 않았다는 것을 설명한다. 그의 도덕 결정에 관한 전체 이론 속에는 여전히 사고와 이성

마음의 편안함은 『대학』의 용어에 따르면 곧 '자겸自謙'[69]이다. 『대학』
에는 "이른바 그 의意를 성실히 한다는 것은 스스로를 속이지 않는 것이다.
악취를 싫어하듯 호색을 좋아하듯 하는 것을 '스스로 흐뭇하다'(自謙)라고
한다"라는 문장이 있다. 이에 대해 주희는 "겸慊(謙)이란 통쾌함이며 만족함
이다"라고 주석을 달았다. 한편 왕수인은 "자네가 '비난·명예와 얻음·잃
음의 사이에서 완전히 초연하지 못하다'라고 말하는 것으로 보면 자네의 공
부가 엄밀하다는 것을 알 수 있네. 단지 이 자연히 아는 밝음이 바로 양지
이니, 양지를 온전히 실현시켜 자신의 마음에 흐뭇해지도록 하면 그것이 바
로 치지致知(치양지)라네"[70]라고 말했다. 자겸自謙이란 도덕 의무를 이행한
것에서 비롯되는 자기만족 내지 쾌락의 감정이다. 치양지는 곧 자기의 양지
를 확충하는 것이고, 그 결과의 하나로 내심은 지속적인 초감성적 쾌락과
만족을 얻게 된다. 그렇기 때문에 왕수인 철학에서 도덕 감정의 체험은 전
체 양지 체계 속의 불가결한 요소이다.

끝으로, 양지가 미발未發인지 이발已發인지의 문제에 관해서는 뒷날 왕
문王門에서 논쟁이 그치지 않았다. 왕수인은 "양지는 곧 미발의 중이다"[71]
라고 말했으므로, 양지를 '이발'이라고만 하는 것은 왕수인의 본지에 맞지
않다. 그런데 왕수인은 또 자주 '시비지심是非之心', '독지獨知', '명각明覺' 등
으로 양지를 설명했으므로, 이로써 양지가 '이발'의 특성도 갖는다는 것을
알 수 있다. 양지를 '미발의 중'이라고 하는 것은, 마음의 본체(심체)는 본래
선善이고 중中이지만 현실적 인간의 습심習心과 비교할 때 이 심의 온전한
체는 흔히 가려져서 드러나지 못한다는 의미이다. 그러므로 굳이 '미발'이라
는 표현을 쓴 것은 심의 온전한 본체라는 점을 나타내기 위해서이다. 동시
에 마음의 본체는 비록 가려져 있긴 하지만 매몰될 수 없어 더러 드러날

---

을 위해 한 자리를 마련해 놓고 있다.
69) 역자 주―원서에는 '自慊'으로 되어 있으나, '慊'자는 '謙'자와 통용된다.
70) 『全書』, 권5, 111쪽, 「與王公弼」, "所云毁譽得喪之間未能脫然, 足知用功之密,
只此自知之明便是良知, 致此良知以求自慊, 便是致知矣."
71) 『全書』, 권2, 61쪽, 「答陸元靜」, "良知卽是未發之中."

때가 있는데, 바로 이것이 주로 '시비지심'으로 표현되는 '환하고 밝으며 영묘하게 알아차리는 힘'(昭明靈覺)이다. 사람의 현실 의식 속에서 활동하는 이런 '옳음을 알고 그름을 아는' 지知가 양지의 전체인 것은 아니다. 그렇지만 이때의 양지는 이미 '지각'에 해당하므로 '이발'에 속한다. 이처럼 치양지는 '이발'에서 착수하여 확충시켜 나가는 공부이다. 그러므로 양지는 본체이자 현상이며, 미발이자 이발이다. 양지가 '미발의 중'이라는 문제에 관해서는 '사구교四句敎'를 다루는 장에서 좀더 깊이 있게 토론하기로 하겠다.

## 3. 치양지

### 1) 치양지 속에 담긴 지극至極의 의미

무엇이 치지致知 혹은 치양지致良知인가? 우리는 왕수인이 용장龍場에서 깨침을 얻은 뒤로 '격물' 개념을 해석하는 데 힘을 쏟아서 格을 '바로잡는다'(正)로, 物物을 '일'(事)로 해석하여 '생각을 바르게 한다'(正念頭)느니 '잘못된 마음을 바르게 한다'(格其非心)라는 표현들을 내놓았으면서도 상당히 오랜 기간 동안 '치지致知'에 대한 토론은 그다지 하지 않았음을 알고 있다. 그러나 『전습록』 상권의 서애徐愛 기록 가운데 "지知가 마음의 본체이다"(知是心之本體)를 논한 글 속에는 확실히 뒷날의 '치양지'에 관한 기본 관념이 포함되어 있다. 이 점은 아마 왕수인 자신도 당시에는 그다지 자각하지 못했을 것이다.

"지知는 마음의 본체이다"라는 명제를 논하는 글에서 왕수인은 양지를 마음의 본체로 여겼을 뿐 아니라 동시에 이른바 '그 지知를 다한다'(致其知)라는 말이 곧 "측은하게 여기는 마음을 확충하여"(充其惻隱之心) "마음의 양지에 아무런 장애가 없게 함으로써 가득 차서 널리 퍼질 수 있게 하는 것"(心之良知更無障碍, 得以充塞流行)을 가리킨다는 주장을 제기하기도 했다. '충充'으로 '치致'를 해석한 것은 맹자의 '사단을 확충한다'라는 사상을 흡수한 것이다. 맹자는 "무릇 나에게 사단이 있다는 것을 알아 모두 넓혀서 채우면 마치 불이 비로소 타오르고 샘물이 비로소 이르는 것과 같을 것이다. 만약 채울 수 있다면 사해를 보존하기에 충분하고 만약 채울 수 없다면 부모를 섬기는 데도 부족하다"[72]라고 하고, 또 "사람이 다른 사람을 해치지 않고자 하는 마음을 확충할 수 있다면 인을 이루 다 쓸 수 없게 될 것이다"[73]라고 했다. 왕수인은 『전습록』 상권에서 이미 어렴풋하게나마, 치지(치양지)는 바로 자신의 일상 생활 속에서 발현되는 양지를 확충하여 이를 방해하는 사의私意를 전부 제거함으로써 양지 전체가 가득 차고 유행하여 조금도 장애 받지 않도록 하는 것이라고 주장한 적이 있다.

왕수인은 만년에 명확하게 "내 마음의 양지를 확충하는 것이 치지이다"[74]라고 『대학』의 '치지'를 해석했다. '치양지'의 종지에 있어서, '양지'로써 '치지'의 '지知'를 해석한다는 것은 아주 명확하다. 그러나 '치致'의 의미가 무엇이냐에 대해서는 좀 더 토론해 보아야 할 것이다.

왕수인은 「대학문大學問」에서 다음과 같이 말하였다.

> 치致는 '이른다'(至)는 뜻이다. 예컨대 "상을 당해서는 슬픔에 이른다"(喪致乎哀)의 '치致'의 의미와 같다. 『역易』에서는 "지극함을 알아 그곳에 이른다"(知至至之)라고 했는데, 여기서 '지극함을 아는 것'(知至)은 지知이며 '그곳에 이른다'(至之)는 치致이다. 그러므로 치지致知라는 말은 뒷날의 학자들이 말하는 "자신의 지식을 확충한다"는 의미와 같지 않다. 내 마음의 양지를 지극히 하는 것일 뿐이다.[75]

'지至'로써 치致를 해석할 때의 '지'는 '지극함에 이르다'란 의미이므로, '지至'자는 '지극함'이란 뜻도 가지고 또 '지극함을 향하는 운동'이라는 뜻도

---

72) 『孟子』, 「公孫丑上」, "凡有四端於我者, 知皆擴而充之矣, 若火之始燃, 泉之始達, 苟能充之, 足以保四海; 苟不能充之, 不足以事父母."
73) 『孟子』, 「盡心下」, "人能充無欲害人之心, 而仁不可勝用也."
74) 『全書』, 권2, 55쪽, 「與顧東橋書」, "致吾心之良知者, 致知也."
75) 『全書』, 권26, 374쪽, 「大學問」, "致者, 至也. 如云'喪致乎哀'之致, 『易』言'知至至之', 知至者知也, 至之者致也. 致知云者, 非若後儒所謂充廣其知識之謂也, 致吾心之良知焉耳."

가진다. 따라서 치지는 하나의 과정이어서, 격물의 목적이 '물物이 올바로 된 상태'(物格)에 도달하는 것이듯 치지의 목적도 '앎이 지극해진 상태'(知至)에 도달하는 것이다. 「대학문」에서는 '지지知至'를 "내 양지의 아는 바에 결여나 장애가 없어서 그 지극함에 이르는(極) 것"이라고 해석했는데, 극極은 치致와 상통하는 것이므로 이 말은 하나의 과정을 거쳐 정점에 이른다는 의미이다. 이것이 양지에 대입되면 "양지를 확충하여 그 온전한 체에 이른다"라는 의미가 된다. 왕수인은 이렇게 말했다.

> 저는 근래 새삼스럽게 '양지'라는 두 글자가 날이 갈수록 더욱 친숙하고 간이하게 느껴집니다.……이 두 글자는 사람마다 가지고 있기 때문에 비록 지극히 우매한 하등의 인간이라 하더라도 한번 보여 주면 바로 깨닫게 됩니다. 그러나 그 지극함에 이르렀느냐에 대해서는 성인·천지라도 유감이 없을 수 없습니다.76)

이 역시 양지란 사람마다 본래부터 가지고 있는 것이지만 확충하여 지극함에 이를 수 있어야 성인이 될 수 있음을 나타낸 것이다. 위의 '그 지극함에 이르렀느냐에 대해서는'(若致其極)에서 '치致'는 지극함을 향해 가는 과정을 나타낸다.

양지를 그 지극함에 이르도록 만드는 것은 바로 '확충하여'(充拓) 지극함에 이르는 공부이다. 왕수인은 "웃고 길 수 있는 정도의 아이라도 그 부모를 사랑할 줄 모르는 이가 없고 그 형을 공경할 줄 모르는 이가 없다. 단지 이 영묘한 능력(靈能: 양지)이 사욕에 가리지 않고 완전하게 확충될 수만 있으면 온전하게 그 본체가 된다"77)라고 했다. 이 설명에 따르면 양지는 본체도 있고 발용도 있다. 웃고 길 수 있는 정도의 아이가 부모를 사랑할 줄 아는 것이나 길가는 사람이 모욕을 부끄러워할 줄 아는 것은 모두 양지 본체

---

76) 『全書』, 권6, 114쪽, 「寄鄒謙之」, "某近來却見得良知兩字日益親切簡易,……緣此兩字人人自有, 故雖至愚下品, 一提便省覺. 若致其極, 雖聖人天地不能無憾."
77) 『傳習錄』 上; 『全書』, 권1, 49쪽, "孩提之童無不知愛其親, 無不知敬其兄, 只是這個靈能不爲私欲遮隔, 充拓得盡, 便完完是他本體."

의 자연스러운 표현이지만 결코 양지 본체의 온전한 체 자체는 아니다. 단지 이렇게 발현된 양지를 따라 더욱 확충하여 지극함에 이르러야 양지의 온전한 본체가 비로소 드러날 수 있다. 뒤집어 말하면 양지의 본체가 온전하게 드러날 수 없는 것은 사욕이 양지를 가리고 있기 때문이다. 그러므로 치양지 공부는 적극적 방면에서 말하면 양지를 확충하여 지극하게 하는 것이고 소극적 방면에서 말하면 사욕의 장애를 제거하는 것이다. 사람이라면 누구나 양지가 잠깐씩 발현되겠지만 이 발현은 아직 양지의 완전무결한 본체일 수 없다. 반드시 '치지'의 과정이 필요하다. 왕수인은 이렇게 말했다.

> 성의誠意의 근본은 또 치지致知에 있다. 이른바 "남은 비록 모르지만 자신은 홀로 아는 것"이 바로 내 마음의 양지가 있는 곳이다. 그러나 선을 알고도 양지에 의거하여 행하지 않고 불선을 알고도 양지에 의거하여 행하지 않는다면, 이 양지는 곧 가려지게 된다. 이것은 '치지'하지 못했기 때문이다. 내 마음의 양지가 지극하게 확충되지 못하면 선이 좋다는 것을 알면서도 진정으로 좋아할 수 없고 악이 나쁘다는 것을 알면서도 진정으로 미워할 수 없다. 어떻게 뜻이 성실해질 수 있겠는가![78]

이것은 치지가 성의의 근본이라는 것을 강조한 글이다. 왕수인은 여기서도 치양지가 마음의 양지를 끝까지 확충하는 것이라고 설명하고 있다.

황관黃綰은 만년에 『명도편明道編』에서 다음과 같이 지적하였다.

> 내가 예전에 해내海內의 몇몇 군자와 공부할 때, 치지를 '양지를 지극히 하는 것'이라고 해석하고 격물을 '잘못된 마음을 바로잡는 것'이라고 해석한 이가 있었다. 그는 또 "격格은 '바로잡는다'라는 뜻이니 '잘못된 것을 바르게 하여 다시 바르게 만든다'라는 것이고, 치致는 '이른다'라는 뜻이니 '양지를 지극히 하여 결여됨과 가려짐이 없게 만든다'는 것이다"라고 했다.[79]

---

78) 『傳習錄』 下; 『全書』, 권3, 83쪽, "誠意之本又在於致知也, 所謂人雖不知己所獨知者, 此正吾心之良知處. 然知得善却不依這個良知便做去, 知得不善却不依這個良知便不做去, 則這個良知便遮蔽了, 是不能致知也. 吾心之良知既不能擴充到底, 則善雖知好, 不能著實好了. 惡雖知惡不能著實惡了, 如何得意誠!"

황관은 정덕正德 초에 왕수인·담약수와 함께 심학을 제창했던 왕수인의 절친한 벗으로, 가정嘉靖 초에 '치양지'의 설에 감복해서 제자의 예를 갖추고 왕수인을 스승으로 섬겼다. 따라서 그의 주장은 왕수인의 사상을 완전히 드러낸 것으로 볼 수 있다. "치致는 '이른다'는 뜻이니 '양지를 지극히 하여 결여됨과 가려짐이 없게 만든다'는 것이다"라는 설명은 왕수인의 치양지에 대한 가장 좋은 주해라 할 수 있다. 실제로 『대학고본방석』의 수정본에서도 '치지'를 "나의 양지에 사욕이 끼어들지 못하게 하여 지극함에 이르는 것"이라고 해석하고 있다.

## 2) 치양지 속에 담긴 '실행'의 의미

치양지를 훈고학적으로 풀면 '그 양지를 지극히 한다'(至極其良知)는 뜻이다. 그러나 격물을 '일을 바르게 하는 것'(正事)이라고 해석하는 것이 결코 왕수인 격물설의 의미를 완전하게 반영할 수 없었던 것처럼, 치양지 사상의 의미 역시 '그 양지를 지극히 한다'라는 풀이로는 완전히 드러낼 수 없다. 치양지 사상의 또 다른 기본적인 의미는 양지에 의거하여 '실행한다'는 것인데, 이것은 왕수인이 더욱 강조한 측면이다. 왕수인은 이러한 측면에서 치양지 사상을 이해해야만 비로소 이전의 지행합일설과 맞물릴 수 있다고 보았다.

왕수인은 건주虔州에 있을 때 진구천陳九川에게 말하기를 "자네의 이 한 점 양지는 자네 자신의 준칙이네. 양지는 자네가 마음에 둔 것에 대해 옳으면 옳다고 알아차리고 그르면 그르다고 알아차리므로 자네는 절대로 이 양지를 속일 수 없네. 그러므로 자네는 양지를 속이지 말고 정말 절실하게 그것에 의지하여 실행해야 할 것이네"[80]라고 하였다. 이 말에서 보면 왕수인

---

79) 『明道編』, 권1, "予昔年與海內一二君子講習, 有以致知爲至極其良知, 格物爲格其非心者, 又謂格者正也, 正其不正以歸於正. 致者至也, 至極其良知, 使無虧缺障蔽."

80) 『傳習錄』下; 『全書』, 권3, 74쪽, "爾那一點良知是爾自家底準則, 爾意念著處,

은 '정말 절실하게 양지에 의거하여 실행한다'는 의미가 '치지'의 개념 속에 포함되어 있다고 생각하고 있었다는 것을 알 수 있다. 그는 또 다른 곳에서는 이렇게도 말하였다.

그것이 선인 것을 알 때는 그것이 선인 것을 아는 지知를 확충하여 그것을 실행하면 지知가 지극해진다.……지知는 물과 같다. 사람의 마음이 알지 못하는 것이 없는 것은 물이 아래로 흐르지 않는 것이 없는 것과 같다. 막힌 것을 터서 흘러가게 하면 아래로 흐르지 않는 것이 없다. 터서 흘러가게 만드는 것이 치지致知의 역할이다. 이것이 내가 말한 지행합일이다.[81]

이에 따르면 선을 알고 불선을 아는 것이 양지이며, 선을 아는 지를 확충시켜 이를 실행해야 치지致知(치양지)라고 할 수 있다. 또한 치지가 '실행한다'(爲之)는 의미, 즉 양지에 비추어서 실행·실천한다는 의미를 포함하고 있음을 볼 수 있다. 여기에서 왕수인은 '터서 흘러가게 한다'(決而行之)는 비유로써 치지가 양지가 아는 것을 행동 속에 관철시켜 실천하는 것임을 나타내었다. 그는 또한 "사람 가운데 그 누구인들 양지가 없겠는가? 다만 가지고 있기만 하고 그것을 실천할 수 없을 따름이다.……양지는 바로 이른바 천하의 대본大本이다. 이 양지를 실천해서 행위로 드러내는 것이 이른바 천하의 달도達道이다"[82]라고 하였다. 이것 역시 '행'이 치양지의 내재된 요구이자 규정임을 설명하고 있다. 왕수인은 고린顧璘에게 답한 편지 속에서도 다음과 같이 지적하였다.

어떻게 하는 것이 따뜻하게 모시고 시원하게 모시는 의절인지를 알며 어떻게 하는 것이 봉양의 마땅함인지를 아는 것은 지知이지 치지致知라고 할 수

---

他是便知是, 非便知非, 更瞞他一些不得. 爾只不要欺他, 實實落落依着他做去."

81) 『全書』, 권8, 141쪽, 「書朱守諧卷」, "如知其爲善也, 致其爲善之知而必爲之, 則知至矣.……知猶水也, 人之心無不知, 猶水之無不就下也. 決而行之, 無有不就下者. 決而行之者, 致知之謂也, 此吾所謂知行合一者也."

82) 『全書』, 권8, 142쪽, 「書朱守諧卷」, "人孰無良知乎? 獨有而不能致之耳.…良知也, 是所謂天下之大本也; 致是良知而行, 則所謂天下之達道也."

없다. 더울 때 시원하게 모시고 추울 때 따뜻하게 모시는 의절이 어떠한지를 아는 지知를 실천하여 실제로 따뜻하게 해 드리고 시원하게 해 드려야 한다. 또 봉양의 마땅함이 어떠한지를 아는 지知를 실천하여 실제로 봉양을 해야 한다. 그런 뒤에야 치지致知라고 할 수 있다.[83]

이 역시 마땅한 것을 아는 것이 지知이고 실제로 이 지에 의거해서 행동하는 것이 치지致知라는 것을 강조한 말이다. 왕수인은 여기서 한 걸음 더 나아가 다음과 같이 말했다.

추울 때 따뜻하게 해 드리고(溫) 더울 때 시원하게 해 드리며(淸) 저녁에 이부 자리를 바로 해 드리고(定) 아침에 문안 인사를 드려야(省) 한다는 것을 누가 모르겠는가? 그러나 아는 것을 실천할 수 있는 사람은 드물다. 만약 온청정 성溫淸定省의 의절을 대충 알고서 마침내 그 지식에 다한 것이라고 한다면, 임금이 마땅히 어질어야 한다는 것을 아는 사람은 모두 인仁의 지知를 다했다고 할 수 있을 것이며 신하가 마땅히 충성을 해야 한다는 것을 아는 사람은 충忠의 지를 다했다고 할 수 있을 것이다. 이렇게 되면 천하에 누가 지知를 다하지 않은 사람이 있겠는가? 이를 근거로 말하면, 치지致知의 관건은 반드시 행에 있기 때문에 실행하지 않으면 '지를 다했다'(致知)고 할 수 없다는 것을 알 수 있다. 지행이 합일된 본체가 더욱 분명히 드러나지 않는가?[84]

이것은 모두 치지에 포함된 '실행'의 의미를 가리킨다. '양지'는 지이고, '치'는 역행力行의 의미를 갖는다. 왕수인은 '치양지'가 지행합일의 정신을 잘 체현해 낸다고 보았다. 그래서 그는 치양지에 대해 "곧 내가 말한 지행합일이다"(卽吾所謂知行合一)라고 한 것이다. 그는 육징陸澄에게 답하는 글에

---

83) 『全書』, 권2, 56쪽, 「與顧東橋書」, "知如何爲溫淸之節, 知如何爲奉養之宜, 所謂 知也, 而未可謂之致知. 必致其知如何溫淸之節者之知, 而實以之溫淸; 致其知如 何奉養之宜者之知, 而實以之奉養, 然後謂之致知."

84) 『全書』, 권2, 56쪽, 「答顧東橋書」, "溫淸定省孰不知之, 然而能致其知者鮮矣. 若 謂粗知溫淸定省之儀節而遂謂之能致其知, 則凡知君之當仁者皆可謂之能致其仁 之知, 知臣之當忠者皆可謂之能致其忠之知, 則天下孰非致知者耶? 以是而言, 可以 知致知之必在於行, 而不行不可以爲致知也, 明矣. 知行合一之體不益較然矣乎."

서 다음과 같이 말했다.

> 누군들 양지가 없겠는가? 다하지 못했을 따름이다. 『주역』에서 "지극한 곳을
> 알아서 그곳에 이른다"(知至至之)고 했는데, 여기서 '지극한 곳을 아는 것'(知
> 至)은 지知이고 그곳에 '이르는 것'(至之)은 치지致知이다. 이것이 지행이 합일
> 되는 까닭이다. 근세의 격물치지에 대한 이론은 단지 '지知'라는 한 글자를
> 둘러싼 것인데, 그나마 구체적인 내용을 갖지 못했고 '치致'의 공부에 대해서
> 는 전혀 말하지 않았다. 이것이 지행이 둘이 되는 까닭이다.[85]

말하자면, '치지致知'라는 단어에서 '지知'는 지知에 속하고 '치致'는 행行
에 속하는데, 정이와 주희는 격물궁리를 강론하여 지知만을 말하고 행을 말
하지 않았기 때문에 지와 행이 둘이 되어버린 반면 치양지 이론은 그 자체
가 지행이 합일되어 있다는 뜻이다. '양지'는 내재적 도덕 준칙이고 '치致의
공부'는 행을 표시한다. 그러므로 치양지는 이 준칙을 실천 속에 관철시켜
나가는 것이고 이러한 의미에서 '치'는 곧 행이다.

주희의 '격물' 관념의 요점이 '사물에 나아감'(卽物)·'이치를 궁구함'(窮
理)·'지극함에 이름'(至極)이라고 한다면, 왕수인의 '치지' 관념도 세 가지
요점을 가지고 있다. '확충擴充'·'지극함에 이름'(至極)·'실제로 행함'(實行)
이 바로 그것이다. 이 세 가지 가운데에서 '확충'과 '지극'의 뜻은 비교적
분명해서 달리 설명할 필요가 없지만, '실행'의 의미에서 빚어진 치양지와
지행합일의 관계에 대해서는 좀 더 분석해서 설명할 필요가 있다.

위에서 말한 것을 통해 왕수인은 만년에 치양지의 종지를 내놓은 뒤로
도 지행합일이라는 논법을 버리지 않았을 뿐 아니라 늘 치양지 자체가 지
행합일을 체현한다고 강조한 사실을 알 수 있다. 그러나 치양지의 의미를
가진 지행합일은 임신년任申年(1512)에 왕수인이 서애에게 대답하면서 설명
한 지행합일과는 결코 완전히 일치하지 않는다.

---

85) 『全書』, 권5, 108쪽, 「答陸元靜」, "孰無是良知乎? 但不能致之耳. 『易』謂知至至
之, 知至者知也, 至之者致知也, 此知行所以合一也. 近世格物致知之說, 只一知
字尙未有下落, 若致字工夫, 全不曾道着, 此知行所以二也."

왕수인은 귀양貴陽에 있을 때 '지행합일'의 화두를 처음 내놓았다. 『전습록』의 서애 기록에 따르면 당시 왕수인이 강조한 것은 "지행의 본체는 본래 합일되어 있다"(知行本體本來合一)는 사상이었다. 왕수인의 사상은 전체적으로 말하면 도덕 실천을 강조하는 것이다. 그의 관점에 따르면 도덕 의식은 바깥에서 찾을 필요가 없다. 사람은 선험적인 도덕 의식을 가지고 있으므로 '성인聖人 되기 위한 공부'(爲學工夫)의 관건은 지知에 의거하여 그것을 실천하는 데 있다. 이를 실현하기 위해 처음에 그는 지행은 본체가 하나라는 주장을 내놓았다. 즉 그는 본체의 의미에서는 "알기만 하고 행하지 않는 것이 없다. 알기만 하고 행하지 않는 것은 알지 못하기 때문이다"(未有知而不行者, 知而不行只是未知)라고 하였다. 이런 의미에서 지식은 실천으로 드러나지 않으면 '지'라고 할 수 없다. 왕수인은 이러한 방식을 통해 사람들이 실제로 충실하게 실천하도록 촉진시키고자 했다.

그러나 만년에 왕수인은 양지와 치양지를 지행의 범주에 포함시켰다. 이 이론 역시 그 출발점에서는 양지가 아는 바를 행위와 실천에 관철시켜야 함을 강조한 것이지만, 다른 한편으로는 양지와 치지(치양지)의 구분을 강조하고 있기 때문에 그는 "알기만 하고 행하지 않는 것은 단지 알지 못하는 것이다"라고 할 때처럼 그렇게 "양지를 실행하지(致) 않으면 양지가 아니다"라고 말할 수는 없었다. 이렇게 되자 그는 여전히 지행합일을 제창하기는 하지만, 사람들 모두가 본래 양지를 가지고 있고 단지 그 양지를 완전히 실행하지 못할 뿐이라는 점을 반복해서 강조하게 되었다. 그리하여 그는 더 이상 지행 본체의 합일을 강조하지 않고, 대신 지행 공부의 합일, 즉 아는 것에 대해서는 반드시 실행해야 한다는 것을 강조하게 되었다. 결국 만년의 왕수인은 지행 범주의 사용에 있어 송대 학자들의 차원으로 돌아갔다고 할 수 있다.

물론, 양지 이론에 따르면 양지는 논리적으로 치양지에 우선하고, 지知는 논리적으로 행行에 우선한다. 그렇지만 공부상에서는 양지가 인간에게 원래 갖추어져 있는 것이기 때문에 '먼저 앎을 구하는' 단계를 필요로 하지 않는다. 그래서 공부의 내용은 결국 역행만 남게 되어, 지식을 실천보다 앞에 두거나 알기만 하고 행하지는 않는 병폐를 극복할 수 있게 되었다.

양지와 치양지의 분명한 경계선이 생기게 되자 왕수인은 더 이상 "지가 곧 행이다"(知即是行)라든가 "알기만 하고 행할 수 없는 것은 없다"(未有知而不能行者)라는 말을 강조하지 않게 되고, 또 더 이상 "지 하나만 말하면 이미 행이 자연히 거기에 내재되어 있다"(只說一個知已自有行在)라고 말할 수 없게 되었다. 왕수인은 만년에 학생들에게 "지행합일 이론에 대해서는 우리가 단지 입으로만 말했을 뿐 언제 지행을 합일시킨 적이 있던가?"[86]라고 했다. 이 '언제 지행을 합일시킨 적이 있던가?'라는 말은 곧 공부 차원에서의 합일을 가리킨다. 왜냐하면 지행의 본체에서는 합일되지 않은 적이 없기 때문이다. 여기서 우리는 치양지의 종지가 확립된 뒤로 왕수인 철학의 나머지 부분도 그것에 상응하여 어떤 조정이 이뤄졌다는 것을 알 수 있다. 격물이 그렇고 지행 또한 그러하다.


### 3) 양지와 견문

리학에서는 북송 시절부터 덕성의 지知와 견문의 지를 구분해 왔다. 견문 지식은 사람이 경험을 통하여 획득하는 지식을 말하는데, 모든 학파에서 이런 의미로 사용했다. 그러나 '덕성의 지知'란 말은 각 학파에서 사용하는 용례가 달랐다. 예컨대, 장재張載는 "마음을 크게 하라"(大心)고 주장하면서 이 '대심大心'이 덕성의 지知를 발휘하는 방법이라고 여겼다.

'그 마음을 크게 하면' 천하의 만물을 체인할 수 있다. 만물 가운데 체인되지 않은 것이 있으면 마음에 포함되지 않는 부분이 있는 것이다. 세상사람들의 마음은 단지 견문의 협소함에 머물지만, 성인은 성性을 다하기 때문에 견문으로 그 마음을 질곡하지 않는다.[87]

---

86) 『全書』, 권5, 108쪽, 「與陸元靜」, "知行合一之說, 吾儕但口說耳, 何嘗知行合一耶?"

장재는 덕성의 지知란 "천하를 어느 한 사물도 내 것 아닌 것이 없다고 보는"(視天下無一物非我) 경지라고 하면서 이러한 경지는 경험 지식에서 얻을 수 있는 것이 아니라고 보았다. 그래서 그는 "견문의 지식은 사물(눈과 귀)과 사물(대상)이 접촉하여 알게 되는 것으로, 덕성에 의해 아는 것이 아니다. 덕성에 의해 아는 것은 견문에서 싹트지 않는다"[88]라고 말했다. 그는 또 '신명을 궁구하고 조화를 아는'(窮神知化) 지知가 곧 천덕天德인 양지良知라고 보았으며, 이러한 지식은 견문과 경험에서 얻어지는 것이 아니라 '덕이 성대해지고 인이 무르익은'(德盛仁熟) 결과라고 여겼다.

정이程頤는 장재의 이 주장을 계승하여 "사물(눈과 귀)과 사물(대상)이 만나 알게 되는 것은 내면에서 이루어지는 것이 아니다. 오늘날의 이른바 박식다능이란 것이 이러한(사물과 사물이 만나 알게 되는) 부류이다. 덕성의 지知는 견문을 필요로 하지 않는다"[89]라고 말했다. 정이가 말한 덕성 지식은 도덕 의식을 지칭하는데, 이러한 도덕 의식의 증진은 외부 사물에 대한 경험과 지식의 누적에 의존하여 이루어지는 것이 아니다. 나아가 정이는 "지知는 나에게 고유한 것이지만 확충시키지 않으면 자기 것으로 만들 수 없다"(知者我固有之, 然不致不能得之)라고 하였다. 이는 치지가 인간에게 고유한 덕성의 지를 확충한 것이라는 사상을 어렴풋하게 함축하고 있는 것이다. 이런 표현들은 모두 리학가에서의 '덕성의 지'가 경험 지식 혹은 과학 지식의 '지知'와는 같지 않고, 실제로는 일종의 세계관 즉 우주와 인생에 대한 깨달음을 가리킨다는 것을 보여 준다.

왕수인은 "덕성의 지는 견문에 의존하지 않는다"와 관련된 초기 리학자들의 사상을 계승하였다. 그는 다음과 같이 말했다.

---

87) 『正蒙』, 「大心」; 『張載集』, 24쪽, "大其心則能體天下之物, 物有未體則心爲有外. 世人之心止於聞見之狹, 聖人盡性, 不以見聞梏其心."

88) 『正蒙』, 「大心」; 『張載集』, 24쪽, "見聞之知乃物交而知, 非德性所知. 德性所知不萌於見聞."

89) 『二程遺書』, 권25, "物交物則知之, 非內也, 今之所謂博物多能者是也, 德性之知, 不假聞見."

공자께서는 일찍이 "대개 알지 못하면서 창작하는 사람들이 있는데 나는 이런 일이 없다"고 하신 적이 있다. 이것은 맹자의 "시비지심은 사람들이 모두 가지고 있다"라는 말과 같은 뜻이다. 이 말은 바로 덕성의 양지가 견문에서 유래하지 않는다는 것을 밝힌 것이다.[90]

왕수인이 볼 때 이른바 견문에서 싹트지 않는 덕성의 지란 곧 양지를 가리킨다. 양지에서 '양良'의 의미는 바로 그것이 경험·견문에 의존하지 않고 존재한다는 특징을 나타낸다.

송대 리학에서는 '덕성의 지'란 덕이 성대해지고 인이 무르익어서 이른 경지라고 보면서도 '덕성의 지'와 '견문 지식' 사이의 평행을 유지하는 데 상당한 주의를 기울였다. 왜냐하면 덕성의 지와 견문 지식의 대립을 강조하게 되면 견문 지식을 부정하고 배제하는 방식으로 덕성의 지를 추구하게 될 가능성이 있기 때문이다. 그래서 장재는 여전히 내외의 합일을 주장했고 정이는 외물을 궁구하는 것을 중시하였으며 주희는 아예 덕성의 지를 거론조차 하지 않았다. 그러나 왕수인 철학에서는 양지의 개념이 있기 때문에 그것으로써 '덕성의 지' 개념을 대치할 수 있었다. 이렇게 하면 든든한 경전적 근거를 확보하는데다 '덕성의 지'에 대한 상이한 이해를 피할 수도 있었다. 그뿐 아니라 양지는 현재의 명각이므로 덕성의 지를 추구하느라 견문 지식을 부정하는 문제도 발생하지 않게 된다.

그러나 치양지를 주장하는 왕수인에게는 견문을 어떻게 처리할 것인가 하는 문제가 여전히 남아 있었다. 왕수인은 이렇게 말한 적이 있다.

양지는 견문으로 말미암아 존재하는 것이 아니지만, 견문은 양지의 용用이 아닌 것이 없다. 그러므로 양지는 견문에 얽매이지 않지만 그렇다고 견문과 떨어지지도 않는다. 공자는 "내가 아는 것이 있겠는가, 나는 아는 것이 없다"라고 하셨다. 양지 이외에 또 다른 지知가 없다는 말이다. 그러므로 치양지는 학문의 큰 두뇌(요체)이다.……대개 묻고 배우는 공부는 단지 주의나 요체를

---

90) 『全書』, 권2, 57쪽, 「答顧東橋」, "夫子嘗曰'蓋有不知而作之者, 我無是也', 是猶孟子'是非之心人皆有之'之義也. 此言正所以明德性之良知非由於聞見耳."

올바르게 하기만 하면 된다. 만일 주의·요체가 오로지 치양지를 추구하는 것이라면 많이 듣고 많이 보는 것도 치양지의 공부가 아닌 것이 없다. 대개 일상 속에서 '보고 들으며 일과 사람을 대하는'(見聞酬酢) 일들은 천만 가지의 가닥이 있지만 양지의 발용·유행이 아닌 것이 없다. 보고 들으며 일과 사람을 대하는 일들을 제외하고서는 확충할 양지도 존재하지 않는다.[91]

"양지는 견문으로 말미암아 존재하는 것이 아니다"라는 말은 양지가 천부적이고 내재적이며 선험적이라는 의미, 즉 사람은 견문에 의존하지 않고 나면서부터 양지를 갖는다는 뜻이다. 또한 "견문은 양지의 용用이 아닌 것이 없다"라는 말은 보고 듣고 말하고 움직이는 것을 비롯한 모든 경험 활동이 양지 활동의 필요조건이라는 의미이다. 양지는 이런 경험 활동을 통해 그 작용을 드러낸다. '얽매이지 않음'(不滯)·'떨어지지 않음'(不離)은 불교에서 늘 사용하는 표현 방식이다. "양지는 견문에 얽매이지 않는다"라는 말은 양지가 견문의 제한을 받지 않음을 의미하는데 이는 양지 자체에 대한 말이고, "또한 견문에서 떨어지지도 않는다"라는 말은 치양지에 대한 말이다. 양지 그 자체는 경험에 의존하지 않는 선험 지식이지만 치양지는 반드시 각종 경험 활동을 통해 '확충하고 실행해야'(致) 한다는 뜻이다. 이것은 실제로 "치지의 방법은 반드시 격물에 있다"(致知必在格物)는 말의 또 다른 표현 방식이다. 그러므로 이 단락 첫 네 구절의 말에서 앞부분 몇 구절은 양지 자체를 논한 것이고 마지막 한 구절은 공부를 겸하여 논한 것이다.

양명학의 내재 논리에서 볼 때 양지는 마음의 본체로서 '미발의 중'이다. 그러므로 보지 않고 듣지 않을 때도 양지는 존재하지 않은 적이 없다. 이런 의미에서는 양지가 견문을 떠날 수 없다고 말할 수 없다. 다만 공부를 겸하여 말하는 것이기 때문에 "견문見聞과 수작酬酢을 제외하고는 확충할

---

91) 『全書』, 권2, 64쪽, 「答歐陽崇一」, "良知不由見聞而有, 而見聞莫非良知之用. 故良知不滯於見聞, 而亦不離於見聞. 孔子云'吾有知乎哉, 無知也', 良知之外別無知矣. 故致良知是學問大頭腦……大抵學問功夫只要主意頭腦是當, 若主意頭腦專以致良知爲事, 則凡多聞多見莫非致良知之功. 蓋日用之間見聞酬酢, 雖千頭萬緒, 莫非良知發用流行. 除却見聞酬酢, 亦無良知可致矣."

양지도 존재하지 않는다"라고 강조했던 것이다. 여기서 알 수 있듯이, "견문을 떠나지 않는다"라는 말은 견문을 떠나서는 양지가 존재하지 않는다는 의미가 아니다. 양지가 체현되고 작용하기 위해서는 견문을 거쳐야 한다는 의미이다. 즉 치양지는 반드시 구체적인 실제 활동 속에서 실현되어야 한다는 의미인 것이다. 이로써 우리는 왕수인 철학에서 양지와 견문의 관계는 양지 자체와 견문의 관계만을 가리키는 것이 아니라 치양지와 견문 활동의 관계까지 포함하고 있다는 것을 알 수 있다. 그리고 이를 통해 치지와 격물의 상호 관계에 대한 왕수인의 관점까지 알 수 있다.

양지와 견문의 관계에 따르면, 격물은 '양지의 용이 아닌 것이 없고'(莫非良知之用) 치지致知는 '격물을 떠나지 않는다'(不離於格物)고 할 수 있다. 왕수인은 만년에 치양지의 종지를 세운 뒤 치지와 격물의 관계에 대해서도 설명했다. 그는 "허공을 딛고 선 치지가 아니므로 치지는 실제의 일(實事)에서 바로잡아야(格) 한다"라고 강조하였다.[92] 또한 그는 격물을 치지를 체현하는 구체적인 활동이라고 보고서 다음과 같이 제창했다. "송사에 관한 일이 있으면 송사의 일에서 학문을 추구해야만 참된 격물이다", "독서할 때에는, 빨리 이루려는 생각이 옳지 않다는 것을 양지가 알아차렸으면 바로 그 생각을 제거해야 한다", "상황마다 각각 이 마음의 천리를 정밀히 관찰하여 그 본연의 양지를 확충하여 실현할 수 있어야 한다."

치양지의 체계에서 격물과 치지는 결코 두 가지의 다른 공부가 아니다. 격물은 단지 치양지 공부의 과정에서는 반드시 '주어진 일을 대상으로 삼아야(卽事隨物) 함을 강조한 대목일 뿐이다.


## 4. 격물에서 치지로

성의를 다룬 장에서 이미 왕수인이 정덕 연간에 성의를 종지로 삼는 심

---

92) 『傳習錄』下; 『全書』, 권3, 84쪽, "不是懸空的致知, 致知在實事上格."

학 방법론의 체계를 세웠다고 지적한 바 있다. 이 점은 『대학』에서 '성의' 장을 '격물치지'장보다 앞에 둠으로써 고본의 순서를 회복시키는 것으로 드러났으며, 또 『전습록』 상권에서 "성의誠意의 공부가 격물이다"(誠意之功只是 個格物)라고 하여 성의를 격물의 통수로 삼은 논법으로 드러났다. 특히 이 시기의 왕수인은 격물을 "그 마음의 바르지 않음을 바로잡아 다시 바르게 만든다"로 해석하여 공부를 더욱 '안으로 향하게'(向裏) 만들었다. 그래서 전덕홍錢德洪은 왕수인이 용장 이후에 "늘 성의·격물의 종지를 밝혔다"(皆發 誠意格物之旨)고 했던 것이다. 그러므로 이 시기의 성의설은 격물에 대한 새로운 해석과 떨어져서 독립적으로 언급되지는 못했다. 사실, 정덕 연간에 왕수인의 엄청난 정력은 모두 격물에 대한 해석 방면에 집중되었다. 당시 가장 영향이 컸던 그의 논법도 격물에 관한 심학적 해석이었다. 그렇기에 담약수湛若水는 왕수인 사상의 기본 발전 과정을 서술할 때 특별히 "양명공 陽明公은 처음에는 격물설을 위주로 하였고 뒤에는 양지설을 위주로 하였다"93)라고 말했던 것이다. 확실히 왕수인의 사상에서 그 공부론은, 중년의 '생각을 바로잡는다'(正念頭)라는 이론에서 만년의 '양지를 완전하게 실현한다'(致良知)라는 이론으로 발전하였다고 볼 수 있다.

풍우란馮友蘭은 "사람은 모두 일생 동안 개별적 형상의 한정된 범위 내에서 생활하지만, 일단 이 범위에서 해방되면 그는 곧 해방과 자유의 즐거움(이것이 곧 칸트가 말한 자유라고 할 수 있다)을 느끼게 된다"라고 말했다.94) 칸트 철학의 입장에서 보면, 사람은 이성 존재로서 그 자유는 생물학적 감성 존재로서 갖는 자연의 인과성을 벗어나는 데서 얻을 수 있다. 자유는 우리가 생물적이고 기계적인 세계의 법칙으로부터 제약을 받지 않는다는 의미이며 자연의 인과성을 초월했다는 의미이다. 한 존재자의 의지는, 감성 세계에 속해 있는 점에서 말한다면 현상에 속해 있으므로 자연의 인과 법칙에 복종하지 않을 수 없지만, 그 존재자가 이성 세계에 속해 있다는 점에

93) 『全書』, 권37, 514쪽, 「陽明先生墓志銘」, "陽明公初主格物之說, 後主良知之說."
94) 馮友蘭, 「道學通論」, 『中國哲學史新編』 제5책(人民出版社, 1988), 15쪽.

서 자재하는 존재로 본다면 그는 본체로서 본체계의 속성인 자유를 갖게 된다. 이 자유는 곧 선험적 의미의 자유, 다시 말해서 전체 감성 세계에서 독립된 자유의 원인성이다.[95] 말하자면 그 존재자는 더 이상 감성 세계에 의해 부림을 당하거나 지배받지 않고 자기가 자신을 결정할 수 있게 된다.

나아가 칸트는 '소극적 의미의 자유'와 '적극적 의미의 자유'를 구분하였는데, 전자는 실천 이성이 감성 법칙에서 벗어나 독립하는 것을 가리키고 후자는 이성이 스스로 기준과 법도를 세우는 것을 가리킨다. 이런 관점에서 왕수인 윤리학의 발전을 살펴보면 그것은 처음부터 끝까지 이런 의미의 '자유'를 중심으로 전개되었다고 할 수 있다. '그 잘못된 마음을 바로잡는다'(格其非心)에서 '그 양지를 완전히 실현한다'(致其良知)로, 즉 '격물'에서 '치지'로 나아가는 왕수인 철학의 발전은 '소극적 의미의 자유'에서 '적극적 의미의 자유'로 발전해 간 것이다. '그 잘못된 마음을 바로잡는다'라는 소극적 대처에서 '양지를 완전히 실현한다'라는 적극적인 태도로 확충되는 과정은 왕수인의 도덕 자유에 대한 이해가 심화되었음을 보여 준다. 이런 점에서 보면 용장에서 도를 깨친 뒤부터 강우江右 말기에 이르기까지의 왕수인의 사상 발전은 고찰할 만한 종적이 없지도 않을뿐더러 아무 의미가 없는 것도 아니다. 이 점에 관한 이해를 통해 우리는 비로소 왕수인 만년의 양지에 대한 찬탄이 머리 위의 빛나는 별과 내 마음의 도덕 법칙에 대한 칸트의 찬탄과 어떻게 상통할 수 있는지를 이해할 수 있게 될 것이다. 말하자면 그들은 모두 자유를 인생의 목적으로 삼았다. 다만 칸트의 자유는 원래나 본체에 국한되었을 뿐 공부에까지는 이르지 못했는데, 이 점은 왕수인의 '그 잘못된 마음을 바로잡고' '그 양지를 온전히 실현한다'라는 이론 속에 공부론의 내용이 포함되어 있는 것과는 같지 않다.

소극적 의미의 자유에 적극적 의미의 자유를 더한 것이 바로 칸트 자율 원리의 전체 의미이다. 사실 모든 리학자들은 이 도덕적 자유의 경지를 지

---

95) 칸트, 『實踐理性批判』(商務印書館, 1960), 42・45・48・56・99~100・133~134 쪽 참고.

향한다. 육구연의 "스스로 주재가 된다"(自作主宰)라는 말의 진정한 함의는 경전의 권위에 대한 도전이 아니라 도덕 주체성을 확립하여 의지가 감성이라는 자연 법칙의 통치에서 벗어나 자기 자유의 원인성을 획득하게 하는 것이었다. 자연의 인과성을 벗어나 스스로 주재가 되고 스스로 입법하는 것이 바로 자유이다. 천리와 인욕을 둘러싼 정주程朱 리학의 논변도 마찬가지이다. 주희는 『논어집주』에서 "증점曾點의 배움은, 대개 저 인욕이 모두 사라진 곳에 천리가 유행하여 곳곳마다 충만해서 조금의 결함도 없다는 것을 볼 수 있었다. 그렇기 때문에 그의 동動과 정靜의 모든 행동이 느긋하기가 이와 같을 수 있었던 것이다. 그는 가슴 속(胸次: 氣象)이 유연悠然하여 곧장 천지만물과 아래위로 함께 흘렀다"96)라고 하였다. 리학에서 인정하는 이런 경지도 의심할 여지없이 감성의 자연인과성을 벗어난 자유의 경지이다.

비교하자면, 칸트의 '의지'는 주로 입법의 원칙을 제공하는 것이고 실천의 작용을 갖지 않는다. 의지는 단지 법도를 세울 수 있을 뿐이고 직접 의식으로 들어가 도덕 행위를 일으킬 수는 없다. 따라서 의지는 입법 역량이지 실천 역량이 아니다.97) 그런데 유가 윤리학의 경우에도 '본심' 혹은 '마음의 본체'라는 개념이 실천 층면의 의식에서 너무 멀어져서 명확하게 인간 행위의 원칙이 되지 못하게 되었을 때에는 칸트 철학과 같은 문제점을 드러내게 된다. 이 점에서 본다면 '양지' 개념은 '본심'에 비해 좀더 의식 활동에 가까운 성격을 가지고 있고 도덕 주체의 활동 원칙으로서의 측면을 한층 더 강조할 수 있는 장점이 있다고 하겠다. 양지는 체이면서 용이고 본체이면서 현상(現成)이다. 미발이면서 이발이고, 입법 원칙이면서 행위 원칙이다. 더욱이 공부 방법에 있어 접근이 쉽기 때문에 본심을 밝히는 것과 비교하면 더욱 친근하고 절실하다. 따라서 "양지가 곧 천리이다"와 "양지는 천리의 명각이다" 사이에는 전혀 모순이 없다. 체이면서 용이고 미발이면서 이발이고 입법이면서 행동인 것이다. "양지가 곧 천리이다"라는 말은 도덕

---

96) 『論語集注』, 권6, "曾點之學, 盖有以見夫人欲盡處, 天理流行, 隨處充滿, 無少欠闕, 故其動靜之際, 從容如此, 其胸次悠然, 直與天地萬物上下同流!"

97) 李明輝, 「儒家與自律道德」, 『鵝湖學志』 제1기, 17쪽.

주체가 스스로 도덕 법칙을 결정한다는 점을 가리키는 것이고, "양지는 천리의 명각이다"라는 말은 동시에 양지가 현실 의식 속의 시비·호오의 특질로 드러난다는 점을 강조한 것이다. 바꾸어서 말하면, "양지가 곧 천리이다"라는 말은 입법 원리로서의 측면을 강조한 것이고, "양지는 천리의 '환하고 밝으며 영묘하게 알아차리는 힘'(昭明靈覺)이다"라는 말은 실천 원칙으로서의 측면을 강조한 것이다. 양자는 체용의 관계이지만, 여전히 체이면서 용이고 용이면서 체이다.

유가 철학 속의 도덕 정감에 관한 문제도 칸트 철학과 비교 연구하는 과정에서 사람들이 주목하는 문제이다. 왜냐하면 양지와 사단은 모두 도덕 정감을 포함하는데, 칸트 철학에서는 도덕적 감각이나 양심으로 도덕 법칙을 결정하는 것에 반대하기 때문이다. 칸트 윤리학에서의 도덕적 감각이란 사람이 자신의 정당한 행위나 의식에 대해 갖게 되는 '즐거움'과 자신의 법칙을 위반한 행위나 의식에 대해 갖게 되는 '괴로움'을 가리킨다.[98] 이러한 도덕적 감각들은 모두 일정한 행위와 의식 활동의 뒤에 발생하는 것이므로, 이것은 사단이 도덕 행위보다 앞서 있으면서 아울러 행위의 직접적인 동기가 되는 도덕 정감(예를 들면 측은지심)을 포함하는 것과는 다르다. 따라서 사단은 칸트가 말하는 도덕적 감각과 완전히 같지는 않다. 대신 칸트가 말하는 도덕적 감각과 유사한 개념이 유학 속에도 있다. 『대학』에서 말하는 '자겸自慊'(자신의 마음에 흐뭇함)이 그 일종으로, 이것은 정당한 행위나 의식 뒤에 오는 만족감을 가리킨다. 그리고 "행위 가운데 마음에 만족스럽지 못한 점이 있다"(行有不慊於心)라는 말은 법칙에 부합되지 못해서 생기는 부끄러움을 가리킨다. 그러나 유가에서 이런 도덕 정감은 수양 과정 및 공부 실천 속에서 함께 발생하는 어떤 일면을 대상으로 한 것으로, 결코 그것으로 도덕 법칙의 근원을 결정하지도 않았고 '자겸'을 일체 도덕의 궁극적인 목적으로 삼지도 않았다.

칸트는 순수 실천 이성의 동기, 즉 도덕 실천의 주관 표상을 다룰 때

---

98) 칸트, 『實踐理性批判』, 40쪽(백종현 역, 『실천이성비판』, 103쪽).

"하나의 법칙 자체가 어떻게 직접 의지의 동기가 되는가 하는 문제는 인류의 이성으로는 해결할 수 없는 문제이다"라고 말했다.[99] 양지에는 이런 문제가 존재하지 않는다. 양지는 법칙이면서 주관 표상이다. 또 칸트는 도덕 법칙에서 심령의 동기로 이르는 과정에 대해 "감성 충동의 협조를 받을 필요가 없을 뿐더러, 심지어 이런 충동을 오히려 거부하고 이 법칙에 저촉되는 호오好惡(경향성 : tendency)의 감정을 모두 억제해야 한다"라고 말했다.[100] 그러나 왕수인은 "양지는 단지 하나의 시비지심이고 시비는 단지 하나의 호오일 뿐이다. 단지 호오로써 시비를 모두 포괄한다"[101]라고 하였다. 이것은 칸트가 호오(경향성)를 완전히 배척하는 것과 분명히 큰 차이가 있다. 칸트는 "일체의 호오는 모두 감정의 측면에 의존해 있다", "일체의 호오가 공동으로 이기적인 마음을 구성해 낸다", "그것(경향성)들의 충족은 자기만의 행복이라고 불린다"라고 말했다.[102]

칸트의 윤리학은 이성 존재로서의 인간과 감성 존재로서의 인간의 모순에 기초하고 있다. 인간은 한편으로 감성 존재이기 때문에 "사애私愛(自私)는 원래 사람의 천성으로서, 심지어는 도덕 법칙이 존재하기 이전에 이미 우리들 마음 속에 발생한 것이다."[103] 그러므로 극기해서 예禮로 돌아가야만, 즉 개체 욕구를 '억제하여 도덕 법칙과 부합되도록 만들어야만' 한다. 이 점을 근거로 칸트는 일체의 사욕을 억제하여 천리에 부합되게 만든 상태가 아닌 그 이전의 모든 자기만족적인 이유는 취할 것이 못 된다고 보았다. "왜냐하면 자기 의향(동기)이 어떤 법칙에 부합된다고 확신하는 그런 믿음만이 모든 인격 가치의 첫째 조건이고, 이런 부합된 경지에 이르기 전에 스스로 가치 있다고 참칭하는 생각들은 아무런 근거가 없고 법칙에 맞지 않는 것이기 때문이다."[104]

---

99) 칸트, 『實踐理性批判』, 74쪽(백종현 역, 『실천이성비판』, 168쪽).
100) 칸트, 『實踐理性批判』, 74쪽(백종현 역, 『실천이성비판』, 168쪽).
101) 『全書』, 권3, 80쪽, "良知只是個是非之心, 是非只是個好惡, 只好惡便盡了是非."
102) 칸트, 『實踐理性批判』, 74쪽(백종현 역, 『실천이성비판』, 168쪽).
103) 칸트, 『實踐理性批判』, 74쪽(백종현 역, 『실천이성비판』, 168쪽).
104) 칸트, 『實踐理性批判』, 75쪽(백종현 역, 『실천이성비판』, 169쪽).

칸트의 이런 주장들은 모두 도덕 법칙은 단지 이성의 자율일 뿐이며 감성은 도덕 법칙의 최대의 장애이므로 인간은 이성적으로 감성 충동을 억제하고 자신과 도덕 법칙의 부합됨을 의식할 수 있어야만 합법적이게 된다는 생각을 토대로 하고 있다. 즉 이성의 감시를 거치지 않은 일체의 자발적 충동은 모두 합법적이지 않다는 것이다. 칸트는 특히 '도덕 법칙을 호오(경향성)의 차원으로 전락시키는 것'을 반대하였다.[105] 칸트의 입장에서는 측은지심 등의 사단을 도덕 법칙의 합법 근거로 볼 수 없었다. 그리고 그는 사람에게 이런 도덕 직각으로서의 양지가 있다는 것을 승인하지 않았다. 그러므로 "호오가 시비를 모두 포괄한다"라는 말은 더더욱 칸트의 사상과 어긋난다. 피히테의 경우라면 호오를 '순수 충동'과 '감성 충동'으로 나눌 수 있으므로 사단이 순수 충동으로서 긍정될 수 있겠지만, 칸트는 근본적으로 일체의 충동을 모두 감성적으로만 보았다.

칸트에 따르면 이성이 법칙을 따르면서 감성 충동을 억제한 뒤에는 법칙에 대한 우리의 '존경심'이 일어날 수 있는데, 이러한 존경심 역시 일종의 도덕 감정이긴 하지만 이런 감정에는 적극적인 작용과 의의가 있다고 한다. 말하자면 감성적인 호오의 감정을 배제한 뒤에는 '의지에 대한 법칙의 영향을 촉진하는 감정'을 불러일으켜[106] 실천을 도울 수도 있다는 것이다. 그러나 중요한 것은 "여기서 주체는 사전에는 결코 도덕으로 기우는 어떠한 감정도 가지고 있지 않다"[107]는 점이다. 존경으로 대표되는 도덕 정조는 시비의 법칙을 결정하는 원인이나 도덕적 동기가 아니라 '도덕 법칙에 대한 의식의 작용 결과'일 뿐이다.[108] 그래서 칸트는 '존경'으로 대표되는 도덕 정조(감정)에 대해 "그 작용이 결코 행위들을 평가하는 데 있지 않고, 또 객관적 도덕 법칙 자체를 정초하는 데 있지도 않다"고 말했다.[109]

---

105) 칸트, 『實踐理性批判』, 75쪽(백종현 역, 『실천이성비판』, 172쪽).
106) 칸트, 『實踐理性批判』, 77쪽(백종현 역, 『실천이성비판』, 173쪽).
107) 칸트, 『實踐理性批判』, 77쪽(백종현 역, 『실천이성비판』, 173쪽).
108) 칸트, 『實踐理性批判』, 76쪽(백종현 역, 『실천이성비판』, 172쪽).
109) 칸트, 『實踐理性批判』, 78쪽(백종현 역, 『실천이성비판』, 175쪽).

이상의 관점에서 송명 유학을 이해할 경우, 도덕 감정과 도덕 법칙의 관계에서만 말한다면 심학의 사단·양지 이론은 도덕 감정이 행동을 평가하는 데 참여할 수 있을 뿐만 아니라 아예 그것을 보편적 도덕 법칙 자체의 기초로까지 간주하는 경향도 있다고 할 수 있다.

그런데 칸트는 법칙에 대한 존경을 강조하고 명령·의무·이성의 절제등을 강조했는데 이는 비교적 주자학과 가깝다. 이런 점에서, 명령을 받지않고 호오에 맡겨 임의로 일을 행하고 자유롭게 분발하는 태도를 반대하는 칸트의 취향은 분명 심학과 차이가 있다고 하겠다. 바로 그렇기 때문에 칸트는 '도덕적 광신'을 반대하면서 "가볍고 과장되며 지나치게 열광적인 사고 방식으로 자신의 마음은 아무런 노력 없이도 자연히 선량하므로 채찍이나 고삐가 필요 없다고 여기는" 태도를 비판했다.110) 아울러 칸트는 이성과 감성을 엄격하게 구분하였다. 그래서 칸트의 계통에서는 양명학 말류의 상황이 나타날 수 없었다. 다만 피히테 이후 낭만파 시인들이 피히테의 신유심주의의 감성중시론을 찬미하고 과장하여 윤리적 자아를 낭만·신비적인충동과 괴이하고 황당한 개인주의적 자아로 전화시키면서 그런 상황이 나타나기 시작했는데, 이는 양명학 말류의 '도덕적 광신'과 유사한 면이 있다. 그것은 모두 양명학과 피히테 체계 속에 포함된 이런 감성적 요소와 관계가 있을 것이다.

유가 내부에서 양지에 대한 철학적 비판은 주로 두 측면으로 나타났다. 첫 번째는 양지의 선험성을 비판하고 양지의 형성이 후천적이라고 보는 것으로, 예컨대 왕정상王廷相의 비판이 여기에 속한다.111) 두 번째는 양지의 보편성을 비판하면서 그 제한성을 지적하는 것으로, 예컨대 담약수의 비평이 여기에 속한다.112) 여기서 후자는 전자에 비해 더욱 중요한 의의를 지니고 있다. 왜냐하면 사람마다 모두 양지를 가지고 있다면 그것이 선험적으로 얻은 것이든 후천적으로 얻은 것이든 중요한 문제는 바로 양지가 독립적으

---

110) 칸트, 『實踐理性批判』, 87쪽(백종현 역, 『실천이성비판』, 191쪽).
111) 王廷相, 『雅述』 上 참조.
112) 『甘泉文集』, 권23, 28쪽, 「語錄」 참조.

로 도덕 법칙을 결정할 수 있느냐의 여부로 귀결되기 때문이다.113) 칸트가 겨냥한 것도 바로 이 문제였다. 칸트는 다음과 같이 지적하였다.

만약 사람의 행위가 합법성뿐만 아니라 도덕성까지 함유해야 한다면, 도덕 준칙에는 일체를 지배하는 하나의 중심 사상이 있을 것이고 그것은 반드시 법칙을 동기로 인식해야만 할 것이다. 경향성(好惡)이란 선량한 것이든 그렇지 않은 것이든 맹목적으로 복종하는 것이다. 게다가 문제가 도덕(윤리)에 있다고 한다면 이성은 단순히 경향성의 후견인 노릇만 할 것이 아니라 반드시 실천 이성으로서 경향성을 무시할 수 있어야 한다. 오직 자신의 이익만 돌아보는 것이 바로 이런 불쌍히 여기는 감정과 부드러운 동정심의 본질이다. 만약 심사숙고하여 의무로 형성되기 전에 미리 (그런 동정심이) 발생해서 동기가 되어 버리면, 심지어 마음 바탕이 선량한 사람 자신에게도 짐이 되고 아울러 심사숙고 중인 준칙까지도 혼란에 빠뜨리게 된다.114)

다시 말해, 만일 이성적으로 도덕 법칙에 복종하여 의무의 동기를 형성하는 것을 전제로 하지 않고 단순히 선량한 호오의 마음에 의존하여 그것을 동기로 삼는다면 맹목적이게 된다는 것이다. 이것은 반드시 '리理'를 동기로 삼아야지 직접 '심心'을 동기로 삼아서는 안 된다는 말과 같다.(비록 리가 주체의 자율일 수도 있지만.) 여기에서 볼 수 있듯이 맹자에서 왕수인에 이르는 심학의 윤리학과 칸트의 윤리학은 매우 큰 차이가 있다. 말하자면, 칸

---

113) 담약수는 양지의 보편성에 대해 다음과 같이 비판한다. "양지에 관한 문제는 이해하지 않을 수 없다. 물론 아이가 부모를 사랑하고 형을 공경하는 것이 常理이기는 하지만, 가끔 희노애락이 올바르지 못할 때가 있다. 사랑만 믿고 부모를 때리거나 형의 팔을 비틀어 음식을 뺏는다면 어떻게 완전히 그의 현재적 의식에 의지할 수 있겠는가?……지금 치양지에 대해 말하자면, 옳은 것이 옳은 것임을 알고 그른 것이 그른 것임을 알며 사람마다 모두 지닌 것이어서 그것이 옳은 것임을 알면 온힘을 다해 행하고 그것이 그른 것임을 알면 온힘을 다해 그것을 없애니 길가는 어린아이도 모두 할 수 있다고 하는데, 어찌 도를 해치지 않는 것이겠는가! 그대들은 삼갈지라!"(『甘泉文集』, 권 23, 28쪽, 「語錄」, "良知事亦不可不理會, 觀小兒無不知愛親敬兄固是常理, 然亦有時喜怒不得其正時. 恃愛打詈其父母, 紾兄之臂而奪之食, 豈可全倚靠他見成的?……今說致良知以爲是是非非, 人人皆有, 知其是則極力行之, 知其非則極力去之, 而途中童子皆能, 豈不害道! 子等愼之.")

114) 칸트, 『實踐理性批判』, 121쪽(백종현 역, 『실천이성비판』, 251~252쪽).

트는 양지 혹은 사단으로 도덕 법칙을 결정하거나 그것을 동기로 삼는 것에는 반대하는 태도를 보였다. 심학의 해석에 있어 우리는 칸트 철학에 많은 부분을 의존해야 하겠지만, 그에 못지않게 둘 사이의 구별도 제대로 이해해야만 할 것이다.

유가 철학에서는 본래 인성이 선천적으로 선한다는 것을 인정하지만, 동시에 개인이 성현이 되는 것은 아주 오랜 수양의 과정을 거쳐야 한다고 보았다. 성선性善을 부인하면 사람은 성현이 되는 내재 근거를 잃게 되고 주동성을 발휘할 수 없게 된다. 그러나 양지의 현재성을 지나치게 강조하여 거리에 가득 찬 사람이 모두 성인이라고 해 버리면 도덕적 광신을 불러와서, 도덕 법칙의 신성성을 손상시키고 오랜 진보의 과정 속에서 비로소 도덕 법칙과 완전히 합치되는 경지에 도달하게 된다는 사실을 홀시하게 된다. 혹은 두유명杜維明의 술어를 빌려 말하자면 실존 구조로써 실존 과정을 대체하게 된다.[115] 또한, 양지 원칙은 전체 유가 윤리학에서 볼 때 유일한 원칙이 아니다. 유가 윤리 속에서도 양지 원칙은 다른 원칙(예컨대 忠恕의 원칙)과 서로 보충되어야 한다. 양지 원칙에만 의거하게 되면 가장 충만한 실현을 이룰 수 없다. 심지어 에리히 프롬(Erich Fromm)이 말한 것과 같이, 중세의 종교법정이나 전범들의 경우에도 양심에 따라 행사했다고 주장할 것이므로 권위주의의 양심이 사람을 선하게 인도할 수 있다고는 결코 보증할 수 없다.[116] 다만 명대 정덕 연간의 부패한 사회를 살았던 왕수인으로서는 윤리학에서 좀더 높은 요구를 제출한다는 것이 불가능하여 말의 수준을 낮출 수밖에 없었던 것이다. 이 점은 이해할 만한 일이다.

이상의 토론은 모두 칸트 철학과 비교하여 왕수인 사상의 의미를 파악하고, 아울러 둘 사이의 차이점을 통해 왕수인 철학의 특수한 성격을 드러내려고 한 것이다. 이 장과 앞 장에서 다룬 격물치지의 문제에 대한 고찰에

---

115) 杜維明, 『人性與自我修養』(中國和平出版社, 1988), 132쪽.
116) 프롬, 『爲自己的人』, 三聯書店, 1988, 138~141쪽(박갑성·최현철 역, 『자기를 찾는 인간』, 종로서적, 1992, 178쪽). 원서는 *Man for Himself* (Holt, Rinehart and Winston, 1972)이다.

근거해서 말한다면, 칸트는 의지와 의념을 분리하고 이성과 감정을 구별함으로써 의지로 하여금 입법의 원칙만 되고 실천력을 가질 수는 없게끔 만들었지만, 그것을 대가로 이성과 감성 사이에 아주 분명한 경계선을 그어 감성이 이성 속에 섞여들어 가지 못하게 만들 수 있었다. 반면 심학에서는 의지와 의념의 분리, 이성과 감성의 양분이 이뤄지지 않아 본심本心과 심心이 교차적으로 사용되었고, 양지는 체體이면서 용用이어서 양지 속에 감정적인 호오가 포함되었으므로 실천의 원칙이 될 수 있었다. 그렇지만 마찬가지로 그에 대한 대가를 치를 수밖에 없었다. 말하자면, 양지가 감성의 역량을 빌렸기 때문에 감성의 침투를 배제할 수 없어서 '심성에 맡겨 행동하는' (任心率性而行) 태도가 양지의 이름 아래 정당화되어 버리고 결국 순수한 양지의 동정을 지키지 못하게 되었던 것이다. 이런 점이 양명 좌파의 발생을 이론상 필연적 결과로 보는 이유이다. 도덕 주체가 순수 실천 이성이라면 활동의 역량을 잃게 될 것이고 도덕 주체가 감정적인 요소를 포함한다면 감성이 의지의 동기를 결정하는 데 참여하게 된다는 점은 해결하기 힘든 하나의 모순이다. 윤리학에서 볼 때 이러한 문제들은 모두 깊이 연구해 볼 만한 가치가 있다.

# 제8장 유와 무

왕수인은 만년에 "선도 없고 악도 없는 것은 심心의 본체이고(無善無惡心之體), 선도 있고 악도 있는 것은 의意의 움직임이고(有善有惡意之動), 선을 알고 악을 아는 것은 양지良知이고(知善知惡是良知), 선을 행하고 악을 없애는 것은 격물格物이다(爲善去惡是格物)"라는 '네 구절의 가르침'(四句敎法)을 펴기 시작했다. 이 유무有無에 대한 논변은 왕수인 문하의 중요한 공안公案이 되어 양명학을 여러 유파로 분화시켰을 뿐 아니라, 이로부터 파생된 '본체本體'·'공부工夫', '심체心體'·'성체性體'에 대한 토론은 명대 말기의 전체 사조에 전면적인 영향을 끼쳤다. 그뿐 아니라 '사구교四句敎'는 왕수인 사상의 궁극적 관심이나 기본 종지와도 연관되었다. 게다가 이 사구교를 밝히지 않고서는 왕수인의 양지 학설을 철저히 이해할 수 없다. 역사적 관점에서도 사구교는 왕수인의 만년 사상의 발전을 이해하는 핵심 과제이다. 이 모든 것은 사구교가 양명학 연구에서 아주 중요한 문제라는 것을 보여 준다.

예전의 학자들이 사구교의 문제를 토론할 때는 두 가지의 큰 한계가 있었다. 첫째, 주육朱陸(朱王) 논쟁의 대립 의식에서 벗어나지 못하여 리학理學과 심학心學에 대해 이것이 아니면 저것이란 식으로 물과 불처럼 서로 용납할 수 없는 양극으로 본 점이다. 둘째, 유가와 불가를 완전히 서로 배척하는 두 사상 체계로 인식하여 유불 논쟁의 전통적 관념에서 벗어나지 못한 점이다. 왕수인을 공격하는 이들은 사구교를 '선종禪宗'적이라고 했고 왕수인을 옹호하는 이들은 사구교가 '선종'적이지 않다고 했는데, 양쪽 모두 하나의 공통된 인식이 있다. 그것은 어떠한 불교 사상의 수용도 유가 정통에 대한 반역으로 간주했다는 것이다. 이런 기준 아래 사구교에 대해 내려진 평가는 언제나 편향적일 수밖에 없었다. 오늘날 우리는 반드시 주육朱陸 논쟁과 유불儒佛 논변의 대립으로부터 벗어나, 인간 정신 가치의 보편성의 입장에서 왕수인의 사구교와 그가 불가의 지혜를 융합하려 한 노력에 대해 공감적으로 이해하고 가능한 한 객관적인 분석과 평가를 내려야 할 것이다.


## 1. 천천증도

'사구교'의 사상에 대해서는 『전습록』의 정해년 가을(이때 왕수인의 나이는 56세)의 기록보다 상세한 것이 없다. 그러나 "양명선생께서는 학문을 논하실 때 항상 '사구四句'를 들어 가르침으로 삼으셨다"라고 한 왕기王畿(호는 龍溪)의 기록에 따를 때 사구교는 결코 정해년 가을에 처음 제기된 것일 수 없다. 또 왕기가 찾아와 배우기 시작한 시점은 왕수인이 주신호朱宸濠를 평정하고 월성越城으로 돌아온 초기였으므로 사구교는 왕수인이 월성으로 돌아온 뒤에 제기된 것이지 월성 시기보다 이른 것일 수도 없다.[1]

가정 6년 정해년(1528) 여름, 왕수인은 제독양광급강서호광군무提督兩廣及江西湖黃軍務 겸 도찰원좌도어사都察院左都御史에 임명되어 광서廣西의 사은思恩·전주田州에서 일어난 소수 민족의 폭동을 평정하게 되었다. 사임을 요청했지만 이를 윤허하지 않자 왕수인은 9월 8일 광서로 떠났다. 길을 나서던 전날 저녁, 그는 월성의 천천교天泉橋에서 고제자高弟子 전덕홍錢德洪(호는 緖山), 왕기王畿의 청을 받아들여 '네 구절의 종지宗旨'에 관한 사상을 상세

---

1) '天泉證道'에서 왕수인이 "나는 근래 가르치는 내용을 몇 번 변경하다가 이제야 비로소 이 '사구四句'를 세우게 되었다"(我年來立教亦更幾番, 今始立此四句)라고 한 말을 참작해 보면 '사구교'는 병술년과 정해년 사이에 제기된 것이지 이보다 빠를 수는 없다.

히 밝혔는데, 역사에서는 이것을 '천천증도天泉證道'(천천교에서 도를 밝힘)라고 한다. '천천증도'는 왕수인 만년의 '유무지경有無之境' 사상을 이해하는데 있어 가장 기본이 되는 자료이다. 그러나 '천천증도' 전후의 상세한 내용에 대해서는 여러 사람의 기록에 다소 차이가 있어, 뒷사람들은 '네 구절의 가르침'이 제자의 손에서 나온 것일 뿐 왕수인의 본지는 아닐 것이라고 의심하기도 하였다. 그래서 이 장에서는 '천천증도'와 관련된 문헌들을 열거하고 그 내용을 연구하여 왕수인의 입장이 무엇인지를 확정하고, 그 기초 위에서 보다 깊이 있는 토론을 펴 나가려고 한다.

## 1) 『전습록』의 기록

『전습록』 하권에는 '천천문답天泉問答'에 관한 전덕홍의 기록이 있다. 그 내용은 다음과 같다.

> 정해년 9월, 선생께서 기용되어 다시 사은·전주를 정벌하게 되셨다. 선생께서 명을 받들어 떠나실 즈음 나(전덕홍)와 여중汝中(왕기)은 학문을 논의하고 있었는데, 여중이 선생의 가르침인 "선도 없고 악도 없는 것은 마음의 본체이고, 선도 있고 악도 있는 것은 의意의 움직임이고, 선을 알고 악을 아는 것은 양지이고, 선을 행하고 악을 없애는 것은 격물이다"라는 말을 거론했다. 내가 "이 내용이 어떠한가"라고 묻자 여중은 "이것은 아마 궁극적인 화두는 아닐 것이다. 만일 심체心體가 선도 없고 악도 없는 것이라면, 의意도 마찬가지로 선도 없고 악도 없는 의여야 하고 지知도 마찬가지로 선도 없고 악도 없는 지여야 하며 물物도 마찬가지로 선도 없고 악도 없는 물이어야 한다. 만일 의에 선악이 있다면 결국 심체에도 선악이 있게 된다"라고 했다. 이에 나는 "심체는 하늘이 명한 성性이므로 원래 선도 없고 악도 없다. 다만 사람은 습심習心이 있어서 생각에 선악이 나타난 것이다. 격格·치致·성誠·정正·수修는 바로 이 성체를 회복하기 위한 공부이다. 만일 원래 선악이 없다면 공부도 거론할 필요가 없을 것이다"라고 하였다.
> 이날 저녁 천천교에서 선생을 모시고 앉아 각자 자신의 주장을 말하고 가르

침을 청했다. 선생께서는 "내 이제 떠나게 되어 자네들이 이 문제에 대해 강구하기를 기대하던 참일세. 자네들 두 사람은 서로 견해를 보완해야지 각자 한쪽만을 고집해서는 안 되네. 내가 사람을 가르치는 방법에는 원래 두 가지가 있네. 근기根器가 뛰어난 사람은 곧바로 본원을 깨달아 들어갈 수 있네. 마음의 본체는 원래 밝고 맑아 얽매임이 없고 원래 희노애락이 일어나지 않은 중이므로, '근기가 뛰어난 사람'은 본체가 바로 공부라는 것을 깨닫자마자 남과 나, 안과 밖을 한꺼번에 모두 꿰뚫어 볼 수 있다네. '그 다음의 근기를 가진 사람'은 습심習心이 없을 수 없어서 본체가 가려져 있으므로, 생각이 일어날 때 실제로 충실하게 선을 행하고 악을 없애는 공부를 하도록 가르쳐야 하네. 무르익은 후 찌꺼기들이 모두 없어지게 되었을 때에는 본체가 역시 완전히 밝아질 것일세. 여중의 견해는 내가 평소에 뛰어난 근기를 가진 사람을 가르치던 방법이고 덕홍의 견해는 그 다음의 근기를 가진 사람을 위해 세웠던 가르침이네. 두 사람이 서로 보완할 수 있으면 보통사람보다 나은 사람이나 못한 이들을 모두 도道로 끌어들일 수 있을 것이네. 만일 각자가 한쪽만 고집하게 되면 당장 누군가를 놓치게 되어 도체道體에 대해서는 각자 미진한 부분이 있을 것일세"라고 말씀하셨다.

잠시 뒤 선생께서는 "이 뒤로 벗들에게 강학할 때는 나의 종지인 '선도 없고 악도 없는 것은 마음의 본체이고, 선도 있고 악도 있는 것은 의의 움직임이고, 선을 알고 악을 아는 것은 양지이고, 선을 행하고 악을 없애는 것은 격물이다'라는 가르침을 잃어서는 안 되네. 나의 이 화두에 근거하여 사람에 따라 가르쳐 주기만 하면 자연히 병통이 없을 것이네. 이것은 원래 위아래를 꿰뚫는 공부라네. 근기가 뛰어난 사람은 세상에서 좀처럼 만나기 어렵네. 본체와 공부를 한번 깨닫고서는 모든 것을 완전히 꿰뚫는 것은 안연顔淵이나 명도明道라도 감히 감당할 수 없었네. 그러니 어떻게 가볍게 사람들에게 기대할 수 있겠는가? 사람들에게는 습심이 있으므로, 그들에게 양지良知의 토대 위에서 선을 행하고 악을 없애는 공부를 실제로 충실하게 해 나가도록 가르치지 않고 다만 허공을 딛고 본체만을 생각하게 하면, 모든 일들이 실제로 충실해지지 못하게 되어 결국 허무虛無·적멸寂滅을 키울 뿐이네. 이 병통은 작은 것이 아니므로 미리 말하지 않을 수 없네"라고 하셨다. 이날 나와 여중은 모두 어떤 깨달음을 얻었다.[2]

---

[2] 『傳習錄』 下; 『全書』, 권3, 82쪽, "丁亥年九月, 先生起復征思田. 將命行時, 德洪與汝中論學, 汝中擧先生教言曰'無善無惡是心之體, 有善有惡是意之動, 知善

## 2) 「연보」의 기록

「연보年譜」에는 역시 전덕홍이 기록한 '천천문답天泉問答'에 관한 다른 한 단락이 있는데, 이것은 『전습록』의 내용과는 조금 다르다. 「연보」 '가정 6년 정해년(1555) 9월 임오壬午일에 월성을 떠나다'라고 된 조목 아래에는 다음의 내용이 상세히 기록되어 있다.

이 달 초여드레,[3] 나(錢德洪)와 왕기王畿가 배 안에 있던 장원충張元沖을 방문하였다가 학문의 종지를 논의하게 되었다. 왕기가 "선생께서는 '선을 알고 악을 아는 것은 양지이고, 선을 행하고 악을 없애는 것은 격물이다'라고 하셨는데 이것은 아마도 궁극의 화두는 아닐 것이다"라고 했다. 그래서 내가 "어째서 그런가?"라고 묻자, 왕기는 "마음의 본체가 선도 없고 악도 없는 것이라면, 의意도 마찬가지로 선도 없고 악도 없을 것이고 지知도 마찬가지로 선도 없고 악도 없을 것이며 물物도 마찬가지로 선도 없고 악도 없을 것이다. 만약 의에 선도 있고 악도 있다고 한다면 심 또한 결국 악도 없고 선도 없는 것일 수 없다"라고 하였다. 이에 나는 "심체는 원래 선도 없고 악도 없지만 지금

---

知惡是良知, 爲善去惡是格物.' 德洪曰: '此意如何?' 汝中曰: '此恐未是究竟話頭. 若說心體是無善無惡, 意亦是無善無惡之意, 知亦是無善無惡之知, 物亦是無善無惡之物矣. 若說意有善惡, 畢竟心體還有善惡在.' 德洪曰: '心體是天命之性, 原是無善無惡的. 但人有習心, 意念上見有善惡在. 格致誠正修, 此正是復那性體功夫. 若原無善惡, 功夫亦不消說矣. 是夕, 侍坐天泉橋, 各舉請正.' 先生曰: '我今將行, 正要你們來講破此意. 二君之見正好相資爲用, 不可各執一邊. 我這裏接人原有此二種: 利根之人直從本源上悟入, 人心本體原是明瑩無滯的, 原是個未發之中, 利根之人一悟本體即是功夫, 人己內外一齊俱透了. 其次不免有習心在, 本體受蔽, 故且教在意念上實落爲善去惡功夫, 熟後渣滓去得盡時, 本體亦明盡了. 汝中之見是我這裏接利根人的, 德洪之見是我這裏爲其次立法的, 二君相取爲用, 則中人上下皆可引入於道. 若各執一邊, 眼前必有失人, 便於道體各有未盡.' 旣而曰: '已後與朋友講學, 切不可失了我的宗旨: 無善無惡是心之體, 有善有惡是意之動, 知善知惡的是良知, 爲善去惡是格物. 只依我這個話頭, 隨人指點, 自沒病痛. 此原是徹上徹下功夫, 利根之人世亦難遇, 本體功夫一悟盡透, 此顏子明道所不敢承當, 豈可輕易望乎? 人有習心, 不教他在良知上實用爲善去惡功夫, 只去懸空想個本體, 一切事爲俱不著實, 不過養成一個虛寂. 此個病痛不是小小, 不可不早說破.' 是日德洪, 汝中俱有省."

3) 「연보」에서는 '천천증도'를 정해년 9월 8일의 일로 기록하고 있지만, 왕수인이 부임하여 은혜에 감사하는 글을 정해년 12월에 지어, "이미 9월 8일 병을 끌어안은 채 길을 떠났다"고 하였으므로, 왕수인은 당연히 8일에 월성에서 떠났으며, '천천증도'는 7일의 일이다.

너무 오래도록 이목을 통해 물들어 있다 보니 심체에 선악이 있는 것처럼 느껴지는 것이다. 선을 행하고 악을 없애는 것은 바로 이 본체를 회복하기 위한 공부이다. 본체가 이와 같다는 것을 보고서 더 이상 공부가 필요 없다고 떠벌인다면 단지 보는 데서 머물 것이다"라고 반박했다. 그러자 왕기는 "내일 선생께서 길을 떠나시니 저녁에 가서 여쭤 보자"라고 제안했다.

이날 한밤에 손님들이 막 흩어지고 선생께서 안으로 들어가시다가, 나와 왕기가 뜰아래에서 기다린다는 말을 들으시고는 다시 나오셔서 천천교 위로 주연을 옮기도록 하셨다. 내가 왕기와 벌인 논변에 대해 아뢰고 여쭤 보았더니 선생께서는 웃으시면서 "마침 그대 둘이 이런 질문을 해 주기를 기다리던 참이었네. 내 이제 길을 떠나려고 하는데 벗들 가운데 이 문제를 논급한 이가 없었네. 그대들 두 사람의 견해는 서로 취해야지 서로 해쳐서는 안 되네. 여중(왕기)에게는 덕홍의 공부가 필요하고, 덕홍은 여중의 본체를 확실하게 이해해야 하네. 두 사람이 서로 상대방의 장점을 취하여 자신을 발전시킨다면 내 학문은 더 이상 걱정할 것이 없겠네"라고 말씀하셨다.

내가 여쭤 보자 선생께서는 "있음(有)이란 단지 자네 스스로가 있다고 하는 것일 뿐이지 양지의 본체는 원래 아무것도 없네. 본체는 태허太虛일 뿐이네. 태허 속에 해, 달, 별, 바람, 비, 이슬, 천둥, 먹구름, 음산한 기운 등 어떤 것인들 없겠는가마는, 또 어떤 것이 태허의 장애가 되던가? 사람의 본체 역시 이와 같네. 태허는 형체가 없어서 한 번 지나가면 흔적을 남기지 않거니와 조금의 힘인들 들이던가? 홍보洪甫(전덕홍의 字)의 공부는 마땅히 이와 같아야 하네. 이것이 본체와 공부가 합치되는 길이네"라고 말씀하셨다.

왕기가 여쭤 보자 선생께서는 "그대가 이 깨달음을 얻었으면 그냥 묵묵히 자신을 닦아야 하지 그것에 집착해서 사람들을 가르치려고 들면 안 된다네. 근기가 뛰어난 사람은 세상에서 좀처럼 만나기 어렵네. 본체가 바로 공부라는 것을 한번 깨닫고서는 만물과 나, 안과 밖을 모두 꿰뚫어 볼 수 있게 되는 그런 경지는 안연顔淵이나 명도明道라도 감히 감당할 수 없었네. 그러니 어찌 쉽게 사람들에게 바랄 수 있겠는가! 그대들 두 사람은 이 뒤로는 배우는 이들에게 강론할 때 반드시 나의 네 구절로 된 종지인 '선도 없고 악도 없는 것은 마음의 본체이고, 선도 있고 악도 있는 것은 의의 움직임이고, 선을 알고 악을 아는 것은 양지이며, 선을 행하고 악을 없애는 것은 격물이다'라는 가르침에 의거하도록 하게. 이것으로 자신을 닦으면 곧바로 성인의 경지에 오를 수 있으며, 이것으로 사람들을 가르치면 더 이상 잘못이 생기지 않을 것이네"라고 말씀하셨다.

왕기가 "본체를 철저하게 깨친 뒤에는 '사구四句 종지宗旨'에 무슨 변화가 생기지 않습니까?"라고 여쭤 보자, 선생께서는 "이것은 위와 아래 모든 것에 적용되는 것이네. 초학자들부터 성인에 이르기까지 오로지 이 공부일 뿐이네. 초학자도 이것을 사용하면 차근차근 진리로 들어갈 수 있지만 성인도 이 방법을 끝까지 다 사용하지는 못하네. 요순堯舜의 정일精一 공부4)도 이런 내용일 뿐이라네"라고 하셨다.

선생께서는 다시 거듭하여 당부하시면서 "두 사람은 이 뒤로 다시는 이 '사구종지'를 바꿔서는 안 되네. 이 '사구四句'는 보통사람보다 낫든 못하든 누구에게나 가르칠 수 있네. 내 근년 들어 몇 번이나 가르침의 내용을 바꾸다가 지금 비로소 이 '사구'를 확정하게 되었다네. 사람의 마음은 지식을 가지게 된 뒤부터 이미 습심(習俗)에 물들어 있네. 지금 양지를 토대로 선을 시행하고 악을 없애는 공부를 착실히 실천하도록 가르치지 않고 단지 허공을 딛고 본체만 생각하게 한다면 모든 일이 실속이 없게 되네. 이러한 병통은 작은 것이 아니니 말하지 않을 수 없네"라고 하셨다. 이날 나와 왕기 모두 무엇인가를 깨쳤다.5)

---

4) 역자 주-『書經』의 "人心惟危, 道心惟微, 惟精惟一, 允執厥中"이라는 구절에서 왕수인은 '精'과 '一'을 목적(一)과 방법(精)으로 이해하였다. '一'은 '心'의 '無善無惡'을 가리키고, '精'은 '良知'를 근거로 '格物'해 나가는 과정을 가리킨다.

5) 『全書』, 권34, 475쪽, "是月初八日, 德洪與畿訪張元沖舟中, 因論爲學宗旨, 畿曰: '先生說知善知惡是良知, 爲善去惡是格物, 此恐未是究竟話頭.' 德洪曰: '如何?' 畿曰: '心體旣是無善無惡, 意亦是無善無惡, 知亦是無善無惡, 物亦是無善無惡. 若說意有善有惡, 畢竟心亦未是無善無惡.' 德洪曰: '心體原是無善無惡, 今習染旣久, 覺心體上見有善惡在, 爲善去惡, 正是復那本體功夫. 若見得本體如此, 只說無功夫可用, 恐只是見耳.' 畿曰: '明日先生啓行, 晚可同進請問.' 是日夜分客始散, 先生將入內, 聞德洪與畿候立庭下, 先生復出, 使移宴天泉橋上. 德洪擧與畿論辯請問, 先生喜曰: '正要二君有此一問, 我今將行, 朋友中更無有論證及此者. 二君之見, 正好相取, 不可相病. 汝中須用德洪功夫, 德洪須透汝中本體. 二君相取爲益, 吾學更無遺念矣.' 德洪請問, 先生曰: '有只是你自有, 良知本體原來無有, 本體只是太虛. 太虛之中, 日月星辰風雨露雷陰霾晴氣, 何物不有? 而又何日物得爲太虛之障? 人心本體亦復如是, 太虛無形, 一過而化, 亦何費絲毫氣力? 德洪功夫須要如此, 便是合得本體功夫.' 畿請問, 先生曰: '汝中見得此意, 只好默默自修, 不可執以接人. 上根之人世亦難遇, 一悟本體卽見功夫, 物我內外一齊盡透, 此顔子明道不敢承當, 豈可輕易望人! 二君已後與學者言, 務要依我四句宗旨: 無善無惡是心之體, 有善有惡是意之動, 知善知惡是良知, 爲善去惡是格物. 以此自修, 直躋聖位. 以此接人, 更無差失.' 畿曰: '本體透後, 於此四句宗旨何如?' 先生曰: '此是徹上徹下語, 自初學以至聖人, 只此功夫. 初學用此, 循循有

### 3)『왕용계전집』속의「천천증도기」

『전습록』하권은 가정嘉靖 34년에서 35년(1555~1556) 사이에 간행되었고,「연보」는 가정 42년(1563)에 이루어졌다. 그런데「연보」에 기록된 '천천문답'은 그 처음과 끝 부분은『전습록』과 동일하지만 중간 부분의 태허太虛를 다룬 한 단락이『전습록』에는 나타나지 않는다. 그러므로 태허를 다룬 이 단락은 왕수인 사상을 이해하는 데 있어 아주 중요한 의미가 있다.「연보」는 전덕홍과 왕기 등이 함께 편집한 것으로, 간행할 때 왕기도 서문을 썼으며 수록된 '천천문답'에서도 '기畿'라는 1인칭이 사용되고 있다. 이는 왕기가「연보」의 기록이 사실과 다르지 않다고 인정하였음을 뜻한다. 한편 1587년에 간행한『왕용계전집王龍溪全集』에는 왕기의 문인이 왕기의 구술을 근거로 구성한「천천증도기天泉證道記」가 수록되어 있는데, 이것 역시 참고할 만한 중요한 가치가 있다.

> 양명 부자夫子께서는 학문에 있어 양지를 종지로 삼아 문인들과 학문을 논할 때마다 사구四句, 즉 "선도 없고 악도 없는 것은 마음의 본체이고, 선도 있고 악도 있는 것은 의의 움직임이며, 선을 알고 악을 아는 것은 양지이고, 선을 행하고 악을 없애는 것은 격물이다"를 가르침의 내용으로 제시하셨다. 배우는 이들은 이 방법에 따라 공부함으로써 각자 소득이 있었다. 서산緖山 전자錢子(전덕홍)는 "이것은 우리 스승의 문하에서 사람을 가르치는 정해진 교법이므로 조금도 바꿀 수 없다"라고 하였다.
> 그런데 선생[6]은 "부자夫子의 가르침은 때에 따라 달라졌으니, 이를 권법(權法: 권도)이라 한다. 그러니 어느 한 가지를 고집하여 정할 수 없다. 체體와 용用, 드러남과 은밀함은 한 작용의 두 속성일 뿐이고 심心, 의意, 지知, 물物

---

入; 雖至聖人, 窮究無盡. 堯舜精一功夫亦只如此.' 先生曰重囑咐曰: '二君以後再不可更此四句宗旨, 此四句中人上下無不接著. 我年來立敎亦更機番, 今始立此四句. 人心自有知識以來, 已爲習俗所染, 今不敎他在良知上實用爲善去惡功夫, 只是懸空想個本體, 一切事爲俱不著實, 此病痛不是小小, 不可不早說破.' 是日洪, 畿俱有省."

6) 이 기록 속의 '夫子'는 왕수인을 가리키고 '先生'은 왕기를, '錢子'는 전덕홍을 가리킨다.

은 단지 하나일 뿐이다. 심이 선도 없고 악도 없는 심이라는 것을 깨닫는다면 의는 선도 없고 악도 없는 의이고 지는 선도 없고 악도 없는 지이며 물은 선도 없고 악도 없는 물일 것이다. 대개 무심無心의 심은 깊이가 아주 심밀深密하고, 무의無意의 의는 외물에 대한 대응이 원만하며, 무지無知의 지는 체가 적연寂然하고, 무물無物의 물은 그 용이 신묘하다. 하늘이 부여한 성性은 순수하게 지선至善하여 신묘하게 느끼고 신묘하게 반응하니, 그 작용(機)은 원래 그치려 해도 그칠 수 없는 것이어서 딱히 어떤 선이라고 이름붙일 수 없다. 악이야 당연히 존재하지 않으려니와 선도 마찬가지로 존재할 수 없다. 이를 선도 없고 악도 없는 것이라 한다. 선도 있고 악도 있게 되는 것은 의가 사물에 의해 움직여진 후의 일이므로 자연의 유행이 아니라 유有에 집착한 것이다. 자성自性의 유행은 움직이면서도 움직임이 없고, 유有에 집착한 것은 움직이면 움직여져 버린다. 의는 심에서 일어난 것이므로 만일 그것이 선도 있고 악도 있는 의라면 지에도 물에도 모두 (선과 악이) 있게 되며 심 또한 마찬가지로 (선과 악이) 없다고 할 수 없게 된다"라고 하였다.

서산緖山은 "그런 식으로 이해하면 사문師門의 가르침을 무너뜨리게 되므로 좋은 학문이 아니다"라고 하였다. 이에 선생은 "학문이란 모름지기 스스로 터득하고 스스로 깨닫는 것이지 남의 발꿈치를 따라다니는 것이 아니다. 만일 사문師門의 권법權法(방편법)을 고정된 가르침으로 받아들이게 된다면 언어적 해석에 얽매이지 않을 수 없을 터이므로 훌륭한 학문이 아니다"라고 하였다. 마침 양명 부자께서 막 양광兩廣으로 떠나려 하실 때여서 전자錢子가 "우리 두 사람의 견해도 같지 않은데 어떻게 남들의 생각을 일치시킬 수 있는가? 어찌 함께 스승께 나아가 바로잡지 않을 수 있겠는가?"라고 제안하고, 저녁에 천천교 위에 앉았다가 각자의 견해를 말하고 질정을 구하였다. 이에 부자夫子께서 말씀하셨다.

"그렇지 않아도 두 사람이 이 질문을 해 오기를 기다리던 참이다. 나의 가르침에는 원래 두 가지가 있다. '사무四無'의 설은 근기가 뛰어난 사람을 위해 만든 가르침이고, '사유四有'의 설은 근기가 중간 이하인 사람들을 위해 만든 가르침이다. 근기가 뛰어난 사람은 선도 없고 악도 없는 심체를 깨닫자마자 무無에서 토대를 세워 의意, 지知, 물物이 모두 무無에서 생기고 하나를 알면 백 가지를 알게 된다. 그들에게는 본체가 곧 공부여서 간이하고 직절하여 더 이상 흠이 없으니 돈오頓悟의 학문이다. 근기가 중간 이하인 사람은 본체를 깨닫지 못하여 선도 있고 악도 있는 것에서 토대를 세울 수밖에 없어서 심心, 지知, 물物이 모두 유有에서 생겨난다. 그러므로 선을 행하고 악을 없애는 공부를 해야 한다. 상황에 따라 대처하여 점점 깨달음으로 들어가게 해서 유有에서 무無로 돌아가 본체를 회복해야 한다.

그렇지만 공부를 마친 뒤에 이르는 경지는 같다. 세상에는 근기가 뛰어난 사람을 얻기가 쉽지 않으므로 근기가 중간 이하인 사람을 대상으로 가르침을 만들어 이 한 길로 나아가도록 할 수밖에 없다. 여중의 견해는 상근인을 대할 때의 교법이고 덕홍의 견해는 중근 이하의 사람을 대할 때의 교법이다. 여중의 견해는 내가 오랫동안 말하려 했던 것이지만, 사람들이 아직 믿지 못하면서 공연히 엽등獵等하는 병폐만 늘이게 될까 염려하여 지금껏 침묵했던 것이다. 이것은 마음으로 전하는 비장秘藏으로서 안연顔淵과 명도明道도 감히 말하지 못했던 것이다. 지금 이미 말해져 버린 것을 보면 또한 천기가 누설되어야 할 때일 것이니 어찌 더 이상 감출 수 있겠는가?

그러나 이것들 가운데 어느 하나에 집착해서는 안 된다. '사무四無'의 견해에 집착하면 보통사람들의 마음을 열어 줄 수 없으므로 근기가 뛰어난 사람을 가르칠 수 있을 뿐이고 근기가 중간 이하인 사람을 가르칠 수는 없다. '사유四有'의 견해에 집착하여 의意가 선도 있고 악도 있는 것이라고 인정하는 것은 근기가 중간 이하인 사람들만이 받아들일 수 있을 뿐이고 근본이 뛰어난 사람은 받아들일 수 없다. 다만 우리들의 평범한 마음은 아직 완성되지 않아서, 비록 깨달았다고 하더라도 여전히 때에 따라 점수漸修 공부를 해야 한다. 그렇지 않으면 범인의 상태를 벗어나 성인의 상태로 들어가지 못한다. 이른바 상승上乘의 법은 중하中下를 겸하여 닦는다는 말이 이런 의미이다. 여중은 이 깨달음을 잘 지키기만 해야지 가볍게 남들에게 보여서는 안 된다. 그것은 천기를 누설하는 것밖에 안 된다. 그리고 덕홍은 모름지기 한 단계 더 나아가야만 비로소 현통玄通할 수 있을 것이다."[7]

---

7) 『王龍溪全集』, 권1, 「天泉證道記」, "陽明夫子之學, 以良知爲宗, 每與門人論學, 提四句爲敎法: '無善無惡心之體, 有善有惡意之動, 知善知惡是良知, 爲善去惡是格物.' 學者循此用功, 各有所得. 緖山錢子謂'此是師門敎人定本, 一毫不可更易.' 先生謂: '夫子立敎隨時, 謂之權法, 未可執定. 體用顯微, 只是一機. 心意知物, 只是一事. 若悟得心是無善無惡之心, 意卽是無善無惡之意, 知卽是無善無惡之知, 物卽是無善無惡之物. 盖無心之心則藏密, 無意之意則應圓, 無知之知則體寂, 無物之物則用神. 天命之性, 粹然至善, 神感神應, 其機自不容已, 無善可名. 惡固本無, 善亦不可得而有也. 是謂無善無惡. 若有善有惡, 則意動於物, 非自然之流行, 着於有矣. 自性流行者, 動而無動; 着於有者, 動而動也. 意是心之所發, 若是有善有惡之意, 則知與物一齊皆有, 心亦不可謂之無矣.' 緖山子謂: '若是,

## 4) 세 기록의 비교 검토

위 세 가지 자료는 사구교를 다루는 데 있어 기본적인 근거가 된다. 이들 자료의 기록자들은 각각 자신에게 유리한 한쪽 관점을 강조하였다. 그리하여 세 기록 간에는 차별점이 있고 몇몇 문제에 대해서는 몹시 큰 차이가 나기도 하는데, 그러나 대체적으로 왕수인 사상의 여러 측면을 진실되게 반영했다고 할 수 있다. 이 자료들을 종합하면 '천천증도'의 모든 실제 내용에 접근할 수 있을 것이다. 위의 서로 다른 기록들에서 공통적으로 확인되는 몇몇 내용은 다음과 같다.

첫째, 왕수인은 확실히 만년에 '사구교법'을 제기했으며, 그 내용은 "선도 없고 악도 없는 것은 마음의 본체이고, 선도 있고 악도 있는 것은 의意의 움직임이고, 선을 알고 악을 아는 것은 양지이고, 선을 행하고 악을 없애는 것은 격물이다"라는 사실이다.

명말明末의 유종주劉宗周는 "『양명집』을 살펴보면 사구교법이 그다지 자주 보이지 않고 그 말은 왕용계王龍溪에게서 나온 것이므로, 이 사구교법은 왕수인의 확정되지 않은 견해로서 평소에 이런 말을 한 적은 있지만 감히 책으로 써서 학자들의 의혹을 가중시킨 적은 없다"[8]라고 했다. 이것은 사구

---

是壞師門教法, 非善學也.' 先生謂: '學須自證自悟, 不從人脚跟轉, 若執着師門權法以爲定本, 未免滯於言詮, 非善學也.' 時夫子將有兩廣之行, 錢子請曰: '吾二人所見不同, 何以同人? 盍相與就正夫子?' 晚坐天泉橋上, 因各以所見請質. 夫子曰: '正要二子有此一問, 吾教法原有此兩種. 四無之說爲上根人立教. 四有之說, 爲中根以下人立教. 上根之人, 悟得無善無惡心體, 便從無處立根基, 意與知物, 皆從無生, 一了百當, 卽本體便是工夫, 易簡直截, 更無剩欠, 頓悟之學也. 中根以下之人, 未嘗悟得本體, 未免在有善有惡上立根基, 心與知物, 皆從有生, 須用爲善去惡工夫, 隨處對治, 使之漸漸入悟, 從有以歸於無, 復還本體. 及其成功一也. 世間上根人不易得, 只得就中根以下人立教, 通此一路. 汝中所見, 是接上根人教法, 德洪所見, 是接中根以下人教法. 汝中所見, 我久欲發, 恐人信不及, 徒增躐等之病, 故含蓄到今. 此是傳心秘藏, 顏子明道所不敢言者. 今旣已說破, 亦是天機該發泄時, 豈容復秘? 然此中不可執着, 若執四無之見, 不通得衆人之意, 只好接上根人. 中根以下人, 無從接授. 若執四有之見, 認定意是有善有惡的, 只好接中根以下人, 上根人亦無從接授. 但吾人凡心未了, 雖已得悟, 仍當隨時用漸修功夫, 不如此不足以超凡入聖, 所謂上乘兼修中下也. 汝中此意正好保任, 不宜輕以示人. 槪而言之, 反成漏泄. 德洪却須進此一格, 始爲玄通.'"

8) 『明儒學案』, 「師說」, "四句教法, 考之陽明集中, 幷不經見, 其說乃出於龍溪, 則

교가 왕기에게 나왔고 왕수인의 아직 정해지지 않은 견해라고 여긴 것이다. 그러나 위에서 인용한 글들에 따르면 이런 논법은 확실히 성립할 수 없다. 왕기는 "선생은 문인들과 더불어 학문을 논할 때마다 사구교법을 거론하셨다"라고 강조하였으며, 전덕홍 또한 '사구'가 '선생님의 가르침'이라는 주장을 견지하고 있었다. 이 몇 가지의 기록에 근거하면 사구교가 왕수인이 반복하여 강조한 '종지'이고, 나아가 그가 만년에 여러 차례의 숙고를 거쳐 확립한 가르침이라는 사실은 의심할 여지가 없다. 그는 문인들에게 이 '사구종지'를 고치지 말 것을 재삼 당부하였던 것이다.

사구교의 원문에 관한 것으로는, 왕세정王世貞이 지은 『양명전陽明傳』에 "왕수인은 문인들에게 '선도 없고 악도 없는 것은 마음의 본체이고 선도 있고 악도 있는 것은 마음의 작용이고 선을 알고 악을 아는 것은 양지이고 선을 행하고 악을 없애는 것은 격물이다'라고 말하고 이것을 일체의 종지로 삼았다"[9]라는 글이 있다. 또 모기령毛奇齡이 지은 『양명전陽明傳』에서는 "공이 문인들을 천천교에 모이게 한 적이 있는데, 배움을 청하는 이가 있어서 공이 '선도 없고 악도 없는 것은 마음의 본체이고 선도 있고 악도 있는 것은 의의 움직임이고 선을 알고 악을 아는 것은 치지致知이고 선을 행하고 악을 없애는 것은 격물格物이다'(小注: 어떤 이는 致知를 良知로 썼으나 잘못이다)라고 말했다"[10]라고 하였다.

이 두 주장은 모두 옳지 않다. 심心·의意·지知·물物은 『대학大學』의 정심正心·성의誠意·치지致知·격물格物로부터 온 것이다. 그러므로 왕세정이 '의意의 움직임'(意之動)을 '마음의 작용'(心之用)으로 고친 것은 왕학王學 사상의 자료적 기원을 이해하지 못한 탓이다. 그리고 '선을 알고 악을 아는 것'(知善知惡)은 단지 양지일 뿐이고 이 지知를 확충하여 실제로 행해야만 치

---

陽明未定之見, 平日嘗有是言, 而未敢筆之於書, 以滋學者之惑."

9) 『國朝獻徵錄』, 권9, 「新建伯文成王公守仁傳」, "守仁之語門人云: 無善無惡者心之體, 有善有惡者心之用, 知善知惡者良知, 爲善去惡者格物, 以此爲一切宗旨."

10) 毛奇齡, 『王文成傳本』 卷下(『西河合集』), "公嘗會門人於天泉橋, 有請業者, 公曰: 無善無惡心之體, 有善有惡意之動, 知善知惡是致知, 爲善去惡是格物(小注: 或以致知作良知, 誤)."

지致知라고 할 수 있으므로 모기령이 '양良'을 '치致'로 고쳐서 격물格物과 대를 이루게 한 것은 확실히 왕수인의 치양지 사상을 이해하지 못해서 생긴 잘못이다. 전덕홍과 왕기는 왕수인 문하의 수제자들로서 이들이 '사구종지'에 대해 기록한 것들은 모두 동일하므로, 후인들이 각자의 추측으로 함부로 고친 것들은 그 근거가 부족하다는 것을 알 수 있다.

둘째, '천천증도'가 전덕홍과 왕기의 논변에서 기인했다는 사실이다. 왕기는 사구교가 단지 '권법權法'이지 왕수인의 궁극적 종지는 아니라고 보았고 전덕홍은 사구교가 '정본定本' 즉 확정적이고 불변하는 원칙이라는 주장을 견지하였다. 두 사람의 분기점은 사구교의 후반부 세 구절에 집중되어 있다. 이는 뒷날의 학자들이 사구교의 첫 구절에 주목하여 논쟁을 벌였던 것과는 명백한 대조를 이룬다.

왕기는 심·의·지·물을 체용의 관계로 보고 심이 선도 없고 악도 없다면 의·지·물도 모두 마땅히 선도 없고 악도 없어야 하므로, "선도 있고 악도 있는 것은 의의 움직임이고 선을 알고 악을 아는 것은 양지이고 선을 행하고 악을 없애는 것은 격물이다"라고 정의할 수는 없고 마땅히 "의는 선도 없고 악도 없는 의이며 지는 선도 없고 악도 없는 지이며 물은 선도 없고 악도 없는 물이다"로 정의해야 한다고 보았다. '사무四無'의 입장을 견지해야 한다고 본 것이다. 그러나 전덕홍이 볼 때에는 "선을 행하고 악을 없애는 것은 격물이다"가 가장 기본적인 '본성을 회복하는'(復性) 공부인데, 의에 선악이 있다는 것을 부정하고 아울러 의가 일어날 때 선을 행하고 악을 제거하는 공부를 해야 한다는 것을 부정하는 태도는 근본적으로 '공부'를 없애버리는 행동이었다. 그래서 그는 사구교에서 특히 '선을 행하고 악을 없애는' 공부가 필요하다는 입장을 견지하였다. 두 사람의 논쟁과 그 분기점은 앞서 인용한 세 기록에서 기본적으로 일치하고 있다.

셋째, 전덕홍과 왕기의 분기에 대해 왕수인은 조화의 태도를 취했다는 점이다. 왕수인은, 왕기의 견해는 근본이 뛰어난 사람을 이끄는 데 쓰이고 전덕홍의 견해는 근본이 부족한 사람을 이끄는 데 쓰이는 것으로 두 견해 모두 그의 문하에서 사람들을 가르치는 방법으로 쓰이지만, 그 두 방법은 모두 한계를 갖고 있으므로 '상자위용相資爲用' 즉 서로 돕고 서로 완성시켜 나가야 하는 것이지 어느 한쪽을 없앨 수 없다고 보았다.

「연보」와 『전습록』에 기록된 '천천문답'은 전덕홍의 손에서 나온 것인데 거기서는 '사유四有'·'사무四無'가 언급되지 않았다. '사유'·'사무'라는 표현은 "사무四無의 설은 근본이 뛰어난 사람을 위해 가르침을 세운 것이고 사유四有의 설은 근본이 중간 이하인 사람을 위해 가르침을 세운 것이다"[11]라는 왕기의 기록에서 보인다. 이에 따르면, '사무'는 왕기가 심·의·지·물이 모두 선도 없고 악도 없다고 했던 관점을 가리키고 '사유'는 전덕홍의 관점을 가리킨다. 왕수인은 '사무'·'사유'에 모두 한계가 있다고 거듭 밝혔을 뿐 아니라 사구교가 '위아래로 통하는' 공부라고 하였다. 그러므로 왕수인의 주장은 '사무'도 아니고 '사유'도 아니라는 것을 알 수 있다.

어떤 학자는 왕수인의 사상과 사구교를 '사유' 이론이라고 부르지만 이것은 확실히 부정확한 것이다. 왜냐하면 사구교의 첫 구절이 "선도 없고 악도 없는 것이 마음의 본체이다"라고 한다면 사구교에는 아무리 많아도 세 개의 '유有'밖에 없기 때문이다. 그렇다면 무엇이 '사유四有'인가? 논리상으로 볼 때 '사유'가 되려면 마땅히 "선도 없고 악도 없는 것은 마음의 본체이다"라는 정의를 찬성하지 말아야 하고 심·의·지·물이 모두 '선도 없고 악도 없는 것이 아니라고' 보아야 한다. 바꿔 말하면, 사유설은 마음의 본체에는 '선만 있고 악은 없다'고 보게 되어 당연히 "선을 행하고 악을 없애서 본체의 선을 회복하라"고 주장하게 된다는 것이다. 그러나 「연보」의 기록에 따르면 왕수인은 전덕홍에게 "선도 없고 악도 없는 것이 마음의 본체이다"라는 말을 중점적으로 설명하고 있다. 그렇다고 한다면 전덕홍은 사구교 가운데 본체 문제에 대해 어떤 의문을 품고 있었을 것이다. 왕수인의 또 다른 수제자 추수익鄒守益(호는 東廓)은 다음과 같이 기록하고 있다.

---

11) 『明儒學案』, 권12, 239쪽, "四無之說爲上根人立敎, 四有之說爲中根以下人立敎."

양명 부자夫子께서 양광兩廣을 정벌하러 가게 되셨을 때 전덕홍과 왕기가 부양富陽에서 전송했다. 선생께서 "내가 떠나게 되었으니 각자 배운 바를 말해 보라"고 하자, 전덕홍은 "지극히 선하여 악이 없는 것은 심이고, 선도 있고 악도 있는 것이 의이며, 선을 알고 악을 아는 것이 양지이고, 선을 행하고 악을 없애는 것이 격물입니다"라고 대답했고, 왕기는 "마음은 선도 없고 악도 없으며, 의 또한 선도 없고 악도 없으며, 지 또한 선도 없고 악도 없으며, 물 또한 선도 없고 악도 없습니다"라고 대답했다. 선생께서 웃으면서 "홍보(전덕홍)는 마땅히 여중(왕기)의 본체를 알아야 하며, 여중은 홍보의 공부를 알아야 한다. 두 사람의 이론을 통일시키면 내 의도를 제대로 전수할 수 있을 것이다"라고 말씀하셨다.[12]

추수익이 여기서 서술한 전덕홍의 관점이 바로 사유설四有說이다. 이것은 사유설이 왕수인의 사구교의 관점이 아니라 전덕홍의 관점일 뿐이라는 것을 잘 설명해 준다. 왕수인은 사무四無, 사유四有를 '통일시키라고' 요구했다. 황종희黃宗羲는 일찍이 추수익의 기록을 논하면서 이렇게 말했다.

이것은 왕용계의 「천천증도기」와 동일한 일인데 내용은 이렇게 다르다. 내 스승이셨던 즙산蕺山(유종주의 호)께서는 천천교에서 한 양명의 말이 평소와 다르다고 의심하셨다. (양명은) 평소 늘 "지선至善이 마음의 본체이다"라고 하였고, 또 "지선이란 지극한 천리를 모두 행하고 사사로운 인욕을 조금도 남겨두지 않는 것이다"라고 했으며, 또 "양지가 곧 천리이다"라고 하였다. 기록들 가운데 '천리天理'라는 두 글자를 거론한 것이 한두 번이 아니었다. 그리고 가끔 "선도 없고 악도 없는 것이 리理의 고요함이다"라고 말한 적은

---

12) 『鄒東廓文集』, 권3, 「靑原贈處」, "陽明夫子之平兩廣也, 錢王二子送於富陽. 夫子曰: "予別矣, 盍各言所學." 德洪對曰: "至善無惡者心, 有善有惡者意, 知善知惡是良知, 爲善去惡是格物." 畿對曰: "心無善無惡, 意無善無惡, 知無善無惡, 物無善無惡." 夫子笑道: "洪甫須認汝中本體, 汝中須識洪甫工夫, 二子打幷爲一, 不失吾傳矣."
살펴건대, 추수익은 정해년 9월 '천천증도'의 당사자가 아니다. 그가 '천천증도'와 '嚴灘의 有無 논변'을 하나의 일로 뒤섞어 놓았기 때문에 천천을 富陽이라고 잘못 안 것이다. 부양은 곧 엄탄을 가리키니 대개 전덕홍과 왕기가 왕수인을 송별하느라 엄탄까지 갔었고 거기서 유무에 대해 재론하였던 것이다. 그 상세한 내용은 『전습록』 하권에 보인다.

있지만 직접 "선도 없고 악도 없는 것이 마음의 본체이다"라고 말한 적은 없다. 그런데 지금 선생(추수익)의 기록을 살펴보니 사유설은 여전히 "지극히 선하여 악이 없다"(至善無惡)는 것으로 심心을 정의하고 있으니, '사유四有'의 네 구절도 서산(전덕홍)의 말이지 양명의 가르침이 아니라고 하겠다.[13]

황종희는 '천천증도'의 사구교가 전덕홍에게서 나왔으므로 결코 왕수인이 가르침을 세운 종지가 아니라고 여겼다. 아울러 사구교의 첫 구절은 마땅히 "지극히 선하여 악이 없는 것이 마음의 본체이다"가 되어야 한다고 보았다. 황종희가 사구교는 왕수인의 가르침이 아니라고 부정한 것은 앞서 인용한 세 기록에 기초해 볼 때 근거가 없다. 유종주·황종희는 왕수인을 두둔하고자 "선도 없고 악도 없는 것이 마음의 본체이다"라는 말은 왕수인의 사상이 아니라고 거듭 주장한 것이다. 그러나 황종희가 '사유'의 네 구절이 전덕홍의 주장이라고 한 것은 정확하다.

많은 학자들은 추수익의 「청원증처靑原贈處」에 인용된 전덕홍의 '지극히 선하여 악이 없는 것이 심이다'(至善無惡者心)라는 한 구절로 전덕홍과 왕기가 기록한 사구교의 첫 구절이 잘못된 것이라고 증명하곤 하는데, 이것은 옳지 않다. 첫째, 추수익은 '천천문답'의 당사자가 아니므로 그가 인용한 글을 가지고 당사자의 기록을 부정할 수는 없다. 둘째, "지극히 선하여 악이 없는 것이 심이다"라는 것은 전덕홍의 말인데 전덕홍의 주장을 좇아 왕수인의 사구교의 첫 구절을 고친다는 것은 옳지 못하다. 「청원증처」의 가치는 전덕홍의 전체 주장을 이해할 수 있게 해 주는 데 있다. 이는 앞서 서술한 세 기록에 대한 유력한 보충 자료가 된다.

이상을 통해 우리는 '천천문답'에 세 의견이 있었음을 알게 되었다. 왕기는 사무설四無說, 곧 "심은 선도 없고 악도 없으며, 의意도 선도 없고 악

---

13) 『明儒學案』, 권16, "此與龍溪天泉證道記同一事, 而言之不同如此, 蕺山先師嘗疑陽明天泉之言與平時不同, 平時每言'至善是心之本體', 又曰'至善只是盡乎天理之極, 而無一毫人欲之私', 又曰'良知即天理', 錄中言天理二字不一而足. 有時說'無善無惡者理之靜', 未嘗徑說'無善無惡心之體.' 今觀先生所記, 而四有之說仍是以至善無惡爲心, 即四有四句亦是緒山之言, 非陽明立之爲敎法也."

도 없으며, 지知도 선도 없고 악도 없으며, 물物도 선도 없고 악도 없다"라
는 것을 주장하였고, 전덕홍은 사유설四有說, 곧 "지극히 선하여 악이 없는
것은 심이고, 선도 있고 악도 있는 것은 의意이며, 선을 알고 악을 아는 것
은 양지이고, 선을 행하고 악을 없애는 것은 격물이다"라는 것을 주장하였
으며, 왕수인의 주장은 '사무四無'도 아니고 '사유四有'도 아닌 다른 한 방식
으로 '사무'와 '사유'를 동시에 받아들이자는 것이었다. 이렇게 사구교四句敎
자체는 유有·무無가 합일된 체계였다.

사구교에서 본체는 '마음의 본체'를 가리키고 공부는 '마음의 본체를 회
복하는 실천 방법'을 가리킨다. 본체의 문제는 이 장의 중요한 문제이므로
뒤에서 상세하게 다루기로 하고 여기서는 먼저 사구교 가운데 공부의 문제
를 살펴보기로 하자.

전덕홍은 사유四有의 입장에 서서 '의념意念에서 선을 행하고 악을 없애
는' 것을 공부로 삼아야 한다는 입장을 견지하였고, 왕기는 사무四無의 입장
에 서서 '철저하게 마음의 본체에는 선도 없고 악도 없다는 것을 깨닫는'
것부터 시작해야 한다고 주장하였다. 이에 대해 왕수인은, 근기가 뛰어난
사람은 마음의 본체가 선도 없고 악도 없다는 것을 철저하게 깨달음으로써
하나를 깨쳐 백 가지를 이해할 수 있지만, 근기가 낮은 사람은 의意가 일어
날 때 선을 행하고 악을 없애는 방법을 통해 차근차근 점진적으로 나아가
야 한다고 보았다. 결국 근기가 뛰어난 사람이 도道로 들어가는 공부는 '깨
달음'(悟)인데 이는 곧 돈오頓悟의 방법이고, 근기가 부족한 사람이 도로 들
어가는 공부는 '치양지致良知'인데 이는 곧 점수漸修의 방법이다. 돈오의 방
법은 '무無에서 토대를 세우는' 공부이고, 점수의 방법은 '유有에서 토대를
세우는' 공부이다. 이것은 각기 다른 자질을 가진 학자들에게 적용되는 두
가르침이다. 왕수인은 이런 일련의 방식을 통해 두 공부의 각기 다른 범위
내에서의 합리성을 각각 인정하였다.

그러나 왕수인은 사무설이 근기가 뛰어난 사람을 이끄는 가르침이고 사
유설이 근기가 부족한 사람을 이끄는 가르침이라는 것을 인정하면서도, 한

편으로는 근기가 뛰어난 사람에 대해서도 사무설은 여전히 완전하지 못하고 근기가 부족한 사람에 대해서도 사유설이 여전히 완전하지 못하다는 점을 지적하고 있다. 말하자면, 사무설은 근기가 뛰어난 사람을 도道로 이끌 수 있지만 사무설에만 의지해서는 성인이 될 수 없고, 사유설은 근기가 부족한 사람을 도로 이끌 수 있지만 사유설에만 의지해서는 성인이 될 수 없다는 것이다. 따라서 사구교의 우수성은 근기가 뛰어난 사람과 근기가 부족한 사람에 대한 두 가르침을 전부 수용했다는 데만 있는 것이 아니라, 사구교 체계 전체가 한 사람 한 사람에게 적용되어 모든 사람들을 '범인에서 벗어나 성인의 경지에 들어서게'(超凡入聖) 할 수 있다는 데 있다.

왕수인은 근기가 뛰어난 사람은 돈오에 의지하여 시작할 수 있다 해도 본체를 철저히 깨달은 뒤에는 여전히 때에 따라서 점수 공부를 해야 한다고 하여, "이렇게 하지 않으면 범인에서 벗어나 성인의 경지에 들어갈 수 없게 되므로 '상승上乘의 법문法門은 중·하의 내용을 겸해서 닦는다'(上乘兼修中下也)고 하는 것이다"라고 지적하였다. 또 근기가 부족한 사람은 '의념에서 선을 행하고 악을 없애 가는' 공부를 통해 점수해야 하는 것이긴 하지만, 최종적으로는 마찬가지로 "유에서 무로 돌아와 본체를 다시 회복할 수 있도록"(從有以歸於無, 復還本體) 주의해야 한다고 말하였다. 결국 근기가 뛰어난 사람에 대해서나 근기가 낮은 사람에 대해서나 모두 본체와 공부를 통일시켜야지 어느 한쪽에 집착해서는 안 된다는 것이다.

사구교의 첫 구절인 "선도 없고 악도 없는 것이 심의 본체이다"는 본체를 말한 것이고 나머지 세 구절은 공부를 말한 것이다. 따라서 근기가 뛰어난 사람에 대해서나 근기가 부족한 사람에 대해서나 오직 사구교만이 '위아래로 통하는'(徹上徹下) 공부이다. 왜냐하면, 그것은 돈오이면서 점수이고 유有이면서 무無이며 형이상이면서 형이하이고 본체이면서 공부이기 때문이다. 그렇기 때문에 왕수인은 '천천증도'에서 "자네 두 사람은 이 뒤로 배우는 이들에게 강론할 때 반드시 나의 '사구종지'에 의거해야 한다"라고 거듭 강조했던 것이다.

비록 왕수인이 전덕홍과 왕기의 견해 모두에 대해 각각 긍정도 하고 비판도 했지만, 그렇다고 하더라도 상대적으로 어느 한쪽으로 기울지는 않았을까? 이 점에서 두 사람의 기록은 모두 상대방에 대한 왕수인의 비판을 강조하고 있다고 하겠다. 전덕홍의 기록에 따르면, 왕수인은 이론상으로 '사무'에 대해 근기가 뛰어난 사람을 이끄는 가르침으로서의 가치를 지닌다고 인정하긴 했지만, 이 세상에는 이 가르침을 감당할 수 있는 사람이 거의 없다는 점을 들어 왕기에게 허공에 매달려 본체만을 생각하지 말고 착실하게 선을 행하고 악을 없애는 공부를 하라고 거듭 훈계하고 있다. 그러나 왕기의 기록에 따르면, 왕수인은 이 세상에서 근기가 뛰어난 사람을 만나는 것은 어렵다고 보긴 하지만 사무설은 '마음으로 전하는 비장秘藏'으로서 자신이 오랫동안 말하지 못하고 침묵해 온 내용이라고 인정했다. 심지어 "이미 말해져 버린 것을 보면 지금이 천기가 누설되어야 할 때니 어찌 더 이상 숨길 수 있겠는가!"라고까지 말했다. 이 장과 왕수인의 전체 학설에 근거하여 살펴볼 때 이 두 논법 모두에 진실성이 있다. 다시 말해 왕수인은 속마음으로는 사무설을 더 좋아했지만 학자들을 지도하는 학문의 종지로서는 사유설의 실천적 의의를 더욱 강조했던 것이다.

## 2. 무선무악

사구교 가운데 가장 중요하면서도 곤혹스러운 부분은 유학 사상가인 왕수인에게 있어 이른바 "선도 없고 악도 없는 것이 마음의 본체이다"라는 말의 의미는 과연 무엇일까 하는 점이다.

후대의 사람들은 『전습록』의 한 단락인 "무선무악無惡無善은 리理의 고요함이고 유선유악有善有惡은 기氣의 움직임이다. 기에서 움직이지 않으면 무선무악이니 이것을 지선至善이라 한다"[14]라는 구절을 인용하여 왕수인의

---

14) "無善無惡者理之靜, 有善有惡者氣之動, 不動於氣則無善無惡, 是謂至善."

사구교의 첫 구절인 '무선무악'이 "심체는 지선해서 말로 표현할 수 없다"는 점을 나타낼 뿐이라고 증명함으로써 사구교와 왕수인이 평소에 강조했던 "지선은 마음의 본체이다"라는 정의 사이의 모순을 해결하려고 했다. 리의 고요함과 기의 움직임의 문제에 대해서는 뒤에서 다시 다루기로 하고, 우선 "무선무악을 지선이라고 한다"에 대해 살펴보도록 하겠다.

이 구절은 다음과 같은 두 가지 해석이 가능하다. 하나는 무선무악을 지선으로 보는 것이고 다른 하나는 지선을 무선무악으로 보는 것인데, 이는 완전히 서로 다른 두 사상이다. 전자의 이해에서 대상의 성질은 무선무악, 즉 초윤리적이다. 그것을 지선이라고 부르는 것은 술어의 문제일 뿐이지 결코 대상이 윤리적 의미의 선을 가진다는 뜻이 아니다. 반면 후자의 이해에서는 대상의 성질이 순수하게 선하고 악이 없으므로 명백히 윤리적 의미를 지니는데, 이것을 무선무악이라고 부르는 것은 단지 적절한 표현 방법이 없었기 때문일 뿐이다.

후자의 견해에 의하면 궁극의 선은 구체적인 선과는 구분되어야 한다. 구체적인 선과 악은 서로 대립되지만 궁극의 지선은 구체적인 선과는 다른 어떤 개념으로 표현되어야 하는 것이다. 이런 사유 방식은 중국 사상사에서 이미 나타난 적이 있다. 예를 들어 남송南宋의 호굉胡宏은 "성性에는 선악이 없다"라고 했지만, 이는 사실상 '성이 지선至善'임을 주장한 것이었다. 왕수인은 "본연의 선은 악과 상대되지 않는다"(本然之善不與惡對)라고 햇는데, 이는 '본연의 선' 혹은 지선을 표현하기 위해서 '선악이 없다'는 표현을 사용한 것이다. 그러나 사구교에 대해 말할 때에도 왕수인의 사상이 '무선무악'으로써 궁극의 지선을 표현하려 한 것이었다고 말할 수 있을까?

『전습록』의 전덕홍의 기록에 따르면, 왕수인은 '무선무악이 마음의 본체이다'에 대해 구체적으로 해설한 적이 있다. 그것은 바로, "마음의 본체는 원래 밝고 맑아서 막힘이 없으며, 원래 미발未發의 중中이다"15)라는 구절이다. 「연보」에는 이것에 대한 좀더 상세한 해석이 있다.

---

15) 『明儒學案』, 권10, 218쪽, "人心·本體原是明瑩無滯的. 原是個未發之中."

'유有'는 사람이 스스로 '유'라고 하는 것일 뿐, 양지 본체에는 본래 어떤 존재(有)도 없다. 본체는 단지 태허太虛이다. 태허 가운데 달, 별, 구름, 이슬, 서리, 먹구름, 음산한 기운 등 어떤 것이 없겠는가마는, 어떤 것이 태허의 장애가 되던가? 마음의 본체도 역시 이와 같다. 태허는 형체가 없어서 한번 지나가면 흔적이 사라지거니와 어디 조그만 힘이라도 들이던가?[16]

「연보」에 기록된 이 단락은 왕수인의 '무선무악' 사상을 이해하는 관건이 될 수 있다. 그러므로 우리는 왕수인이 전덕홍에게 해 준 위의 해석을 반드시 기억해야 하고 아울러 이를 통해 왕수인 사상으로 좀더 깊이 들어가야 한다.

왕수인의 해석에 의하면, 이른바 "무선무악이 마음의 본체이다"라는 구절을 통해 다루려는 문제는 윤리적 선악과 무관한 것으로서 근본적으로 마음이 본래 가진 '무체성無滯性'(한곳에 막히지 않음)을 강조하기 위한 것이었다. 그의 설명에 따르면 이런 성질은 태허의 성질과 같다. 온갖 별, 바람, 서리가 태허 속에서 쉬지 않고 운동하고 있지만 태허 본연의 체는 아무런 움직임도 없어서 바람, 비, 우레, 번개, 별들이 태허 속에 드나들고 출몰해도 한번 지나가면 흔적이 사라질 뿐 결코 태허 속에서 장애가 되지 않는다. 인심人心도 본체 즉 본연 상태에서는 순수한 '무체성'을 지니고 있다. 이 '무체성'은 태허와 같아서 희노애락이 사람의 마음에 충만하지만 마음의 본체는 기쁨도 없고 노여움도 없고 슬픔도 없고 즐거움도 없고 번뇌도 없다. 그러므로 사람의 마음은 희노애락 등의 칠정七情을 갖지만 그것들이 한번 지나가고 나면 흔적이 사라져서 어떤 것도 마음에 막혀 있지 않다. 그래서 마음의 본체는 밝고 맑아서 얽매임이 없다고 말하는 것이다. 이것이 '미발未發의 중中'이다. 이는 마치 맑은 얼음판과 같다. 얼음판 위에서 운동하는 모든 물체는 한 번 미끄러지면 그냥 지나가 버리는데, 그렇게 되는 까닭은

---

16) 『全書』, 권34, 475쪽, 「年譜」, "有只是你自有, 良知本體原來無有, 本體只是太虛, 太虛之中, 日月星辰雨露風霜陰霾曀氣, 何物不有? 而又何一物得爲太虛之障? 人心本體亦復如是, 太虛無形, 一過而化, 亦何費纖毫氣力!"

그 물체들이 얼음의 본체에 속하는 것이 아니며 또 얼음의 본체가 그 물체들을 굳이 붙잡아 놓을 필요도 없고 또 그렇게 하려고 하지도 않기 때문이다. 이것을 '무체無滯'라 한다.17)

막히지도 않고 머무르지도 않으며 갖지도 않고 장애받지도 않는 것은 인간의 이상적인 정신(심리) 경지이다. 유가의 입장에서는 사람이 이르러야 할 모든 것들이 본래 자신에게 갖추어져 있다. 그래서 왕수인은 막히지도 않고 머무르지도 않는 것이 사실상 마음의 본체, 즉 마음의 본연 상태 혹은 본래 속성이라고 하였다. "무선무악이 마음의 본체이다"라는 말은 모든 정감·생각이 마음의 본체에 대해서는 별개의 존재라는 뜻이다. 마음의 본체는 정감이나 생각 등이 드나들고 출몰하도록 내버려두지만 의향(지향) 구조에 있어서는 어떤 집착도 없다. 말하자면 '무無'이다. 본체에는 기쁨도 없고 노여움도 없고 슬픔도 없고 즐거움도 없고 번뇌도 없으므로 작용의 과정에서 기쁨·노여움·슬픔·즐거움·좋아함·싫어함·욕구가 가슴 속에 드나들더라도 한번 지나가면 흔적이 사라져서(一過而化)18) 막히지도 않고 머무르지도 않는다. 왕수인은 바로 사람의 마음이 갖추고 있는 이러한 무집착성을 강조하려고 했던 것이다. 왕수인은 이러한 막힘없는 마음의 본체를 '미발의 중中'이라 불렀다. 이는 여기에서 말하는 '심체'가 주로 칠정에 상대해서 말한 것으로서 순수 의식의 주체가 아니라 순수 감정의 주체를 가리킨다는 것을 보여 준다.

---

17) '사구교'의 정밀한 의미는 왕수인의 제자 何庭仁이 매우 명료하게 보여 준다. "스승이 무선무악이라고 한 것은 마음이 사물의 자극에 반응하는 것이 흔적이 없어 지나갈 뿐 머물지 않는, 자연적으로(天然) 지선한 '體'를 가리킨다. 마음이 사물의 자극에 반응하는 것을 意라고 하는데 이것은 선도 있고 악도 있으며 어떤 구체적 형상을 띠고 변화되지 못하여 有에 집착하므로 '의의 움직임'이라 하는 것이다."(『明儒學案』, 권19, "師稱無善無惡者, 指心之應感無迹, 過而不留, 天然至善之體也. 心之應感謂之意, 有善有惡, 物而不化, 著於有矣, 故日意之動.") 그러나 何廷仁은 用만을 논하였을 뿐 體에 대해서는 말하지 않았다.

18) 역자 주―'一過而化'는 『맹자』의 '所過者化'에서 나온 말이다. 여기서는 하나의 일이 지나가면 그것을 마음속에 담아두지 않고 녹여버린다는 의미로 사용하였다.

유종주劉宗周는 왕수인의 이 사상은 왕수인의 일생에서 '결코 자주 보이지 않는'(幷不經見) 것이라고 했지만 사실은 그와 정반대로 왕수인 사상의 전체 발전에서 매우 중요한 대목이다. 『전습록』에는 다음의 글이 실려 있다.

"지知는 해에 비유되고 욕欲은 구름에 비유됩니다. 구름은 비록 해를 가릴 수도 있지만 하늘의 일기一氣에서 볼 때 당연히 존재해야 하는 것입니다. 욕欲도 사람의 마음에 당연히 존재해야 하는 것입니까?"라고 물으니, 선생께서 말씀하셨다. "기쁨 · 노여움 · 슬픔 · 두려움 · 좋아함 · 싫어함 · 욕망을 칠정이라 한다. 이 일곱 가지는 모두 사람의 마음에 당연히 존재해야 하는 것이다. 그렇지만 양지를 분명하게 인식해야만 한다. (양지는) 햇빛과 같아서 정해진 장소가 없다. 조그만 틈이라도 밝음이 통하는 곳이면 거기는 모두 햇빛이 있는 곳이다. 그리고 비록 구름과 안개가 사방에 가득하다 해도 태허 속에서는 형상을 뚜렷이 분별할 수 있으니, 그곳은 햇빛이 사라지지 않은 곳이라 할 수 있다. 구름이 해를 가릴 수 있다고 해서 하늘에 구름이 생기지 않게 할 수는 없다. 칠정은 그 자연스런 유행을 따르면 모두 양지의 작용이므로 선과 악으로 구분할 수 없다. 다만 마음을 어느 하나에 두어서는 안 된다. 칠정이 어느 하나에 집착하게 되면 이를 욕欲이라고 할 수 있다. 이것들은 모두 양지를 가리는 것들이다. 그러나 집착하자마자 양지도 저절로 집착이 생겼다는 사실을 알아차릴 수 있고, 알아차리면 곧 가려짐이 제거되어 그 본체를 회복하게 된다. 이것을 파악할 수 있어야 간이하고도 투철한 공부라고 할 수 있다."[19]

마음의 본체에는 '칠정'이라는 의욕意欲이 없지만 칠정이라는 의욕은 사람의 마음에 존재하게 마련이다. 마음의 실제 활동은 반드시 이들 정감情感 · 염욕念欲을 낳게 된다. 그러므로 한편으로는 양지를 명백하게 인식해야

19) 『傳習錄』 下; 『全書』, 권3, 80쪽, "問: 知譬日, 欲譬雲, 雲雖能蔽日, 亦是天之一氣合有的, 欲亦莫是人心合有的? 先生曰: 喜怒哀懼愛惡欲, 謂之七情, 七者俱是人心合有的, 但要認得良知明白, 比如日光, 亦不可指著方所. 一隙通明, 皆是日光所在. 雖雲霧四塞, 太虛中色象可辨, 亦是日光不滅處, 不可以雲能蔽日, 敎天不要生雲. 七情順其自然之流行, 皆是良知之用, 不可分別善惡. 但不可有所著. 七情有所著, 俱謂之欲, 俱爲良知之蔽. 然才有著時, 良知亦自會覺, 覺卽蔽去復其體矣. 此處能勘破得, 方是簡易透徹工夫."

하고, 즉 '양지의 본체에는 본래 어떤 존재(有)도 없다'는 것을 명백하게 인식해야 하고, 다른 한편으로는 공부에서 칠정이 '자연의 유행'을 따르도록 해야 한다. 자연을 따르려면 선악을 분별해서는 안 되고 마음을 거기에 두어서도(着) 안 된다. 분별을 갖게 되면 마음을 두게 마련인데, 마음을 두는 것은 바로 '막힘'(滯)이자 '장애'(碍)이며 '집착'(着)이다.[20] 칠정 가운데 어느 하나에 집착하면 반드시 어떤 정감이 마음 속에 머물러 있으면서 사라지지 않게 된다. 이 사상은 사구교의 사상과 일치한다.

『전습록』에는 다음과 같은 기록도 있다.

"제 마음을 가지고 시험해 보니, 기쁨·노여움·근심·두려움의 감정이 일어날 때 기氣를 몹시 움직이더라도 마음의 양지가 그런 움직임을 한번 알아차리면 모든 감정들이 바로 아득히 사라져 버리는데, 어떤 때는 처음에 막기도 하고 어떤 때는 중간에 제지하기도 하고 어떤 때는 나중에 뉘우치기도 했습니다. 이로 볼 때 양지라는 것은 늘 한가하고 아무 일도 없는 곳에 자리 잡고 주재가 되는 것으로, 기쁨·노여움·근심·두려움의 감정을 벗어나 있는 듯이 보입니다. 제 생각이 어떠합니까?"라고 물으니, 선생께서는 "이것을 알면 '감정이 일어나기 전의 중中'과 '고요하여 움직임이 없는'(寂然不動) 본체를 알게 되고, '감정이 일어나 절도에 맞는 화和'와 '느끼자마자 바로 환히 꿰뚫는'(感而遂通) 신묘함도 가지게 된다. 그러나 양지가 언제나 한가하여 아무 일도 없는 곳에 자리하는 듯하다고 말하면 여전히 어폐가 있다. 대개 양지는 기쁨·노여움·근심·두려움에 막히지 않지만 기쁨·노여움·근심·두려움 역시 양지의 밖에 있는 것이 아니기 때문이다"라고 대답하셨다.[21]

사람이 '기를 움직인다'(動氣)는 것은, 온갖 감정·정서의 격동을 말한다.

---

20) 역자 주 – 왕수인이 여기서 문제삼는 집착은 선악에 대한 집착이 아니라 어느 한 감정에 대한 집착이므로 저자가 선악의 분별을 집착의 출발점으로 본 것은 조금 어색해 보인다.

21) 『全書』, 권2, 62쪽, 「答陸元靜」, "(問)嘗試於心, 喜怒憂懼之感發也, 雖動氣之極, 而吾心良知一覺, 卽罔然消阻, 或遏於初, 或制於中, 或悔於後. 然則良知常若居優閒無事之地而爲之主, 於喜怒憂懼若不與焉, 何歟? (陽明答)知此則知未發之中, 寂然不動之體, 而有發而中節之和, 感而遂通之妙矣. 然謂良知常若居於優閒無事之地, 語尙有病. 蓋良知雖不滯於喜怒憂懼, 而喜怒憂懼亦不外乎良知也."

그런데 노여움이 일어날 때 노여워하는 것이 옳지 않다는 것을 양지가 즉각 깨달을 수 있으면 움직인 기(노여움)는 곧 무너지듯 사라지게 된다. 육징陸澄(자는 元靜)은 자신의 체험에 근거하여, 이렇게 볼 때 양지는 결코 '기에 의해 움직여진' 적이 없는 듯하다는 의견을 제기했다. 양지는 초연한 주재와 같아서 그 자체에는 노여움·기쁨·슬픔·두려움이 없다는 견해는 왕수인의 '양지 본체에는 본래 어떤 존재도 없다'는 사상과 일치한다. 그래서 왕수인은 양지에 대한 이러한 이해가 있으면『중용』에서 말한 희노애락이 일어나지 않은(未發) '중中'과『역전』에서 말한 '고요히 움직임이 없음'('寂然不動')이 무엇인지 알 수 있다고 대답했다. 다시 말해, '희노애락의 감정을 벗어나 있는 듯한' 이 성질은 바로 '미발未發의 중中'과 '적연부동寂然不動'에서 말하는 그 성질이라는 것이다. 다만, 양지가 '늘 한가한 곳에 자리하여 주재가 된다'라고 말하는 것은 전혀 합당하지 못하다. 이것은 양지 본체와 그 발용을 지나치게 분리하는 것이기 때문이다. 그래서 왕수인은 양지는 희노애락에 막히지도 않고 희노애락 밖에 있지도 않다고 지적했던 것이다.

여기서 '양지'는 마음의 본체를 가리키는데, 마음의 본체가 희노애락에 얽매이지 않는 것이라면 어떠한 기쁨·노여움·근심·두려움의 감정에도 집착해서는 안 된다. 마치 사람이 음식을 먹을 때 건강한 위장의 기능은 음식물이 '한번 지나가면 소화시키는' 것인 것과 같다. 때로는 먹은 것이 소화되지 않고 식체가 발생하기도 하지만 그것은 단지 질병일 뿐이다. 왕수인의 사상에 따르면, 양지의 본래 능력은 어떠한 감정도 마음에 담아 두지 않을 수 있어서 '감정의 막힘'(情滯)은 결코 일어날 수 없다. 다른 한편으로, 태허 속에 온갖 별들이 없을 수 없는 것처럼 양지 또한 칠정을 배척하지는 않는다. 양지는 칠정을 떠나지도 않고 칠정에 막히지도 않는다. 이렇게 될 수 있는 것은 본체에서 볼 때 양지는 태허와 같은 '무체성無滯性'을 가지기 때문이다. 이런 성질은 '무無'라고 부를 수도 있고 '허虛'라고 부를 수도 있다. 이와 관련하여 왕수인은 이렇게 말했다.

도가에서 '허虛'를 말하거니와 성인이라 해서 어찌 허虛 위에 한 터럭이라도 실實이라는 것을 더할 수 있겠는가? 불가에서 '무無'를 말하거니와 성인이라 하여 어찌 한 터럭이라도 '유有'라는 것을 더할 수 있겠는가? 단지 도가가 '허'를 말한 것은 양생하려는 목적에서 나온 것이고 불가에서 '무'를 말한 것은 생사의 고해에서 벗어나려는 데서 나온 것이어서, 본체에 그런 의도들을 더하다 보니 그 '허'·'무'의 본래면목을 잃고 본체에 장애가 생기게 되었다는 것이 문제이다. 성인은 그 양지의 본색으로 되돌아갈 뿐 거기에 전혀 의도를 개재시키지 않는다. 양지의 '허'는 바로 하늘의 태허이고 양지의 '무'는 태허의 무형無形이다. 해, 달, 바람, 우레, 산, 냇물, 백성, 만물 등 무릇 모양과 형색을 지닌 것은 모두 태허의 무형 속에서 발용하고 유행하지만 하늘의 장애가 된 적은 없다. 성인은 단지 그 양지의 발용을 따를 뿐이다. 천지만물은 모두 나의 양지의 발용과 유행 가운데에 있으니, 어찌 한 사물이라도 양지 밖에 벗어나 있어 장애가 될 수 있겠는가?[22]

왕수인은 도가에서 '허'를 말하고 불가에서 '무'를 말한 것이 마음의 본체를 가리켜 말한 것이라면 유가와 결코 모순되지 않으며, 유가도 심체의 '무체성無滯性'을 인정한다고 보았다. 문제는 이들의 출발점이 달라서 '무체성' 문제가 각자의 이론 계통 속에서 가지는 지위가 다르다는 데에 있다. 이 글은 「연보」에 실린, 천천교에서 왕수인이 '무선무악'을 해석했던 내용과 서로 적절하게 보완이 된다. 다시 말해 이른바 "무선무악이 마음의 본체이다"는 양지가 지닌 '허'·'무'의 특성을 가리킨다. 이 특성은 양지를 어떤 것에 '집착'시켜 그 막힘 없는 유행에 장애가 되게 해서는 안 된다는 것으로 표현된다. 사람의 마음은 천지만물을 지각하고 온갖 감정들을 만들어 내지만 이것들 어느 하나도 사람의 마음 속에 걸려서 심리적 응결이나 장애

---

22) 『傳習錄』 下; 『全書』, 권3, 79쪽, "仙家說到虛, 聖人豈能虛上加得一毫實? 佛氏說無, 聖人豈能無上加得一毫有? 但仙家說虛從養生來, 佛家說無從出離生死苦海來, 却於本體上加却這些意思在, 便不是他虛, 無的本色了, 便於本體有障碍. 聖人只是還他良知的本色, 更不曾着些意思在. 良知之虛, 便是天之太虛, 良知之無, 便是太虛之無形. 日月風雷山川民物, 凡有貌象形色, 皆在太虛無形中發用流行, 未嘗作得天的障碍. 聖人只是順其良知之發用. 天地萬物俱在我良知之發用流行中, 何嘗又有一物超乎良知之外能作得障碍!"

가 되어서는 안 된다. 이것을 "천지만물이 모두 양지의 발용과 유행 가운데 있으니 어찌 한 사물이라도 장애를 일으킬 수 있겠는가"라고 표현한 것이다. "그 양지의 발용에 따르기만 할 뿐 전혀 거기에 의도를 개재시키지 않는다"라는 말은 앞서 인용한 "칠정은 그 자연스런 유행에 따라야 하지만 어디에 집착해서는 안 된다"라는 말과 같은 의미이고 "심체에는 선도 없고 악도 없다"라는 말에서 표현하려고 했던 내용과 동일한 사상이다.

가정 연간(1522~1566)에 남대길南大吉(자는 元善, 호는 瑞泉)에게 답하는 편지에서도 왕수인은 이 사상을 자세하게 밝혔다. 그는 개인의 부귀 · 이해 · 작록 등이 모두 사람이 살아가는 온갖 양식이고 보통사람이 추구하는 대상이기도 하지만, 이로 말미암아 온갖 마음의 번뇌 · 근심 · 우울이 생긴다고 지적하였다. 어떻게 해야 이것들에서 벗어나서 '어디를 가더라도 자득할 수 있는' 자유로운 경지에 이를 수 있을까? 많은 사람들은 주의를 전이시키는 방법을 택한다. 예를 들면 그들은 시나 술이나 산수山水에 마음을 둠으로써 부귀와 이익과 영달을 추구하는 과정에서 발생하는 실의와 번뇌를 완화시키고 해소시킨다. 그런데 이런 사람들에게는 언제나 새로운 전이의 대상이 필요하다. 옛 대상이 싫증나면 또다시 고민스런 정서 상태를 되풀이하게 된다. 이것을 '대상을 필요로 한다'(有待於物)고 말한다. 이에 비해 학덕 있는 선비는 주체를 수양하여 이 문제를 해결하려고 하며, 그 수양이 결실을 맺으면 더 이상 대상을 필요로 하지 않는다. 어떠한 경우에도 항상 번뇌나 혼란을 일으키지 않도록 마음을 지킬 수 있게 되는 것이다. 왕수인은 이 경지를 다음과 같이 서술하였다.

무릇 도를 갖춘 선비만이 진실로 그 양지의 밝은 영각靈覺이 원융하고 통철하여 드넓게 태허와 한 몸이 된다는 것을 안다. 태허 속에는 온갖 사물들이 존재하지만 어떤 것도 태허의 장애가 되지 않는다. 대개 나의 양지의 본체는 본래 총명예지하고 본래 너그럽고 온유하며, 본래 기운 있고 굳세고 본래 장엄 · 중정中正하고 문리文理가 정밀하며, 본래 넓디넓고 깊디깊어 상황에 알맞게 행동하고 본래 어떠한 부귀도 흠모하지 않으며, 본래 어떠한 가난에

도 근심하지 않고 본래 어떠한 득실에도 기뻐하거나 슬퍼하지 않으며 어떠한 애증도 취하거나 버리지 않는다.……그러므로 무릇 부귀를 동경하거나 빈천을 근심하고 득실을 기뻐하거나 근심하며 애증을 취하거나 버리는 일들이 모두 내 총명예지한 체體와 내 깊디깊어 상황에 알맞게 행동하는 용用을 가릴 수는 있겠지만, 이런 것들은 마치 밝은 눈을 모래 먼지로 가리고 밝은 귀를 나무못으로 막는 것과 같다.……그러므로 무릇 도를 갖춘 선비는 부귀와 빈천과 득실과 애증의 현상을 보기를, 마치 흩날리는 바람과 떠다니는 안개가 태허 속에서 드나들며 변화하지만 태허의 본체는 여전히 언제나 드넓어서 장애가 없는 것과 같이 본다.[23]

이른바 양지가 태허와 한 몸이라는 말은 바로 왕수인이 천천증도에서 말한 "본체는 단지 태허이다"와 같은 의미이다. 이 편지는 「연보」에 기록된 '천천문답'에 담긴 태허설의 한 각주로 간주될 수 있다. 부귀에 대한 동경, 빈천에 대한 걱정, 개인의 득실과 이해에 대한 기쁨과 슬픔, 그리고 이것으로부터 비롯된 고통·근심·울분·고민은 모두 양지의 본체에 원래부터 존재하는 것이 아니다. 이런 것들은 양지의 본체에 하나도 포함되지 않는다. 도를 갖춘 선비는 이런 감정들이 흩날리는 바람이 태허를 거쳐 가듯 조화되어 막히지 않게 한다. 왜냐하면 양지는 태허와 마찬가지로 본래 드넓어서 장애가 없고 맑디맑아 막힘이 없기 때문이다.

득실과 애증의 감정이 심체에 대해 가지는 의미는 모래 먼지가 눈동자에 대해 가지는 의미와 같다고 한 표현은 『전습록』에도 나타난다.

"심체에는 어떠한 생각도 머물러 막혀 있게 해서는 안 된다. 마치 눈에 조금

---

23) 『全書』, 권6, 116쪽, 「答南元善」, "夫惟有道之士眞有以見其良知之昭明靈覺, 圓融洞徹, 廓然與太虛同體, 太虛之中何物不有, 而無一物能爲太虛之障碍. 盖吾良知之體本自聰明叡智, 本自寬裕溫柔, 本自發剛强毅, 本自齋莊中正, 文理密察, 本自薄薄淵泉而時出之, 本無富貴之可慕, 本無貧賤之可憂, 本無得喪之可欣戚, 愛憎之可舍.……故凡慕富貴, 憂貧賤, 欣戚得喪, 愛憎取舍之類, 皆足以蔽吾聰明叡智之體而窒吾淵泉時出之用, 若此者如明目之中而翳之以塵沙, 聰耳之中而塞之以木楔也.……故凡有道之士, 其於富貴貧賤得喪愛憎之相, 値若飄風浮靄之往來變化於太虛, 而太虛之體固常廓然其無碍也."

의 먼지나 모래도 들어 있게 해서는 안 되는 것과 같다. 조그만 것이 얼마나 될까마는 온 눈을 가려 곧장 천지가 캄캄해진다" 하시고, 또 "이 '어떤 생각' 이란 사념私念만이 아니다. 좋은 생각이라 하더라도 마찬가지로 조금도 담아 두어서는 안 된다. 마치 눈에 금과 옥의 부스러기를 넣어 눈을 뜰 수 없게 되는 것과 같다"라고 하셨다.[24]

마음의 본체에서 보면, 양지는 태허와 한 몸이어서 어떤 것도 양지의 장애가 될 수 없다. 그러나 마음의 발용에서 보면, 사람에게는 사의私意가 뒤섞여 있으므로 감정에 집착이 생기게 되면 바로 장애가 되어 버린다. 그래서 공부할 때는 마음의 자연스런 유행을 잘 유지할 수 있도록 주의해서 정의情意나 생각이 한곳에 막혀서 사라지지 않는 것을 방지하거나 해소시켜야 한다. 왕수인은, 이것은 눈 안에 어떠한 모래알도 끼여 있게 해서는 안 되는 것과 같다고 하였다. 또한 그는 좋은 생각이라 해도 마찬가지라는 점을 강조했다. 그러나 여기서 주의해야 할 것은, 좋은 생각이든 나쁜 생각이든 모두 없애서 아무런 생각도 생기지 않도록 해야 한다고 주장한 것이 아니라, 좋은 생각이든 나쁜 생각이든 어디에도 '집착'해서는 안 된다는 것을 지적했다는 점이다. 다시 말해 마음 속에 좋은 생각이 생기게 해서는 안 된다는 말이 아니라 어떤 생각이든 '막혀'(留滯) 있어서는 안 된다는 말이다. 황종희는 "사실 무선무악이란 좋은 생각도 나쁜 생각도 없다는 말일 뿐이다"[25]라고 했지만, 이 설명은 단지 '무선무악이 마음의 본체이다'라는 말에서 공부의 일면만을 본 것이고 실제로 이 사구교의 첫 구절에서 좀더 강조한 것은 본체의 부분이었다.

이상에서 말한 내용은 모두 왕수인이 월성에 거주한 뒤의 사상이므로 무선무악설이 왕수인의 우발적인 논의가 아니었다는 것을 잘 증명해 준다. 사실 이런 사상은 강서江西 시절 이전에도 보인다. 예를 들어 『전습록』 상

---

24) 『傳習錄』 下; 『全書』, 권3, 85쪽, "心體上著不得一念留滯. 就如眼著不得些塵沙. 些子能得幾多, 滿眼便昏天黑地了. 又曰: 這一念不但是私念, 便好的念頭亦着不 得些子, 如眼中放些金玉屑, 眼亦開不得了."
25) 『明儒學案』, 권10, 179쪽, 「姚江學案」, 按語, "其實無善無惡者, 無善念惡念耳."

권에도 "심체에는 어떤 생각(설령 좋은 생각이라 할지라도)을 담아두어서는 안 된다"는 문제에 관한 한 단락이 실려 있다.

수형守衡이 "『대학』의 공부는 단지 '성의誠意'일 뿐이고 '성의'의 공부는 '격물치지'일 뿐이므로, 몸을 닦고 집안을 다스리고 천하를 평화롭게 하는 일들은 모두 '성의'로 포괄할 수 있습니다. 그런데 또 '정심正心'이라는 공부가 있어 '분노하거나 즐거워하는 바가 있으면 올바른 상태를 얻지 못한다'라고 한 것은 무엇 때문입니까?"라고 물으니, 선생께서는 "이 문제는 스스로 생각해서 터득해야 한다. 이것을 알면 곧 '미발의 중'을 알게 된다"라고 하셨다. 수형이 거듭 묻자 선생께서는 이렇게 말씀하셨다. "학문을 추구하는(爲學) 공부에는 얕고 깊음이 있다. 처음 시작할 때 만약 실제로 마음을 써서 선을 좋아하고 악을 싫어하지 않으면 어떻게 선을 행하고 악을 제거할 수 있겠는가? 이렇게 실제로 충실하게 마음을 쓰는 것이 바로 '성의'이다. 그러나 마음의 본체에는 본래 아무것도 없다는 사실을 알지 못하고 줄곧 선을 좋아하고 악을 미워하는 것만 생각하게 되면 또 그만큼의 의도성이 있게 되므로 더 이상 '더없이 크고 공정한 경지'(廓然大公)라고 할 수 없다. 『서경』의 이른바 '좋아함도 싫어함도 만들지 않는' 경지에 이르러야 본체라 할 수 있다."[26]

이 사상이 바로 사구교 가운데 "무선무악이 마음의 본체이다"의 사상이다. "마음의 본체에 본래 아무것도 없다"라는 말은 마음의 본래 상태에서는 어떤 것에도 집착하지 않는다는 뜻이고, 어떤 것에 대한 집착은 모두 마음의 본체를 잃어버린 것이다. 그러므로 『대학』에서 "분노하는 것이 있으면 그 올바름을 얻을 수 없다"(有所忿懥不得其正)라고 한 것은 집착에서 일어난 소극적인 감정을 가리킨다. 왕수인은, 선을 좋아하고 악을 싫어하는 데 실제로 힘을 쏟는 것이 곧 '성의'이고 초학자는 반드시 이 공부를 해야 한다

---

26) 『傳習錄』 上; 『全書』, 권1, 49쪽, "守衡問: 大學工夫只是誠意, 誠意工夫只是格致, 修齊致平只誠意盡矣. 又有正心之功, '有所忿懥好樂則不得其正', 何也? 先生曰: 此要自思得之, 知此則知未發之中矣. 守衡再三請, 曰: 爲學工夫有淺深, 初時若不用意去好善惡惡, 如何能爲善去惡? 這着實用意便是誠意. 然不知心之本體原無一物, 一向着意去好善惡惡, 便又多了這分意思, 便不是那廓然大公. 『書』所謂無有作好作惡, 方是本體."

고 보았다. 그러나 학문은 결코 여기서 그치지 않는다. 선을 좋아하고 악을 싫어하는 기반 위에서 또 '마음의 본체에는 본래 아무것도 없음'을 알아서 의향에 있어 자각적으로 '어떠한 마음도 두지 않도록' 해야만 한다. 이것은 '천천증도'에 나오는 '유에서 무로 돌아간다'(從有入於無)는 말과 같은 의미이다. 비록 선을 좋아하는 데 마음을 둔다 하더라도 그것 또한 어떤 사물에 '마음을 두는'(著意) 것이어서 의향에 있어서 '마음을 조금도 두지 않는' 상태라고 할 수 없다. 말하자면 '(어쨌든) 그런 생각이 하나 더 있는' 셈이므로 분노나 좋아함과 같이 한곳에 막힌 정서가 생겨서 내심의 평정 곧 '미발의 중'을 파괴하게 된다. 결국 '생각(念)을 두지 않는다'는 말이나 '마음(意)을 두지 않는다'는 말은 모두 감정이 한곳에 막혀서 생기는 심리적인 결과에 착안한 것이다. 동시에, 위의 토론에서 '마음의 본체'의 '본체'는 어떤 본질이나 윤리 원칙을 가리키는 것이 아니라 일종의 본연적 정감(심리) 상태였음을 보여 준다.

『전습록』상권은 정덕 13년 무인년에 간행되었고 이때 왕수인은 아직 살아 있었다. 그렇다면 여기에 기록된 내용은 반드시 왕수인의 인증을 거쳤을 것이므로 이 기록에는 의심의 여지가 없으며, 우리는 "무선무악이 마음의 본체이다"라는 사상이 제법 일찍 이루어졌다는 것을 알 수 있다. 그의 또 다른 대화 속에서도 '무선무악'의 문제가 명확하게 언급되고 있다.

내(薛侃)가 화초들 사이의 풀을 뽑다가 "천지 사이에서 어찌하여 선은 북돋워 주기 어렵고 악은 제거하기가 어렵습니까?"라고 여쭈니, 선생께서는 "북돋워 주지도 제거하지도 않았기 때문이다"라고 말씀하셨다. 그리고는 조금 있다가 "이 일에서 볼 때 선악은 모두 사람의 기준에서 판단한 것이므로 잘못이 생길 수 있다"라고 말씀하셨다. 그러나 나는 이해하지를 못했다. 그러자 선생께서는 "천지간의 생명력은 꽃이나 풀이나 마찬가지이다. 어찌 선악의 구분이 있겠는가? 그대가 꽃을 관상하고자 하면 꽃을 선으로 여기고 풀을 악으로 여기며, 풀을 쓰고자 하면 다시 풀을 선으로 여긴다. 이런 선악은 모두 그대의 좋아하고 싫어하는 마음에서 생겼으니 이것이 잘못이라는 것을 알 수 있다"라고 말씀하셨다. "그러면 선도 없고 악도 없는 것입니까?"라고 여쭈니, 선생께서는 "선도 없고 악도 없는 것은 리理의 고요함이고 선도 있고 악도 있는 것은 기氣의 움직임이다. 기에 의해 동요되지 않으면 선도 없고 악도 없으니 이를 지선至善이라 한다"라고 말씀하셨다.

다시 내가 "불가에서도 역시 '무선무악'을 말하는데 어떻게 다릅니까?"라고 여쭈어 보니, 선생께서는 "불가에서는 '무선무악'에 집착하여 일체를 모두 돌보지 않으므로 천하를 다스릴 수 없다. 성인의 '무선무악'은 단지 '좋아하는 것도 만들지 않고 싫어하는 것도 만들지 않는' 태도일 뿐이니 기氣에 의해 동요되지 않는다. 그러면서도 '선왕先王의 도를 따름으로써 표준을 가질 수 있으므로' 자연히 한결같이 천리를 따라 '천지를 도와 만물을 완성하는'(裁成輔相) 공을 이루게 된다"라고 말씀하셨다.

내가 "풀이 악이 아니라면 풀을 제거하지 말아야 하는 게 아닙니까?"라고 물으니, 선생께서는 "이와 같은 발상이 바로 불가나 도가의 생각이다. 풀이 만약 장애가 된다면 네가 제거해 버리는 데 무슨 거리낄 것이 있겠는가?"라고 말씀하셨다. 다시 내가 "그렇다면 그 역시 좋아하고 싫어하는 것을 만드는 것이 아닙니까?"라고 여쭈어 보자, 선생께서는 "'좋아하고 싫어하는 것을 만들지 않는다'는 말은 좋아하고 싫어하는 것이 전혀 없다는 뜻이 아니다. 그런 사람은 지각이 없는 사람이다. '만들지 않는다'(不作)라는 말은 좋아하고 싫어함이 한결같이 리를 따르고 조금도 마음을 두지 않는다는 뜻이다. 그렇게 할 수 있으면 좋아하고 싫어하는 것이 없는 것과 마찬가지이다"라고 말씀하셨다.

내가 "풀을 뽑는 것이 어째서 한결같이 리를 따르고 조금도 마음을 두지 않는다는 것입니까?"라고 여쭈어 보니, 선생께서는 "풀이 나한테 방해가 되고 이치로 볼 때도 뽑아야 한다면 뽑아 낼 뿐이다. 우연히 아직 뽑지 못했다고 해도 역시 마음에 누累가 되지는 않지만, 만약 조금이라도 마음을 두게 되면 심체에 바로 누가 있게 되고 온갖 기에 의한 움직여지게 될 것이다……"라고 말씀하셨다.

내가 "'호색을 좋아하듯 악취를 싫어하듯'이라는 것이 어찌 마음(意)이 아니란 말입니까?"라고 여쭈니, 선생께서는 "그건 성의誠意이지 사의私意가 아니다. '성의'는 단지 천리를 따르는 것일 뿐이다. 그런데 비록 천리를 따른다 해도 마음을 조금이라도 두게 되면 문제가 생긴다. 그렇기 때문에 분노하거나 좋아하는 바가 있으면 그 올바른 상태를 얻지 못하게 되는 것이다. 더없이 크고 공정해야만(廓然大公) 마음의 본체라 할 수 있다. 이것을 알면 '미발未發의 중中'을 알게 된다"라고 말씀하셨다.[27]

왕수인은 여기서 그가 말하는 '무선무악'이, 공부로서 말하면 옳고 그름을 뒤섞고 선악을 분별하지 않는다는 것이 아니라 '마음을 한곳에 집착하지 않고'(不著意思) '기에 의해 움직이지 않는'(不動於氣) 것이라는 점을 분명히 지적했다. 그는 이것이 바로 『서경』에서 말한 "좋아하는 것도 만들지 않고 싫어하는 것도 만들지 않는다"(無有作好, 無有作惡)라는 구절의 의미라고 보았다. '무선무악'과 '호오好惡를 짓지 않음'은 사람이 마음 속에 아무런 생각도 갖지 않고 아무런 지각도 없는 고목으로 바뀌어야 한다는 의미가 아니다. 사람은 자연히 호오를 가지게 마련이고 또 마땅히 선을 좋아하고 악을 싫어해야 한다. 다만 이런 호오는 '리를 따라야 할' 뿐 아니라 '기에 의해 움직여지지도 말아야' 한다는 것이다. 무선무악은 결국 '기에 의해 움직여지지 않는' 일면을 강조한 것이다.

기에 의해 움직여지지 않는 것은 마음을 한곳에 두지 않기 때문이다. 다시 말해 집착하지 않기 때문이다. 집착하게 되면 기에 의해 움직여지지 않을 수 없다. 여기서 말하는 '기에 의한 움직임'이란 어떤 유해한 감정·정서가 발생한다는 의미이다. 사람이 마음을 한곳에 두지 않을 수 있는 것

---

27) 『傳習錄』上; 『全書』, 권1, 47쪽, "侃去花間草, 曰: 天地間何善難培, 惡難去? 先生曰: 未培未去耳. 少間曰: 此事看善惡皆從軀殼處起念, 便會錯. 侃未達. 曰: 天地生意, 花草一般, 何曾有善惡之分, 子欲觀花, 則以花爲善, 以草爲惡. 如欲用草時, 復以草爲善矣. 此等善惡皆由汝心好惡所生, 故知是錯. 曰: 然則無善無惡乎? 曰: 無善無惡者理之靜, 有善有惡者氣之動, 不動於氣卽無善無惡, 是謂至善. 曰: 佛氏亦無善無惡, 何以異? 曰: 佛氏着在無善無惡上, 便一切都不管, 不可以治天下. 聖人無善無惡, 只是'無有作好, 無有作惡', 不動於氣. 然'遵王之道, 會其有極', 便自一循天理, 便有個裁成輔相.' 草旣非惡, 卽草不宜去矣. 曰: 如此却是佛老意見. 草若有碍, 何碍汝去? 曰: 如此又是作好作惡? 曰: 不作好惡非是全無好惡, 却是無知覺的人. 謂之不作者, 只是好惡一循於理, 不去又着一分意思, 如此卽是不曾好惡一般. 曰: 去草如何是一循於理, 不着意思? 曰: 草有妨碍, 理亦宜去, 去之而已, 偶未卽去, 亦不累心, 若着了一分意思, 卽心體便有貽累, 便有許多動氣處……曰: '如好好色, 如惡惡臭', 安得非意? 曰: 却是誠意, 不是私意. 誠意只是循天理, 雖是循天理, 亦着不得一分意, 故有所忿懷好樂則不得其正, 須是廓然大公, 方是心之本體, 知此卽知未發之中."

은 심체에는 본래 '처음부터 아무것도 없었기'(原無一物) 때문이다. 만일 감성 육체로 인해 사의를 가지게 되면 집착을 낳게 되고 그 결과 어떤 정서·감정이 내심의 장애(累心)로 변하게 된다. 이런 이해를 근거로 해서 우리는 이 절의 전반부에서 제기한 문제에 대답할 수 있게 되었다. 말하자면, 왕수인은 '무선무악'을 '지선至善'이라고 부르긴 했지만 여기서의 '지선'의 의미는 도덕적인 것이 아니라 초도덕적인 것이라는 점이다.

『전습록』 상권에는 '한곳에 마음을 두고' '기에 의해 움직이며' '마음에 누가 되는' 감정·정서에 관한 또 다른 대화 내용이 있다.

> 내(陸澄)가 홍려시鴻臚寺 창거倉居로 있을 때 갑자기 집에서 편지가 왔는데 아이가 위독하다는 것이었다. 나는 몹시 근심스러워 번민을 감당할 수가 없었다. 그러자 선생께서 "이런 상황이야말로 힘을 쏟아야 할 순간이다. 만일 이때를 그냥 지나쳐 버린다면 평소에 학문한 것이 무슨 쓸모가 있겠는가? 사람의 마음은 이런 때에 연마해야 하는 것이다. 아버지가 자식을 사랑하는 것은 물론 지극한 정이지만 천리天理에는 본래 '중화中和'라는 것이 있다. 지나치면 곧 사의私意인데 사람들은 다들 이런 것을 천리라 잘못 생각하여 근심해야 할 일이 있으면 줄곧 근심하기만 하고 그칠 줄을 모른다. 이는 『대학』의 '근심하는 바가 있으면 그 올바른 상태를 얻지 못한다'는 경우에 해당한다. 무릇 이른바 칠정이 일어날 때 그 감정이 지나친 경우는 있어도 부족한 경우는 얼마 되지 않는다. 지나침이 생기게 되면 곧 그것은 '마음의 본체'라고 할 수 없다"라고 말씀하셨다.[28]

이상의 세 인용문들은 모두 『전습록』 상권에 실려 있으므로 왕수인이 무인년 이전에 강론했던 말임을 알 수 있다. 육징陸澄의 기록은 왕수인이 정덕 9년에서 11년까지 남경의 홍려시경鴻臚寺卿을 맡고 있을 때의 일이며,

---

28) 『傳習錄』 上; 『全書』, 권1, 43쪽, "澄在鴻臚寺倉居, 忽家信至, 言兒病危, 澄心甚憂, 悶不能堪. 先生曰: 此時正宜用功, 若此時放過, 閑時講學何用? 人心要在此等時磨煉, 父之愛子自是至情, 然天理亦自有個中和處, 過即是私意, 人於此處多認作天理, 當憂則一向憂苦不知已, 是有所憂患不得其正. 大抵七情所感只是過, 少不及者, 才過便非心之本體."

앞의 두 조목 역시 같은 시기의 일이다. 몇몇 학자들은 육징에 대한 왕수인의 말을 '솔직한 감정을 감추고 거짓을 꾸미게 한 것'(矯情飾僞)이라고 이해하는데, 이는 왕수인의 전체 '무선무악' 사상이 가진 심리 조절의 의의를 전혀 이해하지 못한 데서 연유한다. 왕수인도 아들이 병에 걸렸을 때 근심하고 번민하는 것은 인정의 일반적 일이라고 보았다. 그가 반대한 것은 슬픈 정을 '그치지 못하는 것'이었을 뿐이다. 왕수인의 사상에서 요구한 것은 사람이 각종 외부 사물에 대해 가지는 감정을 모두 '한번 지나가면 사라지게 하고' '막히지도 말고 남겨두지도 말아서', 이런 감정·정서가 마음에 누가 되지 않게 하고 훌륭한 심리 소질과 상태를 유지해야 한다는 것이었다. 그러므로 육징의 '번민을 감당할 수 없고' '근심을 그칠 수 없음'은 왕수인이 볼 때 곧 '체체滯'·'누累'·'애碍'·'장障'으로서, 모두 심리의 안정·평형의 상태를 지키는 데 있어 장애가 되는 것들이다.

이제 왕수인의 사구교에서 "무선무악은 마음의 본체이다"라는 사상의 의미가 명료해졌다고 하겠다. 그 의미는 윤리적인 선악의 구분을 부정한 것이 아니었다. 그것이 다룬 것은 사회적 도덕 윤리와는 다른 측면(dimention)의 문제로서 마음이 본래 가지고 있는 순수한 '무집착성無執着性'을 지적한 것이고, 어떠한 것에도 집착하지 않는 마음의 본연 상태가 이상적인 자재自在의 경지를 실현하는 내재 근거임을 지적한 것이다.[29]

---

29) 왕수인과 동시대에 王鰲라는 이가 있었는데 만년에 「性善論」을 지어 "寂然不動 속에 지극히 虛靈한 것이 존재한다. 맑디맑지만 有는 아니며 아득하긴 하나 無는 아니므로, 가운데로도 한쪽으로도 떨어지지 않으며 소리와 냄새 속에 뒤섞이지도 않는다. 이때에는 선도 아직 형성되지 않았으니 어찌 이른바 악이라는 것이 있었겠는가! 어찌 이른바 선악의 뒤섞임이 있었겠는가! 어찌 이른바 三品(韓愈가 주장한 性三品說을 말함)이 있었겠는가? 성이란 거울과 같을진저! 거울은 선악을 남겨두지 않으니 사물이 오면 응하고 사물이 가면 비게 된다. 거울이 무슨 영향을 받겠는가!"(『全書』, 권25, 365쪽, 「太傅王文恪公傳」, "寂然不動之中而有至虛至靈者存焉. 湛兮其非有也, 窅兮其非無也, 不墮於中邊, 不雜乎聲臭. 堂是時也, 善且未形, 而惡有所謂惡者哉! 惡有所謂善惡混者哉? 惡有所謂三品者哉? 性其猶鑒乎? 鑒者善應而不留, 物來則應, 物去則空, 鑒何有焉")라고 하였다. 이 주장은 왕수인의 '무선무악이 마음의 體이다'라는 이론과 가깝다. 왕오는 왕수인보다 4년 앞서 죽었다.

## 3. 심체와 성체

'심체心體'와 '성체性體'는 왕수인과 그의 후학들의 사상에서 자주 보이는 개념으로, 이 두 개념은 모종삼牟宗三의 『심체와 성체』가 출판된 이래 적어도 학술계에서는 이미 귀에 익은 개념이 되었다. 여기에서는 송명 리학의 발전 맥락에서 이 두 개념을 좀더 명확히 정리하여 그것이 명대의 왕수인 철학 속에서 어떤 의미를 갖고 있는지를 밝히고자 한다. 물론 우리의 착안점은 여전히 "무선무악은 마음의 본체이다"라는 말의 의미를 보다 깊이 이해하려는 데 있다.

북송北宋의 오자五子들은, 즉 주돈이周惇頤(호는 濂溪)나 장재張載(호는 橫渠), 이정二程 등은 심체와 성체라는 개념을 제기한 적이 없었다. 다만 장재는 "태허太虛는 형체가 없으니 기氣의 본체이다"(太虛無形, 氣之本體)라는 사상을 제기하여 명확하게 '본연의 체'라는 의미에서 '본체'라는 개념을 사용하였으며, 이정은 "그 체體를 역易이라 하고 그 리理를 도道라 하며 그 용用을 신神이라 한다"(其體則謂之易, 其理則謂之道, 其用則謂之神)라고 하여 '변역變易의 총체'라는 의미로서 '체'의 용법을 발전시켰다. 이 '체'에 관한 두 용법은 그들 자신에게서 심성론의 구조와 표현으로 사용된 적은 없었지만 이론적 사유에서 볼 때 후대 '심체'와 '성체' 개념의 기초를 마련해 주었다. 이정의 '미발未發'에 관한 논의도 뒷날 이 두 개념의 발전에 있어 계발적 역할을 한다.

리학의 역사에서 가장 먼저 심체와 성체의 개념을 제기한 이는 주희였다. 주희는 초년에 장식張栻(호는 南軒)과 '중화中和'를 논의할 때 '심체의 유행'(心體流行)이라는 표현을 쓴 적이 있다. 여기서 '심체'의 '체'는 체용의 체를 의미하는 것이 아니라 정이程頤(호는 伊川)가 말한 "그 체를 역易이라 한다"의 체, 곧 변역變易의 총체를 의미한다. 그래서 또 "이 마음의 유행의 체"(此心流行之體)라고도 말했던 것이다.30)

---

30) 陳來, 『朱熹哲學硏究』, 제2부 제1장 참조.

주희는 '마음(心)의 본체'라는 관념을 좀더 자주 사용하였다. 주희는 "마음의 본체는 본래 바른 것이고, 발동하여 사적인 의意가 된 뒤에 바르지 못함이 생긴다"[31]라고 했다. 또 "이 마음의 본체는 적연寂然하게 움직임이 없어서 거울의 비어 있음과 같고 저울의 평형을 이룸과 같다. 어찌 그 올바름을 얻지 못할 수가 있겠는가",[32] "사람의 마음에서, 티 없이 맑고 밝아서 거울의 비어 있음과 같고 저울의 평형을 이룸과 같아 일신의 주재主宰가 될 수 있는 그런 마음이 물론 그 진체眞體의 본연이다",[33] "사람의 마음에서, 티 없이 맑고 밝아서 일신의 주재가 될 수 있는 그런 마음이 물론 그 본체이다"[34]라고 말했다. 이들 구절을 통해 주희가 '진체眞體의 본연'이라는 의미에서 '심체' 혹은 '마음의 본체'라는 술어를 사용했음을 알 수 있다. 그래서 주희는 또 "마음은 본래 선하지만 생각으로 발하게 되면 선도 있고 선하지 않은 것도 있게 된다. 정자程子가 하려던 말은 마음의 본체에서는 선만 있고 악은 없다는 것을 지적하자는 것이었다"[35]라고 했던 것이다.

주희에게는 또 '성性의 본체'라는 관념이 있었다. "성이라고 말하면 항상 기질氣質이 그 속에 내재하게 되기"[36] 때문에, 그는 인간의 기질지성氣質之性과 상대해서 말할 때 '성의 본체'라는 개념을 설정했다. 그리하여 주희는 "성의 본체는 리일 뿐이다",[37] "성의 본체는 곧 인의예지라는 내용으로 이루어져 있다",[38] "사람이 태어난(生) 뒤에는 이 리가 이미 형기形氣 속에 떨어져 완전한 성의 본체가 아니다.……성이라고 말하게 되면 이미 생生과 관련되어 기질을 겸하게 되므로 '성의 본체'일 수 없다. 그러나 성의 본체는

---

31) 『語類』, 권16, 343쪽, "心體本正, 發而爲意之私, 然後有不正."
32) 『語類』, 권18, 423쪽, "此心之體, 寂然不動, 如鏡之空, 如衡之平, 何不得其正之有."
33) 『大學或問』, 권2, "人之一心, 湛然虛明, 如鑒之空, 如衡之平, 以爲一身之主者, 固其眞體之本然."
34) 『朱子文集』, 권51, 「答黃子耕」, "人之心, 湛然虛明, 以爲一身之主者, 固其本體."
35) 『語類』, 권95, 2438쪽, "心本善, 發於思慮則有善有不善, 程子之意, 是指心之本體有善而無惡."
36) 『語類』, 권4, 66쪽, "纔說性時, 便有些氣質在裏面."
37) 『孟子或問』, 권11, "性之本體, 理而已矣."
38) 『朱子文集』, 권61, 「答林德久」, "性之本體便是仁義禮智之實."

여전히 뒤섞인 적이 없으므로 사람들은 여기서 그 본체가 원래 떠난 적도 없고 오염된 적도 없다는 사실을 알아야 한다"39)라고 말했다. 바로 이런 의미에서 주희는 좀더 자주 '본연지성本然之性'이란 용어를 '기질지성氣質之性'과 대립시키고 이를 통해 본성本性인 성리性理를 규정했던 것이다.

이처럼 주희는 주로 '본연의 면목'이라는 의미에서 심체와 성체의 개념을 사용하였다. 그런데 주의해야 할 것은, 주희를 비롯한 대부분의 송명대의 리학가들이 강론했던 마음의 본체와 성의 본체, 혹은 심체와 성체(명 중기 이후에는 '심체'라는 표현으로 마음의 본체를 대체하는 경우가 더 많았다)라는 개념들은 모두 존재론적(ontology) 의미의 체體를 가리키는 것이 아니어서 서양 철학의 존재론적 본체·실체 관념과는 관계가 없다는 사실이다. 심체는 다수의 리학가들에게 있어 마음의 본연의 체를 가리킨다.

주희 철학에서 '마음의 본체'는 중요한 관념이 아니다. 게다가 주희는 이치를 궁구하는(窮理) '인지 주체'로서의 마음의 의미를 좀더 중시했기 때문에 그의 '마음의 본체' 관념은 인식론적 색체가 강하였다. 그러므로 그는 자주 '티 없이 맑고 밝다'(湛然虛明)는 말로 심체를 표현하였다. 그러나 왕수인 철학에서는 '마음의 본체'가 아주 중요한 관념이었다. 그뿐 아니라 왕수인의 마음에 대한 이해는 인식 주체를 가리키는 경우가 드물었기 때문에 그도 '본연'이라는 의미에서 심체 개념을 사용하긴 했지만 그 내용은 주희와 큰 차이를 보인다.

윤리학적 의미의 심성론에서 말하면, 왕수인은 "지선은 마음의 본체이다"(至善者心之本體也), "마음의 본체가 곧 천리이다"(心之本體卽是天理)라고 하여 심체에 담긴 '도덕 주체'로서의 의미를 강조하였다. 왕수인도 늘 '심체'를 '마음의 본체'라는 의미로 사용하였다. 예를 들면 "사서오경은 심체를 말하는 것에 지나지 않는다",40) "만일 안으로 탐구하여 자기의 심체를 깨달을

---

39) 『語類』, 권95, 2430쪽, "人生以後, 此理已墜在形氣之中, 不全是性之本體矣.……纔說性, 便已涉乎有生而兼乎氣質, 不得爲性之本體也. 然性之本體亦未嘗雜, 要人就此上面見得其本體元未嘗離, 亦未嘗雜耳."

40) 『傳習錄』上; 『全書』, 권1, 42쪽, "四書五經不過說是心體."

수 있으면 언제 어디든지 이 도道가 아닌 것이 없다",41) "성인의 심체는 자연히 이와 같다",42) "사람은 오직 자신의 심체를 이루기만 하면 된다",43) "오직 심체를 올바르게 함양한 사람만이 그렇게 할 수 있다"44)와 같은 말들이 있다. 가끔 그는 '마음의 본체'를 '본체'로 약칭하기도 했다. 예를 들어 이런 말들이 있다. "마음의 본체는 본래 이와 같다.……본체를 논하면 원래 나가는 것도 들어오는 것도 없다",45) "보통사람의 마음은 이미 어둡게 가려져 그 본체가 때때로 발현하긴 하나 끝내 잠깐 밝아졌다가 금방 사라져 버린다."46) '천천증도'의 기록에 나타난 '본체'도 모두 마음의 본체를 가리킨다. 왕수인 철학에서 '심체' 개념이 사용되는 범주는 주희와 같다. 그러나 그가 심체에 부여한 기본 규정이 '지선至善'이었다는 것은 그의 심체 관념이 사상적으로 맹자와 육구연의 '본심本心' 사상에 근원을 두고 있음을 보여 준다. 한편 왕수인도 "근자에 (辰州의) 제생들과 함께 절에서 정좌 수련을 하여 성체를 깨우치게 하였다"47)라는 기록에 나타나듯이 '성체性體'라는 용어를 사용하기도 했다.

명대明代의 유학자들 가운데 심체·성체라는 두 개념을 가장 즐겨 사용한 이는 유종주劉宗周이다. 그는 "(『대학』과 『중용』의 '愼其獨'에서) '독獨'자는 허위虛位이다. 성체性體에서 볼 때는 (이 '獨'을) '이보다 드러나는 것이 없고 이보다 현저한 것이 없다'고 한다.48) 이것은 사려가 아직 일어나지 않아서 귀신도 알지 못하는 단계이다. 심체心體에서 볼 때는 (이 '獨'을) '열

---

41) 『傳習錄』上; 『全書』, 권1, 44쪽, "若解向裏探究, 見得自己心體, 卽無時無處不是此道."

42) 『傳習錄』上; 『全書』, 권1, 44쪽, "聖人心體自然如此."

43) 『傳習錄』上; 『全書』, 권1, 44쪽, "人只要成就自家心體."

44) 『傳習錄』上; 『全書』, 권1, 44쪽, "惟養得心體正者能之."

45) 『傳習錄』上; 『全書』, 권1, 43쪽, ",心之本體元是如此,……,若論本體, 元是無出無入的."

46) 『傳習錄』上; 『全書』, 권1, 45쪽, "常人之心旣有昏蔽, 則其本體雖亦時時發見, 終是暫明暫滅."

47) 『全書』, 권32, 「年譜」, '庚午條', "玆來乃與諸生靜坐僧寺, 使自悟性體."

48) 역자 주-『中庸』, 首章, "莫見乎隱, 莫顯乎微, 故君子愼其獨也"에 바탕을 둔 말인데, 莫見·莫顯이란 결국 '隱'과 '微'를 가리킨다. 주희는 이것을 已發의 초기 상태로 보았지만 유종주는 未發로 해석하였다.

눈이 보는 바이고 열 손가락이 가리키는 바이다'라고 한다.[49] 이것은 사려가 이미 일어나 내 마음이 홀로 아는 때이다. 그러나 성체는 심체를 통해서 파악할 수 있다'[50]라고 말했다. 이 말에 따르면 성체는 '미발未發'이고 심체는 '이발已發'이어서 양자는 분명히 구별된다. 유종주는 이처럼 '체體'자를 즐겨 사용하였는데, 그는 또 독체獨體, 성체誠體, 미체微體 등의 용어를 사용하여 진실되고 본연적인 체단體段[51]을 표현하기도 했다.

송명 리학에서의 '심체'와 '성체' 개념은 그 사상의 자료적 내원에서 볼 때 불교로부터 도움을 받았다고도 할 수 있다. 『단경壇經』에는 "성체는 청정하여 무상無相을 체로 삼는다",[52] "오가는 것이 자유로워서 심체에 막힘이 없는 것이 곧 반야이다",[53] "자성自性이 만법을 세우는 것이 공功이고 심체가 의념을 여읜 것이 덕德이다"[54]와 같은 표현들이 있다. 불가에서의 이상적 경지는 만법萬法에 대해 막힘이 없고 어떠한 상황에서도 마음이 물들지 않는 것이다. 불가에서는 비록 수양을 거쳐야만 이러한 경지에 도달할 수 있다고 보면서도 동시에 이 경지는 사람 마음의 본연의 체, 곧 성체性體라고 하여 이 심체心體는 "청靑도 아니고 백白도 아니며" "선도 없고 악도 없는" 본래청정한 것이라고 말한다. 사람은 공부할 때 "선도 생각하지 않고 악도 생각하지 않으면서"(不思善, 不思惡) 오직 '본래本來의 면목面目'을 인식해야 하는데 그 본래면목이 바로 심체인 것이다. "일체의 선악을 모두 생각하지 않으면 자연히 청정한 심체로 들어가게 된다."[55] 이상적 경지를 심체로 내재화하는 불교의 이런 방법은 리학에 보편적인 영향을 주었다.

---

49) 역자 주-『大學』, 「傳」, 5장, "故君子必愼其獨也. 曾子曰: '十目所視, 十手所指, 其嚴乎!'에 바탕을 둔 말이다. 十目・十手가 지칭하는 것은 결국 獨이다.

50) 『明儒學案』, 권62, 1516쪽, "獨字是虛位. 從性體看來, 則曰莫見莫顯, 是思慮未起, 鬼神莫知也. 從心體看來, 則曰十目十手, 是思慮旣起, 吾心獨知時也. 然性體卽在心體中看出."

51) 역자 주-"사물의 형상, 형식, 구조, 체통, 본체 등의 의미를 가진 성리학적 개념이다. '模樣'과 같은 의미라고 한다."(『語類』, 권24)

52) 『壇經』(敦惶本) 17절, "性體清淨, 此是以無相爲體."

53) 『壇經』(宗寶本), 권2, 「般若品」, "去來自由, 心體無滯, 卽是般若."

54) 『壇經』(宗寶本), 권3, 「疑問品」, "自性建立萬法是功, 心體離念是德."

55) 『壇經』(宗寶本), 권9, 「護法品」, "一切善惡都莫思量, 自然得入清淨心體."

지금까지 말한 심체에 대한 갖가지 개념은 일정한 대표성을 지닌다. 주희의 심체는 인식론적 의미의 심체에 중점을 두었고(荀子 역시 그러하다), 왕수인의 심체는 도덕론적 의미의 심체에 중점을 두었으며, 선종禪宗의 심체는 실존주의적(existential) 의미의 심체에 중점을 두었다. 또한 주희의 심체는 담연湛然56)을 특징으로 삼아 사물이 오면 그대로 비춰서 '참됨'(眞)을 얻는 것을 목적으로 한다. 이에 비해 왕수인의 심체는 주로 지선至善을 특징으로 삼아 양지를 확충해서 그 선善을 이루는 것을 목적으로 한다. 그리고 선종의 심체는 청정淸靜을 그 특징으로 삼음으로써 오가는 것이 자유로워 막힘도 장애도 없는 '선정禪定'의 경지를 구하는 것을 목적으로 한다.

　　그러나 전체적으로 볼 때 왕수인 철학에서 심체의 의미는 결코 '지선至善'이란 한 개념으로 설명될 수는 없다.('지선' 그 자체에도 초도덕적인 측면이 있다고 할 수 있다.) 천천증도天泉證道의 사구종지에서도 첫 번째로 "무선무악은 마음의 본체이다"라는 주장을 제기했으므로, '지선'의 도덕적 함의만으로 왕수인 사상을 해석하는 어떤 이론도 정합성을 가질 수 없다. 명말 이래 많은 유학자들은 '지선'으로 '무선무악'을 해석하였지만 이는 결국 왕수인을 위해 변명을 늘어놓은 것일 뿐 그 본지를 파악하지는 못한 것이다. 앞에서 서술했던 것처럼 사구교四句敎에서 말한 내용은 본래 윤리적 선악과는 무관하다. 왕수인이 "밝고 맑아 막힘이 없다"(明瑩無滯)라는 말로 '심체'를 표현한 것은 바로 선종의 "오가는 것이 자유로워서 심체에 막힘이 없다"는 실존적 지혜를 흡수한 것이므로 근본적으로 심체에 담긴 무체성無滯性, 무집착성을 가리키는 것이었다.

　　송명 리학에서 '마음의 체'(心之體)는 심체心體와 다소 차이가 있다. '마음의 체'는 간단하게 말해 두 가지 뜻이 있다. 하나는 마음의 체로서의 '성性'을 가리키고, 다른 하나는 '본심本心' 혹은 '마음의 본체'를 가리킨다. 이렇게 '마음의 체'가 두 가지 다른 의미를 가지기 때문에 명대 학자들은 "무

---

56) 역자 주-'湛然'은 앞에서 거울의 특징을 형용하는 술어로 사용되었다. 거울은 주로 마음의 인식론적 의미를 비유한다.

선무악은 마음의 본체이다"에 대하여 늘 왕수인의 본의에서 벗어나게 이해했던 것이다. 일반적으로 주희 철학 체계에서 '마음의 체'라는 술어를 사용할 때는 반드시 '성性'을 가리킨다. 이러한 영향 아래에서, 명대의 많은 유학자들의 관점에서 볼 때 왕수인의 "무선무악은 마음의 본체이다"라는 말은 윤리학적인 인성론의 명제였고 유가의 전통적 성선론과 명백하게 어긋났다. 심학과 대립적인 주자학파의 사상가들은 이 점을 꼬투리로 삼아 양명학을 맹렬히 비난하였다. 양명학자들도 곤혹감을 느낄 수밖에 없었던 것은 문자상에서 볼 때 사구교의 첫 구절을 '성무선무악론性無善惡論'으로 해석하는 것이 완전히 논리에 어긋난다고 말할 수도 없었기 때문이다. 더욱이 양명학자들 스스로도 헤어날 수 없었던 것은, 왕수인은 평소에 여러 차례 명확하게 "성性은 선하지 않은 것이 없다"(性無不善), "하늘이 부여한 성性은 완전하게 지선至善하다"(天命之性粹然至善)라고 강조했는데, 정녕 이것과 무선무악론이 모순됨을 인정해야 할 것인가 하는 점이었다.

　　왕기王畿(호는 龍溪)는 심心·의意·지知·물物에 모두 선악이 없다고 주장한 것으로 유명하다. 그러나 「천천증도기天泉證道記」의 첫머리에는 그가 사무설四無說을 설명하면서 "하늘이 부여한 성은 완전하게 지선하다"라고 말한 구절이 있는데, 그렇다면 이것은 나중에 고쳐진 것인가? 가능한 해석 중의 하나는 그가 말한 '지선至善'이 곧 '무선무악'을 뜻한다는 것이지만, 양명학에서는 하늘이 부여한 성을 '무선무악'이라고 정의한 사람은 없었다. 다른 가능한 해석은, 그가 말한 "심체는 무선무악이다"가 본래 성체를 가리키는 것이 아니어서 그의 성선론적 관념과 본래 모순되지 않는다고 보는 것이다. 「천천증도기」의 서술로 보면, 뒤의 해석이 좀더 이치에 맞다. 왜냐하면 "하늘이 부여한 성은 완벽하게 지선하다"는 일반적인 송명 유학자들에게는 보편적으로 유행하는 성선론의 명제 형식이었기 때문이다. 다만, 그가 정말로 성性을 '무선무악'이라고 보면서 또 남들이 오해하지 않기를 바랐다면 "하늘이 부여한 성은 완벽하게 지선하다"라고 말하는 대신 "선도 없고 악도 없는 것을 지선이라고 한다"라고 분명하게 말했어야 했다.

왕수인의 사구교의 상황도 마찬가지이다. 앞에서 인용한 왕수인 사상에 따르면 그의 사구교에 담긴 사상은 성의 선악의 문제와 아무런 상관이 없다. 따라서 왕기의 사상에서도 그랬던 것처럼, 왕수인이 성을 지선이라고 여겼다고 해도 그것이 결코 사구교와 모순되는 것은 아니다. 같은 이치로, 그가 성에는 선악이 없다고 보았다고 하더라도 사구교를 성에 선악이 없다는 것을 나타내는 데 쓰인 이론으로 볼 수는 없다. 왜냐하면 그가 (사구교에서) 말한 '무선무악'은 '심체'를 가리킨 것이지 '성체'를 가리킨 것이 아니기 때문이다. 게다가 사구교에서의 이 심체는 도덕론적 의미의 심체를 가리키는 것이 아니라 실존주의적 의미의 심체를 가리키는 것이다. 이런 의미의 '심체'와 도덕론적 의미의 '성체'의 구분은 리학의 '칠정'과 '사단'을 빌려 이해할 수 있다.

주희 철학에 의하면 인·의·예·지는 성의 본체 곧 '성체性體'이고 측은·수오·사양·시비의 마음은 '정情'으로서 성체가 이미 외부로 드러난 상태(已發)이다. 그러므로 사덕四德은 체이고 사단四端은 용인데, 용은 체의 표현이자 드러남(已發)이다. 용用인 사단四端에서 그 내재적 근원을 소급해 가면 우리는 '성체'의 관념을 얻게 된다. 마찬가지로 리학에서는 '이발已發'과 '미발未發'에도 두 가지 용법을 사용한다. 하나는 체용體用의 용법으로, 이때 사단의 미발은 '성체'가 된다. 다른 한 용법은 '미발'이 어떤 의식 현상의 내재적 근거를 가리키는 것이 아니라 의식 현상이 아직 일어나지 않았을 때의 주체의 본연 상태를 가리키는 것이다. 이 경우 칠정(喜怒哀樂愛惡欲)의 미발은 '심체'가 된다.

결국 성체가 '사단'의 미발이고 심체가 '칠정'의 미발이긴 해도 두 '미발'의 의미는 서로 다르므로, 범주로서의 심체와 성체는 가리키는 대상의 차원이 다르다. 성체는 '본질'의 범주이고, 심체는 이 장에서 토론하는 '본진本眞'의 범주, 즉 본연의 감정(심리) 상태를 가리킨다. 사구교와 왕수인의 해석에 따르면 그의 입론은 모두 인간의 감정 상태를 대상으로 삼은 것이다. 따라서 왕수인과 주희가 모두 '거울'(明鏡)로 '심체'를 비유했다 하더라도 의미는 같지 않다. 주희가 강조한 것은 거울이 '대상(物)이 오면 그대로 비추어서' '감지된 대상에 따라 반응하며' '대상이 가진 그대로를 반영하여 자연히 고하와 경중을 안다'는 것이었고, 왕수인이 강조한 것은 "거울은 대상을 남겨두거나 대상에 물든 적이 없어서 이른바 '정이 만물 하나하나의 법칙에 맞게 반응하여 고정된 정이 없는' 성질을 지닌다"[57]는 것이었다.

이런 의미에서, 유가 전통에서 말하면 이 둘은 본래 하나로 융합된 것이다. 『대학』 팔조목의 '정심正心'에서는 "분노하는 바가 있으면 그 올바름을 얻지 못하고 두려워하는 바가 있으면 그 올바름을 얻지 못한다"(有所忿懥不得其正, 有所恐懼不得其正)라고 했는데, 이것은 분명히 '정서의 감수感受 상태'를 가리키는 것이지 도덕 의식의 수양을 가리키는 것이 아니다. 『중용』 수장의 "희노애락이 아직 일어나지 않는 것을 중中이라 한다"(喜怒哀樂之未發, 謂之中)라는 말도 '감정의 선험적인 평형'을 강조하는 것이다. 그러면서도 『대학』・『중용』에서는 또 '신독愼獨' 즉 '계신공구戒愼恐懼'를 통해 도덕 의식을 배양해야 한다고 강조하고 있다. 왕수인 철학도 마찬가지이다. 그는 양지가 선을 좋아하고 악을 싫어하는 것이라는 점을 강조하기도 하고, 또 양지에 본연적 감정의 무집착성을 부여하기도 하였다. 즉 양지의 개념을 통해 '일심一心으로 이문二門을 열어' 상호보완적인 선험 구조를 이루도록 만든 것이다. 이 구조에서는 '지선至善'이 구조의 내용면을 대표하고 '무체無滯'가 구조의 형식면을 대표하여, 의식 활동에 대해 윤리 내용과 감정 형식의 두 측면에서 작용을 일으키게 되었다고도 할 수 있을 것이다.


4. 유교와 불교

이상의 토론에 나타난 것처럼 "무선무악이 심의 본체이다"의 의미는 실제적으로 어떤 '무無'의 경지를 지향하는 것이다. 이 사상은 의심할 것 없이

---

57) 『全書』, 권2, 64쪽, 「答陸元靜」, "明鏡曾無留染, 所謂情順萬物而無情."

불교 및 도교의 영향과 관계가 있는데, 이 중 가장 중요한 것은 선종의 영향이다. 그러므로 여기에서는 왕수인의 일생 사상과 불교 간의 얽히고설킨 관계를 들춰 좀더 깊이 있는 토론의 기초를 마련하고자 한다.

적지 않은 학자들, 특히 일본 학자들은 왕수인이 일생 동안 노닐던 절과 교류하던 승려 및 문장·어록의 불교적 용어 등에 대해 정치하게 연구했다.[58] 이러한 연구들은 왕수인 사상의 유儒·불佛 문제를 전체적으로 이해하는 데 많은 공헌을 했다. 그러나 이러한 연구가 왕수인 사상에서 불교를 어떻게 취급했는가를 직접 설명하거나 그에 대한 이해를 돕지 못한다는 것은 너무나 명백하다. 그러므로 여기에서는 다른 방법을 채택하기로 한다. 그것은 곧 왕수인과 담약수의 사상 교류를 검토함으로써 유·불의 융합이 줄곧 왕수인 사상에 깊이 자리잡은 중심 문제였고 단지 그 표현이 비교적 완곡하고 은밀했을 뿐이라는 사실을 드러내 보이는 것이다.

왕수인 사후에 담약수는 그를 위해 묘지명墓誌銘 및 제문(奠文)을 지었다. 묘지명을 짓게 된 것은 황관黃綰 및 왕수인의 아들 정억正億의 요청 때문으로, 이 묘지명은 황관이 제공한 행실行實 자료에 의거했다. 제문은 담약수가 왕수인 사상 발전을 바라보는 전체 관점을 표명한 것인데, 여기에는 담약수와 왕수인의 유·불 논변이 자세히 서술되어 있다.

신미·임신년 봄에 형이 이조吏曹로 돌아와 내 집 근처로 이사했다. 관청에서 퇴근하면 휴식과 음식을 같이하며 몸과 마음을 존양存養했고 의심스러운 내용이 있으면 그것에 대해 강론했다. 내가 "성학聖學은 천리天理를 체인하는 것이다"라고 하자, "천리가 무엇이냐"라고 물어서 "드넓음(廓然)이다"라고 대답했다. 형은 그때 마음에 깨달음이 있었는지 틀렸다고는 말하지 않았지만, "성인의 지엽이 노자老子와 부처이다"라고 하였다. 이에 내가 "가지가 같다면 반드시 뿌리가 하나일 것이다. 같은 뿌리에서 나온 가지는 이윤伊

---

58) 구스모토 후미오(久須本文雄), 『王陽明の禪思想研究』 참조. 陳榮捷은 "일본학자들은 대뜸 이런 여행을 왕수인이 禪을 좋아한 실증으로 삼지만, 이는 산에서 노닐고 물을 즐기는 것이 우리나라 문인들의 通習이며 결코 參禪의 증거가 될 수 없다는 사실을 모른 것이다"(『王陽明與禪』, 臺北學生書局, 1984, 76쪽)라고 지적했다.

尹·백이伯夷·유하혜柳下惠일 뿐이다. 부처와 우리 공자는 뿌리와 가지가 모두 둘이다"라고 대응했다.

이윽고 나는 안남安南 지역의 지방관으로 가게 되어 그곳을 떠났고 형은 그대로 머물렀다. 그후 형이 태복太僕으로 옮겼을 때 내가 남에서 북으로 돌아가다가 저양滁陽에서 만나 이 이치를 끝까지 토의할 수 있게 되었다. 형은 "부처와 노자는 도덕이 높고 넓으니 어찌 성인과 다르리요, 내(왕수인) 말은 틀리지 않다"라고 했다. 내가 "높고 넓은 것(高廣 : 高明廣大)은 성인의 범위 안에 있고, 불교에는 없고 우리에게만 있는 것은 중용中庸과 정미精微이다.59) 같은 몸이지만 뿌리가 달라 대大·소小와 공公·사私의 차이가 있어서 윤리를 파괴하니, 하나는 중국 것이고 하나는 오랑캐 것이다"라고 대응했다. 한밤이 되어 잠자리에 들었다가 새벽에 일어나니 형이 억지웃음을 지으며 "밤에 한 말은 그대가 옳다"고 했으나, 나는 여전히 의심스러웠다. 남북으로 헤어지게 되어 나는 서울로 돌아왔다.

어머니가 돌아가셔서 관을 매고 남쪽으로 돌아가는 길에 (형이) 금릉金陵에서 맞아 조문하였는데 나는 슬퍼하고 형도 비통해했다. 영남嶺南을 넘어가게되었을 때 형은 감주贛州의 군대를 순무巡撫하는 자리에 있었고 나는 여막廬幕에서 병들어 있었는데 마침 방숙현方叔賢이 내게 왔다. 그가 형에 대해 말하면서 "(양명이) 학문의 궁극적 경지는 공空이라고 주장하고 있으니 그 이동異同을 따져야 하는 책임은 지금 공公(담약수)에게 있다"라고 하였다. 그래서나는 "어찌 감히 못난 충정을 다하지 않겠는가! (불교에서) 공空이라고 하는것 가운데 사실은 실實이 아닌 것이 없으니 거기에는 천리天理가 유행한다"라고 하였다. 형은 내 말이 옳다고 하지 않고 "도가와 불가를 '교감校勘'해서'천리天理' 두 글자를 어찌 인식할 수 있겠는가"라고 했다. 나는 "학문은 공부의 방법을 선택하는 것이 가장 우선이다. 음식에 있어서도, 어떤 것이 사람을살리고 어떤 것이 사람을 죽이는가를 변별해야 한다"라고 대응했다.60)

---

59) 역자 주-『中庸』 27장의 "致廣大而盡精微, 極高明而道中庸"(광대함을 이루면서 정미함을 다하고, 고명함을 다하면서 중용을 말미암는다)을 이용하여 불교와 유교를 비교하는 것이다. 대체로 '廣大'와 '高明'은 存心의 측면을, '精微'와 '中庸'은 致知의 측면을 가리킨다.

60) 『甘泉文集』, 권30, 4쪽, 「奠王陽明先生文」, "辛壬之春, 兄復吏曹, 於吾卜鄰. 自公退食, 坐膳相以, 存養心神, 剖析疑義. 我云聖學, 體認天理, 天理問何, 曰廓然爾. 兄時心領, 不曰非是, 言聖枝葉, 老聃釋氏. 予曰同枝, 必一根底, 同根得枝, 伊尹夷惠. 佛與我孔, 根株咸二. 奉使安南, 我行兄止. 兄遷太僕, 我南於北. 一晤滁陽, 斯理究極, 兄言迦聃, 道德高博, 焉與聖異, 予言莫錯. 我謂高廣, 在聖範

담약수의 글에 따르면 그와 왕수인은 정덕正德 6년(辛未年)부터 정덕 11년까지 3차에 걸쳐 기본 사상에 대한 중요한 토론을 벌였고, 이 3차에 걸친 논쟁은 전부 유가 사상과 불교 사상의 관계를 어떻게 볼 것인가에 집중되어 있었다.

1차 논쟁은 정덕 6년에 있었는데 그때는 왕수인이 서울에서 담약수와 이웃하여 살면서 밤낮으로 학문을 논하며 함께 실천하였다. 당시 왕수인은 '노불老佛은 성학聖學의 지엽'이라는 사상(이는 뒤에 나올 세 칸 방의 비유와 일치한다)을 제시하면서 노·불은 유가와 병행해도 근본에서는 일치하므로 불가와 도가를 성학이라는 주간主幹에서 파생된 한 가지로 간주할 수 있다고 보았다. 그러나 담약수는 이런 관점에 반대했다. 그는 회나무에서 버드나무 가지가 자라날 수 없으므로 성학이라는 큰 나무에서 나온 가지는 단지 이윤·백이·유하혜 등과 같은 유학 내부의 성현들일 뿐이라고 보았다. 그에 따르면 유가와 노·불은 근본 사상에 있어 같지 않다. 노·불이 성학의 지엽이라는 것은 유가와 노·불이 사상적으로 근본적인 분기를 가진다는 것을 부인하는 것인데, 사실상 유가와 불가는 결코 뿌리가 같지 않다.

2차 논쟁은 정덕 9년 갑술년에 있었다. 왕수인은 저주滁州의 독마정督馬政으로 있었고 담약수는 안남에서 북쪽으로 가는 길이었다. 두 사람은 저양滁陽에서 만나서 유불儒佛이 동일한 뿌리인가 라는 문제에 대해 좀더 깊이 있는 토론을 벌였다. 왕수인은 노·불의 경지가 대단히 고원하고 성인과 구별이 없는 것 같다는 의견을 제기하면서 유·불을 '뿌리와 가지 모두 둘'이라고 본 담약수의 주장은 잘못된 것이라며 이에 대한 의문을 나타내었다. 그러나 담약수는 '노·불의 경지도 물론 고원한 일면이 있긴 하지만 그것은 결코 유학의 범위를 벗어나지 못하는 데 비해, 유학은 도교와 불교에는 없

---

圍, 佛無我有, 中庸精微. 同體異根, 大小公私, 敍敍彝倫, 一夏一夷. 夜分就寢, 晨興兄嘻, 夜談子是, 吾亦一疑. 分乎南北, 我還京師, 遭母大故, 扶柩南歸, 迨早金陵, 我戚兄悲. 及躓嶺南, 兄撫贛師, 我病墓廬, 方子來同. 謂兄有言, 學竟是空, 求同講異, 責在今公. 予曰豈敢, 不盡愚夷, 莫空匪實, 天理流行. 兄不謂然, 校勘仙佛, 天理二字, 豈由此出. 予謂學者, 莫先擇術, 孰生孰殺, 須辨食物."

는 도중용道中庸과 진정미盡精微, 즉 사회 윤리 실천과 지식 학습을 중시하는 측면을 지니고 있다. 따라서 유학은 크고 공公이며, 노·불은 작고 사私이다. 특히 불교는 사회의 정상적인 윤리 질서를 부정하므로 유가와는 완전히 다른 두 개의 사상 체계이다'라는 요지의 답변을 했다. 저양에서의 논변은 한밤까지 이어졌는데, 다음날 새벽에 왕수인은 담약수에게 웃으며 "그대의 말이 옳은 것 같다"고 말했다. 하지만 담약수로서는 왕수인이 정말 삼교합일三教合一의 주장을 버렸을까 하는 의심이 사라지지 않았다.

3차 논쟁은 담약수가 상중에 있을 때였다. 을해년 봄, 담약수가 영구를 호송하고 증성增城에 돌아와 어머니의 상을 치르고 있었다. 오래지 않아 방헌부方獻夫가 여묘廬墓로 찾아와 담약수를 만나고는[61] 왕수인이 근래에 "학문의 궁극적 경지는 공空이다"라고 주장한다는, 즉 불교의 '공空'을 학문의 궁극적 경지로 간주한다는 사실을 언급했다. 방헌부는 이 문제에 대해 담약수가 반드시 왕수인과 분명하게 논변해야 한다는 의견을 내었는데, 그는 담약수만이 능히 이 일을 처리할 수 있다고 보았다. 이에 담약수는 책임을 남에게 미룰 수 없다고 여기고 왕수인을 향해 이의를 제기했다. 담약수는 우주의 사방상하 어느 곳이든 '천리가 유행하지' 않는 곳이 없으므로 공空이란 것은 어디에도 있을 수가 없고, 유가에서 '개물성무開物成務'(사물마다 제 역할을 하게 만드는 것)를 학문의 내용으로 삼은 것은 바로 자연·사회의 진

---

61) 고찰한 바에 의하면, 담약수는 "멀리서 성대한 예를 보내시고 제문까지 지어주시니 매우 감사합니다. 이 글의 골육지정을 무덤 앞에서 품고 슬픔을 이기지 못했습니다. 양명이 서울로 돌아가 師承에 의한 진보가 있었을 줄 압니다마는, 개탄스러운 것은 우리 道가 고달프고 위태로움이 피차 마찬가지라는 점입니다. 7월 초에 숙현이 여묘에 와서 20일 간 머물렀습니다"(『甘泉文集』, 권7, 「答徐曰仁書」, "承遠致盛禮, 重以奠文, 甚感, 斯文骨肉之情告奠墓前, 哀不自勝. 且知旌旆還都, 已有師承之益, 所嘆此道孤危, 彼此同然, 七月初叔賢來墓下二旬")라고 했다. 담약수 모친에 대한 서애(曰仁)의 제문은 틀림없이 을해년에 지어졌을 것이고 숙현은 방헌부이므로, 이 편지는 을해년에 쓰여진 것이다. 또 방헌부는 을해년 7월 증성에 가서 담약수를 만나 왕수인의 '학문의 궁극적 경지는 空이다'라는 주장을 전해 주었다. 이에 담약수는 "내외와 상하가 이 理가 아닌 것이 없습니다. 더 이상 어떤 것이 있겠습니까? 우리 유가의 開物成務의 학문이 노불과 다른 점은 바로 이것입니다. 이것을 양명에게 가서 질정해 보기를 바랍니다"라고 말했던 것이다. 이 또한 왕수인의 불교를 융합하는 사상을 두고 한 말이다.

실한 존재에 기초한 것이라고 지적했다.

『감천문집甘泉文集』에서는 서애徐愛에게 보내는 편지(答徐曰仁書) 다음에 왕수인에게 보내는 편지(寄陽明)를 배열했는데 거기에 이런 글이 있다.

어제 방숙현方叔賢이 이 산간에 도착해서 형에 대해 언급했는데, 나는 형이 노·불을 의심하지 않고 성인과 일치된다고 여기며 또 "궁극적인 경지는 공空이다"라고 하여 이것을 극치의 이론으로 삼으신다는 말을 듣고 자못 의아스러웠습니다. 정말 그렇다면 저의 의혹은 더욱 심해집니다. 이것은 필시 일시적인 견해이거나 임시방편으로 폐단을 구하는 말이겠지요? 그렇지 않다면 저의 의혹은 더욱 심해집니다. 평소 밝게 변론하는 저의 공부로는 미치지 못하는 부분이기 때문입니다. 상하와 사방이 '우宇'이고 고금의 왕래가 '주宙'이니 우주 간에는 단지 이 일기一氣가 가득 차 유행하면서 도道와 더불어 체體를 이루고 있으므로 유有가 아닌 것이 없습니다. 어찌 공空이란 것이 있겠습니까? 비록 천지가 파괴되고 사람과 만물이 소진되더라도 이 기氣와 이 도道는 없어지지 않을 것이니 공空인 적이 없습니다. 도라는 것은 천지보다 앞서서도 시작되는 곳이 없고 천지보다 뒤에도 끝나는 곳이 없습니다.[62]

이것은 담약수가 왕수인을 위해 지은 제문에서 거론했던 그 공空과 관련된 논변이다. 유불일치론은 왕수인이 신미년과 갑술년의 두 차례 유·불 논변에서 보였던 일관된 주장이다. 그리고 이때의 변론에서 왕수인은 '옛병'을 고치지 않았을 뿐 아니라 논조가 더욱 상승되어 노·불의 '공空'을 극치의 이론으로 삼았다. 이것이 담약수를 몹시 불안하게 만들었다. 담약수는 우주간의 기氣와 리理는 시작도 없고 끝도 없으며 꽉 차고 남김이 없어, 이른바 '공'은 근본적으로 존재하지 않는다는 의견을 제기했다. 그러나 우리는 왕수인의 전체 사상을 근거로 볼 때 왕수인이 말한 '공'이 정신 경지나

---

62) 『甘泉文集』, 권7, "昨叔賢到山間, 道及老兄, 頗訝不疑佛老, 以爲一致, 且云到底是空, 以爲極致之論. 若然, 則不肖之惑滋甚. 此必一時之見耶? 抑權以爲救弊之言耶? 不然, 則不肖之惑滋甚, 不然, 則不肖平日所以明辨之功未至也. 上下四方之宇, 古今往來之宙, 宇宙間只是一氣充塞流行, 與道爲體, 何莫非有? 何空之云? 雖天地弊壞人物消盡, 而此氣此道亦未嘗亡, 則未嘗空也. 道也者, 先天地而無始, 後天地而無終者也."

심체 상에서의 공을 가리키는 것이지 본체론적·존재론적인 공이 아니라는 것을 알고 있다. 그러므로 담약수의 이 비평은 왕수인의 문제를 제대로 겨냥하지 못한 것이라고 하겠다.

왕수인의 답서는 현재 남아 있지 않지만 담약수의 제문(祭文)에 따르면 "형(왕수인)은 옳다고 하지 않고, '노·불을 교감校勘하는 것(校勘仙佛)을 통해 어찌 천리天理 두 글자를 인식할 수 있겠는가'라고 말했다"고 한다. 제문은 네 글자 문체의 제한을 받으므로 담약수의 표현은 그다지 명료하지 못하다. 다만 우리는 여기서 왕수인이 이때의 변론에서 곧바로 자신의 관점을 거두지 않았다는 것만을 알 수 있을 뿐이다. 그는 담약수의 비판에 대해 '옳다고 수긍하지 않고', '교감선불校勘仙佛' 운운하는 말로 대답했다. '선불을 교감한다'는 것이 무슨 의미인가는 쉽게 알 수 없지만 담약수의 『신천문변록 新泉問辨錄』에는 그가 주충周沖의 질문에 답한 글이 실려 있다.

주충周沖이 "유·불의 논쟁은 이것이 옳으면 저것이 그른 것이어서 결국에는 하나로 귀결될 법한데, 어떠합니까? 상세히 설명해 주십시오"라고 하니, (감천 선생이) "자네는 절문切問하는 자라고 할 만하구나. 맹자孟子의 학문 방법은 말을 알고(知言) 기를 기르는(養氣) 것이어서, 먼저 배우는 이들에게 편벽되고 지나치고 그릇되고 회피하는 말이 마음을 해친다는 사실을 이해하도록 가르쳤다. 대개 이것이 첫 걸음이며 생사의 갈림길이다. 지난날 한 벗과 이것을 논변한 적이 있는데, 그가 '천리天理라는 두 글자는 노·불을 교감校勘해서 얻을 수 있는 것이 아니다'라고 해서 나도 그 뒤로는 그 문제를 더 이상 거론하지 않았다. 그러나 나는 속으로, 천리는 바로 이 갈림길에서 명백하게 해야 하며, 이것을 명백하게 할 수 있으면 느긋하게 행할 수 있어 조금의 차이로 인해 천 리로 어긋나는 잘못이 생기지 않을 것이라고 생각했다. 유교의 특징은 천리天理를 살피는 데 있고 불교는 반대로 천리를 장애로 여긴다. 성인의 학문은 지극히 크고 지극히 공정하며, 불가의 학문은 지극히 사사롭고 지극히 작다. 대大와 소小, 공公과 사私로 이 둘 사이를 분별할 수 있다"라고 대답하셨다.[63]

---

63) 『甘泉文集』, 권8, "沖問: 儒釋之辨, 是此非彼, 終當有歸一處, 如何? 請詳. (甘泉 答) 子可謂切問矣. 孟子之學知言養氣, 首欲知詖淫邪遁之害心, 蓋此是第一步,

"천리 두 글자는 노·불을 '교감校勘'하여 얻을 수 있는 것이 아니다"라는 이 구절은 자못 이해하기가 쉽지 않다. 제문에서 왕수인의 이 말에 대해 담약수가 보였던 반응과 여기서의 평론에 비추어 보면, 담약수는 유·불을 '분별'하자고 주장했고 왕수인은 유·불을 분별하자는 주장을 하지 않았음을 알 수 있다. 왕수인은 유·불을 분별하는 태도가 천리라는 두 글자를 더 잘 이해하는 데 전혀 도움이 되지 않는다고 보았지만, 담약수는 천리를 정확하게 인식하기 위해서는 반드시 유·불을 구분 짓는 태도를 기초로 삼아야 한다고 보고 그래야만 우리 행동이 천리에 합치될 수 있다고 했다. 유·불 사이에서 어느 것이 옳고 어느 것이 그른 것인가를 분별하지 않으면 예컨대 독물을 보약으로 간주할 수도 있기 때문이다. 이것으로 보면, 왕수인은 담약수에게 자신의 의견을 전면적으로 명백히 밝히지는 않았다고 하겠다. 왕수인은 정덕 10년 을해년에 남경에 있었고, 정덕 12년 정축년 초에 감주贛州로 부임했다. 위에서 우리는 남경에 있던 시기에 왕수인이 이미 '무선무악'에 관한 사상을 여러 차례 표현했다는 사실을 확인했었다.

담약수와 몇 차례 벌인 왕수인의 이 토론은 그와 담약수 사이의 사상교류 가운데 가장 중요한 부분이다. 그 의의는 두 사람이 전후에 벌였던 격물格物 논쟁의 의의를 뛰어넘는다. 격물 문제에 있어 두 사람은 의견이 같기도 했고 다르기도 했다. 그러나 유·불의 문제에 있어서는 두 사람의 입장이 완전히 달랐다. 이 세 차례 토론에서 왕수인은 늘 탐색적 방법으로 유불일치 또는 유불합일의 문제를 제기했지만 모두 담약수의 단호한 반대에 부딪혔다. 왕수인과 담약수의 관계로 볼 때 이것이 바로 왕수인의 내심에 깊이 자리잡은 중대한 문제였다는 것을 뚜렷이 확인할 수 있다.

사실, 정덕 7년에 이미 왕수인은 「별담감천서別湛甘泉序」에서 삼교일치三敎一致의 사상을 제시하면서 노·불이 모두 성인의 도道의 한 모퉁이를

---

生死路頭也. 往年曾與一友辨此, 渠云 '天理二字不是校勘仙佛得來', 吾自此遂不復講. 吾意謂天理正要在此岐路上辨, 辨了便可泰然行去, 不至差毫釐而謬千里也. 儒者在察天理, 佛者反以天理爲障, 聖人之學至大至公, 釋者之學至私至小, 大小公私足以辨之矣."

얻어 각자의 방식으로 자득의 경지를 실현했다고 주장했다. 이것은 사실상 노·불을 성학聖學의 지엽으로 간주하는 사상이다. 그러던 것이 정덕 10년 이 조금 지나면서 공空을 극치로 삼는 이론을 내놓고 실존적 경지에서의 선종의 실존 지혜가 유가의 도덕 경지보다 높을 것이라고 주장하기 시작했다. 이후 수년 동안 왕수인은 군사의 일로 분주하고 또 격물설을 치양지설로 고치느라 이 문제로 돌아올 기회가 없었다. 그러다가 월성으로 돌아온 뒤에 비로소 사구교를 가르침의 내용으로 삼아 공개적으로 "무선무악이 마음의 체이다"라는 주장을 제기하게 된 것이다. 왕수인의 전체 사상에는 줄곧 두 개의 줄기가 있었다. 하나는 '성의誠意·격물格物'에서 '치양지致良知'로 향하는 유가윤리적 주체성 강화의 줄기였고 다른 하나는 어떻게 하면 노·불의 경지와 지혜를 흡수하여 실존적 주체성을 충실히 할까 하는 줄기였다. 이 두 줄기는 마지막에 가서 모두 '양지良知'로 귀결되었다.


## 5. 유와 무

"무선무악이 마음의 체이다"라는 사상의 취지는 감정에 대한 초월에 치중한 것으로 그 본질에서 말하자면 번뇌를 초월하라는 것이었다. 번뇌는 사람이 소아小我인 육체에 집착하는 데서 비롯된다. 따라서 번뇌를 초월하려면 자아를 초월해야 한다. 이런 경지가 '무無'의 경지이고, '무'는 곧 초월이다. 여기서의 '무'는 정신 경지로서의 '무'를 가리키는 것이지 본체로서의 '무'를 가리키는 것이 아니다. '무'라는 내재적 초월을 거침으로써 오가는 것이 모두 자유로운 정신 경지를 얻는 것은 인격 발전의 구조에서 도덕 경지 밖의 또 다른 중요한 층면이다.[64]

이 사상은 불가나 도가적인 삶의 이상과 비슷한 점이 있다. 이것에 대

---

64) 傅偉勳은 '人生十大層面'이라는 이론을 제기하여 도덕 경지를 제7층면으로 놓고, 8, 9, 10층면에는 각각 實存主體, 生死解脫, 終極存在를 배당했다. 그의 『從西方哲學道禪佛敎』(三聯書店, 1989)에 보인다.

해서 왕수인은 결코 숨기려고 하지 않았다. 그는 성인과 노·불이 모두 심체의 '허虛'·'무無'를 말했다고 명확하게 천명했을 뿐 아니라 다음과 같은 사실을 지적하기도 했다.

성인의 치지致知 공부는 지극히 성실하여 그치지 않으니, 그 양지良知의 체는 맑은 거울처럼 밝아서 조금의 가려짐도 없다. 고운 것이나 미운 것이 오면 그 대상에 따라 그 형상을 보여 줄 뿐 밝은 거울에는 전혀 머물거나 물드는 것이 없다. 이른바 "정情이 만물 하나하나의 법칙에 맞게 반응하여 고정된 정이 없다"는 경지이다. 불가에 "집착하는 바 없이 그 마음을 내어라"(無所住而生其心)라는 말이 있는데 이것은 틀리지 않다. 밝은 거울이 대상에 응할 때 고운 것은 곱게 나타나고 미운 것은 밉게 나타나 한번 비추면 모두 참모습이 드러나니, 곧 '그 마음을 낸다'(生其心)에 해당한다. 고운 것은 곱게, 미운 것은 밉게 나타나고 한번 지나가면 남겨 두지 않으니, 곧 '집착하는 바가 없다'(無所住)에 해당한다.[65]

"머물거나 물드는 것이 없고 한번 지나가면 남겨 두지 않는다"라는 말은 곧 '천천증도'의 이른바 "밝고 맑아서 걸림이 없어 한번 지나가면 그 흔적이 사라져 버린다"에 해당하는 것으로, 모두 인간 정신(심리)의 상태나 경지를 말한 것이다. 여기에서 우리는 송명 리학에서 몹시 중요하게 다루는 문제인 사람의 정신 경지의 문제, 이 책에서의 용어로 말하면 '유'와 '무'의 문제에 부딪히게 된다. 사구교의 첫 구절인 "무선무악은 마음의 체이다"는 '무'의 경지를 지향한다. '무선무악'에 관련된 왕수인의 모든 사상들은 전부 『금강경金剛經』의 "마땅히 집착하는 바 없이 그 마음을 내어라"(應無所住而生其心)와 『육조단경六祖壇經』의 '무념無念·무상無相·무주無住'로 귀결된다. 물론 이 '무'의 경지는 불가, 도가, 유가 속에 모두 표현되고 있다. 예컨대, 도가에서는 "무정無情·무심無心으로 유有에 순응한다"(無情無心而順有)고 했

---

65) 『全書』, 권2, 64쪽, 「答陸元靜」, "聖人致知之功至誠無息, 其良知之體皦如明鏡, 略無纖翳. 妍媸之來, 隨物見形, 而明鏡曾無留染, 所謂'情順萬物而無情'也. '無所住而生其心', 佛氏曾有是言, 未爲非也. 明鏡之應物, 妍者妍, 媸者媸, 一照而皆眞, 卽是'生其心'處. 妍者妍, 媸者媸, 一過而不留, 卽是'無所住'處."

라고, 정호程顥는 "정이 만물 하나하나의 법칙에 맞게 반응하여 고정된 정이 없다"(情順萬物而無情)라고 말한 적이 있다. 그러나 유가들 가운데 이것을 진정으로 체인한 사람은 거의 없었다. 사구교의 첫 구절을 둘러싼 해석 및 앞에서 서술한 왕수인과 관련된 각종 토론을 살펴보면, 왕수인은 줄곧 유가 사상 속으로 "정도 없고 자아라는 인식도 없다"(無情無己), "마땅히 집착하는 바 없이 그 마음을 내어라"라고 하는 경지를 받아들이고 그것을 심성의 본체로 해석해 내는 데 힘을 기울였다는 사실을 알 수 있다.

왕수인을 수용한 것은 불가 또는 도가가 다룬 궁극적 본체로서의 '무'가 아니라 정신(심리) 경지로서의 '무'였다. 왕수인이 볼 때 경지로서의 '무'를 흡수하는 데는 결코 유가 고유의 '유'의 입장, 즉 세계의 실재나 가치의 실유實有를 승인하는 입장을 버릴 필요가 없었다. 경지로서의 '무'는 사람들의 정신 발전을 더욱더 완전하게 만들 뿐 아니라 사람들이 그 사회의 도덕적 의무를 더욱 잘 이행하게 만든다. 따라서 유가의 입장에 서더라도 "집착하는 바 없이 그 마음을 내어라"라는 사상을 유가 사상 속에 흡수하는 것은 전혀 이상할 것이 없고 이른바 '경經을 떠나고 도道를 배반하는' 일도 아니다. 사실 송대 이래의 리학에는 줄곧 이런 경향, 즉 정신성과 정신 생활의 측면에서 불교를 지향하는 경향이 있어 왔고, 이 점은 바로 리학의 한 가지 기본 주제였다. 왕수인의 사상은 이 전통의 발전에서 우뚝 선 봉우리일 뿐이다.[66]

황관黃綰은 홍치弘治 연간부터 담약수·왕수인과 교류했다. 왕수인이 월성으로 돌아온 뒤에 황관은 왕수인을 스승으로 삼기까지 했다. 그리고 왕수인이 죽은 뒤에는 딸을 왕수인의 아들에게 시집보냈다. 이 아주 긴 시간 동안 황관은 줄곧 왕수인 학설의 굳건한 신봉자였다. 게다가 그는 왕수인의 가장 친밀한 친구였으므로 왕수인 사상을 가장 잘 이해하고 있었을 것이다. 그런 황관이 만년에는 태도를 바꿔 왕수인을 비평하기 시작했다. 그는 이렇게 말한 적이 있다.

---

66) 新儒家의 '有의 입장에서 無를 통합하는' 전통은 다음 장에서 자세히 보인다.

나는 예전에 해내海內의 몇몇 군자와 강학講學했었는데, 치지致知를 '그 양지良知를 온전하게 실현하는 것'으로 해석하는 이가 있었다.……또『단경壇經』을 읽고 '본래 아무것도 없음'(本來無一物)을 깨우치라고 가르쳤고, '선도 생각하지 말고 악도 생각하지 말고' '본래면목'을 보는 것을 곧장 상승上乘으로 뛰어넘는 방법으로 보고서 양지의 완전한 실현과 합치된다고 여겼다. 또『오진편悟眞篇』「후서後序」를 성인의 종지를 얻은 것이라고 평가하고,[67] 유가와 노·불의 도道는 모두 같으며 단지 자신만을 생각하느냐(私己) 만물과 함께 하느냐(同物)의 차이만 있을 뿐이라고 여겼다. 그리고 공자의『논어論語』의 말은 모두 '하학下學'의 일들이지 곧장 상승上乘의 깨침으로 뛰어넘는 내용이 아니라고 주장했다.[68]

그러므로 공부의 내용은 오직 '사私'를 없애는 것밖에 없다고 말했다. 그래서 '생각을 일으키지 않음'·'의도함과 기대함이 없음'·'소리도 없고 냄새도 없음'을 양지의 본체로 간주했다.[69]

황관의 진술에 근거하여 우리는 유가·불가·도가에 대한 왕수인의 태도가 일반 유자들과 크게 다르다는 것을 알 수 있다. 즉 그는 불가의 일부 가르침이 성인의 도道와 동일하다고 확신했을 뿐 아니라 문인들에게『육조단경』을 읽도록 부추기는가 하면 심지어 선종의 사상과 양지의 사상을 결합하기까지 했다. '본래면목'이나 '본래 아무것도 없음'은 선종에서 청정한 불성佛性을 가리키는 용어이다. 그러므로 왕수인의 사구교 첫 구절은 의심

---

67) 張伯端는『悟眞篇』,「後序」에서 '心鏡의 해맑음'(心境郎然), '조그만 먼지도 묻지 않아 마음은 원래 자재하다'(纖塵不染, 心源自在), '몸은 그 性에 累가 되지 못하며 外境은 그 참됨을 어지럽히지 못한다'(身不能累其性, 境不能亂其眞), '인심을 명경과 같이 만들면, 비추되 받아들이지 않고 계기에 따라 대상에 대응하기 때문에 대상을 이겨 손상되지 않는다'(達人心若明鏡, 鑒而不納, 隨機應物, 故能勝物而無傷也)라는 말들을 했다. 이 또한 사구교 첫 구절의 의미와 상통한다.『悟眞篇三家注』(華夏出版社, 1989), 15쪽 참조.

68)『明道編』, 11쪽, "予昔年與海內一二君子講學, 有以致知爲至極其良知,……又令看六祖『壇經』, 會其'本來無一物', '不思善, 不思惡', 見'本來面目', 爲直超上乘, 以爲合於良知之至極. 又以『悟眞篇』後序爲得聖人之旨, 以儒與佛仙之道同, 但有私己同物之殊, 以孔子『論語』之言皆下學之事, 非直超上乘之旨."

69)『明道編』, 10쪽, "故言工夫, 惟有去私而已, 故以不起意·無意必, 無聲無臭爲得良知本體."

할 여지없이 『육조단경』의 영향을 받은 것이라고 하겠다.

'선도 생각하지 않고 악도 생각하지 않음'이란 것은, 모든 개인적인 욕망을 배제하여 주체의 마음을 본래면목 곧 마음의 본체로 환원시키는 공부를 가리킨다. 그러므로 불가의 자성청정심自性淸淨心이든 유가의 심의 본체, 양자의 본체든 모두 환원된 뒤에 얻은 순수 의식 상태를 가리킨다. 불교와 왕수인은 모두 이 본체가 인간 실존의 가장 근본적인 기저로서, 심체의 '본래 아무것도 없음'·'청정자재淸淨自在'를 체인하는 것은 사람이 '전혀 막힘이 없고' '오가는 것이 자유로운' 경지에 이르게 되는 근거라고 보았다. 이 근거를 확보하고 이런 경지에 이르고 나서야 사람은 현실 생활 속에서 명리名利에 움직이지 않고 부귀빈천에 흔들지 않게 되어, 마음대로 들 수도 있고 내려놓을 수도 있어서 슬픔·기쁨·근심·번뇌에 집착하지 않고 살아갈 수 있게 된다. 이렇게 됨으로써 비로소 인간의 심령은 일체의 속박에서 벗어나 영원히 자유자재할 수 있으며, 개체의 잠재 능력을 최대로 발휘하거나 실현할 수 있게 된다.

왕수인은 이 '무'와 관련된 실존적 지혜를 불교(주로 선종)의 사상에서 흡수했다고 거리낌 없이 말했다. 그는 『금강경』의 "마땅히 집착하는 바 없이 그 마음을 내어라"라는 사상을 분명하게 긍정하였고, 성인이 노·불의 "심체는 허虛·무無이다"라는 사상에 대해 전혀 이의가 없었다고 공개적으로 선언했다. 아울러 그는 심체의 무체성無滯性이 불가 특유의 논리라고 보는 주장에 강렬하게 반대하면서 유가 내부에서 그 정당성을 찾으려고 노력했다. 당시 어떤 사람으로부터 "노·불은 모두 심신 수양의 방면에 공功이 있으므로 유학자는 마땅히 그것을 받아들여야 하지 않겠습니까?"라는 질문을 받았을 때 그는 이렇게 답하였다.

'받아들인다'고 말하면 옳지 못하다. 성인의 "성性을 다하고 명命에 이른다" (盡性至命)라는 말이 어떤 것인들 포함하지 않겠는가? 그러므로 어찌 따로 받아들일 필요가 있겠는가? 노·불이 쓰고 있는 것은 모두 내 것이다. 바로 우리가 '성을 다하고 명에 이르는' 과정에서 이 몸을 완전하게 기르는 것을 선仙이라고 하고, 바로 우리가 '성을 다하고 명에 이르는' 과정에서 세루世累에 물들지 않는 것을 불佛이라고 한다. 다만 후세의 유자들이 성학聖學이 온전하다는 것을 알지 못하다 보니 노·불과 견해가 병립된 것이다. 청당廳堂에 비유하자면, 세 칸이 함께 한 청廳이 되는 것인데 유자들은 그것들 모두가 자기네 것인 줄 알지 못한 채 불가를 보자 왼쪽 한 칸을 잘라 주고 도가를 보자 또 오른쪽 한 칸을 잘라 주고는 자기들은 스스로 그 중간에 처하니, 모두 하나를 취하느라 백 가지를 버린 꼴이다.[70]

말하자면, 허虛와 무無는 본래 유학의 성인이 말한 도道에 원래 포함되어 있는 내용이므로 허虛·무無 이론을 선仙·불佛의 사상이라고 간주해서는 안 된다는 것이다. 이런 의미에서 심체의 허·무를 강론하는 것은 결코 노·불의 사상을 흡수하는 것이 아니며, 성인의 도에 광대하게 갖추어져 있는 고유한 사상을 밝혀내는 것일 뿐이다. 뒷날 왕기王畿도 "우리 유가는 일찍이 허虛를 말하지 않은 적도, 적寂을 말하지 않은 적도, 미微를 말하지 않은 적도, 밀密을 말하지 않은 적도 없으니, 이것은 천성千聖들이 전수한 비장秘藏이다. 이것으로부터 깨달아 들어가면 곧 삼교三敎의 종지를 아우를 수 있다"[71]라고 말했다.

비록 그렇긴 하나 선종의 사상은 어쨌든 왕수인의 무선무악 사상의 직접적 내원이다.[72] 나흠순羅欽順은 당시의 불교를 이렇게 정의하고 있다.

불교는 정情을 여의고 집착을 버린 뒤에 도道로 들어설 수 있다고 보기 때문에 사람들에게 견문지각見聞知覺을 모두 여의라고 요구한다. 여읜다는 것은

---

70) 『全書』, 권32, 468쪽, 「年譜」, '癸未條', "說兼取便不是, 聖人盡性至命, 何物不俱? 何待兼取? 二氏之用皆我之用, 卽吾盡性至命中完養此身謂之仙, 卽吾盡性至命中, 不染世累謂之佛. 但後世儒者不見聖學之全, 故與二氏成二見耳. 譬之廳堂, 三間共一廳, 儒者不知皆吾之用, 見佛氏則割左邊一間與之, 見老氏則割右邊一間與之, 而己則自處其中間, 皆擧一而廢百也."

71) 『龍溪先生全集』, 권1, "吾儒未嘗不說虛不說寂不說微不說密, 此是千聖相傳之秘藏, 從此悟入乃是範圍三敎之宗."

72) 왕수인은 도교의 가치가 양생, 즉 이 몸을 완전하게 하는 데 있고 선종의 가치는 양심, 즉 마음이 세루에 물들지 않게 하는 데 있다고 보았다. 그러므로 '심체무선악'의 사상은 주로 불교에서 내원한 것이다.

보지 않고 듣지 않고 앎도 없고 깨침도 없는 것이 아니다. 견문지각에 집착하지 않는 것일 뿐이다. 『금강경』의 이른바 "마음은 법상法相에 주착住着하지 말고 보시를 행하라", "마땅히 집착하는 바 없이 청정심을 내어라" 하는 말들이 바로 이 의미이다.73)

나흠순은 오랫동안 불교를 공부한 경험이 있었기 때문에 불교에 대한 정밀한 이해가 있었다. 그는 또 남송의 선승禪僧 대혜종고大慧宗杲의 「답증천유答曾天遊」라는 편지 속에 있 다음 한 구절을 인용하기도 했다:

이 진공묘지眞空妙智는 태허太虛의 공空만큼이나 장구하다. 이 태허의 공空 속에는 어느 것 하나라도 그것에 장애되는 것이 있던가? 그러나 비록 어떤 것에 의해서도 장애를 받지 않지만 온갖 사물이 공空 속을 왕래한다는 사실에는 아무런 영향이 없다. 이 진공묘지 또한 그러하다. 범성凡聖이 조금도 오염시키지 못한다. 비록 오염시키지는 못하나 생사生死와 범성이 그 속을 왕래하는 데는 아무런 영향이 없다. 이와 같이 믿음이 이르고 깨침이 투철해야 생사를 드나들면서도 대자재大自在한 사나이가 될 수 있다.74)

진공묘지眞空妙智는 왕수인의 양지에 해당한다. 종고의 이 말은 왕수인의 '천천증도天泉證道'의 "양지의 본체에는 원래 아무것도 없다. 본체는 단지 태허이니, 태허 속에 해와 달과 별과 바람과 비와 이슬과 우레와 먹구름과 음산한 기운 등 어떤 것인들 존재하지 않겠는가? 그렇지만 어떤 것이 태허의 장애가 되던가?"와 완전히 일치한다. 왕수인이 남대길南大吉(자는 元善)에게 보낸 편지 속의 "환하고 밝으며 영묘하게 알아차리는 양지는 원융하고 통철하여 태허와 동체同體이다. 태허 속에 어떤 것이든 존재하지 않겠냐

---

73) 『困知記』續上, "佛以離情遣著然後可以入道, 故欲人於見聞知覺一體離之. 離之云者, 非不見不聞·無知無覺也, 不著於見聞知覺而已. 『金剛經』所謂·心不住法而行布施'·'應無所住而生淸淨心', 卽其意也."
74) 『困知記』上, "此眞空妙智與太虛空齊壽, 只這太虛空中還有一物碍得他否? 雖不受一物碍, 而不妨諸物於空中往來, 此眞空妙智亦然. 凡聖垢染著一點不得. 雖著不得而不碍生死凡聖於中往來. 如此信得及·見得徹, 方是個生入死·得大自在底漢."

마는 태허에 장애가 되는 것은 없다"[75]라는 말과 종고의 말 또한 마치 같은 사람의 입에서 나온 것인 듯하다. 따라서 "심체는 무선무악이다"라는 왕수인의 사상이 선종에서 직접 영향을 받았다는 것은 의심할 여지가 없다.(사실상 심체를 태허로 보는 것은 이미 『육조단경』에 그 용례가 있다.[76]) 동시에 왕수인은 이 사상을 굳게 견지하고 의심하지 않아서 이런 수양 공부를 실천하고 거기서 어떤 소득을 얻었던 듯하다. 바로 이런 '오가는 것이 자유롭고 집착도 막힘도 없는' 경지가 있었기 때문에 그는 영왕寧王(朱宸濠)의 난에서 장張·허許(張忠·許忠泰)의 난까지 '백천번 죽음을 넘나드는'(百死千難) 위기 속에서도 위험을 평탄함으로 돌릴 수 있었던 것이다. 그가 제출한 양지의 종지는 본래 이런 심각한 생존 체험에 기초한 것이었다.

이상을 통해 우리는 왕수인의 양지 사상에 대해 좀더 깊은 이해를 할 수 있게 되었다. 즉 양지는 유가의 '본심本心' 개념일 뿐 아니라 동시에 불가의 '묘지妙智'이기도 하다. 왕수인은 천천교 위에서 전덕홍에게 사구교를 해석해 줄 때 "양지의 본체에는 원래 아무것도 없다"라고 했는데, 『전습록』의 황성증黃省曾의 기록에는 "칠정이 그 자연의 유행을 순응하는 것이 모두 양지의 발용이다"라는 말이 있으며, 또 육징陸澄에게 답하는 편지에는 "양지는 기쁨, 노여움, 슬픔, 즐거움을 담아두지 않지만 기쁨, 노여움, 슬픔, 두려움이 양지 밖에 있는 것도 아니다", "성인은 단지 그 양지에 본색을 돌려줄 뿐 어떤 의도도 개입시키지 않는다. 양지의 허虛는 곧 하늘의 태허太虛이고 양지의 무無는 곧 태허의 무형無形이다", "환하고 밝으며 영묘하게 알아차리는 양지는 태허와 동체이다", "양지의 체는 명경明鏡과 같아서 어떤 것도 머물게 하지 않고 어디에도 물들지 않는다"라는 말들이 있다. 이러한 말들은 모두 양지가 마음의 본체와 동일하다는 것을 보여 준다.

---

75) 『全書』, 권6, 116쪽, 「答南元善」, "良知之昭明靈覺洞徹, 然與太虛同體, 太虛之中何物不有, 而無一物能爲太虛之障碍."
76) 육조혜능은 "만일 일체의 사람들의 악과 선을 볼 때도 모두 취하지도 않고 버리지도 않으며 또한 물들지도 않아 마음이 허공과 같으면 이름하여 大라고 할 것이므로 摩訶라고 한다"(『壇經』, 「般若品」 第2, "若見一切人惡之與善 盡皆不取不舍, 亦不染着, 心如虛空名之爲大")라고 말하였다.

물론 사구교에서는 "무선무악은 마음의 체이다"와 "선을 알고 악을 아는(知善知惡) 것은 양지이다"의 관계에 대해 명확한 설명을 하지 않았지만, 사실 '무선무악'과 '지선지악知善知惡'은 결코 서로 배척하지 않는다. 이것들은 모두 양지 본체의 특성이므로 양지의 양면이라 할 수 있다. 왕수인은 정해년 가을 사은思恩과 전주田州로 떠나기 전에, 전덕홍에게 「대학문大學問」을 기록하게 해서 치양지致良知의 윤리실천적 의미를 밝히는 한편 천천교天泉橋에서 도를 밝혀서(證道) 사구교의 종지를 정립했다. 이것은 '지선지악'과 '무선무악'이 모순적이지 않다는 것을 설명해 준다. 양지는 '지선지악'의 선험적 능력을 가지고 있지만 동시에 '어디에도 관심을 두지 않는' 선험적 품성도 지니고 있으므로, 지선지악만으로 양지를 해석하는 것으로는 왕수인이 말하는 양지의 온전한 함의를 완전히 다 드러낼 수 없다는 것을 알 수 있다. 따라서 치양지 속에도 '무선무악'의 내용이 포함되어야 한다. 그래서 왕수인은 —황관의 말에 따르면— 선악을 생각하지 않는 것이 '양지의 완전한 실현에 합치된다'고 말했고 또 '생각을 일으키지 않고' '의도도 없고 기대도 없는' 것이 '양지의 본체를 얻은 것'이라고 말했던 것이다.

왕수인은 만년에 양지 사상을 좀더 발전시켜 "무선무악이 마음의 체이다"를 포함시켰다. 이 점을 알아야만 왕기王畿가 왕수인 사상의 발전을 서술할 때 치양지를 제기한 뒤 다시 "지킨 것이 더욱 무르익어서 얻은 것이 더욱 화경化境으로 접어든" 단계가 있었다고 하면서, 이 단계의 특징을 "모든 순간에 옳음을 알고 그름을 알며 모든 순간에 옳음도 없고 그름도 없다"(時時知是知非, 時時無是無非)로 개괄한 이유를 이해할 수 있다. 이 둘은 양지라는 한 몸의 양면성을 가리킨다. 사실, 남경에 있을 때 왕수인은 이미 "호오好惡가 한결같이 리를 따르고 의도가 조금도 개입되지 않는" 경지를 공언한 적이 있었다. 왕수인 철학에서 유·무가 합일된다는 것은 의심의 여지가 없으며 유·무의 결합 방식은 유를 체로 삼고 무를 용으로 삼는 것이었다. '무'의 경지를 용으로 삼게 되자, '의도를 개입시키지 않음'으로 해서 '선을 좋아하고 악을 미워하는' 실천이 주체의 전체적 잠재 능력을 발휘할 수 있게 되었고, '세루世累에 물들지 않음'으로 해서 '성을 다하고 명에 이르는' 유가의 목적이 더욱 잘 실현될 수 있게 되었다.

따라서 왕수인은 결코 선禪으로 흐른 것이 아니었다. 유자儒者로서의 왕수인은 결코 '유有'의 입장에서 벗어나지 않았다. 사실상 '유'의 경지는 "어진 사람은 천지만물과 한 몸이다"(仁者與天地萬物爲一體)에 관한 그의 사상에 더욱 고도로 표현되어 있다.[77] 왕수인은 유의 입장에서 무를 결합하였다. 그는 노·불의 허·무를 유학 속에 받아들여 '진성지명盡性至命'의 전체 과정에서 빠뜨려서는 안 될 생리·심리적 조건으로 만들었다.

전통적 중국 문화의 환경 속에서 유가 사상가로서의 왕수인이 이렇게 하기까지에는 많은 용기가 필요했다. 그가 만년 사상에서 해결하려 했던 것은, 어떻게 하면 선종의 초월적 경지에 관한 사상을 유가 사상 체계 속에 잘 받아들여 유가의 기조가 바뀌지 않도록 하면서 선종의 정화를 유기적으로 결합되게 할 수 있을까 하는 점이었다. 풍우란馬友蘭은, 선종과 리학 사이에 건널 수 없는 큰 강이 있는 것이 결코 아니어서 "물 긷고 나무하는 것이 모두 묘도妙道"(運水搬柴無非妙道)라고 한다면 충군효친忠君孝親이라 해서 도가 아니라고 할 이유가 없으며, 바로 이런 이유 때문에 선종이 한번 손을 뒤집자 리학이 될 수 있었다고 지적하였다.[78] 그러나 안타까운 것은, 선종의 '물 긷고 나무한다'라는 말은 바로 집착도 없고 막힘도 없는 '평상심平常心'을 세우기 위한 것이며 이 '평상심'으로써 환경과 실천에 대응해 가면 자재하지 못할 곳이 없으므로 물 긷고 나무하는 것 또한 묘 아닌 것이 없다고 하는, 이런 식의 구체적인 설명을 풍우란 또한 하지 않았다는 점이다.

불교에서는 표면적으로 마음과 환경이 모두 공空이라고 했으나 실제로는 그 이론에 그다지 철저하지 못하였다. 왕수인이 말했던 것처럼, 선종을 공부하는 이들이 출가하는 것은 여전히 '상相에 잡혀 있기'(着了相) 때문이고

---

77) '제9장 경지'에 상세히 나타난다.
78) 馬友蘭, 『中國哲學史新編』 제5책, 8쪽.

집착이 있기 때문이다. 그렇지 않다면 왜 반드시 인륜을 버리고 세상일을 끊으려 한단 말인가! 이에 비해 유가는 일용日用을 벗어나지도 않으면서 일용에 의해 막히지도 않았다. 왕수인은 만년에 「도道를 묻는 사람에게 대답하는 시」(答人問道詩)를 지었다.

> 배고프면 밥을 먹고 피곤하면 잠을 잔다.
> 이렇게만 수행하면 오묘하고 더욱 오묘해진다.
> 세인에게 말해도 어리석어 믿지를 않고,
> 도리어 몸 밖에서 신선을 찾는다.79)

이것은 선승禪僧 대주혜해大珠慧海의 "배고프면 밥을 먹고 피곤하면 잠을 잔다"(饑來喫飯, 困來卽眠)라는 말을 빌려 쓴 것으로 우의가 매우 풍부하다. 그래서 그는 "일상의 일들을 떠나지 않으면서 곧장 팔괘八卦가 아직 나눠지지 않은 선천先天의 세계로 나아간다"(不離日用常行內, 直造先天未畫前)라고 말했던 것이다. 이 팔괘가 나눠지지 않은 선천의 세계란 세계의 궁극적 본원을 가리키는 것이 아니라 인생의 최고 경지를 가리키는 것이다.

물론, 왕수인에게 있어서 유有와 무無가 반드시 완전히 평형인 것은 아니다. 그의 언사 사이에는 '무'에 대한 명백한 동경이 드러난다. 이것은 아마 그에게 내재된 종교적 기질 때문이었을 것이다. 왕수인에게 '무'의 경지는 보다 고원高遠하고 보다 도달하기 힘든 것이었고, 도덕 경지는 상대적으로 그렇게 이르기 힘든 것이 아니었다. 그래서 고원을 논할 때는 '무'를 높은 것으로 삼고, 경중을 논할 때는 '유'를 중요한 것으로 삼은 것이다.

'천천증도'의 전후 과정을 살펴보면, 본래 그는 유와 무를 어떻게 결합하고 표현할 것인가에 대해 그다지 진지하게 고려하지 않았던 것 같다. 만일 전덕홍과 왕기 두 사람이 따져 묻지 않았더라면 그는 표현상의 문제에 대해서도 좀더 자세히 고려할 수 있었을 것이다. '무'의 경지를 부각시킬 때

---

79) 『全書』, 권20, 「答人問道」, 318쪽, "饑來喫飯倦來眠, 只此修行玄更玄. 說與世人渾不信, 却從身外覓神仙."

그는 선악을 대립면으로 놓고 비윤리화하는 형식을 택했는데, 비록 앞의 제 2절에서 이에 대해 상세히 해석하긴 했지만 어쨌든 '선을 행하고 악을 없앤 다'(爲善去惡)는 입장에 서 있는 유학자 왕수인에게는 여전히 문제가 된다고 해야 할 것이다. 이런 점에서 유종주劉宗周가 "다만 그는 도를 밝히는 데 마음이 급하여 자주 '향상일기向上一機'(가장 높은 정신 경지)를 가볍게 거론하곤 해서 후학에게 엽등獵等의 폐단을 연 점이 있었다"라고 말한 것은 옳다고 하겠다.[80] 아마 왕수인의 사구교는 "선과 악을 알아차리는(知善知惡) 것은 양지良知이고, 선을 좋아하고 악을 미워하는(好善惡惡) 것은 성의誠意이고, 선도 없고 악도 없는(無善無惡) 것은 정심正心이고, 선을 행하고 악을 없애는(爲善去惡) 것은 격물格物이다"로 고쳐야 그의 뜻에도 어긋나지 않고 아무렇게나 거론되는 폐단도 없앨 수 있을 것이다.


## 6. 엄탄에서의 문답

가정嘉靖 6년 정해년 9월 8일, 왕수인은 월성에서 출발하여 광서성廣西省의 사은·전주로 가서 난을 평정하게 되었는데, 그 전날 전덕홍·왕기 두 사람과 함께 천천교天泉橋에서 학문을 논하면서 '사구四句의 종지宗旨'를 거듭 밝혔다. 「연보」에서는 "9월 임오일에 월성을 출발하여, 갑신일에 전당강錢塘江을 건넜다"(九月壬午日發越中, 甲申日度錢塘)라고 하였고, 또 "선생은 오산吳山·월암月巖·엄탄嚴灘에서 노니시면서 그곳에 모두 시를 남겼고, 조대釣臺를 지나셨다"(先生遊吳山·月巖·嚴灘, 俱有詩, 過釣臺)라고 하였다. 이로 볼 때 왕수인이 항주杭州 일대에서 며칠 동안 머물렀음을 알 수 있다. "가정 정해년 9월 22일에 쓰노니, 이때 따라다닌 사람은 진사 전덕홍錢德洪, 왕여중王汝中, 건덕윤建德尹 양사신楊思臣, 원재元材 등 네 사람이었다"[81]라는 「

---

80) 『明儒學案』, 「師說」, "特其急於明道, 往往將向上一機, 輕於指點, 啓後學獵等之弊有之."
81) 「過釣臺詩序」, "嘉靖丁亥年九月二十二日書, 時從行進士錢德洪·王汝中, 建德

과조대시서過釣臺詩序」의 기록에 따르면, 전덕홍과 왕기 두 사람이 왕수인을 전송하느라 조대에 다다른 시기가 9월 하순이고 뒤에 부양富陽 일대에서 헤어졌음을 알 수 있다. 가정 8년 봄 전덕홍과 왕기 두 사람은 동문들에게 왕수인의 부음을 전하는 글에서 다음과 같이 말했다.

재작년 가을 선생께서 광서성廣西省으로 떠나게 되셨는데, 관寬(전덕홍)과 기畿(왕기)는 견해가 아직 통일되지 못한 상태에서 멀리 이별하게 되면 다시 만날 기약이 없을까 두려워하여 밤에 천천교天泉橋에서 선생을 모시게 되었을 때 가르침을 청하였습니다. 선생께서는 둘 다 옳다고 하시고 서로 도움을 받으라는 말씀으로 다독여 주셨습니다. 초겨울에 엄탄嚴灘까지 전송하며 좀 더 말씀해 주시기를 청하니 선생께서는 또다시 궁극적인 이론을 말씀하셨습니다. 이로부터 물러나 사방의 동지들과 서로 절차탁마하여 (선생과) 1년간 헤어져 있는 동안 자못 깨침을 얻어 이번에 만나뵈면 좀더 말씀해 주시기를 청하려고 했는데, 어찌하여 느닷없이 이런 일이 생긴 것입니까? 오호라! 엄탄에서 작별하고서는 한 해가 지나 여기서 부고를 듣게 되다니, 하루 사이에 길이 갈라졌는데 결국 종신토록 영결하게 되었단 말입니까?[82]

이 글은 정해년 10월 초에 전덕홍과 왕기가 엄탄에서 왕수인과 헤어졌는데, 이때 엄탄에서 다시 사구교의 문제를 토론하게 되었으며 그 토론 내용은 천천문답의 계속일 뿐 아니라 '그 이론을 종결짓는' 의미였음을 말해 준다. 따라서 엄탄에서의 논의는 천천문답의 결론 혹은 정론의 의미를 지니는 것이다. 전덕홍과 왕기가 왕수인의 사후에 이 점을 동문들에게 통보하여 인식을 통일하려고 한 것을 보면 그들이 엄탄에서 도를 물었던 사실을 아주 중시했다는 것을 알 수 있다.[83]

---

尹楊思臣及元材凡四人."
82) 『全書』, 권37, 529쪽, 「訃告同門文」, "前年秋, 夫子將有廣行, 寬・畿各以所見未一, 懼遠離之無正也, 因夜侍天泉橋而請質焉.　夫子兩是之, 且進之以相益之義. 冬初追送嚴灘, 請益, 夫子又以究極之說. 由是退與四方同志更相切磨, 一年之別, 頗得所省, 冀是見復得邃請益也, 何遽有是耶? 嗚呼! 別次嚴灘, 踰年而聞訃復於是焉, 云何一日判乎道, 遂爲終身永訣之乎?"
83) 왕기의 「錢緖山行狀」에서는 사구교의 논의에 대해 왕수인이 부양에서 "다시

『전습록』하권에는 엄탄에서의 문답이 수록되어 있다.

선생께서 사은思恩·전주田州로 떠나실 때 나(전덕홍)와 여중汝中(왕기)이 엄
탄까지 전송하였다. 여중이 불가의 실상實相과 환상幻相의 이론을 거론하자
선생께서는 "유심有心은 모두 실實이요 무심無心은 모두 환幻이다. 무심은
모두 실이요 유심은 모두 환이다"라고 말씀하셨다. 여중이 "'유심은 모두 실
이요 무심은 모두 환이다'는 본체에서 공부를 말한 것이고, '무심은 모두 실
이요 유심은 모두 환이다'는 공부에서 본체를 말한 것입니다"라고 하자 선생
께서는 그 말이 옳다고 하셨다. 나는 이때 아직 이해하지 못하였고 몇 년
동안 공부가 쌓은 뒤에 비로소 본체와 공부가 합일된 것을 믿게 되었다.[84]

이 조條는 명백히 전덕홍이 기록한 것인데『전습록』에는 황직黃直(자는
以方)의 기록에 들어 있으니, 이는 잘못된 것이다. 이 글에 의하면 '천천증
도'의 뒤에도 본체·공부의 이론은 결코 종결되지 않았다. 특히 왕기는 유
와 무의 문제에 대해 여전히 의문을 해소하지 못하여 엄탄에서 이별하기
전에 다시 지난번의 말을 거론하였다. 그러자 왕수인은 불가의 게송偈頌을
흉내내어 네 구절로 대답했는데, 왕기는 총명하여 곧장 그 뜻을 깨달았고
전덕홍은 독실한 성격이어서 뒤에 가서야 비로소 깨달을 수 있었다.

앞에서의 토론을 통해 우리는 "유심有心은 모두 실實이요 무심無心은 모
두 환幻이다"라는 것이 사구교 후반부 세 구절의 '유'의 입장에서 말한 것
임을 쉽게 이해할 수 있다. 여기서 '유심'은 선악과 그 분별의 실재를 승인

---

앞의 이론을 거듭 펴셨다"고 하였는데, 이는 엄탄에서 도를 물은 것을 가리
킨다.
84)『全書』, 권3, 85쪽, "先生起征思田, 德洪與汝中追送嚴灘. 汝中擧佛家實相幻相
之說, 先生曰: "有心俱是實, 無心俱是幻. 無心俱是實, 有心俱是幻." 汝中曰:
"'有心俱是實, 無心俱是幻', 是本體上說工夫. '無心俱是實, 有心俱是幻', 是工
夫上說本體. 先生然其言. 洪於是時嘗未了達, 數年用功, 始信本體工夫合一."
전덕홍은 이 기록 말미에서 "선생은 이때 질문으로 인하여 우연히 이렇게 말
씀하신 것이니 우리 유자들이 남들에게 설명해 줄 때 굳이 이것을 빌려 입
언할 필요는 없다"(先生是時因問偶談, 若吾儒指點人處, 不必借此立言耳)라고
하였다. 전덕홍은 왕수인의 사후에 한 세대를 지나기 전에 이미 허공에 매달
려 도를 논하는 폐단이 있었기 때문에 이렇게 말한 것일 뿐이다. 「訃告同門
文」에 따르면 두 사람은 오히려 당시 엄탄의 논의를 매우 중시했다.

한다는 의미이다. 그러므로 '선을 알고 악을 아는' 양지良知에 의거하여 '선을 좋아하고 악을 미워하는' 의意를 성실히 하고 '선을 행하고 악을 제거하는' 일을 실제로 행하는 것이 바로 "유심은 모두 실이다"의 의미이다. 이때 선악의 분별을 허구적인 대립으로 보고 선악의 분별을 무의미한 것으로 여기는 그런 관점은 곧 '무심'이고, 이것은 잘못된 것이다. 그래서 '환幻'이라고 한다. 이것이 바로 "무심은 모두 환이다"의 의미이다. 이것은 유가의 '유'의 입장에서 입론한 것이다.

"무심無心은 모두 실實이고 유심有心은 모두 환幻이다"라는 말은 '무'의 지혜로써 '유'의 입장에 보충을 가한 것이다. 이 두 구절에서의 '무심'·'유심'은 앞의 두 구절의 '무심'·'유심'과는 그 의미가 다르다. 뒤의 이 두 구절에서의 '무심'은 "무심으로 유有에 순응한다", "정이 만물 하나하나의 법칙에 맞게 반응하여 고정된 정이 없다"라는 의미이다. 즉 '의도를 개입시키지 않는다'(不着意思)는 뜻으로, 사물에 대한 편집 혹은 집착이 있어서는 안 된다는 것이다. 그렇지 않으면 온갖 심리적 장애를 불러일으키게 된다. 이 때의 '유심'은 계산하고 집착하는 마음을 가리킨다. 그렇기 때문에 뒤의 두 구절에서는 집착하는 마음인 '유심'을 부정하고 의도를 개입시키기 않는 '무심'을 긍정했던 것이다.

엄탄의 네 구절은 천천교의 네 구절에 비해 의미가 명확하지 않다는 문제점은 있지만 그 나름의 우월성을 갖는다. 엄탄의 네 구절에서 왕수인은 '무'가 아닌 '유'를 첫머리에 두었으며, '무선무악'과 같은 오해를 일으키기 쉬운 표현을 쓰는 대신 명확하게 '유'를 체로 삼고 '무'를 용으로 삼는 정신을 표현하여 유와 무, 유심과 무심이 유가의 입장에서 통일될 수 있다는 사유를 더욱 뚜렷이 했다. 이런 통일은 공부의 유무합일이기도 하지만 동시에 심체(본체)의 유무합일이기도 하다. 그러므로 왕기의 이해, 즉 앞의 두 구절은 '위선거악爲善去惡'의 공부를 말한 것이고 뒤의 두 구절은 '무선무악無善無惡'의 본체를 말한 것이라는 이해는 본체와 공부가 모두 유무합일이라는 사실을 홀시한 것이어서 합당하지 못하다고 하겠다.

'유가와 도가의 상호 보완'(儒道互補)이 수당隋唐 이후 '유가와 불가·도가의 상호 보완'으로 바뀌게 되자 중국 문화의 내부 구조에는 물론 그로 말미암아 새로운 변화가 일어나 선진先秦과 다른 형국을 형성하게 되었지만, 이 책에서 주목하고 있는 의미에서 '유有와 무無가 서로 보완하는' 평형은 여전히 좀더 발전적으로 유지되었고 심지어 강화되었다. 그러나 만일 유학 자체에는 줄곧 도가 및 뒷날의 불교로 대표되는 초월성 내지는 소요성逍遙性이 없었다고 말한다면 이것은 완전히 틀린 말이다. 사실상 고전 유학에는 '쇄락灑落'이라는 일면이 있었을 뿐 아니라 송명 시대에는 불교의 자극 아래 이 부분을 더욱 발전시켜 '우환 의식'과 '초월적 태도'를, 이 책의 용어를 쓰자면 '유'와 '무'를 유학의 부단한 발전 속에서 '통일되도록' 만들었으며 '유'의 입장에서 '무'를 결합하는 방향으로 부단히 새로운 국면을 개척해 나갔다. 왕수인 철학을 이런 해석의 시야에 놓는 것은 그 의미가 아주 크다. 이 점에 대해서는 뒤의 몇 장에서 좀더 깊이 다룰 것이다.

사구교 속에서의 철학 문제는 크게 두 가지인데, 그 중 하나가 '심체心體' 개념의 문제이다. 『전습록』에는 다음의 기록이 있다.

> 육징陸澄이 "색色을 좋아하고 이익을 좋아하고 명성을 좋아하는 것과 같은 마음은 물론 사욕이지만 가벼운 생각까지 왜 사욕이라고 합니까?"라고 묻자 선생께서 대답하셨다. "필경 색을 좋아하고 이익을 좋아하고 이름을 좋아하는 것은 같은 뿌리에서 일어난 것이다. 스스로 그 뿌리를 살펴보면 알게 될 것이다. 자네 마음 속에 도적질하려는 생각이 없다는 것을 확실하게 아는 이유가 무엇인가? 자네 마음에 원래 이 마음이 없기 때문이다. 자네가 재물, 호색, 명성, 이익 등에 대한 마음을 도적질하지 않으려는 마음이 그랬던 것처럼 모두 없애버릴 수 있으면 텅텅 비어 마음의 본체만 존재할 것이니 무슨 가벼운 생각이 남아 있겠는가! 이것이 바로 '적연寂然하게 움직이지 않을 때'이고 '미발未發의 중中'이다."[85]

85) 『傳習錄』上; 『全書』, 권1, 45쪽, "澄曰: 好色好利好名等心固是私欲, 如閑思慮 如何亦謂之私欲? 先生曰: 畢竟從好色好利好名等根上起, 自尋其根便見. 如汝心 中決知是無有做劫盜的思慮, 何也? 以汝心原無是心也. 汝若於貨色名利等心一切 皆如不做劫盜之心一般, 都消滅了, 光光只是心之本體, 看有甚閑思慮! 此便是寂

여기 언급한 기록에 따르면 왕수인이 말한 '심의 본체' 및 심체는 일체의 구체적인 의념·감정을 배제한 순수 내심(의식 또는 감정) 상태를 가리킨다. 왕수인은 이것을 인심의 본연의 체體, 즉 본연 상태라고 보았다.

후설(E. Husserl) 현상학의 기본 사상 가운데 하나는 '선험적 환원'이다. 후설은 일체의 경험적 요소를 배제하고 주체가 이른바 '순수 의식' 즉 선험적 자아 또는 선험적 주관성으로 환원될 수 있도록 만들어야 한다고 주장했다.[86] 이 현상학적 환원은, 절대적 인식 주체를 확정하려는 시도에서 나온 것이었기 때문에 그 출발점이 왕수인과는 다르다. 그렇지만 왕수인이 말한 경험적 사유를 배제한 '텅 빈 마음의 본체'는 후설의 선험적 환원 뒤의 순수 주체와 개념적으로 상통하는 면이 있다. 여기에서 다루고 있는 "심체는 무선무악하다"라는 문제에서, 왕수인의 모든 입론은 인간의 실존적 감정 상태(기쁨·노여움·슬픔·즐거움·애정·증오·흡족함·성냄)를 겨냥한 것이었다. 왕수인이 지향한 것은 어떤 부정적·소극적 감정에 구속되지 않는 자유의 경지였으며, 아울러 그는 이런 경지를 마음의 원초적 구조(본체)라고 불렀다. 따라서 이런 순수 주체는 인식적·도덕적 주체가 아니라 선험적인 정서·감정의 주체이다. 이런 입장은 실존주의자의 입장에 매우 근접해 있다.

실존주의의 입장에서 볼 때 '기분'은 일종의 실존 상태로서 '현존재現存在'의 본질이며 모든 지각의 기초이다. 따라서 그들은 '기분'의 체험으로 인간 실존의 실질을 파악하고자 하였다. 사르트르(Sartre)는 인간의 사물 및 자아에 대한 의식은 모두 '반성'(反思: reflection)이고 일종의 인식 활동이라고 보았다. 그는, 반성은 결코 인간의 마음 깊이 자리잡은 본질적 의식일 수 없으며 '전前반성적 코기토'야말로 반성을 가능하게 하는 실존 방식이라고 보았다. '전반성적 코기토'는 곧 감정 체험의 주체이다. 사르트르는 인식지상주의를 반대하고 감정 체험의 원초성을 강조하였다. 그리고 '전반성적 코기토'란 인식적 의미의 마음의 본체를 가리키는 것이 아니라 감정의 선험

---

然不動, 便是未發之中."

86) 劉放桐 외, 『現代西方哲學』(人民出版社, 1981), 520쪽 참조.

주체를 가리킨다는 점을 강조했다. 이 점은 왕수인과 일치한다.

일반적으로 말해서 실존주의 철학에서 주체는 모두 감정 주체를 가리킨다. 예컨대 하이데거(M. Heidegger)도 '기분'이란 실존 주체가 가장 익숙하게 아는 것이므로 '기본적인 실존적 상태'이고 '현존재의 가장 기본적인 실존적 고리'이며 '현존재의 원시적 존재 방식'이라고 보았다. 왕수인 철학에도 이와 유사한 점이 있다. 왕수인은 감정의 무집착성을 '본체'라고 부르면서 이것은 '향상일기向上一機'로서 높은 체험 단계에서만 이해할 수 있다고 여겼다. 이는 그가 선천적 감정 체험의 주체를 인간의 보다 깊은 실존으로 파악하고 있었음을 보여 준다. 그는 만년에 도덕 주체성의 실천을 강화하는 한편 인간의 심층 존재에 대해 더 큰 관심을 보였다. 그래서 그의 철학이 실존주의적 성격 및 정서현상학적 특징을 띠게 된 것이다.

구체적인 감정 체험의 범주에서 실존주의는 모두 '번뇌'를 강조하지만, 각 철학자의 이해가 같은 것은 아니다. 예컨대 사르트르 철학에서 '번뇌'는 '전면적이고 심각한 책임감'의 체험이라는 의미를 함유하고 있어 명백히 유가 고유의 우환 의식과 상통한다. 그런데 『주역周易』의 우환이 긍정적·적극적 우환인 반면, 『대학大學』의 '정심正心' 단계에서 배제하려고 한 우환은 부정적·소극적인 개인의 우환이었다. 마찬가지로 사르트르가 적극적 번뇌를 가졌던 것과는 달리 실존주의자 하이데거는 소극적인 번뇌를 더 많이 체현해야 한다고 강조하였다.[87]

왕수인도 도가·불가 사상을 계승하여 '번뇌'를 완전히 소극적이고 마음의 본체와 이질적인 감정으로 보았다. '번뇌'는 모든 소극적인 감정·정서를 대표하고, '심체'는 번뇌의 대립면으로서 번뇌 없는 안정과 평안, 자유를 말한다. 이것이야말로 인간의 본진本眞인 순수 정서 상태이다. 사람의 정신 생활의 목적은, 본체에 원래 존재하던 것이 아닌 온갖 번뇌를 배제하여 내심 본연의 자유 경지로 돌아가는 것이다. 물론 이것이 감정이 발생하지 않도록 해야 한다는 의미는 아니다. 단지 '기분'이 한곳에 머물고 막혀서 변

---

87) 殷小光, 「存在主義情感認識論」(『現代外國哲學』 제9집) 참조.

화하지 않음으로써 내심에 장애 및 불균형을 일으키게 되는 일을 억제해야 한다고 강조한 것일 뿐이다. 따라서 하이데거가 '경외'를 통해 '무無'의 맑고 밝은 경지에 이르려 했던 것과는 달리,[88] 왕수인은 집착이 가져오는 번뇌를 극복하여 '거기서 떨어지지도 않고 거기에 막히지도 않는'(不離不滯) 자유의 경지에 도달하려고 했다. '무無'는 '무체無滯'라는 의미에서는 긍정적인 체험이다. 실존주의자들, 예컨대 사르트르 같은 사람들이 '공무空無' 혹은 '무'(虛無)를 부정적·소극적인 의미로 취급했던 것과는 달리 동양의 실존주의는 '허무화虛無化'를 적극적으로 활용하여 심령을 성가시게 하는 부담을 벗어 버리고 주체가 전면적인 해방을 얻을 수 있게 하려고 했다.

왕수인 철학이 실존주의적 성격을 가진다고 할 때, 그것이 결코 왕수인이 실존주의자들과 동일한 입장을 가졌다는 것을 말하는 것은 아니다. 그것은 왕수인이 제기한 문제가 '실존주의적' 문제라는 것을 의미한다. 사실 실존주의자들 사이에서도 문제를 해결하는 방식에 있어서는 종종 큰 차이를 보여 왔다.

---

88) 袁義江 외, 「論無在海德格爾哲學中的地位」(『現代外國哲學』 제9집) 참조.

## 제9장 경지

### 1. 유무지경

왕국유王國維는 일찍이 『인간사화人間詞話』에서 '유아지경有我之境'과 '무아지경無我之境'을 심미적 의경意境의 기본 범주로 제기했다. 그런데 사실 '유아지경'과 '무아지경'은 중국 철학 전체의 정신 경지(태도)를 파악하는 기본 범주로 간주될 수 있다. 선진 시대의 이른바 '유도상보론儒道相補論'이나 수당隋唐 이후의 '유불儒佛 논쟁' 모두 이 두 범주로 이해할 수 있으며, 도가를 중심에 둔 신도가新道家(玄學)나 유가를 중심에 둔 신유가新儒家(道學) 역시 나름대로 이 두 범주에 대한 조화 또는 결합을 모색하였다고 할 수 있는 것이다. 심지어 유가 내부에서도 마찬가지이다. 정호程顥가 지은 『정성서定性書』에서 장재張載가 보인 태도는 '유아지경'이었고, 거기서 정호가 주장한 것은 '무아지경'이었다. 나아가 왕국유가 유有와 무無의 두 경지를 설명할 때 사용한 '이아관물以我觀物(나의 관점에서 대상을 본다)과 '이물관물以物觀物(대상의 관점에서 대상을 본다)이라는 술어는 본래 '안락安樂·소요逍遙'의 경지로 유명한 송대 도학자 소옹邵雍의 말에서 나온 것이었다. 이를 안다면 '유아지경'과 '무아지경'으로 하나의 문화를 파악하는 방식은 더더욱 당연하게 받아들여질 수 있다.

물론, 이 두 범주가 여러 특수한 영역에서 사용될 때는 그 의미가 달라진다. 예컨대 '유아有我'의 '아我'는 개체를 가리키는 소아小我일 수도 있고 인류를 가리키는 대아大我일 수도 있다. 이렇게 '유아지경'과 '무아지경'은 그 개념이 다양하고 의미 또한 여러 가지로 파악될 수 있다. 그러다 보니 이 두 범주는 여러 의미로 해석될 수 있는데, 오히려 이런 점 때문에 문화를 연구하는 데 있어 좀더 생동적인 활력을 일으키게 된다. 그런데 여기서 짚고 넘어가야 할 것은 이 책 전체에서, 특히 이 장에서 논하게 될 송명 유학에서의 '유아지경'이란 "천지를 가득 채운 그것을 내 몸으로 삼고, 천지를 이끄는 주재를 내 성性으로 삼는다"(天地之塞吾其體, 天地之帥吾其性)는 '대아'의 경지를 가리키고, 또 '무아지경'이란 앞 장에서 이미 반복하여 강조했던 "정情이 만물 하나하나의 법칙에 맞게 반응하여 고정된 정이 없다"(情順萬物而無情)는 막힘이 없는 경지를 가리킨다는 사실이다.

이런 의미에서, 송명 리학 발전의 한 가지 기본 주제는 바로 어떻게 하면 유가의 '유아지경'의 입장에서 불교(도가 문화까지도 포괄해서)의 '무아지경'을 소화·흡수할 수 있느냐 하는 것이다. 송명 리학의 심성론과 공부론에서 거론된 대부분의 문제는 거의가 이와 관련된 것이었다. 단지 구체적 표현들이 서로 달랐을 뿐이다. 이 점을 이해하지 못하면 근본적으로 송명 리학에 내재된 토론의 내용을 이해할 수 없고, 심지어 『명유학안』도 이해할 수 없다. 송명 리학의 이와 같은 발전 방향은 적어도 당唐 중엽부터 이미 분명해지기 시작했다.

유종원柳宗元은 당시 지식인의 심리를 다음과 같이 말하고 있다.

유자儒者인 한퇴지韓退之는 나와 친한데, 일찍이 내가 불교의 이론을 좋아하는 것을 잘못으로 여기고 내가 승려와 노니는 것을 비난했다. 근래 농서隴西[1]의 이생초李生礎가 동도東都[2]에서 올 때 그 편으로 퇴지가 편지를 보내 왔는데, 퇴지는 편지에서 "「송원생서送元生書」를 보니 불교를 배척하지 않는다"고 나를 꾸짖었다. 그러나 불교 속에는 배척될 수 없는 부분이 있어서 『주역

---

1) 역자 주—지금의 甘肅省.
2) 역자 주—지금의 洛陽.

周易』·『논어論語』와 맞는 것이 많다. 그것을 즐길 수 있으면 성정性情이 풀려난 듯한 어떤 느낌을 받게 되는데, 공자의 도와 다를 것이 없다.[3]

유종원은 "비록 성인이 다시 태어나도 배척할 수 없다"고 말하기도 했는데, 이는 주로 불교적 수양의 경지에 대한 것이다. 그는 불교에 대해 "그 도를 추구하는 자들은 관직을 좋아하지 않고 능력을 다투지 않는다. 산수를 즐기고 한가함과 안정을 좋아하는 자가 많다. 나는 세상사람들이 오직 이익만을 추구해서 서로 다투는 것을 싫어하니, 이것(불교의 도)을 버리고 달리 무엇을 좇겠는가?"[4]라고 하였다. 그래서 '그것을 즐길 수 있으면 성정性情이 풀려난 듯한 어떤 느낌을 받는다'고 했던 것이다. 즉 자신이 현재 강렬하게 어떤 정신 경지를 필요로 하는데 오직 불교만이 이를 만족시켜 줄 수 있으며, 또 불교만이 정신을 제고시켜 세속의 투쟁으로부터 초연할 수 있도록 해 준다는 것이다. 유종원과 같은 이가 불교에 대해 가진 흥취는 결코 불교의 형이상학적 가설이나 사회 의무에 대한 부정적인 태도를 향한 것이 아니었고 승려의 절집 생활은 더더욱 아니었다. 그것은 바로 '그 정을 한가롭게 하고'(閑其情) '그 성을 안정시켜'(安其性) '산수만을 즐기고'(唯山水之樂) '담박하여 아무것도 구하지 않는'(泊焉而無求) 정신 경지를 향한 것이었다.

한유韓愈의 만년도 마찬가지였다. 그가 승려인 대전大顚과 교류했다고 하여 역대 유자들 가운데에는 그를 비판한 이가 매우 많았다. 주희朱熹 또한 이렇게 말하였다.

한유는 만년에 몸을 둘 곳이 없어 사람을 불러 모아 도박을 즐겼다. 그가 사귄 영사靈師·혜사慧師 같은 무리는 모두 술을 마시고 무뢰하였다. 급기야

---

3) 『中國佛敎思想資料選編』(中華書局, 1983) 2-4, 366쪽, 「送僧浩初序」, "儒者韓退之與余善, 嘗病余嗜浮圖言, 訾余與浮圖游. 近隴西李生礎自東都來, 退之又寓書罪余, 且曰見送元生序, 不斥浮圖. 浮圖誠有不可斥者, 往往與易論語合, 誠樂之, 其於性情奭然, 不與孔子之道異."
4) 『中國佛敎思想資料選編』 2-4, 366쪽, 「送僧浩初序」, "且凡爲其道者, 不愛官·不爭能, 樂山水而嗜閑安者爲多, 吾病世之逐逐然唯嗜利爲務以相軋也, 則舍是其焉從."

바닷가에 이르러 대전을 만났을 때는 절벽처럼 만인萬仞(仞은 8척)이나 우뚝 솟은 듯한 기상에 스스로 심복하여 "그 말이 실로 형해形骸를 초탈하였고 리理로써 욕구를 이겨내어 사물에 의해 혼란되지 않는다"고까지 했으니, 이는 곧 퇴지의 죽음이 아니겠는가?[5]

그러나 분명한 것은, 한유가 만년에 대전에게 마음이 기운 것은 그가 세속의 자아를 초월하여 온갖 외물의 충격이나 유혹 아래서도 마음의 평정을 유지할 수 있다는 점에 감복했기 때문이다. 왕수인은 이 내용을 더욱 명확하게 말했다.

퇴지가 맹상서孟尙書에게 보낸 편지에서 "조주潮州에 한 노승이 있는데 대전이라 부른다. (그는) 자못 총명하고 도리를 알고 있었다. 그와 더불어 말을 주고받을 때 비록 말한 내용을 모두 이해할 수는 없었으나 '가슴 속에 걸림과 막힘이 없어서' 서로 오가게 되었다. 바닷가에서 신을 제사지내게 되었을 때 그의 오두막을 방문하였고, 원주袁州로 돌아올 때 옷을 선물하였다. 이는 인지상정이지 그 법을 믿은 것도, 복전이나 이익을 구한 것도 아니다"라고 하였다. 퇴지가 대전과 교류한 것은 그 대의가 여기서 벗어나지 않는다.[6]

최근 수십 년 동안 중국의 학자들은 유심唯心·유물唯物을 양분하는 일원적 철학사관의 입장에 서 있었다. 그래서 그들은 늘 중당中唐의 몇몇 사상가(韓愈, 柳宗元, 劉禹錫)들이 불교와 교류한 사실을 이해할 길이 없다고 여기고 '유심과 유물 사이에서 동요했다'는 식으로 논단하였다. 그러나 유학자가 승려와 교류하는 데에 반드시 유가의 생활 태도와 우주관을 버려야 한다는 조건이 붙는 것은 아니다. 유학자들은 '무無'(空)를 근본으로 삼는 불교

---

5) 『語類』, 권137, 3275쪽, "退之晚來覺沒頓身己處, 如招聚許多人博塞爲戲, 所與交如靈師惠師之徒皆欲飮酒無賴, 及至海上見大顚, 壁立萬仞, 自是心服, 其言實能外形骸, 以理自勝, 不爲事物所亂, 此是退之死欮."

6) 『全書』, 권28, 394쪽, 「書韓昌黎與大顚坐叙」, "退之與孟尙書云, 潮州有一老僧號大顚, 頗聰明, 認道理, 與之語, 雖不盡解, 要自胸中無滯碍, 因與往來, 及祭神於海上. 遂造其廬, 來袁州留衣服爲別. 乃人情之常, 非宗信其法, 求福田利益, 退之之交大顚, 其大意不過如此."

406__양명 철학

의 형이상학에 대해서는 전혀 흥취를 느끼지 못했다. 왕수인의 말에서 나타나듯이 불교가 그들을 흡인하게 된 원인은 걸림과 막힘이 없는 정신적 경지 때문이었다. 따라서 중당의 유자들이 불교에 마음이 기운 것은 유심·유물 사이에서 동요했다는 사실과 아무런 상관이 없다.

이고李翶의 『복성서復性書』는 늘 뒷날의 유자들에게 비난을 받았다. 그러나 이고의 진정한 뜻은 결코 금욕주의의 입장에서 '감정을 없애라'(滅情)고 주장하는 것이 아니었다. 그의 '멸정滅情'은 사실 선종禪宗의 '무념無念' 또는 송유宋儒의 '무정無情'과 같은 것이었다. 즉 모든 감정이나 정서에 대한 무집착을 가리킨다. 특히 그가 유가 사상 전통 속에서 무정설無情說의 근거를 찾으려고 애썼다는 사실은 매우 주의할 만하다. 예컨대, "자로子路는 용기를 좋아해서 두려워하지 않을 수 있었던 것이 아니다. 그 마음이 '고요하여 동요되지 않았기'(寂然不動) 때문이다", "맹자(軻)는 '나는 나이 마흔이라 마음이 흔들리지 않는다'고 했다"와 같은 서술들이 그것이다. 또 그는 『주역』의 "천하에 무엇을 생각하고 무엇을 헤아리겠는가"(天下何思何慮)[7]라는 말을 무정설로 간주하여 유자들에게도 본래 이와 같은 경지가 있었다고 주장하였다. 아울러 그는 『중용』의 근본 사상을 설명하면서 "동정動靜 모두에서 벗어나서, 고요하게 움직이지 않는(寂然不動) 것이 곧 지성至誠이다"라고 했으며, 『대학』의 '치지致知'를 "보고 듣는 것은 밝고 밝더라도 보고 듣는 것에 따라 판단하지 않아야만 한다. 밝게 변별하되 외물에 휩쓸리지 않는 것이 치지이다"라고 해석했다.

이고는 유가 경전 속의 '인생이정人生而靜'(사람이 처음 태어났을 때는 고요하였다: 『禮記』), '성誠'(『中庸』), '부동심不動心'(『孟子』), '적연부동寂然不動'(『周

---

7) 역자 주—『易經』의 咸卦 九四爻의 爻辭는 "잔 생각으로 가득차서 저기로 갔다가 다시 여기로 오곤 하면 너 같은 이들만 네 생각을 받아들일 것이다"라는 내용인데, 거기에 대해 공자는 "천하에 무엇을 생각하고 무엇을 헤아리겠는가? 천하의 일들이란 원래 귀결은 같은데 길만 다른 것이고 결국 하나의 생각으로 모아지는데 온갖 방식으로 도모하는 것이다. 천하에 무엇을 생각하고 무엇을 헤아리겠는가"라고 해석하였다.(『周易』, 「繫辭下」, "易曰憧憧往來, 朋從爾思, 子曰, 天下何思何慮. 天下同歸而殊塗, 一致而百慮, 天下何思何慮.")

易』,「繫辭」) 등을 불교의 정신을 받아들일 수 있는 기초 관념으로 해석하였고, 이것은 뒷날 유자들에게 자못 큰 영향을 끼쳤다. '부동심'을 도통道統으로 삼은 그의 사상은 '박애博愛로서의 인仁'(博愛之謂仁)을 도통으로 삼은 한유의 사상과 더불어 상보적으로 작용하면서 신유가(道學)의 정신이 '유무합일有無合一'의 길로 나아가도록 이끌었다..

당 중엽 유자들의 '무無'의 경지에 대한 동경이 불우한 인생 여정에서 안심입명安心立命하고자 하는 심령의 요구를 만족시키는 것으로 자주 나타났다고 한다면, 송유는 근본적으로 불교의 이런 경지와 그 실현을 위한 공부를 유가의 체계 속에 비판적으로 받아들이려고 하였다. 북송 때 주돈이周惇頤와 장재張載는 본체론에서 유가의 '유有'에 대해 새로운 논증을 시도했고 주로 우주론에 힘을 쏟았다. 특히 장재는 기일원론적氣一元論的 실체 개념을 통해 우주와 사회의 실재를 논증하고, '큰 나'(大吾)의 관점에서 『서명西銘』의 '유아有我'의 경지를 세웠다. 이윽고 이정二程 형제는 심성론에서 '유'의 근거 즉 선善과 리의 내재성을 밝히는 한편 선종의 정신을 흡수하기 시작했는데, 이는 정호의 이론에서 더욱 명확하게 드러난다. 『정성서定性書』에서 정호는 장재가 제기한 문제에 답하면서 유자의 '무아지경'을 매우 명백하게 밝혔다.

> 이른바 정定이란, 움직일 때도 정정이고 고요할 때도 정定이어서 보냄도 없고 맞이함도 없으며 안도 없고 밖도 없는 것이다.[8]

> 무릇 천지가 정체성을 가질 수 있는 이유는 그 마음이 만물을 두루 포괄하여 정해진 마음이 없기 때문이며, 성인이 정체성을 가질 수 있는 이유는 그 정情이 만물 하나하나의 법칙에 맞게 반응하여 고정된 정이 없기 때문이다. 그러므로 군자의 학문은 더없이 넓고 크게 공정하여 대상이 오면 그 대상의 법칙에 맞게 반응하는 방법보다 나은 것이 없다.[9]

---

8) 『二程集』(中華書局, 1981), 461쪽, "所謂定者, 動亦定, 靜亦定, 無將迎, 無內外."
9) 『二程集』, 461쪽, "夫天地之常, 以其心普萬物而無心, 聖人之常, 以其情順萬物而無情. 故君子之學, 莫若廓然而大公物來而順應."

성인이 기뻐하게 되는 것은 대상이 기뻐할 만해서이고, 성인이 노하게 되는 것은 대상이 노할 만해서이다. 이는 성인의 희노喜怒가 마음에 달려 있지 않고 대상에 달려 있기 때문이다.[10]

장재는 외물을 장애로 생각했기 때문에 소아小我적 경지를 벗어나지 못했다. 반면 정호는 '정定'의 의미가 내심의 온정과 평정을 가리키는 것이지 외물과의 접촉을 끊고 어떠한 사려·정감도 갖지 않는 것을 가리키는 것이 아니라고 보았다. 그러므로 '정'의 실현은 모든 정감을 없애는 데 달려 있지 않고, 물리상에서 볼 때 정감을 당연한 법칙에 순응하게 함으로써 어떠한 개인적 집착도 게재되지 않도록 하는 것이다. 이것을 "정情이 만물 하나하나의 법칙에 맞게 반응하여 고정된 정이 없다"(情順萬物而無情), "더없이 크고 공정하여 대상이 오면 그 대상의 법칙에 맞게 반응한다"(廓然而大公, 物來而順應)라고 표현한다. 후대의 유자가 자주 "드넓어서 크고 공정하다"(廓然大公)로 마음의 본체를 묘사하는 것은 바로 여기에서 나온 것이다. 그러나 당시에 정호는 경지만을 논했을 뿐 본체는 말하지 않았다. "정이 만물 하나하나의 법칙에 맞게 반응하여 정이 없다"는 것은 『금강경金剛經』의 "마땅히 집착하는 바 없이 그 마음을 내어라"(應無所住而生其心)의 의미이다.

『이정유서二程遺書』에는 후여성侯與聖의 다음과 같은 기록이 있다.

> 명도明道선생이 나와 더불어 『맹자孟子』를 강론하다가 '마음을 정해 두지도 말고 잊지도 말며 조장하지도 말라'는 구절에 이르러 말씀하시길,……이어서 선종禪宗의 "당면한 문제에 대해 마음을 두지 않을 수는 없지만 마음을 그곳에 쏠리게 하면(擬心) 문제가 생긴다"라는 말을 드셨다. 나는 그때 말을 듣자마자 깨침이 있었다.[11]

'의심擬心'이란 집착하고 미리 재어 본다는 뜻으로, 정호가 인용한 선종의 말 또한 "대상이 오면 그 대상의 법칙에 맞게 반응한다"는 의미이다. 정

---

10) 『二程集』, 461쪽, "聖人之怒以物之當怒. 是聖人之喜怒, 不系於心而系於物也."
11) 『二程遺書』, 권1, "明道先生與某講孟子, 至勿正心勿忘勿助長處云……因擧禪語爲況云, 事則不無, 擬心則差, 某當時言下有省."

호는 한편으로는 '식인識仁'(仁이 무엇인지 아는 것)을 강조하여 "어진 사람은 '천지만물을 한 몸으로 삼으니'(天地萬物爲一體) 나 아닌 것이 없다", "이 도道는 어떤 사물과도 대對가 되지 않으니, '크다'(大)라는 말로는 표현할 수 없다. '천지의 작용이 모두 나의 작용이다'(天地之用皆我之用)"라는 주장을 제기함으로써 인학仁學의 '유아지경'을 제고시키고, 또 다른 한편으로는 "'대상을 대상의 입장에서 보고 나의 입장에서 보지 않으면'(천지만물을 일체로 여기면) '나'가 없다"(以物待物不以己待物, 則無我也)라는 '무아지경'을 강조하였다.12) 이는 정호의 정신 경지나 기상이 진정으로 그 자신의 사상을 실천함으로써 '유무有無가 하나됨'에 이르렀음을 보여 준다.

역사에는 이정二程 형제가 술을 마시고 기녀의 춤을 구경한 일이 기록되어 있는데, 정이는 고개를 떨구고 눈으로 감히 보지 못했지만 정호는 웃으며 태연하게 즐기고는 다음날 "내 눈 안에는 기녀가 있지만 마음 속에는 기녀가 없고, 정숙正叔(정이)은 눈 안에는 기녀가 없지만 마음 속에는 기녀가 있다"라고 말했다고 한다. 이것이 바로 정호가 말한 "대상이 오면 그 대상의 법칙에 맞게 반응하고" "정情이 만물 하나하나의 법칙에 맞게 반응하여 정해진 정이 없다"는 것을 구체적으로 보여 주는 사례이다. 정이는 이것을 깨닫지 못했기 때문에 일찍이 장재는 정이를 평하여 "소정小程(정이)은 안연顔淵과 같다고 할 수는 있겠으나 안연의 무아無我에는 미치지 못한 듯하다"13)라고 했던 것이다.

정이는 원래 장중하고 엄정하였지만 만년에는 그 또한 화락의 경지를 가졌으니, 『이정외서二程外書』에서 그는 "바람에 흔들리는 대나무는 감응하는 것이 무심하다 할 만하다. 다른 사람이 나에게 노한 모습을 보이면 그것을 가슴 속에 담아두지 말고 바람이 대나무를 흔드는 것처럼 하라"14)라고 하였다. 이것은 『정성서』에 있는 정호의 "사람의 정 가운데 일어나기 쉽고

---

12) 『二程遺書』, 권11.
13) 『經學理窟』; 『張載集』, 280쪽, "小程可如顔子, 然恐未如顔子之無我."
14) 『二程外書』, 권7; 『二程集』, 393쪽, "風竹便是感應無心, 如人怒我, 勿留胸中, 須如風動竹."

제어하기 어려운 것으로는 노함이 가장 심하다. 노할 때 그 노함을 서둘러 잊고서 리의 기준에서 옳고 그름을 살펴보라"라는 말의 깊은 뜻을 밝혔다고 할 만하다. 정이는 만년에 한 노인과 강을 건너면서 '무심無心'에 대해 논했는데, 그 논의는 그의 경지가 점점 화경化境으로 들어서고 있음을 보여주는 듯하다.15) 또 사량좌謝良佐(호는 上蔡)가 기록한 어록에도 "20년 전 이천선생을 만났을 때 '요즘 어떠한가?'라고 묻기에 내가 '천하에 무엇을 생각하고 무엇을 헤아리겠는가?'라는 말로 대답하였더니, 선생은 '자네가 말한 것과 같은 경지가 있기야 하겠지만 자네는 너무 빨리 그것을 드러내고 있네' 하셨다"16)라는 기록이 있다. 그러나 정이는 끝내 정호의 기상에 담긴 여유로움에는 미치지 못하였다.

사실 노불老佛의 경지를 흡수하려는 노력은, 실천으로 표현된 것만을 따지자면 이정 이전의 주돈이·소옹邵雍의 학문이 이미 그 실마리를 열었다고 할 수 있다. 두 사람 모두 도가 사상의 영향을 비교적 크게 받은 편이었으며, 게다가 불교의 영향도 없지 않았다. 「태극도설太極圖說」이나 『통서通書』에서는 비록 이 점에 대해 언급하고 있진 않으나, 주돈이의 경지는 당시에 이미 "가슴 속이 시원하여 비 갠 달밤처럼 맑다"(胸中灑落, 如光風霽月)고 일컬어졌으니 이는 바로 초연히 자유로운 이의 기상이었다. 그는 이정에게 '공자와 안연이 즐겼던 경지'(孔顔樂處)를 찾도록 가르쳤는데, 이 '낙樂'의 경지는 바로 유무합일有無合一의 경지이다. 소옹은 『관물내외편觀物內外篇』에서 '나의 입장에서 대상을 보느냐'(以我觀物), '대상의 입장에서 대상을 보느냐'(以物觀物)를 힘써 변별하였는데, 여기서 소옹이 말한 '관觀'은 인식론의 관이 아니라 세계관의 관이며 그 의미는 우주 인생에 대한 깨달음과 이해를 가리킨다. 소옹은 유자의 이른바 '가슴 속에 아무런 문젯거리가 없다'(胸中無事)라는 경지에 도달했다고 할 수 있는데, 이에 대해 정이는 "요부堯夫(소옹)는 다만 하나의 부동심不動心만을 이루었고, 불교에서는 평생 단지 이 일을

---

15) 『二程外書』, 권12에 보인다.
16) 『二程外書』, 권12, "二十年前往見伊川, 伊川曰, 近日事如何. 某對曰, 天下何事何慮. 伊川曰, 是則是有此理, 賢却發得太早在."

배우면서 이것을 중대한 일로 삼을 뿐이었다"[17]라고 말했다.

주돈이·소옹·정호가 지향했던 경지와 비교할 때 정이나 주희 등이 지향했던 경지는 엄숙주의로 기울어 있었다. '주경主敬'이라는 종지가 제출된 것은 주돈이·소옹·정호의 낭만주의적 경지에 대한 보충과 제한으로 볼 수 있다. 유가의 인격 경지는 본래 서로 다른 취향 혹은 서로 다른 층면을 포함하고 있었다. 공자는 이미 '극기복례克己復禮'의 엄숙한 수양을 제창했으면서도 다른 한편으로는 "나는 증점曾點의 생각을 인정한다"(吾與點也)라는 말에서 볼 수 있듯이 생기 넘치는 경지(기상)를 예찬하였다. 맹자의 사상 속에는 '측은지심惻隱之心'이라는 연민의 정서와 구세의 염원이 있는가 하면 동시에 '부동심'과 "나는 나의 호연지기를 잘 기른다"라는 초연한 태도도 있었다. 순자荀子의 경우 또한 '도로써 사욕을 제어한다'[18]라는 제재·교정에 편중되어 있으면서도 '기氣를 다스리고 마음을 기르는 방법'[19]을 언급하지 않은 적이 없었으며, "노해도 지나치게 빼앗지 말고 기뻐도 지나치게 주지 말라"[20]는 주장을 제기하기도 했다. 가장 먼저 『서경書經』의 '좋아하는 것도 없고'(無有作好) '싫어하는 것도 없다'(無有作惡)라는 표현을 인용해 유학의 정신성의 발전을 연 사람도 순자였다.

거시적 관점에서 유가를 보면, 노불의 영향을 비교적 많이 받은 주돈이·소옹의 '쇄락灑落'의 경지와 칸트주의적 '외경畏敬'(경외)의 경지에 가까운 정주학파의 학풍이 상호보충적인 평형을 이루고 있음을 알 수 있다. 이에 대한 실마리는 한대漢代 이후의 문화 발전에서 찾을 수 있다.

『대학』에서는 한편으로 "군자는 반드시 혼자일 때도 삼간다"라는 주장을 제기하여 군자들에게 어두운 방안에서도 속이지 않는 자세를 가져 자신의 마음씀씀이를 진실되게 하고 불선을 제거하여 자신의 선을 드러내라고

---

17) 『宋元學案』, 「百源學案」, "堯夫只是一個不動心, 釋氏平生只學這個事, 將這個做一件大事."
18) 『荀子』, 「樂論」, "以道制欲."
19) 『荀子』, 「修身」, "治氣, 養心之術."
20) 『荀子』, 「修身」, "怒不過奪, 喜不過子."

요구하면서, 다른 한편으로는 정감 내지 심리의 화해가 가진 중요한 의의에 대해 충분한 주의를 기울였다. 예컨대, '자겸自謙'은 일종의 충실·온정·안정의 심리 상태를 대표한다. 더욱 의미 있는 것은, 『대학』의 '정심正心'이 결코 '그 불선한 마음을 바로잡아 선善으로 돌아가는 것'을 가리키는 것이 아니라 다음의 말에서 드러나듯이 명백하게 윤리적 의미의 정심을 초월해 있다는 점이다.

> 몸에 분노하는 바가 있으면 그 옳음을 얻지 못하고, 두려워하는 바가 있으면 그 옳음을 얻지 못하며, 즐기는 바가 있으면 그 옳음을 얻지 못하고, 근심하는 바가 있으면 그 옳음을 얻지 못한다. 마음이 그곳에 있지 않으면 보아도 볼 수 없고 들어도 들을 수 없으며 먹어도 그 맛을 알지 못한다.[21]

마찬가지로 『중용』은 "숨겨진 것보다 잘 드러나는 것은 없고 은미한 것보다 잘 나타나는 것은 없다. 그러므로 군자는 혼자일 때도 삼간다"[22]라는 주장을 제기했을 뿐만 아니라 나아가 "희노애락喜怒哀樂이 일어나지 않은 것을 중中이라 하고, 일어나 모두 절도에 맞는 것을 화和라고 한다"[23]라는 이론을 거론했는데, 이 '일어나지 않은 것'은 바로 『대학』의 「정심」에서 말한 심체, 즉 분함·두려움·즐김·근심이라는 정서의 주체이다. 그것이 착안한 것은 의식이 아닌 정감 또는 심리의 평정·화해인데, 전자(의식)는 윤리적 의미이고 후자(정감·심리)는 실존적 의미이다.

위진魏晉 시대에 있었던 무정無情·유정有情의 변론은 도가 문화의 맥락 속에서 이러한 문제를 어떻게 다루었는가를 잘 보여 준다. 하안何晏은 "성인聖人은 희노애락喜怒哀樂이 없다"고 보았고 종회鍾會는 그 이론을 계승하였다. 그런데 왕필王弼은 다음과 같이 주장하였다.

---

21) 『大學』, "身有所忿懥則不得其正, 有所恐懼則不得其正, 有所好樂則不得其正, 有所憂患則不得其正, 心不在焉, 視而不見, 聽而不聞, 食而不知其味."
22) 『中庸』, "莫見乎隱, 莫顯乎微, 故君子慎其獨也."
23) 『中庸』, "喜怒哀樂未發謂之中, 發而皆中節謂之和."

성인이 다른 사람보다 훨씬 무성하게 가진 것은 신명神明이고, 다른 사람과 같이 가진 것은 오정五情이다. 신명이 무성하므로 충화沖和24)를 체득하여 무無의 경지에 통할 수 있고, 오정이 같으므로 희노애락이라는 형태로 사물에 응하지 않을 수 없다. 그러므로 성인의 정은 사물에 응하나 사물에 얽매이지는 않는다.25)

성인이 보통사람보다 뛰어난 점은 한편으로는 그가 보통사람이 미칠 수 없는 이성 지혜를 갖추었다는 데 있고, 다른 한편으로는 지극히 높은 정신 경지를 갖추었다는 데 있다. 이런 정신 경지는 자유자재한 정감적 생활로 표현되므로 성인의 정감과 정서는 외물에 대한 자연스러운 반응이면서 동시에 외물에 구속되지도 않는다. "외물에 응하나 외물에 얽매이지는 않는다"라는 말은 곧 불교의 "마땅히 집착하는 바 없이 그 마음을 내어라"와 같은 의미이고, 또한 정호의 "정이 만물 하나하나의 법칙에 맞게 반응하여 정이 없다"와도 같은 의미라는 것은 아주 명백하다.

이른바 '선종의 중국화'는 어떤 의미에서는 사실상 도가화道家化이다. 이는 또한 '무루無累' · '무체無滯'가 중국 문화의 각 학파와 각 종파가 공통적으로 숭상한 정신 경지였음을 설명한다. 뒷날 곽상郭象이 "성인은 항상 밖에서 노닐면서도 안으로 장애를 여의고 무심無心으로 유有에 순응한다. 그러므로 비록 종일토록 형체를 사용해도 신기神氣는 변함이 없고, 온갖 일들에 대응하면서도 담담하게 자약自若하다"26)라고 말한 것은, 불교의 "하루종일 밥을 먹었어도 밥 한 톨 씹은 적이 없다"(終日吃飯不曾咬著一粒米)라는 말이나 유가의 "반드시 일삼는 바를 가지되 기필期必하지는 말라"(必有事焉而心勿忘),27) "양지는 견문에 걸려 있지도 않고 그렇다고 견문을 떠나지도 않

---

24) 역자 주 - 眞氣, 元氣를 의미한다.
25) 『三國志』, 「魏書」, 권28, '鍾會傳'의 注, "聖人茂於人者神明也, 同於人者五情也. 神明茂故能體沖和以通無, 五情同故不能無喜怒哀樂以應物, 然則聖人之情應物而無累於物者也."
26) 郭象, 『莊子注』, 「大宗師」, "聖人常游外以冥內, 無心以順有, 故雖終日揮形而神氣無變, 俯仰萬機而淡然自若."
27) 역자 주 - 저자는 '必有事焉而心勿忘'이라고 인용하고 있지만 문맥으로 봐서

는다"28)라는 말과 완전히 일치한다. 단지 각 학파는 이 동일한 경지를 모두 자신들의 언어로 나타내었을 뿐이다.

따라서 위진 현학玄學의 이른바 '무를 체득한다'(體無), '충화冲和를 체득하여 무에 통한다'(體冲和以通無)라는 말들은 모두 본체로서의 '무'에 대한 인식을 가리키는 것이 아니라 '무아無我'·'무심無心'의 경지에 이르는 것을 가리킨다. 이 경지는 결코 사회나 사물을 벗어날 필요도 없고 정감 생활을 배척하지도 않는다. 왕필이나 그 밖의 현학자의 입장에서 말하면, 이는 그들이 받은 도가의 영향을 적극적으로 발전시킨 것이다. 한편, 왕필은 『주역』을 특별히 중시했는데, 『주역주周易注』의 "그 정을 바로잡는다"(正其情), "그 정을 성의 기준에 맞게 만든다"(性其情)라는 표현에는 확실히 유가의 색채가 담겨 있음을 알 수 있다. 황간皇侃의 『논어의소論語義疏』에서 설명한 것처럼 '성기정性其情'은 '정을 바로잡을 것'을 주장하는 것이므로 '정이 얽매임이 없게 할 것'을 주장하는 것과는 확실히 다른 갈래이다. 다만 왕필은 결코 이 두 갈래의 통일을 이루지는 못했던 것 같다. 이는 도가를 위주로 하는 입장에서는 도덕성을 강조할 수 없었기 때문이다.

유가 자체로 돌아와 보면, 한 이후 당을 거쳐 송에 이르기까지의 유자들은, 특히 송유宋儒들은 이미 실천상에서는 '무'의 경지를 흡수했지만 이론 상에서는 아직 이를 해결하지 못했다. 한송漢宋 유학의 발전에 있어서 주류는 어쨌든 "그 의義를 바로세우고 그 이익은 꾀하지 않으며, 그 도道를 밝히고 그 결과는 따지지 않는다"(正其誼不謀其利, 明其道不計其功)는 도덕 경지였다. 대부분의 송유들은 '무심'을 말하는 것을 꺼렸다. 예컨대, 정이가 젊었을 때 "어떤 사람이 '마음이 없다'고 하자 '마음이 없다고 하면 옳지 못하다. 그냥 사심私心이 없다고 말해야 한다'라고 했다"29)는 기록이 있다. 육구연 역시 "바닷가의 갈매기와 노닐고 여량呂梁의 물가에서 노는 것은 무심無

어색하다. 『맹자』의 원문대로 '必有事焉而勿正'으로 고치는 것이 저자의 의도에도 맞다.

28) 『全書』, 권2, 64쪽, 「答歐陽崇一」, "良知不滯於見聞, 而亦不離於見聞."
29) 『二程外書』, 권12, "有人說無心, 伊川曰無心便不是, 只當云無私心."

心이라고 말할 수 있으나 도심道心이라고 말할 수는 없다"[30]라고 하여 도심과 무심을 대립시켰다. 그런데 유가에 대한 노불의 도전은 근본적으로 윤리 관계를 어떻게 다루는가에 있지 않고 인간의 실존적 정서 및 내밀한 감정의 문제 아래 어떻게 사람들에게 안심입명할 답안을 줄 것인가 하는 데 있었다.[31] 이것은 북송 이래의 신유가에게 진퇴양난의 상황을 몰고 왔다. 인간의 생존 구조로 깊이 들어가지 않는다면 노불의 도전에 대응할 수가 없고, 이 도전에 대응하자면 필연적으로 노불에서 흡수하는 것이 있게 되므로 '불교화'라고 공격당할 위험을 무릅쓰지 않을 수 없었던 것이다. 유와 무의 이런 긴장은 양명학에 이르러 비로소 이론에서 실천에 이르기까지 완전한 해결을 볼 수 있었다.

## 2. 무아가 근본이다

### 1) 자득과 무아

'무아無我'는 도가와 불교에서 늘 쓰는 어휘이다. 그런데 공자 또한, 비록 '극기克己' 즉 사욕을 억제할 것을 주장하였지만 이와 동시에 '무아毋我' 즉 집착에 반대하는 이론을 제창한 바 있다. 왕수인의 '무아無我' 관념은 공자의 이 두 측면의 의미를 모두 지니고 있지만 그 중에서도 '무집無執'이나 '무착無着'의 면에 더 편중되어 있다. 왕수인은 다음과 같이 말하였다.

---

30) 『陸九淵集』, 권29, 341쪽, "狎海上之鷗, 游呂梁之水, 可以謂之無心, 不可以謂之道心."

31) 僧肇는 이 내용에 대해 매우 분명하게 논했다. 그는 어릴 때 유가 경전, 역사서, 老莊 서적 등을 두루 읽었는데, 『노자』를 읽다가 탄식하면서 "훌륭하기는 훌륭하나 정신을 쉬게 하고 장애를 없앨 방법에 있어서는 완전하지 못하다" (美則美矣, 然栖神冥累之方, 猶未盡善)고 하고, 이런 이유로 출가하여 불교를 배웠다. 여기서 '정신을 쉬게 하다'는 것은 안심입명을 말하고 '장애를 없애다'는 것은 번뇌를 초탈한다는 뜻이니, 모두 儒家와 老子가 이런 생존적 수요를 충족시켜 주지 못했음을 가리킨다.

성인의 학문은 무아를 근본으로 삼는다.[32]

제군은 항상 이것을 체득해야 한다. 사람의 마음은 본래 천연天然의 리理이기 때문에 정명精明하기 그지없어 솜털만큼의 물듦도 없으니, 단지 하나의 '무아'일 뿐이다. 가슴 속에 절대 어떠한 것도 두어서는 안 되니, 어떤 것이라도 두게 되면 오만하게 된다. 옛 성인들이 여러 훌륭한 점을 가지게 된 것은 단지 '나(我)라는 생각을 없애는' 공부가 뛰어났기 때문이다.[33]

이 표현에 따르면, '무아'는 마음의 본체이다. 마음의 본체는 무아이고 본래 '솜털만큼의 물듦도 없다'. 위의 설명을 통해 우리는 이것이 또한 사구교四句教에서 말한 "심체에는 선도 없고 악도 없다"(心體無善無惡)라는 구절의 의미임을 알 수 있다. 경지상에서 말한다면 무아는 '무無'의 경지이므로 '가슴 속에 어떤 것도 두어서는 안 된다'. 그래야만 비로소 이상적 경지에 도달할 수 있기 때문이다. 이 입장에 근거하여 왕수인은 다음과 같은 설명에 찬성하였다.

이 학문은, 공중에 서 있는 것처럼 사면 어디에도 의존할 곳이 없고 만사에 조금도 물들지 않게 해서 형형색색의 일들에 대해 그것들이 본래의 면목을 가지도록 지켜봐야지, 한 터럭이라도 증감시켜서는 안 된다. 만일 조금이라도 안배하고 관심을 두면 더 이상 합일合一의 공부가 아니다.[34]

이는 확실히 진헌장陳獻章의 영향을 받은 것이다. '안배하지 않는다'는 것은 '마음에서 헤아리지 않는다'는 뜻이고 '물들지 않게 한다'는 것은 '관심을 두지 않는다'는 의미이니 모두 무아의 경지를 가리킨다. 마음의 본체가 양지良知이므로 양지는 본래 집착이 없다. 그러므로 "양지가 핵심임을

---

32) 『全書』, 권7, 124쪽, 「別方叔賢序」, "聖人之學以無我爲本."
33) 『傳習錄』下; 『全書』, 권3, 86쪽, "諸君要常體此, 人心本是天然之理, 精精明明, 無纖介染著, 只是一個無我而已. 胸中切不可有, 有卽傲也, 古先聖人許多好處也只是無我而已."
34) 『全書』, 권5, 107쪽, 「與楊士鳴」, "此學如立在空中, 四面皆無依靠, 萬事不容染着, 色色信他本來, 不容一毫增減, 若涉些按排, 着些意思, 便不是合一功夫."

알아야 집착이 없게 된다"35)라고 말한 것이다.

무아는 본체이기도 하고 경지이기도 하면서 한편으로는 공부이다. 무아의 공부를 통해 무아의 경지에 이르고 마음의 무아적 본연 상태를 회복할 수 있는 것이다. 왕수인은 "공부가 이 진정한 관건을 뚫지 않고서야 어떻게 충실해지고 광휘를 낼 수 있겠는가? 만일 뚫게 되었다면 그렇게 된 것은 인지 능력에 의한 것이 아니다. 반드시 가슴 속에 앙금이 모두 없어지게 하여 조금의 집착도 없게 해야만 그것이 가능하다"36)라고 말했다. 공부로서의 무아는 곧 마음 속의 모든 장애를 없애서 오고감이 자유롭고 집착도 장애도 없는 경지를 실현하는 것이다. 이러한 공부는 인지적 의미의 '지해知解'가 아니라 일종의 정신 단련이므로, 왕수인은 이런 공부의 특징은 '증가'가 아니라 '감소'라고 강조하기도 했다.

이 '솜털만큼도 물듦이 없는'(無纖介染著) 경지는 '자득自得'이라고도 불린다. 자득은 충실함과 평화로움으로 말미암아 가지게 되는 정신의 자기만족감을 말한다. 사람이 무아에 이르게 되면 '어디를 가더라도 자득하지 못하는 일이 없게'(無入而不自得) 된다. 즉 어떠한 상황에서도 내심의 충실·만족을 지킬 수 있게 되는 것이다. 왕수인의 말 중에는 "나는 예전에 '군자는 그의 자리를 바탕으로 삼지 그 자리 밖의 어떤 것에서 무엇을 바라지 않는다. 부귀한 자리에 있으면 부귀한 사람으로서의 도리를 행하고, 빈천한 자리에 있으면 빈천한 사람으로서의 도리를 행하고, 환난을 당하면 환난을 당한 사람으로서의 도리를 행하므로, 어디를 가더라도 자득하지 못하는 일이 없다'고 생각했다"37)라는 것이 있다. "(군자는) 그의 자리를 바탕으로 삼지 그 자리 밖의 어떤 것에서 무엇을 바라지 않는다"(素而不願)라는 표현은 『중용』에 있는 다음의 말에서 나온 것이다.

---

35) 『傳習錄』 下; 『全書』, 권3, 77쪽, "曉得良知是頭腦方無執着."
36) 『全書』, 권5, 77쪽, 「與楊士鳴」, "功夫不是透得這個眞機, 如何得他充實光輝. 若能透得時, 不由你聰明知解得來, 須胸中渣滓俱化, 不使有毫髮沾滯始得."
37) 『全書』, 권4, 96쪽, 「與王純甫」, "嘗以爲君子素其位而不願好其外, 素富貴則行乎富貴, 素貧賤則行乎貧賤, 素患難則行乎患難, 故無入而不自得."

부귀한 자리에 있으면 부귀한 사람으로서의 도리를 행하고 빈천한 자리에 있으면 빈천한 사람으로서의 도리를 행하며 환난을 당하였으면 환난을 당한 사람으로서의 도리를 행하나니, 군자는 어디를 가더라도 자득하지 않음이 없다.[38]

이 말의 대의는, 군자는 주어진 상황의 자연스러운 이치에 알맞게 대응하므로 부귀해졌을 때는 교만하거나 인색한 마음이 없이 마땅히 해야 할 일을 행하고, 또 빈천하거나 곤경한 지경에 이르러서도 하늘을 원망하거나 남을 탓하면서 스스로 번뇌를 부르는 대신 오직 자신이 해야 할 일을 행한다는 뜻이다. 말하자면 자연에 순응하고 모든 상황에 대해 동요 없이 대처한다는 것이다. 정호가 말한 "대상이 오면 그 대상의 법칙에 맞게 반응한다", "정이 만물 하나하나의 법칙에 맞게 반응하여 정이 없다"라는 것은 바로 이러한 의미이다.

이런 점에서 보면, "어디를 가더라도 자득하지 않음이 없다"는 것은 "집착하는 바 없이 그 마음을 내어라"에 비해 무아의 경지에서 가지게 되는 자기만족 심리의 특징을 한층 잘 부각시키고 있다고 할 수 있다. 왕수인은 "이른바 쇄락灑落이란 방탕·방종하고 정情·의意를 함부로 편다는 의미가 아니다. 그 마음이 욕망에 얽매이지 않고 어디를 가더라도 자득하지 않음이 없다는 것을 의미할 뿐이다"[39]라고 말했다. 그는, 자득이란 공부상에서 말하면 무아의 결과여서 주체가 어떤 소극성을 여의고 이루게 되는 적극성의 발양이며 정신 단련의 한 결과라고 생각하였다. 그는 이백李白을 예로 들면서 "이태백李太白은 광사狂士(뜻이 원대한 사람)이다. 그는 야랑夜郎이라는 곳으로 좌천되었을 때 시와 술로써 마음을 풀어 곤궁함을 근심하지 않았는데, 이는 대개 그 성품이 본래 호방했던 것이지 도를 갖춘 선비처럼 진짜 어디를 가더라도 자득하지 않음이 없게 된 것은 아니었다"[40]라고 지적했다. 그

---

38) 『中庸』, 14장, "素富貴行乎富貴, 素貧賤行乎貧賤, 素夷狄行乎夷狄, 素患難行乎患難, 君子無入而不自得焉."
39) 『全書』, 권5, 108쪽, 「答舒國用」, "所謂灑落者, 非曠蕩放逸縱情肆意之謂也, 乃其心不累於欲, 無入而不自得之謂耳."

는 남대길南大吉(자는 元善)에게 답한 편지에서도 시와 술, 산수山水에 정을 풀거나 모종의 기호·기예에 탐닉함으로써 부귀나 공명에 대한 기쁨과 슬픔의 감정을 전이시키는 태도는 일종의 '대상을 필요로 하는'(有待於物) 일시적 방법일 뿐이라고 하였다. 이어서 그는 어떠한 감성적 만족이나 득의도 진정한 자득의 경지를 대체할 수 없으며, 오직 자득의 경지를 가졌을 때만이 비로소 사람은 어떠한 조건 아래서도 "부귀에 대한 욕망을 덜고 이해를 가볍게 보며 작록을 버리고 종신토록 어디를 가더라도 즐거이 자득하지 않음이 없게 된다"고 강조하였다.

## 2) 경외와 쇄락

주돈이의 광풍제월光風霽月, 소옹의 소요안락逍遙安樂, 정호의 음풍농월吟風弄月은 바로 황정견黃庭堅이 주돈이를 평가할 때 사용한 어휘, 즉 '쇄락灑落'의 경지에 속한다. 뒷날 주희의 스승 이동李侗도 이 어휘를 사용하였는데, 이 어휘는 송유들의 낭만주의적 경지의 기본 특징 가운데 하나가 되었다. 반면 정이에서 주희로 이어지는 계통은 단정·엄숙을 특징으로 하는 주경主敬의 수양을 보다 많이 제창하여 용모를 절도 있게 하고 말투를 법도에 맞게 닦는 일종의 '경외敬畏'의 경지를 배양하였다. 이 두 가지 경지는 유학에서 줄곧 긴장을 놓치지 않은 것이었다. 과도한 쇄락은 도덕적 규범성에서 유리되고 사회적 책임감을 희석시킬 수 있으며, 과도한 경외는 마음을 구속시킴으로써 자유롭고 활발한 심경으로 주체의 잠재 능력을 발휘하는 일을 불가능하게 만들 수 있다. 이러한 긴장도 유심有心과 무심無心 사이의 긴장의 한 표현이다. 예컨대 주희는 일생 동안 남들이 "나는 증점曾點을 인정한다"(吾與點也)라는 말을 꺼내는 것을 가장 싫어하였다. 하루는 주희의 제자가 안락을 이루는 방법에 대해 묻자, 주희는 "성인聖人의 문하에는 그러한 방

---

40) 『全書』, 권28, 394쪽, 「書李白騎鯨」, "李太白狂士也, 其謫夜郎, 放情詩酒, 不戚戚於困窮, 蓋其性本自豪放, 非若有道之士眞不能無入而不自得也."

법이란 없다"[41]라고 대답하였다. 주희는 "한가롭게 흐트러져 있는 것은 단지 거짓된 즐거움이고 참된 즐거움이 아니다"[42]라고 보았던 것이다. 주희는 확실히 경외로써 쇄락을 배척하였다.

왕수인의 「견재설見齋說」에는 다음과 같은 내용이 있다.

대저 있으면서 있은 적이 없는 것이 참된 있음이다. 또 없으면서 없은 적이 없는 것이 참됨 없음이다. 또 보면서 본 적이 없는 것이 참된 봄이다.……그렇다면 나는 어디에 마음을 쓰는가? 없음에 빠진 이는 그 마음을 쓸 곳이 없는 자여서 방탕하여 돌아갈 곳이 없다. 있음에 막힌 이는 쓸데없는 곳에 그 마음을 쓰는 자여서 힘들기만 하고 돌아갈 곳이 없다. 대저 유有와 무無의 사이, 견見과 불견不見의 오묘함은 말로써 구할 수 있는 것이 아니다.[43]

「견재설」은 원래 유관시劉觀時가 제출한 "도道는 볼 수 있는 것인가"라는 문제에 대답한 것이었는데, 왕수인이 비판한 '없음에 빠지고 있음에 막힘'(淪無滯有)과 그가 찬성한 '있으면서도 있은 적이 없음'(有而未嘗有), '없으면서도 없은 적이 없음'(無而未嘗無)은 뒷날의 전체 사상 발전에서 볼 때 보다 광범한 의의를 가진다고 할 수 있다. 그는 '경외'와 '쇄락'의 대립 통일에 대해 다음과 같이 상세히 토론하였다.

"경외가 날로 증가하면 쇄락에 장애가 되지 않을 수 없다"느니 "경외는 마음을 두는 것인데, 마음을 두지 않고 자연스럽게 행하면서 어떻게 자기가 하는 일에 의구심이 없겠는가?"라는 말들은 모두 내가 늘 말하던 '빨리 이루려고 하고 억지로 거드는'(欲速·助長) 병폐이다. 군자의 이른바 경외란, '두려워하고 근심하는 바가 있음'(有所恐懼憂患)[44]을 의미하는 것이 아니라 '보지 않을

---

41) 『語類』, 권113, 2743쪽, "聖門無此法."
42) 『語類』, 권113, 2740쪽, "閑散只是虛樂, 不是實樂."
43) 『全書』, 권7, 135쪽, "夫有而未嘗有, 是眞有也, 無而未嘗無, 是眞無也. 見而未嘗見是眞見也.……然則吾何所用心乎. 日淪於無者, 無所用其心者也, 蕩而無歸. 滯於有者, 用其心於無用者也, 勞而無歸. 夫有無之間, 見不見之妙, 非可以言求也."
44) 역자 주−『大學』「正心」에서 마음에 선입견을 둔 상태를 표현한 세 가지 중하나.

때 삼가고 듣지 않을 때 두려워함'을 의미할 뿐이다. 군자의 이른바 쇄락이란, '방탕·방일하고 정情·의意를 함부로 펴는 것'을 의미하는 것이 아니라 '심체가 욕구에 얽매이지 않고 어디를 가더라도 자득하지 못함이 없음'을 의미할 뿐이다.

대저 마음의 본체는 곧 천리이고, 천리의 환하고 밝으며 영묘하게 알아차리는 힘이 이른바 양지良知이다. 군자가 삼가고 두려워하는(戒慎恐懼) 것은 자신의 소명영각이 혹시 어두워지고 방일해져서 그릇된 곳으로 흘러 그 본체의 올바름을 잃을까 염려해서이다. 계신공구戒慎恐懼의 공부가 잠시도 간단間斷이 없으면 천리가 항상 존재하며 소명영각의 본체는 '어그러짐이나 가려짐'이 없고 '이끌림이나 뒤흔들림'이 없으며 '두려워하거나 근심하는 것' 및 '즐거워하거나 분노하는 것'[45]이 모두 없고 '의意·필必·고固·아我'[46]도 없으며 '속이 허전해지거나 부끄러워지는 것'도 없다. 융화하여 맑게 꿰뚫고 가득 채워 유행하며 모든 움직임이 예禮에 맞고 마음이 하고자 하는 바를 따라도 (법규를) 넘지 않아야만 참으로 이른바 '쇄락'이라 할 수 있다. 이 쇄락은 천리를 늘 견지하는 노력에서 생기고, 천리를 늘 견지하자면 계신공구하는 자세에 간단이 없어야 한다. 누가 경외를 더하는 것이 도리어 쇄락에 장애가 된다고 하겠는가? 오직 쇄락이 내 마음의 본체이고 경외가 쇄락의 공부임을 몰라 둘로 갈라서 그 마음을 나눠 쓰기 때문에 서로 어긋나고 어그러지는 것이 많다.[47]

---

45) 역자 주−『大學』, 「正心」에서 제시한 나머지 두 가지 선입견.

46) 역자 주−『論語』에서 집착의 네 단계로 제시한 것. 公明하지 못한 욕구를 가지는 것, 그것을 반드시 이루려 하는 것, 그러한 생각이 굳어지는 것, 그리고 그것이 하나의 견고한 실체가 되어 버린 것을 가리킨다.

47) 『全書』, 권5, 108쪽, 「答舒國用」, "夫謂敬畏日增, 不能不爲灑落之累, 又謂敬畏爲有心, 如何可以無心而出於自然, 不疑其所行, 凡此皆吾所謂欲速助長之病也. 夫君子之所謂敬畏者, 非有所恐懼憂患之謂也, 乃戒慎不睹恐懼不聞之謂耳. 君子之所謂灑落者, 非曠蕩放逸·縱情肆意之謂也, 乃其心體不累於欲, 不入而不自得之謂耳. 夫心之本體卽天理也, 天理之昭明靈覺, 所謂良知也, 君子之戒慎恐懼, 惟恐其昭明靈覺者或有所昏昧放逸·流於非僻邪妄而失其本體之正耳. 戒慎恐懼之功無時或間, 則天理常存, 而其昭明靈覺無所虧蔽·無所牽擾·無所恐懼憂患·無所好樂忿懥, 無所意必固我, 無所欽餒愧怍. 和融瑩徹, 充塞流行, 動容周旋而中禮, 從心所欲而不踰, 斯乃眞所謂灑落矣. 是灑落生於天理之常存, 天理之常存生於戒慎恐懼之無間, 孰委敬畏之增反爲灑落之累也. 惟夫不知灑落爲吾心之體, 敬畏爲灑落之功, 岐爲二物而分其用心, 是以互相牴牾, 動多拂戾."

왕수인은 유학 전통에서 긍정된 '경외'의 경지는 『대학』의 '정심正心'장에서 지적한, 심체 본연의 올바름을 파괴하는 '두려워하고 분노하는' 정서가 아니라고 여겼다. 이러한 '경외'는 어떤 특정 대상에 대한 두려움이 아니라 『중용』에서 말한 '계신공구', 즉 자신에 대한 일종의 자각적인 점검과 일깨움을 말한다. 따라서 경험 주체가 느끼기에 계신공구는 결코 심령에 어떤 동요나 불안을 가져오지 않는다. 이는 이정二程이 말한 "우환 의식 가운데 본래 편안함이 있다"와 같은 의미이다.

마찬가지로, 유학 전통에서 긍정되는 '쇄락' 또한 생각을 함부로 펼쳐서 방탕하고 주저함이 없는 태도를 가리키는 것이 아니라 심령이 누리는 자유의 한 특징을 가리킨다. 화려한 음악이나 예쁜 여자, 재물 등에 대한 점유욕 또는 자아 중심의 의식을 벗어나 도달하는, 제약·장애·속박을 초월한 해방의 경지인 것이다. 이 경지는 또한 주돈이가 이정에게 찾게 한 '공자와 안연의 즐거움의 경지'이다. 이 '즐거움'(樂)은 일반인들이 말하는 감성적 쾌락 또는 특정 대상과 연관된 심미적 희열과는 다른 일종의 진정한 정신적 편안함이다. 왕수인은 이런 즐거움을 '참된 즐거움'(眞樂)이라 하여, "비록 칠정의 즐거움과 다르다고는 하나 또한 칠정의 즐거움에서 벗어나지도 않는다"[48]라고 지적했다. 이는 '공자와 안연의 즐거움'과 보통사람의 '칠정의 즐거움'이 같지 않지만 이런 '참된 즐거움'에 도달하는 데는 결코 칠정을 배제할 수 없으며, 그것은 곧 칠정이 그 자연스러움에 순응하는 막힘없는 유행 속에서 실현된다는 말이다.

'참된 즐거움'과 '칠정의 즐거움'의 구별은 엄격히 말하면 이성과 감성의 구별이 아니며 또 이성과 감성의 상호 대립·배척과도 무관하지만, 다른 한편으로 참된 즐거움은 결코 칠정의 즐거움과 혼동될 수 없다. 참된 즐거움은 이상적 정신 경지의 특징으로서, 그것과 칠정의 즐거움과의 관계는 '거기서 떨어지지도 않고 거기에 막히지도 않는'(不離不滯) 특수한 방식으로 이루어져 있다.

---

48) 『全書』, 권2, 63쪽, 「答陸元靜」, "雖不同於七情之樂, 而亦不外於七情之樂."

증점의 '쾌활함'이 '마음을 잡음'(克念)을 필요로 하듯이 '광자狂者의 흉차胸次'[49]도 궁극적 경지가 아니다. 따라서 '쇄락'은 '경외'로 제한하고 보충해야 한다. 왕수인은 결코 송대 리학에서 그러했던 것처럼 '경외'로써 '쇄락'을 부정하거나 '쇄락'으로써 '경외'를 대체하지 않았고, 양자에 대해 적절한 해석을 가해 '경외'와 '쇄락'이 서로 긍정하고 보충하도록 만들었다. 왕수인의 입장에서 보면, '경외'와 '쇄락'은 결코 각자 독립적인 것이 아니어서 쇄락은 천리를 늘 견지하는 노력에서 생기고 천리를 늘 견지하기 위해서는 바로 끊임없는 계신공구가 필요하다. 이 때문에 근본적인 공부는 여전히 계신공구이다. 계신공구의 공부가 상세하고 엄밀할수록 '쇄락'의 경지를 실현하는 데에 더 많은 도움이 된다. 이런 입장에서 보면 '경외'를 '쇄락'의 장애로 보는 것은 오히려 공부가 아직 정확한 궤도에 진입하지 못했음을 보여 줄 뿐이다.

마음의 본연의 체體는, 왕수인의 이해에 따르면 본래 '어그러짐이나 가려짐도 없고' '이끌림이나 뒤흔들림도 없고' '두려워하고 근심하는 것도 없고' '즐거워하거나 분노하는 것도 없고' '의意·필必·고固·아我도 없고' '속이 허전해지거나 부끄러워지는 것도 없다'. 학문·공부를 통해 도달하려는 이상적 경지는 본질적으로 마음의 본래적 면목이나 상태로 돌아가는 것이다. 이 여섯 개의 '~도 없다'(無所~)라는 말은 사구교四句敎의 "선도 없고 악도 없는 것이 마음의 본체이다"라는 말의 구체적 함의이며, 인간 실존의 본질적 구조와 상태를 의미하는 것이다. 유가 철학에서 인정하는 '쇄락'의 경지는, 장애·두려움·분노·허전함·부끄러움·긴장·억압 등 각종 심리적 분규와 동요가 없음을 말할 뿐만 아니라 나아가 마음이 하고자 하는 바를 따라도 법도를 넘지 않는, 도덕적 경지와 참다운 본체의 정태情態가 하나로 합쳐진 경지를 말한다. 따라서 천리는 마음의 본체의 내용이고 여섯 개의 '~도 없다'라는 말은 마음의 본체의 실존 형식이니, 그것들은 본연적으로 통일되어 있다.

---

49) 역자 주─일정한 틀에 얽매이지 않는 사람의 가슴 속의 기상을 말한다.

이렇게 볼 때 "쇄락은 내 마음의 본체이고, 경외는 쇄락의 공부이다"(灑落爲吾心之體, 敬畏爲灑落之功)라는 말의 직접적인 의미는, 비록 여섯 개의 '~도 없다'와 사구교가 서로 대응하고 있기는 하지만, 이 여섯 개의 '~도 없다'로 대표되는 '쇄락'의 경지가 곧 마음의 본연의 체이고 '경외'의 계신공구는 '쇄락'의 경지를 실현하고 획득하는 공부 내지 수단임을 뜻한다. 그러나 이것은 마음의 체가 단지 '쇄락'일 뿐이라거나 '경외'가 단지 쇄락을 실현하는 수단으로서만 그 의의가 인정될 수 있다는 말이 아니다. 이 점을 우리는 "광자狂者에게는 생각을 놓치지 않고서 성인聖人이 되어 가는 과정이 필요하다"는 왕수인의 사상에서 분명하게 확인할 수 있다. 따라서 '천리'와 '쇄락'은 모두 마음의 본체로서 본심本心이라는 한 몸의 두 모습인 것이다. 만일 반드시 나눠서 말해야 한다면, 어떤 의미에서는 앞서 사구교를 다룬 장(제8장)에서 말한 것처럼 천리는 '성체性體'이고 쇄락은 '심체心體'라고 할 수 있다. 인간의 실존 구조에는 본질과 정태情態(하이데거의 표현)라는 두 가지 요소가 있는데, '천리'는 의식의 윤리적 본질과 내재적 근원이라 할 수 있고 '쇄락'은 실존 주체의 선험적인 정태라 할 수 있다.

계신공구로서의 '경외'는 치양지致良知의 근본 공부이다. 이 공부는 선험적 도덕 주체를 분명하게 드러낼 수도 있고 마음을 참다운 본체의 상태로 돌아가게 할 수도 있다. 왕수인은 이 공부가 반드시 어떤 형식적 관찰을 벗어나야 한다고 본다. 말하자면, 계신공구가 비록 마음이 발동한 것이긴 하지만 '정定'이나 '정靜'이지 '동動'이 아닌 것처럼 계신공구도 '경외'이긴 하지만 결코 좁은 자아에서 나온 근심이나 두려움 즉 『대학』에서 말하는 '두려운 바가 있고' '근심하는 바가 있는' 그런 상태가 아님을 알아야 한다는 것이다. '계신·경외'와 '보통의 두려움·우환'의 차이는 '움직일 때도 동요되지 않고 고요할 때도 동요되지 않는'(動亦定, 靜亦定) 경지와 '일반적인 움직임·고요함'의 차이와 같으며, 이는 리학의 경지론이나 공부론을 이해하는 데 있어 중요한 부분이기도 하다.

## 3) 부동과 무루

왕수인은 일찍이 왕도王道(자는 純甫)에게 보낸 답장에서 이렇게 말했다.

기질을 변화시키는 공부의 정도는 평소에는 확인할 길이 없다. 오직 이해利
害가 걸린 일을 만나고 변고를 겪고 굴욕을 당했을 때, 충분히 분노할 만한
일이지만 분노하지 않을 수 있고 또 근심하고 당황하여 갈팡질팡할 만한
일이지만 근심하고 당황하여 갈팡질팡하지 않을 수 있으면 비로소 '힘을 얻
을 곳'(得力處)이 있게 된다.50)

어떤 사람이 살면서 거대한 풍파를 겪거나 실패·곤란·굴욕의 상황을
만났을 때 그의 정신과 심리 상태가 환경의 변화나 개인의 득실에 의해 영
향을 받지 않을 수 있느냐 하는 것은 단지 의지가 강건한가의 문제일 뿐
아니라 그의 세계관과 관련된 문제이기도 하다. 이것은 또한 그 사람의 정
신 단련·수양의 정도를 알아보는 검증의 척도이기도 하다. 일반인들의 번
뇌·낙담·억압·불쾌·원한 등의 감정은 왕수인의 입장에서 보면 모두 정
신 단련이 충분하지 못해서 생긴 '마음의 흔들림'(動心)이다. 군자라면 어떠
한 상황에서도 '어디를 가든지 자득하지 못함이 없어야 하므로' 이런 상황
아래에서도 '마음이 흔들리지 않을'(不動心) 수 있어야 한다. '부동심'의 경지
는 결코 쉽게 도달할 수 있는 경지가 아니다. 그러나 비록 사람의 선천적
소질과 능력이 서로 다르다고는 하더라도 이 경지는 부단한 수양과 단련을
거치고 나면 누구나 도달할 수 있는 경지로서 주체성의 성숙과 그 내재 역
량을 표현하는 것이다. 이고李翶가 말한 것처럼 맹자 이래로 유가에서는 이
런 경지를 추구하는 일을 결코 가볍게 보지 않았다.51) 왕수인이 왕순보에게

---

50) 『全書』, 권4, 96쪽, 「與王純甫」, "變化氣質, 居常無所見, 惟當利害·經變故·遭
屈辱, 平時憤怒者到此能不憤怒·憂惶失措者到此能不憂惶失措, 始是能有得力
處."

51) 二程도 "군자는 그 氣를 바로잡는 일보다 큰 것이 없으며 그 氣를 바로잡으
려거든 그 뜻을 바로잡는 것만한 것이 없다. 그 뜻이 이미 바르면 더워도 답
답해지지 않고 추워도 소름이 끼치지 않아 노하는 바도 없으며 기뻐하는 바

보낸 편지에는 비록 정덕 7년의 일이긴 하지만 사실상 그가 뒷날 영왕寧王 주신호朱宸濠의 변란과 장張·허許의 반란을 겪으면서 '힘을 얻게 된'(得力) 그 공부의 방법에 대해 언급하고 있다. 이 입장에서 보면 인생의 변고는 이런 경지를 시험하고 단련하는 기회이다.

외부적인 시비나 비방·칭찬은 또한 자신을 경계하고 단련하기에 좋은 계기이니, 이것 때문에 조금이라도 그 마음이 흔들려서는 안 된다. 그렇게 되면 장차 날마다 힘쓰지만 도리어 마음은 졸렬해지는데도 스스로는 그것을 알지 못하는 상황으로 흘러가게 된다.[52]

왕수인은 또 다음과 같이 말했다.

칭찬과 비방, 영화로움과 욕됨이 다가올 때 그 마음을 움직이지 아니할 뿐 아니라 또 그것을 통해 자신을 경계하고 단련하는 계기로 삼는다. 군자가 어디로 가더라도 자득하지 않음이 없는 것은, 어디로 가더라도 당면한 일을 배움의 대상으로 삼지 않은 것이 없었기 때문이다. 만일 칭찬을 들으면 기뻐하고 비방을 들으면 싫어한다면 외부적인 것에 황망하게 끌려 다니기에도 날이 부족할 것이니 어찌 군자가 될 수 있겠는가! 지난해 황제께서 남경南京에 계실 때 좌우가 나를 무묘武廟[53]에서 번갈아 모함하여 화가 예측할 수 없게 되자 관속들이 모두 무서워하여 "황제의 의심이 이와 같으니 스스로 해명할 방법을 찾아야 합니다"라고 하였다. 그때 나는 "군자는 천하가 자기를 믿어 주기를 구하지 않고 나 스스로 믿을 뿐이다. 나는 나 스스로가 나를 믿게 되는 걸 구할 겨를도 없는데 어느 겨를에 남이 나를 믿게 되기를 구하겠는가?"라고 답하였다.[54]

---

도 없고 취하는 바도 없다. 거취도 이와 같고 사생도 이와 같다. 이런 것을 일러 不動心이라 한다"라고 하였다.(『二程遺書』, 권25, 321쪽, "君子莫大於正其氣, 欲正其氣, 莫若正其志, 其志既正, 則雖熱不煩, 雖寒不栗, 無所怒, 無所喜, 無所取, 去就猶是, 死生猶是, 夫是之謂不動心.") 이것은 孟子와 莊子 모두에게서 계승한 것이다.

52) 『全書』, 권5, 110쪽, 「答劉內重」, "外面是非毀譽, 亦好資之以爲警切砥礪之地, 却不得以此稍動其心, 便將流於勞心拙而不自知矣."

53) 역자 주ㅡ공자를 모신 文廟에 상대되는 것으로, 明代에는 關羽를 모셨다.

54) 『全書』, 권6, 115쪽, 「答友人」, "毀譽榮辱之來, 非獨不以動其心, 且資之以爲切

왕수인은 일찍이 양지良知 이론에 대해 "온갖 죽을 고비와 어려움 끝에 얻은 것이지 쉬운 게 아니다"(從百死千難中得來, 非是容易)라고 말했는데, 이상에서 인용된 답장들은 모두 월성에 거처한 이후에 지은 것이므로 왕수인 자신이 '이해가 걸린 일을 만나고 변고를 겪으며 굴욕을 당한' 끝에 나온 말이라 하겠다.

우리는 왕수인이 정덕 말년에 경험했던 커다란 곤경과 혹독한 시련을 진정으로 이해해야만 비로소 그의 학설이 그 자신에게 있어서는 순수한 윤리적 의의를 넘어서 실존적 의미의 지혜와 역량을 함유하고 있음을 이해할 수 있다. 그런데 주신호를 사로잡은 뒤 왕수인은 세상을 뒤덮을 만큼의 공적에도 불구하고 그에 따른 인정이나 장려를 받기는커녕, 도리어 내관內官들이 황제에게 그에 대한 악독한 비방을 늘어놓음으로써 '주신호와 은밀히 결탁했다'(暗結宸濠), '그의 눈에는 군왕이 없다'(目無君上), '반드시 반란한다'(必反)는 등의 6대 죄명 아래 황제의 의심을 받는 처지에 놓이게 되었다. 그리하여 그에게는 늘 살신殺身과 멸문滅門의 화가 잠복해 있었으므로, 그는 봉건 시대의 사대부가 접할 수 있는 가장 험악한 경험을 하였다고 할 수 있다. 예컨대 계란을 쌓아 놓은 듯한 위험한 처지에 놓여 있었던 것이다. 이런 왕수인이, 변고에 처해서도 태연할 수 있었고 험난한 상황을 겪으면서도 평온할 수 있었던 까닭은 한 사람의 철학가로서 이룬 그 정신성의 성숙成熟이나 온정穩定과 떼어 놓고 생각할 수 없다.

왕기王畿는 이런 말을 한 적이 있다.

선생께서는 직접 "양지 두 글자는 내가 도저히 살아나가기 힘든 상황 속에서 몸으로 깨친 것이니 많은 노력이 있었다. 배우는 자가 너무 쉽게 보아서 실제로 그의 양지를 완전하게 실현하려 하지 않고 황금을 거친 쇠처럼 쓸까 염려될 뿐이다"라고 말씀하셨다. 선생께서 남경에 계실 때 어떤 사람이 선생을

磋砥礪之地, 故君子無入而不自得, 正以其無入而非學也. 若夫聞譽則喜, 聞毀則戚, 則將惶惶於外, 惟日之不足矣, 其何以爲君子. 往年駕在留都, 左右交讒, 某於武廟當時禍且不測, 僚屬咸危懼, 謂君疑若此, 宜圖所以自解者. 某曰君子不求天下之信己也, 自信而已, 吾方求以自信之不暇, 而暇求人之信己乎."

비방하는 편지를 전했는데, 그것을 보시고는 모르는 사이에 마음이 움직여졌다가 잠시 후 비로소 삭이셨다. 이 일을 두고 선생께서는 "명예를 바라는 마음의 뿌리를 아직 완전히 없애지 못했구나. 비유컨대 흐린 물이 맑아졌으나 아직 흐린 것이 남아 있는 것이다"라고 말씀하셨다. 내가 변방의 반란을 진압한 일에 대해 물으니, 선생께서는 "당시에는 그렇게 할 수밖에 없었지만 오히려 조금은 기氣에 의해 움직인 점이 있었던 것 같다. 지금 다시 그 처지에 놓인다면 그때와는 또 다른 점이 있을 것이다"라고 말씀하셨다.[55]

왕기의 이 기록에서 주의할 만한 것은, 그가 명확하게 양지설良知說의 실존적 의의, 즉 마음에 의해서도 기에 의해서도 움직이지 않는 양지의 본연 상태로서의 의의를 지적했다는 점이다. 왕수인이 험악한 처지에 놓여 있었어도 "충분히 분노할 만한 일을 당해도 분노하지 않을 수 있었고 두렵고 당황하여 갈팡질팡할 만한 일을 당해도 두렵고 당황하여 갈팡질팡하지 않을 수 있었으며" "칭찬과 비방, 영욕이 이르렀을 때 그로 인해 그 마음을 조금도 움직이지 않을 수 있었던" 것은 그가 고도의 안정·평정·침착의 태도로 태연하게 대처했기 때문이었다. 즉 왕수인은 위험에 처했어도 동요하지 않고 급박한 경우에 놓였어도 태연하며 변고에 처했어도 어지러워지지 않아 결국 위기에서 벗어나 혹독한 시련을 겪어낼 수 있었던 것이다. 이를 통해 우리는 양지설이 '온갖 죽을 고비와 어려움', '도저히 살아나가기 힘든 상황' 속에서 체득하여 나온 표현임을 이해할 수 있다.[56] 강서江西의

---

55) 『龍溪先生全書』, 권2, "先師自謂良知二字自吾從萬死一生中體悟出來, 多少積累在, 但恐學者見太容易, 不肯實致其良知, 反把黃金作頑鐵用耳. 先師在留都時, 曾有人傳謗書, 見之不覺心動, 移時始化, 因謂終是名根消煞末盡. 譬之濁水澄淸, 終有濁在. 余嘗請問平藩事, 先師云, 在當時只合如此作, 覺來尙有微動於氣所在, 使今日處之更自不同." 王畿의 이 글의 앞뒤는 모두 江西의 일을 화제로 삼은 것이므로 '留都'는 '洪都'로 써야 하지 않나 싶다. 강서 시기의 일을 말한 것이지 남경에 있던 시기가 아니다.

56) 왕기는 일찍이 왕수인이 강서의 변란에 대해 술회한 것을 다음과 같이 기록했다.
"스승께서는 '致知는 格物에 달려 있다는 말은 상황에 직면했을 때 외부에서 오는 자극에 대응하는 실제적인 힘쓸 곳用力處이다. 평소에는 잘 지키고 있는지 태만한지 알 길이 없다. 군사 일의 처리라는 생명의 存亡과 종묘사직의 안위가 걸린 상황에 놓이게 되면 전체 정신이 단지 한 생각의 아주 미묘한

변란을 겪은 뒤 마침내 왕수인은 사람들이 양지설로 인해 도덕의 지선에 도달할 수 있을 뿐 아니라 그것에 의지함으로써 진정으로 '부동심'의 경지에 도달할 수 있다고 확신하게 되었다.

뒷날 왕수인은 황관의 양지에 대한 논의에 답하면서 이렇게 말했다.

저와 노형老兄은 상대가 단지 조금이라도 기를 움직이는 걸 보면 바로 치양지라는 화두를 들어 서로 규제해 왔습니다. 말을 하는 것이 즐거워질 때 바로

---

부분에서 스스로 비추고 스스로 살펴야 한다. 조금이라도 검속하려고 해서는 안 되고 조금이라도 방종해서는 안 된다. 가지를 속이지 말고 잊지 말아서 어떤 일에 부딪치자마자 신속하게 대응해야 하니 이것이 양지의 妙用이다. 이런 태도로 만물의 자연적 운행에 순응하되 나는 거기에 관여하지 않는다. 무릇 人心은 본래 神明한 것이어서 본래 변동하고 周流하며 본래 만물의 본성을 실현시키는 것(開物成務)이므로 가리고 장애가 되는 것은 단지 利害와 毁譽 두 가지이다. 세상 사람들의 이해는 한 집안의 득실일 뿐이며 칭찬과 비방은 한 몸의 영욕일 뿐이다. 지금 내게 이른 이해와 훼예 두 가지는 삼족을 멸할 만한 것으로, 역도를 도와 모반했다는 내용이니 천하의 안위가 걸린 문제이다. 사람들이 내가 영왕 주신호와 동모하였다고 의심하는 이 문제는 처리가 조금이라도 엄밀하지 못하여 한 터럭이라도 흥분하는 마음이 생겼으면 이 몸이 이미 가루가 되었을 것이니 어찌 오늘까지 왔겠는가! 움직임이 조금이라도 신중하지 못하여 한 터럭이라도 미루는 마음이 있었으면 만사가 이미 기와처럼 쪼개졌을 것이니 어찌 오늘이 있겠는가! 이런 고심은 자신만이 알 뿐이니 비유컨대 眞金이 뜨거운 불꽃을 만나 단련되어질수록 더 광휘를 발하는 것과 같다. 여기서 완전하게 다 이룰 수 있어야 眞知를 얻을 수 있다. 여기서 직면할(格) 수 있어야 그 대상이 眞物일 수 있다. 사유 능력으로 이를 수 있는 것이 아니다. 이 큰 이해와 큰 훼예를 스스로 거치면 일체의 득실과 영욕이 참으로 회오리 바람이 귀를 지나가는 것과 같을 것이 어찌 내 한 생각을 움직일 수 있겠는가! 오늘 이 공적을 이루었으나 한때의 양지가 드러난 것일 뿐이니 눈에서 지나간 뒤에는 이미 뜬구름이 되어 이미 잊어버렸다'고 말씀하셨다."(『龍溪先生全集』, 권13, 「讀先師再報海日翁吉安起兵書序」, "師曰, 致知在格物, 正是對境應感實用力處. 平時執持怠緩無從考查, 及其軍旅酬酌, 呼吸存亡, 宗事安危所系, 全體精神只從一念入微處自照自察, 一些着不得防檢, 一毫容不得放縱, 勿欺勿忘, 觸機神應, 乃是良知妙用, 以順萬物之自然, 而我無與焉. 夫人心本神, 本自變動周流, 本能開務成務, 所以蔽累之者, 只是利害毁譽兩端. 世人利害, 不過一家得喪而已, 毁譽不過一身榮辱而已. 今之利害毁譽兩端, 乃是滅三族, 助逆謀反, 繫天下安危. 只如人疑我與寧王同謀, 機少不密, 若有一毫激作之心, 此身已成齏粉, 何待今日. 動少不愼, 若有一毫假借之心, 萬事已成瓦裂, 何有今日. 此等苦心, 只好自知, 譬之眞金之遇烈焰, 愈鍛鍊愈發光輝. 此處致得, 方得眞知, 此處格得, 方是眞物, 非見解意識所能及也. 自經此大利害大毁譽過來, 一切得失榮辱, 眞如飄風之過耳, 豈足以動吾一念. 今日雖成此事功, 亦不過一時良知之應迹, 過眼便已爲浮云, 已忘之矣.")

말을 뚝 끊어 침묵을 지키고 의기意氣가 부쩍 일어날 때 바로 깔끔하게 거둬들이며 분노나 희구가 막 비등할 때 바로 남김없이 소멸시킬 수 있는 것은, 천하의 뛰어난 용기를 가진 이가 아니고서는 해낼 수 없습니다. 그러나 양지를 몸소 절실하게 깨달을 수 있으면 그 공부는 저절로 어렵게 느껴지지 않습니다. 왜냐하면 이 몇 가지 병통은 양지에는 본래 없던 것이 양지가 혼미해지고 가려진 뒤에 생긴 것이어서, 양지가 한번 깨어나면 마치 해가 한번 솟자 도깨비가 저절로 사라지는 것과 같이 되기 때문입니다.[57]

말하자면, 치양지의 중요한 의의 가운데 하나는 바로 사람이 '기에 의해 움직여지고 있을'(動氣) 때 마치 끊듯이 그 감정 · 정서를 억눌러 평형을 이루게 하여 언제 어디서나 평상심平常心을 유지할 수 있게 하는 데 있다는 것이다. 감정 · 정서를 규제하여 가장 아름다운 심리 소질과 심리 상태를 보장하는 이런 능력은 평범한 방식으로는 얻을 수 없다. 이런 경지를 실현하는 것은 일반적인 용기, 심지어 죽음을 마주하는 용기를 실현하는 것보다 훨씬 더 어려운 일이다. 심성心性의 본체에서 말하면, 이런 경지가 가능한 근거는 '이 몇 가지 병통(言語의 快意, 意氣의 發揚, 憤怒嗜欲의 沸騰)이 양지에는 본래 없던 것'이기 때문이다. 이것은 사구교의 '심체에는 본래 희노애락이 없다'는 사상이기도 하다. 여기서 알 수 있는 것은 치양지와 사구교가 아주 밀접한 관련을 가지고 있다는 점이다.

『전습록』에는 다음과 같은 기록이 있다.

'분노하는 바가 있다'(有所忿懥)라는 조목에 대해 물으니 선생께서는 이렇게 답하셨다. "분노 등 몇 가지가 어찌 사람에게 없을 수 있겠는가? 단지 그것을 가슴에 담아 두어서는 안 된다는 것일 뿐이다. 무릇 사람이 분노할 때 조금이라도 거기에 관심을 두면 노함이 적절한 정도를 지나쳐 더 이상 '드넓어서 크고 공정한'(廓然大公) 본체일 수 없다. 그러므로 분노하는 바가 있으면 그

---

57) 『全書』, 권6, 119쪽, 「與黃宗賢」, "彼此但見微有動氣處, 卽須提起致良知話頭, 互相規切. 凡人言語正到快意時便截然能認默得, 意氣正到發揚時便翕然能收斂得, 憤怒嗜欲正沸騰時便廓然能消化得, 此非天下之大勇者不能也. 然見得良知親切時, 其功夫自不難. 緣此數病良知之所本無, 只因良知昏昧蔽塞而後有, 若良知一提醒時, 卽如白日一出而魍魎自消矣."

바름을 얻지 못한다. 지금 분노 등 몇 가지에 대해서는 단지 대상이 오면 그 법칙에 맞게 대응하는 것이지(物來順應) 조금이라도 관심을 두어서는 안 된다. 그렇게 할 수 있으면 심체가 확연대공廓然大公하게 되어 그 본체의 올바름을 얻을 것이다. 또 밖에 나가서 사람들이 서로 다투는 것을 보게 되면 그 옳지 않은 사람에 대해서는 나 또한 분노할 것이다. 그러나 비록 노하더라도 이 마음의 드넓음은 조금도 기를 움직이지 않나니 지금 분노하는 것도 단지 이와 같게 해야만 비로소 바르게 될 것이다."58)

이를 통해 왕수인이 말한 부동심으로 대표되는 경지는 결코 마음이 메마른 나무와 같이 온갖 감정이 생기지 않는 것을 말하는 것이 아니라 '대상이 오면 그 법칙에 맞게 대응하는' 것이며 '조금도 관심을 두지 않는' 것임을 알 수 있다. 즉 정호가 말한 "정이 만물 하나하나의 법칙에 맞게 대응하여 정이 없다"는 것이다. 의식의 주체는 그 활동으로서의 칠정을 가지게 마련이므로 칠정 그 자체는 결코 불합리한 것이 아니다. 문제는 칠정의 발생이 '조금도 기를 움직이지 않게' 하는 데, 즉 감정과 정서가 심경의 평형과 안정을 파괴하고 저해하지 않게 하는 데 있다. 이런 부동심의 경지는 앞 장에서 토론한 대로 말하면 바로 '무루無累', '무체無滯'의 정신 경지이다. 예컨대 왕수인은 설간薛侃에게 다음과 같이 말했다.

잘못을 뉘우치는 것은 병을 없애는 약이다. 그러나 고친다는 그 자체가 중한 것이지, 가슴 속에 담아두게 되면 이 약 때문에 또다시 병이 생긴다.59)

그는 황직黃直에게도 다음과 같이 말했다.

---

58) 『傳習錄』下; 『全書』, 권3, 76쪽, "問有所忿懥一條, 先生曰, 忿懥幾件人心怎能無得, 只是不可有耳. 凡人忿懥著了一分意思, 便怒得過當, 非廓然大公之體了. 故有所忿懥便不得其正也. 如今於凡忿懥件只是個物來順應, 不要著一分意思, 便心體廓然大公得其本體之正了. 且如出外, 見人相鬪, 其不是者, 我心亦怒, 然雖怒却此心廓然不曾動些子氣, 如今怒只亦得如此方才是正." 여기에서 '只是不可有耳'에는 '著'자가 빠진 듯하다. 마땅히 '只是不可有著耳'로 써야 할 것이다.
59) 『傳習錄』上; 『全書』, 권1, 48쪽, "悔悟是去病之藥, 然以改之爲貴, 若留滯於中, 則又因藥發病."

문자나 사색이 결코 해로울 것은 없다. 그러나 가슴 속에 담아두려 하면 문자에 의해 장애를 받게 되며 마음 속에 하나의 사물이 있게 된다.[60]

왕수인이 볼 때 초연한 경지에 이르는 것은 긴장·억압·조급함 등의 모든 부정적 정서를 배제하는 것일 뿐 아니라 다른 어떠한 의념도 배제하는 것이므로, 사람은 어떠한 의념·정서도 마음에 담아두어서는 안 된다. 어떤 것이라도 마음에 담아 두면 장애가 있게 마련이다. 어떤 것을 마음에 담아 두게 되면 감정·정서의 동요를 받게 되어 자유롭고 활발한 심경을 유지할 수 없다. 바로 이런 의미에서 왕수인은 불교의 실존적 지혜를 충분히 긍정했다. 유자가 자주 명리에 묶이는 것을 보고서 그는, "사람들이 자주 외물에 끌리고 막히니 도리어 이단과 외도의 초연함만 못하다",[61] "지금은 산림山林에 숨어 명리名利를 좇지 않는 선비마저 또한 많이 볼 수 없게 되었거니와, 이들은 저 명성과 이해의 마당에서 분주한 사람들에 비해서는 훨씬 낫다"[62]라고 한탄하였다. 나아가 그는 노불과 유가의 최종 정신 경지가 일치한다고 생각했다. "노불은 궁극처에서 유자와 거의 같다. 다만, 위의 반절은 가졌어도 아래의 반절을 빠뜨렸기 때문에 끝내 성인의 온전함만 못할 뿐이다. 그러나 그 위의 반절이 같다는 사실만은 속일 수 없다."[63]

정덕 12년에서 15년까지 왕수인은 강서의 난을 평정하면서 여러 차례 중대한 군사적 승리를 거두었다. 뒷날 그의 학생이 그에게 용병술을 물었을 때 그는 다음과 같이 대답했다.

용병술에 무슨 방법이 있으랴. 단지 학문을 순수하고 두텁게 하여 이 마음이 움직이지 않게 기르는 것이 방법일 뿐이다. 무릇 사람의 지능은 차이가 그다

---

60) 『傳習錄』下; 『全書』, 권3, 76쪽, "文字思索亦無害, 但作了常記在懷, 則爲文字所累, 心中有一物矣."
61) 『全書』, 권4, 96쪽, 「與黃宗賢」, "人生動多牽滯, 反不若他流外道之脫然也."
62) 『全書』, 권4, 97쪽, 「寄希淵」, "方今山林枯槁之士亦未可多得, 去之奔走聲利之場者則遠矣."
63) 『傳習錄』上; 『全書』, 권1, 43쪽, "仙佛到極處與儒者略同, 但有上一截, 遺了下一截, 終不似聖人之全, 然其上截同者不可誣也."

지 많지 않다. 승부의 결정은 군진軍陣에 임하고 나서 점칠 수 있는 것이 아니라, 단지 이 마음이 움직여지느냐 그렇지 않느냐에 따라 결정된다.[64]

왕수인의 혁혁한 공적에 대하여 그것과 그의 학술 사상 간에 어떤 관련성이 있느냐고도 물어봄직하다. 만일 왕수인의 학술과 군사적 승리 간에 어떤 관계가 있다고 한다면, 그것은 아마도 '부동심'의 경지가 그로 하여금 자유자재하게 복잡한 국면에 대응할 수 있게 했다고 말할 수 있을 것이다. 일찍이 정덕 11년에 왕수인이 명을 받아 남감南贛을 순무巡撫하게 되었을 때 그의 친구는 "양명은 이 출정에서 반드시 공을 세울 것"이라고 예언했다. 다른 사람이 어떻게 그것을 아느냐고 묻자 그는 "내가 그를 건드려 보았는데 그는 움직이지 않았다"[65]라고 대답했다. 이밖에, 왕수인이 강서에서 반란을 평정할 때 마치 미리 정해 놓은 듯 지휘해 간 일 등[66] 그의 부동심을 보여 주는 실례는 이루 다 열거할 수 없을 정도이다.

인간의 생존 의의 측면에서의 이런 경지는 그 궁극적 관심 상태에서 말하자면 그 목표는 생사의 관문을 돌파하는 것이다. 이와 관련하여 왕수인은 다음과 같이 말했다.

(나의) 학문·공부는 일체의 명성과 이득, 기호에 대해서는 모두 벗어나 거의 없어지게 할 수 있었지만 아직 생사에 대한 관심이 남아 있어 이 조그만 막힘이 전체를 융석融釋되지 못하게 하였다. 사람의 생사에 대한 관심은 본래 몸이 생겨날 때 생명의 뿌리에서부터 가지게 된 것이므로 쉽게 없어지지 않는다. 만일 이곳에서 확실하게 간파하고 돌파할 수 있으면 이 마음의 온전한 체는 비로소 유행流行하는 데 장애가 없게 된다.[67]

---

64) 『全書』, 권38, 540쪽, 「征宸濠反間遺事」(錢德洪), "用兵何術, 但學問純篤, 養得此心不動, 乃術爾, 凡人智能相去不甚遠, 勝負之決, 不待卜諸臨陣, 只在此心動與不動之間."
65) 『全書』, 권32, 449쪽, 「年譜」, "吾觸之不動矣."
66) 『全書』, 권38, 540쪽, 「征宸濠反間遺事跋」(錢德洪).
67) 『傳習錄』 下; 『全書』, 권3, 79쪽, "學問功夫於一切聲利嗜好俱能脫落殆盡, 尚有一種生死念頭, 毫髮掛滯, 便於全體有未融釋處, 人於生死念頭本從生身命根上帶來, 故不易去, 若於此處見得破透得過, 此心全體方是流行無碍."

왕수인이 이해한 '초월'의 경지를 일반적 의미에서 말한다면, 그것은 모든 감성적 욕구와 공명에 대한 강렬한 욕망을 포괄하는 '일체의 명리와 기호'에서 초탈하라는 것이다. 또한 그 궁극적 의의에서 말한다면, 반드시 생사의 분별을 초탈하라는 것이다. 왕수인은 용장龍場에 좌천되었을 때 이미 이런 경험을 겪었다. 그는 당시에 "일체의 득실·영욕에 대해서는 모두 초탈할 수 있었지만 오직 생사라는 한 가지 생각만은 아직 마음에서 쫓아낼 수 없었다"[68]라고 하고, 또 "오직 생사라는 한 생각만이 아직 없어지지 않고 있음을 느꼈다"[69]라고 하였다. 마음의 온전한 본체가 유행하면서 막힘이 없는 경지에 철저하게 도달하려면, 생사에 대해서도 확실히 살펴 근본적으로 인간의 모든 호오에서 벗어남으로써 완전한 자유자재의 정신 경지를 실현해야 한다. 이러한 경지는 곧 생사 해탈의 지혜로서 그 자체가 종교성을 띠거나 적어도 종교적 경지와 상통한다.


## 3. 광자의 흉차

불교에서는 '경계境界'라는 단어를 즐겨 쓰고 유가에서는 '흉차胸次'라는 말을 많이 사용하는데, 그것은 모두 정신 경지를 가리키키는 말이다. 우리는 송명 유학의 전통 속에서 '흉차가 유연悠然하다'는 식의 표현을 자주 볼 수 있거니와 이는 도잠陶潛으로부터 주돈이周惇頤에 이르기까지의 정신 경지를 보여 준다.

'양지良知'에 대한 신념과 실천은 왕수인에게 온갖 죽을 고비를 겪는 위기 속에서 느긋하게 대응할 수 있는 힘을 주어 그는 끝내 위기를 이겨내고 인생의 혹독한 시련을 견뎌낼 수 있었다. 그리고 그 경험으로 인해 왕수인은 거꾸로 양지에 대한 자신감을 더욱더 굳건하게 가질 수 있게 되었다. 뒷

---

68) 『全書』, 권37, 516쪽, 「行狀」, "於一切得失榮辱皆能超脫, 惟生死一念尚有不能遣於心."
69) 『全書』, 권32, 446쪽, 「年譜」, "惟生死一念尚覺未化."

날 산음山陰에 있을 때 왕수인은 문인들에게 강서에서 번왕藩王(寧王 朱宸濠)을 평정한 뒤의 일단의 험악했던 상황을 회고하면서 다음과 같이 말했다.

제군들의 말이 확실히 모두 옳기는 하나 나 자신만이 아는 일단의 내용에 대해서는 제군들 가운데 누구도 말하지 못하였다. 내가 남경南京에 있을 때는 아직 향원鄉原[70] 같은 기질이 남아 있었지만 지금은 양지의 '옳은 것을 참되게 판단하고 그른 것을 참되게 판단하는' 능력을 믿어 마음 내키는 대로 행할 뿐 더 이상 덮어 감추지 않게 되었으니, 내 이제야 '광자狂者의 흉차胸次'를 이루어 천하 사람들로 하여금 모두 나에 대해 "행동이 말에 부합하지 못한다"고 말하도록 만들었다.[71]

왕수인은 자신이 남경에 있을 때(곧 46세 이전)까지는 향원鄉原 같은 기질이 남아 있었다가 영왕의 난을 평정한 이후에 '광자'의 경지에 도달할 수 있었다고 하였다. 여기서 말한 내용에 비춰 보면 이른바 '광자의 흉차'란 "양지의 '옳은 것을 참되게 파악하고 그른 것을 참되게 파악하는 능력'을 믿어 마음 내키는 대로 행동할 뿐 더 이상 덮고 감추지 않는" 것을 가리킨다. 이것은 왕기王畿가 말한 "어느 순간에서나 옳고 그른 것을 알면서도 또한 어느 순간에서나 마음 속에는 옳은 것도 없고 그른 것도 없는"(時時知是知非, 時時無時無非) 경지의 원숙한 표현이다.

'광자'에 대한 이야기는 『논어』의 「자로子路」편에 보인다.

스승께서 말씀하시길 "중용을 행하는 사람과 함께할 수 없을 경우, 꼭 누굴 택해야 한다면 그건 광자狂者·견자狷者가 아니겠는가? 광자는 진취적이고 견자는 하지 않는 것이 있다"라고 하셨다.[72]

---

70) 역자 주―주어진 틀에 맞춰 살아서 주변에서 칭찬을 듣는 사람. 『論語』「陽貨」편과 『孟子』「盡心下」편에 나온다. 모두 '鄉原'으로 표기되어 있다.

71) 『傳習錄』下; 『全書』, 권3, 82쪽, "諸君之言, 信皆有之, 但吾一段自知處, 諸君俱未道及耳, 我在南都以前, 尚有些鄉愿的意思在, 我今信得良知眞是眞非, 信手行去, 更不著些覆藏, 我今才做得個狂者的胸次, 使天下之人都說我行不掩言也罷." 「연보」에서는 이 일을 가정 2년 계미년의 일로 보았다.

72) 『論語』, 「子夏」, "子曰, 不得中行而與之, 必也狂狷乎. 狂者進取, 狷者有所不爲也."

공자에 따르면, 중도를 지키는 사람을 만나기 어려울 경우 차라리 얽매이지 않거나(狂) 강건한(狷) 사람과 어울리려 하는 까닭은 광자는 매우 높은 이상을 지녔고 견자는 물결치는 대로 표류하지 않을 것이기 때문이다. 『맹자』에는 이 문제에 대한 좀더 심화된 토론이 있다.

만장萬章이 "공자께서 진나라에 계실 때 '어찌 돌아가지 않을까 보냐! 우리 향당의 선비들은 뜻이 크고 진취적이면서도 그 근본을 잊지 않는다'라고 하셨으니, 공자께서 진나라에 계시면서 노나라의 광사狂士들을 그리워하신 것입니까?"라고 하자, 맹자는 "공자는 '중도를 지키는 사람과 함께할 수 없을 경우, 꼭 누굴 택해야 한다면 광자狂者·견자狷者가 아니겠는가? 광자는 진취적이고 견자는 하지 않는 것이 있다'고 생각한 것이니, 어찌 공자가 중도를 지키는 사람을 바라지 않았겠는가? 불가능했기 때문에 차선을 생각한 것이다"라고 대답하셨다. 만장이 다시 "감히 여쭙건대 어찌하여야 광狂이라 할 수 있습니까?"라고 묻자 맹자는 "금장琴張, 증점曾點, 목피牧皮 정도면 공자가 말한 광이라고 할 수 있을 것이다"라고 대답하셨다. 이에 만장이 "왜 광이라고 부르는 것입니까?"라고 묻자 맹자는 "그 뜻이 아주 커서 늘 '옛사람이여, 옛사람이여'라고들 말하지만 그들의 행동을 가만히 살펴보면 자신들이 한 말에 부합되도록 노력하지 않는 사람이다"라고 대답하셨다.[73]

맹자의 '광자'에 대한 정의는 '뜻은 원대한데 행동이 말에 들어맞지 않는', 다시 말해 '언행이 일치되지 못하여 그 행위가 자신이 말로 제시한 정도에까지 도달하지 못한' 사람을 말한다. 한편 송유 가운데에서는 이정이 '광狂'에 대해 논한 내용이 후대에 가장 큰 영향을 끼쳤는데, 그것은 "증점曾點이 자신의 뜻을 말하자 스승께서 인정하시니 대개 성인의 뜻과 같아서, 곧 요순의 기상이었다. 다만 행위가 말에 들어맞지 못할 것이 흠이었다. 이것이 이른바 '광'이다"[74]라는 내용이다.

---

73) 『孟子』, 「盡心下」, "萬章問曰, 孔子在陳曰, 盍歸乎來. 吾黨之士狂簡進取, 不忘其初. 孔子在陳, 向思魯之狂士. 孟子曰, 孔子不得中道而與之, 必也狂狷乎. 狂者進取狷者有所不爲也. 孔子豈不欲中道哉. 不可必得, 故思其次也. 敢問何如斯可謂狂矣. 曰如琴張·曾晳·牧皮者, 孔子之所謂狂矣. 何以謂之狂也. 曰其志嘐嘐然, 曰古之人, 古之人, 夷考其行而不掩焉者也."

증점이 자신의 뜻을 말한 것을 이정이 광자의 대표로 삼은 것은 『논어』의 「선진先進」편에 나오는 유명한 고사에 의거한 것이다. 공자가 자로子路·증점 등 네 제자에게 각자가 지향하는 바가 무엇인지를 물었다. 자로 등 세 사람은 모두 정치에 종사하고 백성을 다스려 유가의 사회 이상을 실현하기를 바란다고 말했는데, 오직 증점만은 점잖게 거문고를 타며 즐긴 뒤 자신은 그들의 뜻과 다르며 그가 바라는 것은 "늦은 봄날 봄옷이 마련되면 갓 쓴 사람 대여섯과 애들 예닐곱을 데리고 기수沂水에서 목욕하고 무우舞雩에서 바람 쐬고 읊조리며 돌아오는"(暮春者春服既成, 冠者五六人, 童子六七人, 浴乎沂, 風乎舞雩, 咏而歸) 느긋하게 자득한 생활이라고 말했다. 이에 "스승(공자)이 감탄하면서 '나는 증점이 말한 것을 인정하노라'(吾與點也)라고 말씀하셨다"라고 하는데, 이는 공자가 증점의 뜻을 칭찬했다는 것이다.

공자의 인학仁學에서는 널리 베풀고 사람들을 구제하는 사회적 관심이 중요한 지위를 차지하지만, 이 일단의 유명한 대화 속에서 공자는 오히려 개인의 정신적인 유유자적을 중시하는 증점에게 한 표를 던지고 있으므로 깊이 음미해 봄직하다. 이것은 의심할 것 없이 공자가 생각하는 이상적 인격 혹은 이상적 경지 속에서는 정신 생활의 자재, 자득, 뜻에 맞음, 얽매임 없음, 심지어는 소요까지도 매우 중요한 측면의 하나임을 보여 준다. 따라서 송명 유학에서는 '증점을 인정한다'는 전통에 특별한 관심을 기울었다. 주희는 『논어집주論語集註』에서 이런 경지를 "가슴 속이 느긋하여 곧장 천지만물과 아래위로 함께 흐르는"(胸次悠然, 直如天地萬物上下同流) 것이라고 표현하였다. 이렇게 리학 속에는 '광자 흉차'의 문제가 맹자 시대와는 달리 하나의 정신 경지의 문제로 바뀌었다. 이정이 "증점은 광자狂者이다"라고 말하고 주희가 "증점의 뜻은 마치 봉황이 수천 길 높이 위에서 날개를 펴고 빙빙 돌며 나는 것과 같다"[75]라고 말한 것은 모두 증점의 기상을 광자 흉차의 집중적 체현으로 본 것이다.

---

74) 『孟子集註』, 권14, "曾晳言志, 而夫子與之, 蓋與聖人之志同, 便是堯舜氣象也, 特行有不掩焉耳, 此所謂狂也."
75) 『語類』, 권40, 1026쪽, "曾點之志, 如鳳凰翔於千仞之上."

유학의 사회적 관심, 문화에 대한 우환 의식, 도덕 본위 등의 측면과는 달리 '증점의 기상'에 드러난 지향은 이 책의 입장에서 볼 때 바로 공명을 위한 사업을 초월한, 초연하게 자득하는 '무아'의 경지이다. 이에 대한 리학 내부의 태도에는 약간의 차이가 있는데, 주희의 경우는 증점에 대해 두 가지의 서로 모순되는 태도를 취했다. 주희는 우선 '천리天理'라는 적극적인 의의에서 증점의 기상을 해석하여 『논어집주』에서 다음과 같이 말했다.

증점의 학문은 대개 인욕이 소멸된 곳에 천리가 유행하여 가는 곳마다 충만해서 조금도 결여되지 않았기 때문에 그의 기거동작은 느긋하기가 이와 같았으며, 그 뜻을 말한 것이 또 자신이 놓인 위치에서 그의 일상적인 일을 즐기는 것이었을 뿐 처음부터 자신을 버리고서 남의 관심을 끌려는 뜻이 없었다. 그래서 그 흉차가 느긋하여 곧바로 천지만물과 함께 흐른다.[76]

증점은 본래 천리와 인욕에 관한 어떤 문제도 제기하지 않았는데, 주희는 최대한 그것을 윤리적으로 받아들여 증점이 즐긴 경지를 '인욕이 다하여 천리가 유행하는' 도덕 경지로 해석하였다. 다만 그렇다고 하더라도 주희 역시 그 초연히 자득한 일면을 긍정하지 않을 수는 없었다.

그러나 주희가 보다 일반적으로 견지한 것은 또 다른 태도, 즉 증점에 대해 비판적인 태도였다. 예컨대 "증점의 성격은 장자莊子와 비슷하다",[77] "증점에게는 노장의 성격이 있는 것 같다"[78]라는 말들이 그것이다. 특히 주희는 송대에 비교적 영향이 컸던 강서학파江西學派(육구연의 학파)에서 '증점의 기상'만을 말하기 좋아하고 '경敬을 위주로 하는' 엄숙한 자기단속적 공부를 하찮게 여긴 것에 대해 매우 불만스럽게 생각했다. 그래서 그는 일찍이 "증점의 경지는 배울 수 없다. 그는 우연히 이러한 경지를 볼 수 있었던

---

76) 『論語集註』, 권6, "曾點之學, 蓋有以見夫人欲盡處, 天理流行, 隨處充滿, 無所欠闕, 故其動靜之際, 從容如此, 而其言志, 則又不過即其所居之位, 樂其日用之常, 初無舍己爲人之意. 而其胸次悠然, 直如天地萬物上下同流."
77) 『語類』, 권40, 1027쪽, "曾點意思與莊周相似."
78) 『語類』, 권40, 1028쪽, "只怕曾點有莊老意思."

것이고, 공자 역시 한때 그가 이렇게 말한 것이 또한 당신을 흔쾌하게 만들었기 때문에 인정하신 것일 뿐이다. 그러므로 이제 사람들이 그를 배우려 한다면 어이없는 짓이다"[79]라고 말한 적이 있었고, 또 "내 평소에 사람들이 이 말('증점을 인정한다'는 말을 가리킨다) 하는 것을 좋아하지 않았다",[80] "그대 같은 강서 사람들은 오직 칠조개漆雕開와 증점의 경지를 추구하는데, 이제는 그만하게!"[81]라고 말하기도 했다. 주희는 만년에 고제자 진순陳淳, 요덕명廖德明과 대화할 때도 이 문제에 대해 강력히 논변하였다.

'무우舞雩에서 바람 쐬고 읊조리고 돌아오는 일'만 거론한다면, 그것은 단지 사시四時의 경치에 대한 이야기일 뿐이니 『논어』에서 어찌 허다한 일들을 말할 필요가 있었겠는가? 전날 강서의 어떤 벗이 방문하여 (증점이) 즐긴 경지를 찾으려 한다고 했는데, 나의 경우는 '스스로 찾아 나서서 아주 고달픈 곳을 찾아낸다면' 그것이 곧 좋은 소식이다.[82]

공부하지 않고 저절로 '즐겁게' 될 수는 없다.[83]

리학에서 증점의 '기수沂水에서 목욕하고 읊조리며 돌아오는' 것과 함께 거론되는 것은 『논어』의 또 다른 문답이다.

스승께서 칠조개漆雕開에게 벼슬하라고 하시자, "저는 이것을 아직 믿지 못합니다"라고 대답하니 스승께서 기뻐하셨다.[84]

---

79) 『語類』, 권40, 1032쪽, "某嘗說曾晳不可學, 他是偶然見得如此, 夫子也是一時被他說得恁地也快活人, 故與之. 今人若要學他, 便會狂妄了."
80) 『語類』, 권117, 2820쪽, '某平生便是不愛人說此話.'
81) 『語類』, 권116, 2788쪽, "公那江西人, 只是要理會那漆雕開與曾點, 而今且莫要理會."
82) 『語類』, 권117, 2830쪽, "單單說個風乎舞雩·咏而歸, 只做個四時景致, 論語何用說許多事. 前日江西朋友來問, 要尋個樂處, 某說只是自去尋, 尋到那極苦澀處便是好消息.."
83) 『語類』, 권117, 2830쪽, "却無不做功夫自然樂底道理."
84) 『論語』, 「公冶長」, "子使漆雕開仕, 對曰, 吾斯之未能信. 子說." 여기서 '斯'(이것)가 가리키는 것이 무엇인지에 대해서는 선유들의 주장이 일치하지 않으며, '說'자는 '悅'자와 같다.

이정은 "증점과 칠조개는 이미 대의를 보았다"[85]라고 했는데, 칠조개를 증점과 함께 논한 것은 공명에 급급하지 않고 자신을 닦는 데 독실했던 그의 정신 경지를 주목한 것이다. 공자가 이 두 사람을 칭찬한 것은 유학의 정신 전통에서 볼 때 주의할 만한 자료이다.

앞에서 인용한, 왕수인과 문인들이 광자의 흉차를 논한 대화 뒤에 왕수인은 다시 상세히 그가 이해한 광자의 경지에 대해 설명하였다.

"향원鄕原과 광자의 차이에 대해 여쭙고자 합니다." "향원은 그 충신忠信과 염결廉潔로써 군자에게 받아들여지고, 같이 흐르고 함께 더러워져서 소인에게 거슬리지 않는다. 그렇기 때문에 비난하려 해도 지적할 것이 없고 비방하려 해도 비방할 곳이 없다. 그러나 그 의도를 따져 보면 충신·염결은 군자에게 아부하려는 것이고 같이 흐르고 함께 더러워지는 것은 소인에게 아부하려는 것임을 알 수 있다. 그 마음이 이미 파괴되어 있기 때문에 함께 요순의 도로 들어갈 수 없다. 광자는 고인古人에 뜻을 두고 일체의 혼란스러움과 속된 오염이 그 마음에 누가 되지 못하니 진정 봉황이 수천 길 위에서 빙빙 돌며 나는 뜻이 있어 한번 마음을 잡으면 곧 성인이다. 마음을 잡지 못한 까닭에 현실적인 문제를 경시하고 행동이 늘 말에 부합되지 못하는 것이다. 오직 행동이 말에 부합되지 못했을 뿐이니, 그러므로 마음은 아직 무너지지 않아서 성인의 경지로 들어가도록 지도할 수 있다."[86]

이 말에 비추어 보면, 왕수인은 결코 '광자'를 이상적 인격의 최고 표준으로 여기지 않았다. 광자는 결국 성인은 아니지만 "일체의 혼란과 속된 오염이 그 마음에 누가 되지 못하게 하고 참으로 봉황이 수천 길 위에서 나

---

85) 『二程遺書』, 권6; 『二程集』, 87쪽, "曾點·漆雕開已見大意."
86) 『陽明傳習錄詳註集評』(臺北: 學生書局, 1983), 391쪽, "請問鄕愿狂者之辨. 曰鄕愿以忠信廉潔見取於君子, 以同流合汚無忤於小人, 故非之無擧, 刺之無刺. 然究其心力, 乃知忠信廉潔所以媚君子也, 同流合汚所以媚小人也, 其心已破壞矣, 故不可與入堯舜之道. 狂者志存古人, 一切紛囂俗染不足以累其心, 眞有鳳凰千仞之意, 一克念卽聖人矣. 惟不克念, 故洞略事情, 而行常不掩. 惟行不掩, 故心尙未壞而庶可與裁."
이 기록은 『傳習錄』에는 보이지 않는다. 陳榮捷이 편집한 「傳習錄拾遺」 제4조에서 인용한 것으로 『陽明傳習錄詳註集評』에 실려 있다.

는 기상이 있어서" 보통사람들의 경지를 멀리 뛰어넘어 성인과의 거리가 이미 멀지 않기 때문에, 왕수인은 이 광자에 대해 "한번 마음을 잡으면 곧 성인이다"(一克念即聖人矣)라고, 즉 마음을 잡는 노력만 더하면 곧장 성인의 경지에 도달할 수 있다고 말한 것이다.

향원의 본질은 '아부'이다. 남들의 칭찬을 널리 받기 위해 자신의 주장을 숨기고 남의 의견을 좇거나 남이 반대하지 않을 만한 말만 한다. 왕수인이 자신은 남경 생활 이전에 향원 같은 성격을 벗어나지 못했다고 여긴 것은, 남의 비방을 야기하지 않으려고 유행하는 견해를 따랐기 때문에 아직 광자처럼 '마음 내키는 대로 행동하여 더 이상 덮어 감추지 않을' 수 없었다는 사실을 가리키는 것이라고 볼 수 있다. 그는 영왕의 난을 평정한 뒤에야 비로소 자신이 '일체의 혼란과 속된 오염이 자신의 마음에 누가 되지 않는' 광자의 흉차에 도달했다고 여겼다. 왕수인이 말하는 것이 구체적으로 무엇을 가리키는지 알 길은 없다. 그러나 한 가지 분명한 것은, 유가와 불교의 구별에 있어 남경 이전에는 담약수와 몇 차례 토론을 벌이는 과정에서 드러나듯 '자신을 버리고 남을 따르는'(舍己從人) 자세로 끝내 향원의 성격을 면하지 못한 것에 비해, 강서 이후로는 도가와 불교를 긍정하는 것에 대해 확실히 생각하는 바를 그대로 말하고 더 이상 덮어 숨기지 않는 정도가 되었다. 왕기는 이렇게 말한 적이 있다.

> 선사先師께서 "내가 변방 지역에 거처하기 전에는 칭송하는 사람이 열에 아홉이었고, 홍려시경鴻臚寺卿이 되기 이전의 시기에는 칭송하는 사람이 열에 다섯이고 비방하는 사람이 열에 다섯이었으며, 홍려시경 이후에는 비방하는 사람이 열에 아홉이었다"라고 말씀하셨는데, 이는 학문이 점차 진실되고 절실해질수록 남들은 더욱더 그 잘못된 점을 볼 수 있으니 옛날에 칭송한 것은 곧 이미 감추고 꾸며서 사람들이 그 잘못을 보지 못했기 때문이다.[87]

---

87) 『龍溪先生全集』, 권3, "先師自云, 吾居夷以前稱之者十九, 鴻臚以前稱之者十五, 議之者十五, 鴻臚以後議之者十之九矣. 學愈眞切則, 人愈見其有過, 前之稱者, 乃其已臟掩飾, 人故不得而見也."

왕수인은 월성에 거처하게 된 뒤부터 늘 학자들과 증점의 광자적 기상에 대해 논했는데, 「연보」에는 갑신년甲申年 중추中秋의 밤에 있었던 왕수인과 그 제자의 대화가 기록되어 있다.

중추의 밝은 달이 낮과 같아 선생께서는 시자侍者에게 벽하지碧霞池에 자리를 마련하게 하였는데 그 자리에 선생을 모시고 앉은 문인이 백여 명이었다. 술자리가 반쯤 무르익어 노랫소리 점점 울려 퍼지고, 얼마 지나 어떤 사람은 투호 놀이를 하면서 모여 계산하고 어떤 사람은 북을 치고 어떤 사람은 배를 띄우기도 했다. 선생께서는 제생諸生이 흥겹게 즐기는 것을 보고 물러나 시를 지으셨는데, 그 속에 "'뚜당' 소리를 내며 거문고를 놓는 봄바람 속, 증점은 비록 광狂하나 내 심정을 얻었도다"라는 구절이 있었다.

다음날 제생이 들어가 인사를 드리자 선생께서 말씀하셨다. "옛날 공자께서 진陳에 계실 때 노魯의 광사狂士를 생각하셨는데, 세상의 학자들은 부귀·명예·이익의 세계에 빠져 얽매인 듯 잡힌 듯하여 끝내 반성해서 빠져 나오지 못한다. 공자의 가르침을 듣게 되면 비로소 일체의 속된 인연이 모두 성性의 본체가 아님을 알아 이에 시원스레 벗어나게 된다. 그러나 이 뜻만 얻고 실천을 더해서 정미한 곳에 들어가는 일을 하지 못하면 점점 세상일을 경멸하고 윤리적인 문제를 소홀히 하는 병통을 가지게 되어, 비록 세속의 용렬한 하찮은 사람들과는 다르다 해도 도에 들어가지 못했다는 점에 있어서는 마찬가지이다. 그래서 공자는 진에 계시면서도 돌아가 바로잡아 도에 들어가게 하려고 하신 것이다. (나는) 강학할 때 제군들이 이 뜻을 얻지 못할까 걱정이다. 그러나 지금 다행히 이 뜻을 파악했으니 바로 정밀히 들어가고 힘써 나아가야지 한번 보고는 자족해서 광狂에 그쳐서는 안 된다."[88]

88) 『全書』, 권34, 469쪽, "中秋白月如晝, 先生命侍者設席於碧霞池上, 門人在侍者百餘人. 酒半酣, 歌聲漸動, 久之, 或投壺聚算, 或擊鼓, 或泛舟, 先生見諸生興劇, 退而作詩, 有鏗然舍瑟春風裏, 點也雖狂得我情之句. 明日諸生入謝, 先生曰, 昔者孔子在陳, 思魯之狂士, 世之學者沒溺於富貴聲利之場, 如拘如囚, 而莫之省脫. 及聞孔子之教, 始知一切俗緣皆非性體, 乃翛然脫落. 但見得此意, 不可實踐, 以入於精微, 則漸有輕滅世故·闊略倫物之病, 雖比世之庸庸瑣瑣者不同, 其爲未得於道, 一也. 故孔子在陳思歸以裁之, 使入於道耳. 諸君講學, 但患未得此意. 今幸見此意, 正好精詣力造, 以求至於道, 無以一見自足而終止於狂也." 錢德洪의 「文錄敍說」에도 갑신년 중추의 일이 기록되어 있으나 「연보」에 기재된 것만큼 상세하지 않다.

"증점은 비록 광狂하나 내 심정을 얻었도다"(點也雖狂得我情)라는 증점으로 대표되는 인격의 경지는, 비록 맹자에게서는 광자로 간주되었지만 오히려 왕수인에게서는 그 자신의 의향 내지 바람에 부합되었다. 왕수인은 향원의 태도를 가짐으로써 겪게 되는 고통을 더 이상 참을 수 없어 일체의 세속적인 고려·비교·추구를 모두 도외시하고 성性에 따라 행동하고 용감히 곧장 앞으로 나아가 도덕 이상을 추구할 뿐 뒤를 돌아보지 않았다. 그는 광자가 사실상 가장 성인의 경지에 접근해 있다고 여겼다. 또한 그는 광자가 평범한 것에서 탈피하여 세속적인 오염을 초탈하는 데 용감할 수 있는 근본적인 이유는 광자가 '일체의 세속적인 인연이 성性의 본체가 아니라는 것'(一切俗緣皆非性體)을 파악한 데 있다고 여겼다. 여기서 성의 본체란 심체이고 또한 사구교의 "선도 없고 악도 없는 것이 마음의 본체이다"라는 의미이다. 왕수인이 볼 때 세속적인 구속을 초월하는 것은 학문의 관건이 된다. 광자의 흉차에 대한 존중은 이미 『전습록』에 그 실마리가 있다.

어떤 이가 "공문孔門에서 뜻을 말할 때 자로子路와 염구冉求가 정치를 맡으려 한 것과 공서적公西赤이 예악을 맡으려 한 것은 매우 실용적이지만 증점曾點이 말한 내용은 장난스러운 일 같은데, 공자께서 오히려 그를 인정하신 것은 무슨 까닭입니까?"라고 묻자, 선생께서 답하셨다. "이 세 사람은 의도하고 기필하였다. 의도하고 기필하면 치우치게 집착하여 이것에 능하면 저것에 능하지 못하게 된다. 증점의 뜻은 의도와 기필이 없으니 자신의 위치에 의거하여 행동할 뿐 밖에서 무엇을 원하지 않아, 이적夷狄의 땅에 살 때는 이적의 상황에서 해야 할 행동을 하고 환란에 임하여서는 환란의 상황에서 해야 할 행동을 하여 어디를 가더라도 자득하지 못할 때가 없다."[89]

'의도와 기필'(意必), '치우치게 집착함'(偏著)은 모두 집착이다. 왕수인이 이해하기로는 광자의 흉차는 장애도 없고 막힘도 없다. 즉 어디를 가더라도

---

89) 『傳習錄』 上; 『全書』, 권1, 41쪽, "問孔門言志, 由·求任政事, 公西赤任禮樂, 多少實用. 及曾晳說來, 似耍的事, 聖人却許他, 是意如何. 曰三子是有意必, 有意必便偏著一邊, 能此未必能彼. 曾點這意思却無意必, 便是素其行而行不願乎外, 素夷狄行乎夷狄, 素患難行乎患難, 無入而不自得矣."

자득하지 못함이 없는 경지인 것이다. 왕수인은 "내가 홍려시경鴻臚寺卿이 되기 전에는 학자들이 공부함에 구속이 많았는데, 양지라는 공부의 핵심을 제시하자 점차 이 의미를 깨닫는 사람이 많아져서 더불어 성인의 경지에 이를 수 있게 되었다"[90]라고 하였다. 확실히 왕수인 문하의 '기수에서 목욕하고 무우에서 바람 쐬는' 기상은 리학자 중에서는 매우 보기 드문 것이다. 왕수인은 '광자의 흉차'라는 '기상'을 인식하는 것이 학문을 하는 과정에서 하나의 관건이 된다고 생각하였다.

그러나 '광자'는 결국 '성인'이 아니다. 광자가 비록 세속을 초탈하였다 하더라도, 자신을 단속하여 수양하는 노력을 하지 않는다면 또 다른 하나의 극단으로 달려가 생활을 부정하고 사회를 부정하여 결국 하나의 도덕 경지를 완성하지 못할 뿐 아니라 출세간주의 혹은 감성 방임으로 치닫게 된다. 따라서 이상적인 경지는 여전히 '성인'이므로 사람들은 반드시 '광狂'에서 '성聖'으로 들어가야만 하고 '자족해서 광에 그쳐서는 안 된다'.

이런 관점에서 볼 때 "선도 없고 악도 없는 것이 성性의 본체이다"라는 말은 단지 광자 흉차의 내재적 근거를 가리키는 것으로, '선을 행하고 악을 버려야만'(爲善去惡) 최종적으로 성인의 경지를 실현할 수 있다. 즉 선을 버리고 악을 버리는 것은 곧 '성인의 경지로 들어갈 수 있게 만드는 것'이고 '마음을 잡는 것'이다. 이 때문에 왕수인의 궁극적인 이상 경지는 '선을 행하고 악을 버리는 것'과 '선도 없고 악도 없는 것'의 통일이다. 결국 그는 유가의 고유한 입장을 벗어날 수 없었다.


## 4. 여물동체

담약수의 「양명선생묘지명陽明先生墓誌銘」에 의하면, 왕수인은 정덕 원년 (丙寅年)에 북경北京에서 담약수를 만나 드디어 교우를 시작했으며 강학은

---

90) 『全書』, 卷首, 6쪽, 「文錄敍說」(錢德洪), "予自鴻臚以前, 學者用功尙多拘局, 自吾揭示良知頭腦, 漸覺見得此意者多, 可與裁矣."

한결같이 정호程顥의 "인자仁者는 혼연히 천지만물과 같은 몸이다"라는 말의 의미를 종지로 삼았다고 한다.[91] 뒤에 왕가수王嘉秀에게 보낸 편지에서도 왕수인은 "인자는 천지만물을 한 몸으로 삼는다"고 강조하였다. 만년에 월성에 거처하며 왕수인은 『대학』 수장의 '친민親民'에 대한 해석을 통해 '만물과 더불어 같은 몸'(與物同體)이라는 사상을 밝혔다. 이러한 것들은 '여물동체與物同體'가 줄곧 왕수인 사상의 중요한 일면이었음을 보여 준다.

중국철학사에서 '만물일체'라는 개념은 아주 이른 시기부터 나왔는데 여기에는 여러 유형들이 있다. 『장자莊子』의 「제물론齊物論」에서는 "천지는 나와 함께 생기고 만물은 나와 하나이다"(天地與我並生, 萬物與我爲一)라고 했는데 여기서의 만물일체는 상대주의 철학의 기초에서 사물의 차별성을 말살한 경우이다. 송대 이후 대다수의 유자들은 '동체同體'라는 사상을 정호의 다음 두 문장의 말에서 끌어왔다.

인자는 천지만물을 한 몸으로 삼아 '자기'(己) 아닌 것이 없다. 자기라는 것을 알면 어느 곳인들 이르지 못하겠는가? 그것을 완전하게 체인하지 못하면 저절로 자신과 서로 상관없게 되어 버리니, 마치 손발이 마비되면 기氣가 흐르지 못하여 모두 자신에게 속하지 않는 것과 같다. 그렇기 때문에 널리 베풀고 백성들을 구제하는 것이 성인의 사업이다.[92]

인자는 혼연히 만물과 같은 몸이다. 의·예·지·신은 모두 인이다. 이 이치를 알아서 성誠·경敬으로 보존할 뿐이니, 막고 단속할 필요가 없고 궁구하고 탐색할 필요가 없다. 이 도는 만물과 대립되지 않으니 '크다'라는 말로는 명명하기 부족하다. 천지의 용用은 모두 나의 용이다.[93]

---

91) 『全書』, 권37, 514쪽, "遂相與定交, 講學一宗程氏仁者渾然與天地萬物同體之旨."
92) 『二程遺書』, 권2上; 『二程集』, 15쪽, "仁者以天地萬物爲一體, 莫非己也, 認得爲己, 何所不至. 若不有諸己, 自不與己相幹, 與手足不仁, 氣已不貫, 皆不屬己, 故博施濟衆乃聖人之功用."
93) 『二程遺書』, 권2上; 『二程集』, 16쪽, "仁者渾然與物同體, 義禮智信皆仁也. 識得此理, 以誠敬存之而已, 不須防檢, 不須窮索. 此道與物無對, 大不足以名之, 天地之用皆我之用."

그런데 위의 두 문장이 표현하는 만물일체 사상의 내용은 서로 다르다. 첫 문장은 사실상 "인자는 만물을 일체로 여긴다"라는 말을 '널리 베풀고 사람들을 구제한다'는 인도주의적 관심의 내재적 기초로 삼은 것이니, 이 경우는 사회적 관심과 우환으로 구체화시켜야 한다. 둘째 문장은 유학 정신성의 한 표현으로 사람들에게 일종의 정신적 경지를 배양하고 추구하라고 요구하는 것이니, 이 경우는 내면의 정신 생활 속에 구체화시켜야 한다. 정호는 이 두 가지 측면에 있어서 『맹자』와 『서명西銘』의 '여물동체' 사상의 공헌을 홀시할 수 없다고 지적하였다.

위의 "인자는 천지만물을 한 몸으로 삼는다"의 아래 구절인 "자기 아닌 것이 없다"는 말에서 보면, 우주만물 특히 인류 사회의 모든 성원을 자기와 상통하고 분리될 수 없는 부분으로 간주하는 이런 사상은 장재張載의 『정몽正蒙』 「대심大心」편과 『서명』에서 기원했다고 할 수 있다. 「대심」에 있는 "그 마음을 크게 하면 천하의 만물을 자기 몸으로 할 수 있다"(大其心則能體天下之物)라는 말은 바로 정호가 말한 "천지만물을 한 몸으로 삼는다"와 같은 의미이며, 또한 "천하에 대해 하나의 사물도 자기가 아닌 것이 없다고 여긴다"(視天下無一物非我)라는 말은 정호의 "자기가 아닌 것이 없다"라는 말과 같은 의미로서 모두 소아小我의 감수성에서 출발하여 대아大我의 유아지경有我之境에 도달하는 것을 강조하고 있다. 『서명』에서는 더더욱 '나'(吾)를 중심으로 하여 천지만물을 일체로 간주하고 있다. 정호는 「식인識仁」편에서 『서명』을 존중하여 "인의 본체를 얻었다"(得仁之體)라고 말하고 또 "내가 이 뜻을 얻었다"(顥得此意)라고 말함으로써 장재의 영향을 깊이 받았음을 토로하였다. 더 먼 고대로부터 말하면 혜시惠施 또한 '만물을 두루 사랑하니, 천지와 더불어 한 몸'(泛愛萬物, 天地一體)이라는 사상을 가지고 있었는데, 다만 그 명제가 너무 간략하여 구체적으로 이해하기는 어렵다. 심지어 묵자의 겸애兼愛 사상도 "인자는 천지만물을 한 몸으로 삼는다"라는 사상의 한 내원으로 삼지 못할 까닭이 없다. 사실 송대 리학 속에는 겸애 정신과 차등 원칙의 대립이 더 이상 존재하지 않았다.

## 1) 인자는 천지만물을 일체로 여긴다

「연보」에 의하면 왕수인이 만년에 월성에 거처하며 강학할 때 둘러앉아 청강하던 사람은 300여 명에 달했다고 한다. 당시에 왕수인은 "오직『대학』의 만물동체의 종지를 밝혀 사람들이 각각 본성을 구하고 양지를 다하도록 만들었다."[94] 이것은 '만물동체'가 왕수인의 만년까지 여전히 강학의 기본 종지 가운데 하나였다는 것을 말해 준다.『대학』본문에서는 '만물일체' 혹은 '만물동체' 사상을 언급한 적이 없지만 왕수인은 '만물동체'라는 사상으로『대학』의 '친민親民' 강령을 해석했기 때문에 "『대학』의 만물동체의 종지를 밝혔다"라고 말한 것이다. 이로써 보면 왕수인의 '만물동체' 사상에서 중점을 둔 것은 '널리 베풀고 백성들을 구제하며' '백성을 어질게 대하고 만물을 사랑하는' 친민親民임을 알 수 있다.

왕수인은 "인자는 천지만물을 일체로 여긴다"라는 말을『대학』삼강령 三綱領 중의 하나인 '친민'과 같은 것으로 파악하여 이것이 공자의 "널리 베풀고 많은 사람들을 구제한다"나 맹자의 "백성을 어질게 대하고 만물을 사랑한다"에 비해 더욱더 유학의 '진정으로 사랑하고 가슴아파하는' 연민의 감정과 사회에 대한 책임감 및 사명감을 두드러지게 드러낸다고 보았다. 한 사람의 유가 지식인에 대해 말하면, 그 사람이 행정 직무를 담당할 때는 만물일체의 사상이 주로 '정치'에 실현되고 그 사람이 벼슬하지 않을 때는 주로 '도'와 '배움'에 실현된다. 주회와 비교해 보면 왕수인은 엄청난 행정 직무를 맡았는데, 이것이 아마 더욱더 '친민'을 강조한 원인이 되었을 것이다.

어쨌든 왕수인의 천지만물을 일체로 보는 시각과 관련된 몇 가지 글들은 일기一氣가 관통하여 마치 큰 강의 흐름이 한번에 천 리를 내닫는 것과 같이 도도한 것으로, 왕수인의 전체 저작 속에서도 감성적 색채가 가장 풍부한 글들이라 할 수 있다. 이것은 천지만물을 일체로 보는 사상이 그의 전체 학문과 정신 생활의 중요한 부분이었음을 말해 준다. 독자들이 직접 이

---

94)『全書』, 권34, 469쪽, "只發大學萬物同體之旨, 使人各求本性·致極良知."

점을 느낄 수 있게 하기 위해, 그리고 왕수인 철학에서 '유有'의 경지가 '박 애博愛'의 방면에서 어떻게 표현되었는지를 명확히 밝히기 위해 이 장에서 필자는 왕수인의 말들을 대량으로 인용하였는데, 독자들은 이러한 서술 방식을 이해해 주기 바란다. 이렇게 하면 이 장 전반부 몇 절과 앞 장의 사구교의 '무無'의 경지에 대한 토론이 서로 보완되어 전반적인 왕수인 철학의 정신을 이해할 수 있을 것이다.

전덕홍錢德洪은 이렇게 말했다.

평소에 천하의 비방과 모함을 무릅쓰고 도저히 살 길 없는 위험 속에서도 조급하게 강학할 것을 잊지 않으셨고, 오직 우리 제자들이 이 도를 듣지 못하고 공리와 잔꾀로 흘러 날로 오랑캐와 금수로 떨어져서 '만물과 한 몸이라고 생각하는' 마음을 깨닫지 못한 채 평생토록 떠들썩하다가 죽음에 이르러서야 그치게 될까 두려워하셨다. 이것은 공맹 이후의 성현들이 고심하던 것이어서 비록 문인자제라 하더라도 그 마음을 위로하지 못하였다. 이 마음은 섭문울聶文蔚(문표豹)에게 답한 첫 번째 편지에 가장 상세하게 나타나 있다.[95]

왕수인은 말단만을 좇는 학문의 지리멸렬함을 가슴아파하고 세상의 풍속이 어지러워진 것을 걱정하여 '만물일체'라는 종지를 역설하였다. 이는 물론 가정 5년의 섭표聶豹(자는 文蔚)에게 답하는 편지에 충분히 표현되었지만, 사실상 가정 3년의 「발본색원론拔本塞源論」에 이미 선명하게 밝혀져 있다.

무릇 성인의 마음은 천지만물을 일체로 삼기 때문에, 천하 사람들에 대해 안과 밖, 멀고 가까움이 없이 무릇 혈기가 있는 이는 모두 자신의 형제 또는 자식과 같은 친속이라 보아서 모두를 온전히 해 주고 가르치고 길러 주려고 한다. 그렇게 해서 자신의 '만물을 일체로 보는' 마음을 모두 발휘한다. 천하의 인심은 처음에는 성인과 다르지 않았으나 단지 자신의 몸을 챙기는 사적

---

95) 『傳習錄』 中; 『全書』, 권2, 53쪽, "平生冒天下之非詆推詔, 萬死一生, 遑遑然不忘講學, 惟恐吾人不聞斯道, 流於功利機智, 以日墜於夷狄禽獸, 而不覺其一體同物之心, 譊譊終身至於斃而後已, 此孔孟以來賢聖若心, 雖門人子弟未足以慰其情也. 是情也, 莫詳於答聶文蔚之第一書."

인 태도에 의해 틈이 생기고 물욕에 의해 가려져서 큰 것은 작아져 버리고 통한 것은 막혀 버려, 사람마다 별개의 마음을 가지고서 부자 형제를 원수와 같이 보는 사람이 생기는 데까지 이르렀다. 성인이 이를 걱정해서 '천지만물을 일체로 보는' 인仁을 미루어 천하를 가르쳐 다들 그 사적인 태도를 극복하고 그 가려진 것을 제거하여 심체의 동질성을 회복하게 하였다.[96]

「발본색원론」의 주제는 본말을 분별하여 심체의 동질성을 회복하는 심학과 사물에 대한 지식을 추구하는 지리멸렬한 학문을 구별하려는 것이다. 왕수인은 사람들의 모든 죄악이 만물을 일체로 보지 못하는 데서 근원하고, 만물을 일체로 보지 못하는 까닭은 공리功利·패도霸道와 기송記誦·훈고訓詁의 학문이 사람들의 심체를 회복하는 것을 방해하기 때문이라고 여겼다. 왕수인의 입장에서 볼 때 마음의 본래면목은 모든 사람이 성인과 마찬가지여서 모두가 천지만물을 하나로 삼을 수 있으며, 이러한 일체감은 주로 상호간의 사심 없는 참된 사랑으로 표현된다. 즉 "그 정신은 두루 관통하고 지기志氣는 통달하여 남과 나의 구별, 물과 나의 틈이 없고",[97] "그 원기가 두루 충만하고 맥락이 활달하게 뻗어 나가서, 가려움을 느낄 때나 숨을 쉬고 들이마실 때처럼 감촉을 느끼면 바로 신통하게 반응하니 말하지 않아도 아는 절묘함이 있다"[98]라고 할 수 있다.

정호는 몸의 혈기가 유통하는 것을 '인仁'에 비유하는 전통을 열었다. 그는 「식인」편에서 만물일체의 경지에서는 만물이 막힘없이 상통하는 하나의 몸으로 있으며, 이와 같은 경지가 바로 인仁이라는 이론을 제출하였다. 이때 이 하나의 몸은 바로 '큰 나'(大己, 大吾)이므로, 이것은 결국 우주의 하

---

96) 『全書』, 권2, 58쪽, "夫聖人之心以天地萬物爲一體, 其視天下之人無外內遠近, 凡有血氣, 皆其昆弟赤子之親, 莫不欲安全而敎養之, 以遂其萬物一體之念. 天下之人心, 其始亦非有異於聖人也, 特其間於有我之私, 隔於物欲之蔽, 大者以小, 通者以塞, 人各有心, 至有視其父子兄弟如仇仇者. 聖人憂之, 是以推其天地萬物一體之仁, 以敎天下, 使之皆有以克其私去其蔽, 以復其心體之同然." 「拔本塞源論」은 「答顧東橋」의 마지막 절이다.

97) 『全書』, 권2, 58쪽, "其精神流貫, 志氣通達而無有乎人己之分, 物我之間."

98) 『全書』, 권2, 58쪽, "其元氣充周·血脈條暢, 是以痒痾呼吸·感觸神應, 有不言而喩之妙."

나하나를 자신과 직접적으로 관련이 있는 것으로 보거나 심지어는 자신의 일부분으로 보는 것이다. 정호는 이것이 고대 한의학 이론에서 손발이 마비되는 것을 '불인不仁'이라고 부르는 것을 통해 유비적으로 이해될 수 있다고 생각했다. 지체가 마비되는 상황에서 사람들은 그 마비된 지체가 몸 전체의 일부분임을 느끼지 못하기 때문이다.

왕수인은 명확히 이러한 사상을 계승하였다. 「발본색원론」은 통쾌하게 단번에 써 내려가 마치 한 기운이 곧장 내리꽂히는 듯하니, 이것은 왕수인 자신의 진실한 사상과 감정을 잘 드러내고 있음을 말해 준다. 문장의 맨 마지막에서 왕수인은 "아마 나의 발본색원의 논지를 듣는다면 반드시 측은하게 슬퍼하고 아리듯 가슴아파하고 분연히 일어서고 패연沛然히 강하江河를 터놓은 것처럼 막을 수 없으리니, 남을 기다리지 않고 일어설 수 있는 호걸스러운 선비가 아니고서는 내가 누구를 기대하겠는가!"[99]라고 하였으므로, 필자는 왕수인이 이 글을 쓸 때 반드시 뭉클하고 아린 강렬한 감정으로 가득했으리라고 확신한다.[100]

2년 뒤 왕수인은 섭표에게 답하는 편지에서 똑같은 사상을 토로했다.

무릇 사람이란 천지의 마음이고 천지만물은 본래 나의 한 몸이다. 생민生民의 고통과 해독은 어느 것인들 그 아픔이 내 몸에 절실하지 않겠는가? 내 몸의 아픔을 알지 못한다면 시비지심是非之心이 없는 것이다. 시비지심이라는 것은 생각하지 않아도 알고 배우지 않아도 능한 것이니, 이른바 양지이다. 양지는 성인이나 어리석은 사람의 구별 없이 사람의 마음에 공통적이어서 천하고금에 걸쳐 한결같다. 세상의 군자들이 양지를 다하는 데 힘쓰면 자연히 시비를 공정하게 하고 호오를 일관되게 하여 남을 나와 같이 보고 나라를

---

[99] 『全書』, 권2, 58쪽, "其聞吾拔本塞源之論, 必有惻然而悲·戚然而痛·憤然而起·沛然若決江河而有所不可御者矣, 非夫豪傑之士而無所待興起者, 吾誰與望乎."

[100] 같은 해 왕수인은 「親民堂記」에서도 "대인이란 천지만물을 일체로 여긴다"(大人者以天地萬物爲一體也), "그렇기 때문에 내 아버지를 사랑한다면 그것을 남의 아버지까지 미뤄 나간다"(是故親吾父以及人之父), "나의 형을 사랑한다면 남의 형까지 미뤄 나간다"(親吾之兄以及人之兄)라는 '同體·親民' 사상을 상세하게 천명하였다.(『全書』, 권7, 131쪽 참조)

집안같이 보아서 천지만물을 하나로 삼을 수 있으니, 천하를 다스려지지 않게 하려 해도 그렇게 되지 않는다. 그래서 옛날 사람들은 남의 선을 보기를 자기에게서 나온 것처럼 여기는 정도에 그치지 않고 또 악을 보기를 자기에게 들어오는 것처럼 여길 뿐만이 아니라, 백성들이 굶주리고 물에 빠진 것을 마치 자기가 굶주리고 물에 빠진 것과 같이 보았고 한 사람이라도 제자리를 얻지 못하면 마치 자신이 그를 웅덩이에 밀어서 빠뜨린 것처럼 생각할 수 있었던 것이다.……내가 진실로 하늘의 영명靈明에 힘입어 양지의 학문에 대해 깨달은 바 있어 반드시 이로부터 말미암아야만 천하를 다스릴 수 있다고 여겼기 때문에, 항상 백성들이 도탄에 빠진 것을 생각할 때는 그것이 아리듯 가슴아파 나 자신의 불초함을 잊고 이것으로써 구제하려고 나서니 또한 분수를 모른 것이라 볼 수 있다. 천하 사람들이 나의 이러한 행동을 보고 비웃고 비방하기를 병들고 미쳐서 올바른 마음을 잃은 것이라고 생각하였다. 아, 이 어찌 상관할 것이 있겠는가? 내 바야흐로 아픔이 살집에 저며들고 있으니 남의 비웃음을 생각할 겨를이 있겠는가?[101]

왕수인은 다시 생민의 고난에 대한 그의 번민과 이로 말미암아 터져 나오는 큰 고함을, 어떤 한 사람이 자신의 아버지나 아들 또는 그 형제가 깊은 늪에 빠진 것을 보고 '소리 지르며 기어가고 맨발로 뒹굴며 광분해서 힘을 다하는 것'에 비유하였다. 이는 세상사람들의 고통·고난·불행에 대한 측연한 사랑과 급박하게 구제하려는 심정을 두드러지게 드러낸 것이다. 왕수인은 다음과 같이 말했다.

대개 천지만물을 일체로 보는 인仁은 아픔이 절박해서 비록 그치려 해도 저

---

101) 『全書』, 권2, 68쪽, 「答聶文蔚一」, "夫人者天地之心, 天地萬物本吾一體者也. 生民之困苦荼毒·孰非疾痛之切於吾身者乎. 不知吾身之疾痛, 無是非之心者也. 是非之心, 不慮而知·不學而能, 所謂良知也. 良知在人心無間於聖愚, 天下古今之所同也. 世之君子惟務致其良知, 則自然公是非·同好惡·視人猶己, 視國猶家, 而以天地萬物爲一體, 求天下無治不可得矣. 古之人所以能見善不啻若己出, 見惡不啻若己入, 視民之飢溺猶己之飢溺, 而一夫不獲若己而推納諸溝中者……僕誠賴天之靈, 偶有見於良知之學, 以爲必由是而後天下可得而治, 是以每念斯民之陷溺, 則爲之戚然痛心, 忘其身之不肖而思以此救之, 亦不自知其量者. 天下之人見其若是, 遂相與非笑而詆斥之, 以爲是病狂喪心之人耳. 嗚呼, 是奚足恤哉. 吾方疾痛之切膚, 而暇計人之非笑乎."

절로 그만둘 수 없는 점이 있다. 그래서 "내 이 사람들의 무리가 아니면 누구와 함께하겠는가!"라고 말씀하신 것이다. 그 몸을 깨끗이 하려고 대륜大倫을 어지럽힌다면 지나치게 과감하여서 무슨 짓도 어려워하지 않을 것이다. 아, 이것에 대해서 진실로 천지만물을 일체로 보는 자가 아니라면 어찌 스승(孔子)의 마음을 알겠는가? 세상에서 숨겨져도 근심하지 않으면서 하늘을 즐기고 명을 아는 자라면 본디 어디로 가더라도 자득하지 않음이 없으니, 도道는 여러 가지 속성이 병행해도 서로 어긋나지 않는다. 나의 불초함으로 어찌 감히 스승의 도를 자신의 임무로 삼을 수 있겠느냐만, 그 마음을 돌아보니 아픔이 몸에 있다는 것을 조금이나마 알 수 있어 방황하여 사방을 돌아보며 나를 도울 수 있는 사람을 찾아 함께 그 병을 물리치려 할 뿐이다.[102]

왕수인이 위에 진술한 사상은 이른바 '증구拯救'(구원)와 '소요逍遙' 사이의 긴장을 건드리고 있다. 우리는 앞의 두 장을 통해 이미 왕수인이 유학의 정신성 속에서 어디를 가더라도 자득하지 않음이 없는 경지를 긍정하였음을 보았다. 그러나 비록 '무無'의 경지가 성인의 도와 병행하여 서로 어긋나지 않음으로써 그 나름의 가치를 가질 수 있지만, 여기서는 천지만물을 일체로 보는 본심本心의 인仁이 한 사람의 유자로 하여금 반드시 공자와 같이 '세상에 머무는' 것을 선택하게 하며 이로 인해 그 사람의 종국적인 경지는 천지만물을 일체로 보는 인을 기초로 하는 '증구'일 수밖에 없음을 지적하고 있다. 다시 말해 만일 한 사람의 유자가 '증구'와 '소요' 중에서 존재적 선택을 해야 할 경우, 공자가 "내 이 사람들의 무리가 아니면 누구와 함께하겠는가"라고 한 것과 마찬가지로 그는 반드시 증구를 선택한다는 것이다. 소요의 정신 생활이 그에게 커다란 매력을 주더라도 '유'는 '무'에 대해 여전히 우위성을 갖기 때문이다.

이상을 통해 우리는 다음과 같은 두 가지 사실을 알 수 있다.

---

102) 『全書』, 권2, 68쪽, 「答聶文蔚一」, "蓋其天地萬物一體之心, 疾痛迫切, 雖欲已之而自有所不容已, 故其言曰, 吾非斯人之徒而誰與. 欲潔其身而亂大倫, 果哉末之難矣. 嗚呼, 此非誠以天地萬物爲一體者孰能以知夫子之心乎. 若其遯世無悶・樂天知命者, 則固無入而不自得, 道並行以不相悖矣, 僕之不肖, 何敢以夫子之道爲己任, 顧其心亦稍知疾痛之在身, 是以彷徨四顧, 將求其有助於我者相與講去其病耳."

첫째, 고린顧璘이나 섭표聶豹에게 답한 글들은 왕수인이 볼 때 만물을 일체로 보는 인이 인심의 본래 상태라는 것을 보여 주었다는 것이다. 사람의 본심이 각종 사욕의 더럽힘과 가림, 외부적인 유혹의 침범 등을 받지 않는다면 자연스럽게 '남을 자기와 같이 볼 수 있을' 것이다. 남을 자기로 본다는 것은 정신과 물질 두 측면을 포괄한다. 진정한 유자는 인류의 물질 생활이 처한 고난에 대해 당연히 통절하게 근심한다. 아울러 인류의 정신적 타락에 대해 마음아파하고 머리아파한다. 왕수인의 측은한 아픔, 아린 슬픔, '부르짖고 엎어지면서 구하려 하는 것'(呼號顚頓而下拯之) 등을 보면서 어떻게 유가가 남의 고난과 불행을 소홀히 한다고 말할 수 있겠는가?[103] 왕수인의 철학과 윤리학의 기초가 '만물일체'라는 본체론과 '남을 자신으로 보는' 황금률이라는 것을 이해할 때, 또한 우리는 어떻게 유가의 윤리 철학이 인간의 권한을 해방시키는 것과 무관하다고 할 수 있겠는가?[104]

이렇게 볼 때 유가가 "윤리 도덕을 무고한 선혈과 눈물보다 더 중요하게 보고 요순 사업을 사람의 목숨보다 더 중요하다고 본다"고 비난하는 것[105]은 확실히 유가의 내부적 논리에 깊이 들어가 보지 못한 것이다. 왜냐하면 유가의 입장에서는 인심人心의 동질성과 이로 말미암아 형성되는 도덕 질서를 회복해야만 인류가 비로소 고난과 눈물을 면할 수 있으며, 도덕 질서 그 자체는 결코 최종적인 목적이 아니기 때문이다. "공자가 인간의 고난을 보았다면 어찌 감히 최고의 인생 이상을 '느긋하도다'(悠哉), '즐겁도다'(樂哉)를 연발하면서 소요자적逍遙自適하는 '나는 증점을 인정한다'라는 태도로 설정할 수 있었겠는가"라고 비난하는 것[106] 또한 마찬가지이다. 이러한 태도에서 어떻게 공자의 "내 이 사람들의 무리가 아니면 누구와 함께할 것인가"라는 말과 이윤伊尹과 맹자의 "한 사람이라도 은혜를 입지 못하면 마치 자기가 밀어서 구덩이에 빠뜨린 것과 같이 여긴다"는 거대한 자임自任,

---

103) 劉小楓, 『拯救與逍遙』(上海: 人民出版社, 1988), 132~134쪽 참조.
104) 劉小楓, 『拯救與逍遙』, 132~134쪽 참조.
105) 劉小楓, 『拯救與逍遙』, 132~134쪽 참조.
106) 劉小楓, 『拯救與逍遙』, 132~134쪽 참조.

그리고 통절한 우환 의식과 '하늘을 즐기고 자득하는' 기쁨 사이에서 행한 왕수인의 존재적 선택을 해석할 수 있겠는가?

확실히 유가는 구원·속죄의 사랑을 베풀지 않는다. 하지만 그렇다고 하더라도 기독교의 사랑이 인류의 고난과 눈물을 제거하는 유일한 방식인 것은 결코 아니다. 만약 사랑이 일종의 안위여서 기껏해야 고난에 대한 보상일 뿐 각종 사회적 수단(도덕을 포괄하는)에 호소하여 고난을 제거하는 것과는 동떨어진 것이라면, 그리스도의 구제와 속죄라는 것은 결국 일종의 요원한 허락일 뿐이지 않는가? 심령의 고통을 해소시키는 것에 대해 말하더라도, 고난에 대한 느낌은 외재적인 활동, 구제와 속죄에 의한 안위를 통해서만 완화될 수 있고 내재적인 활동을 통해서는 초탈할 수 없는 것인가? 신성한 사랑(Agape)은 확실히 '남을 자신으로 보는'(恕道) 인仁과 다르다. 신성한 사랑 즉 완전한 심心·정情·지智를 사용하여 세상사람들을 구원하려는 사랑은 신만이 가진 경지인 데 비해 유가의 만물을 일체로 보는 '인'은 사람들의 마음 속에 동일하게 있는 것이다. 사랑은 말할 것도 없이 고통 받는 중생의 정신에 위안을 주는 역할을 하는데, 실제적인 고난을 확실하게 제거하는 것은 인류 상호간의 사랑을 통해서만 가능하다. 이런 의미에서 유가의 인도주의적 '만물일체'와 '남을 자신과 동일시하는' 사상은 직접적으로 실현시킬 수 있다는 성격을 지녔을 뿐 아니라 사실상 윤리적 의의에서 그리스도의 잠언箴言인 "남을 제 몸과 같이 사랑하라"는 말과도 상통한다.

둘째, 기독교 본위의 학자들이 굴원屈原을 유가 문화의 대표자로 지목한 것은 정말 사람을 기가 막히게 만든다. 유소풍劉小楓은, 유가 문화가 굴원에게 부여한 존재의 유한성은 그로 하여금 실패·불행·착란 등의 상황에 빠졌을 때 의지할 데 없는 고통과 물리칠 수 없는 고민에 직면한 것으로 느끼게 하여[107] 절망을 초월할 수 없게 만들었으며, 또한 유가의 신념은 굴원을 절박한 처지로 몰고 가서[108] 그 쫓겨난 영혼이 기댈 만한 새로운 신념

---

107) 劉小楓, 『拯救與逍遙』, 131쪽.
108) 劉小楓, 『拯救與逍遙』, 139쪽.

을 찾을 수 없도록 하여 자살만이 그의 유일한 귀결처가 되게 만들었다고 본다.109) 그러나 유소풍이 '즐거워하는 감정'으로 대표되는 흡족과 충만을 유가 심리의 궁극적 지향으로 여겼다면,110) 굴원으로 대표되는 유가의 경지(인생 태도)를 자살로 귀결시킨 것은 확실히 모순된 일이다. 그러므로 유소풍의 주장은 타당하지 않다. 사실 유가 학자들이 망국의 아픔을 겪으며 의무 때문에 순국하는 경우를 제외하고, 그들이 쫓겨나거나 정치적 활동에서 실패하였다고 해서 자살하는 경우는 거의 없었다. 앞의 두 장에서 집중적으로 토론했던 것처럼 유학 안에 본래 포함되어 있던 '무'의 경지는 '유'의 경지의 보충으로서 특히 송명 유학에서 충분히 발전하였으며, 이는 유학을 절망의 심연에서 초월하게 하였다. 달리 말하면 유학에는 근본적으로 절망과 정신 분열을 피하는 내재적 장치가 마련되어 있다는 것이다. 이것은 왕수인과 그의 학문에서 더욱 두드러지게 나타나게 된다.

유소풍은 중국 문화에 다음과 같은 하나의 딜레마를 설정하였다. 즉 유가는 가치에 대한 강렬한 관심을 가지고 있었지만 절망과 고민을 초월할 수 없었고, 반면 도가는 소요를 통해 절망과 고민을 초월했지만 그것은 가치에 대한 부정을 대가로 한 것이었다. 이로써 그의 의도는 아주 명확하다. 즉, 기독교의 사랑만이 가치에 대한 관심을 지탱하면서도 절망의 심연을 초월할 수 있게 해 준다는 것이다. 그러나 지금까지의 토론에서 제시한 바와 같이 가치에 대한 관심과 절망에 대한 초월은 바로 '유'와 '무'라는 표현으로 나타나며, 이는 곧 유가 정신의 한 몸의 두 측면이라고 할 수 있다. 이 점을 밝히는 것이 바로 이 책의 문화적 의의에서의 주제이다.


2) 유아지경

'사구교'의 장과 앞 장에서 거론한 것이 유학과 양명학 속의 '무'의 성

---

109) 劉小楓, 『拯救與逍遙』, 100쪽.
110) 劉小楓, 『拯救與逍遙』, 176쪽.

격을 드러내고자 한 것이었다면, 지금 여기에서는 왕수인이 어떻게 "칠정은 자연적인 유행을 따르게 하고 생각을 개입시키지 않는" 것임을 강조하면서 동시에 '만물과 더불어 같은 몸'(與物同體)이라는 사상을 통해 커다란 사랑과 통절한 우환 의식을 드러낼 수 있었는지를 살펴보고자 한다.

「연보」에서 말한 것과 같이 왕수인 만년의 『대학』에 대한 강의는 특별히 '여물동체與物同體' 사상을 강조한 것이었다. 왕수인은 「대학문大學問」에서 무엇이 대인大人의 학문인가에 대한 논쟁을 둘러싸고 많은 지면을 할애하면서 "인자는 천지만물을 일체로 삼는다"는 사상을 전면적으로 표방하였다. 그 요점은 다음과 같다.

첫째, '천지만물을 일체로 삼는'(以天地萬物爲一體) 것은 일종의 정신적 경지로서, 구체적으로는 천하를 한집안같이 보고 중국을 한 사람같이 여기는 것으로 표현된다. 다시 말하면 남을 자신같이 보는 것이다. 때문에 『대학』에서는 대인大人의 학문을 말할 때 "대인이란 천지만물을 일체로 보는 이여서 천하를 한집안같이 보고 중국을 한 사람같이 보니, 내 몸과 천지만물 사이에 간극을 두고 너와 나를 구분하는 자는 소인小人이다"[111]라고 하였다. 다시 말하면 진정으로 만물일체의 경지에 도달한 사람(大人)은 전체 세계를 자신의 가정으로 본다는 것이다. 이것은 곧 장재의 『서명』에 있는 "건乾은 아버지에 해당하고 곤坤은 어머니에 해당하며 백성은 나의 동포이고 만물은 나의 벗이다. 무릇 천하의 병들고 외로운 사람들은 모두 내 형제 가운데서 몰락하여 호소할 데가 없는 사람들이다"[112]라는 말과 동일한 사상이다. 장재가 우주를 한집안같이 볼 것을 강조하였다고 한다면, 정호는 만물을 한 사람같이 볼 것을 강조하였다. 정호는 이렇게 말했다.

지극한 인仁을 갖춘 사람에게 천지는 한 몸이고 천지 사이의 모든 만물은

---

111) 『全書』, 권26, 373쪽, 「大學問」, "大人者, 以天地萬物爲一體者也, 其視天下猶一家·中國猶一人焉, 若夫間形骸, 分爾我者, 小人矣."
112) 張載, 『西銘』, "乾稱父, 坤稱母, 民吾同胞, 物吾與也, 凡天下疾癃殘疾·惸獨鰥寡, 皆吾兄弟之顚連而無告者也."

사지백체四肢百體이다. 무릇 사람이면서 어찌 사지백체를 사랑하지 않는 자가 있겠는가!……의서醫書에는 손발이 마비된 것을 사체가 불인不仁하다고 규정하는 내용이 있으니, 아픔이 그 마음에 영향을 주지 못하기 때문이다. 무릇 손발이라는 것은 나에게 속한 것인데 아픔을 함께 느끼지 못한다면 불인이 아니고 무엇이겠는가?[113]

이미 만물이 모두 '나'라는 이 한 몸의 지체인데 자신의 지체를 자신에 속하지 않는 '너' 또는 '남'의 형체로 본다면 그것은 불인不仁이다. 따라서 천지만물을 일체로 볼 수 있어야만 '지극한 인'(至仁)의 경지에 이르렀다고 할 수 있다. 이와 같은 철학의 경지에서는 사람과 만물, 나와 남이 모두 공존한다. 남은 나에게 지옥(Sartre)인 것이 아니라 오히려 같은 가족의 성원으로서 나에 대해 친밀감을 가지며, 나는 그들에 대해 각종의 의무와 책임을 진다. "인자仁者는 천지만물을 한 몸과 같이 여긴다"라는 말의 의의는, 일체의 관계 속에서 '나―남' 또는 '나―그'의 관계가 '나(我)―나(吾)' 혹은 부버(Martin Buber)가 말한 '나―너'의 관계로 전화된다는 데 있다.[114] 이런 관계 속에서 타인이나 영혼을 가진 만물은 나와 분리되고 대립된 이재자異在者가 아니며, 부버가 말한 것처럼 '나와 너' 사이에 존재하는 것은 사랑이다. 제2 경지로서의 '나와 너'는 모든 사람들을 사랑(돕고 보살피고 구제함)하게 하고, 만물일체도 마찬가지로 사람들이 사랑에 이르도록 이끈다.

둘째, 만물을 일체로 보는 것은 확실히 사람의 지극한 인仁의 경지이지만, 본질상에서 말하면 마음의 본체는 원래 만물을 일체로 여기며 또한 존재론에 있어서도 만물은 '일기一氣가 유통하는' 한 몸과 같은 유기적 관계 속에 있다. 그러므로 부버가 '나와 너'가 '나'나 '나와 남'에 비해 본원성을 갖는다고 강조한 것처럼 왕수인도 '만물일체'의 본원성을 강조한 것이다. 사

---

113) 『二程遺書』, 권2上, "若夫至仁, 則天地爲一身, 而天地之間・品物萬形, 爲四肢百體. 夫人豈有視四肢百體而不愛者哉.……醫書有以手足風頑謂之四體不仁者, 爲其疾痛不以累其心故也. 夫手足在我, 而疾痛不與知焉, 非不仁而何."

114) 부버(Martin Buber), 『我與你』, 三聯書店, 1987(표재명 역, 『나와 너』, 문예출판사, 1994). 여기서는 제2의 경지를 가리킨다.

람의 현실적·경험적 마음은 천지만물을 일체로 삼지 못하는데, 이는 그의 본심이 가려져 있거나 오염되어 있기 때문이다. 따라서 수양을 통해 실현한 만물일체의 대아大我의 경지는 정신 세계의 제고를 통해 도달한 지극한 인의 경지이면서 마음의 본래 면모를 회복한 것이기도 하다. 그렇기 때문에 왕수인은 다음과 같이 말했다.

대인은 천지만물을 일체로 보지만 의도한 것이 아니라 그 마음의 인仁이 본래 이와 같은 것이다. 천지만물과 일체인 것이 어찌 대인만 그러하겠는가? 소인이라 하더라도 그렇지 않은 경우가 없다. 저들이 스스로 작게 만들 뿐이다. 이런 까닭에 아이가 우물에 들어가는 것을 보면 반드시 불안하고 측은해하는 마음이 드니, 이는 그 인이 아이와 더불어 한 몸이 된 것이다. 아이는 나와 동류同類라서 그렇다 하더라도, 짐승이 슬피 울고 두려워하는 것을 보면 반드시 차마 어떻게 하지 못하는 마음이 드니 이것은 그 인이 짐승과 더불어 한 몸이 된 것이다. 짐승은 지각이 있는 존재라서 그렇다 하더라도, 초목이 꺾인 것을 보면 반드시 불쌍히 여기는 마음이 드니 이것은 그 인이 초목과 더불어 한 몸이 된 것이다. 초목은 살려는 의지가 있어 그렇다고 치더라도, 기왓장이 훼손된 것을 보면 아깝게 여기는 마음이 드니 이것은 그 인이 기왓장과 더불어 한 몸이 된 것이다. 이러한 한 몸이 되는 인은 비록 소인의 마음이라도 반드시 가진 것이다. 그런 까닭에 무릇 대인의 학문이라는 것도 그 사욕의 가림을 제거하고 그 명덕明德을 밝히며 그 천지만물과 한 몸인 본연을 회복하는 것일 뿐이다.[115]

영혼이 있는 만물과 다른 사람에 대한 사랑의 충동은 사람의 본성이다. 사람이 만물이나 다른 사람을 사랑하는 것은 남을 자기 몸의 일부로 여기

---

115) 『全書』, 권26, 373쪽, "大人者能以天地萬物一體也, 非意之也, 其心之仁本若是. 其與天地萬物而爲一也, 豈惟大人, 雖小人之心亦莫不然. 彼顧自小之耳, 是故見孺子入井而必有怵惕惻隱之心焉, 是其仁之與孺子而爲一體也. 孺子猶同類者也, 見鳥獸之哀鳴觳觫而必有不忍之心焉, 是其仁之與鳥獸而爲一體也. 鳥獸猶有知覺者也, 見草木之摧折而必有憫恤之心焉, 是其仁之與草木而爲一體也. 草木猶有生意者也, 見瓦石之毁壞而必有顧惜之心焉, 是其仁之與瓦石而爲一體也. 是其一體之仁也, 雖小人之心亦必有之……故夫爲大人之學者, 亦惟去其私欲之蔽, 以自明其明德, 復其天地萬物一體之本然而已耳."

는 데서 나온다. 이런 일체감은, 경지상에서는 응당 그와 같아야 하고 심체상에서는 본래 그와 같으며 실존론적 상태에서는 실제로 그와 같다.

천지만물은 사람과 더불어 원래 한 몸이다. 그 드러난 것 중에서 가장 정치한 것이 사람 마음이라는 이 한 점 영명靈明이다. 풍우風雨·노뢰露雷·일월日月·성신星辰·금수禽獸·초목草木·산천山川·토석土石은 사람과 더불어 원래 한 몸이다. 똑같은 일기一氣이기 때문에 상통하는 것이다.[116)

장재에서 왕수인까지 송명의 유학자는 기氣라는 관념을 버려 둔 적이 없다. 심학의 전통 속에서 존재론적 기의 개념은 인생론적 요구에 종속되었다. 기의 이런 철학적 의미는 서양 철학과는 아주 다른 의미를 갖는다. 왕수인과 제자들의 "사람의 마음과 만물은 한 몸이다"에 대한 또 다른 문답에 비춰 볼 때, 이른바 "이와 같이 일기가 유통하니 어찌 간격이 있겠는가?"[117) 라는 말에서 '일기가 유통한다'는 것은 물질적 실체의 의미뿐 아니라 우주를 유기적 계통을 가진 것으로 파악하려는 의도도 포함되어 있다. 그리고 어느 쪽에서나 모두 만물과 내가 하나하나 서로 상관되어 분할할 수 없음을 강조한다.

셋째, 천지만물을 한 몸으로 보는 것은 경지이면서 본체이다. 이런 경지를 실현하는 공부는 '명덕을 밝히는 것'(明明德)과 '백성을 친애하는 것'(親民)이 서로 보충 작용을 한다. '명명덕'은 반드시 '친민'이라는 실천적 차원에서 구현될 때 만물일체의 경지를 진정으로 실현할 수 있다.

내 아버지를 사랑하는 것을 미루어 남의 아버지에게까지 미치고 천하 사람의 아버지에게까지 미친 뒤에야 나의 인仁이 나의 아버지, 남의 아버지, 천하 사람의 아버지와 더불어 한 몸이 될 수 있다. 그들과 더불어 일체가 될 수

---

116) 『傳習錄』下; 『全書』, 권3, 79쪽, "天地萬物與人原是一體, 其發竅之最精處是人心一點靈明, 風雨露雷日月星辰禽獸草木山川土石與人原是一體,……只爲同此一氣, 故能相通耳."
117) 『傳習錄』下; 『全書』, 권3, 85쪽, ",如此便是一氣流通的, 如何與他間隔得."

있고 난 뒤에야 효孝의 명덕이 비로소 밝아진다.……군신·부부·붕우에서부터 산천·초목·귀신·조수에 이르기까지 실제로 사랑하지 못하는 것이 없어, 나의 '(만물을) 한 몸으로 보는' 인을 완전히 발현시킨 뒤에야 나의 명덕이 비로소 밝지 않은 부분이 없게 되고 진정으로 천지만물을 한 몸으로 여길 수 있게 된다.[118]

비록 "명명덕明明德은 체體이고 친민親民은 용用이니"[119] "명명덕은 천지만물을 한 몸으로 보는 체를 세우는 것이고 친민은 천지만물을 한 몸으로 여기는 용을 실현하는 것"이어서 논리적으로 명명덕과 친민이 체용의 관계에 있기는 하지만, 실천에 있어서는 "명명덕은 반드시 친민을 통해서 이루어지므로 친민이 곧 명명덕의 방법이다." 다시 말해서 친민은 명명덕의 구체적인 방식이자 수단이므로 친민을 떠나서는 명명덕이 실현될 수 없다. 왕수인은 「대학문大學問」과 「친민당기親民堂記」의 두 저작에서 친민이라는 사회 실천을 떠나서는 명명덕이 불가능하다는 것을 지적하고 있다. 명명덕과 친민은 지·행과 마찬가지로 합일된 것이어서 친민의 목적은 곧 명명덕이고 명명덕의 방법은 또 친민이므로, '친민과 명명덕은 하나이며' 양자는 사실상 서로 체용이 된다.

천지만물을 한 몸으로 보는 경지는 사회적 책임과 현실에 대한 우환 의식을 지향하기 때문에 노장과 불교의 순수한 '소요'의 경지와 구별된다. 이와 관련하여 왕수인은 이렇게 말했다.

선학禪學과 성인의 학문은 모두 다 마음을 완전히 발휘하는 것을 추구하므로 서로의 차이는 아주 미미하다. 성인은 그 마음을 완전히 발휘하여 천지만물을 하나로 삼으려고 한다. 나의 부자가 친하더라도 천하에 친하지 못한 사람이 있으면 내 마음이 다하지 못한 것이고, 나의 군신이 의롭더라도 천하

---

118) 『全書』, 권26, 373쪽, 「大學問」, "親吾之父以及人之父, 以及天下人之父, 而後吾之仁實與吾之父·人之父·天下人之父而爲一體矣. 實與之爲一體, 而後孝之明德始明矣.……君臣也, 夫婦也, 朋友也, 以至於山川草木鬼神鳥獸也, 莫不實有以親之, 以達吾一體之仁, 然後吾之明德始無不明, 而眞能以天地萬物爲一體矣."
119) 『全書』, 권8, 143쪽, 「書朱子禮卷」, "明明德, 體也, 親民, 用也."

에 의롭지 못한 것이 있으면 내 마음이 다하지 못한 것이고, 나의 부부가 분별이 있고 장유가 차례 지워지고 붕우가 믿음을 갖더라도 천하에 분별되지 못하고 차례 지워지지 못하며 믿음을 갖지 못하는 이가 있으면 내 마음이 다하지 못한 것이라고 생각한다. 내 집이 배불리 먹고 따뜻하게 입고 즐겁게 지낸다 해도 천하에 배불리 먹지 못하고 따뜻하게 입지 못하고 즐겁게 지내지 못하는 사람이 있다면 친할 수 있겠는가, 의로울 수 있겠는가, 분별 있고 차례 있고 믿음을 가질 수 있겠는가? 내 마음이 아직 완전히 발휘되지 못하였다고 하겠다.[120)

물론 한 사람의 유자로서 왕수인이 가장 가슴아프게 여긴 것은 사회의 정신적 타락·도덕적 상실·정상적 질서의 실종이었지만, 이것이 결코 유자가 현실적인 고난에 대해 익히 보면서도 보살피지 않았다거나 겨우 자신의 정신 생활에만 관심을 가졌다는 뜻은 아니다. "나의 노인을 노인으로 대접하여 남의 노인에게까지 미치고 내 아이들을 돌보아 남의 아이들에게까지 미치는" 것은 한편으로는 일체의 고통 받는 민중을 모두 나의 동포·형제로 여겨서 그들의 고통을 절실하게 나의 고난으로 느끼는 정서에 기초하며, 다른 한편으로는 모두가 고난에서 벗어나 해방을 얻어야만 나 자신이 진정으로 자아를 실현할 수 있다는 사상에 기초한다. 자아와 만물은 한 몸이므로 천하에 아직도 고난 받는 민중이 있다면 유자는 자신의 책임을 다하지 못한 것이고 또 자신의 자아도 진정으로 실현하지 못한 것이다.

사람은 천지의 마음이며, 그의 의식은 그 자신의 자아 의식일 뿐 아니라 우주의 자아 의식이기도 하다. 다시 말해서 사람이 의식한 '자아'는 더 이상 하나의 소아小我적 '몸'이 아니라 전체 우주와 동일한 '큰 몸'이다. 이렇게 될 수 있어야만 '내'가 그것을 몸으로 삼을 수 있다. 사람은 반드시 그 한 몸이 전체 우주만물이고 그 의식이 '큰 몸'의 자아 의식이라는 것을 의

---

120) 『全書』, 권7, 133쪽, 「重修山陰縣學記」, "禪之學與聖人之學皆求盡其心也, 亦相去毫釐耳. 聖人求盡其心, 以天地萬物爲一體也. 吾父子親矣, 而天下有未親者焉, 吾心未盡也. 吾之君臣義矣, 而天下有未義者焉, 吾心未盡也. 吾之夫婦別矣, 長幼序矣, 朋友信矣, 而天下有未別未序未信者焉, 吾心未盡也. 吾之一家飽暖逸樂矣, 而天下有未飽暖逸樂者焉, 其能以親乎義乎別序信乎. 吾心未盡也."

식하거나 그런 인식에 도달할 수 있어야 한다. 이러한 천지만물을 한 몸으로 보는 지극한 인仁의 경지에서 사람은 비로소 만물을 '하나라도 나 아닌 것이 없고' '자신이 아닌 것이 없다'고 생각할 수 있게 된다. 이런 경지 속의 '나'(我)와 '자기'(己)는 더 이상 소아가 아니다. '하나라도 나 아닌 것이 없다', '자신이 아닌 것이 없다'라는 말은, 이런 경지가 '나'를 부정하지 않고 여전히 '나'의 모종의 감수성을 기초로 삼고 있지만 이미 소아에서 대아로 상승한 유아지경이라는 것을 말해 준다. 이것이 최고의 '유'의 경지이다.

### 3) 인仁과 사랑

우리는 만물을 한 몸으로 보는 대아의 경지의 본질이 '인' 혹은 '사랑'이라는 데서 고전 유가에서 제출한 차등의 원칙과 만나게 된다. 공자는 '사람을 사랑하는 것'(愛人)으로 '인'의 구체적인 내용을 나타내었고, 묵자는 다시 '두루 사랑하라'(兼相愛)고 제창하였다. 표면적으로 보면 묵자 사상의 '겸상애兼相愛'는 공자에 비해 한층 광범위한 것처럼 보인다. 그러나 '겸상애'는 '서로가 이롭게 하라'(交相利)와 하나로 연결되어 박애의 원칙에 공리적 원칙을 포함시켰다. 말하자면 남을 사랑하는 것은 남이 나를 사랑하게 하는 것을 목적으로 한다는 것이다. 이는 묵자의 경지를 공자나 맹자보다 한 단계 낮게 만들었다. 유가와 묵가는 사랑의 실천과 원칙에 대해 격렬한 쟁론을 벌였고 이런 문제는 각각의 시대에서 이와 관련된 쟁론을 일으켰다.

맹자는 공자의 사상을 계승하여 "인이란 사람을 사랑하는 것이다"[121]라는 주장을 제기하였다. 맹자는 양혜왕梁惠王에게 "나의 노인을 노인으로 대접하여 남의 노인에게까지 미치고 나의 아이들을 잘 돌보아 남의 아이들에게까지 미쳐야 한다"라고 주장했으며, 또 "은혜를 확충시켜 가면 사해四海를 보존할 수 있다"라고 하여 사람마다 본래 갖고 있는 '남들에게 차마 하지 못하는 마음'(不忍人之心)을 천하로 확충시켜 가라고 권고하였다.[122] 이런

---

121) 『孟子』,「离娄下」, "仁者愛人."

사상은 확실히 『서명』의 만물일체관에 큰 영향을 주었다. 맹자는 또 '백성을 사랑하는'(仁民) 것과 '물을 아끼는'(愛物) 것, 즉 '인'과 '애'에는 '친'과 차별이 있다고 생각하였다. '친'·'애'·'인'이 모두 사랑이라는 의미를 갖고 있지만 '애'는 물을 대상으로 한 말이어서 이런 사랑은 '인'을 포함하지 못하고 '인'은 백성을 대상으로 한 말이어서 '친'을 포함하지 못한다. 통일적인 각도에서 말하면 세 가지는 모두 사랑이지만, 차별성의 측면에서 말하면 세 가지는 대상의 혈연적인 원근친소에 따라, 그리고 사람과 만물의 귀천의 차별에 따라 달라진다. 이것이 바로 "사랑에는 차등이 있다"는 원칙이다.

"사랑에는 차등이 있다"는 원칙은 결국 어떤 의미인가? 어떤 도덕 철학에서도 특정한 누군가를 다른 사람보다 더 사랑하라고 가르치지는 않는다. 프랑케나(W. Frankena)는 수많은 도덕적 문제들이 모두 '의무 충돌'의 상황에서 제기된다고 지적하였다.[123] 예컨대 충과 효가 항상 양립할 수 없다는 것은 중국 고대의 도덕 이론에 있어 전형적인 의무 충돌인데, 이는 두 원칙 가운데 어느 원칙이 전체 체계 내에서 보다 우위에 있는가를 결정하는 것이다. 이런 각도에서 볼 때 사랑에 차등이 있다는 것은, 충과 효를 항상 양립시킬 수 없는 경우와 마찬가지로 그 의미를 소극적으로 이해해야 한다. 즉 의무 충돌의 상황에 있어 원칙 간의 차별을 지적하는 것으로 이해해야 하는 것이다. 예를 들어 어떤 사람에게 빵 한 조각만이 남겨진 상황이라면, 과연 그는 그것을 어머니에게 드릴 것인가 아니면 낯선 사람에게 줄 것인가 아니면 개한테 주어 굶어 죽는 것을 면하게 할 것인가? 사랑에 차등이 있다는 원칙은 이러한 범위 내에서 의미를 갖는다.

그 밖에 주의할 점은 이런 차등 원칙(親親·仁民·愛物) 아래서는 사랑(仁)의 대상인 '백성'과 아낌(愛)의 대상인 '만물'은 모두 개체를 가리키는 것이지 전체를 가리키는 것이 아니라는 사실이다. 우리가 충을 효보다 높게 보는 기본적인 이유는 전체 인민에 대한 사랑이 개인적 친속에 대한 사랑보

---

122) 『孟子』, 「梁惠王上」.
123) William. K. Frankena, 『倫理學』, 三聯書店, 1987, 4쪽(번역본으로는 황경식 역, 『윤리학』, 종로서적, 1985가 있다).

다 높기 때문이지만(이때 간혹 충이 '임금에 대한 충성'이나 '나라에 대한 충성'이라는 형식을 가진다는 것은 문제가 되지 않는다), 여기서는 친속에 대한 사랑이 인민에 대한 사랑보다 상위를 점하게 된다. 물론 이 두 사랑은 다른 것이어서, 친속에 대한 사랑은 내심의 깊은 감정에서 우러나오며 인민에 대한 사랑은 한층 의무적인 색채를 띤다. 이것이 아마 유가가 친속·백성·물에 대해 각각이 서로 다른 감정적 성질을 지닌다고 구분하는 이유일 것이다.

묵자는 겸애론을 언급하면서 "남의 나라를 자기 나라 보듯이 하고 남의 집안을 자기 집안 보듯이 하고 남의 몸을 자기 몸 보듯이 하라"[124]고 주장하였다. 왕수인이 "대인은 천하를 한집안처럼 보고 중국을 한 사람과 같이 본다"고 말한 것은 묵자의 정신과 상통하는 바 있다. 묵자는 또 "남 사랑하기를 자기 몸같이 사랑하고"(愛人若愛其身), "부모와 임금 보기를 자기 몸같이 하고"(視父母與君若其身), "제자와 신하 보기를 자기 몸같이 해야 한다"(視弟子與臣若其身)고 여겼다. 장재와 정호의 "천하에 하나도 내가 아님이 없다고 여기고"(視天下無一物非我) "만물은 나 아닌 것이 없다고 여긴다"(認得物莫非己)는 만물일체의 사상은 그것과 일치되는 점이 있다. 이렇게 보면 유가와 묵가의 '사랑'에 대한 입장은 맹자 시대처럼 첨예하지는 않았던 것 같다.

그러나 정주학파의 입장에 따르면 유가는 리일분수理一分殊라는 관점에서 사랑을 다룬다. 말하자면 통일된 보편적 사랑 원리는 각각의 대상이 처한 상대적 지위에 근거하여 서로 다른 구체적 규범으로 체현된다는 것이니, 이것은 객관적 원칙을 중시한 입장이다. 한편 심학은 주관적 원칙에서 출발하여 논증하였다. 예컨대 왕수인은 어떤 사람의 물음에 대해 다음과 같이 대답하였다.

"대인은 만물과 한 몸인데 어째서 『대학』에서는 후박厚薄을 말합니까?"라고 물으니 선생께서 답하셨다. "도리에는 자연히 후박이 있다. 예컨대 사람의 신체는 한 몸이니 손발로 머리와 눈을 보호하는 것이 어찌 손발을 박하게 대하는 것이겠는가? 그 도리가 이와 같을 뿐이다. 금수와 초목은 함께 사랑

---

124) 『墨子』, 「兼愛中」, "視人之國若視其國, 視人之家若視其家, 視人之身若視其身."

해야 하는 것이지만, 초목을 금수에게 먹이는 경우에는 차마 그 일을 못하진 않는다. 사람과 금수는 모두 사랑해야 하지만, 금수를 잡아서 어버이를 봉양 하고 제사를 지내고 손님을 대접하는 경우에는 마음이 차마 그 일을 못하진 않는다. 지친至親과 길가는 사람은 똑같이 사랑해야 하지만, 한 광주리의 밥 과 한 접시의 국을 얻으면 살고 얻지 못하면 죽는다고 할 때 둘 다 온존하게 할 수 없으면 지친을 구할지언정 길가는 사람을 구하지 않으니 이런 경우에 도 마음이 차마 그 일을 못하진 않는다. 이것은 도리가 당연히 그와 같은 것이다. 내 몸과 지친의 관계에 이르러서는 피차간의 후박을 가릴 수 없다. 대개 백성을 사랑하고 만물을 아끼는 것이 모두 여기(至親을 친애하는 마음)에 서 나오는 것이므로 여기(至親과의 관계)에서 모질게 한다면 차마 하지 못하 는 마음도 없을 것이다. 『대학』의 이른바 후박이라는 것은 양지의 자연스러 운 조리이니 (그 厚薄은) 뛰어넘을 수 없다."125)

『대학』을 대인의 학문으로 보는 관점은 주희의 『대학장구』에 보인다. 왕수인은 대인이 천지만물을 한 몸으로 여긴다고 생각하여 대학을 '만물과 하나가 됨'(與物同體)을 추구하는 학문으로 규정하고, 아울러 『대학』의 '친민' 을 통해 '만물동체'의 경지를 밝혀내었다. 한편 주희는 『대학』의 '친민'을 '신민新民'으로 해석하였다. 주희와 왕수인 두 사람이 친민과 신민에 대해 어떠한 문헌·훈고학적 근거를 가지느냐와 상관없이, '신민'을 주장하는 주 희는 주로 중생을 교화하는 교육자로서의 모습을, '친민'을 주장하는 왕수인 은 민중을 관리하는 행정 책임자 내지 우환 의식을 가진 지식인으로서의 모습을 드러낸다. 여기에서 다룬 '우환'과 '소요'의 층면에서 이해해야만 우 리는 비로소 왕수인이 '신'을 '친'으로 고친 것이 문헌에 관련된 훈고학적인 문제가 아니라 나름의 심각한 의의를 가진다는 것을 알 수 있다.

---

125) 『傳習錄』 下; 『全書』, 권3, 79쪽, "問, 大人與物同體, 如何大學又說個厚薄. 先 生曰, 惟是道理自有厚薄. 比如身是一體, 把手足捍頭目, 豈是偏要薄手足. 其道 理合如此. 禽獸與草木同是愛的, 把草木去養禽獸又認得. 人與禽獸同是愛的, 宰 禽獸以養親與供祭祀燕賓客, 心又忍得. 至親與路人同是愛的, 如簞食豆羹得則 生, 不得則死, 不能兩全, 寧救至親不救路人, 心又忍得, 這是道理合該如此, 及 至吾身與至親更不得分別彼此厚薄, 蓋以人民愛物皆從此出, 此處可忍更無所不 忍矣. 大學所謂厚薄是良知上自然的條理, 不可踰越."

왕수인과 제자의 일단의 대화 속에서 제자가 거론한 『대학』의 '후박'이란, 『대학』 수장의 맨 마지막 구절인 "마땅히 후하게 대해야 할 사람을 박하게 대하면서도 박하게 대해도 되는 사람을 후하게 대하는 사람은 있지 않다"[126](주희의 注에 의하면 '후하게 해야 할 사람'이란 '집안사람'을 말한다)라는 것을 가리킨다. 왕수인의 제자가 제기한 의문은 이미 대인이 만물과 더불어 한 몸이라면 한결같이 보고 한결같이 사랑해야 하는데 어찌하여 다시 후박의 구별이 있느냐는 것이다. 사실 『대학』에서의 '후박'이라는 말은 실천 주체의 대상에 대한 태도상의 친소원근을 가리키는 것이 아니다. 그렇지만 왕수인의 입장에서는 『서명』에 대한 양시楊時의 논란에 정호가 답한 것처럼, 남을 자신과 같이 여기는 신유가의 정신 경지는 묵가와 상통하므로 필연적으로 이런 문제, 즉 유가의 '만물을 한 몸으로 보는' 인仁과 맹자가 강력하게 비판했던 묵가의 겸애는 어디서 구별되는가 하는 문제에 부딪히게 된다. 송유의 리일분수의 입장에서 볼 때 사랑은 보편적인 원리이다. 그러나 이 보편적 원리는 각각의 실천 영역 속에서 서로 다른 형태의 규범으로 나타난다. 이러한 '다름' 혹은 '차이'는 사랑이 각각의 영역에서 드러날 때 그 방식에서뿐만 아니라 감정 표현의 정도에도 차이가 있음을 말한다. 그 차이의 근원은 객관 법칙에 포함되어 있는 일반과 특수 사이의 차이이다.

왕수인은 사람에 대한 사랑은 초목과 기왓장에 대한 사랑보다 높으며 이러한 등급상의 차별은 대상에 대한 윤리 실천 주체의 감수성에 근원한다고 생각하였다. 이택후李澤厚는 공자의 인을 논할 때 '심리 원칙'이라는 용어를 제기하면서 예禮로 대표되는 규범 체계의 궁극적 근거는 인류의 내면적·심리적 요구(3년상과 같은 것)에서 비롯된다고 주장하였다. 그러나 이런 심리는 생리적 의미의 심리가 아니라 사회적·역사적·문화적 심리이다. 왕수인의 관점에 따르면, 사람들은 각종 규범과 그 차별성에 대해 어떤 다른 이론적 근거를 찾을 필요가 없이 다만 내심의 정감이 원래 어떠한지를 살펴보기만 하면 이런 후박이 양지의 자연스러운 조리임을 알게 된다. 말하자

---

126) 『大學』, "其所厚者薄, 而其所薄者厚, 未之有也."

면 양지의 '마음 속에서 우러나는 참된 사랑'이 각각의 대상에 대해 정도의 차이를 두고 드러나는 것일 뿐이라는 것이다. 이것은 확실히 간단하고 직절한 원리이다. 물론 왕수인도 이 문제에 대한 객관적인 해답을 도외시하지는 않았다. 예컨대 『전습록』 상권에는 왕수인 자신의 '만물일체'와 묵자의 '겸애론' 간의 구별을 논한 부분이 있다. 왕수인은 여기서 "조화造化의 쉼 없이 만물을 낳는 리는 그 유행이 점진적이다"(造化生生不息之理流行有漸)라는 말을 하였는데 이때는 아직 양지 학설이 제기되지 않았다. 이 단락의 대화에서 왕수인은 '친속을 친애하는 것'(親親)을 싹에 비유하고 '백성을 사랑하는 것'(仁民)과 '만물을 아끼는 것'(愛物)을 줄기와 가지에 비유함으로써 새로운 해석을 통해 친親·인仁·애愛의 차등을 실현 과정의 선후로 변모시켰다. 이렇게 해서 '인민仁民'과 '애물愛物'에 대한 '친친親親'의 우선성은 가치적이거나 감성적인 것이 아닌, 방법적이고 순차적인 것이 되었다.

정호는 『서명』에 대한 양시의 논란에 답하는 글에서 유가가 묵가의 겸애에 찬성하지 않고 차별 원칙을 끌어들이는 이유에 대해 묵가는 '의義의 원칙'을 결여하고 있기 때문이라고 지적하였는데, 이것은 매우 심각한 문제이다. 만일 '사랑'이 유일한 원칙이라면 어떻게 적과 사회의 불량분자에 대처할 것인가가 문제시되기 때문이다. '사랑'은 이런 사람들에 대해서는 연민의 태도로 표현되지만 그것은 무원칙한 타협이나 고식姑息이 아니므로, 유가의 '의義'의 원칙은 '인仁'과 그 응용에 대한 일종의 제한과 보충이라고 할 수 있다. 즉 정의正義라는 관념 아래 또 다른 규범을 둠으로써 정의가 아닌 대상에 대처할 수 있도록 지도해 주는 것이다. 따라서 정호가 지적한 것처럼 "사랑에는 차등이 있다"라는 명제는 사실 '인'과 '의'가 평형과 조화를 이루게 하기 위해 제기된 것이다. 왜냐하면 "사랑에는 차등이 있다"는 이론의 본질적 의의는 혈연 관계의 원근에 따라 사랑의 깊이를 달리하자는 것이 아니며 그 차등적 서열의 최종점이 적 내지 죄악이므로, '만물일체'의 사상에 별도의 원칙을 두어 그것을 한계 짓고 보충할 수밖에 없음을 설명하는 것이기 때문이다. 이와 관련하여 왕수인은 다음과 같이 말했다.

사랑의 본체는 물론 인仁이라고 할 수 있겠지만 그 사랑에는 옳은 것도 있고 옳지 않은 것도 있다. 반드시 그 사랑이 옳은 것이라야만 사랑의 본질이라고 할 수 있고 인이라고 할 수 있다. 만약 널리 사랑할 줄만 알고 그것이 옳은지 그른지 논하지 않는다면 또한 어긋나는 점이 있을 것이다. 내 일찍이 '박博' 자는 '공公'자만큼 완전하지 못하다고 말한 적이 있다.[127]

사실, 진정으로 초목과 기왓장을 부모나 처자처럼 보고 똑같이 사랑해 야만 도덕 인격을 완성하는 것은 아니다. 또한 자기의 부모처자를 사랑하는 것과 똑같은 정도의 사랑으로 남의 부모처자를 사랑할 필요도 없다. 그래서 유가의 만물일체관은 또 늘 다른 표현 방식을 채용한다. 즉 내가 세상의 모 든 아버지를 사랑할 것이 아니라 각각의 자식들로 하여금 모두 자기 부모 에게 효도를 다하게 한다는 것이다. "사랑에는 차등이 있다"는 말은 실천 대상에 대한 차별성을 규정하여 '한결같은 사랑'의 숭고성을 감퇴시키려는 것이 아니다. 그것은 의무가 충돌되었을 경우에 대한 일종의 해결책으로서 인仁과 의義의 조화이며, 이상주의적인 유가가 내재적으로 갖추고 있는 현 실주의적 성격이다. 양지가 자연히 갖게 되는 조리에 의해 조성된 차별의 현실성을 승인하는 것은 그 이상성에 대한 일종의 보충이다.

기독교의 "네 원수를 사랑하라"는 말은 최상의 것을 모범으로 삼는다는 법문法門일 뿐이지 실천상으로 실행될 수 있는 것이 아니다. 이 조목은 너 무 고원해서 인류의 정상적인 화해에 도달하고자 하는 요구를 넘어서 있다. 하나의 실천적 원칙으로서는 '여물동체' 또한 지나치게 고원한 것을 언급했 다는 느낌이 없지 않다. 이것이 바로 주희가 시종 이 말에 찬성하지 않은 이유이다. 그러나 왕수인 사상은 동시에 '후박의 조리'를 긍정함으로써 유가 의 윤리가 너무 고원한 극단으로 내닫지 않도록 조절했다고 하겠다.

논자들은 항상 기독교에는 '이웃을 제 몸 같이 사랑하라'는 황금률이

---

127) 『全書』, 권5, 110쪽, 「與黃勉之」, "愛之本體固可謂之仁, 但亦有愛得是與不是者. 須愛得是方是愛的本體, 方可謂之仁, 若只知博愛而不論是與不是, 亦便是有差 處, 吾嘗謂博字不若公字爲盡."

있지만 유가에는 단지 '자신이 하고 싶지 않은 것은 남에게 베풀지 말라'(己所不欲, 勿施於人)는 은률銀律만이 있을 뿐이라 하면서, 전자는 적극적이고 후자는 소극적이라고 주장하였다. 그러나 정호가 보여 준 것처럼 송유들은 "자신이 서고자 하면 남을 먼저 세워 주고 자신이 이루고자 하면 남을 먼저 이루어 주는"(己欲立而立人, 己欲達而達人) 적극적인 인학仁學을 더욱 강조했다. 위의 토론들은 "인자는 천지만물을 일체로 여긴다"는 말이 유가의 고유한 황금률이며 최소한 송명 유학 내에서는 하나의 전통이었음을 보여 준다. 정호로부터 왕수인에게로 이어지는 이 전통의 발전은 우리로 하여금 리학에 대해 더욱더 깊은 이해를 가지게 할 뿐 아니라 유학의 윤리학을 더욱더 전면적으로 파악할 수 있게 한다.

풍우란은 "칸트와 선종은 상통한다"라고 말했는데 이 말의 원의가 무엇인가와 관계없이 분명한 것은, 지금까지의 논의를 통해 알 수 있었듯이 칸트 윤리학의 '경외'의 태도와 선종의 '쇄락'의 정신은 왕수인의 철학과 그 개인의 정신 경지 속에서 하나로 결합되어 있다는 것이다.

물론 '유'의 경지는 '경외'에 국한되지 않고 사실상 유학 정신의 장점들, 즉 "백성은 동포이고 만물은 내 벗이다"라는 어진 마음, 고통 받는 사회에 대한 우환 의식, 문화 계승에 대한 관심, 도덕 율령에 대한 경외, 역사·가치를 자각적으로 담당하려는 사명감이나 책임감과 같은 것들을 포함한다. 이 모든 것들은 장재의 유명한 "천지를 위해 마음을 세우고 생민을 위해 도를 세우며 지나간 성인을 통해 끊어진 학문을 지속하고 만세萬世를 위해 태평을 연다"라는 말 속에 간명하게 개괄되고 충분히 체현되어 있다.[128]

또 다른 측면에서 우리는 왕수인을 통해 유학에는 또한 '무無'의 일면이 있다는 것을 이해할 수 있다. 유학의 '집착되지 않는' 경지의 기본적 의미는

---

128) '우환'과 '안녕'은 결코 모순되지 않는다. 예컨대 이정은 일찍이 "성인은 우환 속에서도 그 마음이 안정되었으며 안정 속에서도 지극한 우환을 가지셨다"라고 말했다.(『二程遺書』, 권6; 『二程集』, 91쪽, "聖人於憂勞中, 其心則安靜, 安靜中却是至憂.") 이것은 도를 체득한 말이므로 더더욱 '즐거워하는 감정'(樂感) 운운하는 이론들이 이런 곳에서는 합당하지 않음을 알 수 있다.

내외의 자극에서 조성된 긴장·초조·압박 등의 심리적 장력張力을 해소하여 심경의 충실·온정·안녕에 이르는 것이다. 이러한 경지는 세계와 사회 관계의 실재성을 부정할 필요도 없고 외물을 방치하거나 정감 생활을 말살할 필요도 없다. 안회顔回의 '그 즐거움을 고치지 않음'(不改其樂)에서부터 증점이 '즐긴' 내용에 이르기까지의 모든 것들은 이러한 경지가 어떤 의미에서는 자득의 '즐거움'이라는 특성을 드러내지만, 필자는 미학가들(이택후에서 유소풍까지)의 '즐거운 정서의 문화'(樂感文化)라는 논법은 채택하지 않았다. 왜냐하면 이런 수준 높은 정신은 감성적 희열과는 완전히 다른 층차의 상태여서 '즐거운 정서'(樂感)라는 이론으로는 명확하게 해명하기 힘들기 때문이다. 정호에서 왕수인에 이르기까지 그들 자신이 반복하여 사용한 '무'의 개념은 필자로 하여금 심각한 철리와 실존적 의의를 지닌 이 범주를 선택하는 데 충분한 이유를 갖게 해 준다.

유소풍은, 도가는 사람들에게 외재적인 명예·이해·물욕의 속박에서 벗어나 얽매임이 없는 경지에 이르도록 요구하지만 동시에 가치 실재의 존재를 부정하고 가치에 관심을 두는 지향을 거부함으로써 몰가치적인 본연 상태로 돌아가게 만들고, 끝내는 허무적 가치로 변하여 맑고 텅 비어 막힘 없는 심리 또는 정신 상태(意象·心態)에서 무아의 자유를 누리게 한다고 지적하였다. 그는 또 얽매임이 없는 경지의 실현은 하나의 더운 마음에서 싸늘한 마음으로 가는 과정, 곧 가치 감정에서 철저한 상실로 가는 과정이라고 보았다.[129] 만약 도가에 대해서만 이렇게 말한다면 당연히 아무런 문제가 없다. 그러나 송명 리학에서는 '유'와 '무'가 서로 한계 짓고 서로 보충함으로써 가치 실재를 긍정하고 가치 관심을 강화하여 가치 감정을 상실하지 않는 동시에 최대한으로 얽매임이 없고 걸림이 없고 집착이 없는 정신 경지를 실현할 수 있다고 한다. 이 '합'은 자기 내부에 '정'과 '반'을 모두 긍정적으로 수용하고 있으므로 유·도를 부정하고 외재적 초월에 귀의하는 것(기독교)에 비해 보다 합리적이다.

---

129) 劉小楓, 『拯救與逍遙』, 212·218·223·259쪽 참조.

그렇다면 '유'의 경지와 '무'의 경지가 왕수인 철학 속에서 결합되는 방식은 어떠한가? 둘은 완전히 평등한가, 아니면 그 중의 하나가 우선성을 가지는가? 이것은 확실히 대답하기 어려운 문제이다.

키에르케고르(Kierkegaard)는 인생 경지를 낮은 것에서 높은 것까지의 세 종류로 나누었다. '감성적 기쁨'의 심미 단계(미적 실존), '도덕적 의무'의 윤리 단계(윤리적 실존), '이성을 초월한' 종교 단계(종교적 실존)가 그것이다. 그는 심미적 존재의 본질은 향수享受이고 윤리적 존재의 본질은 투쟁이며 종교적 존재의 본질은 고통이라고 했다.[130] 마틴 부버 또한 인생 경지를 셋으로 나누어 구분하였는데, '나-그것' 즉 자연과 관련된 인생, '나-너' 즉 사람끼리 서로 관련된 인생,[131] '나-영원한 너' 즉 정신 실체와 관련된 인생이 그것이다. 이것은 모두 명확히 인생 경지를 차등적 단계로 구분한 것이다. 현대의 중국 철학자 풍우란馬友蘭·당군의唐君毅·부위훈傅偉勋도 '네 경지', '심령의 아홉 경지', '생명 활동의 10대 국면' 등의 주장을 제기하였는데,[132] 그 주장들 또한 서양 철학자들의 주장과 마찬가지로 도덕 경지 위에 초도덕적인 경지라는 것이 있으며 이 초도덕적 경지는 종교 경지(예컨대 궁극적 관심과 실재에 있어서)이거나 종교적 색채를 가진 경지(천지 경지)라고 규정하고 있다. 중국 전통 사상 가운데 도가와 선종도 여기에 속한다.

그러나 고전 유가에 대해 말한다면 문제는 그렇게 간단하지 않다. 송명 리학 특히 왕수인이 발전시킨 철학 형태에서 보면 그 경지는 '유'를 체로 삼고 '무'를 용으로 삼는다. 그 가운데서 '유'의 경지는 도덕 경지일 뿐만 아니라 천지 경지(仁者는 천지만물을 한 몸으로 여긴다)이기도 하며, '무'는 비록 초도덕성을 가지긴 해도 종교적 색채를 띤 외재적 초월이 아니라 인간 실존의 기본적인 '처해 있음'에 직면하여 제기된 초연한 자유의 경지라고 할 수 있다. '유'를 체로 삼는 것은 가치에 대한 관심이 여전히 우선성을 가

130) 汝信, 『克爾凱郭爾(Kierkegaard)』(西方著名哲學家評傳 제8), 山東人民出版社, 1985.
131) 부버(Martin Buber), 『我與你』, 20쪽(황경식 역, 『윤리학』, 20쪽).
132) 馮友蘭, 『新原人』; 唐君毅, 『生命存在與心靈境界』; 傅偉勋, 『生命十大層面及其價値趣向』 등 참조.

진다는 것을 보여 준다.[133] 이 책에서 심체·성체를 토론할 때 지적한 것과 같이, 이 경지의 구도 속에서 유·무의 체용적 관계는 어느 정도 내용(有)과 형식(無), 본질과 현상의 통일을 이룬다. 이 유무합일의 경지야말로 공자에서 왕수인으로 이어지는 유학의 궁극적 경지라 할 수 있다.

이상적 경지를 실현하기 위한 왕수인의 공부론의 기본적인 주제는 어떻게 유가의 입장에서 불교와 노장을 흡수하고 '유'로써 '무'를 끌어안을 것인가 하는 데 있었다. 왕수인은 결코 생활에서 자신의 안위만을 추구하는 약자가 되지 말고 용감히 곧장 앞으로 나아가는 강자가 되려고 하였다. 이는 그의 '광자狂者'의 정신을 통해 아주 명확히 볼 수 있는 것으로, 우리가 양명학과 그 경지를 이해하는 데 있어 하나의 관건이 된다.

---

133) 江西 시기에 王守仁은 부친의 병환 소식을 듣고 상소하여 귀성하게 해달라고 청했으나 받아들여지지 않았다. 그리하여 그는 관직을 버리고 도망쳐 돌아가려 했으나 뒤에 부친의 병환이 조금 나아졌다는 소식을 듣고 그만두었다. 하루는 여러 제자들에게 "내가 도망쳐 돌아가고자 했는데 어찌하여 아무도 찬동하지 않았는가?"라고 묻자 문인 周沖이 "선생의 귀성하시고자 하는 일념은 相에 집착하신 듯합니다"라고 말했다. 선생이 한참 생각한 뒤 "相에 어찌 집착하지 않을 수 있겠는가?"라고 말씀하셨다.(「年譜」, '正德 15年 8月條', "江西時陽明聞父病, 上疏乞歸不得, 欲棄職逃歸, 後報父病稍平, 乃止, 一日間諸生曰, 吾欲逃回, 何無一人贊行. 門人周仲曰, 先生思歸一念, 似亦著相. 先生良久曰, 此相安能不著.") 이것을 晶文蔚에게 답한 편지에 나타난 질병·우환에 대한 실존적 선택과 함께 검토해 보면 儒學이 가치에 대한 관심을 우위에 두고서 無我의 경지를 끌어안고 있다고 이해하는 데 별다른 문제가 없을 것이다.

# 제10장 공부

    왕수인의 공부론은 적절한 실천과 정신 수양을 통해 이상적인 경지에 도달하는 것이다. 왕수인의 실천 공부에 관한 전체 이론에서의 기본적인 맥락은 다음 두 가지이다. 하나는 '주의主意'와 '공부工夫'를 구별하여 '내內적인' 것을 중심으로 '외外적인' 것을 통합하여 도덕 경지를 완성하는 것이고, 다른 하나는 유가의 전통 자원들을 운용하여 송명 리학 특유의 방식과 언어로써 '동動'과 '정靜', '유有'와 '무無'의 관계를 처리하고 '유'를 위주로 '무'를 통합하여 유무합일有無合一의 경지를 실현하는 것이다. 이 장에서는 이 두 문제에 대해 살펴보기로 한다.

## 1. 공부의 내외·본말

### 1) 위기爲己와 극기克己

    왕수인 철학에 따르면, 인심人心의 본연의 체體는 천지만물을 한 몸으로 삼지만 현실의 인심은 물욕에 가려져서 자기를 내세우는(私我) 의식을 낳고 나와 남 및 만물을 분리시킨다. 그러므로 마음의 본체를 회복하고 만물일체의 지인至仁의 경지를 실현하는 근본적인 방법은 사욕을 없애는 것이다. 그래서 왕수인은 "대인大人의 공부를 한다는 것은, 사욕私欲의 가림을 없애서 스스로 그 명덕明德을 밝히고 천지만물을 한 몸으로 보는 본연의 상태를 회복시키는 과정일 뿐이다"1)라고 했던 것이다. 왕수인은 '사私'는 '자기를 내세우는 사'(有我之私)를 가리키고 '욕欲'은 '물욕의 가림'(物欲之弊)을 가리키며 '본연의 명덕'은 '욕에 의해 움직이지 않고 사에 의해 가려지지 않은 것'(未動於欲, 未弊於私)이라고 보았다. '사'에 의해 틈이 생기고 '가림'에 의해 갈라지면 명덕은 본연의 밝음을 상실하게 되므로, 성인이 되는 공부의 기본 원칙은 "그 천지만물을 일체로 보는 인仁을 확충하여 천하를 교화시켜서 모두들 자신의 사를 이기고 가려짐을 제거하여 모든 이들이 공감하는 심체를 회복할 수 있도록 만드는 것"2)이다. 이런 의미에서 덕성 수양의 근본 원칙은 '극기克己'이다.—왕수인이 유학자들의 성인 되는 공부를 '爲己之學'으로 귀결시켰을 때 여기서의 '己'는 사람의 진정한 자아를 가리키고, '克己'의 '己'는 자신을 내세우는(私己) 자아를 가리킨다.— 왕수인은 '위기爲己'는 반드시 '극기克己'를 필요로 하며, 자신을 이겨내는 것이 진정으로 자신을 위하는 길이라고 보았다. 그는 이렇게 말하였다.

인자仁者는 천지만물을 일체로 삼으므로 자기가 아닌 것이 없다.……군자의 공부는 자기완성을 위한 공부이다. 자기를 위하기 때문에 자기를 이겨야 하는 것이고, 자기를 이길 수 있으면 자기가 없어진다.3)

성현은 단지 자기완성을 위한 공부를 한다. 공부 자체를 중시하지 가져올 효과를 중시하지 않는다. 인자는 만물을 자신의 몸으로 삼는다. (만물을) 한 몸으로 여기지 못하는 것은 단지 자기를 내세우고 싶은 마음(己私)을 잊지 못했기 때문이다.4)

---

1) 『全書』, 권26, 373쪽, 「大學問」, "夫爲大人之學者,亦惟去其私欲之弊以自明其明德, 復其天地萬物一体之本然而已耳."

2) 『全書』, 권2, 58쪽, 「拔本塞源論」, "推其天地萬物一体之仁以教天下, 使之皆有以克其私去其弊, 以復心体之同然."

3) 『全書』, 권8, 139쪽, 「書王嘉秀請益卷」, "仁者以天地萬物爲一体, 莫非己也……君子之學, 爲己之學也. 爲己故必克己, 克己則無己."

4) 『傳習錄』下; 『全書』, 권3, 80쪽, "聖賢只是爲己之學, 重工夫不重效驗, 仁者以萬物爲体, 不能一体, 只是己私未忘."

'사기私己'는 세계를 '물物과 나'의 대립으로 나누고 '나'와 '남 내지 만물' 사이에 거리가 생기게 만든다. 그러므로 "기사己私를 없애야만 진정으로 천지만물을 일체로 여길 수 있으며"[5] 사람은 비로소 그의 진정한 자아를 실현할 수 있는 것이다.

공자孔子는 "옛날의 학자들은 자기완성을 위해 공부했는데 지금의 학자들은 남에게 잘 보이기 위해서 공부한다"[6]라고 말한 적이 있다. 사람의 공부가 어떤 공리적인 목적을 위한 것이어서는 안 되고 자아의 완성과 발전을 위한 것이어야 한다고 본 것이다. '위기爲己'가 성학聖學 공부의 기본 특징임을 강조하기 위해서 왕수인은 '진오眞吾'(참된 나)와 '사오私吾'(작은 나)를 구분하였다.

이른바 '참된 나'란 양지良知를 말한다. 내 양지는 아버지로서 자애롭고 자식으로서 효성스러운 것을 좋아하지만 자애롭지 못하고 효도하지 못한 것을 미워한다. 또한 양지는 말이 믿음직하고 행동이 충실한 것을 좋아하지만 믿음직하지 못하고 충실하지 못하면 미워한다. 그래서 명리와 물욕을 좋아하는 마음은 '작은 나'가 좋아하는 것이어서 천하가 싫어하는 것이고, 양지가 좋아하는 것은 '참된 나'가 좋아하는 것이어서 천하가 함께 좋아한다.[7]

'위기'를 통해 실현하고자 하는 자아는 '참된 나'(眞我)이자 '본연의 나'(本我)이며, '진오眞吾'로 대표되는 인격은 도덕 원칙의 내재적 근원이다. 그러므로 왕수인의 입장은 프로이트와 상반된다. 왕수인이 볼 때 프로이트의 이른바 '초자아超自我'(super ego) 혹은 '자아'(ego ; 가정 도덕 준칙의 내면화 및 사회적 훈련을 통해 만들어진 인격)는 후천적 경험에서 얻어지는 것이 아니라 인간의 선험적 본아本我의 필연적 규정이고, 정욕을 추구하는 개인적 욕망

---

5) 『全書』, 권6, 119쪽, 「與黃宗賢」, "須是克去己私, 眞能以天地萬物爲一休."
6) 『論語』, 「憲問」, "古之學者爲己, 今之學者爲人."
7) 『全書』, 권7, 130쪽, 「從吾道人記」, "所謂眞吾者, 良知之謂也. 父而慈焉・子而孝焉, 吾良知所好也, 不慈不孝焉, 斯惡之矣. 言而忠信焉, 行而篤敬焉, 亦良知所好也, 不忠信焉, 不篤敬焉, 斯惡之矣. 故夫名利物欲之好, 斯吾之好也, 天下所好也, 良知之好, 眞吾之好也, 天下之同好也."

은 원래의 본아에 속하는 것이 아니라 후천적으로 얻은 것으로서 본아에 대한 오염이라 할 수 있다. 결국 양지는 진아眞我로서 본진本眞·본연本然의 자아를 가리키고, 사오私吾는 내재 근거가 없는 이질적인 것이다.

『전습록傳習錄』 상권에는 왕수인과 그의 제자 사이에 전개된 '진기眞己'에 관한 다음과 같은 문답이 있다.

> 초혜肖惠가 "자기를 내세우는 마음(己私)을 이기기 어려우니 어찌해야 합니까?"라고 물으니, 선생께서 말씀하셨다. "자네의 기사己私를 가져오게. 너 대신 극복해 주겠네. 사람이 자신의 완성을 추구하는 마음이 있어야 비로소 자기를 이길 수 있다. 자기를 이길 수 있으면 자기를 완성시킬 수 있다.……이 마음의 본체는 원래 천리天理여서 예禮가 아닌 것이 없다. 이것이 자네의 진기眞己이고 육체의 주재이다. 만일 진기가 없으면 몸도 없을 것이니, 참으로 이것이 있으면 살고 이것이 없으면 죽는다. 자네가 참으로 저 육체적인 자아를 위하려고 한다면 반드시 이 진기를 필요로 한다. 그러므로 늘 진기의 본체를 지킬 수 있어야만 한다."[8]

왕수인은 '진기'와 '육체(軀殼)적 자아'를 구분해야 한다고 보았다. 진기는 육체적 자아의 주재자이다. 이 진기만이 사람의 본질적 자아라고 할 수 있고 '기己'의 다른 모든 측면들을 결정하는 관건이라 할 수 있다. 따라서 진정으로 자신의 육체적 자아를 위하고자 한다고 해도 반드시 진기의 본체를 지키는 것에서 시작해야 한다. 여기서 '극기'·'거사去私'는 사아私我작은 나를 없애는 것이고 '위기爲己'·'성기成己'는 진아眞我를 실현시키는 것이다. 그러나 이것이 육체적 자아를 기초로 한 인간의 모든 감성 욕망을 부정하는 것을 의미하지는 않는다. 왕수인의 견해에 따르면 '극기'를 통해 도달하려는 '위기爲己'는 도덕적 자아만을 위하는 것이 아니라 사실상 진정으로

---

8) 『傳習錄』 上; 『全書』, 권1, 50쪽, "肖惠問, 己私難克, 奈何? 先生曰: 將汝己私來, 替汝克. 人須有爲己之心方能克己, 能克己方能成己.……這心之本体原只是個天理, 原無非禮, 這個便是汝之眞己, 是軀殼之主宰. 若無眞己便無軀殼, 眞是有之卽生·無之卽死. 汝若眞爲那個軀殼的己, 必須用着這個眞己, 便須常常保守着這個己的本体."

육체적 자아를 위하는 것이기도 하다. 육체만을 위하는 마음에서 생기는 '사기私己'란 일체의 감성·욕망을 범칭하는 것이 아니라 진기의 주재를 벗어나려는 모든 감성·욕망을 가리킨다. 양지良知는 진기眞己로서 "견문見聞에 얽매이지 않지만 견문을 떠나지도 않고", "칠정七情의 즐거움과 같지 않지만 칠정의 즐거움 밖에 있지도 않다." 그러므로 진기가 주재라는 사실만 확실히 안다면 "진기는 육체를 떠난 적이 없다." 단지 감성·욕망이 양지良知라는 본아本我의 통솔을 받기만 하면 되는 것이다. 한편, 왕수인이 말한 인욕은 일체의 집착적 의향(지향)을 가리키기도 한다. 이런 의향은 비록 그것이 그대로 정욕이라고는 할 수 없지만 '사기私己'를 중심으로 만들어진 심리적 의향이라 할 수 있다. 그러므로 이런 인욕을 없애야만 비로소 '즐거움이 그보다 클 수 없는'(樂莫大焉) 경지에 이를 수 있는 것이다.


## 2) 심학心學과 심법心法[9]

왕수인의 '위기지학爲己之學'은 '기己'를 본연적인 명덕明德의 온전한 체體로 전제하고 있으므로 필연적으로 '안으로 찾아들어갈'(向裏尋求) 것을 요구하게 마련이다. 이것은 일체의 학문 수양을 '본심의 전체대용全體大用을 환하게 드러내어 남겨진 부분이 없도록 하는' 과정으로 귀결시키는 명확한 내향성을 갖는다. 바로 이런 이유로 왕수인은 성인의 공부와 군자의 공부를 직접적으로 '심학心學'이라 부르기도 했던 것이다.

왕수인은 "공부를 통해 성현이 되는 것이 성현의 공부이고 심학이다",[10] "마음에서 구할 뿐 화려하게 꾸며댈 필요가 없으니 그 공부 방법이 또한 간결하지 않은가?"[11]라고 했다. 이것은 '심학'의 기본 내용이 마음에서 구하

---

9) '心法'이라는 명사는 宋明의 유학자들이 자주 사용하는 것으로 存心의 방법을 가리킨다. 程頤와 朱熹는 모두 "『中庸』은 孔門에서 전수되어 온 心法이다"라고 하였다. 湛若水도 또한 이런 의미로 사용하였다. 陳榮捷은 '심법'을 '要法'이라고 해석하였다. 이것도 참고할 만하다. 陳榮捷의 『朱子新探索』(臺北: 學生書局, 1988), 336쪽에 보인다.

10) 『全書』, 권23, 347쪽, 「應天府重修儒學記」, "以學爲聖賢, 聖賢之學, 心學也."

는 방법임을 말하고 있다. 그는 또 이렇게 말하였다.

> 성인의 학문은 심학이다. 요堯가 순舜에게, 순이 우禹에게 전수하면서 "사람의 마음이란 위태롭게 마련이고 도道에 맞는 마음은 얼마 되지 않는다. 정밀히 살피고 일관되게 지켜야만 당면한 상황에서 중용(中)을 견지할 수 있다"라고 하였는데, 이것이 심학의 기원이다. 중中이란 도심道心이다. 도심은 정밀히 살피고 일관되게 지키는 것(精一)을 말한다. 인仁은 이른바 중中이다. 공맹孔孟의 학문은 오직 인仁을 구하는 데 힘썼으니 대개 정일精一의 공부 방법을 전승한 것이다.[12]

심학이 모든 수양 실천을 마음에서 구하는(求心) 것으로 귀결시킨다는 점을 논증하기 위해 왕수인은 『상서尚書』의 16자결字訣[13]이 심학의 이론적 근거이자 내원이라는 주장을 제기했다. "당면한 상황에서 중용을 견지할 수 있다"(允執厥中)의 '중中'이 "도에 맞는 마음은 얼마 되지 않는다"(道心惟微)의 '도심道心'이고 도심은 곧 "정밀히 살피고 일관되게 지킨다"(惟精惟一)의 '정일精一'이므로, 도심을 16자결을 관통하는 중추로 볼 수 있다. "도에 맞는 마음은 얼마 되지 않는다"는 것은 본체(심체)에 대한 말이고, "정밀히 살피고 일관되게 지켜야 당면한 상황에서 중용을 견지할 수 있다"는 것은 공부를 가리킨다. 공부는 일체의 노력을 집중하여 도심을 보존하는 것이다. 왕수인은 또 공맹이 말한 '인仁'이 곧 '중中'이며 '인을 구하는 공부'(求仁)는 '정밀히 살피고 일관되게 지키는 일'(惟精惟一)이라고 보았다. 그리하여 그는 공맹의 인학仁學 전체를 심학心學으로 해석하게 되었다.

심학의 노선은 '밖에서 구하는'(外求) 공부와 대립된다. 왕수인은 다음과 같이 말하였다.

---

11) 『全書』, 권23, 347쪽, 「應天府重修儒學記」, "求之於心而無假於雕飾, 其功不亦簡乎?"
12) 『全書』, 권7, 129쪽, 「象山文集序」, "聖人之學, 心學也. 堯舜禹之相授受曰, 人心惟危, 道心惟微, 惟精惟一, 允執厥中, 此心學之源也. 中也者道心之謂也, 道心精一之謂, 仁所謂中也, 孔孟之學惟務求仁, 皆精一之傳也."
13) 역자 주-'人心惟危, 道心惟微, 惟精惟一, 允執厥中'을 가리킨다.

당시(공자의 시대)의 폐단은 이미 공부를 밖에서 구하는 이가 생기기에 이르렀다. 그래서 자공은 (공자를) 많이 배워 그 지식을 기억한 사람이라고 여기는가 하면 널리 베풀고 많은 사람을 구제하는 것이 인仁이라고 보기도 했다. 이에 스승(공자)께서는 (당신이) 하나로 꿰뚫었다고 말씀하시고 '인'이란 가까운 곳에서 기준을 취해 남의 마음을 헤아리는 것임을 가르쳐 주셨다. 대개 자신의 마음에서 구하도록 가르치신 것이다. 맹자의 시대에 이르자, 묵자는 인을 "이마에서 발꿈치까지 모두 남을 위해 바치는 것"이라고 정의하기에 이르렀고 고자와 같은 이는 "인은 내면의 것이지만 의義는 마음 밖의 것"이라고 주장했는데, 이로써 심학이 무너지게 되었다. 그래서 맹자는 의가 마음 밖의 것이라는 주장을 물리치고 "인은 사람의 마음이다", "공부의 길은 다른 것이 아니다. 자신의 놓친 마음을 다시 찾는 것일 뿐이다"라고 말했다.[14]

왕수인은 심학이 이미 공맹 시대에 쇠락하기 시작했고, 바로 이런 국면에 직면하여 맹자가 심체心體를 인으로 규정하고 학문의 길을 본연적인 인의仁義의 마음으로 돌아가는 과정으로 정의한 것이라고 보았다. 본체에서 공부까지 심학이 좀더 체계성을 갖출 수 있도록 방향을 제시한 셈이다.

'심학'이라는 표현은 남감南贛으로 떠나기(1517년, 正德 12) 전부터 이미 사용되었다. 왕수인은 정덕 10년에 지은 「근재설謹齋說」에서 이렇게 말했다.

군자의 학문은 심학이다. 심心은 성이고 성性은 곧 하늘이다. 성인의 마음은 천리와 완전히 부합하므로 따로 공부를 필요로 하지 않는다. 그보다 못한 사람은 마음에 보존되지 못한 부분이 있어서 자신의 성을 없애고 자신의 하늘을 잃어버리기 때문에 반드시 배움을 통해 그 마음을 보존해야 한다. 배움을 통해 그 마음을 보존하려고 한다면 어디에서 구해야 하겠는가! 그 마음에서 구할 뿐이다.[15]

---

14) 『全書』, 권7, 129쪽, 「象山文集序」, "當時之弊已有外求之者, 故子貢致疑於多學而識, 而以博施濟衆爲仁, 夫子告之以一貫而教以能近取譬, 蓋使之求諸其心也. 洎於孟氏之時, 墨氏之言仁至於摩頂放踵, 而告子之徒又有仁內義外之說, 心學大壞. 孟子辭義外之說, 而曰'仁人心也', '學問之道無他, 求其放心而已矣.'

15) 『全書』, 권7, 145쪽, "君子之學, 心學也. 心, 性也. 性, 天也. 聖人之心純乎天理, 故無事於學. 下是心有不存而泊其性·喪其天矣. 故必學以存其心. 學以存其心者, 何求哉! 求諸其心而已矣."

본체는 공부의 내재적 근거이고 공부는 본체의 실현 방식이다. 본체에서 말하면 심·성·리는 합일된 것이고, 공부에서 말하면 '구심求心'·'존심存心'이 전체 수양 방법을 대표한다고 하겠다.

맹자 철학에서는 '마음'과 관련된 일련의 공부 관념들을 제공했다. 존심存心(養性)·구심求心(求放心)·진심盡心(知性)·양심養心(寡欲) 등이 그것이다. 여기서 심心은 본심을 가리키는 것이지 물든 마음(習心)을 가리키는 것이 아니며, '존存'은 '방放'(놓침)에 상대해서 사용한 표현이다. 따라서 '존심'이란 사람들에게 선량한 본심을 지켜서 그것을 잃어버리거나 오염되게 하지 말라고 요구하는 것이다. 진심은 존심보다 더 적극적인 표현으로, 일상적 실천에서 언제나 발견하게 되는 본연의 선량한 마음을 확충하여 그것이 완전히 실현될 수 있도록 노력하는 것을 가리킨다. 그러므로 진심의 관념은 치양지致良知와 상통하는데, 단지 양자 간에는 다음의 차이점이 있다. 진심의 '심'은 『맹자』에서는 사단四端으로 나타나는데, '단端'이란 사람의 현재 의식이 비록 마음의 전체대용은 아니라 하더라도 그 속의 밝디밝아서 어둡지 않은 명덕明德이 늘 드러나 있다는 것을 나타낸 표현으로, 이것을 바탕으로 삼아 확충한 것이 바로 '진심盡心'이다. 이에 반해 양지는 비록 그것이 도덕 의식과 도덕 감정을 포괄한다고는 해도 일차적으로는 일체의 구체적 의식과 감성 활동을 뛰어 넘어 있는 평가자이다. 그래서 왕수인은 "양지라고 말하면 사람들이 더욱 쉽게 이해할 수 있다"라고 말했던 것이다.

물론, 넓은 의미로 말하면 맹자의 심학 속에 있는 부동심不動心이라는 부분 또한 이고李翺 이후 유가의 한 전통이 되었으므로 맹자학파(孟學)의 정신성을 이루는 중요한 구성 요소라 할 수 있다. 이 문제에 대해서는 경지를 다룬 장(제9장)에서 이미 토론한 바 있지만, '유有·무無 공부'에 관한 고찰에서 좀더 심도 있게 살펴보게 될 것이다.

앞서 지적한 것처럼 왕수인은 초기의 유가 사상 전통을 '도심' 개념으로 꿰뚫어 심학적으로 해석해 냄으로써 "자기 마음에서 체인해야 하는 것이지 밖에서 구할 필요가 없다"는 자신의 입장을 논증하였다. 그는 도심으로써 '16자결'과 공맹의 인학仁學을 통괄하고 꿰뚫었을 뿐 아니라 또 그것으로써 『중용中庸』을 해석하기도 했다. 『중용』에서는 "성을 따르는 것이 도이다"(率性之謂道)라고 하였는데, 왕수인은 이것이 도심을 가리킨다고 보아서 "도심은 성性을 따르는 것이고 인심人心은 거짓된 것이다"[16]라고 반복해서 강조하였다. 도심은 하늘이 부여한 성의 자연적 발현이자 그 '성을 따르는' (率性) 것이므로, 도심이 의식의 절대주재가 되기만 하면 미발未發의 상태에서는 자연적으로 중中이 아닌 것이 없게 되고 이발 상태에서는 자연히 절도에 맞지(和) 않는 것이 없게 된다. 그러므로 왕수인은 도심이 곧 '지성至誠'의 근원이라고 보았다. 이렇게 해서 『중용』의 '천명天命'·'솔성率性'·'중화中和'·'지성至誠' 또한 모두 도심 개념에 의해서 하나의 '도심으로 통일되는'(一於道心) 체계로 관통시킬 수 있게 되었다.[17]

### 3) 덕성德性과 문학問學

내內와 외外의 긴장은 사실상 모든 종교의 정신 전통 속에 존재하는 것이므로 심학의 내향적 특징을 지적하는 것만으로는 그 내함을 구체적으로 드러낼 수 없다. 송명 리학에서 내외의 구분이 전형적으로 드러난 것은 바로 '존덕성尊德性'(덕성을 높임)과 '도문학道問學'(묻고 배우는 길을 밟음)의 논쟁이다. 남송南宋의 주희朱熹와 육구연陸九淵이 서로의 학술적 차이를 두고 논변할 때, 주희는 "자정子靜(육구연)이 말한 것은 전적으로 덕성을 높이는 일이고 내가 평소에 논한 것은 묻고 배우는 길을 밟는 문제에 관한 것이 많다"[18]라고 지적하였고 이에 육구연은 "덕성을 높일 줄 모른다면 '묻고 배우는 길을 밟는다'는 것이 무슨 의미가 있겠는가?"[19]라고 반박하였다. 존덕성

---

16) 『全書』, 권7, 132쪽, 「萬松書院記」, "道心率性之謂也, 人心卽僞矣"
17) 『全書』, 권7, 133쪽, 「重修山陰縣學記」.
18) 『朱熹集』, 권54, 2694쪽, 「答項平父」, "子靜所說專是尊德性事, 而熹平日所論却是道問學上多了."
19) 『陸九淵集』, 권34, 「語錄上」, "既不知尊德性, 焉有所謂道問學."

은 도덕 의식과 가치 감정의 배양을 가리키는 것이고, 도문학은 경전의 학습을 가리키는 것이긴 하지만 넓은 의미로는 여타의 지식 활동들을 포괄한다. 유가는 '가치 이성'을 숭상하는 문화로서 그 내부의 어느 일파든 존덕성이 우위에 있다는 점을 부정할 수는 없으나, 공부의 실천 속에서 지식의 학습을 받아들이는 정도는 각 파의 입장에 따라 다르다. 주희의 경우는 존덕성과 도문학 사이의 긴장을 되도록 해소하는 가운데 최대한 도문학의 내용을 받아들이고자 하는 입장이었는데, 이런 태도는 윤리 입장만을 강조하는 심학자들로서는 받아들이기 어려운 것이었다. 『전습록』 하권에는 왕수인과 제자의 문답이 기록되어 있다.

> 이방以方이 존덕성에 대해 묻자 선생께서는 이렇게 답하셨다. "묻고 배우는 길을 밟는 것은 곧 덕성을 높이는 방법이다. 회옹晦翁(주희)은 '자정子靜(육구연)은 덕성을 높이는 일을 가르쳤지만, 내가 제자들을 가르칠 때에는 어찌 묻고 배우는 길을 밟는 내용이 좀더 많지 않았겠는가?'라고 했다. 이는 덕성을 높이는 일과 묻고 배우는 길을 밟는 일을 둘로 나눈 것이다. 지금 강습·토론에 많은 공부를 기울이는 것은 모두 이 마음을 보존하여 그 덕성을 잃지 않게 하려는 것일 뿐이다. 어찌 덕성을 높이는 공부가 그저 높이기만 하고 묻고 배우지는 않는 것이겠으며, 묻고 배우는 길을 밟는 공부가 그저 묻고 배우기만 하고 덕성과는 아무 관계도 없는 것이겠는가?"[20]

왕수인이 보기에 사람의 정신 발전은 다원적인 것이 아니라 일원적인 것이므로 학문 또한 단지 한 가지일 뿐이다. 그러므로 덕성의 배양은 '가치 우위'의 입장에서 지식 학습에 우선해야 할 뿐 아니라 지식 학습을 통솔해야 한다. 덕성 배양을 벗어난 독립적인 지식 학습은 인정될 수 없다. 이러한 가치 우위의 입장을 주도적 원칙으로 삼아 심학에서는 학문의 일체화를 구현시키고자 한다. 이 입장에서는 덕육德育과 지육智育의 분리와 분화란 받

---

20) 『傳習錄』 下; 『全書』, 권3, 84쪽, "以方問尊德性一條, 先生曰, 道問學卽所以尊德性也. 晦翁言'子靜以尊德性敎人, 某敎人豈不是道問學多了些子', 是分尊德性與道問學爲兩件. 且如今講習討論下許多工夫, 無非只是存此心, 不失其德性而已, 豈有尊德性只空空去尊, 更不去問學? 問學只是空空去問學, 更與德性無關涉?"

아들여질 수 없으며, 지식 학습은 독립적인 가치와 지위를 가질 수 없다. 그리하여 정신을 발전시키는 '학문'과 '위학爲學'은 강렬하게 윤리화되면서 가치 중심 혹은 가치 본위의 입장이 부각되고, 아울러 모종의 '반지주의反智主義'의 색채까지 띠게 되었다.[21]

중국 고전 문화에서 '위도爲道'(도를 추구함)와 '위학爲學'(배움)의 개념이 늘 뒤섞여 구분되지 않았던 것은 아니다. 예컨대 노자老子는 "배우면(爲學) 나날이 쌓여 가고 도를 추구하면(爲道) 나날이 줄어든다"[22]라고 하였다. 여기서의 '위도'는 정신 경지의 배양을 말하고 '위학'은 외재 지식의 축적을 말한다. 이 두 영역은 각기 다른 방법을 필요로 하는 경우가 많고 서로 섞일 수 없다. 지식 학습이 부단한 증가·누적을 필요로 하는 데 비해 정신 경지를 높이는 일은 사욕의 성가심과 얽매임을 단호히 없애는 일을 필요로 한다. 그러나 송명 리학에서는 일반적으로 '배우는 길'(爲學之方)이 옛사람들의 이른바 '도道'와 '학學'의 두 측면을 모두 아우르고 있다고 보았다. 그러므로 '위학'에 대한 일반 유학자들의 이해는 일체화·일원화된 것이었다.

하지만 이렇게 되자, 정신 발전의 수단으로서 본래 윤리 방면으로 제한된 것이 아니었던 '위학'은 가치 우위의 일체화 원칙으로 인해 전부 윤리화되어 버리고 말았으며, 이는 심학에서 더욱 엄중해졌다. 정신 경지를 높이는 일에 대해서만 논한다면, 노자의 "도를 추구하면 나날이 줄어든다"(爲道日損), 육구연의 "짐을 덜어내기만 하면 된다"(只是減擔), 왕수인의 "학문에서 필요한 노력은 단지 나날이 줄게 만드는 것이다"(學問用功只求日減)와 같은 주장들이 모두 각각의 의미에서 합리성을 갖는다고 할 수 있다. 그러나 정신 경지의 범위 밖으로 벗어나면, 예컨대 인간의 역사, 자연에 대한 지식 학습과 같은 것들은 분명히 '감손減損'의 원칙이 적용되지 않는다. 따라서 인지·심미 및 그 밖의 정신 활동의 독립적 합법성을 인정하지 않는다면 반드시 과학·예술의 발전이 제한될 수밖에 없을 것이다.

---

21) 반지식주의의 문제에 대해서는 余英時, 『歷史與思想』(聯經出版事業公司, 1976)의 관련 장 및 절 참조.

22) 『老子』 48장, "爲學日益, 爲道日損"

주자학 역시 이론상에서는 가치 우위의 원칙을 인정하므로 주자학의 격물格物도 독립적인 자연과학 연구의 태도와 같지는 않지만, 주자학은 전체적으로 볼 때 명확한 지식적 취향을 보이면서 실제로 지식 학습의 내용을 비교적 많이 받아들이고 있다. 육구연과 왕수인의 말을 빌려 말한다면 최소한 부분적으로는 '도문학'의 독립적 가치와 의의를 인정하고 있는 것이다. 그러므로 주자학의 어떤 정신 자원은 근대 과학, 문화의 발전과 서로 맞물려 적극적인 전환을 일으킬 수 있다. 다만 주자학의 문제점이라면, 주자학에서의 '위학'의 의미 또한 여전히 진정으로 분화되지는 못했던 까닭에 순수한 도문학이 정신 경지(특히 도덕 경지)의 제고에 직접적인 역할을 할 수 없다는 사실을 홀시하고 말았다는 점이다. 이것이 바로 주자학이 윤리학에서 '지리支離'하다고 비판받는 원인이기도 하다.

위에서 말한 내용을 근거로 해서 심학의 기본 병폐들을 정리해 보면, 한편으로는 '위도爲道'로써 정신 발전의 방식을 전부 덮어 버렸다는 것이고, 다른 한편으로는 '위학'의 원칙을 '모든 구체적 정신 활동은 반드시 가치 목적을 드러내고 거기에 이바지해야 한다'라는 규칙으로 규정함으로써 가치 원칙이 모든 정신 활동과 교육 활동을 꿰뚫고 통솔하는 '벼리'(綱)가 되어 버렸다는 것이다. 이 때문에 심학에서는 일체의 정신 활동과 교육 활동이 가치 목표를 실현하고 덕성을 배양하는 구체적인 방식으로 되어 버려 단지 가치 목적(主意)에 도달하는 수단(工夫)의 의미로서만 그 지위를 인정받게 되고, 그 결과 정신의 다양한 발전이 가로막히지 않을 수 없었다.


4) 박문博文과 약례約禮

존덕성과 도문학을 가르는 또 다른 표현 방식은 '박문博文'과 '약례約禮'이다. 좀더 극단적인 심학의 입장에서는 모든 정신 활동이 가치 목표에 의해 통솔되어야 한다는 입장으로부터 한 걸음 더 나아가 전체 공부가 오직 '그 마음에서 구하는'(求諸其心而已矣) 일로만 귀결되어야 함을 강조한다. 이러한 입장은 필연적으로 외재적인 다양한 정신 활동 방식들을 대부분 배척함으로써 안과 밖, 박博과 약約 사이의 긴장을 더욱 팽팽하게 만들었다. 『전습록』하권에는 다음과 같은 기록이 있다.

황이방黃以方이 "'문文에 대해 널리 배운다'(博學於文)라는 구절을 '주어진 일에 따라 이 천리天理를 보존한다'로 해석하셨는데, (같은『논어』속의) '행하고도 남은 힘이 있거든 문文에 대해 배워라'(行有餘力則以學文)라는 말과는 내용이 부합하지 않는 것 같습니다"라고 묻자 선생께서 대답하셨다. "시서육예詩書六藝는 모두 천리天理의 발현이고 '문文'이라는 개념은 모두 그 속에 포함된다. 시서육예를 살펴보니 그 내용이 전부 이 천리를 보존하는 방법들이었다. 어떤 구체적인 일로 표현된 것만이 '문'인 것은 아니다. '남은 힘이 있거든 문에 대해 배운다'고 할 때의 그 배움도 단지 ('주어진 일에 따라 이 천리를 보존한다'는 의미의) '박학어문博學於文' 가운데 하나이다." 또 어떤 사람이 '배우기만 하고 사색하지 않으면'(學而不思)으로 시작되는 『논어』의 두 구절의 의미에 대해 묻자 선생께서는 이렇게 답하셨다. "이것은 어떤 특정한 맥락에서 한 말일 뿐이고, 사실은 사색(思)이 곧 배움(學)이다. 배우다가 의심스러운 것이 있으면 사색해야만 한다. '사색하기만 하고 배우지 않는'(思而不學) 그런 사람도 있을 텐데, 이들은 단지 허공에 매달려 사색만 하면서 어떤 도리를 상상해 내려고만 할 뿐이고 몸과 마음에 실제로 힘을 기울여 이 천리를 보존할 수 있도록 배워 나가지는 않는 사람들이다."[23]

유가 문화는 문사文士들의 문화로서 유구한 박학博學의 전통을 지니고 있다. 그러므로 심학이 학문을 모두 '마음에서 구하는' 공부로 전환시키기 위해서는 반드시 유학 전통 속에 담겨 있는 박학과 관련된 대량의 사상 자료에 대한 설명이 있어야 한다. 예컨대 '박학어문博學於文'(문에 대해 널리 배

---

23) 『傳習錄』下; 『全書』, 권3, 83쪽, "黃以方問: '博學於文'爲隨事存此天理, 然則謂'行有餘力則以學文', 其說似不相合, 先生曰: 詩書六藝皆是天理之發見, 文字都包在其中. 考之詩書六藝皆所以存此天理也, 不特發見於事爲者爲文耳. '餘力學文'亦只'博學於文'中事. 或問'學而不思'二句, 曰: 此亦有爲而言, 其實思卽學也, 學有所疑便須思之. 思而不學盖有此等人, 只懸空去想, 要想出一個道理, 却不在身心上實用其力以學存此天理."

운다)과 '약지이례約之以禮'(예로써 검속한다)는 공자에게 있어 분명히 별개의 일이었다. 전자는 전적과 역사에 대한 학습을 가리키고, 후자는 예의와 도덕에 대한 실천을 가리킨다. 그런데 왕수인은 '학學'이란 아무 목적 없는 배움을 가리키는 것이 아니라 '천리를 보존할 수 있도록 배워 나가는' 것을 가리키는 것이기 때문에 도덕 실천의 한 방식일 뿐이라고 보았다. 그의 제자는 공자의 "이미 행하고 남은 힘이 있거든 문을 배우라"는 말은 곧 도덕 실천(行)으로부터 독립된 '문'에 대해 배우는 과정이 있음을 승인한 것이므로 '학문學文'을 단지 존심存心의 한 방식으로 해석하는 것과는 부합하기 힘들다고 보았다. 그러나 왕수인은, '학문'은 경전을 학습하는 것인데 경전은 단지 천리의 표현일 뿐이므로 '학문'의 의의는 결국 경전에서 천리를 배우는 것일 뿐이라는, 말하자면 학문이란 곧 천리를 보존할 수 있도록 배워 나가는 것일 뿐이라는 입장을 견지했다. 그는 고전 유학 경전 속의 나머지 '학'에 관한 고훈古訓들에 대해서도 마찬가지의 방법을 채용했다. 물론 『논어』의 "배우고 때때로 익힌다"(學而時習之)는 구절을 해석하면서 주희 또한 이미 '학'을 '따라 배우다'(效)의 의미로 보아 "늦게 깨우치는 사람이 앞서 깨우친 사람이 하는 일을 따라 배운다"라고 해석함으로써 상당한 정도로 학의 의미를 제한하였지만, 왕수인은 여기서 더 나아가 이렇게 말했다.

학學이란 인욕을 버리고 천리를 보존할 수 있도록 배워 나가는 것이다. 인욕을 버리고 천리를 보존하는 일에 힘쓰게 되면, 저절로 앞서 깨우친 사람을 보고 잘못된 점을 바로잡으며 고훈을 검토하게 될 것이고, 저절로 '묻고 따지고(問辨) 사색하며 잘 간직되도록 살피고 잘못을 이겨내는' 여러 공부를 하게 될 것이다. 그러나 이런 공부들이란 이 마음의 인욕을 없애고 내 마음의 천리를 보존하는 것에 지나지 않는다. 만일 "앞서 깨우친 사람이 한 일을 본받는다"라고 해석한다면 여러 '배움' 가운데 한 가지만을 말한 것이 되고 전적으로 밖에서 구하는 것 같은 인상을 주기도 한다.[24]

---

24) 『傳習錄』上; 『全書』, 권1, 48쪽, "學是學去人欲存天理. 從事於去人欲存天理, 則自正諸先覺考諸古訓, 自下許多問辯思索存省克治工夫, 然不過欲去此心之人欲, 存吾心之天理耳. 若曰效先覺之所爲, 則只說得學中一件事, 亦似乎專求諸外了."

이렇게 되면 문제는 '넓힐(博) 것인가', '검속할(約) 것인가'를 결정하는 데 있는 것이 아니라 일체의 활동을 천리를 보존할 수 있도록 배우는 것으로 전환시키는 데 있게 된다. 이 경우 활동의 방식은 다양할 수 있으나 모든 활동의 내용은 어떤 특정한 방식으로 천리를 보존할 수 있도록 배우는 것이어야 하는데, 이러한 넓힘(博)이라면 실제로 검속함(約)과 근본적인 차이가 없다.

### 5) 유정惟精과 유일惟一

『상서』「대우모大禹謨」의 '16자결'에서 '유정유일惟精惟一'은, 주희의 해석에 따르면 '정精'은 도심道心인지 인심人心인지를 분명하게 정찰精察하는 공부를 가리키고 '일一'은 본심을 지켜서 잃지 않는 공부를 가리킨다. 그런데 '정'이라는 글자에는 또 세밀함·정밀함의 의미가 있다. 그래서 왕수인은 '유일惟一'과 '유정惟精'은 약례와 박학과 마찬가지로 주의主意와 공부工夫 사이의 관계를 반영한다고 보았다. 그는 이렇게 말했다.

'한결같게 만드는 일'(惟一)은 '정밀하게 만드는 일'(精一)의 주의이고 '정밀하게 만드는 일'은 '한결같게 만드는 일'의 공부이다. 그러므로 '정밀하게 만드는 일' 밖에 다시 '한결같이 유지하는 일'이 있는 것이 아니다. '정精'자는 '미米'(쌀) 자가 들어 있는 글자이므로 쌀을 가지고 비유해 보자. 이 쌀을 티끌 하나 없이 희고 깨끗하게 만드는 것이 바로 '유일惟一'이다. 그러나 찧고 까불고 치고 가리는 '유정惟精'의 공정을 가하지 않으면 티끌 하나 없이 희고 깨끗해질 수 없다. 찧고 까불고 치고 가리는 것은 '유정'의 공부이지만, 그 일은 또 이 쌀을 티끌 하나 없이 희고 깨끗하게 만들려는 것에 지나지 않는다. 널리 배우고 면밀히 묻고 신중히 사색하며 밝게 가리고 독실하게 실천하는 일은 모두 '유정'을 통해 '유일'을 추구하는 과정들이다.[25]

---

25) 『傳習錄』上; 『全書』, 권1, 41쪽, "惟一是惟精主意, 惟精是惟一工夫, 非惟精之外復有惟一也. 精字從米, 姑以米譬之. 要得此米純然潔白, 便是惟一矣. 然非加春簸篩揀惟精之功, 則不能純然潔白也. 春簸篩揀是惟精之功, 然亦不過要此米到

왕수인의 관점에 따르면 정은 세밀·정상精詳의 공부를 대표하고, 여기서는 명백하게 '배우고 묻고 사색하고 따지는 일'(學問思辨)을 가리킨다. 그는 '유일'이란 본심을 일관되게 지키는 것이라고 보았다. '유일'을 목적으로 하는 '유정'은 성인이 되기 위한 공부이고, '유일'을 떠난 '유정'은 지리멸렬하다. 그러므로 한편으로 '정精' 공부에 속하는 널리 배우고(博學) 면밀히 묻고(審問) 신중히 사색하고(愼思) 밝게 가리는(明辨) 일들은 반드시 '지선至善을 구한다'는 목적이 그 속을 관철하고 있어야 하며, 다른 한편으로 추상적인 원칙인 '지선을 구하는 일'을 실현하는 것은 반드시 구체적이고 정밀한 공부를 거쳐야 한다. 이 관계가 곧 '주의'와 '공부'의 관계이다.

이러한 설명에서는 널리 배우고 면밀히 묻고 신중히 사색하고 밝게 따지는 공부를 해야 하느냐 하지 않아야 하느냐가 문제가 아니라, 무엇을 위해 배우고 묻고 사색하고 따지는(學問思辨) 일인지가 문제가 된다. 그렇다면 외재의 대상에 대한 지식을 추구하는 순수한 학문사변學問思辨은 받아들여질 수 없지만, 지선至善의 진정한 실현은 또 적절한 학문사변을 통해서만 실현될 수 있다. '두뇌'(지선)에 의해 주재되고 통솔되는 학문사변은 있어도 좋고 없어도 그만인 것이 아니라 성인이 되기 위한 공부에 있어 필수불가결한 과정인 것이다.

어떻게 학문사변 속에 '천리를 보존한다'(存天理)라는 '대두뇌'를 관류시킬 것인가? 학문사변의 대상이 단지 윤리-가치의 영역이라는 의미인가?

일반적으로 심학자들은 문학이나 예술과 같은 모든 비윤리적 영역의 정신 활동들을 이론적으로 명확하게 배척하지는 않지만, 정도는 다를지라도 이런 윤리 범위 밖의 정신 활동의 의의를 폄하할 것이고 좀더 극단적인 경우에는 마음을 잃게 만드는 '외물을 즐기는 일'(玩物) 혹은 '외물을 좋아하는 태도'(外好)로 규정하기도 할 것이다. 왕수인은 나흠순羅欽順에게 답한 편지에서 "내가 말하는 격물格物에는 주자의 (『大學或問』에서 구체적으로 나열한) 아홉 조목의 내용이 모두 그 속에 나열되고 통괄되어 있다. 다만 그 요체를

純然洁白而已. 博學審問愼思明辨篤行者皆所以爲惟精而求一也."

설정해 두었기 때문에 작용이 같지 않은 것이다"26)라고 밝혔다. 이것으로
보면 왕수인 또한 결코 인류의 각종 지식 활동과 실천 활동을 부정한 것이
아니었지만, 어쨌든 그는 모든 사회적 혹은 개인적 실천들을 도덕적 실천으
로 만들어야 한다고 강조함으로써 실천 활동 자체의 독립적 의의를 크게
감소시켰다고 하겠다.


### 6) 내 마음(吾心)과 육경六經

정주程朱와 육왕陸王 사이의 쟁론에서의 핵심 문제는 경전의 연구 학습
과 덕성의 육성 · 함양의 관계를 어떻게 다룰 것인가 하는 데 있다. 주희가
격물이나 도문학을 강조했던 것은 유학 내에서 경전 강론의 지위를 긍정하
고자 하는 성격이 강하다. 그런데 심학은 마음에서 이것을 구해야 한다고
강조함으로써 경전 학습에 확고한 자리를 마련해 주지 않았다. 이런 심학의
태도는 주희 등 정통파들로 하여금 큰 불안을 느끼도록 만들었다. 왜냐하면
오경사서五經四書로 대표되는 경전의 체계는 중국인의 정신 권위의 근원으
로서 사회에 대해 매우 중요한 가치 체계를 응축하고 있었으므로 경전 학
습의 지위를 흔든다는 것은 필연적으로 가치의 권위를 떨어뜨리는 결과를
가져오게 되기 때문이다. 그러나 심학의 입장에서는 도덕적 형이상학의 측
면에서 볼 때 경전 자체는 결코 가치의 궁극적인 근원이 될 수 없다. 심학
을 주장하는 이들은 사람의 '양지良知'라는 본심만이 유일하게 의존할 수
있는 가치의 진정한 근원이라고 생각했다. 설사 경전의 내용이 정확한 것이
라 할지라도 그것은 도덕형이상학의 의미에서 본심의 한 대상화에 지나지
않으며 성인이 먼저 '나의 마음'(吾心)을 얻었다는 것을 보여 주는 것일 뿐
이다. 그러므로 자아 수양의 주요한 방법은 경전을 읽는 것이 아니라 마음
을 밝히는(明心) 것이다. 왜냐하면 경전은 주동성主動性을 계발할 수 없는데

---

26) 『全書』, 권2, 68쪽, "凡某之所謂格物, 其於朱子九條之說皆包羅統括其中, 但爲
之有要, 作用不同."

다가 일련의 준칙 체계를 만들어 하나하나의 구체적인 상황에 적용해 나가도록 해 주지 못하기 때문이다.

이처럼 심학의 내재 논리에 따르면 가치의 권위는 도덕 주체인 양지에 근원을 두므로 경전의 권위는 필연적으로 어느 정도 감소되거나 약화되게 마련이고, 개체의 이성은 필연적으로 어느 정도 경전과 역사 전통을 능가하게 되는 것이다. 이에 대해 왕수인은 다음과 같이 지적하였다.

세상의 학자들은 육경六經의 실질을 내 마음에서 구하지 않고, 헛되이 그림자와 메아리와 같은 것에서 고찰하고 문의文意의 지엽에서 견강부회하여 강파하게 그것을 육경이라고 우긴다. 이는 부잣집 자손이 자기 창고에 쌓인 재산을 지키기만 할 뿐 향유하지 못한 채 나날이 잊고 잃어버려서 거지가 되었으면서도, 여전히 시끄럽게 그 장부를 들쳐 보이며 "이것이 우리 창고에 쌓인 재산이다"라고 말하는 것과 무엇이 다르단 말인가!27)

왕수인이 볼 때 육경은 내 마음이 지닌 보물(寶藏)을 기록한 등기부일 뿐이다. 육경에 기재된 기본 가치는 그것을 읽어보는 것만으로는 결코 확보할 수 없다. 마치 창고의 목록을 훑어보는 것만으로는 창고에 쌓인 재산(寶藏)을 진정한 자기 것이라고 할 수 없는 것처럼. 경전이 내 마음의 목록에 지나지 않고 보물 자체가 아니라면, 그것을 진정으로 확보하기 위해서는 본심을 밝혀야 한다. 다시 말해서 내심에서 이 보물들을 발굴할 수밖에 없는 것이다.

이 보물은 개개인에 대해서 말하면 '본래 가진 것'(本有)이긴 하다. 그렇지만 '본유本有'는 '실유實有' 즉 실제로 자각적으로 소유한 것과는 다르다. 그러므로 사람은 반드시 경전이 제시한 것에 근거하여 자기 마음 속에서 이런 보장들을 드러내기 위해 노력해야만 한다. 이런 의미에서 "육경은 '내

---

27) 『全書』, 권7, 133쪽, 「稽山書院尊經閣記」, "世之學者不知求六經之實於吾心, 而徒考索於影響之間, 牽制於文義之末, 硜硜然以爲是六經矣, 是猶富家之子孫不務守視享用其產業庫藏之實積, 日遺忘散失至於竇人丐夫, 而猶囂囂然指其紀籍曰, 斯吾產業庫藏之積也, 何以異於是!"

마음의 재산 목록'(吾心之記籍)이다. 육경의 실질은 내 마음에 갖추어져 있다. 마치 창고의 재산들은 전부 자기 집안에 보관되어 있고 그 목록 자체는 단지 항목과 숫자를 기재해 둔 것일 뿐인 것과 같다."28) 주체성 속에서 도덕의 원리를 발굴하지 않고 단지 서책·경전에서 고찰하고 연구하는 것을 왕수인은 "자신의 무진장無盡藏을 버려둔 채 집집마다 돌아다니면서 밥을 빌어먹는 거지 행세를 하는 것"이라고 표현하였다. 이런 입장에 기초하여 그는 "주중회朱仲晦(주희)는 여전히 그림자나 메아리를 좇는 듯하고 정강성鄭康成(정현)은 지리멸렬하여 부끄럽다"(影響尚疑朱仲晦, 支離羞作鄭康成)라고 하면서 고경古經 해석의 대가들에 대해 근본적인 도전을 감행했다.

'내 마음의 재산 목록'이라는 의미를 지닌 경전은 또 다음과 같이 '존심存心'의 구체적인 방법을 우리에게 제시해 주기도 한다.

성현이 드리운 가르침은 인욕을 없애고 천리를 보존하는 방법이 아닌 것이 없다. 오경사서와 같은 것도 이것일 뿐이다. 나의 인욕을 버리고 나의 천리를 보존하려 하지만 그 방법을 얻지 못함에 여기에서 구하는 것이다.29)

총괄하자면 경전의 전체 의의는, 그것이 인심의 고유한 가치를 기록하였다는 데에 있고, 그 고유한 가치를 실현·발굴하는 방법을 보여 주었다는 데에 있으며, 그것을 학습하는 과정 자체가 지선至善을 구하는 구체적인 형식, 즉 천리의 보존과 인욕의 제거라는 목적을 실현하는 구체적인 방식을 제공하였다는 데에 있다. 이러한 입장에 따라 심학은 경전학經典學에 대해, 특히 훈고訓詁·장구章句를 학습하고 '사물과 그 명칭'(名物)을 고찰하는 일에 대해 강렬하게 반대하였다. 왕수인은 이렇게 말하였다.

---

28) 『全書』, 권7, 133쪽, 「稽山書院尊經閣記」, "六經, 吾心之記籍也. 而六經之實則具於吾心, 猶之産業庫藏之實積, 種種色色具存於其家, 其記錄者特名狀數目而已."

29) 『全書』, 권7, 134쪽, 「示弟立志說」, "聖賢垂訓莫非教人去人欲存天理之方. 若五經四書是已, 吾惟欲去吾之人欲存吾之天理而不得其方, 是以求之於此."

인심과 천리는 혼연하게 한 몸이다. 성현이 책으로 기록한 내용은 마치 진영眞影을 그릴 때 그 인물의 정신을 그려내는 데 초점을 두는 것과 같아서, 형상의 대략을 보여 주고는 배우는 이들이 그것을 토대로 참모습을 찾도록 할 뿐이다. 그 인물의 정신·기상·말과 웃음·태도는 원래 전할 수 없는 부분이 있게 마련이다. 그런데 후세의 저술은 성인이 그린 것을 모방하고 등사하면서 함부로 분석하고 증가시킴으로써 자기 재주를 드러내려 했으므로, 그들은 참모습을 더욱더 잃어버렸다.[30]

경전에 대한 해석과 이해는 마땅히 그 기본 의향을 체험해 내야지 '그려내는 것을 지나치게 정밀하게 해서는'(刻畵太精) 안 된다고 본 것이다. "손발의 생김새는 묘처妙處와는 무관하다"라는 고개지顧愷之의 말에서처럼, 경전 속의 '신神'을 파악하여 그것과 통하지 못한 채 다만 경전 속의 '손발의 생김새'(四體妍蚩)만 좇는다면 이것은 근본을 버리고 말단을 좇는 것이다.

심학의 입장에서 볼 때 진리의 여부를 판단하는 최종 권위와 표준은 도덕 이성으로서의 양심이다. 때문에 심학에서는 주체성의 지위를 외재적인 객관성의 권위보다 높이 설정한다. 왕수인은 "군자가 학문을 논할 때의 요체는 마음에서 얻는 데 있다. 사람들이 모두 옳다고 하는 것이라도 자기 마음과 맞지 않으면 감히 옳다고 여길 수 없고, 사람들이 모두 그르다고 하더라도 자기 마음과 맞으면 감히 그르다고 여길 수 없다"[31]라고 지적했다. 따라서 '내 마음을 다한다'(求盡吾心)는 것은, 자기 수양을 위한 군자의 학문은 자신의 몸에서 문제의 실마리를 찾아야 할 뿐 아니라 내 마음의 판단 능력 또한 최대한 발휘해야 한다는 의미가 포함되어 있다. 그리하여 왕수인은 "배움이란 내 마음을 다하는 것이다. 마음에서 얻지 못하고 밖으로 다른 사람의 주장을 믿는 것을 배움이라고 한다면 어디에 배움다운 점이 있단 말

---

30) 『傳習錄』上; 『全書』, 권1, 41쪽, "人心天理渾然, 聖賢筆之書, 如寫眞傳神, 不過示人以形狀大略, 使人因此討求其眞耳, 其精神意氣言笑動止固有所不能傳也. 後世著述是又將聖人所畵摹仿謄寫, 而妄自分析加增以逞其技, 其失眞愈遠矣."

31) 『全書』, 권32, 324쪽, 「答徐成之」2, "君子論學要在得之於心, 衆皆以爲是, 苟求之心而未合焉, 未敢以爲是也, 衆皆以爲非, 苟求之心而有契焉, 未敢以爲非也."

인가!"32)라고 주장하였다. 이 입장은 확실히 어떤 개인주의를 포괄하고 있다. 뒷날 그는 나흠순에게 답하는 편지에서 이렇게 말했다.

무릇 배움이란 마음에서 얻는 것을 귀하게 여긴다. 마음에서 구하여 그르면 설사 그 말이 공자에서 나온 것이라 해도 감히 그것을 옳다고 여길 수 없는데, 하물며 공자에 미치지 못하는 이에게서 나온 말은 어떠하겠는가? 마음에서 구하여 옳으면 그 말이 비록 범용한 사람에게서 나온 것이라 하더라도 감히 그르다고 할 수 없을 터인데, 하물며 공자에게서 나온 말에 대해서는 더 이상 무슨 할 말이 있겠는가?33)

이 말은 공중公衆의 보편 의견이 시비의 표준과 근거가 될 수 없으며 성인의 잠언이나 교훈 역시 시비의 궁극적 표준과 근거가 될 수 없다는 뜻이다. 이처럼 심학의 입장에서는 옳고 그름의 판단 원칙과 근거는 개체의 '마음'이며 개개인은 마땅히 자기의 이성과 양심에 따라 독립적으로 사물을 판단하는 태도를 견지해야 함을 강조한다.


7) 성색成色과 분량分兩

성인聖人이 되는 일은 고전 시대 유학자의 최종 관심사였다. '성聖'자의 본의는 '총명한 선비'로, 춘추 시대 이후로 '성'은 덕성과 지혜의 최고 대표로서 제가의 학설에서 홀시할 수 없는 관념이 되었다. 특히 유가에서는 줄곧 '성인'의 개념이 중요한 위치를 차지하였는데, 철학 발전의 전체 역사에서 볼 때 성인은 이상 인격으로서 그 내함이 확실히 인류 정신 활동 가운데 상당히 넓은 범위를 포괄하고 있다.

전통적 성인관에서 이상 인격인 성인은 주로 '인仁'과 '지智'라는 두 방

---

32) 『全書』, 권32, 324쪽, 「答徐成之二」, "學也者求盡吾心也, 不得於心而惟外信於人以爲學, 烏在其爲學也!"

33) 『全書』, 권2, 66쪽, 「答羅整庵少宰」, "夫學貴得之於心, 求之於心而非也, 雖其言出於孔子, 不敢以爲是也, 而況未及孔子者乎? 求之於心而是也, 雖其言之出於庸常, 不敢以爲非也, 而況其出於孔子乎?"

면의 특징을 갖는다. 맹자는 "어질고(仁) 지혜로우니(智) 스승께서는 이미 성인이시다"[34]라고 했다. '인仁'이란 일종의 완벽한 도덕 경지이다. 좁은 의미에서의 '인'은 박애·인자·동정·비민悲憫(가엾게 여기는 마음)·낙선樂善(선을 좋아하는 태도)·화평 등을 가리키지만, 넓은 의미로는 도덕 경지의 원숙함을 가리킨다. 그러므로 『맹자』의 성인은 '가장 성대한 덕'(盛德之至)이다. '지智'는 한편으로 지혜를 표시하고 다른 한편으로는 지식 확보의 정도를 나타낸다. 따라서 일반인이 볼 때 성인은 알지 못하는 일이 없다.

앞서 살펴본 바에 따를 때 정주학파에서는 성聖에 있어서의 '지智'의 성격을 중시하여 성인이 되는 학문을 말할 때는 지식 취향을 비교적 강조하였다.(물론 이런 지식은 주로 역사·인문 지식이지 자연과학적 지식이 아니다.) 반대로 심학에서는 '인仁'의 성격만을 강조하여 성인이 되는 공부에서 덕성 원칙을 부각시켰다. '인'과 '지'에 대한 이런 처리 방식은 그들의 성학聖學 공부에 대한 전체적인 입장을 전형적으로 드러낸다.

왕수인은, 사람은 우선 성인이 되려는 뜻이 있어야만 하고 그 뒤에는 반드시 '성인이 성인인 까닭은 어디에 있는가'를 명확히 알아야 한다고 보았다. 그는 "성인이 성인인 까닭은 오직 그 마음이 천리와 완전하게 합일되어 인욕이 없기 때문이다. 그러므로 내가 성인이 되려고 한다면 그 관건은 이 마음이 천리와 합일되어 인욕이 없게 하는 데 있다"[35]라고 하였다. 이런 이해 속에서 성인의 기본 성격은 일원적(仁)이지 이원적(仁·智)이지 않다. 즉 성인은 완전히 하나의 도덕 인격의 표준으로 변하는 것이다.

왕수인은 채종연蔡宗兗(자는 希淵)에게 답하는 글에서 '덕성'과 '지식'이 성인이 되는 학문에서 점하는 지위를 다음과 같이 상세히 다루었다.

　　희연이 "성인의 경지는 배워서 이를 수 있다고 하시지만, 백이伯夷·이윤伊尹과 공자는 재력才力이 끝내 같지 않은데 똑같이 성인이라 불릴 수 있는

---

34) 『孟子』,「公孫丑上」, "仁且智, 夫子旣聖人矣."
35) 『全書』, 권7, 134쪽, 「示弟立志說」, "聖人之所以爲聖人, 惟以其心之純乎天理而無人欲. 則我之欲爲聖人, 亦惟在此心之純乎天理而無人欲耳."

근거는 어디에 있습니까?"라고 묻자 선생께서 답하셨다. "성인이 성인인 까닭은 단지 그 마음이 천리와 완전히 합일되고 인욕이 섞이지 않은 데 있다. 정금精金이 정금인 까닭은 단지 그 성색成色(純度)이 충분하고 구리나 납이 섞여 있지 않기 때문인 것과 같다.……성인의 재력才力에도 대소의 차이는 있으니, 마치 금의 분량分兩(무게)에 경중이 있는 것과 같다.……재력은 같지 않지만 천리와 완전히 합일되는 점에서는 일치하기 때문에 모두 성인이라고 할 수 있다. 분량은 다르더라도 족색足色(무결한 순도)이라는 점에서 모두 같으면 다 정금精金이라고 할 수 있는 것과 같다.……대개 정금이 되는 조건은 족색에 있는 것이지 분량에 있는 것이 아니다. 그러므로 성인이 되는 까닭은 천리와 완전히 합일되느냐에 있는 것이지 그 재력에 있는 것이 아니다.36)

왕수인의 이 문답은 상당히 기지가 있다. 정금의 성색은 품질의 순잡純雜의 문제이다. 왕수인이 이것으로 성인의 인격의 본질을 비유한 것은 도덕경지가 바로 성인이 성인인 까닭이라고 강조한 것과 훌륭하게 맞아떨어진다. 정금의 '족색'은 성색의 문제이지 분량에 달려 있지 않듯이 성인이냐 아니냐의 '성색'은 단지 '이 마음이 천리와 완전히 합일되느냐'에 의해 결정된다. 그러므로 덕성의 완벽성이 성인 인격의 유일한 요소라 할 수 있다.

이런 의미에서 왕수인은 "사람은 모두 요순이 될 수 있다"(人皆可以爲堯舜)라는 말의 뜻을 다음과 같이 설명하였다.

따라서 어떤 사람이든 배움을 통해 이 마음이 천리와 완전히 합일되도록 하려고만 든다면 성인이 될 수 있을 것이다. 한 냥의 금은 만 일鎰(스무 냥)의 금에 비해 그 분량에 있어서는 현격한 차이를 나타내지만 족색을 이루었다는 점에서는 부끄러울 것이 없는 것과 같다. 그래서 "사람은 모두 요순이 될 수 있다"라고 하는 것이다.37)

---

36) 『傳習錄』上；『全書』, 권1, 46쪽, "希淵問, 聖人可學而至, 然伯夷伊尹與孔子才力終不同, 其同謂之聖者安在? 先生曰, 聖人之所以聖, 只是其心純乎天理而無人欲之雜, 猶精金之所以爲精, 但以其成色足而無銅鉛之雜也.……聖人之才力亦有大小不同, 如金之分兩有輕重.……才力不同而純乎天理則同, 皆可謂之聖人, 猶分兩雖不同而足色皆同, 皆可謂之精金.……盖所以爲精金者在足色而不在分兩, 所以爲聖者在純乎天理而不在才力也."

37) 『傳習錄』上；『全書』, 권1, 46쪽, "故凡人而肯爲學使此心純乎天理則亦可爲聖

이 말에 따르면 어떤 사람이 성인이 될 수 있는지 없는지의 여부는 그 사람의 사회적 지위, 직업, 학식, 교육 정도, 성별 등과는 무관하다. 성인이 되고자 한다고 해서 반드시 요순堯舜과 같은 제왕의 업적을 쌓을 필요는 없으며 또 공자와 같이 만세의 사표가 되어 천년에 학통學統을 열 필요도 없다. 단지 그 마음 속이 완전무결하게 천리로 이루어져 있기만 하면 농민이든 장사꾼이든 성인이 되는 데는 손색이 없는 것이다. 비록 그 밖의 부분들에서 요순 혹은 공자에 비해 한 냥과 만 일鎰의 차이가 있다고 할지라도, 그의 평범함이 결코 그의 위대함을 가릴 수는 없다.

결국 성인관에 있어서 왕수인은 선종 혹은 독일 종교개혁가들처럼 성인을 평민으로, 평민을 성인으로 바꿔 놓음으로써 범인이 넘볼 수 없었던 이전까지의 성인의 신성함으로부터 인간을 해방시켰을 뿐 아니라, 개개인의 내면 세계 속에 완벽한 도덕성을 구축해 내었다. 또한 도덕성을 도덕 인격의 유일한 본질로 삼았기 때문에 이제는 이상 인격이 사상의 도약을 통해 일상 생활 속에서 실현할 수 있게 되었고, 그리하여 종전에는 넘을 수 없다고 보았던 유한한 생명과 무한한 이상, 평범한 사업과 위대한 품격 사이에 가로놓인 거대한 간극이 메워지면서 통일을 이루게 되었다. 이런 '성인' 개념은 더 이상 전통적인 문사文士로서의 성인을 가리키는 것이 아니라 지성의 색채를 벗은 순수 덕성의 이상 인격을 가리키게 되었고, 이것은 억만 민중의 심령에 깊이 파고들어 중대한 작용을 하게 되었다. 이것이 중국 사회에 끼친 영향은 매우 심원하다. 특히 도덕사회학의 방면에서 진지하게 연구해 볼 만한 가치가 있다.

이상 인격의 철저한 도덕화가 필연적인 것이었다고는 하지만(성인이 단지 하나의 품격만을 가져야 한다고 한다면 덕성 이외에 다른 선택이란 없다), 이로 인해 성인 되는 학문에 있어서 지성 발전의 측면은 전혀 긴요하지 않은 것이 되어 버렸다. 원래 성인은 고대 중국 사회의 유일한 이상 인격이기도 했

---

人, 猶一兩之金比之萬鎰, 分兩雖懸絶, 而其到足色處可以無愧, 故曰人皆可以爲堯舜."

는데, 심학의 성인관은 도덕 영역 이외의 인간의 정신 발전을 상당히 제한해 버리게 된 것이다. 이와 관련하여 왕수인은 다음과 같이 논하였다.

후세에는 성인이 되는 길의 근본이 천리와 완전히 합일되는 데 있다는 것을 모르고 전적으로 지식과 재능이라는 측면에서 성인의 길을 추구했다. 그들은 속으로 '성인은 알지 못하는 것이 없고 하지 못하는 것이 없으므로 자신은 성인의 숱한 지식과 재능을 하나하나 파악해 나가야만 한다'고 여긴다. 그래서 천리로 직접 들어가 공부하려 하지 않고 헛되이 정력을 탕진하면서 책 속에서 연구하고 명물名物에 대해 고찰하며 형적形迹에서 비교하고 검토하니, 지식이 넓어질수록 인욕이 더욱 자라나고 재능이 많아질수록 천리는 더욱 가려지게 되었다. 이는 마치 다른 사람이 만 일鎰의 정금精金을 가진 것을 보고서는 성색을 단련하여 자신의 정순精純함에 부끄럽지 않게 하는 데 힘쓰지 않고 터무니없이 (자신의) 분량이 다른 사람의 만 일과 같아지기를 희구하여 주석·납·구리·쇠를 던져 넣음으로써, 분량이 증가할수록 성색은 더욱 낮아져 더 이상 정금이 남아 있지 않게 만드는 것과 같다.[38]

왕수인의 논술은 아주 웅변적이다. 그러나, 지식의 학습은 단지 '분량'일 뿐이지 주석·납·구리·쇠와 같은 이물질은 아니다. 그것이 도덕 경지의 제고에 필수불가결한 수단이라고는 할 수 없지만 그렇더라도 이처럼 '경전과 명물의 연구'를 성색을 파괴하는 이질적인 것으로 본 왕수인의 시각은 알게 모르게 덕성과 지성을 극한으로 대립시켰다고 할 수 있다.

그렇지만 왕수인은 다른 곳에서는 성인의 지식 학습이 완전히 부정될 수는 없다는 점을 인정하였다. 그는 다음과 같이 말했다.

성인은 알지 못하는 것이 없다지만 단지 천리를 안다는 것일 뿐이고, 밝지 못한 것이 없다지만 단지 천리에 밝다는 것일 뿐이다. 성인은 본체가 밝아졌

---

38) 『傳習錄』 上; 『全書』, 권1, 47쪽, "後世不知作聖之本是純乎天理, 却專去知識才能上求聖人, 以爲聖人無所不知無所不能, 我須將聖人許多知識才能逐一理會始得, 故不務去天理上著工夫, 徒弊精竭力, 從冊子上鑽硏·名物上考索·形迹上比擬, 知識愈廣而人欲愈滋, 才力愈多而天理愈蔽. 正如見人有萬鎰精金, 不務鍛煉成色·求無愧於彼之精純, 而乃妄希分兩務同彼之萬鎰. 錫鉛銅鐵雜然而投, 分兩愈增而成色愈下, 旣其稍末無復有精金矣."

기 때문에 일마다 천리의 소재所在를 알아 천리를 다할 수 있는 것이지, 본체가 밝아진 뒤에 곧바로 모든 천하 사물에 대해 전부 알고 행할 수 있게 되는 것이 아니다. 명물名物이나 도수度數, 초목이나 조수鳥獸와 같은 천하 사물은 번잡하기 그지없으니, 성인이 비록 본체가 밝아졌다고 해도 어떻게 전부 알수 있겠는가? 다만 성인은 알 필요 없는 것에 대해서는 알려고 하지 않고 알아야 하는 것에 대해서는 남에게 물을 줄 안다.[39]

성인이 성인인 까닭의 본질이 덕성의 완벽성에 있다면, 성인의 도덕 경지를 이루었다는 것이 일체의 자연·사회·의식에 대한 지식을 확보했다는 의미인 것은 결코 아니다. 이런 지식을 획득하기 위해서는 학습이 필요하다. 이렇게 보면 왕수인은 지식에 대한 학습을 거부해야 한다고 본 것이 아니라, 다만 지식 학습이 성인이 되는 데 있어서 본질적인 조건이 아님을 주장한 셈이다. 즉 "예악·명물名物 따위는 성인 되는 공부와 무관하지만"[40] 사회 생활의 각 영역의 실천에는 지식이 필요하므로 사람은 필요에 따라 학습을 할 수도 있다는 것이다.

도덕 경지를 높이는 데 있어 지식을 배우는 일은 결코 필수적인 조건이 아니다. 이 점에서 심학의 윤리학은 이치에 맞다. 그러나 윤리중심주의 입장이 지나치게 강한 심학은 늘 덕성 원칙과 지성 원칙을 대립시켜서 지성 추구에 주어짐직한 합당한 지위를 박탈했고, 유가 전통에서의 성인 인격의 풍부한 내용은 이로 인해 손상을 입지 않을 수 없게 되었다.


### 8) 주의主意와 공부工夫

서애徐愛는 『전습록』 구판본의 발문跋文에서 다음과 같이 말했다.

---

39) 『傳習錄』下; 『全書』, 권3, 75쪽, "聖人無所不知, 只是知個天理; 無所不明, 只是明個天理. 聖人本體明白, 故事事知個天理所在, 便去盡個天理, 不是本體明後却於天下事物都便知得·做得來也. 天下事物與名物度數草木鳥獸之類, 不勝其煩, 聖人本體明白了亦何緣能盡知得? 但不必知的聖人自不消求知, 其所當知的聖人自能問人."

40) 『全書』, 권2, 58쪽, 「答顧東橋」, "禮樂名物之類無關乎作聖之功."

나는 구설舊說에 골몰해 있었기 때문에, 선생의 가르침을 처음 듣고서는 실로 놀라워서 안정되지 않았고 머리를 들이댈 곳이 없었다. 그 뒤에 듣는 것이 오래되면서 점점 나의 몸에 돌이켜 실천할 줄 알게 되었고, 그런 뒤에야 비로소 선생의 학문이 공자의 적전嫡傳이며 이것 이외의 학문은 모두 곁길이고 작은 길이며 끊어진 뱃길이고 잘려진 강이라는 것을 믿게 되었다. 예컨대 "격물格物은 성의誠意의 공부이고, 명선明善은 성신誠身의 공부이고, 궁리窮理는 진성盡性의 공부이고, 도문학道問學은 존덕성尊德性의 공부이고, 박문博文은 약례約禮의 공부이고, 유정惟精(정밀하게 만드는 일)은 유일惟一(한결같게 하는 일)의 공부이다"와 같은 말들은, 처음에는 모두 잘 어울리기 힘들 것처럼 보였지만 그 뒤에 사색하기를 오래하자 모르는 사이에 손이 춤추고 발이 들썩여졌다.[41]

그런데 서애가 인용한 왕수인의 말들은 『전습록』의 서애의 기록들에서 산견되는 것이어서 결코 완전한 문장이 아니다. 뒷날 설간이 『전습록』을 간행할 때 수록한 육징의 기록이 이 내용과 가깝다.

유일惟一은 유정惟精의 주의이고, 유정은 유일의 공부이다.……저 박문博文은 곧 약례約禮의 공부이고, 격물치지는 성의의 공부이고, 도문학은 존덕성의 공부이고, '선을 밝히는 일'(明善)은 '자신의 몸을 성실하게 만드는 일'(誠身)의 공부이다. 다른 두 공부 방법을 말한 것이 아니다.[42]

왕수인의 사상 자료들 가운데 이와 유사한 표현으로는 "격물은 지선에 그치도록 하기 위한 공부이다.……유정은 유일의 공부이고 박문은 약례의 공부이다",[43] "박문은 약례의 공부이다.……박문은 곧 유정이고 약례는 곧

---

41) 『傳習錄』上; 『全書』, 권1, 40쪽, "愛因舊說汩沒, 始聞先生之敎, 實是駭愕不定, 無入頭處, 其後聞之旣久, 漸知反身實踐, 然後始信先生之學爲孔子嫡傳, 舍是皆傍蹊小徑, 斷港絶河矣. 如說'格物是誠意的工夫, 明善是誠身的工夫, 窮理是盡性的工夫, 道問學是尊德性的工夫, 博文是約禮的工夫, 惟精是惟一的工夫', 諸如此類, 始皆落落難合, 其後思之旣久, 不覺手舞足蹈.
42) 『傳習錄』上; 『全書』, 권1, 41쪽, "惟一是惟精主意, 惟精是惟一工夫,……他如博文者卽約禮之功, 格物致知者卽誠意之功, 道問學卽尊德性之功, 明善卽誠身之功, 無二說也."

유일이다"[44] "묻고 배우는 것은 덕성을 높이는 방법이다.……정미하게 연구해 들어가는 것은 광대함을 이루는 방법이고 중용을 따르는 것은 고명함을 완성시키는 방법이다"[45] 등이 있다. 왕수인은 만년에 '치양지致良知'라는 종지를 제기한 뒤로도 늘 "격물은 치지의 공부이다"[46]와 같은 표현들을 즐겨 사용하였다.

이상에서 서술된 내용은 다음과 같은 표로 나타내 볼 수 있다.

을乙은 갑甲의 공부工夫(功)이다
(을은 갑을 이루는 방법이다)

| 을乙(工夫) | 갑甲(主意) | 전고典故 |
|---|---|---|
| 유정惟精 | 유일惟一 | 『서경』 |
| 박문博文 | 약례約禮 | 『논어』 |
| 명선明善 | 성신誠身 | 『중용』 |
| 도문학道問學 | 존덕성尊德性 | 『중용』 |
| 진정미盡精微 | 치광대致廣大 | 『중용』 |
| 도중용道中庸 | 극고명極高明 | 『중용』 |
| 격치格致 | 성의誠意 | 『대학』 |
| 격물格物 | 치지致知 | 『대학』 |
| 궁리窮理 | 진성盡性 | 『역전』 |

"유일은 유정의 주의이고 유정은 유일의 공부이다"라는 표현에 비추어 우리는 갑열을 '주의主意'열이라 부르고 을열을 '공부工夫'열이라 부를 수 있

43) 『傳習錄』上; 『全書』, 권1, 38~39쪽, "格物是止至善之功……精是一之功, 博是約之功."
44) 『傳習錄』上; 『全書』, 권1, 41쪽, "博文爲約禮之功……博文卽是惟精, 約禮卽是惟一."
45) 『傳習錄』下; 『全書』, 권3, 84쪽, "道問學卽所以尊德性也,……盡精微卽所以致廣大也, 道中庸卽所以极高明也."
46) 『全書』, 권2, 60쪽, 「啓周道通」, "格物是致知工夫."

다.(主意는 통수·목적이라는 뜻이고, 工夫는 길·수단·방식을 나타낸다.) 이와 같은 "갑은 을의 주의이고 을은 갑의 공부이다", "을은 갑을 이루는 방법이다"라는 도식을 사용하여 왕수인은 『서경』·『논어』·『맹자』·『대학』·『중용』·『역전』 등에 있는 조목들을 주의로써 공부를 통솔하는 일원화된 체계로 연결시켰다. 이 체계 속에서 왕수인은 자신의 확정된 이해가 있었다. 예컨대, '명明'은 궁리를 표시하고 '정精'은 정미함을 가리키며 '유일惟一'의 '일一'은 '존덕성尊德性'의 '덕성德性'이고 '치광대致廣大'의 '광대廣大'는 '선립호기대先立乎其大'(먼저 그 大를 세워라)의 '대大'라는 것 등이다.

주의가 대표하는 것은 '내內'이고 공부가 대표하는 것은 '외外'이다. 주의와 공부의 관계는 또 '두뇌'(근본)와 '조목'의 관계, 즉 본本과 말末의 관계이다. 이와 관련한 내용은 다음의 예문들에서 찾아볼 수 있다.

"따뜻하게 모시고 시원하게 모시며 잠자리를 보살펴 드리고 아침 문안을 하는 것과 같이 부모에 대한 공양 방식에는 허다한 절목들이 있으니, 이것도 강구해야 하는 것이 아닙니까?"라고 묻자 선생께서는 "어찌 강구하지 않을 수 있겠는가! 다만 그 두뇌가 있어야 한다는 말이다"라고 말씀하셨다.[47]

문공文公(朱子)의 격물설은 두뇌가 결여되어 있다. 예컨대 이른바 "생각이 일어나는 은미한 순간에서 살펴라"라는 조목을 "문장 속에서 구하고 행위로 드러난 현상에서 확인하고 강론하는 과정 속에서 탐색하라"라는 조목들과 한데 섞어서는 안 된다. 이렇게 하면 경중이 없어진다.[48]

경전과 사서史書를 외우고 익히는 것도 본래 학문의 일이므로 폐할 수 없지만, 근본을 잊고 말단을 좇는 것에 대해서는 명도明道선생(程顥)이 일찍이 완물상지玩物喪志라고 경계하셨다.[49]

---

47) 『傳習錄』 上; 『全書』, 권1, 37쪽, "溫淸定省之類有許多節目, 不亦須講求否? 先生曰: 如何不講求, 只是有個頭腦."
48) 『傳習錄』 下; 『全書』, 권3, 76쪽, "文公格物之說, 只是少頭腦, 如所謂察之念慮之微, 此一句不該與'求之文字之中·驗之事爲之著·索之講論之際'混作一例看也, 是無輕重也."
49) 『全書』, 권5, 109쪽, 「與黃勉之」, "誦習經史, 本亦學問之事, 不可廢也, 而忘本

왕수인에 따르면, 학문 공부에서 가장 필요한 것은 주의와 근본을 확정하는 것, 즉 가치의 방향이 학문의 제일 원칙이라는 것을 확정하는 것이다. '공부'는 '주의'의 수단이므로 반드시 가치의 방향에 이바지해야 한다. 주의는 으뜸이고 공부는 버금이니, 전자는 중요하고 후자는 가벼우며 전자는 근본이고 후자는 말단이다. 이런 관계는 뒤섞일 수 없다.

그런데 왕수인이 만년에 '주의'열의 조목 전부를 '치양지致良知'로 집중시키면서 '양지良知가 통수'라고 하는 전제가 생기게 되자 학문·견문과 같은 것은 '양지를 이루기' 위해 반드시 필요한 행동 방식으로 받아들여지게 되었다. 송명 유학자들이 다른 영역에서 습관처럼 써온 체용體用 양식을 써서 말하자면, 여기서 양지는 체가 되고 견문은 용이 된다. 왕수인은 이렇게 말하였다.

> 대저 학문 공부는 단지 주의·두뇌를 올바르게 하기만 하면 된다. 주의·두뇌가 전적으로 치양지를 목적으로 삼는다면 저 많이 듣고 많이 보는 것도 치양지의 공부가 아닌 것이 없다. 대개 일용日用 사이의 견문과 수작은 천 갈래 만 갈래이지만 양지의 발용·유행이 아닌 것이 없다. 견문수작을 제외시킨다면 다해야(致) 할 양지도 없어진다.[50]

갑·을 두 열의 관계를 체용의 관계로 보게 되면 본말의 관계로 보는 것에 비해 좀더 직접적으로 공부를 윤리화시키게 된다. 본말의 관계에서는 공부가 비록 주의에 의해 규정되고 제약된다 하더라도 여전히 조금은 자기의 본성을 남겨 두고 있었는데, 체용의 틀에서는 공부의 의미란 단지 '치양지'를 가능하게 만드는 구체적인 형식일 뿐이다.

왕수인이 이러한 공부 체계를 짜게 된 기본적인 목적은 '외外'에 대한 '내內'의, 혹은 '문학問學'에 대한 '덕성德性'의, 혹은 '지智'에 대한 '인仁'의

---

逐末, 明道尙有玩物喪志之戒."

50) 『全書』, 권2, 64쪽, 「答歐陽崇一」, "大抵學問工夫只要主意頭腦是當. 若主意頭腦專以致良知爲事, 則凡多聞多見, 莫非致良知之功. 盖日用之間見聞酬酢, 雖千頭萬緖, 莫非良知之發用流行, 除却見聞酬酢, 亦無良知可致矣."

우선적 지위를 강조하기 위한 것이었다. 즉 '밖으로 물리를 궁구하는 것'에 대한 '안으로 내 마음에서 구하는 것'의 우선적 지위를 부여하기 위한 것이었다. 양자는 평등하지 않고, 덕성의 배양이 통수이자 핵심이라고 본 것이다. 다만 왕수인은 이런 전제 아래에서도 무조건적으로 지식·문학의 노력을 희생하거나 포기하라고 주장하지는 않았다.

의심할 여지없이 이상의 모든 논의들은 '가치 우선'이라는 원칙으로 귀결될 수 있다. 그러나 삶의 문제와 정신 경지에 있어서, 덕성이 지성에 우선한다고 주장하는 것과 지식 활동의 독립적 의의를 없애 버린 채 그것을 덕성의 실현을 위한 구체적 방식으로만 보는 것은 분명히 별개의 일이다. 덕성이 지성에 우선한다는 주장에서는, 지식의 문제가 도덕의 문제보다 낮긴 하지만 지식 활동의 독립적 의의는 결코 없어지지 않으며, 나아가 하나하나의 지식 활동이 반드시 도덕 수양을 드러낸 것이어야 한다는 의미도 갖지 않는다. 이러한 분석은 학술상으로나 역사와 현실에 대한 문화 반성이란 측면에서 모두 의의를 갖는다.[51]

## 2. 공부에 있어서의 유무와 동정

지금부터 다루려는 것은 송명 리학의 정신 수양에 관한 몇 가지 특수한 문제들이다. 이 문제들은 모두 불교나 도교에서 강조되는 정좌靜坐·무념無念의 방법 및 마음의 안정에 대한 추구 등을 어떻게 (유학 내에) 흡수할 것인가와 관련되어 있다. 실제로 이 문제들은 송명 리학 내부에서 중요한 위치를 차지하는 토론이었다.

---

51) Joseph. R. Levenson은 文革과 문혁 이전의 紅(혁명화)과 專(전문화)의 토론도 유가의 이 전통과 유관하다고 생각했다. 이에 대해서는 杜維明이 보다 진척된 반성적 사고를 했다. 杜維明, 『人性與自我收養』(中國: 和平出版社, 1988), 15장 참조.

## 1) 사상마련事上磨煉과 정좌靜坐

선정禪定은 불교의 기본적인 수양 방식이다. 도가 안에도 심재心齋나 좌망坐忘의 수양법이 오래 전부터 있었지만, 도가에서는 불교와 같이 정좌와 명상을 시행하기 간편한 수양법으로 체계화·규범화시키지는 못했다. 좌선은 중국 고유의 기공氣功과 서로 통하는 것으로, 이것이 심신의 조절과 수양에 유익하다는 것은 좌선을 경험한 사람이라면 누구나 알고 있는 사실이다. 따라서 정좌 자체는 결코 '불교' 또는 '도가'적인 속성을 지닌 것이 아니다. 어떠한 정신적 전통에서라도 정좌(sitting meditation)는 하나의 수양 방법으로 받아들여질 수 있는 것이다.

송대 유가의 수양 방법에서도 정좌는 이미 중요한 문제 가운데 하나였다. 주돈이는 "인의중정仁義中正으로 사람들에게 법도를 정해 주되 정靜을 위주로 한다"(定之以仁義中正而主靜)라고 말한 적이 있다. 다만 여기서 그가 말한 '주정主靜'은 아직 명확히 정좌를 언급한 것이 아니었다. 그러나 이정二程의 경우는 그렇지 않아서, 어떤 이가 정좌하는 것을 보면 바로 잘 배운다고 칭찬하였다. 정호는 부구扶溝에 있을 때 사량좌謝良佐(호는 上蔡)에게 정좌를 가르친 적이 있고 또 정이도 한때 정좌를 가르쳤으며, 나종언羅從彦과 이동李侗도 "하루 종일 정좌를 하였다"(終日靜坐)고 한다. 육구연 역시 첨부민詹阜民에게 정좌를 가르쳤고 다른 제자들에게도 '맑고 고요하게 내면을 성찰하는'(澄默內觀) 공부를 많이 하게 하였다.

주희도 정좌를 부정한 적은 없었다. 실제로 그는 "정신이 안정되지 않으면 도리가 모여들 곳이 없다. 반드시 정좌를 해야만 정신을 모을 수 있다",[52] "처음 공부할 때는 반드시 정좌부터 해야 한다. 정좌를 하게 되면 본원이 안정된다. 외물을 좇는 버릇을 아직 버리지 못할지라도 안으로 수렴해 들이면 마음을 쉴 곳이 있게 될 것이다"[53]라고 말하였다. 그렇지만 그는

---

52) 『語類』, 권12, 216쪽, "蓋精神不定, 則道理無湊泊處, 須是靜坐方能收斂."
53) 『語類』, 권12, 217쪽, "始學工夫須是靜坐, 靜坐則本原定. 雖不免逐物, 及收歸來也有個安頓處."

오로지 정좌만을 위주로 하는 것은 '다소 치우친 것이어서' 불교에서처럼 좌선을 통해 선정에 드는 문제가 생긴다고 여러 차례 지적하였다. 주희가 볼 때 정좌는 단지 주체가 맑고 밝은 상태에서 리理를 인식하고 외물에 대응할 수 있도록 만들기 위한 방편일 뿐이다. 그에게 있어 진정한 '정靜'의 의미는 정좌에 있는 것이 아니라 마음이 안정되고 리가 밝아지는 데 있다.

왕수인은 홍치弘治 시기에 양명동陽明洞에 집을 짓고 정좌를 익힌 것을 비롯하여 정좌 방면에 있어 꽤 풍부한 체험을 하였다. "여러 제자들과 함께 절에서 정좌를 하면서 스스로 성性의 본체를 깨닫게 했더니 어렴풋하게나마 손에 잡히는 듯했다"[54]라는 기록에 나타나듯이, 정덕正德 5년(1510)에 상덕常德·신주辰州에서도 그는 사람들에게 정좌를 가르쳤다. 이 기록은 정좌를 학문에 입문하는 공부로 삼아 배우는 이로 하여금 정좌를 통해 스스로 성의 본체를 깨닫게 했다는 뜻이다. 여기서 "스스로 성의 본체를 깨달아 어렴풋하게나마 손에 잡히는 듯했다"는 말은 정좌한 뒤에 도달한 '내면 상태에 대한 체험'을 가리킨다. 진헌장陳獻章이 "마음의 본체가 은연중에 드러나서 늘 무엇인가가 있는 듯했다"라고 말한 바로 그 경지이다. 그러나 왕수인은 신주를 떠난 뒤 신주의 학생들에게 보낸 편지에서는 정좌 방법이 지닌 한계에 대해 설명하고 있다. 이 편지에서 그는, 정좌는 그 자체가 목적인 것도 아니며 그렇다고 '좌선을 해서 선정에 들기' 위한 것도 아니라고 하면서, 다만 사람들이 생각을 일으킬 때 너무 쉽게 외부 사물의 방해받는 것을 염려하여 "정좌로써 '풀어진 마음을 거둬들이는'(收放心) 소학小學 단계의 공부를 보완하고자 한 것일 뿐"이라고 지적했다.

왕수인은 정덕 8년에 저양滁陽에 있을 때에도 사람들에게 정좌를 가르쳤는데, 뒤에 저양의 맹원孟源이 편지를 보내 "가만히 있을 때도 온갖 사려들이 어지럽게 일어나서 억지로 막아 없앨 수가 없습니다"라고 한 것에 대해 다음과 같이 답하였다.

---

54) 『全書』, 권32, 446쪽, 「年譜」, '戊午條', "與諸生靜坐僧寺, 使自悟性體, 顧恍恍若有可卽者."

어지럽게 일어나는 사려를 억지로 막아 없앨 수는 없다. 단지 사려가 막 일어나려는 곳에서 살피고 다스려야 한다. (그런 공부를 통해) 천리가 밝아지고 나면 하나하나의 사물을 그 사물에 맞게 대할 수 있어서 자연히 정밀하고 전일하게 되어 어지러운 생각이 없을 것이다.[55]

이 대답은 정좌의 목적이 결코 일체의 사려를 제거하는 데 있지 않다는 것을 분명히 지적한 것으로, 정호의 『정성서定性書』에 있는 내용과 궤를 같이한다. 정호 또한 장재가 질문한 '성을 안정시키는'(定性) 문제에 답할 때, '성을 안정시킨다'는 것이 결코 생각 속에서 외물을 배제한다는 뜻은 아니므로 사물이 다가오면 자연스럽게 응해야 한다고 말했다. 사물이 다가올 때 자연스럽게 응하는 경지가 바로 '안정되고 고요한 마음의 경지'라는 것이다. 왕수인이 말한 '사물을 그 사물로 대한다'(物各付物)는 것도 바로 사물이 오면 자연스럽게 응한다는 의미이다. 왕수인은 여기서 한 걸음 더 나아가, '사물을 그 사물로 대하는 것' 자체는 당연히 '천리가 밝아진'(天理精明) 뒤의 자연스런 결과이므로, '사물을 그 사물로 대하는 것'을 ―불교나 도가와 같이 그 자체를 목적으로 삼는 것이 아니라― '천리의 밝음'(天理精明)이라는 기초 위에 세워 놓아야만 비로소 성인의 학문이라 할 수 있다고 지적하였다.

이런 입장은 왕수인의 전체 공부론 속에 일관되게 흐르고 있다. 왕수인의 입장에 따르면, 불교의 경지와 공부에 대한 긍정은 반드시 유가의 기본 원칙을 바탕으로 삼아야 한다. 이것은 '유有'의 기초 위에서, 즉 '무無'를 '유有'의 자연스러운 결과가 되도록 하는 방식 아래에서 '무'의 공부와 경지를 유학 내로 흡수하는 것이다. 왕수인에게 있어서 이것은 결코 주관적 판단에 의해 내린 규정이 아니라 몸소 겪은 실천에 기초한 것이었다.

왕수인은 뒷날 '사려가 일어나지 않을 때의 깨달음'(靜處體悟)과 '치양지' 사상에 대해 회고하면서 아울러 다음과 같이 비교하였다.

---

55) 『全書』, 권26, 378쪽, "紛雜思慮亦强禁絶不得, 只就思慮萌動處省察克治, 到天理精明後, 有個物各付物的意思, 自然精專無紛雜之念."

한 친구가 정좌하고 있다가 깨달은 바가 있어 달려와 선생께 물었더니 선생께서는 이렇게 답하셨다. "지난 날 저주滁州에 있을 때, 여러 제자들이 지식적인 이해에만 힘쓰고 이론적인 차이점만을 토론해서 학문의 성과에 있어서는 아무런 이득이 없는 것을 보고서 한때 그들에게 정좌를 가르친 적이 있다. 그러자 잠시나마 도道의 광경을 엿보고 자못 효과를 거두는 것 같았다. 그러나 오래 지나면서 점차로 고요함을 좋아하고 움직임을 싫어하여 말라죽은 나무같이 되어 버리는 폐단에 빠져들었고, 더러 불교나 도가의 허무하고 현묘한 도를 깨우치는 데 힘써서 사람들의 귀와 눈을 놀라게 하는 일까지 있었다. 그렇기 때문에 근래에 와서는 오직 치양지致良知만을 거론하는 것이다. 양지만 분명해진다면 기분에 따라 '사려가 일어나지 않을 때 몸으로 깨달아도' 좋고 '일을 통해서 연마해도' 괜찮다. 양지의 본체는 원래가 움직임도 없고 고요함도 없는 것이다. 이것이 바로 학문의 요체이다."56)

왕수인은 금릉金陵에 있을 때부터 이미 정좌하여 정신을 거둬들이는 방법이 항상 '고요함을 좋아하고 움직임을 싫어하는' 병폐를 낳는다는 것을 알았다. 그래서 늘 문인들에게 "고요함과 움직임을 구분해서는 안 된다"고 각성시켰다. 『전습록』 상권에는 다음과 같은 글이 실려 있다.

"가만히 있을 때에는 좋은 생각이 나다가도 일을 만나기만 하면 달라지니 어떻게 하면 좋겠습니까?"라고 물으니 선생께서 말씀하셨다. "그것은 다만 고요히 마음을 기를 줄만 알고 자기를 이겨내는 공부를 하지 않기 때문이다. 그러한 상태로 일을 대하면 곧 그 일에 경도되고 만다. 사람은 반드시 일을 통하여 자신을 연마해야만 비로소 자신을 확립하여 고요할 때도 안정되고 움직일 때도 안정될 수 있다."57)

---

56) 『傳習錄』 下; 『全書』, 권3, 72쪽, "一友靜坐有見, 馳問先生. 先生答曰: 吾昔居滁時, 見諸生多務知解, 口耳異同, 無益於得, 姑敎之靜坐. 一時窺見光景, 頗收近效, 久之漸有喜靜厭動, 流入枯槁之病, 或務爲玄解妙覺, 動人聽聞. 故邇來只說致良知, 良知明白, 隨你靜處休悟也好, 隨你去事上磨煉也好, 良知本體元是無動無靜的, 此便是學問頭腦."

57) 『傳習錄』 上; 『全書』, 권1, 40쪽, "問: 靜坐時亦覺意思好, 才遇事便不同, 如何? 先生曰: 是徒知靜養而不用克己工夫也. 如此臨事便要傾倒. 人須在事上磨煉, 方立得住, 方能靜亦定, 動亦定."

또 『전습록』 하권에는 정좌의 체험에 관한 진구천과 왕수인의 다음과 같은 문답이 기록되어 있다.

"정좌 수행을 하면 자못 마음이 수렴된다는 것을 느끼지만 문득 일을 만나면 다시 단절되어 버립니다. 이때 정신을 차려 일을 통해 성찰하기도 하지만 그 일이 지나가고 나면 다시 지난 정좌 공부를 찾게 되어 여전히 안과 밖이 따로 있으므로 하나로 융화되지 못한다는 느낌이 듭니다"라고 묻자, 선생께서 말씀하셨다. "이것은 격물설格物說을 제대로 이해하지 못했기 때문이다. 마음에 어찌 안과 밖이 있겠는가? 예컨대, 자네가 지금 여기서 강론을 하고 있을 때 또 어떻게 다른 하나의 마음이 안에서 자네를 바라보고 있겠는가? 지금 강설을 들을 때 마음을 집중하는 것이 바로 정좌할 때의 그 마음이다. 공부가 일관되어 있으면 어찌 다시 정신을 차릴 필요가 있겠는가? 모름지기 일을 통해서 연마하는 공부를 해야만 어떤 도움이 있을 것이다. 그렇지 않고 단지 고요함만을 좋아한다면 일을 만났을 때 곧 어지러워져서 끝내 큰 진전이 없을 것이다."[58]

진구천의 경험은 왕수인이 저양滁陽에서 제자들을 가르칠 때 느낀 것과 동일한 것으로, 정좌의 실천을 하면서 점차 가만히 있기만 좋아하고 움직이는 것을 싫어하는 마음이 늘어나게 된다는 문제를 말하고 있다. 이것은 사회적 책임을 담당하고 사회적 실천을 강조해야 하는 유가의 입장에서 보면 분명히 해악이 되는 것이다. 만일 정좌하는 일이 한 개인이 다양한 실천에 상응하는 정신적 역량을 촉진 또는 개선시키지 못하고(않고) 도리어 외부의 일에 대응하는 정신적인 능력을 약화시켜 버린다면, 그것은 왕수인이 바라던 것과는 배치되는 것이다. 왕수인은 생활 가운데서 자기 위안을 일삼는 나약한 인간이 되려 한 것이 아니라 군건하고 의연한 실천가가 되고자 했

---

58) 『傳習錄』 下; 『全書』, 권3, 73쪽, "又問, 靜坐用功頗覺此心收斂, 遇事又斷了. 旋起個念頭去事上省察, 事過又尋舊功, 還覺有內外, 打不成一片. 先生曰, 此格物之說未透, 心何嘗有內外, 即如惟浚今在此講論, 又豈有一心在內照管? 這听講說時專敬卽是那靜坐時心. 工夫一貫, 何須更起念頭, 人須在事上磨煉作工夫乃有益. 若只好靜, 遇事便亂, 終無長進."

기 때문이다. 그래서 제자 유방채劉邦采(자는 君亮)가 산속으로 들어가 정좌를 하고자 했을 때 왕수인은 다음과 같이 충고하였다.

만일 자네가 외부의 사물을 싫어하는 마음을 가지고 산속으로 들어가 고요함을 추구한다면 도리어 교만하고 게으른 기氣를 기르게 될 것이다. 자네가 만일 외부의 사물들을 싫어하지 않는다면 그때는 사려가 일어나지 않는 곳에서 마음을 함양해도 괜찮다.[59]

이런 이유에서 그는 또 유원도劉元道[60]에게 다음과 같은 편지를 썼다.

보내온 편지에 "깊은 산에 들어가 세상의 일을 등지고 사려를 물리쳐서 저의 영명靈明을 길러 보고 싶습니다. 반드시 스스로의 체험이 밤낮을 다해 쉬지 않는 경지에 이른 뒤에야 무정無情의 태도로 세상일에 응할 수 있을 것입니다"라고 하고, 또 "사려가 일어나지 않을 때 이것을 구하는 것이 지름길인 것 같아 보이지만 그저 공적空寂에 빠져들기가 쉬울 따름입니다"라고 한 것을 보았다. 그 글을 보고 도道를 자임하는 모습이 강건하고 의연하며 뜻을 세운 것이 범상하지 않다는 것을 알 수 있었다. 앞뒤에서 논한 것이 모두 소견이 없는 것이 아니었다.……(그러나) 오로지 세상의 일을 등지고 사려를 물리치고자 하여 허정虛靜에 치우쳐 버리면 얼마 지나지 않아서 공적空寂한 성性을 기르게 될 것이니, 그때는 비록 공적空寂에 빠져들지 않으려고 해도 어쩔 수가 없다.[61]

유원도는 산으로 들어가 정좌하여 정정靜과 동動이 모두 안정된 경지에 도달함으로써 '무정無情의 태도로 세상일에 응하고자'(以無情應世故) 하는 마

---

59) 『傳習錄』 下; 『全書』, 권3, 78쪽, "汝若以厭外物之心去求靜, 是反養成一個驕惰之氣了. 汝若不厭外物, 復於靜處涵養却好."
60) 陳榮捷의 견해에 따르면 劉元道는 바로 劉邦采이다. 이에 대해서는 『王陽明傳習錄詳註集評』(臺北: 學生書局, 1983), 320쪽 참조.
61) 『全書』, 권5, 109쪽, 「與劉原道」, "來諭'欲入窮山·絶世故·屛思慮, 養吾靈明, 必自驗至於通書夜而不息, 然後以無情應世故', 且云'於靜求之似爲徑直, 但易流於空寂而已, 觀此足見任道之剛毅·立志之不凡, 且前後所論皆不爲無見者矣.……專欲絶世故·屛思慮, 偏於虛靜, 則恐旣已養成空寂之性, 雖欲勿流於空寂不可得矣."

음을 갖고 있었다. '무정無情'이란 '집착하는 정情이 없다'는 뜻이다. 즉 '정이 만사에 순응하여 고착된 정이 없는'(情順萬事而無情) 경지를 말한다. 왕수인은, 이런 경지를 추구하는 것은 옳지만 정좌에만 의존하여 그 경지에 도달하려는 것은 옳지 않다고 보았다. 왜냐하면 사려가 일어나지 않을 때의 수양이 결코 '움직일 때도 안정되는'(動亦定) 경지, 즉 실천 속에서도 마음이 안정되고 충실한 경지를 이루어 준다고는 보장하지 못하기 때문이다. 마땅히 '일을 통한 단련'(事上磨鍊)을 통해 구체적이고 다양한 행동과 실천 속에서 자기 정신의 대응 능력을 길러야 하는 것이다. 그러므로 왕수인의 전체적인 공부 이론은 결국 '동動'적이고 '실천'(行)적인 측면을 강조하고 있다. 사회개혁을 위한 실천이라는, 유가의 이런 관심은 바로 유가와 출세간의 종교 사이의 근본적인 차이점 가운데 하나이다.

마지막으로 정좌 속의 신비 체험(mystical experience)의 문제에 관해 말한다면, 왕수인은 홍치弘治 시기 양명동에서 정좌를 할 때 미래를 예견하는 일과 같은 여러 신비 체험을 한 적이 있었고, 뒤에 용장에서 묵좌默坐하는 가운데 도를 깨달았을 때는 더욱 강한 신비 체험을 했다. 그 문인들의 "정좌할 때 보이는 것이 있었다"(靜坐有見), "광경을 엿보았다"(窺見光景), "어렴풋하게 손에 잡히는 것이 있는 듯했다"(恍若有可卽者)라는 말들도 모두 신비 체험과 관련된 것이다. 금릉金陵 이후에 왕수인은 점차 그것이 지닌 문제점을 깨닫고 종종 제자들을 경각시켰다. 그러나 그 문제점은 끝내 그다지 경계되지 않았으며, 그 결과 가정 연간 이후 왕학王學 내에서 오히려 더욱 발전하여 명대 유학의 정신성을 나타내는 중요한 특징이 되고 말았다.[62]


### 2) 계신공구戒愼恐懼와 하사하려何思何慮

불교의 선정 수양은 '사고의 중지'(息念)를 요구한다. 선종에서는 "선도 생각하지 않고 악도 생각하지 않는" 순수 의식 상태에서 자성自性으로서의

---

62) 부록 2 '심학 전통에서의 신비주의의 문제' 참조.

'본래면목'을 체인하라고 주장했는데, 이처럼 불교의 공부는 늘 정靜 쪽에 있었다. 일반적으로 불교와 도가에서는 초연한 경지에 이르는 것은 주로 정靜의 수양 방법을 통해 외물의 유혹을 단절하고 정욕과 사려가 생겨나는 것을 억제함으로써 가능하다고 보았다. 비록 불교 내부에서도 늘 '여러 생각을 끊지 않도록'(不斷百思想) 일깨워서 메마른 나무(枯槁)와 같은 상태의 정靜으로 빠지는 것을 막곤 했지만, 원시 선禪의 종지인 '정묵靜默'의 수행 방법은 사람들로 하여금 선을 정靜이나 무無의 측면으로 이해하도록 만들었다.

리학은 끝내 세계를 헛된 환상으로 보는 불교의 '무無의 본체론'을 받아들이지 않았지만, 그렇다고 해서 자아를 초월하는 '무의 경지론'까지 배척한 것은 아니었다. 정호에서 왕수인에 이르는 심학적 경향의 리학가들은 모두 불교와 도가의 대표적인 인생 경지가 비록 한쪽으로 치우치긴 했지만 분명히 합리성이 있다고 보았고, 또 그것에 강하게 끌렸다. 따라서 외물에 대한 감응으로서의 사려를 배제하는 일을 정신 경지 제고의 방법으로 삼는 공부는 리학 내에서도 그 출발에서부터 끊임없이 제기되어 왔다. 장재張載와 사마광司馬光이 외물을 극복하는 문제로 고민했던 것이 그 예이다.

불교의 영향이 날로 확대되자 유가 경전들도 새로운 시각으로 해석되기 시작했다. "보지 않는 곳에서 삼가고 듣지 않는 곳에서 두려워한다"(戒愼乎其所不睹, 恐懼乎其所不聞)라는 『중용』 구절의 원래 의미는, 군자의 도덕 수양은 늘 자신을 성찰해야 하며 특히 외물과 접촉하지 않을 때는, 즉 보고 듣지 않을 때는 내면에서의 인욕의 방해를 경계하고 살펴야 한다는 것이었다. 그런데 불교 사상의 자극을 받게 되자 '보지 않고 듣지 않는'(不睹不聞) 상태는 '선과 악을 생각하지 않는'(不思善惡) 정묵靜默의 수양 방식과 연관을 갖게 되었고, 이것은 또 다른 문제를 야기하게 되었다. 즉 계신공구戒愼恐懼가 '동動'을 대표하고 '보지 않고 듣지 않는 상태'(不睹不聞)가 '정靜'을 대표한다고 할 때 이 둘은 어떤 관계에 놓여 있으며, 또 그것들은 정신 경지의 수양에 있어 동등한 의의를 갖는가 하는 문제였다. 주희는 이 구절에 대해 "보지 않고 듣지 않는 곳이란 눈을 감고 귀를 닫는다는 의미가 아니라 단지 희노애락이 아직 일어나지 않은 때를 말한다. 무릇 만사가 아직 생겨나지 않을 때에 자신이 먼저 이와 같이 삼가고 두려워하여 늘 이 마음을 일깨워야 한다는 의미이다",[63] "보지 않는 곳에서 삼가고 듣지 않는 곳에서 두려워하는 것은 '아직 일이 없는 때'의 공부이다"[64]라고 해석하였다. 말하자면 계신공구의 직접적인 의미는 외물과 아직 접촉하지 않은 상태, 사고 활동이 생겨나지 않은 상태의 수양 방법을 가리킨다는 뜻이다.

주희는 계신공구란 단지 보지 않고 듣지 않는 때만 필요한 것이 아니라 실은 동정動靜을 관통하는 수양 방법이라고 하면서, 『중용』에서 '보지 않고 듣지 않는 곳'만 거론한 것은 사고 활동이 드러나지 않는 상태에서도 삼가고 두려워해야 함을 강조하기 위해서라고 해석했다. '삼가고 두려워하는 것'(戒慎恐懼)은 '감정이 일어나지 않았을 때'(未發)의 공부이기 때문에 아무런 사려도 필요하지 않다. 그래서 그것의 방법적 의미는 "단지 마음을 어둡게 하지 않고" "속에서 늘 깨어 있게 하는" 것일 뿐이다. 주희는 '계신공구 戒慎恐懼'와 신독慎獨을 구분하여, '보지 않고 듣지 않는 상태'(不睹不聞)란 "자신이 보지 않고 듣지 않는 때"(己之所不睹不聞)를 가리키고 '독獨'이란 "남들이 보지 않고 듣지 않는 때"(人之所不睹不聞)를 가리킨다고 보았다. 즉 '계신공구'는 자기 감정의 미발을 대상으로 한 것인 데 반해 '신독'의 '독'은 감정의 미발을 가리키는 것이 아니라 자신의 감정은 마침 생겨났는데 남은 아직 모르고 오직 자신만 홀로 아는 상태라는 것이다. 그러므로 주희는 "신독慎獨이 오직 '감정이 일어난 상태'(已發)에 대해 말한 부분이라면 이 단락 (계신공구 부분)은 바로 '미발' 시기의 공부에 해당한다"[65]라고 말하였다.

유가의 또 다른 경전인 『주역周易』에서는 "역易은 생각도 없고 하는 것도 없다. 적연하여 아무 움직임이 없다가 감응해서는 마침내 천하의 일에 두루 통달한다"[66]라고 했고, 또 "천하에 무엇을 생각하고 무엇을 헤아리겠

---

63) 『語類』, 권62, 1499쪽, "所不聞所不見, 不是合眼掩耳, 只是喜怒哀樂未發時, 凡萬事皆未萌芽, 自家便先恁地戒慎恐惧, 常要提起此心."
64) 『語類』, 권62, 1503쪽, "戒慎乎其所不睹, 恐惧乎其所不聞, 是未有事時."
65) 『語類』, 권62, 1505쪽, "慎獨旣專就已發上說, 則此段(戒慎)正是未發時工夫."

는가?"(天下何思何慮)라고 했다. 여기서도 앞서와 같이 새로운 해석의 입장에서, "생각도 없고 하는 것도 없다"(無事無爲)라는 구절과 "무엇을 생각하고 무엇을 헤아리겠는가"(何事何爲)라는 구절을 유가에서 긍정되는 정정(靜)의 수양 방식으로 받아들일 수 있을까 하는 문제가 제기될 수 있겠는데, 리학사理學史에서 볼 때 정이程頤는 이미 "무엇을 생각하고 무엇을 헤아리겠는가"에 관한 사량좌謝良佐의 질문에 답하면서 이 "무엇을 생각하고 무엇을 헤아리겠는가"라는 말을 아주 수준 높은 정신 경지로 인정하고 있다.

왕수인은 주희가 미발과 이발, 또는 '일이 없을 때'(無事)와 '일이 있을 때'(有事)로 '계신공구'와 '신독'을 구분한 것에 그다지 찬성하지 않았다. 확실히 주자학 가운데도 이론상 분명치 않은 부분이 더러 있다. 주희가 계신공구는 단지 미발 공부이기만 한 것이 아니라 동과 정, 이발과 미발을 모두 관통한다고 보았다면 생각이 이미 일어났을 때의 계신공구는 신독과 중복이 되고 만다. 왕수인은 초기에 다음과 같이 말했다.

"계신공구로부터 시작해서 더욱 단속하여 지극히 고요한 데까지 이르고, 신독으로부터 시작해서 더욱 정미하게 살펴 사물에 직접 대응하는 일에까지 이른다"라는 (주자의) 해석은 지나치게 가르고 쪼갠 것 같다. 그리하여 훗날 공부하는 사람들은 마침내 그것을 둘로 나누고서는 '적연히 아무 움직임이 없는 상태에서 고요하게 존양하는 시기'란 것이 따로 있다고 여기게 되어, 늘 계신공구하는 마음을 지니기만 하면 공부에 한순간의 끊어짐도 없어서 굳이 '보지 않고 듣지 않은 시기'에 존양할 필요가 없다는 것을 알지 못하게 되었다. 자네는 앞으로 '움직임이 생겼을 때'(動處) 적절한 공부를 해서 끊어짐이 없도록 해야 할 것이다. 움직일 때 조화롭지(和) 않음이 없으면 곧 가만히 있을 때도 중中이 아닌 것이 없게 된다. 그렇게 되면 이른바 '적연히 아무 움직임 없는 체體'라는 말의 의미가 무엇인지도 저절로 알게 될 것이다.[67]

66) 『周易』, 「繫辭傳」, "易, 無思也, 無爲也, 寂然不動, 感而遂通天下之故."

67) 『全書』, 권4, 93쪽, 「答汪石潭內翰」, "自戒愼而約之, 以至於至靜之中. 自謹獨而精之, 以至於應物之處者, 亦若過於剖析, 而後之讀者遂以分爲兩節, 而疑其別有寂然不動而存養之時, 不知常存戒愼恐惧之心, 則其工夫本始有一息之間, 非必自其不睹不聞而存養也. 吾兄且於動處加工, 勿使間斷. 動無不和卽靜無不中, 而所謂寂然不動之休者當自知之矣."

이처럼 왕수인은 계신공구를 미발의 공부로, 신독을 이발의 공부로 보는 '지나치게 가르고 쪼개는' 주희의 방법에 결코 찬성하지 않았다. 그는 그런 태도가 바로 후대의 학자들로 하여금 공부를 동動과 정靜의 두 가지로 나누어 수양 생활이 분열되고 통일되지 못한 상태에 놓이도록 만들었다고 보았다. 그래서 그는 계신공구를 일이관지一以貫之의 방법으로 삼아야 하며, 특히 동動의 공부에 주의를 기울여야 한다고 주장했다. 『전습록』 상권에도 이와 유사한 논의가 있다.

황홍강黃弘綱(자는 正之)이 "계신戒愼은 자신도 의식하지 못할 때의 공부이고, 신독愼獨은 자기만 홀로 의식하고 있을 때의 공부인 것 같습니다. 제 생각이 어떻습니까?"라고 묻자 선생께서 답하셨다. "그저 한 가지 공부일 뿐이다. 일이 없을 때는 말할 것도 없이 자기 홀로 의식하지만, 일이 있을 때라도 역시 자기 홀로 의식한다. 만약 이렇게 홀로 의식하는 곳에 힘쓸 줄 모른 채 다만 남들이 다 아는 것에만 힘쓴다면 그것은 곧 위선이 될 것이다……지금 계신공구를 따로 떼어 내서 자기도 의식하지 않는 것으로 삼는다면 공부가 지리멸렬하게 되고 중단이 생길 것이다. 이미 계신공구하는 상태라면 그것은 곧 의식이 일어난 것이다. 자기가 만약 의식하지 못하고 있다면 누가 계신공구한다는 말인가? 그러한 견해는 곧 단멸斷滅의 선정禪定으로 빠져들어 가게 될 것이다." 이어 황홍강이 다시 "선한 생각이든 악한 생각이든 모두 거짓됨이 없는 것이라면 홀로 의식하는 곳에서도 더 이상 '무념無念'인 때는 없는 것입니까?"라고 묻자 선생께서는 이렇게 답하셨다. "계신공구 역시 생각이 일어난 상태이니, 계신공구하는 마음을 언제라도 멈추어서는 안 된다. 만약 계신공구하는 마음을 조금이라도 보존하지 못하게 되면 혼미해지거나 악한 생각에 빠져들게 된다. 아침부터 저녁까지, 어려서부터 늙을 때까지 만약 아무런 생각이 들지 않으려면 스스로가 어떠한 의식도 없어야 한다. 그러나 이것은 잠잘 때나, 말라죽은 나무나 불 꺼진 재와 같이 되었을 때에만 가능하다."[68]

---

68) 『傳習錄』 上; 『全書』, 권1, 49쪽, "正之問: 戒愼是己所不知時工夫, 愼獨是己所獨知時工夫, 此說如何? 先生曰: 只是一個工夫, 無事時固是獨知, 有事時亦是獨知, 人若不知於此獨知之地用功, 只在人所共知處用功, 便是作僞.……今若又分戒愼爲己所不知, 卽工夫便支離, 亦有間斷. 旣戒愼卽是知, 己若不知是誰戒愼? 如

주희도 "계신공구는 전체적인 면에서의 공부"[69]라는 것과 "보고 듣는 곳에서부터 보지 않고 듣지 않는 곳에 이르기까지 늘 계신공구하고 거기에 다시 '혼자일 때'(獨) 삼가는(愼) 공부를 보탠다"[70]라는 이해에는 동의하였지만, 듣지 않고 보지 않는 상태의 공부인 계신공구는 사려도 아니고 지각도 아니며 이발도 아니라고 보았다. 이것은 미발의 계신 공부의 의의를 파악하기 힘들게 만든다. 그래서 왕수인은 그냥 계신공구도 의식·생각(念)에 해당한다고 인정했던 것이다. 따라서 왕수인은 잠잘 때(昏睡) 말고는 '사려도 없고 생각도 없는' 상태란 있을 수 없다고 하였다.[71] 이것이 바로 그가 이발(動)의 공부를 강조했던 이유로서, 이런 입장은 심心을 이발로 보고 성性을 미발로 보았던 주희의 초기 사상에 아주 근접한 것이기도 하다.[72]

그러나 주희의 학설 가운데 유념有念과 무념無念, 이발과 미발에 대한 논의에서는 장재와 정호가 제기한 '정성定性'(곧 定心이기도 하다)의 문제, 왕수인 철학의 용어로 말한다면 '영정寧靜'(평정)의 경지에 관해서는 언급되지 않았다. 사실 미발·무념·구중求中에 관한 것은 그 본래의 논리에 따르자면 '영정'의 경지 즉 정심定心의 문제를 지향하는 것이었다. 단지 주희의 경우에는 강렬한 이성주의가 정신 생활의 나머지 방향을 압도해 버렸을 뿐이다. 『전습록』 중권에 있는 육징陸澄에게 답하는 편지에는 이 문제에 관한 육징과 왕수인의 문답이 실려 있다. 먼저 육징의 질문은 다음과 같다.

此見解便要流入斷滅禪定. 曰: 無論善念惡念更無虛假, 則獨知之地更無無念時耶? 曰: 戒愼亦是念, 戒愼之念無時可息. 若戒愼之心稍有不存, 不是昏睡, 便已流入惡念. 自朝至暮·自少至老, 若要無念, 卽是己不知, 此除是昏睡·除是槁木死灰."

69) 『語類』, 권62, 1502쪽, "戒懼是統體做工夫."
70) 『語類』, 권62, 1502쪽, "是從見聞處至不睹不聞處皆戒懼了, 又就其中於獨處更加愼也."
71) 왕수인은 진구천의 질문에 다음과 같이 답하였다. "계신공구가 바로 생각(念)이다.……계신공구하는 생각은 생동감이 넘치는 것이다. 이것이 天機가 쉼없이 유행하는 모습이다.……일단 멈추게 되면 곧바로 죽는 것이다."(『傳習錄』下; 『全書』, 권3, 73쪽, "戒愼恐懼卽是念.……戒懼之念是活潑之地, 此是天機不息處,……一息便是死.")
72) 역자 주 – 주희 철학의 발전 과정에 대해서는 저자의 『朱熹哲學硏究』에 자세히 소개되어 있다.

"선도 생각하지 않고 악도 생각하지 않는 때에 본래면목을 인식한다"라는 불교의 말은 '사물을 따라 그것을 바로잡는(格)' 우리 유가의 공부와 같지 않습니다. 우리가 만약 '선도 생각하지 않고 악도 생각하지 않는' 때에 치지致知의 공부를 한다면 그것은 이미 선을 '생각하는' 단계에 접어든 것입니다. 선악을 생각하지 않으면서도 심의 양지가 청정하고 자재한 그런 상태를 굳이 찾는다면, 그것은 오직 잠에서 막 깨어나려고 할 때일 뿐입니다. 이것이 바로 맹자의 '야기夜氣'의 설입니다. 그러나 이때라 하더라도 그 광경은 오래 지속되지 못하고 순식간에 이미 사려가 생겨나게 됩니다. 공부가 아주 깊은 사람은 늘 자다가 처음 깨어나서 생각이 아직 생기지 않았을 때와 같은 것입니까? 지금 저는 마음이 평정해지기를 바라면 바랄수록 더욱 평정해지지 않고, 생각이 일어나지 않기를 바라면 바랄수록 더욱 많은 생각이 일어납니다. 어떻게 하면 이 마음이 앞서 생긴 생각을 쉽게 없애고 뒤에 생길 생각이 일어나지 않게 해서 양지가 홀로 드러나 조물자와 더불어 노닐게 할 수 있겠습니까?[73]

육징은 선종의 '선도 생각하지 않고 악도 생각하지 않음'(不思善不思惡)을 듣지 않고 보지 않으며 생각도 없고 사려도 없는 상태의 공부로 간주하여, 이런 상태에서 체인하고 수양하면 평정하고 자재로운 경지를 실현할 수 있다고 보았다. 이것은 그가 불교와 도가의 영향을 받았음을 분명하게 보여준다. 육징의 질문에 대해 왕수인은 다음과 같이 답하였다.

"선도 생각하지 않고 악도 생각하지 않는 때에 본래면목을 인식하라"는 것은 불교에서 본래면목을 인식하지 못하는 이를 위해 이렇게 방편을 세운 것이다. 본래면목은 곧 우리 성학聖學에서 말하는 양지良知이다. 지금 양지를 명확하게 알고 있으면 이렇게 말할 필요가 없다. '주어진 사물을 따라서 바로잡는다(格)'는 것은 치양지致良知의 공부이다. 그것은 곧 불교의 '항상 깨어 있

---

73) 『全書』, 권2, 62쪽, 「答陸原靜」, "佛氏於不思善不思惡時認本來面目, 于吾儒隨物而格之功不同. 吾若於不思善不思惡是用致知之功, 則已涉於思善矣. 欲善惡不思而心之良知淸淨自在, 惟有寐而方醒之時耳. 斯正孟子夜氣之說, 但於斯光景不能久, 倏忽之際思慮已生. 不知用功久者, 其常寐初醒而思之未起時否乎? 今澄欲求寧靜愈不寧靜, 欲念無生則念欲生, 如之何而能使此心前念易滅・後念不生, 良知獨顯而與造物者游乎?"

는 상태'(常惺惺)에 해당하는데, 마찬가지로 자신의 본래면목을 항상 간직하는 것일 뿐이다. 이처럼 전체적인 공부는 대체로 비슷하다. 다만 불교는 자사자리自私自利의 마음을 갖기 때문에 우리와 다른 것일 뿐이다. 지금 선도 악도 생각하지 않으면서 심의 양지가 얽매임 없이 맑고 고요히 있기를 바란다면, 이것은 자사자리로써 '보내고 맞이하며 의도하고 기대하는' 마음을 가지는 것이다. 그래서 자네가 말한 것처럼 "선도 악도 생각하지 않는 때 치지致知의 공부를 하게 되면 곧 이미 사려의 단계에 접어든다"는 걱정을 하게 되는 것이다. 평정해지기를 희구하고 사려가 없어지기를 바라는 것, 그것이 바로 자사자리로써 '보내고 맞이하며 의도하고 기대하는' 병폐이다. 그래서 사려가 더욱 많이 생겨나고 더욱 평정될 수 없는 것이다.

양지는 그저 양지일 뿐이지만 눈앞의 선악이 저절로 구별된다. 다시 무슨 선과 무슨 악을 생각하겠는가? 양지의 체體는 본래 그 자체가 평정한(寧靜) 것인데 지금 또다시 평정을 추구하는 마음을 보태려 하고, 양지의 체는 본래 그 자체가 낳고 낳는 것인데 지금 도리어 낳지 않으려는 마음을 보태려 한다. 성인의 치지致知 공부는 이렇지 않거니와, 불교의 공부 방법이라 해도 이런 식으로 '보내고 맞이하며 의도하고 기대하지는' 않는다. 오직 양지만 있으면 앞뒤로 관통하고 시작도 끝도 없어서 앞의 생각도 없어지지 않고 뒤의 생각도 생겨나지 않는다. 지금 도리어 앞의 생각을 쉽게 없애고 뒤의 생각을 생겨나지 않게 하려고 하니, 이는 곧 불교에서 말하는 "성性을 단멸시켜서 말라죽은 나무와 사그라진 재의 모습으로 변하는" 것에 해당한다.[74]

왕수인은 불교에서도 정묵靜默과 식념息念은 그저 본성을 보기 위한 방편적인 법문일 뿐 근본 원칙은 아니며, 유가 또한 마찬가지로 '보지 않고

---

74) 『全書』, 권2, 62쪽, 「答陸原靜」, "不思善不思惡時認本來面目, 此佛氏爲未認本來面目者設此方便, 本來面目卽吾聖門所謂良知. 今卽認得良知明白, 卽已不消如此說矣. 隨物而格是致知之功, 卽佛氏之常惺惺, 亦是常存他本來面目耳. 体段工夫大略相似, 但佛氏有個自私自利之心, 所以便有不同耳. 今欲善惡不思而心之良知淸淨自在, 此便有個自私自利將迎意必之心. 所以有不思善不事惡時用致知之功則已涉於思慮之患. 欲求寧靜·欲念無生, 此正是自私自利將迎意必之病, 是以念慮愈生而意不寧靜. 良知只是一個良知, 而善惡自辨, 更何善何惡可思? 良知之体本自寧靜, 今却又添一個求寧靜; 本自生生, 今却又添一個欲無生; 非獨聖門致知之功不如此, 雖佛氏之學亦未如此將迎意必也. 只是一念良知, 徹頭徹尾, 無始無終, 卽是前念不滅後念不生, 今却欲前念易滅而後念不生, 是佛氏所謂斷滅種性入於槁木死灰之謂矣."

듣지 않는' 때의 공부는 그저 양지를 체인하는 입문의 방법일 뿐 결코 궁극적인 원칙이 될 수 없다고 여겼다. 그리하여 이미 치양지를 체인한 사람이라면 마땅히 끊임없이 양지를 존양存養하는 일에 더욱 주의를 기울여야 함을 강조하였다.

영정寧靜(평정)의 문제에 있어서 왕수인은, 맑고 고요하며 얽매임이 없는 영정의 경지를 궁극의 목적으로 삼아 단지 개인의 정신적 평온을 추구하는 것은 결국 자사자리自私自利에 해당하고, 따라서 '보내고 맞이하며'(將迎) '의도하고 기대하는'(意必) 태도에서 진정으로 벗어날 수 없다고 보았다. '보내고 맞이한다'는 표현은 『장자莊子』에 나오고 '의도하고 기대한다'는 표현은 『논어論語』에 나오는데, 둘 다 어떠한 대상에 집착하는 태도를 가리킨다. 집착의 결과는 잡념을 제거하지 못할 뿐 아니라, 도리어 정신을 더욱 편하지도 고요하지도 않게 만든다. 실제로 생각과 사려의 소멸이란 불가능한 것이므로, 유가에서 주장하는 것은 어떤 생각이 일어날 때마다 '자신의 양지를 최대한 발휘하는'(致良知) 것이었다.

왕수인 사상에는 또 다른 결론이 함축되어 있다. 즉 어떤 생각이 일어날 때마다 양지를 최대한 발휘하다 보면 저절로 마음의 영정寧靜을 이룰 수 있지만, 반대로 영정을 추구하다 보면 도리어 평정해지지 못한다는 입장이다. 왕수인은 나아가 '본체'에서 이와 같은 '공부'의 근거를 논증하여, 양지의 본체는 끊임없이 사려로 드러나야 하므로 '무념無念'은 그 본체와 서로 배치된다고 지적하고 또 양지의 본체는 평정한 것이어서 양지를 끝까지 미루어 가기만 하면 본연의 영정에 이를 수 있다고 하였다. 여기서 "양지의 본체는 본래 그 자체가 평정한 것이다"(良知本體, 本自寧靜)라는 말은 "무선무악이 심의 본체이다"(無善無惡, 心之體)라는 사상과 일치한다.

치양지 사상의 입장에서 볼 때 올바른 수양 공부는 생각을 제거하는 것이 아니라 생각을 바르게 하는 것이다. 왕수인은 만년에 제자들과 함께 『주역』「계사전」의 "무엇을 생각하고 무엇을 헤아리겠는가"라는 문제에 대해 토론한 적이 있었다. 이때 주충周冲이 왕수인에게 다음과 같이 질문했다.

사상채謝上蔡가 "천하에 무엇을 생각하고 무엇을 헤아리겠는가"(何思何慮)에 대해 물었을 때, 정이천程伊川은 "이런 이치가 있긴 하나 너무 조급히 거론한 것 같다"라고 대답했습니다. 배우는 이들에게 있어서 공부란 본래 "반드시 일삼는 무엇이 있어야 하고 잊어서는 안 된다"(必有事焉而勿忘)라는 말을 위주로 삼아야 하는 것이지만, 또 반드시 "무엇을 생각하고 무엇을 헤아리겠는가"라는 기상을 알아야 합니다. 그러므로 이 둘을 함께 봐야만 하는 것입니다. 만약 이러한 기상을 모르면 바로 '기대하거나 조장하는' 병폐가 있게 됩니다. 또 만약 "무엇을 생각하고 무엇을 헤아리겠는가"라는 기상은 알지만 '반드시 일삼는 무엇이 있도록 하는' 공부를 잊어버린다면 아마 무無로 떨어지는 문제가 생길 것입니다. 유有에 매이지도 말고 무無에 떨어지지도 말아야 합니다. 제 생각이 맞습니까?[75]

여기서의 유와 무에 대한 설명으로 보아 주충은 "무엇을 생각하고 무엇을 헤아리겠는가"를 '선도 없고 악도 없는'(無善無惡) 경지로 삼고 "반드시 일삼는 무엇이 있다"(必有事焉)를 '선을 행하고 악을 없애는'(爲善去惡) 공부로 삼은 것 같다. 이렇게 그가 공부와 경지는 마땅히 "유에 매이지도 않고 무에 떨어지지도 않아야 한다"(不滯於有, 不墜於無)라고 지적한 것은 확실히 왕수인 철학의 정신을 체현한 것이라고 할 수 있다.[76] 그렇지만 그는 유와 무를 '함께 봐야만 한다'고 함으로써 그 사이의 주된 것과 부차적인 것, 체와 용의 차이를 없애버렸다. 또 "무엇을 생각하고 무엇을 헤아리겠는가"라는 말을 '생각도 없고 사려도 없다'(無思無慮)는 의미로 이해했는데 이것이 왕수인이 동의할 수 없는 관점이다. 그래서 왕수인은 다음과 같이 말했다.

자네의 논변은 그다지 큰 문제가 없다. 다만 깨침이 아직도 부족한 느낌이다.

---

75) 『全書』, 권2, 59쪽, 「啓周道通書」, "上蔡嘗問天下何思何慮, 伊天云有此理, 只是發得太早. 在學者工夫固是必有事焉而勿忘, 然亦須識得何思何慮氣象, 一并看爲是. 若不識得這氣象, 便有正與助長之病. 若識得何思何慮而忘必有事焉工夫, 恐又墮於無也. 須是不滯於有, 不墮於無, 然乎否也?"

76) 函海本 『大學古本旁釋』에서는 正心을 "정심의 功은 有에 매여서도 안 되며, 또한 無에 떨어져서도 안 된다"(正心之功既不可滯於有, 亦不可墮於無)라고 해석하였다.

상채上蔡의 질문과 이천伊川의 대답도 단지 상채와 이천의 생각일 뿐 공자가
「계사전」에서 말한 원래의 뜻과는 다소 차이가 있다. 「계사전」에서 "무엇을
생각하고 무엇을 헤아리겠는가"라고 말한 것은, 생각하는 바와 헤아리는 바
가 단지 하나의 천리여서 그 외에 다른 생각과 헤아림이 없다는 뜻이지 생각
도 없고 헤아림도 없다는 의미가 아니었다. 심의 본체가 곧 천리이고 천리는
단지 하나이다. 달리 무슨 생각하고 헤아릴 만한 것이 있겠는가? 천리는 원
래부터 그 자체가 '고요하여 움직임이 없고'(寂然不動) 원래부터 그 자체가
'감응하게 되면 드디어 통하는 것'(感而遂通)이다. 배우는 이가 공부할 때 비
록 천 갈래로 생각하고 만 갈래로 사려한다 하더라도, 그것은 다만 그 본래의
체용을 회복하고자 하는 것일 뿐이지 사사로운 마음으로 안배하고 사색하는
것이 아니다. 그래서 명도明道는 "대저 군자의 학문으로는 확연廓然하게 크
고 공정하여 사물이 다가오면 자연스럽게 대응하는 경지만한 것이 없다"라
고 한 것이다. 만약 사사로운 마음으로 안배하고 사색한다면 이는 곧 교지巧
智를 내고 자기 이익을 도모하는 것이 된다. "무엇을 생각하고 무엇을 헤아리
겠는가"라는 공부는, 성인의 분수에서는 저절로 그렇게 되는 것이고 배우는
이의 분수에서는 힘써서 그렇게 되는 것이다. 그런데 이천은 그것을 공부의
결과물로 보았다.[77]

왕수인은, "무엇을 생각하고 무엇을 헤아리겠는가"라는 말은 결코 아무
것도 사려하지 않는다는 의미가 아니라 단지 천리 이외에 달리 사려할 것
이 없다는 의미라고 보았다. 바꿔 말하면 사려가 천리와 합일되는 것, 즉
생각이 일어날 때마다 양지를 최대로 발휘하고 생각이 일어날 때마다 천리
를 보존하는 것을 가리킨다. 이것이 바로 '공부'라는 것이다. 정이가 "무엇
을 생각하고 무엇을 헤아리겠는가"라는 말을 "힘쓰지 않아도 알맞게 되고

---

77) 『全書』, 권2, 59쪽, 「啓周道通書」, "所論相去不遠矣, 只是契悟未盡. 上蔡之問,
伊川之答亦只是上蔡伊川之意, 與孔子「繫辭」原旨稍有不同. 「繫」之何思何慮, 是
言所思所慮只是一個天理, 更無別思別慮耳, 非謂無思無慮也. 心之本体即是天
理, 天理只是一個, 更有何可思慮得? 天理原自寂然不動, 原自感而遂通, 學者用
功雖千思萬慮, 只是要復他本來体用而耳, 不是以私意按排思索出來, 故明道云
"夫君子之學莫若廓然而大公, 物來而順應." 若以私意去按排思索, 便是用智自私
矣, 何思何慮正是工夫, 在聖人分上便是自然的, 在學者分之便是勉然的, 伊川却
把作效驗看了."

생각하지 않아도 알아내는"(不勉而中, 不思而得) 경지로 해석한 것은 그 의도
가 좋긴 해도 「계사전」의 본의는 아니다. 만일 그렇게 본다면 "무엇을 생각
하고 무엇을 헤아리겠는가"라는 말은 단지 오랜 수양으로 얻어지는 '결과
물'(效驗)일 뿐이어서 '공부'의 의미는 상실되기 때문이다.

왕수인은 다시 만년에 구양덕歐陽德과도 이 문제에 대하여 토론하였다.
『전습록』 중권에는 왕수인이 그에게 답한 편지가 실려 있다.

> 보내 온 편지에 "선생님께서는 「계사전」의 '무엇을 생각하고 무엇을 헤아리
> 겠는가'라는 구절은 생각하는 바와 사려하는 바가 단지 하나의 천리일 뿐
> 그 밖의 다른 생각과 사려는 없다는 뜻이지 아무 생각도 없고 사려가 없다는
> 의미가 아니라고 하셨습니다.……"라고 했다. 심의 기능은 생각을 하는 것이
> 어서 생각을 하면 알아내게 된다. 생각을 한다는 것이 어찌 작은 일이겠는가?
> '공空에 빠져 적막함을 지키는 것'과 '억지로 안배하고 사색하는 것'은 바로
> 자기의 이익을 도모하고 교지巧智를 쓰는 것이니 양지를 상실하기는 둘 다
> 마찬가지이다. 양지는 천리의 '환하고 밝으며 영묘하게 알아차리는 힘'(昭明
> 靈覺)이므로, 양지가 곧 천리이고 생각은 양지가 작용을 드러낸 것이다. 양지
> 에서 생긴 생각이라면 그 생각하는 것이 천리가 아닌 것이 없다. 양지에서
> 생긴 생각은 자연히 분명하고도 간이하므로 양지가 당연히 저절로 알아차리
> 게 되고, 사의私意로 짜낸 생각은 물론 어지럽고 혼잡스럽지만 양지는 그것
> 도 저절로 분별할 줄 안다.[78]

수양의 공부는 사려를 소멸시키는 것이 아니라 사려가 양지의 자연스러
운 발현이 되게 하는 것이다. 또한 사려와 영정寧靜의 관계에서 말한다면,
양지에서 생긴 사려는 자연히 어지럽거나 혼란스럽지 않다. 만일 사의私意
로 짜낸 사려라면 마음은 어쩔 수 없이 어지럽고 혼란스러우며 평정을 잃

---

78) 『全書』, 권2, 64쪽, 「答歐陽崇一」, "來書云, 師云「繫」言何思何慮是言所思所慮
只是天理, 更無別思慮耳, 非謂無思無慮也.'……心之官則思, 思則得之, 思其可
少乎? 沈空守寂與按排思索, 正是自私用智, 其爲喪失良知一也. 良知是天理之昭
明靈覺處, 故良知卽是天理, 思是良知之發用. 若是良知發用之思, 則所思莫非天
理矣. 良知發用之思自然明白簡易, 良知亦自能之得. 若是私意按排之思, 自是紛
紜勞攘, 良知亦自會分別."

게 되고 만다. 그러므로 생각하고 사려하는 것을 천리와 완전히 일치되도록 노력하는 한편, '보내고 맞이하며 의도하고 기대하는' 집착에서 벗어날 수 있어야만 한다. 왕수인이 볼 때 이 두 가지 요구는 치양지致良知라는 하나의 과정 속에서 모두 실현될 수 있다. 어떤 제자가 왕수인에게 공자가 먼일을 염려한 것과 주공周公이 밤낮으로 생각을 이어간 일이 '보내고 맞이하는' 태도가 아닌지에 대해 물었다. 이에 왕수인은 다음과 같이 답하였다.

'먼일을 염려한'(遠慮) 것은 끝도 없이 멀리 사려한 것이 아니라 단지 천리를 보존하려 한 것이다.……천리가 바로 양지이다. 천 가지 생각 만 가지 생각이 모두 오직 양지를 다하기 위한 것이다. 양지란 생각할수록 더욱 정미해지고 분명해진다. 만약 정밀히 생각하지 않고 아무렇게나 일에 따라 응해 나간다면 양지는 곧 거칠어질 것이다. 또 만약 한 일에만 매달려서 끝도 없이 멀리 생각하는 것까지도 '먼일을 염려하는' 것으로 간주한다면 곧 비난과 칭찬, 득과 실에 대한 계산이 뒤따르고 인욕이 끼어드는 것을 피할 수가 없을 것이다. 이것은 바로 마음이 '보내고 맞이하는' 태도이다. 주공周公이 밤이 다하도록 계속 생각했다는 것은 단지 보지 않는 곳에서 삼가고(戒愼) 듣지 않는 곳에서 두려워하는(恐懼) 공부였을 뿐이다. 이치를 깨달았을 때의 그 기상은 '보내고 맞이하는' 태도와는 다르다.[79]

왕수인이 볼 때 사람이 실현해야 하는 '보내고 맞이하는 바 없는' 정심定心의 경지는 결코 아무런 사려가 없는 절대영정絶對寧靜의 의식 상태를 가리키는 것이 아니다. 그것은 자연스럽게 반응하되 얽매임이 없는 정신 경지를 가리킨다. 얽매임이 없는 상태에서는 비록 마음의 염려(사려)들이 끊임없이 생겨난다 하더라도 심경은 여전히 평정되고 편안하다. 이것이 곧 정호가 말한 "고요할 때에도 안정되고 움직일 때에도 안정되는" 경지이다.

---

79) 『傳習錄』 下;『全書』, 권3, 80쪽, "遠慮不是茫茫蕩蕩去思慮, 只是要存這天理……天理卽是良知, 千思萬慮只是要致良知, 良知愈思愈精明, 若不精思, 漫然隨事應去, 良知便粗了. 若只著在事上, 茫茫蕩蕩去思, 敎做遠慮, 便不免有毁譽得喪, 人欲擾入其中, 就是將迎了. 周公終夜以思, 只是戒愼不睹恐惧不聞的工夫, 見得時其氣象與將迎自別."

얽매이지 않는 태도와 상반되는 경지를 불교에서는 집착이라 하고 도가에서는 '보내고 맞이한다'(將迎)고 하며 유가에서는 '의도하거나 기대한다'(意必)고 하는데, 모두 사심(私我)에 따라 어떤 대상을 추구하거나 계산하는 심리 상태를 가리킨다. 여기에서 왕수인이 직면했던 문제는 다음과 같다. 만약 유가가 보내고 맞이하거나(將迎) 의도하거나 기대하거나(意必) 집착하는 것이 없는 경지를 찬성한다면, 그것은 가치에 대한 관심과 사회에 대한 우환 의식을 버려야 한다는 의미가 아닌가? 주공과 공자의 관심과 우환도 결국은 어떤 집착이나 의필意必 또는 장영將迎이 아닌가? 이에 대한 왕수인의 대답은 이렇다. 모든 사려와 배려를 장영이나 의필로 간주해서는 안 된다. 심리 체험의 결과로 볼 때 비난과 칭찬, 이해득실 등에 대한 계산으로 어지럽게 번뇌를 일으키는 지나친 초조와 관심은 바로 '의도하고 기대하며'(意必) '보내고 맞이하는'(將迎) 태도인데, 그 근원은 소아(小我)의 사심을 끝내 벗어나지 못한 데 있다. 그러나 양지와 천리를 내용으로 하는 반성적인 사려는 비록 그것이 '밤낮으로 계속된다'(夜以繼日) 하더라도 마음을 '성가시고 번잡하게'(煩亂勞擾) 만들지 않고 긴장감과 불쾌감과 압박감을 느끼게 하지 않는다. 따라서 그것은 '보내고 맞이하는'(將迎) 태도와는 다르다. 이정二程이 말한 것처럼 "성인은 근심과 수고로움 속에서도 그 마음은 편안하고 고요하며, 편안하고 고요한 가운데에도 지극한 우환 의식이 있다."[80]

결국 유학의 정신성의 측면을 이해하는 데 있어서 가장 중요한 것은 바로 유가에서 말하는 '안정됨'(定) 또는 '고요함'(靜)이 어떤 것인가를 분명하게 파악하는 일이다. "천리를 간직하는 일은 이미 마음이 일어난(已發) 동動의 상태에 해당할 텐데 왜 또 그것을 고요하고 안정된다고 하는가"라는 육징의 질문에 왕수인은 다음과 같이 답하였다.

리理를 늘 인식하고 간직하며 중심으로 삼는 것이 바로 '보지 않고 듣지 않으며' '생각도 없고 하는 것도 없는' 경지이다. 그러므로 이 '보지 않고 듣지

---

80) 『二程遺書』, 권6, "聖人於憂勞中, 其心則安靜, 安靜中却是至憂."

않으며 '생각도 없고 하는 것도 없는' 경지란 마른나무나 꺼진 재와 같은 상태를 말하는 것이 아니다. 보고 들으며 생각하고 행동하는 것이 언제나 리에 알맞게 되어서 보고 들으며 생각하고 행동한 적이 없는 것일 뿐이다. 이것이 바로 움직이지만 움직인 적이 없는 경지이다.[81]

왕수인은 "움직일 때도 안정되고 가만히 있을 때도 안정된다"(動亦定, 靜亦定)라는 사상을 적극 활용하여, 정定이나 정靜은 이 마음에 아무런 생각하는 바가 없다는 의미가 아니라 단지 편안하고 평화로운 마음의 상태를 표현하는 말일 뿐이므로 마음의 '안정'(定)이란 것이 결코 '사려가 늘 리에 맞는 움직임(動)'까지 배척하는 것은 아니라고 지적했다. 왜냐하면 항상 리를 중심으로 하는 사유와 생각은 마음의 고요함과 안정에 아무런 영향을 주지 않기 때문이다. 이를 주돈이의 말을 빌려 표현하자면 "움직였지만 움직인 적이 없다"(動而未嘗動)라고 할 수 있다.

마지막으로 지적해야 할 것은, '삼가고 두려워하는'(戒愼恐懼) 공부와 '보지도 않고 듣지도 않는'(不睹不聞) 상태의 관계를 말할 때 왕수인은 때때로 '보지도 않고 듣지도 않는' 상태를 심의 본체를 가리키는 말로 쓰기도 했다는 점이다. 그리하여 그는 "보지도 않고 듣지도 않는 것은 양지의 본체이고 삼가고 두려워하는 태도는 치양지의 공부이다"[82]라고 말했다. 이 말은 계신공구戒愼恐懼가 심의 본체를 드러내고 실현하는 방법이라는 뜻이다. 심지어 그는, 만약 심心의 본체와 성性의 본체를 진정으로 이해한다면 "삼가고 두려워하는 것을 본체라 하고 보지도 않고 듣지도 않는 것을 공부라 한다고 해도 된다"[83]라고 말하기도 했다. 이것은, 높은 경지에 이른 뒤에는 힘쓰지 않아도 들어맞게(中) 되어 공부와 본체가 이미 하나로 합치되므로, 계신공구가 이미 '느긋하게 자득한' 경지가 되고 또 '느긋하게 자득하면서도' 천리에

---

81) 『全書』, 권2, 61쪽, 「答陸元靜」, "常知常存常主於理, 卽不睹不聞無思無爲也. 不睹不聞無思無爲非枯木死灰之謂也, 睹聞思爲一於理, 而未嘗有所睹聞思爲, 卽是動而未嘗動也."
82) 『傳習錄』下; 『全書』, 권3, 85쪽, "不睹不聞是良知本體, 戒愼恐懼是致良知之工夫."
83) 『傳習錄』下; 『全書』, 권3, 78쪽, "便謂戒愼恐懼是本體, 不睹不聞是工夫亦得."

들어맞지 않는 것이 없게 된다는 의미이다. 계신공구는 '유有'의 공부이자 '동動'의 공부이고 무사무려無思無慮는 '무無'의 공부이자 '정靜'의 공부이지만, 높은 수양의 단계에서는 양자가 하나로 합쳐지는 것이다.

### 3) 필유사언必有事焉과 물망물조勿忘勿助

'삼가고 두려워하다'(戒愼恐懼)와 '무엇을 생각하고 무엇을 헤아리겠는가'(何思何慮)의 문제처럼, '반드시 일삼는 무엇이 있다'(必有事焉)와 '잊지 않고 조장하지 않는다'(勿忘勿助)의 문제도 송명 리학의 공부론에서 늘 다루어졌던 문제이다. 맹자는 기氣를 기르는 방법을 설명할 때 "반드시 일삼는 무엇이 있되 결과를 기대하지 말고 잊지 말며 억지로 조장해서도 안 된다"[84]라고 했다. 이에 대해 주희는 '필유사언必有事焉'은 "일삼는 바가 있다"(必有事也)는 뜻이고 '물망물조勿忘勿助'는 "일삼는 바가 있음을 잊어서는 안 되지만 억지로 그것이 이루어지도록 도와서도 안 된다"(不當忘其所事, 而不可作爲而助其長)는 뜻이라고 해석하였다.

이정二程의 어록에는 "반드시 일삼는 것이 있되 결과를 기대하지 않는다"라는 말에 대한 후세여侯世與의 질문에 정호가 선종의 말을 들어 "일삼는 것이 없을 수는 없지만 계산하는 마음이 있으면 어긋나게 된다"(事則不無, 擬心則差)라고 대답했고, 후세여는 정호의 답변을 듣자마자 곧 깨달았다고 하는 기록이 있다.[85] 이 기록에 따르면, 정호는 '필유사언必有事焉'은 마음에는 끊임없이 사려하는 바가 있어야 한다는 의미이고 '물정勿正·물조勿助·물망勿忘'은 마음에는 집착이나 외물을 좇아 드나드는 의향이 있어서는 안 된다는 의미라고 본 것이다. 이런 해설은 불교적인 색채를 지니고 있기 때문에 주희는 이 단락을 『논맹정의論孟精義』에 넣지 않았다.

주희는 또 "필유사언이라는 이 한 마디 말 속에 사실 모든 의미가 다

---

84) 『孟子』, 「公孫丑上」, "必有事焉, 勿正, 勿忘, 勿助長."
85) 『二程遺書』, 권1.

포함된다. 아래의 물정勿正·물망勿忘·물조장勿助長은 군더더기 말 같다"[86] 라고 했다. '정正'·'조助'는 모두 '반드시 이루어지도록 작정해서'(期之必得) '억지로 그 일이 이루어지도록 만든다'(强作之事成)는 뜻으로, '마음을 두고 힘을 기울인다'는 의미이다. 따라서 물망·물조·물정은 '마음을 두지 않고 힘을 기울지 않는다'라는 뜻으로 해석할 수 있다. 그러나 주희는 선학禪學으로 빠져들까 염려해서 "의義를 모으는 일이라면 지나치게 힘을 쓰더라도 문제가 되지 않는다. 어찌 도리어 힘을 기울이지 않겠는가?"[87]라고 했다. 그러므로 주희는 이 두 구절을 맹자가 '어쩔 수 없이 그렇게 말한 것일 뿐'이지 본래는 필요 없는 부분이라고 보았다.

위의 해석에 따르면 '필유사언必有事焉'은 '무사無思·무려無慮'와 대립되는 것으로, 마음에 무엇인가 일삼는 일이 있는 상태를 견지하도록 요구한다. 이 '일삼는 무엇이 있다'(必有事焉)고 할 때의 '일삼다'(事)라는 말은, 신체가 외부의 활동에 종사하는 것을 가리키는 것도 아니고 또한 무의미한 의식 활동까지 두루 가리키는 것도 아니다. 그것은 '의義를 쌓는'(集義) 일 또는 '삼가고 두려워하는'(戒懼) 일을 가리킨다. 이것은 곧 '동動'의 공부로서, '정靜'에 해당하는 '듣지 않고 보지 않는'(不睹不聞) 경지에 대한 하나의 견제가 되기도 한다. 왕수인은 다음과 같이 말하였다.

배움이란 선을 밝히고 몸을 성실하게 하기 위한 것이다. 우두커니 이 혼미하고 어지러운 마음을 지키고만 있다면 이것은 좌선을 통해 선정에 들어가는 것이지 이른바 '반드시 일삼는 무엇이 있다'는 그 공부가 아니다.[88]

선유들이 말하는 '간절하게 도에 뜻을 둔다'는 태도는 물론 성의誠意에 해당한다. 그렇지만 너무 지나치게 추구하다 보면 도리어 자기를 내세우는 꼴이

---

86) 『語類』, 권52, 1268쪽, "必有事焉, 只消此一句, 這事都了. 下面'而勿正心勿忘勿助長', 恰似剩語."

87) 『語類』, 권52, 1268쪽, "若是集義, 便過用些力亦不妨, 却如何不着力得?"

88) 『全書』, 권4, 「與王純甫三」, "學者以明善誠身, 只兀兀守此昏昧雜搖之心, 却是坐禪入定, 非所謂必有事焉矣."

되니 살피지 않을 수 없다. 일상의 생활 속에 천리의 유행이 아닌 것이 어디 있으랴? 다만 이 마음을 항상 간직하여 풀어놓지만 않으면 의리가 스스로 무르익게 된다. 맹자가 말한 '잊지도 않고 거들지도 않는'(勿忘勿助) 상태는 학문에 조예가 깊어졌을 때 저절로 얻게 되는 경지이다. 학문에 대한 노력을 어찌 느슨하게 할 수 있겠는가? 다만 염려스러운 것은 의도를 가지고 붙잡거나 거드는 짓이다. 그런 방식으로는 설사 깨닫는 바가 있게 되더라도 거기에 머무는 것이 편안할 수 없다.[89]

왕수인은 '반드시 일삼는 무엇이 있다'(必有事焉)라는 말로써 생각도 없고 사려도 없이 안정된 침묵 속에서 마음을 지키려는 태도를 비판하였고, '잊지도 거들지도 않는다'(勿忘勿助)라는 말로는 배우는 이들이 '의도를 가지고 붙잡지'(著意把持) 않도록 일깨웠다. '반드시 일삼는 무엇이 있다'는 유有이고, '잊지도 않고 거들지도 않는다'는 무無이다.[90]

주희는 '감정이 일어나지 않았을'(未發) 때의 계신공구를 '경敬'으로 해석하였는데, 이는 마음을 조금씩 일깨워서 '깨어 있기는 하되 사고 활동은 없는' 어떤 경계선상에 그 마음을 머물게 한다는 의미이다. 주희는 이를 불교의 '항상 깨어 있는'(常惺惺) 상태와 비교하기도 했다. 주희의 이런 해석에 따르면 미발未發 시의 계신공구는 '필유사언'으로 간주될 수 없다. 왜냐하면 '필유사언'은 이발已發에 속하기 때문이다. 그러나 왕수인은 미발과 이발의 구분을 배제하여, "(인욕을) 삼가고 이겨낸다는 것은 바로 늘 일깨우고 방심하지 않는 공부에 해당한다. 이것이 곧 '반드시 일삼는 무엇이 있는 상태'(必有事焉)이다. 어찌 따로 두 가지 일이 있겠는가?"[91]라고 했다. 즉 그는 '반

---

89) 『全書』, 권4, 93쪽, 「答書成之」, "先儒所謂志道懇切固是誠意, 然急迫求之反爲私己, 不可不察也. 日用間何莫非天理流行, 但此心常存而不忘則義理自熟. 孟子所謂勿忘勿助深造自得自矣. 學問之功何可緩, 但恐著意把持振作, 縱復有得, 居之功不能安耳."

90) 왕수인은 『傳習錄』 상권의 '나무 심기'(種樹)에 관해 논의한 조목에서 다음과 같이 말한 바 있다. "내가 여기에서 논하는 학문은 無에서 有를 낳는 공부이다.……다만 조장하지도 말고 잊지도 말면서 그저 북돋아 자라나게 해야 한다."(『全書』, 권1, 48쪽, "我此論學是無中生有的工夫,……但勿助勿忘, 只管培植將去.")

드시 일삼는 무엇이 있다'라는 공부는 계신공구戒愼恐懼·성찰극치省察克治
에 모두 해당하는 것이며, 이것이 곧 치양지라고 본 것이다.

전덕홍은 "필유사언이 곧 치양지 공부임을 해석한 글로는 섭문울聶文蔚
(聶豹)에게 답한 두 번째 편지보다 더 상세한 것이 없다"[92]라고 했는데, 이
편지 속에서 왕수인은 '필유사언'과 '물망물조'의 관계를 거듭 논하고 있다.

> 몇 년 사이에 산중에서 공부하는 이들 가운데 '잊지 않고 거들지 않는'(勿忘勿
> 助) 공부가 매우 어렵다는 이가 많아서 "마음을 두면 곧 거들게 되고 마음을
> 두지 않으면 곧 잊어버리게 되기 때문에 어렵다"라고 말해 주었다.……나는
> 그들에게 이렇게 말해 준다. "나는 요즘 가르칠 때 '반드시 일삼는 무엇이
> 있다'(必有事焉)만을 거론하고 '잊지 않고 거들지 않는다'(勿忘勿助)는 거론하
> 지 않는다. '필유사언必有事焉'이란 단지 언제 어디서나 '의를 쌓는다'(集義)
> 는 뜻이다. 언제 어디서나 '필유사언'의 공부를 하는 듯하다가도 더러 중단
> 하는 때가 있다면 이것이 곧 '잊어버리는'(忘) 경우이다. 그래서 '잊어버리지
> 말라'(勿忘)고 말하는 것이다. 언제 어디서나 '필유사언'의 공부를 하긴 하지
> 만 더러 빨리 그 효과를 보려고 할 때가 있다면 이것이 곧 '거드는'(助) 경우이
> 다. 그러므로 '거들지 말라'(勿助)고 말하는 것이다. 공부는 모두 '필유사언'
> 속에서 이루어지니, '잊지 말고 거들지 말라'는 말은 단지 그 사이에서 경각
> 심을 일으키기 위해 한 말일 뿐이다."……최근 들어 오로지 '잊지 않고 거들
> 지 않는다'를 공부의 내용으로 삼는 이들이 있다. 그러나 그들은 하루 종일
> 아무런 실제 내용도 없이 '그냥 잊지 않으려' 하고 또 아무런 실제 내용도
> 없이 '그냥 거들지 않으려' 한다. 그래서 아득하게 넓어서 전혀 손을 댈 곳이
> 없게 되었으니, 결국 그 공부는 단지 공空에 빠지고 정靜을 지키면서 나중에
> 하나의 멍청이가 되는 길일 뿐이다. 그들은 조그만 일이라도 만나면 바로
> 거기에 이끌리고 얽매이며 어수선하게 되어서 그 일을 제대로 해결해 나가
> 지 못한다.[93]

---

91) 『全書』, 권2, 63쪽, 「答陸元靜」, "戒愼克治卽是常提不放之功, 卽是必有事焉, 豈
有兩事?"

92) 『全書』, 卷首, 「文錄敍說」(錢德洪), "揭必有事焉卽致良知工夫, 莫詳於答聶文蔚
之第二書."

93) 『全書』, 권2, 「答聶文蔚二」, "近世來山中講學者往往多說勿忘勿助工夫甚難, 問
之, 則云'才著意便是助, 才不著意便是忘, 所以甚難'……區區因與之說: 我此間

'물망물조勿忘勿助'는 왕수인이 만년에 아주 많은 관심을 보였던 문제인 듯하다. 앞서의 "보지 않고 듣지 않는 것은 본체이고, 삼가고 두려워하는 것은 공부이다"라는 말에 비춰 보면, '필유사언'은 공부에 해당하지만 '물망물조'는 공부가 될 수 없다. 왕수인의 초기 입장(徐成之에게 답한 편지 등)에서는 '필유사언'과 '물망물조'를 균형 있게 아우르는 일이 쉽지 않았던 것으로 보인다. 예컨대 앞서 왕수인이 말한 것처럼, 조금이라도 마음을 두면 곧 거드는 꼴이 되고 조금이라도 두지 않으면 곧 잊어버리는 셈이 된다. 그래서 강우江右 시절 이후 왕수인은 '잊지 않음'과 '마음을 두지 않음'을 독립된 공부로 간주하지 않고, 다만 치양지설만을 거론함으로써 양지를 전부 발휘하기만 하면 자연히 잊지 않고 거들지 않게 된다고 보았다.

왕수인이 만년에 '필유사언必有事焉'만을 강조하게 된 것은 겉으로는 주희와 근접해진 것처럼 보인다. 그러나 주희가 '마음을 두지 않음'의 경지에 대해서는 전혀 관심을 기울이지 않은 반면, 왕수인은 '마음을 두지 않음'의 경지를 부정하지 않았을 뿐 아니라 오히려 양지와 치양지 자체가 '마음을 두지 않음'의 측면을 포함하고 있다고 보았다. 그는, '물망물조'를 추구하는 것만을 목적으로 삼다 보면 '마음을 둠'과 '마음을 두지 않음' 사이의 평형을 이루지 못한 채 오히려 공空에 빠져서 단지 '정적靜寂만 지키는'(靜默) 데로 돌아가게 될 뿐이라고 하였다. 그리고 그 결과는 실천 속에서 여전히 '이끌리고 얽매이며 어수선해져서'(牽滯紛搖) 주위 환경에 대처하는 실천 역량이 개선되지 못하고 도리어 크게 약화된다고 하였다. 반면 치양지는 결코 '잊지 않음'과 '거들지 않음'을 목적으로 삼지 않지만 진정으로 양지를 발휘하게 되면 '잊지 않음'과 '거들지 않음'을 동시에 실현할 수 있다는 것이다. 그리하여 왕수인은 오로지 '잊지 않음'과 '거들지 않음'만을 공부의 내용으

講學却只說個必有事焉, 不說勿忘勿助, 必有事焉, 只時是是去集義. 若時時去用必有事焉之工夫, 而或有時間斷, 此便是忘了, 卽須勿忘. 時時去用必有事之工夫, 而或有時欲速救效, 此便是助了, 卽須勿助. 其工夫全在必有事焉上用, 勿忘勿助只是就其間提撕警覺而已……近日一种專在勿忘勿助上用工者, 其病正在如此, 終日懸空去做個勿忘, 又懸空去做個勿助, 渀渀蕩蕩全無實落下手處, 究竟工夫只作得沈空守寂, 學成一個痴呆漢, 才遇些子事來卽便牽滯紛搖, 不復能經綸宰制."

로 삼는 태도에 반대하면서, 공부는 '단지 반드시 일삼는 무엇이 있도록 하는 데서 이루어진다'(只在必有有事焉上用)는 사실을 강조했다. 이로써 '잊지 않음'과 '거들지 않음'은 '반드시 일삼는 무엇이 있음'에 종속되고 나아가 거기에 포함되게 되었다. 그러므로 그는 다음과 같이 말했다.

근래에 들어 치양지 공부는 반드시 '잊지 않고 거들지 않음'을 함께 견지해야 비로소 밝아진다고 말하는 이들이 있는데, 이것은 아직 치양지의 공부에 철저하지 못하기 때문이다. 치양지의 공부에 철저하지 못하면 단지 '잊지 않고 거들지 않는다'는 목적에 얽매이게 마련이다.……양지가 발현하여 유행하면 광명이 두루 비치기 때문에 막히거나 가려지는 곳이 없다. 이것이 이른바 대지大知이다. 다만 집착해서 반드시 이루고자 한다면 곧바로 소지小知가 된다.94)

왕수인은 '유'와 '무'의 경지는 모두 긍정하였지만 '동動'과 '정靜'의 공부를 함께 긍정하지는 않았다. 그는 이원적인 공부론을 반대하면서 '유有'의 입장에 서서, 즉 '동'의 공부 속에서 '무無'와 '정定'의 경지를 동시에 실현시켜야 한다고 강조하였다. 그렇게 해야만 정신적 경지를 고양시키는 일과 실천 능력을 강화하는 일을 통일시킬 수 있다는 것이다. 양지가 진절眞切하게 발현되기만 하면 저절로 광명이 두루 비추어 얽매임과 막힘이 없어지고 저절로 반드시 이루고자 집착하는 태도도 없어진다. '잊지 않고 거들지 않는' 태도만으로는 양지의 진절한 속성까지 이끌어내지 못하지만, 양지의 진절한 속성은 '반드시 이루고자 하지 않고 집착하지 않는' 태도까지 포함할 수 있다. 그러므로 '반드시 일삼는 무엇이 있는' 치양지는 철두철미한 수양 공부인 셈이다.

---

94) 『全書』, 권2, 「答晶文蔚二」, "近是有謂致良知之功必須兼搭一個勿忘勿助而後明者, 則是致良知之功尚未了徹也. 致良知之功尚未了徹, 適足以爲勿忘勿助之累而已矣.……良知之發現流行, 光明圓瑩, 更無窒碍遮隔處, 此所謂大知, 才有執着意必, 其知便小矣."

### 4) 집의集義와 부동심不動心

맹자와 공손추公孫丑의 유명한 문답 속에는 유학 정신성의 또 다른 측면이 제시되고 있는데, 여기서 가장 중요한 개념 중의 하나가 집의集義이다. 맹자는 자신이 마흔 살이 되었을 때 '부동심不動心'의 정신 경지에 이르렀으며 고자告子는 자기보다 앞서 부동심의 경지에 이르렀다고 하였다. 그러나 맹자는, 자신의 정신 경지와 고자의 정신 경지가 형식상으로는 모두 '부동심'의 특징을 띠고 있지만 둘 사이에는 중요한 차이가 있다고 지적하고, 그 차이는 내용에서뿐 아니라 부동심의 경지를 얻는 방법에서도 드러난다고 하였다. 그리고 자신의 부동심은 주로 '의를 쌓는'(集義) 과정을 통해 '기를 길러서'(養氣) 도달하는 것이라고 말하였다. 주희는 이 '집의集義'를 해석하여 "선을 쌓는다는 말과 같다. 대개 일마다 모두 의義에 합치되게 하는 것이다"95)라고 하였다.

이른바 '동심動心'이란 "두렵거나 의혹스러운 것이 있어서 마음이 동요되는 상태"96)이다. 요컨대 '동심'은 마음에 어떤 사려가 있다는 의미가 아니라 마음이 동요되어 나타나는 불안한 정서 상태를 말한다. 즉 그 사람의 '마음이 처해 있는 상태'가 어떠한가를 가리키는 말이다. 따라서 '부동심不動心'은 어떤 높은 정신 경지를 말한다. 강포强暴한 적을 만나도 겁내거나 두려워하지 않는 자세는 좁은 의미에서 부동심이라 할 수 있지만, 이것은 일시적인 혈기의 용기(血氣之勇)에서 나온 것일 수도 있다. 중국의 고전적인 정신 전통 속에서 말하는 부동심의 경지란, 사람이 어떤 외재적인 상황에 처하든, 즉 어떠한 환난을 만나거나 어떠한 좌절을 당하든 늘 심리적으로 안정되고 평온하며 평화로운 상태를 지닐 수 있는 것을 가리킨다. 『이정유서二程遺書』에서는 부동심의 경지를 다음과 같이 표현하고 있다.

뜨거워도 뜨거워하지 않고 추위도 떨지 않으며, 노함도 없고 기뻐함도 없고

---

95) 『孟子集註』, 권3, "猶言積善, 蓋欲事事皆合於義也."
96) 『孟子集注』, 권3.

취함도 없으며, 떠나고 머무는 것도 이와 같고 죽음과 삶에 대해서도 이와 같다. 이런 정도라야 부동심이라 할 수 있다.[97]

엄격하게 말하면 호연지기浩然之氣는 그냥 '평상심平常心'이 아니라 특별한 생리적 · 심리적 체험이다. 대개 사람이 숭고한 정의감에 의해 고무되고 분발되며 충만해질 때는 어떤 강렬한 내재적 충실감을 느끼곤 한다. 현대 중국인들이 흔히 쓰는 "이치가 곧아서 기가 장대해진다"(理直氣壯)라는 말은 곧 이러한 유기적 감응 과정을 묘사한 것이다. 즉 개체가 '이치가 곧음'(理直)을 자각하게 되면 동시에 행위를 지탱하고 추동하는 역량(氣) 또한 몸속에 가득 차는 것을 느낄 수 있다. 이와 상반된 상태가 "마음이 비어서 기가 주려지게 되는"(心虛氣餒) 경우이다. '마음이 비어진다'(心虛)는 느낌은 '이치가 이지러지는'(理虧) 데 대한 자아 의식만을 포함하는 것이 아니라 동시에 어떤 생리상의 결핍감(氣의 주림)이나 공허감 또는 긴장감을 낳기도 한다. 이런 느낌은 사실상 자기 이치가 곧지 못한 상황에서만 나타나는 것이 아니라 일상의 광범한 영역 속에서, 다시 말해 '유아有我'(자신의 존재를 느끼는 상태)와 관련된 광범한 영역 속에서 나타난다. 불교 및 도가에서 주장하는 '무아無我' 사상은 이런 의미에서 보면 '마음이 움직일'(動心) 때 생겨나는 번뇌를 문제삼아 '마음의 움직임'을 초월하는 경지를 사람들에게 제공한 것이라고 할 수 있다.

증자曾子의 '수약守約'(견지하는 방법이 집약적임)에서부터 맹자의 '집의集義'에 이르기까지, 유가에서는 모두가 도덕 의식을 배양하는 일 속에 부동심의 경지를 통섭했다. 이것은 주희가 말한 것처럼 리를 공부의 내용으로 삼아야지 기氣를 공부의 내용으로 삼아서는 안 된다는 점을 강조한 것이라고 볼 수 있겠다. '견지하는 방법이 집약적이냐'(守約) 아니면 '견지하는 방법이 기氣를 위주로 하느냐'(守氣)는 유가와 나머지 여러 학파의 수양론을 구분해 주는 중요한 부분이다. 왕수인은 다음과 같이 지적했다.

---

97) 『二程遺書』, 권25, "雖熱不煩, 雖寒不栗, 無所怒, 無所希, 無所取, 去就猶是, 死生猶是, 夫是之謂不動心."

맹자의 부동심과 고자의 부동심은 단지 터럭만한 차이밖에 없다. 즉, 고자는
오직 부동심만을 공부의 내용으로 삼았지만 맹자는 곧장 마음이 일어나는
근원에서부터 분석해 들어갔다는 점이다. 마음의 본체는 원래 동요되지 않
는 것이다. 다만 행위가 의義에 합치되지 못하면 동요하게 되는 것이다. 맹자
는 마음이 동요하느냐 동요하지 않느냐는 문제삼지 않고 오직 '의를 쌓기만'
(集義) 했다. 모든 행위가 의에 맞지 않음이 없게 되면 자연히 그 마음이 동요
할 이유가 없게 된다고 본 것이다. 고자는 오직 마음을 동요되지 않게 하려고
만 해서 곧장 자신의 마음을 붙잡아 둠으로써 끊임없이 생성되고 생성되는
마음을 도리어 막고 틀어막았다. 이런 방식은 아무런 이익이 없을 뿐만 아니
라 마음을 해치기까지 한다. 맹자가 말한 집의集義의 공부를 택하면 자연히
마음이 수양되고 충실해져서 전혀 허전한 느낌이 없게 된다. 그러면 자연스
럽게 종횡으로 자재하게 되고 생동감이 넘치게(活潑潑) 된다. 이것이 바로
호연지기浩然之氣이다.[98]

왕수인이 볼 때 고자告子의 문제는, 한편으로 단지 도덕을 초월한 부동
심의 경지만을 추구한 데 있고 다른 한편으로 의식 활동을 강제하고 제한
하는 방법으로 부동심을 얻으려고 한 데 있다. 유가의 입장에서 볼 때 그런
방법은 자연스럽지 못하고 또 자재롭지 못하다.[99] 그것은 마음을 동요하게
하는 진정한 근원이 의식과 행위가 '의義에 들어맞지 못한'(不合義) 데 있음
을 전혀 이해하지 못했기 때문이다. 따라서 맹자에서 왕수인에 이르기까지

---

98) 『傳習錄』下; 『全書』, 권3, 79쪽, "孟子不動心與告子不動心所異只在毫裏間, 告
子只在不動心上著功, 孟子便直從心源發處分曉. 心之本體原是不動的, 只爲所行
有不合義便動了. 孟子不論心之動與不動, 只是集義, 所行無不是義, 此心自然無
可動處. 告子只要此心不動, 便是把捉此心, 將他生生不息之心反阻搖了. 此非徒
無益而又害之. 孟子集義工夫自是養得充滿, 幷無餒歉, 自是縱橫自在, 活潑潑地,
此便是浩然之氣."

99) 二程도 "不動心에는 두 가지가 있다. 道를 깊이 체득하여 동요되지 않는 것
이 있고 마음을 제압하여 움직이지 못하게 하는 경우가 있다. 이것은 의이고
이것은 불의인 경우 의는 내가 취해야 할 것이고 불의는 내가 버려야 할 것
이다. 이것이 의로 마음을 제어하는 경우이다. 의가 나에게 있어서 그로부터
행하면 느긋하게 중도에 맞게 되니 억지로 제어하는 것이 아니다. 이것이 두
부동심의 차이이다"라고 했다.(『二程遺書』, 권21下, "不動心有二, 有造道而不
動者, 有以義制心而不動者. 此義也, 此不義也, 義吾所當取, 不義吾所當舍, 此
以義制心者也. 義在我, 由而行之, 從容自中, 非有所制也. 此不動之異.")

'집의'는 부동심이나 호연지기를 추구하기 위해 설정된 수단이 아니다. 오히려 '집의'를 핵심으로 삼아, 도덕 경지의 배양을 전제로 해서 부동심의 경지를 받아들이고 또 이끌어 내도록 해야 한다.

송대 리학에서는 정신 수양의 적지 않은 부분이 모두 형식으로서의 의미만을 지니고 있었다. 즉 구체적인 도덕 규정을 지니지 않고 단지 의식 또는 정신의 지향과 상태를 상징하는 어떠한 형식으로서의 특징을 나타내기만 하는 것이다. 예를 들어, '주일主一'을 설명할 때 정이나 주희는 모두 그것을 '다른 곳으로 옮겨지지 않는'(無適) 것이고 또 전일專一한 것이라고 해석했지만 전일의 대상을 규정한 적은 전혀 없었다. 이로 인해 '주일'은 단지 명백한 심리학적 의미만을 갖게 되는 것이다. 왕수인은 이런 무규정의 설명 방식을 다음과 같이 비판했다.

여자를 좋아하는 경우 오직 여자를 좋아하는 데만 마음을 기울이고 재물을 좋아하는 경우 오직 재물을 좋아하는 데만 마음을 기울이는 것을 주일主一이라고 할 수 있는가?[100]

만약 '주일主一'을 단지 인식론적 의미의 주체 수양에만 적용한다면 주의력을 배양하는 것이 명백한 의의를 갖겠지만, 전체적으로 말한다면 리학의 '주일' 공부는 인식론적 의미만을 갖는 것이 아니다. 따라서 '주일'로 대표되는 '집중'(concentration)이 정좌를 익히는 것이 아니라고 한다면 정이程頤나 주희의 정의는 의식 활동 속에서 단지 형식으로서의 의미, 즉 윤리적 규정이 없이 모든 심리적 활동에 적용될 수 있는 형식으로서의 의미만을 갖게 된다. 부동심도 어떤 의미에서는 이와 같다. 유가의 입장에서 볼 때, 예컨대 강과 바다를 누비는 큰 도둑이 삶과 죽음을 넘나드는 험난함 속에서도 마음이 흔들리지 않는다거나 어떤 정객政客이 온갖 죽을 고비와 어려움에 직면하여 복잡다단한 사건과 환난을 겪고서도 마음이 흔들리지 않는다

---

100) 『傳習錄』 上; 『全書』, 권1, 40쪽, "好色則一心在好色上, 好貨則一心在好貨上, 可以爲主一乎?"

고 할 때, 비록 그것이 쉬운 일은 아니라 하더라도 이때의 부동심은 아무런 가치도 없다. 반드시 '집의'가 부동심을 인도하고 규정하는 핵심이 되어야 한다. 이러한 부동심이라야만 진정으로 의미가 있는 것이다. 그러므로 가치의 관점에서 말할 때는 당연히 도덕 경지가 더 우위에 있지만, 방법이나 공부의 측면에서 말한다면 도덕 경지와 부동심의 경지는 굳이 서로 독립된 방법을 필요로 하지 않는다. 왕수인은 다음과 같이 말했다.

> 이 양지대로 꾸준히 실천해 갈 뿐, 남들이 비방하고 비웃거나 헐뜯고 훼방하거나 칭찬하고 모욕하는 것에 대해 신경 쓰지 않는다. 공부가 진보하든 퇴보하든 상관없이 나는 단지 치양지의 주재主宰가 단절되지 않도록 할 뿐이다. 그런 식으로 오래 축적되다 보면 자연히 힘을 얻게 될 것이다. 그렇게 되면 모든 외부적인 일들에 의해 흔들리지 않게 된다.[101]

맹자의 경우에서 볼 수 있듯이 유가의 출발점에서 '집의'는 그 목적이 도덕 경지를 실현하는 데 있을 뿐 마음이 흔들리느냐 흔들리지 않느냐에 대해서는 결코 관심을 두지 않는다. 그러나 왕수인에 이르면 철저한 집의와 치양지는 도덕 경지를 고양할 수 있도록 해 주는 데 그치는 것이 아니라 더 나아가 자연스럽게 '조금의 허전함도 없고'(毫無餒歉) '종횡으로 자재하며'(縱橫自在) '활발발活潑潑한' 부동심의 경지를 얻을 수 있게 해 준다.

### 5) 동動과 정靜

일반적으로 수양 공부로서의 동動은 실천·행동·사고·찰식察識(마음의 움직임을 관찰함)을 가리키고, 정靜은 정묵靜默, 무념無念, 거사去思(사려를 없앰), 병물屏物(외물을 물리침)을 가리킨다고 본다. 그런데 송명 리학자들은 리

---

101) 『傳習錄』 下; 『全書』, 권3, 77쪽, "信此良知忍耐去做, 不管人非笑, 不管人毁謗, 不管人榮辱, 任地工夫有進有退, 我只是這致良知的主宰不食, 久久自然有得力處, 一切外事亦自能不動."

학 체계 속에서 적극적으로 긍정되는 '정靜'이란 결코 사려가 없거나 사물과 교섭하지 않는 상태를 가리키는 것이 아니라 일종의 '정定'(중심을 잡고 흔들리지 않음)의 경지를 말한다고 일관되게 강조해 왔다. 송명대의 중요한 사상가들 가운데 '정靜'에 대한 견해를 밝히지 않은 이는 거의 찾아볼 수 없다. 예를 들어 주돈이는 "인의중정仁義中正으로 사람들에게 법도를 정해 주되 정靜을 위주로 한다"(定之以仁義中正而主靜)라는 말을 남겼고, 정호는 "움직일 때도 중심을 잡고 가만히 있을 때도 중심을 잡는다"(動亦定, 靜亦定)라는 새로운 표현을 사용하여 '정定'을 '가만히 있는 상태'(靜)와 구별하였다.102) 하지만 그렇긴 해도 정호는 제자들에게 정좌靜坐를 하도록 가르쳤으며, 정이 역시 어떤 사람이 정좌하는 것을 보기만 하면 학문을 제대로 한다고 칭찬했다. 이것은 리학이 결코 정靜의 수양 방법을 부정하지는 않았음을 보여 준다. 특히 도남학파道南學派에서는 이동李侗에 이르기까지 줄곧 정좌靜坐를 통해 '미발未發'의 기상을 보아야 한다는 관점이 특별히 강조되었다.

주희는 스승인 이동李侗에 대해서도 비판적인 입장을 보이면서, 이동처럼 세상에 나와 큰일을 하지 않는 사람만이 그런 공부를 할 수 있다고 했다. 그렇지만 주희 또한 정좌를 부정하지는 않았다. 그는 "반나절은 독서하고 반나절은 정좌한다"(半日讀書, 半日靜坐)라는 말에 대해서는 비판적이었지만, 정좌를 통해 심신을 안정시킨 뒤 그것을 바탕으로 도리를 인식하는 방식에는 동의하였다. 주희의 문제점은, 공부를 일관되게 동動과 정靜 혹은 미발未發과 이발已發의 두 부분으로 나누었다는 점과, 아울러 정좌를 늘 인식 주체의 수양의 측면에서 이해하였다는 점에 있다.

왕수인도 초기에는 '뜻을 세울 것'(立志)을 주장하는 동시에 다시 정좌 공부를 제창함으로써 동動과 정靜을 둘로 나누었다. 그러나 주신호朱宸濠를

---

102) 역자 주-진구천이 왕수인에게 "周子는 어째서 '中·定·仁·義로 안정시키되 고요함을 위주로 한다'고 말했습니까?"(周子何以言定之以中定仁義而主靜?)라고 묻자, 왕수인은 "무욕하므로 고요하다. 이때의 고요함이란 '움직일 때도 안정되고 고요할 때도 안정되다'라고 할 때의 안정(定)의 의미이다"(無欲故靜, 是靜亦定, 動亦定之定字)라고 대답하였다.

사로잡고 장충張忠·허충태許忠泰의 난을 겪고 난 뒤로부터는 양지良知를 종지로 삼고 일체의 공부를 모두 치양지로 귀결시킴으로써 자신의 공부론을 일관되게 만들었다. 이 점은 공부의 동·정 문제에서 더욱 두드러진다. 정덕正德 6년에 쓰인 왕수인의 한 편지 속에는 이런 말이 있다.

마음에는 동정動靜의 구분이 없다. 정은 체體를 말한 것이고 동은 용用을 말한 것일 뿐이다. 그러므로 군자의 학문은 동과 정 사이에 틈이 생기지 않는다. 정일 때도 늘 깨어 있어서 없어진 적이 없으므로 항상 감응할 수 있고, 동일 때도 늘 중심을 잡고 있어서 마음에 담아둔 적이 없으므로 항상 고요하다. 항상 감응할 수 있고 항상 고요하여 동정動靜의 어느 때나 모두 일삼는 무엇이 있다. 이것을 '집의集義'라고 한다. '의를 쌓기'(集義) 때문에 후회하는 데 이르는 일이 없다. 이른바 "움직일 때도 중심을 잡고 가만히 있을 때도 중심을 잡는다"는 경지는 그것을 말한 것이다.

마음은 하나일 뿐이어서 정이 바로 그 체이니 다시 어딘가에서 정의 근원을 구하고자 한다면 이는 그 체를 어지럽히는 짓이고, 동은 그 용이니 쉽게 움직일까(動) 걱정한다면 이는 그 용을 없애는 짓이다. 정을 희구하는 마음은 곧 동이고, 동을 싫어하는 마음은 곧 정이 아니다. 이것을 일러 "움직일 때도 움직이고 가만히 있을 때도 움직인다"라고 한다. 이때의 마음은 '보내고 맞이하며 오르고 내려서' 끝없이 꼬리를 물고 이어질 수밖에 없다.

그 마음이 리를 따르는 것을 정이라 하고 욕구(欲)를 따르는 것을 동이라 한다. 욕구란 음악·여색·재물과 같은 외부의 유혹만을 가리키는 것이 아니니, 마음에 사사로운 생각이 있으면 모두 욕구이다. 리를 따르게 되면 어떤 행위를 하더라도 모두 정이다. 염계濂溪가 "정도 없고 동도 없다"라고 한 것이 바로 이 경지이다. 이것이 '집의'이다. 욕구를 따르게 되면 비록 '마음을 재계하고'(心齋) '정좌하여 나를 잊는다'(坐忘) 하더라도 또한 동이다.[103]

---

103) 『全書』, 권5, 106쪽, 「答倫彦式」, "心無動靜者也. 其靜也者以言其体也, 其動也者以言其用也, 故君子之學無間於動靜. 其靜也, 常覺而未嘗無也, 故常應. 其動也, 常定而未嘗有也, 故常寂. 常應常寂, 動靜皆有事焉, 是之謂集義. 集義故能無祗悔, 所謂動亦定, 靜亦定者也. 心一而已, 靜其体也, 而復求靜根焉, 是搖其体也. 動其用也, 而惧其易動焉, 是廢其用也. 故求靜之心卽動也, 惡動之心非靜也, 是謂動亦動, 靜亦動, 將迎起伏, 相尋於無窮矣. 故循理之謂靜, 縱欲之謂動, 欲也者, 非必聲色貨利外誘也, 有心之私皆欲. 故循理焉, 雖酬酌萬變皆靜也, 濂溪所謂無靜無動之謂也, 是集義者也. 縱欲焉, 雖心齋坐忘亦動也."

"동과 정 사이에 틈이 생기지 않는다"는 말은 성인이 되기 위한 공부는 동정을 관통해야 한다는, 즉 동과 정의 공부를 서로 다른 두 가지 공부로 나누지 말아야 한다는 뜻이다. "정靜일 때도 늘 깨어 있어서 없어진 적이 없으므로 항상 감응할 수 있다"라는 구절의 '정靜'은 아직 사물과 교섭하지 않아서 의식이 상대적으로 정지된 시기와 상태를 가리키는데, 이 구절은 비록 그러한 상태에 있더라도 아무런 의식이 없는 것이 아니라 계신공구戒愼恐懼하는 도덕적 각성을 유지한다는 점을 강조한 것이다. "동動일 때도 늘 중심을 잡고 있어서 마음에 담아둔 적이 없으므로 항상 고요하다"의 구절의 '동動'은 사물에 교섭이 일어나고 사유가 적극적으로 활동하는 상태를 가리키는데, 마음이 적극적으로 활동하면서도 '평온하고 안정된 상태'(定)에 있게 되면 곧 집착하는 것이 없기 때문에 '마음에 담아둔 적이 없다'(未常有也)라고 말하는 것이다. 따라서 이와 같은 의식 상태는 비록 움직이는 때이지만 그 경지는 '적寂'(고요함: 定)이다.

이렇게 볼 때 정靜·정定·적寂은 모두 긍정적인 가치로서, 사유가 아무런 활동을 하지 않은 특정한 상태를 가리키는 것이 아니라 의식 내면의 안정과 평정을 가리킨다. 이처럼 내재적인 안정과 평정을 판단 준거로 삼는다면, 비록 정좌하고 있다 하더라도 '정'이라 말할 수 없고 또 온갖 일에 교섭하고 있다 하더라도 '정이 아니다'라고 할 수 없다. 따라서 사유의 상태를 나타내는 '동'과 '정'은 상대적인 의의만을 가질 뿐이며, 내재적인 안정과 평정만이 진정한 의미를 갖는다. 내재의 '정'을 얻는 근본 방법은 '반드시 일삼는 무엇이 있도록 하는'(必有事焉) 것인데, 여기에서 '일삼는 무엇'이란 다른 일이 아니라 바로 '집의'이다.

어떻게 해야 사유의 동·정 상태에 '집의'를 일관되게 적용시킬 수 있는가? 왕수인은 '리를 따른다'(循理)는 방법을 제시했다. '집의'란 곧 의식의 모든 활동이 천리(즉 도덕 법칙)를 따르도록 하는 것으로, 생각하고 행위하는 것이 한결같이 리를 따르게 되면 마음에 번뇌와 근심이 없어지고 실제 행위를 하든 사유 활동을 하든 어떤 경우에도 '움직임'(動)이 없는 상태가 된다. '리를 따르는' 것에 상반되는 태도가 '인욕을 따르는'(從欲) 것이다. 사사로운 생각을 목적으로 삼게 되면 비록 마음을 재계하고 정좌하여 나를 잊는다 하더라도 '정'이 아니다. 따라서 모든 일에서 리를 따르면 "움직일 때도 마음이 중심을 잡고 가만히 있을 때도 마음이 중심을 잡으며" 모든 일에서 인욕을 따르면 "움직일 때도 움직이고 가만히 있을 때도 움직인다."

『전습록』 중권에 있는 왕수인과 육징 사이의 문답도 이런 사유를 드러내고 있다. 육징은 왕수인에게 동·정이 각각 무엇을 가리키는지, 즉 그것이 외부 활동에 종사하느냐 하지 않느냐(有事·無事)를 가리키는지, 혹은 사유가 활동하느냐 하지 않느냐(寂然·感通)를 가리키는지, 혹은 리를 따르느냐 인욕을 따르느냐(循理·從欲)를 가리키는지에 대해 질문했다. 육징은 동·정에 관한 이 세 가지 규정이 모두 주돈이의 동·정에 관한 설명들과 동시에 이해될 수 없다고 보았다. 이에 대해 왕수인은 다음과 같이 답했다.

> 미발의 중中은 곧 양지로서 선후도 없고 안팎도 없는 혼연한 일체이다. '일이 있든'(有事) '일이 없든'(無事) 모두 동·정이란 표현을 쓸 수 있으므로, 양지는 일이 있고 일이 없는 것에 의해 구분되지 않는다. '고요한 상태'(寂然)든 '사물에 대응하는 상태'(感通)든 모두 동·정이란 표현을 쓸 수 있으므로, 양지는 적연寂然과 감통感通의 구분이 없다. 동·정은 그 마음이 처한 때를 가리키는 것일 뿐, 마음의 본체는 원래 동·정의 구분이 없다. 리는 동·정이 없기 때문이다. '동動'이란 욕구가 일어나는 것이다. 리를 따른다면 비록 온갖 일들에 대응하더라도 전혀 '동'하지 않고, 인욕을 따른다면 비록 마음을 억눌러 한결같게 만들더라도 '정'하지 못한다. "동 가운데에 정이 있고 정 가운데에 동이 있는 것이다." 더 이상 무슨 의심할 것이 있겠는가?[104]

물론 '유사有事와 무사無事' 또는 '적연寂然과 감통感通'으로 동·정을 구

---

104) 『全書』, 권2, 61쪽, 「答陸原靜」, "未發之中卽良知也, 無前後無內外而渾然一體者也. 有事無事可以言動靜, 良知無分於有事無事也. 寂然感通可以言動靜, 而良知無分於寂然感通也. 動靜者, 所遇之時也, 心之本體固無分於動靜也, 理無動靜者也. 動則爲欲, 循理則雖酬酢萬變而未嘗動也. 縱欲雖枯心一念而未嘗靜也. 動中有靜, 靜中有動, 又何疑乎?"

분하는 방식도 어느 정도 의미가 있으며, 양지와 동·정 사이의 관계도 주돈이의 '움직일 때도 움직임이 없다'(動而無動)·'고요할 때도 고요함이 없다'(靜而無靜)라는 규정으로 표현될 수 있다. 하지만 정을 위주로 하는 '성인 되는 공부'의 근본 취지에서 말한다면, 동과 정이 나타내는 것은 다만 마음이 '처한 때'(所遇之時), 즉 사유 상태의 구별일 뿐이다. 그런데 성인 되는 공부에서 주장하는 '정'은 일종의 정신 경지에 대한 표징으로, 그것은 마음에 사려가 있느냐 없느냐를 가리키는 것이 아니라 마음의 상태가 안정되었느냐 움직였느냐를 가리키는 말이다. 이런 '정'의 경지는 정적인 수양(靜坐나 無思無慮)을 통해 도달할 수 있는 것이 아니라 근본적으로 의식 활동이 도덕 법칙을 따르느냐 따르지 않느냐에 의한 결과이다.

마음의 본체가 양지인 이상, 리를 따르지 못하면 양지는 저절로 편안하지 못하게 되어 마음이 동요하지 않을 수 없다. 만일 육징의 또 다른 질문에서처럼 "늘 리를 잃지 않고 늘 리를 주로 삼는 일은 분명히 동(動)이고 이발(已發)인데 어떻게 정(靜)이라고 할 수 있겠는가"[105]라고 한다면 동과 정의 어느 때나 마음이 중심을 잡는 경지에는 이를 수 없을 것이다. 그래서 왕수인은 "보고 듣고 생각하고 행위하는 것을 한결같이 리에 맞도록 해서 보고 듣고 생각하고 행위하는 것을 마음에 담아두지 않으면 '움직일 때도 움직인 적이 없는' 경지가 된다"[106]라고 했다. '한결같이 리에 맞는다'는 말은 '리를 따른다'(循理)는 의미이고, '보고 듣고 생각하고 행위하는 것을 마음에 담아두지 않는다'는 말은 마음에 사사로운 생각이나 '보내고 맞이하며 반드시 이루려고 집착하는 태도(將迎·意必)가 없다는 것을 의미한다. 이런 경지를 "움직이는 가운데 정(靜)이 있다"(動中有靜)거나 "움직일 때도 움직임이 없다"(動而無動)라고 한다. 왕수인은 이것을 '동과 정의 합일'(動靜合一)이라고도 불렀다. 동·정의 합일에 관해서는 『전습록』 하권에 다음의 기록이 있다.

---

105) 『全書』, 권2, 61쪽, 「答陸原靜」, "常存常主於理明是動也, 已發也, 何以謂之靜."
106) 『全書』, 권2, 61쪽, 「答陸原靜」, "睹聞思爲一於理, 而未嘗有所睹聞思爲, 即是動而未嘗動也."

"유학자가 삼경三更에 이르러 가슴 속의 사려를 깨끗하게 쓸어내어서 텅 비어 고요하고 고요하게 만드는 공부를 한다면, 그것은 불교의 정靜과 마찬가지여서 둘 다 아무 활동이 없는 상태입니다. 이런 경우에 어떤 차이가 있습니까?"라고 묻자 선생께서 답하셨다. "동·정은 단지 하나이다. 저 삼경三更에 마음을 텅 비게 하여 고요하고 고요하게 만드는 것은 단지 천리를 간직하려는 것이어서 바로 지금 일에 대응하고 사물과 교섭하는 이 마음과 다르지 않다. 지금 일에 대응하고 사물과 교섭하는 마음도 천리를 따른다면 저 삼경에 텅 비어 고요하고 고요한 마음과 다르지 않다. 그러므로 동·정은 단지 하나여서 분별할 수 없다. 동·정이 합일된 것임을 이해하면 불교의 잘 보이지 않는 오류도 저절로 알아차리게 될 것이다."[107]

질문자가 제기한 문제는 이런 것이다. 유학자가 한밤까지 정좌하여 마음 속이 텅 비고 고요해지는 공부를 하는 것은 불교도가 한밤에 좌선해서 얻는 결과와 어떤 차이가 있는가? 이에 대한 왕수인의 생각은 이렇다. 유학자에게서 '정靜'일 때의 마음은 텅 비어 아무것도 없는 상태가 아니라 여전히 천리에서 벗어나 있지 않으므로 외물과 교섭할 때와 마찬가지로 '리를 따르는'(循理) 마음이다. 유학의 치양지 공부에서 볼 때 동과 정은 모두 '리를 따르는' 것이고 전혀 다른 점이 없다. 그러므로 유학의 '리를 따르는' 공부는 동정을 구분하지 않는다. 이것이 바로 불교와 다른 점이다.

### 6) 존심存心과 정기定氣

'리를 따르는' 것을 정靜이라고 보는 관점은 확실히 도덕 경지를 우선으로 삼고 일원적 공부론을 견지하는 유학의 입장에서 그 의미를 이해할 수 있을 것이다. 그러나 심재心齋·좌망坐忘이나 그 밖의 다른 정좌의 수양을

---

107)『傳習錄』下;『全書』, 권3, 76쪽, "問: 儒者到三更是分, 打蕩胸中思慮空空靜靜, 與釋氏之靜只一般, 兩下皆不用, 此時何所分別? 先生曰: 動靜只是一個, 那三更時分空空靜靜的, 只是存天理, 卽是如今應事接物的心. 如今應事接物的心亦是循天理, 便是那三更時分空空靜靜的心, 故動靜只是一個, 分別不得, 知得動靜合一, 釋氏毫釐差處亦自莫掩矣."

통해서도 안정되고 평정된 경지에 이를 수 있다는 것을 근본적으로 부정하고, 나아가 불교와 도가의 청정무위清靜無爲한 '무아無我'의 경지를 '동動'이라고 규정해 버리는 것은 지나친 일이다. 또, 일체의 도덕 경지가 정말 자연스럽게 부동심을 이끌어 낼 수 있는가 하는 문제도 명백한 것은 아니어서 추가적인 해명을 필요로 한다.

정덕 6년, 왕수인은 「별장상보서別張常甫序」108)에서 학문하는 데 있어 '문장을 화려하게 꾸미고'(工文詞) '고증을 정밀하게 하고'(辭名物) '용모와 기상을 엄숙하게 하는'(整容色) 태도들은 학문이라 할 수 없다고 하여 그 셋을 모두 부정한 뒤, 다음과 같이 물었다.

> 이런 세 태도를 없앤 뒤, 마음을 맑게 하고 기를 한결같게 해서 훤하고 막힘이 없고 고요하게 평정되도록 하는 방법으로 '정靜'을 추구한다면, 이것은 올바른 배움이라고 할 수 있겠는가?109)

여기에서 말하는 것은 도가의 '기를 평정되게 하는'(定氣) 방법이다. '그 마음을 맑게 한다'(恬淡其心)는 말은 마음을 맑게 하고 욕심을 줄이며 온갖 감정과 정서를 다스리고 잡념과 욕망을 막는다는 뜻이다. '기를 한결같게 한다'(專一其氣)는 말은 정신과 의식을 집중하고 기식氣息을 조절하여 생각을 호흡에 집중시킨다는 뜻이다. '훤하여 막힘이 없고'(廓然而虛) '고요하게 평정된다'(湛然而定)는 말은 곧 그런 수양을 통해 도달한 정신 경지를 가리키는 것으로, 자신의 마음이 몹시 커져서 거칠 것이 없으며 청명하고 평정되는 느낌을 얻게 된다는 뜻이다. 그러나 왕수인은 이런 '정기定氣' 공부는 결코 성인의 학문이 아니라고 보았다.

양지의 종지를 제기하면서부터 왕수인은 신神과 기氣를 양지로써 명확하게 통섭하였다. 그는 육징에게 답하는 편지에서 다음과 같이 말했다.

---

108) 역자 주-장상보와 이별하며 지은 시문의 序.
109) 『全書』, 권7, 124쪽, "去是三者, 而恬淡其心, 專一其氣, 廓然而虛, 湛然而定, 以爲靜也, 可以爲學乎?"

무릇 양지는 하나이다. 그 신묘한 작용(妙用)을 말할 때는 신神이라 부르고, 그 유행의 측면에서는 기氣라고 부르며, 그것이 응취된 것이라는 점에서는 정精이라 부른다. 어찌 형상·위치로 포착할 수 있겠는가?[110]

여기에서 말하는 정精·기氣·신神은, 왕수인이 이 글 서두에서 "원정原靜이 정신精神을 아끼고 기르기 때문에 이런 말을 하게 되었다"라고 한 데에서 알 수 있듯이 존재론의 문제가 아니라 정신 생활과 양생 사이의 관계 문제를 다룬 것이다. 왕수인의 관점에 따르면 심신 수양으로서의 정·기·신은 모두 양지의 작용이다. 그것들은 양지에 의해 통섭되는 것일 뿐 아니라 양지의 의념에 의해 결정되는 것이라고도 할 수 있다. 그래서 양생의 문제는 독립적인 것이 아니라 치양지의 방법으로 해결해야만 하는 것이다. 그러므로 양지를 정명精明하게 발휘하기만 하면 정·기·신은 자연스럽게 제대로 길러지게 된다.

육징은 당시 왕수인의 문하에서 유학의 정신성 문제에 관해 가장 많은 흥미를 느끼던 학자여서 『전습록』 중권에 실린 육징과의 대화와 서찰에는 삼교三敎의 정신 수양에 대한 왕수인의 이해가 집중적으로 나타나 있다. 정덕 연간에 왕수인은 육징과 존심存心·정기定氣의 관계를 토론한 적이 있다.

"평정한 상태에서 마음을 보존하고 있을 때를 『중용』에서 말한 '미발의 중中'이라고 할 수 있습니까?"라고 묻자 선생께서 답하셨다. "요즘 사람들의 '마음을 보존하는'(存心) 공부는 오직 기를 안정시키는 방식밖에 없다. 평정한 상태라 하더라도 단지 기가 평정한 상태일 뿐이므로 '미발의 중'이라고 할 수 없다." 이에 다시 "중中의 상태는 못 되더라도 중을 추구하는 공부라고는 할 수 있지 않겠습니까?"라고 묻자 이렇게 답하셨다. "오직 인욕을 버리고 천리를 보존하는 방법만이 비로소 공부라고 할 수 있다. 가만히 있을 때도 늘 인욕을 버리고 천리를 보존하며, 움직일 때도 늘 인욕을 버리고 천리를 보존해야 한다. 마음이 평정한가 평정하지 않은가와는 상관이 없다. 만약

---

110) 『全書』, 권2, 61쪽, 「答陸原靜」, "夫良知一也, 以其妙用而言謂之神, 以氣流行而言謂之氣, 以氣凝聚而言謂之精, 安可以形象方所求哉?"

마음을 평정하게 만드는 데만 의존한다면 점점 가만히 있는 것을 좋아하고 움직이는 것을 싫어하는 폐단이 생겨날 뿐 아니라, 허다한 병폐들이 끝내 사라지지 않고 그 사이에 단지 잠복해 있을 따름이어서 일을 만나면 곧 병폐가 여전히 자라나게 된다. 리를 따르는 공부를 위주로 한다면 어찌 마음이 평정해지지 않겠는가마는, 마음의 평정을 위주로 한다면 반드시 리를 따르게 된다고는 말할 수 없다."[111]

왕수인은, '기를 안정시킨'(定得氣) 결과로도 '마음의 평정'을 얻을 수는 있지만 기가 안정되었을 때 얻게 되는 평정(寧靜)이 곧바로 '미발의 중'이라고는 할 수 없다고 보았다. '중'은 '본연의 상태'라는 의미만 있는 것이 아니라 도덕성도 그 중요한 특징이기 때문이다. 기의 평정은 주로 생리적인 의미여서 결코 내재적인 도덕성을 보증하지 못한다. 그러므로 어떤 사람이 '기를 안정시키게'(定得氣) 되었다 하더라도 그 사람이 꼭 '천리를 보존할'(存得理) 수 있는 것은 아니다. 그래서 왕수인은 육징에게 "기가 안정된 때를 중中의 상태로 여기는"[112] 태도를 경계하고 일깨웠던 것이다. 이를 근거로 왕수인은 가장 근본적인 공부는 역시 "언제 어디서나 천리를 보존하고 인욕을 제거하는" 것이라고, 다시 말해서 움직일 때나 가만히 있을 때나 항상 계신공구戒愼恐懼하고 항상 '반드시 일삼는 무엇이 있도록'(必有事焉) 하는 것이라고 주장한다. 도덕성의 면에서 볼 때, 만일 기를 안정되게 기르긴 했지만 사악한 생각의 뿌리가 여전히 마음 속에 잠복해 있다면 이것은 '미발의 중'이 아니어서 일을 만나면 반드시 겉으로 드러나게 되기 때문이다.

왕수인은 맹자를 논하면서 "(맹자는) 마음이 움직이느냐 움직이지 않느냐는 따지지 않고 단지 '의義를 쌓기만'(集義) 해서 자연히 이 마음을 움직이

---

111) 『傳習錄』 上;『全書』, 권1, 41쪽, "問: 寧靜存心是可爲未發之中否? 先生曰: 今人存心只定得氣. 當其寧靜時亦只時氣寧靜, 不可以爲未發之中. 曰: 未便是中, 莫是求中工夫否? 曰: 只要去人欲存天理方是工夫. 靜時念念去人欲存天理, 動時念念去人欲存天理, 不管寧靜不寧靜, 若靠那寧靜, 不惟漸有喜靜厭動之弊, 中間許多病痛只是潛伏在, 終不能絶去, 遇事依舊滋長. 以循理爲主, 何嘗不寧靜, 以寧靜爲主, 未必能循理."

112) 『傳習錄』 上;『全書』, 권1, 45쪽, "認氣定時作中."

게 하는 것이 없게 되었다"라고 했는데, 이 말이 바로 인용문의 "평정한가 평정하지 않은가와는 상관없다"라는 말의 뜻이다. 왕수인도 여기서 평정(寧靜)의 의의를 부정하지는 않았다. 다만 평정은 결코 도덕성을 보증할 수 없다는 것과, 또한 평정을 추구하는 일을 종지로 삼게 되면 가만히 있는 것만 좋아하고 움직이는 것을 싫어하는 정신 상태를 유발시킬 수 있고 나아가 외부의 도전에 대응할 능력을 감퇴시켜 사회적·실천적 요구에 부응하지 못하게 되는 것이 우려스러웠을 뿐이다. 이것은 매우 깊은 체험이자 관찰이다. 비록 평정이 의미 있는 것이기는 하지만 그것은 반드시 도덕성을 실현하고 실천 능력을 보장한다는 전제 아래에서만 유학의 정신 생활 속에 받아들여질 수 있다. 이는 뒷날 왕수인이 한층 더 발전시켜 반복 강조했던 "리를 따르면 온갖 일들이 모두 정靜이다"(循理則酬酢萬變皆靜也)라는 말에서 알 수 있다. 즉 평정을 '리를 따름'으로써 얻게 되는 결과로 삼아야 한다는 것이다.

"리를 따르는 공부를 위주로 한다면 어찌 마음이 평정해지지 않겠는가마는, 마음의 평정을 위주로 한다면 반드시 리를 따르게 된다고는 말할 수 없다"라는 위의 결론은 유학자인 왕수인이 유와 무, 동과 정이라는 두 가지 경지 또는 공부를 어떻게 처리했는가를 분명하게 드러내 준다.

왕수인은 비록 가끔 '기가 안정되는 것'(氣定)을 동動이라고 규정하기는 했지만 순수한 정묵靜默·무아無我의 공부가 모종의 평정(寧靜)·무아의 경지를 이끌어 낼 수 있다는 것을 전혀 부인하지는 않았다. 단지 그는 정기定氣는 '진정한 정靜'을 이끌어 낼 수 없다고 보았을 뿐이다. 왜냐하면, 만일 기의 안정이 '자기를 내세우는 마음'의 뿌리를 제거할 수 없다면 결국은 '보내고 맞이하며 반드시 이루려고 집착하는' 태도의 기초가 되어 끝내 '움직일 때도 마음이 중심을 잡고 가만히 있을 때도 마음이 중심을 잡는' 경지에 철저해지지 못하고, 동시에 도덕성의 증진을 보증하는 측면에서는 아무런 역할도 할 수 없기 때문이다. 그는 유가의 방식 즉 도덕 법칙을 준수하는 방식으로 이 문제를 처리한다면 도덕성의 실현을 촉진시키고 또 자연스럽게 내심의 평정을 이끌어 낼 수 있다고 보았다. 그래서 그는, 마땅히 유

를 위주로 무를 통합하고 동 속에서 정을 구하며 '리를 따르는'(循理) 공부
로써 '기를 안정시키는'(定氣) 공부를 통솔하도록 해야 하는데 이것이 바로
성학聖學의 공부라고 강조하였다. 따라서 문제의 관건은 정기定氣나 심재心
齋가 정靜이냐 아니냐에 있는 것이 아니라 어떤 방식을 거쳐서 도덕의 경지
와 초월의 경지를 동시에 실현시킬 것인가 하는 데 있는 것이다.[113]

'계신공구戒愼恐懼', '집의集義', '필유사언必有事焉', '존천리거인욕存天理去
人欲', '성찰극치省察克治' 등과 같은 도덕 수양의 덕목은 왕수인 만년의 치
양지致良知로 귀결된다. 그러므로 치양지는 왕수인이 유와 무, 동과 정의 공
부를 통합하는 기본 원칙이다. 공자는 "옳다고 집착하는 것도 없고 나쁘다
고 집착하는 것도 없이 언제나 의義와 함께한다"[114]라고 말했다. 이에 대해
왕수인은 '옳다고 집착하는 것도 없고 나쁘다고 집착하는 것도 없는'(無適 ·
無莫) 상태는 곧 '보내고 맞이하지 않고 반드시 이루려고 집착하지 않는' 태
도인데 그것은 반드시 치양지에 종속되어야 한다고 지적한다. 그는, 무슨
일이든 '옳다고 집착하지도 않고 나쁘다고 집착하지도 않아야' 하지만 "모
름지기 핵심이 무엇인지 먼저 알아야 한다. '의義'란 바로 양지이니, 양지가
곧 핵심임을 알아야 집착이 없어진다"라고 하였다. 말하자면, '의義와 함께
한다'(義之與比)에서의 '의義'란 바로 양지이므로 양지라는 핵심을 붙잡아야
만 무집착에 이를 수 있다는 뜻이다. 그래서 그는 또 "언제 어디서나 치양
지의 공부를 해야만 생동감이 넘칠(活潑潑) 수 있다", "우선 양지가 핵심임을
알고, 그런 뒤 실제의 사事와 물物에서 공부해 나가면 저절로 투철해질 것
이다. 이 단계에 이르면 안과 밖을 모두 잊을 수 있다"라고 말했던 것이다.
치양지를 공부의 내용으로 삼으면, 마음이 마치 "흐르는 것이 이와 같다"(逝

---

113) 養心과 養氣도 리학의 기본 문제이다. 송대 리학자 가운데 謝上蔡 같은 이는
  五元養氣之法을 해본 적이 있었고, 朱子도 「調息箴」을 지어 양생 공부를 했
  다. 명대 리학자들은 더욱 양기의 방법을 중시하였다. 白沙 · 陽明 · 龍溪 · 念
  庵 등은 모두 이런 실천을 중요시하였다. 또 주자학자 胡敬齋도 養氣의 방
  법을 긍정하였다. 그러나 여기에서는 상세히 논의하지는 않겠다.
114) 『論語』, 「里仁」, "無適也, 無莫也, 義之與比."

者如斯)는 말처럼 오가는 것이 자유롭고 생기 넘치게 될 수 있다.

지금까지 말한 모든 공부를 "선도 없고 악도 없는 것이 마음의 본체이다"(無善無惡心之體)라는 각도에서 말하면, 「천천증도기天泉證道記」의 말을 빌리자면 모두 '유有에서 손을 대서 무無로 돌아가는'(從有以歸於無) 길이다. 왕수인의 공부론 속에서는 '무無에서 기틀을 세우는'(從無處立根基) 공부를 다룬 적이 없었다. 왜냐하면, 왕수인이 지적한 대로 그런 돈오의 학문은 안회顔回나 정호程顥와 같이 뛰어난 이들도 감당할 수 없는 방법이어서 깊이 논의할 필요가 없기 때문이었다.

그러나 '천천증도'의 논법에 따르면, 계신戒愼·순리循理의 공부가 비록 '마음이 편안해지고'(自慊) '평정해지는'(寧靜) 것을 상당한 정도로 보증해 줄 수 있기는 해도 그것만으로는 여전히 철저한 '무아지경'을 실현할 수 없다. 그와 더불어 "선도 없고 악도 없는 것이 마음의 본체이다"라는 것을 직접 깨달아야만 '언제 어디서나 옳고 그른 것을 알아차리는' 동시에 '언제 어디서나 옳고 그른 것을 마음에 담아두지 않을' 수 있게 되는 것이다. 그래서 왕수인은 전덕홍이 '경계하고 삼가며 리를 따르는' 공부에 편중하는 것을 보고는, "여중汝中(왕기)이 말한 본체를 깨쳐야 한다", "여중이 말한 본체를 인식해야 한다", "태허는 형체가 없어서 한번 지나가면 흔적을 남기지 않는다. 또 무슨 터럭만큼의 기력이라도 들이겠는가? 덕홍의 공부는 이와 같이 되어야만 비로소 본체와 공부가 합일될 수 있다"라고 요구했던 것이다. 말하자면 단순히 '리를 따르는' 공부만으로는 자연스럽고 충분한 '평정'(寧靜)의 경지를 실현할 수 없다는 뜻이다. '리를 따르는' 공부가 '마음의 본체에는 본래 한 사물도 없음을 투철히 인식하는' 공부와 연결되어 있을 때 비로소 본체에 부합하고 본체를 회복하는 공부가 될 수 있으며 진정으로 유무합일의 경지에 도달할 수 있는 것이다.

## 제11장 맺는 말

　지금까지의 구체적인 서술과 토론을 통해 우리는 왕수인의 일생에 있어
서의 사상적 발전을 총체적으로 검토할 수 있었다.

　왕수인의 문인이 지은 「연보」나 그 밖의 기록들 속에는 왕수인 사상의
변화 발전에 대한 어떤 맥락이 그려져 있다. 예컨대 '청년 시기의 오닉五溺
(다섯 차례의 함닉)', '학문의 삼변三變', '교육의 삼변' 등과 같은 표현들은 주
희에 대한 연구와 비교해 볼 때 그 연대와 맥락이 훨씬 더 명확해 보인다.
더욱이 이른바 '전삼변前三變'(學之三變)・'후삼변後三變'(敎之三變)이란 표현은
이후 널리 유행하였으며 그 영향 또한 매우 컸다.

　그러나 엄격히 말해서 전삼변이니 후삼변이니 하는 표현들은 그다지 정
확한 것이 아니다. 여기에는 앞으로 계속 연구되어야 할 몇 가지 문제점들
이 있다. 그리고 이 표현들에 대한 전덕홍과 왕기의 설명에도 차이점이 있
는데, 전덕홍은 강우江右 시기의 치양지致良知 사상을 왕수인 학설의 최후
발전 단계로 보았지만 왕기는 월성月城 시기 이후를 강우 시기의 치양지 사
상과는 다른 면모를 지닌 또 하나의 발전 단계로 파악하였던 것이다.

　왕수인의 사상을 전체적으로, 또 생동감 있게 이해하기 위해서는 사적
史的인 측면의 연구와 서술이 중요하겠지만 이 책에서는 왕수인의 생애를
그리 비중 있게 다루지 않았다. 이는 한편으로는 등애민鄧艾民의 「왕수인의
일생」(王守仁的一生)[1]과 같은 전문 저술이 있기 때문이기도 하겠지만, 다른

한편으로 이런 연구는 사학적인 방법에만 의존할 수 없기 때문이기도 하다. 예컨대 왕수인이 월성에 거주한 뒤의 사상적 성격이 어떤 것인지를 확정하는 데 있어서 역사적 서술과 묘사는 도리어 철학적 분석을 전제로 해야 한다. 이런 점은 필자가 '사구교四句敎'에 대한 철학적 토론 뒤에 왕수인 사상 발전에 대해서 총론하는 방식을 택하고 이 책의 첫 부분에서 곧바로 결론을 내리지 않은 근본적인 원인이기도 하다.

## 1. 초년의 역정

'오닉五溺'이란 표현은 담약수湛若水가 지은 왕수인의 묘지명에 나온다. 거기에는 다음과 같은 말이 있다.

처음에는 임협任俠에 빠졌고 다음에는 기사騎射에 빠졌고 세 번째는 사장辭章에 빠졌고 네 번째는 신선神仙에 빠졌고 다섯 번째는 불교佛敎에 빠졌다가 정덕 병인년에 비로소 성현의 학문으로 돌아왔다.[2] 마침 내가 북경에 있었는데 그(왕수인)가 사람들에게 "내가 벼슬한 지 20년 동안 이런 사람을 보지 못했다"라고 하고 나도 사람들에게 "내가 사방을 두루 다녀봤지만 이런 사람은 보지 못했다"라고 하여 드디어 벗이 되었다. 강학할 때는 늘 정명도程明道의 "혼연히 만물과 같은 몸이다"라는 가르침을 중심으로 삼았다.[3]

---

1) 鄧艾民의 글은 『朱熹王守仁哲學硏究』(華東師範出版社, 1989), 74~115쪽에 실려 있다. 필자가 보기에 등애민의 글은 쉽게 얻을 수 없는 가작이어서 '눈앞에 광경이 있지만 그려낼 수는 없도다'라는 탄성이 절로 나오게 한다. 이것이 필자가 이 글에서 생애에 대한 내용을 쓰지 않은 이유이다. 다만 등애민의 글에서 陽明洞이 四明山에 있다는 주장만은 앞사람들의 잘못을 미처 바로잡지 못한 것이다.

2) 「연보」에 따르면 왕수인이 담약수와 사귀게 된 것은 을축년(1505년)의 일이지만 담약수 스스로가 항상 병인년(1506년)에 왕수인과 사귀기 시작했다고 말하고 있으므로 담약수의 말을 따라야 한다.

3) 『全書』, 권37, 514쪽, "初溺於任俠之習, 再溺於騎射之習, 三溺於辭章之習, 四溺於神仙之習, 五溺於佛氏之習, 正德丙寅始歸於聖賢之學, 會甘泉子於京師, 語人曰'守仁從宦二十年未見此人', 甘泉子於人亦曰'若水泛觀於四方, 未見此人', 遂相與定交, 講學一從程氏仁者渾然與物同體之旨."

담약수가 쓴 묘지명은 황관黃綰의 「양명선생행장陽明先生行狀」에 근거한 것으로 왕수인이 정학正學(儒學)으로 돌아가기 전에 귀착점을 모르고 방황하던 경력을 부각시켰다. '전삼변'이란 표현은 전덕홍에게서 나왔다.

선생의 학문은 세 차례 변모되었다. 그 교육 방법 역시 세 차례 변모되었다. 어릴 때는 사장辭章을 익히는 데 열중하였고 그 뒤에 이씨二氏(도교와 불교)에 드나들었다. 이어 변방에 거처할 때 곤궁한 상황에 처하여 활연히 성인의 종지를 깨닫게 되었으니 이는 세 차례의 변모를 거쳐 도道에 이른 것이다.[4]

전덕홍이 '오닉五溺'을 '사장辭章'과 '이씨二氏'로 간략하게 줄인 것에는 확실한 이유가 있다. 임협任俠과 기사騎射는 학술이라고 할 수 없으므로, 학술상에서 왕수인이 정학正學으로 돌아오는 데 방해된 것은 주로 사장의 학문 체계와 불·도의 학문 체계였기 때문이다. 전덕홍의 '삼변설三變說'이 담약수의 '오닉설'과 또 다른 점은, 담약수는 왕수인이 오닉을 거친 뒤 병인년(1506년)에 '한 번 더 변하여 도에 이르렀다'고 한 반면 전덕홍은 왕수인이 변방에 기거하며 곤궁한 지경에 처했으며 용장龍場에서 대오大悟한 뒤(1508년)에 비로소 '세 변화를 거쳐 도道에 이르렀다'고 주장한 부분이다.

'오닉'과 '전삼변'이란 표현은 왕수인이 청년기에 광범위하게 이학異學을 섭렵한 경력을 이해하는 데 좀더 명백한 인상을 줄 수 있으나, '오닉' 혹은 '삼변'을 왕수인의 학문 과정의 실제 순서라고 여기는 것에는 아무래도 문제가 있다. 왕수인 청년기의 사상 발전 과정과 그 맥락을 정확히 묘사하고 서술하려면 그 동안의 복잡한 내용에 대해 좀더 명백히 정리해야 한다.

담약수가 말한 '오닉'의 경우, 그 일들이 청년 왕수인의 시기에 있었던 것은 모두 사실이지만 청년 왕수인 사상의 구체적인 전개 양상은 결코 임협任俠 → 기사騎射 → 사장辭章 → 신선神仙 → 불교佛敎 → 성학聖學(孔孟)의 순

---

4) 『全書』, 卷首, 5쪽, 「文錄敍說」(錢德洪), "先生之學凡三變, 其爲敎也亦三變. 少之時馳騁於辭章; 已而出入於二氏; 繼乃居夷處困·豁然有得於聖人之旨, 是三變而至於道也."

서를 거치지는 않았다. 진가의秦家懿가 지적한 것처럼 '오닉'은 왕수인이 정학으로 돌아오기 전에 순차적으로 발생했던 다양한 기호가 아니라 동시에 가지게 된 흥취였다. 그런데 여기서 주의해야 할 점은 사장학에 빠진 시기와 불교·도교를 넘나든 시기라는 두 단계 사이에 '송유宋儒의 격물 공부(格物之學)를 추구했던' 중요한 단계가 존재했다는 사실이다. 만일 이런 경력이 없었다면 용장에서 격물치지格物致知에 관해 증오證悟할 수도 없었을 것이다. 용장 이후의 왕수인 사상이 주로 유가의 입장에서 도교와 불교를 융합하는 것이었다면 용장 이전의 왕수인 사상의 주된 과제는 어떻게 송유들의 격물 공부를 지양하면서 심학을 중건하느냐 하는 것이었다. 왕수인의 일생에 걸친 그 사상의 주된 과제는 송유들의 지리멸렬한 공부 방법을 비판하고 불교와 도교의 지혜를 흡수하자는 이 두 가지였다. 그의 송학에 대한 불만도 바로 그 자신이 청년 시기에 송대 학자들이 제창한 격물 공부를 직접 해 본 경험이 있기 때문에 생긴 것이었다.

왕수인은 일찍이 청소년 시기에 북경에서 부친(龍山公)을 모시고 있을 때 "널리 주자의 저술들을 구해 읽고 아울러 관서官署에서 정자 앞의 대나무를 대상으로 직접 격물格物해 보기도 했다." 이것은 주자학이 청년 왕수인에게 한때 엄청난 흡인력을 가졌었다는 것을 보여 준다. 송원宋元 이래 주자학은 정통의 자리를 차지했고 일반 사인士人들은 모두 주자학을 성현이 되는 학문 방법으로 간주했다. 「연보」에는 왕수인이 소년 시기에 서당의 훈장에게 "과거에 급제하는 것은 가장 중요한 일이라고 할 수 없습니다. 마땅히 책을 읽어 성현을 배워야 하리라고 봅니다"[5]라고 말했다고 하는데, 그 기록이 정확하다면 당시의 학술적 분위기로 봐서 왕수인이 주자학을 선택했으리란 것은 너무나 당연하다.

왕수인이 18세였던 해에 그는 제씨諸氏를 신부로 맞이하여 강서江西에서 절강성浙江省으로 돌아가는 도중에 당시의 저명한 학자 누량婁諒(호는 一齋)을 만났다. 누량이 그에게 "송유宋儒의 격물 공부에 대해 말하면서 성인의

---

5) 『全書』, 권32, 442쪽, 「年譜」, '壬寅條', "登第恐未爲第一等事, 當讀書學聖賢耳."

경지는 반드시 배워서 이를 수 있다고 일러주자 드디어 깊이 깨우치게 되었다"[6]고 한다. 누량의 학문은 오여필吳與弼(호는 康齋)에게서 나온 것으로, 그는 오여필에게서 가장 인정받은 제자였다. 누량은 '거자학擧子學'(과거 공부)에 반대하고 '심신학心身學'(몸과 마음으로 체득하는 공부)을 제창했는데, 그 주장이 정이와 주희의 '거경居敬' 종지를 받들기는 해도 주돈이와 정호의 학문에 경도된 것이었다. 예컨대 그는 "놓쳐 버린 마음을 거둬들이는 것을 거경의 출발점으로 삼고, '하사하려何思何慮'(무엇을 생각하고 무엇을 헤아리겠는가)·물망물조勿忘勿助(잊지 말고 거들지 말라)를 거경의 요지로 삼아라"[7]고 말했는데, 이는 동문이었던 호거인胡居仁에 의해 진헌장陳獻章의 낭만주의와 가깝다는 비판을 받았다.

그렇지만 왕수인이 누량을 만났을 때는 겨우 18세였으므로, 누량은 왕수인과 이것에 대한 깊이 있는 토론을 나누는 대신 그에게 다만 독서와 궁리에 대해서만 말해 주었을 것이다. 당시 왕수인은 '격물을 통해 공부하여 성인에 이른다'는 사상에 대해 매우 마음이 기울어져 있었다. 「연보」에서도 "이 해에 선생은 비로소 성학聖學을 추구하기 시작했다"고 하였다. 왕수인은 19세에 조부의 상을 당한 이후 2년 동안 부친을 따라 거상居喪하면서 사촌 매부 등과 함께 과거 공부를 했고, "밤에는 여러 경전과 제자서諸子書와 사서史書를 꺼내 읽었는데 자주 한밤에 이르렀다"고 한다. 이 사실은 그가 강서에서 아내를 맞이한 뒤의 몇 년 동안 확실히 큰 힘을 들여 누량이 가르쳐 준 격물 공부를 실천했다는 것을 보여 준다.

왕수인은 22세에 회시會試에 낙방하고 그 뒤로는 사장辭章·병법兵法·양생養生을 넘나들었다. 이는 낙방에 대한 심경을 떨쳐 버릴 수 없었던 것과 관련이 있다. 그렇지만 이 기간 동안 왕수인은 결코 '성학'을 완전히 버리지는 않았다. 「연보」 '27세조'에는 다음과 같이 기록되어 있다.

---

6) 『全書』, 권32, 444쪽, 「年譜」, '己酉條', "語宋儒格物之學, 謂聖人必學可至, 遂深契之."
7) 『明儒學案』, 권2, 43쪽, "以收放心爲居敬之門, 以何思何慮·勿忘勿助爲居敬要旨."

마음잡기가 뒤숭숭하던 차에 하루는 주자朱子가 송宋 광종光宗에게 올린 상소문에 "거경居敬하여 뜻을 굳건히 지니는 태도는 독서의 근본이고 순서에 따라 끝까지 정밀하게 파고드는 것은 독서의 방법입니다"라고 말한 것을 읽으시고는, 이제까지의 탐색이 비록 광범위하긴 했어도 순서에 따라 끝까지 정밀하게 파고들지는 못했으므로 아무것도 얻지 못한 것은 당연하다고 후회하셨다. 그래서 또다시 순서에 따라 흠뻑 젖어들도록 사색해 보셨다. 그렇지만 물리物理와 마음은 끝내 판연히 둘인 것같이 여겨졌다. (선생은) 한동안 침울하게 지내시고 옛 병이 다시 도져서 더욱더 성현이 되는 것은 분수가 정해져 있다고 여겨 포기하셨다.[8]

청년 시기의 왕수인은 특정 학문에 몰두해 들어간 경우가 거의 없었다. 그는 좌우를 기웃거리면서 각종 '도술道術'(학문)을 동시에 맛보았다. 그렇지만 그의 가정과 그가 젖어 있던 사회·문화적 환경 속에서 그가 늘 우러러보던 주된 목표가 '성인의 학문'이었음은 부인할 수 없다. 그래서 계축년에 낙방한 뒤부터 기미년에 급제할 때까지, 그는 사장과 불·도를 넘나드는 동시에 '순서에 따라 끝까지 정밀히 파고들라'는 주희의 방법대로 독서를 거쳐 물리와 내 마음을 합일시킬 것을 모색했던 것이다. 다만 그는 거기서 아무런 효과도 볼 수 없었다. 이것은 왕수인이 정자 앞의 대나무를 대상으로 한 격물 공부에 실패한 후에 곧바로 주희의 격물 공부를 부정한 것이 아님을 말해 준다.

송대 학자들이 제창한 '순서에 따라 사물의 이치를 궁구하는' 공부 방법이 왕수인의 정신을 끌어올리지 못한 탓도 있지만, 다른 한편으로 도·불에 몰입해 있다 보니 왕수인은 도교와 불교에 대해 내심 동조하고 이해하는 마음을 갖게 되고 나아가 유학의 '정신적 만족'이라는 덕목에 대해 더욱 강렬한 열망을 갖게 되었다. 27세 때 북경에서 도사가 양생에 대해 말하는

---

8) 『全書』, 권32, 444쪽, "心持惶惑, 一日讀晦翁上宋光宗疏, 有曰'居敬持志爲讀書之本, 循序致精爲讀書之法', 乃悔前日探討雖博, 而未嘗循序以致精, 宜無所得. 又循其序, 思得漸漬洽浹, 然物理吾心終若判而爲二也. 沈鬱旣久, 舊疾復作, 益委聖賢有分."

것을 듣고 거기에 끌렸던 것이나 31세 때에 병이 들어 휴직한 뒤 양명동에서 도인술導引術을 수련한 것도 분명히 도교의 영향을 받은 것이다. 왕수인은 몸이 약하고 병이 많아 병 치료를 위해 양생술을 찾게 되었는데, 이것은 그가 도교와 밀접한 연관을 가지게 된 중요한 원인 중의 하나이다. 그는 삼교三敎(儒·佛·道) 내에서 '몸을 기르는 것'과 '마음을 기르는 것'은 본래 분리될 수 없다고 보았는데,9) 이를 인연으로 불교와 도교의 정신 훈련 속으로 깊이 파고들게 됨으로써 상당한 도움을 얻게 되었다. 불교와 도교에 대한 그의 기본적인 관점은 바로 이러한 데서 형성된 것이었다.

이런 상황에서 왕수인은, 정신 경지와 내면 생활을 강조하는 불교와 도교는 정신 생활과 사회 윤리를 갈라놓고 있으며 또 일반 유학자들은 장구와 훈고로 흘러 정신 생활을 추구하지 못한다는 사실을 몸으로 깨닫게 되었다. 하지만 불교·도교를 향해 출세간의 신조를 고쳐 윤리적 생활로 돌아오라고 요구하는 것은 불가능한 일이었으므로, 왕수인은 유학을 개조시켜 유학의 정신성(spirituality)을 발전시키는 것이 "정신적 추구를 극대화하면서 일상 생활의 규범을 준수할 수 있는"(極高明而道中庸) 유일한 방향이라고 생각했다. 이와 더불어 부유한 관료 집안에서 생활했던 경력과 거기서 배양된 친족간의 사랑에 대한 양지良知, 그리고 지식 계층으로서 급제 뒤에 여러 차례 사회적 책임을 수행하는 과정에서 규정된 삶의 방식 등은 결국 왕수인으로 하여금 유학을 완전하게 받아들이는 입장으로 돌아오게 만들었다.

바로 이런 이유 때문에 왕수인이 다시 돌아오게 된 '유학'은 처음부터 정신 경지에 중점을 두는 것이 특징이었으며, 이는 주자학과는 아주 다른 경향을 띤 것이었다. 1505년(을축년)에 왕수인은 북경에서 제자들을 가르치게 되었는데, 이때 그가 제창한 것은 바로 시문 공부나 경전 암송과 대립되는 '몸과 마음으로 체득하는 학문'(心身之學)이었다. 이에 앞서 누량婁諒 등도 심신지학心身之學을 강조하기는 했지만, 왕수인이 이때 주장한 것은 다른 누

---

9) 왕수인은 뒤에 육징에게 "병이 많아서 양생을 일삼게 되어 나는 지난날 한때 여기에 힘을 탕진했다. 대저 덕을 기르는 것과 몸을 기르는 것은 하나의 일일 뿐이다"라고 말했다.(『全書』, 권5, 107쪽, 「答陸澄」)

구를 모방한 것이 아니라 그 자신의 생존 체험과 심령의 요구에서 나온 것이었다. 이런 '심신지학'은 불교·도교의 지혜와 경지를 지양한 '신심학新心學'을 포함하고 있다. 이런 이유로 인해 그는 담약수湛若水의 '자득自得' 사상과 곧바로 투합할 수 있었던 것이다.

담약수의 학문은 진헌장陳獻章(호는 白沙)에게서 나온 것이다. 황종희黃宗羲는 명대 학술이 진헌장에 이르러 '비로소 정미한 경지에 들어섰다'(始入精微)고 평하였는데, 이는 진헌장에 이르러 개념 분석이 세밀해졌다는 말이 아니라 진헌장의 학문으로부터 비로소 내재적 정신 생활의 체험에 깊이 들어서게 되었음을 말한다. 담약수는 어린 시기에 진헌장의 이런 영향을 많이 받은 편이어서 당시 사람들이 그를 '선禪'이라고 규정했으며, 오직 왕수인만이 그와 완전히 의기투합했다. 왕수인은 청년 시기의 사상 발전을 회고하면서 "나는 담약수에게서 도움을 받은 것이 많다. 담약수의 학문은 자득自得을 구하는 것이었다"라고 인정했다. 또 그는 다음과 같이 말했다.

나는 어릴 때 묻고 배우지 못하여 치우친 것들에 20년간이나 빠져 있다가 도교와 불교에 마음을 쏟게 되었는데, 하늘의 영명에 힘입어 조금 깨닫게 되면서부터 그제야 주염계周濂溪와 정명도程明道의 이론에 따라 도道를 구하게 되었고 얻은 것이 있는 듯 느껴졌다. 그러나 한두 동지同志들 이외에는 내게 힘이 되지 못하고 내게 도움을 받아야 겨우 뜻을 일으키는 정도였다. 뒷날 감천甘泉 담湛선생을 사귀게 되면서 그 뒤로는 내 뜻이 더욱 군건해져서 막을 수 없는 지경이 되었다.[10]

이 말은 1506년(병인년)에 담약수가 왕수인과 만나 사귀게 된 것이 왕수인에게 적지 않은 영향을 주었다는 사실을 분명하게 보여 준다. 그러나 이것이 결코 왕수인이 1506년에 이르러서야 '오닉五溺'에서 한번 변모하여 도道에 이르렀다는 것을 의미하지는 않는다. 「연보」에 따르면 홍치弘治 14년

---

10) 『全書』, 권7, 124쪽, 「別湛甘泉書」, "某幼不問學, 陷溺於邪僻者二十年, 而始究心於老莊, 賴天之靈因有所悟, 始得沿周程之說求之, 而若有得焉. 顧一二同志之外莫與翼也, 岌岌乎僕而後興, 晚得友於甘泉湛子, 而後吾之志益堅毅若不可遏."

(1501) 왕수인의 나이 30세 때 구화산九華山의 이인異人이 왕수인과 함께 최상승의 법을 논하면서 "주염계와 정명도는 유가의 훌륭한 두 수재이다"라고 말했다고 하는데, 대개 이때부터 왕수인은 유가의 고유한 정신 속에서 안심입명할 곳과 상승上乘의 인생 경지를 찾게 되었다. 그리하여 그는 "하늘의 영명에 힘입어 조금 깨닫게 되면서 그제야 주염계와 정명도의 이론에 따라 도를 구하게 되었고 얻은 것이 있는 듯 느껴졌다"라고 말하게 된 것이다.

확실히 왕수인이 일생 동안 가장 마음을 기울인 경지는 주돈이와 정호의 정신 경지였지 육구연의 정신 경지가 아니었다. 왕수인은 31세 때(홍치 15)에 도교와 불교의 문제점을 깨닫고 33세 때(홍치 18)에 제자들에게 '심신지학'을 강론했으며 34세 때에 담약수를 만나자마자 그와 교유하였다. 이 시기는 왕수인의 사상이 각종 학문을 넘나들다가 성학으로 돌아오게 된 전환기였다고 할 수 있다. 우리는 이전의 학자들처럼 굳이 어느 한 해를 불교·도교와 단절하여 유학으로 돌아온 시점으로 잡을 것이 아니라 이 전환을 하나의 과정으로 보아야 할 것이다. 왕수인에게 있어 담약수라는 인물이 갖는 의의는, 그가 이 과정에서 왕수인의 30세 이후의 전환을 강화하고 확정적으로 만드는 역할을 수행했다는 데 있다. 위의 분석에 따르면 담약수는 왕수인에게 진헌장의 '자득'이라는 공부 방법을 소개했음에 틀림없다.11) 이로써 '주염계와 정명도를 따라서 도를 추구하는' 왕수인의 공부 방법이 진헌장 일파에게 인증을 받을 수 있었던 것이다. 그러므로 담약수의 '자득'이라는 종지는 왕수인으로 하여금 유학 정신성의 특징을 이해하고 파악할 수 있는 확고한 형식을 발견하도록 만들어 주었다고 할 수 있다.12)

---

11) 진헌장은 초년에 서책을 통해 道를 추구했으나 여러 해가 지나도 얻지 못하자 "내 마음은 이 理와 전혀 맞물리는 맛이 없다"라고 하고는, 번잡함을 버리고 간략함을 취하여 몸에서 반성하고 정좌하여 마음으로 체인하더니 "道라는 것은 내가 직접 깨닫는 것이다"라고 말하였다. 왕수인도 처음에 순서에 따라 사물의 이치를 궁구했지만 "내 마음과 物理가 둘로 갈리진 것 같았는데" 뒷날 양명동에서 '靜 공부'를 하고는 얻은 게 있어서 그 뒤로 다시 心身之學으로 돌아왔다. 진헌장과 과정이 비슷하다.

12) 왕수인이 正德 7년에 지은 「別湛甘泉書」에서는 "도교와 불교는 성인의 도와 다르지만 그래도 자득한 맛은 있다", "지금의 시대를 살아가면서 仁義를 배

사실 담약수의 "다섯 차례 함닉되었다가 한번 변하여 도道에 이르렀다"라는 말과 전덕홍의 "세 번 변하여 도에 이르렀다"라는 말의 주안점은 조금 다르다. 담약수가 '병인년에 도에 이르렀다'고 한 것은 이학異學과 대비하여 말한 것이고, 전덕홍이 '용장에서 도를 깨쳤다'고 주장한 것은 송학宋學과 대비하여 말한 것이다. 전덕홍과 왕기는 '용장의 깨침'을 왕수인이 도에 들어서게 된 관건으로 보았는데, 이들은 왕수인이 담약수를 만난 사실과 그때를 전후하여 정학正學으로 돌아오게 되었음은 거론하지 않았다. 왜 이들은 '동질'의 변화를 '이질'의 변화보다 중시했을까?13)

왕수인의 유학으로의 전환은 최소한 병인년(1506)에 이미 완성되었다고 볼 수 있지만, 전체 왕수인 사상의 역정에서 볼 때 그 전환이 가장 주의할 만한 사건이었다고는 말할 수 없다. 엄격히 말해서 당시까지도 여전히 그는 자신의 사상을 아직 확립하지 못하고 있었으며 그의 전체적 곤혹감도 완전하게 해결하지 못한 상태였다. 특히 그에게 있어 중대한 장애가 된 것은 송유의 '격물' 문제였다. 이 문제는 청년 시기 이래로 줄곧 그를 괴롭혀 온 것이었다. 그는 자득한 '심신지학心身之學' 덕분에 주돈이와 정호의 전통에서 새로운 정신 자원을 발견할 수 있었지만 격물 문제는 잠시 '보류해 둔' 것일 뿐이어서, 본체와 공부에 관한 일련의 이론을 확정하여 주자학과 겨루는

---

우고 性命을 구하며 辭章·記誦을 멀리하여 거들떠보지 않는 사람이 있다면 그가 비록 楊朱·墨翟과 도교·불교라는 편벽된 학문에 빠져 있더라도 나는 오히려 그를 훌륭하다고 할 것이다. 왜냐하면 그의 마음은 오히려 自得을 구하기 때문이다"라고 했다. 불교·도교가 '자득'의 경지를 추구한다는 이 칭찬을 뒷날 담약수와 몇 차례에 걸쳐 벌였던 "불교·도교는 성인의 지엽이다"와 관련한 토론과 연결시켜 보면 왕수인의 을축년 이후의 도교·불교에 대한 일관된 태도를 확인할 수 있을 것이다. 바로 이 '자득'이라는 의의에서 그가 도교·불교가 치우친 것이긴 해도 오히려 훌륭하게 평가할 수 있다고 한 것이다. '자득'은 정신 생활의 기쁨·만족·담박·편안함·평온함·충실·自在를 구하는 것이다. 이런 경지는 왕수인에게 늘 엄청난 흡인력을 발휘했다. 물론 그는 결코 강건하게 견지하던 사회 활동을 방기하는 것을 그 대가로 치르려고 하지 않았다. 사실상 그는 늘 이 둘을 결합하려고 했었다. 따라서 홍치 말년에 왕수인이 聖學으로 돌아오게 되었다고 해서 그것이 결코 불교·도교에 대한 철저한 부정을 의미하는 것은 아니다.

13) 蔡仁厚는 '前三變'을 이질의 변화, '後三變'을 동질의 변화로 보았다. 여기서는 이 견해에 따른다. 蔡仁厚, 『王陽明哲學』(臺北: 三民書局) 참조.

일은 여전히 시도할 수 없었다. 주희가 40세에 이르러 학문의 대지大旨를 비로소 확정할 수 있었다고 한다면, 이런 의미에서 왕수인은 용장龍場으로 좌천되었을 때 비로소 학문의 대지를 확정하였다고 할 수 있다. 이로부터 왕수인의 학술은 진정으로 자기 성격을 가지게 되는 것이다.

상술한 것에 따르면, 우리는 왕수인의 용장 이전의 사상 발전 과정을 다음과 같이 고쳐 기록해야 한다.

선생은 어린 나이에 과거 공부를 하여 뜻이 사장에 빠졌다. 그 뒤 송유들의 순서에 따라 사물의 이치를 궁구하는 공부를 시행해 보았지만 물리物理와 내 마음이 끝내 둘로 나뉘어 있어 전혀 도道로 들어갈 길이 없었다. 그 때문에 도교·불교에서 도를 구하여 드나든 지 오랜 시간이 지나자 비로소 어렴풋하게나마 마음에서 깨닫는 것이 있는 듯했다. 뒷날 이씨二氏의 이론이 끝내 일용사물에는 적용될 수 없음을 깨닫고 주염계와 정명도의 '심신지학'으로 돌아오게 되니, 담약수의 이른바 '자득' 종지와는 더욱 맞아떨어졌다. 그렇지만 끝내 "사물에서 리를 구하라"는 이론에 대해 의심을 풀 수 없었다가, 용장으로 좌천된 뒤 다시 우환을 겪는 가운데 정좌 공부를 실천함으로써 드디어 성문聖門의 격물치지의 의미를 크게 깨치게 되니 학문의 대지가 이로부터 세워졌다.

따라서 다섯 번의 변화(五變)를 거쳐 비로소 종지가 세워졌다고 보는 것이 왕수인과 문인들의 기록을 대조해 볼 때 가장 사실에 가깝다고 하겠다.


## 2. 중년의 교육 방법

전덕홍은 왕수인 청년기의 구도求道 역정에 대해 '사장辭章으로 치닫다가' '이씨二氏를 드나들고' '용장에서 크게 깨치는' 세 단계를 거쳤다고 보았다. 그는 또 용장 이후에 왕수인의 교육 종지에도 세 차례의 변화가 있었다고 했는데, 이것이 바로 다음의 '후삼변後三變'이다.

귀양貴陽에 거처하실 때 처음으로 '지행합일설'을 제창하여 학자들을 가르치셨고, 저양滁陽 이후로는 학자들에게 주로 '정좌靜坐'를 가르치시다가, 강우江右 이후에 비로소 '치양지致良知' 세 글자를 제기해서 바로 본체를 가리킴으로써 학자들로 하여금 말을 듣자마자 깨닫도록 하셨으니, 가르침에도 세 차례의 변화가 있었던 것이다.[14]

전덕홍의 전·후 삼변설은 외우기가 쉽다 보니 명말 이래로 그 영향력이 제법 컸다. 그렇지만 학문 과정의 삼변三變이라는 표현은 왕수인이 용장의 깨침에 이르러서야 비로소 불·도二氏)를 출입하던 곤혹스런 상황을 해결할 수 있었던 것처럼 보이게 만든다. 그리고 교육 방법의 삼변이라는 표현도 연구해 봐야 할 것이 매우 많다. 예컨대 지행합일설이 물론 귀양서원貴陽書院 시기에 제창된 것이긴 하나, 왕수인은 서애徐愛와 배를 타고 남행하면서 학문을 논할 때 특별히 지행합일의 종지를 밝힌 적이 있고 또 만년에 고린에게 보낸 편지에서는 그 사상을 더 깊이 있게 밝혔으므로 지행합일설을 귀양 시기의 사상으로만 보는 것은 곤란하다.

여릉廬陵에서 살던 시기부터 순무남감정장巡撫南贛汀漳으로 나갈 때까지의 왕수인의 8년간의 사상에 대해 전덕홍은 전부 "묵좌하여 정신을 집중시키고 미발의 본성을 함양했다"는 말로 귀결시켰다.(왕기의 설명도 이와 비슷하다.) 확실히 왕수인은 경오년(1510)에 신주辰州에서 제자들에게 정좌를 가르친 적이 있고, 계유년(1513)에도 저양에서 "극고명極高明[15]의 방향에서 시폐를 바로잡는 경우가 많았다"고 한다. 그렇지만 전덕홍은 또 왕수인이 "금릉金陵 시기(1514~1516)에 이미 매우 두려운 마음이 생겨, 감주贛州에 거처할 때(1517~1518)에는 학자들에게 천리를 보존하고 인욕을 제거하는 '성찰省察'과 '극치克治'의 실제적 공부를 다하도록 가르쳤다"[16]고 진술하였다. 이는

---

14) 『全書』, 卷首, 5쪽, 「文錄敍說」(錢德洪), "居貴陽時首於學者爲知行合一之說; 自滁陽後多敎學者靜坐; 江右以來始擧致良知三字, 直指本體, 令學者言下有悟, 是敎亦三變也."

15) 역자 주―『中庸』에서 尊德性 공부의 하나로 제시한 용어이다. 덕성을 최고조로 고양시킨다는 뜻이다.

16) 『全書』, 권26, 378쪽, 「答滁陽諸生問答案語」, "在金陵時已心切憂焉, 故居贛時

주신호의 난을 평정하러 가기 전인 갑술년(1514) 남경에서 홍려시경을 맡았을 때부터 갑인년(1518) 강서의 폭동을 평정할 때까지의 기간 동안에 이미 왕수인의 교육 방법이 '정좌'하여 마음을 맑게 하는 미발 공부로부터 '극치'와 '성찰'의 이발 공부로 전향했음을 말해 준다. 황관의 「행장」에는 심지어 "갑술년 남경홍려시경에 오르면서 처음으로 오직 '양지良知'의 종지로써 학자들을 가르쳤다"[17]라고 되어 있다. 황관의 설명은 지나치게 성급하다 할 수도 있겠지만, 사실상 전덕홍의 주장은 왕수인의 진술에 직접 뿌리를 두고 있다. 왕수인은 남경에서 한때 다음과 같이 말한 적이 있다.

내 근래에 말속末俗의 비루하고 더러운 행태를 고쳐 보고자 학자들을 가르칠 때 '극고명極高明'의 방향에서 시폐를 바로잡는 일이 많았다. 그러나 지금 학자들 중에 점점 공허空虛로 빠져들어 일용을 벗어난 신기한 이론을 일삼는 자들이 생기게 되니, 내 이미 후회하게 되어 남기南畿(남경)에서 논학할 때는 학자들에게 천리를 보존하고 인욕을 제거하는 '성찰'과 '극치'의 실제적 공부를 하도록 지도하였다.[18]

이를 통해 귀양貴陽(즉 용장) 이후부터 변방 평정 이전까지를 모두 '정좌靜坐·수렴收斂'으로 귀결시키는 후삼변설의 관점이 적절하지 않음을 알 수 있다. 그런데 전덕홍은 다른 글에서, 정좌를 중심으로 하던 신주 시기와 양지를 중심으로 삼은 강서 시기 사이에 왕수인에게는 확실히 다음과 같은 또 다른 교육 방법이 있었다고 말했다.

---

則教學者存天理去人欲, 致省察克治實功."
17) 黃綰, 「陽明先生行狀」(이하 「行狀」으로 약칭), "甲戌升南京鴻臚寺卿, 始專以良知之旨訓學者."
18) 『全書』, 권32, 449쪽, 「年譜」, '甲戌條', "吾年來欲懲末俗之卑汚, 引接學者多就高明一路以救時弊, 今見學者漸有流入空虛爲脫落新奇之論, 吾已悔之矣, 故南畿論學只教學者存天理去人欲, 爲省察克治實功."
이 말은 「年譜」의 '甲戌 5月條'에 실려 있지만, 『全書』, 권8의 「書孟源卷」原註에는 正德 10년(1515년)이라고 되어 있다. 또 「與滁陽諸生幷問答語」(『全書』, 권26)에도 보인다.

처음에는 학자들에게 정좌靜坐를 통해 들어가도록 지도하다가, 그들이 생기를 잃는 병폐를 가지게 될까 두려워해서 명덕明德・친민親民의 종지를 들어 성의誠意・격물格物의 공부를 하도록 지도했다. 그러다가 이때에 이르러(변방을 평정한 이래) 특별히 치양지致良知 세 글자를 제기하니, 한마디만으로 본체를 통철하게 볼 수 있게 되었다.[19]

이것은 정좌와 치양지의 가르침 사이에 '성의・격물'의 단계가 있었다는 것을 인정하는 말이다. 전덕홍은 또 "용장에 이르러 재차 근심한 끝에 비로소 활연히 양지의 종지를 크게 깨치시고, 이 뒤로는 학자들에게 말할 때 늘 성의・격물의 가르침을 밝히셨다",[20] "선생은 남경에 계신 이래로 학자들을 지도할 때 늘 존천리거인욕存天理去人欲을 근본으로 삼으셨는데, 지금 변란을 거친 뒤 비로소 양지설良知說을 내놓으셨다"[21]라고 말했다. 이러한 말들은 모두 귀양 이후부터 번왕 평정 이전까지의 왕수인의 교육 방법을 정좌로 귀결시키는 것이 부정확하다는 것을 말해 준다. 전덕홍으로서도 자기모순을 범한 셈이다.

위에서 보았듯이 왕수인의 용장 이후의 학문 종지는 주로 '성의・격물'이었다. 정덕正德 경오년(1508)에서 정덕 기묘년(1519)까지 근 10년간 왕수인은 간혹 주어진 대상이나 상황에 따라 한 측면을 강조하기도 했는데(예컨대 신주・저양에서는 靜坐를 가르치고 남경과 남감에서는 存天理去人欲을 가르친 것), 사실상 그것들 역시 모두가 성의・격물의 준비 단계 혹은 구체적 방식이었다. 그러다가 경진년과 신사년 사이(1520~1521)에 치양지의 종지를 제기하면서부터 그의 학문은 새로운 경계로 진입하게 되므로, 이때를 진정으로 '성의・격물'의 설과 다른 새 단계를 이룬 시기로 보아야 한다.

왕수인이 제자들에게 정좌를 가르친 것은 애초에 교육 방법의 한 변화

---

19) 『全書』, 권36, 497쪽, 「陽明先生年譜序」, "始教學者從靜入; 恐其或病於枯也, 揭明德親民之旨使加誠意格物之功; 至是而特揭致良知三字, 一語之下洞見本體."
20) 『全書』, 권36, 504쪽, 「年譜」, "至龍場, 再經憂患, 而始豁然大悟良知之旨, 自是出與學者言, 皆發誠意格物之教."
21) 『全書』, 권36, 464쪽, 「年譜」, "先生自南都以來, 凡示學者皆令存天理去人欲以爲本, 今經變後始有良知之説."

라는 의의를 갖지 못한다. 왕수인은 기사년(1509)에서 경오년(1510)까지 신주 서기를 지내면서 용흥사龍興寺에서 학자들에게 정좌 공부를 증강하도록 지도했지만, 얼마 뒤에 곧바로 그 주장의 문제점을 스스로 바로잡았다.

> 내가 지난 번 절방에서 말했던 그 정좌靜坐는 좌선坐禪을 통한 입정入定을 요구하는 것이 아니다. 대개 우리들이 평소에 사물에 의해 분주하게 이끌려서 자기를 위할 줄 몰랐으므로, 이것을 통해 『소학小學』의 '수방심收放心'(놓은 마음을 거둬들임) 공부를 보충한 것일 뿐이다.22)

이는 정좌가 단지 『소학』의 입문 공부를 보충한 것일 뿐이라는 사실을 분명히 한 것이다. 그런데 왕수인은 계유년(1513) 겨울에 저양滁陽에 이르렀을 때에도 정좌를 제창한 적이 있다.

> 내가 예전에 저양에 기거할 때, 학자들이 입과 귀만으로 이동異同을 변론하는 것이 도를 얻는 데 아무런 도움이 되지 않음을 보고 우선 정좌靜坐를 가르쳤더니 당시의 학자들이 깨친 듯이 보이기도 했다. 그렇지만 얼마 뒤에는 또 점차 고요함을 좋아하고 움직임을 싫어하는 병폐가 생겼다.23)

이 말은 전덕홍이 정좌를 하나의 변화 단계로 본 근거이다. 그렇지만 왕수인은 여기서 상세하게 사상 발전의 모든 단계를 서술한 것이 아니었다. 『양명전서』에는 이런 유사한 경우, 즉 왕수인이 어떤 문제를 토론할 때 전체 과정을 상세히 밝히지 않고 그 사이의 허다한 단계와 곡절을 생략해 버리는 경우가 적지 않다. 사실상 위에서 말한 것처럼 을해년(1515)에 이르러 왕수인은 '이미 그것을 후회하고서' 곧바로 맹원孟源을 비롯한 저양滁陽의 제생에게 정좌를 통해 깨치는 공부가 가져올 수 있는 폐단을 주저 없이 말했으므로, 정좌를 가르친 것은 근본적으로 하나의 단계가 될 수 없다.

---

22) 『全書』, 권4, 93쪽, 「與辰中諸生」, "前在寺中所云靜坐事, 非欲坐禪入定, 皆因吾輩平日爲事物紛拏, 未知爲己, 欲以此補小學收放心一段功夫耳."

23) 『傳習錄』下; 『全書』, 권3, 78쪽, "我昔居滁時, 見學者往往口耳異同之辯, 無益於得, 且敎之靜坐, 一時學者亦若有悟, 但久之亦漸有喜靜厭動之弊."

『전습록』 상권의 육징의 기록에는 '위학爲學 공부'를 자못 상세하게 다룬 다음과 같은 글이 있다.

하루는 학문 수양에 대해 논하면서 선생께서 이렇게 말씀하셨다. "학문하는 방법을 가르칠 때는 한쪽에 집착해서는 안 된다. 처음 배울 때는 마음이 산란하여 붙들어 둘 수 없다. 그 생각하는 내용이 인욕 쪽이 많으므로 정좌를 가르쳐서 생각을 멈추게 해야 한다. (그러나) 시간이 지난 뒤 그 마음이 조금 안정되었는데도 메마른 나무나 식은 재처럼 아무런 구체적 내용이 없이 정좌하여 지키게 하는 것은 쓸 데 없는 짓이므로 성찰극치를 가르쳐야 한다. 성찰극치의 공부는 어느 순간이고 끊겨서는 안 된다."24)

이 어록은 분명히 갑술년(1514)에서 을해년(1515) 사이에 기록되었을 것이다.25) 이 조의 기록은 왕수인 사상에서 정좌가 늘 초학자들의 입문 공부였음을 보여 준다. 왕수인이 신주·저양에서 정좌를 가르쳤던 것은 모두 성찰극치 단계를 위한 준비였다. 정좌의 직접적인 목적은 마음을 안정시키는 것이고, 성찰극치는 바로 존천리거인욕存天理去人欲이다. 이것은 단계가 다른 두 공부이다. 왕수인은 애초에 정좌를 더욱 중시하거나 최종적인 공부로 간주한 적이 없었다. 그러므로 강서 시기 이전에 정좌를 가르쳤다고 해도 정좌가 주된 학문의 방법이었음을 의미하는 것이 아니며, 월성越城에 거처한 뒤 치양지로써 제자들을 가르친 것 또한 정좌가 입문 공부라는 것을 부정하는 것이 아니다. 예컨대 전덕홍은 월성에 거처한 뒤로 배우기 시작했는데 그도 왕수인의 문하에 처음 들어왔을 때는 광상사光相寺 승방에서의 정좌를

---

24) 『傳習錄』 上; 『全書』, 권1, 42쪽, "一日論爲學工夫, 先生曰: 敎人爲學不可執一偏, 初學時心猿意馬, 拴縛不定, 其所思慮多是人欲一邊, 故且敎之靜坐息思慮. 久之, 俟其心意稍定, 只懸空靜守如枯木死灰亦無用, 須敎他省察克治. 省察克治之功則無時而可間."

25) 이 단락 앞에는 맹원의 질문이 있는데 이는 갑술년에 기록되었을 것이다. 이 때 맹원은 저양에서 와서 배웠다. 이 단락 뒤에는 육징의 '홍로사창에서 기거했다'는 기록이 있다. 이는 왕수인이 남경홍로사를 맡고 있을 때, 즉 갑술년과 을해년 사이의 일이다. 그러므로 순서대로 유추해 보면 이 단락이 기록된 것은 갑술년과 을해년 사이임을 알 수 있다.

통해서 깨쳤다.[26) 그러므로 왕수인의 교육 방법에는 처음에 정좌를 주로 했다가 뒤에 양지를 주로 하게 되는 전환이 전혀 존재하지 않았다고 하겠다. 즉 왕수인이 번왕을 평정하기 전에는 전체적으로 정좌를 교육 방법으로 삼았다고 여길 이유도 없고, 또 그의 사상이 이 시기에 '수렴收斂(정신 집중)을 위주로 삼았다고 주장할 수도 없다는 말이다.

## 3. 만년의 화경

전덕홍의 '전·후 삼변설'에 따르면 왕수인 사상의 최후 발전 형태는 강서 시기에 형성된 치양지 사상이라고 하는데, 이는 왕수인 문하에서 전덕홍과 병칭되는 고제高弟인 왕기의 주장과는 어긋난다. 왕기가 이해한 왕수인 사상의 발전은 다음과 같다.

선생의 학문은 처음에 사장辭章으로 흐르다가 이어서 주자朱子의 책을 두루 읽고 순서에 따라 사물의 이치를 궁구하더니, 물리物理와 내 마음이 끝내 둘로 갈라져 있어 도道로 들어갈 수 없자 한동안 불교·도교를 드나들었다. 변방에 기거하면서 곤경에 처하여 심성心性을 단련하게 되었을 때, 문득 성인이 이런 처지에 놓였으면 달리 어떤 방법으로 대처할까를 생각하다가 홀연히 격물·치지의 의미를 깨쳐 성인의 도는 내 성性 안에 완전하게 갖추어져 있어 밖에서 구할 필요가 없다는 것을 알게 되었다. 그 학문 과정은 모두 세 차례의 변화를 거쳐 비로소 도道로 들어갈 문을 얻은 것이다.
그 뒤로 지엽을 모두 버리고 본원本原에 마음을 쏟아 묵좌默坐·징심澄心을 학문의 목표로 삼았다. '미발未發의 중中'을 확보해야 '이발已發의 화和'를 가질 수 있다는 전제 아래 보고 듣고 말하고 행동하는 데 있어 모두 수렴收斂을 위주로 하고 발산發散은 부득이한 경우로 제한하였다.
강우江右 이후에 전적으로 치양지 세 글자를 제기하게 되면서 별도의 묵좌·징심 과정을 필요로 하지 않게 되었으며 익히지 않고 사려하지 않아도 마음

---

26) 『全書』, 卷首, 「文錄序說」(錢德洪) 참조.

을 낼 때 저절로 천칙天則이 존재하게 되었다. 대개 양지良知가 바로 미발의 중인 것이지 이 지知 앞에 다른 미발이 있는 것이 아니며, 양지가 바로 절도에 맞는 화和인 것이지 이 지知 뒤에 다른 이발已發이 있는 것이 아니다. 이지가 원래 수렴하는 능력이 있으므로 별도로 수렴을 위주로 하는 과정이 필요 없고, 이 지가 원래 발산하는 능력이 있으므로 별도로 발산을 위한 노력이 필요하지 않다. 수렴은 '감感'의 체體여서 고요함 속에 움직임이 있는 것이고, 발산은 '적寂'의 용用이어서 움직임 속에 고요함이 내재해 있는 것이다.27) 지知에서 진절독실眞切篤實한 면이 행行이고 행에서 명확히 알아차리고 정미하게 살피는 면이 지이므로 이는 둘이 아니다.

월성에 거처한 뒤로는 덕성을 견지하는 것이 더욱 익숙해지고 깨달은 것이 더욱 변화불측하게 되어, 순간순간마다 옳고 그름을 알면서 순간순간마다 옳음도 그름도 없어 입을 열면 바로 본심本心을 얻으니 더 이상 어디에 기댈 필요가 없었다. 이는 마치 붉은 해가 하늘 한가운데에 떠 있어 만상萬象이 모두 비치는 것과 같았다.

이처럼 학문을 이룬 뒤에도 세 차례의 변화를 겪었던 것이다.28)

왕기의 이 '전삼변前三變·후삼변後三變'의 설은 전덕홍의 설명과는 차이

---

27) 역자 주 – '感'은 感而遂通(외부 사물의 접근에 대해 적절하게 대응함)이고 '寂'은 寂然不動(고요히 움직이지 않음)이다. 모두 『주역』의 「계사전」에 나온 말로 感은 已發을, 寂은 未發을 나타낸다.

28) 『明儒學案』, 「姚江學案」, "先生之學始泛濫辭章, 繼而遍讀考亭之書, 循序格物, 顧物理吾心終判爲二, 無所得入, 於是出入佛老者久之, 及至居夷處困, 動心忍性, 因念聖人處此更有何道, 忽悟格物致知之旨, 聖人之道吾性自足, 不假外求, 其學凡三變而始得其門. 自此以後, 盡去枝葉, 一意本原, 以默坐澄心爲學的, 有未發之中, 始能有已發之和, 視聽言動大率以收斂爲主, 發散是不得已. 江右以後, 專提致良知三字, 默不假坐, 心不待澄, 不習不慮, 出之自有天則. 蓋良知即是未發之中, 此知之前更無未發; 良知即是中節之和, 此知之後更無已發. 此知自能收斂, 不須更主於收斂; 此知自能發散, 不須更期於發散. 收斂者感之體, 靜而動也; 發散者寂之用, 動而靜也. 知之眞切篤實處即是行, 行之明覺精察處即是知, 無有二也. 居越以後, 所操益熟, 所得益化, 時時知是知非, 時時無是無非, 開口即得本心, 更無假借湊泊, 如赤日當空而萬象畢照, 是學成之後, 又有此三變也." 왕기의 원 기록은 『龍溪先生全集』 권2의 「滁陽會語」에 보인다. 그러나 그 가운데 서로 연관되지 않은 것이 자못 많다. 여기에 인용한 것은 황종희의 『明儒學案』의 「姚江學案」에 기록된 것이다. 황종희의 기록은 전부 「滁陽會語」에 근거하면서 간명하기는 그보다 나으므로 그 글을 인용한 것이다. 그 관점은 왕기의 것이다.

가 있다. 예컨대 그는 '전삼변'에서 왕수인이 주희의 격물 공부를 추구했던 단계를 지적했는데, 이 점은 전덕홍의 설명보다 낫다. 한편 그는 '후삼변'에서 왕수인이 미발未發의 중中을 함양하라고 가르쳤던 단계가 있었다는 것을 강조했는데(뒷날의 歸寂派도 여기에서 발원한다), 이 점에 대한 근거는 부족하다. 가장 중요한 것은, 왕기 역시 용장 이후로도 왕수인의 학문 과정에 세 차례의 변화가 있었다고 했지만 세 변화 중 마지막 변화를 전덕홍이 말한 강서江西에서의 치양지致良知가 아닌 월성越城 거주 시기의 '옳고 그름을 알면서도 옳고 그름이 없는'(知是知非, 無是無非) 경지라고 말한 점이다. 사구교四句教와 비교해 보면, '옳음도 없고 그름도 없다'(無是無非)는 것은 바로 "선악이 없는 것이 심心의 본체이다"(無善無惡心之體)이고 '옳음을 알고 그름을 안다'(知是知非)는 것은 "선악을 아는 것이 양지이다"(知善知惡是良知)라는 것을 알 수 있다. "순간순간마다 옳고 그름을 알면서 순간순간마다 옳고 그름이 없는" 경지를 왕수인 만년 학문의 귀결이자 화경化境으로 삼았다는 것은 실질적으로 '사구교' 사상을 왕수인 만년 사상의 최후 단계로 보는 것이다. 그러므로 전덕홍과 왕기의 '전·후 삼변설'은 결코 '크게는 다를 것이 없는 것'(無大不同)[29]이 아니라 상당히 큰 차이가 있음을 알 수 있다.

왕수인의 학문 과정에 있어서의 마지막 변화에 대한 전덕홍과 왕기 두 사람의 상이한 관점을 이해하려고 할 때, 그 관건은 변방 평정 시기에 제기된 치양지 사상과 월성 거주 시기의 후반에 제기된 사구교가 과연 동일한 사상 형태인가를 해결하는 데 있다. 이 책에서 서술한 것처럼 사구교는 결코 강서 시기의 치양지 사상을 부정하는 것이 아니며, 여전히 '양지'를 형식으로 삼을 수 있다. 하지만 사구교는 강서 시기의 치양지 사상에 비해 확실히 새로운 발전이 있었다. 강서 시기의 치양지 사상은 순수한 도덕적 이성주의였을 뿐이므로 여전히 '유有'의 경지였는데, 사구교가 제출됨으로써 왕수인의 사상은 비로소 유무합일有無合一의 경지를 이룰 수 있었던 것이다. 그러므로 강서 말기에서 월성 말기까지의 발전은 물론 치양지 자체의 발전

---

29) 秦家懿, 『王陽明』(臺北: 東大圖書公司, 1987), 44쪽.

으로 볼 수도 있겠지만 확실히 상이한 두 가지의 발전 단계로 볼 수도 있다. 1520~1521년에 양지설良知說이 제출되었을 때 왕수인의 양지에 대한 찬탄은 생존 체험을 함축하고 있지만, 양지에 대한 강서 시기의 묘사들은 아직 양지의 실존적 지향을 드러내지 못하였다.

이 책에서의 사구교에 대한 분석에 따를 때 왕기가 변왕 평정 시기와 월성 거주 시기를 두 변화의 단계로 구분한 설명은 긍정할 만하다. 실제로 전덕홍이 온힘을 쏟아 왕수인 사상 속에서 사구교가 갖는 지위와 의의를 폄하한 이유는, 그가 왕수인 만년 사상의 귀결처를 이해하지 못해서가 아니라 『문록文錄』과 「연보年譜」가 편성되었을 때 왕수인 문하에는 '깨침을 목적으로 삼는' 유폐流弊가 날로 두드러졌기 때문이다. 그리고 전덕홍 자신 또한 몇 차례의 사상 변화를 겪으면서 '무선무악'을 공부해 보려고도 했지만, 그는 끝내 '사유四有'로 귀결되었다. 이것이 그가 변방평정기의 치양지설이 왕수인 사상의 마지막 변화라는 주장을 견지한 이유이다.

왕수인 사상의 전체 역정에서 볼 때 '지행합일'은 결코 하나의 특수한 단계가 되지 못한다. 우선 용장 이후 월성 거주 시기까지 왕수인은 줄곧 지행합일을 제창한데다가(물론 각 시기마다 지행합일의 내용에는 다소 차이가 있었다), 종지의 삼변三變의 주된 맥락과 비교하더라도 유리된 점이 있었다. 사실상 왕수인 사상은 다방면·다차원의 종합 체계로서 그 중 많은 측면은, 예컨대 심즉리心卽理와 같은 것은 지행합일과 마찬가지로 체계 내에서 줄곧 불변하는 요소였다. 왕기는 애초에 지행합일을 하나의 사상 단계로 보지 않았는데 이는 상당한 근거가 있다. 존천리거인욕存天理去人欲도 마찬가지이다. 왕수인은 북경에서 이조吏曹의 벼슬을 한 뒤 '격물'을 '그 마음의 바르지 못한 부분을 바로잡음'으로 해석했는데 이는 자연스럽게 존천리거인욕의 도덕 실천으로 구체화되었고, 그가 언급한 치양지 역시 '선을 행하고 악을 제거하는 것'이 그 구체적인 내용이었다. 그러므로 존천리거인욕은 왕수인이 줄곧 강조한 사상이었지 남경南京 시기에서 강서 시기까지 있었던 독특한 교육 방법이 아니었다고 하겠다.

현존하는 자료들을 통해 확인해 볼 수 있는 왕수인의 용장 이후의 학술 동태는 아래와 같다.

정덕 4년(己巳年, 1509), 귀양貴陽에서 지행합일의 가르침을 제기하다.

정덕 5년(庚午年, 1510), 신주辰州·상주常州에서 정좌靜坐로 소학 공부를 보충하게 하다.

정덕 7년(壬申年, 1512), 『대학』 고본을 근거로 성의誠意·격물格物의 가르침을 세우다.

정덕 8년(癸酉年, 1513), 저양豬陽에서 정좌靜坐를 통해 도道로 들어가도록 지도하다.

정덕 9년(甲戌年, 1514), 남경南京에서 존천리거인욕存天理去人欲을 가르치다.

정덕 12년(丁丑年, 1517), 남감南贛에서 학자들에게 존천리거인욕을 가르치다.

정덕 15년(庚辰년, 1520), 장張·허許의 난을 거치며 치양지설致良知說을 세우다.

가정 6년(丁亥年, 1527), 천천증도天泉證道로 사구교법四句敎法을 확정하다.

지금까지 검토한 결과에 따르면 왕수인의 용장 이후 학문과 교육 방법의 발전은 다음과 같이 고쳐 서술해야 한다.

귀양貴陽 시기에 먼저 지행합일설을 세웠고, 북경에서 이조吏曹의 벼슬을 한 뒤부터는 항상 성의·격물의 가르침을 밝혔으며, 남경 시기 이후에는 다시 학자들에게 존천리거인욕이라는 실제적 공부를 가르쳤다. 그 사이의 앞뒤 시기에 간혹 정좌靜坐로 학자들의 소학 공부를 보충하기도 했으나 끝내 성찰극치省察克治의 대지大旨를 벗어나지 않았다. 영왕寧王의 난을 거치면서 치양지설을 제기하여 성문聖門의 정법안장正法安葬으로 삼았다. 월성越城에 거주한 뒤로는 그 가르침이 더욱 원숙해졌다. 천천天泉의 증도證道는 성급하게 향상일기向上一機[30]를 가리키려다 보니 말한 내용에 편벽된 점이 없지는 않으나, 심체와 성체, 본체와 공부, 유와 무, 동과 정, 본과 말, 내와 외를 합일시켰으니 그것이 성학聖學이라는 것을 어찌 의심할 수 있겠는가!

---

30) 역자 주─불가사의한 徹悟의 경지를 가리키는 불교 용어. '向上一路'와 같다.

## 4. 사후의 학파 변화

왕수인 사후, 전덕홍과 왕기는 동문들에게 부고를 전하면서 통일 의식을 강조했다. 그러나 어떤 학파라도 종사宗師 사후의 유파 분화는 피할 수 없는 일이다. 하물며 왕수인 철학 자체는 이미 여러 방향으로 발전할 가능성을 포함하고 있지 않았던가! 양명학의 정황에서 말하면 이런 분화는 다방면의 원인에서 기인한 것이었다. 우선, 왕수인은 각각의 시기에 각각의 경향에 대해 강조하는 측면이 달라지곤 했는데, 이런 특정 시기에 강조되었던 각각의 측면들은 모두 편면적으로 발전할 가능성을 지니고 있었다. 두 번째로, 왕수인의 사상은 그 형식이 엄격하지 못한 부분이 더러 있었기 때문에 뒷날의 학자들이 개별 이론 형식을 확장하여 왕수인이 주장한 적이 없는 내용을 포함시키게 되는 결과를 피할 수 없었다. 세 번째로, 문인의 자질이 각각 달라서 치양지에 대한 이해가 다를 뿐 아니라, 도道로 들어간 경력 또한 더러 차이가 있어서 문인들 각자가 도를 자신의 것으로 만든 정도가 일치하지 않았다.(이것이 그들 사이에 이론과 실천의 분기가 생기게 된 결정적인 이유이다.) 네 번째로, 당시 사상계의 병폐에 대한 문인들의 인식이 달라서 그들이 병폐를 치유하기 위해 강조한 사문師門의 종지 또한 다를 수밖에 없었다. 그 밖의 원인을 든다면, 경제·정치·문화 등 여러 요소들이 종합되어 결정된 어느 한 시기의 사회 사조는 필연적으로 기존의 사상 체계와 자료를 빌려서 발전할 수밖에 없지만 기존의 사상 자료만으로는 결코 새로운 사조의 발전 방향을 결정할 수 없기 때문이기도 하였다. 이러한 모든 것이 왕수인 이후에 양명학이 분화되고 변화될 수밖에 없었던 원인들이다.

양명학의 분화는 명말까지 줄곧 이어졌지만 여기서는 일대 제자들의 변이에 대해서만 간략하게 분석하기로 한다. 왕수인 문하의 유파 구분에 대해서는 학자들마다 의견이 분분하다. 예컨대 왕수인 문하에는 몇 개의 유파가 있었는가, 그 대표 인물은 누구인가, 유파의 경향은 어떻게 규정할 수 있는가 등에 대해 학계에서는 전혀 의견의 일치를 보지 못했다. 황종희는 『명유학안明儒學案』을 지을 때 지역에 따라 왕문王門을 절중왕문浙中王門, 강우왕문江右王門, 남중왕문南中王門, 초중왕문楚中王門, 북방왕문北方王門, 월민왕문粵閩王門으로 구분하였다. 이는 주로 사승師承의 맥락을 서술하는 데 편리하게 하기 위해서였다. 그 가운데 중요한 것은 절중계浙中係 5분파와 강우계江右係 9분파이다. 태주계泰州係 5분파의 경우는 별도로 학안學案을 세웠으므로 별책에 놓은 것이나 마찬가지이다. 그런데 지역에 기초한 이런 유파 구분은 왕문 분화의 기본 구도를 충분히 드러내지 못한다. 예컨대 같은 절중왕문에 속하는 전덕홍과 왕기는 그 발전 방향이 명백히 다르며, 태주파泰州派가 갈라져 나가긴 했지만 왕간王艮(호는 心齋)은 결국 왕수인을 친자親炙했으므로 그를 왕문 밖으로 밀어내어서는 안 된다.

왕기는 일찍이 두 차례에 걸쳐(「滁陽會語」와 「擬峴臺會語」) 당시의 양지설良知說의 분화에 대해 거론했다. 먼저 「저양회어滁陽會語」에서는 양지 문제에 대한 네 가지 잘못된 의견을 다음과 같이 지적하고 있다.

> 양지良知는 비어 있는 것이라고 하여 견문見聞의 힘을 빌려서 발휘해야 한다는 사람도 있고……양지는 배우지 않고도 아는 것이어서 그대로 완벽하고 흠이 없으므로 인욕人欲을 제거하는 공부를 필요로 하지 않는다는 사람도 있으며……양지는 허무虛無·적멸寂滅을 주로 한다는 사람도 있고……양지는 명각明覺을 주로 한다는 사람도 있다.[31]

또한 그는 「의현대회어擬峴臺會語」에서 "양지라는 종론宗論에 대해 동문들은 감히 어기지는 못하지만 각자 자신의 자질과 친숙한 쪽으로 끼워 맞추고 뒤섞어서 여러 분분한 이견들을 만들었다"[32]고 지적한 다음, 그가 생각하는 양지에 대한 여섯 가지의 잘못된 이해를 다음과 같이 개괄했다.

---

31) 『龍溪先生全集』, 권2, 「滁陽會語」, "有謂良知落空, 必須聞見以助發之……有謂良知不學而知, 當下圓成無病, 不須更用消欲工夫……有謂良知主於虛寂……有謂良知主於明覺."

32) 『龍溪先生全集』, 권1, 「擬峴臺會語」, "良知宗說同門雖不敢有違, 然未免各以其性之所近擬議攙和, 紛成異見."

양지는 지각으로 인식하는 것이 아니므로 귀적歸寂을 근본으로 해야만 얻을 수 있다고 보는 사람이 있고……양지는 현성태가 아니므로 수행을 통해 깨달아야만(修證) 비로소 완전해진다고 하는 사람도 있고……양지는 이발已發을 위주로 가르침을 세운 것이어서 미발未發의 본지本旨가 아니라고 하는 사람도 있고……양지는 본래 인욕이 없어 마음 그대로 행하면(直心) 도道가 아닌 것이 없으므로 인욕을 제거하는 공부는 필요하지 않다고 여기는 사람도 있고……학문에는 주재主宰가 있고 유행流行이 있다고 말하는 사람도 있고……학문은 순서를 따르는 것이 중요하므로 구하는 데 본말이 있지만 얻고 나면 안팎이 없다고 하는 사람도 있다.[33]

위의 두 논법에는 중복되는 것이 있다. 그 중 귀적설貴寂說(虛無・寂滅을 주로 하는 학설)은 섭표聶豹(호는 雙江)를 가리키고, 수증설修證說은 유방채劉邦采(호는 師泉)를 가리키고, 미발설未發說은 나홍선羅洪先(호는 念菴)을 가리키며, 직심설直心說(그대로 완벽하다는 학설)은 왕간王艮을 가리킨다고 볼 수 있다. 이것이 양지에 대한 중요한 몇 가지 '이견'이다. 그렇지만 여기에 왕기 자신은 포함되어 있지 않다.

왕수인의 또 다른 문인 호한胡瀚은 "선사先師(왕수인)는 치양지致良知 세 글자를 내걸었는데,……우리들 가운데 지혜로운 자는 '증오證悟'를 논하고, 깊이 있는 이는 귀적歸寂으로 파고들고, 통달한 이는 고광高曠(고원하고 얽매임이 없음)을 즐기고, 정미한 자는 주재主宰・유행流行을 궁구한다. 모두들 선사의 이론에서 한 측면을 얻은 것이다"[34]라고 하여, 왕수인 사후에 양지를 다룬 이론 중에서 가장 영향이 큰 것으로 왕기의 '무선무악無善無惡'을 주로 하는 증오파證悟派와 섭표의 귀적파歸寂派, 왕간의 자연파自然派, 유방채의 주재유행파主宰流行派를 들었다.

---

33) 『龍溪先生全集』, 권1, 「擬峴臺會語」, "良知非覺照, 須本於歸寂而始得……有謂良知無現成, 由於修證而始全……有謂良知是從已發立教, 非未發之本旨……有謂良知本來無欲, 直心以動, 無不是道, 不待復加鉗欲之功……有謂學有主宰・有流行……有謂學貴循序, 求之有本末, 得之無內外."
34) 『明儒學案』, 권15, 330쪽, "先師標致良知三字,……吾黨慧者論證悟, 深者研歸寂, 達者樂高曠, 精者窮主宰流行, 俱得其說之一偏."

근세 학자들의 주장도 서로 다르다. 오카다 다케히코(岡田武彥)는 왕문王門을 현성파現成派(王畿·王艮), 수증파修證派(錢德洪), 귀적파歸寂派(聶豹)의 3대 파로 나누었다. 그러나 왕기를 왕간과 함께 같이 현성파에 두는 것은 온당하지 못하다. 예컨대 왕기는 명백하게 "양지良知는 지금 상태로 완벽하여 흠이 없다"(良知當下圓成無病)라는 주장에 반대하였으므로 왕기의 '현재現在'는 결코 왕간의 '현성現成'과 같지 않다. 또한 모종삼牟宗三은 왕문을 절중파浙中派(王畿), 태주파泰州派(王艮), 강우파江右派(鄒守益)로 나누었는데 강우파에서 또다시 섭표를 다른 한 분파로 나눴으므로 실제로는 4파이다. 이 주장의 장점은 왕기와 왕간을 두 파로 나눴다는 것이고, 단점은 여전히 지역 명칭을 사용함으로써 온당하지 못한 점이 있다는 것이다. 예컨대 절중浙中 학자는 왕기 이외에도 많은데다가 전덕홍 등도 각자의 종지를 가지고 있었으므로 왕기만을 '절중파'라고 하는 것은 타당하지 않다. 그 밖에 어떤 학자들은 왕문을 '현성現成'과 '공부工夫'라는 양대 분파로 나누는데, 현성 계열은 허무파虛無派(王畿)·일용파日用派(王艮)를 포괄하고 공부 계열은 주정파主靜派(聶豹·羅洪先)·주경파主敬派(鄒守益·季本·劉邦采)·주사파主事派(錢德洪)를 포괄하므로 모두 합쳐서 5파가 된다.[35]

상술한 여러 구분법에 나타난 왕수인 사후 왕문의 대표 인물에 대한 인식은 대체로 비슷하다고 할 수 있다. 단지 약간의 차이가 나는 것은 주로 대표 인물의 사상적 특징을 파악하고 규정하는 문제에서 비롯된 것이다.

왕수인 사후 왕문의 분화는 총체적으로 볼 때 어느 것이나 좌·중·우의 세 형태로 귀결시킬 수 있다. 하나는 왕수인의 정통을 그대로 지키자는 것이고, 다른 하나는 이단적인 방향으로 발전하는 것이며, 그 둘의 중간 형태는 왕수인 사상의 어느 한 방향을 강조하면서도 양명학의 울타리를 벗어나지 않는 것이다.

정통파는 주로 추수익鄒守益(호는 東廓)으로 대표되며 계신공구戒愼恐懼를 종지로 삼고 자연스러움을 행위 양식의 기준으로 삼아 "경외敬畏(警惕)를 중

---

35) 錢明, 「王學流派的演變及其異同」(『孔子研究』 1987年 第4期) 참조.

시하여 자연스럽지 못하면 한곳에 막혀 버리는 잘못이 생기고 자연스러움을 중시하여 경외하지 못하면 방탕하게 되는 잘못이 생긴다"[36]라고 하여 유무有無를 합일시킨다. 그래서 황종희는 "양명이 죽은 뒤 제대로 전승한 이를 꼽을 때 선생을 종자宗子로 삼지 않을 수 없다"[37]라고 했고, 담약수湛若水도 "추동곽은 왕문의 우두머리(首魁)이다"라고 했던 것이다.

이단으로 발전한 것은 주로 왕간 이후의 태주파인데 이들을 자연파自然派라고 부르기도 한다. 이들은 자연을 종지로 삼으며 양지를 현재 상태 그대로 완벽한 것이라고 여겨 사려하지도 배우지도 않으며 마음먹은 대로 본성에 따라 행동하였으므로 그 유폐流弊는 '더 이상 명교名敎로서는 제어할 수 없는 상태'(非復名敎之所能羈絡矣)에까지 이르게 되었다.

왕문에서 가장 활약이 두드러지고 양명학을 한 걸음 더 발전시킨 것은 주로 정통파와 자연파 사이에 처한 중간 계열이었다. 이 계열에는 4개의 주요 분파가 있는데, '유有' · '무無' · '동動' · '정靜'으로 왕수인의 공부론을 나눈 이 책의 입장에 따라 주유主有 · 주무主無 · 주동主動 · 주정主靜의 4파로 구분할 수 있다. 이들 계열은 각각 양명학의 한 측면을 강조하고 있다. 먼저 왕기를 대표로 하는 주무파主無派는 '사무四無'의 입장을 견지하여 깨침을 규범으로 삼고 행동 양식의 무애無碍를 강조한다. 전덕홍을 대표로 하는 주유파主有派는 '사유四有'의 입장을 견지하고 수행을 공부로 삼으며 실제적 공부를 직접 행하는 것을 강조한다. 섭표를 대표로 하는 주정파主靜派는 적연寂然한 본체로 돌아가는 것을 종지로 삼고 양지良知를 미발未發로 보며 '체體'를 대상으로 삼아 공부한다. 마지막으로 구양덕歐陽德(호는 南野)을 대표로 하는 주동파主動派는 독지獨知를 종지로 삼고 양지를 이발已發로 보며 '용用'을 대상으로 삼아 공부한다.

유 · 무 · 동 · 정 4파는 왕수인의 치양지 가르침이 각각의 방향으로 발전되어 형성된 것으로, 이런 분화는 양명학과 명백한 논리적 연계가 있다.

---

36) 『明儒學案』, 권13, 272쪽, "警惕而不自然, 其失也滯; 自然而不敬惕, 其失也蕩."
37) 『明儒學案』, 권16, 334쪽, "陽明歿後, 不失其傳者, 不得不以先生爲宗子也."

또한 4파 사이에도 어떤 논리적 관계가 있다. 예컨대, 주무파가 사문師門의 비전秘傳을 얻었다고 자부하여 본체를 내세우는 데 지나침이 있게 되자 주유파는 본체를 공상하는 폐단을 극복하기 위해 위선거악爲善去惡을 강조했으며, 주정파가 '현재現在'의 양지에는 밝지 못한 부분이 있으므로 이것에 의존해서 행하면 반드시 착오가 생긴다고 여겨서 정靜의 상태에서 '미발의 체'를 함양해야 한다고 본 데 대해 주동파는 정靜이 메마른 나뭇가지(枯槁) 같은 상태로 빠져드는 것을 염려해서 양지는 언제나 발동된 것이고 발동되지 않는 때란 없다고 주장하면서 '독지獨知'를 종지로 삼고 '신身·심心·의意·지知'[38)에서 격물格物하였다.

이들 4파와 왕수인 철학의 본 모습과의 관계에 대해 말하자면, 주무파는 '무無에서 기초를 세운'(從無上立根基) 것이므로 왕수인의 이른바 '상근上根을 가진 사람을 가르치는 방법'을 견지했으며, 주유파는 '생각이 일어날 때 실제로 선을 행하고 악을 없애는 공부를 하는'(在意念上實落爲善去惡工夫) 것이므로 왕수인의 이른바 '중근中根 이하를 가진 사람을 가르치는 방법'을 견지했으며, 주정파는 왕수인 청년기의 '수렴收斂을 위주로 하는'(以收斂爲主) 것이므로 '미발未發의 중中이 있어야만 이발已發의 화和가 있게 된다'는 사상을 견지했으며, 주동파는 왕수인이 강우江右 이후에 제창한 "선악을 아는 것은 양지이고 이 양지를 다하여 실행해야만 치지致知가 된다"는 사상을 견지하였다. 유有·무無 두 파가 견지했던 각각의 사상 부분에 대해서는 이미 천천증도天泉證道를 통해 살펴본 바 있다. 주정파는 '현재의 감각·지식을 근거로 사태에 대처하는'(情識承當) 문제점을 겨누고 나온 것이긴 하지만 '적연寂然'의 본체로 돌아가자는 주장은 결코 왕수인의 최종 종지가 아니었다. 주동파는 왕수인 만년의 이론을 근거로 삼고 있어서 공부가 대체를 벗어나지 않았지만 '미발의 중中'에 대해서는 끝내 투철한 깨침이 부족했다. 이처럼 네 파는 각각 편면성을 지니고 있었다.

사람마다 양지의 본체를 갖추고 있지만 현재 상태에서 의식 활동으로

---

38) 역자 주-『대학』의 修身·正心·誠意·致知를 말한다.

드러나는 양지는 모두 불완전하므로 이 양지를 '치致'해야 한다. 개체 양지의 거대한 차별성은 도덕 법칙의 통일성을 대신하거나 반영하지 못한다. 그러므로 개인들은 '완전히 이루지'(致極) 못한 양지만을 근거로 해서 행위의 준칙을 결정해서는 안 된다. 도덕 판단의 기제機制(원리·규율)가 불완전할 것이기 때문이다. 또 양지를 '사려하지 않고도 아는 것'이라고 정의할 경우 똑같이 사려하지 않고도 아는 것인 정욕과 본능 속으로 섞여 들어갈 수도 있다. 이것은 왕문 후학들 가운데 일부가 실제로 발전되어 나간 경향이기도 하다. 양명학의 또 다른 문제는 사구교의 첫 구절(無善無惡心之體)에서 비윤리적인 형식을 채택했다는 점이다. 왕수인이 이것을 빌려 표현하고자 했던 사상이 비록 윤리학과 무관하긴 했지만, 이는 그 온당하지 못한 형식 때문에 왕문 내부에 두 가지 가능성을 열어 두게 되었다. 하나는 그것에 비판을 가하는 것이고, 다른 하나는 그것을 받아들여 고의로 비도덕주의적인 방향으로 나아가는 것이다.

명대 말기의 사회 사조의 발전에서 보면 태주파는 중요한 위치를 점하고 있다. 왕간이 양명학을 이용하는 방식은 다분히 전형적인데, 그는 양지를 "전혀 손대지 않고 자연 그대로 본성을 따르는 현묘함을 즐기는"(不犯作手, 而樂夫天然率性之妙) 것으로 간주함으로써 양지의 규범적 의의를 없애버렸다. 또한 그는 격물을 '몸을 편하게 하는 것'으로 보았는데 여기서의 몸은 왕수인이 말한 '수신修身'의 몸이 아니라 개체의 감성적인 생명 존재를 말한다. '몸을 사랑하는 것'을 종지로 삼았다는 것은 이미 왕수인의 격물치지설을 떠나 개인주의의 방향으로 발전해 갔다는 것을 보여 준다.39) 그 뒤 나여방羅汝芳(호는 近溪)은 심신心身의 자연적인 편안함을 강조하고 덕성의 배양을 홀시하여 양심을 '혼돈'으로 정의하고 '당장의 사태에 대처하는'(當下) 것을 공부라고 하였다. 또 그는 어린아이의 마음처럼 아무것도 사려하지 않는 것을 종지로 삼음으로써 이지李贄의 동심설童心說의 선하를 열었으며 모

---

39) 드 베리(W. T. de Bary)는 王門의 개인주의의 발전에 대해 전문적인 연구를 했는데, 이와 관련된 논문은 그가 주편한 *Self And Society In Ming Thought* (New York, Columbia University Press, 1970)에 수록되어 있다.

든 본능적 직각이 긍정적인 양지·양능으로 간주되도록 만들었다.

명대 중·후기 사회 사조의 전체적인 분위기 속에서 왕수인 철학 내의 신비주의·주관주의 등의 요소는 큰 발전을 이루게 되었다. 태주파 등은 왕수인 철학의 이런 경향을 지나치게 발전시켜, 왕수인의 '몸'·'자기'(己)를 감정·애욕적 자아로 변모시키고 '양지'를 어떠한 규범적 의의도 없는 '당장의 충동'으로 전화시켰으며, 왕수인의 '얽매이지 않는 심체'를 비윤리적인 자연 인성으로 변화시키고 나아가 '광자(狂者)의 흉차(胸次)(氣象)'를 일체의 그물을 뚫고 나가는 이단과 저항으로 바꾸었다. 이런 사상적 경향의 발전은 양명학 자체의 분화에서 드러날 뿐 아니라 문학·예술을 포함한 광범위한 문화 영역에서도 드러난다. 이런 사상 경향은 이 시기의 감정중시주의·자연주의·개인주의·자유주의의 특별한 발전이 가능하도록 만들었던 것이다. 명대 말기 시민 사조의 홍기는 그 근원이 사회 구조의 변화와 사회 경제의 발전에 있는데, 왕수인 철학과 이 사조의 연관성은 객관적으로 볼 때 양명학이 이 사조의 발전에 이용 가능한 약간의 사상 형식을 제공했다는 데 있다. 물론 이것이 왕수인이나 여타의 양명학자들이 의도했던 바는 아니었지만 이론상에서 서로 연관되어 있음은 확실하다. 이것은 또한 명·청 교체기의 학자들이 양명학을 엄준하게 비판하게 된 기본적인 원인이기도 하다.

명대 말기의 시민 의식은 개인 의식의 해방에 적극적인 작용을 했지만 감성 자아를 고양시키는 사조는 그 밖의 개혁 혹은 변혁 정책으로 호응되거나 지지받지 못했으며, 심지어 그 계급적 기초 또한 공업자본주의를 추구하는 자산 계급이 아니었다. 이런 점들은 양명학이 역사에서 시대를 건너뛴 성격을 갖도록 하여 전체 근대화 변혁의 한 부분이 될 수 없게 만들었다. 도리어 새로운 생산 관계가 전혀 성숙되지 않은 시기에 지나치게 빨리 옛 체계에 대한 파괴 요소—특히 가치 체계의 와해—를 조성시켰기 때문에 명·청 교체기에 들어 양명학은 광범위한 계층으로부터 비판을 받을 수밖에 없었다. 심지어 이 비판 세력 속에는 옛 체계를 비판하고 새로운 체계를 완성시키고자 했던 명·청 교체기의 선진적 인물들도 대거 포함되어 있다.

태주파에서 이지李贄까지의 발전은 분명히 유학의 전통적인 궤적을 이탈하여 새로운 사상적 역량으로 발전되었으며 역사상에서 자기 지위를 누렸다. 이러한 발전은 왕수인 철학의 예기치 못한 결과였지만 좀더 심층적으로 보면 그것은 유학 전통에 대해 실질적인 문제를 제기했다고 할 수 있다. 유학이 가치 이성(Value Rationality) 문화로서의 자기 특징만을 견지하고자 한다면 그 안에서의 주체성의 발전은 도덕 주체성의 범위를 벗어날 수 없다. 따라서 주체성의 전면적 발전을 보장받기 위해서는 전체 문화 구조 속에서 자기 취향과는 다른 다양한 문화 요소들을 인정하여 그들과 공존하면서 상호작용하는 것을 수용해야 한다. 다만, 주체성의 발전이 도덕성을 완전히 벗어나 버릴 경우 그 역시 불완전하고 편면적이며 불합리하다는 것을 잊지 말아야겠다. 이것이 유학의 진정한 의의이다.

어떤 사상 체계든 주체성의 발전에 다양한 가능성을 완벽하게 제공할 수는 없다. 그러므로 가치의 분화(Differentiation of Spheres of Values)와 문화의 다원적 상호작용은 사회의 발전과 안정을 보장하는 유일한 합리적 방식이며, 이것이 바로 문화 근대화의 주요 특징이다. 유학 역시 이런 다원성 속에서만 진정한 자기의 위치를 찾아 적극적인 작용을 계속해서 발휘할 수 있을 것이다.[40]

---

40) 이 책에서는 양명학의 강렬한 윤리중심주의에 대해 비판했지만 필자는 비이성적인 전반적 反儒學 사조에도 반대한다. 다원적 문화와 그 상호작용 속에서 유학과 그 현대적 의의를 어떻게 이해할 것인가에 대해서는 1988년 싱가포르의 '유학국제연구회'에서 했던 필자의 발표문(『天津社會科學』1989年 第1期에 수록)과 「化解傳統與現代的緊張-5·4 文化思潮的反思」이라는 제목으로 5·4 70주년 기념 논문집 『5·4 - 多元的反思』1書(홍콩: 三聯書店, 1989. 4)의 151~185쪽에 수록된 글을 참조하기 바란다.

# 부록

생애와 저작에 대한 고증

심학 전통에서의 신비주의의 문제

부록 1

# 생애와 저작에 대한 고증

## 1. 「연보」 고증

### 1) 성화 22년 병오, 왕수인 15세

「연보年譜」에서는 "이때(成化 22년 丙午) 서울에서는 석영石英, 왕용王勇 등의 도적들이 일어났고, 또 진중秦中에서 석화상石和尙, 유천근劉千斤 등이 난을 일으켰다는 소문이 들려왔다. 그래서 수차례 조정에 글을 올리려 하였으나 용산공龍山公(왕수인의 부친)께서 미친 짓이라고 말리셔서 그만두었다"[1]고 하였고, 「행장行狀」에서도 "북경北京 지역에서 석영, 왕용의 난이 발생하고 호광湖廣 지역에서는 석화상의 난이 발생하여 가서 그들을 치겠다는 상소를 조정에 올리려 하였으나 용산공께서 힘써 말리셨다"[2]고 하였다.

한편 이 일에 대해 모기령毛奇齡의 『왕문성전본王文成傳本』에서는 "살펴건대 석화상, 유천근은 성화成化 2년에 난을 일으켰고 1년 후에 평정되었다. 그로부터 5년 뒤인 성화 8년에 공이 비로소 태어났으므로 '상소를 지어 도

---

1) 『全書』, 권32, 442쪽, 「年譜」, '丙午條', "時畿內石英・王勇盜起, 又聞秦中石和尙・劉千斤作亂, 屢欲獻書於朝, 龍山公斥之爲狂, 乃止."
2) 『全書』, 권37, 516쪽, 「行狀」, "畿內石英王勇・湖廣石和尙之亂, 爲書將獻於朝, 請往征之, 龍山公力止之."

적을 토벌하려고 했다'는 것은 모두 공이 태어나기 전의 일이다"<sup>3)</sup>라고 언급하고, 아울러 "문인인 황관이 「행장」을 짓고 전덕홍이 「연보」를 지었는데도 이렇듯 황당하고 이치에 맞지 않을 줄은 몰랐다"<sup>4)</sup>고 서술하였다.

모기령의 이 말은 좀 심하긴 해도 그 내용은 확실히 옳다. 『명통감明通鑑』 권30에는 다음과 같은 기록들이 있다.

성화 원년 3월에 형양荊襄에서 도적이 봉기했다.……이때 유통劉通이라는 자가 있었는데 어려서부터 힘이 좋아서 현치縣治(縣 정부의 소재지) 앞에 있는 천 근 무게의 돌사자를 손으로 들어올렸다. 그래서 그를 유천근劉千斤이라 불렀다. 그는 같은 패인 석용石龍, 유장자劉長子, 묘용苗龍, 묘호苗虎 등과 짜고 무리를 끌어모아 난을 일으키고서는 그들에게 장군將軍, 원수元帥 등의 칭호를 내리고 스스로를 한왕漢王이라 칭하였다.<sup>5)</sup>

성화 2년 3월 을묘일乙卯日에 주영朱永이 형양荊襄과 유통劉通을 남장南漳에서 대파하였다. 다음 달에 유통은 수양壽陽으로 도망쳐 섬서陝西로 달아나려고 했는데, 주영과 백규白圭가 유통과 그의 무리 3,500여 명을 생포하고 그들의 자녀 11,600여 명을 잡아들였으며 유통을 북경으로 압송하여 찢어 죽였다. 그 무리인 석용, 유장자 등은 도망쳐 사천四川으로 숨어 들어갔다.<sup>6)</sup>

6월에 순안호광어사巡按湖廣御史 왕영王瀛이 상주上奏하여, 도적의 수괴인 석화상, 곧 유천근 무리의 석용이라는 자가 천여 명의 무리를 모아 사천四川의 무산巫山, 대창大昌 등의 현을 노략질했음을 고했다.<sup>7)</sup>

---

3) 毛奇齡, 『王文成傳本』 上(『西河合集』), "按石和尙・劉千斤在成化二年作亂, 越一年遂平, 又越五年至八年而公始生, 是作疏討賊皆公前世事也."

4) 毛奇齡, 『王文成傳本』 上(『西河合集』), "初不意門人黃綰作行狀・錢德洪作年譜而誕妄無理至於如此."

5) 『明通鑑』, 권30, "成化元年三月, 荊襄盜起,……至是有劉通者, 少負膂力, 縣治前有石獅重千斤, 通手擧之, 因號劉千斤, 糾起黨石龍・劉長子及苗龍・苗虎等, 聚衆數萬爲亂, 署將軍元帥等號, 僞稱漢王."

6) 『明通鑑』, 권30, "成化二年三月乙卯朱永大破荊襄劉通於南漳, 次月通奔壽陽, 謀走陝西, 朱英・白圭生擒通及其衆三千五百餘人, 獲賊子女萬一千六百餘人, 械通至京師磔之. 其黨石龍・劉長子遁去, 逸入四川."

7) 『明通鑑』, 권30, "六月巡按湖廣御史王瀛奏, 賊首石和尙卽劉千斤之黨石龍者, 集衆千餘, 劫四川巫山・大昌等縣."

겨울 10월 정미일丁未日에 주영朱永, 백규白圭 등이 석화상을 유인하여 잡았다. 도적들이 군량이 끊겨 항복하고 싶다고 요청해 와서 백규가 장영張英에게 그들을 유인하게 했고, 유장자가 석화상을 결박해 오자 그를 받아들이고 아울러 유천근의 아내 연씨連氏 등 600여 명을 유인하여 잡으니 도적들이 그때서야 평정되었다.[8]

11월에 석용, 유장자 등 37인을 저잣거리에서 찢어 죽이고 그 가속 52인을 참수하였다.[9]

이를 통해 석화상·유천근의 난은 성화 원년에 일어나 성화 2년 겨울에 이미 평정되었으며 이 사실을 북경 사람들 모두가 알고 있었으리라는 것을 짐작할 수 있다. 왕수인은 성화 8년에 태어나 성화 22년에 비로소 북경에 살게 되었으므로 결코 그런 엉뚱한 소문을 접했을 리 없다. 황관은 그냥 그랬으려니 하는 생각으로 「행장」을 기록하였고 「연보」를 만든 이들도 자세히 살피지 못했기 때문에 이런 잘못이 생긴 것이다.

## 2) 홍치 5년 임자, 왕수인 21세

「연보」에서는 "홍치弘治 5년 임자년壬子年 선생의 나이 21세에 월성越城에 계셨다"[10]고 하고서, 그 아래에 다음과 같은 주석을 붙이고 있다.

이 해에 송유宋儒의 격물格物 공부를 하셨다. 선생께서는 처음에 용산공龍山公을 북경에서 모시게 되었을 때 고정考亭(朱熹)의 책들을 두루 구하여 읽으시더니, 하루는 선유先儒가 "모든 사물에는 반드시 안과 밖, 정미한 면과 성긴 면이 있어서 풀 한 포기, 나무 한 그루도 모두 지극한 이치를 품고 있다"고 말한 것을 떠올리시고 마침 관서官署에 대나무가 많이 있어 바로 대나무를

---

8) 『明通鑑』, 권30, "冬十月丁未, 朱英·白圭等誘執石和尙. 賊餉絶, 乞降, 圭使張英誘之, 劉長子縛石和尙, 受之, 幷誘執劉千斤妻連氏等六百餘人, 賊悉平.".
9) 『明通鑑』, 권30, "十一月磔石龍·劉長子等三十七人於市, 斬其家屬五十二人."
10) 『全書』, 권32, 444쪽, 「年譜」, '壬子條', "五年壬子先生二十一歲在越."

가져다 그 이치를 궁구하셨으나 깊이 생각하여도 얻지 못하자 병이 났다. 그리하여 스스로 성현이 될 사람은 따로 있다고 생각하시고는 당시의 유행에 따라 시문詩文이나 짓는 공부에 몰두하셨다.[11]

이 주석은 『전습록傳習錄』 하권의 다음 기록에서 연유한 것이다.

선생께서 말씀하시기를, "사람들은 격물 공부를 할 때 회옹晦翁(朱熹)의 설명을 따라야 한다고 말들 하지만 누가 그의 말을 시행해 보았던가? 나는 실제로 실행해 봤다. 어렸을 때 나는 전씨錢氏 성을 가진 친구와 '성현이 되는 방법은 천하의 사물을 모두 궁구하는 데 있지만 지금이야 어디 이와 같이 큰 역량이 있겠는가?'라는 데 논의를 같이하고, 뜰 앞의 대나무를 가리키면서 그 친구에게 그것을 궁구해 보게 했다. 그는 밤낮으로 대나무의 이치를 궁구하다가 그 힘이 다하여 사흘 만에 정신이 혼미해져서 병을 얻고 말았다. 나는 처음에 그의 정신력이 부족한 탓이라고 여기고 스스로 궁구하기 시작했는데, 밤낮으로 계속했지만 그 이치를 얻지 못하고 7일 만에 역시 정신이 혼미해져서 병을 얻게 되었다. 그래서 나와 친구는 서로 '성현의 경지는 우리가 노력한다고 이룰 수 있는 것이 아니다. 우리는 격물하려고 해도 그들만큼 큰 힘이 없다'라고 한탄하였다"고 하셨다.[12]

근세 학자들은 위의 「연보」의 기록에 의거하여 왕수인이 홍치 5년 임자년(1492)에 부친을 따라 북경에서 살 때 관서 안 정원의 대나무를 궁구했다고 주장하였다. 등애민鄧艾民도 "1492년에 왕수인은 부친을 따라 북경에 가서 고정考亭의 책들을 두루 구하여 읽고 부친의 관서에 있는 대나무를 대상으로 하여 대나무의 이치를 궁구하였다"[13]라고 쓰고 있다.

---

11) 『全書』, 권32, 444쪽, 「年譜」, '壬子條', "是年爲宋儒格物之學. 先生始侍龍山公於京師, 遍求考亭遺書讀之, 一日思先儒謂衆物必有表裏精粗, 一草一木皆涵至理, 官署中多竹, 卽取竹格之, 沈思其理不得, 遂遇疾. 先生自委聖賢有分, 乃隨世就辭章之學."

12) 『傳習錄』 下; 『全書』, 권3, 84쪽, "先生曰: 衆人只說格物要依晦翁, 何曾把他的說去用? 我著實曾用來. 初年與錢友同論作聖賢要格天下之物, 如今安得這等大的力量, 因指亭前竹子令去格看. 錢子早夜去格竹子的道理, 竭其心思, 至於三日, 便致勞神成疾. 當初說他這是精力不足, 某因自去窮格, 早夜不得其理, 到七日亦以勞思致疾, 遂相與嘆聖賢是做不得的, 無他大力量去格物了."

그러나 「연보」의 "선생께서는 처음에 용산공을 북경에서 모시게 되었을 때"(先生始侍龍山公於京師)라는 구절을 세밀히 살펴보면, 여기서의 '처음에'(始)란 '당초에'라는 뜻이지 '임자년 21세 때부터'라는 뜻이 아니다. 왕수인은 11세부터 17세까지 부친을 따라 계속 서울에서 살았다. 그러므로 '처음에~모시게 되다'(始侍)라는 표현이 21세 때를 가리키는 것이 아님을 분명히 알수 있다. 그래서 「연보」에서는 왕수인이 이 해에 송대 리학자들의 학문을 추구했다는 것은 인정하면서도 '대나무를 궁구한 일'이 이 해에 있었다는 주장은 전혀 받아들이지 않았던 것이다.

더욱 명백한 자료도 있다. 왕수인의 부친인 왕화王華(海日翁이라고 불렸다)가 죽은 뒤 양일청楊一淸이 그의 묘비명을 지었는데 거기에 다음과 같이 씌어 있다.

홍치로 개원한 해인 무신년(1488)에 『헌묘실록憲廟實錄』 찬수에 참여하고 경연관經筵官이 되었다. 기유년己酉年(1489)에 9년의 임기를 채웠으나, 죽헌竹軒(왕수인의 조부)의 상을 당해 벼슬에서 물러났다가 계축년(1493)에 상을 마치고 우춘방右春坊 우유덕右諭德으로 자리를 옮겼다.14)

또 육심陸深의 「해일선생행장海日先生行狀」에는 다음과 같이 전한다.

홍치 원년에 『헌묘실록憲廟實錄』을 찬수하고 경연관의 직책을 맡았으며, 기유년에 9년 임기가 차서 자리를 옮겨야 하는데 죽헌공竹軒公이 병이 깊다는 말을 듣고는 곧 병을 핑계로 물러나 벼슬하지 않았다.……경술년庚戌年 정월 하순에 죽헌공竹軒公의 부고가 있자 울부짖으며 여러 차례 혼절하고는 그날로 남쪽으로 달려갔다.……계축년癸丑年에 복상服喪을 다한 뒤 우춘방 우유덕에 올라 경연經筵의 강관講官을 맡았다.15)

---

13) 鄧艾民, 『朱熹王守仁哲學硏究』, 84쪽.
14) 『全書』, 권37, 509쪽, "弘治改元, 戊寅與修憲廟實錄, 充經筵官, 己酉滿九載, 以竹軒公憂去, 癸丑服闋遷右春坊右諭德."
15) 『全書』, 권37, 512쪽, "弘治改元, 與修憲廟實錄, 充經筵官, 己酉秩滿九載當遷, 聞竹軒公疾, 卽移病不出……庚戌正月下旬, 竹軒之訃始至, 號慟屢絶, 卽日南

이를 통해 왕수인의 조부(竹軒公)가 홍치 3년 경술년(1490) 초에 세상을 떠났을 때 왕화王華는 곧장 여요餘姚로 돌아가 장사지내고 계축년(1493) 복상服喪을 마친 뒤에 서울로 돌아와 다시 벼슬했음을 알 수 있다. 그렇다면 왕수인 또한 1490~1493년 사이에는 부친(왕화)을 따라 여요에서 복상했을 것이다. 따라서 1492년(壬子)에 '부친을 따라 서울에서 살며'(隨父寓京師) 관서 뜰의 대나무의 이치를 궁구한다는 것은 불가능하다. 또 「연보」에 명백히 "임자년, 22세 때 월성에 계셨다"(壬子二十一歲在越城)라고 하였는데 어찌 북경에 있는 관서 뜰의 대나무를 궁구할 수 있었겠는가? 이것으로써 위에 인용된 「연보」의 이른바 "처음에 용산공을 북경에서 모시게 되었을 때" 이하의 구절은 임자년 이전의 일을 가리킨다는 것을 확실히 알 수 있다.

위에서 살펴본 바에 따르면 '뜰 앞의 대나무를 궁구한' 일은 왕수인의 자술自述에서 나온 말이므로 그런 일이 있었다는 것은 확실히 믿을 만하다. 그러나 「연보」에서는 이 일이 임자년에 있었던 일이라고 말한 적이 없고, 또 임자년에 그런 일이 있을 수도 없다. '시시始侍'라는 표현을 토대로 검토해 보면 마땅히 기유년己酉年(1489) 왕수인의 나이 18세 이전의 일일 것이다. 필자는 늘 주희의 격물格物 이론이 나온 지 수백 년 동안 엉뚱하게 '대나무를 마주하고 깊이 사색하는' 방식을 실행한 이가 한 사람도 없었는데 어찌하여 영민한 왕수인이 뜰 앞에서 그런 우스운 짓을 했을까 하는 의문을 가졌었다. 이제 이상에서 살펴본 것에 따라 이 일이 왕수인의 어린 시절에 발생한 것임을 알게 되었다. 어찌 보면 그때 그는 학문적 범람에 빠져서 주희의 말을 잘 이해하지 못하는 것이 당연한 일이었을 터이므로 더더욱 의심할 여지가 없다.

### 3) 홍치 13년 경신, 왕수인 29세

「연보」에는 이 해에 "형부운남청리사주사刑部雲南淸吏司主事를 제수받았

奔……癸丑服滿, 升右春坊右諭德德允筵講官."

다"16)라고만 적고 몇 월인지는 밝히지 않았는데, 왕수인의 「걸양병소乞養病疏」17)(小注에 '15년 8월에 刑部主事를 맡았다'라고 되어 있다)를 살펴보면 "홍치 15년 6월에 전직前職을 제수받았다"18)고 하였으므로 형부주사刑部主事를 제수받은 것은 마땅히 이 해 6월의 일이다. 그러나 왕수인이 정덕正德 연간에 지은 「급유소給由疏」19)(小注에 '12년 2월 25일'이라고 되어 있다)에는 "홍치 13년(庚申) 2월에 형부운남청리사주사를 제수받았다"20)라고 되어 있어 이 말이 옳다면 형부주사를 제수받은 것은 2월이어야 하므로 두 설이 일치하지 않는다. 「급유소」는 정덕 12년(丁丑) 즉 형부주사를 제수받은 지 17년 뒤에 씌어진 것이지만, 「걸양병소」는 홍치 15년 즉 임명받은 지 2년 뒤에 씌어진 것인데다가 아직 형부주사의 직을 이임하지 않았을 때의 글이므로 「걸양병소」가 사실에 가깝다고 하겠다. 따라서 「연보」의 이 해의 기록은 마땅히 "6월에 형부운남청리사주사를 제수받았다"로 되어야 한다.


4) 홍치 14년 신유, 왕수인 30세

「연보」에 "명命을 받들어 강북江北 지역에서 죄인을 심문하였다"21)고 되어 있으나 몇 월인지는 명확하지 않다. 「걸양병소」를 살펴보면 "홍치 14년 8월에 명을 받들기 전에 직예부直隸府, 회안부淮安府 등으로 가서 각 해당 순안어사巡按御史들과 회동하여 중죄인들을 심문하고 그 형벌을 결정하였다"22)라고 기록되어 있다. 이 기록에 따를 때 「연보」의 "명을 받들어 강

---

16) 『全書』, 권32, 「年譜」, '庚申條', "授刑部雲南淸吏司主事."
17) 역자 주—요양을 위해 휴직을 청하는 상소.
18) 『全書』, 권9, 147쪽, "弘治十五年六月除授前職."
19) 역자 주—한 관리가 승진하게 되었을 때는 그 부서의 장이 승진한 관리의 이력을 정리해서 吏部에 보고하는 것이 給由이다. 그러나 이 글은 왕수인이 스스로 자신의 이력을 적어 황제에게 올린 상소이다.
20) 『全書』, 권9, 150쪽, "弘治十三年二月內除授刑部雲南淸吏司主事."
21) 『全書』, 권32, 「年譜」, '辛酉條', "奉命審錄江北."
22) 『全書』, 권9, 147쪽, "弘治十四年八月, 奉命前往直隸・淮安等府, 會同各該巡按御史審決重囚."

북 지역에서 죄인을 심문하였다"는 구절 앞에 마땅히 '8월'이라는 두 글자를 보충해야 한다. 한편 「제뢰청벽제명기提牢廳壁題名記」와 「중수제뢰청사옥기重修提牢廳司獄記」에서는 왕수인이 9월과 10월 사이에 옥사獄事를 처리했다고 적고 있다.


### 5) 홍치 15년 임술, 왕수인 31세

「연보」의 신유년辛酉年(弘治 14)조條에는 "선생께서 죄인을 심문하셨는데 그 죄가 감형되거나 무죄로 판결된 사람이 많았다. 선생께서는 일을 마치고 구화산九華山에서 노닐면서 「구화산에서 노닐다」(遊九華賦), 「무상사無相寺에 묵으며」(宿無相寺), 「화성사化城寺」 등의 시를 지으셨다"[23]라고 기록되어 있다. 그런데 홍치 15년조에는 다음과 같이 기록되어 있다.

> 홍치 15년 임술년壬戌年, 선생의 나이 31세였으며 북경에 계셨다. 8월에 휴직을 청하는 상소를 올리셨다. 이 해에 선생은 점점 도가와 불교의 오류를 깨닫게 되셨다. 이보다 앞서 5월에 북경에서 복명復命했는데, 옛 친구들은 모두들 재명才名을 서로 다투며 고시문古詩文을 공부하고 있었다. 이에 선생은 탄식하시며 "내가 어찌 유한한 정신으로 쓸데없는 허문虛文에 힘쓰겠는가?"라고 말씀하시고는 병을 핑계 삼아 월성으로 돌아가셨다.[24]

이를 통해 신유년 8월에 강북江北으로 가서 죄인을 심문했던 왕수인이 다음 해인 임술년 5월에는 북경으로 돌아와 복명하였다는 사실을 알 수 있다. 「연보」에는 일이 끝난 뒤 구화산에서 노닐었다고만 말하고 이때가 어느 때인지는 언급하지 않았다. 장입문張立文은 『송명리학연구宋明理學研究』에서

---

23) 『全書』, 권32, 「年譜」, '辛酉條', "先生錄囚, 多所平反, 事竣遂遊九華, 作遊九華賦・宿無相・化城諸寺."

24) 『全書』, 권32, 445쪽, 「年譜」, '壬戌條', "十有五年壬戌, 先生三十一歲, 在京師, 八月疏請告. 是年先生漸悟仙釋之非. 先是, 五月復命京中, 舊遊俱以才名相馳騁, 學古詩文. 先生嘆曰: 吾焉能以有限精神爲無用之虛文也? 遂告病歸越."

이렇게 말하고 있다.

> 홍치 14년에 (왕수인은) 명을 받들어 강북에서 죄인들을 심문했는데, 죄가
> 감형되거나 무죄로 판결된 사람이 많았다. 일을 마치고 구화산에서 놀았
> 다.……다음 해에 왕수인은 북경에 있었는데, 고시문古詩文을 배우는 데 염증
> 을 느껴 '내가 어찌 유한한 정신으로 헛되이 허문虛文에 힘쓰겠는가?'라고
> 생각하고는 병을 핑계 삼아 월성으로 돌아갔다. 월성으로 돌아가는 도중에
> 다시 안휘성安徽省 청양현靑陽縣의 구화산, 무상사無相寺 등지에서 놀았다.[25]

이것은 왕수인이 홍치 14, 15년 두 차례에 걸쳐 구화산에서 노닐었다는
말이다. 살피건대 장입문이 이렇게 주장하게 된 것은, 「연보」에서 "죄인을
심문하는 일을 끝내고 구화산에서 놀았다"는 말을 신유년조에 서술하고 있
고 또 『문록文錄』의 「구화산에서 노닐다」(九華山賦)에는 '임술壬戌'이라는 주
석이 있는 것을 보고 두 말이 모두 옳을 것이라고 여겼기 때문이다. 그러나
이것은 잘 살피지 못한 탓이다.

왕수인은 홍치 14년 8월에 강북江北에 부임하여 다음 해인 홍치 15년 5
월에 북경으로 다시 돌아왔다. 「연보」에서 일이 끝난 후에 구화산에서 놀았
다고 기록하고 있지만 일이 끝난 것이 홍치 14년이라고는 언급하지 않았다.
살피건대 일이 끝난 것은 홍치 15년 봄이 확실하다. 그렇지 않다면 왕수인
이 홍치 14년 구화산에서 노닌 뒤 다시 5개월이라는 오랜 기간을 그곳에서
머물렀다는 것이 되는데 이는 사실상 불가능하다.

「구화산에서 노닐다」(小注에 '壬戌年, 弘治 15년'이라 되어 있다)라는 부賦는
그 내용에 "명명明茗을 봄볕 아래서 마셔 본다", "새들이 빽빽한 대나무 숲
에서 봄을 부른다"[26]라는 구절들이 있으니 마땅히 봄에 지어진 것이다. 또
「밤에 무상사無相寺에 묵으며」라는 시에서는 "봄밤에 무상사에 누워 있자니
달빛이 오계五溪의 꽃 위를 비춘다"[27]라고 읊고 있고 「무상사에서 3수」의

---

25) 張立文, 『宋明理學硏究』(中國人民大學出版社, 1985).
26) 『全書』, 권19, 283쪽, 「九華山賦」, "試明茗於春陽", "鳥呼春於叢篁."
27) 『全書』, 권19, 286쪽, 「夜宿無相寺」, "春宵臥無相, 月照五溪花."

첫 수에서는 "아침에 봄의 새소리를 듣고 밤에는 바위에 누운 범과 함께 잔다"[28]라고 읊고 있으며 「매죽梅竹을 그린 소화小畵에 적다」에서는 "쓸쓸히 봄밤에 창옥장蒼玉杖에 의지하여 구화산 정상에서 홀로 돌아온다"[29]라고 읊고 있는데, 이런 구절들도 모두 구화산에서 쓴 시들이 봄에 지어진 것임을 말해 준다. 왕수인은 홍치 15년 8월에 월성으로 돌아왔으므로 이 시들은 결코 월성으로 돌아온 뒤에 지어진 것일 수 없다. 그러므로 "월성으로 돌아가는 도중에 다시 구화산에서 노닐었다"는 장입문의 말은 잘못된 것이다.

지금까지 고찰한 바에 따라 왕수인이 죄인 심문을 마친 것은 홍치 15년 임술년 봄이었으며 일을 마친 뒤에 구화산에서 노닐었음을 확인할 수 있다. 그러므로 홍치 14년에 구화산에서 노닐고 홍치 15년 월성으로 돌아가는 길에 다시 노닐었다는 주장은 잘못된 것이다. 홍치 연간에는 한 차례만 구화산에서 노닐었고 이는 결코 두 번에 걸친 일일 수 없으니, 「구화산에서 노닐다」 등은 모두 강북에서 일을 마친 후에 돌아오면서 구화산에서 노닐 때 지은 것들이다. 따라서 이 사실을 언급한 「연보」 '신유년조'의 내용은 지나치게 소략한 데 따른 실수이므로 마땅히 바로잡고, '임술년 31세조'의 내용을 "봄에 죄인 심문하는 일을 마치고 구화산에서 노닐며 무상사, 화성사化城寺 등에서 묵었다"라고 고쳐 써야 한다.


6) 홍치 17년 갑자, 왕수인 33세

「연보」에서는 이 해 "9월에 다시 병부무선청리사주사兵部武選淸吏司主事를 제수받았다"[30]고 하였는데, 「급유소給由疏」에는 "홍치 13년 2월에 형부운남청리사주사刑部雲南淸吏司主事를 제수받았고, 홍치 15년 8월에 고향으로 돌아가 요양하겠다고 아뢰었다. 홍치 17년(甲子) 7월에 병이 호전되어 형부

---

28) 『全書』, 권19, 286쪽, 「無相寺三首」 중 제1수, "朝聞春鳥啼, 夜伴巖虎眠."
29) 『全書』, 권19, 286쪽, 「書梅竹小畵」, "寒倚春宵蒼玉杖, 九華峰頂獨歸來."
30) 『全書』, 권32, 445쪽, 「年譜」, '甲子條', "九月改兵部武選淸吏司主事."

刑部로 부임하다가 병부무선청리사주사로 전직되었다"[31]라는 기록이 있다. 「연보」에는 다시 병부주사를 제수받은 일 앞에 "가을에 산동山東의 향시鄕 試를 감독하였다"(秋主考山東鄕試)라는 한 구절이 있으니, 이는 7월에 형부로 부임하는 길에 전직되어 먼저 산동성에 가서 향시를 감독하고 9월에 북경 으로 돌아와 비로소 병부에서 새 명命을 받들었다는 말이다. 「급유소」의 기 록이 너무 간략하므로 마땅히 「연보」를 따라야 한다.

### 7) 정덕 원년 병인, 왕수인 35세

「연보」에는 "(正德 원년) 2월 봉사封事를 올렸다가 조옥詔獄[32]에 갇히고 용장역승龍場驛丞으로 좌천되었다"[33]고 했지만, 「급유소」에서 왕수인은 "정 덕正德 원년(丙寅年) 12월에 언관言官의 간언을 받아들이고 권세 있는 간신들 을 물리쳐서 성덕聖德을 드러내라는 봉사封事를 올린 일 때문에 황제의 은 혜를 입어 귀주貴州 용장역龍場驛 역승驛丞으로 좌천되었다"[34]라고 자술하고 있으므로 왕수인이 좌천 명령을 받은 것은 마땅히 병인년 12월의 일이다. 이에 따르면, 유채劉蒍의 항의 상소와 대선戴銑 등의 공동 상소는 모두 병인 년 겨울 10월에 있었고 왕수인이 그들을 구하기 위해 상소했다가 조옥에 갇히게 된 것은 그 해 겨울 12월의 일이다. 『명통감明通鑑』 정덕 원년조의 '고이考異'에서는 이렇게 말하고 있다.

문성文成(왕수인)이 용장역승龍場驛丞으로 좌천된 일에 대해 여러 책들에서 대부분 이듬해(丁卯年) 정월의 일로 다루고 있으나, 『실록實錄』과 대조해 보 니 12월 을축일乙丑日의 일이다. 유건劉健과 사천謝遷이 파직된 것은 10월이

---

31) 『全書』, 권9, 105쪽, "弘治十三年二月除授刑部雲南淸吏司主事, 弘治十五年八月 內告回原籍養病. 弘治十七年七月內病痊赴部, 改數兵部武選淸吏司主事."

32) 역자 주 – 황제를 거역한 죄인을 가두는 감옥. 錦衣獄과 같다.

33) 『全書』, 권32, 445쪽, 「年譜」, '丙寅條', "二月上封事, 下詔獄, 謫龍場驛丞."

34) 『全書』, 권9, 150쪽, "正德元年十二月內爲宥言官去權奸以彰聖德事, 榮恩降授貴 州龍場驛驛丞."

고, 유채 등을 변론하여 구제하려고 한 일이 그 사이에 있었다. 문성文成이 죄를 얻게 된 것은 유채 등을 구제하려고 한 것이 원인이 되었으므로, 「연보」에서 '원년 2월'이라고 쓴 것은 아마 옮겨 쓴 사람이 잘못하여 '십十'자를 빠뜨린 탓이리라.[35]

또 좌천 명령이 내려진 때가 12월 을축일이라는 것은 의심할 여지가 없지만 상소를 올린 시기가 그 이전의 일이고 또 대선을 구속하라는 명이 내려진 때가 10월이었으므로, 왕수인이 두 달이나 지난 뒤에 그를 구제하려고 하지는 않았을 것이다. 왕수인은 상소한 이후에 조옥詔獄에 갇히고, 조금 지난 뒤 대궐 뜰에서 곤장 40대를 맞고 비로소 좌천 명령을 받았다. 왕수인의 「옥중시獄中詩」에는 "찬 날씨에 한 해를 보내는 구름이 저물었다", "꼼짝 않고 앉아 열흘 만에 목석이 되었다"라는 구절들이 있으므로 옥에 들어가 있었던 기간은 최소한 10여 일이다. 이밖에 『전서』권19에 실려 있는 「구언咎言」이라는 시에는 "정덕 병인년 겨울 11월 나는 죄를 지어 금의옥錦衣獄에 갇혔다"라는 왕수인의 자주自注가 있다. 그러므로 「연보」는 마땅히 "11월에 상소하여 조옥詔獄이 내려지고 12월에 용장역승龍場驛丞으로 좌천되었다"로 고쳐져야 한다.

### 8) 정덕 2년 정묘, 왕수인 36세

「연보」의 정덕 2년조에는 다음과 같은 기록이 있다.

여름에 전당錢塘으로 갔다. 선생이 전당에 이르자 유근劉瑾이 사람을 보내 쫓아다니며 정탐하게 하였으므로 선생이 그 올가미에서 벗어나지 못할 것이라고 생각하여 강에 뛰어든 것처럼 꾸며서 탈출하고서는 상선商船에 의탁하여 주산舟山으로 흘러들었는데, 마침 구풍颶風이 크게 일어나 하룻밤 사이에

---

35) 『明通鑑』 제4책, 1566쪽, "文成謫龍場驛丞, 諸書多繫之明年正月, 證之『實錄』, 乃是十二月乙丑也. 劉健·謝遷之罷在十月, 劉菫等論救卽在其中, 文成之得罪又因救劉菫等, 而「年譜」乃作'元年二月', 恐傳寫之誤脫'十'字耳."

복건성福建省 접경에 닿았다.……그래서 무이산武夷山 쪽 길을 택하여 돌아
왔다. 그때 용산공龍山公이 남경이부상서南京吏部尙書로 재직하고 있었으므
로 파양鄱陽에서 남경南京으로 가서 뵙고, 12월에 전당으로 돌아와 용산역龍
場驛으로 갔다.[36]

    왕수인의 「적소謫所 가는 길」(赴謫詩) 55수의 첫 부분은 「왕억지王抑之에
게 답하는 시 3수」인데 그 두 번째 수에 "북풍은 봄인데도 여전히 울부짖
고 뜬구름은 막 남쪽으로 달리고 있다"[37]라는 구절이 있으므로 이는 당연
히 초봄에 지은 것임을 알 수 있다. 또 「감천에게 답하는 여덟 곡」의 여덟
번째 수에 "미인美人의 뜻을 진중히 여겨 깊은 가을을 기약하네"[38]라는 구
절이 있는데, 이는 담약수湛若水와 가을에 형산衡山에서 만날 약속을 한 것
을 가리킨다. 「정자사靜慈寺에 몸져누워」에는 "공산空山에 몸져누우니 봄이
가고 여름이 오네"[39]라는 구절이 있는데, 정자사淨慈寺(靜慈寺)는 항주杭州
남병산南屛山에 있는 절이다. 이러한 구절들로 판단컨대 왕수인은 정자사에
서 봄부터 여름까지 몇 달 동안 머물렀으므로 「연보」에서 "여름에 전당으
로 갔다"고 한 말은 잘못된 것 같다. 하주현河住玄은 왕수인이 초봄에 북경
을 출발했다고 했는데,[40] 「왕억지에게 답하는 시 3수」와 「정자사에 몸져누
워」와 대조해 보면 그 말이 사실에 가깝다는 것을 알 수 있다. 한편 「승과
사勝果寺로 옮겨」라는 시에는 "반공半空의 빈 누대에 구름이 머물고 유월
깊은 솔에는 더위가 오지 않았다"[41]라는 구절이 있는데, 이 시에 따르면 여

---

36) 『全書』, 권32, 445쪽, 「年譜」, '丁卯條', "夏赴錢塘. 先生至錢塘, 瑾遣人隨偵, 先生
度不免, 乃託言投江以脫之, 因附商船遊舟山, 偶遇颶風大作, 一日夜至閩界.……
因取道由武夷而歸. 時龍山公官南京吏部尙書, 從鄱陽往省, 十二月返錢塘, 赴龍
場驛."
37) 『全書』, 권19, 288쪽, 「答王抑之三首」 중 제2수, "北風春尙號, 浮雲正南馳."
38) 『全書』, 권19, 288쪽, 「答甘泉八詠」 중 제8수, "珍重美人意, 深秋以爲期."
    역자 주-「答甘泉八詠」의 원 제목은 「陽明子之南也其友湛元明歌九章以贈崔子
鐘和之以五詩於是陽明子作八詠以答之」이다.
39) 『全書』, 권19, 290쪽, 「臥病靜慈寫懷」, "臥病空山春復夏."
40) 河住玄, 「王陽明先生流謫事迹考」, 『東洋文化』 128~131호.
41) 『全書』, 권19, 290쪽, 「移居勝果寺」, "半空虛閣有雲住, 六月深松無署來."

름에 더위를 피하기 위해 왕수인이 다시 승과사로 옮겨와 지냈다는 것을 알 수 있다. 승과사도 전당에 있다. 당시 왕수인은 폐병을 앓고 있었으므로 절에서 요양한 것이다.

왕수인이 강에 뛰어든 것처럼 꾸며서 복건성에 잠입한 일에 대해 모기령毛奇齡은 이를 믿지 않고 "이때 바로 용장으로 갔었는데, 「연보」와 「행장」에서 멋대로 터무니없는 말을 늘어놓았다"[42]고 하였다. 그러나 여중요餘重耀는 「양명선생전찬陽明先生傳纂」에서 이렇게 말하고 있다.

> 살펴건대 선생이 용장으로 간 것에 대해 「연보」와 「행장」에서 기록한 역정이 각각 다르며, (『명사』에 실린 선생의) 「본전本傳」과 『명사明史』의 나머지 기록들은 하나같이 상세하지 않다. 모기령은 "바로 용장으로 갔다"고 하니 그 주장은 다른 것들과 아주 다르다. 그러나 선생의 「적소 가는 길」 55수를 살펴보면 「무이산武夷山 어느 벽의 시를 보고」(武夷次壁間韻)가 있고 또 장사長沙・악록岳麓・나양羅陽・원수沅水 등 모든 역이 하나하나 시에 드러나 있으니, 「행장」이 비교적 믿을 만하다.[43]

왕수인이 「무이산 어느 벽의 시를 보고」를 남긴 것으로 볼 때 그가 민북閩北으로 간 것은 당연히 믿을 만하다. 따라서 모기령이 북경에서 "바로 용장으로 갔다"고 한 것은 옳지 않다. 또 황관은 「행장」에서 "강에 뛰어든 것처럼 꾸며서 무이산武夷山으로 잠입하였다"라고만 쓰고 어떻게 무이산에 이르렀는지는 설명하지 않았으나, 왕수인이 「바다에 떠서」(泛海)라는 시를 쓴 것으로 볼 때 「연보」에서 "상선商船에 의탁하여 주산舟山으로 흘러가서" 민閩(복건성)에 이르렀다고 한 것은 믿을 만하다.

「행장」과 「연보」에 근거하면 왕수인이 전당에서 강에 뛰어들어 자살한 것처럼 꾸며 유근劉瑾의 박해를 피했다는 것과 무이산 속으로 숨었다는 것

---

42) 毛奇齡, 『王文成傳本』上(『西河合集』), "時徑之龍場, 而譜狀乃盡情狂誕."
43) 『陽明先生傳』, 「纂」(餘重耀), "按先生之赴龍場, 年譜行狀記程各異, 本傳及明史稿均不詳. 西河則謂徑之龍場, 其說甚異. 然先生赴謫詩中旣有武夷次壁間韻, 而長沙岳麓及羅汨沅水諸驛一一見之於詩, 則行狀較可信也."

은 모두 실제의 일로 보인다. 어떻게 꾸며댔으며 어떻게 민민閩에 도착했는지는 『왕양명선생출신정란록王陽明先生出身靖亂錄』에 아주 상세하게 기록되어 있다. 예컨대 두 교위가 왕수인을 협박하여 강에 뛰어들게 했는데, 왕수인은 심沈·은殷 두 사람의 도움으로 두 교위를 속여 강에 뛰어든 것처럼 꾸미고는 그 뒤에 상선을 따라 광신廣信에 이르렀다는 기록 등이 그것이다. 그러나 『왕양명선생출신정란록』의 기록을 전부 믿을 수는 없는데다가 거기에 기재된 「절명시絶命詩」 두 수와 「절명사絶命辭」는 그 진위를 가리기조차 어렵다. 어쨌든 왕수인은 결코 북경에서 바로 용장으로 갔던 것이 아니다.

　무이산을 떠난 뒤의 왕수인의 행로는 지금 고찰할 수 없다. 「연보」에서는 파양鄱陽에서 남경으로 가 부친을 뵙고 다시 전당으로 돌아와 용장으로 떠났다고 했지만, 이 설명을 뒷받침할 증거는 어디에도 없다. 「적소로 가는 길」 55수의 차례를 보면, 「바다에 떠서」 다음에 바로 무이武夷·초평草萍·옥산玉山·광신廣信·분의分宜·의춘宜春·평향萍鄉·예릉醴陵·장사長沙·나골역羅泊驛·완수역沅水驛·평계平溪·청평위淸平衛·홍릉위興隆衛 등에서 지은 여러 시들이 이어진 다음 바로 용장에서 지은 시가 나오는데, 중간에 파양鄱陽·남경南京·전당錢塘을 오간 흔적은 보이지 않는다. 아마도 왕수인은 무이武夷에서 출발하여 바로 옥산玉山에 이르렀다가 거기서 서쪽으로 광신廣信·의춘宜春·예릉醴陵을 거쳐 호남湖南에 도착했을 것이다.

　「연보」에서는 왕수인이 12월에 전당으로 돌아와서는 이윽고 적소謫所로 떠났으며 다음해 정덕 3년 봄에 용장에 닿았다고 하였다. 「옥산玉山 동악묘東嶽廟에서 옛 벗 엄성사嚴星士를 만나」라는 시의 "봄밤 등절燈節(또는 元宵節. 음력 정월 13일에서 17일까지)이 가까워짐을 심히 안타까워하노니, 시내 소리는 달밤에 듣는 것이 가장 좋구나"[44]라는 구절은 확실히 이 시가 정덕 3년 정월 상순에 지어진 것임을 말해 준다. 「광신廣信에서 맞은 설날 저녁 장태수蔣太守와 밤에 배를 띄워 정담을 나누며」(廣信元夕蔣太守舟中夜話)라는 시는

---

44) 『全書』, 권19, 290쪽, 「玉山東嶽廟遇舊識嚴星士」, "春野絶憐燈節近, 溪聲最好月中聞."

정월 15일에 지어졌으므로 왕수인이 무이武夷를 출발한 때는 이미 정월이었을 것이다. 그리고 「밤에 석정사石亭寺에 닿아」라는 시에는 "강촌의 먼 나무에는 봄을 바라는 마음이 맺혀졌다", "강주江州의 봄 나무는 어찌 이다지도 파릇파릇한가?"45)라는 구절이 있고, 「의춘대宜春臺에서 4절絶」에는 "의춘대 위에서 다시 봄을 기다리네", "봄바람 속에 날이 막 어두워지려 하네"46)라는 구절이 있다. 또 「밤에 선풍관宣風館에 묵으며」에는 "봄 시름이 밤의 넋 속에 들어오지 않을까 걱정이다"47)라는 구절이 있고, 「평향萍鄉 가는 길에 염계의 사당을 알현하고」에는 "봄철의 사당에는 물가의 쑥이 우거졌네"48)라는 구절이 있으며, 「상湘을 건너며 부치는 말 2수」에는 "봄볕에 온갖 것이 빛나네"49)라는 구절이 있다. 이러한 구절들도 모두 왕수인이 적소로 가는 도중에 거쳤던 광신廣信에서 호남湖南까지의 여정이 모두 정덕 3년 봄의 일이었다는 것을 말해 준다. 용장에 도착한 뒤에는 또 적소에 식량이 끊긴 사정에 관한 시를 지었는데 거기에는 이런 구절이 있다.

> 산은 거칠어도 밭을 일굴 만하고
> 가래와 호미도 쉽게 갖출 수 있네.
> 오랑캐의 풍속에는 화전이 많아
> 흉내 내서 익히기도 자못 쉽다.
> 지금 봄이 아직 깊지 않았으니
> 몇 이랑쯤은 밭갈 만하도다.50)

이는 용장에 이르렀을 때 봄이 아직 깊지 않았다는 것을 말해 준다.

이렇게 볼 때 「연보」의 "정덕 3년 봄에 용장에 이르렀다"는 기록은 틀

45) 『全書』, 권19, 290쪽, 「夜泊石亭寺」, "沙村遠樹凝春望", "江州春樹何靑靑."
46) 『全書』, 권19, 291쪽, 「袁州府宜春臺四絶」, "宜春臺上還春望", "正是春風欲暮天."
47) 『全書』, 권19, 291쪽, 「夜宿宣風館」, "正恐春愁入夜魂."
48) 『全書』, 권19, 291쪽, 「萍鄉道中謁濂溪祠詩」, "春祠薦渚芊."
49) 『全書』, 권19, 291쪽, 「涉湘寄言二首」, "春陽熙百物."
50) 『全書』, 권19, 293쪽, 「謫居糧絶請學於農將田南山永言寄懷」, "山荒聊可田, 錢鎛還易辦, 夷俗多火耕, 倣習亦頗便, 及玆春未深, 數畝尤足佃."

린 것이 아니다. 그러나 적소로 가는 도중에 지은 위의 시들을 통해 살펴보면, 그 여정은 황관이 「행장」에서 말한 "드디어 무이에서 광신으로 갔으며, 팽려彭蠡를 거슬러 올라가 원沅·상湘을 거쳐 용장에 이르렀다"[51]는 내용과 부합하지만 파양鄱陽에서 옆길로 빠져 남경南京으로 가 부친을 뵈었다는 흔적은 전혀 찾을 수 없다. 살피건대 「무이산 어느 벽의 시를 보고」의 미련尾聯 두 구에서 "고당高堂으로 돌아가 백발을 위로하노니 찬찬히 찾아뵙는 건 다시 춘분에나 가능할 듯"[52]이라고 했는데, 「연보」에서 왕수인이 정덕 2년 12월에 남경으로 가 부친을 뵈었다고 한 것은 혹시 이 구절을 근거로 말한 것인지도 모르겠으나 「행장」에는 이 내용이 기록되어 있지 않다. 한편, 만일 왕수인이 파양을 떠나 남경에 이르렀다면 반드시 도중에 지은 시문詩文들이 남아 있어야 할 텐데 문집에는 이를 기록한 시가 한 수도 없으며 「적소로 가는 길」 55수의 시는 무이산武夷山에서 청평위淸平衛까지의 차례가 분명하여 옆으로 벗어났다가 다시 돌아온 흔적을 전혀 찾을 수 없다. 왕수인이 무이산에 있을 때 이미 12월이었다고 한다면 옥산으로 내려가서 파양으로 갔다가 남경으로 가고, 다시 전당으로 가서 광신廣信으로 돌아오는 일은 결코 등절燈節 내에 이루어질 수 없었을 것이다. 그러므로 부친을 뵈었다는 말은 정확하지 않은 것 같으니 당연히 황관의 「행장」을 올바른 기록으로 받아들여야 한다.

「행장」에서는 왕수인이 이때에 무이산으로 숨어들어 가서 자취를 감추고 나오지 않으려고 했다고 기록하고 있는데, 생각건대 황관은 왕수인의 가장 친밀한 친구였으므로 이 기록은 당연히 믿을 만하다. 대개 유근劉瑾은 사람됨이 사나워서 앞서 사례중관司禮中官 왕악王岳이 유건劉健·사천謝遷의 주장을 지지하다가 좌천되었을 때 사람을 보내 도중에 쫓아가 죽일 정도였으므로, 왕수인이 산으로 숨으려 한 것은 이 일을 거울로 삼은 것이었다. 황관의 말에 따르면 왕수인은 무이산에서 한 도사를 만났는데 그 도사가

---

51) 黃綰, 「行狀」, "遂由武夷至廣信, 沿彭蠡·歷沅湘·至龍場."
52) 『全書』, 권19, 290쪽, 「武夷次壁間韻」, "歸去高堂慰白髮, 細探更擬在春分."

"너는 지금 바로 숨어라. 누군가 양명陽明이라는 이름을 내걸고 거사하여 난을 일으키면 멸족의 화를 입게 된다"고 해서, 왕수인이 그 말을 알아듣고 광신廣信을 떠나 강江·호湖를 거쳐 용장으로 갔다고 한다. 황관의 이 설명은 반드시 왕수인의 자술에 근거한 것일 터이므로 비교적 믿을 만하다.

### 9) 정덕 5년 경오, 왕수인 39세

「연보」에서는 "12월에 남경형부사천청리사주사南京刑部四川淸吏司主事에 올랐다"[53]고 했는데, 「급유소」(정덕 12년 2월 25일)에서는 이 해 10월의 일이라고 하였다. 어느 것이 옳은지 모르겠으며, 또한 「연보」가 무엇에 근거했는지 알 수 없다.

### 10) 정덕 7년 임신, 왕수인 41세

「연보」에는 "『동지고同志考』를 살펴보니 이 해에 목공휘穆孔暉·고응상顧應祥과 황관黃綰·응량應良·서애徐愛가 함께 수업을 받았다"[54]라고 기록하고 있다. 그런데 황관은 정덕 연간에는 왕수인과 강우講友 관계였다가 가정嘉靖 임오년壬午年 봄에 비로소 제자의 예를 갖추고 문인이라고 칭하였으므로 「연보」에서 황관이 이 해에 수업을 받았다고 한 것은 옳지 않다. 마땅히 황관이라는 이름은 빼야 한다.

### 11) 정덕 9년 갑술, 왕수인 43세

정덕 8년 10월에 왕수인은 저주滁州로 가서 마정馬政을 감독하였고 9년 4월에 남경홍려시경南京鴻臚寺卿에 올랐으니, 저주에 머문 것은 6개월 이상

---

53) 『全書』, 권32, 446쪽, 「年譜」, '庚午條', "十二月升南京刑部四川淸吏司主事."
54) 『全書』, 권32, 448쪽, 「年譜」, '壬申條', "按『同志考』, 是年穆孔暉·顧應祥及黃綰·應良·徐愛同受業."

이다. 담약수가 지은 왕수인의 「묘지명墓誌銘」에는 담약수가 지방을 순찰하고 북쪽으로 돌아오는 길에 왕수인을 저양滁陽에서 만났다고 되어 있다.

이듬해 내(담약수)가 안남安南으로 파견되었고, 2년 뒤에 양명은 남태복南太僕으로 자리를 옮겨서 학생들을 모아 강학하니 명성이 자자했다. 내가 돌아오는 길에 저양滁陽에서 양명을 만나 밤새워 유학과 불교의 도에 대해 논하였다. 또 이듬해(乙亥年) 나는 모친의 상喪을 당해 남쪽으로 운구해 왔다.[55]

이 말로 추정해 볼 때, 담약수와 왕수인이 저양에서 만난 것은 당연히 정덕 9년 봄이다. 이 일을 「연보」에는 기록하지 않았으니 마땅히 보충해 넣어야 한다. 담약수와 왕래한 일은 왕수인의 일생에서 중요한 사건이다.

12) 정덕 10년 을해, 왕수인 44세

「연보」에서는 "정월에 죄를 열거하며 사직시켜 달라고 상소하였지만 윤허하지 않았다. 이 해가 양경兩京을 고찰考察[56]하는 해였으므로 통례에 따라 상소했던 것이다"[57]라고 하였는데, 『전서』 권9의 「스스로 탄핵하며 휴직을 청하는 상소」(自劾乞休疏)의 원주原注에는 "정덕 10년, 이때 관직은 홍려시경이었다"(十月時官鴻臚寺卿)라고 되어 있을 뿐 월·일에 대한 기록은 없다. 같은 권에 있는 「새 관직을 사양하고 이전 관직을 가진 채로 사직하기 위해 올리는 상소」(辭新任乞以舊職致仕疏)는 정덕 11년 10월 남감첨도어사南贛僉都御史에 승진되었을 때 지은 것인데, 그 상소에 다음의 내용이 있다.

저는 원래 남경홍려시경南京鴻臚寺卿을 맡고 있거니와 작년 4월에 직분을 제대로 감당하지 못함을 자책自劾하면서 물러나게 해 달라고 요청하고, 얼마

---

55) 『全書』, 권37, 514쪽, 「陽明先生墓誌銘」, "明年甘泉子使安南, 後二年陽明遷南太僕, 聚徒講學有聲. 甘泉子還, 相會於滁陽之間, 夜論儒釋之道. 又明年甘泉子丁憂扶柩南歸."

56) 역자 주 – 관리의 政績을 감사하는 일.

57) 『全書』, 권32, 449쪽, 「年譜」, '乙亥條', "正月疏自陳不允, 是年當兩京考察, 例上疏."

뒤 8월에 또 숙환이 번갈아 일어나므로 하늘과 같은 은혜를 베푸시어 제가 고향으로 돌아가 조리할 수 있게 해 달라고 다시 요청했습니다. 그러나 아직 윤허를 받지 못했습니다.[58]

이를 통해 「스스로 탄핵하며 휴직을 청하는 상소」가 4월에 지어진 것임을 알 수 있으므로, 「연보」에서 이 상소를 올린 것이 정월의 일이라고 한 것은 옳지 않다. 마땅히 "4월에 직분을 제대로 감당하지 못한다고 자책自劾하면서 물러나게 해 달라고 요청하는 상소를 올렸는데 대답을 받지 못하였다"로 고쳐야 할 것이다.

또 「연보」에서는 이 해에 "경사京師)에 있었다"(在京師)고 하였는데, 살펴건대 왕수인은 정덕 9년에 남경홍려시경에 임명된 뒤 정덕 11년에 남감순무南贛巡撫로 제수되기까지 계속 남경에 있었으므로 '경사京師'라는 말은 당연히 남도南都 혹은 남경南京으로 고쳐야 한다.

### 13) 정덕 12년 정축, 왕수인 46세

「연보」에서는 "2월, 장주漳州의 도적을 진압하였으며", "이 달에 승첩勝捷을 아뢰었다"[59]라고 하였다. 살펴건대, 왕수인은 정덕 11년 9월에 도찰원좌첨도어사순무남감정장都察院左僉都御史巡撫南贛汀漳에 올라 정덕 12년 정월 16일 감주贛州에 도착한 후 바로 길을 떠나 장정長汀·상항上杭에 진을 치고서 민서閩西와 감월贛粵의 접경처에서 일어난 폭동을 진압했는데, "3월 안에 드디어 섬멸하고 그 괴수를 잡았으며",[60] 4월에 군대를 철수시켜 "4월 30일 감주로 돌아왔다."[61] 그리고 왕수인의 「민광첩음소閩廣捷音疏」는 원주原注에 정덕 12년 5월 8일이라고 되어 있다. 따라서 「연보」의 내용은 당연히 "정월

---

58) 『全書』, 권9, 149쪽, 「辭新任乞以舊職致仕疏」, "臣原任南京鴻臚寺卿, 去年四月甞以不職自劾求退, 後至八月又以舊疾交作復乞天恩赦回調理, 皆未蒙準允."
59) 『全書』, 권32, 450쪽, 「年譜」, '丁丑條', "二月平漳寇", "是月奏捷."
60) 『全書』, 권9, 152쪽, 「閩廣捷音疏」, "三月之內遂克殲取渠魁."
61) 『全書』, 권26, 379~380쪽, 「書示四姪」, "四月三十日歸贛州."

에 민서閩西로 가서 진압하고", "4월에 철군하여", "5월에 승첩을 아뢰었다"
로 고쳐져야 한다.

「연보」의 내용은 이러하다.

<2월, 장주漳州의 도적을 진압하다>
선생은 길에서 장주의 도적이 극성이라는 소식을 듣고 두 배의 속도로 달려 감주贛州에 이르렀다. 그리고는 곧바로 3성省에 군비를 갖추라는 이문移文을 보내고 기일이 되자 군대를 일으켰다. 정월 16일에 부임하여 일을 맡은 지 열흘이 되었을 때 바로 진군할 것을 의논한 것이다. 군대를 장부촌長富村에 주둔시킨 뒤 도적을 만나 큰 전투를 벌여 자못 많은 도적을 베고 더러 사로잡기도 했다. 이에 도적들은 상호산象湖山으로 도망가서 그곳을 거점으로 방어하였다.……
선생은 친히 제도諸道의 정예병을 이끌고 상항上杭으로 진군하여 주둔하고서는 "군사들을 호궤犒饋하고 철수한 뒤 가을에 다시 군사를 일으킨다"는 소문을 퍼뜨릴 것을 비밀스럽게 명령하였다. 그리고는 몰래 의관義官 증숭수曾崇秀를 보내 도적의 허실을 엿보게 하였다. 도적들이 느슨해진 시기를 틈타 선발된 군사를 세 길로 나누어 2월 19일 군마에 재갈을 물리고서(銜枚) 야음夜陰을 틈타 동시에 진격해 들어가서, 바로 상호산象湖山을 뒤흔들고 그들의 요해처를 빼앗았다. 여러 도적이 요해처를 잃고 다시 위쪽의 험준한 절벽을 거점으로 사방에서 나무로 성을 쌓아 싸울 준비를 하고는 죽음으로 항전했으나, 우리 병사들이 용맹스럽게 섬멸전을 벌여 진시辰時에서 오시午時까지 고함소리가 땅을 울렸다. 3성省의 날랜 병사들이 틈을 타서 북을 떠들 썩하게 치며 갑자기 기어오르자 도적이 놀라서 어지럽게 흩어져 도망치니, 드디어 승기를 잡고 추격하여 섬멸하였다. 이후 복건성福建省의 군대가 장부촌長富村 등 도적의 산채 30여 곳을 공격하여 격파하고, 광동성廣東省의 군대가 수죽水竹·대중갱大重坑 등의 산채 13곳을 공격하여 격파하였다. 도적떼에 참여했던 첨사부詹師富·온화소溫火燒 등 7천여 명을 참수했으며, 노획한 도적의 치중輜重은 이루 헤아릴 수 없었고 도적의 거점은 모두 소탕되었다. 이번 작전은 겨우 3개월 동안에 이루어졌는데 장남漳南에서 수십 년 동안 활개 치던 도적이 모두 진압되었다.[62]

---

62) 『全書』, 권32, 450쪽, 「年譜」, '丁丑條', "二月平漳寇, 初先生道聞漳寇方熾, 兼

이 기록에 의하면 왕수인은 정덕 12년 봄에 민閩·감廣·감甘 3성省의 군대를 거느리고 장부촌長富村·상호산象湖山으로 가서 장남漳南에서 폭동을 일으킨 첨사부詹師富의 부대를 섬멸한 것이 된다. 그러나 『명사』「왕수인전」에서는 정덕 11년 8월 왕수인이 우첨도어사右僉都御史에 올랐으며, 이때 남쪽 지역의 도적이 봉기하였고 "복건福建 대모산大帽山의 첨사부 등이 또 봉기하였으므로" "먼저 대모산의 도적을 토벌하였다"고 하였다. 「왕수인전」에는 또 이렇게 씌어 있다.

이듬해(정덕 12년) 정월, 부사副使 양장楊璋 등을 독려하여 장부촌을 격파하고 상호산으로 들이닥쳤는데 지휘指揮 담환覃桓과 현승縣丞 기용紀鏞이 전사하였다. 이윽고 왕수인은 정예병을 이끌고 상항上杭으로 진군하여 주둔했는데 퇴군하는 것처럼 꾸미고는 느닷없이 도적의 거점을 뒤흔들어 40여 산채를 연이어 격파하고 7천여 명을 사로잡아 참수하였으며 지휘指揮 왕개王鎧 등이 첨사부詹師富를 사로잡았다.[63]

이 기록에서 첨사부를 복건 대모산의 도적이라고 파악한 것은 「연보」와 일치하지 않는다. 『명통감明通鑑』 정덕 11년 8월 무진일戊辰日의 "왕수인을 발탁하여 우첨도어사右僉都御史로 삼다"[64]라고 한 조목 아래의 '고이考異'에서는 "『명사』의 「왕수인전」은 이 사건을 이 해 8월의 일로 처리했는데 『실록』을 대조해 보니 이 달의 무진일이 맞았다. 「연보」에서 9월의 일로 처리

程至贛, 卽移文三省兵備, 自正月十六日蒞任, 才旬日卽議進兵. 兵次長富村遇賊, 大戰, 斬獲頗多. 賊奔象湖山拒守.……於是親率諸道銳卒, 進屯上杭, 密敕群哨, 佯言犒衆退師, 俟秋再擧. 密遣義官曾崇秀覘賊虛實, 乘其懈, 迭兵分三路, 俱於二月十九日乘晦夜銜枚幷進, 直搗象湖, 奪其隘口, 諸賊失險, 復據上層峻壁, 四面滾木礧石, 以死拒戰, 我兵奮勇鏖戰, 自辰至午呼聲振地, 三省奇兵從間敲譟突登, 乃驚潰奔走, 遂乘勝追剿. 已而福建兵攻破長富村等巢三十餘所, 廣東兵攻破水竹·大重坑等所巢十三所, 斬首從賊詹師富·溫火燒等七千與奇, 俘獲賊屬輜重無算, 而諸洞蕩滅. 是役僅三月, 漳南數十年寇悉平.

63) 『明史』, 권195, 「列傳」 83, "明年正月, 督副使楊璋等破賊長富村, 逼之象湖山, 指揮覃桓·縣丞紀鏞戰死. 守仁率銳卒屯上杭, 佯退師, 出不意搗之, 連破四十餘寨, 俘斬七千有餘, 指揮王鎧等擒師富."

64) 『明通鑑』, '正德 11年 8月 戊辰日條', "擢王守仁爲右僉都御史."

한 것은 이때 문성文成(왕수인)이 남경南京에 있었으므로 그가 교지를 받은 날짜에 근거한 것이다"65)라고 하였으므로, 왕수인을 발탁한다는 명이 내려진 것은 8월이고 왕수인이 그 명을 받은 것은 9월이다.

『명통감』정덕 12년 정월조에서는 "이 달에 왕수인이 감주에 도착하여 군내郡內에 관아를 설치하였고", "이에 복건·광동 지역에 격문을 붙여 병사를 모으고 먼저 대모산의 도적을 토벌하였다"66)고 기록하고, 또 같은 해 5월조에서 이렇게 기록하고 있다.

> 이 달 순무남감巡撫南贛 왕수인이 대모산의 도적을 토벌하여 진압하였다. 이때 도적의 수괴 첨사부 등이 장부촌을 거점으로 산채를 만들어 놓고 있었는데, 왕수인이 부사 호련胡璉 등을 독려하여 격파하고 상호산으로 들이닥쳤다.······왕수인이 친히 정예병을 이끌고 상항上杭에 진둔進屯한 뒤 퇴군하는 것처럼 속이고는 느닷없이 도적의 거점을 뒤흔들어 40여 산채를 연이어 격파하고 7천여 명을 사로잡아 참수하였으며, 드디어 첨사부를 사로잡았다. 또한 협박에 못 이겨 도적에 동조한 4천여 명을 해산시켰다.67)

『명통감』에서도 『명사』의 「왕수인전」과 마찬가지로 첨사부를 대모산의 도적이라고 보았는데, 대신 이 사건을 정월이 아닌 5월의 일로 처리하고 있다. '고이'에는 다음과 같이 설명되어 있다.

> 이 일은 『명사』의 「왕수인전」에 나와 있다. 그러나 이 해 정월의 일로 처리한 것은 잘못된 것 같다. 문성文成(왕수인)은 정월에 감주贛州에 갓 도착하여 군사를 조직하고 각 부대에 임무를 하달하기 시작하였으므로 이 달에 갑자기 도적을 평정할 수는 없었을 것이다. 그래서 『헌장록憲章錄』과 『기사본말紀事

---

65) 『明通鑑』, '正德 11年 8月 戊辰日條', 考異, "明史王守仁傳繫之是年八月, 證之實錄, 則是月戊辰也. 年譜繫之九月, 時文成在南京, 據其奉旨之日."
66) 『明通鑑』, "是月, 王守仁抵贛州, 開府郡中", "於是檄福建廣東會兵, 先討大帽山之賊."
67) 『明通鑑』, "是月巡撫南贛王守仁討大帽山賊, 平之. 時賊首詹師富等據長富村爲巢, 守仁督副使胡璉等破之, 逼之象湖山.······守仁親率銳卒屯上杭, 佯退師, 出不意搗之, 連破四十餘寨, 俘斬七千有奇, 遂擒師富, 散其脅從者四千餘人."

本末』은 모두 이 사건을 5월의 일로 처리했으니, 『실록』과 대조해 보더라도 6월 병진일丙辰日에 비로소 승첩이 올라왔으므로 5월에 대모산大帽山의 도적을 격파하였다는 것이 증명된다. 「연보」에서 "이 해 2월 장주漳州의 도적을 진압하고 4월에 회군하여 상항上杭에 주둔하였다"고 하니 『명사』의 「왕수인전」과 일치한다. 장주의 도적을 진압한 뒤 상항으로 군대를 이동시켰으므로 첨사부詹師富 등을 토벌한 것은 바로 이때일 것이다. 그러므로 「왕수인전」의 '정正'자는 '오五'자를 잘못 표기한 것인 듯싶다.[68]

이 주장에서는 왕수인이 장주漳州의 도적을 진압한 뒤 5월에 또 첨사부 부대를 진압하였다고 여겨 장주의 도적을 진압한 일과 첨사부 부대를 평정한 일을 둘로 나누고 있는데, 이는 이 두 사건이 본래 하나의 사건이었다는 것을 몰랐기 때문이다.

살피건대 '고이'에서는 왕수인이 정월에 감주에 이르렀으므로 절대로 이 달에 도적을 격파하지 못했을 것이라고 했는데 이 주장은 옳다. 그러나, 도적을 격파한 일의 전후 사정에 대해서는 왕수인의 「민광첩음소閩廣捷音疏」에 상세히 나와 있으며 「연보」도 이것에 많이 의존하였는데, 『실록』에서는 승첩을 올린 것이 6월 병진일丙辰日이라고 하였지만 「민광첩음소」의 원주에는 5월 8일이라 되어 있으므로 왕수인이 승첩을 올린 것이 5월이라는 것은 의심의 여지가 없다. 또한 왕수인은 4월에 회군하였으니, 5월에 비로소 첨사부 부대를 진압한 것이 결코 아니다. '고이'에서 장주의 도적을 진압한 것과 첨사부 부대를 토벌한 것을 두 가지 일로 처리한 것은 큰 착오이다.

'고이'는 정덕 13년 10월 병인일조 아래에 또 이렇게 쓰고 있다.

문성文成(왕수인)이 대모산大帽山의 도적을 진압한 것은 작년(정덕 12년) 5월이었으니, 「연보」에서는 단지 "장주의 도적을 진압하였다"(平漳寇)라는 세 글

---

68) 『明通鑑』, '考異', "事見明史王守仁本傳, 然繫之是年正月, 似誤也. 文成以正月至贛州, 調兵團練, 一切部署, 必無是月遽平賊. 故憲章錄·紀事本末皆繫之五月, 而證之實錄, 六月丙辰始以捷聞, 則五月破大帽山賊可證也. 若其年譜爲'是年二月平漳寇, 四月班師, 駐軍上杭', 則正與明史本傳合. 蓋平漳寇後移師上杭, 故討詹師富等卽在此時, 本傳正字, 疑係五字之誤也."

자로 끝내고 있으나 사실은 대모산의 도적이 비록 광동廣東·복건福建과 접경에 있었다고는 해도 장주의 도적은 아니다.[69]

『명통감』의 '고이'를 쓴 사람은 대모산大帽山이 감주의 최남단에 있고 장주에는 대모산이란 곳이 없기 때문에 장주의 도적을 진압한 것과 첨사부 부대를 진압한 것을 두 가지 사건으로 보았는데, 대체로 「왕수인전」에서는 첨사부 부대를 대모산의 도적으로 보았던 모양이다. '고이'에서는 왕수인이 장주의 도적을 진압한 뒤에 다시 대모산의 도적을 진압했다고 보면서 「연보」에는 단지 장주의 도적을 진압한 것만 기술되고 대모산의 도적을 평정한 일이 생략되어 버렸다고 말하고 있는데, 이는 모두 제대로 조사해 보지 않았기 때문이다.

첨사부 부대가 감남贛南 대모산에 모여 소란을 피웠는지, 그리고 정덕 연간의 봄여름 사이에 왕수인이 장주의 도적을 진압하고 대모산의 도적을 진압하는 두 가지 작전을 수행했는지에 대해서는 간략하게나마 고증을 해 보아야 한다. 왕수인의 「민광첩음소」에 따르면, 왕수인은 정월 3일 남창南昌에서 전략을 결정하고 각 관리들에게 협동하여 작전을 수행하게 하고 16일에 감주에 이르러 관아를 열고는 그 날 바로 출발하여 상항으로 진군하여 주둔했으며 (장병들에게) 불같이 빨리 도적의 거점으로 진격하도록 독려하였다. 18일에 장부촌으로 진군하여 상호산으로 도적들을 추격해 들어갔으나 광동廣東 대산大傘의 도적이 나타나 저지당하자 퇴군하는 것처럼 꾸몄다가 2월 19일 상호산을 뒤흔들고 또 하루종일 공격하여 마침내 첨사부를 생포하기에 이르렀다. 3월 21일에는 황석계黃腊溪·적석암赤石巖·진려촌陳呂村 등을 공격하여 비로소 장주漳州가 평정되었다. 같은 시기에 광동廣東의 군사들도 정월 24일에서 3월 20일까지 민閩·광廣의 접경인 대산大傘·전관箭灌을 공격하여 격파하고 온화소溫火燒 등을 사로잡았다.

이를 통해 첨사부 부대가 장부촌長富村·상호산象湖山 일대를 거점으로

---

69) 『明通鑑』, '考異', "文成平大帽山賊在去年五月, 年譜但以'平漳寇'三字了之, 其實大帽山雖界連廣東·福建, 亦非漳寇也."

폭동을 일으켰다는 것을 알 수 있는데, 당시에 상호산과 장부촌은 모두 장주에 속해 있었고 위치는 장군漳郡의 서남쪽으로 광동廣東의 요평饒平과 이웃하고 있었다. 왕수인은 상호산을 평정한 뒤 그곳에 현치縣治를 세우자고 건의했고 조정에서는 그 건의를 좇아 평화현平和縣을 세웠다. 다음은 『평화현지平和縣志』에 묘사된 방위도이다.

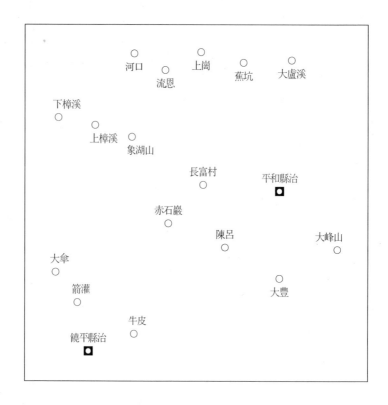

『평화현지平和縣志』에는 이렇게 기록되어 있다.

장군漳郡은 예전에 6읍을 관할하고 있었는데 평화平和는 거기에 새로 건설된 지역이다.……명明 정덕 연간에 상호象湖·전관箭灌 등에서 반란이 일어나 제독남감군문提督南贛軍門 왕수인이 3성省의 군대를 징발하여 섬멸하였다.……이에 조정에 아뢰어 하두河頭·대양피大洋陂 지방에 신현新縣을 건설하였다.70)

살피건대, 정주汀州와 장주漳州의 산간 도적들이 험난한 지형을 믿고 반란을 일으켰는데 하두와 대양피는 그 중군中軍의 거점이었다. 왕문성王文成(왕수인)이 장부촌長富村의 도적을 격파한 뒤 상호산象湖山으로 진격하여 드디어 병사를 나누어 요해처를 거점으로 하여 들이닥쳤다.71)

왕수인의 「민광첩음소」와 『평화현지』·『요평현지饒平縣志』에 따르면, 첨사부 부대는 장군漳郡 관할의 하두河頭 상호산象湖山을 거점으로 삼았으니 결코 감남贛南 대모산大帽山의 도적이 아니다. 그러므로 이와 관련한 『명사』「왕수인전」과 『명통감』의 기록은 잘못된 것이다. 왕수인은 순무남감정장巡撫南贛汀漳이 되어 정월에 군대를 일으켜 4월에 회군하였는데, 복건성 상호산의 첨사부 부대와 광동 대산大傘의 온화소溫火燒 부대를 평정하여 민·광 접경에 있었던 십여 년 동안의 반란을 일거에 평정하였다. 왕수인의 「시우당기時雨堂記」에 따르면 그는 진군할 때 한때 상항上杭에 주둔했다가 '4월 무오일戊午日에 회군한' 뒤 다시 상항에 주둔했다고 하며,72) 감주贛州에서 쓴 「넷째 조카에게」(書示四姪)라는 편지를 보면 "4월 30일에 감주로 돌아왔다"73)고 되어 있으며, 이후 5월 8일에 승첩을 아뢰었다. 그러므로 이 기간 동안에 감남 대모산의 반란을 평정한 일은 결코 없었다. 이로 볼 때 『명통감』의 '고이'에서 「연보」가 이 사건에 대한 언급을 빠뜨렸다고 한 것은 잘못된 것이다. 『평화현지』에 따르면 하두河頭에 '대봉산大峰山'이 있다. 그래

---

70) 『平和縣志』, 권1, 「疆域」, "漳郡舊轄六邑, 平和乃其新設之疆.……明正德間象湖·箭灌等處作亂, 提督南贛軍門王守仁發三省兵剿平之.……乃奏請於朝, 卽河頭·大洋陂地方建設新縣."

71) 『平和縣志』, 권1, 「疆域」, "按汀漳山寇凭險作亂, 河頭·大洋陂乃其中軍巢穴也, 王文成旣破賊於長富村, 進至象湖, 遂分兵據險以逼之."

72) 『全書』, 권23, 348쪽.

73) 『全書』, 권26, 379~380쪽.

서 첨사부 부대를 대봉산 부대라고 부르기도 했는데, '봉峰'을 '모帽'로 잘못 쓰고 『명사』 등에서 이를 상세히 고찰하지 않아 이런 착오가 생긴 듯싶다.

### 14) 정덕 13년 무인, 왕수인 47세

「연보」에서는 "정월에 삼리三浰를 평정하고 2월에 소계역小溪驛으로 옮긴다고 아뢰고 3월에 벼슬을 그만두게 해달라고 상소했으나 윤허하지 않았으며, 대모산大帽山과 이두浰頭의 도적들을 습격하여 평정하였다"[74]고 하였다. 살피건대 왕수인은 정덕 12년(丁丑) 10월에 횡수橫水(謝志珊)·통강桶岡(鍾明貴)·좌계左溪(藍天鳳) 등의 부대를 격파하였으며, 정덕 13년 정월에 지중용池仲容을 유인하여 죽이고 드디어 상上·중中·하下 삼리三浰의 지중용 부대를 격파하였다. 지중용 부대는 감남贛南 월북粵北에서 활약하였으며 사지산謝志珊과 함께 남감의 가장 큰 도적이었다.

왕수인의 「이두첩음소浰頭捷音疏」에 따르면, 왕수인이 감남贛南을 평정한 전략은 먼저 횡수를 공격한 다음에 통강을 공격하고 그 뒤에 이두浰頭를 도모하는 것이었다. 정덕 12년 10월 12일에 왕수인은 횡수를 격파하고 11월에 통강을 격파했으며 12월 보름에 남강南康으로 회군하여 20일에 감주贛州로 돌아왔다. 윤 12월 23일에 지중용이 감주로 와서 초안招安(항복 권유)을 받아들였는데, 정덕 13년 정월 3일 그들을 위로한다고 유인하여 이미 초안을 받아들인 지중용 등을 죽이고 정월 7일 상·중·하 삼리의 큰 산채를 공격하여 격파하였다. 지중용 부대의 패잔병들은 구련산九連山으로 흩어져 입산하였는데 3월 8일 전부 평정되었다. 4월 24일 왕수인은 첩음소捷音疏(승첩을 알리는 상소)를 올리고 6월 6일 우부도어사右副都御史로 승진하였으니, 이 기간동안에는 대모산大帽山을 습격하여 평정한 일이 없었다. 그러므로 「연보」의 내용은 당연히 '대모산大帽山' 대신 '구련산九連山'을 넣어 "구련산에 있는

---

74) 『全書』, 권32, 453쪽, 「年譜」, '戊寅條', "正月征三浰, 二月移小溪驛, 三月疏乞致仕不允, 襲大帽浰頭諸寇."

이두浰頭의 패잔병을 습격하여 평정하였다"라고 고쳐야 한다.

왕수인이 이 해에 사직하고 쉬게 해 줄 것을 요청한 일에 관해서『명통감』정덕 13년 10월 경인일庚寅日조에는 "부도어사副都御史 왕수인이 승진된 관작을 사양하고 벼슬을 그만두게 해 달라고 사정했으나 윤허하지 않았다"[75]고 기록하고 있으며, '고이'에는 다음과 같이 기록하고 있다.

문성文成의 「연보」에는 "이 해 3월 벼슬을 그만두게 해달라는 상소를 올렸지만 윤허하지 않았으며, 드디어 대모산大帽山과 이두浰頭의 여러 도적을 진압하였다"고 하였는데,『실록實錄』과 대조해 보니 문성은 3월에 벼슬을 그만두게 해 달라는 상소를 올린 일이 없으며 그가 상·중·하 삼리三浰를 평정한 것은 정월의 일이었다. 패잔병이 도망쳐 숨었으니 반드시 몇 개월의 시간이 지난 뒤에 평정할 수 있었을 것이므로, 그의 첩음소捷音疏가 북경에 도착한 것이 7월임을 감안할 때 그가 도적을 진압한 것은 마땅히 4~5월 사이의 일일 것이다. 그리고 「왕수인전」에 의하면 삼리를 진압한 뒤 구련산九連山으로 추격해서 남김없이 사로잡아 참수하였다고 했는데, 어떻게 다시 대모산大帽山의 도적을 평정하는 일이 있었겠는가?[76]

문성이 우부도어사로 승진된 것은『실록』에 의하면 바로 이 달(10월) 일이었다. 그렇기 때문에 그가 승격된 관작을 사양하고 벼슬을 그만두겠다고 아뢴 일과 함께 기록되었던 것이다. 「연보」에서는 이것을 6월의 일로 처리하고 횡수橫水와 통강桶岡에서 세운 공을 기린 것이라고 하였는데, 이는 도적을 평정하였다는 상소가 7월에 북경에 도착하였다는 것을 모른 것이다. 대개 이때 삼리三浰의 도적은 모두 평정된 상태였으니, 만일 「연보」의 기록과 같다면 관작을 높인 것이 먼저이고 첩음소를 올린 것이 뒤가 되므로 이 또한 잘못이다.[77]

---

75)『明通鑑』, "副都御史王守仁辭升秩, 且請致仕, 不允."
76)『明通鑑』, '考異', "文成年譜言'是年三月疏乞致仕, 不允, 遂平大帽山·浰頭諸 寇', 證之實錄, 文成三月幷無致仕之請, 而其平上中下三浰事在正月. 餘賊奔竄, 亦必經數月之久始克蕩平, 故其奏捷至京師在七月, 其平賊當在四·五月間. 而據 本傳, 平三浰之後, 追及九連山, 禽斬無遺, 安得有復平大帽山之事."
77)『明通鑑』, 권47, 「記」47, "文成進右副都御史, 據『實錄』即在是月, 故幷其請辭升 秩及致仕滙記之. 年譜繫之六月, 以爲旌橫水桶岡之功, 不知平賊之奏以七月至. 蓋是時三浰之賊盡平, 若如年譜所載, 則升秩在前, 奏捷在後, 此亦誤也."

살펴건대 '고이'에서 이 해(정덕 13년)에 대모산을 습격하여 평정한 일이 없다고 한 설명은 옳다. 그러나 왕수인이 3월에 벼슬을 그만두게 해 달라는 상소를 올린 적이 없다고 하고 또 승격된 관작을 사양한 것이 6월이 아니라고 한 이 두 조는 모두 옳지 않다. 왕수인의 「이두첩음소利頭捷音疏」는 4월 20일에 지어졌고 3월 8일에 이미 구련산을 평정하였는데, '고이'는 왕수인의 글을 제대로 조사해 보지 않고 도적을 평정한 것이 4~5월 사이의 일이라고 추측하였기 때문에 설명이 잘못될 수밖에 없었던 것이다. 왕수인의 「승격된 벼슬과 자식의 음직蔭職을 사양하고 이전 직책을 가진 채로 사직하기 위해 올리는 상소」(辭免陞蔭乞以原職致仕疏)는 그 원주에 '6월 18일'로 되어 있는데, 그 상소 안에서는 명백하게 다음과 같이 밝히고 있다.

> 6월 6일에 병부兵部의 자문咨文(공문서)을 받아 보니, 승첩勝捷 보고를 위해 제가 상소하였고 병부에서 그것을 다시 황제에게 올렸는데 이때 받은 성지 聖旨를 절록節錄하면 "왕수인을 우부도어사右副都御史로 승격시키고 아들 한 명에게 음관蔭官을 하사한다"는 내용이었다고 했습니다.[78]

따라서 「연보」에서 관작이 승격된 것과 그것을 사양한 것이 6월의 일이라고 기록한 것은 처음부터 잘못이 없으며, '고이'에서 관작이 승격된 것은 10월이고 그것을 사양한 것이 10월 이후라고 한 것은 모두 잘못된 것임을 알 수 있다. 만일 『실록』에서 우부도어사右副都御史로 승격시킨다는 명이 10월에 있었다고 했다면 『실록』에 착오가 있을 것이다. '고이'를 지은 사람은 『실록』을 지나치게 믿었기 때문에 착오가 생긴 것이다.

또 「연보」에 나타난, 3월에 벼슬을 그만두게 해 줄 것을 요청한 일에 대해서 '고이'는 믿지 않았으나, 왕수인은 6월 18일 「승격된 벼슬과 자식의 음직蔭職을 사양하고 이전 직책을 가진 채로 사직하기 위해 올리는 상소」에서 다음과 같이 말하였다.

---

78) 『全書』, 권11, 81쪽, "臣於六月初六日准兵部咨, 爲捷音事該臣題解本部覆題節該 奉聖旨王守仁升右副都御史, 蔭子一人……."

하물며 저는 도적을 진압하러 다닌 탓에 질병이 번갈아 일어나서 손발이 마비되어 점차 폐인이 되어 가고 있습니다. 앞서 도적의 산채에서 이미 상소문을 올려 죄를 청하고 병이 있으니 사직하게 해 달라고 요청해 놓고서 밤낮으로 윤허를 기다리며 고향으로 살아 돌아갈 수 있기를 바랐는데, 지금 물러나기를 구하다가 도리어 승진되어 버렸습니다.[79]

이를 통해서도 「연보」에 잘못이 없다는 것을 알 수 있다. 왕수인의 「사직을 간청하는 상소」(乞休疏)에는 그 원주에 '13년 3월 4일'이라고 표시되어 있으며, 그 내용은 "작년 2월에 민민(福建省)의 도적을 진압하러 갔었는데 앞뒤 1여 년이 걸렸습니다. 지금 폐하의 위덕威德에 힘입어 상유上猶·남강南康의 도적이 이미 소탕되었으며, 삼리三浰의 도적 잔당도 그다지 많이 남아 있지 않으니 10일 이내에 완전히 평정할 수 있을 것 같습니다"[80]라고 하였으므로 이 상소가 확실히 3월에 지어졌다는 것이 입증된다. 그러므로 '고이'에서 『실록』에는 3월에 사직시켜 달라고 아뢴 일이 없다고 한 것은 모두 상세히 고찰해 보지 않아서 생긴 잘못이다.

또 「승격된 벼슬과 자식에게 내려진 음직에 감사드리는 상소」(陛蔭謝恩疏)와 「고향으로 돌아가려고 올리는 상소」(乞放歸田里疏)에 의하면[81] 정덕 13년 12월 29일에 성지聖旨가 내려졌으며 그 내용은 "관작을 높이고 자식에게 음관蔭官을 하사한 일은 마땅히 결정된 명령에 따르도록 하라. 사직하겠다는 요청은 허락하지 않는다"는 것이므로, 『명통감』에서 '불윤不允'(윤허하지 않음)을 10월의 일로 기록한 것 역시 타당하다고 볼 수 없다. 「고향으로 돌아가려고 올리는 상소」에는 다음과 같이 기록되어 있다.

정덕 13년 10월 2일 이부吏部의 자문咨文을 받아 보니, 제가 오랜 병으로 인해 죄를 기다리며 은혜를 입어 사직할 수 있기를 빈다는 내용을 아뢴 것에 대해

---

79) 『全書』, 권11, 81쪽, "況臣驅逐之餘, 疾病交作, 手足麻痺, 漸成廢人, 前在賊巢已嘗具本請罪告病乞休, 日夜伏候允報, 庶幾生還畎畝, 乃今求退而獲進."
80) 『全書』, 권11, 172쪽, "去歲二月往征閩寇, 前後一年有餘, 今賴陛下威德, 上猶·南康之賊旣已掃蕩, 而浰寇殘黨亦復不多, 旬日之間度可底定."
81) 두 상소는 모두 14년 정월에 지어졌다.

"왕수인은 군대를 이끌고 도적을 토벌하여 현로賢勞[82]가 두드러지니 우연히 작은 병이 생겼으나 잘 조리하여 맡긴 임무를 잘 수행하도록 하라. 사양한 것은 윤허하지 않노니 이부는 그리 알고 이를 봉행하라"는 내용의 성지를 받았다고 합니다.[83]

이는 3월에 사직을 요청한 일을 가리킨다. 그러므로 「연보」의 "3월에 상소하여 벼슬을 그만두게 해 달라고 요청하였다"는 내용 뒤에는 당연히 "10월에 윤허하지 않는다는 성지가 내려졌다"는 내용이 보충되어야 한다. 마찬가지로 "6월에 도찰원우부도어사都察院右副都御史로 승격시키고 자식에게 금의위錦衣衛라는 음관蔭官을 하사하고 100호를 세습시켰다. 사양하였지만 윤허하지 않았다"[84]라는 기록의 뒷부분도 마땅히 "같은 달에 상소하여 사양하였는데 12월 윤허하지 않는다는 성지가 내려왔다"로 고쳐져야 한다.

「연보」에서는 또 "(무인년) 8월, 문인 설간薛侃이 『전습록』을 간행하였으며 이 해에 서애徐愛가 죽자 선생(왕수인)이 애절하게 통곡하였다"[85]라고 했는데, 지금 고찰해 보면 서애가 죽은 해는 결코 정덕 13년 무인년이 아니다. 『감천문집甘泉文集』의 「도헌都憲 왕양명에게」(寄王陽明都憲)란 편지에서는 "왈인曰仁(서애의 字)의 제사를 준비하는 것이 늦어 부끄럽습니다. 제문이 이제 다 만들어졌으니 조만간 양진사梁進士에게 당부하여 전달하도록 하겠습니다"[86]라고 했는데, 그 편지는 정축년丁丑年 11월에 쓴 것이다. 또 담약수湛若水의 「낭중郎中 서왈인徐曰仁을 위한 제문」(祭徐郎中曰仁文)에서는 "정덕 12년 세성勢星이 정축丁丑에 있는 해 11월, 한림원 편수관으로서 증성增城에

---

82) 역자 주-훌륭한 능력 때문에 힘든 일을 한다는 뜻이지만 여기서는 뛰어난 공적을 가리킨다.

83) 『全書』, 권11, 「乞放歸田里疏」, "正德十三年十月初二日准吏部咨該臣奏爲久病待罪, 乞恩休致事, 奉聖旨'王守仁帥討賊賢勞懋著, 偶有微疾, 著善調理, 以副委任, 所辭不允, 該部知道, 欽此."

84) 『全書』, 권32, 455쪽, 「年譜」, '戊寅條', "六月陞都察院右副都御史, 蔭子錦衣衛, 世襲百戶, 辭免不允."

85) 『全書』, 권32, 456쪽, 「年譜」, '戊寅條', "八月門人薛侃刻『傳習錄』, 是年徐愛卒, 先生哭之慟."

86) 『甘泉文集』, 「寄王陽明都憲」, "曰仁處奠愧遲, 奠文已具, 早晚當付梁進士轉達也."

서 요양중인 친구 담약수가 삼가 향香과 폐물幣物에 정성을 담아 제사하나 이다"[87]라고 하였으므로, 서애를 위해 지은 담약수의 제문 역시 정축년 11월에 지어진 것이다. 따라서 「연보」에서 서애가 13년 무인년에 죽었다고 한 것은 잘못이다. 『명유학안』에서는 서애가 정덕 12년(丁丑) 5월 17일에 죽었다고 하였는데 이것이 가장 믿을 만하다. 그렇기 때문에 「연보」의 "이 해에 서애가 죽었다"는 기록은 당연히 "지난해에 서애가 죽었다"로 고쳐야 한다.


15) 정덕 14년 기묘, 왕수인 48세[88]

「연보」에 의하면, 이 해(己卯年) 8월에 상소를 올려 황제에게 친정親征을 간하면서 다시 가는 길에 장례에 참가하게 해 달라고 요청하였으며, 9월에 전당錢塘에서 잡은 도적을 조정에 바치고 병 때문에 그곳에 머물렀다가, 11월에 순무강서巡撫江西를 겸직하라는 조칙을 받고 강서江西로 돌아왔다. 그러나 「가는 길에 장례에 참여할 수 있기를 바라고 두 번째로 올리는 상소」(二乞便道省葬疏)의 다음 기록에 따르면 그렇지가 않다.

> (저는) "왕수인은 복건福建을 순시巡視하라는 칙명을 받들라"는 성지聖旨를 듣고 풍성豊城에 이르렀다가 주신호朱宸濠가 반란을 일으켰다는 소식을 듣게 되자 충분忠憤이 격동하여, 의義를 내세워 병사를 모집하고 도적을 섬멸할 전략을 모의했습니다. (저의) 기절氣節이 가상하다 하여 이미 "병사를 독려하여 도적을 토벌하고 아울러 강서江西 지방을 순무巡撫하도록 하고, 그대가 요청했던, 장례에 참가하는 일은 도적을 평정한 뒤 다시 말하라"는 성지를 내려주셨습니다.[89]

---

87) 湛若水, 「祭徐郎中曰仁文」, "正德十二年勢在丁丑十一月友人翰林院編修官養病增城湛若水敬寓香幣致祭."
88) 역자 주−원서에는 정덕 15년조가 앞에 있고 정덕 14년조가 뒤에 있는데, 번역본에서는 순서에 맞게 바로잡는다.
89) 『全書』, 권12, 195쪽, "奉聖旨王守仁奉命巡視福建, 行至豊城, 一聞宸濠反叛, 忠憤激烈, 卽起義集兵, 合謀剿殺, 氣節可嘉, 已而旨著督兵討賊, 兼巡撫江西地方, 所奏省親事情, 待賊平之日來說."

살펴건대 위의 기록은 기묘년 8월에 지어졌고 이때 이미 순무강서巡撫
江西를 겸하라는 명이 내려졌으므로, '순무강서를 겸하라'는 연보의 기록은
11월의 일로 처리될 수 없고 마땅히 7월 조 아래에 있어야 한다.

16) 정덕 15년 경진, 왕수인 49세

「연보」에 따르면, 정덕 14년 정월에 왕수인은 상소를 올려 벼슬을 그만
두게 해 달라고 요청했으나 윤허를 받지 못했다. 6월에 부임하는 길에 왕수
인은 장례에 참가하게 해 달라는 상소를 올렸으나 윤허 받지 못했고, 8월에
다시 부임하는 길에 장례에 참가하게 해 달라는 상소를 올렸지만 역시 윤
허를 받지 못했다. 다음해 15년 3월에 세 번째로 장례에 참가하게 해 달라
는 상소를 올렸지만 윤허 받지 못했고 윤 8월에 다시 장례에 참가하게 해
달라는 상소를 올렸으나 여전히 윤허 받지 못했다. 「연보」 경진년庚辰年 윤
8월의 내용에 이런 기록이 있다.

처음에 선생이 감주贛州에 계실 때 조모 잠岑태부인의 부음과 해일옹海日翁
의 병환에 대한 소식을 듣고 돌아가게 해 달라는 상소를 올렸지만 마침 복주
福州로 부임하라는 명이 있었다. 중도에서 변고를 만나, 상소를 올려 장수에
게 도적을 토벌하게 하라고 건의하면서 장례에 참가하게 해 달라고 요청했
으나 조정에서는 도적이 평정되는 대로 와서 말하라고 했다. 그때까지 모두
네 번이나 요청했었다.[90]

지금 『전서』를 살펴보니, 장례의 참가를 요청하는 첫 번째 상소는 권12
의 187쪽에 실려 있고 원주에 '14년 6월 21일'로 되어 있으며, 두 번째 상소
는 권12의 190쪽에 실려 있고 원주에 '14년 8월 25일'로 되어 있으며, 세 번
째 상소는 『전서』에 실려 있지 않고, 네 번째 상소는 권13의 204쪽에 실려

---

90) 『全書』, 권33, 464쪽, 「年譜」, '庚辰條', "初先生在贛, 聞祖母岑太夫人之訃及海
日翁病, 欲上疏乞歸, 會有福州之命. 比中途遭變. 疏請. 命將討賊, 因乞省葬, 朝
廷許以賊平之日來說, 至是凡四請."

있고 원주에 '15년 윤 8월 20일'로 되어 있다. 그리고 네 번째 요청 상소의 전반부에 세 번째 상소의 내용이 기록되어 있으며 3월 25일에 사람을 보내 올린 것이라고 밝히고 있으니, 이를 통해 세 번째 상소가 정덕 15년 3월 20일 경을 전후하여 지어진 것임을 알 수 있다. 따라서 「연보」에서 장례의 참가를 요청하는 세 번째 상소가 경진년 3월에 지어졌다고 한 것은 틀리지 않은데, 그럼에도 이 세 번째 상소가 『전서』에 실리지 않은 것은 이해하기 어려운 일이다.

### 17) 정덕 16년 신사, 왕수인 50세

「연보」에서는 "정월에 남창南昌에 머물면서 육상산陸象山의 자손을 등용했다"[91]고 하였다. 살피건대, 『상산문집象山文集』 「서序」의 원주에는 경진년에 무주태수撫州太守 이무원李茂元이 『상산문집』을 중간하자고 청하여 지었다고 되어 있다. 『전서』 권17 「포숭육씨자손褒崇陸氏子孫」의 원주에는 정덕 15년 정월이라고 되어 있는데 「연보」에서는 이것을 16년 정월의 일이라고 하니, 이 둘 가운데 하나는 반드시 잘못되었을 것이다.

정덕 15년 정월에 왕수인이 황제의 명을 받아 무호蕪湖에 주둔하자 장충張忠·허충태許忠泰의 무리는 잠시 항거하다가 얼마 뒤 구화산九華山으로 들어갔다. 이때 왕수인은 장張·허許의 저항을 받고 온갖 고비를 겪고 있었으므로, 육구연陸九淵의 자손을 포상한 일은 이 시기가 아니라 무종武宗이 환궁한 뒤의 일일 것이니 마땅히 「연보」의 설을 따라야 한다. 등애민鄧艾民과 장입문張立文도 모두 경진년의 일이라는 설명을 잘못된 것이라고 하였다.

### 18) 가정 7년 무자, 왕수인 57세

「연보」에는 이렇게 기록되어 있다.

---

91) 『全書』, 권33, 465쪽, 「年譜」, '辛巳條', "正月居南昌, 錄陸象山子孫."

<(嘉靖 7년 戊子) 11월 기묘일己卯日, 선생이 남안南安에서 서거하시다.>
선생은 이 달 25일 매령梅嶺을 넘어 남안부南安府에 이르러 배에 올랐다. 이
때 남안南安 추관推官이던 문인 주적周積이 뵙고자 청하므로 선생이 일어나
앉았는데 기침이 끊이지 않았다. (선생이) 천천히 "근래 학문의 진척은 어떠
하냐?"라고 묻자 주적은 정치와 관련된 내용으로 대답하였다. 이윽고 (주적
이) "도체道體(여기서는 왕수인이다)는 무고하십니까?"라고 묻자 선생은 병세
가 위태하여 아직 죽지 않은 것은 원기元氣뿐이라고 대답하셨다. 주적이 물
러나 의원을 모셔와 진찰하고 약을 지어 드렸다. 28일 저녁에 정박하게 되
는데 선생이 "어디냐?"고 물으시어 모시고 있던 사람이 "청룡포靑龍鋪입니
다"라고 대답하였다. 다음날 선생이 주적을 들어오게 하시더니 한참 만에
눈을 떠 주적을 보시며, "나는 간다"라고 하셨다. 주적이 눈물을 흘리며 "무
슨 말씀을 남기시겠습니까?"라고 묻자, 선생은 미소 지으시며 "이 마음이 빛
나고 밝으니 또한 다시 무슨 말을 더 하겠느냐?"라고 하셨다. 잠시 후 눈을
감고는 서거하시니 29일 진시辰時였다.[92]

그러나 황관의 「행장」에 기록된 내용은 이것과 다르다.

29일 남강현南康縣에 이르러 장차 속광屬纊[93]하려 할 때 가동家童이 "무엇을
당부하시겠습니까?"라고 묻자, 공公(왕수인)은 "다른 것에 대해서는 생각이
없다. 평생의 학문이 이제 조금 완성을 보려 하는데, 우리 동지들과 함께 그
것을 성취하지 못한 것이 한스러울 뿐이다"라고 말씀하시고는 드디어 서거
하셨다.[94]

담약수는 "구암공久菴公(黃綰)이 왕수인을 위해 「행장」을 지었는데 6년이

---

92) 『全書』, 권34, 482쪽, 「年譜」, '戊子條', "十一月乙卯先生卒於南安. 是月二十五
日踰梅嶺, 至南安府登州, 時南安推官門人周積來見, 先生起坐, 咳喘不已, 徐言
曰, 近來進學如何? 積以政對. 遂聞道體無恙, 先生曰: 病勢危亟, 所未死者元氣
耳. 積退而迎醫診藥, 廿八日晚泊, 問何地, 侍者曰靑龍鋪. 明日先生召積入, 久
之開目視曰: 吾去矣. 積泣下, 問何遺言, 先生未哂曰: 此心光明, 亦復何言. 頃
之, 暝目而逝, 二十九日辰時也."
93) 역자 주 – 임종 때 솜을 코밑에 대고 숨이 붙어 있는지를 알아보는 일.
94) 『全書』, 권37, 523쪽, "二十九日至南康縣, 將屬纊, 家童問所囑, 公曰: 他無所念,
平生學問方才見得分數, 未能與吾黨共成之, 爲可恨耳, 遂逝."

걸려 완성되었으니 아주 신중하다고 하겠다"95)라고 말한 적이 있다. 이로써 보건대 황관이 지은 「행장」은 믿을 만하다. 또 전덕홍의 「귀계貴溪에서 상을 당해 애통함을 기록하다」(遇喪於貴溪書哀感)에서는 다음과 같이 언급하고 있다.

11월 기해일己亥日, 병세가 악화되어 상소를 올려 유골을 고향에 묻을 수 있게 해 달라고 사정하셨다. 21일 대유령大庾嶺을 넘으셨는데 방백方伯 왕대용王大用이 비밀리에 사람을 보내 관을 준비해서 뒤에 싣게 하였다. 29일 병이 위독해지자 시자侍者에게 "남감까지는 얼마나 남았느냐"라고 물으셨다. 시자가 "세 역참驛站 남았습니다"라고 답하자 "닿지 못할 것 같구나" 하셨는데, 이에 시자가 "왕방백王方伯이 관을 딸려 보냈는데 감히 고하지 못하고 있었습니다"라고 아뢰었다. 부자夫子(왕수인)는 그때까지 의관을 갖추고 동자에게 기대서 무릎을 꿇고 앉아 있었는데 갑자기 눈을 부릅뜨고 "그가 그런 것까지 생각했더란 말이냐" 하시고는 잠시 뒤 숨이 멎으셨다. 남안南安의 청전靑田에 안치하니 바로 11월 29일 정묘일丁卯日 오시午時였다.96)

이 기록은 「연보」나 「행장」과 같지 않다. 「귀계에서 상을 당해 애통함을 기록하다」에서는 또한 다음과 같이 언급하였다.

이 날 감주贛州 병비兵備 장사총張思聰, 태수太守 왕세방王世芳, 절추節推 육부陸府가 감주에서 분상하고 절추 주적周積이 남안南安에서 분상했는데, 모두 영결하지 못한 것을 가슴이 찢어지도록 아파하며 통곡하였다.97)

---

95) 『全書』, 권37, 515쪽, 「陽明先生墓誌銘」(湛若水), "久庵公爲之狀, 六年而後就, 愼重也."
96) 『全書』, 권37, 529쪽, "十一月己亥, 疾亟, 乃疏請骸骨, 二十一日踰大庾嶺, 方伯王君大用密遣人備棺後載, 二十九日疾將革, 問侍者曰: '至南康幾何?' 對曰 '距三郵'. 曰 '恐不及矣.' 侍者曰 '王方伯以壽木隨, 不敢告.' 夫子時尙衣冠, 倚童子危坐, 乃張目曰 '渠能是念也?' 須臾氣息, 次南安之靑田, 實十一月二十九日丁卯午時也."
97) 『全書』, 권37, 529쪽, "是日贛州 兵備 張思聰・太守 王世芳・節推 陸府奔自贛, 節推周積奔自南安, 皆不及訣哭之慟."

이 설명에 따르면, 주적周積도 29일 남안에서 분상했으나 그가 영결하기 전에 이미 왕수인은 세상을 떠났다. 그렇다면 「연보」의 "이 마음이 빛나고 밝으니 다시 무슨 말을 하겠느냐"라는 말은 대체 어디서 나온 것인가? 「귀계에서 상을 당해 애통함을 기록하다」는 왕수인이 죽은 지 한 달이 지난 뒤에 지어졌고 「행장」은 6년이 지난 뒤에 지어졌으며 「연보」는 35년이 지난 뒤에 완성되었다. 전덕홍은 「귀계에서 상을 당해 애통함을 기록하다」의 작자이면서 또 「연보」의 편찬을 주재한 사람이다. 이런 그가, 주적이 "유언이 무엇입니까"라고 물었다는 이 단락이 누구의 손에 의해 기록된 것인가를 따지지 않더라도, 「연보」와 「귀계에서 상을 당해 애통함을 기록하다」의 내용이 서로 다른데도 그대로 모두 기록에 남겨둔 것은 그 두 내용을 상세하게 살펴보지 못했기 때문인가, 아니면 「귀계에서 상을 당해 애통함을 기록하다」를 지을 때는 주적의 일을 알지 못했다가 뒷날 주적의 일을 듣게 되었던 것인가? 지금은 전부 여기에 기록해 두고 뒷날에 이것을 가려 줄 사람이 나타나기를 기다릴 뿐이다.


## 2. 『속편』 서신 고증

『전습록』 중권 이외에, 왕수인이 사람들과 학문을 논한 서신은 『문록文錄』에 나타난 것이 3권(『전서』 권4~권6), 『외집外集』에 나타난 것이 1권(『전서』 권21), 『속편續編』에 나타난 것이 1권(『전서』 권27)이며, 이밖에 집안사람에게 보낸 서신 십여 통이 『속편』의 첫 권(『전서』 권26)에 실려 있다. 살펴건대 왕수인의 서신 중에서 『문록』, 『외집』에 수록된 것은 모두 연대가 주注로 명시되어 있는 것으로 보아 편집자가 직접 주석한 것으로 짐작되는데, 그것들은 작은 착오는 있을지라도 대체로 사실에 가깝다고 할 수 있다. 다만 『속편』의 서신들에는 연・월이 전혀 표시되어 있지 않으니, 서신들의 원서原序에 의존해서 간략한 고증을 해 놓으면 이용하는 데 편리할 것 같다.

「곽선보에게」(與郭善甫) : "주생이 오다"(朱生至)

서신의 내용을 보면 "마침 담사禫祀98)가 막 끝나 친우들이 번잡하게 몰려들므로 세세하게 대답할 겨를이 없네. 그러나 격물치지格物致知에 대한 설명에 대해서는 자네도 이미 그 실마리를 얻었네"99)라고 하였다. 곽선보郭善甫는 갑술년부터 왕수인에게 배웠는데, 이 서신은 왕수인이 부친의 상중에 쓴 것으로 왕수인은 임오년 봄에 부친상을 당했으므로 담사禫祀를 마친 것은 2년 뒤이다. 이로써 유추해 보건대 이 서신은 당연히 갑신년 여름에 지어진 것임을 알 수 있다.

「양사덕에게」(寄楊仕德) : "이별할 즈음에 몇 마디 하다"(臨別數語)

서신의 내용을 보면 "병 때문에 사직하겠다는 상소에 대해서는 아직 비답批答을 받지 못하였네. 그 사이에 내게 배우겠다고 모여드는 사람이 날로 늘어났으니 정말 기쁘네. 단지 자네와 추겸지鄒謙之가 이미 멀리 떠나고 또 유건惟乾은 병이 많아서, 대중을 가르치는 데 사람이 모자란 것이 문제라네. 상겸尙謙은 아직 갑작스럽게 벼슬길에 올라서는 안 될 것 같네"100)라고 하였다.

유건은 기원형冀元亨의 자字로서 그는 기묘년 주신호朱宸濠를 평정한 뒤 내관들에게 잡혀 하옥되었다가 뒷날 옥중에서 죽었으므로, 이 서신은 기묘년 이전에 지어진 것이다. 상겸은 설간薛侃을 가리키며 그는 정축년에 진사시進士試에 급제하였는데, 서신 중에 "아직 갑작스럽게 벼슬길에 올라서는 안 될 것 같다"라고 하였으니 이는 급제한 뒤의 일을 말한다. 따라서 이 서신은 정축년 뒤에 지어졌다고 하겠다.

또 『문록文錄』의 정축년 조에 있는 「양사덕楊仕德・설상겸薛尙謙에게 : "그

---

98) 죽은 지 두 해가 되는 날, 즉 大祥의 다음달에 지내는 것이 禫祀이다.

99) 『全書』, 권27, 383쪽, 「續編」, "適禫事方畢, 親友紛至, 未暇細答, 然致知格物之說善甫已得其端緒."

100) 『全書』, 권27, 383쪽, 「續編」, "病疏至今未得報, 此間相聚日衆, 最可喜, 但如仕德・謙之旣遠去, 而惟乾復多病, 又以接濟乏人爲苦爾. 尙謙度未能遽出仕."

날 바로 용남龍南에 닿았다"』(與楊仕德薛尙謙書: "卽日已抵龍南")라는 편지에
의하면, 정축년 겨울에서 무인년 여름까지는 양기楊驥(자는 仕德)와 설간이
남감南贛에 있었음을 알 수 있다. 그리고 위의 서신에서는 '양사덕이 이미
떠났다'고 하였으니, 위의 서신이 지어진 것은 당연히 무인년 여름 이후이
다. 또 왕수인은 무인년 3월에 상소하여 벼슬을 그만두고 요양하게 해 달라
고 요청하였고 10월에 비로소 성지聖旨가 내려졌는데, 이것으로 유추해 보
면 이 서신은 무인년 여름과 가을 사이에 지어진 듯하다.

한편 『전서』 권4의 설간에게 보낸 첫 번째 편지(與薛尙謙書一)에서는 "자
네가 떠나고 난 뒤 양사덕이 또 떠나서 단지 유건惟乾(冀元亨)만이 여기에
남았는데, 그마저도 지금은 정신이 해맑질 못해서 대중을 가르칠 사람이 모
자란 것이 문제이네. 이런 상황에 사직 상소에 대한 비답이 아직 내려오지
않고 있네"[101]라고 하였다. 설간에게 보낸 첫 번째 편지는 「양사덕에게」라
는 위의 서신과 내용이 같은데다 원주原註에 '무인년'이라고 되어 있으므로,
이것으로 보더라도 위의 서신이 무인년에 지어졌음을 알 수 있다.

또 왕수인의 육징에게 답하는 두 편지(答陸元靜二書)를 참고하면, 설간은
정축년 12월에 건주虔州에 이르렀다가 8개월이 지난 뒤에 돌아갔고 양기도
설간이 돌아가고 며칠 뒤 떠났음을 알 수 있다. 왕수인의 이 서신 내용을
살펴보면 이때 양기는 여전히 집에 도착하지 않았으니, 아마도 서초西樵에
머물렀던 것이 아닌가 한다.


「고유현에게 1」(與顧惟賢 一): "왕림할 뜻이 있음을 듣다"(聞有枉顧之意)

서신에서는 "그 사이에 상유上猶·남강南康의 여러 도적이 다행히 모두
소탕되었고 그 괴수의 머리도 이미 바쳤습니다. 회군한 지도 벌써 보름이
지났으니, 호湖·광廣의 일 때문에 군대를 주둔시켜 요해처를 지키고 있는
것일 뿐입니다. 첩음소捷音疏는 호·광 지역에 대략 조치를 한 뒤에 올릴

---

101) 『全書』, 권4, 101쪽, 「與薛尙謙書一」, "尙謙旣去, 仕德又往, 獨留惟乾在此, 精
神亦不足, 苦於接濟乏人, 乞休本至今未回."

수 있을 것입니다"102)라고 하였다. 이것은 당연히 횡수橫水·통강桶岡·좌계左溪를 평정한 작전을 가리킨다. 대개 앞서 언급한 몇 곳은 모두 남강南康 부근에 있으며 호·광의 계동桂東·계양桂陽과 인접해 있다. 왕수인은 남강으로 진군하여 주둔하며 호·광의 군대와 협공하여 정축년 겨울에 이 세 곳을 격파하였다. 「횡수통강첩음소橫水桶岡捷音疏」에는 다음과 같이 기록되어 있다.

> 12월 3일 도적이 비로소 완전히 섬멸되었습니다. 그러나 호·광 두 성省의 군대가 지금 막 연합하였고 근처의 도적이 전부 소탕되었다고 해도 멀리 사방에서 쳐들어 올 우려가 전혀 없다고는 할 수 없어, 2천여 명의 병사를 머물게 해서 다료茶寮·횡수橫水 등의 요해처에 나누어 주둔하게 하고 이 달 9일 근처의 현으로 회군하여 피로를 달래었습니다.103)

살피건대 이 상소문의 원주에 '정축년 윤 12월 2일에 올림'이라고 되어 있으므로 당연히 정축년 12월 하순에 지어진 것임을 알 수 있다.

「고유현에게 2」(與顧惟賢二): "민·광의 작전은"(閩廣之役)

서신의 내용을 보면 "민閩·광廣의 작전은 마침 다행스럽게 완수하였습니다.……그러나 민의 도적104)이 비록 평정되었다고는 해도 건남虔南105)의 도적은 민의 몇 배나 되므로 어떻게 뒤처리를 해야 할지 계획이 잘 서지 않습니다"106)라고 하였다. 살피건대 장주漳州의 도적을 진압한 것은 정축년 봄이었고 「민광첩음소」는 정축년 5월 8일에 올려졌으며 정축년 가을에 이

---

102) 『全書』, 권27, 383쪽, 「續編」, "此間上游南康諸賊幸已掃蕩, 渠魁悉已授首, 回軍且半月, 以湖廣之故, 留兵守隘而已, 奏捷需湖廣略有次第然後去."

103) 『全書』, 권10, 165쪽, 「橫水桶岡捷音疏」, "十二月初三日賊始盡, 然以湖廣二省之兵方合, 雖近境之賊悉已掃蕩, 而四遠奔突之虞難保必無, 乃留兵二千餘分屯茶寮橫水等隘, 而以是月初九日回軍近縣而休息疲勞."

104) 역자 주－漳州의 도적을 말한다.

105) 역자 주－虔州는 贛州의 옛 지명.

106) 『全書』, 권27, 383쪽, 「續編」, "閩廣之役, 偶幸了事,……但聞寇雖平, 而虔南之寇乃數倍於閩, 善後之圖尙未知所出."

르러서야 남감南贛의 여러 도적 부대를 토벌하였으므로, 이 서신은 당연히 정축년 4~5월 사이에 씌어진 것이다. 또한 이 서신에서 "설진사薛進士 · 육진사陸進士 · 왈인曰仁이 밭을 샀다"고 했는데, 이 내용은 『전서』 권4에 실려 있는 정축년의 「황성보黃誠甫에게 2」(與黃誠甫二), 「희안希顏 · 태중台仲 · 명덕明德 · 상겸尙謙 · 원정原靜에게」(與希顏台仲明德尙謙原靜書) 등에도 보인다.

「고유현에게 3」(與顧惟賢三): "보내온 편지에서 '죄 있는 자를 토벌할 때' 운운"(承喩討有罪者)

이 서신의 내용 가운데에 "'죄 있는 자를 토벌할 때 그 괴수는 잡고 협박에 의해 동조했던 사람들을 해산시키는 것은 옛사람의 정책이니 또한 훌륭한 일이 아니겠는가'라는 내용의 편지는 잘 받아 보았습니다. 그러나 이 두浰頭의 도적은 모두 오랫동안 죄악에 물들어서 양심이 메말라 버렸으니 그 가운데에는 협박에 의해 동조한 사람이 전혀 없습니다"[107]라는 대목은 이두浰頭를 평정한 일에 대해 논한 것이다. 또 "수일 전에 이미 감주贛州로 회군하였고", "지금 그 중대한 일도 다행히 완수되었다"[108]라고 한 것은 이 두가 완전히 평정된 일을 말한다. 「연보」에서 "무인년 4월에 이두를 토벌하여 평정하고 회군하였다"고 하였으므로 이 서신은 당연히 무인년 4월에 지어진 것이다.

「고유현에게 4」(與顧惟賢四): "보내온 편지에서 '용병의 어려움' 운운"(承喩用兵之難)

서신에서는 용천龍川의 도적에 대해 논하였고 또 "여름 사이에 상소문 하나를 만들어 자못 상세히 그 일에 대해 보고하였는데, 호湖 · 광廣에서 조정의 결정된 명령을 받게 되니 결국 헛된 말이 되어 버렸다"[109]라고 하였는데, 이것은 정축년 5월의 「공치도적이책소攻治盜賊二策疏」를 가리킨다. 서

---

107) 『全書』, 권27, 383쪽, 「續編」, "承喩討有罪者, 執渠魁而散脅從, 此古之政也, 不亦善乎. 顧浰賊皆長惡枯終, 其間脅從者無幾."
108) 『全書』, 권27, 383쪽, 「續編」, "數日前已還軍贛州", "今其大事幸亦底定."
109) 『全書』, 권27, 383쪽, 「續編」, "夏間嘗具一疏, 頗上其事, 以湖廣奉有成命, 遂付空言."

신에서는 또 "3성省이 동시에 출정할 수 있기를 기다리다가는 지친 군대가 군비만 축낼 것이므로 각 지역 상황의 완급에 따라 차례대로 조금씩 공격해 가려고 한다"[110]고 하였다.

살펴건대 용천龍川과 이두潲頭는 서로 이웃해 있었고, 고응상顧應祥(자는 惟賢)은 이때 광동廣東 첨사僉事를 맡고 있었으니, 왕수인의 이 서신은 남감을 평정할 계책을 논의한 것이다. 대개 처음에 호광湖廣의 순무巡撫 진금제陳金題가 3성이 협공하자고 요청하였는데 왕수인은 그 의견이 이롭지 못하다고 생각하여 먼저 통강桶岡을 격파한다는 계책을 정하였다. 이 서신에서 "3성이 동시에 출정할 수 있기를 기다릴 필요가 없다"고 논박한 것은 바로 이것을 가리키므로 이 서신은 남감을 평정하기 전에 씌어진 것이며 그 시기는 당연히 정축년 가을과 겨울 사이이다.

「고유현에게 5」(與顧惟賢五) : "보내온 편지에서 '편지를 받은 뒤' 운운"(來喩爲得書之後)

서신에서는 "이제 이두潲頭에 군대를 주둔한 지 보름이 되었으며 이두의 도적 수괴 지대빈池大鬢 등 20여 명의 머리를 모두 바쳤다"[111]라고 하였는데,「연보」와「첩음소」에 의하면 지중용池仲容을 사로잡아 죽인 것은 무인년 정월 2일이고 7일에 바로 삼리三浰로 진군하였으므로 이 서신은 당연히 정월 하순에 지어진 것이다.

「고유현에게 6」(與顧惟賢六) : "근래 감천과 숙현의 편지를 받고"(近得甘泉叔賢書)

서신에서는 "근래 감천과 숙현의 편지를 받고서 두 사람의 의론이 이미 일치되어 이제부터는 우리 동지들의 학문이 확연히 같은 길을 가며 다시는 의혹을 갖지 않게 되었음을 알게 되었다"[112]라고 하였는데, 이는 담약수湛

---

110) 『全書』, 권27, 384쪽, 「續編」, "必待三省齊發, 復恐老師費財, 欲視其緩急以次漸擧."
111) 『全書』, 권27, 384쪽, 「續編」, "今屯兵浰頭且半月矣, 浰頭賊首池大鬢等二十餘人悉已授首."

若水와 방헌부方獻夫가 모두『대학』고본을 믿게 되었다는 말이다.『문록』의
「감천에게 답하는 글: "열흘 전 양사덕이 사람을 보내오다"」(答甘泉: "旬日
前楊仕德人來")와 「방숙현에게 답하는 글: "근래 직접 가르침을 받다"」(答方
叔賢: "近得手敎")의 두 서신은 담약수와 방헌부에게 각각 답장을 보내 이
문제를 논한 것이었다. 그러므로 두 서신의 원주에 기묘년이라고 되어 있는
것은 당연히 잘못된 것이다.

살피건대 「감천에게 답하는 글」에서는 "벼슬을 그만두게 해 달라는 상
소를 세 번 올렸는데 비답을 받지 못했으니", "겨울을 지나 초봄이나 되어
서야 비답을 받을 수 있을 것 같다"[113]라고 하였다. 이는 「고유현에게 6」의
"벼슬을 그만두게 해 달라는 상소를 네 번 올렸는데 이번 상소에서 요청이
받아들여진다 해도 또한 겨울이 지나 초봄의 일일 것이다"[114]라는 내용과
일치한다. 또 「감천에게 답하는 글」에서는 "조모께서 점점 늙어 가시니 한
번 뵈려고 한다"[115]라고 하였는데, 왕수인의 「희연에게 3」(寄希淵三)에 따르
면 왕수인은 기묘년 정월 2일에 조모의 유고有故를 들었으므로 「감천에게
답하는 글」은 기묘년에 지어진 것일 수 없다. 왕수인은 정축년에 남감南贛
제독提督이 되었으며 무인년에 여러 번 벼슬을 그만두게 해 달라고 요청하
였으므로 이 서신은 당연히 무인년 가을과 겨울 사이에 지어진 것이다. 또
「감천에게 답하는 글」과 「방숙현에게 답하는 글」에서 모두 '양사덕이 떠났
다'고 하였는데, 이것은 또한 양기(자는 仕德)가 무인년 가을 건주虔州를 떠
나 조주潮州로 돌아가서는 서초西樵로 간 일을 가리킨 것이다.

「고유현에게 7」(與顧惟賢七): "근래 성성과 남경의 제공들이 보낸 편지를 받으니"
(近得省城及南都諸公書報)

서신에서는 "근래 성성省城[116]과 남경南京의 제공諸公들이 보낸 편지를

---

112)『全書』, 권27, 384쪽,「續編」, "近得甘泉叔賢書, 知二君議論旣合, 自此吾黨之學
　　廓然同途, 無復疑異."
113)『全書』, 권4, 102쪽,「答甘泉」, "乞休疏三上而未遂", "須冬盡春初乃可遂也."
114)『全書』, 권4, 102쪽,「答甘泉」, "乞休疏已四上, 此番倘得請, 亦須冬盡春初矣."
115)『全書』, 권4, 102쪽,「答甘泉」, "祖母益耄, 思一見."

받았는데, '바로 그 달 10일 황제께서 북경으로 돌아갔다'고 하였다"[117]라고 했으니, 이것은 무종武宗이 남정南征한 후 환궁한 것을 가리킨다. 『명사明史』「본기本紀」에 의하면 이 일이 행해진 것은 경진년庚辰年 가을이다. 다만 「본기」에서는 7월이라고 하고 『명통감明通鑑』에서는 8월이라고 했는데 어느 것이 옳은지는 알 수 없다. 왕수인은 이때 건주虔州에 있었으며, 이 서신은 경진년 가을에 지어진 것이다.

「고유현에게 8」(與顧惟賢八) : "근래 강서의 책문을 전해 듣게 되어"(近得江西策問)

서신의 내용을 보면 "근래 강서江西의 책문策問[118]을 전해 듣게 되어 매우 놀랍고 두려웠지만 스스로 자신을 돌아보아서 곧으면······"[119]이라고 하였다. 「연보」 가정 2년 계미년조에 "관리 임용을 위한 남경의 책문에서 심학心學에 대해 질문하여 암암리에 선생을 헐뜯었다"[120]는 기록이 있으니, 위의 서신은 아마도 이와 같은 시기이거나 직후의 일인 듯싶다. 또 위의 서신에서는 "『주역』에 '이르러야 할 곳을 알고 거기에 이른다'(知至至之)는 말이 있다. 여기서 '이르러야 할 곳을 아는 것'(知至)은 '지知'이고 '거기에 이르는 것'(至之)은 '치지致知'이니, 이것이 지知와 행行이 합일되는 이유이다. 후세의 '치지'에 대한 설명은 '지知' 한 글자에 대해서만 설명하고 '치致'자에 대해서는 설명하지 않았으니, 이것이 지와 행이 양분되는 원인이다"[121]라고 하였다.

살피건대 『전서』 권5에 실린, 왕수인이 육징에게 보낸 가정 원년(壬午年)의 서신에 "『주역』에서는 '이르러야 할 곳을 알고 거기에 이른다'고 하였다.

---

116) 역자 주―江西省의 행정 소재지인 南昌을 가리킨다.
117) 『全書』, 권27, 384쪽, 「續編」, "近得省城及南都諸公書報, 云卽月初十日聖駕北還."
118) 역자 주―科擧 시험의 하나로서, 정치 문제나 경전의 의미에 대해 묻는다.
119) 『全書』, 권27, 384쪽, 「續編」, "近得江西策問, 深用警惕, 自反而縮······."
120) 『全書』, 권34, 468쪽, 「年譜」, '癸未條', "南京策士以心學爲問, 陰以辟先生."(『全書』에는 南京이 南宮으로 기록되어 있다.)
121) 『全書』, 권27, 384쪽, 「續編」, "易曰知至至之, 知至者知也, 至之者致知也, 此知行所以合一也, 若後世致知之說, 且說得一知者, 不曾說得致者, 此知行所以二也."

'이르러야 할 곳을 아는 것'은 '지'이고 '거기에 이르는 것'은 '치지'이니, 이것이 지와 행이 합일되는 이유이다. 근세의 격물에 대한 설명은 '지' 한 자에 대해서도 그 실질이 무엇인지 설명이 불분명하며 '치'자와 관련된 공부에 대해서는 전혀 언급이 없으니, 이것이 지와 행이 양분되는 원인이다"[122]라는 내용이 있는데, 그 내용이 유사한 것으로 볼 때 「고유현에게 8」은 당연히 임오년과 계미년 사이에 지어진 것임을 알 수 있다.

「고유현에게 9」(與顧惟賢九) : "북쪽으로 떠나기 전에 미처 한번 만나보지 못하여" (北行不及 一面)

서신에서는 "북쪽으로 떠나기 전에 미처 한번 만나보지 못하였다"고 하였는데, 이것은 당연히 고응상이 북쪽으로 떠난 것을 가리킨다. 살피건대 고응상은 왕수인이 남감南贛을 평정할 때 광동 첨사를 맡고 있었으며, 기묘년에 황제의 만수萬壽를 축원하러 북경으로 갔다가 영왕寧王이 반란을 일으키자 강서江西 부사副使로 발탁되어 급히 남창南昌으로 돌아왔다. 왕수인의 이 서신의 내용은 당연히 고응상이 기묘년에 북경에 가서 만수를 축원할 때의 일을 가리키므로 기묘년에 지어진 것임을 알 수 있다.[123]

「당도에게」(與當道書) : "강성의 변란에 대해"(江省之變)

서신의 내용을 보면 "강성江省의 변란에 대해서는 그 대체적인 내용을 상소문에 갖추어 아뢰었거니와 이 자가 역모를 꾸민 것은 하루이틀의 일이 아닙니다.……그 자는 근래에 제가 장차 복건성에 부임하게 되어 반드시 그 지역을 거치게 될 것이라는 소식을 듣고는 저를 밥상 위의 고기쯤으로 보고 있습니다"[124]라고 하였다.

---

122) 『全書』, 권5, 108쪽, 「與陸原靜」, "易謂知至至之, 知至者知也, 至之者致知也, 此知行所以合一也, 近世格物之說, 只一知字尙未有下落, 若致字工夫全不曾道著, 此知行所以二也."
123) 顧應祥의 사적에 관해서는 徐中行이 지은 「箬溪顧公應祥行狀」을 참고해 볼 수 있는데, 이 책은 『國祖獻徵錄』 권48에 실려 있다.
124) 『全書』, 권27, 384쪽, 「續編」, "江省之變, 大略具奏內, 此人逆謀已非一日,……

이것은 영왕寧王 주신호朱宸濠의 변란을 가리키는 것이다. 왕수인은 기묘년 6월에 칙령을 받고 복건성 반군의 동태를 살폈으며, 15일에 풍성豊城에 이르러 주신호가 반란을 일으켰다는 소식을 듣고 19일에 변란 소식을 상소하는 한편, 사람들을 보내어 성세聲勢를 과장하여 십여 일 동안 주신호가 감히 동쪽으로 밀고 내려오지 못하도록 하였다. 그 내용 중에 "허약한 병사들을 보내 성세를 과장하여 주신호가 남경을 향해 쳐내려오는 것을 막으려 한다"고 하였으므로, 이 서신은 6월 19일에 상소를 급히 올린 뒤 며칠후에 쓴 것임을 알 수 있다.

「왕절부에게」(與汪節夫): "족하는 여러 번 저희 집에 오셔서"(足下數及吾門)
「장세문에게」(寄張世文): "저를 찾아주신 뜻이 너무 성대해서"(執縷枉問之意甚誠)

두 서신은 고찰할 방법이 없는데, 「왕절부에게」에서 "여러 번 저희 집에 오셨다"라고만 하고 '치지致知'에 대해서는 한 마디도 언급이 없었던 것으로 보아 두 서신 모두 남감에 있을 때나 그 이전에 지어진 것 같다.

「사마 왕진계에게 1」(與王晉溪司馬 一): "공손히 생각건대 명공께서는"(伏惟明公)

서신에서는 "이미 정월 16일에 감주에 이르러 병든 몸을 이끌고 직무를 수행하였다"[125]고 하였는데, 이것은 순무남감정장巡撫南贛汀漳으로 부임한 것을 가리킨다. 「연보」에도 "정월 16일 감주에 이르러 관아를 설치하였다"고 하였으므로, 이 서신은 정축년 정월에 지어진 것이다. 남감으로 부임하라는 명이 내려진 것은 왕경王瓊(호는 晉溪)의 천거에 의한 것으로 짐작된다.

「사마 왕진계에게 2」(與王晉溪司馬二): "제가 근래 사畬 땅의 도적으로 인해"(守仁近因畬賊)

서신에서는 "지금 각 산채에서 도망쳤던 도적들이 모두 횡수橫水·통강

---

近聞生將赴閩, 必經其地, 已視生爲几上肉矣."
125) 『全書』, 권27, 385쪽, 「續編」, "已於正月十六日抵贛, 扶疾莅任."

桶岡 사이에 모여 침계郴溪의 여러 도적들과 이웃해 있으니 혹시 형세가 궁해지면 힘을 합쳐 다시 나타날까 두렵기도 하고 또 날씨가 지독히 무더워 병사들이 적진으로 깊이 들어가 멀리 공격하기 어려워서 금갱영金坑營 앞에 주력 부대를 나누어 주둔시키고", "가을 날씨가 점점 서늘해지기를 기다렸습니다"126)라고 하였다. 따라서 이 서신이 횡수·통강을 평정하기 전에 지어진 것임을 알 수 있다. 살펴건대, 횡수·통강을 평정한 것은 정축년 10월에서 11월 사이인데, 이 서신에서 '지독히 무덥'고 한 것으로 보아 그것이 지어진 때는 정축년 무더위 때로 짐작된다.

「사마 왕진계에게 3」(與王晉溪司馬三): "지난달에 승첩 상소를 아뢸 사람이 가서"(前月奏捷人去)

서신에서는 "지난달에 승첩을 아뢸 사람이 가는 편에 제 짧은 서신을 보내드렸는데 그 사람이 지금쯤 문하門下에 도착했으리라고 생각합니다"127)라고 하였다. 이 내용은 당연히 이전에 보낸 서신에 대해 언급한 것이다. 왕수인은 정축년 5월에 「민광첩음소」를 올렸는데 그때 이 서신을 함께 보냈다. 그러므로 이 서신은 6월에 지어진 듯하다. 이 서신에서는 강서江西의 염세鹽稅에 대해서 논하고 또한 "지금 특별히 상소문을 갖추어 알립니다"128)라고 하였는데, 「염법鹽法 소통에 관한 상소」(疏通鹽法疏)는 6월 15일에 지어졌으므로 이 서신 역시 정축 6월에 지어진 것임을 알 수 있다.

「사마 왕진계에게 4」(與王晉溪司馬四): "제가 지난날에"(生於前月)

서신에서는 "제가 지난 달 20일에 지방에서 우연히 미미한 공로를 세워, 이미 이 달 2일에 상소문을 만들어 올렸습니다"129)라고 하였는데, 이것은

---

126) 『全書』, 권27, 385쪽, 「續編」, "今各巢奔潰之賊皆聚橫水桶岡之間, 與郴桂諸賊接境, 生懼其勢窮, 或幷力復出, 且天氣炎毒, 兵難深入遠攻, 乃分留重卒於金坑營前", "候秋氣漸凉."

127) 『全書』, 권27, 386쪽, 「續編」, "前月奏捷人去, 曾犢短啓, 計已達門下."

128) 『全書』, 권27, 386쪽, 「續編」, "今特具奏聞."

129) 『全書』, 권27, 386쪽, 「續編」, "生於前月二十日地方偶獲微功, 已於是月初二日具

당연히 횡수·통강을 평정하였다는 승첩 상소를 올린 것을 가리킨다. 「횡수
통강첩음소橫水桶岡捷音疏」의 원주에는 12년 윤 12월 2일로 되어 있으므로
이 서신이 정축년 윤 12월에 지어진 것임을 알 수 있다.

「사마 왕진계에게 5」(與王晉溪司馬五): "그날 바로 공손히 생각하기를"(卽日伏惟)

서신에서는 "이 임무를 맡은 이래로 도적이 생겨나는 까닭을 따져 보니
모두 고식적인 병폐에서 비롯되었다는 것을 알게 되었습니다. 감히 이것을
아뢰어 시정을 요구하는 것은 실로 저를 알아주신다고 믿었기 때문입니다.
다행히 황제께서 저의 청을 들어주시어 그것을 윤허해 주셨습니다"[130]라고
하였다. 이것은 왕수인이 상소를 올려 요청하자 순무에서 제독으로 직책을
바꿔 주고 아울러 '령令'자를 쓴 기旗·패牌를 하사하여 일을 편리하게 수행
할 수 있게 한 일을 가리킨다. 제독으로 개제改除한 것이 정축년 9월이므로
이 서신도 이때 지어진 것 같다.

「사마 왕진계에게 6」(與王晉溪司馬六): "제 생각에 군자는"(生惟君子)

서신에서는 "지난날 사직하게 해 달라는 상소문을 바친 뒤 간절한 마음
을 아뢰었다고 자신하고 밤낮으로 윤허를 기다렸습니다. 공손히 생각건대
명공明公께서는 끝까지 곡진히 저의 바람을 이루어 주시어, 늙으신 아버님
의 쇠약한 병환을 조금이나마 위로해 드리고 싶은 마음을 들어주시고 백세
가 되신 할머님을 한번 뵙고 영결할 수 있도록 해 주실 것입니다"[131]라고
하였다.

살펴건대 왕수인은 기묘년 정월 2일에 조모의 부음을 전해 들었으므로
이 서신은 기묘년 이전에 지어진 것이다. 또 이 서신에서 "근래 용천龍川에

---

本聞奏."

130) 『全書』, 권27, 387쪽, 「續編」, "負荷祇命以來, 推尋釀寇之由率由姑息之弊, 所敢
陳請, 實恃知己, 乃蒙天聽, 并賜允從."

131) 『全書』, 권27, 387쪽, 「續編」, "昨日乞休疏入, 嘗特愛控其懇切之情, 日夜瞻望允
報, 伏惟明公終始曲成, 使得稍慰老父衰病之懷, 以百歲祖母亦獲一見爲訣."

서의 작전도 다행히 완수했습니다"[132]라고 하였는데, 이것은 이두湖頭와 구련산九連山을 평정한 일을 가리킨다. 왕수인은 무인년 3월에 이두와 구련산을 평정하고 같은 달에 벼슬을 그만두게 해 달라는 상소를 올렸는데, 이 서신에서 말하는 '벼슬을 그만두게 해 달라고 한 상소'는 바로 그것을 가리키므로 이 서신은 당연히 무인년 3월에 지어진 것이다.

「사마 왕진계에게 7」(與王晉溪司馬七): "근래 우리 부서로 하달된 자문을 받아 보니"(近領部咨)

서신의 내용을 보면 "벼슬을 그만두게 해 달라는 상소에 대한 대답을 기다린 지가 벌써 3개월이 지났습니다"[133]라고 하였는데, 이것은 여섯 번째 서신 다음에 이어지는 것이므로 이 서신은 무인년 6월에 씌어진 것이다.

「사마 왕진계에게 8」(與王晉溪司馬八): "문득 개인적인 근심이 생겨"(輒有私梗)

서신에서는 "횡수橫水의 큰 산채에 현치縣治를 세워 장구한 안정을 꾀하자는 건의를 올렸습니다"[134]라고 하였는데, 이것은 횡수를 평정한 뒤 상소문을 올려 숭의현崇義縣을 건설하자고 건의한 일을 가리킨다. 이 일은 정축년 윤 12월에 있었으며, 『전서』 권10의 「숭의현치崇義縣治 세울 일에 대한 상소」(「立崇義縣治疏」)에도 언급되어 있다. 그러므로 이 서신은 정축년과 무인년 사이에 지어진 것이다.

「사마 왕진계에게 9」(與王晉溪司馬九): "제가 불초하여"("守仁不肖)

서신에서는 "남감南贛에서 수십 년 동안 날뛰던, 사나워서 공격하기 힘들던 도적을 2월 안에 소탕하여 하나도 남기지 않았습니다",[135] "그래서 첩음소捷音疏를 아뢸 사람을 보내 먼저 저의 간절한 마음을 알립니다"[136]라고

---

132) 『全書』, 권27, 387쪽, 「續編」, "邇者龍川之役亦幸了事."
133) 『全書』, 권27, 387쪽, 「續編」, "乞休疏待報已三月."
134) 『全書』, 권27, 387쪽, 「續編」, "議於橫水大寨請建縣治, 爲久安之道."
135) 『全書』, 권27, 387~388쪽, 「續編」, "南贛數十年桀驚難攻之賊二月之內掃蕩無遺."

하였다. 이것은 삼리三浰와 구련산을 평정한 뒤 첩음소를 올린 것을 가리키는 듯하다. 「이두첩음소浰頭捷音疏」는 무인년 4월에 지어졌으므로 이 서신은 당연히 같은 때에 지어졌을 것이다.


「사마 왕진계에게 10」(與王晉溪司馬十) : "근래에"(邇者)

서신에서는 "근래 남감의 도적이 드디어 완전히 평정되었습니다"[137]라고 하고, 아울러 "관작 승격도 너무 지나친데 또 자식에게 음관蔭官을 하사하시니 어떻게 감당할 수 있겠습니까?", "명을 받고 나서 부끄럽고 두려운 마음을 이기지 못하여 바로 상소문을 갖추어 사양하였습니다"[138]라고 하였다. 「연보」 무인년 6월의 기록에 "도찰원우부도어사都察院右副都御史로 승격되고 자식에게 금의위錦衣衛의 벼슬로 음관蔭官이 하사되었으며 백호百戶가 세습으로 주어졌다. 사양해도 윤허하지 않았다"[139]는 내용이 있으므로 이 서신은 당연히 무인년 6월에 지어진 것이다.


「사마 왕진계에게 11」(與王晉溪司馬十一) : "위태로운 시기에"(憂危之際)

서신에서는 "위태로운 시기에 감히 기거起居를 자주 받들지는 못하였지만", "사세가 이렇듯 급박하게 되니 저로서는 애통하게 눈물을 흘릴 뿐입니다"[140]라고 하였다. 이것은 당연히 기묘년 여름 영왕寧王의 변란이 일어났을 때를 가리킨다. 또 "지난 가을 이미 도적이 진압되면 와서 말해 보라는 성지를 받았으므로 겨울이 끝날 무렵 다시 요청하였는데, 지금까지 윤허를 받지 못하였습니다"[141]라고 하였는데, 이것은 무인년에 벼슬을 그만두게 해

---

136) 『全書』, 권27, 388쪽, 「續編」, "因奏捷人去先布下懇."
137) 『全書』, 권27, 388쪽, 「續編」, "邇者南贛盜賊遂獲底定"
138) 『全書』, 권27, 388쪽, 「續編」, "升官則已過甚, 又加之蔭子, 若之何其能當之", "拜命之餘不勝惄懼, 輒具本辭免."
139) 『全書』, 권32, 455쪽, 「年譜」, '戊寅條', "升都察院右副都御史, 蔭子錦衣衛, 世襲百戶, 辭免, 不允."
140) 『全書』, 권27, 388쪽, 「續編」, "憂危之際不敢數奉起居", "事窮勢極, 臣子至此惟有痛苦流泣而已."
141) 『全書』, 권27, 388쪽, 「續編」, "去秋已蒙賊平來說之旨, 冬底復請, 至今未奉允報."

달라고 요청했다가 윤허를 받지 못한 일을 가리킨다. 그러므로 이 서신은 기묘년 여름에 지어진 것이다.

「사마 왕진계에게 12」(與王晉溪司馬十二) : "여러 번 계를 올렸으나"(屢奉啓)

「사마 왕진계에게 13」(與王晉溪司馬十三) : "병부에서 관리를 보내어"(比兵部差官)

열두 번째 서신에서 "여러 번 보고를 올렸는데 모두 중도에서 저지되어 조정에 이르게 할 수 없었는데, 그 속에는 한마디의 사적인 말이 없으며 이는 귀신에게 확인할 수도 있습니다. 이 뒤로는 감히 다시는 상소하지 못했습니다"[142]라고 하였다. 이것은 당연히 기묘년(1519)과 경진년(1520) 사이에 장張·허許의 항거를 받았을 때를 가리킨다. 대개 왕수인은 남감南贛을 평정하고 주신호를 사로잡았을 때 항상 왕경王瓊에게 공을 돌렸다. 이에 여러 폐신嬖臣들이 불만을 품었고 또 공功을 시샘하여, 앞을 다투어 유언비어를 만들어 왕수인이 주신호와 내통하였다고 무고하면서 그가 반드시 반란을 일으킬 것이라고 하였다. 왕수인은 당시에 일을 처리하는 것이 매우 조심스러웠으므로, 이 열두 번째 서신에서 '저지를 당했다'느니 '감히 상소하지 못하였다'느니 하는 말들을 한 것이다. 이 서신은 경진년에 씌어진 것 같다.

열세 번째 서신은 상세한 고찰을 할 수 없으며 경진년 이후에 지어진 것으로 보인다.

「육청백에게」(與陸淸伯書) : "여러 번 편지를 받아"(屢得書)

서신의 말미에 "기유건冀惟乾의 일은 선한 이들이 다같이 원통해 하는 바이니 곡진하게 처리해 주시기 바랍니다"[143]라고 하였다.

살펴건대 주신호를 평정하고 난 뒤 장충張忠·허충태許忠泰가 변란을 일으켰다가 뜻을 이루지 못했는데, 왕수인의 문인 기원형冀元亨(자는 惟乾)이

---

142) 『全書』, 권27, 388쪽, 「續編」, "屢奉啓, 皆中途被沮, 無由上達, 幸其間乃無一私語可以質諸鬼神, 自是遂不敢復具."

143) 『全書』, 권27, 388쪽, 「續編」, "冀惟乾事, 善類所當寃, 望爲委曲周旋之."

연좌되어 온갖 고문을 받다가 신사년 세종世宗이 제위帝位를 계승하였을 때 조칙을 받고 사면되었으나 출옥한 지 5일 만에 죽고 말았다. 이 서신은 당연히 기원형이 출옥하기 전의 것이며, 또 양지良知에 대해서 논한 부분이 있으니 신사년 봄에 지어진 듯하다. 대개 경진년에 육징陸澄(陸淸伯)이 북경에서 형부주사刑部主事의 벼슬을 맡고 있었기 때문에 왕수인이 일을 잘 처리해 달라고 당부한 것이다.

「허태중에게 1」(與許台仲書一): "영광스럽게 언관으로 발탁되어"(榮擢諫垣)

「허태중에게 2」(與許台仲書二): "그대는 슬픔에 휩싸인 상중에 있으면서도"(吾子累然憂服之中)

허태중許台中은 곧 허상경許相卿을 가리킨다. 첫 번째 서신은 허상경이 언관言官이 된 것을 축하한 내용이고 두 번째 서신은 허상경이 상중에 있을 때 보낸 것이다. 「예과급사중허공상경행장禮科給事中許公相卿行狀」에는 "정덕 16년에 병과급사兵科給事가 되었고 이듬해 가정 원년 임오년에 간의대부諫議大夫가 되었는데, 항거 상소를 올려 정령政令의 몇 가지 부당한 점을 논하였다.……이듬해 가을 8월에 사직하고 돌아왔는데, 그 이듬해에 모친 유인孺人 거居씨와 간의대부로 봉해진 부친이 연이어 돌아가셨다.……왕문성王文成(왕수인)과 담감천湛甘泉(담약수)이 각각 서신을 보내 위로하였다"[144]라고 기록되어 있다. 그러므로 첫 번째 서신은 가정 원년에 허태중이 간의대부로 제수되었을 때 보낸 것이고 두 번째 서신은 가정 3년 거상居喪 중일 때 보낸 것임을 알 수 있다.

「임견소에게」(與林見素): "집사께서 효우를 실천하심은"(執事孝友之行)

서신의 내용을 보면 "성천자聖天子께서 정치·교화를 유신維新하시려고 다시 집사執事를 등용하여 중책을 맡기셨으니 진실로 천하의 간절한 바람을

---

144) 『國祖獻徵錄』, 권80, "正德十六年給事兵科, 明年嘉靖元年壬午諫議, 抗疏論政令不當者數事,……明年秋八月自免歸, 又明年居孺人奉諫議相繼卒,……王文成湛甘泉各貽書慰諭."

어루만지신 것입니다"145)라고 하였다. 무종武宗이 죽고 제위를 계승한 세종世宗은 신사년 5월에 임준林俊(林見素)을 기용하여 공부상서工部尙書로 삼았으니,146) 이 서신은 당연히 세종이 즉위한 뒤에 지어진 것이다. 서신에서는 또 "제가 한때 다행스럽게 공적을 세웠던 일과 몇 년 동안 굴욕을 받았던 것에 대해서 다시 조사해서 신원伸寃시켜 주셨습니다"147)라고 하였다. 세종이 즉위한 뒤 신사년 11월에 주신호朱宸濠를 평정한 일을 포상하여 왕수인을 신건백新建伯으로 봉하였는데, 이때 임준의 도움이 자못 컸으므로 그에게 사례한 것이다. 서신에서는 또 "돌아와 늙으신 부친을 뵈니 여러 질병들이 번갈아 모여들어 있었다"148)라고 자술하고 있다. 왕수인은 신사년 8월에 월성으로 돌아갔으며 이듬해 부친상을 당하였으므로, 이 서신은 당연히 신사년 겨울에 지어진 것이다.

　「양수암에게」(與楊邃庵): "저를 알아주시고 사랑해 주시는 것에 대해 속이고 욕되게 한 것이"(某之繆辱知愛)

　서신의 내용을 보면 "근래 선군先君이 불행히 돌아가셨다"149)고 하였다. 왕수인의 부친(海日公)은 임오년 2월에 세상을 떠났고, 왕수인은 위의 서신에서 양일청楊一淸(楊邃庵)에게 묘지명을 부탁하였다. 양일청의 「해일선생묘지명海日先生墓誌銘」에 의하면 "이듬해(계미년) 가을 8월 모일某日 공公을 군郡의 동쪽 천주봉天柱峰의 남쪽 언덕에 장사지내고, 서신을 써서 진강鎭江으로 사람을 보내 내게 공公의 묘지명을 부탁하였다"150)라고 하였다. 그러므로 왕수인의 이 서신은 당연히 가정 2년 계미년 가을에 씌어진 것이다.

---

145) 『全書』, 권27, 389쪽, 「續編」, "聖天子維新政化, 復起執事寄之股肱, 誠以慰天下之望."
146) 『明通鑑』 권49에 보인다.
147) 『全書』, 권27, 389쪽, 「續編」, "區區一時僥幸之功, 連年屈辱之志, 乃蒙爲之申理."
148) 『全書』, 권27, 389쪽, 「續編」, "歸省老親, 冗病交集."
149) 『全書』, 권27, 389쪽, 「續編」, "邇者先君不幸大故."
150) 楊一淸, 「海日先生墓誌銘」, "明年秋八月某日葬公郡東天柱峰之南之原, 具書戒使者詣鎭江請予銘公墓."

「소자옹에게」(與蕭子雍): "터무니없고 우활하여"(繆妄迂疎)

서신의 내용을 보면 "터무니없고 우활迂闊하여 물의를 일으키는 일이 많았다"[151]고 하였으니, 당연히 기묘년 이후의 일이다. 또 "애통함이 점차 싹터 자주 희연希淵 등 한두 벗과 거친 덤불과 우거진 풀밭에서 울음을 삼켜야 했다"[152]고 하였으니, 상복을 벗은 뒤의 일임을 알 수 있다. 살피건대 왕수인은 임오년에 부친상을 당하였고 갑신년에 상복을 벗었으니, 이 서신은 갑신년에 씌어진 듯하다.

「덕홍에게」(與德洪): 『대학혹문』에 대해"(大學或問)

서신에서는 "『대학혹문大學或問』 속의 몇 조條의 내용은 같이 공부하는 사람들이 다같이 그 진의를 파악하게 되기를 바라지 않는 것이 아니지만, 적에게 병사를 공급해 주고 도적에게 식량을 제공하는 셈이 될 것 같기에 경솔하게 소개하고 싶지 않다.……이 뜻은 일찍이 자네(鄒守益)와 얼굴을 맞대고 의논한 바 있으므로 당연히 상세하게 알고 있을 것이다. 강서江西·광주廣州의 두 길은 항성杭城에 이르러서야 둘로 갈라진다. 만일 서쪽 길로 가게 되면 또 금金·초焦 사이에서 자네(鄒守益)와 한번 토론해 볼 수 있을 것이다"[153]라고 하였다.

살피건대 이 서신의 내용은 추수익鄒守益(자는 謙之)에게 보낸 서신이지 결코 전덕홍에게 보낸 서신이 아니다. 위의 서신에서 『대학혹문』은 「대학문大學問」을 가리키는 것이니, 왕수인이 정해년에 사思·전田 지역을 정벌하러 가기 전에 문인에게 구술한 것을 기록하여 책으로 만든 것이다. 그러므로 왕수인이 이 서신을 쓸 때는 아직 정벌을 위해 길을 떠나지 않았음을 알수 있다. 그래서 "강서江西·광주廣州의 두 길에서 어디로 갈 지 아직 결정

---

151) 『全書』, 권27, 389쪽, 「續編」, "繆妄迂疎, 多招物議."
152) 『全書』, 권27, 389~390쪽, 「續編」, "哀痛稍蘇, 時與希淵一二友喘息於荒榛叢草間."
153) 『全書』, 권27, 390쪽, 「續編」, "『大學或問』數條, 非不願共學之士盡聞斯義, 顧恐藉寇兵而賷盜糧, 是以未欲輕出.……此意嘗與謙之面論, 當能相悉也. 江廣兩途, 須至杭城始訣, 若從西道, 又得與謙之話於金焦之間."

되지 않았고 항주杭州까지 이른 뒤에 비로소 결정된다"고 한 것이다. 그리고 이때 추수익이 강서에 있었기 때문에 "강서로 가게 되면 자네와 금·초 사이에서 한번 만날 수 있을 것"이라고 말한 것이다. 이것을 통해 이 서신이 정해년 가을에 지어졌음을 알 수 있다.

또 「대학문」의 전덕홍이 쓴 발跋에는 다음의 내용이 기록되어 있다.

> 정해년 8월 스승님이 사思·전田을 정벌하러 떠나고자 장차 출발하려 할 때에 문인들이 다시 요청하자 허락하셨다. 기록하는 일이 완성되자 스승님은 내게 편지를 보내셔서, "『대학혹문』의 몇 조條의 내용은 같이 공부하는 학자가 다같이 그 진의를 파악하게 되기를 바라지 않는 것은 아니나 적에게 병사를 공급해 주고 도적에게 식량을 제공해 주는 것이 될까 두려워 경솔하게 소개하고 싶지 않다"고 하셨다."[154]

「대학문」은 전덕홍이 직접 기록한 것이기는 하나 '천천증도天泉證道' 이후 전덕홍과 왕기가 왕수인을 배웅하여 엄탄嚴灘까지 곧장 갔는데 어떻게 '편지를 보냈다'는 말이 나오게 되었는지 알 수 없다. 전덕홍은 왕수인과 함께 월성에서 엄탄까지 갔으므로 왕수인이 항주에 도착하기 전에는 편지를 보낼 필요 없이 모든 일을 전부 그와 얼굴을 맞대고 의논할 수 있었을 것이다. 그러므로 왕수인은 강서에 이른 뒤에 「덕홍에게」(與德洪)와는 다른 또 하나의 서신을 썼고, 그것이 위의 내용(「大學問跋」의 내용)과 같았던 것으로 보인다. 여기서 다룬 서신은 추수익에게 보낸 서신임에 틀림없다.

## 3. 월성 활동 고증

왕수인은 본래 절강浙江 여요餘姚 사람이지만 한때 양명동陽明洞에서 집

---

154) 『全書』, 권26, 「大學問」, 375쪽, "丁亥八月師起征思田, 將發, 門人復請, 師許之, 錄其就, 以書貽德洪曰, '大學或問數條, 非不願共學之士盡聞斯義, 顧恐藉寇兵而賫盜糧, 是以未欲輕出.'"

을 짓고 공부한 적이 있었다. 그래서 그는 스스로를 '양명자陽明子'라고 하였고 학자들은 모두 그를 '양명선생陽明先生'이라 불렀다. 이것은『명사明史』「왕수인전王守仁傳」, 지방지地方志(『會稽縣志』,『山陰縣志』,『紹興府志』등),「연보年譜」등의 통설이다. 그렇지만 양명동이 대체 어디에 있으며 왕수인이 정말 거기에서 공부한 적이 있었는가의 문제는 청대 이래로 줄곧 의문시되어 왔다. 청대의 모기령毛奇齡은 절강 초산현肖山縣 사람으로 한때 사관史官을 지낸 인물이다. 구례舊例에 의하면, 사관으로 임명되면 먼저 자기 고향 출신 대신大臣의 사적을 수집해서 그것을 초본으로 만들어 동료들이 그 대신의 본전本傳을 만드는 데 자료로 삼을 수 있도록 해 주어야 했다. 그래서 모기령은『왕문성전본王文成傳本』을 지어 왕수인 일생에 걸친 행적을 서술하였는데, 구설들을 잘 변별해 내어 믿을 만하다는 평가를 받았다. 그는 특히 양명동의 문제에 관해 많은 노력을 기울였다.

> 공公은 만년에 회계산會稽山 양명동陽明洞을 사랑하여 스스로를 양명자陽明子라고 불렀다. 살피건대, 회계산은 곧 묘산苗山인데 거기에는 사람이 살 만한 골짜기가 전혀 없다. 우정禹井, 우혈禹穴, 양명동과 같은 것들은 모두 바위 틈새를 지칭하는 것으로, 거기에도 또한 사람이 발 디딜 만한 곳이 전혀 없다. 옛사람들은 도인道人이 동굴 속에서 양명에게 책을 주었다고 하나 이것은 도대체가 터무니없는 말이다. 그런데 지금 본전本傳을 짓는 사람들이 여전히 "양명동에서 공부하였다"고 기록하고 있으니, 정말이지 터무니없기 짝이 없다.[155]

모기령의 고증에 따르면 '양명동'이란 회계산에 있는 조그만 바위틈의 이름일 뿐이며 동굴을 지칭하는 것이 아니다. 모기령은 이를 토대로 「본전」(『명사』「왕수인전」)과 「연보」에 기록된 "양명이 양명동에서 공부하였다"는 말을 전부 터무니없는 말이라고 단정하였다. 모기령의 고향인 초산肖山은

---

155) 毛奇齡,『王文成傳本』上(『西河合集』),"公晚愛會稽山陽明洞, 因號陽明子. 按會稽山卽苗山, 幷無洞壑. 凡禹井 · 禹穴 · 陽明洞類, 只是石罅, 幷無託足處. 舊誣以道人投書洞中, 固大妄. 今作傳者且曰'講學陽明洞', 則妄極矣."

회계산에서 불과 수십 리 떨어져 있었으므로 모기령이 직접 회계산을 답사했을 가능성이 농후하다. 따라서 그의 주장은 상당히 신빙성이 있다고 하겠다. 그런데 모기령의 기록보다 앞서 지어진 명대 풍몽룡馮夢龍의 『왕양명선생출신정란록王陽明先生出身靖亂錄』 속에는 '양명동'에 대한 또 다른 설명이 언급되어 있다.

> 홍치弘治 15년……드디어 사직하고 여요餘姚로 돌아와 사명산四明山의 양명동에 집을 지었다. 그 골짜기의 위치가 사명산의 남쪽에 있기 때문에 '양명陽明'이라 부른 것이다. 산의 높이는 18,000길이며 둘레는 250리이다.[156]

이 기록에 따르면 양명동은 회계산이 아니라 여요현餘姚縣의 사명산에 있으며, '양명陽明'이라는 이름은 '사명산四明山의 남쪽(陽)'이라는 의미에서 나온 것이라고 한다. 사명산과 회계산은 200리 정도의 거리에 있으므로 지금까지의 두 주장 중 어느 하나는 틀린 것일 수밖에 없다. 근세의 학자들의 주장도 가지각색이어서 회계산에 양명동이 있다고 주장하는 사람이 있는가 하면 사명산에 있다는 주장을 따르는 사람도 없지 않다. 그렇지만 그들 중 어느 누구도 그것을 상세히 고찰하지는 않았다. 일본 학자들의 경우, 일찍이 다카세 시게지로(高瀬武次郎)는 『왕양명상전王陽明詳傳』에서 『왕양명선생출신정란록』의 기록에 의거하여 주장을 폈으며, 근년의 여러 양명학 관련 저작들에서도 사명산에 양명동이 있다는 주장을 따르고 있다. 『양명학대계陽明學大系』의 「양명전陽明傳」에서는 모기령의 주장을 기록해 놓긴 했지만 이 점에 대해서는 어떠한 판단도 내리지 않았다.

근대의 학자들이 회계산에 양명동이 있었다는 주장에 회의하는 근거는, 왕수인의 고향이 여요현이며 사명산이 여요현의 경내에 있는 반면 회계산은 여요현의 동쪽 200여 리 떨어진 곳(그 사이에 上虞縣이 가로막고 있다)에 있으므로 당연히 왕수인이 고향 부근에 집을 지었을 것이라는 점이다. 이런

---

156) 『王陽明先生出身靖亂錄』上, 12쪽, "弘治十五年……遂告病歸餘姚, 築室於四明山之陽明洞. 洞在四明山之陽, 故曰陽明. 山高一萬八千丈, 周二百一十里."

추론은 논리적으로는 아주 그럴 듯하다. 그렇지만 아래의 글에서 고증하게 될 내용처럼 왕수인이 청년 시기에 이미 여요현을 떠났다고 한다면 사명산에 양명동이 있었다는 주장 역시 성립하기 어렵다. 따라서 '양명동'에 관한 문제는 아직 완전히 해결되지 않았음을 알 수 있다. 그것은 이 문제가 양명동은 대체 어디에 있는가, 양명동의 '양명陽明'이란 이름의 유래는 무엇인가, 정말 왕수인은 계속해서 여요현에서 살았는가, 왕수인은 주로 절강浙江의 어느 곳에서 학술 활동을 하였는가와 관련되어 있기 때문이다. 이 장에서는 대략적인 고찰을 통해 이러한 의문점들을 밝혀 보고자 한다.

1)

사실 이 문제는 왕수인의 문인인 전덕홍 등이 편찬한 「연보」에 아주 명확하게 설명되어 있다.

선생의 이름은 수인守仁이고 자는 백안伯安, 성은 왕씨王氏이다. 선생의 선대는 진晉의 광록대부光祿大夫 왕람王覽의 후예에서 비롯되었으니, 본래 낭아琊야 사람이다. 왕람의 증손인 우장군右將軍 왕희지王羲之 때에 이르러 산음山陰으로 옮겨와 살게 되었다. 이후 23대(世) 적공랑迪功郎 왕수王壽가 달계達溪로부터 여요餘姚로 옮겨오게 되면서 드디어 여요 사람이 되었다.……(선생의) 부친은 이름이 화華이고 자는 덕휘德輝, 별호는 실암實菴으로 만년에는 해일옹海日翁이라 불렸으며, 용천산龍泉山에서 독서한 적이 있기 때문에 용산공龍山公이라고도 불렸다. 성화成化 신축년에 진사시에 장원으로 급제하여 벼슬이 남경이부상서南京吏部尚書에 이르렀고 사후에 신건백新建伯으로 추봉되었다. 용산공은 항상 산음山陰이 산수도 아름답고 선대가 살던 곳이라 하여 그리워하다가 결국 다시 여요현에서 월성越城의 광상방光相坊으로 옮겨가 살았다. 선생은 한때 양명동陽明洞에 집을 지었다. 그 골짜기는 월성 동남쪽 20리쯤에 있으며, 학자들은 그를 양명선생이라 불렀다.157)

157) 『全書』, 권32, 443쪽, "先生諱守仁, 字伯安, 姓王氏. 其先出於晉光祿大夫覽之裔, 本瑯琊人, 至曾孫右將軍羲自達溪徙居山陰. 又二十三世迪功郎壽自達溪徙餘姚, 今遂爲餘姚人.……父諱華, 字德輝, 別號實菴, 晩稱海日翁, 嘗讀書龍泉山中, 又稱龍山公. 成化辛丑賜進士及第第一人, 仕至南京吏部尚書, 進封新建伯. 龍山公常思山陰山水佳麗, 又爲先世故居, 復自餘姚徙越城之光相坊居之. 先生嘗築室

「연보」에 따르면 왕수인의 부친 왕화王華는 산음山陰의 산수를 사랑하여 생전에 집을 산음(越城)으로 옮겼다. 고찰한 바에 의하면 '월성越城'이라는 이름은 그 당시에 넓은 의미로는 산음현성山陰縣城, 회계현성會稽縣城을 포함한 소흥부성紹興府城을 가리키는 것이었다. 산음현과 회계현은 서로 이웃해 있는 현으로서, 이 두 현의 현성縣城(현의 행정 소재지)은 같은 대성大城 내에 속해 있으니 바로 옛날의 산음대성山陰大城을 말한다. '소흥紹興'이라는 이름은 수당隋唐 시기에 월주越州였다가 남송南宋 시기에 비로소 소흥으로 고쳐진 것이었다. 소흥부성의 동쪽과 서쪽 두 부분은 각각 회계현성과 산음현성이다. 그래서 실제로 소흥부紹興府의 관서, 산음현의 관서, 회계현의 관서는 당시에 모두 같은 대성 내에 있었고, 그것을 월성越城(곧 지금의 浙江省 紹興이다)이라고 통칭한 것이었다. 그렇지만 월성이라는 이름에 대해서는 절강성浙江省 지역 이외의 사람들은 거의 알지 못했던데다가 연대마저 오래되어 결국 지금의 학자들은 '월성'이라는 두 글자에 주목하지 못한 채 온갖 엉뚱한 주장들을 내놓게 된 것이다. 전덕홍은 왕수인의 문하 가운데 수제자에 속한다. 왕수인이 주신호를 평정하고 월성으로 돌아온 뒤 몰려드는 학자들이 너무 많아지자 그는 늘 학자들로 하여금 전덕홍과 왕기에게서 먼저 배우게 하였다. 뒷날 왕수인이 사思·전田을 평정하러 떠날 때도 전덕홍과 왕기에게 집안일과 서원의 일을 맡겼다. 그러므로 전덕홍의 설명은 당연히 의심할 여지가 없다.

「연보」의 을유년乙酉年조에는 "10월에 월성에 양명서원陽明書院을 세웠다. 서원은 월성 서곽문西郭門 안의 광상교光相橋 동쪽에 있다"[158]라는 기록이 있다. 『산음지山陰志』에 따르면 서곽문은 곧 소흥부성의 서문(산음현성의 서쪽이기도 하다)이며, 광상교光相橋는 산음현의 관서에서 서쪽 3리 정도에 위치해 있으니 바로 왕수인이 살았던 광상방光相坊 앞이다. 왕수인의 「계산서원존경각기稽山書院尊經閣記」에 다음의 기록이 있다.

---

陽明洞, 洞距越城東南二十里, 學者咸稱陽明先生."

158) 『全書』, 권34, 472쪽, "十月立陽明書院於越城. 書院在越城西郭門內光相橋之東."

월성에는 예전에 계산서원稽山書院이 있었는데 그 위치는 와룡산臥龍山의 서쪽 등성이다. 지금은 황폐하게 된 지 오래이다. 군수 남대길南大吉이 민생 문제를 어느 정도 해결한 뒤 개연히 지엽적인 공부의 산만한 체계를 안타깝게 여겨서 장차 성현의 도로써 학자들을 진작시키려고 산음현의 현령인 오영吳瀛에게 서원을 재정비하여 일신시키도록 지시했다.159)

남대길은 가정嘉靖 초에 소흥군수가 되었고 왕수인에게 배움을 받은 적이 있다. 와룡산과 관련해서는『산음현지』에 다음과 같은 기록이 있다.

와룡산은 현의 관서(縣治) 뒤쪽에 있으며 옛 이름은 종산種山이다.160)

와룡산은 산음현성 안에 있는 작은 산으로 산음현의 관서 뒤쪽에 있고, 계산서원은 그 서쪽에 있다. 이런 기록들이나『산음현지』에 실린 부도附圖를 통해 볼 때 왕수인과 그 제자들이 말하는 월성이 바로 산음현성(소흥부성)을 가리킨다는 것을 알 수 있다. 모르긴 해도 산음현은 옛날 월越나라가 있었던 곳이며 뒷날 월주부성越州府城이 여기에 있었기 때문에 이런 이름을 가지게 된 것이리라.

『강희소흥부지康熙紹興府志』에는 또 이렇게 기록되어 있다.

산음현은 부성府城(府의 행정 소재지)에 부속되어 있으며, 부성의 관서가 산음현의 경내에 있다.161)

회계현 또한 부성에 부속되어 있으며, 부성의 관서에서 103보쯤 떨어져 있다.162)

부성 안의 네 모퉁이 가운데 서쪽에 있는 두 개의 모퉁이는 산음현에 속하고

---

159) 『全書』, 권7, 132쪽, "越城舊有稽山書院, 在臥龍西岡, 荒廢已久, 郡守南大吉旣敷政於民, 則慨然悼末學之支離, 將進之以聖賢之道, 於是使山陰令吳君瀛拓書院而一新之."
160) 『嘉慶山陰縣志』, 권3, "臥龍山在縣治後, 舊名種山."
161) 『康熙紹興府志』, 권1, "山陰縣附府城, 府治在縣境內."
162) 『康熙紹興府志』, 권1, "會稽縣亦附府城, 距府百有三步."

동쪽에 있는 두 개의 모퉁이는 회계현에 속한다.[163]

이 외에 『가경산음현지嘉慶山陰縣志』에는 "현의 부속 성곽에서 동쪽으로 회계현 관서까지는 2리이다"[164](小注에 運河가 가운데서 경계를 이룬다고 하였다)라고 하였으며, 『강희회계현지康熙會稽縣志』에는 "부성府城은 곧 옛 산음대성山陰大城이니 범려范蠡가 세운 곳이다. 당말唐末에 운하를 만들었는데, 그것을 경계로 하여 운하 동쪽 성은 회계에 속한다"[165]고 하였다. 이런 기록들을 통해 옛 월나라의 산음대성이 당唐 말엽 이래로 둘로 나뉘어 성의 중앙을 관통하는 운하를 기준으로 해서 서쪽은 산음현성이 되고 동쪽은 회계현성이 되었으며, 뒷날의 소흥부 행정 단위가 모두 산음현성 안에 위치하고 있었다는 것을 알 수 있다. 산음현성의 남쪽 20리는 바로 왕수인이 항상 노닐던 천주산天柱山, 남진산南鎭山, 회계산會稽山이니 이것이 바로 왕수인이 회계산에 집을 짓고 공부하게 된 이유이다.


2)

「연보」에는 왕화王華가 월성의 '광상방光相坊'으로 옮겨 살았다고 했으나, 『여요지餘姚志』와 『회계지會稽志』에는 광상방이라는 지명이 나오지 않고 오직 『강희산음현지康熙山陰縣志』 권1에서만 산음현성 안의 서북쪽에 '서광상방西光相坊'과 '동광상방東光相坊'이 있다고 했다. 왕수인의 집안이 산음현으로 이사한 일에 대해 『가경산음현지』에서는 다음과 같이 기록하고 있다.

왕수인은 본래 산음현 사람인데 여요현으로 옮겨가 살다가 뒷날 다시 본적으로 돌아왔다. 그의 고택은 산음현의 동광방東光坊 사공교謝公橋의 뒤쪽에 있고 거기에 사당도 있다.[166]

---

163) 『康熙紹興府志』, 권1, "府城內四隅, 西二隅隷山陰, 東二隅隷會稽."
164) 『嘉慶山陰縣志』, "縣附廓東至會稽縣治二里."
165) 『康熙會稽縣志』, 권2, "府城卽古山陰大城, 范蠡所築, 唐末分運河爲界, 以東之城屬會稽."
166) 『嘉慶山陰縣志』, 卷首, 「皇言」, "守仁本山陰人, 遷居餘姚, 後仍還本籍, 其故居在山陰東光坊謝公橋之後, 祠亦在焉."

왕수인은 자가 백안伯安이고 본적은 산음현이며 여요현으로 옮겨가서 살다
가 뒷날 다시 산음현으로 돌아왔다. 이부상서吏部尙書를 지낸 왕화王華의 아
들로 한때 회계현 남쪽의 양명동에 집을 짓고 살았다. 그래서 스스로를 양명
이라고 불렀다.[167]

세상 사람들은 모두 문성공文成公(왕수인)이 여요현 사람이라고 알고 있으나
월성 사람들은 공이 이미 산음현으로 옮겨와서 살았다는 사실을 알고 있다.
마방백馬方伯의 「여방비기如龍碑記」를 읽어 보면 또 공의 집안이 대대로 산
음현에서 살다가 뒷날 요강姚江으로 옮겨갔다는 사실도 알 수 있다. 그러므
로 왕수인이 산음현을 못 잊어 한 것은 바로 사람이 고향 땅에 묻히고 싶은
정리 때문이었다. 「여방비기」에는 "그 동네에 왕수인만을 제사하는 사당이
남아 있어 태수 이군李君이 중수하였다"고 하였다. 지금의 동광방東光坊이
바로 왕수인의 고택이다.[168]

위의 기록을 통해 산음현성 내의 서북쪽에 있는 '동광상방東光相坊'이
왕수인의 고택이며 왕수인의 사당이 동서 광방의 사이에 남아 있어 강희
초년에 소흥부 태수를 지냈던 이李 아무개가 중수하였다는 사실을 알 수 있
다. 『산음현지』의 기록처럼, 세상 사람들은 왕수인을 여요현 사람이라고 알
고 있었지만 정덕·가정 연간의 사람들은 모두 왕수인이 이미 산음현으로
옮겨가서 살았다는 사실을 알고 있었다. 일생 동안 왕수인과 가장 절친했던
황관黃綰은 당시에 올렸던 「군공을 표창하여 충성을 권장해 달라고 청하는
상소」(明軍功以勵忠勤疏)에서 주신호의 반란이 일어났을 때 "양명은 절강성의
산음현에 살고 있었다"[169]고 분명하게 언급하였다. 그래서 가정 원년에 왕
화가 죽자 다음해에 천주봉天柱峰에 장사지냈던 것이니, 그곳은 월성에서 20
여 리 떨어진 곳에 있었다. 가정 7년 겨울 왕수인이 세상을 떠나자 이듬해

---

167) 『嘉慶山陰縣志』, 권14, "王守仁字伯安, 本籍山陰, 遷居餘姚, 後復還山陰. 吏部
尙書王華之子, 嘗築室會稽縣南陽明洞, 故自號陽明."
168) 『嘉慶山陰縣志』, 권21, "世皆知文成公爲餘姚人, 越中人士則知公已遷居山陰. 讀
馬方伯如龍碑記, 又知公世居山陰, 後徙姚江. 然公之不忘山陰, 卽營邱反葬之
誼. 碑記又云其里居舊有專祠, 太守李君修之, 是今之東光坊卽公舊第."
169) 『全書』, 권38, 536쪽, "守仁家於浙之山陰"

에 홍계洪溪에 장사지냈는데, 「연보」에는 "홍계는 월성에서 30리 떨어진 곳에 있으며 난정蘭亭에서 5리 들어간 곳이니 선생이 친히 택하신 곳이다"[170]라고 되어 있다. 황관의 「행장」에는 홍계의 고촌高村에 장사지냈다는 기록이 있고[171] 정휘程輝의 「상기喪紀」에도 역시 월성에서 남쪽으로 30리 떨어진 곳에 있는 고촌에 장사지냈다고 했다.[172] 이런 기록들을 토대로 해서 따져 보면 세상 사람들이 모두 왕수인을 '요강姚江'이라는 이름으로 부르는 것은 타당하지 않다.

3)

왕화가 (왕수인이 태어나기 전에) 이미 집을 산음현으로 옮겼으므로 왕수인이 여요현의 사명산이 아닌 월성의 회계산에 집을 짓고 공부했던 것은 매우 자연스러운 일이다. 「연보」에 의하면 양명동은 "월성에서 동남쪽으로 20리 떨어진 곳에 있다"[173]고 한다. 『여요지』에 따르면 사명산은 여요현에서 남쪽으로 110리 떨어진 곳에 있으며 높이는 18,000길이고 둘레는 210리라고 하는데,[174] 사명산 안에는 '양명陽明'이라는 이름을 가진 골짜기가 없다. 여요현 경내의 다른 산들에도 역시 양명동은 없다. 게다가 양명동이 사명산에 있다고 해도 「연보」의 "월성에서 남쪽으로 20리 떨어진 곳에 있다"는 기록과는 어긋나게 된다. 또한 『산음현지』에는 명백히 "회계산은 산음현의 동남쪽으로 13리 되는 곳에 있다"[175]고 기재되어 있어 「연보」의 기록과 일치한다. 『강희회계현지』에는 이런 기록이 있다.

〔양명동陽明洞〕 이 동은 하나의 큰 바위로서 그 가운데 틈이 있고 회계산 용서궁龍瑞宮 곁에 있다. 옛 경전에서 말한 36동천洞天 중에서 11번째 동천이

---

170) 『全書』, 권34, 483쪽, "洪溪距越城三十里, 入蘭亭五里, 先生所親擇也."
171) 『全書』, 권37, 524쪽 참조.
172) 『全書』, 권37, 533쪽 참조.
173) 『全書』, 권32, 443쪽, 「年譜」引言, "距越城東南二十里."
174) 『乾隆餘姚縣志』 권3 참조.
175) 『嘉慶山陰縣志』, "會稽山在縣東南三十里."

다. 『구산백옥경龜山白玉經』에는 "회계산은 둘레가 35리로서 그 이름은 양명
동천陽明洞天이니 선인과 성인이 함께 모이는 곳이다"라는 기록이 있다. 이
기록대로라면 '양명동천'이란 용서궁에 있는 하나의 바위만을 말하는 것이
아니다.……그 뒤 왕양명이 형부주사刑部主事가 되었을 때 벼슬을 사양하고
양명동 옆에 집을 짓고 3년 동안 묵좌해서 심성의 이치를 환히 깨쳤다. 아직
도 그 터가 남아 있다. 왕양명이 용장으로 좌천되었을 때도 그 동네의 이름을
소양명동천小陽明洞天이라고 지어 양명동에 대한 그리움을 나타냈다.[176]

『강희소흥부지康熙紹興府志』에는 또 이런 기록이 있다.

회계산의 양명동은 완위산宛委山에 있는데 이 동은 하나의 큰 바위로서 그
가운데 틈이 있다.……이름은 비래석飛來石이며 그 위에는 당송唐宋의 명현
名賢들이 쓴 이름들이 남아 있다. 이 동은 우혈禹穴이라 불리기도 한다.[177]

이런 기록들을 통해서 회계산에 확실히 이른바 '양명동'이라는 곳이 있
었으며 모기령이 주장한 대로 양명동은 무슨 큰 동굴이 아니라 가운데에
틈이 있는 큰 바위라는 것을 알 수 있다. 물론 어떤 자료에서는 양명동이
회계산에 있다고 하고 또 어떤 자료에서는 완위산에 있다고 하여 차이가
나긴 하지만, 『강희회계지』권3의 '남진회계산南鎭會稽山'의 주注에 "회계산
과 완위산은 서로 인접해 있다. 완위산이 바로 우혈禹穴인데 양명동천이라
불린다"는 기록이 있으며 또한 회계산이 주변 여러 산의 통칭이고 완위산
은 그 중의 하나이므로 군이 명확히 가리지 않더라도 문제될 것은 없다.
'양명동천陽明洞天'이라는 이름은 도가의 경전에서 비롯된 것으로 당대
唐代에 이미 이런 이름이 나타났는데(元稹은 「詠陽明洞天」50韻을 남겼다), 본

---

176) 『康熙山陰縣志』, 권4, "[陽明洞] 洞是一巨石, 中有罅, 在會稽山龍瑞宮旁. 舊經
三十六洞天之第十一洞天也. 龜山白玉經: 會稽山周回三百五十里, 名陽明洞天,
仙聖人都會之所. 據此, 陽明洞天不止龍瑞宮之一石矣.……其後王文成爲刑部主
事時以告歸結廬東側, 默坐三年, 了悟心性, 今故址猶存. 其謫居龍場也, 嘗名其
洞爲小陽明洞天, 以寄思云."
177) 『康熙紹興府志』, 권6, "會稽陽明洞, 在宛委山, 洞是一巨石, 中有罅,……名飛來
石, 上有唐宋名賢題名, 洞或稱禹穴."

래는 회계산 일대를 가리킨다. '양명동陽明洞'이라는 이름이 생긴 이유는, 그 동네에 '동천洞天'이라는 단어의 의미를 이해하지 못하는 사람이 많아 그냥 '양명동'이라고 불렀으며 경우에 따라 우혈禹穴을 '양명동'이라고 부른 것이 아닌가 한다. 이 두 이름은 모두 왕수인 이전에 생겼다. 또 『회계지會稽志』에 따르면 회계산은 모산茅山, 묘산苗山, 도산涂山이라고도 불리고(모기령도 회계산이 바로 苗山이라고 했다) 현의 동남쪽 12리 지점에 있으며 완위산은 현의 동남쪽 15리에 있다고 한다. 전설에 따르면 우왕禹王이 회계산에 이르러 세상을 떠나자 여기에 그를 장사지냈는데 그 위에 큰 굴이 있어 그것을 우혈禹穴이라 불렀다고 한다. 『가경산음현지』에는 이런 기록이 있다.

> 회계산은 산음현에서 동남쪽으로 13리 떨어진 곳에 있다.……산 아래에는 우왕禹王의 사당이 있다.……산 위에는 우왕의 무덤이 있다. 산의 동쪽에는 돌구덩이가 있는데, 우왕의 사당에서 7리 떨어진 곳이며 바닥이 보이지 않을 만큼 깊어 사람들은 그것을 우정禹井이라고 부른다. 동쪽으로 유람하는 사람들 가운데는 이 굴을 찾는 이들이 많다. 이 산은 묘산苗山이라고도 부르고 또 도산涂山이라고도 부른다. 그 지맥은 운문산雲門山이고, 동쪽으로 완위산宛委山, 진망산秦望山, 천주산天柱山 등과 인접해 있다.178)

우혈禹穴도 왕수인이 공부하러 갔던 곳으로, 『전습록』의 기록에도 나타나 있다. 우혈에 관해서는 당唐 이래로 여러 이설들이 분분하였는데 이 동네 사람들은 양명동을 우혈이라고 생각한 듯싶다. 어쨌든 우혈이 회계산에 있다는 것은 확실하다. 회계산은 '남진南鎭'이라고도 부르는데, 왕수인이 꽃을 감상하던 곳이 바로 여기이다. '진鎭'이란 산(岳)을 말한다. 우禹임금은 구주九州를 정한 뒤 제후들을 크게 모아 각 제후들이 다스리는 지역의 높은 산을 그 주州의 진鎭으로 봉했다. 당나라 때 사진산四鎭山을 공公으로 봉했으며 남진南鎭은 영흥공永興公으로 봉해졌다. 왕수인이 노닐던 곳이 바로 영

---

178) 『嘉慶山陰縣志』, 권3, "會稽山在縣東南一十三里.……山下有禹廟.……山上有禹冢. 山東有石硎, 距廟七里, 深不見底, 謂之禹井. 東遊者多探其穴. 一名苗山, 一名涂山, 其支山爲雲門山, 其東接宛委 · 秦望 · 天柱諸山."

홍공永興公의 사당 부근이다.

지금까지 언급한 것에 따르면, 명대 사람들이 '양명동'이라는 단어를 쓸 때는 대략 다음의 세 가지 뜻에 있었다. 첫째, 단순히 회계산(월성에서 동남 쪽 15리 정도 떨어진 곳으로 회계현의 경내에 있다)에 있는, 긴 틈새가 있는 큰 바위를 가리키는 경우이다. 『회계지』에서 말한 "동洞 옆에 집을 지었다"는 것은 바로 이 의미일 뿐이며 무슨 동굴 속에 집을 지었다는 말이 아니다. 둘째, '양명동'을 '양명동천'의 약칭으로 사용하는 경우이다. 그 동네 사람들에게는 이러한 용례가 보다 자연스러웠던 것으로 보인다. 왕수인의 제자들이 "양명동에서 공부하였다"고 기술한 것은 양명동 부근에서 공부하였다거나 양명동천 안에서 공부하였다는 말이지 동굴 속에 집을 지었다는 의미가아니다. 셋째, 회계산을 그냥 양명산이라고 부르는 경우이다. 예컨대 왕수인의 친우 고린顧璘은 「양명산에서 노닐며」(遊陽明山詩)라는 시를 남겼다.

> 시내를 따라 난 길은 솔과 잣의 숲을 가로지르고,
> 자니紫泥(詔書)는 멀리 깊은 동천洞天을 지킨다.
> 향로봉香爐峰의 절정에 이르러야 하지만,
> 석산봉石傘峰에 남은 비명도 찾아볼 만하다.
> 우혈은 예로부터 신성의 자취라고 여겨지던 곳,
> 진비秦碑를 보니 패왕覇王의 마음이 애통하다.
> 오가는 몸 밖의 무궁한 일들,
> 노래 차례 되기 전에 술잔 가득 따른다.[179]

이 시에서 '동천'은 당연히 양명동을 가리키며, 향로봉와 석산봉은 회계산의 두 봉우리이다. 진비秦碑는 완위봉에 있는 이사李斯의 비를 가리킨다. 이를 통해 회계산을 양명산이라 부를 수 있다는 것을 알 수 있다. 그러므로 이런 맥락에서는 또 왕수인이 양명산 속에서 공부했다고도 말할 수 있다.

---

179) 『息圜存稿』, 권12, 「遊陽明山」, "澗道橫遮松柏林, 紫泥遙護洞天深. 香爐絶頂應須到, 石傘遺銘尙可深. 禹穴久疑神聖迹, 秦碑堪通覇王心. 往來身外無窮事, 不及當歌酒滿斟."

이상의 세 의미는 모두 왕수인의 제자와 그의 친구들이 사용했던 용례이다. 왕수인은 만년에 산음에서 살았고 그에게 와서 배운 제자는 백여 명을 헤아린다. 양명산(회계산)은 산음현 지척에 있어 그들은 이틀에 한번쯤은 그곳으로 가서 노닐었을 것이므로 그 틈(禹穴) 속으로 들어갈 수 없다는 사실쯤은 다들 알고 있었을 것이다. 뒷사람들이 혹시 잘못 전했을지라도 모기령처럼 '터무니없기 짝이 없다'는 말로 전덕홍 등을 매도해서는 안 될 것이다. 책을 읽을 때는 단어 자체에 얽매여서는 안 된다. 따라서 '양명동에서 공부하였다'는 기록을 무작정 그릇된 것이라고 단정할 수만은 없는 일이다.

4)

왕수인은 산음으로 옮겨와 살았는데 여러 지방지에서는 산음 부근에 양명동이 있다고 기록하고 있다. 이제 우리는 왕수인 자신의 자료를 통해 양명동이 그가 집을 짓고 살던 곳에 있었다는 사실을 증명하고자 한다.

「연보」의 홍치弘治 15년 임술년壬戌年조에 이런 기록이 있다.

벼슬을 사직하고 월越로 돌아와 양명동에 집을 짓고 도인술導引術을 익히시더니 얼마가 지나자 드디어 앞일을 예측하는 능력을 가지게 되셨다. 하루는 양명동에 앉아 있다가, 친구인 왕사여王思輿 등 네 사람이 선생을 방문하려고 오운문五雲門을 막 나설 때 선생이 노복에게 가서 마중하라고 명하면서 그들이 오는 길을 상세히 말해 주었다. 노복이 네 사람을 길에서 만나 이야기해 보니 선생이 했던 말과 일치하므로, 모두들 놀라고 괴이하게 여겨 선생께서 득도하신 거라고 생각하게 되었다.[180]

왕사여王思輿는 산음 사람이다. 『소흥부지』에 따르면 소흥부성의 정동문正東門이 바로 '오운문五雲門'이며 『산음지』, 『회계지』에서도 역시 그렇게 기록하고 있으므로, 위의 '월越로 돌아왔다'에서의 '월越'은 곧 월성越城을 가

---

180) 『全書』, 권32, 445쪽, 「年譜」, '壬戌條', "告病歸越, 築室陽明洞中, 行導引之術, 久之遂先知. 一日坐洞中, 友人王思輿等四人來訪, 方出五雲門, 先生命僕迎之, 且歷語其來迹. 遇諸途, 與語, 合衆驚異, 以爲得道."

리킨다는 것을 알 수 있다. 따라서 왕수인이 '그 곁에 집을 짓고 살던 곳'은 확실히 오운문 밖 20리에 있는 회계산 양명동이다.

왕수인은 또 정덕 임술년(41세)에 왕도王道(자는 純甫)에게 보낸 답장에서 이렇게 말했다.

> 감천甘泉이 근래 편지를 보내와서 초산현肖山縣의 상호湘湖에 집을 마련했다고 하는데, 그곳은 양명동에서 불과 수십 리 떨어진 곳이다.[181]

상호湘湖는 초산현 관서에서 서쪽으로 2리 떨어진 곳에 있다.[182] 산음현과 초산현은 이웃한 현으로, 산음현성에서 초산현성까지는 서쪽으로 불과 50여 리이다.[183] 이것 역시 회계현의 양명동이 바로 왕수인이 학문 세계에 빠져들어 공부하던 곳임이 틀림없다는 걸 증명해 준다.

양명동이 회계현에 있다는 것이 사실이라면 '양명'이라는 단어가 '사명산의 남쪽'이라는 의미에서 비롯된 것이 아니라는 것을 알 수 있다. 왕수인이 양명을 자기 호로 삼은 건 당연히 '양명동천'에서 따온 것이다. 전덕홍의 「양명선생연보서陽明先生年譜序」에는 이런 말이 있다.

> 우리 스승이신 양명선생이 태어나 어린 나이에 성인의 학문에 뜻을 두고 송유宋儒들에게서 그 방법을 찾아보았지만 얻지 못하셨다. 사물의 이치를 끝까지 따지다가 결국 위급한 병에 걸려, 양명동천陽明洞天에 집을 짓고 양생술을 익히셨다.[184]

「연보」는 전덕홍이 지은 것이므로 「연보」의 이른바 "양명동에 집을 짓고 공부하였다"는 말은 정말 동굴 속에 집을 짓고 공부했다는 말이 아니라는 것을 알 수 있다. 왜냐하면 전덕홍은 「연보서」에서 이미 명확하게 "양명

---

181) 『全書』, 권4, 96쪽, "甘泉近有書來, 已卜居肖山之湘湖, 去陽明洞方數十里耳."
182) 『康熙肖山縣志』 권5에 보인다.
183) 『隆熙山陰縣志』 권2에 보인다.
184) 『全書』, 권36, 497쪽, "吾師陽明先生出, 少有志於聖人之學, 求之宋儒不得, 窮思物理, 卒遇危疾, 乃築室陽明洞天, 爲養生之術."

동천에 집을 지었다"고 말했기 때문이다. '동천'이란 이름은 왕수인 자신도 익히 알고 있었다. 『전서』 권19에 실린 용장에서 지은 시에는 "비로소 동쪽 골짜기를 찾아 「양명소동천陽明小洞天」 3수를 지었다"[185]라는 설명이 붙어 있고, 같은 책 권29에는 「여름날 양명소동천으로 불렀더니 제자들이 다 모여서 기쁜 나머지 우연히 당운唐韻으로 시를 짓는다」(「夏日遊陽明小洞天喜諸生偕集偶用唐韻」)라는 제목의 시가 있다. 또한 뒷날 강서에서도 양명별동陽明別洞에 관한 시 5수를 남겼다. 이런 것들은 모두 왕수인이 양명동 근처에 집을 짓고 살았다는 것을 증명한다.

가정 원년에 왕수인의 부친 왕화가 세상을 떠나자 문인 육심陸深이 왕화의 「행장」을 지었는데 거기에 이런 말이 있다.

정덕正德 임신년 가을 지방관 직책을 마치고 길을 돌아 용산龍山의 저택으로 가서 선생을 뵈었다. 거룻배에 술을 싣고 함께 남진南鎮의 여러 산들로 돌아다니며 놀다가 양명동천 아래서 쉬게 되었는데, 선생이 내 손을 잡고서 "이것이 내 아들(왕수인을 가리킨다)이 지향하는 생활이다"라고 말씀하셨다.[186]

이 글은 정덕 연간에 왕화가 이미 산음에 살고 있었다는 사실만을 언급하는 것이 아니라, 왕수인의 '양명'이라는 호가 '양명동천'에서 따왔음을 명백히 밝혀 주고 또한 왕수인의 뜻이 늘 산속에 집을 짓고 제자들과 학문을 밝히는 데 있었다는 것을 분명하게 밝혀 주고 있다. 왕수인은 『주역』을 읽다가 지은 시에서 다음과 같이 읊었다.

한 광주리의 밥과 한 표주박의 물로 충분한 즐거움,
이 뜻은 참으로 남을 속이려는 것이 아니다.
양명동의 산기슭이여!
내 늙음을 잊을 만하다.[187]

---

185) 『全書』, 권19, "始得洞天, 遂爲陽明小洞天三首"
186) 『全書』, 권37, 514쪽, "正德壬申秋, 以使事之餘, 迂道拜先生於龍山里第. 扁舟載酒, 相與遊南鎮諸山, 乃休於陽明洞天之下, 執手命之曰: 此吾兒之志也."
187) 『全書』, 권19, 288쪽, "簞瓢有餘樂, 此意良非矯, 幽哉陽明麓, 可以忘吾老."

또한 왕수인은 「숙부를 돌려보내며」(送叔父歸詩)에서 "어느 때 다시 양명동으로 돌아갈까? 꿈속 달과 솔바람은 바위의 잠을 쓸어낸다"(何時却返陽明洞, 夢月松風掃石眠)라고 하였으며, 서애를 위한 제문에서도 자신의 뜻이 "일찍 양명동의 산기슭으로 돌아가 제자들과 이 도를 강명講明해서 제 몸을 참되게 하고 후세의 학자들을 바른 길로 인도하는 것"[188]이라고 말하였다.

5)

왕수인이 언제 산음으로 이사하여 양명동천에 집을 지었는지, 그리고 산음으로 이사하기 전후의 활동은 어떠했는지에 대해서는 좀더 상세한 설명이 필요하다.

「연보」에 기록된 산음에서의 활동 가운데 가장 이른 시기의 것은 홍치 15년 임술년 조에 나타난 "사직하고 월성으로 돌아가 양명동에 집을 지었다"[189]는 내용이다. 『산음지』와 『회계지』에도 왕수인이 형부주사로 임명되었을 때(弘治 13년 刑部主事로 임명되었으며 17년에 兵部로 바뀌었다) 양명동 근처에 집을 지었다는 기록이 있다. 홍치 16년 계해년에 왕수인은 태수 동侗 아무개의 요청을 받아들여 남진南鎭에서 기우제를 지냈다. 따라서 적어도 왕수인이 31세였을 때는 이미 산음으로 이사했다고 단정할 수 있다. 『전서』의 다른 자료들도 이 점을 뒷받침해 준다. 예컨대 왕수인의 「나리소시집서羅履素詩集序」는 홍치 15년 임술년에 지은 것인데 이 글에서 그는 스스로를 '양명자陽明子'라고 칭하였다. 그러므로 모기령이 왕수인에 대해 "만년에 회계산의 양명동을 사랑하여 스스로를 양명자陽明子라고 불렀다"고 한 말은 정확하지 않다.

왕수인의 일가족이 홍치 임술년 이전에 산음으로 이사했을 가능성도 있을까? 이것을 증명할 직접적인 자료는 없다. 「연보」에 의하면 왕수인은 성화成化 8년에 여요현 서운루瑞雲樓에서 태어났다. 전덕홍의 「서운루기瑞雲樓

---

188)『全書』, 권25, 368쪽, "早歸陽明之麓與二三子講明斯道以誠身淑後."
189)『全書』, 권32, 445쪽, 「年譜」, '壬戌條', "告病歸越, 築室陽明洞."

記」에는 "서운루란 우리 스승이신 양명선생이 태어나신 곳이니, 누각의 위치는 여요현 용산龍山의 북쪽 산기슭에 있다.……홍치 병진년에 나 역시 이 누각에서 태어났다"[190]라는 기록이 있다. 병진년은 왕수인의 나이가 25세가 된 해이다. 담약수 역시 「서운루기」를 지었는데,[191] 이 글에서 그는 왕수인의 부친 왕화가 과거에 급제하기 전에 이 누각에서 살았다고 언급하고 있다. 성화 17년 왕수인의 나이 10세 때 왕화는 진사시에 합격했으며 이듬해 왕수인은 조부를 따라 북경으로 가 살았다. 그러므로 11세 이전에 왕수인이 여요현에서 살았다는 것은 의심의 여지가 없다. 「연보」에서는 왕수인의 나이 17세 때 북경에서 강서로 가 아내를 맞이하고 다음해 겨울에 여요현으로 돌아갔으며, 이듬해 그의 조부가 죽자 왕화가 여요현으로 돌아와 3년상을 치렀다고 하였다. 그러므로 이 기간 동안에는 왕화가 이사할 수 없었을 것이다. 홍치弘治 계축년에 상복을 벗었을 때 왕수인은 이미 22세였다. 홍치 9년 병진년에 왕수인은 회시會試에 합격하지 못하고 여요현으로 돌아와 시사詩社를 결성하였는데 이때 그의 나이 25세였다.

우리는 그 이후에 왕수인이 계속해서 여요현에서 살았다는 것을 증명할 만한 자료를 가지고 있지 않다. 그리고 바로 병진년 그 해에 전덕홍이 왕수인의 가족이 살았던 서운루에서 태어났다고 하는데 정말로 그러했던 것일까? 혹시 이 해에 왕수인의 가족이 월성으로 이사했던 것은 아닐까? 그러나 지금으로서는 알 길이 없다.

「연보」에 따르면 홍치 10년에서 15년까지(왕수인의 나이 26세에서 30세까지) 왕수인은 계속 북경에 머물러 있었다. 그렇지만 이 사실만으로 왕화가 그 기간 동안 산음으로 집을 옮겼을 가능성을 배제할 수는 없다. 「연보」에는 이 5년 동안의 기록이 매우 소략하여 의심을 갖지 않을 수 없다. 어떤 자료에서는 왕수인이 이 몇 년 동안 계속해서 경사에 있었던 것은 아니라는 것을 보여 준다. 만년에 왕수인은 동몽석東夢石과 운문사雲門寺에서 묵으

---

190) 『乾隆餘姚志』, 권5, "瑞雲樓者, 吾師陽明先生降辰之地, 樓居餘姚龍山之北麓.……弘治丙辰某亦生於此樓."
191) 『萬曆餘姚志』에 보인다.

며 지은 시의 서문에서 "가정嘉靖 갑술년 겨울 21일 다시 진망산秦望山에 오르노니, 홍치弘治 무오년에 오른 뒤로 27년이 지났구나"[192]라고 쓰고 있다. 이 글에 따르면 왕수인은 홍치 무오년 즉 그의 나이 27세 되던 해에 진망산秦望山에 올랐다고 하였는데, 진망산은 완위산의 남쪽에 있는 산으로서 역시 회계현의 경내에 있다. 이 자료는 왕수인이 27세 되던 해에 그의 집안이 이미 산음현성으로 옮겼음을 나타낸다고 할 수 있다.

홍치 임술년에 양명동에서 요양한 뒤로 왕수인은 대부분의 시간을 모두 외지에서 벼슬하면서 보냈지만 적어도 네 차례 정도는 월성으로 돌아왔다. 첫 번째는 용장으로 귀양가기 전, 즉 36세 때이다. 「연보」에서는 단지 이 해에 월성에 있었다고만 적고 있을 뿐 산음에서 살았는가에 대해서는 명확히 하지 않는데, 시문詩文을 통해서도 이를 확인할 길이 없다. 그렇지만 왕수인의 본뜻은 귀양가는 도중 친속을 찾아뵈려는 것이었으니, 당시 왕화가 남경에 있었다고는 해도 왕수인의 조모 잠씨岑氏가 월성에 있었으므로 왕수인이 조모를 찾아보지 않을 까닭이 없다. 두 번째는 42세 때로, 왕수인은 남경태복시소경南京太僕寺小卿으로 승진되어 북경에서 임지로 가는 길에 월성으로 가 친속을 찾아뵈었다고 한다. 「연보」에는 다음의 기록이 있다.

2월 월성에 이르렀다. 선생은 처음에 집으로 돌아가는 대로 서애徐愛에 함께 천태天台, 안탕雁蕩에서 노닐어 보고자 했지만 종족과 친지들이 붙잡고 놓지 않는 바람에 뜻을 이루지 못하였다. 5월이 되자 마침내 서애 등 몇몇 친구들과 약속을 정하고 황관黃綰을 기다렸으나 오지 않았다. 그래서 상우현上虞縣에서 사명산四明山으로 들어가 백수白水를 구경하고 용계龍溪의 근원으로 거슬러 올라갔으며, 장석杖錫에 올라 설두雪竇에 이르렀고 천장암千丈巖에 올라 천모화정天姥華頂을 바라보았다. 봉화奉化에서 적성赤城으로 가려고 했는데, 마침 오랜 가뭄으로 인해 산의 밭들이 거북등처럼 갈라진 것을 보고 기분이 몹시 언짢아져서 드디어 영파寧波에서 여요현으로 돌아왔다.[193]

192) 『全書』, 권20, 318쪽, "嘉靖甲申冬二十一日再登秦望, 自弘治戊午登後, 二十七年矣."
193) 『全書』, 권32, 448쪽, "二月至越城, 先生初計至家即與徐愛同遊台蕩, 宗族親友

이 글의 마지막 구절인 "영파에서 여요현으로 돌아왔다"는 것은 결코 왕수인이 당시에 여요현에서 살고 있었다는 의미가 아니다. 왜냐하면, 위의 인용문에 따르면 왕수인은 집으로 돌아온 뒤 황관 등이 오는 것을 기다려 함께 천태, 한탕에서 노닐려고 하다가 끝내 황관이 오지 않자 상우현에서 사명산으로 들어갔다고 했는데, 사명산은 여요현의 경내에 있는 산으로서 월성의 남쪽에 있으므로 만일 왕수인의 집안이 여요현에 살고 있었다면 상우현으로 갈 필요가 전혀 없었기 때문이다. 서쪽에 위치한 상우현을 경유한다는 것은 남쪽으로 가려고 하면서 북쪽 길을 가는 것과 같다. 상우현은 산음현과 여요현 사이에 있는 지역이다. 왕수인의 집안이 산음현에 있고 산음현에서 사명산으로 갈 때는 반드시 상우현을 경유해야 하므로 위의 인용문에서 "상우현에서 사명산으로 들어갔다"고 한 것이다. 그리고 "여요현으로 돌아갔다"는 말은, 영파에서 산음으로 돌아가려면 반드시 여요현을 거쳐야 한다는 것과 왕수인 집안의 많은 사람들이 여요현에 살고 있어서 마침 지나는 길에 찾아뵌 것을 의미할 것이다.

왕수인이 세 번째로 월성에 돌아간 것은 45세 되던 해 도찰원좌첨도어사都察院左僉都御史 순무남감정장巡撫南贛汀漳으로 승진되었을 때 친척을 찾아뵌 일이다. 「연보」의 이 해 기록에는 "왕사여王思輿가 계본季本에게 '양명은 이번 길에 반드시 큰 공적을 세울 것이다'라고 하였다"194)라는 말이 있다. 왕사여는 산음 사람으로 앞에서 언급했던, 오운문五雲門을 나서서 왕수인을 방문했던 바로 그 사람인데 「연보」의 기록으로 볼 때 왕수인이 친척을 찾아뵙는 과정에서 잠시 산음현으로 돌아왔음을 알 수 있다. 다만 그 기간은 자못 짧았을 것이다.

왕수인이 네 번째로 월성으로 간 것은 정덕 16년 신사년이다. 왕수인은 주신호의 난을 평정하고 8월에 친속을 찾아뵙느라고 월성으로 돌아갔는데

---

絆不能行. 五月終與愛數友期候黃綰不至, 乃從上虞入四明, 觀白水尋龍溪之源, 登杖錫之雪竇, 上千丈巖以望天姥華頂, 欲從奉化取道赤城, 適久旱山田盡龜坼, 慘然不樂, 遂自寧波還餘姚."

194) 『全書』, 권32, 449쪽, "王思輿語季本曰: 陽明此行必立事功."

이때 그의 나이 50세였다. 이후 왕수인은 56세 때 사思·전田을 정벌하러 갈 때까지 줄곧 월성에서 살았다. 『전습록』 하권에는 다음의 기록이 있다.

선생이 월성으로 막 돌아왔을 때는 친구들의 발걸음이 뜸했었지만 얼마 지나자 사방에서 배우러 오는 이들이 날로 늘어났다. 계미년 이후 선생을 둘러싸고 사는 사람들의 집이 즐비하여, 천비묘天妃廟, 광상사光相寺 등의 사원에는 한 방안에 늘 합숙하는 사람이 수십 명이나 되었다. 밤에 누울 곳이 없어 번갈아 잠자리에 들고, 노랫소리는 아침저녁으로 이어졌다. 남진南鎭, 우혈禹穴, 양명동陽明洞과 같은 여러 산의 멀고 가까운 사원으로서 사람의 발길이 미칠 수 있는 곳이라면 동지들이 기거하지 않는 곳이 없었다.[195]

「연보」에서도 다음과 같이 언급하였다.

이전에 스승께서 월성에 계실 때 사방의 동문同門 가운데 와서 배우는 사람이 날마다 늘어나, 능인사能仁寺·광상사光相寺·지대교사至大教寺·천비묘天妃廟 등의 사원으로도 전부 수용하지 못하였다. 이렇게 되자 동문인 왕간王艮·하진何秦 등이 의논해서 지대사至大寺 왼쪽에 집을 지어 그들을 기거하게 하였다.[196]

계미년은 곧 가정 2년으로 왕수인이 월성으로 돌아온 이듬해이며 이때 왕수인의 나이 52세였다. 『산음지』에 따르면, 천비묘는 광상교光相橋 서쪽에 있고, 광상사는 산음현성 내 서북쪽 모퉁이에 있으며, 대능인사大能仁寺는 현의 남쪽 2리에 있고, 소능인사小能仁寺는 현의 서북쪽 3리에 있으며, 지대교사는 현의 북쪽 5리에 있다. 그러므로 여기에 언급된 사원들은 모두 월성 안이나 월성 부근에 있다. 또한 남진南鎭·우혈禹穴·양명동陽明洞 같은 곳

---

195) 『全書』, 권32, 83쪽, "先生歸越時, 朋友蹤迹尙寥落, 旣後四方來遊者日進. 癸未年後, 環先生而居者比屋, 如天妃·光相諸刹, 每當一室常合食者數十人. 夜無臥處, 更相就席, 歌聲徹昏旦. 南鎭·禹穴·陽明洞諸山, 遠近寺刹, 徙足所到, 無非同志遊寓所在."

196) 『全書』, 권35, 486쪽, 「年譜」, "先是師在越, 四方同門來遊日衆, 能仁·光相·至大·天妃各寺院居不能容. 同門王艮·何秦等乃謀建樓居齋舍於至大寺左, 以居來學."

들은 모두 회계현 경내에 있으며, 월성에서 대략 20리 정도 떨어진 거리에 있다. 따라서 왕수인이 만년에 월성에서 살 때 주로 활동했던 장소 또한 모두 월성 일대임을 알 수 있다. 『전습록』 하권은 대체로 왕수인이 월성에 살고 있을 때의 기록이다.

> 선생이 하루는 우혈禹穴로 가서 노닐었는데, 밭에 자란 벼를 보시고는 "이토록 자랄 수 있는 해가 얼마나 될까?……"라고 말씀하셨다.[197]

> 선생이 남진南鎭에서 노닐 때 한 학생이 바위틈에 자란 꽃나무를 보고 "스승님께서는 천하에 마음 밖에 있는 사물이 없다고 하시는데, 이렇게 꽃나무가 깊은 산 속에서 절로 피고 절로 지는 것이 내 마음과 무슨 상관이 있다는 것입니까?"라고 여쭤 보았다.[198]

> 계미년 봄에 추겸지鄒謙之가 월성으로 배우러 왔다. 선생은 그를 부봉浮峰에서 송별하고 이날 저녁 희연希淵 등의 여러 제자들과 배를 타고 가서 연수사延壽寺에서 묵었다.[199]

『산음지』에는 "우도산牛頭山은 현의 서쪽 65리에 있다.……왕양명이 부봉浮峰이라고 이름을 고쳤다"는 기록이 있다. 연수사 또한 현의 서쪽에 있다고 한다.[200] 왕수인의 「종오도인기從吾道人記」에는 이렇게 기록되어 있다.

> 가정 갑신년 봄에 몽석夢石이 회계현으로 배우러 왔다.……들어오더니 억지로 절을 받게 하였다. 나는 거절할 수가 없어서 사제의 관계를 허락하고는 그와 함께 우혈禹穴을 탐방하고 노봉爐峰에 올랐다가 진망산秦望山에 올랐으며, 난정蘭亭의 유적을 탐사하고 운문雲門·약야若耶·감호鑑湖·섬곡剡曲에서 거닐었다.[201]

---

197) 『全書』, 권3, 82쪽, "先生一日出遊禹穴, 顧田間禾曰: 能幾何時又如此長了……."
198) 『全書』, 권3, 82쪽, "先生遊南鎭, 一友指巖中花樹曰: 天下無心外之物, 如此花樹在深山中自開自落, 於我心亦何相關?"
199) 『全書』, 권3, 82쪽, "癸未春, 鄒謙之來城問學, 先生送別於浮峰, 是夕與希淵諸友移舟宿延壽寺."
200) 『嘉靖山陰縣志』, 권3.
201) 『全書』, 권7, 130쪽, "嘉靖甲申年春, 蘿石來會稽縣,……入而强納拜焉. 陽明子因

약야若耶 계곡은 회계현의 동남쪽 30리에 있으며 감호鑑湖는 현의 서남쪽 2리에 있다.[202] 위의 인용문에서 나타난 지역들은 모두 산음현과 회계현의 경치 좋은 곳이다. 가정 갑신년은 왕수인의 나이 53세가 되던 해이다.

왕수인이 죽은 뒤 문인 위양기魏良器가 제문을 남겼는데 거기에 이런 내용이 있다.

임오·계미·갑신·을유년으로 이어지는 시기에 회계현에서 선생을 가까이 모시게 되자 선생께서는 나를 양명동의 산기슭으로 데리고 가서 약야의 계곡에서 배를 띄우고 밤낮으로 노니시면서 나의 어리석음을 일깨워 주시고 미혹된 태도를 지적해 주셨는데, 이제는 더 이상 그렇게 할 수 없게 되었다. 아아, 슬프도다.[203]

이 글은 가정 원년에서 4년까지(즉 임오·계미·갑신·을유년이다) 왕수인이 산음에 기거하며 회계산에서 공부하였다는 것을 명확히 보여 준다. 왕수인이 주신호를 평정하고 월성으로 돌아온 뒤로는 신사년 9월과 을유년 9월 두 차례에 걸쳐 여요현으로 가서 조부의 묘를 찾았을 뿐, 대개 월성에서 생활하고 학문 활동을 펼쳤다는 것은 이제 의심할 여지가 없다.

가정 정묘년에 왕수인은 사思·전田 지역의 반란을 진압했으며, 무자년 겨울, 임종이 멀지 않은 시기에 학도들에게 보낸 편지에서도 "벗님네들은 아무도 길에서 기다릴 필요 없네. 산음으로 가게 된다면 먼저 전당錢塘으로 배를 띄울 것이네"[204]라고 하였다. 같은 편지에서 그는 또, 이미 사직하게 해 달라는 상소문을 올렸으니 "고향으로 돌아가려는 소망은 이루지 못한다 하더라도 반드시 한번쯤은 양명동으로 돌아갈 수 있을 것"[205]이라고 말했

---

辭不獲, 則許之以師友之間, 與之探禹穴, 登爐峰, 陟秦望, 尋蘭亭之迹, 徜徉於雲門·若耶·鑑湖·剡曲."
202) 『康熙會稽志』 권4에 보인다.
203) 『全書』, 권37, 526쪽, "壬癸甲乙之歲, 坐春風於會稽, 先生携某於陽明之麓, 放舟於若耶之溪, 徘徊晨夕, 以砭其愚, 而指其迷已而已, 而今不可得而復矣. 嗚呼!"
204) 『全書』, 권34, 482쪽, "諸友皆不必相候於道路, 果有山陰之興, 卽須早鼓錢塘之舵."
205) 『全書』, 권34, 482쪽, "縱未曾遂歸田之願, 亦必得一還陽明洞."

는데, 이것 역시 왕수인이 만년에 산음에서 살았다는 사실을 말해 준다.

결론적으로 말해서 『왕양명선생출신정란록』이라는 책은 그 내용이 비록 「연보」에 근본을 둔 것이기는 해도 근거 없는 말들이 섞여 들어감으로써 소설적 성격을 벗어나지 못하였다. 예를 들어 『왕양명선생출신정란록』에서는 서애徐愛와 서월인徐曰仁을 서로 다른 사람으로 보는가 하면 왕수인의 조부 죽헌공竹軒公이 북경에서 죽었다고 하고 또 왕수인이 귀양 가는 도중에 누량婁諒(호는 一齋)를 만났다고 했는데, 이것들은 모두 억측에서 나온 말들이다. 한편 모기령이 전덕홍 등을 '터무니없기 짝이 없다'고 질책한 것 역시 옳지 못하고, 또 그가 왕수인이 회계산會稽山에 집을 짓고 공부했는가의 여부에 대해 명확하게 판단을 내리지 못한 것도 매우 이상한 일이다. 지금까지 고찰한 결과에 따르면, 산음현과 회계현은 왕수인이 절강성에 머물 때 학문 활동을 펼치던 주요 장소이며 왕수인이 회계산의 양명동 근처에 집을 지었다는 것은 의심의 여지가 없다.


## 4. 저술에 대한 검증

### 1) 『전습록』

왕수인의 제자인 서애는 왕수인이 평소 강의하던 내용을 기록하여 처음으로 '전습록傳習錄'이라는 제목을 붙였지만 그만 일찍 세상을 떠나고 말았다. 정덕正德 말에 설간薛侃은 자신이 기록한 것과 육징陸澄이 기록한 것에 서애가 기록한 것을 한데 묶어 간행하면서 역시 '전습록'이라는 이름을 붙였으니, 이것이 바로 지금의 『전습록』 상권이다. 가정嘉靖 초에 남대길南大吉이 다시 왕수인이 학문을 논한 글들을 모아 간행하고는 『속각전습록續刻傳習錄』이라 이름 붙이니, 이것이 지금의 『전습록』 중권이다. 왕수인이 죽고 난 뒤 전덕홍錢德洪 등이 나머지 기록들을 모으고 『전습속록傳習續錄』이라고 이름 붙이니, 이것이 지금의 『전습록』 하권이다.

『전습록』상권은 정덕 무인년(1518)에 간행되었고 가정 병진년(1556)에는 상·중·하 3권이 전부 간행되었으며 왕수인 사후 40여 년이 되는 융경隆慶 임신년(1572)에는 사정걸謝廷杰(자는 宗聖)에 의해『왕문성공전서王文成公全書』 (陽明全書)가 간행되었는데, 청초淸初에 이르러서는『전습록』의 판본이 수십 종을 넘었다. 동시대에 한국과 일본에서 간행된 판본들까지 계산하면 그 수는 더욱 많다고 할 수 있다. 근래에 진영첩陳榮捷이 지은『양명전습록상주집평陽明傳習錄詳註輯評』은 여러 판본들을 고찰하고 보충한 것으로 가장 정밀하다고 평가받는 것인데 양명학을 하는 사람이라면 누구나 가지고 있어야 할 책이다. 그렇지만『전습록』에는 사정걸의『전서』가 간행되었을 때부터 이미 이해되지 않는 부분들이 있었으며, 이『전서』가 세상에 퍼지는 과정에서 다시 의심스럽거나 잘못된 것들이 늘어 갔다. 이제부터 필자가 얕은 학식을 헤아리지 않고 몇 가지 의심스러운 것들을 지적하고 간략하게 고증하는 것은 대가들에게 가르침을 받고자 함이다.

전서본『전습록』(『전서』권1~3)에서 가장 이해하기 힘든 부분은 하권이 기록자도 불분명하고 주에 나타난 성명도 통례에 맞지 않는다는 점이다. 이에 대한 연구에 따르면, 송명 시대의 유학자들의 이른바 '어록語錄'이라는 것은 제자들이 평소에 기록해 두었던 스승의 가르침을 그 스승이 죽고 난 뒤에 모아서 책으로 만드는 것이다. 통례적으로 볼 때, 기록자는 자신을 이름으로 부르고 스승을 칭할 때는 '선생先生'이라고 하며 동문 학우들에 대해서는 모두 자字로 부를 뿐(간혹 성명을 모두 쓰는 경우도 있다), 자신을 자字로 부르는 경우는 없다. 일반적으로 제자들 각자의 기록 아래에는 모두 그의 이름 내지 성명을 주注로 표기하는데, 이때도 역시 자신의 자를 표기하는 경우는 없다. 오직『이정유서二程遺書』만은 주희가 편찬한 것이어서 특별히 매 편의 첫머리에 그 내용을 기록한 제자의 성과 자를 표기하거나('游定夫'와 같은 경우) 간혹 성명과 자를 함께 칭하는 경우('劉絢質夫'와 같은 경우)가 있었다. 주희는 이정二程의 4전 제자여서 이정의 제자들은 모두 주희의 선배 학자들이었기 때문이다. 이것은 특별한 경우이거니와, 스승의 제자들이 편찬하는 일반적인 어록들은 이와 같지 않다. 이 점은 『주자어류朱子語類』에서 보다 분명하게 확인할 수 있다. 예컨대 주희의 수제자인 진순陳淳이 기록한 부분에서 그는 항상 자신을 '순淳'이라 부르고 그가 기록한 어록 아래에도 역시 항상 '순'이라 표기하였다.

전서본 『전습록』의 각 기록자의 성명에 대한 주注는 매우 혼란스럽다. 예컨대 상권은 서애·육징·설간이 기록한 것인데, 전서본에는 서애가 기록한 부분의 마지막 조條에 "오른쪽의 내용은 왈인曰仁이 기록한 것이다"[206]라고만 주석을 달아 놓았을 뿐 육징·설간이 기록한 것에 대해서는 주석을 달아 놓지 않았다. 하권은 진구천陳九川·황직黃直·황성증黃省曾·황수역黃修易 등이 기록한 내용을 수록하였는데, 앞의 21조는 모두 진구천이 기록한 것이지만 아무런 주석도 없는 반면 황직이 기록한 부분의 첫 조 아래에는 "이하의 내용은 문인 황직이 기록한 것이다"[207]라는 주가 명기되어 있고 황성증이 기록한 부분의 첫 조 아래에도 "이하의 내용은 문인 황성증이 기록한 것이다"[208]라는 주가 명시되어 있으며 황수역이 기록한 부분의 첫 조 아래에도 역시 "이하의 내용은 문인 황수역이 기록한 것이다"[209]라는 주가 있다. 그렇다면 왜 진구천이 기록한 내용에는 주를 명기하지 않았으면서 세 황씨의 기록에 대해서는 전부 주를 명기해 놓았는가? 또 왜 상권에서 서애를 자로 칭한 경우와는 다르게 세 황씨의 기록에 주를 달 때는 모두 이름을 썼는가? 그리고 하권의 마지막 한 부분에서 "이 이후는 황이방黃以方이 기록한 것이다"[210]라고 주를 붙여 놓은 부분은 상권의 "오른쪽의 내용은 왈인曰仁이 기록한 것이다"라고 쓴 예와 잘 맞지 않을 뿐더러 같은 하권 속의 "이하의 내용은 문인 황직黃直이 기록한 것이다"라고 쓴 예와도 부합하지 않는데, 어떻게 같은 책 안에서 이런 불일치가 있을 수 있는가? 더욱이

---

206) "右曰仁所錄."
207) "以下門人黃直錄."
208) "以下門人黃省曾錄."
209) "以下門人黃修易錄."
210) "此後黃以方錄."

만일 "이 이후의 내용은 황이방黃以方이 기록한 것이다"에서 '황이방黃以方'
이 바로 황직黃直(黃直의 자가 以方이다)이라고 한다면 어째서 한 사람의 기록
을 둘로 나누었으며, 또한 어떤 곳에서는 이름으로 주를 달고 또 다른 곳에
서는 자로 주를 달아 혼란을 가중시켰는가?

　기록자의 성명에 대한 주석만 혼란스럽고 한결같지 않은 게 아니라 기
록된 글 속에 쓰인 성명도 통례에 벗어난 것이 있다. 예컨대 상권은 서애·
육징·설간이 기록한 부분으로, 문장 속에서 모두들 자신을 '애愛'·'증澄'·
'간侃'이라고 칭하고 '애愛가 묻기를'(愛問)·'징澄이 묻기를'(澄問)·'간侃이
묻기를'(侃問)이라고 표기해 놓았으므로 한번 보면 그것이 서애·육징·설간
이 기록한 부분이라는 것을 바로 알 수 있어서 주를 확인할 필요가 없다.
하권의 진구천이 기록한 글 역시 모두 자신을 '구천九川'이라고 칭하고 있
어 이것 역시 주를 확인해 보지 않고도 그것이 진구천의 기록이라는 것을
알 수 있다. 이것은 모두 통례를 따른 것이다. 그런데 하권 222조의 '황이방
이 묻기를……'(黃以方問)이라는 문장 뒤에는 "이하의 내용은 문인 황직이
기록한 것이다"라는 주注가 명기되어 있는데, 황직의 자字가 이방以方이므로
만일 이 조가 정말 황직이 기록한 것이라면 결코 자신을 황이방이라 칭하
지 않았을 것이다. 더군다나 이는 서애·육징·설간·진구천 등 4인의 기록
에 대한 처리 방식과도 일치하지 않는다. 이 조의 원래 기록이 '황이방이
묻기를……'이었다면 이는 황직이 아니라 그의 동문이 기록한 것이라고 볼
수밖에 없다. 그렇지만 이 조 이하의 여러 조에는 '직直이 선생의 설명을
듣고는……'[211] 등의 언급이 많아서 확실히 황직이 기록한 것임을 증명해
준다. 그래서 진영첩陳榮捷은 이 부분에서 자를 쓴 것은 전덕홍이 이 권(『전
습록』 하)을 편찬할 때 이 부분을 고쳐 쓴 데서 비롯되었다고 말하였다. 그
렇지만 전덕홍은 왜 상권에서는 고치지 않고 하권에서만 고쳤을까? 왜 진구
천의 기록은 고치지 않고 세 황씨의 기록만을 고쳤으며, 또한 왜 이 조에서
만 고쳐 부르고 황직의 나머지 기록에 대해서는 고치지 않았을까? 이에 대

---

211) "直因聞先生之說……."

해서는 설명할 길이 없다.

황직의 기록뿐 아니라 황수역, 황성증의 기록도 마찬가지이다. 237조의 '황면숙黃勉叔이 묻기를……'이라는 문장 아래에는 "이하의 내용은 문인 황수역이 기록한 것이다"라는 주가 있는데, 황수역의 자가 면숙勉叔이므로 이 조가 황수역의 기록이 맞다면 자신을 면숙이라고 칭하지는 못했을 것이다. 또 248조인 '황면지黃勉之가 묻기를……'이라는 문장 아래에는 "이하의 내용은 문인 황성증이 기록한 것이다"라는 주가 있는데, 황성증의 자가 면지勉之이므로 이 조가 황성증의 기록이 맞다면 역시 자신을 면지라고 칭하지는 못했을 것이다.

이상에서 언급한 것들은 모두 기록자의 주注가 통례를 벗어나서 잘 이해되지 않는 부분들이지만 각자의 기록 부분은 쉽게 가려질 수 있었다. 그런데 하권에서 황성증의 기록이라는 글 가운데는 분명히 황성증의 기록이 아닌데도 그의 기록으로 취급된 문장들이 있어 더더욱 가려내지 않을 수 없다. 예컨대 전서본에 따르면 하권의 248조부터 315조「천천증도기天泉證道記」까지는 모두 황성증의 기록에 속하는 것으로 되어 있다. 그렇지만 260조인 "하정인何廷仁·황정지黃正之·이후벽李侯璧·여중汝中·덕홍德洪이 모시고 앉았는데……"[212]라는 글은 전덕홍錢德洪(字는 洪甫)의 기록임이 확실하다. 왜냐하면 260조 이하에서 '덕홍德洪'이라는 글자가 나타나는 모든 글은 반드시 전덕홍의 기록이기 때문이다. 특히 315조인 '천천증도'에 관한 한 단락은 명백히 전덕홍의 기록인데 왜 황성증의 기록이라고 하였을까? 더더욱 이해할 수 없는 것은 사정걸이 『전서』를 편찬할 때는 전덕홍이 아직 살아 있었을 뿐 아니라「주자만년정론朱子晚年定論」이라는 글을 써서 『전습록』을 보충하기까지 하였는데 왜 이 전덕홍의 기록이 달리 명기되지 않고 황성증의 기록 속에 포함되었던 것인가?

『전습록』의「후발後跋」에는 전덕홍의 다음의 기록이 있다.

---

212) "何廷仁·黃正之·李侯璧·汝中·德洪侍坐."

가정 무자년 겨울 나는 왕여중王汝中과 함께 스승의 상을 당해 달려가다가 광신廣信에 이르러 동문들에게 부음을 알리면서 3년 동안 스승이 남기신 말들을 모으자고 기약하였다. 그 뒤 동문들이 각자 자신들이 기록해 두었던 것을 보내왔다. 내가 그 가운데에서 질문이 절실한 것을 가려서 전에 직접 기록해 두었던 것과 합하니 어지간한 분량이 되었다.……지난해에 동문인 증재한曾才漢이 내 수초본手抄本을 얻고서 다시 두루 수집하여 『유언遺言』이라 이름 붙여 형주荊州에서 간행하였다. 내가 그것을 읽어보고는 당시의 수집·기록이 정밀하지 못했음을 깨닫고 그 중 중복된 부분을 제거하고 난잡한 부분을 삭제하여 3분의 1만을 남겼는데 『전습속록傳習續錄』이라고 이름 지었다. 올해 여름 내가 기주蘄州로 가서는……빠졌던 원고를 다시 입수하여 그 중에서 스승의 뜻에 배치되지 않는 것들을 가려서 한 권을 만들었다.[213]

전덕홍의 "전에 직접 기록해 두었던 것과 합했다"라는 표현대로라면 지금의 『전습록』 하권 속에는 반드시 전덕홍이 기록한 부분이 있을 터임에도 전서본에는 전덕홍의 글이라고 주석된 곳이 없으니 참으로 이해할 수 없는 일이다. 이것으로 미루어 보면, 260조 이하의 기록 가운데에는 전덕홍의 기록 이외에 다른 학자의 기록도 있을 수 있으며, 전덕홍의 기록처럼 황성증의 기록 속에 섞여 들어갔을지도 모르는 일이다. 이러한 의문은 전혀 터무니없지는 않다.

316조에서 마지막까지는 "이 이후는 황이방이 기록한 것이다"라는 주가 명시되어 있기 때문에 학자들은 줄곧 이 부분도 황직黃直의 기록에 속한다고 여겼으나 사실은 그렇지 않다. 예컨대 337조 '엄탄문답嚴灘問答' 및 338, 342조 등의 몇 조는 분명히 전덕홍의 기록이다. 또 222조에서 236조까지의 황직의 기록이나 진영첩의 『전습록습유傳習錄拾遺』에 있는 14, 19, 21, 23, 24, 26, 27, 32조의 황직의 기록은 모두 '직直이 묻기를……'로 되어 있는 반

---

213) 『全書』, 권3, 86쪽, "嘉靖戊子冬, 德洪與王汝中奔師喪, 至廣信訃告同門, 約三年收集遺言, 繼後同門各以所記見遺. 洪擇其切為問者, 合所私錄, 得若干條.……去年同門曾子才漢得洪手抄, 復傍爲采輯, 名曰『遺言』, 以刻於荊州. 洪讀之, 覺當時采錄未精, 乃爲刪其重復, 削去蕪蔓, 存其三之一, 名曰『傳習錄』. 今年夏洪來遊蘄,……乃復取逸稿, 采其語之不背者得一卷."

면 전서본『전습록』의 316조 이후에 있는 "이 이후는 황이방의 기록이다"라고 소개된 글들 속에는 몇 번이나 '이방以方이 묻기를……'이라는 말이 나타나 황직의 기록과는 부합하지 않는데, 이는 마치 '이방'이라는 이름을 가진 또 다른 사람의 기록인 것처럼 보인다. 바꾸어 말하면 316조 이하에 나타난 황이방黃以方은 다른 어떤 학자의 이름으로, '이방'이 황직의 자字가 아닐 수도 있다는 것이다. 이런 일도 가능성이 없다고는 할 수 없다. 예컨대 왕수인의 제자 중에는 자가 종현宗賢인 황관黃綰도 있었고 자가 성보誠甫인 황종현黃宗賢이라는 사람도 있었다. 이것으로 미뤄 보면 자가 이방인 황직도 있고 황이방이라는 이름을 가진 다른 사람도 있었다고 말하는 것은 논리적으로 볼 때 가능하다고 하겠다. 물론 몇 군데에 나타난 '이방이 묻기를……'이라는 글들은 뒷날 편집자가 고친 것이라고 할 수도 있다. 그러나 그렇게 볼 경우에는 편집자가 왜 군이 황직의 기록을 둘로 나눠서 222조에서 236조까지의 황직의 기록에서는 '직直이 묻기를……'을 '이방以方이 묻기를……'로 고치지 않았는지에 대해서 납득할 만한 근거가 있어야 할 것이다. 나아가 편집자는 왜 하권의 모든 기록들에서 기록자 자신을 이름으로 칭한 부분을 전부 자字로 고치지 않았는가에 대해서도 타당한 근거를 제시해야만 한다.

이상에서 제기한 의문점들은 모두 사정걸의『전서』에 수록된『전습록』상·중·하 3권에 대한 것이고 그 밖의 판본들은 차이가 있다. 북경대학 도서관에 소장된 가정각본嘉靖刻本『전습록』상권에는 "오른쪽 내용은 문인 서애왈인徐愛曰仁의 기록이다"라는 주석만 있는 것이 아니라 육징과 설간의 기록에도 "오른쪽 내용은 문인 육징의 기록이다", "오른쪽 내용은 문인 설간의 기록이다"[214]라는 주가 명시되어 있는데, 이는 전서본 상권의 착오를 보완할 수 있을 뿐 아니라 하권의 '문인 누구의 기록이다'라는 주들과도 부합된다. 서애에 대해서만 '왈인曰仁'이라고 칭한 것은, 서애가 일찍 세상을 떠났고 설간이 상권을 편집할 때 서애의 '전습록'을 제목으로 삼았기 때문

---

214) "右門人陸澄錄", "右門人薛侃錄."

에 특별히 그를 자로 칭하여 경의를 나타낸 것이라고 볼 수 있다.

북경대학 가정본을 보면 진구천의 기록에는 첫 조 앞에 "문인 진구천의 기록이다"라는 주가 있고 세 황씨의 기록에도 각각 첫 조의 뒤에 "이하는 황이방黃以方의 기록이다", "이하는 황면숙黃勉叔의 기록이다", "이하는 황면지黃勉之의 기록이다"라는 주가 있다. 이것 역시 세 황씨의 기록에 관해서만 주가 있고 진구천의 기록에 관한 주는 빠진 전서본의 소략한 체제보다 낫다고 할 수 있다. 또 북경대학 가정본에서는 260조의 '하정인何廷仁……'의 말 앞에 '문인 전덕홍·왕기의 기록이다'라고 주석을 달아 놓았으니, 이는 앞서 서술한 분석 내용과 서로 같은데다가 전덕홍의 기록을 황성증의 기록에 섞어 놓은 병폐도 없다.

검토해 본 결과, 북경대학 가정본의 원래 명칭은 '명가정삼년남대길서중간본明嘉靖三年南大吉序重刊本'이지만 남대길본의 중간이라고 해서 전적으로 남대길본南大吉本에 근거를 둔 것은 아니다. 남대길본에는 본래 서신이 포함되어 있으나 가정본에는 서신이 없으며, 남대길본에는 『전습속록傳習續錄』이 없으나 가정본에는 있다. 그렇기는 해도 가정본을 전서본으로 보는 것은 이치에 맞다. 명말청초의 여러 판본들은 대부분 이것과 비슷하다. 예컨대 진용정본陳龍正本 역시 260조 이하를 전덕홍의 기록으로 간주하고 있다. 장문달본張問達本에서는 다른 판본에 '황이방黃以方이 묻기를……'로 된 부분이 '직直이 묻기를……'로 되어 있으며, '황면지黃勉之가 묻기를……'은 '성증省曾이 묻기를……'로 되어 있으며, '황면숙黃勉叔이 묻기를……'은 '수역修易이 묻기를……'로 되어 있어 훨씬 이치에 맞다. 다만 그것이 어느 판본을 근거로 한 것인지 확실하지가 않아서, 어쩌면 편집한 사람이 마음대로 판단해서 가볍게 고쳐 버린 것인지도 모른다는 것이 문제이다. 『전습록』 하권의 경우는, 전서본이 간행되기 전에 『유언遺言』, 『전습속록』, 『전습록』 3권 등의 세 개의 판본이 있었다. 뒤의 두 판본은 전덕홍이 교정 작업을 한 것이므로 마땅히 이 두 판본을 근거로 전서본의 착오를 바로잡아야 한다.

『전습속록』은 북경대학 가정본만이 남아 있다. 살펴본 바에 따르면, 북경대본은 『전습록』과 『전습속록』의 두 부분으로 나누어져 있다. 『전습록』 부분의 첫머리는 남대길의 「각전습록서刻傳習錄序」이고 수록된 글은 서애, 진구천, 설간의 기록이다. 내용은 금본今本 『전습록』 상권과 같으나 순서에서 약간의 차이를 보이고 있다. 예컨대 금본에서는 육징의 기록 가운데 전반부에 실린 "맹원孟源에게는 자신을 옳게 여기고 이름을 좋아하는 병폐가 있다"(孟源有自是好名之病) 부분이 북경대본에서는 가장 뒤쪽에 배치되어 있다. 『전습속록』의 첫머리는 전덕홍의 「속각전습록서續刻傳習錄序」인데 여기에 다음의 말이 있다.

> 옛사람들은 가르칠 때 늘 깨우치지 못한 사람을 염두에 두고서 방법을 마련했다. 그래서 그 말이 간결하고 명백하여 모든 사람이 그 내용을 알 수 있었다.……내가 오吳 지역에 머물 때 스승을 위해 『문록文錄』을 수집·간행하였다. 바로 『전습록』에 수록된 하권의 내용들이 모두 스승의 편지글이어서 그것들을 차례대로 『문록』의 '서류書類'에 수록하고, 나머지 기록들 가운데 문답을 뽑아 그대로 남원선南元善(南大吉)의 기록이라고 명기하여 하권215)의 내용으로 충당하였다. 다시 진유준陳惟濬 등 여러 동지들의 기록을 수집해서 이를 두 권의 책으로 만들어 '속록續錄'의 형태로 책 끝에 포함시켰다.……다함께 봉급을 털어 수서정사水西精舍에서 그것을 간행하여 학자들이 각각 도道로 들어가는 방법을 얻고 실천함에 있어 의혹을 갖지 않게 되기를 기대했다. 가정 갑인년 여름 6월, 문인 전덕홍이 서序를 쓰다.216)

위의 인용문은 현존하는 『전습록』의 다른 본에서는 보이지 않으므로 진귀하다고 할 만하다. 이 서문과 북경대본의 판식版式·종이·글자체를 근거로 판단컨대 가정본임이 틀림없으므로, 북경대학본의 판본은 당연히 수서정사水西精舍에서 가정 33년에 간행한 『전습속록』이다. 그러므로 전서본은 마

---

215) 여기서의 '下卷'은 현행본으로는 中卷에 해당한다. 이 서문 자체가 『傳習續錄』 즉 현행본의 下卷을 만들게 된 경위를 설명하고 있기 때문이다.

216) 錢德洪, 「續刻傳習錄序」, "古人立敎皆爲未悟者設法, 故其言簡夷明白人人可以與知,……洪在吳時爲先師袁刻文錄, 傳習錄所載下卷所錄, 以補下卷. 復采陳惟濬諸同志所錄, 得二卷焉, 附爲續錄, 以合成書,……相與捐俸刻諸水西精舍, 使學者各得所入, 庶不疑其所行云, 時嘉靖甲寅夏六月門人錢德洪序."

땅히 이 판본을 근거로 해서 잘못된 부분을 고쳐야 한다.[217] 북경대본『전습속록』과 금본『전습록』하권의 또 다른 차이점은 북경대본에는 "이 이후는 황이방의 기록이다"라고 한 27개 조목이 없다는 사실이다.

이제 우리는 위에서 인용한 전덕홍의 「속각전습록서」와 금본『전습록』권말卷末의 전덕홍의 발跋에 나타난 내용을 근거로 금본『전습록』하권의 형성 과정을 이해하는 데에 좀더 구체적으로 접근할 수 있다. 그 과정은 다음과 같다. 전덕홍은『문록』을 편찬한 뒤 남대길본『속각전습록』에 수록된 서신이 이미『문록』에 수록되었다는 사실을 고려하여『속각전습록』속의 문답 부분만을 남겨서『전습록』중권으로 만들고 그대로 "오른쪽은 남대길의 기록이다"라고 표시해 두었다. 이것이 이른바 "이에 나머지 기록 가운데 문답을 뽑아서 그대로 남원선南元善의 기록이라고 명기하여", "아울러 중권中卷을 문답의 형태로 바꾼다"라는 말의 의미이다. 또한 그는 진구천 등이 기록한 것을 모아서『전습속록』이라 이름 붙이고『전습록』하권으로 삼아 수서정사에서 간행한 뒤, 2년이 지난 가정 35년(丙辰)에 왕수인『어록語錄』의 일고逸稿에서 또 얼마간을 가려 뽑아 교정을 거쳐서 한 권으로 만들고 이것을 기주蘄州에서 간행하여『전습록』에 부록으로 붙였다. 이것이 바로 금본『전습록』에서 "이 이후는 황이방의 기록이다"라고 했던 바로 그 부분이다. 북경대본은 가정 33년의 수서정사본이기 때문에 이른바 황이방의 기록이라는 27개 조가 없다. 이는 또한 금본의 마지막 27개 조가 진구천 등 네 사람의 기록과 잘 맞지 않게 된 이유이다.

이밖에, 이미 전덕홍이 마지막 27개 조는 일고逸稿에서 가려 뽑은 것이라 했으므로 당연히 이 27개 조 전부를 황이방의 기록으로 간주하는 것은 정확하지 않다. 기껏해야 "이 이하는 문인 황이방 등의 기록이다"라는 주를 달 수 있을 뿐이다. 하권에서 진구천에 대해서는 주에 이름을 밝히고 세 황씨에 대해서는 성과 자를 소주로 밝힌 것 따위의 체제상의 불일치는 단지 전덕홍이 제대로 살피지 못하였다는 것에 그 원인을 물을 수 있을 것이다.

---

217) 北京大學本에서 黃勉之를 王勉之라고 한 것은 잘못이다.

『전습록』 상권과 하권은 모두 어록인데, 중권은 왕수인이 만년에 학문에 대해서 논했던 글들이다. 현존하는 각종 판본의『전습록』중권에 수록된 서신은 모두 같으며 전덕홍이 세 권으로 된『전습록』을 편집할 때 개정한 것이다. 그러나 결코 남대길이 처음『속각전습록』을 간행할 때의 본모습은 아니다. 남대길본에 원래 수록됐던 논학서신論學書信의 수량에 대해서는 아직도 의문점이 남아 있다.

전덕홍은 세 권으로 된『전습록』을 교정할 때 중권의 첫머리에 특별히 "예전에 남원선이『전습록』을 월越 지역에서 간행하였는데 모두 2책이다. 하책下册은 스승이 직접 쓴 글을 가려 수록하였는데 모두 8편이었다"[218]라고 기록했다. 전덕홍은 이 8편의 이름을「답서성지答徐成之」2편 및「답고동교答顧東橋」,「답주도통答周道通」,「답육원정答陸原靜」,「답구양덕答歐陽德」,「답나흠순答羅欽順」,「답섭문울答聶文蔚」각 1편으로 열거하였는데, 이는 모두 8편이지만 실제로는「답육원정」이 2편이므로 총 9편이 된다. 전덕홍은 자신이 세 권으로 된『전습록』을 만들 때 중권에「답섭문울」제2를 첨가하는 대신「답서성지答徐成之」두 편을 빼 버렸다고 밝히고 있다. 결국 제목은 7편이 남지만「답육원정」이 2편이므로 그 수는 여전히 8편이 되는 것이다.

그러나 사토 잇사이(佐藤一齋, 1772~1859)가 보았던 남대길본에는 뜻밖에도 14편이 있었다. 이에 대해 사토 잇사이는 "남대길본에 수록된 서신은 하책下册의 10편과 상책上册의 4편을 합쳐 모두 14편이다"라고 하였는데, 이는 전덕홍의 말과 다르다. 전덕홍의 말에 따르면 서신은 모두 남대길본의 하책에 수록되어 있지만, 사토 잇사이의 말에 따르면 상책에도 서신 몇 편이 수록되어 있는 것이 되기 때문이다. 그 구체적인 분포 상황은 다음의 기록과 같다.

내가 예전에 남원선 형제가 교정한『전습록』2책을 입수하였는데, 그것은 가정 23년 덕안부德安府에서 중간한 판본으로 상책은 4권으로 나뉘어 있었

---

218)『傳習錄』中;『全書』, 권2, 52쪽, "昔南元善刻『傳習錄』於越, 凡二册, 下册摘錄先師手書凡八篇."

다. 제일第一은 서왈인徐曰仁의 기록이고 제이第二는 육징의 기록이고 제삼第三은 설간의 기록이고 제사第四는 구양덕에게 답한 글 1편과 섭문울答聶文蔚에게 답한 글 3편이다.[219] 하책 역시 4권으로 나뉘어 있었다. 제일第一은 서성지徐成之에게 답한 글 2편, 저시허儲柴墟에게 답한 글 2편, 하자원何子元에게 답한 글 1편, 나흠순에게 답한 글 1편이다. 제이第二는 사람들의 질의에 대한 답변 1편이다. 제삼第三은 주충에게 답한 글 1편과 육징에게 답한 글 2편이다. 제사第四는 「아우 왕수문王守文에게 주는 입지立志에 관한 글」 4편과 「훈몽대의訓蒙大意」 6편이다.[220]

그런데 남대길의 「각전습록서刻傳習錄序」에는 다음과 같은 언급이 있다.

이 기록은 문인제자들이 양명陽明선생이 문답한 말들과 토론한 서신들을 기록하고 간행하여 천하에 내보인 것이다. 나는 선생을 가까이 모시고 배워서 이 기록들에 대해서 아침저녁으로 보고 완미하였다……그래서 아우인 남봉고南逢吉에게 교정·보완의 과정을 거쳐 중간重刊하여 천하에 전하도록 명하였다.[221]

사토 잇사이는 이 기록에 근거하여 남대길이 중간하기 전에 이미 『전습록』에는 '토론한 서신들'이 포함되어 있었다고 생각하였다. 또한 그는 "상책에 수록된 '토론한 서신'들 역시 문인제자들이 예전에 기록한 것이고, 하책 4권은 남원선 형제에게서 나온 것이니 이른바 '보완하여 중간하였다'는 의미는 이를 두고 한 말이다"라고 추측하였다. 말하자면 상책의 서신 4편은 건주虔州에서 간행된 『전습록』(虔刻本)에 본래부터 포함되어 있던 것이고 하책의 10편은 남대길이 중간할 때 보충한 부분이라는 것이다.

---

219) 사토 잇사이(佐藤一齋)는 섭표에게 보낸 편지가 세 통이라 했는데 금본 『전습록』에는 두 통밖에 없다. 사토 잇사이가 두 번째 편지를 둘로 나누고서 셋으로 센 것이 아닌가 한다.

220) 佐藤一齋, 『傳習錄欄外書』 上帙.

221) 南大吉, 「刻傳習錄序」, "是錄也, 門弟子錄陽明先生問答之辭, ·討論之書而刻以示諸天下者也, 吉也從遊宮墻之下, 於是錄也, 朝觀而夕玩,……故命弟逢吉校續而重刻之, 以傳諸天下."

그러나 사토 잇사이의 이 말 역시 옳지 않다. 예컨대 그의 말에 따르면 섭표聶豹(자는 文蔚)에게 보낸 3편의 서신이 모두 건각본虔刻本에 포함되어 있었다는 것인데 이는 전혀 불가능한 일이다. 섭표는 왕수인이 월성에 살고 있을 때 처음 그와 편지를 주고받았다. 그 첫 번째 편지는 「연보」에 의하면 가정 병술년(1526)에 씌어진 것인데 어떻게 정덕 13년(1518)에 간행된 건각본 『전습록』에 수록될 수 있겠는가? 또 「연보」의 기록이나 전덕홍의 말에 따르면 분명히 건각본은 서애·육징·설간이 기록한 3권뿐이며, 다른 서신이 수록되었다고 한 적은 없다. 「연보」 가정 3년 갑신년 조에는 이런 기록이 있다.

> 10월에 문인 남대길이 『전습록』을 보충하여 간행하였다. 『전습록』은 설간이 처음 건주虔州에서 간행하였는데 모두 3권이었다. 이 해에 이르러 남대길이 선생의 논학서신을 가져다가 다시 5권을 추가하여 월성에서 보완 간행하였다.[222]

이 설명에 따르면 『속각전습록續刻傳習錄』 8권의 내용 중 앞부분 3권인 어록은 건각본 그대로이고 뒷부분 5권의 서신이 남대길이 보완한 부분이다. 만일 8권을 2책으로 묶는다면 5권의 서신 중 1권이 자연히 상책에 묶였을 것이므로, 사토 잇사이가 본 판본은 당연히 여기서 유래했을 것이다. 다만 남대길본의 원본이 8편이었는지 14편이었는지에 대해 어떤 확정을 내릴 만한 보다 진척된 자료는 아직 나타나지 않았다.

사토 잇사이가 본 판본은 결코 남대길본의 원본이 아니고 남대길본이 간행된 지 20년이 지나서 덕안에서 중간된 판본인데, 대개 중간본에는 첨가되는 부분이 있게 마련이다. 예컨대 앞서 언급했던 북경대학에 소장된 『전습록』 남대길본의 중간본에도 이미 『전습속록』이 포함되어 있었다. 논리적으로 볼 때, 전덕홍은 왕수인의 수제자이자 『전습록』의 편집자이므로 남대

---

222) 『全書』, 권34, 470쪽, 「年譜」, '甲申條', "十月門人南大吉續刻傳習錄, 傳習錄薛侃首刻於虔, 凡三卷, 至是年大吉取先生論學書復增五卷, 續刻於越."

길본이 8편이라는 그의 설명은 비교적 믿을 만하다.

『전습록』에 수록된 서신이 가지는 또 다른 문제점은, 수록된 편지들의 연월이 『전습록』의 간행 연월과 부합하지 않을 경우가 자주 있다는 점이다. 예컨대 「연보」에서는 고린顧璘에게 보낸 편지가 가정 4년 을유년에 지어진 것이라고 했는데, 「연보」에서는 남대길이 『속각전습록續刻傳習錄』을 간행한 시기가 가정 3년이라고 하였고 현존하는 남대길의 서문에서도 명백하게 "가정 3년 겨울 10월 18일, 진사 출신인 중순대부中順大夫 소흥부지부紹興府 知府 문인 위북渭北 남대길南大吉이 삼가 서序하다"223)라고 되어 있다. 『속각 전습록』이 가정 3년에 간행된 것이라면 어떻게 가정 4년에 지어진 서신이 수록될 수 있겠는가? 또한 진영첩陳榮捷에 따르면, 주충周沖에게 보낸 편지 의 경우 다른 판본의 『전서』에는 갑신년에 지어졌다는 주注가 있다고 한다. 이 서신에는 다음과 같은 말이 기록되어 있다.

> 격물格物이 치지致知의 공부라는 것을 알지 못하면 제대로 안 것이라고 할 수 없다. 근래 한 통의 편지를 써서 벗님들과 이 문제에 대해 상세하게 논의 했으므로 이제 가서 그 내용을 일러주겠다.224)

주석가들은 여기서 말하는 '벗님들과 더불어 격물치지格物致知를 논한 편지'가 고린에게 보낸 편지를 가리키는 것이라고 하였다. 그렇다면 주충에 게 보낸 편지는 마땅히 고린에게 보낸 편지 이후에 지어진 것이어야 한다. 그런데 「연보」에서는 고린에게 보낸 편지가 가정 4년에 지어졌다고 하고 다른 판본의 『전서』에서는 주충에게 보낸 편지가 가정 3년에 지어졌다고 하므로, 이 둘 사이에도 역시 어긋나는 점이 있게 된다. 이밖에, 「연보」에 의하면 섭표는 가정 5년(丙戌)에 처음으로 왕수인에게 와서 배웠으므로 섭표 에게 보낸 편지는 병술년 이전에 지어질 수 없다. 남대길본이 가정 3년 갑

---

223) 南大吉, 「刻傳習錄序」, "嘉靖三年冬十月十有八日, 賜進士出身中順大夫紹興府 知府門人渭北南大吉謹序."

224) 『傳習錄』中; 『全書』, 권2, 60쪽, "若是未知格物則是致知工夫亦未嘗知也. 近有 一書與友人論此頗詳, 今往一通."

신년에 간행되었다면 어떻게 왕수인이 섭표에게 보낸 병술년의 편지가 수록될 수 있었단 말인가? 구양덕歐陽德에게 보낸 편지 또한 「연보」에 의하면 가정 5년 병술년에 지어졌다고 한다. 이러한 것들은 모두 남대길의 『속각전습록』이 가정 3년에 보충 간행되었다는 설명과 부합될 수 없다.

북경대학 가정본이 남대길중간본南大吉重刊本이라면 응당 논학서신을 포함하고 있어야 한다. 전덕홍의 「속각전습록서續刻傳習錄序」에 의하면 가정 33년에 보충 간행할 때도 원본 『전습록傳習錄』, 「서문書問」, 『전습속록傳習續錄』을 함께 간행하였다고 한다. 그러나 북경대본에 현존하는 것은 겨우 4책으로, 앞의 2책은 서애·육징·설간의 기록이고 뒤의 2책은 수서정사水西精舍에서 간행한 『전습속록』이다. 앞의 2책의 첫머리에는 남대길의 서문이 있으며 그 내용 속에는 남봉길南逢吉의 주注가 많이 있으므로 『전습록』 부분은 당연히 남대길본일 텐데, 애석하게도 남대길본의 논학서신이나 전덕홍이 뽑아 수록한 논학문답도 없다. 그러므로 금본 『전습록』 중권이 남대길이 간행했을 때 어떤 모습이었을지에 대해서는 아직 좀더 깊이 있는 고찰이 필요하다.

각 서신들에 표시된 연월과 남대길의 서문 사이에 나타난 모순에 대해서 설명하자면, 남대길의 서문은 가정 3년 10월에 먼저 지어졌고 책은 다음해에 간행되었기 때문에 가정 4년에 쓴 약간의 서신들을 다시 수록할 수 있었을 것이다. 필자는 그것이 가능하다고 본다.


2) 『대학고본방석』

왕수인이 죽은 뒤 친구인 황관이 「행장」을 지었는데, 여기에서 그는 왕수인의 저술에 대해 다음과 같이 언급했다.

저서로는 『양명집陽明集』, 『거이집居夷集』, 『무이절략撫夷節略』, 『오경억설五經臆說』, 『대학고본방주大學古本旁注』 및 그 문인들이 기록한 『전습록』이 있

다. 선생이 지은 글을 소리 내어 외며 익힌 사람은 그 깊이를 알 수 있을 것이다.225)

한편 「연보」 정덕 13년 무인년조에서는 다음과 같이 기록하고 있다.

7월에 『고본대학古本大學』을 간행하였다. 선생은 도적의 소굴을 헤집고 다니느라 편안하게 쉴 겨를이 없었다.……이때가 되자 회군하여 병사들을 쉬게 하였으며, 비로소 붕우에게 전념할 수 있게 되자 그들과 더불어 『대학』의 본지를 밝히고 (그들에게) 도道로 들어가는 방법을 가르쳐 주었다. 선생은 용장龍場에 있을 때 주자朱子의 『대학장구大學章句』가 성문聖門의 본지는 아닐 것이라고 생각하여 손수 『고본대학』을 써서 (그것을) 공경스럽게 읽고 깊이 있게 사색하였다. 그리하여 선생은 비로소 성인의 학문은 본래 간이簡易하고 명백하므로 그 책의 체제는 1편으로 되어 있을 뿐 원래 경經과 전傳으로 나누어지지 않았으며, '격물치지格物致知'는 '성의誠意'에 근본을 두고 있어 보완해야만 할 '결여된 전傳'(缺傳)이 없으며, 성의를 위주로 하여 격물치지의 공부를 펼쳐 가므로 '경敬'자를 첨가할 필요가 없으며, '양지良知'를 '지선至善'의 본체本體로 보므로 견문見聞을 통한 지식을 필요로 하지 않는다는 것을 믿게 되었다. 이렇게 해서 (선생은) 책으로 펴내면서 그 곁에 주석을 붙이고 간단한 글로 그 내용을 소개하였다.226)

이 글은 명확하게 무인년에 간행한 『대학고본』이 『대학』 고본의 문자와 차례를 회복시켰을 뿐 아니라 그 속에는 왕수인 자신의 해석이 포함되어 있었다는 것을 설명하고 있다. '간단한 글로 그 내용을 소개하였다'(引以敘)라는 말은 「대학고본서大學古本序」를 지었다는 뜻이다. 금본 『전서』 권7

---

225) 『全書』, 권37, 524쪽, "所著有陽明集·居夷集·撫夷節略·五經臆說·大學古本旁注, 及門人所記傳習錄, 所纂則言誦而習者可知其造詣矣."

226) 『全書』, 권32, 455쪽, 「年譜」, "七月刻古本大學. 先生出入賊壘, 未暇寧居,…… 至是回軍休士, 始得專意於朋友, 與發明大學本旨, 指示入道之方. 先生在龍場時 疑朱子大學章句非聖門本旨, 手錄古本, 伏讀精思, 始信聖人之學本自簡易明白, 其書止爲一篇, 原無經傳之分, 格致本於誠意, 原無缺傳可補, 以誠意爲主而爲致 知格物之功, 故不必增一敬字, 以良知指示至善之本體, 故不必假於見聞. 至是錄 刻成書, 傍爲之釋, 而引以叙."

에는 「대학고본서」가 실려 있는데, 그 아래에 무인년이라고 주注가 달려 있다. 전문은 "『대학』의 요체는"(大學之要)에서부터 "치지致知의 의미를 깨우치게 되면 공부가 다 되었다고 할 수 있다"(悟致知焉盡矣)까지 모두 328자이다. 그러나 나흠순羅欽順의 『곤지기困知記』 속상續上에 의하면 『전서』의 이 서문은 무인년에 지어진 원래의 서문이 아니라 『문록文錄』에 수록될 때 개정된 것이다. 왕수인이 무인년의 원본을 나흠순에게 보냈기 때문에 『곤지기』 속상에는 무인년의 원서原序가 기록되어 있는데, 그 전문은 "『대학』의 요체는"에서 "나에게 죄를 물을 일이 있다면 그 역시 이 글 때문일 것이다"(罪我者其亦以是夫)까지의 254자이다.[227)

『대학고본방석大學古本旁釋』은 현재 두 개의 판본이 전한다. 하나는 함해본函海本이고 다른 하나는 백릉학산본百陵學山本이다. 함해본 『대학고본방주大學古本旁注』의 서문은 『전서』의 것과 같으니 개정된 서문을 쓴 것이다. 함해본의 서문은 끝에 "수인守仁이 서序하다"라고 되어 있다. 백릉학산본의 서문은 끝에 "정덕 무인년 칠월 병오일 여요餘姚 왕수인王守仁이 서序하다"라고 되어 있는데, 지금으로서는 무인년의 원서原序가 어떤 식으로 끝을 맺고 있는지를 알 수가 없으나 아마도 백릉학산본의 서문 끝부분과 비슷하리라고 생각된다.

이 두 서문의 내용에 따르면, 나흠순의 말처럼 구서舊序에서는 '치지致知'에 대해 한마디도 언급하지 않았고 신서新序에서 처음으로 '치지'를 중심으로 이론을 세웠다. 왕수인 자신도 치지설을 발표한 뒤 이 서문을 세 차례 고쳤다고 분명히 밝히고 있다. 『문록文錄』은 가정 6년 정해년에 처음 간행되었으므로 수록된 것은 신서이고, 금본『전서』에 수록된 것도 이것이다.

현존하는 함해본과 백릉학산본 사이에는 자못 출입이 있는데, 예전 학자 중에는 이 두 판본이 위서라고 생각하는 사람도 있었다. 예컨대 모기령은 『고본대학방석』을 포함하고 있는 모든 책을 위작이라고 단언하였으며 근세의 학자 가운데도 함해본을 믿을 수 없다고 보는 사람이 있다. 그러므

---

227) 두 서문의 내용은 모두 '제6장 성의와 격물'의 1절에서 소개되었다.

로 이 둘 중 어느 것이 진짜인지는 아직 더 많은 분석이 필요하다.

백릉학산본의 『대학고본방석』에는 개정된 서문이 수록되어 있고 또 『대학고본방석』의 앞부분에는 「대학문大學問」이 실려 있는데, 거기에 왕문록王文祿의 발跋이 있다.

나는 이렇게 말한다.……가정 정해년 가을, 내 선친 강의군康毅君이 나를 데리고 강을 건너 양명동천陽明洞天의 문을 두드렸다. 왕용계王龍溪 선생이 『대학』을 강론하는 것을 듣고 『고본방석古本旁釋』을 입수했는데, 단지 「전서前序」뿐이었다. 뒤에 문답 네 개를 첨가하였고, 내가 이제 그것을 중간하면서 '격물格物'에 대한 질문에 답한 내용을 더해서 권말卷末에 붙였다.228)

이를 통해 백릉학산본의 『대학고본방석』은 왕문록과 그의 부친이 가정 6년 정해년 가을에 월성의 양명서원陽明書院에서 얻은 것임을 알 수 있다. 정해년 9월에 왕수인이 광서廣西로 부임했기 때문에 서원은 왕기와 전덕홍에 의해 꾸려지고 있었다. 이때 왕문록이 서원으로 와서 배웠고 왕기에게서 『대학고본방석』을 입수했으므로 이 판본은 당연히 진본이다. 발跋의 내용 속에서 "격물에 대한 질문에 답한 내용을 첨가했다"라고 한 것은 「대학문」을 첨가하였다는 말이니, 왕문록이 『대학고본방석』을 중간할 때 「대학문」을 『대학고본』의 마지막 부분에 붙였다는 것을 말한다.229) 또 왕문록의 말에 따르면 그가 입수한 『대학고본방석』에는 「전서前序」가 있었다고 했으므로 이 판본이 나올 당시에는 개정된 신서新序를 사용했다는 것을 알 수 있다.

함해본 『대학고본방주』에는 이조원李調元의 서문이 있다.

『대학고본』 1권은 헌왕獻王 후창后蒼에 의해 전해진 것으로 대성戴聖의 『예기禮記』 속에 들어 있었다. 송말宋末 인종仁宗이 급제한 왕공진王拱辰에게 주었던

---

228) 『大學古本旁釋』, 「跋」, "文祿曰……嘉靖丁亥秋, 先康毅君牽錄渡江, 扣陽明洞天, 聞王龍溪先生講大學, 得古本傍釋, 止前序. 後增四問答, 祿今重梓, 增答格物問標尾."

229) 필자가 고찰한 바에 의하면 왕수인의 제자 추수익도 「大學問」을 『대학고본방주』에 붙여 간행한 적이 있다. 진덕홍의 「大學問」 跋에 보인다.

것이 바로 이 판본이다. 그러나 전해 오는 것은 극히 드물며, 지금 통용되고 있는 것은 주자朱子가 개정한 판본이다. 이것 이외에 여러 학자들에 의해 전해지는 개정본들은 대체로 위작僞作이어서 취할 만하지 않다. 『대학고본』 중 가장 뛰어난 것으로는 왕문성공王文成公(왕수인)의 『대학고본방주』가 남아 있는데, 주죽타朱竹坨(朱彛尊)는 『경의고經義考』에서 왕문성공의 이 판본을 매우 칭송하였다. 이제 그것을 간행하노니 또한 옛것을 되찾고자 하는 사람들이 늘 해 오던 일이다. 면주綿州 동산童山 이조원李調元 찬암贊菴이 서序하다.230)

이조원은 청 건륭乾隆 시기의 사람이다. 그의 설명에 따르면 함해본은 주이존朱彛尊(竹坨는 그의 호)이 사용했던 『대학고본』을 취한 것 같은데, 이 판본에는 왕수인의 구서舊序가 수록되어 있다. 이렇게 보면 구서를 수록한 함해본은 당연히 무인년의 초간본이고 신서新序를 수록한 백릉학산본은 당연히 뒷날의 개정본일 것 같지만, 사정은 그렇게 간단하지만은 않다.

두 판본의 동이同異를 명료하게 하기 위해서 여기서는 『대학고본방석』의 두 판본의 글을 열거하기로 하자. 아래의 글에 나타난 부호는 필자가 붙인 것이며, 각 절에 대응되는 경문經文은 일괄적으로 열거하지 않기로 한다. 함해본에 나타난 주석은 모두 16절이다.

ⓐ '친親'은 사랑한다는 뜻이다. "명덕明德을 밝혀 백성을 사랑한다"(明明德, 親民)는 것은 "자신을 수양하여 백성을 편안하게 만든다"(修己以安百姓)는 말과 같다. '지선至善'이란 심心의 본체이니, 자신의 심의 본체를 다 발휘하면 그것이 바로 지선이다.231)

ⓑ '지선至善'이 오직 내 마음에 있다는 것을 알게 되면 학문 추구에 방향성이 생긴다.232)

---

230) 『大學古本勞注』, 「序」, "大學古本一卷, 獻王後蒼所傳, 在戴聖禮記之中. 宋仁宗取以賜及第王拱辰, 卽此本也. 然傳者絶少. 今所行者, 朱子訂本. 此外諸家所傳改本率多僞雜, 無足取. 而古本之完善者唯王文成公傍注尙存, 朱竹坨經義考盛稱之. 今以鋟版, 亦復古者所有事也. 綿州童山李周元贊菴序."

231) "親, 愛也. 明明德·親民猶言修己安百姓. 至善者心之本體, 盡其心之本體謂之至善."

ⓒ '치지致知'는 내 마음의 양지良知를 완전히 발휘하는 것이다. '격물格物'에
서 '격格'은 '바르게 한다'는 뜻이고 '물物'은 '일'(事)이다. '마음'은 몸의
주인이고 '의意'는 '마음'이 일어난 상태이고 '지知'는 '의'의 본체이고
'물'은 '의'의 작용이다. 예컨대 '의'가 '어버이를 섬기는 효孝'에 쓰일 때
는, 그 가운데 잘못된 점을 바로잡아 천리天理를 완전하게 발현시켜 나가
면 내 마음의 '어버이를 섬기고자 하는' 양지良知에 사욕私欲이 끼어들
수 없어 그 '지'를 완전히 발휘시킬 수 있을 것이다. '지'가 완전히 이루어
지면 '의'는 속이는 부분이 없이 참될 수 있을 것이며, '의'가 참될 수 있으
면 '마음'은 놓치는 부분이 없이 바르게 될 것이다.233)

ⓓ '수신修身'이 근본이라는 사실을 아는 것이 바로 '근본을 아는'(知本) 것이
고 바로 '지知가 완전하게 이루어진'(知知) 것이다. 실제로 수신修身할 수
있지 않으면 수신했다고 말할 수 없다.234)

ⓔ '수신'을 이루는 방법은 오로지 '성의誠意'이므로 특별히 사람들에게 '성
의'를 '수신'의 핵심적인 방법으로 소개한 것이다. '성의'의 내용은 '신독
愼獨'이며 그 공부는 모두 '격물格物'을 통해 이루어진다. 『중용中庸』의
'계신공구戒愼恐懼'와 같은 공부이다.235)

ⓕ 『중용』의 '가장 잘 보이고'(莫見) '가장 잘 드러난다'(莫顯)와 같은 의미이
다.236)

ⓖ '성의' 공부의 실제적인 실천 방법은 단지 '격물'이므로 『시詩』를 인용하
여 '격물'의 사례를 소개한 것이다.237)

ⓗ '친민親民'의 성과가 이런 단계에 이른 것이고, 이것도 또한 스스로 그
명덕明德을 밝힌 데 지나지 않는다.238)

ⓘ 스스로 (자신의 明德을) 밝혀서 끊임없이 이어가는 것이 바로 '친민親民'을

232) "知至善惟在吾心, 則求之有定向."
233) "致知, 致吾心之良知也. 格物, 格, 正; 物, 事也. 心者身之主, 意者心之發, 知者
意之本, 物者意之用, 如意用於事親之孝而格之, 必盡夫天理, 即吾心事親之良知
無私欲之間, 而得以致其知矣. 致知則意無所欺而可誠矣, 意誠則心無所放而正
矣."
234) "知修身爲本, 斯謂知本, 斯謂知至, 非實能修身, 未可謂之修身."
235) "修身惟在於誠意, 故特揭誠意以示人修身之要. 誠意只是愼獨, 工夫只在格物上
用, 猶中庸之戒懼也."
236) "猶中庸之莫見莫顯."
237) "誠意工夫實下手處只在格物, 引詩言格物事."
238) "親民之功至於如此亦不過自明其明德而已."

이루는 방법이다.239)

ⓙ 군자가 명덕明德을 밝히고 백성을 사랑하는 방법이 어디 별다른 것이겠는가? 또한 지선至善에 자리잡는 것에 지나지 않는다.240)

ⓚ 지선에 자리잡는 방법이 어디 별다른 것이겠는가? 단지 자신의 몸에서 구하기만 하면 된다.241)

ⓛ 또 친민親民하는 일 가운데서 재판이라는 한 가지 사례를 들자면, 재판의 궁극적인 해결책은 결국 '명덕을 밝히는' 데서 찾아야 하므로 수신을 근본으로 삼는다는 말은 변할 수 없는 진리이다.242)

ⓜ '수신' 공부는 단지 '성의'일 뿐이다. '의意를 참되게 하는'(誠意) 과정 속에서 자기 자신의 심체心體를 체득하여 드넓어서 크고 공정할(廓然大公) 수 있으면, 그것이 바로 '마음을 바르게 하는' 것이다. 마음을 바르게 하는 공부에서는 '유有'에 얽매여서도 안 되거니와 '무無'에 떨어져서도 안 된다. 『중용』의 '미발未發의 중中'을 함양하는 것과 같다.243)

ⓝ 사람의 심체는 확연대공廓然大公하지 못하기 때문에 그 정情이 향하는 곳으로 치우치게 된다. '친애親愛' 등 다섯 가지의 치우침이 없는 것은 『중용』의 '이발已發의 화和'와 같다.244)

ⓞ 단지 '수신'일 뿐이고, 단지 '성의'일 뿐이다.245)

ⓟ 또 '수신'에 대해서 말한 것이며 그 공부 방법은 단지 '성의'이다.246)

다음에 인용하는 것은 백릉학산본 『대학고본방석』의 주들이다. 함해본과 같은 부분은 단지 함해본의 어떤 절과 같다는 내용만 명시하기로 한다.

① '명덕'을 밝혀 백성을 사랑한다는 것은 "자신을 수양하여 백성을 편안히

---

239) "自明不已卽所以親民."
240) "君子之明明德親民豈有他哉, 亦不過止於至善而已."
241) "止於至善豈有他哉, 惟求之吾身而已."
242) "又卽親民中聽訟一事要在其極亦本於明德, 則信乎以修身爲本矣."
243) "修身工夫只是誠意, 就誠意中體當自己心體, 令廓然大公, 便是正心. 正心之功旣不可滯於有, 亦不可墜於無, 猶中庸未發之中."
244) "人之心體不能廓然大公, 是以隨其情之所向而辟, 親愛五者無辟, 猶中庸已發之和也."
245) "只是修身, 只是誠意."
246) "又說到修身上, 工夫只是誠意."

한다"는 말과 같다. '명덕'을 밝히고 백성을 사랑하는 데는 별다른 방법이
있지 않다. 단지 '지선'에 자리잡기만 하면 된다. 그 마음의 본체를 전부
발휘하는 것을 일러 '지선에 자리잡는다'고 한다. '지선'이란 마음의 본체
이다. '지선'이 단지 내 마음 속에 있다는 것을 알면 학문을 추구하는 데
방향이 세워지게 된다.247)

② '천하에 명덕을 밝힌다'는 말은 『상서尙書』 「요전堯典」의 "능히 큰 덕德을
밝혀서 구족九族을 사랑하고 만방萬邦이 화합하게 한다"와 같은 의미이
다.248)

③ 마음은 몸의 주인이고 '의意'는 마음이 발한 상태이고 '지知'는 '의'의 본
체이고 '물物'은 '의'의 작용이다. 예컨대 '의'가 '어버이를 섬기는 데' 일
어날 경우, '어버이를 섬기는' 일에서 그른 것을 바로잡아 천리를 전부
발현시켜 나가면 나의 '어버이를 섬기려는' 양지良知에 사욕이 끼어들지
않아서 궁극적인 단계까지 이를 수 있다. '지'를 완벽하게 이루면 '의'는
속이는 부분 없이 참될 것이며, '의'가 참되면 마음은 놓치는 부분 없이
바르게 될 것이다. '격물格物'에서 '격格'의 의미는 '임금의 마음을 바로잡
는다'(格其君心)의 '격格'과 같은 뜻이다. '격'이란 결국 바르지 못한 것을
바로잡아서 바르게 만든다는 뜻이다.249)

④ 그 근본은 '수신'이다.250) (이하는 ⓓ절과 ⓔ절의 앞부분과 같다.)

⑤ (ⓔ절의 후반부와 같다.)

⑥ 군자와 소인의 구분은 단지 뜻을 참되게 할 수 있느냐의 여부에 달려 있
다.251)

⑦ (ⓕ절과 같다.)

⑧ 이것조차 삼엄한 것이라 할 수 없다고 하여 '독獨'이 얼마나 삼엄한 것인
가를 말한 것이다.252)

⑨ (ⓖ절과 같다.) 이 이하는 '격물치지格物致知'에 대해서 말한 것이다.253)

---

247) "明明德·親民猶修己安百姓. 明德親民無他, 惟在止於至善. 盡其心之本體謂之
止至善, 至善者心之本體, 知至善惟在吾心, 則求之有定向."
248) "明明德於天下猶堯典克明峻德以親九族至協和萬邦."
249) "心者身之主, 意者心之發, 知者意之體, 物者意之用. 如意用於事親卽事親之事
格之, 必盡夫天理, 則吾事親之良知無私欲之間而得以致其極, 知致則意無所欺
而可誠矣. 意誠則心無所放而可正矣. 格物如格君心, 格是正其不正而歸於正."
250) "其本則在修身."
251) "君子小人之分只是能誠意與不能誠意."
252) "言此未足爲嚴, 以見獨之嚴也."

⑩ ‘성의’를 위주로 하여 ‘격물’ 공부를 이끌어 가는 것이므로 ‘경敬’이라는 글자를 첨가할 필요가 없다.[254]

⑪ 『중용』의 “묻고 배우는 방법을 따르되 동시에 덕성德性을 높인다”는 것과 같은 의미이다.[255]

⑫ 『중용』의 “몸과 마음을 재계齋戒하고 복식服飾을 훌륭하게 갖춘다”는 것과 같은 의미이다.[256]

⑬ ‘격물치지’를 통해 그 ‘의意’를 참되게 하면 ‘명덕’을 밝히는 일이 ‘지선’에 자리잡을 수 있게 되며, 백성을 사랑하는 일 또한 그 속에 포함되어 있다.[257]

⑭ (ⓗ절과 같다.) 또 ‘수신’의 문제로 논의를 귀결시켰다.[258]

⑮ (ⓘ절과 같다.)

⑯ 맹자가 등문공滕文公에게 백성을 기르는 정치에 대해서 말할 때 이 『시詩』를 인용하여 “그대는 힘써 행하라”고 하였는데, 그 말의 의미도 그것을 통해 그대의 나라를 새롭게 하라는 뜻이었다.[259]

⑰ (ⓙ절과 같다.)

⑱ (ⓚ절과 같다.) 또 ‘수신’의 문제로 논의를 귀결시켰다.[260]

⑲ (ⓛ절과 같다.) 또 ‘수신’의 문제로 논의를 귀결시켰다.[261]

⑳ (대략 ⓜ절과 같다. 오직 ⓜ절 끝 부분 1구절이 이 절에서는 중간의 1구절로 되어 있다.)

㉑ (ⓝ절의 앞 두 구절과 같다.) 이것은 ‘절도에 맞는 화和’와 같은 의미이다. ‘확연대공廓然大公’하여 대상에 따라 그 법칙에 맞게 대응할 수 있는 사람은 드물다.[262]

㉒ 또 ‘수신’의 문제로 논의를 귀결시켰다. 백성을 사랑하는 구체적 방법은 결국 ‘의意’를 성실히 하는 것일 뿐이다.[263]

---

253) “此下言格致.”
254) “惟以誠意爲主而用格物之功, 故不須添一敬字.”
255) “猶中庸之道問學尊德性.”
256) “猶中庸之齊明盛服.”
257) “格致以誠其意, 則明德止於至善, 而親民之功亦在其中矣, 明德親民只是一事.”
258) “又說歸身上.”
259) “孟子告滕文公養民之政, 引此詩云子力行之, 亦以新子之國.”
260) “又說歸身上.”
261) “又說歸身上.”
262) “此猶中節之和, 能廓然大公而隨物順應者鮮矣.”

㉓ 또 '수신'의 문제로 논의를 귀결시켰다.264)

㉔ 또 '수신'의 문제로 논의를 귀결시켰다.265)

㉕ '성의'일 뿐이다.266)

㉖ '집안사람과 형제에게 도道에 맞게 대하는 것'과 '그 태도를 어긋나게 하지 않는 것'은 단지 '수신'의 사례일 뿐이다.267)

㉗ 또 '수신'의 문제로 논의를 귀결시켰다. 백성을 사랑하는 구체적인 방법은 '의意'를 참되게 하는 것일 뿐이다.268)

㉘ '성의'일 뿐이다. 백성을 사랑하는 방법이란 단지 자기 한 사람의 몸을 수양하는 것일 뿐이다. 자신의 몸이 수양되면 능히 백성을 얻을 수 있다.269)

㉙ 또 '수신'의 문제로 논의를 귀결시켰다.270)

㉚ 단지 이 마음이 선하냐 그렇지 않으냐가 관건이니, 선인善人이란 단지 마음의 본체를 온전하게 발휘한 사람이다.271)

㉛ 이것은 '의'를 참되게 한 사람이다.272)

㉜ 이것은 '의'를 참되게 하지 못한 사람이다.273)

㉝ 인仁은 마음의 본체를 온전하게 발휘하는 데 있어 관건이다.274)

㉞ '성의誠意'일 뿐이다.275)

㉟ '명덕'을 밝힐 수 있는 사람은 백성을 사랑할 수 있고, 명덕을 밝힐 수 있으면 백성은 그를 사랑한다.276)


두 판본을 비교해 볼 때 함해본의 주석은 기본적으로 전체 내용이 백릉

---

263) "又說歸身上, 親民只是誠意."
264) "又說歸身上."
265) "又說歸身上."
266) "只是誠意."
267) "宜家人兄弟與其儀不忒只是修身."
268) "又說歸身上, 親民工夫只是誠意."
269) "只是誠意, 親民惟修一人之身, 身修則能得中."
270) "又說歸身上."
271) "惟在此心之善否, 善人只是全其心之本體者."
272) "此是能誠意者."
273) "是不能誠意者."
274) "仁是全其心之本體者."
275) "只是誠意."
276) "能明德者則能親民, 能明德則民親."

학산본 속에 포괄된다. 단지 "친親은 사랑한다는 뜻이다"와 "치지致知는 내 마음의 양지良知를 완전하게 실현하는 것이다. 격格은 바르게 한다는 뜻이고 물物은 일(事)이란 뜻이다"의 두 구절이 백릉학산본에는 없다. 백릉학산본은 함해본과 비교해 볼 때 문자가 거의 배 이상 많은데, 첨가된 글들은 주로 『대학』에서 '제가齊家'를 논한 부분 이후에 몰려 있다. 그러나 그 내용은 단지 '논의가 수신修身의 문제로 귀결되고' '성의誠意일 뿐'이라는 사실을 반복해서 강조하는 것에 불과하다. 함해본이 확실히 보다 더 정련되고 간명해진 판본이라 할 수 있다.

왕수인이 죽은 뒤 「대학문大學問」의 영향은 『대학고본방석』보다 더 컸다. 그것은, 고본古本을 믿는 사람이 점점 늘어났을 뿐 아니라, 『대학고본방석』이 지나치게 소략하고 의리를 밝히는 데 있어 거의 계통성이 없는 데 반해 「대학문」은 거침없이 일관되게 이어져 의리義理가 명백하고 확연한데다가 한결같이 만년의 양지설致知說을 종지로 삼고 있어서 왕수인의 문인들이 모두 그것을 '교전敎典'으로 여겼기 때문이다. 그 결과 「대학문」은 뒷날 『전서』에 수록되어 학자들이 모두 알게 되었지만, 『대학고본방석』은 단독으로 간행되어 유전되는 폭이 점점 줄어들다가 청초淸初에 이르러서는 그 진위까지 문제삼게 되었다. 예컨대 모기령은 이렇게 말했다.

> 문성文成(왕수인)이 제자들에게 소개했던 것은 『예기禮記』 원문일 뿐이다. 지금 세상에 나와 있는 주석 달린 판본은 문인들이 허위로 끼워 넣은 것이 많아서 도저히 의거할 수 없다. 뒷날 가정 연간의 급사給事 하흠賀欽이 학문을 좋아하여 벼슬을 버리고 요동遼東으로 돌아가서 왕수인의 『고본대학』을 교재로 학자들을 가르쳤는데, 그때의 판본에는 단지 장章·절節의 구분만 있었을 뿐 전혀 주석이 없었다.[277]

이처럼 모기령은 왕수인의 『대학고본』에 전혀 주석이 없었다고 하였으

---

277) 毛奇齡, 『王文成傳本』 上(『西河合集』), "文成所示者是禮記原本, 今行世有注釋者, 多門人僞入之, 大不足據, 後嘉靖間給事賀欽好學, 棄官還遼東, 出陽明古本大學敎學者, 但有章截, 幷無注釋."

나, 왕수인의 「대학고본서大學古本序」에는 명백하게 "곁에다 주석을 붙였다"라고 했으며 그 책의 본명도 『방석旁釋』(혹은 『旁注』)이었으므로 오히려 모기령의 설명이야말로 근거 없는 주장이어서 받아들일 수 없다.

『곤지기』 부록에 실린, 나흠순羅欽順이 경진년 여름에 왕수인에게 보낸 편지를 보면 나흠순은 『대학고본방석』을 비판하면서 아울러 그 속의 주석을 다음과 같이 인용하고 있다.

> 이어서 그 문장에 대해 "物物이란 의意의 작용이다", "격格이란 바로잡는다는 뜻이니 그 바르지 못한 것을 바로잡아 바른 것으로 돌아가게 한다는 뜻이다"라고 풀었다. 그가 이런 식으로 해석한 것은 내면적인 공부에 주력하고 외면적인 공부를 배제하여 일관된 진리로 귀결될 수 있게 하려는 의도였다. 그러나 이 해석을 근거로 그 이론의 성립 여부를 따져 보니, "의意가 어버이를 섬기는 데 쓰일 때는 어버이를 섬기는 일에 나아가 '격'하여, 어버이를 섬기는 일 가운데 바르지 못한 것을 바로잡아서 바른 것으로 돌아가게 하여 천리를 완전히 발현시켜 나간다"라는 해석은 여전히 '지知'자에 대해 아무런 언급이 없어, 벌써 그 해석이 뒤엉키고 난삽하여 이해하기 곤란하다는 사실을 드러내고 있었다.[278]

나흠순이 인용한 『대학고본방석』의 내용인 "物物이란 의意의 작용이다"는 함해본과 백릉학산본 모두에 나타난다. "격格이란 바로잡는 것이다"라는 구절은, 함해본에는 "격은 바르게 하는 것이다"(格, 正)로 되어 있고 백릉학산본에는 아예 이에 대한 풀이가 없다. 그리고 "그 바르지 않은 것을 바르게 하여 바른 것으로 돌아간다"는 구절은, 백릉학산본에서는 "격이란 바르지 않은 것을 바르게 하여 바른 것으로 돌아가는 것이다"(格是正其不正而歸於正)로 되어 있으며 함해본에는 이 구절이 없다. 또 "의意가 어버이를 섬기는 데 쓰일 때는 어버이를 섬기는 일에 나아가 격格하여, 어버이를 섬기는 일

---

278) 『困知記』 附錄, "從而爲之訓曰: '物者意之用也', '格者正也, 正其不正而歸於正也', 其爲訓如此, 要使之內而不外, 以會歸一處. 亦嘗就此訓推之, 如'意用於事親則事親之事而格之, 正其事親之事之不正者而歸於正, 而必盡夫天理', 蓋猶未及知字, 已見其嫚繞迂曲而難明矣."

중에서 바르지 못한 것을 바로잡아서 바른 것으로 돌아가게 하여 천리天理를 완전히 발현시켜 나간다"라는 구절은, 두 판본 모두 "의意가 어버이를 사랑하는 데 쓰일 때는 어버이를 사랑하는 일에 나아가 바르게 하여 천리를 완전히 발현시켜 나간다"[279]로 되어 있으며 중간의 "어버이를 섬기는 일 중에서 바르지 못한 것을 바로잡아 바른 것으로 돌아가게 한다"라는 구절이 없다. 고린顧璘이 왕수인에게 보낸 편지에는 이런 내용이 있다.

> 거기서 "지知는 의意의 본체이고 물物은 의의 작용이다"느니 "격물格物에서 격格의 의미는 '임금 마음의 그릇된 부분을 바로잡는다'(格君心之非)는 말의 '격'의 의미와 같다"느니 하는 해석들은, 그 말이 비록 초매超邁하여 홀로 얻은 무엇인가가 있어 묵은 견해를 답습하지 않는다는 의의가 있다고는 해도 도道와 부합하지는 않는 것 같습니다.[280]

고린이 인용한 두 구절이 『대학고본방석』에서 나온 것이라고 명백하게 언급되어 있지는 않으나, "지는 의의 본체이고 물은 의의 작용이다"라는 구절은 함해본과 백릉학산본에만 보이고 왕수인의 다른 저술 속에서는 보이지 않으므로 그것을 『대학고본방석』에서 인용했다는 것은 의심의 여지가 없다. "격물에서 격의 의미는 '임금 마음의 바르지 못한 부분을 바로잡는다'는 말의 격의 의미와 같다"는 구절은 『전습록』에도 유사한 표현들이 있으며, 백릉학산본에는 "격물에서 격의 의미는 '임금 마음을 바로잡는다'는 말에서의 격格의 의미와 같다"로 되어 있고 함해본에는 이 말이 없어 고린이 인용한 것의 출전이 어딘지 아직 알 수 없으므로 이 구절은 잠시 논의를 보류하기로 한다.

나흠순이 인용한 『대학고본방석』 원본과 대조해 보면 현존하는 두 판본 모두 위작이 아니라는 것을 알 수 있다. 백릉학산본 제10절의 "성의를 위주로 하여 격물 공부를 해 나가기 때문에 다시 '경敬'자를 첨가할 필요가 없

---

279) "意用於事親則事親之事而格之, 必盡夫天理."
280) 『全書』, 권2, 55쪽, 「答顧東橋書」, "其曰'知者意之體·物者意之用', '格物如格君心之非之格', 語雖超邁獨得, 不蹈陳見, 抑恐於道未嘗脗合."

다"라는 구절은 「연보」에서 『대학고본방석』에 대해서 설명했던 말과 일치하는데, 이는 전덕홍이 「연보」를 지을 때 백릉학산본에 의거했다는 사실을 보여 주는 듯하다. 그러나 한편으로 두 판본 모두 나흠순이 인용한 원본과는 차이점을 보이고 있으므로 둘 다 원본은 아니다. 두 판본은 모두 "천리를 완전히 발현시켜 나간다"라는 구절 다음에 "어버이를 섬기는 내 양지에 사욕이 끼어들지 않아서 궁극적인 단계(함해본에는 '極'자가 '知'자로 되어 있는데 잘못된 것 같다)에 이르게 된다"[281]라고 하여 양지설을 언급하고 있고, 특히 함해본에서는 명백하게 "치지는 내 마음의 양지를 완전하게 실현하는 것이다"라고 풀이하고 있으므로, 확실히 이들 판본이 무인년의 원본이 아니라 경진년에 치양지라는 종지를 제출하고 난 뒤의 개정본임을 알 수 있다.

이 책 앞부분에서의 논의에 근거하여 우리는 왕수인의 『대학』 해석이 무인년 이전에는 '성의'를 중점적으로 다루었다가 경진년 이후로부터 '치양지' 중심으로 바뀌었다는 사실을 알고 있다. 이런 관점에서 볼 때는 백릉학산본이 '성의' 공부를 강조하는 대량의 주석을 보존하고 있어 비교적 원본에 가깝다고 할 수 있다. 그리고 '성의'를 강조한 대부분의 주석을 삭제하고 명확하게 "내 마음의 양지를 완전히 실현시킨다"(致吾心之良知)라는 구절을 첨가한 함해본은 틀림없이 백릉학산본보다 늦게 만들어졌을 것이다. 함해본에는 있고 백릉학산본에는 없는 "친親은 사랑한다는 뜻이다"라는 풀이도 왕수인이 월성에 살게 되면서부터 강조했던 친민親民 사상과 부합한다. 이밖에, 왕수인은 가정 3년 갑신년 황성증黃省曾에게 보낸 편지에서 이렇게 말하고 있다.

『고본대학』에 대한 주석은 부득이해서 한 것이다. 그러나 감히 많은 말들을 늘어놓지는 못하였다. 칡과 등나무가 나무를 휘감아 버리면 가지와 줄기가 뒤덮여 버린다는 사실을 염두에 두었기 때문이다. 짧은 서문도 또한 세 번이나 고쳤으며 가장 마지막에 만든 서문을 간행하였다.[282]

---

281) "則吾事親之良知無私欲之間而得以致其極."
282) 『全書』, 권5, 109쪽, "古本之釋, 不得已也, 然不敢多爲辭說, 正恐葛藤纏繞則枝干反爲蒙翳耳. 短序亦嘗三易其稿, 石刻其最後者."

이 구절에 의거해서 보더라도 백릉학산본에서 함해본으로, 갈수록 그 표현이나 내용이 간략해지는 추세 또한 왕수인의 만년 사상과 부합한다고 하겠다.

이상의 논의를 종합해 보면, 백릉학산본은 바로 왕문록王文祿이 양명서원陽明書院에서 입수하였던 것으로서 당연히 신빙성이 있는 판본이고, 함해본 또한 나흠순의 글 등을 참조할 때 위작은 아니다. 그러나 두 판본은 모두 무인년에 지어진 원본이 아니라 개정 과정을 거친 각기 다른 개정본이었다. 백릉학산본은 비교적 원본에 가깝고 함해본은 백릉학산본 이후의 개정본이다. 뒤에 나온 함해본이 「구서舊序」를 쓰게 까닭은 인쇄한 사람의 착오라고 보아야 할 것이다.

『대학고본방석』 역시 『전습록』과 마찬가지로 일본에 전해졌다. 사토 잇사이는 이렇게 말했다.

> 문성공文成公은 『대학』에 대해 구본이 옳다고 여겨 옆에다 주석을 붙였는데, 그 판본은 중국에는 오랫동안 전해졌지만 우리나라에는 그것을 본 사람이 없었다. 문정文政 갑신년에 이르러 오吳 지역에서 온 배가 처음으로 그것을 가져왔다. 잇사이(執齋)는 그것이 전해지지 않던 것이라고 했는데, 그 이유는 당시에는 아직 그것을 본 적이 없었기 때문이다.[283]

이것은 미와 잇사이(三輪執齋)가 그때까지 아직 『대학고본방석』을 보지 못했다는 것을 말해 준다. 미시마 후쿠(三島復)의 『왕양명철학王陽明哲學』에 따르면, 사토 잇사이는 이조원李調元 판본을 오吳 지방의 상인에게서 입수하였는데 후반부의 주석이 너무 간략한 것을 보고는 보주補注를 첨가하고 또 주이존朱彝尊의 『경의고經義考』에서 필요한 부분을 가져다 뒷부분에 넣었다. 또한 사토 잇사이는 모기령의 설명을 인용한 다음 그 내용을 반박했다. 모기령이 왕수인의 『대학고본』을 주석이 없는 『대학』 원문이라고 한 데 대해 그는, "대개 문성공이 스스로 '방석旁釋'이라고 하였는데 어떻게 주석이 없

---

283) 三輪執齋, 『傳習錄欄外書』.

는『대학』원문을 문성공의 진본眞本이라 할 수 있겠는가"라고 비판했던 것이다. 또 간노 도메이(簡野道明)의『도학해의道學解義』에 실린「대학방주大學旁注」에 의거하면, 사토 잇사이가 보충한 주석들은 모두 주注로 명시되어 있었고 그 방주旁注의 내용은 한결같이 이조원의 함해본과 같았다. 이를 통해 에도(江戶) 시대의 일본 양명학자들 역시 모기령의 주장을 따르지 않고 함해본을 진본으로 생각했음을 알 수 있다.

# 심학 전통에서의 신비주의의 문제

## 이끄는 말

중국 고전 철학에서 도가와 불교는 항상 동양적 신비주의의 전형적인 형태로 간주되었으므로 많은 학자들이 이를 연구하였다. 슈왈츠(Benjamin I. Schwartz) 역시 최근의 저서 『중국 고대 사상의 세계』에서 노자老子와 관련된 장章에 이 문제만을 다룬 한 절節을 포함시켰다. 그러나 유가儒家 전통(특히 宋明 理學) 속의 신비주의의 문제를 주목한 사람은 많지 않았다.

'신비주의'는 영어로는 'mysticism'인데, 이 개념의 외연과 내포에 대한 서양 학자들 간의 의견은 늘 일치하지 않는다. 일반적으로 중세 기독교 신학 전통에서 'mystical'이라는 단어는 인간이 도달한 종교적 깨달음의 고급 단계를 가리킨다. 그 뒤 비교종교학자, 철학자, 인류학자들이 점차 이 개념을 기독교적 경험과 유사한 기타 종교 체험에 응용하게 되면서부터, 급기야

---

* 이 글의 원래 제목은 '神秘主義與儒學傳統'이며 1987년 2월에 씌어진 것으로, 뒤에 『文化: 中國與世界』 제5집(三聯書店, 1988), 28~57쪽에 기재되었다. 이 글은 필자가 하버드 대학에서 왕수인 철학 연구에 착수할 당시 준비한 작업의 하나인데 지금 여기에 부록으로 실으면서 '心學傳統中的神秘主義問題'(심학 전통에서의 신비주의의 문제)로 제목을 고쳤다. 독자들에게 더욱 폭넓게 明代의 心學과 왕수인의 사상적 특질을 이해할 수 있도록 해줄 것이다. 이 글이 있기 때문에 이 책의 본문에서는 왕수인 사상에서의 신비 체험 문제에 관해서 별도로 다루지 않았다.

이 개념은 일련의 비종교적 문화 현상에 대한 하나의 보편적인 현상학적 개념(phenomenological concept)으로까지 차용되고 있다. 한편 비교종교학적 입장에 따르면 'mysticism'은 'mystical experience', 즉 '신비 경험' 혹은 '신비 체험'과 연관되어 있다. 신비 경험 혹은 신비 체험은 종교 신도들이 특정한 수양 방법을 통해 획득한 고차원적인 내면적 체험을 가리킨다.

그런데 서양의 학술 개념이나 범주가 중국어로 번역되면 일종의 상대적 독립성을 갖게 된다. 예를 들어 '유물주의'와 '유심주의'도 중국에서는 한층 더 발전된 자체의 해석 전통을 갖게 되는 것이다. 학계에서 '신비주의'는 왕왕 민간의 각종 미신을 포함한다. 따라서 고차원적인 내면적 체험을 나타내는 'mysticism'과 완전히 부합할 수는 없다. 그래서 사부아謝扶雅는 'mysticism'을 '신비神秘'로 번역하는 것은 부적절하며, '신계神契'로 번역하여 '아我와 비아非我의 계합契合'이라는 의미를 드러내야 한다고 주장했다.[1] 그러나 이후에 서술될 내용을 통해 우리는 '신계'가 단지 몇몇 신비 체험에만 적용될 뿐이라는 것을 확인할 수 있을 것이다.

필자의 생각으로는 'mystical experience'란 본래 '신비한 깨달음(神悟)의 체험'으로 번역될 수 있다. 그러나 언어는 약속의 체계이고 또 저마다 자기 주장을 펴는 것은 공연히 혼란만 가중시킬 뿐이므로 굳이 고쳐서 번역할 필요는 없을 것이다. 이 글에서 고찰하려는 것은 유가 전통에도 신비 체험(mystical experience)의 문제가 존재하느냐 하는 점이다. 이 문제는 중국 철학의 중요한 사상 명제들을 이해하고 새로운 각도에서 중국 철학의 특징에 접근하는 데 유용할 뿐만 아니라 우리가 유가의 한계를 반성하고 현대 유학의 발전 방향을 명확히 인식하는 데에도 도움을 줄 수 있을 것이다.

일찍이 비교종교학자들은 세계의 주요한 종교 전통에는 모두 이른바 '신비 체험'이라는 현상이 있고, 이런 신비 체험의 기본적 특징은 일정한 수양을 통해 획득되는 돌발적이고 특별한 심리 체험이라는 사실을 발견했다. 그러나 각각의 종교적 전통은 이런 체험의 내용과 그 해석 및 그에 따라

---

1) 謝扶雅, 『宗敎哲學』(홍콩, 1959), 141쪽.

생기는 정감의 형태에서 차이를 나타낸다. 예를 들어 기독교의 신비 체험의 기본 내용은 '신과의 합일'(union with God)이다. 그러므로 여기서의 '체험'은 인간의 마음이 획득하는 정서, 감각, 인상의 조합을 가리킨다. 즉 사람이 자아와 신의 거대한 차이를 초월하여 신과 결합해서 하나가 되는 느낌을 갖는 것이다. 그리고 힌두교의 최고 경지는 각각의 영혼이 우주 최고의 실재인 브라만을 경험하는 '범아동일梵我同一'이다. 한편, 불교의 체험은 기독교나 힌두교와는 다르다. 불교의 최고의 체험은 어떠한 최고의 실재도 끌어들이지 않으며 영혼(soul or atman)의 존재도 인정하지 않는다. 이른바 열반이라는 것은 일종의 고차원적인 내면 체험의 경지로서 자아와 초월적 실재의 융합을 인정하지 않으며 영혼의 육신에 대한 해방도 인정하지 않는다. 그것은 '공空'에 대한 깨달음과 체험으로서 모든 '유아有我'적 심리 상태를 극복한 경지이다.[2]

이처럼 종교 체험 간에는 차이가 나타나지만, 이와 상관없이 비교종교학의 관점에서 볼 때 여러 신비 체험은 공통적 특징을 갖고 있다. 제임스(William James)는 그의 『종교적 체험의 다양성』(Varieties of Religious Experience)에서 신비 체험이 지닌 네 가지 보편적 특징에 대해 언급했는데, 그것은 말로 표현할 수 없고, 직관적이고, 순간적으로 얻게 되며, 수동적인 것이라고 하였다. 그러나 이 네 가지는 기본적으로 형식적 측면에 착안한 것이며 체험의 내용과 정감 표현의 공통성에 대해서는 언급하지 못했다.

스테이스(W. T. Stace)는 신비 체험에 대해 한층 더 심층적으로 연구했다. 그는 신비 경험의 기본적 특성을 '언표불가능성, 모순성, 신성성, 실재성' 등으로 나누고 그 근본적인 특징을 '합일성의 체험'이라고 했다. 또한 그는 기독교적 체험의 '합일'과 힌두교적 체험의 '동일'에 구별이 있다고 하더라도—전자는 union이고 후자는 identity이다— 모두 일종의 무차별적이고 순수한 혼일渾一을 체험한 것으로 볼 수 있다고 지적했다. 또한 불교 체험은 일체의 사유 감정을 배제하였으므로 그 결과 역시 순수한 혼일로 볼 수 있

---

2) S. T. Katz, *Mysticism and Philosophical Analysis*, p. 29.

다. 스테이스는 여기서 한 걸음 더 나아가, 이러한 '합일성'의 여러 표현들을 근거로 일체의 신비 경험은 대체로 두 가지 종류, 즉 외향적(extrovertive) 신비 체험과 내향적(introvertive) 신비 체험으로 귀결될 수 있다고 주장했다. 그리고 그는 세계의 각종 신비 체험을 비교한 후에 이런 두 가지 종류의 신비 체험이 각각 일곱 가지 특징을 가지고 있다는 사실을 밝혀냈다. 그 중 다섯 가지 특징은 두 체험이 일치한다. 즉 신성한 느낌, 실재감, 편안함, 기쁨 혹은 흥분, 형언할 수 없음 등이다. 두 체험의 차이점은 외향적 체험이 '우주만물의 혼연 일체'(all things are one)를 체험한 것인 데 반해 내향적 체험은 일종의 '순수 의식'(pure consciousness)을 체험한 것이라는 데 있다. 내향적 체험에서의 무차별적 순수 의식은 자신이 바로 완전한 존재여서 모든 시공의 차별을 초월해 있다는 느낌을 갖는 것이다.[3]

스마트(Ninian Smart)는 신비 경험의 전형적 특징에 대해, 형언할 수 없는 엄청난 쾌락, 영원함에 대한 체험에 도달하여 완전한 새 세계관을 획득하게 되는 것이라고 지적하였다. 또한 샬프스타인(Ben-Ami Scharfstein) 등은 신비 경험의 기술을 다루면서 신비 경험에 도달하는 중요하고 기본적인 방법을 자아제어라고 주장했는데, 그 구체적인 방법은 집중(concentration) · 호흡 조절 · 명상(meditation) 등을 들 수 있다.[4]

지금까지 살펴본 비교종교학의 연구 성과를 토대로 다음의 사실을 알 수 있다. 신비 체험은 사람이 일정한 심리 제어라는 수단을 통해 이르게 되는 특수한 심리 체험의 상태이고, 이런 상태에서 외향적 체험은 만물을 혼연일체로 느끼고 내향적 체험은 시공을 초월해서 자아 의식이 곧 전체 실재라고 느낀다. 이러한 신비 체험은 모두 주객의 구분과 일체 차별이 사라지는 느낌을 가질 뿐 아니라 동시에 엄청난 흥분, 기쁨과 숭고함을 동반한다. 종교 신도들은 이를 매우 중요하게 여기며 교의의 경험적 증거로 간주한다. 심리학자(예를 들어 H. Leuba의 *Psychology of Religious Mysticism*)들은 신비 경

---

3) W. T. Stace, *Mysticism and Philosophy*, p. 131.
4) Ninian Smart, *Reasons and Faiths*, p. 55; Ben-Ami Scharfstein, *Mystical Experience*, p. 99; R. M. Gimello, *Mysticism and Meditation* 참고.

험이란 잠재 의식의 지배를 받으며 특정한 조건 아래에서 생기는 심리 반응 혹은 착각이라고 강조하지만, 비교문화학과 비교종교학의 연구 성과는 어쨌든 신비 경험이 하나의 중요한 의식 현상이며 각종 문화 발전에 넓게 영향을 미쳤다는 것을 알려 준다.

이 글은 유학의 신비 경험에 대한 연구이며 기본적으로 '신비 경험에 대한 현상학적 설명'(phenomenological description of mystical experience)이다. 분명히 해 두어야 할 것은, 이 글에서 필자가 신비 경험에 대한 논의를 주지로 삼고서 고전 유학 특히 송명 리학이 신비주의적 전통을 포함하고 있다는 사실을 입증했다고는 하지만 결코 신비주의가 유학의 주도적인 전통임을 말하고자 한 것은 아니라는 점이다. 오히려 필자가 보기에는 이성주의가 줄곧 유학의 주도적인 전통이었고, 이 점은 마땅히 비판적으로 계승·발전시켜야 할 부분인 것 같다.


## 명대 심학의 신비 체험

서술상의 편의를 위해 본문은 거꾸로 서술하는 방법, 즉 먼저 명대 유학의 신비 체험을 논하고 그 다음에 다시 송대 이전으로 거슬러 올라가는 방식으로 전개될 것이다. 그 까닭은 명대 유학에서 신비 체험이 아주 충분하게 발전되었고 그것에 대한 기술도 비교적 상세하기 때문이다.

황종희黃宗羲는 "명대의 학문은 백사白沙(진헌장)에 이르러 비로소 정미한 단계로 들어갔으며 그 절실한 공부 방법은 모두 함양涵養에 있었다"[5]고 말한 적이 있다. 진헌장陳獻章은 자신의 학문 방법에 대해 이렇게 말했다.

저는 자질이 남만 못하여 스물일곱이 되어 비로소 발분發憤하여 오빙군吳聘君(吳與弼)에게서 배웠습니다.……이런 식으로 공부하며 여러 해가 지났지만 끝내 얻지 못하였습니다. '얻지 못하였다'는 말은 내 마음과 이 리理가 아직

---

5) 『明儒學案』, 권5, 78쪽, "有明之學, 至白沙始入精微, 其喫緊工夫, 專在涵養."

꼭 들어맞는다는 느낌을 받지 못했다는 뜻입니다. 이에 저들의 번거로운 방법을 버리고 나의 간요한 방법에서 길을 찾게 되었는데 그 내용은 오직 정좌였습니다. 오랜 시간이 지나자 비로소 내 마음의 본체가 은연중에 드러나 늘 무엇인가가 존재하는 듯해서, 일상 속의 갖가지 일들에 응수할 때 내가 하고 싶은 대로 행해도 마치 말의 재갈과 고삐를 내가 쥐고 있는 것 같다는 느낌을 갖게 되었습니다.[6]

진헌장이 여기에서 말한 것은 바로 정좌靜坐(meditation)라는 기본 수양 방식을 통해 얻는 내심 체험이다. 이러한 정좌 체험은 유학에서 전형적 의미를 갖는다. 상술한 체험 유형으로 설명하자면 그 특징은 '마음의 본체의 드러남'이다. 이런 경험이 없는 사람에게는 무엇이 '마음의 본체의 드러남'인가를 설명하는 것이 곤란하다. 그러나 기본적으로 이것이 '내재적 신비 경험', 이른바 순수 의식의 발현에 가깝다고 단정할 수 있다. '심체'는 마음의 본연적인 체體, 즉 본래 상태를 가리키므로 송명 유학자들이 정좌하여 마음 속의 생각들을 제거하고 아직 생각이 일어나지 않았을 때의 기상을 들여다보는 이유는 모두 이러한 '심체'가 모습을 드러내게 하려는 것이다. 진헌장은 학문 방법에 대해 "고요한 가운데서 단서를 길러 내어야 한다"고 주장한다.[7] 이는 학자들에게 '정좌'(meditation)을 통하여 '마음의 본체가 드러나는' 경험을 가질 수 있도록 노력하라고 가르친 것이다. 그러나 진헌장은 아래에서 말하는 것처럼 또 다른 형태의 신비 체험을 했다.

온갖 변화는 내게서 나왔고 천지는 내가 세웠으니 우주는 내 안에 있다. 이 칼자루를 손에 쥐었으니 다시 무슨 문제될 것이 있겠는가. 옛날부터 지금까지 천지사방 모든 것들을 한꺼번에 꿰어서 잇고 한꺼번에 거둬들인다.[8]

---

6) 『白沙子全集』, 권2, 「復趙提學」, "僕才不逮人, 年二十七, 始發憤從吳聘君學,……如是者亦累年, 而卒未得焉. 所謂未得者, 謂吾心與此理未有湊泊吻合處也. 於是舍彼之繁, 求吾之約, 惟在靜坐. 久之, 然後見吾此心之體, 隱然呈露, 常若有物, 日用間種種應酬, 隨吾所欲, 如馬之御銜勒也."

7) 『白沙子全集』, 권2, 「與林郡博」, "須從靜中養出個端倪來."

8) 『白沙子全集』, 권2, 「與林郡博」, "萬化我出, 天地我立, 而宇宙在我矣. 得此把柄入手, 更有何事. 往古今來, 四方上下, 都一齊穿紐, 一齊收拾."

이런 경지, 즉 자아와 우주가 하나로 합쳐지는 신비 경험, 이른바 '옛날부터 지금까지 천지사방 모든 것들을 한꺼번에 꿰어서 잇고 한꺼번에 거둬들이는' 경험은 당연히 시간을 초월하는 느낌을 가리킨다. 이런 신비 경험을 내용으로 하는 공부가 바로 진헌장이 말한 '칼자루'이다.

　　왕수인의 학문은 '지행합일知行合一'과 '치양지致良知'에 주력하지만 처음 시작할 때는 역시 신비 체험에 어느 정도 의존한다. 왕수인은 홍치弘治 연간에 양명동陽明洞에서 정좌하고서 도가의 도인술導引術을 익혔다. 뒤에 상덕常德·신주辰州에서는 문인들에게 전적으로 정좌만 가르쳤는데, 그는 이때의 경험에 대해 "그 뒤로는 제생과 더불어 절에서 정좌하면서 스스로 성체性體를 깨닫게 되기를 기다렸더니, 어렴풋하게나마 손에 잡힐 듯한 무엇인가가 있었다"[9]라고 말했다. 「연보」에는 그가 용장龍場에서 도道를 깨칠 때의 상황을 술회한 다음과 같은 기록이 있다.

　　밤낮으로 단정히 묵좌默坐하고서 정신이 고요히 하나되는 경지를 추구하였다. 시간이 제법 지나자 마음 속이 깨끗해졌다.……그러고서는 성인이라도 이런 경우에 놓이면 무슨 다른 도道가 있겠느냐는 생각에 미치자 홀연히 밤에 크게 격물치지格物致知의 뜻을 깨닫게 되었다. 꿈인지 생시인지는 모르겠으나 마치 누가 내게 무엇을 알려 주는 것 같아서 나도 모르는 사이에 소리치고 펄쩍 뛰게 되었다. 그래서 따르던 이들이 모두 놀랐다. 비로소 성인의 도는 내 성性 안에 모든 것이 완전하게 구비되어 있는 것이어서 예전에 사물에서 리를 구하던 방법이 잘못이라는 것을 알게 되었다.[10]

　　황관黃綰이 지은 왕수인의 「행장」에도 다음과 같이 기록되어 있다.

　　공은 일체의 득실과 영욕에 대해 모두 초탈할 수 있으나 '생사'라는 한 생각

---

　9) 『全書』, 권32, 446쪽, 「年譜」, '庚午條', "玆來乃與諸生靜坐僧寺, 使悟性體, 顧恍惚若有可卽者."
　10) 『全書』, 권32, 446쪽, 「年譜」, '戊辰條', "日夜端居默坐, 以求靜一. 久之, 胸中灑灑……因念聖人處此更有何道. 忽中夜大悟格物致知之旨, 寤寐中若有人語之者, 不覺呼躍·從者皆驚. 始知聖人之道, 吾性自足, 向之求理於事物者誤也."

은 여전히 마음에서 내보내지 못했다. 그래서 석곽石槨을 하나 짜서 "나는 지금 오직 죽음을 기다릴 뿐이니 다시 뭘 더 꾀하겠는가!"라는 말로 스스로 맹세하시고는, 밤낮으로 단정히 묵좌默坐하고서 마음을 맑게 하고 사유를 안으로 모아 정신이 고요히 하나된 '중中'의 상태를 추구하셨다. 하루저녁에 홀연히 크게 깨치시고는 기뻐 날뛰시는데 마치 미친 사람 같았다.[11]

「연보」의 설명에 따르면 왕수인이 도를 깨치게 된 것이 마치 화두를 잡고서 얻은 것처럼 보이지만,[12] 「행장」에 따르면 "단정히 묵좌하여 마음을 맑게 하고 사유를 안으로 모아서 정신이 고요히 하나된 경지를 구하는" 것이어서 여전히 정좌라는 방법을 통해 내심의 모든 사유와 욕망을 없애고서 주의력을 완전히 내심에 집중시키는 형태였다. 이런 "내 성性 안에 모든 것이 완벽하게 갖추어져 있다"는 체험은 여전히 진헌장의 '성체의 드러남'과 같으며, 그가 "홀연히 크게 깨치고" "기뻐 날뛰는 게 미친 사람 같았다"는 것은 바로 신비 체험의 기본적 특징이다. 왕수인은 이런 신비 체험을 중요한 방법으로 삼진 않았지만 이런 식으로 시작하는 것도 마찬가지로 성현의 공부라고 여겼다.

왕기王畿는 일찍이 왕수인이 양명동천陽明洞天에서 정좌를 익혀 신비 체험을 얻은 경력을 이렇게 기술했다.

노老·불佛의 학문에 모든 힘을 쏟아 동천洞天의 정려精廬에서 밤낮으로 열심히 마음을 가다듬고 수양하시다가 정신을 내밀한 곳에 모으는 방법을 연습煉習하여 핵심을 명료하게 헤아리게 되시니, 선종禪宗과 노장老莊의 이른바 '견성見性'[13]이나 '포일抱一'[14]의 종지에 대해 그 의미만 이해하신 것이

---

11) 『全書』, 권37, 516쪽, 「陽明先生行狀」, "公於一切得失榮辱皆能超脫, 惟生死一念尙不能遣於心, 乃爲石廓, 自誓曰: 吾今惟俟死而已, 他復何計! 一夜端居默坐, 澄心精慮, 以求諸靜一之中. 一夕忽大悟, 踊躍若狂者."
12) 역자 주―'話頭를 잡는다'(參話頭)는 것은 아무런 생각을 일으키지 않고 坐禪하면서 내면을 들여다보는 默照禪과 달리 話頭를 가지고 끊임없이 사색하는 것을 중시하는 看話禪의 방법이다. 「연보」에 의하면 왕수인의 경우 "성인이라도 이런 경우에 놓이면 무슨 다른 道가 있겠는가"라는 話頭가 있었다는 말이다.

아니라 그 진수도 이미 터득하셨다고 하겠다. 스스로도 이렇게 말씀하셨다. "정靜의 상태에서 내 몸을 들여다보니 마치 수정궁水晶宮 같아서 나를 잊고 대상을 잊고 하늘을 잊고 땅을 잊어 공空 · 허虛와 동체가 되니, 빛나고 신기하며 황홀하고 변화무상하여 말로 표현하려 해도 표현할 길을 잃은 것처럼 느껴졌다. 그것이야말로 참된 경지의 광경이었다. 그러다가 변방에 살면서 곤궁에 처하게 되자 동심인성動心忍性(심성을 단련함)해서 불현듯 깨치게 되어 일상적인 일들과의 관계를 떠나지 않고서도 시시비비是是非非를 가릴 수 있는 천칙天則이 저절로 드러났다."15)

여기서 "스스로도 이렇게 말씀하셨다"라는 말은 곧 왕수인이 자신의 체험에 대해 직접 자술했다는 뜻이다. 왕기는 이 말을 왕수인에게 들었으므로 확실히 믿을 만하다. 이것으로 왕수인도 천지만물과 일체가 되는 신비 체험을 했었다는 것을 알 수 있다.

황종희는 명대의 주자학을 논하면서 "이것도 주자를 조술하는 것이고 저것도 주자를 조술하는 것"에 불과하다고 했고, 또 고반룡高攀龍의 말을 인용하여 설선薛瑄(호는 敬瑄) · 여남呂柟(호는 涇野)은 모두 '철저한 깨침'(透悟)이 없었다고 주장했다.16) 그러나 사실 주자학은 본래 이런 '투오透悟'의 체험을 반대한다. 이것과는 대조적으로 양명학자들은 '깨침'(悟)에 대해 자주 언급했다. 왕수인의 제자이자 매제였던 서애徐愛는 이렇게 말했다.

---

13) 역자 주─『六祖壇經』, 「般若品」, "若開悟頓敎, 不能外修, 但於自心常起正見, 煩惱塵勞常不能染, 卽是見性."(頓悟라는 가르침을 펴면 마음 밖에서 닦지 않고 다만 자기 마음에 항상 正見만 세워둬도 번뇌와 티끌 같은 고통이 더럽힐 수 없을 테니 이것이 바로 性을 깨치는 것이다.)

14) 역자 주─『老子』 22장, "少則得, 多則惑, 是以聖人抱一以爲天下式."(생각이 적으면 정확한 견해를 가질 수 있고 생각이 많으면 미혹된다. 그래서 성인은 하나를 품어 천하의 법식이 된다.) 여기서 '하나'는 老子의 道이다.

15) 『龍溪先生全集』, 권2, "究心於老佛之學, 緣洞天精廬一夕勤精修, 煉習伏藏, 洞悉機要, 其於彼家所謂見性抱一之旨, 非惟通其意, 蓋已得其髓矣. 自謂嘗於靜中內照形軀如水晶宮, 忘己忘物, 忘天忘地, 與空虛同體, 光耀神奇, 恍惚變幻, 似欲言而忘其所以言, 乃眞境象也. 及其居夷處困, 動忍之餘, 恍然神悟, 不離倫物感應, 而是是非非, 天則自見."

16) 『高子遺書』, 권5 및 『明儒學案』, 「姚江學案」 按語 참조.

내가 처음 선생에게 배울 때는 겉모습만 따라 공부했는데, 얼마 지난 뒤에 몹시 의심스럽고 놀라웠다. 그렇지만 감히 갑자기 비판할 수 없는 일이어서 언제나 돌이켜서 사색하였고, 사색해서 조금 소통되면 다시 내 몸과 마음으로 확인하였다. 그렇게 했더니 불현듯 보이는 무엇인가가 있었고, 그 뒤 크게 깨쳐서 나도 모르게 손이 춤추고 발이 들썩거려서 "이것이 도체道體이다, 이것이 마음이다, 이것이 학문이다"라고 외치게 되었다.[17]

서애는 '몸과 마음으로 확인하는' 공부의 방법에 대해서만 언급했을 뿐 그 내용을 상세하게 언급하지 않았다. 그러나 "불현듯 눈에 보이는 것이 있었고 그 뒤 크게 깨쳐서" 심체心體와 도체道體를 발견하게 되어 손이 춤추고 발이 들썩거렸다는 것은 확실히 신비 체험을 언급한 것이다.

왕수인의 제자 섭표聶豹(호는 雙江)는 가정嘉靖 연간에 한때 조옥詔獄에 하옥되었다. 『명유학안』에는 다음의 기록이 실려 있다.

선생의 학문은, 옥중에서 한가롭게 지낸 지 오래되어 고요한 상태가 최고조에 달하자 불현듯 이 마음의 진체眞體는 밝고 맑아서 만물을 모두 그 안에 갖추고 있다는 것을 보게 되었다. 그래서 기뻐하며 "이것이 '미발未發의 중中'이다. 이것을 지키고 잃지 않으면 천하의 리理가 모두 이로부터 나온다"라고 하셨다. 출옥하게 되자, 배우러 온 학자들과 함께 '정좌靜坐'의 방법을 위주로 "고요한 심체로 돌아가서 당면한 일을 적절히 헤쳐 나가고"(歸寂以通感) "체體를 잡고서 용用에 대응할 수 있는"(執體以應用) 경지를 추구하셨다.[18]

"불현듯 심체는 밝고 맑아서 만물을 모두 그 안에 갖추고 있다는 것을 보게 되었다"는 섭표의 체험은 전형적인 유학의 신비 체험의 내용을 드러낸다. 정좌에서 체험으로 이르는 이 방법을 중국 철학에서는 '귀적이통감歸

---

17) 『明儒學案』, 권11, 223쪽. "吾始學於先生, 惟循迹而行, 久而大疑且駭, 然不感遽非, 必反而思之, 思之梢通, 復驗之身心. 旣乃恍若有見, 已而大悟, 不知手之舞, 足之蹈, 曰: '此道體也, 此心也, 此學也.'"

18) 『明儒學案』, 권17, 372쪽, "先生之學, 獄中閑久靜極, 忽見此心眞體, 光明瑩徹, 萬物皆備. 乃喜曰: '此未發之中也, 守是不失, 天下之理皆從此出矣.' 及出, 與來學主靜坐法, 使之歸寂以通感, 執體以應用."

寂以通感'이라고 한다.

동시대의 나홍선羅洪先(호는 念庵)은 섭표의 방법에 동조하였다. 섭표의 학문이 정靜을 위주로 하는 것이었기 때문에 동문들 중에는 그가 '선오禪悟'를 지향한다고 비판하며 '미발未發'의 공부를 완전히 신비 체험으로 변질시켰다고 여기는 사람들도 있었지만, 나홍선은 도리어 "섭표가 말한 것은 바로 벼락같이 빠른 방법이다"라고 했다. 나홍선 역시 아래에서 보이듯 초기에는 선학禪學에서 시작하였다.

석련동石蓮洞을 개척하여 거기 머물며 작은 침상을 놓고 묵좌하면서 3년간 문밖을 나가지 않았더니, 앞으로 닥칠 일에 대해 미리 알 수 있게 되었다.[19]

선생은 일찍이 『능엄경楞嚴經』을 듣다가 "자성自性으로 귀를 돌려 들으라"(返聞)는 종지를 얻어서 이 몸이 태허太虛 속에 있으며 보고 듣는 것은 세외世外에 맡겨 둔 것처럼 느껴졌다. 선생을 본 사람들이 그의 거룩한 모습에 놀라워하자 선생은 스스로 반성하시면서 "잘못해서 선정禪定으로 들어왔구나"라고 말씀하였다.[20]

그러나 그는 뒷날 여전히 방이시方以時의 "성인을 배우는 사람도 정靜의 상태에서 불현듯 실마리를 볼 수 있어야 한다"[21]라는 방법론에 의존하여 야좌夜坐 공부를 연습하였으므로, 그의 공부 방법이 계속 정좌 체험이라는 한 길이었음을 알 수 있다. 방이시는 진헌장의 "정의 상태에서 실마리를 길러 가야 한다"(靜中養出端倪)는 것을 "정의 상태에서 불현듯 실마리를 볼 수 있어야 한다"(靜中恍見端倪)로 바꿔서 신비 체험을 공부 방법으로 삼는 자신의 학문 성격을 보다 분명히 하였다. 나홍선은 자신이 얻은 경지에 대해 다음과 같이 자술하였다.

---

19) 『明儒學案』, 권18, 389쪽, "闢石蓮洞居之, 默坐半楊間, 不出戶三年, 事能前知."
20) 『明儒學案』, 권18, 390쪽, "先生嘗聞楞嚴, 得返聞之旨, 覺此身在太虛, 視聽寄世外. 見者驚其神采, 先生自省曰: 誤入禪定矣."
21) 『明儒學案』, 권18, 390쪽, "聖學者亦須從靜中恍見端倪始得."

최고조로 고요할 때 불현듯 나의 이 마음이 가운데는 비어 아무것도 없고 사방으로 두루 통하여 막힘이 없어, 장공長空에 구름 기운이 그치지 않고 흘러가는 것 같고 대해大海에 어룡魚龍이 변화하여 예로부터 지금까지 모든 것들이 혼연히 하나가 되는 것 같다고 느낀 듯하다. 이른바 "정해진 곳은 없되 어디든 존재한다"는 것이니, 내 이 몸은 곧 그 출구일 뿐이어서 본래 나의 몸이 나를 그 안에 제한해 둘 수 없다.[22]

'내향 체험'을 서술한 섭표와 달리 나홍선은 그의 '외향 체험'을 상세히 서술하였다. 이른바 내향 혹은 외향이란 체험자의 공부 방향이 다름을 가리키는 것이 아니라 그 체험의 내용과 결과에 있어서 어떤 이는 우주를 위주로 하고 어떤 이는 자아 의식을 위주로 한다는 것을 가리킨다. 진헌장의 체험도 "예로부터 지금까지 천지사방의 모든 것들이 한꺼번에 수습되는" 것이었지만 그는 "천지는 내가 세웠고 만물은 내게서 나왔다"는 것을 강조하여 결국 자아 의식을 중심으로 삼았다. 그런데 나홍선이 말한 것은 어떤 순수 의식으로서의 자아를 설정하지 않고 전체 우주가 혼연히 하나 되어 안팎도 없고 동정도 없고 간격도 없이 시간·공간과 일체의 차별을 초월하여 진정한 '무한감無限感'을 체험하는 것이다. 이것은 분명히 어떤 신비한 심리 체험을 말한 것이다. 이러한 나홍선의 사례를 통해 더욱 명확하게 불가와 도가의 정좌와 체험이 송명 유학에 끼쳤던 심대한 영향을 확인할 수 있다.

왕수인의 또 다른 제자 왕기는 '사무설四無說'을 견지하였다. 그는 '무선무악無善無惡'을 마음의 본체로 보아야 한다고 주장하였는데, 이는 불교가 '공空'에 대한 신비 체험을 공부의 기초로 삼은 것과 유사하다. 수양의 방법 상에서 그는 "정靜의 상태에서 정신을 거둬들여 마음과 호흡이 서로 의지하도록 하여 조금씩 깨쳐야 한다"고 주장하여 정좌와 호흡 수련을 매우 중시하였는데, 그 목적도 대체로 이것을 통해 깨치려는 데 있었다. 그는 다음과 같은 말을 한 적이 있다.

---

22) 『念庵文集』, 「與蔣道林」, "當極靜時, 恍然若覺吾此心中虛無物, 旁通無窮, 有如長空雲氣流行, 無有止極. 有如大海魚龍變化, 往古來今, 渾成一片. 所謂無在而無不在, 吾之一身乃其發竅, 固非形質所能限也."

스승의 문하에는 깨침에 이르게 하는 다음과 같은 세 가지 가르침이 있었다. 지식적 이해를 통해 얻는 것은 '해오解悟'라고 하는데 이것은 아직 언어문자적 해석을 벗어나지 못한 것이고, 정의 상태에서 수양하여 얻는 것은 '증오證悟'라고 하는데 이것은 여전히 상황의 제약을 받는 것이다. 이것들과는 달리 일상사 속에서 연습煉習하여 얻는 경우는 언어문자를 잊고 상황을 잊은 채 부딪치는 일마다 그 핵심을 얻어서 뒤흔들수록 더 고요해지니, 이 정도면 '철오徹悟'라고 할 수 있다.[23]

이것으로 보면 왕기가 '정의 상태에서 깨치는 것'을 최고의 경지로 설정하지는 않았지만 그 또한 왕수인의 문하에 이런 식의 깨침의 방법이 있었다는 것을 인정하였음을 알 수 있다.

왕기의 제자 만정언萬廷言(자는 思默)은 한때 나홍선에게서도 배웠다. 만정언은 왕기에게 자신의 체험에 대해 이렇게 자술했다.

처음으로 정좌를 배우게 되어 아무런 의식 없이 입을 닫은 채 적연寂然 상태에 집착하지도 않고 '중中'을 지키지도 않으며 호흡을 세지도 않고 이 마음을 거둬들이기만 했다. 힘들었던 것은 이 상념들이 어지럽게 날아다니고 변환變幻이 돌발적으로 일어나 항복시킬 수 없었다는 점이다. 점점 공부를 쌓아가서 오랜 시간이 지나자 홀연히 이 마음이 아무리 밀어도 움직여지지 않는다는 느낌을 받았으며, 이삼 일 내에 마치 백치처럼 상념이 홀연히 멈추고 무엇인가가 가슴 속에서 은은하게 드러나서 점점 빛을 발하는 것 같았다. 이 경지가 백사白沙(진헌장)의 이른바 '정의 상태에서 실마리를 길러내는 것'이라고 여겨 내심 기뻤다. 이 경지를 중심으로 삼자 허공을 손에 넣게 되었고, 빛이 안에 있고 허공이 밖에 있어 안을 토대로 밖을 통합하니 마치 여기 어떤 집이 있고 그것을 사면의 허공이 품어서 길러 주는 것 같은 느낌을 갖게 되었다. 이른바 "지극한 덕으로써 지극한 도를 쌓아 간다"는 말이 내 체험의 정당성을 뒷받침해 줄 수 있을 것이다.[24]

---

23) 『明儒學案』, 권12, 253쪽, "師門嘗有入悟三種教法: 從知解而得者, 謂之解悟, 未離言詮; 從靜中而得者, 謂之證悟, 猶有待於境; 從人事煉習而得者, 忘言忘境, 觸處逢源, 愈搖蕩愈凝寂, 始爲徹悟."

24) 『明儒學案』, 권12, 254쪽, "始學靜坐, 混婚默默, 不著寂, 不守中, 不數息, 一味

만정언의 정좌는 한결같이 왕기의 '정신을 거둬들이는' 방법을 좇았다. 그도 처음 배울 때는 잡념이 어지럽히는 일이 평소보다 많았지만, 점점 정靜의 경지로 들어감으로써 홀연히 마음이 어떤 특별한 상태를 드러내었다. 이 상태에서는 마치 무엇인가가 드러나는 것 같았고 동시에 어떤 환한 느낌이 따랐다. 그는 이것이 진헌장의 '심체가 드러나는' 체험에 대한 재경험이라고 확신했다. 황종희는 만정언이 자기 학문의 역정을 소개한 글을 다음과 같이 기록하였다.

> 약관이 되자 이 마음을 거둬들일 줄 알았다. 몹시 힘들게 사색하고 억지로 호흡을 고르게 하며 한결같이 정좌하면서 조금씩 이 가운데에 진실로 자신을 쉴 만한 곳이 있음을 느꼈다.……다행히 산으로 돌아와 더욱더 문을 걸어 잠그고 고요히 정신을 거둬들여서 자심自心을 묵식默識하였다. 오랜 시간이 지나자 경망스럽고 들떴던 습성이 홀연히 사라졌다. 그렇게 되자 여기 어떤 '올바른 사유'(正思)가 있어 은은하게 나의 형기形氣 속에 깃들어서 사유인 것 같기도 하고 사유가 없는 것 같기도 한데 시리도록 맑고 투명하며 확 트여 한계가 없다는 것을 느꼈다.[25]

만정언은 수십 년 동안 이 공부에 매달렸으므로 그 기간이 짧다고 할 수 없다. 그가 체험한 "시리도록 맑고 투명하며 확 트여 한계가 없다"는 느낌은 '심체'에 대한 체험을 가리키는데, 그는 처음 정좌를 배웠을 때 심체가 은은하게 드러났던 것에 비해서 한 걸음 더 나아간 듯하다.

호직胡直(자는 正甫) 역시 나홍선에게서 배웠는데, 나홍선은 그에게 정좌

---

收攝此心. 所苦者此念紛飛, 變幻奔突, 降伏不下, 轉轉打疊. 久之, 忽覺此心推移不動, 兩三日內如癡一般, 念忽停息, 若有一物胸中隱隱呈露, 漸發光明. 自喜此處可是白沙所謂'靜中養出端倪?' 此處得主定, 便是把握虛空, 覺得光明在內, 虛空在外, 以內合外, 似有區宇, 四面虛空, 都是含育這些子, 一般所謂'以至德凝至道'似有印證."

25) 『明儒學案』, 권21, 502쪽, "弱冠卽知收拾此心, 甚苦思, 强難息, 一意靜坐, 稍覺此中恰好有個自歇處.……幸得還山, 益復杜門靜攝, 默識自心. 久之, 一種浮妄鬧熱習心忽爾銷落, 覺此中有個正思, 有隱隱寓吾形氣, 若思若無思, 洞徹淵澄, 廓然無際."

를 가르친 적이 있었다. 그는 나홍선이 왕수인의 학문을 완전히 믿지 않았고 학자들에게 전적으로 '정정靜을 위주로 하고 욕구를 없애도록'(主靜無欲) 가르쳤다고 말한다. 뒷날 호직은 등로鄧魯(호는 鈍峰)에게 선禪을 배웠는데, 『곤학기困學記』에서 다음과 같이 자술하고 있다.

침상에 걸터앉기도 하고 땅에 자리를 깔기도 하면서 항상 밤늦게까지 앉아 있었고, 잠시 잠자리에 들었다가도 닭이 울면 다시 일어나 앉았다. 그 공부는 마음의 작용을 쉬게 해서 잡념이 없게 하는 것을 위주로 하였고, 그 궁극적인 목적은 '견성見性'에 있었다. 나는 그 동안 바쁜 일들에 오래 매달린 탓에 처음에 정좌靜坐하여 한두 달이 되자 비몽사몽간에 여러 이상한 형상들을 보았다. 둔봉鈍峰은 "2개월 내지 6개월 사이에 고요해질 것이다"라고 하셨다. 하루는 마음이 홀연히 깨우쳐져 전혀 잡념이 없고 천지만물이 모두 나의 심체의 작용이라는 것을 환히 볼 수 있게 되었다. 이에 길게 탄식하며 "내 이제서야 천지만물이 밖이 아니라는 것을 알게 되었다"고 하였다.[26]

호직은 이러한 체험을 얻은 뒤 등로에게 알렸고, 등로는 "너의 성性이 드러났다"고 말하였다. 호직은 몹시 기뻐하였으나, 오래지 않아 "잡념이 일어나 처음의 깨달음을 잃어버리고 말았다"고 한다. 그래서 그는 다시 지독하게 파고들어 갔다.

하루는 여러 사람과 함께 구성대九成臺에서 놀면서 땅바닥에 앉았다 몸을 펴며 일어서다가 홀연히 천지만물이 과연 밖에 있지 않다는 것을 깨닫게 되었다. 그래서 자사의 "위아래에 드러난다"는 말과 맹자의 "만물이 모두 갖추어져 있다"는 말과 정명도의 "혼연히 만물과 한 몸이다"라는 말과 육상산의 "우주가 곧 내 마음이다"라는 말과 대조해 보니 의미가 부합되지 않는 것이 없어, 앞서 경험한 것보다 훨씬 후련하게 깨치게 되었다.[27]

---

26) 胡直, 『困學記』, "或踞床, 或席地, 常坐夜分, 少就寢, 鷄鳴復坐, 其功以休心無雜念爲主, 其究在見性. 予以奔馳之久, 初坐至一二月, 寤寐間見諸異相. 鈍峰曰: '是二至六月逾寂然.' 一日, 心思忽開悟, 自無雜念, 洞見天地萬物, 皆吾心體. 喟然嘆曰: 予乃知天地萬物非外也."

27) 胡直, 『困學記』, "一日因諸君遊九成臺, 坐地方欠身起, 忽復悟天地萬物果非在

호직의 체험 역시 매우 전형적이고 기본적인 과정으로, 정좌에서 시작하여 각종 상념들을 배제하고 극도의 고요함 속에서 돌발적으로 어떤 '깨달음의 경지'를 획득하는 것이다. 그가 체험한 "천지는 모두 나의 심체이고 만물은 밖이 아니다"(天地皆吾心體, 萬物非外)라는 깨달음은 대체로 영혼이 우주와 합일되는 경험과 유사하다. 더욱이 유학 체험의 자사·맹자 이래의 전통을 단번에 한 문장으로 설명해 낸 것은, 그가 이 공부에 대한 조예가 깊어 자득했음을 보여 준다.

장신蔣信(호는 道林)은 왕수인과 담약수에게서 배웠는데, 『명유학안』에서는 그의 학문에 대해 이렇게 기록하고 있다.

> 선생은 처음에 『논어』와 『정성서』와 『서명』을 읽고 '만물일체萬物一體'가 성학聖學의 기초라는 것을 깨달았다. 선생은 서른두세 살 때 도림사道林寺에 가서 정좌하였다. 시간이 좀 지나자 죽음을 두려워하는 마음과 어머니를 그리워하는 마음이 모두 끊어졌다. 하루는 홀연히 끝이 없는 우주가 모두 내 한 몸에 든 것을 깨닫고, 정명도의 "드넓어서 크고 공정하며" "안과 밖의 구별이 없다"는 말도 이런 깨달음이고 "자신과 만물은 평등하다"는 말 역시 이런 깨달음일 것이라고 믿게 되었다.[28]

송명 유학자들 중에는 장신처럼 몸이 약하고 병이 있어 불교나 도가의 수양법을 익히는 이가 적지 않았으니, 그들의 처음 의도는 단지 건강을 지키기 위한 것에 지나지 않았다. 그러나 불가의 선정과 도가의 조식調息(호흡 수련)은 모두 신비 체험을 촉발시키기 쉬웠으며 체험자는 평소에 익혔던 것이 머리에 박혀 자연스럽게 오경사서五經四書 및 선유先儒의 『어록』들에 그 경험을 대조해 보게 되었고, 부합되는 것처럼 보이면 그것을 계기로 깨쳤다

---

外. 印諸子思'上下察', 孟子'萬物皆備', 程明道'渾然萬物同體', 陸子靜'宇宙卽是吾心', 未不合旨, 視前所見, 灑然徹矣."

28) 『明儒學案』, 권28, 608쪽, "先生初看論語與定性·西銘, 領得'萬物一體'是聖學立根處. 三十二·三時病肺, 至道林寺靜坐. 久之, 幷怕死與念母之心俱斷. 一日, 忽覺洞然宇宙, 渾屬一身, 乃信明道'廓然大公''無內外'是如此, '自身與萬物平等矣'是如此."

고 믿고서는 곧장 교법敎法으로 삼아 버렸다. 왕수인의 또 다른 제자 왕간王艮(호는 心齋)은 왕수인을 만나기 전에 이미 그러한 일단의 경력이 있었다.

선생은 학문에 전력하진 못했으나 묵묵히 체험하고 연구하면서 경전의 내용으로 자기 깨달음을 확인하고 자기 깨달음으로 경전의 내용을 확인하셨다. 세월의 깊이가 더해지자 남들은 그 규모를 짐작할 수가 없게 되었다. 어느 날 저녁, 하늘이 무너져 몸을 짓누르는데 모든 사람이 분주하게 뛰면서 구해달라고 아우성치니 선생께서 팔을 들어 손수 하늘을 일으켜 세우고 또 일월성신日月星辰이 차례를 잃은 것을 보고는 다시 손으로 정리해 놓는 꿈을 꾸셨다. 꿈에서 깨어나자 땀이 비오듯 쏟아졌고 심체는 해맑았다. 기록에 따르면 "정덕正德 6년의 일이고 사흘 반나절 동안 마음이 인仁을 떠나지 않은 결과이며 이때 나이 29세였다"고 한다.[29]

「연보」에 의하면 왕간이 27세에 처음으로 "정좌를 통해 도를 체득하기 시작하여 깨닫지 못한 점이 있으면 문을 걸어 잠그고 고요히 사색하면서 밤으로 낮을 잇고 추위와 더위에도 그치지 않았다"고 했으므로, 그가 29세에 꿈을 통해 깨달음을 얻은 것은 평소에 묵좌하여 주의력을 내면으로 집중시킨 결과임을 알 수 있다. 왕간의 방법은 묵좌를 중심으로 한 것이었지만 화두를 잡는 쪽으로 치우쳤다. 어쨌든 그의 '심체가 해맑아짐'(心體洞徹)이 일종의 신비 체험이라는 것은 의심의 여지가 없다.

양명학파에는 이런 체험 공부를 거론하지 않는 사람도 있다. 예컨대 추수익鄒守益의 학문은 경敬을 통해 득력得力하는 것이었다. 그는 "우주간에 끊임없이 흐르고 있는 그것이 성체性體라는 사실은 불교도 보았다"[30]는 것을 깊이 알고 있었다. 말하자면 불교 역시 신비 체험을 통해 성체가 무엇인지 깨닫곤 했었다는 말이다. 그의 「청원증처靑原贈處」에 '무선무악'에 관한

---

29) 『王心齋先生全集』, 권2, "先生雖不得專功於學, 然默默參究, 以經證悟, 以悟證經, 歷有年所, 人莫能窺其際也. 一夕, 夢天墮壓身, 萬人奔號求救, 先生擧臂起之, 視其日月星辰失次, 復手整之, 覺而汗溢如雨, 心體洞徹, 記曰正德六年間居仁三日半時二十九歲."

30) 『明儒學案』, 권16, 334쪽, "大流行之爲性體, 釋氏亦能見之."

내용이 기록되지 않은 것도 이런 체험을 반대하는 뜻이 내포되어 있다.

그러나 그의 아들 추선鄒善(호는 穎泉)의 학문은, 황종희의 말에 의하면 "신묘한 경지로 들어가 현묘한 이치를 깨쳤지만 '환幻이라는 장애'(幻障)를 가졌다"[31]고 한다. 이른바 '환장幻障'이니 '신묘한 경지로 들어가 현묘한 이치를 깨쳤'느니 하는 말들은 모두 신비 체험을 종지로 삼고 계신공구의 '독실篤實 공부'(敬 工夫)를 잃어버렸다는 뜻이다. 추선의 아들 추덕함鄒德涵(자는 汝海)도 아래의 기록에서처럼 각고의 노력으로 자신을 수양하였다.

> 돌아와 방안에 문을 걸고 들어앉아 지독하게 힘을 쏟아 침식을 잊을 정도여서 몸이 몹시 야위었다.……시간이 제법 지나자 하루아침에 번쩍하며 홀연히 하늘 문을 연 것처럼 본래면목을 환히 보게 되니, 상산象山의 이른바 "이 리理가 이미 드러났다"는 경지이다.[32]

그래서 황종희는 추덕함의 경지가 그 부친의 '환장幻障'보다 한층 더 깊어졌다고 말했던 것이다.

명대의 유학자들 가운데 자신의 체험에 대해 가장 상세하게 기록한 이는 고반룡高攀龍이다. 그는 자신이 경험한 학문의 네 가지 주요 발전 단계를 다음과 같이 자술하였다.

(1) 스물다섯 살에 고헌성顧憲成의 강의를 듣고 처음으로 학문에 뜻을 두었다. 그리하여 먼저 주희의 『대학혹문大學或問』의 '도道로 들어가는 데는 경敬보다 나은 방법이 없다'는 주장을 가슴 깊이 간직하였다. "그래서 전적으로 엄숙·공경하게 내면으로 수렴하는 데 힘을 기울여 마음을 방촌方寸 사이에 붙잡아 두었다. 그렇지만 기氣가 막히고 몸이 구속되어 몹시 자유롭지 못하다고 느끼고서 마침내 그런 노력을 그만두고 예전과 같이 정신을 흩어 버리고서는 어떻게 할 줄을 몰랐다."[33]

---

31) 『明儒學案』, 권16, 335쪽, "入妙通玄, 却有幻障."
32) 『明儒學案』, 권16, 335쪽, "反閉一室, 攻苦至忘寢食, 形軀減削.……久之, 一日雪然, 忽若天牖, 洞徹本眞, 象山所謂此理已現也."
33) 『明儒學案』, 권58, 1399쪽, "故專用力於肅恭收斂, 持心方寸之間, 但覺氣鬱身拘,

그가 처음에 쓴 방법은 바로 조식調息(호흡 수련)을 '경敬' 공부라 여기는 것이었는데, 그가 잘못을 범한 것은 기공氣功하는 사람들의 이른바 '잘못된 수련'(失功)을 택한 것이었다.

(2) 과거에 합격한 뒤 "겨울에 조천관朝天關에 가서 의식을 익히면서 절방에서 정좌했더니 본체를 보게 되었다. 홀연히 '사심邪心을 막아 성誠을 간직한다'(閑邪存誠)라는 구절을 생각하고는 '사심이 없어지자마자 바로 모든 것이 혼연히 성誠의 경지가 되므로 다시 별도로 성誠을 찾을 필요가 없다'는 것을 깨닫게 되어 갑자기 아주 유쾌해서 묶인 데서 풀려난 듯했다."[34]

이는 그가 정좌를 통해 처음 깨달음을 얻고 기쁨과 해방감을 체험한 것을 보여 준다. 여기서 '본체를 보게 되었다'는 말은 본심을 가리킨다.

(3) 또 수년이 지난 뒤 그는 게양揭陽으로 부임하는 길에 항주杭州의 육화탑六和塔을 지나다가 깨달은 것이 있어 배 위에 자리를 깔고 발분發憤하여 공부하였는데, "엄격하게 규정을 세워 반나절은 정좌를 하고 반나절은 독서하였다"[35]고 한다. 그는 정좌에서 마음에 차지 않는 부분이 있으면 정주학程朱學이 내건 법문法門, 즉 기미幾微에서 철저히 추구하고 '정靜을 위주로 성誠·경敬을 추구하며'(誠敬主靜) '희노애락이 일어나지 않은 때를 들여다보고'(觀喜怒哀樂未發) '묵좌하여 마음을 맑게 하고 천리를 몸으로 인식하는'(默坐澄心·體認天理) 공부들을 하나하나 실천하였다.

서고 앉고 밥 먹고 쉴 때에도 늘 마음에 두고 놓지 않았고 밤에도 옷을 벗지 않고, 극도로 피곤하면 졸더라도 졸다가 깨면 다시 앉아 앞에서 말한 여러 법문法門들을 반복해서 시행했다. 그러다가 심기心氣가 맑아졌을 때 천지를 가득 채우는 기상이 있었지만, 지속적이지 못하다는 문제점이 있었다.[36]

---

大不自在, 乃放下, 又散漫如故, 無可奈何."

34) 『明儒學案』, 권58, 1400쪽, "冬至朝天官習儀, 僧房靜坐, 自見本體. 忽思'閑邪存誠'句, 覺得當下無邪, 渾然是誠, 更不須覓誠, 一時快然如脫纏."

35) 『明儒學案』, 권58, 1400쪽, "嚴立規程, 以半日靜坐, 半日讀書."

36) 『明儒學案』, 권58, 1400쪽, "立坐食息, 念念不舍, 夜不解衣, 倦極而睡, 睡覺復坐, 於前諸法, 反復更互, 心氣淸澄時, 便有塞乎天地氣象, 第不能常."

그는 송유들의 여러 가지 '정靜 상태에서의'(靜中) 공부를 모두 하나하나 시험해 보았으나, 그가 얻은 기상은 여전히 누구나 '주정主靜'을 통해서 얻을 수 있는 것이었을 뿐 진정한 체험이라고 할 수는 없었다.

(4) 이후 그는 배를 타고 이틀을 가서 정주汀州를 지나게 되었다.

육로를 걸어 한 여관에 이르렀다. 여관에는 작은 누각이 있었는데 앞쪽으로는 산을 마주하였고 뒤로는 시내를 임하고 있어 누각에 올라서면 매우 즐거웠다. 우연히 명도明道선생의 "백관百官이 만 가지 일을 처리하느라 분주한 조정, 백만 명의 군인이 오가는 군대이든, 물을 마시고 팔뚝을 구부리고 눕는 소박한 삶이든, 어디에서나 즐거움은 있다. 만 가지 변화는 모두 사람에게 달려 있으니 사실상 문제될 만한 어떤 일도 없다"라는 말을 보고서는 맹렬히 반성하여 "원래 이와 같으니 실제로 문제될 만한 어떤 일도 없다"고 단언했다. 그러자 한 생각의 얽히고설킨 것이 베어 버린 듯 끊어졌다. 홀연히 100근의 짐이 갑자기 땅에 떨어지는 것 같고 또 번개가 한번 번쩍하며 사물을 뼛속까지 비추는 것 같아서, 드디어 대화大化와 융합하여 구분이 없어져 다시는 하늘과 사람, 안과 밖이라는 간격이 없게 되었다. 이렇게 되자 육합六合이 모두 마음인지라 내 몸이 육합의 공간이고 방촌方寸이 또 육합의 중심적인 자리여서 신神처럼 모든 부분을 밝게 비추므로 말로 표현될 만한 정해진 자리가 없다는 것을 발견하였다. 평소에 학자들이 장황하게 '깨달음'에 대해서 떠드는 것을 몹시 천박하게 생각했었는데, 지금에 와서는 그냥 평상적인 것으로 받아들이게 되고 여기서부터 공부해야 한다는 것을 알게 되었다.[37]

고반룡高攀龍의 돈오頓悟 또한 정좌 공부를 기초로 하는 것으로, 그는 다년간 "마음을 몸속에 두라"는 화두를 잡기도 했다. 그의 "마음이 대화大化와 융합하여 구분이 없어진" 경지는 우주와 한 몸이 된 것을 말하고, 더 이

---

37) 『高子遺書』, 권2, 「困學記」, "陸行至一旅舍, 舍有小樓, 前對山, 後臨澗, 登樓甚樂. 偶見明道先生曰: '百官萬務·兵革百萬之中, 飮水曲肱, 樂在其中. 萬變俱在人, 其實無一事.' 猛省曰: '原來如此, 實無一事也.' 一念纏綿, 斬然斷絶. 忽如百斤擔子, 頓爾落地. 又如電光一閃, 透體通明, 遂如大化融合無際, 更無天人內外之隔. 至此見六合皆心, 腔子是其區宇, 方寸亦其本位, 神而明之, 總無方所可言也. 平日深鄙學者張皇說悟, 此時只看作平常, 自知從此方好下工夫耳."

상 하늘과 사람, 안과 밖이라는 간격이 없게 된 것은 일체의 차별을 없앤 체험이다. "번개가 한번 번쩍하며 사물을 뼛속까지 비추었다"(電光一閃, 通體 透明)는 표현도 명확하게 이 '깨침'(徹悟)의 신비적 성격을 드러내고 있다. 유종주劉宗周가 그에 대해 선문禪門이 반쯤 섞였다고 평가한 것은 바로 이 점을 가리킨다.

## 송대 심학의 신비 체험

명대 유학의 신비 체험은 송대 유학을 이해하는 데 어느 정도 기본적인 맥락과 방향을 제공한다. 명대 유학의 신비 체험이 대부분 양명학 계열에서 나온 것처럼 송대 유학의 신비 체험도 상산학象山學에서 더 많이 나타났다.

육구연陸九淵의 제자인 양간楊簡(호는 慈湖)은 아래와 같은 경험을 했다.

한때 내면을 성찰하여 천지만물은 모두 한 몸으로 통해 있어서 내 마음 밖의 일이 아니라는 것을 느끼셨다. 상산象山께서 (선생이 主簿로 일하는) 부양富 陽으로 왔을 때 밤에 (모두) 쌍명각雙明閣에 모였는데, 그때 상산께서는 여러 차례 '본심本心'이라는 두 글자를 거론하셨다. 이에 선생(양간)이 "무엇을 본 심이라고 하느냐"고 묻자 상산께서는 "그대가 오늘 처리한 부채와 관련한 소송은 부채 문제로 소송을 제기한 저들 가운데 반드시 한쪽은 옳고 한쪽은 옳지 않다. 만일 무엇이 옳고 무엇이 잘못이라는 것을 알면 누가 옳고 누가 잘못인가를 알 것이니 (판단의 기준이) 본심이 아니고 무엇이겠느냐"라고 대답하셨다. 선생이 듣고는 홀연히 이 마음이 시리도록 맑고 밝아지는 걸 느껴 재빨리 "단지 이런 것입니까"라고 묻자, 상산께서 버럭 소리치시며 "뭐 가 더 필요하겠느냐"라고 대답하셨다. 선생이 물러나 새벽이 될 때까지 두 손을 모으고 앉아 계셨다.……책을 보다가 의심되는 부분이 있어 끝내 잠을 못 이루고 날이 밝아 올 때까지 멀뚱멀뚱하게 앉아 계셨는데, 시원하게 무엇 인가가 벗겨져 나가는 것 같더니 이 마음이 더욱 밝아졌다.[38]

---

38) 『慈湖先生遺書』, 권18, 「行狀」; 『宋元學案』, 「慈湖學案」, "嘗反觀, 覺天地萬物 通爲一體, 非吾心外事. 陸象山至富陽, 夜集雙明閣, 象山數提本心二字. 先生問

양간은 정좌하여 내면을 성찰하고서 천지만물이 일체라는 것을 체인하였다. 뒷날 그가 육구연의 '본심설本心說'을 받아들인 것도 결코 부양富陽에서 부채 소송을 거론한 가르침을 듣고 바로 깨우친 것이 아니라 다시 '새벽까지 두 손을 모으고 앉은' 정좌부터 공부해서 나중에 비로소 '이 마음'에 대한 깨달음을 얻은 것이다. 그러므로 그가 육구연에게서 배운 내용은 그의 신비 체험을 외향적인 만물일체로부터 더 나아가 내향적인 본심징명本心澄明(본심의 맑고 깨끗함)으로 전환시키는 것이었다.

신비 체험의 각도에서 보면 양간의 『기역己易』은 이해하기 어렵지 않다. 그러나 대체로 『기역』은 지나치게 장황하고 공언空言으로 가득해서 그 내용을 정확히 파악하기 어렵다고 알려졌다. 예컨대 다음의 내용이 그러하다.

> 역易(『周易』)은 '자기'이다. 다른 무엇이 있는 것이 아니다. 역을 책이라고 하고 역을 자기가 아니라고 해서는 안 된다. 역을 천지의 변화라고 하고 역을 자기의 변화가 아니라고 하면 안 된다. 천지는 나의 천지이고 변화는 나의 변화이니 다른 것이 아니다.[39]

이성 사유와 일반적인 철학적 사변의 입장에 서면, 우리는 여기서 과대 망상적 태도만 느낄 뿐 이 계열의 명제가 나오게 된 인식 근거가 무엇인지 알아낼 길이 없다. 그러나 사실 우주의 영원하고 무한한 변역 과정을 자아와 동일시하는 이런 말들은 양간楊簡 학술의 기본적인 취향에서 볼 때 신비 체험에 기초한 묘사라고 단정할 수 있다. 묘사된 내용은 결코 이성이나 논리에 의한 사유의 결과가 아니라 특정한 심리 체험이다. 양간은 『절사기絶四記』에서 이렇게 말했다.

---

何爲本心, 象山曰……先生聞之忽覺此心澄然淸明, 亟問曰: 止如斯邪. 象山厲聲答曰: 更何也! 先生退, 拱坐達旦.……觀書有疑, 終不能悟, 瞳瞳欲曉, 灑然如有物脫去, 此心益明."

39) 『慈湖先生遺書』, 권7, "易者, 己也, 非有他也. 以易爲書, 不以易爲己, 不可也. 以易爲天地之變化, 不以易爲己之變化, 不可也. 天地我之天地, 變化我之變化, 非他物也."

어느 날 그것을 깨닫게 되자 이 마음은 정해진 형체가 없어서 가없이 맑고 밝아 본래 천지天地와 같았다. 그래서 그 범위는 내외가 없고 그 발육의 대상은 분계가 없었다.[40]

이런 깨달음은 바로 '오悟'이다. 동시대의 진순陳淳(호는 北溪)은 아래와 같이 격렬하게 상산학象山學을 비판했다.

절강성浙江省 쪽에 근래 들어 상산학이 지나치게 성행하고 있다. 그 까닭은 상산의 문인인 양간과 원섭袁燮이 현달한 신분으로 요직에 자리잡아 상산학을 제창하기 때문인데, 그 공부 방법이라는 것이 책도 읽지 않고 이치도 궁구하지 않고 오로지 정좌 공부만 하는 것이다.[41]

진순의 이 말은 당연히 근거가 있다. 섭적葉適(호는 水心)은 이미 "육자정陸子靜(육구연)이 뒤늦게 나와서 자기 학문이 '지름길로 바로 나아가는 방법'(徑要直捷)이라 자부하고, 간혹 이미 공부가 이루어져 깨쳤다고 말하기도 했다. 그를 배우는 이들은 맑은 마음으로 앉아서 내면을 성찰하는 것에 주력한다"[42]고 지적한 바 있다. 여기서 '맑은 마음으로 앉아서 내면을 성찰하는 것'이 바로 심학에서의 신비 체험의 기본적 공부 방법이다.

양간의 문인 섭우지葉祐之(자는 元吉)는 『절사기絶四記』를 공부 방법으로 삼았는데, 『송원학안宋元學案』에서는 그의 체험에 대해 이렇게 적고 있다.

자호慈湖(양간)의 『절사기』를 입수하여 읽어 보니 마음이 밝고 넓어지는 것이 느껴졌다. 자호의 글은 선유先儒들의 뒤엉키고 휘도는 이론과 달랐으니, 이로부터 책을 읽고 실천할 때 감히 사의私意를 일으키지 않았다. 어느 날 선생(섭우지)이 자다가 경고更鼓(시간을 알리는 북) 소리를 듣고 깨었는데 온몸에

---

40) 楊簡, 『絶四記』, "一日覺之, 此心無體, 淸明無際, 本與天地同, 範圍無內外, 發育無疆界."
41) 『北溪文集』, 「答陳師夏」, "浙間年來象山學甚旺, 由其門人有楊袁貴顯, 據要津唱之, 不讀書, 不窮理, 專做打坐工夫."
42) 『水心文集』, 「胡崇禮墓誌銘」, "陸子靜晚出, 號徑要直捷, 或立語已感功悟入, 爲其學者澄坐內觀."

땀이 흥건히 흘러내려서 제 목소리를 잃고 "이것은 북소리가 아니라 모두 본체本體의 빛이 변화하는 한 단면이다"라고 탄식하였다. 그리고는 눈앞에 항상 무엇인가가 있는 것처럼 느껴졌다. 자호가 오吳 지역에 오자 선생은 옷자락을 살짝 들어올리는 예를 올리고 가르침을 구하니, 한번 자호의 말을 듣고서는 '그 무엇'이 스르르 없어져서 더 이상 보이지 않게 되었다. 자호가 이런 시를 지었다.

> 원길元吉은 삼경三更에 경고更鼓 소리를 부정했고
> 자호慈湖는 어느 날 밤 거위 소리를 들었다.
> 같다느니 다르다느니 하는 말은 소리에 대한 정확한 주장일 수 없나니
> 무엇을 헤아리고 무엇을 생각하겠는가, 절로 혼연한 한 몸인 것을!
> 화로의 재는 몇 번이나 따뜻해졌던가,
> 천장으로 낸 창이 한 점 둥근 달을 토해 낸다.
> 일어나 끝없는 광경光景을 쳐다보노니
> 뱃머리의 깨끗한 빛은 만 리에 맑게 비친다.[43]

선가禪家의 공안公案 가운데 태원부太原孚의 상좌가 사려를 쉬고 마음을 거둬들이고 있다가 고각鼓角 소리를 듣고 본성을 깨우쳤다는 고사가 있다. 이는 위의 내용 가운데 섭우지가 경고 소리를 듣고 도를 깨우친 것과 아주 유사하다. 이 "깨끗한 빛이 만 리에 맑게 비친다"는 구절은 양간이 '절사絶四'[44]로써 사람들을 가르칠 때 보여 주었던 경지이다.

육구연의 문하에서는 양간과 원섭袁燮(자는 和叔)이 병칭되는데, 『송원학안』에서는 원섭에 대해 이렇게 기록하고 있다.

---

43) 『宋元學案』, 권74, "得慈湖絶四記讀之, 知此心明白廣大, 異乎先儒繳繞回曲之說. 自是讀書行己, 不敢起意. 寐中聞更鼓聲而覺, 全身流汗, 失聲嘆曰: '此非鼓聲, 皆本體光明變化.' 而目前常若有一物. 慈湖至吳, 先生摳衣求教, 一聞慈湖言, 其物泯然不見. 慈湖之詩曰: '元吉三更非鼓聲, 慈湖一夜聽鵝鳴. 是同是異難聲說, 何慮何思自混成. 爐炭幾番來煖熱, 天牕一點吐圓明. 起來又睹無窮景, 水檻澄光萬里淸."

44) 역자 주―이는 『論語』의 「子罕」에 나오는 구절에서 비롯된 말이다. "子絶四: 毋意, 毋必, 毋固, 毋我."(스승에게는 네 가지가 전혀 없었다. 私意가 없었고 어떤 것이 꼭 이뤄져야 한다는 생각이 없었고 그것에만 집착하는 일이 없었고 배타적으로 자기 몫만 챙기는 태도가 없었다.) 또한 양간은 『絶四記』를 썼다.

처음에 선생(원섭)이 도성都城에서 상산象山을 뵈었다. 상산은 바로 본심本心을 거론하셨는데, 그 설명이 철저한 이해를 바탕으로 두루 관통한 것이었다. 선생이 드디어 상산을 스승으로 모시고 전심專心으로 연구하고 깊이 사색했으며, 부합하지 않는 점이 있으면 감히 그냥 자신을 믿어 버리지 않았다. 하루는 환히 크게 깨우쳐 책에다가 "마음으로 도를 구하면 천 가지 만 가지의 차이가 생긴다. 나의 도를 완벽하게 체득하면 도는 다른 곳에 있지 않다"고 썼다. 자호와 선생은 같은 스승을 섬겼으며 도로 나아간 정도도 같았다.45)

이른바 "나의 도를 완벽하게 체득하면 도는 다른 곳에 있지 않다"는 말은 마음과 도가 일체임을 깨치는 것이다. 이런 '환히 크게 깨침'(豁然大悟)은 비록 그것이 정좌를 통해 얻은 것이라고는 하지 않더라도 일종의 신비 체험이기 때문에 도道로 나아간 정도가 자호와 같다고 한 것이다.

육구연 문하의 부몽천傅夢泉(자는 子淵)은 주희가 가장 달갑지 않게 여겼던 사람인데 그의 처음의 공부 방법은 이렇다.

하루는 『맹자』 「공손추」편을 읽다가 홀연히 마음이 그것과 상응하여 가슴이 확 트였다.······ 한번은 어떤 사람에게 "사람이 천지 사이에 태어나면 자연히 우뚝하여 갈아 없앨 수 없는 무엇인가가 있게 마련이니, 만일 실제로 이렇게 함양해서 양심良心의 선한 실마리를 확충할 수 있으면 마음이 번갈아 그침 없이 발현되어 우주에 가득 차고 고금을 관통할 것이다"라고 말했다.46)

부몽천은 뒷날 정신이 이상해져서 죽었는데 주희는 그것이 그의 공부 방법과 유관하다고 생각했다. 말하자면 주화입마走火入魔하여 정신이 평상을 잃게 되었다고 본 것이다. 같은 시대에 석종소石宗昭라는 사람이 있었다. 그는 육구연과 주희, 여조겸 세 사람 모두에게서 배웠다. 여조겸이 세상을 떠

---

45) 『宋元學案』, 권75, "初先生遇象山於都城, 象山卽指本心洞徹通貫, 先生遂師事而研精覃思, 有所未合, 不敢自信. 居一日, 豁然大悟, 因筆於書曰: '以心求道, 萬別千差. 通體吾道, 道不在他.' 慈湖與先生同師, 造道亦同."

46) 『宋元學案』, 권75, "一日讀公孫丑章, 忽然心與相應, 胸中豁然,······ 嘗謂人曰, 人生天地間, 自有卓卓不可磨滅者在, 果能如此涵養, 於此擴充良心善端, 交易橫發, 塞乎宇宙, 貫乎古今."

났을 때 석종소가 제문을 지었는데, 그 가운데 "전광석화電光石火 같은 쉽고 간단한 학문 방법이란 믿을 만하지 못하다"라는 내용이 있어 육구연이 그 말을 듣고는 자못 분노하였다. '전광석화'는 당연히 상산학의 돈오頓悟 체험을 가리키는 것이기 때문이다.

섭적葉適과 진순은 상산학을 추종하는 학자들이 전적으로 정좌하여 내면을 성찰하는 공부만을 일삼는다고 했지만, 사실 육구연은 이런 것을 종지로 삼은 적이 없었다. 그렇지만 그는 확실히 사람들에게 정좌를 통해 체험하도록 가르친 적이 있다. 그의 『어록』에는 첨부민詹阜民의 다음과 같은 기록이 실려 있다.

> 내가 이것을 생각하고서 바로 이 마음을 안으로 거둬들였지만 단지 대상을 비추는 정도였다. 다른 날 선생을 모시고 앉아 있었는데, 질문할 것이 없자 선생께서는 "학자가 눈을 감고 있을 수만 있어도 훌륭하다"라고 하셨다. 그래서 나는 일만 없으면 편안히 앉아 눈을 감고 마음을 잡아 간직하려는 노력을 밤낮으로 이어갔다. 이런 식으로 보름쯤 지나자 하루는 누각을 내려오다가 홀연히 이 마음이 이미 해맑게 한가운데 서 있다는 것을 느꼈다. 이상하다고 여겨 드디어 선생을 찾아뵈었다. 선생께서는 내가 말하기도 전에 먼저 알아보시고 "이 리理가 이미 드러났다"고 말씀하셨다. 내가 선생께 어떻게 그것을 아시느냐고 여쭈어 보자 선생께서는 "네 눈동자를 통해 추측했을 뿐이다"라고 대답하셨다. 그리고는 내게 "도道가 과연 가까이 있더냐?"고 물어보시기에 나는 "그렇더군요"라고 대답하였다.[47]

이 일은 육구연이 학생들에게 '편안히 앉아 눈을 감고서' 도道와 자아가 합일되고 본심이 해맑게 되는 체험을 해 보도록 했다는 사실을 증명해 준다. 그래서 훗날 명대의 추덕함鄒德涵은 어느 날 "본래의 참모습을 환히 깨우치게 되자" 곧바로 "이것이 바로 상산의 이른바 '이 리가 이미 드러났다'

---

47) 『象山文集』, 권35, 「語錄下」, "某因思是, 便收此心., 然惟有照物而已. 他日侍坐先生, 無所問, 先生謂: '學者能常閉目亦佳.' 某因此無事則安坐暝目, 用力操存, 夜以繼日. 如此者半月, 一日下樓, 忽覺此心已復澄瑩中立, 竊異之, 遂見先生. 先生目逆而視之, 曰: 此理已顯也. '某問先生何以知之', 曰: '占之眸子而已.' 因謂某: '道果在邇乎?' 某曰: '然.'"

는 경지이다"라고 말했던 것이다.

　이런 체험을 한 것은 육구연에게서 직접 배웠던 여러 제자들뿐만 아니라 육구연을 사숙私淑했던 사람들도 마찬가지였다. 조언숙趙彦肅(자는 子欽)이 세상을 떠나자 양간이 그의 「행장」을 지었는데 거기에 이런 말이 있다.

　학업이 어느 정도 이루어진 뒤 또 선유先儒들의 저작을 읽고서는 스스로 하지 못하는 게 없다고 자부하였다. 회암晦巖 심沈선생에게서 배우게 되었을 때 태극太極에 관해 논하다가 마음에 와 닿지 않자 안절부절 못하여 침식을 잊었다. 드디어 평소에 읽던 여러 상자의 책을 불살라 버리고 움직이거나 가만히 있는 모든 순간에 몸으로 성찰했다. 그러므로 밥 먹거나 쉬느라고 공부를 멈추는 일이 없었다. 하루는 배를 타고 송강松江으로 가다가 어디서 닭 우는 소리가 들리고 얼마 지나 개 짖는 소리도 들려오자, 온몸이 땀에 흠뻑 젖어 어제까지 가슴을 짓누르고 있던 것들이 일시에 확 트여 버렸다. 그 뒤 학자들에게 이 일을 말하면서 "이렇게 온몸이 땀에 젖게 된 까닭이 무엇인지 모르겠다"고 하였다. 그는 막 깨달음을 얻은 뒤 이런 시를 남겼다.
　　주어신 연緣을 따르면 어니서나 익숙하고
　　제법諸法에 빠지면 피안으로 건널 나루가 없다.
　　마음을 비워 온갖 사려를 몰아내었으나
　　여전히 몇 겹 먼지가 가로막는다.
　　구름 저 멀리 나는 새를 올려다보고
　　물밑으로 뛰노는 물고기를 내려보노니,
　　손발을 묶어 버려야 할 노魯 나라의 노인,[48]
　　웃음 터뜨리게 하는 호수濠水 가에 노닐던 이(莊子).[49]

48) 역자 주—『列子』, 「周穆王」에 실린 고사이다. 宋의 陽里華子란 사람은 모든 것을 잊어버리며 살았다. 그의 아내와 자식은 이 병을 치유하고자 재산의 반을 내놓았는데, 魯의 한 儒生이 마음의 병을 고치는 독특한 방법으로 그를 치유하였다. 그러자 天地가 있는지 없는지도 모르고 살다가 갑자기 온갖 세상사를 생각할 수 있게 된 陽里華子는 아내와 자식을 내쫓고 몽둥이를 들고 그 유생을 쫓아갔다.

49) 『宋元學案』, 권58, "業成, 又去習先儒諸書, 自謂無不能者, 逮從晦巖沈先生遊, 因論太極不契, 憤悶忘寢食. 遂焚平昔所業數篋, 動靜體察, 工夫無食息間. 一日舟行松江, 聞鷄鳴, 已而犬吠, 通身汗浹, 前日胸中窒碍, 一時豁去. 其後以語學者, 且曰: '不知此一身汗自何而至.' 省覺之初有時曰: '循緣多熟境, 溺法無要津, 虛心屛百慮, 猶是隔幾塵. 雲邊察飛翼, 水底觀躍鱗, 閉殺魯中叟, 笑倒濠上人.'"

조언숙이 닭 우는 소리와 개 짖는 소리를 듣고 온몸이 땀에 젖으며 깨우친 일은 섭우지의 일과 유사하다. 그 방법은 또한 대체로 주의력을 장시간 동안 내심內心에 집중하고 모종의 계기를 빌려 높은 수준의 체험을 하는 것이다. 또 진규陳葵(자는 叔向)라는 사람이 있는데, 그의 학문은 육구연과 근접하였고 주희도 그 사람됨을 존경하였다. 섭적은 진규의 「묘지墓志」에 이렇게 썼다.

> 그는 위익지魏益之에게서 배우면서 언제나 노쇠해진 사려는 늘 혼미하여 밝은 구석이 없고 온갖 기억들은 번잡하여 의존할 만한 게 없다고 한탄하였다. 그래서 위익지는 그에게, 배웠던 모든 것을 버리고 만물의 처음 상태에 홀로 서라고 가르쳤다. 얼마 지나지 않아서 홀연히 크게 깨쳐서, 넓고 가늘고 크고 작고 높고 낮고 굽고 바른 모든 것들에 대해 전부 그 이치를 발견해 낸 것만 같았다.[50]

이 체험은 그 내용이 상세하지 못하여 이해하기가 어렵다.

육구연은 학문이란 '쉽고 간단해야'(易簡) 한다고 표방하면서 학문은 곧 '덕성德性을 높여서'(尊德性) 본심을 밝히는 것이라고 주장했는데, 분명히 나름대로 견지가 있다. 그가 『맹자』를 읽고 자득했다고 한 말도 거짓은 아닐 것이다. 그러나 상산학으로 들어가는 길에는 모호한 부분들이 자주 눈에 띤다. 예컨대 도대체 어떻게 해야 본심을 밝힐 수 있는 것인가라는 문제에 대해 후대의 학자들은 어디에서부터 손을 대야 할지 몰라 늘 곤란을 겪곤 했다. 체험이라는 방법의 경우, 첨부민詹富民에게 정좌를 가르쳤던 사례를 근거로 추측하면 육구연도 본래 이런 공부 방법을 인정하였다는 것을 알 수 있다. 이것은 아마 그 자신도 처음 한때는 이런 방법을 통해 얻은 것이 있었기 때문일 것이다. 다만 그것을 종지로 삼지 않은 점은 왕수인과 대략 일치한다. 육구연은 서너 살 때부터 '천지는 어디가 끝일까'라는 문제를 사색

---

50) 『水心文集』,「陳叔向墓志銘」;『宋元學案』, 권61, "君既與魏益之遊, 每恨老慮昏而無所明, 記憶煩而不足賴. 益之因教以盡棄所懷, 獨立於物之初. 未久, 忽大悟, 洪織大小, 高下曲直, 皆仿佛有見焉."

하였는데, 몇 년 동안 이 문제에 대해 괴롭도록 연구했으나 그 답을 얻지 못하다가 열네 살 때 크게 깨우쳤다. 육구연의 「연보」에는 이런 내용이 실려 있다.

> 선생은 서너 살 때부터 '천지의 끝은 어디인가'라는 문제를 사색하기 시작했고 그 해답을 얻지 못하자 결국 밥을 굶기까지 하셨다. 선교공宣教公(육구연의 부친)이 꾸짖어서 일단 보류해 두었으나 가슴속에는 끝내 의심이 남아 있었다. 뒷날 여남은 살이 되었을 때 고서古書를 보다가 '우주宇宙'라는 두 글자에 대해 주석자가 "상하사방上下四方의 공간이 우宇이고 예로부터 지금까지의 시간이 주宙이다"라고 해석한 것을 보고 홀연히 크게 깨우쳐서, "원래 끝이 없으니 우주 속의 일이 곧 내 속의 일이고 내 속의 일이 곧 우주 속의 일이다"라고 하셨다.……또 "우주는 곧 내 마음이고 내 마음이 곧 우주이다"라고 하셨다.……또 "우주는 인간을 자신과 단절시키지 않는데 사람이 스스로 우주를 자신에게서 단절시킨다"라고 하셨다.[51]

신비 체험의 측면에서 볼 때, 육구연이 말한 '깨침'도 이느 것 하나 마음과 우주를 합일시키고 시공간을 초월하는 깨침이 아닌 것이 없다. 리학을 공부하는 사람들의 대부분은 육구연의 "내 마음이 바로 우주이다"라는 말을 이성적으로 이해하고자 한다. 물론 이런 명제들에 이성적인 해석을 가할 수 없는 것은 아니나, 육왕陸王 심학의 신비 체험의 전통이라는 측면에서 볼 때 그것은 반드시 이성적인 이해 이외에 신비 체험이라는 설명 방식을 도입해야만 보다 더 조리 있고 분명하게 이해할 수 있다. 이를 통해서 여남은 살이었던 육구연이 어떻게 그런 놀랄 만한 말을 할 수 있었는가를 이해할 수 있을 것이다. 뒷날 육구연은 서자의徐子宜와 함께 남궁南宮에서 열린 시험에 응시하여 "천지의 생물 중에서 인간이 가장 귀하다"라는 논제를 논했

---

51) 『象山全集』, 권36, 「年譜」, '辛未年條', "先生自三四歲時思天地何所窮際不得, 至於不食, 宣教公呵之, 遂姑置, 而胸中之疑終在. 後十餘歲因讀古書至宇宙二字, 解者曰'四方上下曰宇, 往古今來曰宙', 忽大省, 曰: '原來無窮, 宇宙內事乃己分內事, 己分內事乃宇宙內事.'……又曰: '宇宙便是吾心, 吾心便是宇宙.'……又曰: '宇宙不曾限隔人, 人自限隔宇宙.'"

다. 육구연은 시험장을 나와서 "내가 말하려고 했던 것은 서자의가 모두 말했다. 그렇지만 내가 자득해서 내 것으로 만든 것은 서자의가 가지고 있지 않다"52)고 말했다. 그의 '자득하여 내 것으로 만든(受用) 것'이란 표현은 그가 확실히 체험을 통한 깨침을 얻었다는 것을 보여 준다. 그리고 양간의 이른바 "천지는 나의 천지이고 변화는 나의 변화이다"라는 말은 육구연의 "우주는 곧 내 마음이요 내 마음이 곧 우주이다"라는 말을 동일한 맥락에서 계승한 것이다.

송대 리학에서 정주程朱 일파의 체험 문제를 살펴보는 것은 전체 송대 리학을 이해하는 데 있어서도 매우 중요한 일이다. 주희의 초기 학문 역정에 있어 가장 중요한 스승은 이동李侗(호는 延平)이었다. 이동의 학문은 나종언羅從彥(호는 豫章)에게서 나왔고 나종언은 이정二程의 수제자였던 양시楊時(호는 龜山)에게서 배웠다. 양시→나종언→이동→주희로 이어지는 이 사승 관계를 통칭하여 '도남학파道南學派'라고 한다. 그러나 단순히 사승 관계에서만 본다면 도남학파의 특징 및 도남학파가 주희에 와서 보여 준 중대한 변화를 이해할 수 없다.

양시에서 이동에 이르는 도남학파는 『중용』의 윤리 철학을 몹시 높였으며, 특히 그 중에서도 '미발未發 · 이발已發'의 설을 중시하였다. 『중용』에는 이런 구절이 있다.

희노애락이 일어나지 않은 것(未發)을 '중中'이라 하고, 그런 것들이 일어나서 모두 절도에 맞는 것을 '화和'라고 한다. '중'이란 천하의 큰 근본이고, '화'란 천하의 보편적인 도道이다.53)

양시는 "학자는 마땅히 희노애락이 일어나지 않았을 때 마음으로 체인해야 하니, 그렇게 되면 '중中'의 의미가 저절로 드러난다"54)고 강조하였다.

---

52) 『象山全集』, 권36, 「年譜」, '戊辰年條', "某欲說底都被子宜道盡, 但某所以自得受用底, 子宜却無."
53) 『中庸』, "喜怒哀樂之未發謂之中, 發而皆中節謂之和."
54) 『龜山文集』, 권4, "學者當於喜怒哀樂未發之際, 以心體之, 則中之義自見."

이것은 바로 『중용』의 '미발未發'의 윤리 철학을 구체적인 체험 실천으로 이끌어 간 것이다. 그리고 이 '미발을 체험하는 것'은 양시 문하의 기본적인 종지가 되었다. 이것은 나종언에서 이동으로 이어지는 발전 과정 속에서 더욱 분명히 드러난다. 주희는 이렇게 말했다.

처음 구산龜山선생(양시)이 동남 지역에서 도를 제창하셨을 때 그의 문하에서 배우는 선비들이 매우 많았지만, 깊이 생각하고 힘써 행하며 그 일을 맡고서 궁극적인 경지에까지 이르는 것을 나공羅公(나종언)만큼 해낸 사람은 그 자신뿐이었다.……(이동이) 군민 가운데 나중소羅仲素(나종언) 선생이 구산龜山 양문정공楊文靖公(양시)의 문하에서 하락河洛의 학문(二程의 학문)을 전수받았다는 소식을 듣고는 그에게 가서 배워서 그가 전수받았던 학문의 진수를 모두 얻었다.[55]

이 말은 양시에서 나종언으로, 다시 나종언에서 이동으로 이어지는 학맥이 도남학파의 정통적 전승임을 보여 준다. 나종언과 이동이 일생 동안 힘썼던 것은 오직 '미발未發을 체험하는 것'뿐이었다. 이동은 주희에게 편지를 보내 이렇게 말했다.

나는 예전에 나羅선생(나종언)에게서 배웠는데 종일토록 서로 마주보고 정좌하여 단지 문자(경전)만을 말하고 일체 잡스러운 말을 한 적이 없었다. 선생은 정좌를 매우 좋아하셨고 나는 그때 그것이 무슨 의미인지 알지 못했지만 물러나 내 방에 들어가면 마찬가지로 단지 정좌만 했다. 선생은 정靜의 상태에서 희노애락이 일어나지 않았을 때의 '중中'을 살펴서 미발일 때의 기상이 어떠한지 알아보라고 하셨다.[56]

그래서 주희도 이렇게 말하였다.

---

55) 『朱子文集』, 권97, 「延平李公行狀」, "初龜山先生倡道東南, 士人遊其門者甚衆, 然語其潛思力行, 任務詣極如羅公, 蓋一人而已.……聞郡人羅仲素先生得河洛之學於龜山楊文靖公之門, 遂往學焉. 盡得其所傳之奧."

56) 『延平答問』, '庚辰年 5월 4일 서신', "某曩時從羅先生問學, 終日相對靜坐, 只說文字, 未嘗一句雜語. 先生極好靜坐, 某是未有知, 退入堂中亦只靜坐而已. 先生令靜中看喜怒哀樂未發之謂中, 未發時作何氣象."

선생(이동)은 그(나종언)에게서 배운 뒤 강송講誦하고 남는 시간은 종일토록 꿇어앉아서 희노애락이 일어나지 않았을 때의 기상이 어떠한지 체험하면서 이른바 '중中'이라는 것을 추구하셨다. 이런 식으로 꽤 오랜 시간이 지나자 천하의 큰 근본이 정말 여기에 있다는 것을 알게 되셨다.[57]

이동이 주희에게 전수한 것도 바로 이것이었다. 주희는 이렇게 말했다.

이李선생은 사람을 가르칠 때는 대체로 정靜의 상태에서 큰 근본(大本)이 밖으로 드러나지 않았을 때의 기상을 분명하게 체인해서 사事와 물物에 대응할 때 자연스럽게 절도에 맞을 수 있도록 지도하셨다. 이것은 바로 구산龜山 (양시) 문하에서 전해 내려오는 요결이다.[58]

'미발未發을 체험하는 것'(體驗未發)이 확실히 도남학파의 제대로 전승된 종지라는 것을 알 수 있다. 나종언과 이동의 공부 방법은 완전히 정좌였고, 이들은 그것을 오랫동안 지속해서 "천하의 대본大本이 참으로 여기에 있다" 는 체험을 얻었다. 그렇기 때문에 이른바 '미발을 체험하기' 위해서는, 앞서 서술했던 여러 신비 체험과 마찬가지로 체험자들이 일체의 사유와 정감을 초월하여 최대한도로 사고와 정서를 평정하게 유지하고 이런 고도의 정적 수양 속에서 개체의 의식 활동을 직각直覺 상태로 전환시켜 주의력을 내심으로 집중시킴으로써 사유도 없고 감정도 없고 욕망도 없고 생각도 없는 순수한 심령 상태를 느끼는 것이 필요하다. 성공적인 체험자는 늘 돌발적으로, 외부의 세계와 하나로 융합되는 혼연일체의 느낌이나 순수 의식이 환하게 드러나는 체험을 얻게 된다. 따라서 도남학파의 종지는 본질적으로 직관주의적이고 신비주의적인 요소를 포함하고 있다.

이런 신비주의가 유학 속에 뿌리내리게 된 것은 분명 선종과 도가의 영

---

57) 『朱子文集』, 권97, 「延平李公行狀」, "先生旣從之學, 講誦之餘, 終日危坐, 以驗夫喜怒哀樂未發之前氣象如何, 而求所謂中者. 若是者蓋求之, 而知天下之貸本眞有在乎是也."
58) 『朱子文集』, 권40, 「答何叔京二」, "李先生敎人, 大抵令於靜中體認大本未發時氣象分明, 卽處事應物自然中節, 此乃龜山門下相傳之訣."

향 때문이다. 그러나 리학이 유학의 하나로서 선종·도교와 차이가 있다면 그것은 바로 그들이 이런 내심 체험을 인품의 경지와 심성 수양을 끌어올리기 위한 수단으로 사용하려 했다는 점이다. 주희는 초년에 한때 선승 개선도겸開善道謙 밑에서 공부한 적이 있었으므로 선종의 '내면 체인'에 대해 매우 익숙해져 있었다. 그래서 그는 이동에게서 '미발의 기상'을 찾으라는 가르침을 받고서 다음과 같이 지적하였다.

> 원래 이 일은 선학禪學과 아주 유사해서 다른 점이라고는 가을 터럭 끝만큼 뿐이다. 그러나 그 가을 터럭 끝만큼의 차이가 바로 엄청난 의미를 지닌다.[59]

나종언과 이동은 하루종일 정좌 체험을 통해 "천하의 대본大本이 참으로 여기에 있다"는 것을 느끼려 했다. 이 점은 당연히 양시를 계승한 것이다. 양시는 심체가 일어나지 않은 상태에서 궁극적인 도를 찾아야 한다는 주장을 이끌었는데, 그의 격물론格物論 속에도 이러한 체험 정신이 스며들어 있다. 그는 이렇게 주장했다.

> 만물은 본래 전부 다 궁구할 수 없는 것이니, 자신의 몸을 반성해 보아서 성실하다면 천하의 모든 것들이 다 내 안에 있게 된다.[60]

주희는 뒷날 늘 양시의 이런 주장을 비판하였다.

> 근세에 구산(양시)의 이론이 바로 이런 것이었으니, 자신의 몸을 반성해 보아서 성실하다면 천하만물의 이치가 자신에게 갖추어진다는 것이다. 만물의 이치는 반드시 학자 개개인이 하나하나 파악해 가야만 하는 것이다. 어떻게 자신의 몸을 반성해 보아 성실하다고 하여 천하만물의 이치가 자연스럽게 자신에게 갖추어진다고 할 수 있겠는가?[61]

---

59) 『朱子文集』 續集, 권5, 「答羅參議六」, "原來此事與禪學十分相似, 所爭毫末耳, 然此毫末却甚占地位."

60) 『宋元學案』, 「龜山學案」, "物固不可勝窮也, 反身而誠, 則擧天下之物在我矣."

61) 『語類』, 권62, 1489쪽, "近世如龜山之論便是如此, 以爲反身而誠, 則天下萬物之

주희는 늘 이성주의의 입장에 서 있었기 때문에, 양시의 "자신의 몸을 돌아보아 성실하다면" "만물이 모두 갖추어진다"는 말이 그가 제창했던 "미발을 체험하라"는 주장과 마찬가지로 신비 경험을 기초로 하고 있다는 사실을 의식하지 못했던 것 같다.

정靜 상태의 체험을 기초로 하는 "만물이 모두 자신에게 갖추어져 있다"는 양시의 이론은 정호程顥에게서 나왔다. 정호는 이렇게 말했다.

> 어진 사람은 완전히 만물과 동체同體이다.……오래 간직하면 절로 명백해지니 어찌 궁구할 필요가 있겠는가! 이 도道는 어떤 만물과도 대립되지 않으며 '크다'라는 말 정도로는 그 의미를 다 밝힐 수 없다. 천지의 운용은 모두 나의 운용이다. 맹자께서 "만물은 모두 나에게 갖추어져 있다"고 했으니 모름지기 자신을 돌아보아 성실해야만 '큰 즐거움'을 얻을 수 있다.[62]

이런 말로 보아, 정호의 이른바 "어진 사람은 천지 만물을 한 몸으로 본다"느니 "어진 사람은 완전히 만물과 동체이다"느니 하는 말들은 '이성'의 경지라기보다 신비 체험을 그 속에 포함하고 있다. 이런 체험 속에서 개체와 우주만물이 이미 합일되어 있기 때문에 자연히 "천지의 운용이 모두 나의 운용이 되는" 것이고, 거기서 수반되는 '큰 즐거움' 역시 이런 체험 속에서 존재하게 마련이다. 이런 체험은 당연히 주희가 말한 것처럼 '사물을 하나하나 궁리하는' 방법으로 얻을 수 있는 것이 아니다. "오래 간직하면 절로 명백해질 것이니 어찌 궁구할 필요가 있겠는가"라는 말에서 정호는 '간직되는' 대상이 무엇인가에 대해 상세히 설명하지 않았지만, 요컨대 성誠・경敬으로 마음을 간직한다는 뜻이다. 그가 늘 정좌라는 공부 방법에 찬성하였다는 것은 더더욱 여기서 다시 언급할 필요가 없으리라. 그래서 명대

---

理皆備於我. 萬物之理須你逐一去理會過方可, 如何會反身而誠了, 天下萬物之理 便自然備於我, 成個什麼."

62) 『二程遺書』, 권2上, "仁者渾然與物同體.……存久自明, 安待窮索? 此道與物無對, 大不足以明之. 天地之用皆我之用, 孟子言萬物皆備於我, 須反身而誠, 乃爲大樂."

의 유학자들은 '깨침'이 있으면 늘 (정호의) 이 '완전히 동체이다'(渾然同體)라는 말을 끄집어내곤 했던 것이다. 예컨대 황종희는 고반룡의 체험이 양시의 "자신의 몸을 돌아보아 성실하다면 만물이 자신에게 갖추어진다"는 경험과 가깝다고 했는데, 원래 이런 것은 리학가들에게 있어 비밀에 속한 것이 아니었다.

『송원학안宋元學案』에는 "명도明道(정호)는 구산(양시)을 총애하고 이천伊川(정이)은 상채上蔡(사량좌)를 총애하였다"(明道喜龜山, 伊川喜上蔡)라는 기록이 있다. 그렇지만 필자는 의구심을 갖지 않을 수 없다. 주희는 양시의 삼전三傳 제자이고 그 학문이 정이에 가장 가까우므로 응당 양시가 정이의 학문을 주희에게 전수했을 법한데, 어째서 그는 도리어 정호에게서 각별한 사랑을 받았던 것일까? 이는 미발未發의 심리 체험을 추구하는 면에서는 양시가 정호를 더욱 잘 계승했음을 뜻한다. 그래서 양시가 정호에게 인사드리고 귀향할 때 정호는 아주 의미심장하게 "내 도道가 남쪽으로 간다"(吾道南矣)라고 탄식했던 것이다.

주희가 이동에게서 배울 때 이동은 그에게 '미발'을 체험하도록 지도하려고 했다. 그렇지만 그 결과는 아래의 주희의 말과 같이 되고 말았다.

> 내가 어려서 연평延平 이李선생에게서 배울 때 『중용中庸』을 받고서 '희노애락이 일어나지 않은 상태'의 의미가 무엇인지 알아내려고 하였지만, 내가 알아내기 전에 선생이 돌아가시고 말았다.[63]

> 예전에 스승에게서 들으니 마땅히 희노애락이 일어나지 않은 그 즈음에서 묵식默識하여 마음으로 깨쳐야 한다고 하셨다.……예전에는 이 말을 듣고도 그것이 무엇을 뜻하는 것인지 헤아리지 못하였다.[64]

---

63) 『朱子文集』, 권15, 「中和舊說序」, "余蚤從延平李先生學, 受中庸之書, 求喜怒哀樂未發之旨, 未達而先生歿."
64) 『朱子文集』, 권15, 「中和舊說序」, "昔聞之師, 以爲當於未發之幾默識而心契焉,……向雖聞此而莫測其所謂."

예전에 이선생이 이에 대해 논하시는 것을 들었는데 그것이 가장 상세하였다.……그렇지만 당시에는 이해하지 못하였고 뒷날에는 또 깊이 사색해 보지 않았다.[65]

경전 연구 중심의 학문에 대한 주희의 뿌리깊은 선호가 '미발' 체험에 마음을 쏟는 것을 방해했는지, 또 방해했다면 어느 정도 방해했는지는 모르겠지만, 분명한 사실은 비록 이동의 생전이나 사후에 주희가 아주 많은 노력을 기울였음에도 불구하고 그는 줄곧 그런 체험을 거치지 못했다는 점이다. 주희는 그것을 자기 것으로 만드는 체험을 하지 못했기 때문에 병술년과 기축년, 두 차례에 걸쳐 '중화中和의 의미를 깨닫기 위해' 반복해서 탐색했으며, 또한 또 다른 방향에서, 말하자면 심리학적인 측면이 아니라 철학적인 측면에서 '미발·이발'의 의미를 탐구하여 그의 전체적인 심·성·정의 이론 체계를 이끌어 내는 방향으로 나아갔다. 즉 미발 공부를 통해서 신비 체험을 얻는 것이 아니라, 심신을 수렴하는 주체 수양의 방법으로 미발 공부를 이용했다는 것이다. 이른바 "함양涵養을 통해 학문을 진척시키고 경敬을 통해 앎을 극대화시킨다"는 주희의 공부 방법의 대지大旨는 실제로 그가 도남학파의 본래적 방향에서 벗어나 정이程頤의 이성주의적 궤도로 전환하였다는 것을 보여 준다.

## 신비주의에 대한 리학의 비판

앞에서 서술한 내용을 통해 송명 리학 속에는 신비 체험에 대한 기록이 적지 않으며, 신비 체험을 공부 방법으로 선택한 리학가는 대부분 심학에 속한다는 것을 알 수 있었다.

송명 시대의 주자학자들은 줄곧 이성주의와 엄숙·독실한 자기 규율 수

---

65) 『朱子文集』, 권15, 「中和舊說序」, "舊聞李先生論此最詳,……當時旣不領略, 後來又不深思."

양을 내세워 심학의 신비주의적 경향을 비판했다. 주희는 선학을 배운 적이 있어 신비 체험에 대한 이해가 상당하였는데, 그는 상산학이 선학에 가깝다고 하면서 다음과 같이 비판했다.

선가禪家의 '마른 똥 막대기'와 같은 말들은 그 자체로는 본래 아무런 의미가 없으므로 달리 무슨 의리義理를 사색해서는 안 되고, 이 마음을 전부 멈춰야 한다. 그렇게 해서 오랜 시간이 흐르면 홀연히 밝게 깨우치는 것이 있게 된다.……지금 금계金溪(육구연)의 학문은 참으로 선학이다.[66]

또 주희는 이렇게도 말하였다.

육자정陸子靜의 문인들은 처음 만났을 때 항상 깨우친 바가 있다고 말하지만 뒷날 하는 짓을 보면 더욱 전도되고 착란되어 있다. 내가 보기에 그들이 말하는 '활연돈오豁然頓悟'(문득 깨침)란 어렴풋하게 깨친 것이 있으면 그것을 정말 깨끗하고 쾌활하다고 생각해 버리는 것이다. 그러나 시간이 흐르면 그것이 모두 점점 묽어져 버리니 어떻게 그것에 기댈 수 있겠는가?[67]

주희가 부정한 것은 이런 체험의 실재성이 아니라 그것이 도덕을 끌어올릴 수 있느냐 하는 점이었다. 그는 모종의 체험을 얻자마자 바로 그것으로 '본심'이 밝혀지고 일체의 사려가 전부 본심의 발현이 될 것이라고 여기는 태도는 육구연의 제자들이 과대망상에 빠지고 전도착란을 일으키는 근본적인 이유라고 주장했다.

용조조容肇祖에 의해 '주자학朱子學의 뒷심'(朱學後勁)으로 불렸던 나흠순羅欽順은 초기에 불교를 배운 경력을 이렇게 자술했다.

예전에 북경에서 벼슬살이할 때 한 노승을 만나게 되어서 그냥 아무렇게나

---

66) 『語類』, 권124, 2973쪽, "如禪家乾屎橛等語, 其上本無意義, 又不得別思義理, 將此心都遏定, 久久忽自有明悟處.……今金溪學問眞正是禪."
67) 『語類』, 권114, 2763쪽, "如陸子靜門人, 初見他時常云有所悟, 後所爲却更顚倒錯亂, 看來所謂豁然頓悟者乃當時略有所見, 覺得果是淨潔快活, 然稍稍則都漸漸淡去了, 何如依靠得?"

"어떻게 해야 성불成佛할 수 있는가"라고 물어 봤더니 그 역시 아무렇게나 "부처는 뜰 앞의 잣나무에 있다"라는 선가禪家의 말을 들먹이며 대답했다. 나는 그 말에 반드시 무슨 뜻이 있을 거라고 여겨 그것에 대해 새벽까지 깊이 생각했다. 새벽에 옷을 거머쥐고 일어서려다가 홀연히 깨닫고는 나도 모르게 온몸에 땀이 흘러 내렸다. 그러고 나서 「증도가證道歌」를 얻어 대조해 보니 마치 부절符節을 합친 것같이 일치했다. 스스로 지극히 기이하고 지극히 미묘해서 천하의 리理는 여기에서 더할 것이 없다고 생각했다.[68]

나흠순은 화두를 잡는 것에서 공부를 시작했으므로 고요히 내면을 성찰하는 방식과는 약간 다른 점이 있지만 신비 체험을 한 것에서는 똑같다. 뒷날 그는 정주학程朱學으로 돌아왔고, 예전에 깨달았던 것은 "영각靈覺[69]의 오묘한 작용에 불과한데"(出於靈覺之妙) "(그런) 영각을 잡고 그것을 지극한 도道라고 여기는 태도가 선학이 아니라면 도대체 무엇이란 말인가?"[70]라는 인식을 가지게 되었다. 그리고 이것을 근거로 육구연과 양간이 "마음의 여러 신기한 모습들에 현혹되어 정미한 의리義理를 추구하는 데 소홀했다"고 비판하였다. 또 진헌장陳獻章에 대해 다음과 같이 비판했다.

지금 정靜의 상태에서 (本心의) 실마리를 길러 내고자 하나 줄곧 정좌만 하고 사물事物과 교류하지 않으니 선한 실마리가 어떻게 발견될 수 있겠는가? 마음을 오래 억제하다 보면 간혹 홀연히 뭔가 보이는 것이 있지만, 그것은 단지 허령虛靈의 여러 광경일 뿐이다.[71]

이는 신비 체험이란 사실상 마음(虛靈)의 어떤 환각·환상(光景)에 불과하므로 그것을 대도大道라고 집착해서는 안 된다는 주장이다.

---

68) 『困知記』下, "昔官京師, 逢一老僧, 漫問何由成佛, 渠亦慢擧禪語爲答. '佛在庭前柏樹子.' 意其必有所謂, 爲之精思達旦, 攬衣將起, 則混然而悟, 不覺通體流汗. 旣而得證道歌證之, 亦合符節. 自以爲至奇至妙, 天下理莫或加焉."

69) 역자 주 – 虛靈知覺의 준말, 마음(心)의 속성을 형용한 말. 理學 계열의 학자들은 心을 理와 구분하여 이해한다.

70) 『困知記』下, "執靈覺以爲至道謂非禪學而何."

71) 『困知記』下, "今乃欲於靜中養出端倪, 旣一味靜坐, 事物不交, 善端何緣發見? 遏伏之久, 或者忽然有見, 不過虛靈之光景耳."

자기 체험에 근거한 나흠순의 비판은 매우 강한 설득력이 있다. 그렇지만 사실 이런 체험을 해보지 않았다 하더라도 주자학자들은 대부분 이 점을 식별할 줄 안다. 예컨대 나흠순의 앞 시대 인물인 호거인胡居仁(호는 敬齋)은 다음과 같은 사실을 거론했다.

불교에서는 정혼精魂[72]을 성性이라고 여기고 줄곧 이것만을 지키면서 이를 통해 윤회를 벗어날 수 있다고 생각한다. 진공보陳公甫가 "물物은 다함이 있지만 나는 다함이 없다"라고 말한 것은 또한 이런 맥락이었다.……주자朱子는 그들이 단지 '정신精神만을 만지작거릴' 뿐이라고 하였는데, 이는 그들이 이른 정도가 단지 이런 모양일 뿐이라는 것을 정말 보셨기 때문이다. 그들은 당초에 단지 정좌를 익히고 사려를 물리친 것일 뿐이지만 오래 지나다 보니 '정신精神'이 광채를 내고 그 속에 어떤 것도 없게 되어서 드디어 그것을 '진공眞空'이라고 생각하게 되었다.[73]

호거인은 다시 학자가 만일 격물궁리를 하지 않고 단지 본원만 슬쩍 엿보고서는 곧바로 가벼이 "천지만물은 본래 내 한 몸일 뿐이다"라고 말한다면 그 결과는 '도道와 자신이 양분될' 뿐이라고 지적하였다. 그도 이런 체험이 단지 '정신만을 만지작거리는 것'이라는 것을 분명히 알았을 것이다.

여남呂柟(호는 涇野)의 문인 양응조楊應詔(호는 天遊)는 "공부工夫가 곧 본체本體"라는 주장을 제기하여 유종주劉宗周와 황종희黃宗羲의 앞길을 열었다. 그는 언젠가 당시의 학자들을 이렇게 비판했다.

중中·화和를 이루는 데 정말 뜻을 두어서 '보지 않고 듣지 않는 순간'에도 경계하고 두려워하지는 못하고, 허공을 딛고서 '미발未發의 기상'을 보려고 한다. 또 공자와 안연의 학문에 정말 뜻을 두지는 못하고, 허공을 딛고서 공자와 안연이 즐겼던 것이 무엇인지 찾으려 한다.[74]

---

72) 역자 주-理學에서는 '마음'에 속한다. 아래의 '精神'도 마음에 속한다.
73) 『明儒學案』, 권2, 42쪽, "釋氏是認精魂爲性, 專一守此, 以此爲超脫輪回, 陳公甫說物有盡而我無盡, 亦是此意.……朱子謂其只是'作弄精神', 此眞見他所造只是如此模樣. 緣他當初只是去智靜坐, 屛思慮, 靜久了, 精神光彩, 其中了無一物, 遂以爲眞空."

이것은 심학이 '미발 공부'와 '공자와 안연이 즐긴 경지'(孔顔樂處)를 전부 신비 체험으로 변질시킨 것을 질책한 것이다. 그는 특별히 이런 사실을 지적했다.

정좌하는 이들은 간혹 '선정禪定'으로 흘러가고, 마음을 거둬들이는 이들은 간혹 '조식調息'으로 흘러가고, 경敬 공부를 하는 이는 간혹 경솔하게 자기가 '깨어 있다'(惺惺)고 여기며, 사물을 연구하여 이치를 찾는(格物窮理) 이들은 간혹 자연스럽게 '원각圓覺'으로 빠지고, 마음을 간수하여 성을 기르는(存心養性) 이들은 간혹 '마음에서 성을 보려고'(卽心見性) 한다.[75]

명대 양명학은 바로 전면적으로 선정禪定·조식調息·명심견성明心見性(卽心見性)의 체험 방법을 도입했다. 다만 그 목적이 유가의 성현이 되는 데 있다는 것이 다를 뿐이었다. 왕시괴王時槐(호는 塘南)는 "선학禪學을 연구했기 때문에 '리에 더욱 가까워서 참된 이론을 혼란시키는 것'이 무엇인지 가려 낼 수 있었다"[76]고 말했다. 그의 어록에는 이런 기록이 남아 있다.

뒷날의 유자들이 지각知覺을 심체心體라고 오인하여 지각에서만 안배하고 조치하여 그것이 안정되고 해맑아지게 하려고 했지만 끝내 불가능하였다. 가령 그것이 가능하다고 해도 개인적인 견해를 견지하고 마음의 한 광경에 집착하면서 억지로 주장을 펴 무엇인가 얻은 것이 있다고 여기는 데 불과할 뿐이며 종내 이 마음의 본색은 아니다.[77]

이를 통해 왕수인의 문하에도 이런 '광경을 만지작거리는' 사람이 있었다는 것을 알 수 있다. 더욱이 황종희의 『명유학안』 속에는 곳곳에 이런 비

---

74) 『明儒學案』, 권8, 156쪽, "不能實意致中和, 戒懼乎不睹不聞, 乃欲懸空去看一個未發氣象. 不能實意學孔顔之樂, 乃欲懸空去尋孔顔之樂處."
75) 『明儒學案』, 권8, 157쪽, "靜坐者, 或流於禪定; 操存者, 或流於調息; 主敬者, 或妄以爲惺惺; 格物窮理者, 或自溺於圓覺; 存心養性者, 或陷於卽心見性."
76) 『明儒學案』, 권20, 468쪽, "嘗究心禪學, 故於彌近理而難眞之處, 剖判得出."
77) 『明儒學案』, 권20, 485쪽, "後儒誤以情識爲心體, 於情識上安排布置, 欲求其安定純淨而竟不能也. 假使能之, 亦不過守一意見, 執一光景, 强做主張, 以爲有所得矣, 而終非此心本色."

판이 들어 있다. 예컨대 절중浙中(절강성 지역)의 양명학파를 논할 때는 "그때 동문의 여러 군자들은 단지 유행流行을 본체本體로 간주하여 광경을 만지작거릴 뿐이었다"[78]라고 하였고, 나여방羅汝芳의 학문을 논할 때도 "배우는 사람들이 살피지 못하고 경솔하게 깨끗함(澄然)이나 맑음(湛然)을 마음의 본체로 간주하여 자신의 가슴 안쪽에 묵혀 두고는 광경에 연연하였다"[79]라고 하였다. 이것은 모두 신비 체험을 본체로 여기는 태도를 비판한 말이다.

양시교楊時喬(호는 止齋)의 학문에 대해서 황종희는 나흠순과 가장 가깝다고 평하였다. 양시교가 신비 체험에 대해 논박한 내용을 살펴보면 이를 잘 알 수 있다.

근래 전혀 도道에 대해 듣지 못하고 단지 선종禪宗에서 몇 마디 얻어듣고서는 인심人心·혈기血氣에서 그 비어 있는 속성을 '선善'이라고 부르고 영묘한 속성을 '지식知識'이라고 부르는 이들이 있다.……(그들은 다만) 시선을 거두고 내면을 성찰하여, 혈기血氣가 마음에 집중되어 '영묘한 능력'이 사물을 비출 수 있게 되면 그것이 바로 식각識覺이고, 바로 견지見地이고, 바로 '완벽한 깨침'(徹悟)이고, 바로 '앎이 완전해진 것'(知至)이라고 여긴다.[80]

근래 수십 년 사이에 홀연히 심학心學을 한다는 사람들이 나타났다. 그들은 불교를 공부하다가 '마음'에서 '혈기血氣가 집중되어 허령虛靈이 지혜를 갖추자 끝없이 통철洞徹해지는 것'을 발견하고는 그것을 '선지식善知識'이라고 이름짓고서 스스로 상승上乘이라 부르고, 드디어 그것을 공문孔門에서 말했던 '상上'[81]이라고 자부하면서 '하학下學'의 가르침을 '밖에서 구하는 것'이라고 멸시하였다.[82]

---

78) 『明儒學案』, 권13, 272쪽, "第其時同門諸君子單以流行爲本體, 玩弄光影."
79) 『明儒學案』, 권34, 762쪽, "學人不省, 妄以澄然湛然爲心之本體, 沈滯胸膈, 留戀景光."
80) 『明儒學案』, 권42, 1028쪽, "近有絶不聞道, 只得禪宗, 指人心血氣虛處爲善, 靈處爲知識.……斂目反觀, 血氣凝聚, 靈處生照, 卽識覺, 卽見地, 卽徹悟, 卽知至."
81) 역자 주―『論語』, 「雍也」, "子曰: 中人以上, 可以語上也; 中人以下, 不可以語上也."
82) 『明儒學案』, 권42, 1030쪽, "數十年來, 忽有爲心學者, 於佛教嘗卽心而見其血氣凝定, 虛靈生慧, 洞徹無際者, 名之曰善知識, 自稱上乘, 遂據之爲孔門所語上,

그런데 불교는 '마음'에서 '혈기가 집중되어 허령虛靈이 지혜를 갖추자 끝없이 통철洞徹해지는 것'을 발견하게 되었다. 그리하여 그것을 분석해서 말할 때는 "허령한 것은 '지知'이고 '지혜가 생긴 것'(生慧)은 '각覺'이며 본래면목(本眞)을 통철洞徹하게 깨치는 것은 '오悟'이다"라고 하고, 합쳐서 말할 때는 "지知·각覺·오悟란 곧 귀와 눈의 지각 작용을 거두고 정신을 모아서 간혹 보게 되는 몸속의 밝은 광경에 대한 이름인데 사실은 하나이다"라고 한다.[83]

그는 불교와 심학의 체험을 '시선을 거두어 내면을 성찰해서'(斂目反觀), '혈기가 모여들고'(血氣凝聚), '허령虛靈이 지혜(비추는 힘)를 갖추어'(虛靈生慧[照])', '본진本眞을 환히 밝히는 것'(洞徹本眞, 혹은 '끝없는 洞徹')이라고 개괄하였다. '통철본진洞徹本眞'은 내향적으로 본심本心을 체험하는 것이고 '통철무제洞徹無際'는 외향적으로 우주가 혼일渾一하다는 사실을 깨닫는 것이다. 결국 그 실제적인 의미는 모두 '몸속의 밝은 광경光景', 다시 말해서 생리·심리적 자연 반응일 뿐이다.(光景이란 곧 mental imagination을 말한다.)


## 맺는 말

심학의 신비 체험은 맹자에까지 소급할 수 있다. 맹자는 "만물은 모두 나에게 갖추어져 있으니 자신을 돌이켜보아 성실하다면 즐거움은 그보다 큰 것이 없다"[84]고 말했다. 만물이 도대체 어떻게 모두 나에게 갖추어질 수 있느냐에 대해서는 현재의 학계에서만 늘 논쟁이 그치지 않는 것이 아니라 송명 시기에도 마찬가지였다. 이정二程과 주희朱熹가 '만물'을 '만물의 리理'로 해석했던 것은 맹자의 이 명제가 이성주의 철학자들을 곤혹스럽게 만들었다는 사실을 잘 보여 준다.

---

而蔑視下學之教爲外求."

83) 『明儒學案』, 권42, 1032쪽, "乃佛敎卽心而見其血氣凝定, 虛靈生慧, 洞徹無際者, 析言之, 虛靈之謂知, 生慧之謂覺, 洞徹本眞之謂悟; 合言之, 知覺悟者, 乃斂耳目, 聚精神, 間所見腔子內一段瑩然光景之名, 其實一也."

84) 『孟子』, 「盡心上」, "萬物皆備於我矣, 反身而誠, 樂莫大焉."

지금까지 서술한 내용에 따르면 신비 경험의 측면에서 보아야만 맹자의 말을 완전히 이해할 수 있다. 또 맹자의 이 말은 일종의 원천으로서 뒷날의 유학 체험의 내용과 해석을 상당한 정도로 규정하고 있다. 육구연·양간의 자못 장황한 서술들을 언급하지 않더라도, 진헌장의 "천지는 내가 세웠고 만물의 변화는 내게서 나왔으니 우주는 전부 내 속에 있다",[85] 섭표의 "이 마음의 진정한 본체는 밝고 맑아서 만물이 모두 거기에 갖추어져 있다",[86] 호직의 "천지만물이 모두 내 심체라는 것을 훤히 안다",[87] 장신의 "우주가 온통 한 몸에 들어 있음을 훤히 안다"[88]와 같은 말들은 모두 동일한 유형의 체험에 대한 서술이다. "자신을 돌아보아 성실하다"라는 말은 그 의미가 상세하진 않지만 '내면 성찰'로 본다면 대체로 틀리지 않을 것이다. 맹자의 "호연지기浩然之氣를 잘 기른다"라는 말이 조식調息과 상통하는 점이 있다는 사실도 당연히 인정할 수 있다. 그리고 "즐거움이 이보다 큰 것이 없다"라는 말은 바로 모든 신비 체험에 수반되는 유쾌한 느낌을 나타낸 것이다. 이런 해석은 지금까지 서술한 유학의 신비 체험의 일반적 특징에서 볼 때 당연히 견강부회가 아니다.

유학의 신비 체험은 그 기본 특징을 다음과 같이 개괄할 수 있다.

① 자아와 만물이 한 몸이 된다.

② 우주와 심령이 합일되거나 우주만물이 모두 마음 속에 있다.

③ 이른바 '심체'(즉 순수 의식)가 드러난다.

④ 모든 차별의 소멸, 시간·공간의 초월을 뜻한다.

⑤ 돌발적인 깨달음(頓悟)을 가져온다.

⑥ 고도의 흥분·기쁨과 강렬한 심령의 고동과 생리 반응(온몸에 땀이 흐르는 것)이 따른다.

이런 특징은 비교종교학자들이 연구했던 각종 종교의 신비 체험과 기본

---

85)『陳白沙集』, 권3, "天地我立, 萬化我出, 而宇宙在我."
86)『明儒學案』, 권17, 372쪽, "此心眞體, 光明瑩澈, 萬物皆備."
87)『明儒學案』, 권22, 521쪽, "洞見天地萬物皆吾心體."
88)『明儒學案』, 권28, 628쪽, "洞然宇宙, 渾屬一身."

적으로 일치한다.

스테이스(Stace)만이 신비 경험을 내·외 두 종류로 나눈 것은 아니다. 많은 학자들이 여러 다른 술어를 사용하여 이와 유사한 구분을 시도했다. 예를 들어 오토(Rudolf Otto)는 신비주의를 'inward way'와 'outward way'로 구분했고, 언더힐(Evelyn Underhill)은 'introversion'과 'extroversion'으로 구분했다. 두 가지 신비 경험의 차이는 결코 이론적으로 명확하고 확정적으로 분석해 낼 수 없다. 그 기본적인 차이는 내향적 신비 체험의 내용은 '본심'이고 외향적 신비 체험의 내용은 '우주'라는 점이다. 유학의 신비 체험은 크게 두 가지로 구분할 수 있다. 외향적 체험은 '천지만물과 한 몸이 되는 것'(與天地萬物爲一體)이 그 대표적 형태이고, 내향적 체험은 '우주는 곧 내 마음이다'(宇宙卽是吾心)와 '심체의 드러남'(心體呈露)의 두 가지로 나눠 볼 수 있을 것이다. 유학이 신비 체험을 실현하는 기본적인 방법은 정좌(靜坐), 다시 말해서 '마음을 맑고 고요하게 해서 내면을 성찰하고'(澄默而內觀) '고요한 심체로 돌아가 당면한 일을 적절히 헤쳐 나가는'(歸寂以通感) 것이다.

'심체의 드러남'은 불교 선종에서는 결코 생소하지 않다.[89] 인간이 일체의 사유·정감·욕망과 외부 세계에 대한 감각 등등을 배제하고 나면 남는 것은 무엇이 있는가? 단지 순수한 의식 자체뿐이다. 이것 자체는 하나의 패러독스이다. 신비 체험은 모종의 확실한 경험이지만 이 경험은 확정된 내용이 없다. 그것은 의식이지만 아무 내용도 없는 의식이다. 서양인들은 그것을 순수 의식(pure consciousness) 혹은 순수 자아(pure ego)라 불렀으며, 중국의 옛사람들은 그것을 '본체'·'이 마음의 진정한 본체'·'마음의 본체'라고 불렀다. '순수'는 그것이 아무런 경험적 내용을 가지지 않는다는 뜻으로, 헤겔 철학에서 말하는 사변의 산물로서의 단순·무규정적 통일이 아니다.

"우주는 곧 내 마음이고, 내가 곧 우주이다"라는 말은 '심체의 드러남'에서 한 번 더 손을 거친 형태이다. 힌두교의 체험에서 인간은 순수 의식 자체를 체험할 뿐 아니라, 주체와 객체의 한계를 초월하여 순수 자아와 '브

---

89) 스즈키 다이세츠(鈴木大拙)의 설명 참조.

라만'이 동일체가 되는, 즉 개체의 소아와 우주의 궁극적 실재로서의 우주 대아大我(universal or cosmic self)가 동일체가 되는 것을 느끼게 된다.90)

스테이스는 무차별한 단순성이 내향 체험의 본질임을 강조하고 아울러 '공空'·'무無'·'순수 의식'이란 모두 일자一者(One) 혹은 합일(Oneness)의 다른 표현이라고 보았는데, 이 이론은 공통점만 보았을 뿐 차이점에 대해서는 보지 못한 것이다. 실제로 똑같은 정좌 명상의 방법을 쓴다고 하더라도 충분히 서로 다른 체험을 얻을 수 있다. 이것은 어느 정도 주체의 잠재 의식, 곧 체험자가 체험에 규정한 목적에 의해 결정된다. 같거나 유사한 수양을 통해서 불교도들이 체험한 것은 '공空'이었고 심학가들이 체험한 것은 '본심本心'이었다. 이것을 통해 실현되는 경지도 각각 다르다. 그렇기 때문에 비록 불교와 노장의 영향 아래서 유학 자체에 신비주의적 전통을 받아들이긴 했다고는 하더라도 상산학이나 양명학을 '선禪'이라고 부르는 것은 근본적으로 잘못이다. 동기나 결과 그 어느 것으로 말해도 심학의 신비 체험이 추구했던 것은 결코 영혼靈魂이나 공무空無 또는 최고 존재 같은 것이 아닌 일종의 정신 경지였기 때문이다.

풍우란馮友蘭은 정호程顥가 송명 심학의 개창자라는 주장을 제기했다. 그러나 그의 주장은 기본적으로 '형이상形而上'과 '형이하形而下'를 구분했느냐의 여부에 착안한 것이었으므로 이 주장이 성립될 수 있느냐 하는 문제는 아직 더 연구해 봐야 할 것이다. 본문에서 논의된 것에서 보면 정호의 사상과 수양 방법은 확실히 뒷날의 심학의 발전과 연관성을 갖는다. 설사 이 점을 논하지 않는다 하더라도, 맹자학孟子學을 표방한 송명 심학의 발전이 신비주의적 전통을 받아들였다는 점은 아주 명백하다. 신비 체험은 이 일파에게 있어서 범인의 단계를 초월하여 성인의 경지로 들어가는 기본적인 길 혹은 공부 방법의 하나였을 뿐 아니라, 이 일파의 철학에 심리 경험의 기초를 제공했다.

그러나 심리 체험에는 엄청난 우발성이 있으므로 보편적인 규범을 통해

---

90) T. W. Stace, *Mysticism and Philosophy*, pp. 86~90.

서는 전수할 수 없다. 반드시 자기 자신의 체인을 거쳐야 하고 또 비교적 장시간에 걸친 수양 단련의 과정을 필요로 한다. 그러므로 학상장鶴翔莊 기공처럼, 스스로 공력을 기르는 것이 아니어서 일반인이 간단한 규범을 준수하는 훈련을 통해 곧바로 손에 넣을 수 있는 것이 아니다. 반대로, 이런 체험은 결코 장시간 동안 유지할 수 없고, 어떤 경우에는 지속되는 시간이 워낙 짧은데다가 한번 잃어버린 뒤에는 또 새로 얻기도 아주 어렵다.(胡直과 같은 경우) 따라서 비록 어떤 사람들은 여기서 시작하여 종신토록 활용하기도 하지만 이런 내심 체험은 도덕 수양의 한 방식으로서 그 보편적 유효성과 확실성이 의심스럽다. 특히 이런 신비 체험은 주로 주관적 심리 현상이어서 체험자가 진정한 객관적 실재를 손에 넣은 것이라고 볼 수 없다. 중세의 허다한 동정녀들이 예수를 그리워하다가 만나서 포옹하는 경험을 했지만 이런 경험이 결코 실제 사실이 아닌 것과 마찬가지이다. 현대 심리학자들은 최면술과 약물 복용을 이용해서 다른 사람을 신비 체험의 경지에 이르게 할 수 있다. 이런 것들은 모두 과학이 발전한 오늘날에는 완전히 깨어 있는 이성을 바탕으로 삼아 유학의 이런 신비 체험을 고찰해 볼 필요가 있다는 사실을 보여 준다.

맹자에서 육구연·왕수인에 이르는 심학 사상가들은 도덕 주체성·양심 자각을 크게 부각시켰는데, 이것이 유학에 지대한 공헌을 했다는 사실에는 의문의 여지가 없다. 그러나 그들의 형이상학적 명제인 "만물은 나에게 모두 갖추어져 있다", "어진 사람은 천지만물을 일체로 여긴다", "우주는 곧 내 마음이고 내 마음이 곧 우주이다", "마음 밖에는 어떤 것도 없다" 등의 말들은 모두 신비 체험과 서로 연관성을 갖는다. 우리는 심학에 대해, 치양지·지행합일·사단 확충·지향 분변(辨志)·진심盡心과 같은 도덕 실천이 반드시 "만물은 모두 나에게 갖추어져 있다", "내 마음이 곧 우주이다" 등을 기초로 삼아야 하는가, 혹은 반드시 '심체가 드러나' '밝고 환해지는' 경험을 해야 하는가 라고 물을 수 있다. 바꿔 말하면, 이러저러한 신비 체험이 없다면 유가가 주장하는 도덕 주체성을 세울 수 없거나 유가의 형이상학을 건립할 수 없는 것인가 하는 의문을 제기할 수 있다. 이 문제에 대해 유학 내의 고금의 이성주의자들은 당연히 그런 경험이 없어도 가능하다고 말할 것이다. 만일 우리가 중국의 '철학'을 다시 세우려 한다면 그것은 이러한 방향이어야 한다. 그리고 근대 심학 가운데 웅십력熊十力 철학은 신비 체험에 의존하지는 않는, 완전히 새로운 방식으로 자체의 '본체론'을 건립하기도 했다.

철학사에서 볼 때, 맹자·육구연·왕수인 일파의 체험 공부는 서양 철학과 구별되는 특수한 철학 형태를 제공해 준다. 그것은 이른바 '주관유심주의'도 아니었고 또 무슨 '유아주의' 같은 것도 아니었다. 모종삼牟宗三은 '경계형상학境界形上學'(경지 형태의 형이상학)이라는 말로 노자老子를 정의하였는데[91] 그 주장은 매우 적절한 것이다. 이를 흉내 내어 우리는 심학心學을 '체험적 형이상학'이라 부를 수 있다. 체험 혹은 '체오體悟'는 본래 인류 사고 활동의 한 방식으로, 신비 체험은 인류의 체험 가운데 한 극단적인 형태에 지나지 않는다. 장대년張岱年 또한 '요오체증了悟體證'(훤히 몸으로 깨침)을 중시하는 것이 중국 철학의 특색 가운데 하나라고 지적하였다.[92] 신비 체험은 이런 특색을 극명하게 드러내 주고 있다.

이런 전범은 중국 미학과 마찬가지이다. 전시대의 철인들이 문자를 통해 기술하고 표현한 내용들은 늘 그들이 체험을 통해서 얻은 것이었으므로 후대의 학자들은 단순히 씌어진 문자들만을 통해서가 아니라 개인의 실천을 통해서 문자 속에 내재된 경험을 재경험하여 어떤 정신 경지에 도달할 수 있도록 해야 한다. 그러므로 그것은 결코 '객관 세계'를 '반영'하는 것이 아니라 자신의 '주관 세계'를 '표현'하는 것이어야 한다.[93] 이것이 중국 문화와 중국 철학의 한 특징이다. 그러나 여기서는 상세한 논의를 할 수 없다. 물론 중국 미학 전부를 '표현'이라고 할 수 없다. 이는 중국 철학이 전부 '체험'이 아닌 것과 같다. 다만 이런 체험의 충분한 발전이 중국 문화의 특

---

91) 牟宗三, 『中國哲學十九講』.
92) 張岱年, 『中國哲學大綱』.
93) 李澤厚, 『中國美學史』 참조.

색 중 하나가 되어 왔다는 말이다.

　신비 경험의 문제는 많은 문제들과 연관되어 있다. 예컨대 그것과 철학
상의 일반적인 직각直覺과 체오體悟의 관계,[94] 그것과 사상사의 반지식주의
와의 관계[95]는 모두 보다 진척된 연구를 시도해 볼 만하다. 그러나 이 책의
주요 임무는 이미 완성되었으므로 여기서 붓을 놓아도 될 것 같다.

---

94) 杜維明의 관련 논문들("Human and self-cultivation", p. 162 등) 참조.
95) 余英時, 『歷史與思想』(聯經, 1976), 96쪽 참조.

# 연표 요약

1472년 성화成化 8년(壬辰) 9월 30일, 여요현餘姚縣에서 태어나다.

1482년 성화 18년(壬寅), 조부 죽헌공을 따라 북경北京으로 가다. 이로부터 왕
수인은 부친과 함께 북경에서 살게 되었다.

1488년 홍치弘治 원년(戊申), 강서江西의 홍도洪都에서 제씨諸氏를 처로 맞이하다.

1492년 홍치 5년(壬子), 절강성浙江省 향시鄕試에 합격하다.

1493년 홍치 6년(癸丑), 회시會試에 낙방하다.

1499년 홍치 12년(己未), 진사출신進士出身으로 합격하다.

1500년 홍치 13년(庚申), 형부주사刑部主事로 제수되다.

1501년 홍치 14년(辛酉), 가을에 강북의 죄수를 감찰하라는 명을 받고 다음 해
여름 복명復命하기 위해 북경으로 돌아가다.

1502년 홍치 15년(壬戌), 병을 평계로 사직하고 월성越城으로 돌아와 양명동陽
明洞에 집을 짓다.

1504년 홍치 17년(甲子), 가을에 산동성山東省 향시를 주관하다.

1506년 정덕正德 원년(丙寅), 항소抗訴하다 조옥詔獄에 하옥되고 용장역승龍場
驛丞으로 좌천되다.

1508년 정덕 3년(戊辰), 용장龍場에 도착하다.

1510년 정덕 5년(庚午), 여릉廬陵 지현知縣으로 승진하고 겨울에 남경형부주사
南京刑部主事로 승진하다.

1511년 정덕 6년(辛未), 이부주사吏部主事에 제수되고 겨울에 원외랑員外郞으로
승진하다.

1512년 정덕 7년(壬申), 낭중郞中으로 승진하고 겨울에 또 남경태복시소경太僕
寺少卿으로 승진하다.

1513년 정덕 8년(癸酉), 저주滁州로 가서 마정馬政을 감독하다.

1514년 정덕 9년(甲戌), 남경홍려시경南京鴻臚寺卿으로 승진하다.

1516년 정덕 11년(丙子), 도찰원좌첨도어사都察院左僉都御史로 승진하다.

1517년 정덕 12년(丁丑), 여름에 장남漳南의 상호산象湖山을 평정하고 겨울에 남감南贛의 횡수橫水와 통강桶岡을 평정하다.

1518년 정덕 13년(戊寅), 봄에 삼리三浰를 평정하고 도찰원우부도어사都察院右副都御史에 오르다.

1519년 정덕 14년(己卯), 여름에 주신호朱宸濠를 평정하고 순무강서兼巡撫江西를 겸직하다.

1520년 정덕 15년(庚辰), 여름에 감주贛州에 다다르다.

1521년 정덕 16년(辛巳), 남경병부상서南京兵部尙書에 오르고 신건백新建伯에 봉해지다.

1522년 가정嘉靖 원년(壬午), 월성越城에 거처하다.

1523년 가정 2년(癸未), 월성에 거처하다.

1524년 가정 3년(甲申), 월성에 거처하다.

1525년 가정 4년(乙酉), 월성에 거처하다.

1526년 가정 5년(丙戌), 월성에 거처하다. 겨울에 아들 정억正億이 태어나다.

1527년 가정 6년(丁亥), 5월에 도찰원좌도어사都察院左都御史를 겸직하여 강서의 사은思恩·전주田州를 정벌하라는 명을 받고 9월에 떠나다.

1528년 가정 7년(戊子), 2월에 사은思恩과 전주田州를 평정하다.

1528년 가정 7년 11월 29일(1529년 1월 10일), 세상을 떠나다.

# 후기

　　내가 양명학에 뜻을 둔 지도 어언 몇 년이 흘렀다. 예전에 주자朱子에 관련된 두 권의 책(『朱熹哲學硏究』, 『朱子書信編年考證』)을 지은 뒤 바로 왕수인에 대한 글을 쓰려고 하였는데, 그렇게 하지 않고서는 리학理學 전체의 내용을 함께 토론하는 것이 부족하다고 생각했기 때문이다. 그러다 막 손을 대려고 할 무렵에 갑자기 미국으로 가게 되었다. 이에 나는 기뻐하며 '그곳의 개평開平 진陳선생(陳榮捷)과 서초西樵 두씨杜氏(杜維明)는 모두 양명학의 전문가들이고 또 당대의 대유大儒이니, 이는 배울 수 있는 좋은 기회이다'라고 생각했다. 떠날 때 내가 들고 간 책도 『명유학안』과 『양명전서』, 이렇게 두 질이었다.

　　하버드 대학에 머물던 2년 동안 서초西樵선생은 정말 나에게 많은 도움을 주었다. 그에게서 얻은 것은 양명학에 그치지 않았다. 전통을 현대화시키는 문제에 대한 여러 논의들도 내 마음과 너무 잘 맞았다. 그리고 중간에 개평開平선생을 뵈었는데, 그 이후로 논학論學 서신들을 받아 볼 때마다 계발되는 것이 너무 많았으므로 아침저녁으로 같이 지내면서 직접 배우지 못하는 것이 한스러웠다. 그때 나는, 비록 사료와 고적을 조금 고찰하고 정리했다지만 집을 떠나 이방에 살면서 이리저리 돌아다니느라 학문에 전념할 수 없었으며, 집필을 할 겨를은 더더욱 없었다.

　　집으로 돌아온 뒤 비로소 나는 글의 제강提綱을 정하고 1988년 가을에 집필을 시작하였다. 그러나 이듬해에 5·4운동을 기념하는 분위기로 인해 서적에 대한 검열이 자못 심해지면서 나는 집필을 중단해야만 했다. 그러다가 가을 초가 되어서 다시금 글을 쓸 수 있게 되었고 올 봄에 이르러서야 겨우 탈고할 수 있었다.

지금 이 책을 간행하면서 그 속의 소략함이나 미진함 등의 흠에 대해 어찌 감히 변명할 수 있으랴마는, 배우기를 좋아해서 깊이 사색하여 마음으로 얻은 것이라는 점은 인정할 수 있지 않을까 하는 분수없는 생각을 해보며 득실이나 이병利病은 고명하신 군자들의 현람玄覽을 기다린다.

인민출판사人民出版社에서 기꺼이 이 책을 맡아 주었으며, 철학편집실에서는 출판과 관련된 여러 일들에 대해 내게 많은 도움을 주었다. 편집 책임을 맡은 왕월王粵 동지는 이 책의 편집과 출판에 있어 누구보다 많은 힘을 기울였다. 삼가 이 자리를 빌려 감사를 드린다.

1990년 5월 북경대학에서
진래陳來

# 찾아보기

## 인명

# 서명 및 편명

## 예문서원의 책들

### 원전총서

박세당의 노자(新註道德經) 박세당 지음, 김학목 옮김, 312쪽, 13,000원
율곡 이이의 노자(醇言) 이이 지음, 김학목 옮김, 152쪽, 8,000원
홍석주의 노자(訂老) 홍석주 지음, 김학목 옮김, 320쪽, 14,000원
북계자의(北溪字義) 陳淳 지음, 김충열 감수, 김영민 옮김, 295쪽, 12,000원
주자가례(朱子家禮) 朱熹 지음, 임민혁 옮김, 496쪽, 20,000원
서경잡기(西京雜記) 劉歆 지음, 葛洪 엮음, 김장환 옮김, 416쪽, 18,000원
고사전(高士傳) 皇甫謐 지음, 김장환 옮김, 368쪽, 16,000원
열선전(列仙傳) 劉向 지음, 김장환 옮김, 392쪽, 15,000원
열녀전(列女傳) 劉向 지음, 이숙인 옮김, 447쪽, 16,000원
선가귀감(禪家龜鑑) 청허휴정 지음, 박재양・배규범 옮김, 584쪽, 23,000원
공자성적도(孔子聖蹟圖) 김기주・황지원・이기훈 역주, 254쪽, 10,000원
공자세가・중니제자열전(孔子世家・仲尼弟子列傳) 司馬遷 지음, 김기주・황지원・이기훈 역주, 224쪽, 12,000원
천지서상지(天地瑞祥志) 김용천・최현화 역주, 384쪽, 20,000원
도덕지귀(道德指歸) 徐命庸 지음, 조민환・장원목・김경수 역주, 544쪽, 27,000원

### 성리총서

범주로 보는 주자학(朱子の哲學) 오하마 아키라 지음, 이형성 옮김, 546쪽, 17,000원
송명성리학(宋明理學) 陳來 지음, 안재호 옮김, 590쪽, 17,000원
주희의 철학(朱熹哲學研究) 陳來 지음, 이종란 외 옮김, 544쪽, 22,000원
양명 철학(有無之境—王陽明哲學的精神) 陳來 지음, 전병욱 옮김, 752쪽, 30,000원
주자와 기 그리고 몸(朱子と氣と身體) 미우라 구니오 지음, 이승연 옮김, 416쪽, 20,000원
정명도의 철학(程明道思想研究) 張德麟 지음, 박상리・이경남・정성희 옮김, 272쪽, 15,000원
주희의 자연철학 김영식 지음, 576쪽, 29,000원
송명유학사상사(宋明時代儒學思想の研究) 구스모토 마사쓰구(楠本正繼) 지음, 김병화・이혜경 옮김, 602쪽, 30,000원
북송도학사(道學の形成) 쓰치다 겐지로(土田健次郎) 지음, 성현창 옮김, 640쪽, 32,000원
성리학의 개념들(理學範疇系統) 蒙培元 지음, 홍원식・황지원・이기훈・이상호 옮김, 880쪽, 45,000원

### 불교(카르마)총서

학파로 보는 인도 사상 S. C. Chatterjee・D. M. Datta 지음, 김형준 옮김, 424쪽, 13,000원
불교와 유교 — 성리학, 유교의 옷을 입은 불교 아라키 겐고 지음, 심경호 옮김, 526쪽, 18,000원
유식무경, 유식 불교에서의 인식과 존재 한자경 지음, 208쪽, 7,000원
박성배 교수의 불교철학강의: 깨침과 깨달음 박성배 지음, 윤원철 옮김, 313쪽, 9,800원
불교 철학의 전개, 인도에서 한국까지 한자경 지음, 252쪽, 9,000원
인물로 보는 한국의 불교사상 한국불교원전연구회 지음, 388쪽, 20,000원
한국 비구니의 수행과 삶 전국비구니회 엮음, 400쪽, 18,000원
은정희 교수의 대승기신론 강의 은정희 지음, 184쪽, 10,000원
비구니와 한국 문학 이향순 지음, 320쪽, 16,000원
불교철학과 현대윤리의 만남 한자경 지음, 304쪽, 18,000원

### 노장총서

도가를 찾아가는 과학자들 — 현대신도가의 사상과 세계(當代新道家) 董光璧 지음, 이석명 옮김, 184쪽, 5,800원
유학자들이 보는 노장 철학 조민환 지음, 407쪽, 12,000원
노자에서 데리다까지 — 도가 철학과 서양 철학의 만남 한국도가철학회 엮음, 440쪽, 15,000원
이강수 교수의 노장철학이해 이강수 지음, 462쪽, 23,000원
不二 사상으로 읽는 노자 — 서양철학자의 노자 읽기 이찬훈 지음, 304쪽, 12,000원
김항배 교수의 노자철학 이해 김항배 지음, 280쪽, 15,000원

### 역학총서

주역철학사(周易研究史) 廖名春・康學偉・梁韋弦 지음, 심경호 옮김, 944쪽, 30,000원
주역, 유가의 사상인가 도가의 사상인가(易傳與道家思想) 陳鼓應 지음, 최진석・김갑수・이석명 옮김, 366쪽, 10,000원
송재국 교수의 주역 풀이 송재국 지음, 380쪽, 10,000원

## 인물사상총서

한주 이진상의 생애와 사상  홍원식 지음, 288쪽, 15,000원

## 일본사상총서

일본 신도사(神道史)  무라오카 츠네츠구 지음, 박규태 옮김, 312쪽, 10,000원
도쿠가와 시대의 철학사상(德川思想小史)  미나모토 료엔 지음, 박규태·이용수 옮김, 260쪽, 8,500원
일본인은 왜 종교가 없다고 말하는가(日本人はなぜ 無宗教なのか)  아마 도시마로 지음, 정형 옮김, 208쪽, 6,500원
일본사상이야기 40(日本がわかる思想入門)  나가오 다케시 지음, 박규태 옮김, 312쪽, 9,500원
사상으로 보는 일본문화사(日本文化の歷史)  비토 마사히데 지음, 엄석인 옮김, 252쪽, 10,000원
일본도덕사상사(日本道德思想史)  이에나가 사부로 지음, 세키네 히데유키·윤종갑 옮김, 328쪽, 13,000원
천황의 나라 일본 ― 일본의 역사와 천황제(天皇制と民衆)  고토 야스시 지음, 이남희 옮김, 312쪽, 13,000원
주자학과 근세일본사회(近世日本社會と宋學)  와타나베 히로시 지음, 박홍규 옮김, 304쪽, 16,000원

## 예술철학총서

중국철학과 예술정신  조민환 지음, 464쪽, 17,000원
풍류정신으로 보는 중국문학사  최병규 지음, 400쪽, 15,000원
율려와 동양사상  김병훈 지음, 272쪽, 15,000원
한국 고대 음악사상  한흥섭 지음, 392쪽, 20,000원

## 동양문화산책

공자와 노자, 그들은 물에서 무엇을 보았는가  사라 알란 지음, 오만종 옮김, 248쪽, 8,000원
주역산책(易學漫步)  朱伯崑 외 지음, 김학권 옮김, 260쪽, 7,800원
동양을 위하여, 동양을 넘어서  홍원식 외 지음, 264쪽, 8,000원
서원, 한국사상의 숨결을 찾아서  안동대학교 안동문화연구소 지음, 344쪽, 10,000원
녹차문화 홍차문화  츠노야마 사가에 지음, 서은미 옮김, 232쪽, 7,000원
류짜이푸의 얼굴 찌푸리게 하는 25가지 인간유형  류짜이푸(劉再復) 지음, 이기면·문성자 옮김, 320쪽, 10,000원
안동 금계마을 ― 천년불패의 땅  안동대학교 안동문화연구소 지음, 272쪽, 8,500원
안동 풍수 기행, 와혈의 땅과 인물  이완규 지음, 256쪽, 7,500원
안동 풍수 기행, 돌혈의 땅과 인물  이완규 지음, 328쪽, 9,500원
영양 주실마을  안동대학교 안동문화연구소 지음, 332쪽, 9,800원
예천 금당실·맛질 마을 ― 정감록이 꼽은 길지  안동대학교 안동문화연구소 지음, 284쪽, 10,000원
터를 안고 仁을 펴다 ― 퇴계가 굽어보는 하계마을  안동대학교 안동문화연구소 지음, 360쪽, 13,000원
안동 가일 마을 ― 풍산김가에 의연히 서다  안동대학교 안동문화연구소 지음, 344쪽, 13,000원
중국 속에 일떠서는 한민족 ― 한겨레신문 차한필 기자의 중국 동포사회 리포트  차한필 지음, 336쪽, 15,000원
고려시대의 안동  안동시·안동대학교 안동문화연구소 편, 448쪽, 17,000원
신간도견문록  박진관 글·사진, 504쪽, 20,000원
안동 무실 마을 ― 문헌의 향기로 남다  안동대학교 안동문화연구소 지음, 464쪽, 18,000원

## 민연총서 ― 한국사상

자료와 해설, 한국의 철학사상  고려대 민족문화연구원 한국사상연구소 편, 880쪽, 34,000원
여헌 장현광의 학문 세계, 우주와 인간  고려대 민족문화연구원 한국사상연구소 편, 424쪽, 20,000원
퇴옹 성철의 깨달음과 수행 ― 성철의 선사상과 불교사적 위치  조성택 편, 432쪽, 23,000원
여헌 장현광의 학문 세계 2, 자연과 인간  고려대 민족문화연구원 한국사상연구소 편, 432쪽, 25,000원
여헌 장현광의 학문 세계 3, 태극론의 전개  고려대 민족문화연구원 한국사상연구소 편, 400쪽, 24,000원

## 예문동양사상연구원총서

한국의 사상가 10人 ― 원효  예문동양사상연구원/고영섭 편저, 572쪽, 23,000원
한국의 사상가 10人 ― 의천  예문동양사상연구원/이병욱 편저, 464쪽, 20,000원
한국의 사상가 10人 ― 지눌  예문동양사상연구원/이덕진 편저, 644쪽, 26,000원
한국의 사상가 10人 ― 퇴계 이황  예문동양사상연구원/윤사순 편저, 464쪽, 20,000원
한국의 사상가 10人 ― 남명 조식  예문동양사상연구원/오이환 편저, 576쪽, 23,000원
한국의 사상가 10人 ― 율곡 이이  예문동양사상연구원/황의동 편저, 600쪽, 25,000원
한국의 사상가 10人 ― 하곡 정제두  예문동양사상연구원/김교빈 편저, 432쪽, 22,000원
한국의 사상가 10人 ― 다산 정약용  예문동양사상연구원/박홍식 편저, 572쪽, 29,000원
한국의 사상가 10人 ― 혜강 최한기  예문동양사상연구원/김용헌 편저, 520쪽, 26,000원
한국의 사상가 10人 ― 수운 최제우  예문동양사상연구원/오문환 편저, 464쪽, 23,000원